国家社科基金社科学术社团主题学术活动资助

现代社会与犯罪治理：经济犯罪专题研讨

——中国犯罪学学会第三十届学术研讨会论文集（2021年）

XIANDAI SHEHUI YU FANZUI ZHILI JINGJI FANZUI ZHUANTI YANTAO

名誉主编◇万　春
主　　编◇孙　勤　吴言军
副 主 编◇岳向阳　金鸿浩　沈迪满

中国检察出版社

图书在版编目（CIP）数据

现代社会与犯罪治理：经济犯罪专题研讨：中国犯罪学学会第三十届学术研讨会论文集．2021年/孙勤，吴言军主编．—北京：中国检察出版社，2021.9
 ISBN 978－7－5102－2621－2

Ⅰ.①现… Ⅱ.①孙… ②吴… Ⅲ.①经济犯罪－中国－学术会议－文集 Ⅳ.①D924.334－53

中国版本图书馆 CIP 数据核字（2021）第 161763 号

现代社会与犯罪治理：经济犯罪专题研讨
中国犯罪学学会第三十届学术研讨会论文集（2021年）
孙　勤　吴言军　主编

责任编辑：	柴凯菲　杜英琴
技术编辑：	王英英
美术编辑：	曹　晓

出版发行：中国检察出版社
社　　址：北京市石景山区香山南路 109 号（100144）
网　　址：中国检察出版社（www.zgjccbs.com）
编辑电话：（010）86423749
发行电话：（010）86423726　86423727　86423728
　　　　　（010）86423730　86423732
经　　销：新华书店
印　　刷：保定市中画美凯印刷有限公司
开　　本：710 mm×960 mm　16 开
印　　张：47.5
字　　数：872 千字
版　　次：2021 年 9 月第一版　2021 年 9 月第一次印刷
书　　号：ISBN 978－7－5102－2621－2
定　　价：140.00 元

检察版图书，版权所有，侵权必究
如遇图书印装质量问题本社负责调换

编 委 会

编委会主任： 王　牧　万　春

编委会成员：（按姓氏笔画排序）

王大为　车承军　王晓东　皮　勇
刘仁文　朱劲松　刘晓梅　孙　勤
严　励　吴言军　时延安　吴宗宪
应培礼　张　斌　周光权　周洪波
林　维　赵国玲　郭立新　袁　林
徐　岱　魏昌东

编写说明

中国犯罪学学会第三十届学术研讨会将于 2021 年在辽宁省大连市召开。本届年会由中国犯罪学学会主办，辽宁省人民检察院承办，研讨会主题为"现代社会与犯罪治理：经济犯罪专题研讨"。除犯罪学基础理论部分外，论文集还分设了 4 个二级主题：

一是电信网络诈骗犯罪治理研究。习近平总书记对打击治理电信网络诈骗犯罪工作作出重要指示，要求坚持齐抓共管、群防群治，全面落实打防管控各项措施和金融、通信、互联网等行业监管主体责任，加强法律制度建设，加强社会宣传教育防范，推进国际执法合作，坚决遏制此类犯罪多发高发态势。犯罪学学人从不同角度研讨电信网络犯罪治理。有的通过实证研究总结出电信网络诈骗的智能化、精准化、产业化、团伙化、隐蔽化、跨境化等特征；有的以区域性样本为依据，通过大数据方式展现了省、市电信网络诈骗案件的分布情况；有的立足于犯罪被害人学，研究了电信诈骗犯罪被害人的主体特征、时空特征、手段特征、损失特征和过错形式，从预防角度提出了犯罪防控对策；有的从犯罪原因学出发，分析了电信网络诈骗的心理因素、经济因素、社会因素；有的从犯罪技术角度出发，重点分析了网络诈骗的技术手段，探讨互联网服务商的犯罪防控责任；有的从司法实务出发，提出了电信网络诈骗犯罪的法律适用方法和检察监督路径。

二是企业犯罪治理与刑事合规建设研究。习近平总书记指出，法治是最好的营商环境。中国将不断完善市场化、法治化、国际化的营商环境。在此背景下，企业犯罪和刑事合规成为近年来的重大理论课题与实务热点。2021 年 6 月，最高人民检察院、司法部等九部委研究制定了《关于建立涉案企业合规第三方监督评估机制的指导意见（试行）》，以涉案企业合规评估为试点探索推进企业刑事合规建设。犯罪学学人从刑事一体化的角度，为企业刑事合规建设等企业犯罪防控献言献策。有的通过比较研究，分析了境外刑事合规评价制度，从而为我国企业刑事合规本土化探索提供可借鉴的经验；有的从不起诉等角度，论述刑事合规的犯罪防控措施激励机制；有的从制度预防角度，建议加强企业合规制度的配套制度、第三方监督评估机制、企业合规基准设置等制度机制的完善与有效衔接；有的基于个罪的实证研究，分别论述国有企业、民营企业犯罪防控策略。

三是金融领域犯罪治理研究。习近平总书记指出，金融安全是国家安全的重要组成部分，是经济平稳健康发展的重要基础。维护金融安全，是关系我国经济社会发展全局的一件带有战略性、根本性的大事。金融活，经济活；金融稳，经济稳。总书记要求切实把维护金融安全作为治国理政的一件大事，扎扎实实把金融工作做好。犯罪学学人高度关注金融犯罪治理，有的从金融犯罪态势、犯罪人特征、犯罪治理路径进行了学术探讨；有的针对涉众型经济犯罪高发多发现象，对非法集资、非法催收等犯罪特征和防控对策进行了深入分析；有的重点研究虚拟货币在金融犯罪中的作用并针对性提出了法律规制、技术防控方法。

四是其他经济犯罪治理与防控研究。习近平总书记指出，要增强忧患意识，未雨绸缪，精准研判、妥善应对经济领域可能出现的重大风险。犯罪学学人对知识产权犯罪、网络平台经济犯罪、洗钱犯罪等高发风险领域进行重点研究。有的重点关注知识产权犯罪，对知识产权案件犯罪总体形势和商标犯罪等具体犯罪特征进行论述，探讨区块链等新一代信息技术在知识产权犯罪防控中的地位、作用，提出了加强知识产权犯罪的侦查手段，同步开展检察监督的意见建议；有的对电子商务平台相关犯罪进行实证研究，分析网络经济犯罪高发原因，提出网络平台经济犯罪的治理思路和网络黑灰产业链的惩治方法；有的对洗钱犯罪治理的难点问题进行集中讨论，并重点针对虚拟货币在洗钱犯罪中的应用和防控提出意见建议。

秉承自第十九届年会以来的优良传统，本届学术研讨会亦于年会举办前将各位学者提交的论文择优集结出版。这不仅为年会的顺利召开提供了研讨的基础，更重要的是为我国犯罪学领域的学术交流提供了一个有益的平台。特别是自第二十九届年会开始，每年年会聚焦一个领域进行专题研讨，有助于引导犯罪学学者关注实务中遇到的重大问题，为平安中国、法治中国建设提供犯罪学视角的理论参考和决策支持。至主题征文截稿之日，学会共收到论文337篇，得到了徐岱、皮勇、王燕飞、单勇、赵军、李卫红、王良顺、姜敏、涂龙科、兰跃军、李川、王剑波、傅跃建等教授和犯罪学青年学者、硕博研究生以及审

编写说明

判机关、检察机关、公安机关等实务部门领导干部、业务专家的大力支持。经过认真审查和筛选，学会从中选编了 60 篇优秀论文结集出版。这些论文基本上反映了我国犯罪学领域内经济犯罪相关问题的最新研究状况。衷心感谢所有惠赐稿件的作者对本届学术研讨会的热心关注与支持，对犯罪学研究事业的无私奉献与真诚关爱！

本文集能够及时、高质量地出版，得益于中国检察出版社领导的鼎力支持和编辑同志的辛勤劳动，我们在此表示由衷的感谢和崇高的敬意！

中国犯罪学学会

2021 年 7 月

目 录

一、犯罪学基础理论研究

1. 新时代我国犯罪学基础理论研究创新发展问题 …………… 王燕飞／3
2. 犯罪之技术治理的价值权衡：以数据正义为视角 ………… 单 勇／13
3. 刑事法学经验研究中的若干问题 ………………………… 赵 军／39
4. 传统刑事法学知识的内卷化和预防刑法治理风险犯罪的路径
   ……………………………………………………………… 姜 敏／52
5. 控制因素、交往因素和青少年网络被害的关系研究
   ………………………………………… 许博洋 周 由 夏一巍／70
6. "柔性"矫正：未成年人社区矫正的理论溯源与实践路径
   ……………………………………………………………… 李岚林／85
7. 基于成本—收益视角的职务犯罪罪犯心理影响因素实证分析
   ………………………………………………… 杜晓燕 宋希斌／100
8. 犯罪治理的批判理性研究 ……………………………… 周建军／123
9. 美国刑事政策发展与科学性分析 ……………………… 夏 菲／133

二、电信网络诈骗犯罪治理研究

（一）电信网络诈骗犯罪现象研究 …………………………………… 151

10. 虚拟异常与共治防范：电信网络诈骗犯罪实证释析
    ……………………………………………… 许桂敏 张 莹／151
11. 电信网络诈骗犯罪的考察与启示
    ——以2020年L省诈骗罪生效裁判文书为分析对象 … 邢伟彤／165
12. 网络诈骗犯罪防范治理探究
    ——基于Q市2020年网络诈骗案件分析 …… 韩淑存 韩海鹰／176
13. 电信网络诈骗犯罪的被害及预防初探 ………………… 张应立／183
14. 网络诈骗技术手段分析 ………………………………… 江汉祥／194

（二）电信网络诈骗犯罪原因研究 …………………………………… 203
15. 电信网络诈骗犯罪快速增长的基本解释 …………… 王良顺 / 203
16. 电信网络诈骗犯罪的成因分析与治理对策…… 兰跃军　张　跃 / 211
17. 网络信用卡诈骗犯罪的成因与防控研究 ………… 于　阳等 / 226
18. 电信网络诈骗犯罪的成因及防治对策 ……………… 隋莉莉 / 237

（三）电信网络诈骗犯罪防控对策研究 …………………………… 245
19. "互联网＋"背景下电信诈骗犯罪防控机制研究
　　…………………………………………… 李　川　刘双阳 / 245
20. 电信网络诈骗犯罪案件办理实践问题研究
　　——以 J 省为例
　　………………………………………………………… 吴晓敏 / 256
21. 电信网络诈骗犯罪的被害预防 ……………… 李卫红　王芹芹 / 267
22. 电信网络诈骗犯罪法律的适用研究 ………………… 张小荷 / 278
23. 产业链式电信网络诈骗犯罪司法认定疑难问题
　　——以 310 份刑事判决书为切入 ………………… 陈羽枫 / 285

三、企业犯罪治理与刑事合规建设研究

（一）企业合规理论研究 …………………………………………… 299
24. 企业合规计划与监管机制研究 ……………… 涂龙科　刘　东 / 299
25. 刑事合规的法国模式：初成、反思与借镜 ………… 陈　萍 / 315
26. 系统论下刑事合规的作用机理 ……………………… 赵炜佳 / 334
27. 刑事合规中主体监管义务的教义学分析 …………… 融　昊 / 347

（二）企业合规制度机制研究 ……………………………………… 360
28. 刑事合规评价构建的现实必要与制度衔接 ………… 贺　卫 / 360
29. 企业合规的刑事激励机制研究
　　——以刑事不起诉为视角
　　……………………………………… 王占寻　邢雅丽　邢雅清 / 369
30. 压制抑或协商：企业合规调查运行逻辑探析
　　………………………………………………… 苏志远　卢　菲 / 377
31. 刑事合规制度的本土化路径探讨…… 程天民　迟　旭　刘飞龙 / 388
32. 企业合规管理与检察机关企业合规试点 …………… 柴　瑶 / 397

（三）企业犯罪防控对策研究 ……………………………………… 405
33. 侵犯商业秘密犯罪防控实证研究 ……………… 皮 勇 张明诚 / 405
34. 民营经济案件犯罪侦查困境与检察监督对策
   ……………………………………………………… 陈 磊 董 娟 / 423
35. 中国民营企业腐败犯罪风险及其防范策略研究
   ——基于1596份有效文书的实证分析 ……………… 李瑞华 / 429
36. 民营企业管理人员刑事犯罪风险防控探析
   ——以武汉市为例
   ……………………………………………………… 童雯婷 李 磊 / 444

四、金融领域犯罪治理研究

（一）金融犯罪总论研究 …………………………………………… 459
37. 论银行从业人员犯罪的惩治态势及防范 ……… 徐 岱 郑成杰 / 459
38. 新时代金融犯罪态势与刑事治理路径 ………… 陈 颖 武 倩 / 477
39. 检察监督下的互联网金融犯罪风险防范研究 ………… 刘 涛 / 490
40. 资金查控分析技术在检察机关应用的思考 …………… 蔡晨昊 / 503
（二）金融犯罪各论研究 …………………………………………… 509
41. 风险社会视阈下P2P网络借贷之刑事风险与治理进路研究
   ………………………… 江苏省南通市通州区人民检察院课题组 / 509
42. 新型非法吸收公众存款犯罪处理困境及处置体系重构
   ……………………………………………………… 黄俊杰 杨浩宇 / 523
43. 非法集资涉案财产处置之路径探索
   ——以北京市2016—2020年审结的1939件非法集资案件为样本
   ……………………………………………… 石 魏 冀 敏 肖圣雷 / 540
44. 非法催收犯罪分析及侦防对策研究 …………… 张 郁 张凯迪 / 556
（三）区块链技术下的金融犯罪专题研究 ………………………… 565
45. 虚拟货币的犯罪风险及属性认定 ……………… 王志远 季书贤 / 565
46. 区块链金融：价值、犯罪风险及其防控 ……… 邓 亮 王剑波 / 575
47. 浅析比特币相关犯罪及案件办理困境 ………… 赵 红 李 炜 / 591
48. 区块链技术下ICO金融犯罪监管模式研究 …………… 赵玉梅 / 600

五、其他经济犯罪治理与防控研究

（一）知识产权犯罪防控研究 …………………………………… 609

49. 知识产权犯罪发案特点与类案治理对策
——以浙江省义乌市检察院近五年办理案件为例
……………………………………………………… 傅跃建 张晓东 / 609

50. 设立网站非法传播他人作品行为的犯罪特征与防控对策
——基于对 98 份刑事裁判文书的实证研究
…………………………………………………………… 姜 瀛 张 钰 / 615

51. 基于联盟区块链的网络知识产权保护研究 ……………… 胡 勇 / 626

52. 知识产权刑事保护中的法律监督问题研究 ……………… 金 石 / 632

（二）网络平台经济犯罪防控研究 ……………………………… 641

53. 电子商务平台相关犯罪的特征与治理缺陷 ……………… 陈奕屹 / 641

54. 现货互联网交易犯罪特征与治理方式研究 …… 曹晓烨 刘 东 / 661

55. 恶意网络爬虫行为的犯罪考察与综合治理路径探索 …… 张一献 / 671

56. 网络平台经济犯罪及其治理 …………………… 朱文雅 徐剑锋 / 692

57. 网络黑灰产犯罪生成模式与多元治理机制 ……………… 王枫梧 / 703

（三）洗钱犯罪防控研究 ………………………………………… 716

58. 当前我国洗钱罪的新态势与防控对策 ………… 徐 宏 程逸轩 / 716

59. 虚拟货币洗钱犯罪防范刍议 ……………………………… 徐 茂 / 726

60. 洗钱罪司法疑难问题研究 ……………………… 郑明玮 李 硕 / 737

一、犯罪学基础理论研究

新时代我国犯罪学基础理论研究创新发展问题

王燕飞*

2009年，笔者曾对中国犯罪学基础研究进行整体性反思，立足新中国成立以来我国犯罪学基础理论研究，进行了一次全面、系统回顾，从整体上宏观检视研究存在的问题，然后分析其推进与深化的发展方向。① 这种总结与展望在当时是有感而作②，一度得到了学界肯定。岁月如梭，时间一晃就有10余年了，现在再回看觉得当时是勇气可嘉，也确感恩同行宽容与提携。如今思考的问题是，当下我国进入新时代，犯罪学基础理论研究又将面临怎样的发展时机与挑战，将如何适应这种巨大的社会转变？学界如何突破厚重如山的研究累积不至于重复徘徊，焕发出创新发展的朝气与活力？这些问题再次成为深入讨论的"基础理论"，为此，笔者试图"再续前弦"展开探索，供学界同仁参考。

一、创新发展的主要外在推力

"自党的十八大以来，改革开放和社会主义现代化建设取得历史性成就，我国发展站到了新的历史起点上，中国特色社会主义进入新的发展阶段……从社会主要矛盾看，我国社会主要矛盾已经由人民日益增长的物质文化需要同落后的社会生产之间的矛盾，转化为人民日益增长的美好生活需要和不平衡不充分

---

* 王燕飞，湖南大学犯罪学研究所所长，教授。
① 参见王燕飞：《我国犯罪学基础理论研究整体性反思》，载陈兴良主编：《刑事法评论》（第24卷），北京大学出版社2009年版，第120~141页。
② 当时刑法学界正在展开对于刑法知识热烈反思，自然引发笔者对犯罪学的自我省思。参见陈兴良：《刑法知识论》，中国人民大学出版社2007年版，第1~379页。

的发展之间的矛盾。这一重大历史性变化,对发展全局产生了广泛而深刻的影响。"① 正是我国进入了新时代这种质变性质的新的社会发展阶段,我国犯罪学基础理论研究也就面临着时代变迁的巨大挑战,也为其创新发展提供了巨大的外在推动力。概言之,主要表现在以下几个方面:

(一) 党的指导思想新发展的推动

马列主义是建立在通晓思维的历史和成就的基础之上的理论,是指导我们一切工作的总的方针,也是我国犯罪学研究的指导思想。毛泽东思想和邓小平理论是对马列主义的继承与发展,更符合中国的实际情况,当然也是我们一切工作的指导方针。进一步具体而言,坚持马列主义为犯罪学研究的指导思想,主要是学会利用马列主义的基本观点、立场和方法看待问题、研究问题、解决问题。② 由此可见,党的指导思想为我国犯罪学研究提出了政治要求、政治导向,也为推进其学术革新与发展提供了强大的思想武器。这应为我国自20世纪80年代开始的社会主义犯罪学研究兴起与发展的历史实践经验得以充分证明。③ 而如今新时代形成了习近平新时代中国特色社会主义思想。这是对马克思列宁主义、毛泽东思想、邓小平理论、"三个代表"重要思想、科学发展观的继承与发展,是马克思主义中国化最新成果,是党与人民实践经验及集体智慧的结晶,是中国特色社会主义理论体系的重要组成部分,是全党全国人民为实现中华民族伟大复兴而奋斗的行动指南。④ 很显然,党的指导思想发生了这种开创性的新发展、又一次大飞跃,无疑将对我国犯罪学研究包括基础理论研究的创新发展带来深刻影响,不同程度发挥推动作用。具体而言,主要体现在:

其一,对犯罪观的深刻影响。习近平新时代中国特色社会主义思想提出国家整体安全观、构建人类命运共同体等重大战略思想,必将推进马克思主义犯罪观发展,对于新时代犯罪这一特殊社会现象的基本观点与看法⑤也就会发生重大改变。这种深刻的、内在影响也就急迫需要中国犯罪学基础理论研究作出

---

① 中共中央宣传部:《习近平新时代中共特色社会主义思想学习纲要》,人民出版社2019年版,第12~13页。

② 参见商小平、杨学锋主编:《犯罪学教程》,中国人民公安大学出版社2008年版,第14页。

③ 参见康树华主编:《犯罪学通论》(第二版),北京大学出版社1996年版,第83~84页。

④ 《党的十九大报告学习辅导百问》,学习出版社2017年版,第69~70页。

⑤ 参见王燕飞:《新犯罪学概论》(第二版),内部打印本,第23页。

深刻理论解构与体系性学术回应,这也是习近平新时代中国特色社会主义思想中与犯罪问题有关论述或相关联的新思想对中国犯罪学基础理论研究创新发展迸发的直接推动力。

其二,对犯罪治理理论的影响。习近平新时代中国特色社会主义思想包含对于中国社会主要矛盾重大转变的判断,提出推进国家治理体系和治理能力现代化的改革总目标,明确中国特色社会主义事业总体布局是"五位一体"、战略布局是"四个全面",强调坚定道路自信、理论自信、制度自信、文化自信等重要思想。这对于中国犯罪预防与治理上需要在理论上进行深入分析,在理论回答新时代中国犯罪治理如何推进、如何建设平安中国,如何建设新时代有中国特色、有中国道路、理论、制度与文化自信的犯罪治理体系?这是新时代中国犯罪治理实践面临的新挑战所推动的中国犯罪学基础理论研究创新发展的现实动力。

其三,对犯罪研究方法论的影响。习近平新时代中国特色社会主义思想根据时代与实践发展变化,以崭新的思想内容丰富和发展了马克思主义,形成了系统科学的理论体系。① 这无疑将为新时代对于犯罪问题研究提供新的方法论,来自最具有实践品格、最具有开创性意义的理论方法的辩证思维的指引,从而为中国犯罪学基础理论研究创新发展提供了源自新方法论的推动力。

(二) 网络社会兴起与高科技发展的推动

晚近以来,随着网络社会的兴起与发展,极大地改变了自然世界与传统社会的二元社会结构的格局,人类已经进入了社会互动和社会组织的纯文化模式之中,② 虚拟世界与网络文化成为新的社会空间,这不仅使人类社会发生了巨大改变,而且也使一种新颖的网络犯罪悄然兴起、蔓延成势,极大改变了传统的犯罪现象结构,建构出了独特的网络社会形态的含义。此外,当下大数据、人工智能快速发展,更带来人类生活、工作与思维的大变革③,从这个意义上,我们进入一个高科技发展的"新时代"。正是这种高科技推动的巨大社会转变,为推进我国犯罪学学科发展、演化提供了机遇与条件,促进其在适应当今社会高科技转变背景下渐次迈向一种新的整合性学科。由此,"新犯罪学"

---

① 中共中央宣传部:《习近平新时代中共特色社会主义思想学习纲要》,人民出版社2019年版,第7页。

② 参见[美]罗纽尔·卡斯特:《网络社会的崛起》,夏铸九等译,社会科学文献出版社2006年版,第434页。

③ [英]迈尔·舍恩伯格、库克耶:《大数据时代》,盛杨燕等译,浙江人民出版社2013年版,第1页。

的基础理论也随之革新改变,以发挥理论引领作用。具体而言:

其一,犯罪学本体理论革新发展问题。在网络化、大数据时代,犯罪学面临着新的交叉融合,加之新的研究方法极大推进犯罪问题研究的深化,由此导致传统的犯罪学本体理论①将受到极大的冲击与转变,诸如犯罪学学科性质由专属社会学性质渐次走向多门学科交叉的综合状态②,犯罪问题的地域疆土的国别性转变为虚拟空间的网络世界的全球性等,这些转变都需要在新的社会背景下才能发生。学科处于不断静悄悄演进之中,进行基础理论的深刻解构或全面重构,从而才能抓住犯罪学学科未来发展的"牛鼻子"。

其二,犯罪防控理论的重大转变问题。当世界步入工业社会进程,"人们将犯罪预防视为一个新的事物,是因为政府针对犯罪控制推行了多部门协作预防、情境预防、社会预防及其多个机构之间的'合作',也即犯罪预防不再仅仅是由警察部门一个机构推动的事业"。③ 而如今,人类的步履更加快捷,社会形态发生了天翻地覆的转变,对于犯罪防控需要新的理论探讨,从而在理论上需要紧跟时代步伐,满足现实的需要,进行基础理论创新性研究,以适应当今时代的变化。

(三) 新时代中国犯罪演变发展以及防控实践新探索

新时代,中国犯罪发展是多方面的,所涵盖的内容是犯罪数量的发展、犯罪性质发展、犯罪形态的发展、犯罪类型发展、犯罪技术发展、犯罪主体发展和犯罪动机发展等各个方面。④ 这种发展一定程度上是结构性的、质变性的,激发了诸多社会新问题。诸如,针对无辜民众的恐怖主义犯罪超越人类的底线,转变为一种先发制敌的近似战争性质;族群化黑色产业的网络化犯罪,演化为一种新颖的职业性犯罪与智力掠夺型职业化生活性质。可见,在新时代,中国犯罪的这种全面演化发展使得我国犯罪防控实践在立法、司法、执法等诸多方面需要进行新的探索。⑤ 这些改变与探索无疑为中国犯罪学基础理论研究创新发展提供了重要推动力。具体而言:

---

① 参见肖剑鸣、皮艺军主编:《罪之鉴——世纪之交中国犯罪学基础理论研究》,群众出版社2000年版,第86~121页。
② 参见皮艺军主编:《越轨学》,高等教育出版社2021年版,第11页。
③ [英]戈登·休斯:《解读犯罪预防——社会控制、风险与后现代》,刘晓梅等译,中国人民公安大学出版社2009年版,第5页。
④ 参见周长康、张应立等:《发展犯罪学——从传统犯罪到现代犯罪》,群众出版社2006年版,第16~19页。
⑤ 例如,具有中国特色的《中华人民共和国社区矫正法》出台。

其一，对犯罪理论或犯罪规律的颠覆性问题研究。犯罪演化，一定程度上推动了犯罪理论的重新整合、修正。尤其是，传统犯罪理论对于新时代衍生的具有特质性中国犯罪现象问题，难以提供令人满意的解释①，因此，如何对于传统犯罪理论或犯罪规律进行颠覆性整合与发展，从而作出创造性的构建，成为一项重要的基础性研究工作。这种研究在一定程度上撼动了犯罪学的生命内核，为努力颠覆传统犯罪理论的思维范畴奠定基础，为形成诸如社会凝聚理论、生命历程理论一样具有创新性的理论视角开启反思之道，为犯罪学发展带来新生曙光。由此，在犯罪学历史长河中，西方的冲突犯罪学、女权主义犯罪学、激进犯罪学、和平建构主义犯罪学等演变新形态似乎在新时代的历史方位上找到了中国的价值定位，具备了转变发展的时遇。

其二，对于实践新探索的理论总结问题研究。面对犯罪新的变化发展，我国进行了实践新探索，取得了巨大成功，维护着国家的稳定与安全。因此，在治理上进行理论的总结与提升，形成中国的专业话语与确立中国道路、制度自信，也就非常必要。在这个意义上，中国犯罪学基础理论研究创新发展正具备良好的实践基础，也有着理论与实践有机结合的大好时机，无疑具备了用武之地。

二、创新发展的主要面向

新时代，由于内外因素推动，我国犯罪学基础理论研究创新发展是多元纷呈的，但是在宏观上可望显示出学术共同前进的方向与长远目标，主要面向大体展现为：

（一）分化与重整：犯罪学不断完善与成熟

我国有学者认为我国犯罪学学科本身存在理论体系不严整、理论内容不严密、缺少必要的范畴、理论抽象不够，制约和影响该学科成熟的主要问题是：学科建设意识问题、过分实证研究问题、明确学科任务问题、定义犯罪概念问题、寻找犯罪产生原因问题、对"犯罪必然存在"规律的接受问题。② 很显然，这较为全面指出了我国犯罪学不够完善、成熟以及其影响的主要因素。随着进入新时代，通过上述各种因素的推动，我国犯罪学一方面将不断日益分化，新的分支交叉学科应运兴起；另一方面，学科本体在分化之中渐次统合、重新整合，大力推进犯罪学的不断完善与成熟。我国犯罪学基础理论研究的创

---

① 参见蔡德辉、杨士隆：《犯罪学》（第六版），台湾五南图书出版股份有限公司2013年版，第162页。

② 参见王牧：《犯罪学基础理论研究》，中国检察出版社2010年版，第3~21页。

新发展就是在这二个维度面向上穿梭行进,互动发展。具体而言:

其一,智慧犯罪学、生态犯罪学、民本犯罪学等分支学科应运兴起发展。随着党的指导思想新发展与时代的巨大变迁,一些满足现实需求,回应现实犯罪发展的犯罪学分支学科将会不断兴起。从实质上,这是对于我国犯罪学基础理论研究创新发展一种外在表现与努力结果。中国犯罪学基础理论研究需要对当下现实重大问题作出理论回应,需要在党的指导思想新发展指引下,立足现实,作出本学科的学术创新,这都会在对于"传统的"中国犯罪学基础理论的进行深刻反思中加以现实推进,从而不断涌现出这样的学术景象:在智慧社会之中产生了"智慧犯罪学",以回应"魔高一尺道高一丈"的现实犯罪问题;在"绿水青山就是金山银山"的理念下,生态犯罪学便是敏捷地作出了学术回应;在以人民为中心执政理念下,"民本犯罪学"可望战胜国家威权犯罪学的走势,拔地而起……这些新兴分支学科的出现一定程度上是对中国犯罪学基础理论构筑的学术堤坝进行一次极大突破,大大推动其创新发展,为展示繁荣昌盛的重要面向。

其二,整合型或者综合化犯罪学不断推进。在中国犯罪学应运分化创新发展的同时,推进中国犯罪学本体综合发展的基础理论研究的创新发展更显得日益重要。这不仅使得中国犯罪学"母体"变得更加强大茁壮,更为重要的是使得中国犯罪学"母体"更为灵性,更具有张力。因此,这种进行整合与综合化的基础理论研究可望从范畴体系、知识结构、学科性质、理论内核、人性预设等多个层面作出相应反应,促进提质增效,显示出创新魅力来。

(二)预防犯罪法治化理论形成

"在我国社会治安综合治理进程中,在'打防结合,预防为主'战略方针的指引下,诞生了一个新概念——打、防、控一体化,代表着一种新的预防犯罪机制正在形成之中。"① 而这种机制长效建设需要的是对其法治化推进。② 因此,展开预防犯罪法治化理论研究,不仅是中国犯罪学以预防为最终目的学术归属使然③,而且也是对于新时代治理犯罪体系与能力现代化实践理性的哲学思考。具体而言:

其一,预防犯罪权力法治化的理论研究。在新时代,为建设高水平平安中国,预防犯罪权力法治化问题是非常重要的。一方面,国家主导的预防性权力

---

① 冯树梁:《中外预防犯罪比较研究》,中国人民公安大学出版社2003年版,第328页。
② 参见王牧:《犯罪研究——学科·事实·规范》,中国政法大学出版社2019年版,第12~13页。
③ 参见王娟主编:《犯罪学概论》,中国政法大学出版社2007年版,第185页。

需要在国家权力结构之中法治化定位、强化长效运行并规制肆意滥用的法治体系,另一方面,是与社会力量有机结合,从而推动预防犯罪事业具有坚实的社会基础。由此,涉及诸如此种权力法治地位、正当性根据、实践社会基础等一系列的基础性问题研究。

其二,预防犯罪法治化演化历史与前景研究。开创这一研究领域主要是我国长期进行这种实践探索,在当今依法治国的大背景下正是尝试推进,因此,从历史演进角度展开深入研究是非常必要的,在此基础上需要进行未来前景的研究分析,从而对其实践问题提供理论指引。

(三) 中国犯罪学本土化特色问题凸显

我国犯罪学本土化大体上包括三个方面的内容:对西式犯罪学主流话语霸权进行反思,努力创建有中国特色的犯罪学知识体系;在本土犯罪研究中,形成专有的概念范畴、解释框架以及理论体系,科学建构我国犯罪学;侧重关注我国有特性的犯罪问题,探究其在我国社会结构与社会分化中"突生性"特质。[1] 在新时代,我国犯罪学本土化更需要具有自主意识,尤其在特色问题上展开深入研究。具体而言:

其一,从历史唯物主义与辩证唯物主义方法论立场出发,运用习近平新时代中国特色社会主义思想蕴含的方法论,对于中国犯罪问题进行理论分析与探讨,颠覆西方犯罪理论的视角,形成具有中国特色的理论解释体系。在这个意义上,我国一度"不仅对社会主义初级阶段的新命题进行了较为深入的研究,而且还对我国新时期实行的改革开放政策带来的犯罪问题进行了探讨,尤其是对商品经济与犯罪、社会变迁与犯罪、现代化与犯罪的关系进行了极有水平的论证与争鸣"。[2] 而如今我国迈入新时代,可以进一步展开更多的中国犯罪问题的特色性的研究,从而在理论上具有自我独特的建树。

其二,对于我国犯罪控制的重大实践进行特色性理论反思与建构,在国际舞台上形成自身的话语体系。对于这个方面我国有学者展开这方面的系列研究,出版了《论预防犯罪》《中国犯罪学话语体系初探》等著作。[3] 如今,学界更需要关注到我国犯罪控制的重大实践问题,对于中国犯罪控制特色道路、制度与经验,进行理论反思与建构,使其更具有国际话语权,从而使得特色理

---

[1] 参见王燕飞:《我国犯罪学国际化与本土化的理性思考》,载《山东警察学院学报》2010年第6期。

[2] 参见王顺安主编:《中国犯罪原因研究》,人民法院出版社1998年版,第39页。

[3] 冯树梁:《论预防犯罪》,法律出版社2008年版;冯树梁:《中国犯罪学话语体系初探》,法律出版社2016年版。

论更具有生命力、感召力。诸如我国进行的扫黑除恶专项斗争，所开展活动与累积的经验，在国际视野下进行特色性的反思与建构，从而形成中国特色的反黑恶势力理论，是具有国际与国内的双重价值意义的。

三、创新发展的主要路径

我国犯罪学基础理论研究创新发展的目标与走向大致确定后，需要进行探讨的是如何能够得以实现的问题，这就需要开创具有中国特色的路径。进一步而言，主要路径为：

（一）去刑事一体化：新犯罪学崛起

由于学科设置以及学术训练等因素影响，我国学界倡导并一直坚持刑事一体化的犯罪学研究进路。① 在这种视野之中，中国犯罪学要么处于辅助性与独立性的统一学科，要么是"犯罪学主要是一种前犯罪学科，着重研究的犯罪实际发生以前的情况（产生原因和预防对策）"，并且犯罪学的功能为三大功能即认识功能——认识犯罪规律、导向功能——指导刑事政策、促进功能——促进刑法发展。② 之后尽管有学者先后提出"刑事法学一体化""刑事学科一体化"以及笔者主张的"刑事科学一体化"③。从总体上，在刑事一体化中中国犯罪学实际上是坚持犯罪的刑法界定的概念、犯罪学的刑事政策价值走向，犯罪学为刑事立法、刑事司法提供正当性的实证证据与量化标准而服务的。客观说，在这样一种刑事一体化学科建构中，中国犯罪学贡献是巨大的④，大体正是这样，在国外如日本有学者也坚持这种学术走向。⑤ 然而，辩证地看，长期坚持这种学科序列以及研究范式，也暴露出一些问题或者导致思考路径走向僵化而窒息了犯罪学多维视角的活力。因此，在新时代，去刑事一体化，成为推进中国犯罪学重生之道，需要大力倡导并努力尝试，从而使得中国"新犯罪学"崛起，发挥现实亟须的新功能。进一步而言：

其一，改变犯罪学研究的刑法性格，重整犯罪学与刑事司法的新结构，发

---

① 陈兴良：《刑法知识论》，中国人民大学出版社2007年版，第58~59页。
② 参见许章润主编：《犯罪学》（第二版），法律出版社2004年版，第6页、第14~15页。
③ 参见王燕飞：《犯罪学基础理论研究——以国际化与本土化为线索》，武汉大学出版社2010年版，第226页。
④ 参见皮艺军：《犯罪学研究在刑事一体化中的贡献与功能》，载王牧主编《犯罪学论丛》（第七卷），中国检察出版社2009年版，第100~107页。
⑤ ［日］上田宽：《犯罪学》，戴波、李世阳译，商务印书馆2016年版，第14~15页。

挥预防为导向的应用价值。在去刑事一体化的思路下,犯罪学的学科序列不再局限在刑事学科群体之中,研究上不再依附于刑法之中,而是作为独立的、具有中国特色的学科体系,在理论预设上确定了"社会制造犯罪"与"刑事司法制造犯罪"的双层体系之中,重新确立了自我独立的逻辑结构。这样,犯罪学学术目标或者学科任务上真正提升到为了发挥预防为导向的应用价值定位上了。① 从这个意义上,我国犯罪学在去刑事一体化路径下必将激活中国犯罪学,使其青春再复,在基础理论研究上再度呈现出一个研究的春天。

其二,去犯罪化,消除致罪的社会结构矛盾与冲突,推进专门机构与社会力量有机整合的法律机制形成与职业群体兴起提供犯罪学的理论支撑。当下,刑法学界不少学者热烈倡导积极刑法观②,甚至不惜违背刑法谦抑原则大力推进刑法立法,推进刑法在社会管理创新之中发挥出参与社会治理的应有功能。③ 在学界坚持刑事一体化立场上,我国犯罪学学者不少也在刑事立法这种走向上给予了实证论证或者给予立法正当性的学术阐释。④ 这种格局的出现一定程度上适应了我国一贯坚持的刑法惩治的客观需要,本也无可厚非,但是在进入新时代,国家推进治理能力与治理体系现代化以及积极推进社会治理创新的社会大变化情境下,预防犯罪职业力量渐次不自觉形成与成长起来⑤,可望成为一支强大的专业力量,去积极凝聚力量推动社会治理创新,消除各种引发犯罪的各种社会因素,尽量消除或减少社会以暴制暴的状态的出现。可见,去犯罪化,提供前所未有的历史机遇,这也正是我国犯罪学专业性发展的大好时机。因此,我国犯罪学基础理论研究创新发展可以在这个方面开拓一片天地。

(二) 对犯罪问题的评估展开

在新时代,对于中国犯罪问题的认识不仅在犯罪观上需要与时俱进,符合社会变化与犯罪实际,而且更需要的是一种理性、客观的精细认识了。这样在实践上尽量避免情绪性刑事立法、运动式惩治活动。由此,对于犯罪问题评估研究的路径开始展开了。而在这条路径上,我国犯罪学基础理论研究创新发展的空间是相当宽阔的:

---

① 参见王牧主编:《新犯罪学》(第二版),高等教育出版社2010年版,第8~9页。
② 参见周光权:《积极刑法立法观在中国的确立》,载《法学研究》2016年第2期。
③ 参见何荣功:《社会治理"过度刑法化"的法哲学批判》,载《中外法学》2015年第2期。
④ 参见皮勇:《论新型网络犯罪立法及其适用》,载《中国社会科学》2018年第10期。
⑤ 参见王燕飞:《亲情家园式:湖南"青护园"的经验——一个民间组织对未成年人严重不良行为矫治的实证分析》,载《青少年犯罪问题》2016年第6期。

其一，运用大数据等现代科学技术对于犯罪规律、犯罪发展的科学测量、对犯罪风险推估问题等方面的积极探讨。这种量化、数据支撑的"科学"研究，大大提高对于犯罪问题掌控，也更有利人们对于犯罪问题的理性认识，消除意识形态与政治站位的认知偏向。

其二，对于犯罪治理上评估研究更需要专业性认识。虽然我国犯罪治理能力与体系不断推向现代化，智慧治理、数字治理不断翻新推进，但是在对犯罪治理上仍须理性、精确的理论评估，更需要专业化统计分析，尤其在评估模型、评估标准以及评估方法需要不断更新，不断满足实践的需求，不断予以创新发展。

(三) 犯罪预防性法律实现问题

随着全面依法治国推进，在犯罪治理上，我国先后出台了一系列以预防犯罪为主要目的的法律，如禁毒法、反恐怖主义法、预防未成年人犯罪法等。对于这些法律如何在现实之中落地生根、发挥预防职能，往往是需要深入实际，结合犯罪学理论进行实证探讨的。这种分析是立足我国社会现实条件，正确认识到法在社会生活之中存活、运行状态、实际效果，从而在此基础上构建起中国特色的犯罪预防的法治理论来。

其一，对具有中国特色的犯罪预防性法律的理论体系反思或提升。随着犯罪预防法治化推进，国家不断尝试建设犯罪预防性法律。而这种法律制定是受到犯罪学理论影响或者直接指导下进行的，往往蕴含着较为深刻的犯罪学基本原理，因此，全面进行揭示与反思性总结提升，不断建构或完善具有中国特色的犯罪预防性法律的理论体系，从而推动这类法律的发展。

其二，对犯罪预防性法律实现所形成的理论进行提炼与归纳，推进中国特色的犯罪预防法治理论完善与成熟。对于各种犯罪预防性法律如何在现实中生根落地，需要结合各地实际与创造性法律实施，考察在社会条件之中生成具体的法治形态与释放出各自的效能，型构出特色的理论来。这成为中国犯罪学本土化特色中凸显出法学性质的一个显著特点。

总之，我国进入新时代之际，我国犯罪学基础理论研究创新发展具备了机遇与条件，学界同仁需要扎实努力，共同开创出我国犯罪学理论发展的又一次百家争鸣的新局面。

犯罪之技术治理的价值权衡：
以数据正义为视角*

单 勇**

在信息文明时代，大数据、人工智能等新型通用技术深刻推动了犯罪治理变革，基于信息技术的治理创新层见叠出，人脸识别、算法决策、预测性执法、平台治理、人工智能司法等技术应用极大提升了政法机关的社会能见度、风险感知度和反应灵敏度，"运用技术平台监管社会成为现代社会的普遍做法"①。犯罪治理呈现整体性的技术转向，犯罪的技术治理模式蔚然成型。技术治理取得瞩目成就的同时，"政府对个人信息巨细靡遗的收集，将引发民众对'隐私已死'的担忧，有可能滑入'全方位监控型社会'"。② 算法歧视、黑箱社会、隐私弱化、数字鸿沟等因数据使用而产生的不公平对待引发了广泛的社会焦虑，加剧了社会安全防卫与个人权利保障的价值冲突。在全景敞视主义从理论隐喻走向社会现实的当口，技术治理的正当性思考尤甚迫切，这种思考以技术治理的价值权衡为推进路径。

一、隐匿于技术治理中"看不见的非正义"

（一）技术治理的两面性

大数据是国家治理的显微镜、透视镜和望远镜，信息技术在与国家机器的

---

* 本文系 2018 年度国家社科基金重大项目"大数据时代个人数据保护与数据权利体系研究"（18ZDA145）之子课题"数据权利保护与技术治理扩张的平衡研究"；南京大学人文社科双一流建设第三批"百层次"科研项目"犯罪的技术治理实现善治之道：从数据控制到数据权利"的阶段性成果。

** 单勇，南京大学法学院教授。

① See MacKinnon R., China's "Network Authoritarianism", 22 Journal of Democracy 32, 41 (2011).

② 张新宝：《我国个人信息保护法立法主要矛盾研讨》，载《吉林大学社会科学学报》2018 年第 5 期。

高度适配过程中极大提升了犯罪治理能力，美国 PredPol、德国 Precobs、意大利 Keycrime、韩国 U-Governance、我国"城市大脑"等智能防控系统在实践中大放异彩，大规模数据监控、预测性执法、平台治理等应用给社会生活和犯罪治理带来深刻影响。对此，犯罪学亟须恰当的概念箱、充足的知识储备和科学的分析框架予以回应，技术哲学和技术社会学中的"技术治理"范畴进入犯罪学视野。

技术治理源自 20 世纪初兴起的技术治理主义，技术治理主义强调科学技术在社会发展中的决定性作用，主张实施工具层面渐进式的社会工程，以科学技术提升公共治理效率，因而成为国家治理的全球性现象。① 在模式上，可用"犯罪的技术治理"描摹犯罪治理的技术转向。犯罪的技术治理，是指防控主体依托"云计算—多平台—百系统"等架构，遵循"数据集成—风险预警—决策支持—指挥调度—共治服务"的平台治理流程，集成运用几十种、上百种具体的智能系统进行数据分析，以实现犯罪预警、预测、预防的整体性治理模式。② 技术治理有技术赋能与技术赋权的两面。信息技术不仅强化了社会控制，还作为一种解放性力量以赋权形式释放出大数据社会福祉。

1. 基于数据监控的技术赋能

信息技术对犯罪治理的赋能主要通过数据监控体现出来，数据监控是各类智能防控系统的底层逻辑。在流程上，数据监控包括数据采集和整合环节、依托"代码—算法—软件—系统"的分析环节、指向精准干预的结果输出环节。在成本上，在物信融合的基础设施建成后，数据监控转化为廉价监控和自动监控，其人财物投入远少于传统的"人盯人"监控，算法决策使监控自动化运行。在规模上，随着数据化程度日益加深，数据监控成为根植于"数据宇宙"的泛在监控，只要有数据印记和网络连接，更多的人和事被传感器记录下来，源源不断输送至智能系统中自动挖掘、整合与甄别，从而形成全景敞视的监控架构。在权力运行上，人脸识别、算法决策等方法紧密融入社会生活使人无从分辨，监控方法越具侵略性，技术背后的数据权力运行就越发不易被外界察觉，以至于技术治理成为一种"消失"的治理术。

随着数据监控的全面铺展，信息技术与犯罪治理组织体系产生强烈化学反应，围绕数据权力形成了双向互嵌、高度融合的治理态，催生出复杂精密的"数据巨机器"。"巨机器"源自技术哲学家刘易斯·芒福德的《技术与文明》

---

① 刘永谋：《技术治理主义：批评与辩护》，载《光明日报》2017 年 2 月 20 日，第 15 版。
② 单勇：《犯罪之技术治理的理论内涵》，载《国家检察官学院学报》2020 年第 3 期。

一书，芒福德认为现代技术造就出高度权力化的复杂大型机器——"巨机器"。在巨机器中，人无异于一颗颗螺丝钉，服从机械的铁律。① "数据巨机器"是大数据时代对技术治理孕育的治理生态的形象描摹。数据巨机器由"云计算—多平台—百系统"组合而成，通过数以亿计的物联网传感器将数据汇聚至巨型服务器集群所支撑的中央信息源，借助各种复杂精妙的算法分析数据，为犯罪治理输出各类结果。数据监控及数据巨机器提高了国家对社会的控制、整合及动员能力，优化了犯罪治理的体制和机制，强化了综治组织体系的结构韧性，极大提升了犯罪治理能力，但在客观上也推动治理权力趋于集中。

2. 回归人本导向的技术赋权

技术作为工具本是中立的，但技术的使用必定受价值导向影响。信息技术不仅强化社会控制，更是一种解放性力量。信息技术在重塑社会的过程中，给技术使用者带来意想不到的发展机遇，有效改善了公共治理的方式，以保障国民对犯罪治理知情权、参与权和监督权方式提供大数据社会福祉。可见，技术治理不仅有赋能面相，更能够技术赋权。在域外，数据开放浪潮推动英美等国对社会公开犯罪地图，民众在线查询各类犯罪地点等信息，以此促进警民互动、指导被害预防和社区防卫。在国内目前八个"城市大脑"项目中，浙江嘉兴的"社会治理云平台"不仅支持技术赋能，还在"微嘉园"模块以微信将125万市民（全市常住人口470万）纳入线上网格化治理，市民通过各自所属网格的微信群对社会治理所涉问题线索上报、意见分享、集体协商、调解及共治，政府各部门在线上对接和解决问题过程中形成了基于"用户视角"的"线上政府"，形塑出基于技术赋权的源头治理、回应型治理和整体治理策略。

赋权既是一种主观感知，强调个体对生活资源和发展拥有的控制力、对特定事件拥有的影响力；也是一种行动过程，个体或群体依靠信息开展社会实践。② 技术赋权往往与信息的获取、社会的认同和互信、公众参与等主题紧密联系在一起。因此，犯罪的技术治理不同于技术统治，技术赋权呼唤技术治理回归人本导向的治理本质。尽管技术赋能使治理权力随数据监控趋于集中，但技术赋权通过改变治理结构、助力公众参与的方式促使治理权力外溢至社会和个人。

---

① 参见［美］刘易斯·芒福德：《技术与文明》，陈允明、王克仁、李华山译，中国建筑工业出版社2009年版，第281～291页。

② 王亚婷、孔繁斌：《信息技术何以赋权？网络平台的参与空间与政府治理创新——基于2018年疫苗事件相关微博博文的分析》，载《电子政务》2019年第11期。

3. 技术赋能与技术赋权的非均衡发展

在实践中，赋能和赋权的两面呈现出"一显一隐""一强一弱"的非均衡性困境，技术赋能越发彰显，技术赋权尤甚薄弱。这种失衡的表现有很多，如监控技术的迭代演化对隐私和自由的威胁越发严重，监控数据运行的透明度不高，算法和模型越发复杂且难以解释和监督，政府、科技企业与个人之间的"数字鸿沟"日趋拉大等。赋能与赋权的失衡在相当程度上受犯罪治理极强的目标导向影响，无论是及时锁定嫌疑人，还是精准研判犯罪风险，这种极强的指向性自然引导防控实践向技术赋能倾斜。技术赋能在催生全景式监控的同时，也引发人们对信息技术的福音走向反面的担忧。技术治理与个人数据的使用密不可分，数据监控与每个人的关系深入且具体，以至于"人越来越适应监测环境，监控技术与人的身体逐步融合，并构建了人的生活世界"①。技术治理以飞天遁地的科技力量追求秩序唯美主义，形塑出前所未有的"数据巨机器"，但个人的自由和权利有可能免于反噬吗？处于加速进化中的技术赋能效应极大挤压了技术赋权的空间，数据主义的治理架构相对忽视了数据使用的正当性与合法性。伴随数据监控的全面扩张，这种非均衡发展加剧了技术治理的异化，引发了一系列因数据使用而产生的不公平对待。

（二）非均衡发展引发的不公平对待

技术治理虽蕴含迈向数据控制的赋能过程，但对技术的理解不能止步于工具的运用，应关注技术对社会福祉和个人自由有无增进。因此，技术治理不等于绝对的数据控制。遗憾的是，大数据分析推动刑事政策的制定者和执行者从被数据影响逐渐转为被数据决定。在数据主义决定下，"重赋能、轻赋权"的非均衡发展导致因数据使用而产生的不公平对待越发凸显，催生出新的技术异化。

第一，从发展方向上看，盲目追求全景式监控易使犯罪治理陷入"技术乌托邦"误区。当前，"万物皆可计量""算法设计未来"的大数据崇拜之声不绝于耳，但实际上大数据分析仅能实现有限理性，在人工限定的具体任务中发挥作用，大数据分析的结果是解释性和预测性的，而非控制性、绝对性的。社会秩序是行为的结果，而非设计的结果。大数据的有限性是技术治理扩张的前提认识。

第二，从人和技术的关系上看，"让渡决策"侵蚀人的主体性。作为一根会思想的苇草，人的主体性是社会进化的内在动力。基于智能机器的让渡决策

---

① 吴雯：《技术身体下的监测伦理审视》，载《自然辩证法研究》2018年第6期。

日趋增多,如 PredPol 软件对预测性执法的自动规划,"上海刑事案件智能辅助办案系统"的算法量刑等。"技术治理诱惑人类把判断交给数据"①,让渡决策依靠算法进行决策,意味着选择权的部分让渡,且让渡决策的边界始终向人类这一侧不断后移。让渡决策及其隐含的算法中心主义存在算法歧视、技术异化的巨大风险。

第三,从决策依据上看,算法决策存在算法歧视、算法误差等技术风险。算法是智能系统进行计算、分析的规则,是机器学习的内在机制。因算法的高度复杂性和不透明性,机器学习和深度神经网络的运行往往只见结果不见过程。"算法黑箱可能受隐藏的偏见影响,即因训练数据的不足而得出违背设计者本意的结果;可能存在较大模糊性,即算法规则很难精确表述出来,而是嵌入在数千甚至数万变动的因素中,很难证明某算法在任何情况下均正常工作。"② 据某非营利组织发现,Northpointe 公司开发的犯罪风险评估软件 Compas 在再犯风险评估中系统性歧视黑人,白人更多被错误评估为低犯罪风险。③ 算法黑箱以技术掩盖偏见和歧视,认为算法决策等于公平公正是一个天大的误解,由此算法歧视又被称为"最安静的恐怖主义"④。

第四,从公众参与上看,"数字鸿沟"催生出新的社会鸿沟,限制了民众对技术治理的参与。技术平台对社会具有长期固化效应,囿于数据权力的隐蔽性,互联网与大数据表面看扩大了平等与自由,事实上进一步强化了社会分层。个人与大数据掌控者之间的力量悬殊越发明显,个人越来越无法掌握自己的命运,透明的个人与幽暗的数据掌控者的社会分层在所难免。⑤ 大规模数据监控将亿万个体视为监控对象,"算法黑箱"架空了个人对技术治理的知情权,"说服计算"动摇了"行为系自由意志的产物"的世界观,个体参与技术治理的能力和意义被屡屡追问。

第五,从权利保障上看,全景敞视的数据监控给自由和隐私带来重大威胁。数据监控依赖对个人信息的整合利用,客观上增加了个体的透明度,使个人越来越易被识别,无匿名、高清晰的个体超级档案逐渐生成。技术治理以社

---

① See Ekbia H., et al., *Big Data, Bigger Dilemmas*: *A Critical Review*, 66 Journal of the Association for Information Science and Technology 1523, 1523-1545 (2015).

② 《2017 年互联网科技创新白皮书》,腾讯公司 2017 年 11 月发布,第 41 页。

③ 参见腾讯研究院等:《人工智能》,中国人民大学出版社 2017 年版,第 247 页。

④ See O'Neil C., *Weapons of Math Destruction*: *How Big Data Increases Inequality and Threatens Democracy*, Danvers (MA): Crown Publishing Group, 2016, p. 98.

⑤ 郑戈:《在鼓励创新与保护人权之间——法律如何回应大数据技术革新的挑战》,载《探索与争鸣》2016 年第 7 期。

会安全防卫之名急剧放大了隐私弱化的法律风险，政府对个人数据的访问权与个人隐私权存在现实抵牾。面对数据巨机器的崛起，个人怎样保有必要的自由亟待深思。

二、不公平对待一定程度上加大价值冲突

犯罪治理活动一般兼具复合目标，追求自由、公正、安全、秩序、权利、效率等多元价值；但特定背景、场景、内容下的防控策略在实现主要治理目标的同时，往往与其他价值在一定程度上存在抵牾之处。如人脸识别技术在高效监测高危人员同时，在一定程度上对国民的自由和隐私构成威胁。随着算法偏见、自动化决策、数字鸿沟等不公平对待的趋重，人脸识别等技术异化的社会风险、法律风险、伦理风险骤然放大，加剧了社会安全防卫与个人权利保护的总体价值冲突，一定程度上激化了技术治理的正当性危机。

（一）价值冲突加剧的表现

1. 安全至上、秩序为重与隐私保护、自由保障的价值冲突

大规模数据监控强化了政府对个人的控制，凸显了安全至上和秩序为重的理念。监控的指数级增长和全方位覆盖不可避免地对个人隐私、自由构成威胁。以人脸识别技术为例，东南某省会城市较早在地铁安检口安装人脸识别摄像头，与"全国在逃人员信息系统"实时比对，可迅速识别在逃人员出入地铁线索。在此后八个月内，公安机关凭借该技术抓获在逃人员500余人。如今，在重点空间使用人脸识别已成为高密度城市安全防卫的惯常策略。值得深思的是，人脸识别的敏感性在于其融合了信息和生物技术，有关部门获得人脸信息的超级访问权后，监控能见度大幅提升，个人变得越发透明，隐私边界不断溃缩。为此，反思人脸识别、加强隐私保护的社会思潮风起云涌。2019年美国旧金山市、萨默维尔市相继出台禁止政府部门使用人脸识别的禁令，反对人脸识别的理由包括该技术过度侵犯个人隐私、人脸识别误差、助推歧视性执法并加剧种族不平等等内容。[①] 2020年初，欧盟在公共场所禁用人脸识别的政策也在酝酿之中。

上述反对理由确有一定道理，但断然拒绝人脸识别似不可取，该技术在政务服务、商业活动中获得广泛应用，在犯罪治理中收获奇效，我们根本无力抗拒"刷脸时代"的到来。任何一项技术在防卫社会的同时都会影响个人自由

---

① See Ringrose K., *Law Enforcement's Pairing of Facial Recognition Technology with Body - Worn Cameras Escalates Privacy Concerns*, 105 Virginia Law Review 57, 57 - 66 (2019).

和隐私保护。只不过信息技术因具有广泛的社会覆盖面、强大的数据处理能力、超强的迭代更新速度、开放性的社会整合机制，从而使这种冲突骤然加剧，以至于人们一时间无所适从、难以取舍。即便对人脸识别进行限制，也有赖于以规制个人信息使用的数据法为依据。鉴于信息时代普遍存在的"制度滞差"，在数据法尚不完备的情况下，这一价值冲突和人脸识别的正当性危机可能越发加重。

2. 效率优先与权利保护的价值冲突

基于"数据+算力+算法"的合力驱动，技术治理取得前所未有的高效率和大成就，并迎来全国公安机关刑事案件立案数大幅持续下降的"历史性拐点"[1]。这种高效率不仅依靠警力的高强度投入，还得益于算法决策驱动的自动监控全面推行。某地政法委运用AI深度分析各类巨型数据库及实时信息，通过总结严重暴力犯罪行为人的罪前特征及危险人格特征（如是否失业，有无缠访闹访越级访及精神疾病经历、家暴行为等），设计威胁评分模型，以预测性执法在茫茫人海之中识别和干预高危人员。

客观地说，预测性执法有一定合理性和可操作性；但这种过于主动、过于前置的执法方案易导致数据监控的系统性滥用和体制性防卫过当，使个人权利时刻处于"数字利维坦"威胁之下。"用算法识别对社会安全具有潜在威胁的个体，这种基于群体层面长期可疑行为的预测，将不可避免地以回答'是或否'的问题来实现；但对个体而言则直接关涉自由和权利，被远程监控的人不知道自己被数据分类的基础。"[2] 预测性执法一旦被滥用将对社会产生巨大的寒蝉效应。技术治理在追求高效率同时，离不开制度化约束对个人权利的保护。权利保护理念要求算法决策必须保持透明度，在法律上明确威胁评分规则的具体内容、监控对象有无倾向性、监控的正当程序等。如果制度化约束缺位，那么效率与权利的抵牾将日益趋重。

3. 概率公正与个案公正的价值冲突

算法决策应用于技术治理的底层逻辑是概率分析。以威胁评分为例，算法决策在全面采集数据基础上，对个体做人群分类及用户画像，基于训练数据设

---

[1] 据《中国法律年鉴》统计，改革开放以来，公安机关刑事案件的立案数总体上呈大幅持续上升趋势，并于2015年攀升至717万件；但2016年、2017年、2018年立案数出现了大幅持续下降，分别为642万件、548万件、506万件。犯罪拐点出现的原因非常复杂，但科技创新拉动犯罪治理效率提高是各界认可的重要原因。

[2] See Taylor L., *What is Data Justice? The Case for Connecting Digital Rights and Freedoms Globally*, Social Science Electronic Publishing（2017），Available at： https：//doi.org/10.1177/2053951717736335（accessed 21 December 2017）.

计评估模型，计算个体实施违法行为的概率大小。在计算哪类人群的威胁评分更高及可被列入"大数据黑名单"时，算法决策在概率上具有无可比拟的准确性；但具体到特定个体时则可能存在算法歧视、计算误差、识别错误等问题。如 Compas、PSA、LSI–R 等软件在美国应用于辅助法官量刑和评估罪犯再犯风险等领域，上述软件在预估某一群体的累犯风险时相对可靠；但因对有色人种存在较严重的算法歧视、算法量刑与量刑个别化原则相抵牾等缘由，软件对特定个体的累犯风险预测、量刑结果可能失准，尤其是预测暴力犯罪的准确率差强人意。① 可见，算法决策虽能实现概率层面的公正，但未必直达个案个体的公正。

概率公正源自算法中心主义，是技术方法和组织体系互嵌而生成的数据巨机器的输出结果。概率公正不等于社会整体公正，整体公正源自个体所获得的个案公正。算法中心主义以让渡决策和自动控制的形式造成事实上的数字鸿沟，引发歧视性执法导致算法社会中人与人之间新的不平等。於兴中认为："算法社会一定是科技精英社会，我们可能正在期望一个比现有社会更不平等的社会，这种不平等是从起点到结果的全方位的不平等。"② 这种数据导向、算法中心、技术驱动的治理策略无可避免地输出概率公正，以概率公正置换个案公正。如果枉顾这两种公正观念的冲突将可能动摇整个刑事司法大厦的根基。

（二）价值冲突加剧的本质

从哲学上看，社会安全防卫与个人权利保护的总体价值冲突在信息社会骤然加剧可归因于数据主义的崛起及其对人文主义的冲击。信息技术的泛在应用催生出数据主义的哲学新主张。"数据主义认为，宇宙由数据流组成，任何现象或实体的价值在于对数据处理的贡献。数据主义要求连接越来越多的媒介，产生和使用越来越多的信息，让数据流最大化；要求把一切连接到系统，连那些不想连入的异端也不例外。数据主义一开始也是中立的科学理论，但正逐渐成为要判别是非的宗教。"③ 数据主义推崇视一切为数据、以数据为中心的世界观，遵循计算机逻辑和算法中心主义，依赖产生于数据的洞见和通过数据技术解决犯罪问题。受数据主义影响，犯罪治理被简单化约为数据监控与预测性

---

① ［美］李本：《美国司法实践中的人工智能问题与挑战》，载《中国法律评论》2018 年第 2 期。
② 於兴中：《算法社会与人的秉性》，载《中国法律评论》2018 年第 2 期。
③ 参见［以色列］尤瓦尔·赫拉利：《未来简史——从智人到智神》，林俊宏译，中信出版集团 2017 年版，第 334 页、第 347 页。

执法的组合、被置换为信息技术的应用。数据主义表达了信息技术比其他治理手段更具优越性的意识形态,迷信技术把人推到一边,给人文主义带来严峻挑战。

"以人为中心的人文主义是人类近代以来确立的基本文明价值观,正是以人为中心的人文精神使人道、自由、民主、平等、法治等成为社会主流价值。"① 人文主义重视人的生存和发展,维护人的尊严、价值和自主性,以社会正义准则制约技术的社会功能,以人的权利实现为中心标定犯罪治理的价值导向。数据主义对人文主义冲击的表现有四:其一,"数据洞察一切""算法设计未来"等数据主义主张的前提是人类世界可被数据完全镜像,这种不现实的想法极具迷惑性,还隐含着个人可被视为"数字人"或"微粒人"的意识。其二,数据主义以数据和算法为中心忽视了人的自主性,忽视了人的价值观和经验对犯罪治理的重大影响。其三,数据主义倡导的大规模数据监控固化了个体作为被监控对象的原子化形态,对人的权利和自由构成巨大威胁。其四,数据主义助推家长主义治理思维的持续蔓延。"家长主义的核心特征是为保护行为人的利益而限制行为人的自由。"② 问题在于,家长主义在犯罪治理中不能过限,不能动辄以防卫社会为由恣意限制个人自由,不能牺牲过多的个人权利以换取社会整体利益。数据主义与家长主义的"完美"融合将导致全景敞视的绝对社会控制。因此,以数据为中心的数据主义是一种技术神话,严重偏离了以人为本的价值观。正如尤瓦尔·赫拉利所说,数据技术的全面扩张可能导致人文主义的崩塌,数据主义将取代人文主义成为一种新的世界观或宗教,应警惕与批判数据主义。③

实际上,技术与人文精神无法截然分割,信息技术由人发明、为人服务,数据的使用不能违背社会正义准则,技术治理必须从工具理性回归价值理性。技术治理对秩序、安全、效率、概率的追求受数据主义世界观影响颇深;对技术治理扩张的警惕和限制,对数据使用正义观念的求索是人文主义世界观的体现。以数据为中心的数据主义与以人为中心的人文主义在价值悬设上的抵牾,与科学主义与人文主义的冲突一脉相承。数据主义是科学主义在大数据时代的新形态,人文主义要求一般性的社会正义观念向数据正义转型发展。

总之,面对总体价值冲突的加剧及其背后的世界观分立,必须引入一种关

---

① 高兆明:《"数据主义"的人文批判》,载《江苏社会科学》2018年第4期。
② 黄文艺:《作为一种法律干预模式的家长主义》,载《法学研究》2010年第5期。
③ 参见[以色列]尤瓦尔·赫拉利:《未来简史——从智人到智神》,林俊宏译,中信出版集团2017年版,第59页。

于数据或技术使用正当与否的理论分析框架,以此标定技术治理的价值导向、回应技术治理的正当性危机。

三、数据正义的分析视角

数据使用的正义观念、正义准则可用"数据正义"(data justice)范畴表述。近年来,数据使用与社会正义两个主题的交叉地带颇受热议,欧洲兴起的数据正义理论为技术治理的正当性思考提供了分析视角,可将技术治理置于数据正义的正当性分析框架下进行价值权衡。那么,数据正义理论究竟是一种什么样的分析框架,这有赖于对数据正义思想渊源与核心观点的深入把握。

(一)数据正义的思想渊源

正义理念对于犯罪的技术治理至关重要,人们因自身产生的数据被监控、被分析、被分类对待,为防范数据使用中的不公平对待,必须考虑"数据"和"正义"两个主题的交叉地带——"数据正义",不能局限于数据在单一领域的应用,而应立足"社会和政治正义准则"高度,探索数据正义的理论框架。① 作为衡量社会发展的理念,正义观念和理论随时代变迁而不断发展。在大数据浪潮下,促进发展的数据正义成为亟待研讨的理论焦点,没有数据不能做出决策、采取行动,没有数据正义就无法实现社会的公正发展。理论界对数据正义的探讨尚处于初创阶段,但已有研究不乏真知灼见,荷兰阿姆斯特丹大学的"玛丽·居里"博士后研究员 Taylor 从法治视角对数据正义做出阐述,提出数据正义的三个核心观点——数据使用的"可见性—事先约定—防范不公平对待"②。这一研究初步揭示了数据正义的理论内涵,触及数据正义的实现方式,与著名经济学家阿马蒂亚·森对正义理论的发展存在颇多契合之处。

数据正义并非是先验固定的,而是从一般性社会正义观念中延伸发展出来的。在正义理论的知识谱系中,阿马蒂亚·森是继罗尔斯之后的标志性学者。罗尔斯提出"作为公平的正义",探究理想状态的正义模型;而森基于开放性、比较性的思路,关注社会现实中的不公平对待,将自由作为发展的目标和促进发展的重要手段。相对罗尔斯,森更关注正义在现实社会条件下如何实现,以着眼于现实的方法推动正义理论的研究范式从先验制度主义向现实主

---

① See Heeks R., Renken J., *Data Justice for Development*: *What Would it Mean?* 34 Information Development 90, 90 – 102 (2018).

② See Taylor L., *What is Data Justice? The Case for Connecting Digital Rights and Freedoms Globally*, Social Science Electronic Publishing(2017), Available at:https://doi.org/10.1177/2053951717736335(accessed 21 December 2017).

转换。在森看来，思考正义问题的方式必须契合社会实践的最紧迫需要，这意味应摒弃罗尔斯所代表的那种旨在建构某种"完美正义"理想的"先验制度主义"理论进路，转向一种以识别和剪除现实世界中各种"明显不正义"为目标的理论进路。① 森强调"正义论的起点不是'什么是完美的正义社会'，而是'什么是不正义社会'；正义论的终点不是实现理想中的正义社会，而是使具体、现实中的社会不断趋向正义"。②

阿马蒂亚·森的正义理论构成了数据正义的思想渊源。其一，森关注到现实社会中具体的不公正现象，以反对非正义为标签。这种现实主义分析思路为数据正义的理论思考所承袭，数据正义萌发于对数据使用中诸种不公平对待的反思。其二，森认为存在多个不同的正义缘由，以比较方法对各种正义缘由进行判断、权衡、排序及选择。数据正义理论也并非彻底倒向社会安全或个人自由等一元正义缘由，而是承认各种正义缘由均有其正当性，以正当性标准作为理论探讨的基点。其三，森强调自由在诸种正义缘由中具有优先地位，"自由绝对不能被降格为其他事物的补充，自由在个人生活中占有非常特殊的地位"。③ 森以自由看待发展和公正，认为个人自由是社会发展的目标，保障自由是促进公正的方式。数据正义理论继承了森对自由和发展、公正关系的阐述，重视个人权利及个人有资格从事某种活动的能力，以保障自由和权利的方式推动社会治理走向良政善治。如果说之前的互联网变革上半场倡导创新和效率，那么进入下半场的互联网革命更注重公平和权利。可以说，数据正义理论承袭了森所提出的促进正义的视角、方法和分析框架，根植于信息社会的时代背景和现实需求发展了现实主义正义观。

（二）数据正义的核心观点

"数据正义"是一种关于如何使用数据才能实现个人自由和增进社会福祉的价值观。Taylor 提出的数据使用"可见性—事先约定—防范不公平对待"3个核心观点构成了理解数据正义的理论基础。

1. 数据使用的可见性

"数据使用的可见性"有两层含义：一是政府、企业对个人数据的采集、使用及其监管流程对公众是可预见的，以此防范数据使用中的不平等。也就是

---

① 参见［印］阿马蒂亚·森：《正义的理念》，王磊、李航译，中国人民大学出版社2012年版，第22页。
② 张三萍、金阳：《阿玛蒂亚·森正义论探析》，载《浙江社会科学》2016年第2期。
③ 参见［印］阿马蒂亚·森：《正义的理念》，王磊、李航译，中国人民大学出版社2012年版，第53~54页。

说，数据监控的方式、内容、流程等均应对社会公开。二是政府、企业使用个人数据应注重保护隐私，使隐私信息对第三方处于"不可见"状态，以防范因数据滥用导致隐私被侵犯。数据使用的可见性包括对社会公众可见和对第三方不可见的双重实体要求，指向国家在大规模数据监控中的道义和责任，通过为数据控制者设定义务的方式明确消除不公平对待的法律依据，以此圈定个人在技术治理中享有的自由边界。

对社会公众可见，是指政府和企业的数据使用范围、方式、目的、机制、流程等对社会公开，保障民众对数据监控的知情权、参与权、监督权，这涉及监控权力运行的透明度和社会信任问题。具体来说，技术治理中的可见性意味着数据监控所涉的具体数据项有哪些、实施特定监控的治理主体、使用何种手段或技术拟达到何种目的而监控、监控对象的倾向性、预测性执法所依托的算法的可解释性、"威胁评分"或"大数据黑名单"的内在规则、监控的成本由谁负担和收益由谁享有等事项应被法律所明确，从而实现对社会公开的目标。

对第三方不可见，是指尽管个人数据以公共安全之名被国家之眼所凝视，但对治理主体以外的第三方应绝对保密，防范个人信息被滥用，确立泄露及不当使用数据行为的法律责任及问责机制，促进对个人自由的保障。"监控就是监控，不管是通过人还是通过计算机，多少都要侵犯个人的隐私和自由。数据库一旦建立就应该严格保护，否则很容易被滥用。"① 对第三方不可见强调治理主体的数据保管义务和数据安全责任，是判断数据使用有无不公平对待的重要标准。随着平台企业作为参与主体在一定程度上获得对违规违法行为的治理权力，监控职能从政府向企业延伸，政府和企业在信息收集、监控、调查、隐私保护等活动中的界限存在一定交叉甚至模糊之处。参与治理的主体范围不可避免地扩大，对政府的数据安全义务要求同样适用于平台企业，数据使用的可见与不可见要求也是平台企业履行平台责任的重要内容。

2. 技术使用的事先约定

"技术使用的事先约定"是指政府及企业对大数据技术的应用内容必须与相关群体、潜在用户进行事先约定。技术既是治理的工具，也是治理的对象。"事先约定"以技术为治理对象，要求技术的使用以社会公众看得见的方式实现。类似安装 App 之前的用户同意程序，事先约定技术使用对个体或群体的影响，告知将采集哪些个人数据及如何使用数据，告知用户对被采集的个人数据享有哪些权利及怎样共享数据的利益等事项。"事先约定"是赋予个人对数

---

① 参见涂子沛：《大数据：正在到来的数据革命，以及它如何改变政府、商业与我们的生活》（3.0 升级版），广西师范大学出版社 2015 年版，第 171 页。

据使用的同意权及知情权的关键程序,也是欧盟《一般数据保护条例》(GDPR)中的重要原则。该原则体现了阿马蒂亚·森"以自由看待权利"的理念,要求将技术选择的自主权赋予个人,提高个人对自身数据的掌控能力,强化了隐私权保护。在之前发生的"Google 隐私案"中,欧盟法院对"个人数据"的概念和"数据访问权利"做出法律阐述,也确认了"事先约定"原则。①正义的实质在于询问人们需要什么,而不是人们主张什么权利,"事先约定"为个体享有信息自决的选择自由提供了程序性保障。

事先约定程序以往多见于民商事活动,在犯罪治理领域能否一体适用?实际上,犯罪治理中的数据使用仍须遵循事先约定,不过有别于民商事活动中场景化的用户同意,这种事先约定和用户同意须通过制度层面、整体意义的法律授权实现,通过网络安全法、数据安全法和即将出台的个人信息保护法等法律法规将个人同意的权利和约定的事项以立法形式让渡给有关部门,赋予其进行数据采集、使用、保管等方面的法定职责。"制度因素在寻求公正方面具有重要作用。经恰当选择的制度,将与个体及社会行为的决定因素一道,对推动公正具有重大意义。"②作为正义的实现方式,事先约定程序以法律的精确性弥合了权利和道德主张的模糊性,为减少不公平对待和实现个人自由提供了法治保障。

3. 反对不公平对待

阿马蒂亚·森认为,"着眼于现实的视角更容易使人明白,消除赤裸裸的不公正比寻找完美的公正更重要"。③ 数字革命到目前为止依然停留在技术层面,因数据使用而产生的不公平对待伴随技术的进步与日俱增,对不公平的认识和应对停滞不前,数据监控和社会公正的关系亟待探讨。④ 有学者对不公平对待的国外现状做出系统观察,指出数据监视最大的负担一直由穷人承担,政府应确保不滥用国家福利基金和其他公共基金;数据执法通常不平等地关注贫

---

① See Tracol X., *Back to Basics*: *The European Court of Justice Further Defined the Concept of Personal Data and the Scope of the Right of Data Subjects to Access it*, 31 Computer Law & Security Review 112, 112–119 (2015).

② 参见[印]阿马蒂亚·森:《正义的理念》,王磊、李航译,中国人民大学出版社 2012 年版,序第 5~6 页。

③ 参见[印]阿马蒂亚·森:《正义的理念》,王磊、李航译,中国人民大学出版社 2012 年版,引言第 17 页。

④ See Taylor L., *What is Data Justice*? *The Case for Connecting Digital Rights and Freedoms Globally*, Social Science Electronic Publishing (2017), Available at: https://doi.org/10.1177/2053951717736335 (accessed 21 December 2017).

民区，因为这里集中了特定类型的犯罪；相对高收入者，非法移民被监控者采用了更具侵略性的跟踪手段。① 在算法社会，一个貌似好用的系统，便利到只见结果不见过程。囿于算法黑箱的干扰，检测结论准确性的可能性在减少。② 随着算法决策的泛在应用，算法偏见及歧视性执法等不公平对待将愈演愈烈，一旦算法决策等技术应用成为个人生活中根深蒂固的一部分，成为被设定好的前置条件，人们就很难再认清它的本来面目，更难以对其做出实质性的批评。

技术治理面临最大的"灰犀牛"莫过于数据使用的不公平对待，这种不公平对待将威胁个人自由。必须反对不公平对待，反对因种族、身份、遗传、健康状况、经济地位、职业而产生的歧视性执法，警惕公权力以算法之名侵蚀个人权利，防范个体因陷入"数字鸿沟"而无法参与治理的边缘化困境。算法不能替代律法，技术治理不能唯数据主义，反对不公平对待成为数据正义对技术治理的底线性要求。

综上，"可见性—事先约定—反对不公平对待"核心观点是对初创中的数据正义观念与理论的凝练，并搭建出数据正义的分析框架。伴随人文主义的复兴，信息社会的正义观念处于快速发展状态，数据正义的理论内涵将不断丰富，数据正义的分析框架亦将越发具有理论说服力。

四、数据正义的正当性要求

基于数据正义的价值权衡是一种探寻数据使用的正义缘由的过程，Taylor提出的三个核心观点为数据使用的正当性思考提供了理论依据。"可见性"关注数据开放和隐私保护问题，对治理主体提出可见与不可见的实体性要求；"事先约定"强调技术选择的自主权，以立法授权为技术治理的事先约定途径，从权力制衡角度对治理主体提出程序性规制；"反对不公平对待"根据实体和程序要求对数据使用的不公平现象进行反思。由此，以数据正义锚定技术治理的价值导向，获得如下价值判断：

其一，数据正义反对一元的价值模式和绝对的数据控制，强调技术治理不能以安全之名肆意扩张，技术治理的发展是一种迈向数据控制且超越数据控制、技术赋能与技术赋权兼顾的有限扩张。

其二，数据正义注重对数据权力的制衡，关注技术治理的社会参与，以促

---

① *See* Taylor L., Broeders D., *In the Name of Development: Power, Profit and the Datafication of the Global South*, 4 Geoforum 229, 229–237 (2015).

② *See* Elizabeth J., *Data Mistakes and Data Justice*, Jotwell (2016), Available at: https://crim.jotwell.com/data-mistakes-and-data-justice/ (accessed 21 December 2017).

进个人数据权利与政府企业数据权力均衡运行的方式，实现"政府—企业—个人"三元主体关系的结构优化。

其三，数据正义对技术治理的实体性要求与程序性规制离不开数据法的制度建构，以数据正义为数据法的立法理念，为数据监控的运行划定法治边界，以法律控制技术治理的有限扩张。

其四，数据正义呼唤技术治理回归人本导向和权利本位，以技术赋权超越数据控制，基于被害预防立场提升公众参与的广度与深度，推动技术治理从封闭式管理走向开放式治理。

上述价值判断蕴含着数据正义对技术治理的正当性要求，可将之分别凝练为技术治理的"有限扩张—关系均衡—法律控制—技术赋权"。4个要求分别指向技术治理价值导向的不同棱面，共同构成数据使用行为正当与否的评价标准。之所以说是共同构成，因为4个要求是整体性、综合性的正当性要求，对任一要求的违反在很大程度上将对技术治理的正当性构成损害。对此，结合"冒烟指数"①、平台治理等应用实践，阐述4个正当性要求的理论内涵。

（一）超越数据控制的有限扩张

有限扩张要求警惕基于家长主义的过度监控和对数据控制的过度依赖，防范陷入"技术乌托邦"误区。技术治理在范围和方式上有其作用边界，其适合具体情境和特定条件下的微观战术执行，不擅长宏观的犯罪治理战略设计；精于数据分析，但无法替代人与人面对面打交道的工作。仅凭大数据和AI无法建构高度透明、完美可控的社会秩序，数据控制仅是犯罪治理的一个基础环节。面对"智慧治理"热潮，必须正视数据控制的有限性，不能陷入体制性防卫过当的误区，试图通过某种智慧建设的社会工程实现犯罪预防的"毕其功于一役"。毕竟，犯罪的减少主要依赖社会发展和城市更新、教育进步、充分就业等诸多因素的共同作用，有限扩张亦是对犯罪治理规律的一种适应。

技术治理的有限扩张要求治理主体有义务证明数据监控是为实现特定的正当目的而不得不采取的必要行动，以"冒烟指数"为例阐述有限扩张的正当性根据。

---

① "'冒烟指数'监测预警非法金融活动平台"（简称"冒烟指数"），是某金融大数据公司研发的金融监管科技软件，从工商、法院、舆情等150个数据项中抓取320个变量，形成非法性指数、收益率偏高指数、投诉举报指数、特征词命中指数等风险分析子模型，通过机器学习模型和专家研判模型共同赋权，估算信用风险评分，以评分判断金融企业的违法犯罪风险。参见李崇纲、许会泉：《冒烟指数：大数据监测互联网金融风险》，载《大数据》2018年第4期。

其一，技术治理的有限扩张应具备合理的正当目的、充分的必要性和有效性。近年来，以网络非法集资为代表的涉众型经济犯罪居高不下，不仅给广大投资人造成重大经济损失，还严重威胁金融监管秩序和社会稳定。传统金融监管应对乏力亦是不争的事实，引入"冒烟指数"软件预警非法金融活动契合大数据时代犯罪治理的新趋势，体现预防优先的理念，取得较好的监管效果。该方案被北京市金融工作局等150多个监管部门使用，对上百万家金融机构进行风险摸排，成功预警6千多家从事非法金融活动的公司。这一治理创新不仅具有明确且具体的正当目的，还有较强的科学性、经济性、针对性和可操作性，故而构成一种必要且有效的治理扩张策略。

其二，从数据使用的外部关系看，有限扩张的有限性要求在整个犯罪治理流程中对数据监控的应用有明确限定，将监控限定于线索识别等适合数据分析发挥作用的领域。"冒烟指数"专注于违法线索识别，致力于金融企业风险评估的微观任务，仅系犯罪治理流程上的初始环节。根据数据分析结果，后续还将开展其他的治理策略。这种创新不属于过度的数据监控，包含这种创新的整体犯罪治理策略也必将是超越单纯数据控制的。

其三，从数据使用的内在要求看，有限扩张的有限性要求数据使用行为符合可见性和事先约定原则。"冒烟指数"软件在方案中对社会公开所需的数据项及技术路线，相关数据由监管部门合法掌握（如工商数据、投诉举报数据）或依法获取（如法院行为信息从裁判文书网上抓取），故符合数据使用的可见性。鉴于信息社会的"制度滞差"，金融监管部门和公安机关对技术使用的事先约定或此类科技监管的法律程序性要求（如授权、告知、征求意见、听证、评估、监督等流程）亟待在个人信息保护法等法律法规层面予以明确。值得注意的是，《网络安全法》第54条规定针对网络安全事件的数据收集和监测、风险评估、风险预警等内容，第55条规定要求网络运营者采取技术措施消除安全隐患等内容，由此初步体现了针对网络安全事件进行数据监控的可见性和事先约定原则。

（二）基于结构视角的关系均衡

数据正义要求国家权力与社会权力、政府企业的数据权力与个人数据权利在技术治理中均衡运行，这种关系均衡思想应体现到"政府—企业—个人"三元主体关系的结构优化中。

传统的犯罪治理模式依靠党和政府的组织化调控而自上而下地开展，这种治理结构的组织度高、整体性强、一元化特征显著，但社会参与较为有限。如何引入社会力量参与治理长期困扰犯罪治理结构优化。随着信息技术对社会结构的重塑，治理权力逐渐从政府外溢至企业和个人，"政府—企业—个人"三元主体的合作与制衡获得改善契机。信息社会在组织特征上表现为在线平台社会，基于在线平台的犯罪治理策略显示出极强的发展潜力，如平台企业对电商、社交、出行、支付等平台内发生的诈骗、赌博、洗钱、侵犯知识产权、传播不良信息等违规违法行为具有日常管控、先行处置及线索移送等治理权力。这种平台治理具有引入市场机制、依靠平台企业、挖掘平台潜力、依循互联网思维的特征，催生出一种政府监管平台企业、平台控制者管理用户的双层治理结构。科技企业凭借技术、平台、数据等优势在技术治理中的作用越发彰显，并获得了更多的准公共权力。

相对政府和平台企业的深度合作，分散的个人被在线平台吸纳为用户，个人借助平台发声，用户与政府部门的在线交互形塑出全新的线上回应型治理策略。例如，在"昆山反杀案"等热点案件中，公众在社交平台上发表意见并引发社会大讨论，而政法机关及时反馈、引导和回应民意有助于热点案件司法处遇之社会效果的实现。正如在线平台使企业获得参与技术治理的数据权力，普通个体也能从平台治理中获得更多的参与权利。浙江嘉兴的"社会治理云平台"就是以平台对个体赋权的典范，该平台的"微嘉园"模块探索出一条依靠和发动群众的线上网格化治理和网络枫桥经验的新模式。社会治理云平台通过微信群将每个网格范围内的居民联系在一起，该平台是典型的综治平台，而非社交商业平台。平台治理不单实现了平台企业的参与，还促进了普通个体对犯罪治理的共治共建。平台治理成为推动三元主体关系走向均衡的关键策略。

（三）源自社会共识的法律控制

大数据能够搭建越发严密的全景式监控，但无力回答人类需要什么样的智能社会及如何制衡数据权力的问题。数据正义理念致力于探求关于数据监控的社会共识的最大公约数，呼唤将其贯彻至个人信息保护法等法律中。这要求将"冒烟指数"等基于算法自动化决策的预测性执法置于法治轨道。

一方面，立法授权即为事先约定，这是凝聚社会共识、实现权利让渡的程序性要求。个体在相当程度上被数据分析和智能机器所支配，但自由不能靠智能机器赐予。只有在法律授权和事先约定下的被监控、被编码、被计算、被秩序化，个人自由才能获得保障，才能防范数据控制者的超级权限与绝对控制。"冒烟指数"等自动化决策应用牵涉上百万家金融企业及其企业相关人员，应在《政府信息公开条例》及未来的数据法立法中明确监管部门使用各类数据的程序性要求，赋予监控和自动化决策所涉的个体或企业享有获得人为干预、复核的权利与对自动化决策决定提出质疑、申辩的权利。算法的自动化决策和识别必须辅之人工复核程序，以保障算法决策的公平性，金融监管部门应承担算法决策不当给社会及个人造成现实危害的不利法律后果。我国尚未制定算法问责法，但并非意味不能对算法决策结果进行必要的评估和问责，算法的使用者或数据控制者有义务减少算法决策可能造成的现实危害。

另一方面，数据监控和算法决策的实体性要求应对社会公众可见，即数据监控的实施部门、范围、对象、方式、期限、地点等事项对社会公示，尤其应将数据监控的技术路线和实施机制予以公开，听取公众意见，接受人大监督。由于牵涉商业秘密、市场竞争等原因，"冒烟指数"的研发公司及金融监管部门不可能对社会完全公开技术方案的每一个变量和算法的全部细节，但公布自动化决策的详细规则、应用指引、软件所涉数据类型及技术路线则是保障数据使用可见性的应有之义，以可见性减少技术治理的社会抗拒。

（四）回归价值理性的技术赋权

正义意味着承认和尊重权利，数据正义呼唤信息技术赋能与赋权的有机统一。技术赋能指向社会安全防卫，技术赋权关涉到保障个人自由免受数据监控的威胁。在信息社会，"社会的主体结构从分层转向结网，集中在政府的权力开始分散，权力的最终流向是社会、是大众，是一个个独立的公民个体。"[1] 网络赋予个人前所未有的知情、表达、参与、监督公共事务的途径，技术赋权意味着个人以拥有数据权利的方式分享大数据社会福祉。数据权利相对于政府企业的数据权力而言，是个人对自身数据享有的利益，也是数据正义在个体层面的实现方式。

"冒烟指数"在技术赋权上的最佳应用莫过于向社会提供查询金融企业信用风险评分的数据接口，以指导广大投资人趋利避害防范风险。这一正当性要求并非针对以商业利益为导向的金融大数据公司，而是对公共服务导向的金融监管部门提出的。对于金融监管部门来说，投资者教育不仅是其本职工作，更是为维护社会稳定大局必须承担的使命。近年来，频繁爆雷的 P2P 平台的投资人动辄上万人，有些甚至多达上百万被害人。从源头治理视角看，为投资人提供金融企业信用风险评分可谓是最好的投资依据与最优的被害预防策略。当然，金融监管部门为社会提供信息的方式（有偿抑或无偿）、提供信息的具体内容和形式尚待进一步思考，但将大数据分析获取的有用信息分享给社会公众，是技术治理回归权利本位、人本导向与政府为社会提供大数据社会福祉的必然选择。

---

[1] 参见涂子沛：《大数据：正在到来的数据革命，以及它如何改变政府、商业与我们的生活》（3.0 升级版），广西师范大学出版社 2015 年版，第 313 页。

五、技术治理趋向数据正义的实现路径

"有限扩张—关系均衡—法律控制—技术赋权"正当性要求为技术治理转型发展提出"超越数据控制"的新方向。重视技术赋能、迈向数据控制属于技术治理的1.0阶段，走向赋能与赋权均衡发展、超越数据控制则系技术治理2.0阶段的主要标志。因此，技术治理的价值诉求绝非简单倒向安全与自由的某一边，而是在技术治理从1.0到2.0的迭代发展中以赋能与赋权的均衡发展促进数据正义。具体来说，趋向数据正义的实现路径包括以下几方面内容：

（一）以数据权利厘定数据监控的法律边界

数据正义要求技术治理坚持人本导向和回归权利本位，以技术赋权超越数据控制，根据数据权利为数据控制者标定义务，以数据权利与数据控制者义务共同厘定数据监控的边界。"个人数据权利是保护自然人对其个人数据被他人收集、存储、转让和使用过程中自主决定的利益。"[1] 作为监控的法律制衡因素，数据权利不是单纯的私法问题，还具有浓郁的公法属性，指向数据主体因自身数据被数据控制者在社会治理中采集和使用而应享有的权益。面对个人数据汇聚于数据巨机器的社会景观，数据权利面临数据监控的严重威胁。在法律上界定与明晰个人对自身数据的所有权、知情权、同意权、访问权、更正权、可携带权、被遗忘权及隐私保护等权利，构成了制衡数据监控的法治选项。

有别于民法从人格权、财产权角度的数据权利研讨，犯罪学更关注数据监控与数据权利的关系，以数据权利厘定数据监控的法律边界。遗憾的是，数据权利保护在我国尚缺乏系统的法律依据，民法典总则编等法律的分散规定不足以肩负系统规范数据使用行为的重担。数据监控在实践中往往先于规制数据使用的法律而存在，监控的决策和实施时常处于秘而不宣、只做不说的不透明状态。在个人信息保护法尚未出台背景下，鉴于权利保护与义务履行的相互依存关系，数据权利的实现离不开数据控制者义务的履行，故以数据控制者义务的履行探究数据权利保障和法律边界设定不失为一条可行路径。

在消极数据权利层面，消极数据权利以保护自由为核心，强调免于数据控制者的不当干涉，指向数据控制者在数据使用中各种强制性义务和禁止性义务的履行。这些义务要求数据使用行为应避免出现算法偏见、歧视性执法、隐私泄露等不公平对待。隐私是信息文明的基石，"也许最重大的侵害还不是观察

---

[1] 程啸：《论大数据时代的个人数据权利》，载《中国社会科学》2018年第3期。

和摄像本身,而是对于观察到的信息的不当利用如披露、公开和用于商业目的等"。① 对此,数据控制者对数据使用行为负有谨慎使用、安全保管等义务,对数据使用和保管不当而引致的不公平对待应有投诉、建议、纠错乃至问责等机制。

在积极数据权利层面,积极数据权利以促进平等为核心,既指向数据控制者积极义务的履行,包括政府的数据安全义务、企业的平台管理义务、告知、更正和删除、透明度、限制处理等内容;也强调数据使用行为遵循数据正义的可见性和事先约定原则,要求谁负有特定的监控职责、监控的类型与目标、监控所需的具体数据项、监控所涉群体的倾向性及其理由、监控结果的应用方式、监控的合法性依据与正当程序等内容在数据法实体规定上清晰可见、在程序规则中事先约定,以此引领数据监控走上法治轨道。

值得注意的是,数据监控的法律边界可能并非是极为清晰和明确的。因权利让渡以社会安全防卫的必要为限,鉴于技术进化和安全防卫需求的变化,监控所需个人数据的范围亦处于持续变动状态,这预示着数据权利的相对性可能是一种常态。尽管数据监控的数据最小化原则逐渐成为社会共识,但最小化的标准往往也是模糊的。同时,数据权利和数据控制者义务均依赖于特定语境和场景的设定,GDPR 赋予数据主体的权利时也是将权利还原到具体语境与社群中,在具体语境与社群中判断人们的预期与权利的边界。② 在不同城市空间、公共场所与非公共场所、现实空间与赛博空间等监控场景下,法律边界存在较大差异亦是常有之事。上述数据权利的相对性、模糊性、场景性共同导致数据监控的法律边界存在大量模糊地带和可灵活调整的空间。可见,数据监控的法律规制必然是一个长期渐进、反复博弈的过程。

(二) 以算法治理打开预测性执法的技术黑箱

基于算法决策的预测性执法在犯罪治理中发挥越发重要的作用。数据监控是数据巨机器的输入端,算法决策属于中间环节,预测性执法则为数据巨机器的输出端。鉴于算法决策在识别高危人员、再犯风险评估等领域广泛应用,算法被视为一种社会权力。算法权力的运行存在如下问题:其一,算法决策的透明度有限,预测性执法时常从算法黑箱中输出结果,某些多层神经网络系统的复杂性甚至连它的设计者也无从理解。其二,算法决策的准确性屡遭质疑,训练数据因随机性不足、歧视偏见等原因而存在误差,导致算法偏见长久存在。

---

① 参见张新宝:《隐私权的法律保护》,群众出版社 2004 年版,第 270 页。
② 丁晓东:《什么是数据权利?——从欧洲〈一般数据保护条例〉看数据隐私的保护》,载《华东政法大学学报》2018 年第 4 期。

其三，预测性执法将法律问题简化为基于评分规则的数学问题，引发系统性歧视、隐私弱化及违反正当程序等负效应。概率分析扭曲了人们对何谓公正惩罚的认知，刑法的规范价值被忽视。① 其四，算法决策的有限性，算法仅能对硬数据进行冷识别，而无法对软数据进行热识别。"尽管数据是对'事实'的记录，但'事实'中蕴含的社会实在不可能简单地被还原为数据。"② 为防范算法权力滥用，算法治理成为数据正义的内在要求。对预测性执法的算法治理应遵循法律之道，以律法监督算法，围绕自动化决策的可见性和事先约定的法律实现，关注算法决策的可解释性，增强算法的透明度，明确算法设计者、使用者的法律责任，发现和消除算法中隐含的结构性偏见，警惕歧视性执法对个人权利的威胁。

第一，从制度设计上看，算法决策和预测性执法的开展离不开充分的法律依据。在大数据时代，社会治理和犯罪治理应避免陷入计算机模拟的风险、陷阱之中，运用技术预测重大社会、执法活动时必须慎重，应在法律中明确预测性执法所涉各类算法的类型、功能、运算规则及对社会的具体影响等内容，在算法应用之前设计必要的伦理审核程序，以数据安全法、个人信息保护法等数据法为合法性与正当性依据，通过正当程序对社会公开预测性执法的启动、评估、实施过程。

第二，从运行效果上看，支撑预测性执法的代码和算法并非一成不变，算法运行应在循证思维下被监督、能纠错、可追责，根据预测效果检验及优化算法。算法设计者和使用者在预测性执法中的法律责任是反对不公平对待的法律保障。"算法是由人类开发的，反映的是开发者的利益、偏见和缺陷，我们有义务仔细审查并在适当时机管理监管这些算法。"③ 算法一旦出错将给特定个体带来实质性侵犯，预测性执法必须配套算法决策的纠错和救济机制，算法背后设计者、使用者的法律责任必须被数据法明确。

第三，从透明度上看，技术治理不能被"算法黑箱"统治，应遵循可见性原则增进算法运行的可解释性。在思路上，以了解算法为监督算法的前提，针对不同的治理目标和应用场景，厘清各类算法的运行规则，摸索算法决策与

---

① See Bernard E. H., *Against Prediction: Profiling, Policing, and Punishing in an Actuarial Age*, Public Law and Legal Theory Working Paper（2007），Available at: https://chicagounbound.uchicago.edu/cgi/viewcontent.cgi?article=1021&context=public_law_and_legal_theory（accessed 21 December 2017）.

② 段伟文：《数据智能的算法权力及其边界校勘》，载《探索与争鸣》2018年第10期。

③ 参见［美］尼古拉斯·卡尔：《数字乌托邦》，姜忠伟译，中信出版集团2018年版，第226页。

经验决策的融合策略；在技术上，尝试以算法打开"算法黑箱"，研发解释和监测算法运行的算法；在机制上，将自动化决策处理数据的有关信息和流程对社会公开，使公众了解预测算法如何作出判断和决策，理解何种行为可能增加被识别、被监控、被干预的概率，祛除算法预测犯罪的神秘性。

第四，从代码属性上看，预测性执法的智能系统必须被植入道德代码，将数据正义的正当性要求、数据伦理的道德规范、数据权利的法律规范转化为代码，嵌入算法决策的运行流程。技术治理所依赖的智能机器必须是道德机器，以数据正义为社会控制系统的源代码。嵌入道德代码可能引发预测性执法系统的"道德过载"，即安全、自由、隐私、效率等多重价值的冲突，应按数据正义的正当性要求，针对具体场景和情形预设各种价值的优先等级，结合决策者的经验和社会的价值立场，将算法对现实的干预置于可控状态下。

（三）对权力外溢至平台企业的均衡治理

科技企业的技术、数据和商业监控渠道是犯罪治理的重要资源，其所创设的在线平台系统对犯罪治理创新影响深远。社交、网购、搜索、出行等各类平台连接、整合、重塑了世界，社会结构的网络化与社会治理的平台化催生出治理主体间的新型合作关系，犯罪治理的权力从国家外溢至社会、流向平台企业，企业在履行平台责任时获得裁定违规、监测及上报违法、先行认定和处罚等准公共权力。引导平台系统服务犯罪治理，促进国家权力与社会权力在平台治理中均衡运行，成为数据正义的内在要求。

1. 以平台治理重塑犯罪防控中的政企关系

平台意味着服务导向和用户本位，其所倡导的扁平化、交互式、开放性的平台治理成为犯罪治理的新策略，平台治理构成对科层制组织架构和传统综合治理方式的有益补充。当前，网络犯罪成为第一大犯罪类型，网络平台所构筑的赛博空间是违法犯罪及网络黑产滋生的土壤。对此，政府以少数平台企业为网络社会犯罪控制的关键节点，以平台企业管控平台生态内的网络违法，而平台企业一般都会积极响应政府的政策引导。这种通过在线平台防控犯罪的新策略重塑了犯罪治理中的政企合作关系。

一方面，平台治理加重了平台控制者的义务，赋予其更多的网络社会管理责任，平台企业也相应获得一部分监管权力，而不再仅是治理对象。在2020年3月生效的《网络信息内容生态治理规定》中，有近1/4的条款直接指向在线平台所应履行信息内容管理的主体责任，另有近1/3的条款直接指向网络信息内容生产者和使用者，且为平台企业监管网络信息内容的生产者和使用者提供了明确法律依据。另一方面，政府相关部门将治理重心转移到对平台企业的政策引导、规则制定、支持、督促及行政处罚等法律监管活动。《网络信息内容生态治理规定》第31条规定，"各级网信部门对网络信息内容服务平台履行信息内容管理主体责任情况开展监督检查，对存在问题的平台开展专项督查。"该条款构成网信部门监管平台企业的法律依据。可见，在走向合作的平台社会，平台治理开拓出政府与平台企业两个层面、分层管控、相互联动的新型治理策略。

例如，2019年某地中院审理一起利用视频社交软件侵害未成年人的案件，被告人以社交为名收集儿童裸照和视频，以裸照强奸、猥亵儿童甚至威胁幼女卖淫。视频社交平台在低幼群体中的不良影响引发社会关注。在企业层面，涉事企业履行平台责任开发视频社交软件的青少年版本，并完善数据使用、隐私保护的相关标准。在政府层面，国家网信办适时出台《儿童个人信息网络保护规定》，立法机关在未成年人保护法修订中增设"未成年人网络保护"一章，为网络产品和服务的提供者、制造者和销售者设置对未成年人的网络保护义务，建立未成年人使用网络产品和服务的家长监护机制等举措，从被害预防角度实现未成年人利益最大化。如今，这种基于政企合作的平台治理冉冉兴起，在"网约车平台"乘客被害预防、"互联网金融平台"非法集资风险防控等领域获得广泛应用。

2. 政府和企业治理权力的均衡运行

作为网络社会治理的入口，平台是防控网络违法犯罪的第一道防线。平台兼具市场和社会双重属性，平台企业兼有市场竞争主体和平台网络秩序维护者的双重角色。从权力运行上看，平台治理衍生出两个层面的犯罪治理：其一，企业对平台用户违规违法行为的监管；其二，政府对平台企业预防违法犯罪活动的引导、支持、保障和监管。两个层面的犯罪治理分层管控、相互联动。企业履行平台责任可单独完成，如阿里集团、腾讯公司研发阿里绿网和万象优图系统对直播平台中色情信息进行人工智能甄别；但更多时候企业履行平台责任单凭自身难以实现治理目的，离不开政府部门的支持和保障。阿里集团每年向公安机关移送涉电商平台的违法犯罪线索超过1万条，因取证难、异地协查难等原因，被刑事立案仅1500起左右。为此，阿里总部所在的杭州市余杭区人民检察院设立"电商检察联络室"，出台网络案件证据指引，从司法适用层面保障企业平台责任的履行。

平台治理促进了政企二元权力关系的结构优化。对于平台企业，平台治理实现了治理权力从国家到企业的分权，改变了以往治理主体单一、社会动员乏力和对策弹性不足等弊端，促进政企互信互惠，推动治理权力运行的机制创新。对于政府，通过引入市场机制和借力在线平台，实现了信息社会的犯罪治理权力重组和再分配，分权不是简单将网络违法的治理责任推给企业，政府有责任完善平台治理的法治保障,促进平台企业治理权力和法律责任相对称,加强对政企合作协同机制的过程管理,完善对企业履行平台责任的法律监督,防范企业经营中的数据滥用和泄露、不正确履行或怠于履行平台责任等问题。

3. 以平台创新促进发展式预防

当前,基于平台创新的发展式预防悄然兴起。发展式预防是通过科技创新、经济社会发展、城市更新等整体性治理战略而附随生成犯罪防控效益的治理策略。在线平台的兴起对发展式预防推动极大,该策略的典型表现莫过于平台应用大幅减少了传统街面盗窃、抢劫的发生,① 共享单车平台的出现使盗窃自行车成为历史,移动支付平台的普及使盗窃案件骤降。鉴于平台系统已渗透至社会核心,起到改造和生产社会结构的作用,平台创新成为犯罪治理根本性改善的内在驱动。

例如,区块链技术创设出全新的社会互信平台,基于区块链的"身份链"② 等项目呈现极强的社会治理价值。该项目本为农民发放小额扶贫贷款而创设的信用数据服务平台,平台通过分布式数字账本创建和交换个人信息及身份记录,使信息交换的边际成本几乎为零,以分布式记录和协作式激励机制支持分布式信任,催生出人与人之间的多维信任体系。在区块链技术加持的自律型社会中,法治、技术和社群被分布式的信用数据协作紧密链接,使经济领域的违规违法乃至犯罪成本高得让人无利可图,非法集资等经济犯罪的实施变得越发不经济,极大消除了涉众型经济犯罪的生存土壤。基于平台创新的发展式预防蕴含着更多治本的成分,应深入挖掘平台创新的犯罪治理潜力,实现政府主导与平台创新的融会贯通,以此促进技术治理赋能与赋权的均衡发展。

(四)以数据开放打通公众参与的数据接口

在新的技术环境下,技术治理的正当性不单取决于治理绩效,更应根植于民众的有效参与和真心拥护。数据正义要求技术治理坚持用户视角和人本导向,及时回应社会公众的安全需求,将数据取之于民、用之于民,实现大数据福祉的社会共享。民众不是被监控的对象,而是监控保护对象与治理参与主体。在实践中,囿于普通个体既不掌握数据也不了解技术,公众参与技术治理的门槛变得越来越高。个体还能对犯罪的技术治理进行有效参与、表达及监督

---

① 据《中国法律年鉴》记载,2015—2017 年全国公安机关盗窃刑事案件立案数为 4875561 件、4304321 件、3459742 件,呈现大幅持续下降趋势。

② 参见《身份链,让数字不再冰冷》,载 http://www.sohu.com/a/240887801_783821,2019 年 8 月 30 日访问。

吗？基于数据正义的技术赋权要求，应重视互联网对个人的赋权机能，以技术赋权消弭管理者与民众之间的数字鸿沟，以数据开放为公众提供参与治理的数据接口。

数据开放蕴含着公众利用数据后所获取的知情、表达、参与及监督等权利，犯罪地图或公共安全地图的公开是典型的技术赋权方案。一图胜千言，一目了然。公共安全地图展示出各类犯罪、交通事故及火灾案件、城市违建、公共卫生危机等事件的时空分布状况，构成了国民安全生活的行动参考。地图以可视化方式提升国民对社会安全的能见度，为警民交互、回应型干预和被害预防提供针对性较强的数据依据，在相当程度上消除了民众的被害恐惧。至于担心地图公开可能被不法分子利用而回避防控干预的问题，笔者曾在《犯罪地图的公开》一文中做过系统专论，目前来看这种担忧是不存在的。[①] 随着数据红利的日趋外溢，与犯罪地图公开类似的数据接口还有很多。公众参与技术治理的价值不在于追求治理效率，而在于生产数据正义，让技术治理以看得见的方式实现。

数据开放对保障技术治理的正当性意义重大，对社会公开治安及犯罪数据，公开数据监控的基本架构与运行机制，公开"威胁评分"的内在规则，才能为公众开展被害预防提供必要依据，有助于依靠社会力量将各类风险控制在萌芽状态。面对无所不在的数据监控，数据开放打破了管理者和民众之间的信息鸿沟、数据区隔，促进了社会互信和协作。数据接口的提供为民众运用技术维护权利与制衡监控提供了保障，使技术治理从封闭式管理走向开放式治理。在算法社会，数据巨机器越来越聪明，但不能变得幽暗和冰冷，充分的公众参与才是技术治理坚持科技向善方向的关键所在。

六、结语

在加速进化的智慧社会，犯罪治理迈向数据控制不仅极为必要且逐渐升格为犯罪学的"思维定式"。伴随监控技术与人的身体、生活日渐融合，全景式监控使人焦虑和茫然无措，赋能与赋权的非均衡发展引发了一系列不公平对待，加剧了社会安全防卫与个人权利保障的价值冲突。面对价值冲突，数据监控和算法决策的边界何在，个人怎样才能保有必要的自由，如何跨越个体与数据控制者之间的"数字鸿沟"，技术治理何以避免陷入"数字利维坦"陷阱等问题亟待价值思考。由此，技术治理的正当性问题成为理论焦点。"历史的弧

[①] 单勇：《犯罪地图的公开》，载《国家检察官学院学报》2016年第3期。

线虽然很长，但它总是向正义弯曲的。"① 数据正义视角的引入成为一种可行的理论尝试，源自现实主义正义观的数据正义理论对技术治理提出"有限扩张—关系均衡—法律控制—技术赋权"的正当性要求，为技术治理从整体上趋向数据正义提供了实现路径。源自数据正义的正当性标准不仅是反思技术治理实践的分析框架，也是追问技术治理合法性的内在依据，还构成了实现犯罪治理现代化的价值引领。

  对技术治理进行价值权衡并非反对大数据应用，而是借助数据正义的价值思考辨识智慧社会的发展方向与审视犯罪治理的人文主义本质，探索社会安全防卫和个人权利保护的统筹兼顾之道。大数据时代，人们总说"未来已来"，但社会发展不怕慢，就怕循环往复。在犯罪治理现代化思潮汹涌澎湃之际，我们需要更好而非更快的技术治理。数据正义诠释了何为"更好"的理论内涵，呼唤将技术治理所蕴含超常和超强的控制性权力纳入法治轨道，回归人本导向和权利本位，迈向数据控制且超越数据控制，以技术赋能与技术赋权的均衡发展"建设更高水平的平安中国"。

---

① 参见［美］埃里克·布莱恩约弗森、安德鲁·麦卡菲：《第二次机器革命》，蒋永军译，中信出版集团2014年版，第290页。

刑事法学经验研究中的若干问题

赵 军[*]

作为一名长期从事经验研究（empirical research）的刑事法学者，笔者的学术兴趣更多聚焦于具体问题，尤其是聚焦于边缘群体的权利问题。从"社科法学""法律实证研究"在学界兴起至今，笔者从未介入过围绕法学研究方法、研究范式的任何学术论争。在笔者最初的学术见解中，那些在中国法学界被标签为"实证研究"[①]的方法，不过是早已成熟的社会科学经验方法在法学领域的运用。任何一名法科学生只需精读一本社会学（人类学）专业有关经验方法的本科教材，就能够通过一段时间的摸索，在法学这个经验研究相对薄弱的领域立足，实在没有笔者置喙的空间与必要。然而，十多年过去，每年研究生论文开题、答辩，都会遇到一些以"实证研究"作为方法标签的论文，但其中真正符合经验研究基本规范者却是凤毛麟角。有些论文，包括个别博士论文，在经验方法的运用上足以用"惨不忍睹"来形容。鉴于此，吴宗宪教授多次敦促笔者就当前刑事法学经验研究中常见的方法问题作一次梳理，对其

---

[*] 赵军，法学博士，北京师范大学法学院暨刑事法律科学研究院教授。

[①] 在中国主流法学话语体系中，"实证研究"是指被社会科学界同行翻译为"经验研究"的 empirical research。然而，作为规范研究（normative research，用以解决"应该是什么"问题的研究）对称的 positive research 有其特定含义（用于解决"是什么"问题的研究），在中文中只能翻译为"实证研究"。为避免混淆，笔者支持使用社会科学界通用的"经验研究"指称包括定量/量化研究、定性/质性研究在内的、作为理论研究（theoretical research）对称的 empirical research。另外，围绕中文"实证"的语词混淆，在法学领域还有一对概念，即 empirical legal research 与 legal positivism。如果将"法律经验研究"称为"法律实证研究"，那么，传统更为悠久、以分析实在法律规范为显著特征、与自然法研究相对、并不依赖经验方法的"法律实证主义研究"，又该在中文世界如何标记？参见侯猛：《实证"包装"法学？——法律的实证研究在中国》，载《中国法律评论》2020年第4期。当然，标签选择的背后，还有一整套更为重要的、涉及哲学基础、研究范式的分野。鉴于本文主旨，在此不赘。参见汤茂林、黄展：《Empirical research 到底是实证研究还是经验研究？——兼论学术研究的分类》，载《地理研究》2020年第12期。

中最常见、最重要的问题作一些简单明了、有针对性、有操作性的提示，从而帮助法科学生避免"重蹈覆辙"，让新一代法学学人在一个相对"入流"的起点上展开研究。从这样一种建设性的写作本意出发，这篇主要以有志于经验研究的法科学生为受众的文章，将紧扣刑事法学经验研究的现状，"对事不对人"，直奔主题、直击问题，并有意忽略了某些"问题"的出处。①

一、对方法类型的误用往往源于对经验方法缺乏体系性把握

与理论研究对应的经验研究有两大类型：定量研究/量化研究（quantitative research）和定性研究/质性研究（qualitative research）。这两类经验方法不存在孰高孰低、孰优孰劣的问题，具体研究中选择哪种方法取决于问题性质、研究阶段、研究目的以及研究条件。

一般说来，社会科学研究既可从观察（个案）事实入手，通过对（个案）经验的归纳概括建构理论；也可由理论开始，通过演绎推理形成研究假设，再根据观察（数据）事实验证假设，从而使理论在经验（定量）层面得到检验（证伪）②。前者属人文主义传统、自然范式的质性方法，其目的是探索、理解研究对象，尤其是探索、理解研究对象的特殊性、多样性；后者属实证主义传统、科学范式的定量研究，其目的是检验理论的真伪，验证关于研究对象普遍性、规律性的假设。因此，当我们对某一问题已具备一定程度的认识，已发展出若干关于普遍性、规律性的理论（假说），而又需要对这些理论进行检验的时候，就需要采用定量方法。反之，当我们对某种社会现象还不太了解，或对研究对象的特殊性、多样性缺乏足够深入的把握，从而需要就相关问题展开探索以建构新理论时，质性研究就是合适的选择。

有同学通过新闻报道，关注到了和"重症智力低下者"结婚（同居）的问题。当患有重症智力低下的女性与智力正常的男性结婚（同居）时，女方可能因不具备"性同意能力"而致其同意无效。在此情况下，法律应如何评价男方的行为，男方是否构成强奸罪，就涉及一系列理论与实践问题。受"量化研究"更全面、更科学、更精确等观念的影响，该同学希望围绕该问题做一项定量研究，但问题是：在对这一现象的理解极为有限的情况下，他并不知道应该用问卷去调查谁、调查什么。如果硬着头皮做定量研究，至多只能去调查普通人对该现象的一般性看法。如此一来，最终输出的"成果"只能是：

---

① 严格说来，这当然不太符合通常学术规范。
② Walter L. Wallace, *The logic of science in sociology*, Chicago: Aldine – Atherton, 1971, S. 18 – 23.

有关普通人对抽象意义上与重症智力低下者结婚（同居）赞成与否的描述性统计数据（往往是一组百分比数字或饼状图），外加与这些数据并无多少实质关联的理论分析。这正是典型的"两张皮"或"实证包装法学"的研究①。

相反，如果采用质性方法展开这项研究，研究者只要能找到几个与主题相关的个案，设法进入研究对象的生活世界进行近距离观察，就有可能了解到促成这种特殊婚姻（同居）关系复杂多样的原因及其实际后果，尤其是了解到相关各方在具体生活情境中的差异化诉求和实质利益所在。借此进路，就有可能从中归纳提炼出一些既有助于防止重症智力低下女性遭遇性侵害，又不至于剥夺她们获取性生活及日常照料的制度设想。

可见，对经验方法的体系性把握，能够帮助研究者根据研究主题的具体情况选择合适的方法类型，这是研究取得成功的前提。

二、必须以理论及相应假设为起点的定量方法原则上不能用于探索性研究

由以上对两大经验方法类型的介绍不难发现，定量研究的起点是理论及相应假设，这意味着在现有研究尚未就相关问题形成相对明确的理论，或者研究者对研究对象缺乏一定程度了解的情况下，原则上不能将定量方法用于探索性研究（exploration research）。这原本是关于定量研究的一个常识性知识点，但对于欠缺经验方法系统训练的法科学生来说，未必容易理解。有同学曾就此与笔者"抬杠"，大意是说：就算不知道淫秽物品与未成年人犯罪之间是否有关，难道就不可以通过统计犯罪少年与守法少年接触淫秽物品的情况，去发现两者之间的关系吗？这其实是一个自相矛盾的质疑。因为这项定量研究之所以能够展开，其前提正在于"淫秽品促成未成年人犯罪"这个基于已有理论的假设。如果没有这个假设，研究者如何知道测量谁（犯罪少年、守法少年），测量什么（接触淫秽品的情况）？

这位同学"抬杠"只是没有意识到研究假设的实际存在，这倒不会对研究产生实质性负面影响，但如果真是在没有假设的情况下展开"定量研究"，失败几乎是必然的。有同学想利用裁判文书网公开的案例研究企业家腐败犯罪的成因。由于对企业家犯罪缺乏了解，没有明确的假设，他只能在入选样本的裁判文书中提取那些通常会在文书中出现的"天然变量"——性别、年龄、文化程度、民族、政治面貌、职务、企业性质、行业、地域、案发环节、犯罪

---

① 参见侯猛：《实证"包装"法学？——法律的实证研究在中国》，载《中国法律评论》2020年第4期。

数额、罪名、刑期、罚金、是否适用缓刑，等等。然而，围绕这些变量展开的单变量描述统计、双变量交互分析、多元回归分析，都不可能获得有关企业家腐败犯罪成因的数据信息。仅就企业内部的犯因性因素来说，"现代社会，单位犯罪主要是基于单位自身的组织构造、内部文化、奖惩制度等自身因素引起的"①，而上述"就汤下面"提取到的"天然变量"与那些可能促成企业家腐败犯罪的因素并无实质关联。即便通过统计显现出了某些数量关系，譬如，男性、汉族、党员、高学历、发达地区的企业家犯罪数额更高，也不能说明就是这些因素促成（加重）了企业家贪腐犯罪的发生（程度）。这些数量关系既可能由偶然的样本状态所致，也可能由其他变量的干扰引起。

总之，在开始一项定量研究前，一定要通过文献回顾或前期的探索性质性研究确定有待检验的理论，并依据待证理论形成可检验的研究假设。否则，就只能漫无目的地大海捞针，要么一无所获，要么误入歧途。②

三、问卷设计上的重大缺陷往往成为定量研究失败"无药可救"的"病根"

在问卷调查、实验、内容分析等定量研究方法中，问卷调查法最为常用。作为社会科学经验方法体系中实证主义、科学主义流派的代表，问卷调查法的"科学性"源于对自然科学研究中"受控条件下、可重复、试验"等三大原则的模仿③。而确保这种模仿到位的关键一环，就是具有良好信度与效度④的测量工具——问卷（量表）。如果问卷（量表）设计得不好，研究就会因没有好的测量工具而失败。在定量研究的各个流程中，论文撰写中出现的问题可以修改，数据分析方法不当可以重做，甚至某些不太严重的抽样缺陷也可通过加权

---

① 黎宏：《完善我国单位犯罪处罚制度的思考》，载《法商研究》2011年第1期。
② 随着大数据、人工智能等新技术的广泛运用，一些借助这股"技术东风"涉入定量研究领域的学者，似乎从"深度学习""碰撞""数据挖掘"等技术概念中看到了颠覆传统定量研究"假设—检验"范式的"曙光"，但问题恐怕没有那么简单。参见潘绥铭：《再论生活是如何被篡改为数据的：大数据套用到研究人类的"原罪"》，载《新视野》2016年第4期。
③ 参见陈蓉霞：《社会科学与自然科学：此科学非彼科学》，载《自然辩证法通讯》2004年第4期。
④ 信度即可靠性，指用某一测量工具重复测量事物或变量所获结果的一致性、稳定性；效度即有效性，指用某一测量工具测量事物或变量所获结果的准确、精确的程度。参见风笑天：《社会学研究方法》（第五版），中国人民大学出版社2018年版，第107~108页。

处理或补充抽样的方式进行一定程度的补救,唯有问卷设计的重大缺陷,基本等同于整个研究彻底失败——要么放弃,要么推倒重来。

在组织卖淫罪死刑取消之前,有同学在当时取消非暴力犯罪死刑学术热潮的鼓舞下,试图通过问卷调查证明该罪的死刑设置过于严苛,并不符合主流民意的死刑观念。这本是一个非常好的研究假设,但因不了解问卷设计的技术要求,该同学将其通过系统法学训练获得的"法言法语""简单粗暴"地写进了问卷,造成了后续研究难以补救的重大缺陷。问卷中,该项问题被表述为:"刑法应该做到'轻罪轻罚,重罪重罚'。就您个人的看法来说(不用考虑现行立法),当以下犯罪出现最严重情况时,您觉得判处什么样的刑罚合适?1. 故意杀人;2. ……组织卖淫……"如果以刑法专家(刑事法律从业者)为调查对象,该问卷设计或许可以勉强接受,① 但作为一份以普通民众为调查对象的问卷就很难接受了。事实上,普通民众很难准确理解、确切定义什么是组织卖淫,组织卖淫与介绍、容留、引诱、强迫卖淫的区别是什么?对于"最严重情况"的想象,不仅在每个受访者脑海中可能千差万别,甚至同一个体在不同时间与情境下也可能变幻莫测。用这种问卷对普通民众进行调查,其效度与信度完全无从谈起。

这里涉及一个关于问卷设计的基本问题,那就是一定要在问卷中将抽象的概念、命题"操作化"(operationalization)为可观察、可测量的具体变量与指标。如何测量人们对抽象/敏感/专业的法学概念/观念/命题的看法?一种可行的操作方案是对"外指观念"② 探测具有较好效果的"讲故事法",即通过了解受访者对情境化、具象化"故事"的态度,测量受访者内隐的、抽象的观念。

除了通过"操作化"将抽象的"法言法语"转换为非专业普通受访者看得见、摸得着、可准确感知的问卷内容以外,问卷设计还有很多需要注意的细节。譬如,在措辞、描述方式上,要尽量避免研究者(社会主流)价值偏好对受访者的诱导,避免形成"社会期望偏差"(social desirability bias)③。

遗憾的是,许多同学尚未意识到问卷设计的重要性,或者说没有察觉到问

---

① 即便是在匿名调查专家意见的德尔菲法中,类似设计也可能因不同专家对"最严重情况"理解的差异而具有较差的效度。

② "外指观念"是指人们针对各种社会现象所产生的一些看法、评价,往往并不直接针对自己。参见潘绥铭、黄盈盈:《反思"观念调查"》,载《学术界》2009年第2期。

③ 受访者在回答问题时有可能会倾向于选择某种其自认为"正确的"、社会接受的、提问者期待的方式来回答。这样的回答未必是受访者的实际想法,从而形成社会调查中的社会期待偏差。

卷设计的技术含量，以为仅仅通过"依葫芦画瓢"地模仿他人的问卷，或是仅仅凭着自己对理论的理解，就能设计出一份足以满足研究要求的问卷。但其实，没有好的问卷设计，问卷调查型的定量研究根本不可能成功。①

四、抽样方法不当有可能导致数据结果南辕北辙

在定量研究中，对样本进行数据分析是为了估计总体。样本代表总体的能力以及与之相关的抽样方法，是测量工具之外另一个决定定量研究成果质量的关键。从理论上讲，最简单的抽样方法是"回置的简单随机抽样"，它能够保证总体中每一个个案/元素入选样本的概率完全一样。② 不过，这种方法在实际研究中却往往因成本过高或客观条件不具备而难以操作。如何根据具体的研究目的和调查条件选取合适的抽样方法，就成为一项考验研究者智慧与平衡能力的重要工作。然而，抽样的重要性在法学经验研究中强调得还很不够。疏于抽样方法训练，甚至毫无"抽样意识"，拿到样本就"算"，拿到"数据"就"论"，根本不在乎样本是怎么来的，这些现象在法科学生中比较常见。

随着网络调查门槛的降低，没有资金支持的法科学生自然会想到通过网络了解民众对法律问题或犯罪行为的看法。比较典型的做法是：将电子问卷发布到微信公众号上，通过朋友圈传播，在后台回收数据进行统计分析。如果仅仅只为了解某个特定群体的观念或行为（如某高校的大学生或某个专业的从业者），这种调查是有可能被接受的。但如果要调查普通民众，朋友圈传播所导致的受众同质性，尤其是乐意上网就特定议题接受调查者（这在本质上也是一种网络表达行为）的群体特质，就极可能使调查产生严重的系统偏差。以这些年引发持续关注的高校性骚扰为例，网络调查的性骚扰被害比例，一般都会高于线下实地调查的结果。这其中一个重要原因就在于：通常的网络调查并没有设计专门的抽样环节，遭遇过性骚扰、有更强表达意愿的人往往会更多、更积极地参与调查，具有相反情况或态度的人则更可能被样本"遗漏"。如此形成的样本，看似受访者分布很广，样本容量也很大，其准确性甚至还不如在一个地方采用整群抽样方法所获取的样本。如果研究者有条件进行某些关键维度的分层（地域、文理科、男女生、本科生/研究生、重点/非重点大学），让个案分布更合理，样本质量还会进一步提升，研究结果也就能更准确地反映高

---

① 一些法科学生，甚至把定量研究简化为操作使用 SPSS 软件。殊不知，社会科学界的同行在对定量成果进行质量评估时，首先看的就是问卷设计的科学性。

② "回置"是指抽中的个案/元素要被重新放回总体。参见谢宇：《社会学方法与定量研究》（第二版），社会科学文献出版社 2012 年版，第 85 页。

校性骚扰的实际状况。

另一个比较典型的例子,是对媒体报道/互联网传播的犯罪案件进行统计分析,以此研究现实生活中某类犯罪的现实状况和发展态势。作为舆情分析与监控的辅助手段,这种方法是可取的。不过,媒体报道/互联网传播的犯罪案件主要反映的是社会关注了什么,而非现实生活中实际发生了什么,尽管这两者在很多时候具有一定重合性。性与暴力一直都是"传播市场"中的"优质资源",有关性犯罪、性越轨的资讯一直都在网络/媒体中占据较大空间,若据此得出我国性侵害、性骚扰现象十分严重或越来越严重的结论,很可能与实际情况南辕北辙。①

从根本上讲,类似研究的最大问题在于抽样框的选择与研究对象(总体)发生了严重错位,以此为经验依据展开研究,自然无法导出与社会实情相符的结论与对策。

五、单变量描述性统计、双变量相关性分析距事实上的因果性可能相当遥远

探索或确定因果关系是所有科学研究的基本目标。只有确定了因素之间的因果关系,由此设计的干预措施才会有可靠的科学依据,并继而取得预期效果。② 在自然科学中,因果关系的确定性相对更高。氢气变成水,是因为遇到氧气发生了燃烧,这通过严格控制反应条件的化学实验能够轻而易举地反复证明。在社会科学中,任何社会现象都是在极为复杂的、诸多干扰因素难以排除的条件下发生的。在这种迥异于自然科学实验室环境的社会情境中,对单变量的描述性统计或是对双变量的相关性分析,很可能与事实上的因果性相去甚远。在"常识""政治正确",或者偏见、刻板印象的影响下,越是符合研究者"心意"的数据,越可能将研究者、决策者和社会公众引入歧途。

在前文提及的淫秽品与未成年人犯罪研究中,因淫秽品促成犯罪的理论非常流行,而接触淫秽品后因"把持不住"陷于犯罪的个案也很容易找到,故从表面上看,要在定量层面验证这个理论应该不成问题。于是,有同学利用笔者调查所获样本,通过计算少管教所服刑人员接触淫秽品的情况,发现该群体偶尔看、经常看淫秽品的比例均大大高于同龄的普通中学生。进一步对"犯

---

① 参见赵军:《话语建构与性骚扰刑事对策的本土之维》,载《河南大学学报(社会科学版)》2017年第4期。

② 参见谢宇:《社会学方法与定量研究》(第二版),社会科学文献出版社2012年版,第65页。

罪与否"与"观看淫秽品"这两个变量进行相关性分析,数据也毫无悬念地支持了淫秽品对犯罪具促成作用的假设,这正好与主流研究成果形成呼应。①然而,当利用同一样本,以未成年人是否犯罪为因变量建立对数回归模型,在切断家庭状况、价值观、居住环境、休闲活动、性(别)交往、暴力资讯等因素的干扰后,未成年人接触淫秽物品对犯罪风险的促成力就变得不显著了。相反,接触未达淫秽程度的涉性资讯对未成年人犯罪风险还有一定抑制作用。②

尽管受制于取样范围(北京、湖北、贵州)和研究主题(只关注了未成年人的犯罪问题)的局限,该数据分析结果还不足以精确显现淫秽品对我国14~18周岁总人群犯罪促成的实际效果,更不足以推断淫秽品对未成年人犯罪以外的其他问题的影响,但这一数据分析案例却足以表明:统计上的相关未必意味着事实上的因果。变量间数据关系形式上的相关性,也可能是由其他变量同时对两者发生作用引起的。这至少对定量研究提出了两方面的要求:一是研究者对围绕同一问题的不同理论、不同研究要有较为全面的把握,尤其是要对那些比较容易忽略的非主流研究有一定程度的了解。③ 二是在研究过程中,不能仅仅满足于对少数变量及其相互关系的简单数据分析,要尽量将可能相关的重要因素均考虑在内,并根据具体情况选择更为妥当的数据分析方法。

六、用以探索多样性、特殊性、复杂性的质性研究不能用来检验有关普遍性的理论

由前文对定量研究、质性研究的粗略介绍不难发现,对理论进行检验的工作原则上应由定量研究而非质性研究完成。④ 这与社会现象、人类生活的特点

---

① 参见郝杰英主编:《预防闲散未成年人违法犯罪调查报告》,中国档案出版社2002年版,第136~137页。

② 参见赵军:《未成年人犯罪相关因素定量研究》,人民日报出版社2017年版,第164页。

③ 以色情品理论为例,除了认为人们会模仿色情行为的"模仿论"之外,还有认为观看色情品会宣泄郁积的性欲并降低性冲动的"宣泄论",以及认为色情品不会产生刺激或降低性行为效果的"无关论"。参见李银河:《性文化研究报告》,江苏人民出版社2003年版,第247页。

④ 在应用性社会科学领域,针对实际问题进行理论分析而获得的方案、对策、法规,有可能难以形成定量假设,在不得已的情况下可例外承认"定性检验"的结果,但仍要求相应成果能在实际运用(或模拟实验)中达到预期效果。参见曹伟:《应用性社会科学研究逻辑重构与会计研究方法反思》,载《财会通讯》2014年第10期。

有关，也与质性方法自身的逻辑及技术手段有关。就前者来说，与自然科学中的确定性不同（当然这也只是相对的），社会科学中的研究对象更加复杂、多样、可变。相同原因在现实生活中有可能导致不同结果，同样的结果也可能是由不同原因导致的。① 在有关犯罪原因的研究中，这尤其常见——伴随挫折而来的，既可能是攻击性的犯罪，也可能是"愈挫愈勇"的"人生逆袭"，还可能是无可奈何的退缩隐忍。② 社会科学中的因果关系，往往是概率性的，而非绝对的。这种概率性的因果关系不能适用于个案——就算离异家庭子女的犯罪率高，也不能据此推断某一个体是否会因父母离异陷于犯罪。反过来说，也不能用个案去证明或证伪这种概率性的因果关系。而就质性研究本身来说，这种不强调"样本代表总体能力"的研究，将关注的重点置于千奇百怪的个案及其无限丰富的侧面，其主要目的在于帮助研究者深化对研究对象的全面理解，通过对个案的归纳建构理论（假说），但却不能拿这些千差万别的个案去证实或证伪理论本身。

对于接受过系统经验方法训练的研究者来说，这些或许只是不言自明的"常识"，但要让法科学生真正理解这些"常识"并自觉贯彻到具体研究实践中，却并非易事。在我国，高校学生是通过高考选拔的，长期应对高考作文的高强度写作训练，早已让"例证法""举例说明"等写作技巧潜移默化为他们思考问题、分析问题最有力的思维工具之一。用一组接近退休年龄被查的国企老总证明"五十九岁理论"，或是用另外一组年富力强即早早落马的腐败官员证伪该理论；用俯拾即是的男性性骚扰女性的案例证明性骚扰是男性对女性的"性别歧视"，或是用另外一些男对男、女对男的性骚扰案例证伪该理论；用媒体时常报道的酒后滋事酿成血案的悲剧证明酗酒对犯罪的促成作用，或是用更多醉酒后安静入眠、"人畜无害"的事例反证等，都是法科生论文中常见的论证方式。这些承接自中学时代议论文写作以及本科阶段辩论赛技巧的论述套路，正好与社会科学用定量方法支持、证伪理论假设的研究逻辑背道而驰。

事实上，社会生活的复杂多样与丰富多彩，使得相反或相同的例子都不难找到。在某一篇论文、某一项研究中，研究者要想选择性凸显或选择性无视任何方向上的个案，都是轻而易举的事情。排除刻意误导读者、公众的写作动机，仅就研究方法来说，将列举个案作为证实或证伪某一理论的方法，在相当

---

① 参见谢宇：《社会学方法与定量研究》（第二版），社会科学文献出版社 2012 年版，第 73~74 页。

② 参见吴宗宪：《西方犯罪学》（第二版），法律出版社 2006 年版，第 288 页。

程度上可归结为"例证法""举例说明"等写作、辩论技巧训练的后遗症。当然，这也是经验方法训练不足的典型征表。

七、"座谈会调研"至少在犯罪研究领域是一种需谨慎对待、尽量避免的调查方式

通过召开座谈会进行调研在质性研究中属于"集体访谈"，其最明显的优点是高效，能一次性访谈多名受访者，极大节省调查时间。如果受邀参加座谈的受访者具有足够的"代表性"，且了解相关情况、发言踊跃、讨论积极，这种调查方式在理论上有可能收集到比个别访谈更全面、更广泛、更准确、更完整的信息。① 此外，如果"焦点团体访谈"的组织者有很强的观察、把控能力，这种访谈还能在"1）访谈本身作为研究的对象；2）对研究问题进行集体性探讨；3）集体建构知识"等方面发挥个别访谈所不具备的作用。② 基于此，"座谈会调研"逐渐成为领导干部了解基层实际情况的常规方法。法学研究涉及法律设计及其实际运行，时常需要到公安、司法机关进行调研。久而久之，有相关渠道资源的法学研究者就会在依托法律实务部门展开调查时，延续这些机构驾轻就熟的座谈会调研模式。相对于那些不做社会调查的思辨型理论研究，通过座谈会了解基层法律实务显然能让学术研究更"接地气"，但如果缺乏对集体访谈固有缺陷的反思与警惕，对座谈会调研的滥用与依赖，也可能成为阻碍研究者接近真相、深入研究相关问题的方法障碍。

集体访谈在组织方式和操作场景上很容易"自带"团体压力、从众行为，具有迫使受访者隐瞒某些消极、负面或不利事实的天然倾向，这在围绕敏感问题、涉及受访者利益、集体访谈参与者之间具有明显权力/利害关系的情况下尤为突出。③ 法学研究，特别是刑事法学领域的经验研究，大量涉及敏感问题，加之相关座谈往往在政法机关这种权力结构特征十分突出的机构中进行，故在有其他选择的情况下，本领域宜尽量避免这种调查方式。就算"不得已"需要组织或参加"座谈会调研"，研究者也要对其固有缺陷与风险保持高度警惕。

---

① 参见风笑天：《社会学研究方法》（第五版），中国人民大学出版社2018年版，第356页。
② 陈向明：《质的研究方法与社会科学研究》，教育科学出版社2000年版，第212页。
③ 参见风笑天：《社会学研究方法》（第五版），中国人民大学出版社2018年版，第356页。

八、脱离研究对象生活世界的质性研究在犯罪研究中很可能发生"视域错位"

非结构访谈是质性研究最重要的调查手段。相对于利用结构固定的问卷、按统一流程执行的问卷调查,这种鼓励受访者自由表达、力图呈现受访者视角、挖掘受访者意义阐释的开放型访谈,① 以放弃定量研究客观化、标准化、可重复等"科学规范"为代价,为探索研究对象无限丰富的多维侧面、深度理解研究对象作为独特主体的所思所为提供了可能。基于这样的理解,法科学生在涉入质性研究时,通常都会了解一些与访谈技巧相关的知识,并有意识地提高自己与人沟通、交流、谈话的能力。这无疑抓住了质性研究技能提升的关键,但仅此还很不够。

笔者曾围绕亲生子女抚养权有偿转让展开研究,一位早年毕业并已走上基层审判岗位的学生在此期间与笔者展开了较为频繁的讨论。这位亲自审理了相关案件的法官对出卖亲生子女的母亲颇为愤慨。一名被告人曾向她解释出卖孩子的原因,大意是:男人没本事,挣不来钱,养不了这么多孩子;把多生的孩子卖到富裕人家,孩子过得好,家里也有钱用。在这位法官看来,为了几万块钱,就把自己的亲骨肉卖了,完全没有正常的母爱与亲情,这甚至比那些拐卖别人孩子的人还可恨。从在案证据复原的案情,以及她在办案中与被告人的谈话看,她的这些看法是有事实依据的。不过,作为一名有过长期实务经历的研究者,笔者对刑事司法人员"阅卷+提审"的办案模式非常熟悉,对这种信息获取方式的潜在视觉盲区深有体会,因而建议她最好能到被告人家里去看一看。如有可能,最好也到收买孩子的人家里去了解一下情况。果不其然,这一建议在相当程度上改变或者说丰富了她对相关事件的看法。按她自己的话说,一进入这些人的生活环境,她就意识到:在原生家庭那种极糟糕的条件下生活,对孩子非常不利;如果在收买家庭生活,孩子的成长当然也会面对某些不确定性,但改善当下生活并获得较好未来前景的可能性也是实实在在的。仅仅只是对研究对象生活世界一次不太深入的"参观",身临其境的"眼见为实"就让她从先前立足于观察者视角(法官/法律人/中产阶级/重视"科学育儿"的知识分子母亲)的评价,转而开始了兼顾研究/工作对象视角(贫困地区生活困顿、面临若干难以克服的现实困难的村妇)的思考。这一转变并没有让

---

① 参见陈向明:《质的研究方法与社会科学研究》,教育科学出版社2000年版,第212页。

她在有条件合法化亲生子女抚养权有偿转让问题上与笔者达成完全的共识,①当然也不会影响她对相关行为在现行法框架下犯罪性质的司法判断,但这样的转变已在相当程度上实现了质性研究所追求的研究者与研究对象的"视域融合",也就是在作为"局外人"的她与作为"局内人"的犯罪人之间架起了理解的桥梁。②当然,这种视域上的转变,也会在法律实务中影响到她对类似案件量刑尺度的把握。

复盘这一研究案例,可以得到两点重要启示:其一,人只有在属于自己的生活世界中,才会自主、自由地呈现相对真实的自我,对于研究对象在其生活世界之外的表现、表达,研究者应持更加谨慎的态度。简单地说,站在被告席上的是被告人(他要为自己辩解或争取"坦白从宽"),关押在监狱中的是服刑人(他要表现出改造的效果和"重做新人"的决心),在办公室或宾馆房间接受访谈的是被安排的访谈对象(他要遵从访谈人的"议程设置"并作出对自己有利的话语表述),只有回到属于自己的生活空间、"犯罪情境","犯罪人"才是真正的"犯罪人"。其二,"犯罪人"与作为中产阶级知识分子的法学研究者,各自所处的人文环境存在结构性鸿沟。在此情况下,研究者如果没能进入"犯罪人"的生活世界并对之展开"贴近观察"及设身处地的体验感悟,就难以"通过反思研究者与被访者的生活世界之间的差距,来领会后者所包含的全部意义,从而实现对于被访者的整体理解"。③为此,笔者的建议是:在可能的情况下,尤其是在自己不太熟悉的犯罪领域,研究者不要满足于记者采访或警察讯问式的"深度访谈";只要条件允许,就要尽一切努力了解、接近、进入研究对象的生活世界,以避免研究者与研究对象之间的"视域错位"。

九、结语:几条具体建议

就笔者的有限观察来看,法科学生在经验方法运用中存在的问题是非常多的,很难在一篇文章中一一列举,以上不过是几个最常见、最普遍、最突出的问题。在很大程度上,这些发生在学生身上的问题,其实是整个法学经验研究

---

① 笔者有关该问题的研究过程及结论,参见赵军:《法治建构与社会治理的"刑法依赖症"——以拐卖儿童犯罪的法律演进为中心》,载《法学评论》2016年第6期。

② 参见陈向明:《质的研究方法与社会科学研究》,教育科学出版社2000年版,第144页。

③ 参见黄盈盈、潘绥铭:《论方法:定性调查中"共述""共景""共情"的递进》,载《江淮论坛》2011年第1期。

现状的投射。对于下一代学人,笔者有如下几条具体建议可供参考:

第一,社会科学经验研究方法有其完备的体系,值得有志于经验研究的法科学生花时间专门学习。仅寄望于对法学领域既有经验研究成果的模仿,很难做好、走远。认认真真读几本社会学(人类学)、统计学专业有关定量研究、质性研究的权威教材或专著,很有必要。

第二,定量研究与质性研究在整个经验研究体系中是两个既相异、相对,又相联、相通的系统。作为具体的研究者,偏好于某一类方法的运用是正常的,也是必要的,但对另外一个方法体系也应有所了解。只有对质性研究的人文传统、自然范式有所了解,定量研究者才会对实证主义、科学主义在以人、社会为研究对象时的局限性保持必要的反省与谦卑;反之亦然。

第三,经验研究是做出来的。在掌握了一定有关经验方法的知识后,就要想办法把这些方法运用到实际研究中,如此才能将一般意义的、工具性的方法与具体的研究领域、研究主题结合起来。脱离经验研究实践去空谈方法、奢谈方法论,除了学术包装,对于学术进步并无实益。

第四,做经验研究可能需要读更多的书。定量研究是为了检验理论,质性研究是为了建构理论,任何经验研究都与理论密切相连。运用经验方法研究法学问题,至少从广度上说,需要阅读比传统法学研究者更多的文献。做经验研究就可以少读点法学理论的想法,是错误的。缺乏法学理论功底的"法律实证研究",无法产生真正有价值的法学知识增量。

第五,法学在其漫长发展过程中形成了极为深厚的方法传统,这有其合理性,值得大部分法科学生继续孜孜以求。不过,在社会科学突飞猛进的时代,即便做纯法学理论研究,也会涉及如何选取、甄别、吸纳社会科学最新研究成果的问题。如果对经验方法完全不了解,就很难从方法上对相关成果的成色进行鉴别、评估,其结果很可能是被一些外表光鲜的"科学成果"误导。从这个角度讲,不做经验研究的法学研究者也要学一点有关经验方法的知识。

传统刑事法学知识的内卷化和
预防刑法治理风险犯罪的路径

姜 敏*

尽管刑法被视为是犯罪人的"大宪章",且被赋予了保障自由和保护人权等功能,但从其适用和效果看,刑法也是治理犯罪的工具,甚至是治理犯罪的重要工具和急先锋。有学者在评价刑法规范的目标时就认为,其"首要目标是使公众免受犯罪与罪犯侵扰,即预防和控制犯罪"。这也明示刑法对于治理犯罪的重要意义。不仅如此,一些国家在制定刑法的时候,开宗明义地表示刑法制定的任务之一就是为了惩罚犯罪,如我国《刑法》第1条就明文规定:"为了惩罚犯罪,保护人民,根据宪法,结合我国同犯罪作斗争的具体经验及实际情况,制定本法。"但不同时代有不同的犯罪现象,需要刑法秉承不同的理念、价值、原则和精神,并依靠这些要素在微观层面铸造出不同的犯罪治理路径。

风险犯罪已是刑法应重视的重要犯罪问题,且已引起犯罪学和刑法学的高度重视,如有学者主张"未来我国犯罪学的发展应当加强对风险犯罪问题的研究"。而在刑法学领域,也已通过预防刑法治理重大风险犯罪,且产生了不同类型的风险犯罪。预防刑法和传统刑法治理犯罪的路径有很大差异,差异的重要原因是:传统刑法的主要部分诞生于启蒙运动时代,其治理的主要是核心犯罪(实害结果犯);现在日渐成为趋势的预防刑法是以治理风险犯罪为任务,"风险犯罪"是其打击目标。正因为预防刑法的打击目标、规制对象、产生的犯罪模型等与传统刑法的犯罪不同,从而受到理论的质疑和批判。

应辩证的对待预防刑法治理风险犯罪遭受的批判和质疑。预防刑法遭受质疑和批判有两个维度的原因:一是传统刑法知识相较于已变化的世界呈现出内卷化,以其质疑预防性立法并不妥。如有学者指出"使用古典自由主义刑法观的见解批判风险社会中的刑法立法发展存在着社会语境错位"。因此,吴宗

---
* 姜敏,西南政法大学教授,法学博士。

宪教授认为"应当在理解风险社会内涵的基础上找寻风险社会与刑法理论的对接之处,从而探寻评价立法与司法的应然立场"。二是预防刑法治理犯罪诱发了法治危机,其本身需要进一步完善。如预防刑法过度超前干预,造成清白无辜行为被视为犯罪而被惩罚。对于前者,应通过去内卷化的方式保证预防刑法得到认可。对于后者,应通过妥善处理好"赋权"和"限权"的关系予以解决,从而保证刑法治理风险犯罪能坚持法治精神。

一、"内卷化"的概念、表现和负价值

"内卷化"是一个学术概念,且已是一个较"热"的术语。有学者探索过其含义:"'内卷化'(involution),又译为'过密化',它源于拉丁语 involutum,原意是'转或卷起来'。"但最早使用者是康德,康氏认为其含义指"复归"、"衰退"或"退行"之意。后来,美国人类学家亚历山大·戈登威泽(Alexander Goldenweiser)对"内卷化"这个术语进行了诠释:"当达到了某种最终的形态以后,既没有办法稳定下来,也没有办法使自己转变到新的形态,取而代之的是不断地在内部变得更加复杂"的情况。但是,让"内卷化"这个学术概念系统化的是格尔茨(Clifford Geertz)。无论如何界定内卷化,从词源学上看,其主要强调变迁过程中所存在的过去和现在的密切关系。

一般而言,"内卷化"具有三个表现:一是事物发展过程中的功能锁定,二是事物发展过程中的路径依赖,三是事物发展过程中的目标替代。其中,"功能锁定"是指事物在发展到一定程度后,出现的偏离上升轨道的无休止的复制或自我繁殖,从而导致自身的体系仅只有外延扩展而无内涵发展的状态。"内卷化"而致事物进入功能锁定状态后,该事物的内部结构更迭很难实现,新因素难以进入系统,所以制度创新也就难以发生。"路径依赖"指事物因内部结构的固化和约束,使事物习惯于因袭旧的路径,缺乏手段创新;同时,基于体系各个因素而致的惯性力量极强,导致事物难以走出固定的路径。"目标替代"是在事物发展过程中,起始的目标被其他目标所替代,甚至某些手段凌驾于目标之上成为新的目标。内卷化之所以有这些特征,是因事物发展到一定阶段之后,内部各个要素不断往返重复,从而使内部的构造越来越精细、越来越复杂。这种没有创新和适应社会的重复,使事物成为一个封闭的系统。简言之,内卷化使事物功能固化、路径固化和目标固化,并使事物维持旧框架和旧格局。

事物的内卷化会产生极大的负价值,即:事物在内卷化的时候,通过功能锁定、路径依赖和目标替代使事物形成一个封闭系统,致使其无法吐故纳新,并最终使事物本身的发展陷入僵局或死局。事物的功能、运作路径和目标的实

现，都是通过事物的组成要素、结构以及要素与要素、要素与结构之间的互动关系完成的。但当事物发展到一定阶段不能吐故纳新而陷入内卷化后，其更侧重于内部的细致与修饰，侧重于琐碎的技术与重复运作。由此，事物的内部不断复杂化但却没有创新，致使其停滞不前或无法适应新现象。最终，内卷化使事物——比如社会、知识体系或文化模式等，无法扩展或改变，只能促使其仅仅朝着内在复杂性的方向发展，但事物本身的发展已无法实现飞跃和质变。所以，有学者认为"内卷化"是没有发展的增长。不仅如此，还有学者对"内卷化"进行了这样的评价："对我们而言，我们只要一个分析性的概念，即一个既有的形态，由于内部细节过分的精细而使得形态本身获得了刚性。"换言之，内卷化过度关注固化的"形态"，比如旧的功能、目标和路径，以及实现这些功能、目标和维护这些路径的要素的"形态"，且使这些"形态"成了刚性的要求。但外在的环境已然改天换日，内卷化使事物无法从变化的外界获得充足的能量并吸收新元素，最终使事物故步自封、运行效率降低、目标偏移当代社会所需且逐渐远离当下时代。

二、传统刑法治理风险犯罪呈现的内卷化现象

不同时代有不同的犯罪现象，需要不同的刑法制度予以治理。由此，不同的时代塑造不同的刑法知识体系，不同时代的刑法知识体系呈现出不同的"形"和"神"。传统刑法诞生于启蒙运动时代，这个时代的使命、价值和时代精神塑造了传统刑法的格局和样态。而预防型犯罪繁盛于当代风险社会，其格局和样态不同于实害犯罪。因此，如果总以传统刑法知识要素为标准质疑预防型犯罪，就会消解预防型犯罪及其价值，同时也使传统刑法在治理风险犯时呈内卷化迹象。

（一）在当代风险社会，治理风险犯罪已是刑法的重要使命

在当代风险社会，刑法已通过预防刑法治理风险犯罪。预防刑法是一种特定称谓，是指治理风险且以风险犯为打击对象的刑法，所以又被称为风险刑法。无论中国还是外国刑法的立法实践，均通过预防性立法设置预防型犯罪，从而管控重大风险。比如《刑法修正案（十一）》中就有预防刑法的影子——无论是增设新罪还是改变原有犯罪的要素，都有预防刑法的踪迹，如其第2条规定的妨害安全驾驶罪和第7条新增的妨害药品管理罪就是危险犯，是为了管控交通风险和药品风险。有学者在评价《刑法修正案（十一）》时就认为："整部修正案就是积极预防性刑法观的立法实践。"又比如，美国"每周都会制定出许多新的风险预防犯"。各国的预防刑法反应了当代风险社会的诉求，而且表现出明确的积极预防倾向。

基于治理重大风险犯罪,"事前性"的预防刑法能发挥作用。预防犯罪是刑法的一个重要任务,但用传统的刑法理论和刑法体系应对风险社会的各种风险,存在着许多理论上和现实层面的困难。传统刑法针对的是实害结果已经产生的犯罪行为,预防刑法针对的没有实际危害结果的风险犯罪。因此,传统刑法是"事后"对犯罪进行惩戒,从而达到使犯罪人不能犯、不再犯以及威慑潜在犯罪人不敢犯之目的,其对犯罪的预防具有"事后性"。但要切断风险演化为实害结果的路径,"事后性"的传统刑法无法实现。预防刑法以"安全"或"秩序"为据,前移罪质、转移打击目标,其对犯罪的预防具有"事前性",即:通过切断风险演化的路径,让实害结果犯罪的发生变得更加困难或者不可能,从而起到阻止风险演化为实害犯的作用。

应认可刑法治理重大风险犯罪的作用。治理风险犯罪的预防刑法与传统刑法的理念、原则等不符合,受到质疑,如有学者认为应当适当限制预防刑法的范围,甚至应重返"核心刑法"。如下文论及的,预防刑法确实应保持预防理性,以防超过必要的限度而侵害法治精神。但基于当代风险社会的特征,不应把打击犯罪的目标固定在"事后"的"实害"这一静止的点上,而应把犯罪当作动态发展过程。如有学者深刻地分析认为:"变幻莫测的风险社会将迫使我们把更多的精力放在动态发展的犯罪现象上。在以风险为支撑的理论基础上看待犯罪现象的最佳切入点就是犯罪运行,一种规律与非规律性同在的运行方式似乎成了整体犯罪现象与风险结合后的最佳影像。"而预防刑法的风险犯罪,就体现的是看到了从风险到实害犯的动态发展过程,且在"犯罪运行"的这个过程中,在实害结果发生之前的时空点上设置了一个风险犯,从而阻止实害结果发生。尽管这种"事前性"的犯罪与传统刑法的诸多理念不吻合,但"为适应时代变迁、深化改革、社会治理等需要,刑法在理念、政策、立法等方面都有所调整"。所以不能因预防刑法与传统刑法有差异,就否定预防刑法的作用。

(二) 对于治理风险犯罪,传统刑法已呈内卷化迹象

预防刑法与传统刑法(也就是核心刑法)相比,二者确实存在较大差异。前者遭受质疑的原因之一便是:以传统刑法为标准进行衡量,预防刑法与传统刑法在理论上不自洽。但预防刑法与传统刑法理论的不自洽,并不意味着预防刑法就不正义,甚至相反,其意味着传统刑法在面对风险社会的风险犯罪挑战时,已呈内卷化迹象。

当代刑法知识体系可溯源至启蒙运动时期,且启蒙运动时期的社会、政治、经济、文化等"形塑"和"神塑"了当代刑法知识构造、价值追求和思想基础。当代刑法知识体系的形式和实质无疑仍然具有积极意义,且对于规制

传统犯罪无疑将继续发挥重要作用。但是，与启蒙运动所在的社会以及与传统社会相比，当代的风险犯罪确实是一个值得重视的问题，刑法应予以回应。但如果传统刑法知识体系不能打破固有的窠臼，甚至还有意无意地以既有的原理、原则、规则或理论，评说或质疑规制风险犯罪的预防刑法，就会使刑法知识体系走向"内卷化"。

审视传统刑法，其在管控重大风险时已呈现"内卷化"迹象，且至少已呈现出以下几种内卷化迹象：

一是理论模型的重复并企图普适于风险犯罪。刑法由多种原则、理念、规则和核心犯罪等要素构成，刑法也正是通过这些要素对社会产生影响。并且这些要素基于某种根据和价值导向形成了不同的理论模型。但时代变了，犯罪呈现的面相不同了，社会的价值诉求也有所变化，刑法的功能和社会的期许也有所变化。对于传统犯罪，传统刑法理论模型继续适用。比如传统的罪过、因果关系、实害结果、报应、罪责等相关因素的理论模型，复制于故意杀人罪、强奸罪等，其依然能发挥作用。但风险犯与核心犯罪的产生原因、构成要素、产生流程、存在状态等均有差异，如硬把报应理论和因果理论复制粘贴于以管控风险为要义的风险犯罪，就难以自洽。复制粘贴的结果便是消解风险犯罪，佐证预防刑法无正当根据并推翻预防刑法。

二是目标偏离社会诉求。当代社会不仅要阻止实害结果犯，而且还应通过风险管控的方式早期进行干预，从而切断风险演化为重大严重事故的路径。因此，刑法管控重大风险以超前规避重大实害结果的出现，是当代刑法的重要目标。但正如前述论及的，以古典刑法为基础的刑法知识体系，以报应和结果等为重要要素，其立法的原则和路径等也以这些要素对应的理论为根据。基于这些理念和根据，其打击目标是实害犯，且刑罚之目的也是报应——即使刑罚有预防目的，但也是以报应为前提的预防。当风险社会中的风险加剧，刑法需要迎接风险犯罪的挑战时，依然习惯于沿袭旧的方法和理念，不愿开拓进取，不愿对原有知识框架及其功能进行调整，并且，还尽力使其正式化、程序化、形式化，就会偏离治理风险犯罪的需求。最终，这会导致手段凌驾于目标之上，与预防犯罪的目标南辕北辙。

三是功能定位已呈不合时宜之象。对于预防犯罪，传统刑法是秉承消极预防理念的。传统刑法是在反封建刑法的压迫性、专断性、剥夺性、不平等性等的基础上建立起来的。为了限制封建统治者的刑罚权，并基于担心封建刑法侵害"犯罪人"或"犯罪嫌疑人"的权利，提倡刑法保障自由和人权。因此，"犯罪人""犯罪嫌疑人"等处于权利保障的核心位置，而被害人以及社会法益等并没有受到重视。在当时，封建刑罚权的恣意和专断给公民造成了严重侵害。因此，传统刑法理念把刑法限于为打击实害犯罪和进行消极预防，也是当然之义。但当社会发展到一定程度，人造风险给人类及人类的发展造成巨大威胁，且刑法管控风险之目的本身是保护人类安全和更好的人类发展，依然以传统的功能定位运作刑法并进行消极防御，就已不合时宜。

四是系统的自我封闭。有学者认为内卷化使某种模式或体系"由于其'内卷'（或'过密'）状态，甚至能够抵御、排除质变"。刑法知识体系也不例外，特别是，由于传统刑法知识体系的精细化和理论的高度契合化追求，使刑法知识的发展已在朝向修饰性和装饰性方向发展。甚至理论研究也以理论的自洽为目标，由此使刑法的理论朝着学者欣赏的角度发展。最终，刑法的理论自洽演变为学者的一种技术雕琢，刑法知识发展演变刑法知识组织上的细化。刑法知识体系的理论越来越多，越来越细，但却缺乏实质意义的发展。因此，使刑法知识体系表现出强烈的自我维护倾向，即倾向于维持既有的规则和路径，且使其高高在上，不容易使理论体系进行质性的改革。最终，刑法知识系统形成了一个顽固且难以改变的封闭体系。

现行刑法知识体系在解释风险犯罪时，难以自圆其说。已有论者提出："在现代刑法的体系解释逻辑和风险刑法的具体问题内涵之间，发生了不可克服的矛盾。"把当代的风险犯罪问题放在传统刑法体系中强行解释，解释起来自然难以自洽。这种理论上的难以自洽，在一定程度反映了传统刑法与当代社会的不融洽："古典刑法观，并不符合我国当前社会经济发展过程中较轻违法犯罪现象高发的现实。"甚至有学者认为这是"用古典刑法观之矛攻击现代刑事立法之盾"的嫌疑。概言之，在某些情况下，预防刑法遭受质疑和批判是因传统刑法的内卷化造成的。这就意味着传统刑法在面对风险犯罪时，其已抑制刑法的创新，扭曲刑法的价值和通约了刑法的功能。因此，要实现刑法的价值，应当在关注当下社会发展和变迁、犯罪态势、刑法与社会关系等方面，思考如何通过"去内卷化"而探寻治理犯罪的新路径。

三、预防刑法治理"风险犯罪"路径：去内卷化以突破传统刑法窠臼

有学者认为："社会结构形态的变迁必然引起刑法功能、观念与文化的嬗变。"前述也提及，各国刑法均通过预防性立法把风险行为纳入刑法规制范畴，以使刑法承担治理风险犯罪的责任。确实，预防刑法以"安全"或"秩序"为据，前移罪质、转移打击目标、改变刑法目的之实现方式和刑法正当性的证成根据，并开始倒逼刑法理念。当刑法所在的社会发生变化，如果传统理念依然不变，则实践就会走在前面，比如治理风险犯罪的预防性立法已在实

践中盛行。而且,为了回应社会治理风险犯罪的需要,刑法在价值诉求、功能、设罪的位置选择等方面,均有改变。换言之,基于治理风险犯罪,逼迫刑法去内卷化而寻找新路径。

(一)理念上的转变:重视犯罪运行的动态,侧重从源头上治理犯罪

有学者认为:"社会不是以法律为基础的,那是法学家的幻想,相反,法律应该以社会为基础。"同样,风险社会的风险犯罪需要刑法开辟新路径予以治理,如果依然忽略社会现实而留恋传统刑法知识体系的桃花源,只会阻止刑法发挥治理犯罪的功能。特别是,传统刑法把打击点放在"实害"发生的点上,尽管也重视犯罪原因的研究,但不重视从原因到实害犯这个过程中的刑法作用。在传统刑法治理犯罪中,盛行的是现实主义,即重视通过现实的实害犯的打击,从而实现对犯罪人进行改造之目的,由此导致严重忽视对人类行为方式的管理。

但在风险社会,某些人类的风险行为如果不加以管制,就有可能发展成为实害犯罪。必须重视从风险到实害犯罪的发展过程,即应重视犯罪运行,重视犯罪的动态性。犯罪运行受时间、空间以及时空中各种因素的影响,是一个非常复杂的运行机制,涉及许多共生体的衍化与互动。在风险对当代社会的影响逐渐增大以及风险社会理论使人类对风险认识越来越清晰的情况下,风险行为逐渐成为刑法关注的重点。有学者评价认为,这一个转变的意义在于:对犯罪人及其犯罪行为正在以有害行为和潜在的危害来被重新架构,而犯罪人也不再被视为是社会的病理产物以及需要心理矫治的群体。所以对犯罪的运行过程的重视,改变了对犯罪人的立场,犯罪行为也被重新评估,治理犯罪的路径也柳暗花明。

基于此,刑法转变理念重视从源头上治理风险犯罪。有学者就认为:"社会在不断变动和发展,反映并且用以调整社会关系的法制,也必然要相应地改变自身。从实用主义的视角来看,旧的法律手段如果已经不能解决当前的社会课题,就应该摸索新的方法。"对于风险犯罪问题,刑法的策略是推定通过禁止人类的某些风险行为,消除为犯罪提供运行动力的风险源,从而让风险的发展过程运行停止或者减缓运行速度以阻止严重后果犯罪。风险诱发严重后果犯罪的生成过程可以用"犯罪风险源→犯罪原因→(严重后果)犯罪"表示,其中,"犯罪风险源"是指犯罪的发生风险源头,比如持有枪支、恐怖主义书刊杂志、技术、科技和毒品等;"犯罪原因"是指诱发犯罪的原因,比如贫穷、民族仇恨等;严重后果犯罪是指"犯罪原因"导致的严重后果犯罪,比如持枪抢劫、极端恐怖犯罪等。为了从源头上治理犯罪,刑法就对风险源进行治理,比如持有枪支、毒品等持有行为的犯罪化、参加恐怖组织或持有恐怖主

义物品等行为的犯罪化等，就属于这种情况。从这个层面看，预防刑法"既重视犯罪发生源的预防和治理，又要重视对犯罪行为发生环节的破解"。

（二）价值层面的转变：以"预防正义"作为价值诉求

有学者认为："每个场域都规定了各自特定的价值观，拥有各自特有的调控原则，而且各自特有的逻辑和必然性也不可化约成支配其他场域运作的那些逻辑和必然性。"每个时代都有自身独特的运行逻辑，且这种逻辑成了支配这个时代的行动者及其行为的准绳。同时，每个独特的运行逻辑背后都有特定的价值诉求。甚至人类的行为和制度背后，必须有正确的价值指导。作为社会制度之一，刑法也不例外，其在不同的社会和时代，不仅有不同的内容，而且也应有不同的价值。

传统刑法不防范和化解风险，其构成要素、理念、原则等是围绕实害结犯展开，其重要的价值诉求是为了实现报应正义。如前论及，传统刑法侧重犯罪"后果"，以施加"回顾性责任"追求报应正义。这符合传统罪责自负理论，即行为人对自己造成的严重后果负责，且通过因果关系链接行为和后果之间的关系。即使是惩罚本身没有造成实害结果的行为以及未完成的形态，比如未遂、中止等，但被惩罚的也是造成实害结果行为的"一部分"，而不是超前干预。在古典传统刑法中，反对预防正义，因其把行为人作为预防犯罪的手段而不是目的。即使强调刑罚有报应的功能，但也是以报应正义为前提。

刑法应把"预防正义"作为价值诉求，作为预防和化解重大风险的根据。在人造风险日趋严重的风险社会，应赋权刑法进行预防性立法以防范和化解重大风险，从而实现预防正义。报应正义和预防正义不同，前者是一种"答责"责任，即行为人对其行为制造的"恶果"负责，其符合道德逻辑的罪有应得。但预防性立法犯罪化的行为没有造成恶果，甚至被犯罪化的行为是否有引起恶果的可能性也不确定，让其承担刑事责任就不符合传统刑法理论。有学者认为："突破现代性的视界，我们会发现，必须来一次道德革命，人类才能走出危机。"同样，如前论及的，在当代风险社会，责任理论也应去内卷化。如果人类以一种不负责任的态度，人为地制造威胁人类自身生存安全与幸福生活的各类风险，就可能导致重大灾难。这种"不负责任的态度"就是刑法管控的伦理基础，也是预防正义的伦理基础。

（三）功能上突破：针对重要领域的重大风险进行积极预防

在传统刑法中，无论是一般预防还是特殊预防，均是消极预防。传统刑法基于报应正义，把实害结果犯作为打击目标。具体而言，传统刑罚惩罚的焦点是结果无价值，其预防也是等到实害结果出现才施加刑罚，并通过心理强制实现，即以刑罚威慑行为人不再犯罪或不犯罪。在消极预防中，强调刑罚的威慑作用，且主张刑罚不能与目的挂钩，因把犯罪人视为预防犯罪的手段，与保护人的尊严不相符合。同时，基于刑法是反对封建特权的一种手段，所以刑罚一般不回应社会现实的需要。

与消极预防不同，积极预防是通过一种规范意识来预防犯罪，而不是依靠刑罚的威慑和心理强制。因此，从策略上看，积极预防是依靠规范训练法的忠诚、对法秩序和法效力及法贯彻力的信赖，并强调刑法的安抚效果，从而最终达到对犯罪的预防。同时，积极预防不是消极地等到实害结果发生才采取措施，而是积极主动在实害结果出现之前就先发制人。具体而言，积极预防是前置刑法的干预点，即把危险行为或风险行为予以犯罪化。积极预防强调刑罚之目，积极回应社会需求，把公众价值作为影响犯罪预防的重要因素。施加刑罚也不是为了报应，而是为了回应公众对规范的期待。

从立法技术层面看，预防刑法的积极预防主要体现在以下几个方面：

第一，聚焦于行为，剥离实害结果要素。传统刑法基于报应理念，针对行为人导致的严重后果予以报应。因此，在传统犯罪中，除行为外还有结果。但在预防型犯罪中，是没有结果要件的，比如行为犯、危险犯和持有犯，均没有实害结果。

第二，消解针对实害结果的主观罪过要素。在传统刑法理论中，个体的罪过决定了其行为是否具有主观可责罚性，且罪过是指行为人针对危害结果的主观心态。在预防型犯罪中，较少或者不会涉及行为人针对可能导致的实害结果的主观心态。取而代之的是：只要行为人认识到是在实施这些预防性犯罪禁止的行为，就认为其有"罪过"。尽管依然有"罪过"要素，但其已不是传统罪过的含义。这也是前述论及的，预防刑法在于训练对法的忠诚，即只要实施法所禁止的行为就应受到惩罚，无论其对实害结果的主观心态为何。

第三，"关联关系"取代"因果关系"。预防刑法摆脱传统罪责模式的束缚——结果的消解，传统罪过的改变等，最终也就消解了行为与结果之间的因果关系。根据罪责自负原则，只有行为人对实害结果有刑法中的因果关系时，才会对结果承担刑事责任。但在预防刑法中，尽管超前干预之目的也是规避实害结果发生，但因超前干预，把可能引起实害结果的行为因素进行了犯罪化。但被犯罪化的无实害结果的行为，到底是否能引起实害结果并不确定，但却被立法者推定为有引起实害结果的可能。只不过，被预防刑法禁止的行为处在可能引起实害结果的这个可能范畴内。因此，预防刑法禁止的行为与可能引起的实害结果之间的关系，是一种关联关系而非因果关系。

第四，以前瞻性预防责任替代后顾性报应责任。风险社会需要预防责任作为新型责任范导,即刑法面对风险不仅应反思过去的行为,而且还应构筑未来的行为范导。在传统刑法中,占主导地位的是后顾性的"追责"。但在风险社会,为了消解人类面临的风险威胁,有必要延伸主体承担责任的时空范畴。而预防责任就延伸了刑事责任的时空范畴,其根据是主体的行为具有引发严重的重大风险,必须予以刑法惩罚。这种责任是一种前瞻性责任,是从长远考虑,目的在于避免不良后果发生,减少或者消除未来发展中的不稳定因素与可能的严重后果。因此,这种责任框架给未来的"时空"留下了空间,从而使刑事责任的时空延伸了。

第五,刑罚轻刑化。风险犯罪是不同于传统的核心犯罪的,当风险犯罪在刑法中的比重不断增加的情况下,应重新认识犯罪的特征。在传统刑法观念中,犯罪不仅是严重危害社会的行为,而且在道德上更是一种恶,罪犯也被贴上了坏人的标签。但随着各种风险行为的大量犯罪化,犯罪本身的社会危害性降低,主观恶性下降,风险犯罪分子也不一定是十恶不赦的罪人,其反社会性也不强烈;同时,风险犯罪也没有实害结果。如果依然固守传统的对犯罪的评价,适用较重的刑罚予以制裁,就会导致惩罚不公平。因此,对于这类犯罪,在配刑时就应轻刑化。我国刑法在设置风险犯罪时,已有轻刑化的倾向了,比如《刑法修正案(八)》增设的危险驾驶罪,其最高刑仅为拘役;《刑法修正案(十一)》增设的妨害安全驾驶罪、危险作业罪和高空抛物罪,其最高刑也仅为1年以下有期徒刑。因此,风险犯罪的出现和增多,不仅不断改变人类对犯罪的观念,甚至促使刑罚轻刑化。

从前面的论述可以看出,传统刑法知识的窠臼和当代社会的新面相,二者合力倒逼刑法以预防刑法治理风险犯罪。但应辩证地对待预防刑法,既要看到其积极价值,同时也应看到其可能诱发的法治风险,从而保证其实现预防正义。

四、从宏观层面的预防理性看,应恰当界定和选择其应保护的法益

预防刑法从理念、价值、功能和责任等维度对传统刑法予以了突破,对于治理风险犯罪具有积极意义,且被立法实践认可——刑法的预防性立法在立法实践中已渐成趋势,并产生了许多预防型犯罪。但预防刑法治理风险犯罪要实现预防正义,就应保持预防理性,并且恰当选择保护的法益。

(一)预防刑法在扩张刑法范畴时应保持预防理性

基于规制对象的特征、公众的呼吁和国家立法的象征性和安抚性,使预防刑法极易失控,从而难以保持理性。从立法角度看,预防刑法的生成是通过预

防性立法实现的,即把距离实害结果有一段距离但可能引发实害结果的风险行为予以犯罪化的立法。因此,预防刑法是以风险为基础的,且风险的有无以及大小具有难确定性。不仅如此,与某种严重后果关联的风险源一般均多元化,这意味着要预防某种严重后果犯罪,有把多种风险行为予以犯罪化的可能。这导致预防刑法有不当扩张社会控制网络的潜在功能,这已引起学者担忧:"为了保护人们免受可能导致损害风险的新方式的侵害,对国家可以走多远并没有限制。"因此,预防性立法基于管控风险,会把很多引发严重事故的"嫌疑"因素纳入管控范畴,导致刑法触角无底线延展。同时,当代社会的公众,受各种安全事故的影响,对安全极为担忧。国家立法受公众情绪影响,极易采纳公众的意见,并借助立法对公众进行安抚,体现国家对公众担忧事情的关注。但刑法的象征性和安抚性会使立法失去理性:"在公众缺乏安全感的今天,若风险刑法理论被欣然接受,那么公众对安全感的需要在很大程度上就会直接成为刑事立法的决策依据,而忽略立法过程中应当恪守的刑法理性。"其结果就是:预防刑法有侵害法治原则和公民的正当权益的风险。

预防刑法是将来刑法的趋势,应寻找路径让其对风险犯罪的治理保持理性。有学者认为预防刑法将是我国刑法的一种趋势:"预防刑法追求对法益侵害的事先预防,实现有效的社会控制,未来我国预防刑法的发展不可避免。"甚至有学者还认为管控风险的预防刑法等理念将是未来刑法发展的基本立场:"积极刑法观开发了描述具有时代特征的风险刑法、安全刑法、功能刑法以及预防刑法等理论概念,将其作为分析和评判立法的工具,进而作为未来刑法发展的基本立场。"在这种语境下,理性的态度是:既要承认扩张刑罚权治理风险犯罪的必要性,同时又要避免刑罚权的恣意扩张。前者的实现需要赋予刑法管控风险犯罪的权力,并且在理论上克服传统刑法的内卷化而进行创新;后者的实现则需要为预防性立法设置合理的边界,从而限制预防刑法的恣意扩张。

(二)应对集体法益的本体意义进行限缩

最近几年的刑法预防性立法主要是针对集体法益的。从法益的发展史看,集体法益并不受欢迎,甚至是被忌惮的一个术语,因集体法益被视为主要是为了维护"秩序"。在启蒙运动时期和启蒙刑法思想家的理念中,反对刑法成为专制工具。特别在当时的社会状况、启蒙思想、公众对国家的感知等因素的加持下,重视个体解放,强调个体的权利。基于此,传统刑法重视被告人、犯罪人和犯罪嫌疑人的权利。刑法被视为是犯罪人的大宪章,原因也在于要求刑法保护个体权利,谨防刑法成为专政和压迫工具。围绕这些理念,传统刑法排斥与集体或国家关联的"秩序"和"安全"等概念,崇尚与个体权利关联的"自由"和"权利"等理念,由此也就崇尚和尊重个体法益,排斥集体法益。

但"传统上以个人法益保护为中心的刑法，无法有效回应现代社会的各种风险和挑战"。因此，集体法益不断得到认可，尤其是，尽管依照传统刑法的理念，集体法益在理论上受到排斥，但在立法实践中对集体法益的保护已成趋势，甚至已是预防性立法予以保护的核心法益。理论上对集体法益的排斥有两个维度的原因，其一是传统刑法理念的影响，其二是集体法益常与"秩序"等关联，从而产生保护集体法益而侵害公民个体自由之嫌疑。前者是传统刑法内卷化的体现，后者是对集体法益的本体含义的理解存在偏差的体现。在当代风险社会，各种人造风险引起的重大事故使公共利益等面临极大危机。并且重大公共利益已不再单纯地是统治秩序，而是关涉个体甚至整个人类的生存、安全、生命和健康等。因此，集体法益保护的扩张有必然性，而且有正当根据。

预防刑法在保护集体法益时，既要承认集体法益的积极意义，也应注意对集体法益本体含义进行限缩。启蒙运动时期的刑法思想家反对集体法益的原因在于：集体法益是当时的封建统治阶级维护其统治秩序的托辞，且借助集体法益牺牲甚至侵害个体法益。但在当代，预防刑法保护的集体法益的本体意义，与启蒙运动时期的刑法思想家所反对的集体法益的本体意义相比，已有实质区别：前者是关涉人类和个体发展条件的集体法益；后者纯粹是为了统治秩序，甚至这种秩序是阻碍个体和人类发展的因素。因此，当代的预防刑法应突破传统的法益观念的内卷化，认可当代应保护的集体法益的本体含义以及其存在的积极意义。比如公共卫生安全、金融管理秩序、人类遗传基因、基因编辑等的刑法保护，并不是压迫和统治，而是为了个体或人类的生存和发展。换言之，应限制集体法益的本体含义，尤其是在保护秩序法益时，应把其限制在有关个体或人类的发展或生存的秩序法益范畴内。通过对集体法益的本体含义的限制，从而保证预防刑法在保护集体法益时，本身就是在保护个体自由，或者保护个体自由发展的必要条件。确实，"法治国家权力合法性的全部基础在于保障公民的权利与自由"，所以当保护集体法益之目的在于为公民的权利和自由的实现提供条件，保护集体法益便具有合法性。

（三）预防刑法应防范和化解重要领域的重大风险

在风险时代背景下，刑法只是一件外衣，外衣里有一张危险品清单。但这并不意味着刑法应管控所有风险，因风险有大小和存在领域的区别，而风险的大小和存在领域会影响刑法是否应介入干预。因此，首先应对刑法保护的风险进行划定，从而设定预防刑法管控风险的范畴。

第一，刑法防范和化解的应是重要领域的风险。各行各业均有风险，但刑法不应涉入管控所有领域的风险，而应是管控重要领域的风险。如前述论及，预防刑法的旨意在于保护公民和人类的发展和生存。因此，所谓重要领域也就是涉及公民和人类生存和发展的重要领域，且这些领域涉及的法益也应是关乎个体生存、发展的法益，比如和生命或健康等关联的法益。从既有的预防刑法看，其关注的也主要是公共卫生、食品、药品、金融秩序、环境、社会管理秩序和公共安全等领域。对于个体甚至人类而言，这些领域具有重要的意义，有必要通过刑法防范和化解其中的风险。

第二，刑法防范和化解的应是重大风险。预防刑法不仅防范的应是重要领域的风险，而且还应是重大风险。在判断何为"重大"风险时，可从以下几个方面进行判断：一是从风险引发事故后波及的范畴大小予以判断。在现代社会，人数众多、交通发达、人口流动和社会交往频繁，这导致对于那些具有开放性、流动性和连通性的领域，一旦发生风险引发的事故，就会波及很大的范畴。比如新冠肺炎疫情引发的重大卫生事件，甚至波及到了全球。二是风险引发的事故侵害的是重大法益。此维度的含义与前述论及的集体法益的本体意义有联系，即通过预防刑法规制的风险行为有侵害重要法益的可能。如果放任这种风险行为不管，发展成严重后果后就会侵害某种重要秩序，从而侵害个体或人类的生存或发展条件。三是从风险所处的阶段进行判断。前述已经论及，从风险到严重事故是一个发展的过程，不同阶段风险的大小以及其与实害结果之间的距离均是不同的。在这个过程中，可通过各种方式防范和化解风险，甚至通过其他法律方式予以规制。而只有当风险发展到最严重阶段，才应予以刑法规制。

五、从微观层面的立法技术看，预防刑法选择的设罪位置和配刑必须合理

预防刑法理念、价值和功能的发挥，是通过预防性立法设置刑法规范实现的。甚至可以说，预防刑法最终是否能维持预防理性和实现预防正义，依赖于预防性立法的质量。而预防性立法的质量是否高，主要是依靠"罪"的设置和"刑"的配置。

（一）应根据不同风险行为的情况选择恰当的设罪位置

前述提及预防刑法被质疑和诟病，其原因之一在于传统刑法知识体系的内卷化，使二者难以兼容。但除此之外，预防刑法本身存在的问题，也是使其受到质疑的重要原因。预防刑法是为了防范和化解重大风险，导致其天然具有保守性，这使其过度超前干预导致惩罚不公。换言之，防范和化解重大风险的保守立场，使立法者选择的设罪位置不恰当，导致不应受惩罚者受到惩罚。

从立法实践看，预防性立法选择设罪位置是极为困难的，重要的原因在于：

第一，危险/风险源极难确定。基于风险或危险发展过程的差异、可能的介入因素、指向的对象特征等影响，导致危险/风险源并不容易确定。甚至在某些时候，会导致针对人而非针对行为本身的评估："危险评价的特殊之处便在于，朝危险起源的因果链条无限后退的审视惯性，最终会将矛头对准作为危险来源的个人，即具有危险性的个人。"也正因此缘故，导致预防性立法备受质疑。第二，行为类型有差异。检视预防性立法实践就会发现，被预防性立法犯罪化的行为类型有持有行为、危险行为、煽动行为和预备行为等，从而产生了行为犯、危险犯、持有型犯罪、预备型犯罪、煽动型犯罪、共谋型犯罪、身份型犯罪、情节型犯罪等。这些预防型犯罪禁止的行为不同，持有型犯罪禁止的是持有行为，其是一种对某种事物的控制状态，"持有"本身并不具有危险性；预备型犯罪禁止的是预备行为，预备行为本身不是引起实害结果的行为，但其是为犯罪做准备，主观恶性已具备且行为已是其客观征表；煽动型犯罪主要是犯罪化的"语言"，且其本身也不会直接导致实害结果；危险型犯罪中的行为本身具有危险性，甚至其本身直接就能导致实害结果；等等。很显然，这些被禁止的行为与拟防止的实害结果的牵连关系是不同的。如果确定同样的犯罪化标准，就难以保证预防性立法的正当性。第三，致使风险或危险演化为实害结果的可能性大小难以确定。刑法之所以规制风险，是因其有诱发严重事故的可能性。但既然是可能性，则也有不会发生严重事故的情况存在。如果预防性立法禁止的行为不会引起实害结果，则预防性立法就失去了必要性。更让人担忧的是，这会引起惩罚无辜者。

但"刑法预防性立法应重视立法质量以实现良法善治"。预防刑法治理风险犯罪要实现良法善治，从微观层面看，就应选择好恰当的设罪位置，平衡好防范风险和保障公民自由之间的关系。对此，立法者应根据不同的行为类型，选择不同的设罪标准。但无论针对哪种风险行为类型，应坚持的一般原则是：

一是针对本身就直接能引发侵害生命和健康等重大事故的危险行为，应评估行为本身的危险系数、侵害的法益之性质和其发生的频率大小。如果某种行为本身的危害性很大，其发生的领域涉及生命或健康等重大法益，并且其经常发生，则可直接犯罪化这种行为本身。《刑法修正案（十一）》增设的妨害安全驾驶罪涉及的妨害公共交通工具驾驶安全的行为和危险驾驶罪规制的行为，就属于这种情况。这两种行为均发生在交通领域，本身所具有的危险性极大，涉及公众的生命或健康法益，并且其发生的频率极高，社会公众呼吁把其入罪。该类危险性行为入罪也有难题，其难题在于：如何度量其所具有的危险性的大小。这就需要提高立法技术，借助于现代科技手段等，准确把握危险行为所具有的危险的大小，为立法提供佐证和支持。另外，如果某种危险行为的出现具有偶然性，也不应予以预防刑法规制，因偶然行为没有预防的必要性。

二是对于直接侵害某种秩序但不直接侵害生命或健康的行为，则要严肃考量行为本身的性质，且应附加一些条件，比如"严重情节"等，保证惩罚的行为具有可责罚性。没有直接侵害生命或健康的"秩序"法益和侵害生命或健康的法益，在价值位阶上是有差别的。但前者也应受到刑法的保护，因某些秩序是人类社会生存和发展的重要条件。比如"侵犯商业秘密罪"等，其规制的行为侵害了市场经济秩序，而现在侵犯商业秘密罪极为猖獗，国家期望超前予以打击，所以《刑法修正案（十一）》删除该罪的"给权利人造成严重损失的"规定。但如果没有出现严重后果就进行预防，则应保证惩罚的是具有可责罚性的行为。因此，尽管《刑法修正案（十一）》删除了该罪的结果要件，但增加了"情节特别严重的"规定。所以该罪由结果犯变为情节犯，体现了积极预防态度，但还是通过"情节特别严重的"的规定，保证该罪的惩罚不会过度超前。

三是对不能直接引起重大事故并且其直接侵犯的法益还不明晰的行为，应重视这些行为与实害结果之间的规范联系。比如持有行为、预备行为、煽动行为和成员身份等行为本身不会直接引起严重事故，并且其引起的最终受侵害的法益也不清楚，就应考虑其与可能的严重后果之间的规范联系。该规范联系主要从主观和客观两个维度进行考量：从主观方面看，这些行为的主体有引起严重事故的故意，或者至少能预见其行为可能导致严重后果。比如持有某种危险物品或违禁品的行为人有将来实施严重犯罪的故意，预备行为者本身就是为将来犯罪准备工具，煽动者本就期望某种严重后果发生，加入恐怖组织就是为了实施恐怖犯罪等。行为人对实害结果的预见性，能保证行为人已具有主观可责罚性；从客观方面看，行为对于实害结果的发生具有实质性的作用，且已能征表行为人主观上的犯罪意图。通过这些行为与严重后果之间的规范联系，能防止预防刑法的恣意扩张。

（二）基于罪刑均衡原则，对风险犯罪的刑罚配置应当合理

"犯罪是'源'，刑罚是'宿'，犯罪与刑罚的关系问题是刑法学必须直面的基本问题。"罪刑均衡原则是解决犯罪和刑罚之间关系问题的基本原则，即无论犯罪样态和犯罪构造如何变化，刑罚的种类和大小等均应与犯罪的轻重相适应。对重罪配置轻刑、对轻罪配置重刑或者配置的刑种不恰当，均会导致不公正。因此，要实现良法善治，除了"罪"的设置必须合理外，"刑罚"配置也应合理。

前述已论及，预防刑法在刑罚方面的突破就是轻刑化。基于此，有学者评价认为"尽管我国近几年的刑法修正案表现出了犯罪圈扩大与轻罪数量增加

的趋势"，但其也产生了积极的效果，导致"刑法结构由'厉而不严'向'严而不厉'调整"。这也表明尽管刑法治理风险犯罪会导致犯罪的数量增加，但只要刑罚配置合理，并不必然导致惩罚不公正。但是，要使刑罚配置合理并不是一件容易的事情。有学者在评价刑罚配置时提出，刑罚配置合理至少应坚持两个原则："一是刑罚法规的明确性原则；二是刑罚法规内容适正的原则。"刑罚规范内容的适正要求罚与罪相当，但我国的刑罚制度是以重罪重刑为主导的，对于轻罪并没有充分的考量。现在预防刑法的盛行，如果刑罚制度不考量这一事实，就会导致刑罚无法配置或配置不公。因此，为了回应刑法治理风险犯罪的需要，应对刑罚体系进行完善和改造。另外，要实现刑罚配置合理，应根据罪的轻重对罪进行区分，才能真正实现刑罚配置的合理化。

1. 我国刑法应通过立法规定微罪、轻罪和重罪

我国刑法没有规定微罪、轻罪和重罪的概念，但外国有些国家专门规定了违警罪、轻罪和重罪概念。德国刑法第12条明确规定了重罪与轻罪："重罪是指：最低刑为1年或1年以上自由刑的违法行为，轻罪是指：最高刑为1年以下自由刑或科处罚金刑的违法行为。"法国刑法也明确区分重罪、轻罪、违警罪，即其刑法第111—1条规定："刑事犯罪，依其严重程度，分为重罪、轻罪和违警罪。"随后，法国刑罚对何为轻罪、重罪和违警罪进行了规定：第131—1条规定是重罪，从其内容看，重罪可判处的刑罚为无期徒刑、终身拘押以及最高徒刑15年或15年拘押的犯罪；其轻罪是指可判处监禁、罚金、日罚金、公共利益劳动，第131—6条所规定的剥夺权利或限制权利之刑罚，第131—10条所规定的附加刑。对于轻罪中的监禁刑，法国是分了7个层次，即：最高刑6个月、最高刑1年、最高刑2年、最高刑3年、最高刑5年、最高刑7年、最高刑10年，这有利于司法机关根据轻罪之严重程度进行裁量。其131—12条规定的是违警罪是判处罚金或者第131—14条规定的剥夺权利或限制权利之刑罚。其中，针对不同级别的违警罪，罚金数额是不同的。一级违警罪最高罚金为38欧元、二级违警罪最高罚金为150欧元、三级违警罪最高罚金为450欧元、四级违警罪最高罚金为750欧元，五级违警罪最高罚金为1500欧元且累犯数额可高至3000欧元。从法国刑法的规定看，其规定较为详细。除德国和法国外，俄罗斯、挪威、瑞士、希腊、奥地利、西班牙、菲律宾、埃及、荷兰、越南等国，其刑法也规定了轻罪和重罪的概念。刑法以立法的方式规定违警罪、轻罪和重罪等概念，能帮助树立正确的犯罪观，深度了解犯罪特质，从而改变对所有犯罪不分轻重均加以排斥、憎恶或不宽恕的观念，最终为犯罪的配刑和处置的轻缓化奠定基础。

从上述有益经验来看，我国可以根据实践通过立法方式规定并区分微罪、

轻罪或重罪概念。当刑法通过立法明确规定何为轻罪和重罪时,则立法在为某个罪配置法定刑时,就首先应根据其社会危害等因素判断其是属于轻罪还是属于重罪,继而在轻罪和重罪对应的刑罚幅度内配置法定刑。但根据犯罪的轻重,到底是划分为"轻罪—重罪"这种二元模式,还是划分为"微罪—轻罪—重罪"这种三元模式,是没有定论的;同时,国内理论上对于何为微罪、轻罪和重罪没有统一的标准和共识,甚至很少提及微罪。笔者认为三元模式更为合理,因"轻罪—重罪"二元模式是在风险犯罪还没有盛行的时候的划分,其主要是根据主观恶性和危害结果的大小进行的划分。但在风险犯罪逐步增多的时候,因犯罪理念和入罪的原因等发生重大变化,其与传统刑法中的轻罪还是有差别。为了更为客观和恰当地划分罪与罪之间的界限,还是应把轻罪和微罪进行区分。

要区分微罪、轻罪或重罪,就应明晰三者的划分标准。学理上对于轻罪的划分标准有很多论述,但理论上存在争议,且主要有三种观点,即3年说、5年说和7年说。为了使刑法中的重罪和轻罪比例协调,应以最低法定刑为5年有期徒刑为界分线:最低法定刑高于5年有期徒刑的罪是重罪,低于5年有期徒刑的罪则划入微罪或轻罪。在低于5年有期徒刑的犯罪中,还应划出轻罪和微罪的范畴。笔者认为微罪应限于无实害结果、主观恶性较低的风险犯罪以及少部分的其他类型的犯罪,且最直观的判断标准就是法定刑的主刑为拘役或管制的犯罪。综合前述,重罪是指最低法定刑为5年以上有期徒刑的犯罪,轻罪是法定最低刑为有期徒刑且有期徒刑在5年以下的犯罪,微罪是法定刑为管制或拘役的犯罪。

2. 增加刑种、完善刑罚制度以适应轻罪或微罪的出现和增加

我国刑罚体系的构造和某些刑罚制度引起的问题需要消解。我国目前的刑罚体系有五种主刑和四种附加刑,其中,五种主刑是管制、拘役、有期徒刑、无期徒刑和死刑;四种附加刑是剥夺政治权利、驱逐出境、罚金和没收财产。目前的刑罚体系主要是根据传统犯罪的特征构建起来的,从分则罪的配刑情况看,自由刑占绝对比重。有学者进行过统计,我国"刑法中无期徒刑的配置比例达到了22.2%,有期徒刑的配置比例几乎达到了全部,拘役刑的配置比例达到了82.9%,而管制只占比26.4%"。对此,学者认为我国的刑罚体系不合理:"在刑事立法上,我国《刑法》规定的刑罚种类不够合理、刑等划分不够精细。"当风险犯罪不断增加时,我国刑罚体系的困境就凸显出来,有学者就建议增加适合轻罪的惩罚方式:"可以考虑增设善行保证、禁止执业、禁止驾驶、禁止使用、禁止进入、公益劳动、社区服务、周末拘禁等适合轻罪的刑罚。"除了刑罚体系的构造存在问题外,某些刑罚制度引起的问题也应予以消

解，比如我国的前科制度对犯罪人有极大的负面影响，其会影响就业、婚姻、上学和入伍等。随着风险犯罪等微罪和轻罪的逐渐增多，前述两个维度的问题会显得越来越突出。

完善现有的刑罚体系是为了能真正遵守罪刑均衡原则，消解某些刑罚制度引起的后遗症是为了使微罪或轻罪不至于毁人一生。因此，两个维度问题的消解能使刑罚更人性。两个维度的问题可通过以下几个措施予以消解：

第一，重视主刑中的管制、拘役以及附加刑中的罚金刑的使用。从目前的情况看，我国刑法中还没有出现最低刑为管制的犯罪，也只有危险驾驶罪的最低刑为拘役。当立法再增加风险犯罪时，应根据风险行为的类别、风险行为所在领域、风险行为可能导致受损的法益等，对应划入微罪和轻罪的风险犯罪中，适当提高该两种主刑的配置适用。另外，在风险犯罪中也较少使用罚金刑。在今后的风险犯罪中，也应增加罚金刑的使用，以使罚金刑能发挥其应有的作用。

第二，适当扩大资格刑的范畴。我国目前的资格刑只有剥夺政治权利和驱逐出境两种，其适用的犯罪较少，甚至不适用于风险犯罪。应进一步完善我国的资格刑制度，适度地把某些"无名有实"的其他法律中的处罚措施，比如吊销机动车驾驶执照、不得担任公司董事、监事、经理、吊销律师执业证书等，纳入刑罚的资格刑范畴中。

第三，针对风险犯中的微罪和轻罪，附条件地建立前科消灭制度。最近，危险驾驶罪在适用中受到批判，原因之一在于前科的存在使犯危险驾驶罪的后果很严重。这也反映出我国的前科制度有很大的后遗症，甚至对于某些青少年犯罪，前科制度会毁其一生。当刑法中的微罪和轻罪增加——特别是当行为人的行为并不会直接导致严重后果，甚至行为本身的危险性较小，则犯罪人所受的刑罚惩罚本身不会太重。但前科制度存在，就会导致前科的负面影响超越刑罚本身的负面影响这样的悖论。前科的严重负面影响不是轻罪或微罪本身导致的，而是前科制度导致的。前科制度对于某些罪行严重、主观恶性较大且不容易改造的犯罪分子，具有积极意义。但对于微罪或某些轻罪而言，负面效果太大。因此，对于微罪或轻罪应附条件地建立前科消灭制度，即：针对微罪或轻罪犯罪人，应在刑罚执行完毕并经历一定考验期后，在符合一定条件的情况下，由人民法院裁定前科消灭。人民法院一旦作出前科消灭，则微罪或轻罪犯罪人的犯罪记录封存。若无特殊情况或某些法律的特殊规定，任何个人、组织或机关不得任意披露。

控制因素、交往因素和青少年网络被害的关系研究[*]

许博洋　周　由　夏一巍[**]

21世纪以来，随着人类社会的全面转型，犯罪与被害现象相应地发生了较大变化，传统街头犯罪、暴力犯罪等接触型犯罪的数量大幅降低，"互联网+"形式违法犯罪案件的数量激增[①]。依托于虚拟介质——网络的非接触型越轨与被害成为危害整体国家安全和影响公民幸福感的新兴社会顽疾。在当前全球疫情的持续影响下，人们现实层面的生活节奏被打乱，传统的社会行为方式发生急速转变，"人—人"的互动模式也渐渐朝着"人—网—人"的方向发展，线上办公、线上学习、线上购物已然成为当下生活的常态，这无形之中也增加了公众在网络环境中的暴露面积，缩短了同潜在犯罪人的接触距离。而且，由于青少年群体网络使用时间长、网络依赖程度高等特点，其自身网络被害的诱发性和易感性常常高于其他年龄段群体，网络被害事件也会在其社会化过程中对其心理健康造成无法估计的影响，有研究表明，网络越轨给被害人带来的恐惧、痛苦感受，与现实同类被害经历等价，甚至更为剧烈[②]。

从研究现状上看，国内有关青少年网络违法的研究一般是以网络越轨的视

---

[*] 本文系中央高校基本科研业务费专项资金"一般紧张理论视角下歧视与流动青少年越轨行为的关系"（项目编号：JBK190967）、中国人民公安大学拔尖创新人才培养经费支持研究生科研创新项目"犯罪学理论视域下网络越轨行为与被害事件的重叠研究"（课题编号：2021yjsky004）的研究成果。

[**] 许博洋，中国人民公安大学博士研究生；周由，澳大利亚莫纳什大学犯罪学系博士研究生；夏一巍，西南财经大学法学院副教授，博士。

[①] 靳高风、郭一霖、李昂霖：《疫情防控背景下中国犯罪形势变化与趋势——2019—2020年中国犯罪形势分析与预测》，载《中国人民公安大学学报（社会科学版）》2020年第36期。

[②] Finn, Jerry, "*A Survey of Online Harassment at a University Campus . Journal of Interpersonal Violence* ", Vol. 19, p. 468 – 483 （2004）.

角而展开的，网络被害的问题还没有得到足够的重视①。而那些经典犯罪学理论对于传统接触型被害的解释力，能否移植并应用于网络被害的解释和预防，依然值得学界继续探究。基于网络被害的现实背景与研究现状，本研究通过对国内青少年群体的问卷调查数据，在理论假设基础之上构建变量关系，利用科学的统计分析方法完成对犯罪学与被害人学理论的实证检验，以期更好地提出针对性的网络被害预防措施，达到控制类似被害事件发生与保护青少年群体健康成长的最终目的。

一、研究假设

在文献综述与理论模型的基础上，本研究提出如下假设：

其一，青少年群体的社会控制影响其低自我控制水平，进而影响其进行网络风险行为的频率，最终导致网络被害事件的发生。即青少年群体中的网络被害事件是在一种链式中介机制的影响下而发生的。

其二，根据前文综述以及差别交往理论的假设，不良交往程度不同的个体在人格特点、生活方式、社会纽带等方面均存在较大差异。因此，本研究假设不良交往会对诱发青少年网络被害事件发生的各个路径起到调节作用。

本研究涉及的所有假设路径如下列图1所示。

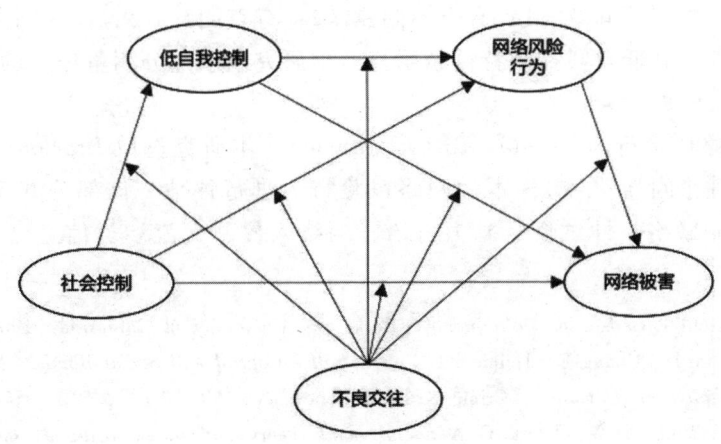

图1 研究假设路径示意图

---

① 赵国玲、常磊：《青少年网络被害的家庭教育原因实证分析》，载《中国青年研究》2008年第8期。

二、研究方法

(一) 数据来源与样本选取

本研究通过手机当场填答电子问卷的调查方式来获得数据，选取 H 省 T 市某所职业大专院校的所有班级进行问卷发放，共计 4209 人，回收问卷 3825 份，回复率为 90.9%，有效问卷 3741 份，有效率为 97.8%。

(二) 变量与测量

1. 社会控制 (Social Control)。本研究选取 Hirschi、Durkin、Longshore 等学者所使用的社会控制问卷[1]，将依恋、投入、参与、信念四个维度作为社会控制变量的测量标准。共 14 道题目，每道题对应的选项都是：完全不是这样 = 1；基本上不是这样 = 2；基本上是这样 = 3；完全是这样 = 4。得分越高，代表个体与社会间的纽带程度越强。本研究中该部分测量项目的 Cronbach α 系数为 0.868。

2. 低自我控制 (Low Self – Control)。选取被大量犯罪学实证研究所采用的 Grasmick 量表，用中文版 Grasmick 量表[2]对本研究受访者的自我控制水平进行测量，共 24 道题目，六个维度，每维度包含 4 个问题。每道题所对应的选项均为：极其不同意 = 1；有点不同意 = 2；有点同意 = 3；极其同意 = 4。得分越高，表示其低自我控制特征越明显。本研究中该部分测量项目的 Cronbach α 系数为 0.938。

3. 网络风险行为 (Online Risky Lifestyle)。本研究选取 Bradford 等人网络日常行为理论问卷[3]，对样本的网络风险行为进行评估。该部分共 5 道题目，包括"强制联络、性试探、暴力言语、网络入侵、交流涉黄信息"五种风险

---

[1] Hirschi T. *Causes of Delinquency*. Berkeley: University of California, 1969, p. 83 – 197; Longshore D, Chang E, Hsieh S C, et al. *Self – Control and Social Bonds: A Combined Control Perspective on Deviance*. Crime & Delinquency, Vol. 50 (4), p. 542 – 564 (2004); Durkin K F, Wolfe T W, Clark G A. *Social bond theory and binge drinking among college students: A multivariate analysis*. College Student Journal, Vol. 33 (1), p. 450 – 462 (1999).

[2] Grasmick H G, Tittle C R, Bursik R J, et al. *Testing the Core Empirical Implications of Gottfredson and Hirschi's General Theory of Crime*. Journal of Research in Crime & Delinquency, Vol. 30 (1), p. 5 – 29 (1993).

[3] Bradford W, Reyns, et al. *Being Pursued Online: Applying Cyberlifestyle – Routine Activities Theory to Cyberstalking Victimization*. Criminal Justice and Behavior, Vol. 38 (11), p. 1149 – 1169 (2011).

行为。每道题所对应的选项均为:从来没有 = 0;偶尔 = 1;经常 = 2;总是这样 = 3。得分越高,表示样本日常网络行为的风险程度越高。本研究中该部分测量项目的 Cronbach α 系数为 0.890。

4. 因变量:网络被害(Online Victimization)。选取六种常见网络被害经历作为本研究的因变量,包括"隐私被暴露、被人肉搜索、被言语欺凌、被网络性骚扰、被网络诈骗、网络账户被盗"。每道题所对应的选项均为:从来没有 = 0;偶尔 = 1;经常 = 2;总是这样 = 3。本研究中该部分测量项目的 Cronbach α 系数为 0.915。

5. 调节变量:不良交往(Deviant Association)。本研究选取 Nelson 等人的问卷[1],对样本不良交往程度进行测量。共 5 道题目,包括实施过"报复或欺凌、逃课旷课、酗酒、违法经历、犯罪经历"五种行为的不良同伴数量。每道题所对应的选项均为:没有这样的朋友 = 1;有少部分这样的朋友 = 2;有一半这样的朋友 = 3;有多一半这样的朋友 = 4;所有的朋友都从事过 = 5。得分越高,代表样本的不良交往程度越严重。本研究中该部分测量项目的 Cronbach α 系数为 0.908。

6. 控制变量。本研究选取以下 6 项人口学变量作为分析时的控制变量。包括:年龄、性别(男 = 0;女 = 1)、家庭人均收入(1000 元及以下 = 1;1001—2000 元 = 2;2001—3000 元 = 3;3001—4000 元 = 4;4001—5000 元 = 5;5001 元及以上等于6)、学习成绩(下游 = 1;中下游 = 2;中等 = 3;中上游 = 4;上游 = 5)、户口类型(0 = 农村;1 = 城镇)、年级(1 = 一年级;2 = 二年级;3 = 三年级)。

7. 数据处理与主要分析方法。采用 Spss20.0 与 Mplus8.0 软件对本研究所有调查问卷的数据进行统计与分析,运用结构方程模型(Structural Equation Model)进行链式中介效应的假设检验。各变量频次的正态分布是进行结构方程模型分析的前提,Kline 曾主张,变量频次分布的偏度在 -3 到 +3 之间且峰度在 -7 到 +7 之间时,方可满足正态分布的标准[2]。出于分析可行性和准确性的考虑,本研究采用 Mplus8.0 软件中的 WLSMV(Robust Standard Errors and Mean and Variance Adjusted Chi – Square)算法进行数据分析,该算法进行参数

---

[1] Nelson M S, Boisvert D. *Testing the effects of delinquent peers and self – control on disruptive behaviors in the college classroom*. Criminal Justice Studies, Vol. 24 (2), p. 165 – 181 (2011).

[2] Kline R B. *Principles and practice of structural equation modeling (4th ed)*. New York: The Guilford Press, 2016, p. 172 – 192.

估计时会忽视因样本数据分布非正态造成的偏误[1]，且主要适用内生变量为类别、顺序变量时的测量与结构模型，因此其广泛应用于那些数据分布极端偏态的情形之中[2]。

（三）共同方法偏差检验

为避免问卷调查时因测量环境的同质性和样本整体期许性评价心理等原因而产生的系统误差，本研究采用 Harman 单因素法进行检验，结果表明，在提取出的 12 个特征根大于 1 的因子中，第一个公因子占所有解释变量的比例为 21.873%，符合没有析出一个因子或某个因子总方差解释率特别大（小于临界标准 40%）的判定标准[3]。因此，本研究所采用的调查问卷方式并不存在共同方法偏差问题。

（四）验证性因素分析与效度检验

在进行结构模型的路径分析之前，应优先进行测量模型的分析，即验证性因素分析，当满足各个项目标准化因子载荷量大于 0.6，拟合度指标 CFI 大于 0.9，TLI 大于 0.9，RMSEA 小于 0.08，SRMR 小于 0.08 时，表明该测量模型具有良好的拟合度，适合进行下一步结构模型的路径分析[4]。首先对二阶社会控制、二阶低自我控制、一阶网络风险行为、一阶网络被害以及一阶不良交往 5 个变量对测量模型进行验证性因素分析。由于存在高度共线性（标准化的因子载荷大于 1），社会控制的参与维度被剔除，依恋、投入、信念维度予以保留。低自我控制身体型维度的第四题由于因子载荷低于 0.6 也被从测量模型中剔除。本研究将最终所使用的各变量测量模型拟合度指标汇总于表 1，可以看到，各项指标均满足了 CFI 大于 0.95，TLI 大于 0.95，RMSEA 小于 0.06，SRMR 小于 0.06 的理想拟合度标准。

---

[1] Muthén L, Muthén B. *Mplus user's guide (version 7)*. Los Angeles: Author, 2007, p.38–45.

[2] Link N W, Ward J T, Stansfield R. *Consequences of mental and physical health for re-entry and recidivism: Toward a health-based model of desistance*. Criminology, Vol.57 (3), p.544–573 (2019).

[3] 周浩、龙立荣：《共同方法偏差的统计检验与控制方法》，载《心理科学进展》2004 年第 12 期。

[4] Hair J F Jr., Anderson R E, Tatham R L, Black W C. *Multivariate Data Analysis (5th ed.)*. NewJersey, p. Prentice Hall, 1998, p.677.

一、犯罪学基础理论研究

表 1　各变量测量模型拟合度指标

测量模型		CFI	TLI	RMSEA	SRMR
社会控制二阶模型		0.985	0.978	0.059	0.023
低自我控制二阶模型		0.961	0.954	0.067	0.035
网络风险行为一阶模型		0.999	0.997	0.048	0.008
网络被害一阶模型		0.998	0.997	0.047	0.011
不良交往一阶模型		0.995	0.989	0.059	0.011
建议值	理想标准	大于0.95	大于0.95	小于0.06	小于0.06
	可接受标准	大于0.9	大于0.9	小于0.08	小于0.08

随后，对各变量进行组成信度、聚合效度以及彼此间的区别效度检验，本研究将各项效度检验指标汇总于表2，可以看到，所有变量均符合因素负荷量大于0.6，组成信度（CR）大于0.7，平均方差萃取量（AVE）大于0.5的理想标准①，因此社会控制、低自我控制、网络风险行为、网络被害以及不良交往五变量均具有理想的聚合效度。此外，本研究对所有变量进行区别效度分析，如表2所示，由表内对角线平均方差萃取量（AVE）平方根的数值可知，其均大于与之对应的行和列中潜变量的相关系数值，符合理想建议标准②，说明各个潜变量间具有理想的区分效度。

---

① Bagozzi R P. *Evaluating Structural Equation Models with Unobservable Variables and Measurement Error：A Comment* . Journal of Marketing Research，Vol. 18（3），p. 375 – 381（1981）.

② Hair J F Jr. ，*Anderson R E，Tatham R L，Black W C. Multivariate Data Analysis（5th ed. ）*. NewJersey：Prentice Hall，1998，p. 678 – 679.

表2 变量题目信度、组成信度、聚合效度与区别效度表

变量	题目数量	题目信度	组成信度	聚合效度	区别效度				
		因子载荷量	CR	ave	社会控制	低自我控制	网络风险行为	网络被害	不良交往
社会控制	3（二阶）	0.797—0.981	0.914	0.782	**0.884**				
低自我控制	6（二阶）	0.796—0.913	0.946	0.746	-0.234	**0.864**			
网络风险行为	5（一阶）	0.822—0.957	0.955	0.810	-0.375	0.554	**0.900**		
网络被害	6（一阶）	0.857—0.961	0.939	0.721	-0.384	0.399	0.668	**0.849**	
不良交往	5（一阶）	0.781—0.899	0.910	0.670	-0.381	0.471	0.770	0.741	**0.819**
建议值		大于0.6	大于0.7	大于0.5					

注：区别效度列对角线粗体数字为AVE开根号值，左下角为变量间的Pearson相关系数。

三、结果与分析

（一）描述性统计

本文将3741青少年样本的人口学变量频次分布与各自占比情况汇总于表3。由于本研究所选取的大专院校以工科专业为主，因此男性学生的比例远大于女性。此外，由于本文将青少年群体的网络被害现象作为研究主题，而根据我国心理学的一般界定标准，青少年群体的年龄跨度为14—25周岁[①]，因此对于低于年龄下限和超过年龄上限样本的问卷均作为无效问卷予以剔除。

---

① 张向葵、李力红主编：《青少年心理学》，东北师范大学出版社2007年版。

表3 样本人口学变量频次统计表（N=3741）

	频数	百分比	M	SD		频数	百分比	M	SD
性别			0.28	0.449	户口			0.18	0.384
男	2691	71.9			农村	3068	82.0		
女	1050	28.1			城镇	673	18.0		
年级			2.00	0.832	学习成绩			3.42	0.993
一年级	1291	34.5			下游	142	3.8		
二年级	1152	30.8			中下游	315	8.4		
三年级	1298	34.7			中等	1769	47.3		
年龄			19.28	1.232	中上游	866	23.1		
14—16周岁	21	0.5			上游	649	17.3		
17周岁	179	4.8			家庭人均收入			2.99	1.636
18周岁	886	23.7			1000元及以下	853	22.8		
19周岁	1035	27.7			1001—2000元	791	21.1		
20周岁	1015	27.1			2001—3000元	831	22.2		
21周岁	496	13.3			3001—4000元	516	13.8		
22周岁	95	2.5			4001—5000元	291	7.8		
23—25周岁	14	0.4			5001元及以上	459	12.3		

本文将样本青少年群体各类网络被害经历二分类编码后的频次分布汇总于表4，可以看到，遭受过各类被害的青少年比例分布在7.1%—21.5%，其中遭到人肉搜索的人数最少，遭到网络账户被盗的人数最多。此外，经过对各类被害经历的得分加和后，得分为0分的个体共2652人，因此在本研究的样本群体内，共有1089名青少年被害经历总得分大于或等于1，即遭受过至少1种类型的网络被害经历，比例达到29.1%。

表4 样本各类网络被害经历频次统计表

	隐私被暴露		被人肉搜索		被言语欺凌		被网络性骚扰		被网络诈骗		网络账户被盗	
没有	3426	91.6%	3474	92.9%	3228	86.3%	3325	88.9%	3199	85.5%	2936	78.5%
遭受过	315	8.4%	267	7.1%	513	13.7%	416	11.1%	542	14.5%	805	21.5%
合计	3741	100.0%	3741	100.0%	3741	100.0%	3741	100.0%	3741	100.0%	3741	100.0%

(二) 链式中介效应分析

运用结构方程模型验证社会控制、低自我控制、网络风险行为、网络被害之间的链式中介效应，分析结果如图 2 所示（均为标准化系数，无显著影响的路径未予以标记）。该模型的各拟合度指标均达到理想标准（CFI = 0.964，TLI = 0.961，RMSEA = 0.046，SRMR = 0.062）。采用 Bootstrap 方法对链式中介模型及其置信区间进行估计①，重复抽样 2000 次，本研究将该模型所涉及的所有直接效应与特定间接效应的分析结果汇总于表 5，可以看到，在控制了年龄、性别、家庭人均收入、学习成绩、户口类型、年级六项人口学变量后，模型中的链式中介效应显著（p < 0.001），其 95% 的置信区间范围是 [-0.154，-0.095]，置信区间内不包含 0，因此可以认为社会控制水平低下最终导致网络被害发生的链式中介效应假设成立，即青少年社会控制弱化，使其自我控制水平降低，进而促使其进行高风险的网络生活方式，最终导致了网络被害事件的发生。此外，除了社会控制、低自我控制与网络被害三者间的中介效果不显著之外（p = 0.244，置信区间包含 0），其余各特定间接效应均显著（p < 0.001），且置信区间内均未包含 0。控制变量中，学习成绩对低自我控制具有显著负向影响（β = -0.147，p < 0.001），对网络被害也具有轻微的显著负向影响（β = -0.054，p < 0.01），即学习成绩较差的青少年具有更低的自我控制水平，且更容易遭受网络被害。

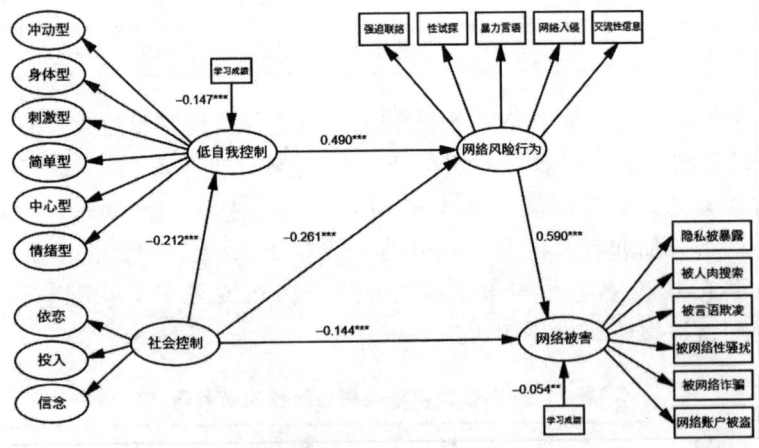

图 2　链式中介路径假设验证图

---

① Hayes A F, Scharkow, et al. *The Relative Trustworthiness of Inferential Tests of the Indirect Effect in Statistical Mediation Analysis: Does Method Really Matter?*. Psychological Science A Journal of the American Psychological Society, Vol. 24 (10), p. 1918 - 1927 (2013).

表5 中介作用特定间接效果 bootstrap 分析表

模型路径	非标准化点估计值	标准误与Z值	Bootstrapping				双尾显著性
			偏误矫正95%置信区间		95%置信区间		
			下限	上限	下限	上限	
直接效应		SE	Z				
社会控制→网络被害	-0.319	0.054	-5.863	-0.404	-0.205	-0.407	-0.205	***
社会控制→网络风险行为	-0.525	0.047	-11.091	-0.620	-0.460	-0.620	-0.435	***
低自我控制→网络被害	0.059	0.051	1.171	-0.007	0.164	-0.007	0.077	0.242
特定间接效应							
社会控制→低自我控制→网络被害	-0.016	0.015	-1.118	-0.044	0.002	-0.061	0.001	0.264
社会控制→低自我控制→网络风险行为	-0.208	0.025	-8.426	-0.242	-0.152	-0.242	-0.152	***
社会控制→网络风险行为→网络被害	-0.340	0.032	-10.616	-0.398	-0.295	-0.398	-0.273	***
低自我控制→网络风险行为→网络被害	0.491	0.035	14.216	0.426	0.552	0.421	0.552	***
社会控制→低自我控制→网络风险行为→网络被害	-0.135	0.017	-7.937	-0.154	-0.095	-0.161	-0.098	***

注：$N=3741$，* = $p<0.05$，** = $p<0.01$，*** = $p<0.001$；bootstrap 重复抽样 2000 次。

（三）有调节的中介效应分析

第一，被调节的直接路径。传统调节效应的数据汇报多采用简单斜率分析的方式，即选取调节变量的两个值（多为 ±1SD）对调节效应进行解释。本文通过 SPSS 的 Process3.3 插件（Model 92），采用 Johnson - Neyman 法（简称 J - N 法）具体地分析了各直接路径的调节效应是如何随着调节变量取值的改变而变化的[①]。在 J - N 图中，直线代表在调节变量下自变量对因变量的效应

---

① Preacher K J, Rucker D D, Hayes A F. *Addressing Moderated Mediation Hypotheses: Theory, Methods, and Prescriptions.* Multivariate Behav Res, Vol. 42 (1), p.185 - 227 (2007).

值，即调节效应中熟称的"斜率"，直线上下两条弯曲的虚线代表回归分析的95%置信区间。当95%置信区间包含0时，即其中一条曲线与X轴有交点时，代表调节效应不显著。图3至图7分别是不良交往调节五条直接路径的效应图。由于低自我控制到网络被害的直接路径不显著，而Process插件只报告路径系数显著（$p<0.1$）的J-N结果，因此，在不良交往调节下低自我控制预测网络被害的结果无法输出[5⁵]。图3显示，上曲线所代表的95%置信区间上限在调节变量等于0.26时与X轴有交点，而大于0.26时双曲线均无交点，因此当不良交往取值大于0.26时，调节效应显著，社会控制对低自我控制的负向影响力随不良交往程度的增加而增加，不良交往每增加1个单位，社会控制对低自我控制的负向效应值增加0.068。图4显示，双曲线在不良交往程度取值0—4时与X轴均无交点，即95%置信区间均不包含0，因此在不良交往的整个值域内该路径的调节效应均显著，社会控制对网络风险行为的负向影响力随不良交往程度的增加而增加，不良交往每增加1个单位，社会控制对网络风险行为的负向效应值增加0.066。图5显示，不良交往每增加1个单位，社会控制对网络被害的负向效应值增加0.443。图6显示，不良交往每增加1个单位，低自我控制对网络风险行为的正向效应值增加0.121。图7显示，不良交往每增加1个单位，网络风险行为对网络被害的正向效应值增加0.175。

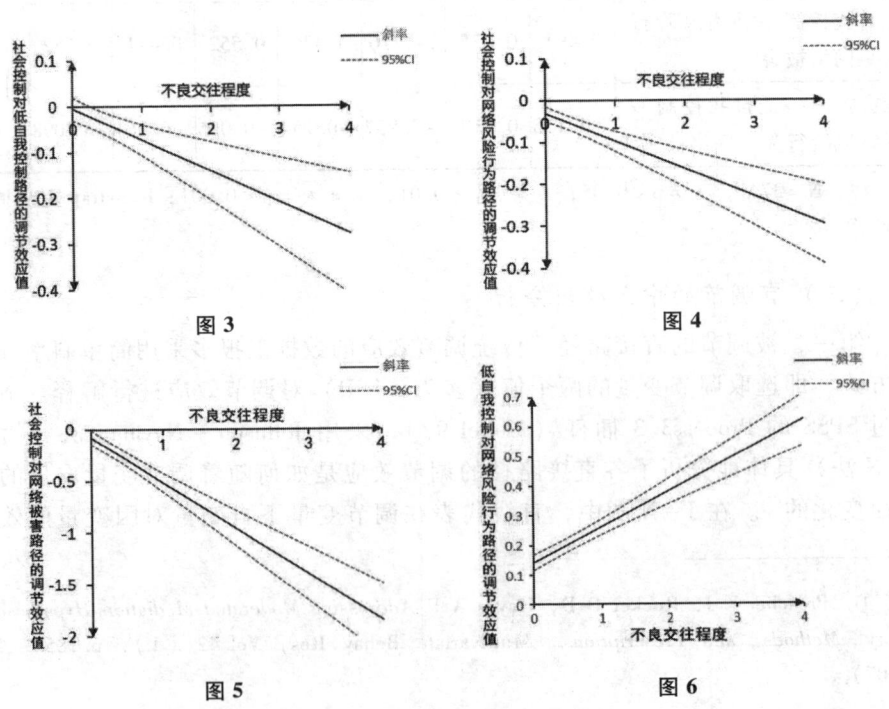

图3　　　　　　　　　　图4

图5　　　　　　　　　　图6

一、犯罪学基础理论研究

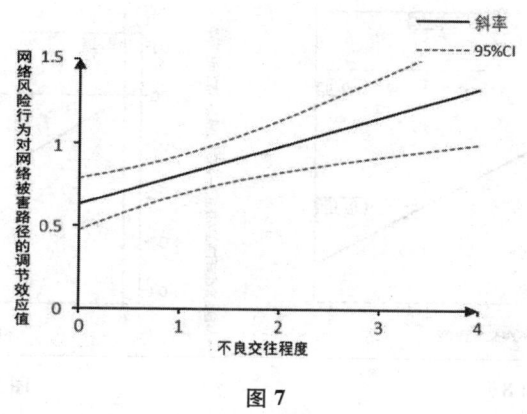

图 7

第二，被调节的中介路径。本文对被调节的中介路径同样进行了 J-N 法分析，它可以更直观且完整地体现调节变量取值变化对特定中介路径的影响。与上文提到的直接路径 J-N 分析法不同，SPSS 软件的 PROCESS3.3 插件无法直接输出中介路径的 J-N 数据，只能输出调节变量取 -1 标准差、平均数、+1 标准差三个值时的回归结果和 95% 置信区间。Hayes 对此曾作出解释："J-N 法用于分析对被调节的中介路径时，只能给出近似值"①。因此，本文两条被调节的中介路径 J-N 图只能用于斜率变化率的趋势分析。图 8 和图 9 表示在不良交往的调节下，"社会控制→网络风险行为→网络被害"和"社会控制→低自我控制→网络风险行为→网络被害"两条中介路径效应值的变化趋势。由于"社会控制→低自我控制→网络被害"中介路径不显著，Process3.3 插件无法输出其结果，所以该路径的 J-N 图不予输出。图 8 显示，当不良交往程度大于近似值 2.82（最大值 4）时，其 95% 置信区间包含 0，因此当不良好友程度小于 2.82 时（最小值为 0），"社会控制→网络风险行为→网络被害"的负向中介效应值随不良交往程度的增加而增加。图 9 显示，当不良好友程度大于近似值 0.34 时，其 95% 置信区间不包含 0，因此当不良交往程度大于 0.34 时，"社会控制→低自我控制→网络风险行为→网络被害"的负向中介效应值随不良交往程度的增加而增加。

---

① Hayes A F. *Introduction to Mediation, Moderation, and Conditional Process Analysis: Regression-Based Approach (2nd ed.)*. New York: The Guilford Press, p. 128-142 (2018).

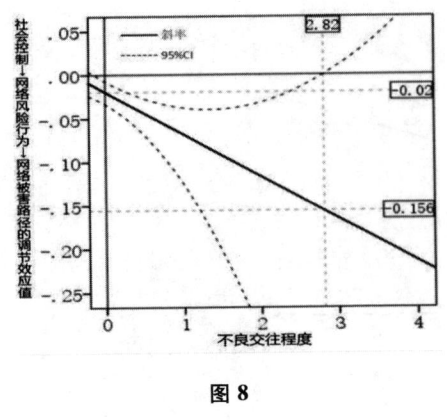
图 8

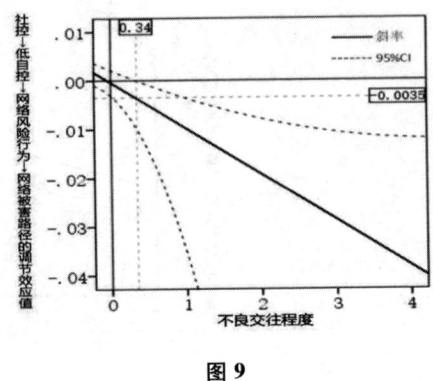
图 9

四、讨论与总结

(一) 社会控制对低自我控制的影响

根据结构方程模型的结果,本研究的发现支持了社会原因模型,即高社会控制会显著促进高自我控制的形成。社会控制理论与自我控制理论虽出自同一作者之手,但 Hirschi 在架构自我控制理论时并没有明确指出它与社会控制的具体联系,于是也相继引发了对于两个模式近二十年的争论。Hirschi 的社会控制模型提出父母与孩子间的关系和情感是影响孩子童年时期自我控制水平高低的重要因素。同时 Gibbs、Giever、Higgins 认为即便是对于高自控的孩子,日常的监督和有效惩罚也是必须的,因为自我控制的稳定性依赖于社会控制的一致性[1]。此外,自我控制理论的两位作者 Gottfredson 和 Hirschi 在其 2019 年新刊发的著作中进一步阐明了他们对社会控制与自我控制关系的看法[2]。他们认为,社会控制和自我控制属于一个理论体系,社会控制影响自我控制,且社会控制理论中的父母监督和规训是影响自我控制形成的最主要因素。从实证方面来看,多个纵贯研究的结果都偏向于支持社会原因模型,即验证了上一期社会纽带的改变会导致下一期自我控制水平的波动,而自我控制对社会控制却没有该显著的预测作用。基于本土青少年数据,本研究实证了在中国文化情境下,用社会原因模型以解释父母与孩子关系的发展过程的可行性。它让人们认

---

[1] Gibbs J J, Giever D, Higgins G E. *A Test of Gottfredson and Hirschi's General Theory Using Structural Equation Modeling*. Criminal Justice & Behavior, Vol. 30 (4), p. 441 – 458 (2003).

[2] Gottfredson M, Hirschi T. *Modern Control Theory and the Limits of Criminal Justice*. New York: Oxford University Press, 2019, p. 112 – 128.

识到父母对孩子的投资不仅只在于孩子的健康、情感、教育、能力、兴趣、社交等方面,还应考虑在孩子的社会化过程中,如何投入更多的时间对其进行积极监督与合理规训,从而帮助孩子建立和维持高水平的自我控制能力及长远个人目标。

(二)社会控制、低自我控制与风险行为对网络被害的影响

本研究目的在于整合社会控制、自我控制、生活方式—日常行为三个理论,并将整合后的理论模型用于解释网络被害现象。发现表明网络风险行为部分中介了社会控制对网络被害的影响,同时完全中介了低自我控制对网络被害的效应。与社会控制和自我控制理论不同,日常行为理论的主要目的在于解释被害原因以及导致被害的因素。该理论强调个体从事的风险行为越多、时间越长、频率越强,越容易增加个体在危险环境中的暴露程度、个体对潜在犯罪人的吸引程度,缩短个体与潜在犯罪人的接触距离,从而增加个体的脆弱性及被害可能性。同时,文献综述中提到的大量实证研究也证明不良生活方式是导致网络被害的主要因素之一。因此,研究网络风险行为的预测变量对预防犯罪和被害发生同样起到关键作用。

生活方式理论的作者,同为自我控制理论建构者之一的 Gottfredson 认为,低社会纽带和低自我控制会增加个体从事风险行为的可能性,进而增加个体被害可能性。这一已在美国本土和其他西方国家得到充分证实的推论,在本研究中首次得到了本土化印证,揭示了在中国语境下各理论之间的脉络结构及其对中国青少年网络被害的解释力度。本研究发现社会控制对网络被害的影响分为一条直接路径和两条间接路径("社会控制→网络风险行为→网络被害","社会控制→低自我控制→网络风险行为→网络被害"),而低自我控制对网络被害的影响只有一条间接路径("低自我控制→网络风险行为→网络被害")。由于网络风险行为完全中介了低自我控制到网络被害的路径,所以假设中的"社会控制→低自我控制→网络被害"的中介路径并未得到支持。

这些重要的发现为制定未来的网络被害预防措施指明了具体的落实途径。第一,加强针对性地宣传教育,强调社会控制和父母教养的重要性,让广大社会群众,尤其是父母和儿童清晰地认知到,有效监督与合理约束可以直接降低孩子遭受网络被害的可能性;第二,设置专门针对3—10周岁孩子父母的线下和线上公开课,通过教授其对孩子教育尤其是培养自控能力方面的知识和技巧,从而增强父母进行合理社会控制的意识,进而提升青少年成长过程中自控力的形成和保持能力,尽可能地提高学生群体的整体自我控制水平,从而起到预防和降低网络被害发生的效果;第三,从家庭、学校、机构、企业、政府等多方面加强对公开网络社交平台的监督、监管机制,进一步健全网络实名制

度,从而给青少年意图从事网络风险行为时增设客观阻碍,最终降低其因网络风险行为而导致网络被害发生的可能性。

(三) 差别交往作为调节变量

本研究发现,将差别交往的统计测量指标"不良交往程度"当作每条直接路径的调节变量时,除了因网络风险行为的完全中介作用所造成的"低自我控制→网络被害"这一条直接路径不显著外,不良交往在其余的五条直接路径中均起显著的调节作用。不良交往同时作为缺乏有效社会防卫的测量指标,其显著影响社会控制和网络风险行为对网络被害的直接效应的结果证明,越缺乏有效的同伴防卫,社会控制和网络风险行为对网络被害的影响力就越强。虽然已有文献认为社会控制水平随不良交往程度的升高而降低,但是本研究证明了社会控制对低自我控制和网络风险行为的抑制作用大小是随不良交往程度的增加而增加的。换句话说,个体社会控制水平的降低,并不代表其对低自控个体和从事高网络风险行为个体约束作用的降低。反之,其影响力会随着身边不良同伴数量的增加而增加,从而起到一种相对的制衡作用,类似于"魔高一尺,道高一丈"的道理。因此,当身边越缺乏有效的同伴防卫时,社会控制对网络被害的负向效应力和网络风险行为对被害的正向效应力都会增加。这一结果从现实意义中也不难理解,越缺乏有效的同伴防卫,家庭对青少年的约束和管控的力度就会越强;与此同时,越缺乏有效的同伴防卫,个体越有可能在高网络风险行为中将自己暴露于无序的不良网络环境中,增加了个体自身的脆弱性与被害性,最终导致网络被害的高发。因此,减少青少年与不良同伴的接触将会大幅降低其遭遇网络被害的可能性,同时,这也为我国的青少年教育管理政策指明了方向,即通过家庭教育、学校管理、社会政策来降低青少年与越轨群体的接触意向,这既能有效控制越轨群体的规模又能降低个体网络被害的发生率,对青少年身心健康发展和控制社会不稳定因素等方面起到重要实践意义。

"柔性"矫正：未成年人社区矫正的理论溯源与实践路径

李岚林*

一、问题的提出

"柔性"在《新华字典》中被解释为："柔韧的、灵活的，可以改变或通融的。"可见，"柔性"的基本含义是指对变化灵活和快捷的适应。社区矫正作为一种非监禁的刑事执行制度，当然具备刑罚的惩罚和威慑功能，我国《社区矫正法》第4条亦明文规定，社区矫正对象应当依法服从监督管理。这体现出社区矫正作为刑事执行的"刚性"特性。但是，由于未成年人与成年人在法律意义上有"质"的区别，对未成年人特殊保护理念在国际上已达成共识，尤其体现在少年司法制度中，因为"少年的特殊性决定了他们需要与成人全然不同的理念和规则来规范，继续用成人司法的标准来处置少年法律事务应当被认为是一种居高临下、倚强凌弱的粗暴"。[①] 因此，采取区别于成年犯的未成年人犯罪矫正措施，亦是联合国公约中"儿童利益最大化"原则的司法体现，这些措施不能因为"成人社会"的话语霸权而遭到否认。质言之，对未成年人的司法处遇应具备特殊的理念、特殊的法律、特殊的程序、特殊的机构和特殊的手段，而这一"特殊性"即可理解为柔性司法理念的体现。也就是说，在少年司法体系中应放弃成人司法中惯用的刚性司法理念，把未成年人权利保护和健康发展作为少年司法的最高目标。对未成年社区矫正对象的矫正干预更应如此，在开展未成年人社区矫正工作时必须区别于成年矫正对象，对未成年社区矫正对象采取针对性的矫正措施，遵循多元化矫正理念的"柔性"矫正策略，充分发挥社区矫正的矫治功能、教育功能、帮扶功能在未成

---

* 李岚林，西北政法大学副教授，法学博士。
① 皮艺军：《中国少年司法理念与实践的对接》，载《青少年犯罪问题》2010年第6期。

年人矫正中的积极作用。那么,对未成年社区矫正对象需要区别于成年犯采取"柔性"矫正是否有其理论依据?"柔性"矫正在我国社区矫正法现行规定中是否有所体现?"柔性"矫正在我国未成年人社区矫正实践中应当如何应用?鉴于此,本文试图从刑法学、社会学和犯罪学等相关理论出发,尝试探析上述问题,以期在我国"后社区矫正法"时代对我国未成年人社区矫正工作的规范有效发展和实现法治化转型提供思路。

二、未成年犯"柔性"矫正的理论溯源

未成年犯是社会化的失败者,在没有成为真正意义上的"人"的成长过程偏离了正常社会化的轨道,从作为"人"的需要考虑,他们是需要特殊保护的群体。① 未成年人犯罪与成年人犯罪只具有外在的或形式上的相似性,内在本质具有完全的"异质性"。从某种意义上讲,犯罪的未成年人既是加害者也是被害者,其犯罪行为根源于不良社会环境的影响。所以,不能按照成年人的标准去理解、评价、处置未成年人实施的与成年人犯罪有着相似外观的行为之意义和性质,亦不能采取和成年罪犯相同的矫正理念和措施。追溯未成人犯罪矫正领域有关理论的冲突和演进,可以更好地理解对未成年人采用"柔性"矫正的理论基础和逻辑起点,构建未成年人犯罪的矫正哲学体系。

(一)从"报应刑"到"教育刑"

犯罪学的发展史最早可以追溯到18世纪的古典主义犯罪学派,不同于前人对犯罪的宗教式和迷信式地解释,诸如犯罪是"违背上帝或神圣法律的罪恶"或"不道德的邪恶行为",古典主义犯罪学派将犯罪理解为是在理性的自由意志支配下产生的行为,犯罪行为是理性人对风险(遭受惩罚的痛苦)与收益(通过犯罪获得的享受)权衡后做出的选择。基于功利主义原则,如果人们认为实施犯罪行为造成的痛苦大于刑罚处罚带来的痛苦,就会权衡利弊放弃犯罪,反之则会实施犯罪。所以必须提前以法律明文规定犯罪的法律后果,使人们能够事先预测犯罪后所受到的刑罚处罚带来的痛苦,从而预防犯罪,这即所谓的"报应刑"。

报应刑的逻辑起点是假设人都是"理性"的,"理性人"具备明辨是非的能力,但在明知何为"对"何为"错"的情况下仍选择实施"错"的行为,故此应受到道义上的责难和刑罚上的惩罚。然而,未成年人由于其心智不成熟、社会化不足,难以符合"理性人"假设,更无法实现"意志自由"的

---

① 戴相英等:《未成年人犯罪与矫正研究》,浙江大学出版社2012年版,第114页。

"理性判断",自然无法与成年人适用相同的理念和规则来规范,亦无法与成年人适用相同的惩罚措施来矫正恶习。可以看出,报应刑主义作为一种犯罪预防和矫正的理念,揭示了理性的、自我本位的个体通过计算利益得失而放弃犯罪动机的原因,而不具备"理性人"前提的未成年人当然无法通过"计算刑罚"来"权衡"犯罪的利弊得失。基于此逻辑,报应刑在未成年人犯罪矫正中是没有哲学依据的,未成年人不应当为他们的罪错行为受到报应和惩罚,只应得到教育和保护,让未成年人承担道义上的责难和惩罚自然也是没有依据和没有实效的。而将教育定位于刑罚的本质与目的,并在此基础上以教育理念贯穿和指导刑罚适用(行刑)全过程的"教育刑"[①] 理念完全符合未成年矫正对象的本质特征,在此法理基础上,以"教育为本"的柔性矫正亦具备了理论依据。

(二)从"罪责自负"到"国家亲权"

罪责自负原则作为刑事司法的基本原则之一,其含义是犯罪人对自己的罪行承担相应的刑事责任,刑罚不得连累无辜者。可见,刑事责任是一种严格的个人责任,只能由犯罪分子本人承担,具有人身专属性,不可株连,不能替代。但未成年人犯罪的"国家责任"否认了该原则在少年司法中的存在,成人司法中的"罪责自负"在少年司法中应被重新解读。根据少年司法中的"国家亲权"理论,国家亲权高于父母的亲权,国家在适当的条件下可以超越父母的亲权而对未成年人进行强制性干预和保护,[②] 避免未成年人因未得到有效监护和保护而陷入风险。这也表明,对于未成年人犯罪,国家、社会和家庭都应当承担一定的责任,所以应该对未成年人犯罪处遇轻缓化。对未成年犯的从宽处罚,并非是对司法公正和法律面前人人平等原则的破坏,而是因为国家、社会、家庭分担了一部分少年犯罪的责任,对未成年人理应从宽处罚。

《联合国少年司法最低限度标准规则》(也称《北京规则》)第 19 条规定,把少年投入监禁机关始终是万不得已的处理方法,其期限应是尽可能的最短时间。第 29 条第 1 款规定,应努力提供帮助少年重获社会新生的半监禁办法,如重返社会训练所、教养院、日间训练中心以及其他这类适当的安排办法。第 18 条第 1 款规定,应使主管当局可以采用各种各样的处理措施,使其具有灵活性,从而最大限度地避免监禁。由此可见,对罪错少年的刑事制裁是极其谨慎的,即使是短暂的剥夺自由的刑罚对于未成年人的影响也可能是重大的;并

---

① 陈伟:《教育刑与刑罚的教育功能》,载《法学研究》2011 年第 6 期。
② 参见姚建龙:《国家亲权理论与少年司法——以美国少年司法为中心的研究》,载《法学杂志》2008 年第 3 期。

且根据"标签理论",未成年人越早被标定为"局外人",他们再次越轨的可能性就越大,所以少年司法体系中"惩罚"是有严格限定的。同理,在少年司法体系中处于重要地位的犯罪未成年人矫正领域,更应摒弃刚性的惩罚性措施,取而代之以教育感化为主的柔性矫正来寻求最适宜的矫正模式。

(三)从"风险管控"到"儿童利益最大化"

随着风险社会的到来,犯罪风险作为一种极端的人为风险尤为需要控制和预防,①"风险管控"成为犯罪矫正的首要目标,逐渐成为刑罚执行领域的主流理论并占据重要地位。社区矫正作为一种将罪犯放置于社区中进行服刑的处遇方式,由于罪犯的人身危险性尚未消除,加之开放性的行刑环境使其对社会带来的潜在危害可能性更大,更需要保证矫正过程中的风险控制。而在传统矫正中对犯罪风险的控制主要通过消极预防和积极预防相结合的双向机制来实现。消极预防是通过行刑矫正的威慑机能使社区矫正对象和潜在犯罪人对法律规范形成尊重从而不敢违反;积极预防则是通过行刑矫正中的教育矫治使得社区矫正对象内心形成对规范的自觉遵守和接受从而不愿违反。② 由此通过消极预防和积极预防双向预防机制达到对社会安全的防护。

1990 年生效的联合国《儿童权利公约》(Convention on the Rights of the Child) 明确规定了"儿童利益最大化"原则:关于儿童的一切行动,不论是由公私社会福利机构、法院、行政当局或立法机构执行,均应以儿童的最大利益为一种首要考虑。社会治理的功利需要和未成年人保护的道义责任从长远和根本来看,是对立统一的关系,有效预防未成年人犯罪也是消除社会问题的重要内容。但是,当保护社会利益和保护儿童利益发生冲突时,是否应当将儿童利益优先考虑以达到"儿童利益最大化"?亦即,对于未成年社区矫正对象而言,当犯罪风险防控的社会利益与保护未成年罪犯的权利发生冲突时,社会利益和儿童利益何者优先?对社会存在某种风险的未成年犯,社区是否应当为了使其得到更好的矫正效果而接纳他们在社区中服刑,并由此承担相应的风险?答案是肯定的。除了我国作为联合国《儿童权利公约》的缔约国和《北京规则》的签署国,应当保障"儿童利益最大化"作为履行国际条约的义务外,社会理应为未成年犯罪造成的危害和风险付出一定的代价。所以,在未成年人社区矫正中,应当将未成年社区矫正对象的权利保护和健康发展作为矫正的最

---

① See O'Malley P. Volatile, Contradictory Punishment. Theoretical Criminology, 1999 (3), p. 175 – 196.

② See Ernest Van den Hagg. Punishing Criminals: Concerning a Very Old and Painful Question, Lanham: University Press of America, Inc., 1991, p. 67.

高目标,在这个目标下,基于"风险管控"的社会利益也必须做出让步,而不是超越这个目标。实际上,对未成年人的保护就是对社会利益最好的保护,这也决定了即便是当代基于风险管控的社区矫正模式中,依然应对未成年社区矫正对象采取"柔性"矫正的逻辑基础。

三、未成年犯"柔性"矫正的立法体现

社区矫正制度诞生于19世纪30年代的欧美国家,20世纪60年代末期开始在美国得到迅速发展,随后在世界范围内得到广泛发展。在我国,由于人们受思想观念、法治观念、行刑理念、传统行刑习惯等因素的影响,我国社区矫正制度发展较晚,长期以来对罪犯的改造主要以监禁刑为主。我国引进国外社区矫正制度后,自2003年开始在部分省市开展社区矫正工作试点,2009年在全国全面试行,2012年又在全国进一步全面实行。[①] 2011年我国《刑法修正案(八)》确立了社区矫正法律制度;2012年《刑事诉讼法》和《监狱法》对社区矫正的适用范围、执行机构等基础性问题作出相应修改;2019年12月28日,十三届全国人大常委会第十五次会议表决通过了《中华人民共和国社区矫正法》,该法自2020年7月1日起施行;最高人民法院、最高人民检察院、公安部、司法部颁布《社区矫正法实施办法》,自2020年7月1日起施行。自此,我国正式进入社区矫正法治化时代。对于未成年社区矫正对象的"柔性"矫正,除了有前文已述的理论基础和逻辑起点外,在我国现今的"后社区矫正法"时代亦有规范性的原则体现。

(一)尊重和保障人权原则

将"国家尊重和保障人权"这一规定写入作为根本大法的宪法,必然要求我国所有现行法律体系都应最大限度地尊重人权,最全面地保护人权。未成年犯罪人作为特殊的社会群体,其人权更是应该得到保障。在未成年犯社区矫正的整个过程中,必须强调尊重和保障未成年人应有的权利。这些权利包括未成年人的生命健康权、人身自由权、人格权、住宅权、通信权、婚姻家庭权、财产和继承权、知识产权、政治权利、宗教信仰自由权、受教育权、劳动权、

[①] 社区矫正试行期间我国陆续出台的相关规范性文件有:2003年最高人民法院、最高人民检察院、公安部、司法部联合发布的《关于开展社区矫正试点工作的通知》,2004年司法部制定的《司法行政机关社区矫正工作暂行办法》,2005年最高人民法院、最高人民检察院、公安部、司法部联合发布的《关于扩大社区矫正试点范围的通知》以及2009年最高人民法院、最高人民检察院、公安部、司法部联合发布的《关于在全国试行社区矫正工作的意见》等文件。

文化活动权、批评和建议的权利、申诉权、控告和检举的权利、获得国家赔偿的权利、获得物质帮助的权利、诉讼上的相关权利等方面的基本权利。

(二) "教育为主、惩罚为辅"原则

在我国的现有立法中，未成年人保护法和预防未成年人犯罪法都规定了对未成年人应坚持"教育为主、惩罚为辅"的原则。这一原则也是我国处理未成年人违法犯罪以及事实上矫正工作应该遵循的基本指导思想。社会学习理论认为，人的行为都是后天习得的，行为的习得既受生物学因素（如遗传因素和生理因素）的制约，又受到后天的经验环境的影响，通过"观察学习"和"模仿学习"，逐渐建立自己的精神结构和世界观，进而形成人格、能力和个性。尤其是对于14周岁到18周岁这个年龄阶段的未成年人，由于心智发育不成熟，更易受社会环境影响而误入歧途。未成人犯罪的原因是多方面的，家庭、学校、社会都应承担一部分相应的责任，从某种角度来讲，他们既是犯罪人，同时也是环境的受害者。未成年犯由于年龄尚小，思想尚未成型，更易于接受教育改造，更具有较强的可塑性，完全可以通过教育的"后天习得"，重新构建健全人格。故此，应当坚持"教育为主、惩罚为辅"的原则，通过对未成年犯进行正确的引导和潜移默化的教育，重塑其正向价值观，以非惩罚性的手段挽救失足少年，宽容地对他们实施矫正教育，促使其健康成长，顺利回归社会成为守法公民。

(三) 区别对待原则

《社区矫正法》第52条第1款明确规定："社区矫正机构应当根据未成年社区矫正对象的年龄、心理特点、发育需要、成长经历、犯罪原因、家庭监护教育条件等情况，采取针对性的矫正措施。"该条第3款规定："对未成年人的社区矫正，应当与成年人分别进行。"这些法律规定均体现了对于未成年人矫正对象的区别对待原则，即针对未成年人的身心特点和需要，严格按照与成年社区矫正对象分别进行的方式，对未成年矫正对象采取有针对性的思想、法治、道德教育和心理辅导等"柔性"矫正措施，充分体现矫正个别化的要求，促使未成年社区矫正对象改过自新从而顺利回归社会。未成年人的生理、心理尚未成熟，社会经验不足又容易受到外界的影响，与成年人一同实行社区矫正，其权益极可能受到侵害，成年人顽固的越轨观念和行为也可能对未成年人产生不良影响。[①] 将未成年犯与成年犯区别对待，避免了未成年社区矫正对象

[①] 张学超：《社区矫正理论与实务教程》，对外经济贸易大学出版社2012年版，第238页。

在接受社区矫正期间受到成年社区矫正对象的不良影响,也有利于防止发生对未成年社区矫正对象的不法侵害,方便开展区别于普通社区矫正的矫正项目。①

(四) 全面帮助原则

我国《社区矫正法》第55—57条的规定表明,为了保证接受社区矫正的未成年犯的再社会化,再就学、就业上协调各个有关部门实施"全面帮助"原则。在未成年服刑人员社区矫正过程中,需要广泛动员社会各方面的力量积极参与其中,各司其职、各负其责,这也是社区矫正制度的本身特点之一。在对未成年社区矫正对象的矫正实践中,不仅需要公、检、法、司等政法专职执法队伍,还可以广泛动员组织社会力量参与未成年人社区矫正工作,吸纳社会上专业社工、志愿者、共青团、妇联、关工委、基层群众性组织人员等共同参与发挥合力,全面帮助未成年犯,保证未成年服刑人员社区矫正工作顺利开展。针对未成年人的身心特点,综合运用社会学、心理学、教育学、法学等专业知识,采取有益于其身心健康发展的"柔性"矫正措施,帮助其改正犯罪恶习。除此之外,在未成年社区矫正对象就业、就学、基本生活保障上,协调有关部门提供必要帮助。全面帮助原则不仅贯穿社区矫正整个过程,也体现在矫正结束后对未成年人以后生活、学习、发展等方面的关怀帮助和及时调查回访,帮助其顺利融入社会。

(五) 身份保护原则

我国《社区矫正法》第54条规定了未成年犯罪人的身份信息保密制度,该制度是刑事司法保护未成年人权益的一项重要措施。在依法对未成年人实行社区矫正的过程中,必然会获得未成年社区矫正对象的身份信息,这是正常工作需要,但为了避免标签化、污名化所产生的社会排斥,影响未成年人今后的就学、就业和正常生活,在进行社区矫正的过程中,应当对其身份信息予以保密,不公开其身份信息,避免不必要的人员对此有所知悉,这一原则即"身份保护原则"。对未成年社区矫正对象实施身份保护,其目的在于避免未成年人被贴上"罪犯"标签,造成心理阴影,不利于其今后的社会融合。

---

① 王爱立、姜爱东主编:《中华人民共和国社区矫正法释义》,中国民主法制出版社2020年版,第254页。

四、未成年犯"柔性"矫正的实践路径：基于社会控制理论的思考

未成年人犯罪问题一直以来就是全世界关注的热点问题，各学科专家针对这个问题在不同领域进行过研究。西方犯罪学理论研究渊源深远，对未成年人犯罪的研究亦系统规范，运用多学科理论研究，形成了犯罪社会学派、犯罪生物学派、犯罪心理学派、犯罪精神学派、犯罪人类学派等不同的学派。纵观众多犯罪学理论，美国犯罪学家特拉维斯·赫希于1969年出版的《少年犯罪原因》[①]一书中所提出的"社会控制理论"（Social Control Theory），也称"社会联系理论"（Social Bonding Theory），[②]成为当代青少年犯罪研究中地位最重要且引用最广泛的犯罪学理论。

社会控制理论认为，任何人都是潜在的犯罪人，个人与社会的联系可以阻止个人进行违反社会准则的越轨与犯罪行为，当这种联系薄弱时，个人就会无约束地随意进行犯罪行为，因此，犯罪就是个人与社会的联系薄弱或受到削弱的结果。[③]赫希的社会控制理论的核心概念是"社会联系"（Social Bond），他认为个体犯罪是天生的，遵守规则却是后天习得的，个人与社会联系联结的强弱，是决定一个人是否遵守社会规范的主要原因。社会联系强即可阻止违反社会准则与犯罪行为产生，犯罪是个人与社会联系薄弱的结果。也就是说，当人们不再受社会法律的控制与传统规则的教化时，则易倾向于犯罪。赫希认为"社会联系"的要素有四项：依恋（Attachment）、参与（Involvement）、抱负（Commitment）和信念（Belief）。社会控制理论中的"依恋"是指个人对他人、事物的注意和情感上的联结。当个人与他人之间产生的依恋越强，就越能够得到尊敬和认同。当个体依附于某一对象或团体时，就会在作出决定时考虑他人的情感和期待，这种感情联系越强烈，个人在实施犯罪行为时，就越有可能考虑其行为可能对这种感情联系带来的伤害；"参与"是指当个体集中精力和时间于某一活动时，投入另一种活动的时间必然相对减少。在此概念下，参与即意味着个人将时间、精力投入于合乎一般社会所规定的传统活动，如学习工作、和家人相处、运动和业余爱好等，这样就会没有多余时间和心思从事越

---

① 该书中文版书名为《少年犯罪原因探讨》，吴宗宪等译，中国国际广播出版社1997年版。

② 或译为"社会键理论""社会连接理论"。参见吴宗宪：《西方犯罪学》（第二版），法律出版社2006年版，第386页。

③ 吴宗宪：《西方犯罪学》（第二版），法律出版社2006年版，第386页。

轨行为,于是便降低了犯罪行为的可能性;"抱负"是指将时间、精力和努力投入对传统目标的追求上。如果人们为了顺应传统的生活方式而花费时间和精力,致力于传统的生活、财产、教育、名誉等活动中,就不大可能从事危及其传统目标和地位的活动,因而也就不大可能从事犯罪活动。① "信念"是指对代表共同文化价值观、社会规范与道德观念的赞同、承认和接受。信念涉及个人对于其团体价值体系的忠诚和信任,当个体将社会化过程中的道德良知予以内化,并形成坚定信念的同时,越会顺从社会要求而遵守社会规范;相反,越是藐视法律和社会规范者,越是不易受法律和规则的约束从而破坏规则,从事越轨或犯罪行为。基于这一观点,当这种"社会联系"变得薄弱时,犯罪预防和犯罪矫正有义务承担起重建这一联系的诸要素所必需的责任。本文拟以社会控制理论为视角,从社会联系的四个要素"依恋""参与""抱负"和"信念"为逻辑起点,探索我国未成年人社区矫正采取"柔性"矫正的实践路径。

(一)"家庭治疗":增进情感依恋

"依恋"在抑制和矫正未成年人犯罪中起着十分重要的作用。根据赫希的社会控制理论,"依恋"分为三种:一是对父母的依恋;二是对学校的依恋;三是对同伴的依恋。家庭、学校和同伴是未成年人日常生活中最为密切的联系,是最为密切的依恋对象。未成年人与父母、师长、同伴之间若是自儿童期即长期处于依恋关系不佳的状态下,将会因此种生活中无效或负面的社会化过程,导致社会化不良而衍生低自我控制,致使偏差行为发生。此外,具有低自我控制特征的个体,他们的个人生活经验可能是短暂且不稳定的,家庭生活中父母和孩子没有形成有效的情感联结,在学校里没有良好的学业表现或师生关系不佳,其与同伴之间的交往也会是矛盾和冲突的。② 家庭是通过血缘、婚姻或收养方式组成的生活共同体,是未成年人成长和社会化的重要场所。对未成年人而言,家庭对其人格、价值观及行为习惯的养成至关重要。父母是子女行为的典范,子女从他们那里学会如何做人,如何与他人相处,如何处理人际关系,同时也学习他们的道德标准、行为准则、生活习性、工作态度和责任心。在诸多实证研究中,除了社会控制理论外,运用其他诸如心理分析理论、社会解组理论或社会学习理论,都有非常丰硕的实证研究成果表明家庭因素对青少年偏差行为的重要影响,如父母角色认知的偏差、家庭结构的异常、父母不当

---

① 吴宗宪:《西方犯罪学》(第二版),法律出版社2006年版,第388页。
② Miller, H. V., Jennings, W. G., Alvarez‐Rivera, L. L., & Lanza‐Kaduce, L. (2009). Self‐control, attachment, and deviance among Hispanic adolescents. Journal of Criminal Justice, 37 (1), p. 77‐84.

的教养方式、家庭暴力等。

未成年社区矫正对象的罪错行为往往与其家庭因素关系密切,我国《社区矫正法》也规定,"应当根据未成年社区矫正对象的……家庭监护教育条件等情况,采取针对性的矫正措施"。可见,根据未成年社区矫正对象的家庭监护教育条件,可以视需要介入家庭治疗。家庭治疗是指将家庭关系看成由多个亚系统组成的完整系统,由家庭治疗师通过改变家庭内部环境中成员之间不良的交往模式,改变家庭成员中个体的心理和行为问题。① 对于需要进行家庭治疗的未成年社区矫正对象,咨询师(通常是专职的社工)应该通过对其罪错问题的了解,邀请其家庭成员介入治疗。首先应该对其家庭进行评估,并与家庭成员友好协商,共同制订家庭治疗的干预策略,通过功能型家庭治疗、结构式家庭治疗、多维度家庭治疗或多系统家庭治疗等专业干预策略,经过数次心理干预后,改变其不良的家庭功能或结构,改进父母教养方式,帮助未成年社区矫正对象增进与家庭的情感依恋,从而矫正恶性,回归社会。

同时,在对未成年矫正对象的家庭治疗过程中,对于不履行监护职责的监护人,亦应强制监护人履行监护责任,承担抚养、管教等义务。"监护并不是一种权利,而是一种职责",② 监护人有义务管教和矫正教育未成年矫正对象,这一义务是法定的,具有强制性,并且基于亲权之间的利益关联,监护人有抚养未成年矫正对象的义务。在我国《社区矫正法》中,对监护人不履行监护职责,也有相关的规定,"监护人怠于履行监护职责的,社区矫正机构应当督促、教育其履行监护责任。监护人拒不履行监护职责的,通知有关部门依法作出处理。"由此可见,社区矫正机构对未成年矫正对象监护人的监护活动有督促和教育的义务,必要时候可以通知有关部门依法处理怠于行使监护责任的监护人,从而保障监护人履行监护职责,最大化地保护未成年的利益,充分发挥监护人在未成年人违法犯罪预防中的作用。

(二)"社区融入":强化社会参与

未成年社区矫正对象的社区融入,具体是指在社区载体上,未成年社区矫正对象通过社区交往,参与社区活动,享有社区服务,实现对新的生活方式、生活环境的适应,对新的角色认同,对社区有归属感。然而,重新融入社会的过程是一个错综复杂的现象,并非单一因素可以实现,社区融入的目标即帮助未成年犯重返社会,如通过帮助就学就业、加强家庭联系、获得同伴支持,培

---

① [美]米歇尔·尼科尔斯:《家庭治疗基础——心理咨询与治疗系列》,林丹华等译,中国轻工业出版社2005年版,第7页。
② 梁慧星:《民法》,四川人民出版社1989年版,第84页。

训各项技能等，整合社区资源共同建立起挽救未成年矫正对象的配套体系，帮助他们重新融入社会。

按照社会控制中的"参与"理论，当个体集中精力和时间于某一活动时，投入另一种活动的时间必然相对减少。以参与学习活动为例，学校是未成年人教育的重要渠道，增加未成年人对学校的依附，使其愿意投入时间和精力参加学习这种符合他人期待和肯定的传统社会活动。在矫正过程中，使未成年社区矫正对象重新建立起与学校、老师、同学（同伴）之间的紧密关系，可以发挥好学校教育和控制功能，这对未成年区矫正对象的矫正和社会化有重要作用。具体来讲，对于处于上学阶段的未成年社区矫正对象，学校不得开除其学籍，而应加强对他们的教育和管理，并为他们犯罪历史和服刑现状保密；同时，教师应利用各种沟通渠道与他们沟通，加强师生之间的情感依恋关系，使他们愿意参与学校的学习活动，并借由学校的监督、管理和训练，施以专业的心理及行为辅导，以鼓励代替惩罚，提高未成年犯自我控制能力，帮助他们建立自信心和价值感。

除了增强未成年社区矫正对象对学校的参与和融入，对于年满16周岁且具有就业意愿的未成年人，社区矫正机构应充分运用社会力量和链接社会资源对未成年人提供就业帮助，包括职业培训、职业指导和推荐岗位等，帮助未成年人自食其力，使他们能够在工作或劳动中提升自我价值感，展现自我效能，从而控制与规范自我的偏差行为。

（三）"认知行为干预"：形成正向抱负

根据"抱负"理论，如果一个人把大量的时间和精力投入对传统目标的追求上，他就越不可能从事越轨和犯罪行为，因为当一个人准备进行越轨行为时，他必须考虑为之付出的代价以及所冒的风险，甚至会使他失去在追求传统目标过程中的投入。① 追求学业、事业和社会交往上的成功是成长中青少年的重要梦想，也是社会主流文化和价值观的反映。美国社会学家托比（J. Toby）认为，如果一个孩子喜欢学校，重视学业表现，并经常得到父母和老师的鼓励，就会有"遵从危机感"（Stake in conformity），就不会有犯罪问题；相反，如果一个孩子未能形成"遵从危机感"，他就很可能依其原始本能行事。② 当今社会随着经济的高速发展，加之网络的普及，各类新的休闲娱乐方式冲击着

---

① ［美］特拉维斯·赫希：《少年犯罪原因探讨》，吴宗宪等译，中国国际广播出版社1997年版，第14页。

② 陈晓明：《学校与青少年犯罪防范：以社会控制理论为基础》，载《青少年犯罪问题》2004年第7期。

青少年的生活，而青少年由于其好奇心强、乐于接受新鲜事物以及猎奇的心理特性，许多人不愿意将大部分时间和精力投入学习或工作等传统目标追求上。对于未成年社区矫正对象来说，传统目标吸引力弱化、传统目标难以实现以及传统目标实现途径单一等原因都可以造成了他们对传统活动的兴趣减弱，而一旦失去对传统活动和价值观的抱负，则极易选择用违法犯罪行为来代替从事传统活动。从心理学和矫正学来讲，未成年犯由于缺失某种认知技能，所以不能以大众接受的方式来履行个人意愿，导致不断陷入困境。在风险和罪因性需求的情境下，未成年社区矫正对象的态度、认知和选择决定了他们矫正恶习的决心和是否会再次犯罪，具体矫正中需要采取认知行为干预措施，帮助他们树立对传统目标追求和奋斗的抱负，从而愿意将更多的时间和精力奉献在传统规范行为当中，减少从事越轨犯罪行为的可能性。

认知行为干预是以美国心理学家阿伦·贝克于20世纪60年代早期发展出的"认知疗法"为基础，与以沃尔普为代表的心理学家们在20世纪50至60年代开创的"行为疗法"相互影响、相互借鉴形成的一种系统性的心理干预方法。认知理论认为，认知过程是由情绪和行为共同决定的，人们可以通过改变认知过程来改变自我观念，进而来纠正情绪和行为。行为疗法认为，行为是通过学习而得来的，因此可以通过一些实际的操作方法来消退、抑制、改变和替代原来的不良行为。[①] 认知行为干预则是二者的结合，通过矫正技术改变个人不合理的认知观念，从而纠正情绪和行为。未成年犯往往存在社会反向功能的思维，这些错误的思维方式，如认知扭曲、态度不端、价值观错位、信念缺失、认知技能水平低、决策力差、解决问题能力弱等问题，需要采取认知行为干预改变未成年犯的反社会思维模式，建立新的模式。[②]

针对我国未成年社区矫正对象的特点，采取认知行为干预具体可以采取以下干预措施：第一，社会交往技能矫正。如通过社会交往中的认知项目、情绪控制项目、与异性交往项目等提高未成年犯的社会交往能力，使其学会如何与他人有效且友好地交流、辨别与何人交往有益或有害，避免不当的错误归因以及解决交往不畅导致的暴力倾向等问题。第二，自我控制能力训练。如通过正念疗法、情绪疗法、非对抗性的苏格拉底式提问法等对消极思想进行自我监

---

① 许若兰：《论认知行为疗法的理论研究及其应用》，载《成都理工大学学报（社会科学版）》2006年第4期。

② D. B. Wilson, L. A. Bouffard, D. L. Mackenzie, "Quantitative Review of Structured, Group-Oriented, Cognitive-Behavioral Programs for Offenders?" Criminal Justice and Behavior, 2005（Vol. 32）, p. 172-204.

控，远离偏差，重新归因。第三，道德认知矫正。如通过关注未成年社区矫正对象的积极行为与自尊心，提高其道德与行为的自觉性，降低自私性，实现心理和行为的矫治。① 第四，理性化矫治项目。如通过改善未成年社区矫正对象的思维技巧，使用行为前思考替代已有的认知模式，使他们有更多的反思，对潜在的行为有更多的期望和计划，思维更具有理性和目的性。总之，通过认知行为干预，对未成年犯矫正和再社会化的过程中内化成正向抱负，形成正向的自我概念，包括内化的价值观、自我驱动力、高度的执着力等能与外在不当诱惑抗衡的力量，从而矫正恶习，实现社会融入。

（四）"重塑角色认同"：保持坚定信念

社会控制理论中的"信念"是决定个体是否从事偏差行为的重要因素，因为其越认可和信任社会规范时，越不可能从事偏差行为。社会有共同的约束与规范，以作为共同的价值、行为举止和生活方式的依据。如果社会成员不接受文化价值所树立的目标，或社会未能提供明确的社会规范来引导个体的行为，会使人们无所适从，形成无规范的状态。② 通常来讲，合乎法律、习俗及道德的信念一直存在且影响着个体，但是对于未成年人来讲，由于其身心发育尚未成熟，一旦遭遇所谓的"负向生活事件"，如亲人亡故、父母离异、父母失业或家庭发生变故等，将会使其受到负面影响，进而导致紧张或愤怒情绪，由此失去一直以来信奉与遵守的"信念"，而失去自我控制从而发生偏差行为。一旦未成年人因触犯刑法被判处刑罚，在"罪犯"的负向标签下的未成年犯就会面临社会环境中的社会排斥，例如通过职业选择、受教育权利、社区融入及心理排斥等不同维度影响他们生活的社会支持系统及未成年人自身。负向标签下未成年犯角色认同过程中，在有前科的犯罪人被视为高危特殊人群的公众排斥（公众污名）环境下，未成年社区矫正对象生活中社区矫正内外部相关人员直接或间接促使他们学习扮演罪犯的角色，加之社会排斥环境本身的影响，共同导致了未成年社区矫正对象的自我污名化，如此便动摇了遵守社会规范的"信念"，从而可能从初次越轨的"局外人"一步步走向"罪犯"甚至"累犯""惯犯"的深渊，从而由公众污名到自我污名的角色习得并得到强化。

由此，未成年犯罪人因为强化了自我污名的角色认同，就会产生消极的

---

① P. Raynor & M. Vanstone, " Reasoning and Rehabilitation in Britain：The Results of the Straight：Thinking on Probation（STOP）Programme", International Journal of Offender Therapy and Comparative Criminology, 1996（Vol. 40）, p. 272 – 284.

② 郭翔、鲁士恭：《犯罪学辞典》，上海人民出版社1989年版，第36页。

"破罐子破摔"的心态,导致权利和权能的发挥产生障碍,这一障碍直接或间接地来自个人和外部环境,严重影响未成年犯恶习的矫治。对于在社区中服刑的未成年犯,这种污名化的角色认同影响更为明显,来自各方的社会排斥也会更加直接。在矫正过程中,需要对未成年社区矫正对象"增权",即帮助其增强自我效能感、明确自我意识、提高人际交往能力、扩展社会参与,用"增权"后的"我",替代作为未成年社区矫正对象被剥夺权利、被污名化的"我",在矫正体系内部建立起尊重和接纳的关系,提供情感支持。增权模式通常分为个体主动增权和外力推动增权。个体主动增权模式,就是个体积极主动的增强自我能力建设,发挥个人潜能,注重从个体本身激发他的潜能,个体本身在增权过程中发挥决定作用,从而获得良好的自我认可和自我发展能力,从而更好地实现自我价值。外力推动增权模式,则是通过制度建设、资源供给、人际交往支持等改善个体所处的环境,强调外部力量的推动作用,扩大个体潜能的范围,激发和培养相关能力和技巧,帮助他们获得更多资源。[①] 在我国未成年人社区矫正系统内部,通常由司法部门决定未成年社区矫正对象的角色内涵,社区矫正机构更新角色权责和期待,司法社工直接监管和规范角色行为,其他矫正参与者间接强化角色认知,各方共同作用促使未成年社区矫正对象正确认识自己的角色,实现个体主动增权。在社区矫正系统外部,接纳和包容的家人、朋友等社会支持有利于淡化未成年社区矫正对象的特殊身份表示,排斥、孤立的重要角色支持则会强化未成年社区矫正对象的标签,实现外部推动增权。在未成年人社区矫正过程中,可以通过改变未成年犯所处的外在环境,激发他们的潜能,将社会行动与个体化视角的优势结合起来,从而使他们获得正向的价值感并参与到正常社会活动中。

由此可见,虽然塑造并强化未成年社区矫正对象的"身份意识",是社区矫正重要的社会功能,一方面有利于矫正其思想和行为,另一方面可以使其解矫后保持身份认同痕迹从而对以后选择守法行为产生影响,总体看来有助于维持社会安全和稳定。但这一切极有可能诚如卡斯东·斯特法尼所预见的:"我们用尽全力帮助犯罪人能够适应社会,他们本人也恢复了信念,但当结束刑罚时,真正的惩罚才刚刚开始,社会的排斥会使他们的全部生活都打上的犯罪的

---

① 范斌:《弱势群体的增权及模式选择》,载《学术研究》2004年第12期。

烙印。"① 根据特纳"角色理论"②的相关命题，角色扮演是一个修改、矫正的动态过程，因此可以协助这些未成年社区矫正对象不断修改其原有标签化的角色认同，取而代之以更加个体化的积极角色认同。

五、结语

当前世界各国对未成年人犯罪的处遇越来越向非刑事化、轻刑化和非监禁化的"柔性司法"方向发展。对未成年犯罪人适用社区矫正，是适合未成年人特殊的生理、心理特点的人道主义行刑方式；同时在未成年人社区矫正过程中，采用与成年犯不同的"柔性"矫正的理念和措施亦具备坚实的理论基础。针对未成年社区矫正对象，应当采取相对"柔性"的矫正理念和措施，以社会控制理论为视角，通过家庭治疗，增进个人对家庭和社会的情感依恋；通过社区融入，强化个人对正常的社会传统活动的参与；通过认知行为干预，形成个体的正向抱负以对社会所提供的机会愿意付出努力；通过重塑角色认同，保持个人对社会法规和传统观念的尊重、信仰，使未成年犯愿意"依恋"父母和学校，可以"参与"正常健康的学习和社会活动，能够为此"抱负"而奉献时间，并在矫正过程中形成坚定的"信念"，从而矫治恶习重新回归社会。我国社区矫正在历经近 20 年的发展后，由早期的"试点"到"试行"，再到目前全国"实行"，基本是以"法制治理"为指导方向，其着力点是完善社区矫正基本法律法规和法律制度体系的建设，属于社区矫正在我国发展的"初级阶段"，该阶段任务目前已基本完成。然而，"法制治理"是刑罚执行的初级水平，远不能满足新时代法治社会的需要。社区矫正法的出台正式标志着"后社区矫正法"时代的到来，我国社区矫正开始由"法制化"向"法治化"转型。相应地，作为社区矫正重点工作的未成年人社区矫正，亟须积极应对此次转型，开启"法治化"的新时代，以社区矫正法为基础，逐步实现未成年人社区矫正各项工作从"法制治理"向"法治治理"的转型和升级。

---

① ［法］卡斯东·斯特法尼：《法国刑法总论精义》，罗结珍译，中国政法大学出版社 1998 年版，第 36 页。

② Turner. Social Roles: Sociological Aspects, International Encyclopedia of the Social Sciences. New York: Macmillan, 1968. p. 167 – 173.

基于成本—收益视角的职务犯罪罪犯心理影响因素实证分析*

杜晓燕 宋希斌**

习近平总书记指出:"在我国公务员队伍中党员比例超过百分之八十,县处级以上领导干部中党员比例超过百分之九十五。因此,监督国家公务人员正确用权、廉洁用权是党内监督的题中应有之义"。① 党的十八大以来,我国反腐败工作已经取得巨大成绩,不管是铁腕惩腐、肃纪正风还是制度建设、纪检监察体制改革都在系统推进,反腐败斗争已经取得并巩固压倒性态势。然而,要想取得反腐败最终胜利,就必须抓住公务员防范职务犯罪的薄弱环节。从已有工作来看,不敢腐的震慑作用已充分发挥,不能腐的制度笼子也越扎越密,但是在增强公务员"不想腐的自觉"方面还亟待改善。因而,本文以公务员职务犯罪心理为研究对象,通过实证分析来探究影响公务员职务犯罪心理的相关微观因素,进而构筑起有效预防腐败犯罪的心理防线,以期改进"三不"体系工作成效。

一、文献综述与问题提出

(一)西方学者对职务犯罪心理的研究进展

政治心理学诞生于20世纪50年代,进入80年代后,西方学者开始把政治心理学带到职务犯罪研究之中。英国著名政治学家霍布斯提出任何腐败犯罪行为都是某种腐败认知(Cognitive Corruption)的产物。从近年西方研究进展来看,政治心理学对职务犯罪心理的研究起到积极作用并成为一种流行的分析方法。西方学者从政治心理学角度对职务犯罪心理的分析大体可以划分为两

---

* 本文系国家社科基金一般项目"新媒体时代反腐信息媒介接触对公务员与公众清廉感知的影响机制研究"(19BZZ074)的阶段性成果。

** 杜晓燕,西安交通大学副教授;宋希斌,西安交通大学副教授。

① 参见《习近平关于全面从严治党论述摘编》,中央文献出版社2016年版,第208页。

类，一类是情景说，强调外部环境对腐败犯罪行为人的心理影响作用，另一类是性情说，强调腐败犯罪行为人个体性格特征对其腐败心理的影响作用。这些研究中影响较大的有 T. 帕森斯的"价值、责任、情景与惩罚"四标准说，尼克拉斯·卢曼的"传统、声誉与领导"三因素说，戴维·伊斯顿的"意识形态、结构与个人品格"三要素说。

从职务犯罪心理的实证研究进展来看，Riandis 等（2001）最早使用情景实验的方法研究了文化与职务犯罪心理之间的关系，发现个人主义与职务犯罪心理认知呈现负相关关系，集体主义与职务犯罪心理认知呈现正相关关系。Von Alemann（2004）用五个因素来解释职务犯罪心理认知的发生机理，即阴暗政治、社会堕落、越轨行为、利益交换和可测量的感知体系。Gino 等（2009）指出外部监督力量可以激发团队内部成员的内疚感和集体荣誉感，从而降低集体腐败发生的风险。Leong 等（2009）发现跨文化特征中的社会积极性（social initiatives）和认知灵活性均与腐败意向紧密相关。Kish – Gephart 等（2010）提出马基雅维利人格（Machiavellianism）倾向性强的公务员更喜欢以权谋私，并会做出为了个人利益欺骗他人的反伦理行为。Corazzini 等（2011）认为，由于资源或权利的不平等分配使得部分人缺乏产生相对剥夺感，从而导致职务犯罪行为的发生。Bosco（2016）进一步指出，长期处于贫穷环境之中会增加职务犯罪心理倾向。

上述研究为我们进行公务员职务犯罪心理研究提供了的思路与方法。但是，我们也发现，国外以情景实验方法来探究职务犯罪心理形成机制，还没有开发出较为成熟的心理问卷，而且对如何消除腐败心理探究还略有不足。

（二）我国学者对职务犯罪心理的研究进展

政治心理学从 20 世纪 90 年代末开始引入中国。2010 年，学术界把政治心理学运用到职务犯罪心理研究之中。其中代表性的文章有李文（2010）《诱发腐败的相对剥夺心理：分析与比较》，提出在经济增速迟缓的发展中国家，社会福利的不平等与相对剥夺感是公务员发生腐败犯罪行为的重要诱因，在经济高速增长的国家，财富的多寡是衡量权力价值的主要标准，因而，在这些国家中诱发腐败犯罪的动机则主要是对权力所带来的社会地位、荣誉和影响力的追逐。谭亚莉等（2011）在《管理者非伦理行为到组织腐败的衍变过程、机制与干预：基于心理社会微观视角的分析》一文中集中探讨了从管理者非伦理行为到集体不道德最后到组织腐败犯罪的衍变过程及内在机理。徐瑞婕等（2015）在《对腐败的"心理绑架"效应的验证性内容分析》中提出，"心理绑架"是腐败犯罪滋生的重要原因，腐败犯罪分子为了获取私利利益常常会利用人情往来来捕获团体中的其他成员，进而达到小集团犯罪的目的。魏子晗等（2015）在《腐败行为的发展轨迹：一项潜变量混合增长模型研究》中强调，可以通过实验室情景模拟的方式来深度发掘职务犯罪的心理认知因素，以期找到腐败行为产生的内在因果机制。许欢等（2016）在《"圈内化""类型化"：科层制弊端与腐败心理发生机制及对策》中提出从政治心理学理论出发可以把公务员划分为偏向利己型、偏向利他型和利己利他兼顾型三类，每一类都有其特殊的职务犯罪心理认知。俞国良等（2016）在《社会转型：反腐倡廉是一场持久的"心理战"》中发现侥幸心理、心理定式和心理成瘾是导致公务员职务犯罪的三个重要心理。吴凡等（2017）在《官员腐败预防研究——基于官员个人心理路径的分析》中构建了公务人员腐败犯罪的心理路径模型，揭示了公务人员腐败前、腐败中、腐败后的心理变化历程。

从上述研究来看，我国学者运用政治心理学进行职务犯罪心理研究还处于起步阶段，偏重于研究的"拿来主义"，更多的是借鉴西方成熟的理论框架与分析模型来研究职务犯罪心理认知的机制机理，较为缺乏高质量的本土化研究。

（三）研究问题的提出

从学术研究进展与预防职务犯罪的实践情况来看，当前学术界把相当大的精力放在腐败犯罪特点、趋势与反腐败体制机制等方面的研究上。按照张康之教授的解释，廉政建设的目标，一是要保持公务员队伍的廉洁奉公，二是要建立廉洁高效的政府机构。[①] 新形势下，如何养成公务员廉洁奉公的心理认同，就成为当前预防职务犯罪研究中的重点与难点问题。王沪宁强调："从心理活动的层次上来把握一定社会条件下腐败行为的产生和特征，不仅有利于人们更好地认识和剖析各种腐败行为和现象。而且有利于人们制定切实有效的措施来防范和治理这种弊病。"[②] 从政治心理学视角下来看，职务犯罪心理是一种重要的政治心理，我们需要下力气来发现预防公务员职务犯罪心理滋生的有效因素，提出微观层面削弱职务犯罪心理的对策建议。

二、基于成本—收益理论的公务员职务犯罪心理影响机制分析

成本—收益分析理论是以理性经济人假设为基础，对经济社会中人的决策行为进行分析，认为人在经济社会中的各种活动受到了利己动机驱动，进行决策时会通过成本—收益分析来选择能够给自己带来最大利益的行为。诺贝尔经

---

① 参见张康之：《论"廉政建设"一词的完整内涵》，载《中国行政管理》2010年第8期。

② 参见王沪宁：《反腐败：中国的实验》，三环出版社1990年版，第78页。

济学奖得主道格拉斯·诺思提出:"人们可以像分析经济活动一样地分析犯罪行为。潜在的罪犯在他或她对犯罪行为及其法律后果所作的成本—收益分析中做出经济决策。"① 中国著名的腐败问题专家胡鞍钢也认同这一观点,指出"就研究腐败的微观机制而言,成本—收益模型是一种具有较好解释力的经济学模型。该模型的基本思路是,当公务员从事腐败或犯罪活动的收益比其成本或风险大得多时,他就具有从事腐败的动机和激励……当廉政潜在的收益足够大时,他就可能'廉洁一生',这是激励廉政的微观机制。"② 本文也认为,公务员是典型的理性决策者,可以利用成本—收益分析来剖析公务员的微观职务犯罪心理:当公务员认为腐败给他带来的收益高于其成本或风险时,他会产生腐败犯罪的动机,当腐败的收益远高于成本时,他会实施腐败犯罪行为;反之,当他认为廉洁收益高于腐败收益时,他有廉洁从政的动机,当廉洁预期收益足够大时,他会在各种诱惑面前保持廉洁行为。

心理动机对个体的决策与行为具有重要的影响,心理动机通过对内外环境的多重认知来对自身未来收益进行估算并选择可能性行为行动,产生心理判断效用函数,进而形成最终决策与行为。利用政治心理学相关理论来分析,这个决策过程又可以细分为四个阶段,如图1所示。从图1中可以看到,公务员职务犯罪心理决策贯穿于其腐败犯罪行为始终,并可以划分为四个发展阶段,即腐败发起阶段、腐败执行阶段、腐败结束阶段以及结束后形成的腐败相互牵制阶段。越早发现公务员职务犯罪的滋生动机与时机,越能有效防范与阻断腐败犯罪行为的发生。

---

① 参见夏业良:《反腐败经济学:成本与收益的经济学分析》,载《上海经济研究》2000年第6期。

② 参见胡鞍钢、过勇:《公务员腐败成本—收益的经济学分析》,载《经济社会体制比较》2002年第4期。

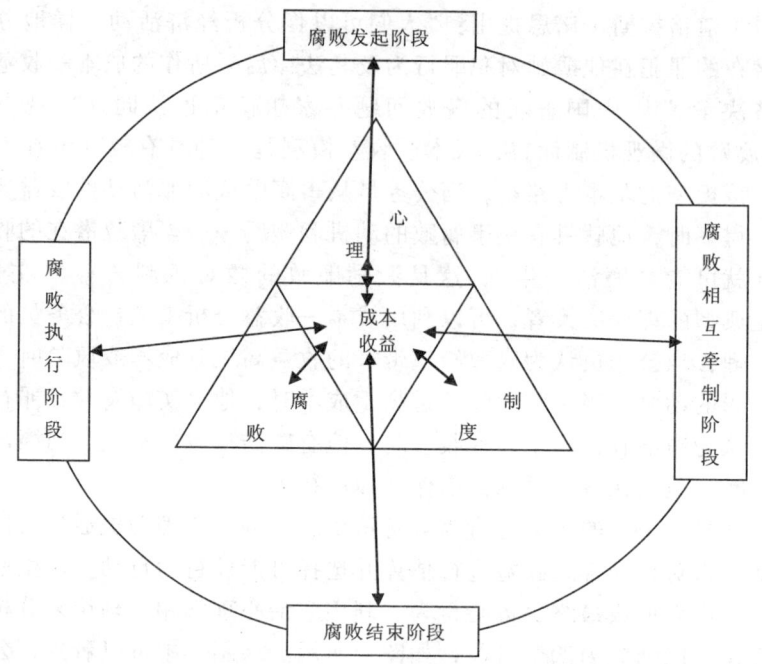

图1 基于成本—收益的公务员腐败心理四阶段分析图

三、公务员职务犯罪心理认知构成因素分析与理论模型构建

（一）公务员职务犯罪心理认知因素分析

人的心理认知与判断是主客观环境共同作用的结果，职务犯罪心理亦是如此。西方犯罪心理学家阿伯拉罕姆提出了著名的"犯罪行为公式"：

C（犯罪行为）＝［T（犯罪者的个性倾向）＋S（外界诱因的客观情况）］/R（社会个体对外部诱惑的心理抗性）①

公式揭示在外界环境条件（S）不变的情况下，当 R＞T 时，犯罪行为（C）不会发生；反之，当 R＜T 时，犯罪行为会发生（C）。该公式认为，人们有潜在的犯罪倾向，犯罪行为的实施与否不仅取决于个体性格倾向和外在环境条件，还取决于自身对犯罪的心理认知能力。这也说明心理因素对犯罪行为的巨大影响。

南非政治学家罗伯特·克利特加德进一步提出职务犯罪公式，即：

---

① 参见许欢：《官员腐败心理与预防控制研究》，武汉大学 2014 年博士论文。

腐败所得 -（道德损失 + 法律风险）> 工资收入 + 廉洁的道德满足①

此公式是罗伯特在研究大量腐败案件基础上总结出来的，是从成本—收益角度提出腐败心理认知影响因素，认为公务员自身对腐败风险的判断与道德满足感是进行职务犯罪决策的核心因素。

王沪宁曾指出，"权力腐败行为的对象是社会性资源，其实质是利益……人的主体性活动涉及人的心理、意识、个性、思维、情感、意志、气质、性格、能力等多种因素，有复杂的心理活动介入其中……而这些因素均要受到社会环境的制约"。② 黎民提出，一名公务员能否保持廉洁行为取决于惩罚与激励两种力量的博弈，并认为"廉政是政府公职人员基本的职业伦理要求，当是否廉政与其职业声望和职业发展紧密相关时，政府官员会产生廉政的内在要求"。③ 本文把这些心理影响因素划分为内部主观型因素和外部驱动型因素两大类别，并依据作用效果进一步细分为四个二级指标，即公务员廉洁从政的认同性因素、否定性因素、奖励性因素和惩罚性因素，具体见表1和图2。从图2中，我们可以直观观察到，当一名公务员所拥有的廉政认同性因素和奖励性因素越多时，其廉政行为将越持久，反之，当其拥有的否定性因素和惩罚性因素越多时，其腐败犯罪行为动机就越强烈。

表 1　职务犯罪心理构成要素表

类型	构成因素	激励效果
内部主观（X1）	认同性因素	正激励
	否定性因素	负激励
外部驱动 F（X2）	奖励性因素	正激励
	惩罚性因素	负激励

---

① 参见［南非］罗伯特·克利特加德：《控制腐败》，杨光斌等译，中央编译出版社1998年版，第79页。

② 参见王沪宁：《反腐败：中国的实验》，三环出版社1990年版，第78、88、110页。

③ 参见黎民、曹鲲：《廉政的约束条件及社会机制探析》，载《学术界》2011年第4期。

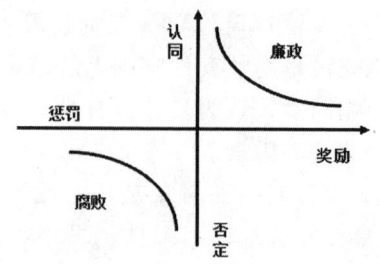

图 2　职务犯罪心理构成要素关系图

1. 廉政认同性因素（$R_{认同}$）

政治心理学认为，人类在实现自身效用最大化时会带来物质收益与精神收益上的双重满足。尼斯坎南认为公务员追求的目标是政治效用最大化，包括"薪金、职务的特权、公众中的声誉、权力、庇护人的身份、部门的产出、作出改变的自由自在感和管理该部门的自豪感"[1]。廉政认同性因素作为一种内部主观性因素，是影响公务员对自身职业认同和社会身份认同的重要因素，具体由以下四种要素构成，即公务员廉政行为所带来的职业认同感、社会保障满意度、社会认可度和职业成就感。由此，我们得出如下公务员廉政认同性心理认知公式：

廉政认同性心理 = 职业认同 + 社会保障 + 社会地位 + 自我成就

即：$R_{认同} = R_{职业认同} + R_{社会保障} + R_{社会认可} + R_{自我成就}$

2. 廉政奖励性因素（$R_{奖励}$）

公务员廉政奖励性因素是指因其保持廉政行为所带来的心理满足感与社会认同感，也是一种内部主观性因素。廉政奖励性因素由公务员廉政行为所带来的安全感、成就感、荣誉感和尊重感构成，由此形成如下公务人员廉政奖励性心理认知公式：

廉政奖励性心理 = 安全感 + 成就感 + 荣誉感 + 尊重感

即：$R_{奖励} = R_{安全} + R_{成就} + R_{荣誉} + R_{尊重}$

3. 廉政否定性因素（$C_{否定}$）

美国著名的腐败犯罪问题专家 Rose 指出，触犯腐败罪行的公务员都是"对腐败不具有道德反感的人"[2]。也就是说，在他们实施腐败犯罪行为之前已

---

[1] See William. A. Niskanen. Jr, *Bureaucracy and Representative Government*, Chicago: Aldine‑Atherton Inc., 1971, p. 38.

[2] See Rose Ackerman. Susan, *Corruption: A Study in Political Economy*, Academic Press, 1978.

完成了对腐败的道德认同与心理合理化活动。这些对公务员廉政行为带来否定性影响的心理因素由以下五种要素构成，即公务员的权力欲、享乐心理、侥幸心理、从众心理和补偿心理。由此，形成了如下的公务员廉政否定性心理认知公式：

廉政否定性心理＝权力欲＋享乐心理＋侥幸心理＋从众心理＋补偿心理

即：$C_{否定} = C_{权力} + C_{享乐} + C_{侥幸} + C_{从众} + C_{补偿}$

4. 廉政惩罚性因素（$C_{惩罚}$）

公务人员廉政惩罚性因素是指其在实施腐败行为过程中所要付出的各种代价所带来的心理负担与压力。这种惩罚性因素由以下四种要素构成：腐败支付的经济成本所带来的心理压力、腐败支付的政治成本所带来的心理压力、腐败支付的精神成本所带来的心理压力和腐败支付的社会成本所带来的心理压力。由此，可以得出公务人员廉政惩罚性因素公式：

廉政惩罚性因素＝经济成本＋政治成本＋精神成本＋社会成本

即：$C_{惩罚} = C_{经济} + C_{政治} + C_{精神} + C_{社会}$

（二）公务人员职务犯罪心理影响因素模型构建

本文认为，当公务员进行廉政行为决策时，不同的职务犯罪心理影响因素会对他带来不同的决策影响。当廉政认同性心理因素和奖励性心理因素的影响大于否定性心理因素和惩罚性心理因素时，公务员就会选择廉政行为，反之，公务员则会选择腐败行为。即：

廉政行为＝认同性心理＋奖励性心理＞否定性心理＋惩罚性心理

腐败行为＝否定性心理＋惩罚性心理＞认同性心理＋奖励性心理

由此，本文建立起公务员职务犯罪心理决策树，如图 3 所示：

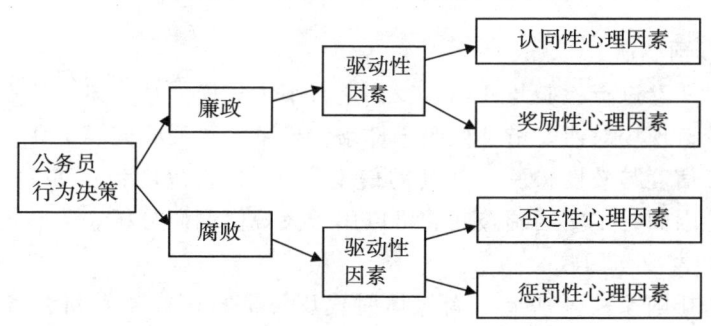

图 3　职务犯罪心理构成要素关系图

从图 3 中可以看到，

当"廉政收益＞腐败收益"时公务员会选择廉政奉公；当"腐败收益＞

廉洁收益"时公务员会选择腐败犯罪。

由此可见，心理因素是影响公务员廉政决策的关键性因素。

四、公务员职务犯罪心理影响因素实证分析

国际透明组织创始人杰里米·大卫·波普指出："腐败是人类无法彻底清除的现象，在许多情况下，如果要想一劳永逸地解决腐败问题，不但代价十分高昂，而且还可能会影响公共部门的正常运转"，因而"要把注意力集中于腐败为什么会滋生和在什么环节滋生这些问题，然后再对症下药，通过建立一些有针对性的体系和程序来预防和控制它。"① 本文认为，对公务员职务犯罪心理影响因素的实证分析有助于发现影响其职务犯罪认知的关键性因素，进而有效预防职务犯罪的发生。

（一）调查问卷的设计与回收

1. 调查问卷的设计

本文的调查问卷主要由五部分内容构成，问卷结构如下图4所示。

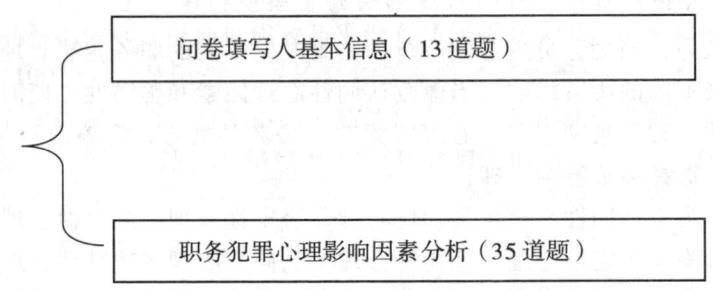

图4　公务员职务犯罪成本—收益心理认知问卷构成图

2. 问卷预调研

为了对问卷进行检验与评估，我们进行了小规模的预调研，地点选择在陕西省委党校，现场对西安市某处级干部培训班发放并回收问卷100份。我们对问卷进行了信度与效度检验，问卷的信度为0.713，效度为0.778，通过了显著性检验。因而，本文的调查问卷可以用于大规模调研分析。

3. 问卷发放与回收

本文依托国家社科基金"新媒体时代反腐信息媒介接触对公务员与公众

---

① 参见［新西兰］杰里米·波普：《反腐策略——来自透明国际的报告》，王淼洋等译，上海译文出版社2000年版，第4页。

清廉感知的影响机制研究"（19BZZ074）进行调查研究，以全国各省市党校为主要调研地点，通过实地发放、委托邮寄发放问卷等方式，一共发放了1500份问卷，回收了1289份问卷，有效回收率为85.9%。剔除各种无效问卷后，共得到有效问卷1196份。表2显示的是我们问卷发放回收情况。

表2 调查问卷分布一览表

所属地区	人数	所占百分比
华北地区	412人	32%
东北地区	64人	5%
华南地区	258人	20%
中南地区	90人	7%
西南地区	219人	17%
西北地区	245人	19%
合计	1289人	100%

（二）公务员职务犯罪心理影响因素的多元回归分析

1. 因变量与自变量的描述性分析

（1）因变量的描述性分析

本文选择"廉政认知"作为因变量来分析公务员职务犯罪心理认知与廉政认同性心理因素、否定性心理因素、奖励性心理因素、惩罚性心理因素等四个二级指标之间的相关关系。"廉政认知"是一个综合性的因变量，由表3中六个二级指标构成，主要是从公务员廉政价值判断角度来测量其廉政认知情况。

表3 因变量构成表

对于下列情况的陈述，您是否赞同？	1 完全同意	2 比较同意	3 一般	4 比较不同意	5 完全不同意
C1 权力和财富是衡量人生成功与否的重要标准					
C2 传统的官场文化在现在社会依然有市场					
C3 人很难管住自己的欲望					

续表

对于下列情况的陈述，您是否赞同？	1 完全同意	2 比较同意	3 一般	4 比较不同意	5 完全不同意
C4 追求高品质的生活是人的一种本能选择					
C5 权力具有垄断性与时效性					
C6 上级监督太远，同级监督太软，下级监督太难					

我们对因变量公务员"廉政认知"进行描述性分析，结果如表4所示，从结果中可以看到，第一，认同度最高的是选项"追求高品质的生活是人的一种本能选择"，均值为1.95分，介于"完全同意"与"比较同意"之间；第二，是选项"上级监督太远、同级监督太软、下级监督太难"，均值为2.06分，属于"比较同意"；第三，是选项"权力具有垄断性与时效性"，均值为2.08分，属于"比较同意"；第四，是选项"传统的官场文化在现在社会依然有市场"，均值为2.15分，属于"比较同意"；第五，是选项"人很难管住自己的欲望"，均值为2.55分，介于"比较同意"与"一般"之间；第六，是选项"权力和财富是衡量人生成功与否的重要标准"，均值为3.02分，属于"一般"。从上述六个二级指标的得分情况来看，六道题目均值为2.35，属于"比较赞同"，整体上公务员的廉政认知较低，腐败容忍度较高，存在一定的认知模糊性。这些廉政认知是公务员进行廉政决策的重要判断依据，也由此可以看到从微观角度开展职务犯罪预防工作的重要性。

表4 因变量"廉政认知"描述性分析一览表

题目	数量	极小值	极大值	均值	标准差	方差
C1	1196	1.00	5.00	3.0165	1.19304	1.423
C2	1196	1.00	5.00	2.1477	0.8943	0.800
C3	1196	1.00	5.00	2.5449	1.22029	1.489
C4	1196	1.00	5.00	1.9538	1.02021	1.041
C5	1196	1.00	5.00	2.0853	1.15478	1.334
C6	1196	1.00	5.00	2.0618	1.06908	1.143
总体情况	1196	1.00	5.00	2.3457	0.7106	0.505

（2）自变量的描述性分析

自变量由四个二级指标构成，即廉政认同性因素、否定性因素、奖励性因素、惩罚性因素，这些指标又可以细分为35个三级指标。表5、表6是自变量描述性分析统计表，从表中可以看到，公务员一是对廉政的惩罚性因素认同度最高，均值为2.026，属于"比较同意"；二是廉政的认同性因素，均值为2.511，介于"比较认同"与"一般"之间；三是廉政的否定性因素，均值为2.529，介于"比较认同"与"一般"之间；四是对廉政的奖励性因素，均值为2.602，更偏向于"一般"。

表5 自变量分类描述性统计分析表

	N	极小值	极大值	均值	标准差	方差
廉政认同性心理因素	1196	1.00	8.50	2.511	0.695	0.482
廉政奖励性心理因素	1196	1.00	13.20	2.602	0.748	0.559
廉政否定性心理因素	1196	1.00	7.58	2.529	0.659	0.436
廉政惩罚性心理因素	1196	1.00	5.09	2.026	0.539	0.290

表6是自变量的35个三级指标描述性分析量表，从表中可以看到公务员职务犯罪心理认知因素呈现出差异化特点，其中对惩罚性因素的认同度最高，对奖励性因素的认同度最低，也就是说当前的高压反腐、严格执纪给公务员已形成较强的惩戒与威慑性认知，相对而言，廉洁从政的认同性因素与奖励性因素的认同度较弱。在这些选项中，认可度最高的三级指标是"贪腐官员一旦被曝光将会身败名裂"，均值为1.684，属于"完全同意"；排第二位的是"一旦腐败事发将被没收个人财产得不偿失"，均值为1.712，属于"完全同意"；排在第三位的是"贪腐将会造成官员心理扭曲与精神压力"，均值为1.810。表6中，最不被认可的选项是"我的工作压力相对较小"，均值为3.323，倒数第二的是"当我秉公行事时，我的职位会不断升迁"，均值为3.184，倒数第三的是"公务员的社会福利好"，均值为2.936。这些三级指标的具体情况如下表6所示。

表6 自变量三级指标描述性分析一览表

题目	性质	数量	最小值	最大值	均值	标准差
F1. 公务员的职位能带来稳定有保障的收入	认同	1196	1.00	5.00	2.050	0.923

续表

题目	性质	数量	最小值	最大值	均值	标准差
F2. 公务员的社会福利好	认同	1196	1.00	5.00	2.936	1.618
F3. 公务员在养老方面有保障	认同	1196	1.00	5.00	2.257	0.943
F4. 一旦腐败事发将被没收个人财产得不偿失	惩罚	1196	1.00	5.00	1.712	0.985
F5. 一旦腐败事发养老可能没保障晚年凄凉	惩罚	1196	1.00	5.00	1.844	1.203
F6. 一旦腐败事发家人发展会受到不良影响	惩罚	1196	1.00	5.00	1.930	1.130
F7. 当我秉公行事时，我的职位会不断升迁	奖励	1196	1.00	5.00	3.184	1.877
F8. 廉政可以实现我人生价值与理想追求	奖励	1196	1.00	5.00	2.586	1.324
F9. 我的工作相对稳定，不用担心被辞退	认同	1196	1.00	5.00	2.516	1.053
F10. 廉洁奉公可以给我带来成就感	认同	1196	1.00	5.00	2.101	1.127
F11. 腐败恶化了我的工作环境	否定	1196	1.00	5.00	2.404	1.121
F12. 腐败引起不良用人导向使我升迁无望	否定	1196	1.00	5.00	2.464	1.839
F13. 所在单位腐败出现影响我工作的积极性	否定	1196	1.00	5.00	2.727	2.232
F14. 单位出现"内斗"损人害己造成工作懈怠	否定	1196	1.00	5.00	1.958	1.151
F15. 廉洁奉公能让我保持理想信念的纯洁性和坚定性	认同	1196	1.00	5.00	2.082	1.710
F16. 廉政能让我有机会通过学习和培训来提高自身职业能力和素养	认同	1196	1.00	5.00	1.934	0.906

续表

题目	性质	数量	最小值	最大值	均值	标准差
F17. 贪腐官员一旦被曝光将会身败名裂	惩罚	1196	1.00	5.00	1.684	1.233
F18. 贪腐将会造成官员心理扭曲与精神压力	惩罚	1196	1.00	5.00	1.810	0.969
F19. 一旦腐败事发会出现"妻离子散"的悲剧	惩罚	1196	1.00	5.00	2.213	1.019
F20. 贪腐会使子女失去奋斗的动力	否定	1196	1.00	5.00	2.616	1.658
F21. 我的工作压力相对较小	认同	1196	1.00	5.00	3.323	1.201
F22. 廉政自律能给我带来道德满足感	认同	1196	1.00	5.00	1.959	1.009
F23. 贪腐最大的惩罚是坐牢、失去人身自由	惩罚	1196	1.00	5.00	1.960	1.021
F24. 中国是熟人社会，发现了问题也不愿意得罪人去举报	否定	1196	1.00	5.00	2.304	1.118
F25. 现在的纪检监察只能使少数腐败分子受到惩处	惩罚	1196	1.00	5.00	2.352	1.221
F26. 对腐败犯罪而言，现在法律的惩罚太轻	惩罚	1196	1.00	5.00	2.226	1.128
F27. 被曝光的干部只是贪腐干部中的少数	惩罚	1196	1.00	5.00	2.195	0.986
F28. 普通群众举报贪腐成功的概率很低	惩罚	1196	1.00	5.00	2.385	1.069
F29. 当官是一件高风险的事情	否定	1196	1.00	5.00	2.658	1.149
F30. 如果不能让家人过上体面的生活，我会感到内疚	否定	1196	1.00	5.00	2.696	1.115
F31. 数字出官，官出数字	否定	1196	1.00	5.00	2.568	1.153

续表

题目	性质	数量	最小值	最大值	均值	标准差
F32. 中国是人情社会，不给亲友办事会被骂为"无情"	否定	1196	1.00	5.00	2.315	1.085
F33. 文凭越高越有利于个人的升迁	否定	1196	1.00	5.00	2.434	1.013
F34. 官场上存在"表扬了吹牛拍马的，提拔了指鹿为马的，累死了当牛做马的"等现象	否定	1196	1.00	5.00	2.834	1.068
F35. 圈子对了事就成了	否定	1196	1.00	5.00	2.241	1.284

2. 公务员职务犯罪心理认知多元线性回归分析

本文对上述自变量与因变量之间进行了多元回归分析，以发现影响公务员职务犯罪心理认知的显著性影响因素。因变量廉政认知用 YLP 来表示，自变量 $X_{认同}$ 代表廉政认同性心理因素，$X_{奖励}$ 代表廉政奖励性心理因素，自变量 $X_{否定}$ 代表廉政否定性心理因素，自变量 $X_{惩罚}$ 代表廉政惩罚性心理因素，从而构建其公务员职务犯罪心理认知的多元回归分析公式：

廉政认知 = $\sum$（廉政认同性因素 + 廉政奖励性因素）— $\sum$（廉政否定性因素 + 廉政惩罚性因素）

由此形成如下的多元线性回归方程：

$$YLP = \sum (X_{RT} + X_{JL}) - \sum (X_{FD} + X_{CF})$$

本文使用 SPSS20.0 进行多元回归分析，探索因变量"廉政认知"和自变量之间的多重关系。模型如表 7 所示，相关系数 R 为 0.532，判定系数 R^2 为 0.283。

表 7 多元回归分析模型汇总表

模型	R	R 方	调整 R 方	标准估计的误差	更改统计量				
					R 方更改	F 更改	df1	df2	Sig. F 更改
1	0.532a	0.283	0.280	0.58398	0.283	109.674	4	1112	0.000

a. 预测变量：（常量），惩罚性心理因素，奖励性心理因素，否定性心理因素，认同性心理因素。
b. 因变量：廉政认知。

表 8 则是多元回归方程的方差分析表，从中可以看出，该模型通过显著性

检验，sig = 0.000 < 0.05，表明模型通过了无线性相关假设。

表8　方差分析表

模型		平方和	df	均方	F	Sig.
1	回归	149.608	4	37.402	109.674	0.000[b]
	残差	379.222	1112	0.341		
	总计	528.830	1116			

a. 因变量：廉政认知。
b. 预测变量：（常量），惩罚性心理因素，奖励性心理因素，否定性心理因素，认同性心理因素。

本文对自变量、因变量进行了共线性统计分析，其中容差值大于0.1、VIF值小于10以下，说明这四个维度的自变量不存在共线性问题，可以对模型进行多元回归分析。为进一步验证进入模型中自变量的数据适应性与准确性，本文又进行了F检验和t检验，结果如下表9所示。从结果来看，F检验值为109.67，与统计临界值$F_{0.05}$（4，3）= 46.19相比，F值大于F临界值，拒绝原假设，自变量之间具有差异显著性；T值为9.976，T检验临界值为3.182，T值大于T临界值，P < 0.05，说明自变量通过了显著性检验，也表明这四个维度可以较好地反映出廉政认知与自变量之间的相关关系。

表9　回归系数表

模型		非标准化系数		标准系数	T	Sig.	相关性			共线性统计	
		B	标准误差	试用版			零阶	偏	部分	容差	VIF
1	（常量）	0.972	0.097		9.976	0.000					
	认同性因素	0.058	0.030	0.059	1.942	0.052	0.125	0.058	0.049	0.707	1.413
	奖励性因素	-0.095	0.027	-0.104	-3.470	0.001	-0.050	-0.104	-0.088	0.717	1.395
	否定性因素	0.504	0.030	0.483	17.047	0.000	0.522	0.455	0.433	0.805	1.242
	惩罚性因素	0.092	0.037	0.072	2.481	0.013	0.256	0.074	0.063	0.765	1.308

a. 因变量：廉政认知。

根据上述研究结果形成如下的公务员职务犯罪心理认知多元线性回归方程，也表明廉政认同性因素、奖励性因素、否定性因素和惩罚性因素对公务员廉政认知产生重要影响。

$$YLP = 0.972 + 0.058X_{RT} - 0.095X_{JL} + 0.504X_{FD} + 0.092X_{CF}$$

（三）公务员职务犯罪心理影响因素主成分分析

为进一步探索影响公务员职务犯罪心理认知的显著性影响因素，本文进行了模型主成分分析。

1. 因子模型适应性分析

在进行因子分析前，本文对所有数据进行了标准化处理，并对数据进行 KMO 和 Bartlett 球形度检验，其中 Bartlett 球形度检验的近似卡方值为 11684.682，Sig<0.0001，KMO 值为 0.857，表示调查问卷数据可以进行因子分析，其分析结果也是可以接受的。

2. 模型因子分析

下面我们对变量的公因子方差进行分析，结果如表 10 所示。从表中可以看到，35 个因子中共有 13 个因子分值超过 0.6，具有较好解释性。这些因素中，公因子得分最高的是"所在单位腐败的出现影响了我工作的积极性"，解释度最高，分值达 0.997；第二位是"当我秉公行事时，我的职位会不断升迁"，分值为 0.994；第三位是"廉洁奉公能让我保持理想信念的纯洁性和坚定性"，分值为 0.992。从表 10 中可以看到：（1）公务员对职位社会地位高、福利待遇好、拥有自我上升空间等廉政认同性因素的认同度高；（2）家庭因素在公务员做出决策时会产生重要影响；（3）廉政的认同性指标和惩罚性指标的解释力度相对较高，廉政的否定性指标解释度较差，廉政奖励性指标解释度最差。

表 10 提取公因子一览表

子标值	原始		重新标度	
	初始	提取	初始	提取
F1	0.872	0.376	1.000	0.431
F2	1.943	1.494	1.000	0.769
F3	0.901	0.446	1.000	0.495
F4	0.980	0.608	1.000	0.621
F5	1.502	1.048	1.000	0.698

续表

子标值	原始		重新标度	
	初始	提取	初始	提取
F6	1.292	0.807	1.000	0.624
F7	3.703	3.681	1.000	0.994
F8	1.836	1.038	1.000	0.565
F9	1.109	0.350	1.000	0.315
F10	1.297	0.646	1.000	0.498
F11	1.255	0.451	1.000	0.359
F12	2.714	2.584	1.000	0.952
F13	5.234	5.220	1.000	0.997
F14	1.355	0.271	1.000	0.200
F15	3.086	3.061	1.000	0.992
F16	0.826	0.360	1.000	0.436
F17	1.577	0.565	1.000	0.358
F18	0.942	0.334	1.000	0.355
F19	1.058	0.666	1.000	0.629
F20	1.095	0.771	1.000	0.704
F21	1.256	0.791	1.000	0.630
F22	2.859	2.817	1.000	0.985
F23	1.033	0.417	1.000	0.403
F24	1.430	0.534	1.000	0.373
F25	1.027	0.375	1.000	0.365
F26	1.061	0.245	1.000	0.231
F27	1.242	0.569	1.000	0.458
F28	1.168	0.711	1.000	0.609
F29	1.294	0.660	1.000	0.510
F30	0.964	0.545	1.000	0.566
F31	1.127	0.649	1.000	0.575

续表

子标值	原始		重新标度	
	初始	提取	初始	提取
F32	1.313	0.443	1.000	0.337
F33	1.207	0.356	1.000	0.295
F34	1.329	0.624	1.000	0.470
F35	0.998	0.476	1.000	0.477

提取方法：主成分分析。

表 11 显示的是使用主成分分析法得到特征值大于 1 的因子情况，其中共有 10 个因子大于 1，这十个特征值累积方差解释率为 63.8%，说明这十个因子对模型的解释度较好，可以提取为公因子。

表 11 方差贡献率一览表

成分	初始特征值ª			提取平方和载入			旋转平方和载入		
	合计	方差的%	累积%	合计	方差的%	累积%	合计	方差的%	累积%
1	7.767	13.695	13.695	7.767	13.695	13.695	5.615	9.901	9.901
2	6.315	11.136	24.831	6.315	11.136	24.831	3.957	6.977	16.878
3	4.496	7.928	32.759	4.496	7.928	32.759	3.536	6.235	23.114
4	3.443	6.070	38.829	3.443	6.070	38.829	3.334	5.880	28.993
5	3.021	5.327	44.156	3.021	5.327	44.156	2.096	3.696	32.690
6	2.795	4.928	49.084	2.795	4.928	49.084	3.268	5.762	38.452
7	2.625	4.629	53.713	2.625	4.629	53.713	2.845	5.016	43.468
8	2.242	3.954	57.666	2.242	3.954	57.666	2.966	5.231	48.698
9	1.848	3.259	60.926	1.848	3.259	60.926	3.600	6.349	55.047
10	1.641	2.893	63.819	1.641	2.893	63.819	4.975	8.772	63.819
11	1.501	2.647	66.465						
12	1.415	2.495	68.961						
13	1.277	2.251	71.212						
14	1.258	2.219	73.431						
15	1.111	1.960	75.390						

续表

成分	初始特征值ᵃ			提取平方和载入			旋转平方和载入		
	合计	方差的%	累积%	合计	方差的%	累积%	合计	方差的%	累积%
16	1.056	1.862	77.253						
17	1.020	1.799	79.052						
18	0.916	1.616	82.338						
19	0.875	1.543	83.881						
20	0.846	1.492	85.373						
21	0.782	1.379	86.752						
22	0.720	1.270	88.022						
23	0.689	1.216	89.238						
24	0.669	1.180	90.417						
25	0.625	1.102	91.519						
26	0.568	1.002	92.521						
27	0.549	0.968	93.489						
28	0.528	0.932	94.421						
29	0.516	0.910	95.330						
30	0.482	0.849	96.180						
31	0.450	0.793	96.972						
32	0.414	0.731	97.703						
33	0.392	0.690	98.393						
34	0.366	0.645	99.038						
35	0.329	0.580	100.000						

提取方法：主成分分析。

五、改善公务员职务犯罪心理认知的政策建议

治理腐败问题，应以预防为主，预防又应以公务员职务犯罪心理认知为微观突破口。从纪检监察部门多年的反腐倡廉实践来看，心理上防线不牢，或者"职务犯罪心理底线松懈"，是导致公务员职务犯罪行为滋生的重要原因。结合第四部分实证分析结果，本文认为对公务员预防职务犯罪工作要从微观层面

上加强廉政心理建设开始，努力建立集廉洁心理教育机制、自我心理约束机制、心理预警机制、心理矫正机制于一体的廉洁从政心理防线。

(一) 弱化廉政否定性认知影响，建立常态化廉洁教育机制

美国心理学家雷斯特认为，个体道德是一种特别的个体社会价值观，并提出个体道德具体形成过程，即解释情境—做出判断—道德选择—实施行为，认为这四个过程是相互影响和相互作用的。① 中国传统文化也提出"欲廉洁，先修身"，因而要坚定公务员清正廉洁的理想信念，才能在面对各种利益诱惑时做出符合职业道德的行为决策选择。从实证分析结果来看，公务员廉政否定性因素弱化了其廉洁从政的决心与行动，因而要通过常态化的廉洁教育来对矫正其不良的职务犯罪心理认知。在实施廉洁教育过程中，特别注意要将筑牢公务员理想信念、培养职业道德情操和增进廉洁意识相结合，形成理念、情感、意识三者之间的融合贯通，以常态化廉政教育机制来达到预防公务员职务犯罪的目的。

新形势下，对广大公务员要加强理想信念教育，树立廉洁用权的意识；要加强廉政文化教育，树立秉公用权的意识；要加强廉政法治宣传，树立依法用权意识。其核心是要树立正确的"权力观"，即引导公务员树立"执政为民、依法行政、权为民用、利为民谋"的权力观，树立人民利益至上的正确利益观，通过不断深化公务员廉政价值认同来消除各种腐败心理。

(二) 提升廉政认同性认知影响，建立自我心理约束机制

人的心理可以被看作发动机，即能够产生动力也能够产生制动力，这种制动力就来自"自我心理约束机制"。能否通过增强职务犯罪心理认同来强化自我心理控制力与建立起底线意识，是预防职务犯罪行为的重要因素。从我们的实证分析结果来看，廉政认同性认知程度还不高，这说明公务员亟待提升其清廉感知，加强自我心理约束。要达到这一目的，既需要通过法治建设来增强外部的心理震慑力，又需要通过职业道德建设来强化内部的心理约束力。

习近平强调依法治国最重要的是依法治权，使权力在法律范围内运行，权力周边要竖立"警戒线"和"高压线"。公务员要通过依法用权心理震慑力的强化来把握好权力边界。各级党政机关推行的权力清单、责任清单就是为了给公权力运行设置界限与边界。各级公务员要坚守"法定职权必须为、法无授权不可为"的基本底线，自觉在法律约束下用权，在制度笼子里用权。职业道德是一种内在的、非强制性的道德约束机制，是用来调整职业个人、岗位职

---

① 参见许欢：《官员腐败心理与预防控制研究》，武汉大学 2014 年博士论文。

责和社会成员之间关系的行为准则和行为规范。"公务员职业道德"即通常所讲的"官德",是公务员政治素养、思想观念、品格道德的集中体现,加强职业道德建设就要努力做到"权为民所用、情为民所系、利为民所谋"。从心理层面来强化自我约束的心理动力,不断增强公务员的观念约束力、需求约束力和理性约束力,构建起廉洁从政的自我心理约束机制。

(三) 突出廉政惩戒性认知影响,建立职务犯罪心理预警机制

职务犯罪惩戒性认知因素是公务员廉政心理认知的重要组成部分,并发挥着预警与惩处的双重功效。职务犯罪心理认知可以通过增强惩戒性认知来在公务员心中建立起自我警戒意识,进而形成戒勉、监督、案件查办等构成的职务犯罪心理预警机制。从我们的实证研究结果来看,当前公务员最认同的就是廉政惩戒性认知,也说明党的十八大以来的高压反腐起到了预期的震慑作用。新形势下,更应该由一般性的案件惩戒发展为职务犯罪心理预警机制的构建,做到从源头预防。

当前,各级纪检监察机构可以将预警职能前置,以任前廉政谈话、任中述职述廉与离任监察审计等方式来建立起戒勉预警制度体系。此外,要强化"八小时"外监督。工作时间之外,公务员的交友圈子、兴趣爱好、生活态度、家庭状况等都能较真实地反映出其世界观、人生观和价值观的取向,也能透露出其内心世界变化轨迹,显露出其人格特征的异动趋向。对公务员在日常生活中出现的不好行为苗头,要提前介入给予必要的关注和警觉,可以有效预防职务犯罪行为的发生。另外,公务员环境预警机制的建立也很重要。要在党政机关中通过大量设置反腐倡廉标识语,做好"贤内助"廉洁家风建设,才能发挥环境与亲情警示的重要作用。

(四) 强化廉政奖励性认知影响,形成廉洁从政正向反馈机制

有效的激励可以促进公务员形成积极健康的心理状态,保持积极向上的工作心态,进而构建起廉洁奉公的正向心理反馈机制,助力廉洁从政工作行为模式的养成。从我们的实证分析结果来看,当前公务员对廉洁奖励性认知的因素认同度最低,也说明这是当前预防职务犯罪的薄弱环节。要形成廉洁从政的正向反馈机制,必须要在提高公务员薪酬待遇的同时提升其职业满意度,并通过完善容错纠错制度来激发其干事创业的积极性。

习近平总书记强调,"用一贤人则群贤毕至,见贤思齐就蔚然成风",各级党委及组织部门要坚持党管干部原则,坚持正确的用人导向,优化公务员选拔晋升机制,提升其职业认同感与满意度。新形势下公务员薪酬改革势在必行,既要增强绩效改革力度,鼓励公平竞争,建立大额奖励性津贴,使公务人

员中有能力者、品格优秀者能够获得有竞争力的薪酬，又要平衡不同部门之间收入悬殊的不合理现象，规范政府公务员的收入来源，还要不断完善社会保障体系，增加养老、医疗、住房等补助力度，这也是最吸引公务员的地方，其实质是增加了公务员的未来预期廉洁收益。公务员的绩效改革也迫在眉睫。不合理的绩效考核制度会催生公务员庸政懒政不作为等现象，设计合理的考核制度则会激发公务员谋事干事的积极性。针对公务员的绩效考核制度既要注重结果性考核，也要注意过程性考核。特别是要加强对公务员的平时考核和定期考核，注意收集公务员绩效数据，形成系统化考核指标体系，建立公务员考核数据库，使公务员考核结果更加精确、公正与公开。此外，还要改革公务员容错纠错制度，鼓励真正干事创业的公务员大胆作为。中央专门颁布《关于进一步激励广大干部新时代新担当新作为的意见》，明确提出要"满怀热情关心关爱干部"，支持和保护那些作风正派又敢作敢为、锐意进取的干部，要求各级党政机关按照"三个区分开来"要求严格区分错误性质，根据公务员动机态度、客观条件、程序方法、性质程度、后果影响以及挽回损失等"六个要件"进行综合研判分析，用好用活提醒、函询、诫勉等处理措施，帮助公务员汲取教训、改进提高，将潜在性问题解决在萌芽状态，确保公务员敢干事不出事。

犯罪治理的批判理性研究[*]

周建军[*]

刑事政治理论是源于善治、美好生活需要的犯罪治理理论,具有深厚的哲学底蕴和重大的实践价值。从善治理论出发,公共问题的公共解决包含刑事批判的范式和要求。考察批判(criticize)这一公共政策范畴,包含以下几个方面的含义:评论、评价;批评、批判;找错、指责、非难。一方面,在古汉语中,"批"不仅是指"反手击也"(《说文解字》),还有"刮"和"削"(《杜甫·房兵曹马诗》:"竹批双耳峻")的意思。相对于"击打"来说,"刮"和"削"兼有制造、修理抑或去粗存精的含义。另一方面,在古汉语中,"判"主要是"区分、分辨、评析"的意思。自古以来,批判就不是无原则的谩骂和指斥。然而,国人误判、误用"批判"一词久矣。对当代中国来说,批判不仅意味着各自主张、各自让步、各自实现的哲学范式,更意味着公共理性的培育。

刑事政治批判是对犯罪治理事务属性、规律及其实践的理性审问。我们提出了理性的刑事政策理论的重塑,在尊重犯罪这一公共事务的客观属性(尤其恒久存在,功能多元的属性)及其普遍联系的基础上,倡导理性、系统的犯罪治理艺术。更何况,在康德看来,"自己施加于自己的不成熟状态"需要借助别人的引导来恢复运用自己的理智的能力。[①] 因此,批判方法的应用对事务客观属性及其规律的查明,对相关实践的改善非常重要。

批判抑或理性审问存在两个方面的特征:其一,尊重事务属性与规律;其二,从系统论的视角寻求事务的整体改善。可见,理性乃批判的合理内核,批判是理论理性的基本特征,批判理性必然包含尊重事务属性及其规律的要求。刑事政治批判理性尤其需要注意到犯罪存在的自然属性和犯罪治理的系统规

---

[*] 本文系国家社会科学规划项目"跨境事实婚姻与人口贩运的协同治理研究"(19XFX010)的阶段性成果。

[**] 周建军,云南警官学院、云南公安民警综合训练基地教授,法学博士。

[①] [德]康德:《历史理性批判文集》,何兆武译,商务印书馆1990年版,第22页。

律。一方面，从犯罪存在的自然属性出发，犯罪的客观存在乃一切刑事政策的基础。当然，源于犯罪存在自然属性的批判也要注意到自然存在之罪。① 自然存在之罪不仅意味着"每一滴水都参与了犯罪"，也提出了批判理性的整体性质——在理性批判之中，相关的主体与对象只具有相对的意义。唯其如此，刑事政治批判才符合公共批判的精神。另一方面，从犯罪治理的系统规律出发，犯罪治理的方法不仅要充分汲取相关学科的知识，还要综合运用各种方法形成科学的犯罪抗制体系。区别于综合治理的提法，科学的犯罪抗制体系亦可概括为一种"各归其位、各尽其能"的方法体系。

一、工具理性批判与交往理性②

哈贝马斯的批判理论（以工具理性批判为主要内容）见之于他在哲学、心理学、政治学、社会学、社会理论等领域广泛而系统的论述。作为一个公共知识分子，他的批判理论和态度具有高度的统一性。这一点，在"海德格尔事件"中表现得尤为突出：1953 年，海德格尔（Martin Heidegger）将他在 1935 年完成的《形而上学导论》（*Einführung in die Metaphysik*）一字不改地发表出来。在该书中，海德格尔声称法西斯主义是"一场具有内在真理和伟大的运动"（inner truth and greatness）。获悉后，曾为海德格尔的思想倾倒，并成长于其中的哈贝马斯义愤填膺，并一再撰文进行批判。③ 于此，他形成了"坚决反对理论盲目亲近实践"的原则，并自觉地将工具理性批判坚持到底。哈贝马斯要批判的工具理性是指在资本主义工业化时期根据"目的—手段"理性形成的唯功利工具思想。在他看来：工具性行为反映人类基于技术兴趣而对自然所具有的控制关系；工具理性的本质，是指在既定目标下选择达到这一

---

① 严格说起来，犯罪的自然存在与自然存在之罪并没有直接关联，不过是理性与自然的批判性思考。

② 哈贝马斯的批判理论正以一种近乎残酷的方式启迪着哲学世界的理性，甚至于以研究他的批判理论著称于世的美国学者托马斯·麦卡锡（Thomas McCarthy）也认为："哈贝马斯似乎是在曲高和寡的普遍性思想的气氛中茁壮成长起来的，并将社会理论视为实质上宽广可以包括关于人类的整个系统性的知识。此外，还存在写作方式、信息量大以及晦涩难懂的阐述的难题……"因此，笔者只选择了与刑事政治理论密切相关的一些问题，如政治理论的科学化、实践理性的局限性，等等，借以说明刑事政治的批判方法和理性构建。参见 Thomas McCarthy, *The Critical Theory of Jürgen Habermas*, The MIT press, 1978, p. x. 相关译文参考了王江涛的译著，特此表示感谢。

③ See Jürgen Habermas, *Work and Weltanschauung: The Heidegger Controversy from a German Perspective* trans. by John McCumber, *Critical Inquiry*, Vol. 15, No. 2. 1989, p. 446.

目标最有效的手段，或在被给定的条件下现实地权衡和制定所要实现的目的。据此，哈贝马斯认为，资本主义社会的理性出现了极端片面化和工具化的问题。极端片面化或极端工具化的理性一方面依托工具技术的革命性变化对资本主义的发展起到了巨大的推动作用；另一方面，也导致社会事实上的"非理性化"，使资本主义制度逐渐丧失了"合法性"。基于消解工具理性引发的合法性危机的需要，哈贝马斯提出以劳动和交往的二元论来取代一元论。说到底，他的工具理性批判是以科技异化的扬弃来建构合理的交往模式，并以交往改变劳动的地位和作用，实现"主体—客体"结构向"主体—主体"结构的转换。①"主体—主体"结构的建构不仅为侧重于主客体关系的"意识哲学"向侧重于主体间性的"语言哲学"的转变奠定了基础，还为他的主体参与思想解决了关键性的主体参与问题。其间，程序理性对交往理性发挥着关键性的作用。为此，他将交往理性形容为"理想交谈情境"（ideal speech situation）的理论。根据哈贝马斯的假设，理想交谈情境具备以下的特征：讨论机会是开放且平等的，且不受权力或权力关系的影响；讨论的态度是开放、理性的，不仅需要彼此聆听，还要具备尊重有关事实和道理的品性，等等。②尽管"理想交谈情境"无法直接提供任何社会行动规则，但以此为代表的交往理性足以通过合理的辩论为道德和法律规范辩护（哈贝马斯称其为"可批判性表达"），就某种道德、法律规范达成合理、一致的意见。因此，具有突出的理性批判特征的交往理性具有，也"只具有弱的合理推动力量"③。在哈贝马斯看来，这种弱的合理推动力量所具有的理解的取向，有助于实践理性的改善。

源于他的工具理性批判和交往理论，哈贝马斯将亚里士多德的政治学说称作源于实践理性④的"古典政治学"。在《理论与实践》一书中，他提出："亚里士多德坚信，名副其实的城邦（polis）把培育它的市民的德行视为己任……亚里士多德提出这样一种私法契约制度的构想，目的就是使大家能过一种有保障的、普遍正常的生活……如果说城邦制度是在公民参与管理、立法、司法和协商下建立起来的，那么托马斯保留的是比城邦制度还要好的制度

---

① 参见任岳鹏：《哈贝马斯：协商对话的法律》，黑龙江大学出版社2009年版，第53~54页。
② 参见任岳鹏：《哈贝马斯：协商对话的法律》，黑龙江大学出版社2009年版，第56页。
③ [德]哈贝马斯：《在事实与规范之间：关于法律和民主法治国的商谈理论》，童世骏译，三联书店2003年版，第7页。
④ 哈贝马斯提出，理论理性是人类为自然立法的能力，实践理性是人类为自己的行动立法的能力。

(ordo)，这个制度让政治实体由在公众对话中形成的、同公民的行动相关的意志和意识来支配。建立良好制度的标准不是公民的自由，而是安宁与和平……"①在哈贝马斯看来，亚里士多德这种关于善和正义的政治学说指涉的是实践领域（praxis）抑或人类行动领域的"城邦公民德性行为秩序的获得和维持"。古典政治学所具有的这种维系公民德性行为的能力，就是实践理性的表现。但是，亦如在他对工具理性的批判中所指出来的，实践理性有待交往理性抑或可批判性表达的改善，通过开放、平等的对话达成合理、一致的意见。

哈贝马斯的工具理性批判对刑事政治理论具有以下两个方面的指导作用：第一，他以实践理性确定古典政治学的合理内核，并为交往理性的介入奠定了基础。交往理性的介入，改善了亚里士多德政治（善治）德性的"技术"。这种"技术"的作用，在托马斯·麦卡锡（Thomas McCarthy）教授的著作中写得很清楚："城邦公民的德性生活的实践问题转换为技术问题，这种技术问题所考虑的是调节社会的交往，以便确保这个国家的民众的秩序和福祉。"② 需要说明的是，虽然交往理性对政治德性的塑造远不及实践理性，但它的程序理性抑或对社会交往的调节也具有"合理的推动力量"。说到底，它不仅确保了国家的秩序和民众福祉，还推动了政治交往的进程，为刑事政治理论指明了方向。第二，他的工具理性批判为刑事政治理论的批判方法奠定了理性的基础。亦如前文所言，刑事政治理论具有突出的批判特性，但刑事政治理论的批判绝非运动式的反对抑或为了反对的反对，应当是符合事务属性和规律的理性批判。

二、自我反思与实证主义的局限性

实证主义明显存在非实证不科学抑或"经验科学唯一有效"的误区。基于犯罪的自然存在和犯罪现象的探明，刑事政治具有突出的经验（实证）基础。但在刑事政治的知识体系中，犯罪存在的探明只是相关研究的基础——犯罪治理目标及其反应体系也需要得到相对理性、系统理论和思辨方法的支撑。为此，也有必要借助哈贝马斯的"交往理性""实证主义哲学批判"思想作出说明。

哈贝马斯的"实证主义哲学批判"思想主要见之于以下的文献：《分析的科学原理论和辩证法》（1963）、《反对实证主义的不彻底的理性主义》（1964）、

---

① ［德］哈贝马斯：《理论与实践》，郭官义、李黎译，社会科学文献出版社 2010 年版，第 36~37 页。
② Thomas McCarthy, *The Critical Theory of Jürgen Habermas*, The MIT press, 1978, p. 4.

1965年在法兰克福任教授职务时发表的《认识与兴趣》的演讲,等等。在上述文献中,他指出,新实证主义者所提倡的关于科学方法的统一性观点,从根本上抹杀了人的科学与自然科学的差别,企图把"经验—分析科学的方法"强行引入人的科学中去,把社会科学探究的逻辑和自然科学探究的逻辑等同起来,抛弃了认识论的自我反思,陷入了"经验科学唯一有效"的误区。为此,哈贝马斯提出:"社会学中的这场与实证主义的论战,实际上是辩证法与'经验—分析科学方法'之间的斗争。"① 在这场论辩斗争中,哈贝马斯以认识论为基础,对康德、黑格尔的认识论展开了批判分析,倡导彻底的认识论,复苏"被抛弃了的反思阶段",进而对实证主义的冲击展开了激进的反思。

被实证主义者抛弃了的反思阶段是哈贝马斯倡导的彻底、激进的认识论的关键所在。根据哈贝马斯的认识论,实证主义哲学只注重一个要素,即注重使科学免受哲学影响这一必要的要素。这不足以推动方法论;方法论还必须强调自己是认识论,或者更恰当地说,它必须强调自己是认识论遗产的合法的和可靠的保护者。以此为基础,哈贝马斯还对康德、黑格尔等人的哲学思想展开了认识论批判的研究。康德的批判哲学将认识论的自我反思看作问题的原型,为此成为哈贝马斯的认识论的基础,也因此成为黑格尔的"精神现象学"的批判对象。在康德的批判哲学中,科学被理解为一种可能知识的范畴,理论理性处于包括了实践理性、反思判断和批判反思自身的综合框架之中。康德认为,真理出自理性,而经验只承认感觉,否认理性的推演作用,无法说明知识的普遍性和必然性。为此,康德的批判哲学在对经验知识的批判中奠定了自我反思的认识论基础,且具有突出的理性批判的性质。但黑格尔认为,康德的理论理性无法经受住"先验哲学未被承认的假设这样的批评"。在《知识与兴趣》一书中,哈贝马斯也提出:那种影响康德批判的"第一哲学"的意图是一种幻觉;先验反思并不是一个绝对的开端,它依赖某种先验的、既定的东西。为此,哈贝马斯赞同黑格尔提出的认知主体必须在其历史发展中得到理解的批判观点;但是,他不同意黑格尔自己阐发这种洞见的方式,即不同意将这种洞见发展成一种"绝对精神的哲学"(philosophy of Absolute Spirit)②。据此,哈贝马斯甚至认为,黑格尔引发了这一种致命的误解:"当哲学宣传自身是真正科学的时候,科学和哲学的关系就从讨论中消失了。正是黑格尔引发了这样一种

---

① 参见欧力同:《哈贝马斯的"批判理论"》,重庆大学出版社1997年版,第20~21页。

② [美]托马斯·麦卡锡:《哈贝马斯的批判理论》,王江涛译,华东师范大学出版社2010年版,第69页。

致命的误解：哲学理性（Philosophical Reason）反对纯粹理解的抽象思想之理念，等同于宣称保留了其普遍科学知识地位的哲学篡夺了个体之自然科学（Individual Science）的合法性。但是，自然科学的成就使我们不得不明白这样一种主张——无论引起怎样的误解——都只是一种幻想。"① 也就是说，哈贝马斯赞同黑格尔认知主体必须在其历史发展中得到理解而不是先验的幻觉的批判观点，但他也不同意黑格尔将认识论归结为一种绝对精神的哲学。

哈贝马斯提出，在绝对精神那里，认识论没有得到激进化，而是被取消了。这一点也得到了马克思认识论的认同。在对黑格尔的元批判（metacritique，批判的批判）进行评析过程中，马克思认为意识并非通过观念的形式和绝对精神的自我运动而产生、转换的，而是通过生产力的发展和社会阶级斗争的方式产生和转换的……马克思将这类的自我形成过程的重构从观念主义假设中分离开来，开启了对知识主体的反思通道，既避免了康德的先验批判的个体主义和超历史的局限，也避免了黑格尔同一性哲学过度的观念主义。② 当然，认识论的自我反思也奠定了马克思主义及其批判方法的内核，这也是哈贝马斯"实证主义哲学批判"哲学的关键所在。在《认识与兴趣》中，哈贝马斯指出："作为人的科学，应该对社会劳动体系的结构变化进行反思。严格意义上的科学恰恰缺少这种反思要素；而反思的要素是批判的特征，批判探讨的是社会主体自我产生的自然历史过程，以及使主体也意识到他的自我产生过程……如上所述，这种简略的方法论的自我理解，产生于一个被限制在工具活动上的坐标系，这是合乎逻辑的……唯科学论（der Szientismus）只是再次证实绝对的唯心主义已经完成的东西：扬弃认识论，以有益于从认识论的束缚下解放出来的包罗万象的科学，这里当然不是有益于绝对知识，而是有益于科学的唯物论。"③ 关于历史唯物主义，哈贝马斯进一步指出：马克思（Max）的历史唯物主义大大地促进了黑格尔的自我反思进程……这样，实证主义就可以忘掉科学的方法论同人类的客观形成过程的错综复杂的联系，并在抛弃和排斥这种联系的基础上建立起纯粹的方法论的绝对主义。④ 说到底，哲学理论的工具理性问题不容小觑。亦如前文所言，哈贝马斯对极端片面化与极

---

① Thomas McCarthy, *The Critical Theory of Jürgen Habermas*, The MIT press, 1978, p. 54.

② 参见［美］托马斯·麦卡锡：《哈贝马斯的批判理论》，王江涛译，华东师范大学出版社2010年版，第70页。

③ ［德］哈贝马斯：《认识与兴趣》，郭官义、李黎译，学林出版社1999年版，第40～41页、第56页。

④ Jiirgen Habermas, *Knowledge and Human Interests*, trans. by Jeremy J. Shapiro, Beacon Press, 1972, p. 5.

端工具化的理性展开了批判,并提出依托工具技术革命对社会发展起到巨大推动作用的工具理性存在社会事实上的"非理性化",使资本主义制度逐渐丧失了"合法性"。在此基础上,哈贝马斯以科技异化的扬弃为基础构建他的交往理性理论,进而提出了劳动和交往的二元论。但是,科技异化(工具理性)存在片面化与自我反思的不足,因此遭致哈贝马斯的猛烈批判。

源于交往理性及其实证主义批判哲学与历史唯物主义的共通性质,哈贝马斯表现出对马克思主义极大亲近。尤其苏东剧变以后,以美籍日裔学者弗朗西斯·福山(Francis Fukuyama)为代表的学者认为,资本主义已经取得了完全的胜利,马克思主义和社会主义已经终结了。即便左派人士,也千方百计掩盖他们曾经有过的与马克思主义的联系,纷纷遮掩、避嫌。与之相反,哈贝马斯没有随波逐流,他将苏东剧变看作一场"矫正的革命":东欧剧变和苏联的变化并不意味着社会主义的失败,失败的只是苏联模式的"社会主义",即官僚社会主义(哈贝马斯也称之为"国家社会主义")。苏联和东欧国家违背了社会主义原则,而在资本主义国家,由于社会党的推动,将社会主义的某些原则包容、吸收到了他们的国家。官僚社会主义的失败并不等于西方资本主义的胜利,资本主义也许会比官僚社会主义延续更长的时间,但未来社会不会保持资本主义的现有形态,它的前途必然是社会主义。为此,哈贝马斯坚持认为:"马克思主义仍然有它的当代意义,社会主义在21世纪有着光明的前景。"①现在看来,它得到了中国特色社会主义新时代理论和实践的证明,具有相当突出的信服力。但在当时,哈贝马斯不过是源于交往理性及其实证主义批判、反思的哲学得出了与众不同却又非常自然的结论。

然而,哈贝马斯对马克思主义的亲近并不影响他对科技异化的批判,因此形成了理性、彻底的自我反思抑或激进的认识论。从这个角度来讲,哈贝马斯的认识论也就是反思批判的认识论,具有突出的理性批判特色,乃理性的反思批判。与此同时,我们该借鉴他的反思批判,改变认识论的描述性理解,重视批判理论的研究、运用,以此完善当代中国社会治理的理论和实践。

三、刑事政治批判与沟通的理性

亦如前文所言,在对科技异化进行批判的时候,哈贝马斯指出:"严格意义上的科学恰恰缺少反思的要素,而反思的要素是批判的特征。批判探讨的是

---

① 任岳鹏:《哈贝马斯:协商对话的法律》,黑龙江大学出版社2009年版,第32~33页。

社会主体自我产生的自然历史过程,以及使主体也意识到他的自我产生过程。"① 也就是说,哈贝马斯将反思视为其认识论和批判理论的核心要素。从这个意义上讲,批判理性与彻底的认识论之间具有共通的性质,都以自我反思为要素,都以理论(theoria)所指向的"不变的、永恒的事务"为对象,且考虑到了相关主体及其意识的条件和可能性。正因为如此,哈贝马斯指出:"理论(theoria)指向的是'总是或者在极大程度上'(always or for the most part)发生的事情,即指向的是不变的、永恒的事务,换句话说,指向的是神圣的事务。它可以恰当地主张必然的知识,即认识(episteme),这是一种宇宙的性质和秩序的知识。这种理论知识(以其自身为目的)仅对实践知识(以行动为目的)提供最基本的预设……"② 概而言之,批判理性亦属理论理性的范畴。理性批判与批判理性的研究既要考虑到事务存在的自然属性和规律,也要考虑到社会主体及其意识的存在条件和反思。

考虑到批判理性对事务的自然属性的追求,刑事政治批判需要加强对犯罪治理事务的自然属性的研究。当然,这一点也契合犯罪存在的自然属性。相当长的时间内,国内的犯罪学研究存在片面的工具思维。譬如,他们以为犯罪的存在不过是以生产工具为代表的生产力和生产关系的产物,因此出现了借由生产工具的改善消灭犯罪的观念。基于犯罪存在的自然(客观)属性,因科技或工具进步而消灭犯罪的结论是不合理的。仅凭这一点,哈贝马斯批判理论的借鉴意义就不可小觑。当然,批判理性对当代中国的犯罪学研究的启发还存在于犯罪存在层面的理论理性。犯罪存在层面的理论理性,首要的就是犯罪存在的自然属性。这一点,亦如哈贝马斯提到的"理论自身所关涉的正是实在的秩序,它不能被'制造',也不能被'完成',而只能被沉思。它所沉思的对象是宇宙的无限、永恒的神圣秩序。"③ 就此而言,康德也曾提出:"任何超越自然所决定的东西,都不存在理论。"④ 沉思犯罪存在的秩序,不妨将理性的犯罪学研究划分为两个方面的问题:犯罪存在的自然属性和犯罪发展的客观规律。⑤ 受批判理性的启发,犯罪存在的属性乃客观的知识,犯罪发展的规律乃必然的知识。因此,犯罪学的研究,无论是从犯罪存在论的角度,还是从批判

---

① Jiirgen Habermas, *Knowledge and Human Interests*, trans. by Jeremy J. Shapiro, Beacon Press, 1972, p. 46.
② Thomas McCarthy, *The Critical Theory of Jürgen Habermas*, The MIT press, 1978, p. 2.
③ Thomas McCarthy, *The Critical Theory of Jürgen Habermas*, The MIT press, 1978, p. 3.
④ [德]康德:《法的形而上学原理》,沈叔平译,商务印书馆1991年版,第18页。
⑤ 此前的研究表明,理性乃事务存在的属性和规律,因此理性的犯罪学也需要着重研究犯罪存在的属性和规律。

理性的角度，都应以客观、必然的知识为目的。唯其如此，它才能逐步获得为自然立法的能力①，并因此上升为理论理性的范畴。

相对来说，批判理性对刑事政治的研究具有更为深刻的影响。概括起来，相关的影响至少存在于以下两个方面：古典政治理论的反思；社会主体的自我产生批判。

第一，古典政治理论的反思对刑事政治的批判理性具有更为重要的启示作用。此前，在亚里士多德政治学说的基础上，卢建平教授以"刑事政策就是刑事政治（善治）"的核心命题奠定了广义刑事政策理论的基础。然而，哈贝马斯提出，亚里士多德的政治学说是关于善和正义生活的学说，仅具有为人的行为立法的能力，属实践理性和古典政治学的范畴。随着自然科学的进步，理论开始意味着定量表达的、规律陈述的、逻辑的整合系统，沉思理论和理论无涉的技艺这样的古典观念逐渐让位于科学理论和基于理论基础上的技术这样的现代观念。② 反思亚里士多德的政治学说，"城邦的长成出于人类'生活'的发展，而其实际的存在却是为了'优良的生活'……又事物的终点，或其极因，必然达到至善……"③ 诸如此类的论述，在阐明政治本质的同时，的确缺少了政治交往的技术。类似于程序理性在事务本质中的地位和作用，政治交往的技术也是政治科学的重要组成部分，它对政治本质能起到必要的修正作用。源于这样一种作用，哈贝马斯甚至提出了劳动和交往的二元主义。尽管政治交往的技术未必能与政治本质（更好的生活的追求）等量齐观，但这个技术长期被古典政治学忽略，以至于成为哈贝马斯划分古典政治学和政治科学的标志。因此，反思古典政治学的观念和方法，的确需要以交往理性补足政治技术的不足。

第二，社会主体自我产生的自然历史过程将对刑事政治主体的自我产生作出批判性的说明。哈贝马斯提出："批判探讨的是社会主体自我产生的自然历史过程，以及使主体也意识到他的自我产生过程。"④ 关于"社会主体自我产生的自然历史过程"，哈贝马斯有进一步的说明："人对自然界的认识——从实用的日常知识阶段到现代科学——是从人同自然界的最初的斗争中产生的。同样，人对自然界的认识，作为生产力，又反作用于社会劳动体系并且推动这

---

① 哈贝马斯提出，理论理性是人为自然立法的能力。
② See Thomas McCarthy, *The Critical Theory of Jürgen Habermas*, The MIT press, 1978, p. 3 – 4.
③ [古希腊] 亚里士多德：《政治学》，吴寿彭译，商务印书馆1965年版，第7页。
④ [德] 哈贝马斯：《认识与兴趣》，郭官义、李黎译，学林出版社1999年版，第41页。

个体系的发展。人对社会的认识也可以作类似的理解；这种认识——从社会集团的实用主义的自我理解阶段直到形成真正的社会理论——决定着社会主体的自我意识。"① 也就是说在批判层面上，"社会主体自我产生的自然历史过程"至少包含两个方面的含义：其一，社会主体产生的自然属性；其二，社会主体产生的二重作用。社会主体产生的自然属性是指社会主体地位的确立有其必然的属性和规律，也是一个自然、渐进的历史过程。作为社会政策的刑事政策，相关主体也是社会主体的一部分，它的自我产生也是一个自然、渐进的历史过程。早先的时候，刑事政策与政治学的研究都反对个人具有政策主体地位的可能性。随着科学技术和市场制度的形成、发展，个人的地位和作用日渐突出，理性交往的观念和机制逐步形成，个人的政策主体地位抑或对公共事务的影响也得到了自然而然的确立。社会主体产生的二重作用主要是指社会的客观发展与主体的自我反思共同作用。社会主体的产生既有赖于社会的客观发展，也取决于主体的交流、反省能力，是二者共同作用的结果。刑事政治的主体也是如此，它的产生是社会的客观发展与主体的自我反思共同作用的结果。当然，此前我们已经提出犯罪是一种自然存在，但它存在的形态与社会发展之间具有密切的联系。当然，更重要的是刑事政治主体的反思能力。哈贝马斯提出，在批判探讨的对象之中，包括"使主体也意识到他的自我产生过程"。也就是说，让主体意识到他的自我产生过程也是批判应有的内容和属性。为什么说"使主体也意识到他的自我产生过程"也是批判应有的内容和属性呢？敝人以为，这和以自我反思为核心内容的批判行为之间具有莫大的关系。一方面，没有反思抑或自我反思就没有批判；另一方面，反思不仅意味着利益的冲突，更标明了多元主体抑或其他主体的存在。没有其他主体的出现或存在，不会出现不同的利益抑或反对性的意见，也不会形成交往的理性。因此，批判的确蕴含着社会主体的自我产生和意识。受此启发，刑事政治主体的产生也是一个自然的批判进程。一言以蔽之，没有反思、批判抑或不同的利益主张，无以产生新的社会主体和刑事政治主体。

---

① ［德］哈贝马斯：《认识与兴趣》，郭官义、李黎译，学林出版社1999年版，第41页。

美国刑事政策发展与科学性分析

夏 菲[*]

一、美国刑事政策的演变

美国建国初期至 19 世纪中晚期，无论是联邦还是州的层面，都没有形成清晰的刑事政策。这是由当时的现实状况所决定的，州政府的社会控制力仍然比较弱，联邦的影响力十分有限。在应对犯罪方面，受英国治安传统的影响，殖民地时期和建国初期的美国仍然保持着普通公众抓捕犯罪人并交由法院处理的非职业性的应对犯罪的模式。

18 世纪末至 19 世纪中期，美国现代刑事司法完整体系逐步建立，为刑事政策的执行提供了机构、机制基础。19 世纪晚期以来，美国历届政府对于犯罪的策略不尽相同，但是最具影响力的是始于 19 世纪晚期、盛行于 20 世纪五六十年代，以改造为理论基础的"刑罚福利主义（Penal – Welfarism）"[①] 以及 20 世纪 70 年代至 21 世纪 10 年代以报应为基础的严打政策。

（一）刑罚福利主义刑事政策

19 世纪的美国经历工业化、城市化、移民潮，社会经济机构发生根本性变化，城市人口快速增长，多元文化冲突，社会矛盾激增。陌生人社会、追逐财富的强烈动机、刑事司法机构尚在形成过程中或者力量极为有限，这些都为犯罪提供了绝好的空间，不仅诈骗等各种新型谋财犯罪大量发生，传统的如重婚、杀人等犯罪也大幅上升。[②] 而在整个 19 世纪仍然盛行的诸如义勇警察运动动用私刑等，常常是社会成功人士认为官方执法部门工作不力而自发承担起

---

[*] 夏菲，华东政法大学刑事法学学院副教授，法学博士。
[①] Garland, David, The Culture of Control: Crime and Social Order in Contemporary Society, (Oxford University Press 2002), p. 34.
[②] 详见 Lawrence Meir Friedman, Crime and Punishment in American History, (Perseus Book 1993), p. 193 – 210.

维护法律的职责,这种被称为"无法之法(Lawless Law)"①的行为让合法与非法的界限变得模糊,加剧了社会混乱的局面。

19世纪末至20世纪20年代的进步主义运动就是源于社会中上层阶级人士对秩序和稳定性的需求。刑罚福利主义的刑事政策正是在这样的社会背景下,作为进步主义运动的一部分而产生的。虽然有学者认为,这一时期的刑事政策实际上是那些大公司和金融机构的领导者以及社会改革者用改进和规范的方式来维护现有的政治和经济结构,②但无论其动因如何,其表现形式是人性化的。关于犯罪问题,有两种认识在当时得到普遍认同:一是认为社会改革及经济富裕会最终减少犯罪;二是政府对犯罪人不仅有惩罚、控制的权力,还有照顾的职责。③

"改造"成为刑罚福利主义的核心原则。④ 刑罚的目的是让犯罪人改变不良生活方式,回归到中上层阶级所建立的工业社会纪律秩序中。当时快速发展的经济对劳工有现实需求,刑满释放者很容易找到工作,这为刑罚福利主义的推行提供了经济基础。20世纪20年代以芝加哥学派为代表的犯罪社会学派兴起,从社会角度分析个体犯罪的原因为"改造"原则提供了理论支撑,即犯罪的主要原因不是人本性的恶,而是社会因素的影响,因此可以通过改变个体生活环境来预防犯罪。在"改造"这一核心原则指导下,刑事司法制度形成以下特色:对于犯罪人采取个性化处罚措施,法官和具有社会学背景的假释官对于量刑有很大自由裁量权,刑法基本只规定最高刑,法官可以在最高刑以下自由裁量,可以判处不确定刑期,即根据犯罪人个体特征和改造的成效决定实际服刑时间的长短,甚至可以决定不予处罚。1876年,纽约州为执行不确定刑期而正式施行假释,至20世纪30年代,各州基本都推行该制度。⑤ 1878年马萨诸塞州首先正式使用缓刑,此后其他州陆续效仿。⑥ 最集中体现这一时期

---

① Lawrence Meir Friedman, Crime and Punishment in American History, (Perseus Book 1993), p. 172 – 192.

② Anthony Platt, The Triumph of Benevolence: The Origins of the Juvenile Justice System in the United States, Law and Order in American History, Edited by Joseph M. Hawes, (Kennikat Press Corp. 1979), p. 55.

③ Garland, David, The Culture of Control: Crime and Social Order in Contemporary Society, (Oxford University Press 2002), p. 38 – 39.

④ Ibid. p. 35.

⑤ Harry Best. Crime and the Criminal Law in the United States: Considered Primarily in Their Present – Day Social Aspects (New York: Macmillan 1930), p. 407.

⑥ Ibid. p. 513.

刑事司法特征的就是少年司法制度。1899年，美国第一个少年法庭在芝加哥设立，此后至1925年，美国每一个州都设立了专门的少年法庭，① 少年法院的建立曾被誉为是"少年福利最重要的创举之一"②。

（二）"严打"刑事政策

20世纪60年代美国内部反越战抗议、民权运动、反主流文化运动此起彼伏，对外与苏联的"冷战"不断升级。在紧张的国际大环境下，美国国内处于一种旧秩序被否定、打破的动荡期。自20世纪50年代末起，犯罪数呈持续上升态势。根据联邦调查局从各州执法部门获得的数据估计，1958年的犯罪数量比1957年增加了9.3%，③ 而从1960年至1972年，几种主要的犯罪平均增长了151.2%，如杀人犯罪增加了105.2%，抢劫犯罪增加了248.9%。④ 与此同时，公众对犯罪的恐惧也成为一种新的文化特征，犯罪问题是普通大众关注的焦点，政治家自然更早觉察到社会的变迁与公众需求。

理查德·尼克松于1969年任总统后，美国的刑事政策进入一个新的转折点，从这时起一直到21世纪初乔治·布什执政时期，美国历届总统基本都执行"严打"政策，即通过整体刑事司法系统，包括法律执行部门、法院监狱等，一起用刑罚严厉打击犯罪。之前政府提出的"向贫穷开战"被"向犯罪开战"所代替。尼克松任职期间签署了3个犯罪法案、7个与刑事政策有关的行政命令，里根执政时期签署了5部犯罪法案、8个有关犯罪和刑事司法的行政命令，克林顿执政时期签署了一部重要的法律——《暴力犯罪控制和执法法》（*Violent Crime Control and Law Enforcement Act* 1994）并签署了7个与犯罪和司法有关的主要的行政命令，布什执政时期签署了《爱国者法案》，发起"向恐怖主义开战"。⑤

---

① Reforming Juvenile Justice: A Developmental Approach, Committee on Assessing Juvenile Justice Reform; Richard J. Bonnie ... [et al.], eds.; Committee on Law and Justice; Division of Behavioral and Social Sciences and Education; National Research Council of the National Academies, (Washington, D. C.: National Academies Press, c2013), p. 34.

② Charles L. Chute, The Juvenile Court in Retrospect, 13 Federal Probation 3 (1949). p. 7.

③ Paul W. Tappan, Crime, Justice and Correction, (McGraw - Hill Book Company Inc. 1960), p. 37.

④ Harry W. More, Principles and Procedures in the Administration of Justice, (John Wiley & Sons, Inc. 1975), p. 7 - 9.

⑤ 参见 Shahid M. Shahidullah, Crime Policy in America, Law, Institutions and Programs, 2nd edition, (University Press of America 2016), p. 10 - 29.

政府积极应对犯罪问题并回应公众需求是其应尽之职责，但是无论是民主党还是共和党执政都选择了扩大犯罪圈、加重刑罚惩罚，其关注重点已不是犯罪本身，而是公众所希望的犯罪人"罪有应得"。

在"严打"刑事政策盛行的40年中，诸多应对犯罪的战略和刑事司法制度改革都朝着严惩的方向发展，其中最具代表性、对增加监狱人数贡献最大的是以下三项：持续的严打毒品犯罪战略、量刑改革以及对累犯的严厉惩罚。

1971年，尼克松提出毒品滥用是"头号公敌"，并宣布"向毒品开战"，立法机关积极跟进，增加对毒品相关犯罪的罪名，加大惩罚力度。里根进一步升级战争规模，他签署通过了1986年和1988年两部《禁毒法》（Anti – Drug Abuse Act），立法规定了强制性最低刑，并出台了一个被称为"1∶100"的处罚原则，即持有5克快客可卡因最低刑期5年，持有50克最低刑期10年，而如果是持有海洛因粉，则需要持有上述数量的100倍才会获得相同的惩罚。自尼克松向毒品宣战至2008年，美国联邦政府用于执行反毒品法律的财政支出增加了3300%。与此同时，在监狱和看守所服刑的涉毒犯罪犯人自1980年至2005年增加了1100%。① 严厉打击毒品犯罪战略在实际执行中有明显的种族歧视执法特征，也导致美国刑事司法体系另一突出问题——被刑事司法处理的个体种族分布严重不均。20世纪70年代初，黑人因毒品犯罪被捕的人数是白人的两倍，八九十年代，这个数据大幅上升，1989年达到4倍，而数据显示黑人并不比白人更多涉及毒品问题。②

克林顿1994年签署的《暴力犯罪控制和执法法案》集中体现了当时立法者对于犯罪的一个观点：暴力犯罪主要是一小群职业犯罪人所为，对这些人施以刑罚并投入监狱是最有效的方法。因此，该法确定了许多州已经实行的"三振出局"规则，即对于第三次犯严重暴力重罪（前两次犯罪都是严重暴力重罪或者一次是严重暴力犯罪，一次是严重毒品犯罪）的处以强制性无期徒刑；扩大死刑适用范围，新增60个死刑罪名；强调实际服刑时间，延续量刑指南所确定的有关犯人最少服刑时间的规定，并且通过拨付80亿美金联邦资金支持各州建设、完善监狱设施，其前提是获得资金的州必须执行实际服刑时间之规定。

---

① Steven B. Duke, Mass Imprisonment, Crime Rates, and the Drug War: A Penological and Humanitarian Disgrace, 9 Connecticut Public Interest Law Journal 17 (2009), p. 23 – 24.

② Edited by Jeremy Travis, Bruce Western, Steve Redburn, The Growth of Incarceration in the United States Exploring Causes and Consequences, (The National Academies Press, 2014), p. 50.

对于各州和联邦"三振出局"立法,最高法院同样认可其合宪性和合理性;对于多次实施严重或暴力犯罪的个体,显然常规的惩罚手段没有起到抑制犯罪的作用,出于对公众安全的考虑,只能将他们隔离。①

(三) 轻刑化刑事政策最新转向

40年"严打"所产生的严重负面后果在巴拉克·奥巴马就任总统前就已经充分显现,他在竞选期间就提出要对犯罪采取一种更"聪明"的策略。② 奥巴马政府致力于减少刑事司法中的种族差异、取消量刑上的不平等,强调对毒品依赖的治疗以及对毒品犯罪和性犯罪者的心理健康治疗、扩大犯罪人回归社会项目等。

唐纳德·特朗普于2018年12月签署了《第一步法》(First Step Act 2018)。这被认为是近十年从联邦政府层面推动的最具有标志意义的改革,是一种与之前"严打"不同的政策走向。虽然其改革仅聚焦于刑罚执行环节,而不是整体的刑事司法体系,但毕竟迈出了"第一步"。法案主要内容是要求司法部建立一套评估系统,对已决犯进行危险和需求评估并根据犯人不同的危险等级将其转入不同的循证预防累犯项目(Evidence - Based Recidivism Reduction Programs)。法案还就毒品犯罪累犯适当降低了强制性最低刑期。显然,这个法案的主要目的是试图改变大规模羁押的状况,缩短刑期,让重新犯罪可能性小的犯人提前出狱,在特定项目中为重返社会做准备。

实际上刑事政策的转向更早在州的层面发生,毕竟绝大多数的犯罪追究是在州刑事司法体系中进行,在200多万被羁押人员中,仅有18.4万多是在联邦监狱中服刑。③ 对州政府而言,监禁费用已经成为严重的财政负担。1977年至1995年间,美国各州因执行监禁产生的费用增加了823%。④ 根据司法部2013年的统计,美国联邦和州政府每年用于羁押犯人和嫌犯的费用为800亿

---

① Ewing v. California, 538 U. S. 11, LexisNexis, p. 12.

② Jennifer Seltzer Stitt, Worth Fighting for: Keeping the Promise of Sentencing Reform, 23 Federal Sentencing Reporter 126 (2010), p. 126.

③ United States Department of Justice, Federal Prison System FY 2019 Performance Budget Congressional Submission Salaries and Expenses, https://www.justice.gov/jmd/page/file/1034421/downloadp. 3, 2020年2月10日访问。

④ Cecelia Klingele, The Promises and Perils of Evidence - Based Corrections, 91 Notre Dame Law Review, 537 (2015). p. 547 - 548.

美元。① 除了经济负担，大规模羁押还产生其他严重问题。对于被羁押人而言，在刑满出狱后直接面对的问题就是就业困难和租房困难，其家庭成员的生活保障也会受到巨大影响。对社会而言，大量重罪犯人被剥夺选举权必然影响政治选举结果，而某些社区因为被羁押和刑满释放人群比例较高而成为极不稳定、极不安全的社区。②

因此，很多州开始减少在押犯人，纽约州在 2010 年至 2015 年间关闭了 14 所监狱，③ 监狱服刑犯人从 1999 年最高峰的 71600 人减少至 2019 年的 50300 人。④ 监狱是刑事司法体系的末端，要实现减少在押犯人的目的，必然需要体系前端的改革，而且单纯减少在押犯人数并不会直接降低州政府支出，只有达到一定数量且相关衔接制度费用较低才有可能显现经济效应，因此，经济考量因素撬动的是整体刑事司法体系的改革。在近十年中，大部分州都启动了量刑改革，比如，取消强制性最低刑的规定，对某些罪降低最高刑规定，将非暴力毒品犯罪人分流到治疗项目中，对某些违反缓刑和假释的犯人施以社区矫正而非送回监狱，修改有关"三振出局"的立法等。⑤ 这些改革从一开始零星的、单独的措施，逐渐向整合性的、有理念指导的方向发展。

美国刑事政策的最新转向目前还没有明确的核心理念，总体上是一种轻刑化的趋势，这是对前一阶段"严打"的反动。州的改革先于联邦，因为州政府面对现实的压力。另一个重要特征是，专家和专业人士在推动本次改革中起着重要作用。他们不仅批判"严打"政策，为改革提供建设性建议，而且积极投身于改革进程中，对改革措施进行评估，更为重要的是，他们注重实证研究，用数据分析、模拟实验等方法放大刑事司法每一个细微环节进行细致观察，力图为决策提供真实、可信、具有说服力的事实与观点。

---

① U. S. Department of Justice, Smart on Crime: Reforming the Criminal Justice System for the 21st Century, https://www.justice.gov/sites/default/files/ag/legacy/2013/08/12/smart-on-crime.pdf，2020 年 2 月 10 日访问。

② Devah Pager, The Mark of Criminal Record, (ProQuest Company 2002), p. 190 – 200.

③ Ibid. p. 24.

④ New York State Department of Correction and Community Supervision, https://www.budget.ny.gov/pubs/archive/fy19/exec/agencies/appropData/CorrectionsandCommunitySupervisionDepartmentof.html，2020 年 2 月 10 日访问。

⑤ Rachel E. Barkow, Federalism and the Politics of Sentencing, 105 Columbia Law Review 1276 (2005), p. 1285 – 1287.

二、刑事政策转向的科学依据

(一) 转向"严打"刑事政策的科学性分析

20世纪70年代美国刑事政策向"严打"模式转变始于对原来的"刑罚福利主义"刑事司法的批判,尤其是对法官拥有极大的自由裁量权、量刑不均以及罪犯改造效果不佳等问题。

在这一时期,有大量研究揭示刑事司法体系的弊端。比如,1969年芝加哥法学院教授肯尼斯·卡尔普·戴维斯(Kenneth Culp Davis)出版的重要著作《自由裁量司法初探》(*Discretionary Justice: A Preliminary View*)探讨了刑事司法体系中警察、检察官、法官、假释官极为广泛的自由裁量权。1973年纽约南区地区法院法官马尔文·弗兰克尔(Marvin E. Frankel)出版了《刑事量刑:无序的法律》,作为在一审法院工作15年联邦法官,他对于自己行使的权力这样描述"完全不受制衡、制约",他认为"在一个声称致力于法治发展的社会而言是令人恐怖而无法容忍的"。① 1971年,由司法部任命的国家刑事司法标准与目的咨询委员会首次对全国刑事司法的标准和目的进行研究。两年后,在其公布的研究报告中对于监狱系统的评价是:对公众提供了最小的保护,对犯罪人施以最大伤害。② 1974年,社会学家罗伯特·马丁松(Robert Martinson)基于其团队历经半年的研究发表了著名的《什么起作用——关于监狱改革的疑问与答案》一文。该项研究对1945年至1967年间以英语发表的有关罪犯改造项目评估研究的成果进行梳理分析,最终得出结论,无论是监狱的教育、职业培训还是咨询、改善监狱环境、医学治疗、心理治疗、缓刑、假释、社区监管,"除了极少数的个别例外,就目前的数据看改造对抑制重新犯罪的作用不明显"。③ 马丁松的这项研究覆盖200余项有关罪犯改造的研究成果,其中不乏实证研究,无论在学界、政治界还是社会公众领域都具有重大影响,他的文章很快有个绰号——"什么都没用"(Nothing Works),成为当时

---

① Marvin E. Franke, Criminal sentences; law without order, (New York, Hill and Wang 1973), p. 5.

② Executive Summary: Reports of the National Advisory Commission on Criminal Justice Standards and Goals. Washington, U.S. Department of Justice, 1974, p. 43.

③ Robert Martinson, What Works? – Questions and Answers About Prison Reform, The Public Interest; Spring (35), 1974, p. 22 – 50.

社会流行语。①

上述学者、法官的研究成果对传统的以"改造"为核心理念的刑事政策及具体刑事司法制度提出批评、质疑,这看似为20世纪70年代刑事政策的转向提供了科学基础,然而事实并非如此。

政策制定者即政治精英,对于学术研究结论是有选择性地采纳,这不是科学的决策路径。真正起作用的是一种公众认为"犯罪人要为给特定被害人以及所有守法大众造成的伤害付出代价",同时"对现行刑事司法体系的愤怒、失望与信任幻灭的情绪"。② 在这种"刑罚民粹主义(Penal Populism)"、"民意惩罚主义(populist punitiveness)"的盛行时期,媒体对犯罪的大量报道以及犯罪率一段时间内的上升让公众对于犯罪产生强烈的情绪反应,政治家为获得选民的支持而选择最容易推行的刑事政策——严打,将更多人投入监狱,让公众直接感受到犯罪的人得到应有的惩罚,他们被关起来,公众情绪上获得满足,同时也因为坏人被隔离而感到安全,政治家获得选票。

如果说刑事政策需要进行调整是有研究成果支持的,转向"严打"则完全不具科学性,因为对于扩大犯罪圈、提高最高刑和最低刑、延长实际服刑时间等政策的科学依据、可预见成效几乎没有任何研究成果。最典型的,前文提及的"1∶100"立法是国会在一名著名篮球明星疑似服用快客死亡引起公众强烈关注后匆忙制定的,对于不同毒品的危害性以及在量刑上如何保持合理没有科学论证。"严打"是公众情绪和政治利益契合的结果,是一种非科学性、非理性的选择。

(二)刑事政策最新转向的科学研究基础

美国刑事政策的最新转向是近几年才发生的,但相关支撑性研究在上一次政策转向时就存在,而且有关刑事司法问题的研究越来越多地运用犯罪学、社会学、法学以外其他社会科学以及医学等自然科学方法和理论,强调实证研究,数据分析。

"刑罚福利主义"的核心理念是罪犯是可以被改造的,但是20世纪70年代以马丁松为代表的一些学者、专家论证改造是"没用"的,也就是否定了"刑罚福利主义"的根基。在当时,这种观点成为显学,即便如此,仍有学者坚持自己一贯的研究,批驳"没用"论。心理学家泰德·帕尔默(Ted Palmar)

---

① Rick Sarre, Beyond 'What Works?' A 25 - year Jubilee Retrospective of Robert Martinsons Famous Article, Australian & New Zealand Journal of Criminology, Vol 34, Issue 1, 2001, p. 39.

② John Pratt, Penal Populism, (Routledge 2007), p. 12.

是亲自参与未成年犯干预、改造项目的专家,他于1975年、1978年就撰文批驳马丁松论证中的缺陷并证明改造的成效。社会学背景的刑事司法学者弗朗西斯·库伦(Francis Cullen)于1982年出版《重新确认改造政策》(*Reaffirming Rehabilitation*),指出报应主义惩罚政策的危险性。心理学家马克·利普塞(Mark Lipsey)亲自参与未成年人非行行为干预项目,他1981年发表文章说明干预项目的成效,质疑马丁松结论。更具有意义的是,他使用综合定量分析法(Meta-analysis)对400多个未成年人干预项目进行分析。[①] 他是较早将这种研究方法用于刑事司法问题研究的学者。

1998年,刑事司法学者劳伦斯·谢尔曼(Lawrence Sherman)借鉴医学领域的概念,提出"循证警务(Evidence-Based Policing)",其核心理念是警务工作要依据科学结论——经证实有用的方法来进行。[②] 因此,该概念提出两点变革性观点。一是警察要改变以往漫无目的在街头巡逻的模式,要充分利用已有的关于犯罪的研究成果,形成具有规范性的工作流程,有效预防犯罪,就如医生手术前洗手可以降低病患死亡率一样。二是还要对依照科学结论进行的警务工作进行评估,以确认该工作方法是否有效。此处"证据"的含义就是科学,此种观点的最大意义在于真正将科学研究转化为警察实务工作。

21世纪初,犯罪学家、社会学家将上述理论运用到罪犯改造和回归社会研究中,倡导者运用数据分析的方法去发现、评价有效的犯人改造和重返社会项目,由此,这种循证实践模式在刑罚执行领域逐步获得认可,2018年《第一步法案》中也使用了这一概念。

与此同时,"洗冤工程"揭示大量严重错案,法学家、刑事司法专家不是简单地对现行制度进行批判,而是采用上述科学方法对刑事司法的各个环节进行数据基础上的实证研究。杜克大学法学教授布兰登·加勒特(Brandon Garrett)收集了250起洗冤案件的侦查、起诉、庭审案卷材料,分析导致错案发生的原因,发现被污染的有罪供述、错误的证人证言、有缺陷的法庭科学证据是上述错案中最多出现的问题。[③] 这种基于案件细节事实的分析具有较高可信度和说服力。

[①] 有关质疑马丁松结论的重要学术研究成果及代表人,详见 Francis T. Cullen, The Twelve People Who Saved Rehabilitation: How the Science of Criminology Made a Difference - The American Society of Criminology 2004 Presidential Address, 43 Criminology 1 (2005).

[②] Lawrence Sherman, Evidence-Based Policing, Police Found July 1998, https://www.policefoundation.org/publication/evidence-based-policing/, 2020年3月16日访问。

[③] Brandon L. Garrett, Convicting the Innocent, Where criminal Prosecutions Go Wrong, (Harvard University Press 2011).

综上，美国刑事政策的最新转型是以学者、专家在刑事司法各个领域进行实证研究的成果为基础的，并不是对"严打"刑事政策的简单反向而行。在转型过程中，科学性是突出特征，无论是对传统做法的批判还是对新实践的肯定，都让数据和科学标准来衡量。

三、美国刑事政策发展的总体特征及启示

（一）美国刑事政策发展的总体特征

纵观美国刑事政策的走向，可以归纳为一种现象，两个基本理论，三个重要群体。

从美国刑事政策在20世纪70年代转向"严打"的过程可以发现一个现象，本应理性、科学、审慎出台的刑事政策却是最容易受到公众情绪影响的。犯罪，特别是严重犯罪自然会让直接受害者产生极其强烈的情绪反应，普通公众通过媒体接触到此类严重犯罪，会产生恐惧感以及要求刑事司法部门尽快处置犯罪人的愿望。当公众并不知道犯罪的整体情况，当公众因为社会福利制度不完善而内心缺乏稳定感、安全感时，他们所表达的观点往往是缺乏理性的。也就是说，社会保障体系越完善的社会，公众对犯罪的态度越冷静，反之，公众会通过对犯罪的情绪反应来宣泄内心的不安以及寻找自己在国家决策中的存在感。美国在社会保障方面比其邻国加拿大以及很多欧洲国家有较大差距，这也被认为是美国"刑罚民粹主义"大行其道的一个根本原因。

刑罚目的理论主要分为报应主义和功利主义。"杀人者死"这种以牙还牙的报复观念在中西方古代文明中就普遍存在，资产阶级启蒙运动后，康德进一步论证了报应主义的合理性，他认为刑罚只能对应犯罪人已经实施的犯罪行为予以等量报复，强调刑罚和犯罪行为之间的罪刑相适宜。功利主义刑罚观则认为预防和减少犯罪是使用刑罚的唯一理由，贝卡利亚和边沁强调刑罚的一般预防功能，而龙勃罗梭、菲利等则主张刑罚的特殊预防功能，即防止有人身危险性的犯罪人再犯。美国19世纪末至20世纪初的刑事政策遵循的是功利主义刑罚观，特别是刑罚的特殊预防，刑罚的轻重取决于犯罪人改造的情况，而不是其犯罪行为。20世纪70年代，刑事政策转向以报应主义为主并通过监禁本身来实现特殊预防。在具体的立法与执法过程中，常常体现为加重处罚的倾向，出现了轻罪重罚的现象。同时，为了预防更严重的犯罪，将更多轻微违法行为犯罪化。刑罚不再像前一阶段那样注重犯罪人个体情况，而是"界定、管理社会中不羁的群体"，监禁是减少犯罪对社会危害的重要手段，但不是通过改造犯人来实现该目的，而是"通过在社会上重新安置犯罪人"，强调对社会中有犯罪危险性群体的评估、控制和管理，这被称之为"新刑罚学（New Penology)"。①

关于犯罪原因，主要可分为个体原因和社会原因，美国政界保守派与自由派，（或称为右派与左派）对该问题的不同主张形成不同的刑事政策观点。保守派认为犯罪是个体理性选择的结果，所以其本人应当承担所有责任，因此认同执法部门有足够权力抓捕犯罪人并对其施以必要惩罚，支持死刑。强调通过提高人的道德水平、自我约束来预防犯罪，认同对侵害社会的不道德行为的处罚。自由派则认为个体犯罪的主要原因是社会结构缺陷，尤其是权力、利益、资源分配的不平等、不公正。预防犯罪主要是要解决贫困、缺乏教育、失业等社会问题，反对犯罪圈扩大化，反对死刑。②"刑罚福利主义"刑事政策体现的是自由派观点，"严打"政策显然更趋向于保守派。虽然一般而言，民主党偏自由派，共和党偏保守派，但是并不意味着刑事政策会因为不同党派的总统任职而随即发生改变。40年"严打"期间也有民主党总统任职，这一方面是美国政治体系决定的，另一方面仍然是公众情绪和需求的影响。

刑事政策的走向和内容取决于社会中三大群体的认知和作为：社会公众、政治精英（立法者和以总统、州长为代表的高级别行政官员）以及刑事司法专家（包括刑事司法职业人员以及从事刑事司法相关研究、实践的学者、社会工作者）。"刑罚福利主义"刑事政策主要是由第三个群体发动并运行，而"严打"刑事政策的出台是前两个群体联合推动的结果，最近的转向则再次由学者、专业人士推动。有学者认为，政治精英和社会公众对知识分子和专家的尊重与信任是避免"刑罚民粹主义"盛行的重要因素。③ 这种尊重和信心的确立显然与一个国家的历史、文化以及制度密切相关，但是，即使不具有这种先天优势，也不意味着非理性、非科学性的决策不可避免。如果政治家本身具有科学的思维方式，在决策前能够充分听取专家、专业人员的不同意见，尽量避免刑事政策的急速、巨大转变；如果学者和专业人士能够让公众更充分了解犯罪与刑罚的客观、整体情况以及科学研究的成果，三个群体彼此之间达成共识的可能性就会逐步增加。

---

① Malcolm M. Feeley; Jonathan Simon, The New Penology: Notes on the Emerging Strategy of Corrections and Its Implications, 30 Criminology 449 (1992).

② Nancy E. Marion, Criminal Justice in America The Politics Behind the System, Carolina Academic Press 2002, p. 17; Walter B. Miller, Ideology and Criminal Justice Policy: Some Current Issues, 64 Journal of Criminal Law and Criminology, p. 143 – 146.

③ John Pratt, Penal Populism, (Routledge 2007), p. 12.

(二) 美国刑事政策发展带来的启示

在很多国家看来，美国 20 世纪 70 年代开始的"严打"政策是失败的，其经验教训是值得其他国家关注并尽量避免的。

第一，刑事政策偏向严厉是比较容易出现的情况，而宏观政策趋严，落实到具体的刑事司法制度则会严上加严。当犯罪数上升、重大恶性案件引发社会关注或者社会处于不稳定时期，公众总会倾向于严厉打击犯罪。对执政者而言，这也是最容易做出的选择，因为很快可以让公众感觉到政府是积极回应民意的，无论打击犯罪的成效如何，有采取措施的动作和过程就可以缓解公众情绪。殊不知，现代社会刑法体系极为复杂而繁密，美国联邦犯罪就超过 3000 个，各州又各有自己的刑法。实际被查处的犯罪绝大多数是侵财犯罪、无被害人犯罪。将犯罪分子视为异己的个体很有可能一不小心就滑入自己之前所痛恨的那个群体中。因此，对于立法者和执法者而言，在宏观层面推行严打政策须经过全面而慎重的考虑。

第二，扩大犯罪圈，以刑事手段防范可能的严重犯罪弊大于利。美国 20 世纪 70 年代"严打"刑事政策核心内容是严惩，但另一个重要内容是预防，除了上文提及的通过严惩预防再犯，还有通过尽早干预"无序"行为或状态来防止严重犯罪行为的出现。以"破窗理论"① 为基础，警察对诸如逃票、强行乞讨、在公共场所小便、无目的游逛、醉酒等行为采取盘问甚至逮捕措施。其结果是大量此类行为进入刑事司法体系，以实行"零容忍警务"的纽约市为例，2014 年非重罪逮捕的数量比 1989 年增加了 20 万起。② 这些新增的逮捕行动，主要影响的是黑人等少数族群以及穷人。③ 警察是刑事司法体系的第一个环节，其警务模式在很大程度上左右着刑事司法的整体走向和特征。歧视性执法加剧美国刑事司法体系中被查处人员种族分布严重不均问题。以正义、平等为门面的刑事司法进一步加剧了社会不平等，其社会公信力逐步下降，这也是"刑罚民粹主义"能够盛行的重要原因。

---

① James Q. Wilson & George L. Kelling, Broken Windows, The Atlantic Monthly, Mar. 1982. https：//www.theatlantic.com/magazine/archive/1982/03/broken-windows/304465/，2020 年 3 月 15 日访问。

② K. Babe Howell, The Costs of Broken Windows Policing: Twenty Years and Counting, 37 Cardozo Law Review, 1059 (2016), p. 1063.

③ Bernard E. Harcourt, Reflecting on the Subject: A Critique of the Social Influence Conception of Deterrence, the Broken Windows Theory, and Order-Maintenance Policing New York Style, 97 Michigan Law Review 291 (1998), p. 382-384.

对于"破窗理论"提出的"无序"与犯罪之间的关联,有学者就其研究方法和论证方式的科学性提出质疑并得出不同的结论。① 虽然两者之间的关系还有待论证,但可以明确的是,"破窗理论"名义下进行的各种进攻型警务在两个方面出了错:法律如何界定轻微犯罪以及对于此种犯罪以何种方式进行干预。芝加哥为打击团伙犯罪,在1992年的立法中禁止犯罪团伙成员在街头游逛,并规定,对于两人以上、没有明确目的而在某地聚集,经警察下令要求解散而不解散的,警察如果认为其中任何人一人属于街头犯罪团伙成员的,可以对他们施以逮捕。在该立法生效后的3年内,警察发布了89000个解散令,逮捕了42000人。② 1999年,最高法院判定该项立法违反宪法规定的正当程序原则。③

立法者对于扩大犯罪圈须审慎,特别是对于社会危害性轻微的行为,更不能为了预防可能发生的犯罪而将某些未产生危害的行为犯罪化。对于社会危害性轻微的行为,应当尽量采用教育或者民事、行政法律手段。

第三,不可忽略刑事政策经济决定性的现实性与合理性。"刑罚体系的变革不能仅仅从与犯罪作斗争的情势变化中寻找原因,虽然这的确是一个重要因素,……而是要从社会力量,尤其是经济和财政力量方面去追根溯源。"④ 刑事政策的制定以"报应"和"预防"两大主题为核心,无非是侧重点不同。但是,以何种方式实现上述目的,除了受现代文明反对酷刑、保障个体权利要求的制约,还有经济因素的决定作用。

根据美国国家统计局的数据统计,20世纪70年代在监狱的服刑人数将近20万,看守所羁押人员近13万,⑤ 即目前在羁押人数比当时增加了约180万,

---

① Bernard E. Harcourt, Reflecting on the Subject: A Critique of the Social Influence Conception of Deterrence, the Broken Windows Theory, and Order – Maintenance Policing New York Style, 97 Michigan Law Review 291 (1998), Ralph B. Taylor, Breaking away from Broken Windows: Baltimore Neighborhoods and the Nationwide Fight against Crime Grime, Fear, and Decline, (Westview Press 2001).

② Reed Collins, Strolling While Poor: How Broken – Windows Policing Created a New Crime in Baltimore, 14 Georgetown Journal on Poverty Law and Policy 419 (2007), p.430.

③ City of Chicago v. Morales, 527 U.S. 41 (1999).

④ Georg Rusche, Otto Kirchheimer, Punishment and Social Structure, Columbia University Press 1939, p.5.

⑤ U.S. Department of Justice Bureau of Justice Statistics, Historical Corrections Statistics in the United States, 1850 – 1984https://www.bjs.gov/content/pub/pdf/hcsus5084.pdf, p.29, p.76, 2020年2月3日访问。

这显然需要建设更多监狱、看守所。而且，有更多人在监狱服刑也意味着会有更多人从监狱刑满释放，对这部分人重返社会的经费投入同样会大幅上升。2001年，美国从联邦和州监狱出狱人员约63万人，比20年前增加了4倍，另外有约700万人从县看守所释放。① 一个国家各级政府的财政资源是有限的，加大对监狱系统的投入也就意味着减少在其他公共服务领域的支出。

此外，刑事司法体系中不合理的经济制度安排也会影响地方（县、市）决策。克林顿1994年签署的《暴力犯罪控制和执法法》就通过联邦政府资金拨付支持各州建设、完善监狱。长期以来，"地方官员享受用着'监禁免费午餐'——将本辖区的麻烦制造者赶到州财政负担的监禁机构中"。② 即监狱、看守所的经费由州政府承担，而大量的刑事案件是由地方刑事司法系统负责，所以县、市警察、检察官显然是乐于将更多违法者投入监狱。

当然，也可以通过调整经济制度安排来推进改革。目前，联邦立法中较多给予社区矫正项目经费投入，而各州的改革也开始强调地方政府在刑罚执行中的责任，这就是用经济手段激励各州和地方政府探索监禁替代措施。

第四，坚持刑事政策制定与执行全过程的科学导向模式。刑事政策制定、调整必须要有科学依据，对此1929年胡佛任命成立的全国法律观察与执行委员会就强调要用社会科学来研究犯罪和刑事政策。在其对于犯罪成因的报告中大量引用了学者的观点，同时强调刑事司法数据对于决策的重要性。约翰逊任命的法律执行和司法行政委员会于1967年发布的《自由社会犯罪之挑战》再次强调刑事司法改革必须以科学和科学研究为基础。也正是从这个报告开始，刑事司法作为一个独立的研究领域不断扩张并逐步获得学术界的认可，如今，已经成为一门社会学、心理学、经济学、公共管理、人类学、法学、政治学等多学科交叉融合的学科。③ 此报告之后的所有关于犯罪问题的联邦立法也都强调科学研究在制定刑事政策方面的重要性，并且都为研究提供联邦经费支持。④ 这些建议和立法促进了学术研究的繁荣，美国各研究机构、执法部门关于犯罪、刑事司法的研究呈现出数量多、跨学科、注重数据库建设与实证研究

---

① Jeremy Travis &Christy Visher, Viewing Crime and Public Safety through the Reentry Lens, Prisoner Reentry and Crime in America, Edited by Jemery Travis & Christy Visher, (Cambridge University Press 2005), p. 1, p. 4.

② Michael O'Hear, The Failed Promise of Sentencing Reform, (Praeger 2017), p. 207.

③ Nancy E. Marion, Criminal Justice in America The Politics Behind the System, (Carolina Academic Press 2002), p. 19.

④ Shahid M. Shahidullah, Crime Policy in America, Law, Institutions and Programs, (University Press of America 2016), p. 361.

等特色。

科学性与否,取决于两个重要因素:研究资料的真实性、客观性以及研究方法的科学性。对犯罪和刑事司法的研究,必须有大量的数据分析,否则难以有全面、客观的结论。研究方法方面,从早期的纯思辨,到运用社会学、心理学方法,再到使用自然科学研究方法,从宏观到微观。这种从细微处入手,尽可能获取完整数据,并用综合分析等方法分析原有研究成果的研究路径可以在最大限度上保障研究揭示真实情况,从而为形势政策制定、调整提供可靠依据。

虽然刑事政策需要考虑人性与情感,因而无法做到纯科学性。然而,人类文明发展总体走向是科学和理性,数据和科学分析是决策的主要依据。当然,这不仅需要政治家具有科学的态度,更需要社会大众有相应的认知。

二、电信网络诈骗犯罪治理研究

(一) 电信网络诈骗犯罪现象研究

虚拟异常与共治防范：
电信网络诈骗犯罪实证释析[*]

许桂敏　张　莹[**]

第41至47次《中国互联网络发展状况统计报告》的数据显示，我国互联网络安全呈现出不断向好的发展态势。得益于政府、企业和全社会的共同努力，未遇到网络安全问题网民的比例已经从2016年的29.5%提升至61.7%，短短四年增长了32.2个百分点。但网络安全形势仍然严峻，个人信息泄漏、网络诈骗等网络安全问题发生率较高，其中"网络诈骗"在2016年和2018年12月成为占比最高的网络安全问题，在其他时间段的占比低于"个人信息泄露"0.5~5.4个百分点，该类犯罪的占比高于"设备中病毒或者木马"2.9~13.6个百分点，高于"账号或者密码被盗"5.3~10.4个百分点。(见表1)

表1　网民遭遇各类网络安全问题的比例

时间 安全问题	2016年	2017.12	2018.6	2018.12	2019.6	2020.3	2020.6	2020.12
个人信息泄漏	32.9%	27.1%	28.5%	27.3%	24.0%	23.3%	20.4%	21.9%
网络诈骗	39.1%	26.6%	26.3%	28.1%	21.5%	21.2%	17.0%	16.5%
设备中病毒或者木马	36.2%	21.8%	18.8%	14.5%	14.9%	12.0%	10.7%	10.8%
账号或者密码被盗	33.8%	18.8%	19.7%	17.7%	13.9%	12.5%	9.9%	8.2%
以上都没有	29.5%	47.4%	46.0%	49.2%	55.6%	56.4%	61.6%	61.7%

---

[*] 本文系河南省新文科研究与改革实践项目（编号2021JGLX003）。
[**] 许桂敏，郑州大学法学院副教授；张莹，郑州大学法学院刑法学硕士研究生。

当下社会是网络时代,犯罪行为的流行形式随时代发生变化。中国司法大数据研究院2019年11月公布的数据显示,2016至2018年间,全国网络犯罪共涉及258个罪名,其中电信网络诈骗案件占比最高,为31.83%。电信网络诈骗作为诈骗罪的新兴类型,是指行为人利用通信、互联网技术,通过虚构事实或隐瞒真相的方法诱使被害人将资金汇(存)入其控制的银行账户,给被害人造成财产损失的行为。

一、多维特质:电信网络诈骗犯罪样态

在互联网与社会生活的深度融合的背景下,电信网络诈骗层出不穷,给公民的财产利益、人身权利以及社会安全造成严重威胁。电信网络诈骗主要有以下特征:

(一)犯罪主体特征

1. 犯罪团伙组织化。中国司法大数据研究院2019年11月发布的数据显示,2018年网络诈骗犯罪中,三人及三人以上团伙诈骗的占29.32%。电信网络诈骗从准备工作到犯罪行为得逞需要经历多个中间环节,如钓鱼网站诈骗,犯罪人需要完成制作病毒、建设网站、发布信息、维护网站、支付转账等多个行为。为了顺利地实施犯罪流程、追求超额的经济利益,犯罪分子往往不会单打独斗,而是结成团伙、分工负责。①

2. 技术水平高。由于借助计算机网络进行诈骗,犯罪人需要具备一定的网络技术知识。诈骗的类型不同,技术难度也不同。在虚假中奖信息诈骗中,犯罪人先群发海量短信,被害人上钩后再按照固定的"剧本"进行诈骗,此类诈骗对互联网技术没有要求,主要依靠犯罪人的言语话术,容易被识破。但是其他电信网络犯罪类型,如冒充好友诈骗,则需要借助木马病毒来完成犯罪。编写木马病毒需要具备高超的专业知识,否则很难实现侵入或者破坏网络系统的目的。再如钓鱼网站诈骗中,犯罪人以虚假网站迷惑受害人,虚假网站除了域名与真正网站有细微差别外,外观上高度相似,要制作以假乱真的钓鱼网站要求犯罪人具备熟练的操作技能。

(二)犯罪行为特征

1. 广泛性。电信网络诈骗的犯罪人利用计算机网络开放的平等性、信息传输的跨时空性和传递的交互性,将设计好的骗局连续、反复实施,一次诈骗行为可以在不同时间、地点,针对不同的人发生作用,犯罪对象广泛、跨区域

---

① 参见王晓伟:《电信网络诈骗犯罪的防范与打击》,载《人民论坛》2019年第10期。

跨境趋势明显。① 例如2020年6月，银川市公安机关在"4·08"电信网络诈骗案件集群战役打掉一个特大跨省电信网络诈骗团伙，犯罪地点涉及全国12个省、区、市。②

2. 地域性。中国司法大数据研究院2019年11月公布的数据显示，以案件受理法院所在地为界定标准，2016年至2018年全国人民法院审结电信网络诈骗案件数较多的地区为东南沿海，第二序列多分布在东南部非沿海地区及东北部沿海地区，第三序列主要位于我国中部和北部地区，西部和西南地区案件审结量占比较小。换言之，全国人民法院审结电信网络诈骗案件自东南向北部、中部、西部地区减少趋势明显。

3. 隐蔽性。在互联网中人与人交往具有简易性和非直接性，这意味着犯罪人无须与被害人接触，极大地减轻了犯罪分子的负罪感，同时司法实践中查获难度大。③ 犯罪人前期投入的是个体储备的知识和能力，这种无形的财产容易被犯罪人视为低成本，因此电信网络诈骗被比喻为"用电子束搬走黄金"。例如，庆阳市正宁县公安局2020年5月成功摧毁一个电信网络诈骗灰色产业链条犯罪团伙，涉案资金300余万元。该团伙通过网络发布或中间人介绍等途径招募开户人到公司，仅凭借简单身份证件，就有专人提供"一条龙"办理对公账户服务。每个开户人办理2至3套营业执照、印章、对公账户，后公司以低价予以收购，再以高价通过网络等特定渠道进行贩卖，从中获取大额非法利益。

（三）被害人特征

1. 年龄特征。根据成都市公安局2021年5月公布打击电信网络诈骗大数据，受害人20周岁以下占8.5%，21—30周岁占44.8%，31—40周岁占26.5%，41—50周岁占13.7%，51—60周岁占4.9%；61周岁以上占1.6%。以上数据表明，被害人涵盖各个年龄段，并且年轻化趋势明显。由于青年人对新技术更为敏感好奇、使用网络工具的频率较高，因此成为电信网络诈骗的易感人群。360企业安全集团、360猎网平台2020年1月发布的《网络诈骗趋势报告》显示，从受害年龄分布及人均损失上看，"80后""90后"举报量最高，"60后""50后"人均损失最高。老年人虽然在现实社会具有较强的反诈

---

① 参见莫洪宪：《网络有组织犯罪结构的嬗变与刑法转向——基于网络黑恶势力犯罪的视角》，载《中国刑事法杂志》2020年第4期。

② 《银川警方破获特大跨省电信网络诈骗案》，载环京津网，https://baijiahao.baidu.com/s?id=1668838232658914273&wfr=spider&for=pc，2021年5月18日访问。

③ 参见赵学军：《实证视野下网络诈骗犯罪的特点分析及司法应对》，载《海南大学学报（人文社会科学版）》2019年第37期。

骗意识，但该人群对新知识、新技术的理解和掌握有一定的局限，网络操作生疏，并且通过长期工作积累了较为客观的财富，所以受骗的损失较高。

2. 性别特征。2020年1月发布的《网络诈骗趋势报告》中，360安全大脑通过对猎网平台2019年收集的15505条有效诈骗举报进行了调研和分析，2019年网络诈骗受害者中，男性占比66.9%，女性占比为33.1%。可见男性相对容易受到网络诈骗的侵害。360安全大脑在新型冠状病毒肺炎疫情期间（2020年1月24日至2020年3月13日）收集的3243例有效举报进行了调研和分析。数据显示，在虚假办证诈骗中，男性和女性所占比例相差较小，为8.4个百分点。但某些诈骗有明显的性别倾向。男性最容易受到网络色情诈骗，男性举报网络色情诈骗的比例高达95.6%，其次是网络赌博诈骗78.6%、虚拟物品交易诈骗78.1%、游戏诈骗的比例为78%。女性容易受到网络中奖诈骗，女性举报网络中奖诈骗的比例为64%，其次是网络兼职诈骗54.4%。

二、类聚指向：电信网络诈骗犯罪的典型形式

电信网络诈骗行为显现出多元化、类型化样态，其核心是冒充其他身份，如冒充网店卖家、客服、快递员实施网络购物诈骗；冒充国家机关、银行、通信运营企业实施钓鱼网站诈骗；冒充招聘单位实施虚假招工信息诈骗；在新冠肺炎疫情防控中冒充新冠疫苗接种普查员等。并且近年来电信网络诈骗的作案手法快速更新迭代，如利用钓鱼网站诈骗已经演化为二维码诈骗、虚假App诈骗；虚假中奖信息诈骗以粉丝福利为噱头扩展；借助银行卡ATM转账24小时内的撤销机制，利用时间差骗取财物等。

（一）虚假中奖信息诈骗

2016至2019年间，虚假中奖信息诈骗的发生率占据网络犯罪一半以上比例。（见图1）虽然2020年这一比例有所下降，但仍远超其他几种网络诈骗类型所占的比例。以2020年12月的数据为例，虚假中奖信息诈骗占比47.9%，超过网络兼职诈骗14.6个百分点、网络购物诈骗14.9个百分点、冒充好友诈骗16.5个百分点、钓鱼网站诈骗23.2个百分点、利用虚假招工信息诈骗27个百分点。可见近五年虚假网络诈骗呈现高发态势。

二、电信网络诈骗犯罪治理研究

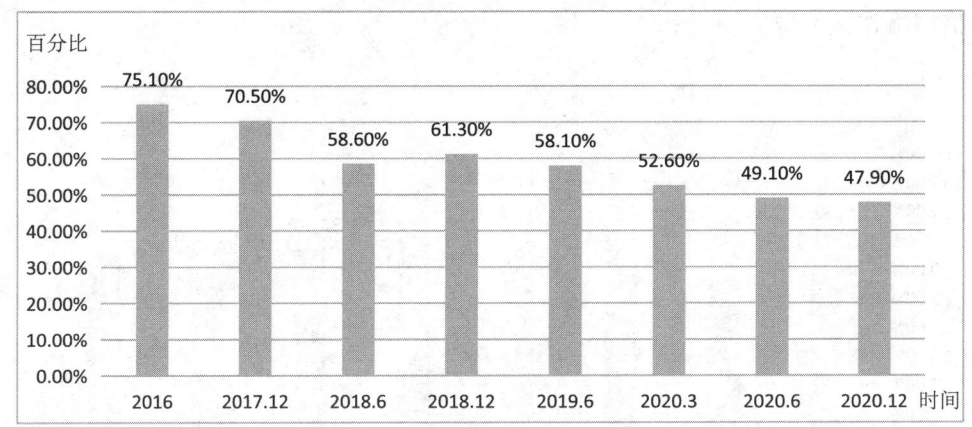

图 1　虚假中奖信息诈骗统计

虚假中奖信息诈骗中，无论犯罪人以何种身份、事由通知被害人中奖，最重要的环节就是虚设"手续费""保证金""公证费""个人所得税"等名目，诱骗受害人向指定支付宝、微信账号转账或者银行账号汇款。该类诈骗常用的中奖事由有以下几种形式：第一，微信点赞诈骗，犯罪人以正规商家的名义发布"点赞有奖"的信息，要求参与者将个人资料发送给专用微信平台。第二，电子邮件中奖诈骗，犯罪人利用互联网络发送海量的中奖邮件，诱骗受害人与其联系兑奖。第三，冒充知名企业中奖诈骗，犯罪分子假冒知名企业，印刷大量的虚假中奖刮刮卡，通过快递等形式投递给不特定的人。第四，娱乐节目中奖诈骗，犯罪人冒充热播节目组群发手机短信，称被害人已被抽选为节目幸运观众。第五，粉丝福利，犯罪人利用有一定流量的社交平台账号给粉丝送温暖，实际是红包返利活动。比如，受害人发 500 元，对方返还 600 元，受害人净赚 100 元。一步步诱导受害人参与大额返现，等受害人入戏渐深，对方就会以参与档位没有名额，需加钱提高档位，或者以转错、手续费、激活费等名义要求受害人再转账。如果受害人不信或者要求返钱，骗子则直接拉黑受害人消失，受害人付出的钱财也打了水漂。第六，以社交软件为平台，以发红包返利、生日宴会发福利为理由骗取被害人财物。

（二）网络兼职诈骗

2016 年至 2018 年，网络兼职诈骗的占比趋于稳定，增减幅度不超过 0.6 个百分点。然而全国公安机关网安部门在 2019 年开展专项行动，强力打击各类网络犯罪，所以 2019 年网络兼职诈骗猛增 3.8 个百分点，随后又骤降 11.6 个百分点。通过系列专项活动，网络生态有好转的趋势，但根据 2020 年 12 月的数据，网络兼职诈骗在六类电信网络诈骗中排名第二，仍然是相对高发的电

信网络诈骗类型。（见图2）

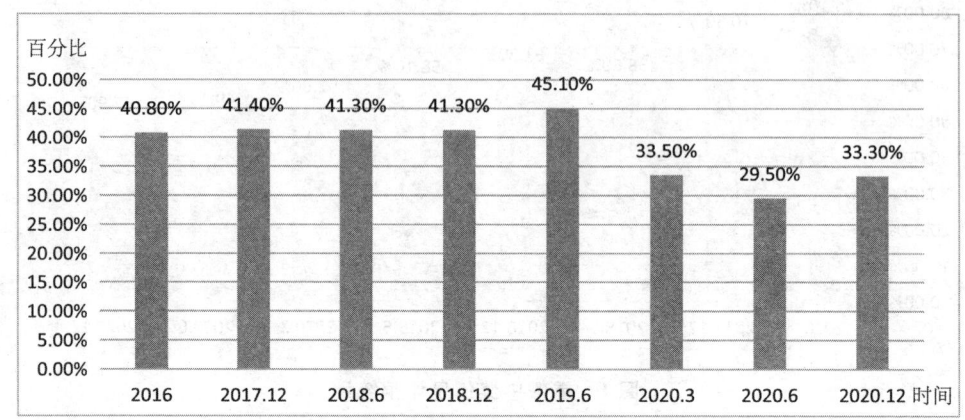

图2 网络兼职诈骗统计

网络兼职诈骗是指利用虚假兼职招聘为幌子，骗取用户钱财的诈骗方式，要是借助"刷单""刷信誉""刷好评"等名义，常见形式有假装卖家或中介欺骗网络刷手、假装刷手欺骗卖家和中介、假装运营公司欺骗卖家、假装顾客刷空单诈骗支付或交易平台等。① 例如犯罪人先盗取正规商家公众账号，再发布招聘网络兼职的消息诱骗社会公众。

（三）网络购物诈骗

2016年至2020年间，网络购物诈骗下降了4.6个百分点，在六类电信网络诈骗中降幅最小。（见图3）这是由于网络购物用户规模不断扩大，截至2020年12月已达到7.82亿，占网民整体的79.1%；网络支付用户规模达8.54亿，占网民整体的86.4%。尤其是生鲜电商、农产品电商等电商新模式较快发展，使网络购物与居民生活深入融合，网络购物诈骗难以快速消除。

---

① 参见顾海艳：《网络刷单引发的诈骗行为及其防控措施》，载《中国人民公安大学学报（社会科学版）》2020年第36期。

二、电信网络诈骗犯罪治理研究

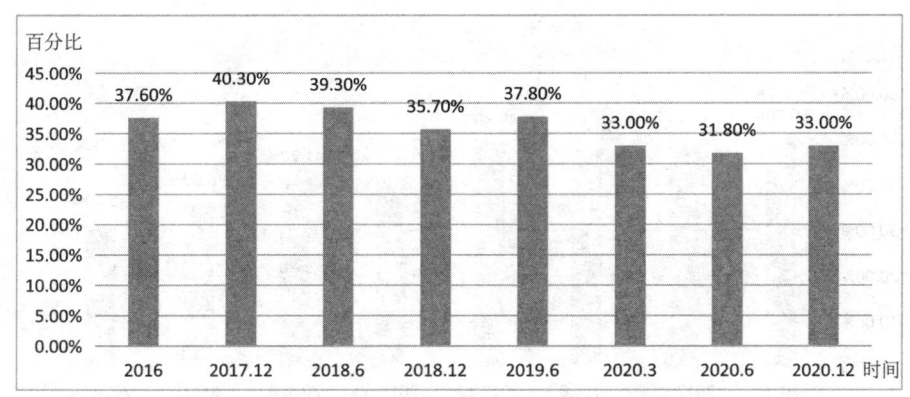

图3　网络购物诈骗统计

一直以来，网购市场的交易规模都保持快速增长趋势，在新冠肺炎疫情的影响下，网络购物的便捷性更加明显。由于网络购物涉及网络交易平台提供者、销售者、消费者、物流等多方主体，网络购物诈骗的类型更加多样。第一类是不存在交易事实的虚假购物诈骗，即犯罪人冒充货物的销售者或者建立虚假的购物网站或淘宝网店，诱骗买家付款后以缴纳定金、缴纳海关关税、激活系统为由骗取受害人的财产。在这一过程中，犯罪人常以货物打折、优惠以及海外正品代购为诱饵吸引买家付款；在二手车、二手数码产品、海关没收物品的买卖过程中，犯罪人则巧立名目收取各种交易税、手续费。受害人不熟悉流程就会被引导填写银行卡号、密码及验证码，被犯罪人罗织的谎言迷惑。第二类是获取受害人的姓名、电话、购物订单、编号等信息后，冒充网络交易平台的客户服务人员给受害人发短信或者打电话，谎称退款给受害人，由于订单信息的准确性和犯罪人的专业性，受害人往往信以为真。第三类是快递诈骗，当犯罪对象是消费者时，犯罪人通过非法手段获得购物者的账号、密码，冒充购物者要求卖家修改收货地址，从而获得货物；当犯罪对象是物流公司时，犯罪人先购买贵重物品并要求货到付款，在快递员上门派送时寻机调包，给物流公司造成损失。

（四）冒充好友诈骗

2016年至2020年间，冒充好友诈骗的占比下降了18.4个百分点。（见图4）在相同时间段内，虚假中奖信息诈骗的占比下降了27.2个百分点，利用虚假招工信息诈骗的占比下降了13.6个百分点，网络兼职诈骗的占比下降了7.5个百分点，钓鱼网站诈骗的占比下降了6.5个百分点，网络购物诈骗下降了4.6个百分点。可见在国家重拳治理的情况下，冒充好友诈骗的降幅较快。

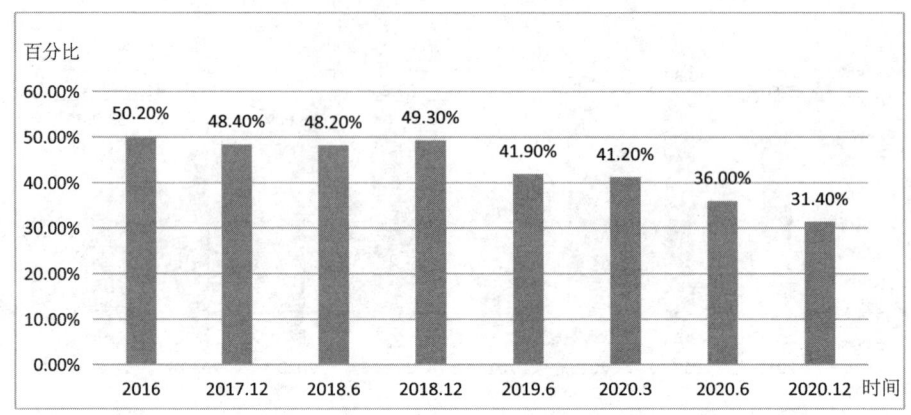

图 4 冒充好友诈骗统计

冒充好友诈骗主要是利用亲戚朋友之间的信任、上级对下级的领导力以及老师家长之间的社交关系，犯罪人往往通过木马程序窃取微信、QQ 等社交账号和密码，或者偷偷潜入家长群、企事业办公群为诈骗做准备。该类犯罪的主要形式有：第一类是冒充被害人的亲朋好友。为了增强可信度，犯罪人会通过聊天资料熟悉被害人的情况，使用被害人熟悉的语气、表情图片，甚至用模拟器给被害人发送被盗号者的语音消息，以"自证身份"。待被害人相信后，再按照事先设计好的"剧本"，以"患重病""出车祸受重伤""江湖救急"等事由请求汇款。第二类是假冒企事业单位的经理或者主要负责人员，向财务部门的人员传递转账汇款的指令，将公司财产转移到犯罪人的银行账户中。或者在了解公司内部上下级关系后，复制上级领导的微信昵称和头像图片，假冒上级领导添加财务人员的微信，将财务人员拉入办公专用群，群里有主角有配角，除了被害人都是犯罪人。第三类是假冒学校的老师，让家长们交纳材料费、资料费、印刷费等。

（五）利用虚假招工信息诈骗与钓鱼网站诈骗

利用虚假招工信息诈骗与钓鱼网站诈骗是常见的电信网络诈骗类型，但总体占比不大。（见图 5）以 2020 年 12 月的数据为例，虚假中奖信息诈骗占 47.9%，钓鱼网站诈骗占 24.7%，利用虚假招工信息诈骗占 20.9%。虚假中奖信息诈骗的比例高于利用虚假招工信息诈骗 27 个百分点，高于钓鱼网站诈骗 23.2 个百分点。2016 至 2020 年间，利用虚假招工信息诈骗的占比下降了 13.6 个百分点，降幅在六类电信网络诈骗中居于第三；钓鱼网站诈骗的占比下降了 6.5 个百分点，降幅在六类电信网络诈骗中居于第五。

二、电信网络诈骗犯罪治理研究

图5 利用虚假招工信息诈骗与钓鱼网站诈骗统计

利用虚假招工信息诈骗的产生主要是由于网络招聘的成本低廉、效果显著，招聘单位和求职者只需浏览特定的招聘网站便可以掌握海量的人力资源信息，从中选择适合自己的应聘者和招聘单位，所以网络招聘逐渐成为公众认可的一种重要的招聘方式。利用虚假招工信息诈骗的主要形式是高薪招聘诈骗，犯罪人假冒公司老板或者人力资源负责人，以每月数万元的工资来诱惑被害人，然后要求被害人缴纳培训费、服装费、保证金，以此实施诈骗。

钓鱼网站诈骗是科技含量较高的电信网络诈骗手段。钓鱼网站中有仿冒银行的、仿冒etc速通卡的、仿冒支付宝或快递理赔的、仿冒工商等管理中心的。例如犯罪人以升级网络银行为借口，用制作精良、细节逼真的钓鱼网站鱼目混珠，轻松获取被害人的银行卡账号和密码。或者用户收到"ETC系统更新，需及时认证二次信息"的短信，要求用户登录某网站办理的短信，实际上该网址为钓鱼网站。

三、共治防范：电信网络诈骗犯罪的对策

电信网络诈骗在复杂的社会、经济、法律和技术等多重因素的相互作用下不断演化、花样翻新，对整个社会的信用体系和公民的财产安全构成巨大威

胁。电信网络诈骗具有智能化、广泛性、隐蔽性的特征，在 Web3.0 的时代背景下信息流动性变强、法益种类增加，但该类犯罪通常有迹可循，是完全可以通过事前预防避免上当受骗的。

（一）政府强力管控与技术预防

互联网的特征是分布式体系和包切换技术信息传递方式，这造就了互联网管理方式的非中心性。① 因此犯罪人的个体力量提升，国家和政府的管控力量降低、无法对电信网络诈骗犯罪形成有效威慑和强力控制。并且现阶段的计算机网络系统本身存在不少漏洞，容易受到木马病毒攻击、防火墙难以全面、及时地发现并处理潜在的安全风险、数据传输等问题，给犯罪人提供了可乘之机。

虽然电信网络诈骗具有智能化的特点，政府可以采取更先进的技术手段加以应对。为进行全面有效地监管，国家可以引入 F、I、L、J、K 根镜像服务器，大力推进顶级域名解析节点部署，建立更完备的网络基础设施。犯罪人通过群发虚假中奖信息、含有钓鱼网站的短信进行诈骗，可以建立健全预警拦截系统，拦截诈骗电话和诈骗短信，限制呼入高风险电话、封停涉诈电话号码、封堵涉诈 App 和网址。在使用技术手段发现潜在受害人后，可以安排专门人员电话劝阻、上门见面劝阻。中央可以加强同地方的合作，建立覆盖全国的安全网络，各地推送预警线索，构建全方位的防范体系。除了捕捉、拦截涉诈信息，公安部可以与中央网信办、工信部以及相关互联网公司加强沟通联络，通过电信诈骗案件侦办平台向民众不定期推送预警信息，防患于未然。② 由于我国成为全球最大的网络零售市场，为应对网络购物诈骗，支付机构可以通过接入网联的方式提高资金透明度、保证网络支付的安全性，同时加强与中国人民银行、银保监会的配合，快速冻结涉案账号、及时止付涉案资金，不断完善应急机制以减轻人民群众的经济损失。

（二）网络信息流动关涉主体的多样化及其责任

在 Web3.0 时代，网络平台已经实现与网民的智能互动并向用户提供人性化、精准化的信息推送服务。③ 2016 年《中国网民搜索行为调查报告》显示，信息被动推送模式强力冲击用户主动搜索信息的行为模式，互联网搜索服务在

---

① 参见张远煌：《犯罪学》（第二版），中国人民大学出版社 2011 年版，第 124 页。
② 参见孙少石：《电信网络诈骗协同治理的制度逻辑》，载《治理研究》2020 年第 36 期。
③ 参见刘艳红：《Web3.0 时代网络犯罪的代际特征及刑法应对》，载《环球法律评论》2020 年第 5 期。

用户网络生活中的重要性有所降低。换言之，网络平台的功能不限于"单纯通道"或技术保障，它通过记录用户观看不同信息的时长和数量，利用"云计算"推测用户的兴趣点，为用户定制个性化的信息服务。用户看到的信息正是网络平台筛选后的结果，网络平台已经具备控制平台内信息流动、向用户推送个性化信息的能力。①

由于网络平台在过滤涉诈信息方面的作用日益显著，网络犯罪追责重点应该向平台责任倾斜，诸如信息发布、搜索引擎、即时通信、网络游戏、网络直播、网络购物、广告推广、应用商店等网络服务提供者应当切实承担社会责任，根据政府设定的标准承担普遍性监控义务，预测平台可能遭遇的网络风险、健全风险评估制度和风险预警机制，过滤涉诈、涉赌信息和网站，履行网络安全保护义务，为庞大的网络群体和体量巨大的网络经济保驾护航。

（三）电信网络诈骗推动健全网络实名制

电信网络诈骗的隐蔽性给犯罪分子提供了物理帮助和心理支持。与传统的诈骗相比较，犯罪人通过操纵网络系统使电信网络诈骗的犯罪地点难以确定，实害结果可能发生在与网络系统接触的任何角落。而且犯罪人可以自由地进入或者退出网络，例如冒充好友诈骗，犯罪人利用木马病毒掌握被害人家人、挚友的通信软件密码，并以被盗号者的名义实施诈骗，一旦被识破，犯罪人可以立即消失的无影无踪。虽然任何犯罪完成后都会留下蛛丝马迹，但电信网络诈骗的犯罪痕迹储存在电磁介质中，数据由数字或者代号经过特定算法转换形成，具有匿名性，容易被修改且提取难度大。而电信网络诈骗案件的破获周期长，使得犯罪分子肯定甚至欣赏自己的作案手法、技术和作案能力，认为作案后不会被抓获，在侥幸心理的影响下接连实施犯罪行为。

网络空间不会永远笼罩着隐秘的面纱，我国颁布网络安全法，其中明确规定用户在享受网络接入、域名注册、信息发布、即时通信等服务以及办理固定电话、移动电话等入网手续时，必须提供真实姓名、准确身份证号等信息，反之，网络运营者不得为其提供相关服务。虽然以法律形式确立了实名制，但社会生活中仍存在"伪实名"用户，即有些用户表面上已经进行实名认证，但认证材料与本人并不相符，有许多都是通过网络购买或盗窃别人的身份信息。这种情况不独出现在手机实名制过程中，在一些银行卡办理过程中同样存在。同时还要理智对待废除实名制的呼声，例如韩国为了遏制网络暴力成为世界首

---

① 参见敬力嘉：《信息网络犯罪规制的预防转向与限度》，社会科学文献出版社2019年版，第25页。

个施行网络实名制的国家，但只施行了五年便彻底废除。毫无疑问的是，网络实名制有助于确定真实身份、增强犯罪透明度、提高犯罪成本，打消犯罪人通过隐藏身份来逃避法律责任的侥幸心理。

(四) 建立电信网络诈骗犯罪的全链条打击模式

电信网络诈骗犯罪呈现出利用公民个人信息炮制精准骗局的趋势。中国司法大数据研究院公布的数据显示，2016年至2018年间，获取个人信息后进行针对性诈骗的案件在电信网络诈骗案件中的占比为18%～20%，2016年徐玉玉案便是犯罪人针对山东高考学生进行针对性诈骗导致的悲剧。一些相关行业的从业人员和网络黑客通过合法或非法渠道获取公民个人信息，然后通过数据交易平台将信息贩卖给进行电信网络诈骗等犯罪活动的犯罪嫌疑人，这已然形成了一条黑色产业链。[①] 犯罪人在掌握公民的职业、车辆、房产、保险、亲眷等个人信息的基础上，分析各类人群的社会心理，设计的骗局与真实情况具有高度关联性，迷惑性极强，使得被害人难以戳破犯罪人故布的迷障。[②] 例如山东省青岛市城阳区人民法院（2021）鲁0214刑初293号判决书显示，被告人冯某将一万余条小区居民的供热信息提供他人，包括小区居民的姓名、电话、家庭住址以及房产面积等详细内容。安徽省滁州市中级人民法院（2020）皖11刑终195号判决书显示，吴某非法获取公民个人信息71301条，其中有38015条信息包含通信内容等详情信息，吴某将信息提供给他人，供网络放贷使用。

在获取大量详细的公民个人信息后，犯罪人利用理财认购产品名称、认购金额、预期收益率、期限等理财信息，开展网络投资诈骗；利用公民的姓名、身份证号、手机号、具体住址等信息，冒充本人行骗；利用受害人购买房产、汽车等信息，以减税退税为由实施诈骗。因此要严格管理公民个人信息，建立数据分类分级保护制度，将涉及隐私的公民个人信息列为严格限制信息交易的类别，明确公民个人信息的监管主体。同时建立数据安全应急处置机制，一旦发生数据安全事件，相关部门秉持认真负责的态度及时发布预警信息，最大限度降低社会公众被骗的可能性。只有严厉打击侵害公民个人信息犯罪、切断犯罪的黑色供应链，才能实现对电信网络诈骗犯罪全链条的管控。

---

① 参见赵连庆：《公民个人信息安全的刑法保护——以电信网络诈骗案件频发为视角》，载《学习与探索》2017年第9期。

② 参见时延安：《个人信息保护与网络诈骗治理》，载《国家检察官学院学报》2017年第25期。

（五）普及电信网络常识、提升全民法治观念

在电信网络诈骗中，犯罪对象包括现实生活中可以流通的货币和游戏账号、游戏装备、游戏币等虚拟财产。虚拟财产与现实社会的真实财产能够建立对应或者换算关系的情况下，就具有一定的现实性，可以成为犯罪对象。有的犯罪人可能缺乏正确的认识，认为诈骗虚拟财产不是犯罪；有的犯罪人虽然知道自己的行为是受谴责的，但认为电信网络诈骗与杀人、放火不同，是运用自己的智力和知识赚钱，与其他合法的挣钱方式没有区别。① 因此有必要强化保护虚拟财产的意识，倡导艰苦奋斗的道德观念。对于长期形成的地域性、家族性诈骗团伙聚居地，加强法治宣传教育，并通过亲友的力量规劝诈骗人员投案自首以及避免当地其他人跟随误入歧途。

普通公民通常认为自己的网络过于微小和不重要，不会受到黑客的攻击，也不会被跟踪和骚扰，因而缺乏基本的防范意识和防范能力。实际上，所有互联网的使用者都可能成为电信网络诈骗的受害人。在虚假中奖类诈骗中，被害人被贪欲左右，丧失了基本的警惕心，犯罪人利用其射幸心理进行诈骗；在网络交友类诈骗中，犯罪人先与被害人进行沟通，在建立亲密关系后实施诈骗；在冒充好友类诈骗中，犯罪人通过查看聊天记录掌握基本信息，再冒充被害人的亲朋好友实施诈骗，迷惑性较强。因此加强反电信诈骗宣传、增强公众的安全防骗意识和技能是防患于未然的治本之策。② 对于微博中奖、粉丝福利等新型电信网络诈骗形式，公安部门应充分借助互联网等新闻媒体的社会舆论宣传力量，及时向社会发布电信诈骗典型案例、预警信息、作案手法以及破解策略等，扩大防骗信息受众面。

部分电信网络诈骗的受害者损失较小就自认倒霉，不向公安机关检举揭发。例如，浙江省永康市侦破的"2016.11.17系列性木马网络诈骗案"，犯罪团伙用木马病毒盗IS账号、QQ等一些网络账号、密码诈骗受害人银行卡资金。该案中，每个受害人损失金额都很小，分别是几十元、几百元或几千元不等，但涉案金额近千万元。被害人不向公安机关举报，这会在一定程度上助长犯罪分子的嚣张气焰，同时也增强他们的侥幸心理，在此心理的驱使下，行为人通常会反复实施诈骗行为。因此要充分调动公众对反电信网络诈骗宣传的关注度和参与度，鼓励人民群众积极揭发、检举电信网络诈骗行为，营造全民参与打击电信诈骗犯罪活动的社会氛围。

---

① 参见熊云武：《犯罪心理学》，北京大学出版社2007年版，第207页。
② 参见陈睿毅、刘双阳：《"互联网＋"背景下电信诈骗犯罪防控机制研究》，载《犯罪研究》2019年第3期。

中国互联网络信息中心于 1997 年首次发布《中国互联网络发展状况统计报告》，迄今共发布 47 次统计报告，忠实还原了中国互联网络的发展脉络，见证了互联网络的迅猛发展、数字福利普惠大众以及电信网络诈骗的兴起。截至 2020 年 12 月，我国网民规模达 9.89 亿，互联网普及率达 70.4%。网络社会与现实社会深度融合，电信网络诈骗不断改头换面，让人防不胜防。虽然彻底消除电信网络诈骗犯罪并非易事，但依靠政府、企业、社会等多元力量的紧密合作，定能共同构建全方位的电信诈骗犯罪防控长效机制。

电信网络诈骗犯罪的考察与启示

——以 2020 年 L 省诈骗罪生效裁判文书为分析对象

邢伟彤*

电信网络诈骗包括电信诈骗和网络诈骗,二者之间并没有明显的界限,越来越多的犯罪将传统通信方式与互联网方式相结合。① 2016 年最高人民法院、最高人民检察院、公安部联合下发的《关于办理电信网络诈骗等刑事案件适用法律若干问题的意见》(以下简称《意见》)首次确定了电信网络诈骗犯罪的概念。截至 2020 年 12 月,我国网民规模为 9.89 亿,互联网普及率达 70.4%。② 随着我国互联网的发展与普及,电信网络诈骗也呈现高发态势,根据 CAICT《新形势下电信网络诈骗治理研究报告》,2020 年我国受理电信网络诈骗用户举报累计 15.2 万次,较 2019 年明显大幅上升。电信网络犯罪已成为影响我国社会稳定的重大威胁,也严重影响了人民的财产安全。《意见》下发后,针对电信网络诈骗案件,各省的公检法部门都坚持严厉打击的原则,但是案件数量却居高不下。

L 省在国务院打击治理电信网络新型违法犯罪工作部际联席会议第一批和第二批挂牌整治的重点地区均被列名,在电信网络诈骗犯罪案件的惩治方面承受着很大考验,近五年来,全省的电信网络诈骗案件的立案受理数量也在逐步增加。基于电信网络诈骗犯罪的交互性特点,从被告人特点角度分析电信网络诈骗犯罪的新型特点,并研究其在司法适用上的问题,对于 L 省惩治此类犯罪也会起到一定指引作用。本文研究拟通过从 L 省 2020 年已经生效的电信网

---

* 邢伟彤,辽宁省本溪满族自治县人民法院法官助理,中国刑事警察学院法律硕士。

① 参见焦艳鹏、杨红梅:《网络诈骗犯罪刑事司法样态实证研究——以 389 份生效判决书为分析对象》,载《甘肃政法学院学报》2017 年第 4 期。

② CNNIC:第 47 次《中国互联网络发展状况统计报告》,载中国互联网络信息中心,http://www.cnnic.net.cn/hlwfzyj/hlwxzbg/hlwtjbg/202102/t20210203_71361.htm,2021 年 5 月 15 日访问。

络诈骗案件审判文书中随机提取了150名犯罪人的相关数据①，对数据进行梳理后总结分析出电信网络诈骗犯罪发展呈现的新特点及电信网络诈骗在司法适用和规范量刑方面的问题，并提出相应的解决措施。

一、电信网络诈骗的犯罪实践分析

（一）电信网络诈骗的犯罪人特征

1. 以青年男性犯罪为主

根据对150名被告人的数据进行梳理分析，男性比例占85%，女性比例仅为15%，男性犯罪人的比例明显高于女性犯罪人。从犯罪人年龄段分布来看，呈现出几个特点：一是分布范围集中；二是年龄层次结构清晰，三是年龄层次偏年轻化。犯罪人的年龄分布在18周岁至45周岁之间，没有高于45周岁的犯罪人，集中于21周岁至30周岁年龄段，其次是31周岁至35周岁年龄段，其他年龄段分布较少，可以推断进行电信网络诈骗犯罪的犯罪人普遍年龄不高，以中青年为主，呈现年轻化趋势。这一特点也比较好理解，电信网络诈骗犯罪较其他犯罪相比较，通常依托于电信网络技术，尤其是近年来，相比于电话、短信等传统通信技术，更多的电信网络诈骗犯罪采用了互联网平台，犯罪人也被要求能够掌握并应用一定的网络技术。

2. 以低学历无业人员犯罪为主

从学历方面来看，在150名犯罪人当中，学历层次分布最多的是初中学历，占比42%，高中及以下学历超过了七成。电信网络诈骗犯罪仍是以低学历层次人员犯罪为主，此类犯罪人员的受教育程度不高，法律意识不强，同时也体现电信网络诈骗犯罪对技术的要求并不高。但是值得关注的是，在统计的数据中，大学专科学历层次的犯罪人也成为仅次于初中学历层次的第二大群体，因此警惕电信网络诈骗犯罪人向高学历层次犯罪蔓延的发展趋势也是接下来针对电信网络诈骗犯罪的重点，如果更多的高学历层次人员参与到电信网络诈骗犯罪中，也必然会带来新的技术和新的犯罪方式，将会为电信网络诈骗犯罪的防控与治理带来挑战。

从就业状态上来看，实施电信网络诈骗犯罪的犯罪人主要以无业人员和务农人员为主。犯罪学家加罗法洛曾提出，随着社会经济发展总量的增加，物质财富也增加，这为犯罪的产生提供了对象和目标。我国社会主义市场经济蓬勃

---

① 数据来源于中国裁判文书网，将搜索条件限制为2020年L省诈骗罪生效裁判文书，中国裁判文书网对文书的列表展示本身就具有一定的随机性，又从每页列表展示的文书中随机选取属于电信网络诈骗犯罪的裁判文书进行数据统计。

发展的同时也使得很多人的价值观念产生倾斜，在一些人的价值观念中，拥有财富的多少成为衡量一个人能力的主要标准，这种价值观念的产生为犯罪提供了心理基础。随着我国经济发展的转型，市场的需求对人才质量提出了更高的要求。学历水平较低的群体也往往不受劳动市场的青睐，在实际中往往从事的工作偏于收入较低的状态。当经济面临压力而又对财富充满渴望时，此类群体中的部分人员往往因为法律意识淡薄而心存侥幸，铤而走险，电信网络诈骗犯罪的操作简单、易实施、低成本等特点也使其成为首选。值得注意的是，企业负责人也成为电信网络诈骗犯罪的突出群体，这一类犯罪人往往以成立某一个或者多个公司进行电信网络诈骗犯罪，此类电信网路诈骗犯罪具有一定的职业性，人员分工协作明显，企业的职工和财务人员也通常参与到犯罪当中。

3. 以外地人口跨域实施犯罪为主

从户籍方面的统计来看，实施电信网络诈骗犯罪的犯罪人中本地人口占比39%，外地人口占比61%，外地人口比本地人口高出近一倍，说明电信网络诈骗犯罪以跨地域实施较多。另外，电信网络诈骗犯罪多发于沿海地区，有向内陆发展的趋势，而这一点也与中国司法大数据研究院 2018 年关于电信网络诈骗的司法大数据专题报告中各地审理电信网络诈骗案件的数量具有一致性。

（二）电信网络诈骗的犯罪行为特征

1. 多样化发展，依托网络技术成为主流

经过数据统计，可以发现电信诈骗犯罪的实施呈现了多样性发展态势，主要表现在多样化的作案手段和多样化的作案方式。在笔者统计的 150 位犯罪人实施的电信网络诈骗犯罪中，采取微信、QQ 等即时通信软件作案的占大多数，利用探探等其他交友平台和网页等弹窗广告等途径进行诈骗的也比较多，传统的电话、短信等方式占比不高，除此之外还出现了如利用贴吧、利用游戏平台等实施犯罪的途径。随着短视频的兴起，利用快手、抖音等账号进行电信网络诈骗的犯罪也开始进入视野。在统计的案例中，还出现通过上线各种 App 进行诈骗的手段，可谓是"百花齐放"。

从实施诈骗的作案方式上看，2020 年 L 省审判的电信网络诈骗案件在作案方式上多种多样，而且不局限于一种作案方式，还出现了多种手段共同应用，上下联动实施犯罪的特征。其中实施最多的是引诱下载游戏或者 App 充值类诈骗和假借男女交友、婚恋类诈骗，并且两种方式有结合。例如某县法院审判的"张某某等 14 人诈骗案"[①]，由推广员使用公司提供的社交网络、游戏

---

① L省某县人民法院（2020）某 0726 刑初 90 号刑事判决书。

平台账户，以虚构的女性身份加男性玩家为好友，假借男女交友等名义，取得被害人信任后，以邀请一起玩公司代理的"九州神魔录""仙魔世界"等游戏为名，向被害人发送该公司推广的非正规游戏链接，推广员在男女交友基础上，以游戏设定"结婚""告白""生孩子"等情节为由，要求被害人在游戏中充值，该案被害人遍及全国各地，主犯犯罪金额达300余万元。

此外，电信网络诈骗犯罪也显示出紧跟社会发展的特点，在虚假买卖类诈骗案件中，出现了多起以虚假买卖口罩等防疫物品的诈骗犯罪，此类在疫情期间利用电信网络实施的诈骗犯罪，均在司法实践中得到了从重处罚。

2. 共同实施犯罪为主，公司化、专职化明显

电信网络诈骗犯罪有明显的共同犯罪特征，从统计数据来看，共同犯罪的有122人次，达到81%，单独犯罪的仅有28人次。根据对案例的分析，L省电信网络诈骗犯罪有明显的规模化、职业化发展倾向，出现了很多以公司为运作载体，具有完整的公司组织架构，规范化管理的作案模式。以某某市某某区人民法院审判的"高某某等人诈骗案"[1] 为例，2018年9月，高某与他人共同出资成立某贸易有限公司，担任公司负责人，招聘李某、任某某、王某、沈某等员工使用公司提供的手机及微信号，冒充女性身份，添加男性好友，通过微信聊天以谈恋爱的名义骗取被害人信任，用销售红酒、索要红包等理由骗取被害人钱款。该犯罪团伙在分工上结构分明，单销售部门就设有销售经理、销售组长、业务员等数职位；在管理上，设有主管层层管理，对新入员工由专人组织培训，对职工业绩进行考核，有完整的激励、晋升模式，在这种公司化的犯罪模式下，参与的犯罪人相互协助又独立实施诈骗，分工细化明确。

相似案例还有某某市某某区人民法院审判的"陈某某、肖某等人诈骗案"[2]，该案中，陈某某出资成立某拍卖有限公司某分公司，又出资并授意他人成立某检测服务有限公司，由某拍卖有限公司业务员通过网络拉拢客户，某检测服务有限公司负责制作虚假鉴定书，按照双方串通好的鉴定价格，骗取鉴定费用。两家公司均是同一犯罪人为实施诈骗犯罪成立，组织分工明确，形成了一个完整的犯罪链条，各犯罪人分饰不同角色，使被害人难以发现自己正遭受诈骗，具有较强的隐蔽性。

3. 以随机犯罪为主，但定向实施趋势明显

最初电信网络诈骗犯罪往往具有一定的"随机性"，即广撒网，针对不特定人进行大范围的实施。但随着大数据时代的来临，针对被害人"定向"实

---

[1] L省某某市某某区人民法院（2020）某0102刑初163号刑事判决书。
[2] L省某某市某某区人民法院（2020）某0792刑初76号刑事判决书。

施的电信网络诈骗犯罪也日渐增多。统计的数据中,随机性犯罪仍然占大多数,但是定向型犯罪也逼近随机型犯罪的一半左右。定向型诈骗活动的实施往往依托于公民的个人信息,根据被害人的年龄、职业、心理、需求等方面实施有针对性的诈骗。以"倪某某诈骗案"① 为例,犯罪人倪某某针对被害人兑换美元的需要,与被害人进行微信联系,先完成了几笔兑换交易后取得了被害人的信任,抓住被害人希望以较低汇率节省成本的心理,再有针对性地实施诈骗行为。"黄某诈骗案"② 则是犯罪人成立多个电子商务公司,针对淘宝店主提升店铺等级、提升销量和进行促销活动的需求进行诈骗。此外还有针对被害人的兴趣爱好等虚假出售鹦鹉、虚假出售比特币矿机等形式的犯罪。与随机型诈骗的"大海捞针"不同,定向型犯罪根据不同的被害人采取不同的策略和手段,定向打击,成功率也更高。

(三) 类案特征分析与检验

根据前文对电信诈骗犯罪特点的统计分析,我们将收集的案例按照作案方式分为代办业务类、信贷理财类、充值购买类、冒充类、刷单返现类、婚恋交友类、虚假买卖类、虚假鉴宝类八大类案件。八类案件与被告人的年龄、性别、学历、户籍、职业进行卡方检验,结果显示被告人的年龄、性别、学历、户籍、职业等特征与不同案件类别样本呈现出显著性差异,不同特征的犯罪人,实施的电信网络诈骗犯罪类型也存在明显区别。

冒充类案件中基本为26周岁到30周岁之间的男性犯罪人,学历一般在初中水平,外省人口较多。代办业务类案件也以男性犯罪人为主,学历一般在中专和高中水平。婚恋交友类案件的犯罪人则男女性别差异不明显,但年龄多在21周岁到25周岁之间,以本省人口犯罪为主。刷单返现类案件的犯罪人年龄和学历都较低。充值购买类案件的犯罪人显示出年轻化特点,学历多为高中。虚假鉴宝类案件犯罪人年龄在31—35周岁相对较多。信贷理财类案件的犯罪人学历为大专或大学的比较多,年龄主要在31—35周岁。虚假买卖类案件则以本省的大学学历犯罪人较多。

类案被告人特征体现出被告人选择作案方式时往往不是毫无目的性的,很多时候会结合自身的特点、优势进行选择,以便更容易达到犯罪目的。信贷理财类案件相比冒充类案件往往需要更周密、复杂的情景设置,诈骗成功的数额也相对较大,拥有较高学历的犯罪人会倾向于此类犯罪。在对电信网络诈骗进

---

① L省某某市中级人民法院(2020)某07刑终36号刑事裁定书。
② L省某某市中级人民法院(2020)某02刑终220号刑事裁定书。

行打击和惩治时，可以深入分析犯罪人特征规律，方便在侦察阶段较为准确地刻画出犯罪嫌疑人的画像，减少侦查阶段不必要的排查，更好地进行精准打击。

将八类案件与作案渠道、是否共同犯罪和犯罪模式这几项犯罪行为特征进行卡方检验，结果显示不同案件类别样本在作案渠道、犯罪模式和是否共同犯罪方面呈现出显著性差异，不同类型的电信网络诈骗选择和展现出的犯罪行为特征也存在明显区别。

充值购买类诈骗案件和代办业务类诈骗案件通常依托于微信、QQ或者其他社交软件进行，虚假鉴宝类诈骗主要是通过发布网页、弹窗广告吸引被害人，而婚恋交友类诈骗则偏向于以游戏平台为载体，当下年轻人的生活状态中，处游戏"CP"成为一种流行，而这种流行背后的可能滋生的犯罪也值得大众警惕。充值购买类和冒充类诈骗案件多为共同犯罪，而虚假买卖类案件则会有独立作案。充值购买类诈骗案件和信贷理财类案件较多属于随机型犯罪，不会特意针对某一个或者某一类被害人。与此相对的是虚假鉴宝类诈骗案件则比较精准，定向对某一类被害人实施犯罪。

二、电信网络诈骗犯罪的司法实践考察

（一）电信网络诈骗犯罪的裁判特征

1. 犯罪数额巨大，审理阶段退赔较多

《刑法》第266条将诈骗罪犯罪数额划分为三档，L省高级人民法院《量刑指导意见实施细则》对此进行了明确，以6000元作为诈骗罪的起刑犯罪数额，电信网络诈骗犯罪数额达到4万元即属于数额巨大，40万元以上即构成数额特别巨大。按照这一标准对统计的犯罪数据进行划分，其中犯罪数额较大的占21.62%，犯罪数额巨大的占60.14%，犯罪数额特别巨大的占18.24%。可以看出，2020年L省电信网络诈骗犯罪对经济发展造成极大损失。

根据对案件审理阶段被告人主动退赔的情况进行统计，主动退赔的占60.81%，但是退赔的被告人中有48.89%的是部分退赔，从中推断，电信网络诈骗案件中被害人经济损失得到全部弥补还存在一定困难，追赃难也是电信网络诈骗犯罪的一个显著特点。

2. 犯罪人到案后普遍如实供述，适用认罪认罚从宽制度

电信网络诈骗犯罪案件的犯罪人到案后大多具有坦白情节，到案后能够如实供述自己的犯罪事实，但是自首比例并不高，仅占22%，也有犯罪人到案后拒不认罪。从统计数据来看，2020年L省电信诈骗案件适用认罪认罚从宽制度的比例达到62.84%，适用比较广泛。

3. 罚金刑金额集中在中间档位，一半犯罪人主动缴纳

法律规定电信网络诈骗犯罪数额较大的并处或者单处罚金，数额巨大的并处罚金，数额特别巨大的要并处罚金或者没收财产，所统计的犯罪人中没有受到没收财产刑的，但是从对罚金刑的数据统计上来看，罚金刑金额分布较为集中，并处 1 万元至 10 万元罚金的较为普遍。从罚金的缴纳情况来看，在审理阶段自愿缴纳罚金的犯罪人占 56.08%，占一半左右。

4. 刑期以 1 年以上 3 年以下居多，缓刑适用不严苛

根据 L 省高院的量刑指导意见，犯罪数额较大的量刑起点可以在拘役至 1 年以下有期徒刑幅度内确定，犯罪数额巨大的，量刑起点可以在 3 年至 4 年有期徒刑幅度内确定，犯罪数额特别巨大的可以在 10 年至 12 年有期徒刑幅度内确定量刑起点。以此将犯罪人的被判刑期进行阶段划分，可以看出，判处 1 年以上 3 年以下有期徒刑的犯罪人较多，达到四层以上，判处 3 年以上 4 年以下有期徒刑和 4 年以上 10 年以下有期徒刑的犯罪人分别占 1/5 左右，被判处 10 年以上有期徒刑的犯罪人并不多，拘役刑适用很少。

从刑罚的执行角度看，适用缓刑的犯罪人占总数的 34.46%，占判处 3 年以下有期徒刑的犯罪人的 60.71%，可见缓刑适用比例较高，对于符合缓刑适用条件的犯罪人大多数予以适用缓刑。

（二）电信网络诈骗犯罪的量刑影响因素

电信网络诈骗案件在司法实践中的裁判结果取决于多种因素的影响，法官在将诈骗事实涵摄于法律规范的过程中，并不是单纯在封闭空间进行循环往复的心证，而是必然受到外界的影响，要考量到社会因素和政治因素。但不可否认，犯罪金额和犯罪情节是影响诈骗罪量刑轻重的关键因素。不同地区在处理案件的量刑上可能会有所差异[①]，但同一地区对量刑的处理应当是基本恒定的，因此，可以以本文所统计的 L 省犯罪人数据探究电信网络诈骗犯罪的量刑影响因素。

---

① 参见王剑波：《我国受贿罪量刑地区差异问题实证研究》，载《中国法学》2016 年第 4 期。

表1　pearson 相关性分析

	量刑	缓刑	罚金
累犯	0.079	-0.085	-0.130
前科	0.008	-0.064	-0.136
主犯	0.322**	-0.193*	0.043
从犯	-0.370**	0.308**	0.087
犯罪数额	0.362**	-0.230**	0.108
情节	0.055	-0.088	-0.051
退赔	-0.276**	0.278**	-0.092
辩护	0.078	-0.264**	0.144
满18周岁	0.149	-0.055	-0.148
缴纳	-0.326**	0.584**	0.197*
认罪认罚	-0.139	0.175*	0.082
	* $p<0.05$　** $p<0.01$		

首先利用相关分析去研究量刑、缓刑、罚金分别和累犯、前科、主犯、从犯、犯罪数额、情节、退赔、缴纳之间的相关关系，使用 Pearson 相关系数去表示相关关系的强弱情况。

根据 Pearson 相关分析得出初步结果（见表1），量刑与主犯、从犯、犯罪数额、是否退赔、是否缴纳罚金共5项之间的相关关系系数值呈现出显著性，缓刑适用与主犯、从犯、犯罪数额、是否退赔、是否缴纳罚金、是否认罪认罚之间的相关关系系数值呈现出显著性。

1. 缓刑适用影响因素分析

案件样本总共呈现了两种判决结果，即判处实刑、缓刑。在判处3年以下有期徒刑的犯罪人中有超过六成被判处缓刑，电信网络诈骗犯罪的缓刑适用率较高的并非地区个例，因此是否存在缓刑滥用也应当引起关注。

对样本数据进行整理后，将主犯、从犯、犯罪数额、是否退赔、是否缴纳罚金、是否认罪认罚作为自变量，而将缓刑作为因变量进行逐步回归分析，经过模型自动识别，最终余下犯罪数额、是否缴纳罚金一共2项在模型中（见表2），模型公式为：缓刑 = 0.659 - 0.098 * 犯罪数额 + 0.539 * 缴纳，R方值为0.360，意味着犯罪数额、是否缴纳可以解释缓刑的36.0%变化原因。而且模型通过F检验，说明模型有效。犯罪数额的回归系数值为 -0.098（t = -2.373，$p = 0.019 < 0.05$），意味着犯罪数额会对缓刑产生显著的负向影响关系。是否缴纳罚金的回归系数值为0.539（t = 8.244，$p = 0.000 < 0.01$），意味着是否缴纳罚金会对缓刑产生显著的正向影响关系。

表 2　缓刑影响因素分析

	非标准化系数		标准化系数	t	p	VIF	R^2	调整 R^2	F
	B	标准误	Beta						
常数	0.659	0.132	–	4.984	0.000**	–	0.360	0.351	$F(2, 142) =$ 39.893, $p = 0.000$
犯罪数额	-0.098	0.041	-0.161	-2.373	0.019*	1.016			
缴纳	0.539	0.065	0.558	8.244	0.000**	1.016			

因变量：缓刑

D – W 值：1.164

$*p < 0.05\ \ **p < 0.01$

2. 罚金刑适用影响因素分析

根据前文的相关性分析结果，罚金刑并不与大多数特征存在显著相关，仅与是否缴纳存在正相关。这与常理上认知并不符，因此为了进一步验证结果，将主犯、从犯、犯罪数额、认罪认罚、退赔、是否缴纳、情节、满 18 周岁、缓刑、前科、累犯作为自变量，而将罚金作为因变量进行逐步回归分析，经过模型自动识别，最终余下是否缴纳一共 1 项在模型中，模型公式为：罚金 = 2.612 + 0.743 * 缴纳，R 方值为 0.034，意味着缴纳可以解释罚金的 3.4% 变化原因。而且模型通过 F 检验，说明模型有效。缴纳的回归系数值为 0.743，即是否缴纳会对罚金产生显著的正向影响关系。

从这一结果，可以推测在司法实践中对罚金的定量并不一致，罚金的浮动范围也比较大。

表 3　罚金影响因素分析

	非标准化系数		标准化系数	t	p	VIF	R^2	调整 R^2	F
	B	标准误	Beta						
常数	2.612	0.548	–	4.769	0.000**	–	0.034	0.027	$F(1, 142) =$ 4.979, $p = 0.027$
缴纳	0.743	0.333	0.184	2.231	0.027*	1.000			

因变量：罚金

D – W 值：1.480

$*p < 0.05\ \ **p < 0.01$

3. 刑期确定的影响因素分析

关于刑期的影响因素，也同样进行逐步回归分析。将主犯、犯罪数额、退赔、缴纳作为自变量，而将量刑作为因变量进行逐步回归分析，经过模型自动识别，最终余下主犯、犯罪数额、退赔、缴纳在模型中，模型公式为：量刑 = 2.248 + 1.525 * 主犯 + 0.807 * 犯罪数额 - 0.805 * 退赔 - 0.777 * 缴纳，R 方值为 0.331，意味着主犯、犯罪数额、退赔、缴纳可以解释量刑的 33.1% 变化原因。而且模型通过 F 检验，说明模型有效。主犯的回归系数值为 1.525，意味着主犯会对量刑产生显著的正向影响关系。

犯罪数额的回归系数值为 0.807，意味着犯罪数额会对量刑产生显著的正向影响关系。退赔的回归系数值为 -0.805，意味着退赔会对量刑产生显著的负向影响关系。缴纳的回归系数值为 -0.777，意味着缴纳会对量刑产生显著的负向影响关系。

表 4 刑期影响因素分析

	非标准化系数		标准化系数	t	p	VIF	R^2	调整 R^2	F
	B	标准误	Beta						
常数	2.248	0.805	—	2.793	0.006**	—	0.331	0.312	$F(4, 140) = 17.338, p = 0.000$
主犯	1.525	0.404	0.264	3.771	0.000**	1.027			
犯罪数额	0.807	0.169	0.333	4.769	0.000**	1.019			
退赔	-0.805	0.283	-0.205	-2.845	0.005**	1.089			
缴纳	-0.777	0.281	-0.202	-2.760	0.007**	1.119			

因变量：量刑

D-W 值：1.412

* $p < 0.05$ ** $p < 0.01$

（三）电信网络诈骗犯罪在司法适用上的问题

一是犯罪情节的虚置化。样本实验中，刑期的确定并不受到自首、坦白等量刑情节的显著影响，主要认定因素还是犯罪数额，以及是否缴纳罚金和主动退缴违法所得。

二是罚金刑适用标准的不统一。罚金数额的确定并不受固定的情节特征的影响。在具体案例中，也存在犯罪数额在同一档内，罚金数额并不一致的情况，且存在罚金判处较轻的情形。

三、新形势下电信网络诈骗犯罪的惩治路径探索

（一）严格行业监管减少信息泄露

"定向型"电信网络诈骗犯罪往往依托于被害人的身份、特征等信息，因此如何保障公民的个人信息安全则成为遏制"定向型"电信网络诈骗重要的把控点。除了提高大众对个人信息的安全意识外，还要加强行业监管。在实践中，常有买卖个人信息和电信网络诈骗的"一条龙"犯罪。笔者认为政府要加强监管力度，对涉案的企业要严格整治，避免让相关行业滋生"黑色产业"。此外还有充分利用媒体的曝光力，正确引导。相关行业内部也应当严格准入机制，将公民信息个人保护要纳入员工的奖罚规定中。

（二）探索信息共享机制

跨域电信网络诈骗犯罪的频发，也提示无论是公安侦查机关还是检察机关、审判机关都要建立起协作共享机制，搭建全国性的大数据合作平台，与金融部门、电信部门加强信息交流，形成打击合力。对于电信网络诈骗案件，也要坚持有利于诉讼的原则，便宜确定有管辖权的法院审理。

（三）规范量刑和司法适用

科学合理的量刑是法律适用的基础，如果量刑不均衡或者轻刑化，将使对电信网络诈骗犯罪的刑事惩罚效力大打折扣。因此在司法实践中，要注意量刑情节的结合评价，完善罚金刑的量刑档次。可以由地方高院结合地区差异细化量刑指导意见，下级法院严格依照意见规范量刑。同时各级法院可以利用统一的审判业务平台建立案件量刑的电子档案，依托司法大数据完善量刑的指导和纠正机制。

网络诈骗犯罪防范治理探究

——基于Q市2020年网络诈骗案件分析

韩淑存　韩海鹰[*]

随着网络信息技术的高速发展，网络犯罪日益猖獗，且以隐蔽、高效之态呈现扩大发展之势。网络诈骗犯罪作为网络犯罪的高发形态，近年来，已经成为网络时代的"社会毒瘤"。据司法大数据显示，2016年至2018年，人民法院审理的网络犯罪案件中30%以上涉及诈骗罪，占比最高[①]。2017年，全国电信网络诈骗案件59.6万起，经济损失131亿元。[②] 据统计，2019年，全国共破获电信网络诈骗案件20万起，抓获犯罪嫌疑人16.3万人，同比分别上升52.7%、123.3%[③]。Q市作为本地区网络诈骗犯罪的"重灾区"，网络诈骗已经对当地人民群众财产安全及社会稳定构成严重威胁。提早防范、及时止损、有效打击，聚各方之力，形成防范治理网络犯罪的"组合拳"，是摆在当前的迫切任务。

一、Q市2020年网络诈骗犯罪的现状及特点

（一）Q市2020年网络诈骗犯罪现状

根据当地公安机关刑侦部门的数据显示，自2019年12月20日至2020年12月20日，Q市共立案电信网络诈骗案件204起，与2019年171件的数据相比，增加33件，上升19.3%。因电信网络诈骗造成财产损失共计864.02万

---

[*] 韩淑存，宁夏回族自治区青铜峡市人民检察院第二检察部主任，一级检察官；韩海鹰，宁夏回族自治区青铜峡市人民检察院第二检察部副主任，四级检察官助理。

[①] 秦平：《打击电信网络诈骗需要综合治理》，载《法治日报》2019年11月20日，第1版。

[②] 中国人民公安大学网络空间安全与法治协同创新中心联合南都个人信息保护研究中心共同发布的《中国电信网络诈骗分析报告》。

[③] 冀超良：《加强基层社会治理铲除电信网络诈骗土壤》，载《河南法制报》2020年6月19日。

元，较 2019 年增加 519.72 万元，上升 150.9%。抓获犯罪嫌疑人 74 人，较 2019 年增加 59 人，上升 393%；挽回经济损失共计 334 万元，较 2019 年增加 243 万元。整体发案情况如表 1 所示：

表 1　2020 年 Q 市电信网络诈骗发案情况

	"杀猪盘"型	网络兼职刷单诈骗	投资理财诈骗	网络贷款诈骗	冒充客服购物退款	其他诈骗	2020 年共计
发案数量（件）	66	22	18	39	16	43	204
损失（万元）	570	29	60	90	11	104	864

注：其他诈骗包括如冒充亲朋、领导、网络购物、公检法诈骗等类型

另外，根据数据显示，仅 2020 年 1 月至 5 月，Q 市共立案侦查网络诈骗案件 135 件，同比上升 62.65%。具体发案情况如表 2 所示。

表 2　2020 年 1 月至 5 月 Q 市电信网络诈骗发案情况（单位：件）

	"杀猪盘"型	网络刷单诈骗	网络购物诈骗	裸聊、网聊诈骗	盗刷银行卡诈骗	网络贷款诈骗	短信诈骗	网络赌博	网络游戏诈骗	炒外汇诈骗	其他诈骗	共计
城区	18	17	5	2		20	3		1			70
城乡接合部	9	7	3			10	1			3	1	36
农村辖区	2	5		1	4	10			2		6	30

注：其他诈骗包括如冒充 QQ 好友借款、网友引诱投资等类型

（二）Q 市网络诈骗犯罪的发案规律及特点

1. 犯罪形态多样化。根据表 1、表 2 的数据显示，Q 市网络诈骗犯罪的发案形态几乎涵盖网络犯罪的各式样态，且主要集中在"杀猪盘"型诈骗、网络兼职刷单、网络贷款、投资理财等几种形式。2020 年以来，Q 市网络贷款诈骗案件占比电信诈骗案件总数的 29.84%，网络兼职刷单案件占比 22.51%，投资理财类案件占比 21.46%，网络赌博占比 16.75%。多样化的犯罪手法，在一定程度上增加了防范与打击的难度。

2. 侵害目标群体化。经对 Q 市网络犯罪被害人年龄分析发现，年龄在 25 周岁至 40 周岁之间的受害对象占整体受骗者的 52.4%，且受骗对象多为女性，以无业赋闲单身女性、家庭主妇、网上购物者、投资理财爱好者居多。其中，单身女性、离异女性更易被诈骗分子所围猎。以"杀猪盘"型诈骗为例，诈骗分子往往打着恋爱、交友的名义，通过婚恋网站、社交 App 或者微信聊

天的方式，筛选出经济实力突出的女性，再以谈恋爱的手段培养感情以获取被害人信任，诱惑被害人去博彩网站买入彩票，或在投资平台上投资，从而实施诈骗。

3. 诈骗数额巨大化。2020年，Q市已发案网络诈骗犯罪的涉案金额较去年同期相比，呈现成系数增长的态势。其中，损失金额5000元至1万元的案件有54起，1万元至10万元的案件有96起，共计占诈骗案件总数的54.47%；另有损失金额10万至50万元案件13起，100万元以上案件1起。被害群众一旦陷入网络诈骗的漩涡，损失的往往都是大额款项，且被骗资金在进入网络后，往往在短时间内被迅速拆分转移，层层洗白，钱款多难以追回，群众心理遭受打击，财产损失巨大。

二、当前Q市网络诈骗犯罪防范治理的问题及困境

（一）群众自我防范意识薄弱

根据笔者调研了解，Q市的反诈骗宣传已经开展相当长时间，也在宣传广度和深度上不断拓展。但面对诈骗分子抛出的所谓低成本、高收益的巨大诱惑及各种"情感诱饵"，广大群众特别是女性受害者仍然缺乏足够的自我防范意识，对网络诈骗表现出的一些异于常理的特征往往表现出极大的忽略与漠视，以至于在出现异常资金流转时仍然没有及时止损，最终酿成大额财损的悲剧。

（二）宣传防范和预警工作存在真空地带和盲区

2020年，Q市的网络诈骗犯罪从发案类型看，依然是老套路老手段。从财损严重的个案分析来看，诈骗分子精准化的网罗侵害目标，反证出反诈骗宣传、防范、预警工作还存在真空地带和盲区，司法机关以案示警、以案释法的收效不明显，超常规宣传发力严重不足。

以炒外汇诈骗为例，诈骗分子通过微信聊天或直播间介绍的方式就能让被骗者在短时间内作出决定，从而无所防备的向诈骗分子介绍的链接平台注入资金。而正规的网络投资平台首先会要求客户通过当地营业部或者网上操作，必须由本人持本人身份证进行，在开户过程中会在网络平台上存在公安部门的信息验证，在对客户的身份信息和本人确认无误后，会有专业人员在网络投资平台与客户进行视频聊天确认是否自愿客户，是否了解投资风险及提供的资料是否属实等关键信息。正常客户对于自己的盈利和损失都是可以把控的。实践中，这些常识性的金融知识并不为广大群众所知晓。信息掌握的盲区导致判断能力缺失、防范意识下降，从而给诈骗分子留下可乘之机。

(三) 侦查打击专业力量不足

与传统刑事犯罪相比,网络诈骗犯罪本身具有手段更新快、科技含量高、上下游黑灰色产业链多的特点,并伴随网络科技的高速发展,已呈现犯罪组织化、"产业化"的新特征。与之相反的,各地普遍存在网络诈骗犯罪专业研究分析人员严重匮乏的局面,且在案发后,存在抓捕难、审讯难、核案难、重判难等诸多困境。高质效侦破打击网络犯罪专业力量的短缺,势必削弱防范打击犯罪的效果,造成广大群众的关切得不到及时回应。

(四) 疫情因素加剧防范打击网络诈骗犯罪难度

2020年,新冠肺炎疫情在全球肆虐,"宅"成为大部分群众避开疫情风险的有力措施。伴随大量正常的社会活动从线下转移到了线上,"宅"男"宅"女受骗上当的风险也随之提升。另外,目前很多网络诈骗团伙的高层和核心人员均位于境外,在国内所抓到的犯罪人员只是相对底层的操作人员,大量资金流向境外。受到疫情因素的影响,侦查人员即使获取明确的犯罪线索,也无法及时出境核查,无法实现案件从源头上的有效治理,无法对核心和高层人员起诉。

三、防范治理网络诈骗犯罪的对策分析

(一) 重防范,加强宣传提升民众预防意识

1. 金融机构要在各金融营业网点电子屏幕上滚动播放防骗宣传标语,悬挂防骗宣传警示横幅,印制防骗宣传知识手册,设立防骗宣传专栏。对于普通群众容易忽略的金融反诈知识,例如不能通过微信、网络直播间参与炒黄金、外汇,正规投资平台通常会发送防骗验证码等内容,要有意识、有重点、有针对性的加大宣传范围与宣传深度。

2. 电信部门要主动向群众推送、发布防范网络诈骗、网络贷款、网络刷单、网络投资理财、网络博彩等网络诈骗提示信息。加强网络电话业务、国际语音来电接转业务有效监测,通过全号段发送短信、全用户电话彩铃提示,向人民群众快速推送关于各类诈骗手段的骗术揭秘,发现、预警、拦阻、查控可疑电话,全时段向用户提供及时、高效、精准的来电业务服务、咨询和网络诈骗预防宣传。经常性提醒公民保护个人信息,结合案例多宣传揭示相关骗术。

3. 文体部门要以典型案例为题材,充分利用报纸、电视等传统媒体与微信、微博等新媒体的不同优势,积极联系演艺公司、演艺团体,以广大群众喜闻乐见的方式、易于理解的语言,编排、制作防范网络诈骗主题文艺节目,在人员集中的广场、社区、农村集市开展巡回展演。

4. 公安机关刑侦部门要及时将每日网络诈骗发案情况及宣传材料通报各辖区派出所，各派出所根据发案辖区和规律联合社区工作人员通过安装防骗楼宇提示牌、张贴防骗海报、更换防骗提示牌开展日常反诈骗宣传，并加强日常巡视维护。

5. 其他行业也要针对特定群体、服务对象开展精准宣传。例如，在"杀鱼盘"型网络诈骗中，诈骗分子多针对在校学生实施诈骗，学校可以在开家长会的时候或利用家园共建微信群、QQ 群针对性地进行预防宣传。

（二）重监管，切实加强全链条防护

1. 中国人民银行、银监会等金融监管部门应切实担负起银行类投资金融机构的监管责任，督促各级金融机构在发现大额、异常交易时，及时向广大用户发出风险提示，尤其应加强对第三方支付平台的行政监管，对涉及第三方支付平台的行政许可进行严格审核。对于曾经出现过不良交易记录的第三方支付平台建立日常监管台账，提高行业惩戒标准，严格把控入行资质，以有力措施防止第三方支付平台参与网络诈骗，为诈骗分子转移、拆分资金或洗钱提供渠道或其他帮助。

2. 各级人民银行、各银行机构要按照中国人民银行总行 2019 年下发的关于开展涉案银行卡、企业账户倒查工作的通知要求，安排部署开展涉案银行卡和企业账户倒查工作，加强银行卡、U 盾、对公账户的管理，全面核查账户信息。切实加强账户实名管理、转账管理、特约商户和受理终端管理，对存在风险隐患的账户、商户、终端及时发现、及时预警、及时处理，加强监管检查和指导督促。要严格防范如农民工群体中"职业开卡人"的出现，防范某些公司恣意出售对公账户。

3. 工信部门对不良社交网络平台、欺诈 App、恶意二维码、钓鱼网站、带有木马病毒的短信链接等问题互联网企业，要及时开展约谈，督促其加快整改。对掌握大量公民个人信息的电商网站、第三方商家等大数据行业以及部分行政部门和企事业单位，要督促其严格履行监管职责，建立个人信息安全防护机制，严防数据外泄。

（三）重打击，全面发挥法治保障作用

司法机关作为打击网络诈骗犯罪的主力军，要以 2016 年 12 月最高人民法院、最高人民检察院、公安部联合发布的《关于办理电信网络诈骗等刑事案件适用法律若干问题的意见》（以下简称《意见》）为依据，坚持综合治理、协同作战的思想，统一执法理念，善于通过法治手段、运用法治思维，保持严打高压态势，严惩各类网络诈骗犯罪行为。

1. 公安机关要积极转变侦查模式，创新打击方式。一线办案民警要主动与三大运营商及有关单位、公司专业人员积极座谈，充分交流各自需求，力争在侦查阶段最大限度获取专业技术支持，保障金融机构等相关单位与公安机关涉案信息反馈和涉案线索移送畅通，优化取证与固定证据方式。要加强跨区域司法协作，克服管辖障碍，坚持主动进攻，尽最大努力为受害群众挽回损失。要做到既侦查犯罪事实，又全力追赃挽损，既注重对现有犯罪嫌疑人的抓捕，又兼顾对黑灰产业链的打击。《刑法修正案（九）》新增帮助信息网络犯罪活动罪[①]，这一立法成果将网络犯罪帮助行为正犯化，为实务中打击网络犯罪黑灰产业链提供有力法律支撑。

2. 检察机关要以《检察机关办理电信网络诈骗案件指引》为依据，做好重要个案、类案的提前介入，引导侦查机关在常规诈骗类证据取证之外，重视对例如第三方支付结算交易记录、犯罪嫌疑人提成记录、证明发送信息条数、拨打电话次数及页面浏览量等证据的及时调取与巩固。要善于用好"外脑"智慧，主动聘请专业院校法学教授成立专家咨询小组，针对疑难案件特定问题进行咨询讨论，援引专业支持。要努力克服案多人少的困难，发挥团队作战优势，吸纳具有网络犯罪办案经验的检察官、检察辅助人员组建专业办案团队，从提前介入到分析研判关键证据，团队成员合力攻坚，全力打好审查起诉协作战。要认真把握审查逮捕、审查起诉不同环节的证据审查标准，加强法律监督，积极开展漏犯、漏罪的追诉、追捕。

3. 审判机关要结合自身工作特点，有重点、有选择地不定期开展"法治进乡村"。巡回法庭观摩活动及线上"云庭审"观摩，以身边事教育身边人，发挥以案示警效果，通过庭审观摩的直观感受增加人民群众对网络犯罪的防范意识。

另外，人民法院要严格落实《意见》关于严惩网络诈骗犯罪的规定，通过对典型案例的研判分析，避免在类似犯罪行为的定罪上出现同案不同判的现象。以江西省余干县人民法院生效判决王某某诈骗罪一案[②]、邓某某帮助信息网络犯罪活动罪[③]两起案件为例，法院认为，被告人王某某明知郑某、汤某在其租赁的语音平台实施"重金求子"电信诈骗活动，仍然向其提供语音平台租赁服务，根据《意见》第4条第3款第5项的规定，以诈骗罪共犯论处。然而面对几乎完全相同的犯罪事实，同一法院在同一年度的判决最终认定邓某

---

① 《刑法》第287条之二第1款。
② 参见江西省余干县人民法院（2017）赣1127刑初271号刑事判决书。
③ 参见江西省余干县人民法院（2017）赣1127刑初283号刑事判决书。

某构成帮助信息网络犯罪活动罪。此类同案不同判现象的发生，会在一定程度上削弱打击网络犯罪的效果。

此外，对实施网络诈骗犯罪的被告人，人民法院在量刑时要综合考量刑种适用、刑期时间及是否适用缓刑。笔者认为，应在量刑中严格掌握适用缓刑的条件，严格控制缓刑的适用范围。

防范治理网络诈骗犯罪，任重而道远。从长远来看，要想获得网络诈骗犯罪综合治理的良好效果，不能单靠司法机关或某些部门的努力，需要通过加强基层治理体系和治理能力建设来夯实反诈防骗的土壤，需要调动政府、企业、司法机关、民众等多方力量的积极参与。只有打好配合、开展协作，才能有效打击犯罪分子的嚣张气焰，恢复网络空间正常秩序，保障Q市网络犯罪治理取得实效。

电信网络诈骗犯罪的被害及预防初探

张应立*

电信网络诈骗，也称网络通讯诈骗，是近年来增长最为迅速的一种新型的远程非接触式的侵财犯罪，电信网络诈骗占全部犯罪的1/3以上，一些高发地区甚至超过半数，一定意义上讲电信网络诈骗左右着当前犯罪防控的大局。被害人学认为犯罪是犯罪人与被害人互动的产物，电信网络诈骗犯罪中这种互动特征最为明显，因而电信网络诈骗犯罪的预防更应重视发挥被害人的作用。近年来，各地都在不断强化电信网络诈骗犯罪的防控，取得了一定成效，但也暴露出一些问题，尤其是被害预防尚待加强。有感于此，笔者结合宁波市北仑区域实际，就电信网络诈骗犯罪的被害及预防做些初步探讨。

一、电信网络诈骗犯罪被害特征

2019年北仑区域发生电信网络诈骗案件2153起，2020年上升到2571起，绝对数增长了19.4%；占全部刑事发案的比例由2019年的37.1%上升2020年的50.02%，增长了12.92个百分点。根据对北仑区域2019—2020年间全部电信网络诈骗案件4724名被害人的分析，当前的电信网络诈骗犯罪被害呈现以下特征：

（一）被害主体特征：以18—40岁高中及以上文化的流动人口青壮年务工人员为主

从被害人性别比例来看，北仑区域电信网络诈骗被害人中2019年女性占46.22%，男性占53.78%；2020年女性占55.04%，男性占44.96%。虽然2020年与2019年相比，女性电信网络诈骗被害占比上升较快，但与2020年疫情影响有关，疫情影响下人们外出减少与采购等活动中女性多等因素的结合，进而电信网络诈骗被害增多在女性身上体现更为明显。总体而言，常态下电信网络诈骗被害人性别差异不大，与其他类型犯罪被害中（性犯罪除外）

---

* 张应立，宁波市公安局北仑分局四级高级警长。

男性占绝对多数有明显不同。根据笔者对 2013—2019 年 7 年间北仑区域全部盗窃案件的调查，男性占全部盗窃被害人比例年均高达 73.16%①，高于 2019 年电信网络诈骗被害人男性占比的近 20 个百分点，高于 2019—2020 年电信网络诈骗男性年均占比的近 24 个百分点。

从被害人年龄结构来看，2019 年北仑区域电信网络诈骗被害人中 18 岁以下为 3.36%，18 岁至 30 岁为 48.74%，31 岁至 40 岁为 29.41%，41 岁至 50 岁为 13.45%，51 岁以上为 5.04%；2020 年 18 岁以下为 3.10%，18 岁至 30 岁为 51.94%，31 岁至 40 岁占 26.36%，41 岁至 50 岁为 14.73%，51 岁以上为 3.87%。也就是说 2019 年 18—40 岁人占北仑区域全部电信网络诈骗被害人的 78.15%，2020 年上升到 78.3%，同比增长了 0.15 个百分点。说明电信网络诈骗被害人中 18—40 岁占了大多数，比盗窃被害人 18—40 岁占比的 62%②，高了 12.15 个百分点。2019—2020 年北仑区域电信网络诈骗被害人性别年龄占比情况见表 1。

表 1　2019—2020 年北仑区域电信网络诈骗被害人性别、年龄占比情况（%）

年份\类别	总数	性别		年龄				
		男	女	18 岁以下	18—30 岁	31—40 岁	41—50 岁	51 岁以上
2019 年	2153	53.78	46.22	3.36	48.74	29.41	13.45	5.04
2020 年	2571	44.96	55.04	3.1	51.94	26.36	14.73	3.87

从被害人文化水平来看，北仑区域电信网络诈骗被害人中最多见的是初中文化，但高中及以上文化，尤其是大专以上占比明显高于其他犯罪。调查显示 2019 年的电信网络诈骗被害人中小学 4.20%，初中 45.38%，中专 5.04%，职高 2.52%，普通高中 16.81%，大专 14.29%，本科 10.08%，研究生 1.68%；2020 年小学文化 6.98%，初中 42.64%，普通高中 10.08%，中专 5.43%，职高 3.10%，大专 17.83%，本科 9.30%，研究生 4.64%。可见 2019 年电信网络诈骗被害人中初中及以下文化仅占 49.58%，不到一半，高中及以上文化的则多达 50.42%，超过了一半的被害人是高中及以上文化。2020 年电信网络诈骗被害人中初中及以下文化程度 49.62%，高中及以上文化

---

① 张应立、戴晶晶：《盗窃犯罪被害问题实证研究》，载《浙江警察学院学报》2021 年第 2 期。

② 张应立、戴晶晶：《盗窃犯罪被害问题实证研究》，载《浙江警察学院学报》2021 年第 2 期。

50.38%，延续了 2019 年被害人文化程度态势。笔者对北仑区域盗窃被害调查显示"初中文化占盗窃被害总数的 51.7%，小学占 20.8%，两项合计占 72.5%[①]。"因此与盗窃及其他犯罪被害人普遍的初中及以下文化占大多数相比，电信网络诈骗被害人文化程度总体要高的多。这与电信网络的技术性正相关，特别是网络知识的掌握需要一定文化基础支撑。2019—2020 年北仑区域电信网络诈骗被害人文化占比情况见表 2。

表 2　2019—2020 年北仑区域电信网络诈骗被害人文化占比情况（%）

年份	总数	小学	初中	高中	大专	本科	研究生
2019 年	2153	4.2	45.38	24.37	14.29	10.08	1.68
2020 年	2571	6.98	42.64	18.61	17.83	9.3	4.64

从被害人的职业身份来看，2019 年北仑区域电信网络诈骗被害人中企业员工占 62.18%，服务业从业人员占 5.58%，学生教师占 6.18%，个体占 11.77%，无业人员占 14.29%；2020 年企业工作人员虽有所下降但仍占全部电信网络诈骗被害人的 52.71%，学生教师占 7.08%，个体占 11.63%，政府人员占 3.20%，服务业从业人员占 6.78%，无业人员占 18.60%。企业员工占电信网络诈骗被害人的多数，说明电信网络诈骗被害预防应当以企业为主。2019—2020 年北仑区域电信网络诈骗被害人职业占比情况见表 3。

表 3　2019—2020 年北仑区域电信网络诈骗被害人职业占比情况（%）

年份	总数	企业员工	服务业	学生教师	个体	无业
2019 年	2153	62.18	5.58	6.18	11.77	14.29
2020 年	2571	52.71	6.78	7.08	11.63	18.6

从被害人户籍来看，2019 年北仑区域电信网络诈骗被害人中省外的占 54.62%，省内市外的占 9.24%，两项合计流动人口占了电信网络诈骗被害人的 63.86%；市内区外的占 5.88%，区内的占 30.26%，也就是说本地居民仅占电信网络诈骗被害人的 36.14%。2020 年省外的占 62.02%，省内市外的占 8.53%，市内区外的占 7.74%，区内的占 21.71%。北仑区域电信网络诈骗被害人以省外流动人口为主，与北仑区域人口结构有关，北仑区域 2000 年以来流动人口与常住人口数据一直呈现倒挂状态，2019 年北仑区域登记在册流动人口 476279 人，

[①] 张应立：《诈骗犯罪中被害人过错研究》，载《山东警察学院学报》2010 年第 1 期。

常住人口 403522 人，2020 年登记在册流动人口增加到 544622 人，常住人口 409592 人，流动人口始终是以青壮年务工人员为主的，北仑区域人口结构这一倒挂特征决定了流动人口也是电信网络诈骗被害预防的重点人群。

（二）被害时空特征：白天及家中、单位居多

从被害时间来看，北仑区域电信网络诈骗犯罪中，2019 年白天被骗占比 70.59%，晚上占比 29.41%，其中 14 时左右为被骗高发段时间；2020 年白天被骗占比 69.77%，晚上占比 30.23%，其中白天 10 时左右为被骗高发段时间。根据笔者对盗窃被害的追踪调查，盗窃被害也是白天居多，并呈上升趋势。笔者调查 2011 年被害盗窃白天被害占比 48.2%，2019 年上升到 61.65%[①]，但与电信网络诈骗被害相比，还是电信网络诈骗白天被害的占比更多。

从被害场所来看，2019 年在家中被骗的占 55.46%，在企业占 21.01%，在酒店占 1.68%，在宿舍占 13.45%，在商场占 5.98%，在学校占 1.68%，其余地点为网吧；2020 年，在家中被骗的占 66.67%，在企业占 13.59%，在宿舍占 8.53%，在学校占 3.88%，在酒店占 2.33%，在商场占 1.55%，其余地点为网吧。两年被骗场所相比，在家中被骗上升明显，公司企业里被骗下降明显，均与疫情期间人员流动限制、企业停工限产有直接关系。从盗窃被害场所来看，家中被盗的 2013—2019 年占比年均 45.03%，低于电信网络诈骗家中被骗年均占比的 16.04 个百分点，也就是说电信诈骗被害家中被骗的占比更高。2019—2020 年北仑区域电信网络诈骗被害场所占比情况见表 4。

表 4　2019—2020 年北仑区域电信网络诈骗被害处所占比（%）

年份	总数	家中	企业	酒店	宿舍	商场	学校
2019 年	2153	55.46	21.01	1.68	13.45	5.98	1.68
2020 年	2571	66.67	13.59	2.33	8.53	1.55	3.88

（三）被害手段方式特征：多数使用微信、QQ 时被骗，贷款诈骗多

从被害手段来看，2019 年北仑电信网络诈骗被害中微信占 39.50%，电话占 19.33%，QQ 占 15.13%，App 占 10.92%，网站占 9.24%，短信占 5.88%。2020 年微信占 38.76%，电话占 18.60%，QQ 占 17.83%，App 占 17.05%，网站占 5.43%，短信占 2.33%。从数据来看，因使用微信、QQ 联

---

① 张应立、戴晶晶：《盗窃犯罪被害问题实证研究》，载《浙江警察学院学报》2021 年第 2 期。

系时遭遇电信网络诈骗的2019年为54.63%，2020年则达56.69%，可以说半数以上电信网络诈骗被害手段是微信、QQ，也可以说半数以上是在使用微信、QQ中被骗的。

从电信网络诈骗被骗事由来看，贷款诈骗最多，2019年贷款诈骗占25.21%，2020年进一步上升到25.58%；次之是购物消费，2019年占20.17%，2020年略下降但仍然占了全部电信网络诈骗的19.38%；位于第三的是兼职刷单，2019年为15.97%，2020年上升到16.28%；其他事由电信网络诈骗被害的位次及占比有升有降，2019年列第4到10位事由的分别是平台诈骗（8.40%）、假冒身份（5.89%）、Q仔诈骗与冒充电商客服诈骗（均占5.04%）、理财诈骗（4.20%）、假网站（2.67%）、冒充公检法（2.52%）、婚恋交友（2.48%）。2020年列第4到10位事由的分别是理财诈骗（8.53%）、Q仔诈骗（6.20%）、冒充电商客服（5.43%）、假冒身份与假网站（3.88%）、婚恋交友与冒充公检法（3.10%）、平台诈骗（2.33%）、"杀猪盘"（1.55%）、引诱汇款（0.76%）。从北仑的情况来看，下降幅度较大的诈骗事由是平台诈骗、假冒身份诈骗，上升幅度较大的是理财诈骗。

（四）被害的损失特征：小案居多，但大案上升明显

2019年北仑发生电信网络诈骗2153起，其中3000元以下389起，占全部电信网络诈骗发案的18.04%；3000元以上1万元以下的1106起，占全部电信网络诈骗案件的51.37%；1万元以上10万元以下的628起，占全部电信网络诈骗的29.17%，10万元以上20万元以下的13起，占全部电信网络诈骗案件的0.6%，20万元以上17起，占全部电信网络诈骗的0.79%。2020年北仑区域电信网络案件发案2571起，3000元以下747起占全部电信网络诈骗的比例为29.05%；3000元以上1万元以下645起，占全部电信网络诈骗的25.08%；1万元以上10万元以下1102起，全部电信网络诈骗案件的42.86%；10万元以上20万元以下41起，全部电信网络诈骗案件的1.59%；20万元以上31起，全部电信网络诈骗案件的1.21%。从2019年、2020年北仑区域电信网络诈骗来看，1万元以下小案分别为1495起、1392起，占当年全部电信网络诈骗发案的69.41%、54.14%，年均占比61.78%，小案居多数但小案占比明显下降，但2020年3000元以下的治安类电信诈骗小案增多，1万~10万元大案年均占比36.02%，上升最为明显。笔者曾对2011—2013年北仑区域诈骗案件被害损失情况进行了分析①，2011—2013年1万元以下诈

---

① 张应立：《诈骗犯罪被害问题研究》，载《北京警察学院学报》2015年第4期。

案件占全部诈骗发案比例分别为 84.19%、83.59%、84.54%，三年年均为 84.11%。2019—2020 年与 2011—2013 年年均小案占比来看，小案占比下降了 22.3 个百分点。1 万元以上 10 万元以下电信网络诈骗发案上升最快，2011—2013 年北仑区域此类诈骗案件占全部诈骗案件比例分别为 13.76%、14.83%、14.36%，三年年均占比 14.32%。2019—2020 年此类案件年均占比与 2011—2013 年年均占比相比上升了 21.7 个百分点。2019—2020 年北仑区域电信网络诈骗被害损失及占比情况见表 5。

表 5 2019—2020 年北仑区域电信网络诈骗被害损失及占比（%）情况表

年份	案件数	3000 元以下		3001—10000 元		10001—100000 元		100001—200000 元		200001 元以上	
		案件数	百分比	案件数	百分比	案件数	百分比	案件数	百分比	案件数	百分比
2019 年	2153	389	18.04	1106	51.37	628	29.17	13	0.6	17	0.79
2020 年	2571	747	29.05	645	25.08	1102	42.86	41	1.59	31	1.12

二、电信网络诈骗犯罪被害人过错及作用

同其他犯罪的被害预防一样，电信网络诈骗犯罪被害预防作用发挥的关键也是要弄清被害人过错及其在电信网络诈骗犯罪中的作用。

（一）电信网络诈骗被害人过错形式

从实际情况来看，电信网络诈骗中常见的被害人过错主要有以下几种情况：

1. 轻信。表现为：一是被骗的人心里不设防，人云亦云，别人讲什么就信什么。一是随意添加微信、QQ 好友或微信群、QQ 群，对微信好友、QQ 好友或微信群、QQ 群里推荐的赚钱发财的营生，都信以为真，纷纷跟风，结果在跟"风"中上当受骗。二是无视电信网络中风险，对冒充同学亲友的不加思考，轻易相信，甚至对冒充同学、朋友、亲人的骗子借钱、要钱什么的，没有丝毫的怀疑。北仑曾经发生这样一起电信网络诈骗大案，一对经商的夫妻因闹矛盾几日里互相不理睬，妻子突然接到"丈夫"微信转账付材料款的要求，尽管两人的办公室就在楼上楼下，却也不问一声就直接按照"丈夫"微信提供的账号转过去 80 万元，下班时家里见到丈夫忍不住问到汇这么多钱付谁的材料款时，才知被人冒名诈骗了。北仑还发生一起个体经商者接到电话称在外地上大学的儿子遭遇车祸，抢救需手术费，不假思索，一边按照对方发来的账

号汇过去5万元，一边急急忙忙往儿子上大学地方赶过去，途中让妻子打电话给儿子问问，才知被骗。三是受社会不正之风影响，对潜规则及其他形式拉关系走后门等腐败深信不疑，进而被骗。北仑警方曾破获一起"攒油宝"网络诈骗大案，骗子潜伏在各个车友群或车友论坛里，借机向车友推荐"攒油宝"，声称投资"攒油宝"油价上涨按照投资时油价供油，油价下跌时按现价供油，有骗子当托，群里或论坛里现身说法，上当的车友从来没有关心过真有这种专门做赔本生意的企业。结果短时间上当受骗的群众就过万人。

2. 贪利。不少被抓获的电信网络诈骗犯罪人都交代，他们都是漫天撒网，成功率很低，往往只有万分之五甚至更少，最终上当受骗的人都有这样或那样的问题，最常见的就是经不住利诱。被害人原本存在占便利心理，不劳而获思想，这就给诸如中奖缴纳个人所得税类的诈骗、兼职刷单类诈骗等"送钱"类诈骗创造了机会提供了条件。有的人在网上寻找兼职机会，或者突然接到电话推介说提升网店星级需增加刷单量，聘兼职刷单的，只需帮助刷单无须真实购物，不仅可以全额返还刷单金额，还可以拿到刷单金额一定比例的提成，不用动脑筋就可以赚钱，一些人被这个赚钱方法所吸引，但刷单后要返还本金及提成时，往往被回应称刷单数额还差了一些，请再帮刷一些，一并返还，如果不听则已经刷的钱也返还不了，如果继续帮助刷单则损失更大。兼职刷单类诈骗被害，往往都不是只刷一单就醒悟住手止损的，基本上是两单以上没有收到返本加提成后，才醒悟的。两类人兼职刷单诈骗被骗的较多见，一类是大学生找兼职，另一类是单位工作轻松但收入不高想兼职赚外快，两者均对电商考核业绩提升星级刷单量有所了解。

3. 图省事。网络时代带给人们生产生活越来越多的方便，随着网络的不断普及，网络背景下新业态不断出现，网民们逐渐形成了有事找网络的心理，于是有的被害人遇上资金等困难，一时想救急一下，想临时小额贷款周转一下，又不想让同事（学）朋友知道"这么点钱都没有，还要向别人借，太没面子"。于是找网上贷款或者通过短信提供的网络链接贷款，进入某网页，登记注册，然后取得贷款资格，但要取得这种资格要交纳手续费，等手续费交好后，再登录时却无法打开网页，原先留的联系电话也变成空号或无人接听。2019年宁波一高校里发生了一起电信贷款诈骗案，一学生近期手头有点紧，想借点小额贷款。在校园里行走时被人拦住问是否需要贷款，这个学生一听连忙说需要，便在这个人的指导下下载安装了一款App贷款平台，然后登录并注册，手续费不到2000元，声称交纳手续费后可以长期从这个平台上贷款，学生一听认为是好事情，就交纳了手续费，结果下课后再去贷款时却怎么也打不开网页了。

（二）电信网络诈骗犯罪中被害人过错的作用

有学者认为"一次成功的电信诈骗计划的完成，离不开被害人的'协助'"①。电信网络诈骗是一种新型诈骗犯罪，研究电信网络诈骗犯罪被害人过错作用，可以借鉴传统接触式诈骗犯罪的被害人过错。笔者在研究普通诈骗被害人过错时曾提出"每起诈骗案件中被害人都存在着过错，只是过错程度及大小不同而已；很少有哪类犯罪能像诈骗犯罪一样离不开被害人的过错，可以说既遂的诈骗犯罪中都离不开被害人的过错甚至是被害人较严重的过错；诈骗犯罪的未遂往往是因被害人没有产生过错或能从过错中及时醒悟过来进而采取补救措施②"。笔者认为作为一种近年来高发的电信网络诈骗，同样是离不开与普遍存在的被害人过错，电信网络诈骗犯罪之所以高发的重要原因之一就是在于被骗群众被害过错的普遍性。可以说凡是得逞的电信网络诈骗犯罪，被害人均存在明显的较严重的过错。而没有得逞的电信网络诈骗，被害人都没有过错或者及时醒悟采取了补救措施。

被害人过错为电信网络诈骗提供了实施犯罪的便利条件，这种作用集中体现在"协助"两字上，首先是相信，不相信就不会被骗，相信了才会被骗下去，其次是配合，被害人在相信的基础上积极主动配合犯罪人行动，犯罪人怎么指示就怎么做，才能使电信网络诈骗犯罪得逞。因而减少被害人过错是预防电信网络诈骗的重中之重。

三、强化电信网络诈骗被害预防的建议

被害预防不仅是（潜在）被害人的责任，更是全社会的责任。强化被害预防需要系统治理、综合治理、源头治理，从实践来看当前强化电信网络诈骗被害预防需从以下几方面着手：

（一）要高度重视被害人在预防电信网络诈骗犯罪中作用的发挥

随着被害人学的产生与发展，被害预防是犯罪预防体系的重要组成部分逐渐成为社会各界的共识，但这种共识在我国远不够强烈，离共同行动就更遥远。在我国传统的被害人无辜意识还很顽固，不仅普通群众，有时甚至体现在司法人员身上。因而充分发挥被害预防作用还任重道远，还需要不断深化被害人学知识的普及与教育，完善健全被害人法律责任体系，从根本上扭转被害人

---

① 彭瑞楠：《电信诈骗犯罪被害人心理研究》，载《安徽警官职业学院学报》2017年第2期。

② 张应立：《诈骗犯罪中被害人过错研究》，载《山东警察学院学报》2010年第1期。

无辜思想，让全体社会成员都深刻认识到被害人尤其是被害过错在犯罪发生发展中的重要作用，进而提升全民的被害预防的自觉性。基于电信网络诈骗犯罪中"犯罪人与被害人互动"的明显性，全民被害预防自觉性更是发挥被害人在预防电信网络诈骗犯罪中作用的思想基础。

（二）要强化国民素质的教育和培训

被害预防很重要的基础是潜在被害人素质的提升，市场经济社会背景下社会成员应当具备三方面基本意识，即风险意识、法律意识和诚信意识。市场经济社会也是一个高风险的社会，当前的各国市场经济都与信息网络时代重叠，市场经济的风险与信息网络风险的叠加效应，要求人们应当具有更强的风险意识，才能在高风险中生存和发展。市场经济社会同时也是一个高度法治化的社会，只有具备必要的法律知识素养和较高的法律意识，才能辨别是非，规避风险维护自身利益。市场经济的健康发展离不开社会成员的诚信，也可以说社会成员的诚信水平影响着市场经济能否健康发展。这三个意识是现代社会社会成员的基本素养，也是电信网络诈骗被害预防的思想基础。容易上当受骗的人，往往与这三方面素质欠缺有关。为此要不断改革完善我们的教育，不仅要改革基础教育，还要改革完善我们的高等教育，从深化高考制度改革入手，真正变基础教育应试化为素质教育；要扭转高等教育中过分偏科现象，理科工科学生中增加法律素养教育，帮助学生养成法律思维依法办事习惯，避免对法律的无知带来的上当受骗风险。另外，社会上存在的投机取巧幻想天上掉馅饼不劳而获思想，助长了电信网络诈骗的被害发生。因此要舆论引导与教育灌输并举，扭转诚信滑坡，减少投资取巧不劳而获思想，树立劳动致富、勤劳致富思想，减少诱发电信网络诈骗等被害滋生的温床。

（三）要检讨和反思被害预防的宣传

随着电信网络诈骗发案的迅速增多，各地实践中也开始注重被害预防宣传，投入了人力物力，做了不少工作，但总体成效还不够理想。2021年起，接受报警中要求民警查明被骗群众是否接受过反诈宣传，也就是说询问报案的群众有没有接受过被害预防教育和受过何种类型的被害预防宣传教育。从北仑区域2021年1—4月统计数据来看，794个被骗群众中仅有132人接受过各种反诈宣传，占全部被骗群众的16.62%，一方面说明电信网络诈骗被害预防宣传远远不够普及或者说接受反诈宣传的群众还是太少，还需要加大反诈宣传力度，扫除宣传教育死角，让更多的群众（潜在被害人）接受反诈宣传；另一方面也说明反诈宣传的效果不太好，接受过反诈宣传的群众仍然受骗，说明反诈宣传还没有入脑入心没有起到警示作用。反诈宣传效果不明显，说明当前北仓区域电信网络诈骗被害预防的一个重要内容就是要检讨一下宣传方式和宣传内容,看看反诈宣传内容上是否过于简单缺乏吸引力,或者内容纷杂令人眼花缭乱无法铭记。笔者随机查看了一个派出所的防诈宣传,形式上仅局限于悬挂标语口号;从内容上看有"电信诈骗不难防,不给不要不上当""诈骗电话莫轻信,一旦遇到要报警""不明电话及时挂,可疑短信不要回""不要轻信涉钱信息,严防骗子乘虚得逞",等等;从地点来看,有悬挂在主要干道旁,有悬挂在单位围墙外,也有悬挂在草坪围栏上。存在反诈宣传形式单一,除了悬挂标语外,更为经济的群众喜闻乐见的滚动电子屏幕栏、微信公众号、微信工作群等鲜见反诈宣传;标语悬挂的点位不够合理,没有在更引人注目的社(居民住宅)区宣传橱窗等张贴;从内容上看警示不够贴切深刻,前两个直接说是诈骗电话,关键是让群众如何识别诈骗电话;此外电话仅仅是电信网络诈骗的一小部分,更多的是网络里,显然缩小了电信网络诈骗手段方式。实际上笔者随机查看发现的反诈宣传问题具有普遍性,当前很多地方在把握防诈宣传针对性上出了问题,把针对性简单地等同于凡出现新的手段方式的电信网络诈骗,预防措施又更换起来,电信网络诈骗手法不断翻新,结果我们的反诈宣传也不断变化,导致过多要求不同的反诈宣传群众记不住,影响了反诈宣传效果,降低了被害预防作用。

(四)要正确处理被害预防与其他类型预防的关系

电信网络诈骗的高发多发的原因是多方面的,有社会管理尤其是电信网络管理不到位因素,有银行金融系统与公安机关联动响应不及时因素,也有被害群众自身素质因素,等等。因而治理电信网络诈骗犯罪,需要系统治理、源头治理、综合治理,应该辩证处理好多种预防措施的关系。一是不能厚此薄彼,任何"单打独斗"式的预防都将削弱电信网络诈骗的预防效果,都是对人民财产不负责任的表现;二是要善于发现现有的预防措施中存在的问题与不足,尽可能完善和健全预防措施,实现预防效果最大化;三是多种预防措施要整合,要夯实联动机制,做实合成反诈中心,电信、金融等部门人员要到位,快速联动反应通道要打通,尽可能减少犯罪分子可乘之机,尽可能将犯罪造成的损失降低到最低;四是打击是最有效的预防,要坚持提升打击效果效率不放松,要做到发现早、处置及时、打击有力,除了及时接收报警外,还要重视电信网络巡察,及时发现电信网络诈骗线索。对推诿报警、联动止损不力的,要倒查,要问责。

(五)要突出重点

被害预防既要面面俱到,又要突出重点。所谓面面俱到是指反诈宣传被害预防的普及性，所谓被害预防突出重点，包括被害预防重点时空和重点人群，也包括特定时期被害预防措施内容等。从被害预防的时间上来看，电信诈骗被害预防的重点与其他犯罪不同，有两个重点，一是事先，一是事中。没有遭遇电信诈骗时的预防是事先预防，遭遇到电信诈骗时的预防是事中预防，两个都重要。事先预防除了对潜在被害人的预防教育外，还需要断卡清网，打掉黑灰产业链，净化电信网络空间。坚持开户实名制，不论银行还是电信部门要求做到开户人与所持的身份证件的一致，拒绝利用他人身份证开户；商业银行考核中取消开户指标；网络安全部门加大网络巡查及时取缔注销黑灰网站。事中预防不仅是被害人的责任，也是公安机关、银行金融机构的责任。群众发觉自己被骗及时报警，公安机关与银行金融机构联手及时冻结涉诈账户防止被骗资金被骗子转移，这样才能将电信网络诈骗的损失降低到最低。公安机关应当与电信移动部门联手打造精准的事中预防平台，一是及时发现正在被骗子骚扰的被害人，二是及时发现拦截疑似诈骗电话及 App，三是电话提醒与警员上门，防止群众被骗或进一步被骗，止损防损。

2021 年以来，宁波公安机关在电信网络诈骗的事先事中预防上做出一些积极探索，取得了较明显成效。宁波江北公安 2021 年 4 月在全市首个开通了"反诈防损热线"，24 小时不间断受理有关虚假信息、诈骗问题及防骗识骗话务咨询，群众在日常生活中接到任何可疑电话、短信、网址、链接、二维码等信息，难以甄别时均可拨打热线进行咨询和举报，并实行本区域内，经警方确认把关，仍允许其汇款而造成当事人经济损失的，在公安部门确认事实并确定损失后，由保险公司负责理赔，每人每起案件最高赔偿限额 10 万元①。余姚公安购买东风大数据平台、云脉、甬拓预警平台，形成 1+2 智能预警包围圈，实时分析涉诈网址、App、网络电话等，发现潜在受害人，同步推送高、中、低风险预警名单，运行仅 1 个月时间成功劝阻 116 名正在受骗的群众，止损 107.83 万元。应当强调的是被害预防的重点不是一成不变的，不仅不同地区会有自身的特色和重点，即便是同一地区，不同时期的被害预防重点也会不同。如通过前面被害时空分析，北仑近年来电信网络诈骗被害发生在居民住宅和企业里的较多，那么被害预防的近期重点空间应当是居民区和企业，而被害人中务工的流动人口多，那么被害预防重点人群就应当是务工的流动人口。

---

① 张贻富：《江北公安推出全市首个"反诈防损热线"》，载《宁波晚报》2021 年 4 月 27 日。

网络诈骗技术手段分析

江汉祥[*]

随着我国经济的高速发展，以及社会综合管理的深化，特别是大数据和人工智能等新技术的广泛应用，我国的传统犯罪一直逐年下降，社会治安环境不断改善。然而网络诈骗却逆势不断增长，犯罪手段不断翻新，严重影响人们的生活，造成个人和社会的巨大经济损失。本文就针对网络诈骗的主要类型进行阐述，特别是针对其所使用的技术手段和洗钱支付方式进行分析，以便为执法人员提供知识与研判的帮助。

一、网络诈骗概况

（一）网络诈骗全链条

网络诈骗从早期的由个人或几人实施，成长到团队实施，现在则发展到产业链实施。产业链中各团队分工明确，协作通畅，不同分工团队间以"职业信任"为基础开展合作。比如下图1所示。策划者也就是类似编剧者，策划诈骗实施的整个脚本及实现的技术方法。诈骗的前线是实施者，他们通过电话、即时聊天、抖音等工具开展诈骗活动。但是在开展过程中会涉及各种前期的信息提供及后期的洗钱活动。比如实名信息就需要通过"黑客"的手段获取后，再通过黑帽们来贩卖；而作案电话号码及相关呼叫平台或设备则需要商务总机号商来提供；网站相关的理财网站、购物网站、赌博网站则需要网站提供商来提供；诈骗的本质是骗取钱财，所以就需要号商给洗钱组贩卖银行账号及密码，由洗钱组给实施者提供支付账号。诈骗成功后就要洗钱组立即开展转账多级分流，最后要转账到取现组掌握的卡号上。

随着支付方式的发展，目前洗钱方式转化为非法第四方支付方式，在这种方式中主要有支付通道的提供商和二维码的提供商即码商或码农，如下图2所示。这种支付方式将更加快捷，链路复杂，给办案带来更大的成本和难度。

---

[*] 江汉祥，厦门美亚柏科信息股份有限公司副总裁，硕士。

二、电信网络诈骗犯罪治理研究

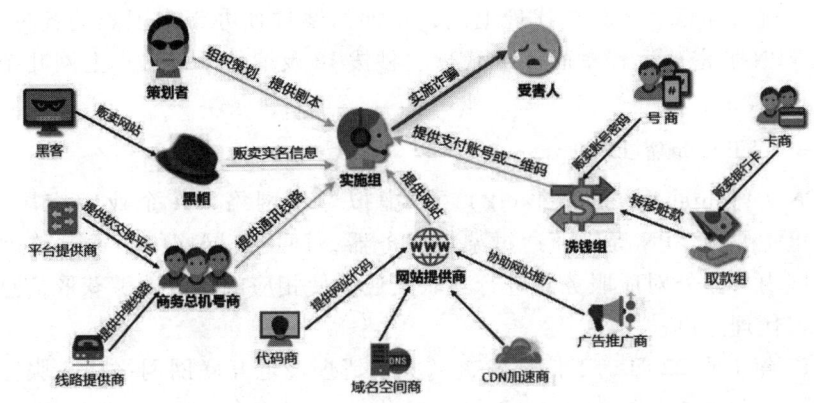

图 1　网络诈骗全链条

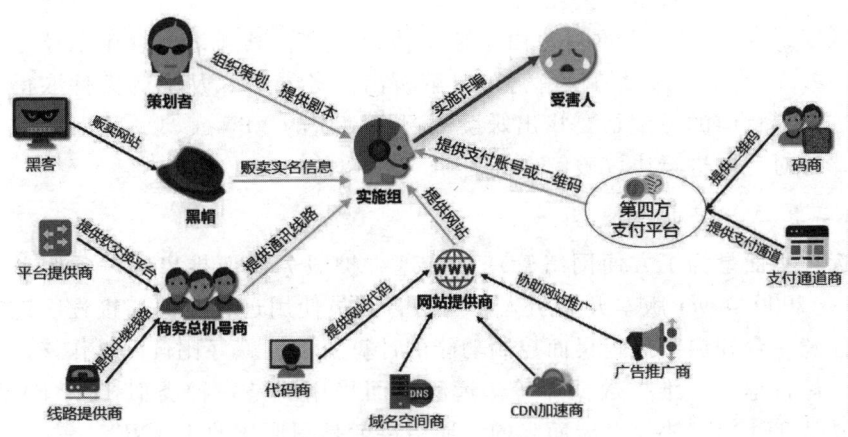

图 2　网络诈骗全链条（新支付方式）

（二）网络诈骗地域分布

正因为产业链分布复杂，所以也造成整个网络诈骗犯罪实施环节的地域分布特别广泛，可能涉及国内多地及境外多地，给案件的侦查带来很大的困难。比如，组织策划者可能在菲律宾，实施者可能在泰国或缅甸，电话群呼平台可能在美国，网关可能在香港或广东，受害人可以是国内任何地方，银行卡的开卡地可能在浙江，但取款地在湖南或江西，而地下钱庄又在福建。

二、上网技术手段分析

上网技术手段是指网络诈骗嫌疑人为了隐藏身份，利用互联网技术及各种

195

网络工具进行加密、远程或代理上网,从而给案件侦办带来困难的各种手段。下面就VPN加密、远程桌面、IP代理、秒拨IP及境外手机热点上网几个方面进行分析。

(一)VPN加密上网

VPN(Virtural Private Network),即虚拟专用网络,在企业中应用广泛。我们这里主要指VPN提供商通过架设服务器,利用公网网络,通过软硬件设备,把国内与国外对应服务器进行互联互通,使相应的用户能够获取信息,或进行加密代理上网。

2017年1月22日,工信部发布《关于清理规范互联网网络接入服务市场的通知》,规定"未经电信主管部门批准,不得自行建立或租用专线(含VPN)等其他信道开展跨境经营活动",所以未经批准进行VPN开发、管理和使用的对象都属于打击或关注范围。

嫌疑人使用VPN上网后,由于通讯协议加密,其通讯内容难以还原,但是对一些VPN工具通过协议解密可以解析出服务器IP,从而为案件取得一定的突破口。目前的关键是要找出嫌疑人习惯使用的VPN工具,从而可以有的放矢,针对性地进行协议破解研究。

(二)远程桌面上网

远程桌面是为了方便网络管理员管理维护服务器而推出的一项服务。从windows 2000 server版本开始引入,网络管理员使用远程桌面连接程序连接到网络任意一台开启了远程桌面控制功能的计算机上,就好比自己操作该计算机一样,运行程序,维护数据库等。远程桌面采用的是一种类似TELNET的技术,是从TELNET协议发展而来的,通俗讲就是图形化的TELNET。

远程桌面通讯协议主要有三种:SPICE、VNC和RDP,其通讯内容一般都是加密的(比如:TLS加密),所以数据无法解密。目前只能对一些远程桌面进行远程IP和用户名密码的解析。当然,如果能解析这些信息,特别是用户名及密码,那么很多案件就能找到关键线索。而远程桌面的服务器IP与VPN解析出来的服务器IP相结合就能找出开发和管理VPN的违法犯罪线索。

(三)IP代理上网

IP代理也就是服务器代理,包括应用层代理、传输层代理和SOCKS代理三种:

1. 应用层代理:只能支持应用层协议(HTTP&FTP);
2. 传输层代理:直接与TCP层交互;
3. Socks代理:是客户/服务器环境代理,Socks客户库实现在应用层与传输层间；

IP 代理主要是 Socks5 代理，IP 代理在传输上数据并不加密，是标准的协议，因而不影响数据的解析，只是影响到案件倒查时 IP 地址的误导作用。

（四）秒拨 IP 上网

传统的代理 IP 资源是利用高性能的服务器对全网进行扫描开放代理服务的服务器，或者是直接爬取其他代理网站的数据，收录有效代理 IP 和端口，以免费或者付费的形式交付给用户。这种方式收集的代理 IP 资源相对不稳定、不可控，同时资源的总量也是有限的，已经完全无法满足当前黑灰产的自动化攻击需要。这种情况下秒拨 IP 就应用而生。

秒拨 IP 就是利用国内家用宽带拨号上网（PPPoE）的原理，每一次断线重连就会获取一个新的 IP。黑产掌握全国大量宽带线路资源，利用虚拟化和云计算的技术整体打包成了云服务，并利用 ROS（软路由）对虚拟主机以及宽带资源做统一调配和管理。这种云服务交付给黑产用户其实就是云主机（俗称"秒拨机"），黑产用户可安装 Windows 或 Linux 系统，通过 RDP、VNC 或者 SSH 连接，部署自动断线重连切换 IP 工具以及黑产工具后，便可开展黑产活动。同时也可使用代理平台提供的 Windows/Android/iOS 客户端，通过 PPTP/LT2P 等 VPN 协议，可把黑产终端直接变成"秒拨机"。随着黑产对不同区域 IP 的需求，黑产对秒拨进行升级，把多个省市地区的秒拨资源打通，实现在单台秒拨机上就可以拨到全国上百个地区的 IP 资源，即"混拨"。

当前，秒拨 IP 资源早已成为主流的黑产 IP 资源，被广泛用于批量注册、投票、刷量等短时间内需要大量 IP 资源的风险场景，以及实施撞库晒密、爬虫、诈骗刷单、刷量、薅羊毛等恶意行为。

如图 3 所示，黑产租用大量的宽带（一个机房牵入大量光纤，拥有几千个宽带账号或者与运营商技术人员勾结促使一账号多拨），通过 ROS 软路由（经常是 MikroTik 路由硬件及操作系统或爱快 iKuai 软路由）与服务器上的大量虚拟机 VPS 进行关联映射，同时在 VPS 上安装秒拨软件，自动断线重拨，形成"秒拨机"。一种情况下，这种 VPS 直接租用给黑产，这时如果秒拨提供商有做好相关日志，一般是能够通过作案 IP 查询到黑产对象。另一种情况是把这些 VPS 通过代理平台进行虚拟化整合，最终提供黑产。这时倒查作案 IP 时，只能查询到最前商的 IP 宽带，但黑产使用的日志要穿透多层代理后的最终代理平台才有日志，给办案工作给来的极大的挑战。

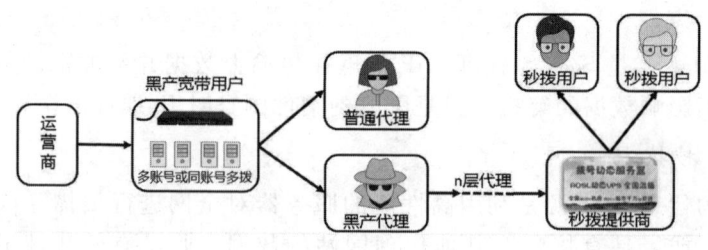

图 3　秒拨 IP

（五）境外手机卡热点上网

目前一些案件中发现嫌疑人在网上购买境外手机流量卡，利用手机热点为计算机或其他手机上网，给案件侦办带来了更大的难度。

手机热点是将手机接收的 GPRS、3G 或 4G 信号转化为 Wi–Fi 信号发出去的技术，手机必须有无线 AP 功能，才能当作热点。它是一个允许电子设备连接到一个无线局域网（WLAN）的技术，通道常使用 2.4G 或 5G 射频频段。

嫌疑人利用境外手机上网会带来哪些问题，我们就得先了解下手机上网的数据流程，其中：

SGSN 即 GPRS 服务支持节点，相当于路由，主要用于为在其地理范围内的移动站传递数据包。它可以进行分组路由和转发，移动性管理，逻辑链路管理，鉴权以及计费功能。

GGSN 即网关 GPRS 支持节点，相当于网关，能转换数据格式，再发到分组数据网络。GGSN 也能实现地址转换（把 PDP 地址转为 IP 地址）。通常所谓无线 IP 地址，就是 GGSN 出口 IP 地址。不过 GGSN 一般使用 IP 地址池，而不是一个单一 IP。

本地手机在本地上网的数据流程为：手机与基站对接，数据包通过本地 SGSN 后，通过运营商承载网的本地路由 R1 和 R2 后到达本地（或本省）GGSN，再通过防火墙接入互联网。因为是本地（或本省）GGSN，所以就显示为本地（或本省）IP 地址。

境外手机在本地上网的数据流程为：手机与基站对接，数据包通过本地 SGSN 后，通过运营商承载网的本地路由 R1 后，因为不是本地卡，会访问承载网的要 DNS 服务器，得到卡归属地的国家或地区路由 R3。从而数据从 R1 后转向境外 R3，再通过卡归属国家或地区的 GGSN，最后接入互联网。因为数据是通过境外 GGSN 上网，所以就显示为境外 IP 地址。

从中可以看出，嫌疑人利用境外手机热点上网的确给侦查带来误导，反查时得到线索就会是境外手机在境外 IP 上网，从而可能放弃追踪。同时境外手机上网因为没有通过国内防火墙，因而也就成为突网穿墙的工具，可以访问各种非法反动的网站。

三、支付方式分析

支付方式主要指网络诈骗团队利用当前第三方支付、第四方支付及数字货币等合法或非法机构间的资金多次流转，规避侦查，以达到洗钱的目的。

（一）第三方支付

第三方支付是指具备一定实力和信誉保障的独立机构，通过与银联或网联对接而促成交易双方进行交易的网络支付模式。主要特点：使用买家收到货满意后卖家才能收到钱的支付规则，需要监管部门审批牌照。

（二）第四方支付

由于大量第三方支付在应用中存在支付渠道、支付场景、支付数据碎片化问题，从而就产生了第四方支付，也称为聚合支付。它是介于第三方支付和商户之间，集成了各种三方支付平台、合作银行、合作电信运营商和其他服务商接口，能够根据商户的需求进行个性化定制，形成支付通道资源互补优势，满足商户需求，提供适合商户的支付解决方案。因为第四方支付原则上只是建立通道，不进行清算，所以没有支付许可牌照的限制，具有灵活性、便捷性和支付服务互补性的特点。

正规的第四方支付平台也就是"一清"公司，所谓"一清"就是资金只有经过一个清算中心，进行一次清算，如图4所示。这里第四方支付聚合了各种常用第三方支付方式，然后和对应的第三方支付建立通道接口，因而它只是方便了用户的支付方式，并不改变整个支付清算过程。

图4 "一清"资金流转示意图

洗钱者正是利用第四方支付不需要牌照的便利，违背"一清"的规则，违法开展"二清",也就是经过两次清算,如图 5 所示。此时前端的第四方支付不仅提供了聚合二维码,还改变了资金流向,把经过清算的资金,由第三方支付转入第四方支付账号,经过第二次清算后再转给商户。

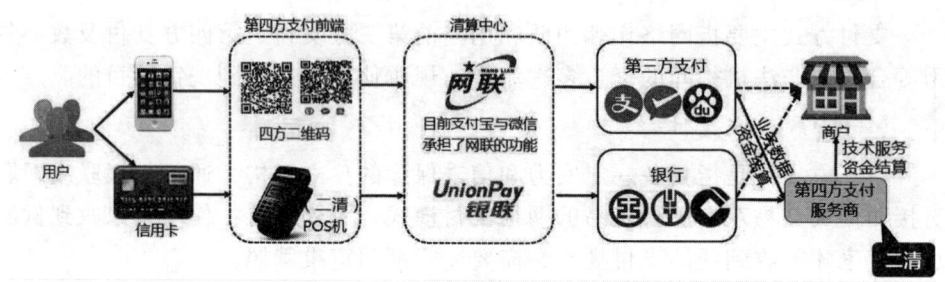

图 5 "二清"资金流转示意图

对于洗钱嫌疑人来说,可以把钱转入正规的第四方支付平台,然而再把钱转到一个虚假身份的账户上,然后通过几级批量转账,把钱化整为小到几百、几千、甚至几万个账户上。早期这些小额账户就利用取现组取现来完成洗钱。当前这些大量的账户,可能再通过刷单公司再次进入多个第四方平台,从而再进行这种循环操作,何时中断就看洗钱者认为足够安全后最后再转入真正的收款账户。所以一般办案单位无力开展这种极其浪费人力和财力的侦查方法。

(三)跑分支付

"跑分支付"本质上就是非法第四方支付,即"二清"公司。其根本目的就是利用正常用户的支付账户进行洗钱,为黑灰产团伙(赌博、色情、诈骗等团伙)规避打击。比如,网络博彩公司自身的收款账户很容易被查被封,就利用跑分支付,许诺佣金奖励,然后将"跑分"平台包装成所谓"网赚项目"。它利用参与者收款二维码去协助收款,并承诺给予佣金奖励。整个过程为:参与者提供收款二维码给跑分平台,并缴纳一定保证金;跑分平台利用这些收款二维码进行收款;每当参与者收到一笔款项时,对应保证金就会扣减,达到一进一出的"跑分"行为;平台返回佣金给用户;用户再次缴纳保证金,进行以上循环操作。

正因为跑分平台包装成"网赚项目",让用户感觉是个正规平台,同时又有利可图,因而参与人(码农)众多。这样就给办案带来极大的困扰。因而收款的人可能达到几万、几十万、甚至几百万人的规模,这时资金链的侦查就更加错综复杂。

早期,码农的收款二维码和到款情况与平台是隔离的,无法对接的,只能通过群聊反馈。当前，码农安装虚拟机 VirtualXposed，并加载前端 App 和特定版本支付宝、微信等，从而可以自动截获二维码和到款情况发送后台。

（四）数字货币洗钱

2020 年以来，全国范围开展了轰轰烈烈的"断卡"专项行动，给各类违法犯罪的资金渠道予以沉重的打击，特别是非法第四方支付洗钱的命脉被予以痛击。为此，洗钱团伙开始转向新兴的数字货币渠道。

数字货币最初以非官方机构发行的加密数字货币形式出现，这些数字货币改变了传统货币的形态、流通方式及支付方式。目前这类加密数字货币多达一万多种，使用最广泛的主要有比特币（BTC）、以太币（ETH）、泰达币（USDT）等。

当前，利用数字货币洗钱的模式主要有以下四种：

一是直接交易。交易双方直接达成协议，用数字货币和等值法币进行违法犯罪活动的结算，"一手交钱、一手交币"。这种形式多见于黑灰产与上下游之间的结算，利用数字货币的匿名性来规避警方的追查。

二是借用第三方交易。通过直接或间接控制的第三方，利用其与对方进行数字货币结算。这种往往是通过控制境外公司或账户，再与境内相关方进行数字货币结算，以达到警方难以追查的目的。

三是交易所交易。这是目前最主要的数字货币洗钱方法。数字货币交易所一般在境外，交易量大，不便追踪，监管薄弱，因而常被利用以实现匿名地址间或不同种类数字货币间的多次转换而洗钱。

四是结合第四方支付平台交易。其实这是上面这种洗钱方式的集中体现。跑分平台中原本码农要给跑分平台押金，现在转而给数字货币的充值码（即在交易所的充值地址），平台收集大量充值码，形成充值码池，然后与上游赌博诈骗系统对接。上游团伙可以利用数字货币进一步开展复杂交易后再提现，以实现洗钱目的。

数字货币是区块链技术的一种典型应用。区块链的特性之一为"公开的不可逆的账本"。这就造成数字货币交易账本是"公开"的，在公链上都能爬取到交易账本，这似乎对洗钱活动是很不利的。然而，它的另一特征是交易的基于网络与"非实名性"。也就是说，虽然能看到各个地址间的交易情况，但是实际上交易实体是匿名的，在任何地方利用互联网就可以匿名地快速进行数字货币的跨境充值、资金转移等洗钱活动。

大部分的交易所都是中心化的交易所，也都会要求用户进行实名注册。从而突破数字货币交易匿名性问题的突破点就在交易所，如果能够准确全面地对交易所地址进行打标，识别出来，同时又能够与主要交易所建立调证通道，那么这个通道就会得到破解。

  限于篇幅和精力关系,本文对网络盗窃的技术手段尚未深入研究,没有针对网络盗窃在侦查和取证方面进行研究;对洗钱的支付方式也尚未深入研究,特别是数字货币洗钱方面,没有剖析如何针对复杂的洗钱方式寻找有效突破口。这些都将是下一步研究的方向。

（二）电信网络诈骗犯罪原因研究

电信网络诈骗犯罪快速增长的基本解释

王良顺[*]

一、网络诈骗犯罪近期的快速增长态势

从前，作为众多财产犯罪的类型之一，诈骗犯罪在财产犯罪中所占的比重不高。这是因为，作为一种智能型犯罪，对诈骗犯罪人的智力水平要求较高，实施过程复杂，耗费时间较长。一方面，诈骗犯罪人需要长时间观察，才能发现并确定被害人；另一方面，为了骗取到被害人的财物，诈骗犯罪分子需要编造谎言，精心设计骗局，诱使被害人陷入错误，多个犯罪环节必须密切衔接且不露破绽。如果骗局设计得不够精密，被害人由此而产生警觉，识破骗局，就会功亏一篑。

信息时代的人类活动领域已经从单一的现实空间转变为现实空间与虚拟空间相结合，人类社会由单一的现实社会转变为现实社会和网络社会并存。拥有计算机或者智能手机的人随时可以连接互联网，利用不同的软件而浏览信息、开展社交、网上购物、借贷和网上游戏、娱乐等，极大地丰富和便利了人们的生活。但是，信息网络技术是中性的，既可以为民众带来便利，也可能被犯罪人利用而危害社会。受计算机网络技术普及和网络支付、电子商务、网络贷款盛行的影响，诈骗犯罪发生了转型和升级，电信网络诈骗已经成为诈骗犯罪的主要方式。所谓电信网络诈骗是指行为人利用通信工具、互联网等向不特定多数人或者特定的个人拨打电话或者发送信息，虚构事实或者隐瞒真相，骗取被害人财物的犯罪行为。伴随着信息网络技术的不断进步，电信网络诈骗的方式也持续增加，利用伪基站、"钓鱼网站"、携带"木马"程序的链接等网络技术，非法获取公民个人信息，进行购物诈骗，冒充公检法人员、亲友或领导诈

---

[*] 王良顺，中南财经政法大学刑事司法学院教授。

骗，谎称中奖诈骗，办理银行卡关联业务诈骗、提供虚假服务、投资理财诈骗等，都已经成为电信网络诈骗的常见形式。

关于我国电信网络诈骗犯罪近期的发案情况，尚不见到有公开的权威统计数据，仅见有新闻媒体的零星报道。"从 2011 年至 2015 年，全国电信诈骗案件数量从 10 万件飙升至约 60 万件。"① "近 10 年来，我国电信诈骗案件每年以 20% 至 30% 的速度增长"。② "2015 年全国公安机关电信诈骗立案 59 万起，同比上升 32.5%"③ "2017 年，全国共破获电信网络诈骗案件 13.1 万起，查处违法犯罪人员 5.3 万名，同比分别上升 57.8%、53.09%；共立案 59.6 万起、同比下降 5.2%，造成经济损失 131.5 亿元，同比下降 33.5%"。④ "2018 年全国公安机关电信诈骗案件立案 69 万起，共造成经济损失 222 亿元"。⑤ "2019 年，全国破获电信网络诈骗案件 20 万起、抓获犯罪嫌疑人 16.3 万人，同比分别上升 52.7%、123.3%，发案数同比下降 3.1%。"⑥ "2020 年以来，全国公安机关持续深入打击电信网络诈骗犯罪活动，集中开展'云剑－2020''断卡''长城 2 号'等专项行动，共破获电信网络诈骗案件 25.6 万起，抓获犯罪嫌疑人 26.3 万名，拦截诈骗电话 1.4 亿个、诈骗短信 8.7 亿条，为群众直接避免经济损失 1200 亿元。"⑦ 这些在网络上能够检索到的电信网络诈骗犯罪的数据，不仅年份少和不精确，而且也不够连贯。尽管如此，综合这些零星的数据仍然可以看出，近年来电信网络诈骗犯罪的立案数在快速增长后，持续在高位运行，且社会危害极为严重。

全国公安机关整理的关于诈骗案件的立案数据，对于准确地评估电信网络

---

① 《公安部：全国电信诈骗案件数量增长至 60 万倍》，载搜狐网，https://www.sohu.com/a/113557150_263856。

② 《2018 年全国电信诈骗立案 69 万起，"六招"教您练就防骗金睛》，载搜狐网，https://www.sohu.com/a/304748327_426720，2021 年 5 月 17 日访问。

③ 冯群星：《2015 年全国电信诈骗立案 59 万起 造成损失 222 亿》，载腾讯网，https://news.qq.com/a/20161002/002777.htm?t=1475456210706，2021 年 5 月 17 日访问。

④ 白阳：《整治电信诈骗，公安机关做了这些事儿》，载中国政府网，http://www.gov.cn/xinwen/2018-08/04/content_5311786.htm，2021 年 5 月 18 日访问。

⑤ 《2018 年全国电信诈骗立案 69 万起，"六招"教您练就防骗金睛》，载搜狐网，https://www.sohu.com/a/304748327_426720，2021 年 5 月 18 日访问。

⑥ 《2019 年全国共破获电信网络诈骗案件 20 万起 抓获犯罪嫌疑人 16.3 万人》，载新华网，http://www.xinhuanet.com/legal/2020-01/21/c_1125491558.htm，2021 年 5 月 19 日访问。

⑦ 《2020 年全国公安机关破获电信网络诈骗案件 25.6 万起》，载中国政府网，http://www.gov.cn/xinwen/2021-01/02/content_5576223.htm，2021 年 5 月 16 日访问。

诈骗犯罪的状况具有一定的参考价值。诈骗犯罪既包括传统的诈骗犯罪，也包括新型的电信网络诈骗犯罪。全国公安机关受理的诈骗犯罪的立案数据反映的是诈骗犯罪的整体情况，虽然不能直接地表达电信网络诈骗犯罪的状况，但是，由于近期电信网络诈骗占据诈骗犯罪的比重很高，诈骗犯罪立案数的增长主要是由电信网络诈骗推动的，因而诈骗犯罪立案数及其变化也间接地表达了电信网络诈骗犯罪的状况。

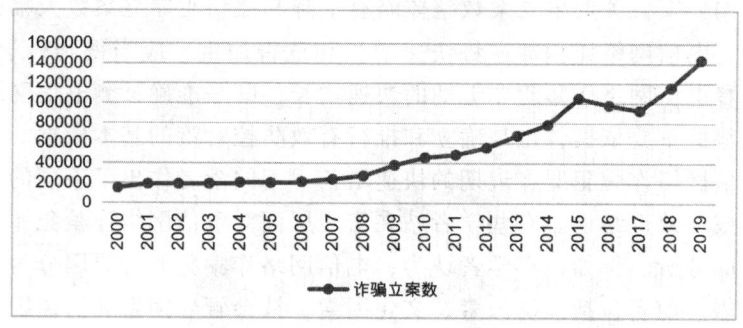

图1　2000—2019年全国公安机关诈骗案件立案数

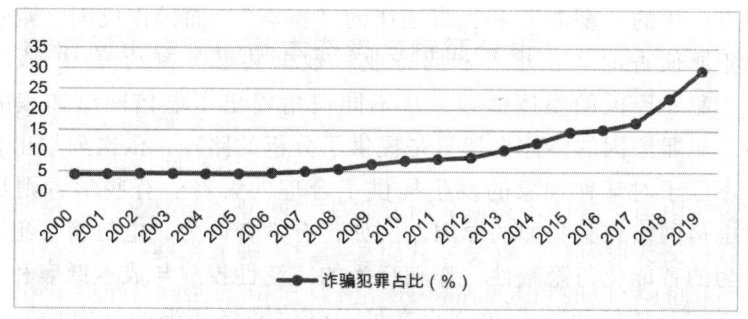

图2　2000—2019年全国公安机关诈骗案件立案数所占的比重

2000年全国公安机关立案的诈骗犯罪案件数为15万多起，2001年陡然增长到19万多起，此后一直上扬，至2015年突破100万起。此后的两年略有下降，但是2018年和2019年又再次大幅度上涨，分别达到110万多起和140万多起，在20年间共增长了9.4倍。在这20年间，诈骗犯罪的立案数占全国公安机关刑事立案数的比重也出现了大幅度的增长，由2020年4.2%跃升至2019年29.49%。诈骗犯罪立案数的急剧增长和比重的快速提高，从一个侧面反映了电信网络诈骗犯罪的严重程度和增长趋势。

上述两个方面的数据，共同表明我国近期电信网络诈骗犯罪的基本状况：

其一，近 20 年来电信网络诈骗犯罪急剧增长，且诈骗犯罪的发案数和所占比重仅次于盗窃罪，已经成为第二种多发的犯罪类型。其二，经过严厉打击，虽然发案数在近期有轻微的下降，但是电信网络诈骗犯罪人数却持续增长，社会危害程度持续加重。

二、解释电信网络诈骗犯罪快速增长的基本理论

在全国公安机关刑事立案数整体略有下降和盗窃犯罪立案数大幅度下降的背景之下，电信网络诈骗却逆势快速增长和危害加重，应当得到科学的解释。合理地解释电信网络诈骗犯罪近期的快速增长，既是准确预测电信网络诈骗犯罪发展趋势的重要依据，也是确立和推行有效防控对策的基本依据。

对电信网络诈骗犯罪在近期的快速增长，不同学者作出了不同的解释，但是没有形成一致性结论。有些学者站在宏观层面对电信网络诈骗犯罪的原因进行结构性的分析。例如，有学者认为，电信网络诈骗犯罪的原因分为社会原因与个体原因，前者包括经济因素、文化因素、社会管理因素和法律因素，后者包括犯罪人因素、被害人因素。[①] 还有学者认为，电信网络诈骗犯罪的原因分为根本成因、制度成因与操作成因，根本成因是指"信息泄露产业"，制度成因包括刑事法律的"漏洞"和民事法律的"漏洞"，而操作成因，则包括电信网络诈骗犯罪侦查的"三难"和跨行业"数据共享"制约等。[②] 该两种观点都是立足于犯罪原因的整体框架，从不同视角提出了电信网络诈骗的各种原因。然而，犯罪原因的整体框架只是提供了分析的路径，依次列举出各种相关因素，并不等于对某种现象的发生提供了合理的解释。有些学者则从微观层面，探讨电信网络诈骗犯罪的原因。例如，有学者认为，电信网络犯罪的原因有犯罪行为的智能化与隐蔽性、诈骗行为的广泛性投放与成本低廉和个人信息泄露与缺乏"具体怀疑"。[③] 该观点立足于电信网络诈骗的行为特征和个人信息保护不力，对犯罪原因分进行了较为具体的分析，但是没有考虑更深层的社会环境因素，且欠缺成熟的犯罪学理论作为支撑，所作的因果解释说服力不强。

---

① 参见吴照美：《电信网络诈骗犯罪原因论》，载《中国刑警学院学报》2020 年第 4 期。

② 参见郑荣哲、王成新：《犯罪社会学视域下电信网络诈骗犯罪研究》，载《辽宁警察学院学报》2020 年第 3 期。

③ 参见乔壮壮、董娟：《论多元共治网络诈骗防控体系之构建》，载《湖北警官学院学报》2018 年第 1 期。

二、电信网络诈骗犯罪治理研究

对电信网络诈骗犯罪近期快速增长的原因分析，应当立足于犯罪社会学理论，从近期重大的社会环境变化中，揭示出电信网络诈骗犯罪快速增长的基本成因。犯罪社会学的理论流派众多，何种理论可以成为解释电信网络诈骗犯罪近期快速增长的理论依据，则必须充分考虑电信网络诈骗犯罪的基本特征和近期重大的社会变迁。电信网络诈骗犯罪人的高教育程度和电信网络诈骗犯罪发生在网络空间，决定了应当结合理性选择理论和日常生活理论构建解释模式，对电信网络诈骗犯罪进行综合性解释。

20世纪70年代后，理性选择理论逐渐成为有影响力的犯罪学理论，以犯罪学家威尔逊（James Q. Wilson）出版的著作《关于犯罪的思考（thinking about crime）》为主要代表作。理性选择理论假定，犯罪人是有理性的、会思考计算的人。它认为，犯罪人以自身的经验与学习得到的知识为基础资料，经过选择而实施犯罪。犯罪的选择分为三个相互连接的阶段：在犯罪行为选择的第一个阶段，行为人对从犯罪中所能得到的利益与被逮捕的危险性和刑罚的严厉性进行比较与权衡，决定是否实行犯罪。在选择犯罪种类的第二阶段，行为人对所得到的情报进行分析，决定实行何种犯罪。在选择犯罪目标的第三阶段，行为人并非任意地侵害他人，而基于理性的计算去选择被害人实施侵害。① 电信网络诈骗犯罪人，在网络空间骗取他人的财物，也是精心选择了被害人后，经权衡犯罪收益与犯罪风险而作出实施犯罪的决定的。电信网络诈骗犯罪的解释离不开理性选择理论。

日常生活理论是由美国学者马库斯·费尔森（Marcus Felson）等人创立的犯罪学理论。该理论认为，人们的生活方式与犯罪和被害的发生有关，遭受犯罪侵害是受生活方式影响的日常生活事件。它认为，推动人们实施犯罪的动机和故意犯罪人的补充是不可避免的，掠夺性犯罪（predatory crime），如抢劫、夜盗、强奸等犯罪的数量与空间分布，既与犯罪人的犯罪行为有关，也与潜在的被害人的日常生活有关。如果人们在容易发生犯罪的时间，经常到容易发生犯罪的场所，就很容易遭受到犯罪行为的侵害。② 作为一种新型的生活空间，网络空间中网络用户的行为方式与现实空间明显不同，带来了许多的犯罪机会，因而电信网络诈骗犯罪适合运用日常生活理论加以解释。

---

① [日]濑川晃：《犯罪学》，成文堂1997年版，第122页。
② 参见[美]乔治·B.沃尔德等：《理论犯罪学》，方鹏译，中国政法大学出版社2005年版，第200页。

三、电信网络诈骗犯罪快速增长的基本成因

基于日常生活理论和理性选择理论,从犯罪机会、犯罪收益和犯罪风险的视角,可以对电信网络诈骗犯罪的快速增长作出合理的解释。

(一)现实空间中的诈骗犯罪机会大量减少,迫使犯罪人向网络空间转移

在进入信息时代后,现实社会中的诈骗机会大幅度减少。首先,网络支付平台以及手机银行等的运行,大到贷款支付,小到购物付款,人们都乐于采取更为快捷的网络支付方式完成,网络支付已经逐渐成为人们日常生活的主要支付方式。而传统的现金流转、票据转让及银行汇兑等货币支付或资金流转的支付方式遭到了极大的冷落。"2015—2020 年 3 月中国网络支付用户规模持续增长,2019 年上半年中国网络支付用户规模为 63305 万人,较 2018 年底增加了3265 万人;2020 年 3 月中国网络支付用户规模为 76798 万人,较 2019 年上半年增加了 13493 万人。""2014—2019 年中国网上支付业务金额逐年增加,2018 年中国网上支付业务金额为 2126.30 万亿元,同比增长 2.5%;2019 年中国网上支付业务金额为 2134.84 万亿元,同比增长 0.4%。"① 网络支付的盛行,导致日常生活和经济活动对现金的依赖大为减轻,人们持有现金的数量急剧减少,因而诈骗的目标也相应地减少了。另外,电子监控设备的广泛普及,现实社会中的财物的防护水平和防护能力明显提高,使得易于诈骗得逞的财物的数量也大为减少。公安交通部门建设的"电子警察"、公安部门建立的"中国天网"都已经建成运行,"平安城市""雪亮工程"建设,金融机构以及各企业事业单位、居民小区等自行安装电子监控设备,加之人工智能和人脸识别技术等的广泛应用,使得公共空间都受到高水平的监控。一旦有人报案或者监控人员发现违法犯罪行为,公安机关就会及时作出反应,抓获现行犯或者制止违法犯罪行为。

现实空间中的财产犯罪机会的大幅度减少,使得意图实施财产犯罪的人,被迫从现实空间中撤离,转向存在大量犯罪机会的网络空间。在某种意义上,电信网络诈骗犯罪的快速增长,可以看成是现实空间的财产犯罪向网络空间转移的结果。

(二)网络空间的诈骗犯罪机会大量增加

由于网络信息技术的发展,网络空间已经成为大部分民众重要的活动场

---

① 《2019 年中国网络支付用户规模及交易规模分析》,载产业信息网,https://www.chyxx.com/industry/202009/897197.html,2021 年 5 月 17 日访问。

所，致使网络空间的诈骗犯罪机会大量增多。首先，网民数量的规模庞大且持续增加。"2015—2020年3月中国网络支付用户规模持续增长，2019年上半年中国网络支付用户规模为63305万人，较2018年底增加了3265万人；2020年3月中国网络支付用户规模为76798万人，较2019年上半年增加了13493万人"。① 网络用户的规模庞大和持续增加，意味着电信网络诈骗的潜在被害人也会大量增加。其次，电子商务、网络支付和网络贷款等的盛行，通过网络支付平台完成的货币支付或资金流转的规模庞大。网络支付的普及，导致大量的资金流通过网络支付平台或者电子银行完成支付或者结算，为电信网络诈骗犯罪人骗取他人财物提供了更多的犯罪目标。最后，信息网络技术日新月异，在新技术出现和对利用新技术诈骗的社会防范形成之间的间隔期，存在着大量的犯罪机会。信息网络技术的更迭速度非常快，经常会出现新的信息网络技术。新技术在创造新的价值和为人们的日常生活和经济活动提供便利之外，其技术漏洞也可能被犯罪人所利用，诈骗他人财物。

（三）电信网络诈骗犯罪的收益高

相对于其他犯罪类型，电信网络诈骗犯罪更容易产生高收益。其一，犯罪投入的成本低。实施电信网络诈骗，只需要购置计算机或者智能手机和相关软件，就可以对网络上数以亿计的网络用户实施撒网式诈骗，或者通过网络渠道收买到公民的个人信息，对特定个人实施精准的诈骗，而成本支出不过数千元人民币而已。其二，诈骗的犯罪数额巨大。现实社会中的财产犯罪数额一般不过数百元或者数千元，而电信网络诈骗的数额动辄数以万计，个别案件骗得的金额甚至超过了亿元。仅2020年，全国公安机关破获电信网络诈骗犯罪案件，为群众减少的直接经济损失就高达1200亿元人民币。

（四）电信网络诈骗犯罪的风险低

在网络空间实施诈骗犯罪，被抓获和起诉的概率显著低于其他犯罪类型。首先，查明电信网络诈骗犯罪主体的难度大。电信网络诈骗具有非接触性，被害人与犯罪人互不见面，难以了解犯罪人的真实身份和家庭住址等个人信息。而且，犯罪分子会运用非法互联网接入的VPN、伪造上网环境的代理IP、隐匿服务器和作案设备的VPS、隐藏真实电话的改号软件等隐藏身份的技术，更增加了查明和抓获犯罪人的难度。其次，发现电信网络诈骗犯罪的难度大。网络用户的数量庞大，网络上充斥着海量的网络信息以及网络犯罪技术的不断创

---

① 《2019年中国网络支付用户规模及交易规模分析》，载产业信息网，https：//www.chyxx.com/industry/202009/897197.html，2021年5月17日访问。

新,对网信部门、网络平台和公安机关开展的网络监管造成了极大的困难,难以准确和及时地发现和制止电信网络诈骗犯罪活动。再次,电信网络诈骗犯罪大多采用分段外包式的产业链结构,完整的电信网络诈骗犯罪生态已经形成,增加了破获电信网络诈骗犯罪的难度。超过90%的网络犯罪都是有组织犯罪,非法获取公民个人信息、筛选诈骗对象、实施诈骗行为和转移诈骗所得等电信网络诈骗的各个环节,分别形成了不同的产业群,共同构成电信网络诈骗犯罪产业链。不同阶段的犯罪活动,分别由专门从事某种活动的犯罪组织或者个人完成,专业性和职业性极为显著。而这些犯罪组织或者个人都是通过社交软件相互联系,彼此之间也不熟悉,但是却能实现分担诈骗不同环节的活动,相互协作,共同完成诈骗行为。电信网络诈骗犯罪的分段外包式的产业链结构,看似联系松散,其实专业性更强,而且,由于彼此并不了解,致使查获到从事某个环节犯罪活动的犯罪集团或者个人,却很难借此抓到上游和下游的犯罪集团或者个人。最后,固定、提取电信网络诈骗犯罪的证据难度大。与传统的实物证据和言词证据不同,电子数据具有自动实时、易于删改损坏、海量分散等特性,固定、提取和审查电子证据存在着许多难以克服的困难,也降低了电信网络诈骗犯罪的侦查效率。

由于上述因素的相互叠加和共同作用,电信网络诈骗在近期的快速增长具有必然性。未来,电信网络诈骗犯罪还将会保持高位运行,并平稳增长。首先,电信网络诈骗的犯罪机会未来将持续增加。伴随着年轻一代的成长和进入社会,使用智能手机和电脑的人口比例将会提升,网络用户的数量会继续增长,潜在的被害人数也会增加。而且,伴随着社会生活信息化程度的加深,网络支付的比重还会进一步提高,潜在的诈骗财物也会增多。其次,电信网络诈骗犯罪的高收益将继续得到维持。伴随着经济的进一步发展和国民收入的增长,通过网络支付完成的资金量将继续增长,电信网络犯罪诈骗的犯罪所得也将同步增长。最后,电信网络诈骗犯罪风险低,不会发生大的变化。导致电信网络诈骗犯罪风险低的技术障碍,虽然在国家和社会的共同努力下会有所降低,但是,为了追逐更多的经济利益,并抗衡国家对犯罪的打击,电信网络诈骗犯罪集团必定会创新或者购买更多的网络犯罪技术,进一步丰富犯罪方式,因而双方力量的博弈会形成一个基本的平衡。而且,电信网络诈骗犯罪的专业性、职业性和分段协作的水平,会在抵御国家打击犯罪的活动中得到继续的提高。

电信网络诈骗犯罪的防控对策,应当以减少犯罪机会、降低犯罪收益和增加犯罪风险为基本方向,采取并落实系统性的防控措施,积极开展社会预防、技术预防和被害预防。唯有如此,电信网络诈骗犯罪的防控才会做到有的放矢,真正有效地遏制电信网络诈骗犯罪的快速增长,并将之控制在合理的范围内。

电信网络诈骗犯罪的成因分析与治理对策

兰跃军 张 跃*

与传统诈骗犯罪相比,电信网络诈骗犯罪(以下简称"电诈犯罪")通常不存在现实的犯罪现场,诈骗分子主要通过远程操控诱使被害人交付财物,但是,其以非法占有为目的,采用虚构事实的方法骗取财物的诈骗本质没有改变。我国电诈犯罪随着经济、网络以及电信技术的发展而兴起,总体经历了初始阶段、扩散阶段、攀升阶段到转折阶段的演变历程。它最早起源于20世纪末的我国台湾地区,当时诈骗分子主要利用六合彩、刮刮乐等方式实施电信诈骗,又称"台湾式诈骗"。从2004年开始,随着我国台湾地区对此类犯罪的高压打击,该类犯罪活动通过福建、广东等东南沿海省份扩散至大陆,随后蔓延至全国。从2008年开始,我国电诈犯罪率持续攀升,案件数量以高达20%的速度迅猛增长。而后随着网络技术的发展,从2015年开始,电诈犯罪呈现出诈骗方式频繁翻新、诈骗损失巨额攀升、诈骗跨境化等新态势,给人们的生产生活带来巨大影响。并随着徐玉玉案、清华教授被骗案等一系列影响恶劣的典型案件,成为舆论关注的焦点。2018年至2020年,全国检察机关起诉的电诈案犯罪嫌疑人分别为4.39万、5.71万和7.45万,年均增长30%以上。① 2020年新冠肺炎疫情暴发以来,公安机关破获电诈案件32.2万起,抓捕犯罪嫌疑人36.1万人,劝阻870万名民众免于被骗,累计挽回损失1876亿元。② 为此,党中央、国务院高度重视,要求相关部门开展防范打击电诈犯罪的专项活动,以遏制其高发态势,切实保障人民财产安全,维护社会稳定。

---

* 兰跃军,上海大学法学院教授;张跃,上海大学法学院硕士研究生。

① 刘艳红、郑新俭等:《电信网络诈骗犯罪难题与破解》,载《人民检察》2021年第11期。

② 《2020年中国公安机关共破获电信网络诈骗案件32.2万起》,载光明网,2021年4月21日访问。

一、电诈犯罪的新态势

电诈犯罪与传统犯罪相比，具有明显的特点，如犯罪成本低廉、犯罪收益巨大；犯罪隐蔽性强、侦破难度大；诈骗分子以亲属和家族关系为纽带形成犯罪集团，具有地域性；诈骗手段具有非接触性，时空跨度大；诈骗模式以"广种薄收、漫天撒网"为主、诈骗对象具有不特定性等。伴随着新信息革命的中心 ABCDE 系统——即人工智能（AI）、区块链（Blockchain）、云计算（Cloud）、数据（Data）和电子商务（E-commerce）蓬勃兴起，以及网络3.0时代万物互联的到来，当前电诈犯罪出现以下几个方面新态势。

（一）犯罪链条的离散化、产业化

随着网络的深度社会化，在网络犯罪内部，不同犯罪类型之间相互渗透、高度融合，共同组成了网络犯罪的黑灰产业链。当下网络"黑灰产业"的规模剧增，已形成上下游密切关联的完备产业生态和利益联合体。[1] 其中，主要涉及"两卡"的非法出租、出售，公民个人信息的非法贩卖，诈骗设备的制造销售，虚拟网络平台的架构维护，洗钱取款等违法犯罪活动。这些环节成为当前电诈犯罪的重要"基础设施"和诱因，并呈现明显的链条化、元件化趋势，诈骗分子无须实施犯罪锁链上的全部活动，只用在不同环节从"黑灰产"市场上购买相应设备和服务即可。同时，基于犯罪链条的离散化特点，各环节的物理隔绝程度加深，既提高了侦查难度，也对核心犯罪分子形成掩护效应。这类犯罪的扩散性和辐射性极大地加剧了电诈犯罪活动的危害，侵蚀信息安全、金融安全，严重扰乱社会管理秩序。

（二）犯罪模式的精准化、场景化

近年来，公民个人信息的大量泄露，成为实施精准诈骗的重要推手，犯罪模式从以往"漫天撒网、广种薄收"，转向"用户剧本、精准锁定"。诈骗团伙大量获取特定群体详细信息，对网购、航班、酒店住宿等类型群体实施诈骗，手法极具针对性和迷惑性，诈骗过程中往往直指被害人身份信息，获得被害人信任的同时，成功率大大提升。

同时，在诈骗团伙中开始出现聘请专业人员编写剧本，针对不同类型人群的身份特点、心理痛点进行骗术的量身定制，并不断修改完善。随着社交软件与现实生活深度联系，诈骗分子也结合网络平台不断翻新诈骗方式，出现了诸如"杀猪盘"征婚诈骗、民族资产解冻诈骗等新型诈骗手法。犯罪分子还结

---

[1] 喻海松：《网络犯罪二十讲》，法律出版社2018年版，第10页。

合当下热点,不断迭代升级诈骗手法。

(三)犯罪组织的跨境化、地域化

我国重点地区的电诈犯罪形势依然严峻。自 2015 年国务院部际联席会议开展专项打击行动以来,共对 18 个电信诈骗重点地区进行挂牌整治,虽然有 5 个地区实现摘牌,但广西宾阳、海南儋州、福建安溪等地区仍然是高发输出地,诈骗地域性特征依旧明显。同时,电诈犯罪也出现向边境地区聚集、境外回流的新趋势,以云南中缅边境、广西中越边境等为代表,"杀猪盘"、网络赌博、网络投资诈骗较为活跃。

另外,跨境跨国电诈犯罪日益活跃。据统计,当前约 60%的电诈犯罪窝点分布在境外(缅北和东南亚国家是重灾区)。犯罪团伙为躲避打击,在地域上跨境、跨国的趋势增大,逐渐向东南亚、美洲和非洲国家地区流窜,近年来出现向尼泊尔、肯尼亚等非传统地区转移的势头。

(四)犯罪方式的智能化、对抗化

电诈犯罪分子从早期依附网络 1.0/2.0 时期的技术框架,利用"短信群发器""一号通"等物理手段,到利用互联网络短信群发系统、自动语音呼叫系统,再到无线转接、按需制造背景音乐等,犯罪手段的科技含量越来越高。伴随着互联网 3.0 时代的到来,精准画像、个性化推送的应用服务,使得网络社会化程度加深。近两年泛滥的征婚"杀猪盘"诈骗、网络赌博诈骗等,也是电诈犯罪技术手段的迭代新生。

犯罪分子深谙现代通信技术,广泛使用 GOIP 设备、猫池、"多卡宝"等智能设备,提高诈骗效率的同时,技术对抗性也越来越强。以 GOIP 设备为例,犯罪分子能够在境外同时运行上百个手机卡,实时转换网络信号和电话信号。这种远程操控、机卡分离的模式极具迷惑性,大大增加了公安机关的侦办难度。这是"电诈犯罪与网络科技发展的迭代共生规律,科学技术的双刃剑效应不可能被完全避免"。[①]

二、电诈犯罪的成因分析

电诈犯罪作为一种社会现象,其发生与社会、经济、法律等外部原因有关。同时,诈骗行为作为犯罪主体的行为选择,也和心理因素、行为习惯等内部原因联系紧密。与电诈犯罪原因相关的犯罪学理论,主要包括犯罪计量经济

---

① 《网络诈骗"杀猪盘""黑灰产"触目惊心 刘艳红等专家集思破解之方》,载微信公众号"人民检察"2021 年 6 月 18 日。

学理论和理性选择理论、日常生活理论、社会失范理论和权力真空理论。分析电诈犯罪的原因,是科学认识此类犯罪现象,制定有效治理对策的重要前提。

(一)犯罪计量经济学理论、理性选择理论与电诈犯罪

犯罪计量经济学理论由美国经济学家加里·贝卡尔创立,是古典主义犯罪学的主要理论之一。该理论认为,犯罪人在选择犯罪时会像理性的正常人一样,对犯罪可能带来的利益与可能招致的损失进行衡量,当预期所得大于预期损失时,就会实施犯罪行为。① 这与法律经济学派创始人理查德·波斯纳所提出的"理性人假设"不谋而合,即犯罪行为的选择就像经济活动一样,作为理性人都会预先计算行为的效益(成本与收益的比例),犯罪人的最后决策都是以对犯罪成本和犯罪收益的分析为基础的。②

正如经济学研究中的经济人假定一样,法学研究将人假定为有理性的人,理性选择理论就是在此基础上诞生的。该理论主要由美国犯罪学家罗纳德·克拉克创立,属于微观理论,主要分析犯罪分子选择犯罪对象、犯罪后果、对犯罪收益的评估,以及犯罪分子犯罪过程中的心理活动。克拉克认为,犯罪分子在犯罪过程中并非完全由理性支配,还会受到诸如犯罪条件、犯罪手段和被害人等一系列因素的影响。这是对边沁主张的功利主义理论的进一步发展,反映出犯罪学界对人的理性有了新的认识,在理性存在的有或无之间,存在着理性的层级。③ 理性选择理论是基于古典主义犯罪学而逐渐发展起来的。

电诈犯罪作为侵财类犯罪之一,直接受到犯罪计量经济学理论和理性选择理论的支配。诈骗分子作为理性的经济人,一旦发现我国电诈犯罪的犯罪收益远远大于犯罪成本后,自然会对电诈犯罪趋之若鹜。

1. 我国电诈犯罪的成本分析

根据犯罪计量经济学理论,犯罪成本包括可能受到的刑罚制裁、金钱支出与社会负面评价。电诈犯罪成本低廉分析如下:

(1)犯罪的金钱成本少。实施电诈犯罪所负担的金钱成本主要用于购买黑灰产业链上不同环节的基础服务、租赁诈骗窝点等,十分便捷且价格低廉。借助于通信技术的发展,电诈犯罪的手段方式日益增多。许多新型违法犯罪工

---

① 陈晓娟:《我国电信网络诈骗犯罪的犯罪学分析》,载《山东警察学院学报》2017年第5期。

② [美]理查德·波斯纳:《法律的经济分析》,蒋兆康译,法律出版社2012年版,第25页。

③ 何大安:《西方理性选择理论演变脉络及其主要发展》,载《学术月刊》2016年第3期。

具和平台被大量应用，取代了曾经流行的利用伪基站发送诈骗短信，利用嗅探设备非法获取手机号码、验证码，这进一步降低了诈骗金钱成本。

（2）犯罪条件便捷获取。电诈犯罪猖獗的关键在于信息流、资金流、人员流，其中，信息流是源头。当下公民个人信息非法贩卖现象大量存在，各类App软件违规采集公民个人信息已成公开的秘密，网络犯罪黑灰产业链已形成利益共生体。这大大压缩了诈骗分子的犯罪成本，也为实施精准诈骗提供了源源不断的素材和动力。诈骗分子利用电信和金融领域的监管漏洞，轻而易举地获得电信网络设施等技术工具以及大量不记名或异名银行卡，为其套现赃款、逃避侦查提供巨大便利。

（3）犯罪风险成本低，犯罪分子往往逍遥法外。当下电诈犯罪呈现技术对抗性的特点，有的诈骗分子利用虚拟货币匿名化、去中心化的特点，通过购买、出售虚拟货币进行诈骗洗钱，侦查难度极高。而且由于电诈犯罪具有非接触性、隐蔽性，犯罪过程存在无痕化、离散化，加之境外抓捕难度高，大量诈骗犯罪分子逃脱了应有的法律制裁。

（4）犯罪没有受到应有的社会谴责。犯罪分子实施犯罪行为理应受到法律处罚，并因此遭受社会谴责，进而产生羞耻感和罪恶感。但是，电诈犯罪分子基本上没有此项成本负担。究其原因，大量诈骗分子不仅没有得到刑罚制裁，而且快速积累起巨额金钱财富。尤其在我国某些诈骗重灾区，诈骗亚文化当道，犯罪分子甚至在道德失范的当地人眼中成为被羡慕的对象。①

2. 我国电诈犯罪的收益分析

根据犯罪计量经济学理论，犯罪的收益包括金钱、财富的增加，社会地位的上升，心理的满足以及犯罪成功率。《资本论》中提到，如果有50%的利润，人就铤而走险；为了100%的利润，他就敢践踏一切法律；有300%的利润，他就敢犯任何罪行，甚至绞首的危险。② 对电诈案件动辄成百上千万的诈骗资金来说，其犯罪利润远不止300%，犯罪收益与成本间的极度不均衡也是此类犯罪近年来在全国辐射蔓延的重要原因。据公安部统计，电诈犯罪2015~2018年四年中每年均造成100亿元以上的经济损失，其中，仅2016~2018年三年就造成群众经济损失合计达521.2亿元。近年来，被骗人数众多，诈骗金额巨大的案例比比皆是。而且诈骗分子一旦成功，会迅速转移诈骗资金，很难

---

① 陈晓娟：《我国电信网络诈骗犯罪的犯罪学分析》，载《山东警察学院学报》2017年第5期。
② ［德］马克思：《资本论》，郭大力、王亚南译，上海三联书店2009年版，第532页。

彻底追赃。借此诈骗分子积累巨额财富，极大的获得了虚荣与满足。

（二）日常生活理论与电诈犯罪

日常生活理论由美国犯罪学者劳伦斯·寇恩和马克思·菲尔森在观察犯罪现象后提出。该理论在解释犯罪行为时，把犯罪者个人的决策行为这种微观情景模型与具体时空下的社会情景模型相结合，以宏观见诸于微观，来说明整个社会日常生活模式的变化与犯罪行为发生之间存在的内在联系。他们认为犯罪行为主要受3个方面的相互影响：有动机及能力的犯罪者、合适的犯罪对象和犯罪防控的缺乏。当社会宏观情景变化时，犯罪者个人的行为选择也会随之改变。① 电诈犯罪现象在我国的形成和发展可以从上述因素中寻找其犯罪原因。主要包括：（1）我国人口素质差异大，当前经济下行压力增大，导致失业人口增加，大量无业人员在高收益低成本的诱惑下倾向于实施犯罪行为。（2）我国缺乏完善的个人信息保护制度，犯罪分子通过黑灰产业链轻易的获取个人信息，诈骗技术也不断翻新，部分民众由于贪财、大意等心理弱点误入诈骗陷阱，成为被害人。（3）电信、银行管理机制存在漏洞、法律体系不健全、政府监管缺位等方面都为电诈犯罪的发生提供了主客观条件。②

相较于理性选择理论，日常活动理论属于宏观理论，注重研究整体社会情势的变化对犯罪率的影响。日常生活理论下的电诈犯罪原因论，兼顾了个体的犯罪人、被害人因素，以及社会管理因素对其形成和嬗变的影响，上述犯罪因素的相互交织，诱发了目前电诈犯罪的高发情势。毫无疑问，当下电诈犯罪的高发同时受到理性选择理论和日常活动理论的影响，犯罪基于利益衡量，同时信息技术发展，万物互联时代的到来也为电信网络诈骗带来了犯罪率新高和更大的破坏力，需要我们从社会变迁中不断探寻。

（三）社会发展和社会失范理论与电诈犯罪

美国犯罪学家约瑟夫·威斯最早提出用社会发展理论对犯罪原因进行分析。该理论认为，社会化的进程、社会结构、经济状况等因素，对行为人的行为选择有较大影响。在低收入无组织的生活环境中，社会化机构的功能薄弱，加上既定犯罪率较高，青少年违法犯罪的机会相应较多，容易认同犯罪群体的价值观念，因而有较多的青少年选择实施犯罪行为。

社会失范理论属于犯罪社会学理论，最早由法国社会学家涂尔干引入犯罪

---

① 刘启军、陈传东：《情景预防理念对我国腐败预防体系构建的启示》，载《预防职务犯罪学刊》2010年第1期。

② 吴照美：《电信网络诈骗犯罪原因论》，载《中国刑警学院学报》2020年第4期。

学。他认为,失范状态是社会无法调整人们正确认识自己的需要并通过努力得到满足的一种状态,社会失范是在社会变迁过程中集体意识衰弱、个体意识张扬、道德规范得不到遵守所致。美国社会学家默顿在其基础上对其进行了修正,将失范定义为社会目标和实现该目标的制度手段之间的脱节状态。并将民众对社会目标采取的适应类型分为遵从、创新、仪式主义、退却主义、反抗五种。其中创新类型,是指个体接受社会所认同的文化目标,但是拒绝采取社会所规定的实现目标的制度性手段。这一类型的人们认同社会所强调的价值目标,但是因为制度手段与文化目标不相匹配,使得他们很难通过正常手段达到目标。当人们渴望实现社会目标但又无法通过合法手段来实现时,就会产生失范的压力,而实施犯罪就是他们减轻压力的一种手段。同时,这一类型的犯罪也是社会犯罪中占最大比例的犯罪类型,尤其是处于社会底层的人们,他们是承受此类压力的主要群体。教育程度低,没有体面的工作,无法取得丰厚的物质财富。加之社会结构不合理的限制,这一阶层要实现的目标与制度手段之间常常处于分离的状态,缺乏通向成功的途径,即使再努力也无法实现社会公认的成功目标,最终导致他们的高越轨率。

现阶段,我国处于社会重大转型期,经济转型、社会转轨,传统跨越到现代,原有的社会规范已无法应对市场经济不良影响的非法兴起,传统的道德规范,逐渐失去了影响力,伴随节制人性中各种需求与欲望的攀升,个人意识的张扬与东方消费主义的觉醒,不良道德意识的泛滥催生出电诈失范行为的嬗变。① 另外,资本主义消费文化中的拜金主义与享乐主义,深刻冲击着社会公众的内心,亦滋生了不少阴暗思潮。当看到犯罪分子骗取金钱不劳而获,导致部分意志薄弱的民众心理失衡,开始模仿实施犯罪;受害者也往往因为贪财,梦想着"一夜暴富",正中诈骗陷阱,正所谓"愿者上钩"。此外,贫富差距拉大以及电诈重灾地区诈骗亚文化的盛行都是电诈犯罪滋生的重要原因。可以说,电诈犯罪的本质及形成与变化的原因均源于社会失范现象。即"贫困本身不会引起犯罪,但在为了社会共同赞同的价值目标而竞争时,如果贫困和相关的不良环境与把金钱至上作为主要目标的文化观念相结合时,就会衍生出大量的犯罪行为。"②

---

① 李永涛:《电信网络新型诈骗犯罪侦查与治理研究》,中国人民公安大学出版社 2018 年版,第 206 页。
② [美]罗伯特·K. 默顿:《社会理论和社会结构》,唐少杰、齐心等译,译林出版社 2008 年版,第 259 页。

（四）权力真空理论与电诈犯罪

任何国家权力体制的运行都并非完美无瑕。当受到一系列内外部因素的影响，国家权力会在一定时期里内在一些问题上出现真空的状态。在防控犯罪的过程中，一旦出现了权力真空（管理缺位、惩罚缺位）就会滋生犯罪。基于该理论，电诈犯罪的迅猛发展，很大程度上在于犯罪分子利用了我国在电信、金融监管及其他社会管理方面存在的制度漏洞或者法律缺位的权力真空。

综合来看，我国防控电诈犯罪的前置法和刑法存在缺位现象。一方面，保护公民个人信息的法律仍不完善。公民个人信息的严重泄露，加上电信、金融监管方面法律的滞后，两卡的实名制未能很好落实，为犯罪分子实施诈骗转移资金提供了便捷的犯罪条件。另一方面，对电诈犯罪的刑事处罚力度不够，刑法中缺乏针对电诈犯罪概念和外延的具体规定，司法适用模糊，刑罚威慑程度与其严重的社会危害性不相匹配，侦办抓捕难度较大，导致大量诈骗分子逍遥法外。

三、电诈犯罪的治理对策

在分析电诈犯罪成因的基础上，遏制当前电诈犯罪高发态势，需要将综合立体的思维方式运用于电诈犯罪理论研究过程中，从研究事物因果联系的运动机制中研究犯罪现象、解释犯罪原因，并制定相应的治理对策。

（一）犯罪控制与被害预防相结合的特殊治理

电诈犯罪是一种新型的带有操控性的配合式犯罪，具有犯罪分子和被害人应和的独特属性，对其犯罪原因的分析以及防治此类犯罪的实践都表明，从被害人角度出发的被害预防是控制乃至于消灭这一犯罪现象的关键环节。① 在以往电诈犯罪治理过程中，对犯罪人的惩治更多体现在运用刑法进行刑事制裁，并通过刑罚的威慑力发挥犯罪预防的功能。但是，单纯依靠刑事手段治理电诈犯罪，不但侦查诉讼的制度成本高昂，而且治理效果也不尽如人意，尤其在发案率方面居高不降。因而我们应当运用犯罪计量经济学理论和成本收益分析方法进行综合的犯罪治理，并且被害预防理念下的犯罪治理与当下遏制电诈犯罪高发态势的需求更加契合。具体包括两个方面。

1. 提高犯罪成本、减少犯罪收益进行犯罪人控制

（1）深入推进断卡行动。强化源头管控，落实工业和信息化部、公安部

---

① 王洁：《电信网络诈骗犯罪的独特属性与治理路径》，载《中国人民公安大学学报》2019 年第 4 期。

《关于依法清理整治涉诈电话卡、物联网卡以及关联互联网账号的通告》的要求和举措。针对当前突出的两卡管理问题，2021年5月，工信部在联席会议上指出，要深入推进"断卡行动"，建立完善"二次实人认证"、快速停复机协同工作机制。强化异常卡监测发现，清理整顿"静默卡""睡眠卡""一证多卡"等高风险号卡。加大对涉诈互联网账号的关联处置力度。电信运营商、公安机关要加强涉诈网络信息监测处置，清理涉诈号卡资源，严厉打击非法办理、出售、购买和囤积两卡及互联网账号的行为，提高电诈犯罪的犯罪成本。①

（2）完善公民个人信息保护。自全国人大会常委会2012年颁行《关于加强网络信息保护的决定》以来，《电信和互联网用户个人信息保护规定》《移动互联网应用程序信息服务管理规定》《关于办理侵犯公民个人信息刑事案件适用法律若干问题的解释》、网络安全法等规范相继公布，我国对公民个人信息的保护日益重视，相关法律法规也日臻完善。

同时，遏制电诈犯罪高发态势还需要切断其信息流的源头。首先，公安和司法机关应对侵犯公民个人信息犯罪保持高压态势，从严打击，形成震慑效应，倒逼相关企业重视对掌握的公民个人信息的保护力度，营造公民个人信息不容非法侵犯的社会氛围。其次，通信信息以及互联网行业应完善行业的运作标准，运用区块链等新技术加强信息保密工作，杜绝用户个人信息外泄。最后，还要强化防诈宣传，引导公众妥善保管个人信息。在不明网站输入手机号码、支付密码前要核实域名真实性，不点击可疑链接，谨防钓鱼陷阱。

（3）完善相关立法，提高犯罪风险。我国长期缺乏专门针对电诈犯罪的法律规范，为了适应严厉打击此类犯罪的现实需要，2016年最高人民法院、最高人民检察院、公安部联合印发《关于办理电信网络诈骗等刑事案件适用法律若干问题的意见》（以下简称《意见》）。《意见》坚持从严惩处的理念，在案件管辖、犯罪认定、追缴赃款、打击上下游产业链等方面作出详细解释。2021年6月，最高人民法院、最高人民检察院、公安部又联合印发《关于办理电信网络诈骗等刑事案件适用法律若干问题的意见（二）》（以下简称《意见（二）》），《意见（二）》针对当下治理电诈犯罪的突出问题，对缅北电诈团伙、卡商、物联网卡、"猫池"、GOIP设备等网络诈骗上下游关联犯罪，如何认定"帮助""情节严重"标准均进行了详细规定。并对电诈犯罪及关联犯罪实行"大管辖"原则，确保侦办诉讼过程快速推进，实现高效打击。

---

① 《工信部深入推进"断卡行动"四大举措重拳出击电信网络诈骗》，载微信公众号"中国互联网协会"2021年5月13日。

同时，还要加大对黑灰产业的打击力度。围绕此类犯罪滋生出的黑灰产业链，公安机关要坚持一案双查，加强同银行、电信等部门的合作，严厉打击上下游关联犯罪行为，斩断犯罪链条，消除电诈犯罪的滋生土壤。还要加大追缴赃款的力度，依托反电信诈骗中心，公安机关与银行要在案发后及时对涉案账户进行冻结、止付。基于《关于防范和打击电信网络诈骗犯罪的通告》实施的"24小时撤回制度"也可以有效挽回经济损失。

2. 构建精准劝阻机制进行被害预防

基于电诈犯罪运作上的"应和式"特性，只要被害人具有反诈骗意识，不被诈骗分子操控，此类犯罪就无法完成，被害人也可以免于被害。因此，加大反诈骗宣传工作，提高公民防骗意识和甄别诈骗的能力。① 提高民众的防骗意识最主要的途径是增加电诈犯罪信息量的宣传，主要包括：（1）公安机关可以联合电信、银行等部门开展宣传、教育，让民众全面了解电诈犯罪的不同手法，对其保持敏感性并能有效识别。（2）针对冒充公检法身份型、利益诱惑型等利用心理弱点的电诈犯罪，还要培养民众的理性思考能力和质疑能力，克服贪利、轻信、侥幸等心理弱点，坚信"天上不会掉馅饼"，及时挂断诈骗电话，从而单方面脱离诈骗的多线锁链。

当然，做好被害预防工作更重要的是依托精准劝阻机制这一反制机制进行被害预防。这里的精准劝阻机制主要通过加强警务协作，对各类高发电诈犯罪类型的特点、话术进行分析，设置预警机制，实时检测异常话务或聊天账号并发出预警指令，由民警采取电话短信提醒、上门劝阻、技术反制等干预措施，对可能正在遭受诈骗的被害人进行阻断的工作机制。据统计，2020年，全国紧急止付电信诈骗涉案账户356万个，全国拦截诈骗电话1.4亿个、诈骗短信8.7亿条，因劝阻及时而防止了970万名群众被骗，直接避免经济损失1200亿元。②

对于尚处摸索阶段的预警劝阻机制，可以从以下几方面进行构建：（1）公安机关组建专业化队伍，加大预警系统研发，提升分析研判能力，增强预警信息的全面性。（2）提高预警劝阻能力，对于"杀猪盘""套路贷"等高发诈骗类型，总结其诈骗手法，制订详备的劝阻流程。（3）完善四级反诈中心联动机制，畅通预警下发渠道，明确各级反诈中心劝阻责任，部级反诈中心统一

---

① 王洁：《电信网络诈骗犯罪的独特属性与治理路径》，载《中国人民公安大学学报》2019年第4期。

② 黄明高：《构建精准劝阻机制预防网络诈骗》，载《检察日报》2021年5月17日，第3版。

建设预警平台,市县级反诈中心具体负责预警处置工作。(4)电信运营商、银行联动劝阻,对于可疑银行交易、通信账号及对于不相信短信劝阻提醒的潜在受害人,要果断采取冻结支付、保护性停机,为民警当面劝阻赢得时间。

(二)协同治理理论与系统理论结合的综合治理

协同治理理论最早由德国物理学家赫尔曼·哈肯提出,其基础是政府、社会和公共组织相互合作,具有公共性、协同性、跨部门的内涵。随着网络2.0、网络3.0时代的发展,以信息技术为共同治理工具的协同治理,更加便捷了社会各主体间的协调合作。针对电诈犯罪治理中各社会主体的协同合作和犯罪跨国跨境化等问题,协同治理理论有利于构建社会联动机制、加强警企警银合作,同时推动建立高效快速的跨国跨境协作机制。特别是由于此类犯罪涉及公安、电信、金融等不同行业部门,如何打破各自为阵的局面,保证对电诈犯罪展开联防联控联治,亟须协同治理理论。

我国犯罪治理的基本理念和指导思想是"综合治理"。中央明确提出:"争取社会治安根本好转,必须各级党委来抓,全党动手,实行全面综合治理。"① 随着多年的实践总结和理论完善,综合治理成为我国犯罪治理工作的总体理念。以电诈犯罪为重要对象的网络犯罪治理作为中国特色社会治理体系和治理能力现代化的关键领域之一,2020年《法治社会建设实施纲要(2020—2025年)》明确:"完善党委领导、政府负责、民主协商、社会协同、公众参与、法治保障、科技支撑的社会治理体系,打造共建共治共享的社会治理格局。"我国犯罪综合治理方针能够为实现电诈犯罪事前、事中、事后结合的系统治理,以及全过程一体化治理提供有力的理论支撑和保障。

1. 构建社会主体协同治理联动机制

(1)完善联合反诈中心建设,公安机关内部形成侦查合力。首先,要建强各级反电诈中心建设,深化资源整合。截至2020底,全国各省级单位已全部建立反电诈中心,反诈中心作为快速反应机制,是公安机关的情报研判指挥平台,也是与银行、电信运营商等部门展开协同共治的平台。② 各级反诈中心要按照《全国打击治理电信网络新型违法犯罪中心建设规范》的要求,不断完善机构设置与人员配备。要把反诈中心建设从省市一级向下沉到县区一级,做到"事前预警防控,事中应急处置,事后研判打击",形成四级反诈中心联动联防的长效治理机制。

---

① 李欣:《科际整合视角下的犯罪治理理论新发展》,载《警学研究》2021年第1期。
② 王晓伟:《如何提高电信网络诈骗侦破打击能力》,载《人民论坛》2019年第4期。

其次，公安机关要按照《公安机关侦办电信诈骗案件工作机制（试行）》的规定，坚持"统一上报、统一研判、统一抓捕、统一移诉"，改变过去不同地区各自为战的侦查模式，开展一体化联动打击。同时，消除警种壁垒，建设刑侦、技侦、网侦等不同警种的合成作战机制，破除侦查办案"孤岛"化现象。

最后，建立公检法快速联动机制。公安机关要增强与司法机关的配合，联合侦查联动打击，不断推进电诈犯罪打击的纵深度。落实快侦、快捕、快诉、快审的侦查诉讼机制，做到一站式侦查办案，以"重拳、组合拳"坚决打击电诈犯罪，遏制其高发态势。

（2）发挥联席会议制度功能，坚持多方协同联防联控机制。各社会主体的协同是协同治理理论的重要特征。当前虽然已建立联席会议制度，但成员单位的主动性不强。要赢得电诈犯罪综合治理的攻坚战，需要各成员单位积极参战，真正成为电诈协同治理的"主体"，共同推进联防联控机制建设。

其一，要加强警银、警企合作，建立科学防治体系。提高对电诈犯罪线索分析研判能力，建立上下游关联犯罪防控体系，构建事中阻断、事后追踪溯源系统，相关成员单位对于公安机关的侦查取证等工作要积极配合。公安部与人民银行、银监会联合制定了《电信诈骗涉案账户紧急止付和快速冻结机制》，对异常交易，通过清理可疑的非实名银行账户，冻结涉案账户，成功阻截诈骗资金。工信部也与公安部建立了诈骗电话通报阻断机制，对诈骗电话及其关联号码进行关停，切实提高了对电诈犯罪的发现阻断能力。

其二，要依托联席会议制度，加强行业监管。要加强各职能部门协同作战的机制建设，各成员单位要成立联合打击电诈的专项领导小组，由政府牵头落实。同时，组织开展对电信、金融、互联网领域开展风险排查和风险防控。电信金融等行业也要承担主体责任，采取措施阻断电诈信息流和资金流的传播，这是协同治理机制的必要环节。例如，严格推进断卡行动、落实实名制，及时中止异常交易、冻结涉案 QQ、微信和支付账户，保存相关转账记录、聊天记录，从而压缩此类犯罪的空间，实现对其上下游犯罪链的根本治理。

2. 构建跨国跨地域协同合作联动机制

电诈作为全国性的侵财犯罪，不属于特定地区的孤立事件。当下的犯罪分子往往还使用先进的通信技术，突破地域限制，进行跨地区甚至跨国境诈骗。对此，必须构建跨国跨地域的协同合作机制。

（1）完善相关法律法规。《意见》解决了案件管辖问题，确定了抽样取证工作规则。但是，对于跨国跨境电信诈骗案件，还是存在各国法律不统一、取证难、追赃难等问题。《意见（二）》明确规定，1年内出境赴境外诈骗犯罪窝点累计时间30日以上或多次出境赴境外诈骗犯罪窝点的，以诈骗罪依法追究刑事责任。境外执法机关移交的证据经审核加盖公章，可以作为证据使用。境外羁押期限可以折抵刑期。① 目前有60%的骗子在境外，虽然能够锁定骗子的身份，但是却不能尽快将其抓捕，难以实现有效打击。《意见（二）》的发布，为我国公安部门出境抓捕作好铺垫，方便疫情结束后，国家对境外诈骗人员重拳出击。

（2）加强国际警务合作。有效打击跨国跨境电诈犯罪，应当进一步推动国际及地区间的司法协作机制建设。同时，借鉴我国已签订的国际协议，用于抓捕跨国跨境的犯罪分子。目前我国已经与泰国签订了《移交犯罪嫌疑人备忘录》，与越南签订了《关于加强合作打击电信诈骗犯罪谅解备忘录》。《中华人民共和国与菲律宾共和国共同声明》也提到了共同打击电信诈骗。② 为了扩大追捕宽度，我国应与更多的周边国家建立备忘录，同时与欧洲等国家建立合作机制，商谈约定联合侦查、跨境追捕、追赃的要求和范围，推动双方共享犯罪信息，严防严打电诈犯罪。

（三）"代码即法律"网络框架下的技术治理

技术创新就像漂浮在网络空间的达摩克利斯剑，在促进反诈技术发展的同时，也带来了更大的风险隐患。而智能算法"深度伪造"、群聊群控、区块链平台诈骗等新型诈骗手法更加放大了这些风险。基于此，在"代码即法律"的网络框架内，采用"技术对技术"的底层治理，无疑是减少电诈犯罪土壤的更有效方式。随着网络3.0万物互联时代的到来，大数据、区块链、人工智能等新兴技术蓬勃发展，在电诈犯罪治理领域也得到了深入而广泛的应用。在2020年新冠肺炎疫情期间，我国通信信息行业充分利用上述技术，开展涉疫情诈骗态势监测、研判分析、提示预警、拦截处置等工作，有效阻断了疫情诈骗信息传播途径，更好的维护了社会秩序稳定。随着电诈技术对抗性的增强，ABCDE系统因素将在反诈技术治理中扮演更加重要的角色。

1. 大数据在电诈犯罪治理中的运用

大数据在电诈犯罪治理领域的应用主要体现在以下方面：（1）采集海量数据，建立全面的反诈数据库，提高事前发现能力。对于诈骗电话，公安机关可以联合电信运营部门建立可疑诈骗号码数据库，根据拨打特征建立回归分析

---

① 最高人民法院、最高人民检察院、公安部《关于办理电信网络诈骗等刑事案件适用法律若干问题的意见（二）》第3条、第7条。

② 罗荔丹：《我国跨国跨境电信诈骗犯罪的现状及对策》，载《重庆科技学院学报》2017年第4期。

模型，精确识别诈骗号码后，交由运营商进行踢网。（2）大数据架构对于网络数据的实时处理能力，能做到对于诈骗风险的动态监测、实施拦截，有助于构建实时反诈系统。例如，针对利用抖音、快手等短视频平台发布虚假广告、兼职刷单；利用QQ、微信等即时聊天工具实施诈骗的，相关网站、短视频平台等互联网公司可以通过关键字识别涉案账号并进行屏蔽关停，避免诈骗分子再次作案的风险。（3）深度挖掘数据库，形成诈骗模型，提供反诈决策依据。大数据强大的数据挖掘和分析能力可提炼出统计指标和特征变量，形成较精准的用户画像，同时，总结出诈骗规律和特性趋势，进一步通过实时监测，采用模糊匹配、相似度计算等技术手段能快速的对涉诈高危信息进行识别预警。电信运营商可以据此及时发现疑似受害用户，通过发送自动提示短信的方式进行预警劝阻。对于电诈资金的转移取现，期间涉及众多环节，均存在诸多可疑特征，银行机构可以借助研判诈骗模型，有效发现并冻结涉案账户并向公安机关举报。

此外，大数据的综合分析能力再加上人工智能的算法应用，针对一些复杂的欺诈场景，结合多维度数据，通过AI爬虫技术、深度学习等智能算法的灵活编排，构建起更加自动化的分析模型，智能化的监测、预警欺诈行为、共享核心数据价值，最终实现事前防范"盯得紧"、事中拦截"拦得准"、事后共享"靠得住"。

2. 人工智能技术在电诈犯罪治理中的运用

人工智能融合了计算机科学、语言学、数学哲学等多学科知识，其本质是模拟人的思维的信息处理过程，实现机器代替人类分析决策的功能。目前人工智能已经在反诈领域得到初步探索和应用，在犯罪防控领域，知识图谱、行为序列、语义分析等技术已经用于防范治理电诈犯罪。在反电诈领域，通过知识图谱的应用，可以基于不同的诈骗类型数据，有效分析潜在风险，研判诈骗行为，对于打击团伙诈骗，防范潜在诈骗分子等方面发挥重要作用。同时，还可以通过知识图谱为公安机关追踪犯罪线索提供信息情报。在网络黑灰产整治方面，工信部联合电信运营商与互联网公司，深入研究群呼群控设备等黑灰产技术设备，研发出基于多源数据的GOIP诈骗电话智能拦截系统，构建起针对黑灰产技术工具的追踪溯源体系。

中国信通院的反电诈案例汇编显示，在疫情期间，中国电信基于人工智能研发出疫情诈骗电话识别和预测集成学习AI系统。学习AI系统基于中国电信数据中心，整合12321平台和公安部门多重数据资源，可以识别跨地域诈骗和一证多卡用户。同时，学习AI系统收集分析用户的异常话务等行为信息，对电话诈骗行为进行用户画像，准确率高。最后，它还可以建立诈骗团伙的识别模型,对用户举报投诉、异常信息等数据进行智能比对,筛查其中的黑灰产、欺诈关联信息,再结合网络用户的标签体系对模型结果进行核验,误杀率极低。

3. 区块链技术在电诈犯罪治理中的运用

区块链是一种融合了加密算法、分布式存储等技术而形成的呈分层分布的数据库解决方案。① 它在电诈犯罪治理领域的主要作用体现在以下方面: (1) 构建各省市反诈中心的信息共享机制,采用数据全链条加密,搭建反诈数据库,构建公安、金融机构、电信运营商和互联网公司之间的联防联控联治体系。(2) 区块链中的智能合约,可以实现自定义筛选合规使用者及预并设定风险金额,有效减少甚至避免诈骗损失。(3) 区块链技术能够建立加密存储程序,保护各大电信运营商、互联网公司后台的数据安全,避免用户数据的直接泄露,切断电诈赖以生存的"生命之源"。

在资源共享方面,区块链因其全链路加密在电诈犯罪治理协同机制中,能有效保证协同主体间信息共享的安全性、隐匿性,打破侦查"数据孤岛"的现状。在智能合约应用方面,区块链技术通过编译程序能够预先设置风控条件和风险金额,并交由代码强制执行,一旦交易中出现不合规情形,自动终止交易,从而有效减少金融类电诈行为的损失。在增强公民个人信息保护方面,区块链运用加密算法,针对链上信息进行加密处理,从而有效避免因大量数据泄露而造成电诈犯罪高发。电诈犯罪案件的信息流源头就是公民个人信息的泄露,犯罪分子利用各大平台系统漏洞进行拖库,突破安全防护后直接获取公民隐私数据。而在区块链系统中通过建立加密存储程序,即便是区块链本身的节点,如果没有对应的私钥也无法获得对应的真实数据,得以保证公民个人信息的安全,也可以彻底切断黑灰产业链的信息源,倒逼犯罪分子暴露于阳光之下,使其最终成为无本之木、无源之水,销声匿迹。

当网络生活被一行行运行的代码分割重构,当时代的十字路口被一行行字节分配指引,在虚实之间,我们是否拥有足够的技术规制,就像莱斯格所说: "区块链就如同代码,它威胁着自由,我们可以构筑网络空间,使之保护我们最基本的价值理念,同样地,我们也可以编制网络空间,使这些价值理念丧失殆尽。"②

---

① [英] 丹尼尔·德雷舍:《区块链基础知识25讲》,马丹、张初阳译,人民邮电出版社2018年版,第14页。

② [美] 劳伦斯·莱斯格:《代码2.0:网络空间的法律》,沈伟伟译,清华大学出版社2018年版,第327页。

网络信用卡诈骗犯罪的成因与防控研究*

于 阳等**

新冠肺炎疫情暴发以来,诈骗犯罪发案量在涉疫情各类犯罪中排名榜首,且诈骗罪利用电信网络手段的情形最为突出,占起诉电信网络犯罪总数的60.7%,同比增加3.8个百分点。① 在电信网络诈骗中,网络信用卡诈骗占比相当。本文研究的网络信用卡诈骗犯罪,是指行为人以互联网为工具进行信用卡诈骗,从而形成一种网络与传统信用卡诈骗犯罪相结合的新型网络信用卡诈骗犯罪形式。通过开展问卷调查并结合40个网络信用卡诈骗典型案例,对本罪的现状、罪因进行分析,并对预防治理网络信用卡诈骗犯罪提出对策建议。

一、网络信用卡诈骗犯罪现状分析

(一)信用卡诈骗犯罪的网络化

从网络化方式方面考察,随着线上聊天软件、第三方支付平台等网络技术的发展,冒用他人的信用卡与伪造信用卡逐渐成为网络信用卡诈骗犯罪的两种主要方式。② 在网络信用卡诈骗犯罪中,完成一次犯罪一般要经历三个步骤:(1)获取他人信息。(2)利用信息伪造、冒领信用卡,或通过第三方平台线上使用信用卡。(3)线下取款,或利用第三方支付平台取款,或通过网络消

---

* 本文系司法部国家法治与法学理论研究一般项目"中美城市青少年犯罪的时空分布与防范对策比较研究"(19SFB2023)阶段性研究成果。

** 于阳,天津大学法学院副教授;王常阳、孙艺桐、康瑀格、谢敏杰、许佳琪,天津大学法学院2017、2018级本科生。

① 参见《新冠肺炎疫情违法犯罪特点:批捕数超"非典"十倍,网络诈骗犯罪多发》,载 https://baijiahao.baidu.com/s? id = 1666187777309218687&wfr = spider&for = pc,2020年5月11日访问。

② 《刑法》第196条规定,信用卡诈骗罪体现为以下四种形式:(一)使用伪造的信用卡,或者使用以虚假的身份证明骗领的信用卡;(二)使用作废的信用卡;(三)冒用他人信用卡;(四)恶意透支信用卡。其中第一种和第三种形式网络化特征明显。

费取款。

一是网上获取他人信息。传统信用卡诈骗犯罪获取他人信用卡信息的方式包括亲朋好友泄露、通过 ATM 录像监视取款人等。而通过网络获取他人信息的方式则更为便捷、手段高科技含量高，典型形式包括伪基站发送虚假信息[1]、木马病毒侵袭[2]、钓鱼网站[3]等。借此，犯罪分子可在线上接触到大量的用户信息。

二是登录网上平台操控信用卡。传统信用卡诈骗犯罪在这一阶段的方式是制造伪卡或者冒领原持卡人申办的卡。然而网络信用卡诈骗中，可网上支付的一体化信用卡服务已超越"实物卡"的限制[4]，犯罪分子无须出示信用卡，就可以登录网上银行或绑定第三方支付平台，对信用卡进行操控和支配。

三是线上提款。传统信用卡诈骗犯罪的提款方式多为线下提现、消费等；而对于网络信用卡诈骗犯罪，其提款套现方式因网上投资、网络基金、网上购物等现代网络金融工具、消费平台的发展变得复杂多样。犯罪团伙采用的网上信用卡提款方式包括但不限于购买电子礼品卡打折出售[5]、预定高档酒店并进行转让[6]、自己开办网络公司开通网络划款业务[7]等。

从网络化特征方面考察，信用卡诈骗犯罪的网络化贯穿此类犯罪始末，且呈现多样的形态。除了上述网络化方式的三种形态外，信用卡诈骗的网络化方式还表现为犯罪成员间利用网络进行联络，不仅使得跨省市犯罪成为可能，有些还演变为跨国犯罪，使得犯罪难度减小、范围扩大、隐蔽性提高，增大了案件侦破和审理的难度。

（二）网络信用卡诈骗犯罪主体情况分析

从犯罪主体的年龄方面考察，通过统计典型案例中的被告人情况，发现网络信用卡诈骗犯罪被告人平均年龄为 31.2 岁，30 岁以下的青年占犯罪总人数的一半以上，该类犯罪的犯罪主体整体较年轻，以青壮年为主。

从犯罪主体的职业和文化水平方面考察，网络信用卡诈骗犯罪主体中的农民或无业者占总人数的 86%，小学及初中文化水平的人数占比 71%，受过高

---

[1] 参见重庆市綦江区人民法院（2016）渝 0110 刑初 646 号刑事判决书。
[2] 参见广西壮族自治区宾阳县人民法院（2016）桂 0126 刑初 454 号刑事判决书。
[3] 参见海南省洋浦经济开发区人民法院（2017）琼 9701 刑初 89 号刑事判决书。
[4] 参见重庆市第四中级人民法院（2015）渝 04 刑终 37 号刑事判决书。
[5] 参见浙江省海宁市人民法院（2017）浙 0481 刑初 671 号刑事判决书。
[6] 参见广西壮族自治区宾阳县人民法院（2016）桂 0126 刑初 454 号刑事判决书。
[7] 参见浙江省杭州市西湖区人民法院（2019）浙 0106 刑初 565 号刑事判决书。

等教育的被告人很少,但是也存在。由此,网络信用卡诈骗犯罪主体以低文化水平、低收入、年轻化群体为主。

(三) 网络信用卡诈骗犯罪团伙化情况分析

1. 团伙犯罪为主要组织形式

目前,网络信用卡诈骗犯罪团伙作案特征明显,绝大多数案件中犯罪分子都采取了团伙作案方式,成员间有明确的分工和等级。为了获得更大的经济利益、提高诈骗"效率",犯罪团伙往往需要"广撒网""明分工""速套现"。为此,犯罪起意者往往会寻找同伙或发展"下线",以犯罪团伙方式进行网络信用卡诈骗犯罪活动。典型案例中,团伙作案占比为93%;团伙人数以2到10人为主,10人以上的大规模作案也时有发生。①

2. 犯罪行为复杂化

团伙内部之间有主从犯区分的案例占比为81%,也即大部分网络信用卡诈骗犯罪中团伙内部有明确分工,成员分别负责不同的犯罪任务。除团伙内部分工外,上下游团伙间也有明确分工,很多犯罪团伙掌握着获取公民信息或窃取账户资金的渠道,但不愿进行风险更大的转账取款行为,它们会与熟于转账取款的犯罪团伙进行犯罪合作,形成犯罪链条的上下游关系。这种各有所专的团伙个别特征,也使得上下游团伙间选择组建临时团伙并就单次诈骗行为进行合作成了常见现象。②

3. 团伙犯罪发展性强

网络信用卡诈骗犯罪团伙的组建常常始于从QQ等社交平台寻找个案的犯罪参加人。初期犯罪往往比较谨慎,采取较传统的作案手法且作案频率较低。但在犯罪团伙成功实施数次诈骗活动后,部分团伙首领会将数次犯罪中有过合作的犯罪参加人组织起来,进行涉案金额更大、难度更高的犯罪。以迟某某等信用卡诈骗、盗窃案为例,迟某某作为犯罪组织者,自2015年起先后与不同的犯罪参与人实施了3次信用卡诈骗犯罪,涉案金额163万余元。3次成功作案之后,迟某某获得了一定的经验和资源储备,遂伙同参与数次犯罪的侯某某成立"工作室",采用与之前作案相似的手段进行数额巨大的网络盗窃犯罪,涉案金额达362万元。

---

① 通过问卷调查我们发现,受访群体有85%认为犯罪团伙化是当前网络信用卡诈骗的重要犯罪特征,可见公民对这一问题有着较准确的认识。

② 参见广西壮族自治区宾阳县人民法院(2016)桂0126刑初454号刑事判决书。该案中罗某某、罗某两人犯罪团伙先后与不同的上下游犯罪人合作进行了5次犯罪,两人一般是以信息提供者的身份参与犯罪。

该案中,犯罪人能够成立"工作室"并进行高效犯罪是建立在前期积累的网络诈骗经验之上的。这种犯罪模式是前期松散团体组织重构和升级之后的结果。可见,网络信用卡犯罪如不能在前期及时予以制止,可能引发更严重的金融犯罪。

4. 犯罪团伙反侦查意识增强

犯罪团伙在组织化、规模化的同时,也很注重反侦查防范。例如,上下游团伙之间往往只利用网络、以"密语"交流且仅以"绰号"相称。在许多团伙内部,团伙首领往往分别与一般团伙成员单线联系,团伙成员的相对独立导致司法机关很难将涉案人员一次性抓捕。在实施犯罪行为时,诈骗团伙也很注重通过网络新型手段反侦查。例如,在刘某某等信用卡诈骗刑事案件[①]中,犯罪团伙将犯罪目标锁定在长期闲置的账户资金上。他们先使用该资金购买基金进行"试探",若被害人并未发现账户资金异常,则等基金到期回笼至账户后利用第三方支付公司套取资金获利;若被害人及时察觉,犯罪团伙则会果断放弃犯罪活动,以减少犯罪暴露风险。

(四) 网络信用卡诈骗犯罪高科技手段利用情况分析

为提高作案成功率、增强作案隐蔽性,有些犯罪团伙花费重金,购买高科技工具用于网络信用卡诈骗。在李某某等信用卡诈骗案中,犯罪团伙购买"伪基站"设备[②],冒充工商银行客服,发送以 95588 为发件人的"积分兑现金"短信,骗得银行卡信息后登录网银购买电话卡转销获利。又如,在吴某等信用卡诈骗案中,吴某购得"嗅探"设备[③],用此设备"嗅取"探测范围内被害人的持卡人姓名、身份证号、银行卡号等信息,随后用窃得的银行卡信息进行线上消费或盗刷资金。虽然使用高科技手段的案件数量较少,但是高科技大大降低犯罪难度、增强犯罪隐蔽性的危害不容忽视。高科技可以使犯罪分子无声无息地获取一些处于公共网络、没有设置加密保护的个人信息,增强了社会公众的不安全感,危害社会稳定。

(五) 网络信用卡诈骗犯罪涉案金额及量刑情况分析

1. 涉案金额

调查结果显示,公众对单次网络信用卡诈骗可能涉及的金额的心理预期多

---

① 参见江苏省南京市秦淮区人民法院(2018)苏 0104 刑初 212 号刑事判决书。

② 一种利用 GSM 单向认证缺陷的非法无线电通信设备,主要由主机和笔记本电脑组成,能够搜取以其为中心、一定半径范围内的 GSM 移动电话信息,并任意冒用他人手机号码强行向用户手机发送诈骗、推销等垃圾短信。

③ 一种可以获取网络上流经的数据包的设备,民间常称"信息窃听器"。

集中于 500~3000 元，事实上，这个预期金额是偏低的，真实数据往往达到数千元至上万元。整体而言，网络信用卡诈骗犯罪涉案金额较大，最高可达 350 余万元。因为信用卡内往往有一定的储蓄，可以透支一定的额度且凭一份个人信息可以申领到数张银行卡，所以通过盗取少量人数的信息便能达到诈骗大量金额的案件并不少见。①

2. 量刑情况

与涉案金额较大的情节对应，我国信用卡诈骗犯罪的量刑往往较重。典型案例中，我国网络信用卡诈骗犯罪的有期徒刑量刑时间以 5 到 10 年为主，判处 5 年以下的犯罪人以从犯为主，判处 10 年以上有期徒刑的犯罪人几乎都是犯罪团伙中的主犯。在罚金刑上，以 5 万元到 10 万元罚金刑为主，所有的案件都起码有 1 名犯罪人受到的罚金刑在 5 万元以上，部分犯罪人受到的罚金刑大于犯罪所得数。总体来看，我国对信用卡诈骗罪的量刑较重。

二、网络信用卡诈骗犯罪成因分析

（一）网络信用卡诈骗自身特点刺激犯罪

根本原因是高盈利诱惑。网络信用卡诈骗以非法占有为犯罪目的并以骗取公民财产为犯罪结果，非法牟利能力强，能够满足诈骗分子短期内获取大量钱财的目的。② 较强的盈利性使犯罪团伙的主犯可以以较高的报酬快速招募到犯罪同伙。接到邀请者往往只要从事一次网络信用卡诈骗犯罪，报酬就可以达到上千甚至数万元。在李某某等信用卡诈骗案中，在 66 万的高额利益面前，身为山东省高密市财政局职工的孙某某没能抵挡住诱惑，走上了歧路。③

直接原因是犯罪隐蔽性强、难度低。犯罪团伙非实名及线上进行犯罪活动的组织形式极大地消除了参与犯罪者身份暴露的顾虑，使得更多的被招募者同意参与到临时组建的犯罪团伙当中。此外，团伙分工使网络信用卡诈骗犯罪的难度降低，导致犯罪数量激增。在团伙分工的模式下，每个犯罪分子只负责犯罪流程的某一固定环节，承担的任务单一。当前的网络犯罪团伙中，往往有"供料""补卡""洗料"和"取现"四个流程的分工，具体到某一犯罪分子，

---

① 例如，李某某、朱某某信用卡诈骗一案。本案中李某某等 3 人利用被害人刘某的身份信息申办了户主名为刘某的中国邮政储蓄银行卡、中国银行银行卡、中国工商银行银行卡的"同名卡"各一张，最终诈骗金额高达 64.957204 万元。

② 远桂宝：《电信网络诈骗犯罪的三个特征》，载《检察日报》2019 年 10 月 20 日，第 3 版。

③ 参见天津市东丽区人民法院（2017）津 0110 刑初 412 号刑事判决书。

最多只承担某一流程的工作,工作内容单一重复,技术含量较低,即使受教育水平较低的人也能迅速掌握,吸引了很多企图不劳而获的人从事此类犯罪。

(二) 部分网络平台怠于承担协助网络诈骗治理的社会责任

自多元共治理念提出以来,企业作为重要的社会力量已经被我国纳入到了治理体系中,并以企业社会责任制度为基础参与到社会治理当中,营造良好网络空间也是企业承担社会责任的题中之义。① 《中国互联网行业社会责任报告(2018—2019年度)》指出,当前互联网企业社会责任承担中,领先企业与中小企业的差距越来越明显、不同互联网行业对社会责任有较大的认知差距,因而部分企业疏于承担保护用户免受网络信用卡诈骗侵害的责任。②

一是领先企业与中小企业承担社会责任的差距越来越明显,中小企业犯罪协同治理责任意识不足。例如,在开办新支付功能时,部分企业没有很好地尽到协助预防信用卡诈骗犯罪的义务,在支付安全性上显著低于行业领先企业,使犯罪分子有了可乘之机。③ 二是不同互联网行业对社会责任的认知有着较大分歧,没有形成统一的社会责任理念。电商平台等互联网行业更关注于治理不良信息,没有将协助打击网络诈骗作为本行业承担社会责任的重要内容。然而,电商平台是网络信用卡诈骗提取赃款的重要途径,应与网络金融服务业、网络社交行业等传统网络平台共同承担协助治理网络诈骗犯罪的社会责任。

(三) 犯罪分子的犯罪心理原因

其一,网络的虚拟性和匿名性使犯罪分子的罪责感大大降低。在网络信用卡诈骗犯罪中,犯罪分子大多委身一隅进行线上虚拟化和匿名化的操作,环境压力大大减小,罪责感降低。另外,网络道德规范的不健全也会助长犯罪分子的作案心理。④ 现实生活中,传统道德对大众行为有较高约束力,但一旦进入虚拟的网络世界,由熟人目光、社群舆论和公众情感筑成的防线便容易崩溃,

---

① 孙萍:《中国社区治理的发展路径:党政主导下的多元共治》,载《政治学研究》2018年第1期;参见中国互联网协会:《2019(第六届)中国互联网企业社会责任论坛在京举办》,载《互联网天地》2020年第1期。
② 参见浙江省海宁市人民法院(2017)浙0481刑初671号刑事判决书。
③ 参见河南省扶沟县人民法院(2019)豫1621刑初458号刑事判决书。判决书载明"被告人李某某从网络视频中了解到把信用卡绑定云闪付可免密码直接消费,遂产生将他人信用卡绑定自己的云闪付骗取钱财的想法。"可见利用云闪付免密支付漏洞,云闪付平台在程序设计上没有做好防诈骗的设计。
④ 张保平、李世虎:《犯罪心理学》,中国人民公安大学出版社2006年版,第265页。

犯罪分子身处网络虚拟世界，很可能自以为不受约束、肆意妄为。①

其二，犯罪团伙的心理支持作用。犯罪分子在团伙中会感受到单独个人无法具有的来自群体和合作者的支持，且存在"由于犯罪是多人共同实施，产生的后果由多人共同造成，因而责任也由多人分担"的侥幸心理。② 这种在团伙犯罪中减轻罪责感的心理在从犯身上表现得非常强烈，导致其往往为主犯利用，是团伙犯罪成为网络信用卡诈骗犯罪最主要的组织形式的重要原因。③

（四）被害人自身原因

第一，对网络信用卡诈骗犯罪现状认知不充分。该类犯罪作案手段具有多变性和科技性，即使是谨慎小心的网络用户，由于专业知识的匮乏和复杂的网络商业运营模式，也处于较高风险之中。④ 此外，由于"伪基站""嗅探""咪表"等犯罪科技在日常生活中很难被大众了解，被害人很容易掉进犯罪分子的陷阱。一些非主流支付平台，因监管不到位⑤或过度追求便捷的服务体验⑥而不顾支付风险，其程序设计中的漏洞为犯罪分子提供了可乘之机。

第二，维权意识薄弱。调查显示，大部分受害人未意识到保存被骗证据的重要性，误以为维权的难点在于维权渠道不畅。在信息数据环境中，电子证据不易保留，容易被篡改和删除，受害人来不及对作案证据进行保留是导致维权效果不理想的主要原因。然而，在多数被害人的认知里，维权的难点在于缺乏维权渠道，这也导致实践中很多受害人会选择自认倒霉，放弃维权。这使得现有的救济渠道未被充分利用，也有碍于司法机关对关联案件的侦查，一定程度上放纵了犯罪。

第三，被害人主体多样。网络信用卡诈骗犯罪的被害群体具有不特定性。由于网络的开放性特征，犯罪分子可以通过复制、群发等方式，令虚假广告、钓鱼网站等"诱饵"在网络空间内广泛扩散⑦，进而吸引广大范围内不特定的被害人，特别是老年人群体和大学生群体。此外，一些与犯罪分子有特定关系的群体可能会基于对犯罪分子的信任而落入圈套。此类案件中，被害人多为被

---

① 马平：《网络诈骗犯罪及其遏制对策》，载《经济研究导刊》2019 第 25 期。
② 罗大华：《犯罪心理学》，中国政法大学出版社 2007 年版，第 279 页。
③ 张保平、李世虎：《犯罪心理学》，中国人民公安大学出版社 2006 年版，第 248 页。
④ 李丰沛：《网络诈骗犯罪的被害人研究》，载《理论观察》2015 年第 6 期。
⑤ 参见内蒙古自治区鄂尔多斯市东胜区人民法院（2017）内 0602 刑初 5 号刑事判决书。
⑥ 《2019（第六届）中国互联网企业社会责任论坛在京举办》，载《互联网天地》2020 年第 1 期。
⑦ 李丰沛：《网络诈骗犯罪的被害人研究》，载《理论观察》2015 年第 6 期。

告人的亲戚朋友，犯罪分子凭借着与被害人的密切关系更加容易获取其信用卡信息，进而冒领、透支其信用卡。

三、网络信用卡诈骗防治对策

（一）出台政策"组合拳"，系统打击个人信息贩卖与诈骗犯罪

由于多数网络诈骗案件都与个人信息泄露关系十分密切，所以需要系统打击个人信息贩卖与诈骗犯罪。中国互联网协会发布的《中国网民权益保护调查报告（2019）》显示，近一年因个人信息泄露等现象遭受的总体经济损失约805亿元。公民的个人信息泄露可能引发电信诈骗、网络诈骗等下游犯罪，贩卖个人信息的灰色产业群通过积极配合电信网络诈骗犯罪分子的诈骗行为，与其建立了相对固定的合作关系，不断获取利益、拓展发展空间。① 要有效遏制电信网络诈骗犯罪活动，就必须对电信网络诈骗犯罪及其关联犯罪实施全方位的打击，斩断利益输送链条，铲除电信网络违法犯罪滋生、蔓延的环境和土壤。②

（二）公安机关对犯罪各阶段进行针对性打击

1. 对犯罪治理方法认真总结、及时共享

犯罪分子为了达成犯罪目的，常常会设计新型作案手法进行网络信用卡诈骗活动。新型的作案手法往往由一个作案团伙或是个人优先使用，但若效果较好就可能在"同行"之间开始流传，迅速扩散。公安机关若能在新的犯罪手段广泛流传前总结出应对策略则能有效打击运用相同手段的信用卡诈骗犯罪。为此，应当建立全国范围的作案数据平台。公安机关一旦发现新型犯罪方法，应将相应具体作案手法步骤、人员安排、所使用的犯罪工具以及对应的推荐侦查手段整理成文并在平台分享。当多地出现了相同或类似的网络信用卡诈骗手法，可通过信息共享使全国的公安机关及时做出预案。

2. 对违禁科技诈骗工具加强审查、严厉打击

高科技会大大降低犯罪难度，增强犯罪的隐蔽性，因此对犯罪分子所利用的高科技设备应当进行严格的审查和打击。由于此类工具一般由犯罪分子线上联系海外卖家购买，公安机关首先应该联合海关部门对于进口货物进行详细严

---

① 王晓伟：《电信网络诈骗犯罪的防范与打击》，载《人民论坛》2019年第10期。

② 黄河、张庆彬、刘涛：《破解打击电信网络诈骗犯罪的五大难题——〈关于办理电信网络诈骗等刑事案件适用法律若干问题的意见〉解读》，载《人民检察》2017年第11期。

格的审查；其次应当对于线上的海外购物平台进行不定期的检查和日常监督；最后也应当严格审查国内线上线下交易，以避免部分犯罪分子从海外购得该违禁科技产品而在国内进行非法交易活动。

3. 加大对篡改网站的监测

当下，我国被篡改的网站数量极大，很多犯罪分子利用伪造的或者篡改的网页（比如钓鱼网站）实施诈骗，使得公民在使用互联网的过程面临安全问题风险。因此构建健康的互联网网站环境，是减少犯罪的重要环节。各行业主管部门要紧密结合自身职责，全面梳理本领域存在的安全风险和管理漏洞，加强政策指导，有效管控风险，坚决堵塞漏洞。① 首先，互联网的主管部门应当建立规范的网络技术管理制度和网络安全管理组织，并且定期对网络安全管理员进行培训。其次，严格采取互联网 IP 地址备案管理和网站 ICP 备案管理，明确主管人员和负责人员的职责。再次，加大对网络技术的科研投入以加强技术层面的打击力度，对有问题的网站及时封堵。最后，网站应当加强自我监督，切实履行社会责任。

4. 加强与社会互联网公司的联动合作

对于利用微信、QQ、微博等社交平台活动的网络信用卡诈骗犯罪，应当及时响应、定期巡查、精准定位。在接到报警时及时对信用卡进行锁定，利用伪基站追踪系统等设备，配合高精度的地图，准确绘制运行路径，通过社交软件的活动轨迹找出与其轨迹重合的手机号码，将手机实际持有人锁定为重点目标开展调查，最终做到拦截阻断、快速止付、精准定位、分析追踪。另外，应当加强对不良信息的处理，对于经常出现"进料""洗料"等敏感词汇或已经发现的行业暗语的群聊要加强监控，通过人工智能手段发现问题应当及时进行识别封号。公安机关和社会互联网公司应当在相关网络信用卡诈骗的犯罪信息上进行共享，这样对于互联网公司来说，可以避免纵容已经为公安机关了解但是并没有完全切除的犯罪组织在其平台进行犯罪活动；对于公安机关来说，可以及时锁定并抓获在相关互联网公司平台进行犯罪活动的犯罪分子。

（三）建立健全大数据辅助防控犯罪的整体机制

1. 建立大数据警企民联动网络举报平台

2015 年公安机关和 360 互联网安全中心利用大数据技术建立了首个警企民联动网络诈骗举报平台，该平台收集了来自网民举报和平台自行识别的诈骗

---

① 本报评论员：《着力提升电信网络新型违法犯罪打击治理能力》，载《人民公安报》2020 年 1 月 15 日。

网址和诈骗电话等信息，与全国500多个地区的公安机关建立联系并向其推送对应辖区内用户举报的信息。但是，由于受害人更关注自身被骗财产的追回情况，而平台缺少对案件具体进展的介绍，使得部分受害人缺乏信心未将损失及时在平台反映。对于这一问题，有必要完善平台功能、拓宽举报渠道，在保护举报人隐私的前提下，适当补充和完善与案件相关的信息，如同类案件的报案人数有多少、被骗金额累计多少、警方是否已立案、是否已展开调查、调查进展情况等内容。这样不仅可以使报案人掌握案件进展，还能对犯罪分子起到震慑作用。①

2. 利用大数据预测犯罪案件趋势

第一，对案件的预测。每种犯罪都有具有特定的行为表现方式。例如，网络信用卡诈骗犯罪往往伴随着账户交易异常，如果能通过算法模型迅速识别出交易异常或者涉嫌诈骗的账户，就能将犯罪预防节点提前至犯罪行为发生之前。数学领域的链接分析可以对异常的交易路径进行识别，可疑金融交易资金的流动，无论是资金的汇集还是特殊流向都可以结合 SAS 统计分析，在绘制的交易关系网络图中标识出异常的交易路径，通过该交易路径识别发现可疑交易线索。②

第二，对整体犯罪趋势的预测。通过对某一地区历史犯罪的地理位置数据、案发数据等的分析计算，测算出犯罪热点地区，并对未来一段时期的高危地区、犯罪类型等犯罪走势进行预测，构建一套预防系统并及时更新数据信息，提醒公安机关注意风险并加强管控。③ 美国某公司便应用这一大数据技术制作"预测性警务"软件，已经发生过犯罪的环境如果没有发生改变就可能诱发同类犯罪，成功实施犯罪行为的犯罪分子也可能受到"成功"的激励在附近地区继续实施犯罪，该软件通过其专有算法对上述特点以及历史犯罪数据进行分析，测算出最有可能发生犯罪活动的地点并绘制成地图交给警局。该软件在美国多个地区被广泛使用，在有效打击犯罪方面取得了较大的成效。

3. 利用大数据优化犯罪定性思维模式

在大数据背景下，公安机关不妨利用大数据技术来加强预警能力、舆情研判能力以及对大数据的预测能力和应急处置能力，同时可以对网络信用卡诈骗

---

① 李欣红、叶伶俐：《关于民间借贷纠纷案件执行情况的调研报告》，载《山东审判》2016年第1期。

② 张成虎、赵小虎：《基于链接分析的洗钱交易识别研究》，载《上海金融》2009年第8期。

③ 赵娇、张德智：《大数据时代犯罪预测问题研究》，载《公安研究》2017年第10期。

的发展态势以及最新出现的技术进行研究和预判,如人工智能、虚拟现实和区块链技术等。目前的 Hadoop 分布式文件系统能存储海量源数据,MapReduce 分布式计算模型可以对其进行处理,然后 HBase 分布式数据库可以存储处理后的海量数据,将其和公安机关的技术架构结合可以应用于对犯罪案件的信息采集和数据处理。①

此外,大数据还有助于拓宽刑事犯罪数据源的广度和深度,有助于发掘刑事犯罪数据源的隐藏价值和属性。② 2011 年福建省某检察机关研发的一款软件为司法人员办案提供了智能、动态的数据参考,这些数据被法院采纳的概率超过了 95%。

网络平台使得传统信用卡诈骗犯罪的犯罪模式发生了很大改变。犯罪分子通过网络结成团伙,协作分工,将获取信息、绑定信用卡、提取赃款的犯罪链条从线下转到线上,用多样化、科技化的犯罪方法取代了单一的传统犯罪方法。传统的信用卡诈骗犯罪在网络的辅助下具备了更强的隐匿性和可营利性,社会危害性显著上升。网络信用卡诈骗犯罪多发的原因,除了互联网发展普及的时代背景外,还包括网络信用卡诈骗本身、互联网企业、犯罪人和被害人等四方面的具体原因。对此,不妨通过出台政策"组合拳"、加强公安机关对点打击、建立健全大数据犯罪防控辅助系统等方式进行治理。

---

① 崔杰、李陶深、兰红星:《基于 Hadoop 的海量数据存储平台设计与开发》,载《计算机研究与发展》2012 年第 S1 期。

② 杨海龙:《大数据背景下的刑事犯罪趋势分析》,载《广西警察学院学报》2018 年第 4 期。

电信网络诈骗犯罪的成因及防治对策

隋莉莉[*]

以电信网络诈骗犯罪为重要对象的网络安全治理是中国特色社会治理体系和治理能力现代化的关键领域之一。习近平总书记对打击治理电信网络诈骗犯罪作出重要指示,要坚持以人民为中心,统筹发展和安全,强化系统观念、法治思维,注重源头治理、综合治理,坚持齐抓共管、群防群治,全面落实打防管控各项措施和金融、通信、互联网等行业监管主体责任,加强法律制度建设,加强社会宣传教育防范,推进国际执法合作,坚决遏制此类犯罪多发高发态势。习近平总书记提出的"强化系统观念、法治思维""注重源头治理、综合治理"正是电信网络诈骗犯罪的治本之策。

一、电信网络诈骗的基本态势与特征分析

(一)我国电信网络诈骗的基本态势

1. 由电信诈骗向网络诈骗转变

随着网络尤其是移动互联网、手机支付等新技术的普及运用,传统诈骗犯罪加速向网络迁移,网络诈骗占比迅速提升。受新型冠状肺炎疫情等多重因素影响,2020年线上日均活跃用户规模、日均活跃用户时长均创下历史新高,在线办公、居家上课、网络购物等成为重要的工作学习生活方式,诈骗分子乘机扩大用户接触面,致使网络诈骗风险呈现明显上升态势,在2020年上升到所有电信网络诈骗犯罪总量的85%。

2. 诈骗分子在重点治理地区聚集度较高

综合分析用户举报诈骗电话来源地分布情况,诈骗电话仍在云南、广东等重点治理地区相对集中,云南省(占比14.1%)、广东省(占比10.5%)、湖南省(占比6.7%)、河南省(占比5.0%)、江苏省(占比4.9%)呼出诈骗电话数量位居全国前五,其中位于云南中缅边境的普洱市诈骗电话数量最多,

---

[*] 隋莉莉,辽宁省大连市人民检察院法律政策研究室副主任,四级高级检察官。

占比达到全国总量的 9.6%。

3. 受骗人群集中在年轻群体及经济发达地区

从受骗用户年龄分布情况看，"90后"年轻人已经成为诈骗分子的重点诈骗对象，受骗数量超过其他年龄段人数总和，占比达 63.7%，其次分别为"80后""70后"，分别占比 19.6%、8.1%；值得关注的是，"00后"群体受骗用户数量超过"60后"群体，占比 4.3%，进一步反映出诈骗分子正逐步把目标向熟悉互联网但风险防范意识较差的年轻学生群体转移。从受害用户地域分布情况看，广东、浙江、江苏等东南沿海经济发达地区受骗用户数量位居全国前三位，分别占比 12.3%、10.6%、10.5%。

4. 交易类、贷款类诈骗多发

受疫情期间国内电子商务快速发展、线上交易活跃及部分人群收入减少等因素影响，2020 年交易类、贷款类诈骗较为多发，分别在全部诈骗类型中占比达 40%、30%，其中多为购物退款诈骗、刷单诈骗、贷款手续费诈骗、虚假征信诈骗等；其次为仿冒类、理财类、网络交友类诈骗，在全部诈骗类型中占比约为 12%、9%、5%。

5. 互联网应用成为诈骗实施的重要渠道

为增大受害用户接触范围，提高诈骗成功率，诈骗分子根据互联网业务发展形势，不断将各类热门网络应用作为新型诈骗实施渠道，逐步将单一的电话诈骗扩展为跨平台、跨网络诈骗，其中微信、QQ、App、网站、支付宝、二维码等各类互联网应用均已经成为当前电信网络诈骗的主要实施渠道。

（二）电信网络诈骗特征分析

1. 诈骗行为非接触性

行为人与被害人在时间和空间上"隔离"，一线的组织领导者基本"躲"在幕后不露面，通过操纵下线或者雇请其他人来完成工作。一是电信网络诈骗犯罪行为的实施大多是在互联网上，重要证据多在云端，由于往往不存在实体现场，犯罪证据很难固定，与较传统的诈骗案件有很大不同。二是电信网络诈骗犯罪的幕后组织领导者与犯罪实行人员的非接触。被害人无法看到行为人的真实情况，但行为人能清楚描述被害人的各项身份信息。

2. 诈骗手段多样化

据公安部门统计，各种电信网络诈骗类型大致可分为 48 类共计 300 余种，且不法分子的诈骗手段花样翻新快，新手法层出不穷。同时，诈骗实施模式与引流推广方式也不断升级，诈骗过程开始呈现接触周期长、诈骗环节多、多手法叠加、跨平台实施等显著特点。例如，"杀猪盘"诈骗同时涉及婚恋交友、即时通信等多个业务平台，并且诈骗全程长达 1~3 个月；诈骗分子融合刷单、

"杀猪盘"等多种手法，利用刷单返利与用户多次接触获取信任后，将其引导至博彩平台，并在注册、下注、提款等多个环节实施连环诈骗，让被害人防不胜防。

3. 诈骗目标精准化

大数据时代，电信网络诈骗犯不再是"撒网式"的"盲骗"，而是"定制式"的"准骗"。① 随着技术的进步，人工智能技术已被用于诈骗的各个环节。利用人工智能技术，犯罪分子可以非法获取公民个人信息，对被害人精准画像，实施量体式、订单式诈骗。与广撒网、随机式的诈骗方式不同，精准诈骗更具有针对性和指向性，因此其欺骗性、迷惑性进一步增强，成功率也更高。

4. 诈骗方式产业链条化

当前，电信网络诈骗犯罪呈现明显的专业化、链条化、组件化的趋势，诈骗团伙无须亲自实施犯罪链条上的全部活动，可以根据需要从"黑灰产"市场上购买相应的设备和服务。主要涉及个人信息的非法获取和提供，批量开办贩卖手机卡、银行卡，"伪基站"设备、智能群呼设备、短信群发器的制造和销售，虚假网络平台的传播和维护，为诈骗活动提供推广引流服务，针对诈骗赃款提供洗钱支持等电信网络诈骗"上下游"各环节。同时，相关产业呈现分离化特点，各环节物理隔绝程度增大，既提高了侦查难度，也对核心犯罪团伙形成掩护效应。

5. 次生危害突出

电信网络诈骗犯罪的直接目的是获取非法利益，但是在造成直接经济损失之外，因电信网络诈骗犯罪引发次生危害后果的案件日益增多。比如，有的企业被骗走巨额资金，导致停工破产；有的群众被骗走"养老钱""救命钱"，导致生活陷入困境。尤其是近几年连续发生的几起在校学生被骗而导致猝死或自杀的案件，社会影响尤为恶劣。例如，被告人陈某甲等诈骗案和被告人陈某乙等诈骗案。犯罪分子实施诈骗造成了被害人徐某某、蔡某某死亡或者自杀的严重后果。由此可见，电信网络诈骗犯罪不仅谋财，而且害命，社会危害性极大。

---

① 严翠玲：《如何防止大数据时代个人隐私的"裸奔"》，载《人民论坛》2018年第16期。

二、电信网络诈骗犯罪的成因分析

(一) 法律方面的原因

德国法学家菲利普·赫克(Philipp Heck)说过,因为立法者的观察能力有限,不可能预见将来的一切问题,也不可能在立法上完全表现。① 立法无法预见一切问题,随着社会的发展,立法的滞后是必然的,而法律出现漏洞也是必然的。随着网络信息技术的不断发展,电信网络诈骗犯罪及其上下游关联犯罪呈现出新态势新特征,然而法律回应不够积极、协调性不足。具体体现为:一是罪与非罪之间的界限不够清晰;二是此罪与彼罪之间认定混乱;三是刑罚的严厉性不足,主要表现为刑罚处罚的针对性不强。虽然我国针对电信网络诈骗犯罪出台了一些司法解释,但是目前我国刑法尚未将电信网络诈骗犯罪单独设置为一种独立形态的犯罪,因此打击效能未能充分发挥。同时,法律处罚的力度也不能很好地体现罪责刑相适应原则,不能满足惩治此类犯罪的需要。

(二) 犯罪人方面的原因

根据英国经济学家亚当·斯密提出的"经济人"理论,作为个体的人倾向于追求个人利益,行为选择主要以满足个人利益最大化为基本动机。因此,追求经济利益是犯罪发生的重要驱动力,对财产类犯罪来说尤其如此。从犯罪人心理角度来说,电信网络诈骗属于一项低成本、高收益的活动,相比于传统的诈骗罪而言更具有诱惑力。犯罪人只需要买信息、买卡,通过网络发送虚假信息,广泛撒网、重点捞鱼。不需要花费昂贵的物质成本和时间成本,只要有手机、计算机等基本配备,就能在短时间内将虚假信息批量传送给无数人进行电信网络诈骗行为,带来巨大的犯罪收益。正是由于网络诈骗的强大诱惑力和犯罪的低风险、高回报性,促使一些人不惜以身试法去实施电信网络诈骗犯罪。

(三) 被害人因素

在诈骗罪中,被害人自愿交付财物的行为不可或缺且举足轻重。基于电信网络诈骗犯罪的诈骗犯罪本质,被害人自愿交付财物的行为是其必备要件。换言之,被害人自身的因素也是电信网络诈骗犯罪的原因之一。司法实践表明,电信网络诈骗犯罪之所以能屡屡得逞、被害人之所以能接连上当,除了犯罪分子"苦心经营"、精心设计和巧妙实施之外,被害人的防范意识、防骗能力普遍较弱也是其中较为重要的因素,贪小利、盲目从众,个人的警惕性较低。

---

① 赵文群:《法律漏洞中的法律发现》,载《中国律师》2004年第9期。

(四) 公民个人信息泄露严重

大量的案件分析和研究表明,大部分电信诈骗都与个人信息泄露和侵犯个人信息有关,其中个人信息泄露是精准式电信诈骗发生的直接原因。互联网在给我们的生活提供便利的同时,也带来了个人信息泄露的威胁。《2020年我国互联网网络安全态势综述》指出:公民个人信息未脱敏展示与非法售卖情况较为严重。监测发现涉及身份证号码、手机号码、家庭住址、学历、工作信息等敏感个人信息暴露在互联网上,全年仅CNCERT就累计监测发现政务公开、招考公示等平台未脱敏展示公民个人信息事件107起,涉及未脱敏个人信息近10万条。此外,全年累计监测发现个人信息非法售卖事件203起。

(五) 技术手段滥用

犯罪是特定社会环境中的特定现象,因而总是带有某个时代的代际特点。电信网络诈骗犯罪作为一种借助电子通信和信息网络等技术或设备而进行的财产犯罪类型,与网络科技发展迭代共生。从某种意义上说,网络技术在社会上的广泛应用,是电信网络犯罪产生的社会基础。现代电信通信技术的发展为电信业发展提供了支撑,使得人们之间的交流更加便捷,网络技术的发展使得资金的流动更加便利、快速,科技产品如电话、手机、电脑、网络等大规模普及。但是科技也是一把双刃剑,犯罪分子通过获取电信线路、设立伪基站、制作任意改号软件、利用虚拟电话卡或者VOIP网络电话等信息技术手段实施电信诈骗。

(六) 重点行业监管不到位

面对飞速发展的网络技术,我国相关的网络监管制度还不够完善:网络监管力度不够,重视程度不够,许多网络监管有关部门没有尽职尽责;相应的防范措施无法及时跟进。如腾讯公司等软件服务企业,其QQ、微信等服务在普及的同时,防御技术不能及时跟上,以致犯罪分子经常利用盗号等手段实施网络诈骗;有些网站、论坛标准门槛低,没有严格执行真实身份制度,导致论坛、网站等欺诈广告泛滥。

(七) 境外司法合作水平有限

目前,国内外勾结作案的形势越发严重,跨国、跨境的电信诈骗犯罪已成为这一类犯罪的主要形式。因此,即使已抓获的犯罪嫌疑人如实交待了犯罪集团构成和主犯,但由于核心人员多身处东南亚、非洲等境外,只是以网络、电话等虚拟手段对境内组织进行单线遥控指挥,在区际、国际警务司法合作尚未达到高度契合的情况下,对境外网络电话服务器以及由其转接的电话号码进行核查确实还存在困难,线索很容易中断,迫使侦查工作无法继续,打击电信诈骗的难度增大。

三、电信网络诈骗犯罪的防治对策

（一）加强法治保障

法律是治国之重器，良法是善治之前提。《中共中央关于全面推进依法治国若干重大问题的决定》提出，加强互联网领域立法，完善网络信息服务、网络安全保护、网络社会管理等方面的法律法规，依法规范网络行为。防范治理电信网络诈骗离不开法律的震慑作用。面对电信网络诈骗犯罪呈现出的新态势新特征，需要法律对其作出积极的、及时的回应。结合电信网络诈骗防范治理新形势下的实际需求，在刑法中增设电信网络诈骗罪，推进个人信息保护、数据安全等专项立法的尽快出台，明确通信设备违规使用、个人信息窃取（移动App、小程序等）等涉及电信网络诈骗行为的惩处对象与范围，加大惩处力度，进一步夯实新形势下与我国电信网络诈骗治理相适应的法律基础。

（二）注重道德治理

"预防犯罪的再一项措施是：奖励美德。"[①] "预防犯罪的最可靠但也是最艰难的措施是：完善教育。"[②] 道德教育是遏制电信网络诈骗犯罪的重要治理手段。《中共中央关于全面推进依法治国若干重大问题的决定》提出，"国家和社会治理需要法律和道德共同发挥作用。必须坚持一手抓法治、一手抓德治，大力弘扬社会主义核心价值观，弘扬中华传统美德，培育社会公德、职业道德、家庭美德、个人品德，既重视发挥法律的规范作用，又重视发挥道德的教化作用，以法治体现道德理念、强化法律对道德建设的促进作用，以道德滋养法治精神、强化道德对法治文化的支撑作用，实现法律和道德相辅相成、法治和德治相得益彰。"对网络空间的治理，同样需要加强公民道德建设，弘扬中华优秀传统文化，增强法治的道德底蕴，强化规则意识，倡导契约精神，弘扬公序良俗，努力提高全民网络道德素质，有效防控电信网络诈骗犯罪。

（三）强化科技支撑

著名科学家爱因斯坦曾经指出：科学是一种强有力的工具。怎样用它，究竟是给人类带来幸福还是灾难，全取决于自己，而不取决于工具。科学技术是

[①] [意] 切萨雷·贝卡里亚：《论犯罪与刑罚》，黄风译，北京大学出版社2014年版，第121页。

[②] [意] 切萨雷·贝卡里亚：《论犯罪与刑罚》，黄风译，北京大学出版社2014年版，第122页。

一把双刃剑,既可以成为犯罪的重要工具,也可以成为遏制犯罪的有效手段。针对电信网络诈骗犯罪的不断迭代升级,对其有效治理,必须依靠技术支撑。将科技手段运用到电信网络诈骗犯罪监管体系中,在传统监管维度之外增之以科技维度,从而更好地应对网络科技所内含的风险及其引发的监管挑战。以大数据分析、区块链存证助力电信网络反欺诈协同治理,创新侦查模式。同时要关注网络信息技术介入刑事司法后对公民基本权利保障体系的冲击,并探索坚守正当程序底线的路径。

（四）加强社会宣传教育防范

"你们想预防犯罪吗？那你们就应该让光明伴随着自由。知识传播得越广泛,它就越少滋生弊端,就越加创造福利。"① 从被害预防的角度入手,加大网络安全知识宣传力度,严格落实国家机关"谁执法谁普法"的普法责任制,建立法官、检察官、行政执法人员、律师等以案释法制度,注重基层治理,将宣传的触角延伸至居委会、村委会,提高全民识骗防骗的能力,增强保护个人隐私、个人信息的意识。在保护人民群众免受电信网络诈骗侵害的同时,鼓励积极举报违法行为,激励广大人民群众参与防范治理电信网络诈骗工作,着力打造"人人有责、人人尽责、人人享有"的网络社会治理共同体。

（五）建立跨部门联动机制

一是优化协调推进机制。构建公安、工信、金融等主要相关行业或部门深度协同参与的综合治理体系,推进成立反诈联盟,建立完善行业涉诈线索、协调调度信息等自动流转机制。二是完善跨行业、跨部门信息通报和联合督导等工作机制。在涉诈线索研判、策略模板分析、追踪溯源等方面加强合作,形成群策群力、群防群治的电信网络诈骗治理局面。三是加大对诈骗行为的联合打击力度。相关部门应进一步加强协调联动,针对打击诈骗犯罪行动中的重点、痛点、难点问题及薄弱环节,出台更加符合新时期犯罪行为特征的具体措施。

（六）加强行业监管

一是针对互联网平台存在的个人信息过度采集、安全防护措施缺失、风险防范意识不足等问题,要督促指导企业强化事前监管,规范业务流程,加强个人信息保护能力。二是针对重点边境地区诈骗风险突出、境外涉诈网站监管难等难点问题,推动基础电信企业、互联网企业、域名注册服务机构等不同主体建立全网涉诈资源交叉核验机制,提升高危号码、涉诈 IP 地址、涉诈网站的

---

① ［意］切萨雷·贝卡里亚：《论犯罪与刑罚》,黄风译,北京大学出版社 2014 年版,第 117 页。

监测发现能力。三是构建大数据诈骗治理机制。制定基础电信企业和互联网企业运用大数据治理诈骗的任务清单和责任清单,将大数据反诈能力纳入基础电信企业和互联网企业防范治理电信网络诈骗评价指数,进一步压实企业主体责任。

(七) 构建国际合作协调机制

一是依托"一带一路"倡议,与新加坡、缅甸、越南、菲律宾等电信网络诈骗重点输出国家建立完善协调机制,同相关国家密切沟通、分享,探索跨国防范治理方案与措施,进一步建立信息共享与联防联控机制,加强涉诈信息共享与跨境联合执法等。二是充分利用国际互联网治理论坛、ITU、ICANN、3GPP等国际组织、会议平台,积极宣传我国电信网络诈骗治理成效,推广中国治理经验模式,探索推动与东南亚、美国等重点国家和地区建立合作机制,联合研究制定反诈国际框架协议,加强国际层面的电信网络诈骗预警、防范机制建设,斩断跨国电信网络诈骗犯罪集团的黑手。

（三）电信网络诈骗犯罪防控对策研究

"互联网+"背景下电信诈骗犯罪防控机制研究

李 川 刘双阳[*]

随着我国电信、金融、电子商务和互联网等产业的蓬勃发展，电信诈骗犯罪开始在我国出现，并从广东、福建和浙江等东南沿海地区向全国迅速蔓延，已成为严重扰乱社会秩序、侵害公民财产安全的突出问题，引起了全社会的高度关注。特别是近年来，借助于固定电话、移动通信终端设备、即时通信社交软件等现代通信工具和网络银行技术实施的非接触性诈骗犯罪频发，给人民群众的财产造成巨大损失，甚至发生如"徐玉玉案"中导致当事人猝死的恶性事件，电信诈骗犯罪呈现愈演愈烈之势。数据显示，仅2018年第一季度我国电信诈骗发案数就为25.3万件，涉案金额高达33.4亿，其中个案金额过亿的特大电信集团诈骗案层出不穷。[①] 为有效打击猖獗的电信诈骗犯罪活动、维护社会秩序安定和保护公民财产安全，深入研究"互联网+"背景下电信诈骗的新类型、新特点以及深层次的发案原因，对于构建全方位的犯罪防控机制意义重大。

一、"互联网+"时代电信诈骗犯罪的特点

电信诈骗是以非法占有为目的，利用有线、无线通信系统，以传送、发射或接收语音、文字、图像等形式的信息，与被害人进行远程接触，通过虚构事

---

[*] 李川，东南大学法学院教授；刘双阳，东南大学法学院博士研究生。

[①] 参见苑景惠：《基于"二八定律"的电信诈骗犯罪防范机制研究》，载《长春师范大学学报》2019年第5期。

实、隐瞒真相或者其他欺骗性手段骗取他人数额较大财物的犯罪行为。① 电信诈骗是传统诈骗与现代通信技术相结合产生的一种新型诈骗犯罪方式，与传统诈骗犯罪手段相比，此类案件的显著特征是作案人通常不需要与受害人见面，即非接触性。② "互联网+"时代到来，借助于互联网联络高效便捷、传播范围广、技术隐蔽性强、不受地域时空限制等特点，电信诈骗组织的运作模式、人员构成、作案手法、技术工具以及活动范围呈现明显的互联网化特征，进一步放大了电信诈骗预防和治理的难度。此外，犯罪分子开始利用黑客技术、木马程序病毒盗取或者直接从他人手中购买等方式非法获取大量公民个人信息，导致"精准诈骗"层出不穷，令人防不胜防。③

（一）犯罪组织集团化

在电信诈骗犯罪活动中，需要多人冒充不同身份、扮演不同角色才能达到以假乱真欺骗受害人的目的，是典型的团伙型共同犯罪。从近年来公安机关破获的电信诈骗犯罪案件来看，电信诈骗团伙产业化、职业化特征十分明显，甚至出现了"公司型"运作模式，内部组织严密，成员分工明确。即一个团伙由投资人发起，下设分工协作的技术组（搭建、维护硬件技术平台）、话务组（接听电话、实施诱骗）、银行组（办卡、转账、取款）、洗钱组、资料组和后勤组，采取组长负责制，根据业绩分成。各小组分布于不同地区，仅与上线保持单线联系。形成一条庞大、精细的电信诈骗犯罪产业链，犯罪集团特征显露无遗。电信诈骗犯罪呈现出以地缘、亲缘和家族关系为纽带的专业化发展趋势，犯罪集团具有典型的地域性和家族性特征，逐渐形成了特色型的电信诈骗高发地区，④ 如福建安溪、广东电白、海南儋州，被称为"诈骗之乡"。

（二）涉案人员低龄化

实施电信诈骗需要掌握一定的电子信息技术，因而电信诈骗犯罪分子多以年轻人为主，随着网络通信技术迭代、科技含量增加，电信诈骗团伙成员日趋低龄化、低学历化。《司法大数据专题报告之电信网络诈骗》显示，2017—2018年，全国破获的电信诈骗案件中被告人年龄多集中在20岁至34岁之间，

---

① 参见梁玉霞、江洲：《电信诈骗犯罪的成因、特点及防范对策》，载《法治论坛》2010年第4期。

② 参见高锋：《手机短信诈骗犯罪的特点与类型分析》，载《湖北警官学院学报》2006年第6期。

③ 参见马凤实：《电信诈骗的现状及危害》，载《黄河科技大学学报》2016年第6期。

④ 参见吴加明、陈钢：《两岸比较与合作视野下电信诈骗犯罪惩治研究》，载《犯罪研究》2018年第4期。

多为初中及以下学历，占比为71.06%。出现这一状况的主要原因在于，地区经济发展不平衡，不少贫困地区的青少年尚未完成九年义务教育就辍学打工，低学历年轻人难以在城市找到理想工作，同时不少年轻人受不良社会风气的影响，不愿勤劳致富而是期望一夜暴富，迅速改变经济条件，导致一些年轻人走上运用非法手段"空手套白狼"的电信诈骗犯罪道路。例如，"徐玉玉案"的6名犯罪嫌疑人平均年龄为26岁，最小的只有19岁。

（三）诈骗手法多样化

电信诈骗自产生以来，作案手段五花八门，特别是犯罪分子紧跟社会热点、精心设计骗局，结合互联网特性衍生出一系列新型电信诈骗手法，花样翻新，甚至针对不同人群量身定制不同诈骗方案，步步为营，令人眼花缭乱、防不胜防。据统计，当前在社会上常见的电信诈骗方式多达40余种，如冒充公检法机关诈骗、冒充部队采购人员诈骗、冒充熟人诈骗、网络购物诈骗、网银密码器升级诈骗、扫二维码诈骗、补办手机卡诈骗、换账号汇款诈骗、虚构中奖诈骗、虚构消费退税诈骗、网络征婚交友诈骗、炒股分红诈骗、虚构绑架事实诈骗等，不胜枚举。① 有的诈骗团伙还专门编辑《诈骗手册》，用于培训新成员和扩张业务。此外，犯罪分子在实施电信诈骗活动过程中具有较强的反侦查能力，作案手段隐蔽，往往运用现代通信工具远距离作案、使用虚假身份信息开设银行账户、频繁变换手机号码，给案件侦破、犯罪人员抓捕、证据搜集带来较大困难。

（四）作案工具智能化

随着网络和信息通信技术的进步，犯罪分子在逐渐掌握了相关技术后将其广泛应用于诈骗犯罪活动中，甚至研发和制作出专门用于实施犯罪的设备或产品，如VOIP网络电话、任意改号软件、短信群发器、伪基站、"钓鱼"网站、木马病毒等，电信诈骗犯罪的科技化、智能化程度越来越高。② 高科技作案工具的大规模使用使得电信诈骗活动"如虎添翼"，诈骗信息无处不在、泛滥成灾，发案量也剧增。由于技术手段的隐蔽性较强，真伪难辨，普通公民往往难以识破，财产损失惨重。

---

① 参见牛宗岭：《电信诈骗问题的成因分析》，载《黄河科技大学学报》2016年第6期。

② 参见黎晴：《当前电信诈骗犯罪的打击难点和对策》，载《江西警察学院学报》2012年第5期。

（五）作案范围跨境化

境内外犯罪分子相互勾结、跨境犯罪形势严峻是近年电信诈骗犯罪出现的新特点。① 为了躲避国内警方的打击，不少电信诈骗犯罪集团将犯罪窝点转移至境外，如我国台湾、东南亚以及非洲等地区或国家，核心成员和骨干分子藏匿到海外，遥控指挥在国内招募的下线人员实施一系列诈骗行为，犯罪分子内外勾结作案，将骗取的钱款转移至境外银行账户。囿于地域管辖以及区际、国际警务司法合作机制不完善的限制，国内警方大多只能抓获诈骗集团中的底层涉案人员，挽回经济损失有限，对于潜逃在境外的组织策划者却鞭长莫及，无法将其绳之以法，打击威慑力减弱。

二、当前电信诈骗犯罪高发的原因分析

电信诈骗由来已久，并随着经济社会的发展日益复杂化，在社会、经济、法律和技术等多重因素的影响下愈演愈烈，作案手法越来越多、发案量越来越大、涉案金额越来越高、影响范围越来越广，社会危害性日趋严重，已成为公众诟病的社会顽疾之一，引发全社会的恐慌心理。只有深刻剖析当前电信诈骗犯罪高发的复杂原因，才能对症下药探寻预防和规制电信诈骗犯罪的策略。

（一）低成本高回报利益驱使

实施电信诈骗的成本较低，而非法收益却是巨大的，甚至是一本万利。犯罪分子的作案成本一方面包括经济支出成本，主要用于购买计算机、手机、虚拟电话卡、短信群发器、号码任意显示软件、伪基站等作案工具以及发送信息的资费，这些作案工具目前在市场上较容易获取，价格也不高；另一方面主要涉及犯罪惩罚成本，电信诈骗的非接触性、隐蔽性使得案件的跟踪、追查、取证、侦破较为困难，犯罪分子所冒的法律制裁风险降低，更加有恃无恐，而且司法实务中对于电信诈骗行为只是按照普通诈骗罪定罪量刑标准，针对性不强，处罚偏轻，法律制裁威慑力不足。在刑事立法上，对电信诈骗并未像合同诈骗、金融诈骗一样从普通诈骗罪中分离出来，单独规定为电信诈骗罪，并配置以较高的法定刑回应社会现实需要。然而，电信诈骗的巨大收益是显而易见的，不少案件中诈骗金额动辄上万元，甚至数百万元，成为部分好逸恶劳人群的"致富捷径"。最高人民检察院和公安部联合挂牌督办的"8·25"特大跨境电信诈骗案涉案犯罪嫌疑人有41人，共计向30余万人拨打诈骗电话，单笔

---

① 参见熊琼、章瑛：《基于不完全契约理论下两岸刑事司法互助新探索——以跨境电信诈骗犯罪为例》，载《云南社会科学》2018年第3期。

最高诈骗金额达 959 万余元。① 据落网的犯罪嫌疑人交代，每发送 1000 条虚假短信，通常会有一至两人上钩，"利润"相当可观。以犯罪团伙中负责取款的"马仔"为例，每提取一笔钱，其就可以获得取款金额 3%—8% 的劳务费，剩余的绝大部分赃款被骨干成员瓜分。在"低成本、高回报"的巨大非法利益诱使下，我国电信诈骗犯罪不断攀升。

（二）电信金融部门监管漏洞

面对网络通信技术的迅猛发展，电信行业在经营管理、技术革新等方面还存在不少漏洞，甚至有的电信运营商为了片面追求商业利润，社会责任感缺失，执行国家电信法规不到位，对违规行为睁一只眼闭一只眼。按照工信部的要求，用户购买手机卡必须实名认证，核验真实身份信息，但无记名手机卡在市面上销售、使用的情况仍时有发生，其中 170、171 号段是重灾区，该号段的服务平台为虚拟运营商，自己不建设通信网络，而是租用实体运营商的网络开展电信业务，没有严格落实实名制。还有的诈骗分子通过购买他人已实名认证的手机卡来掩饰身份、躲过跟踪，不仅给公安机关侦破电信诈骗案件增添了难度，而且给社会带来安全隐患。另外，工信部门对 VOIP 网络电话业务发展以及短信群发器、任意改号软件的销售存在监管真空地带，使得诈骗分子可以轻易购买到电信诈骗的主要作案工具，此举放纵了电信诈骗犯罪。

通过金融机构进行转账、汇款、取款，是电信诈骗的最后一个环节，也是实现犯罪目的最关键的步骤，但银行等金融机构在对账户往来资金流动存在监管盲区。② 在大多数电信诈骗案件中，犯罪团伙往往将所骗来的钱款拆分转移，而银行卡是主要的转账工具。由于 ATM 机单日取款金额限制以及躲避大额现金流系统自动锁定，犯罪分子必须要使用多张银行卡来转移赃款，所以在破获电信诈骗案时常常查获到大量银行卡，而这些银行卡大多是伪造的或者使用虚假、冒用他人身份证明骗领的。由此可以发现，金融机构在银行卡的身份信息审核以及发放方面把关不严，有的商业银行为了争取业务量滥发银行卡，给诈骗分子留下了可乘之机。

（三）公民个人信息泄露严重

"精准诈骗"的大规模出现暴露了我国在公民个人信息保护方面的不足。

---

① 参见马忠红：《论网络犯罪案件中的抽样取证——以电信诈骗犯罪为切入点》，载《中国人民公安大学学报（社会科学版）》2018 年第 6 期。

② 参见胡向阳、刘祥伟、彭魏：《电信诈骗犯罪防控对策研究》，载《中国人民公安大学学报（社会科学版）》2010 年第 5 期。

其中小部分信息是个人因自身疏忽大意不慎泄露的,而大部分信息却是被他人非法获取、出售、提供给犯罪分子的。在网上贩卖个人信息已经成为"公开的秘密",身份、财产、活动轨迹等信息被明码标价,① 不排除有负责管理公民个人信息的相关部门的工作人员参与倒卖、泄露公民个人信息。诈骗分子通过窃取、购买等方式非法获取公民个人信息后,据此制定个性化、针对性的诈骗方案,增强诈骗信息的可信度,诱使受害人一步步落入精心设计的骗局。大量泄露的公民个人信息为电信诈骗犯罪分子提供了最有利的犯罪条件,是造成电信诈骗屡试不爽、快速蔓延的主要原因之一。

（四）公众安全防骗意识薄弱

电信诈骗之所以能屡屡得手与被害人的安全防骗意识薄弱关系密切,而中老年人最容易成为电信诈骗犯罪的受害者。《反信息诈骗大数据报告》数据显示,电信诈骗案件中 40 岁以上的中老年受害人占比为 62%;损失超过 5 万元的电信诈骗案件中,中老年受害人占比更是高达 75%。贪婪是犯罪分子实施电信诈骗的内在动机,而受害人贪图小利的心理是电信诈骗能够得逞的重要外部条件,因为人一旦看到有利可图,往往就放松了应有的警惕性。② 如虚构中奖信息、炒股分红等利诱式电信诈骗之所以能成功,正是犯罪分子摸清了被害人的贪财心理,投其所好。而冒充公检法机关、银行、部队等工作人员实施的身份伪装式诈骗,被害人上当受骗主要是其自身没有认真核实相关人员身份信息的真实性,并对信用卡、网络银行等新型金融支付方式缺乏安全使用的常识,遇到紧急情况时不了解正确的处理措施,防骗知识盲区的存在使得犯罪分子有机可乘。

三、构建全方位的电信诈骗犯罪防控机制

基于"互联网+"时代电信诈骗犯罪发展变化呈现的新特点和对当前电信诈骗犯罪高发原因的分析,为有效打击电信诈骗犯罪活动、维护社会秩序安定和保护公民财产安全,必须织密法网、强化监管、凝聚合力,构建全方位的电信诈骗犯罪防控长效机制。

（一）保持打击电信诈骗高压态势

一是健全规制电信诈骗犯罪的法律规范。明确的法律规范指引犹如利剑高

---

① 参见黄首华、魏克强:《论电信诈骗犯罪的发展及成因》,载《贵州警官职业学院报》2013 年第 5 期。

② 参见董晓儒:《当前我国电信诈骗高发的原因及防治对策》,载《北京警察学院学报》2018 年第 2 期。

悬，是打击、惩处和威慑电信诈骗犯罪最有力的法律武器。2016年最高人民法院、最高人民检察院、公安部联合发布《关于办理电信网络诈骗等刑事案件适用法律若干问题的意见》（以下简称《电信网络诈骗意见》）进一步明确了办理电信网络诈骗案件的入罪量刑标准，统一了执法司法尺度，要求形成严厉打击电信网络诈骗犯罪的高压态势，但构建严密的电信诈骗犯罪法律规制体系依然任重而道远。在刑事立法完善方面，有专家学者和人大代表认为电信网络诈骗犯罪的危害远超普通诈骗罪，建议《刑法》中单设"电信网络诈骗罪"，并提高法定刑幅度；① 针对当前利用互联网贩卖银行卡案件高发的情况，在《刑法》第177条之一"妨害信用卡管理罪"的基础上出台司法解释或修正案，进一步加大对买卖银行卡犯罪行为的惩处力度；针对"互联网+"时代背景下，电信诈骗犯罪的行为发生地与结果发生地通常为不同地区或者国家的情况，应当对该类型电信诈骗案件的管辖权予以细化和明确。② 在行政法规完善方面，应尽快修订《电信条例》，完善电信市场准入制度、电信服务经营者的经营准则和服务规范、电信运营商的监管职责以及失职所应承担的法律责任等，并在条件成熟的时将其由行政法规升格为法律。

二是组建侦破电信诈骗犯罪的专业队伍。电信诈骗犯罪的破案率长期不到5%，③ 究其原因，一方面是电信诈骗作为典型的高智能、高科技犯罪，作案手段隐蔽、诈骗窝点移动、信息追踪延迟、证据固定困难；另一方面是公安机关缺乏打击电信诈骗犯罪的专业技术人才，因为在电信诈骗案件的侦办过程中必然会遇到涉及网络安全、电子通信、互联网金融等诸多专业领域的问题，而大多数公安人员这方面的业务素质明显不够。为有效遏制、打击电信诈骗犯罪，必须组建一支包括刑侦、经侦、网监等多警种的专业化电信诈骗犯罪侦破队伍，不断提高侦查人员的专业技能，使其熟练掌握互联网金融的相关知识、灵活运用现代电子信息技术与犯罪分子斗智斗勇。同时还可以邀请网络安全、电子通信以及金融业务方面的专家、技术人员参与协助侦查活动。据报道，深圳警方充分运用科技侦查手段，近19个月破案率从原有的4.3%提升至23.7%，同比上升4.5倍。

三是建立打击电信诈骗犯罪的多方协作机制。电信诈骗犯罪的多方协作机

---

① 参见葛磊：《电信诈骗罪立法问题研究》，载《河北法学》2012年第2期。
② 参见吴朝平：《"互联网+"背景下电信诈骗的发展变化及其防控》，载《中国人民公安大学学报（社会科学版）》2015年第6期。
③ 参见葛悦炜：《电信网络诈骗防范宣传策略研究——基于电信网络诈骗被害人角度》，载《公安学刊（浙江警察学院学报）》2018年第4期。

制包含公安系统的内部协作以及公安与电信、金融等其他平行部门的外部协作两大部分。一方面,电信诈骗犯罪往往是跨区域犯罪团伙流窜作案,作案范围广,经常波及一个或数个省(区、市),因此必须打破区域分割的传统侦查格局,搭建全国统一的反电信诈骗网络技术协助平台,构建资源整合、信息共享、密切配合、快速联动的反应机制,实现远距离网上串并案,增强信息收集、动态跟踪和调查取证能力。通过联合开展专项行动,打掉犯罪团伙、铲除犯罪窝点,根除电信诈骗犯罪的源头。另一方面,电信诈骗的实施高度依赖网络通信技术和银行系统,因此公安机关应与电信、银行等部门通力合作,建立跨部门协作的电信诈骗案件侦查绿色通道和应急协商机制,提高可疑账户信息查询、资金冻结、网络 IP 追源、移动终端定位的时效性,最大程度保护公民的财产安全和挽回经济损失。

(二) 强化对电信金融行业的监管

电信诈骗犯罪之所以成功率高,一定程度上是诈骗分子利用了电信运营商、银行等金融机构在日常监管方面的漏洞,因此电信、金融部门必须守土有责,强化对电信、金融行业的监管,规范相关企业或个人的经营行为,压缩电信诈骗犯罪分子的活动空间。一方面,针对诈骗电话、信息"狂轰滥炸"的情况,工信部门应开展对改号软件、伪基站等设备的专项整治行动,强化对 VOIP 网络电话及其任意显号功能的管理,严格规范各电话线路的运营,严禁线路宽带流量外包,并要求电信运营商如实记录所有呼叫内容及 VOIP 服务器呼叫数据,严惩违反相关规定的行为,有效遏制犯罪分子肆意利用网络通信工具的势头;电信运营商和安全软件服务商应积极研发诈骗电话、短信识别技术,采用技术措施阻断诈骗信息的传播渠道;加强对短信收发平台的监控,利用大数据分析技术,自动预警、过滤、拦截和屏蔽疑似非法诈骗信息,[①] 并建立短信用户黑名单;各电话卡出售机构和电信运营商应严格执行手机号码实名制,并对一证多卡用户进行清理,对于名下电话卡数量超过限额的用户不得为其开办新的电话卡,防范电话卡被冒用或非法买卖。另一方面,央行和银行业监督管理机构应加强对商业银行等金融机构办理银行账户及银行卡业务的执法监督检查,要求金融机构依法履行身份信息核验职责,防止出现使用虚假或冒用他人身份证明骗领银行卡的情况;银行等金融机构应抓紧完成借记卡存量清理工作,严格落实"同一客户在同一商业银行开立借记卡原则上不得超过 4

---

① 参见胡黎阳:《基于大数据的预测警务在打击跨境电信诈骗中的应用研究》,载《武警学院学报》2018 年第 9 期。

张"的规定,并进一步改进银行卡管理系统,将银行卡、银行账户与持卡人或开户人的生物特征(如指纹)结合起来,通过"人卡绑定"降低银行卡被盗刷的风险。

(三)完善公民个人信息保护规范

公民个人信息资料(如姓名、身份证号码、电话号码、财产信息、活动轨迹等)的泄露使其完全暴露在犯罪分子面前,个人财产在诈骗分子眼中犹如探囊取物一般,轻而易举就可以得手,整个社会陷入信任危机。[①] 我国关于公民个人信息的保护起步较晚、进展缓慢,相关法律保护体系尚不健全。近年来,由于电信诈骗犯罪集中高发,引发全社会高度关注后,相关立法进程明显加快。2005年国务院在专家建议稿的基础上启动个人信息保护的立法程序。2009年《刑法修正案(七)》首次将侵犯公民个人信息行为纳入刑法的规制范围,针对性设置出售、非法提供公民个人信息罪以及非法获取公民个人信息罪两个专属罪名。为进一步强化保护力度,2015年《刑法修正案(九)》将两罪整合为侵犯公民个人信息罪,以非法获取、出售、提供公民个人信息作为客观构成要件中的具体行为类型,取消主体身份限制和履职条件限制并升格法定刑。2017年最高人民法院、最高人民检察院专门出台《关于办理侵犯公民个人信息刑事案件适用法律若干问题的解释》(以下简称《侵犯个人信息司法解释》),进一步明确和细化侵犯公民个人信息罪的入罪标准,并完善相关规定。此外,网络安全法明确规定了网络运营商保护公民个人信息、防止信息泄露的行政责任。2017年颁布的《民法总则》也首次在民事法律规范中将公民个人信息纳入保护范围,擅自泄露公民个人信息的应承担相应的民事赔偿责任。不难发现,我国正在逐渐完善公民个人信息保护法律规范体系,保护方式从刑法扩大到行政法,再到民法。期待个人信息保护法尽早出台,成为我国公民个人信息保护领域的纲领性规范,统筹各部门法中关于公民个人信息保护的条款,完善公民个人信息保护范围,进一步加大保护力度。

(四)增强全社会的安全防骗意识

电信诈骗犯罪分子往往利用公众贪图小利、警惕性较差、安全防骗常识薄弱等心理特点,诈骗手段花样翻新,但通常都疑点重重、经不起仔细推敲,是完全可以通过事前预防避免上当受骗的。因此加强反电信诈骗宣传、增强公众

[①] 参见魏淑艳、郑美玲:《协同治理理论视阈下我国电信诈骗共治研究》,载《学术探索》2018年第1期。

的安全防骗意识和技能是防患于未然的治本之策。① 公安部门应充分借助广播、电视、报纸、互联网等新闻媒体的社会舆论宣传力量，及时向社会发布电信诈骗典型案例、预警信息、作案手法以及破解策略等，扩大防骗信息受众面，充分调动公众对反电信诈骗宣传的关注度和参与度，积极检举揭发诈骗违法犯罪行为，营造全民参与打击电信诈骗犯罪活动的社会氛围。此外，针对青少年和中老年人等重点预防群体要制订具体的宣传方案，组织开展"反电信诈骗宣传进社区、进村庄、进校园"活动，通过人民群众喜闻乐见的形式如宣传册、卡通漫画、儿歌、情景剧等普及反电信诈骗的知识和技能，提高公众防范电信诈骗的意识和能力。对于长期形成的地域性、家族性诈骗团伙聚居地，加强法治宣传教育，并通过亲友的力量规劝诈骗人员投案自首以及避免当地其他人跟随误入歧途。

（五）提升涉外警务司法合作水平

电信网络无国界，刑事犯罪有国界。由于案件属地管辖权优先，各国在打击电信诈骗犯罪的过程中往往各自为政，因协调国家安全、法律冲突、司法管辖等议题进行旷日持久的谈判，导致境外的诈骗犯罪分子长期逍遥法外，助长了他们的嚣张气焰。伴随着全球化浪潮，跨境电信诈骗犯罪集团的出现使得电信诈骗不再只是危害一国一地，已成为国际社会共同面对的毒瘤。为有效打击跨境电信诈骗犯罪、抓捕境外犯罪嫌疑人，我国必须加强区际、国际警务司法合作，建立健全快速反应机制。② 一是继续加强海峡两岸与香港、澳门的警务司法合作，跨境电信诈骗犯罪分子中台湾地区的居多，大陆公安机关与台湾地区警方应以 2009 年签署的《海峡两岸共同打击犯罪及司法互助协议》为基础，进一步加强执法合作，及时通报案件线索、互相移送通缉要犯以及涉案证据和赃款等，强化打击力度。二是遵循《联合国打击跨国有组织犯罪公约》，扩大国际警务司法合作，特别是跨境电信诈骗犯罪分子集中盘踞的东南亚和非洲国家，推进签署双边遣返、引渡条约、执法合作、司法互助协议等，③ 建立快速联动追查机制，简化司法协助程序，实现情报资讯交流、证据判决互认、人员押解遣返、涉案赃款追回，为电信诈骗犯罪分子布下天罗地网。例如，

---

① 参见王超：《电信诈骗犯罪特征及对策问题实证研究》，载《河南警察学院学报》2018 年第 1 期。

② 参见杜广雷、杨昌军：《跨境非接触性诈骗犯罪的国际警务合作对策研究——以中国老挝警方联合侦办的 9·15 跨境电信诈骗案为例》，载《犯罪研究》2018 年第 5 期。

③ 参见黄晓亮、王忠诚：《论电信诈骗犯罪惩治与防范的国际合作——以大数据时代为背景》，载《贵州社会科学》2016 年第 2 期。

2016年4月我国成功从肯尼亚遣返77名电信诈骗犯罪嫌疑人。①

电信诈骗是传统诈骗与现代通信技术结合的产物,并在"互联网+"的时代背景下,由于复杂的社会、经济、法律和技术等多重因素的相互作用不断演化,呈现出诸多新特点,对整个社会的信用体系和公民的财产安全构成巨大威胁,若要根治这一顽疾绝非一日之功或某一主体之力。只有动员政府、企业、社会等多元力量积极参与电信诈骗犯罪防控工作,各司其职、紧密合作,共同构建全方位的电信诈骗犯罪防控长效机制,② 才能有效打击和防范电信诈骗,减少财产损失,创造诚信安宁的美好生活。

---

① 参见赵泽:《台湾诈骗团伙大陆受审始末》,载《检察风云》2018年第12期。
② 参见何培育、林颖、张珂:《社会治理视野下电信诈骗防范协同机制研究》,载《重庆理工大学学报(社会科学)》2018年第3期。

电信网络诈骗犯罪案件办理实践问题研究

——以 J 省为例

吴晓敏*

一、J 省检察机关办案数据及特点分析

电信网络诈骗是指以非法占有为目的,利用通信工具如发送短信、拨打电话、互联网等信息网络技术手段,针对不特定多数人实施的诈骗。2020 年全省检察机关共受理批准逮捕电信网络案件 1216 件 2786 人,其中批捕 978 件 2336 人,受理审查起诉案件 1999 件 5358 人,其中起诉 1701 件 4667 人。从办理的案件来看,呈现如下趋势特点:

（一）涉案群体低龄化

互联网属于新生事物,创新发展快,年轻人熟知网络软件运用,碎片化时间多,接触网络时间长。但因社会阅历少、防范意识差,容易成为被害人,同时也容易被发展成下线成为诈骗团伙成员。实施电信网络诈骗的犯罪嫌疑人、被害人不少为"90 后"甚至"00 后",很多为在校学生和没有稳定工作者,呈现年轻化趋势。

（二）犯罪组织公司化、产业化

实践中,大部分电信网络诈骗犯罪都是团伙作案,犯罪团伙采用企业化运作模式实施诈骗,成立专门公司,设立多个部门或岗位,公开招揽成员,以企业管理方式刺激团伙成员实施犯罪,整个作案过程不断精细化、标准化。网络犯罪越来越表现产业化的特征,并以网络诈骗为中心形成多个关联犯罪团伙:

---

* 吴晓敏,江苏省人民检察院第四检察部三级高级检察官,现在张家港市人民检察院挂职副检察长。

一是专司策划骗术、拨打电话的直接诈骗团伙；二是盗卖个人信息团伙；三是提供非实名电话卡、银行卡团伙；四是提供网络和通信技术支撑团伙；五是专业洗钱团伙。上述团伙建立固定的合作关系或临时搭配，分工明确，紧密协作，形成以电信网络诈骗为核心的犯罪"产业链"。

（三）诈骗领域广泛

嫌疑人精心设计剧本，周密策划过程，诈骗名目众多，涉及教育、医疗、就业、养老、社保、征地拆迁、精准扶贫、金融信贷等多个领域。由以往"中奖信息、婚介职介、办理证照、冒名顶替"等传统事由发展为"投资理财、补贴退税、刷单诈骗、民族资产解冻以及区块链虚拟币诈骗"等。嫌疑人事先收集被害人信息，对特定目标实施"精准轰炸"，作案更易成功。疫情期间，出现多起口罩、额温枪网络诈骗案件，犯罪嫌疑人通过微信群、朋友圈、抖音、咸鱼等网络平台，发布口罩等防疫物资出售的虚假信息进行诈骗。目前防疫形势趋于平稳，但仍处于常态化防控阶段，涉疫网络诈骗案件仍有可能发生。

（四）犯罪手段隐蔽

近年来，随着计算机网络技术不断升级，网络犯罪手段不断翻新。犯罪嫌疑人具备较强的反侦查能力，使用不记名的手机卡、网络虚拟电话、虚假或者异名银行卡，犯罪过程不易留痕。诈骗成功后通过第三方支付、第四方支付、点卡商城、赌博网站等迅速转移赃款，资金去向难以查明，增加了打击犯罪的难度。如非法集资类案件中，犯罪分子以"购物返现""区块链""金融理财"等新形式，借 P2P、网贷、众筹、虚拟币之名，掩盖其犯罪本质，迷惑投资人。实践中网络犯罪开始出现从"明网"向"暗网"转移的作案手法，通过多层数据加密，匿名访问难觅踪迹。如王某传播淫秽物品牟利案中，被告人王某在"暗网"经营"夫妻交友、全球华人夫妻交流平台"长达 2 年，案件线索才被发现。

（五）社会危害性大

互联网犯罪不受地域限制，辐射范围广，嫌疑人充分利用网络形成的虚拟空间，犯罪辐射区域突破了地域甚至国界限制。犯罪团伙通过购买境外网络服务器，将网络终端设在国外，境内、境外犯罪分子勾结配合，从境外终端设备接收信号，进而实施电信诈骗活动，规避国内网络监管，犯罪行为更加隐蔽。因利用网络手段的叠加效应导致受众覆盖面更广，危害后果更为严重。

（六）催生黑灰产业

受利益驱动，一些不法人员利用行业监管的漏洞从事灰色产业，如盗取贩卖公民个人信息、贩卖银行卡和手机号、利用伪基站发送信息、提供通信线路、专业转账取款、提供分析工具软件、制作木马程序等等。尤其是银行卡、电话卡被用于电信网络诈骗犯罪的高发势头明显，违法办卡贩卖现象突出，违法办卡贩卖人员逐渐形成专业化、区域化、职业化发展趋势。上述犯罪黑灰产业链随着电信网络诈骗犯罪的猖獗而发展，不仅侵害群众利益，还侵蚀信息安全、金融安全，严重扰乱行业管理和社会管理秩序。

二、办理电信网络诈骗犯罪案件面临的疑难问题

（一）案件管辖问题较为突出

网络犯罪一般跨区域作案，往往涉及全国各地，伴随侵犯公民个人信息、组织他人偷越国边境等罪名，管辖问题较为突出。对于有多个犯罪地的网络犯罪案件，有的案件中侦查机关争相立案管辖，有的互相推诿以致延误侦查时机。跨区域案件一般均存在指定管辖的情况，因需层报耗时较长，一定程度上影响办案进度。此外，对"哪些情况属于犯罪事实存在关联""上级公安机关已经指定立案侦查，后续检察机关、审判机关是否还需指定""多层级网络犯罪案件中，是否其中一个环节在本地，其管辖的犯罪事实就可以向上层、下层及其分支无限扩展"等问题还存在不同认识，实践中存在起诉后被法院以无管辖权为由退回案件的情况。

（二）电信诈骗与普通诈骗犯罪界定难

随着网络信息技术应用，网络、电信与诈骗手段结合日益紧密，方式也层出不穷，电信网络诈骗犯罪与普通诈骗犯罪较难区分。与普通诈骗犯罪相比，电信网络诈骗犯罪入罪门槛更低，打击尺度更严，主要在于电信网络犯罪受害者量大面广、犯罪手段隐蔽、取证困难，相较于普通诈骗犯罪具有更严重的社会危害性。且因突破了地域的界限，地域色彩淡化，故最高人民法院、最高人民检察院、公安部《关于办理电信网络诈骗等刑事案件适用法律若干问题的意见》（以下简称《2016年意见》）在定罪量刑方面制定了统一的标准。① 因涉及量刑档次甚至罪与非罪，需准确界定何为电信网络诈骗。电信网络诈骗与传统诈骗是特殊与一般的关系，除了具备传统诈骗的结构特征外，还应该同时

---

① 《2016年意见》规定：根据最高人民法院、最高人民检察院《关于办理诈骗刑事案件具体应用法律若干问题的解释》第1条的规定，利用电信网络技术手段实施诈骗，诈骗公私财物价值3千元以上、3万元以上、50万元以上的，应当分别认定为《刑法》第266条规定的"数额较大""数额巨大""数额特别巨大"。

符合利用电信网络为犯罪工具、犯罪过程具有"非接触性"等特征,但如何把握还需研究。如犯罪嫌疑人利用"陌陌""摇一摇"等应用程序联系到被害人后,再点对点对被害人实施诈骗,定普通诈骗罪还是电信网络诈骗存在争议。

(三) 案件侦破抓捕、调查取证难

一是侦破抓捕难。该类犯罪以网络电信为载体,采取远程、非接触化方式实施诈骗行为,被害人难以直接指证嫌疑人。有的团伙成员之间素未谋面,仅以网上虚拟身份进行勾连,即使抓获同案犯也无法相互指证。嫌疑人具有较强的反侦查能力,利用"伪基站"发送诈骗短信,即时清零发送日志,利用网络漏洞隐蔽自己的真实身份和位置,定期更换作案计算机、手机,销毁电子数据载体等,导致案件侦破难。跨境诈骗集团中不少首要分子、幕后操纵者、地下钱庄人员均在境外,较难抓捕,归案的大多是犯罪集团中的低层级人员,导致全链条及源头打击难。二是电子取证难。利用互联网实施犯罪行为,犯罪痕迹存在于虚拟化的网络空间,而电子证据具有易删除、易篡改、易丢失等特性,本身提取、固定和保存较为困难。有的网络公司以用户隐私为由拒绝向办案机关提供相关证据,造成取证阻碍。部分侦查人员收集、固定证据的意识不强,不能全面、重点、及时地把握事实和证据,后因时过境迁证据再难补充到位。此外还存在电子证据收集程序不规范的问题,如对原始提取过程未作笔录记载说明,对电子数据的名称、类别、格式标注不清等,给案件的顺利审查带来困难。三是跨区域、跨境协作取证难。网络犯罪涉案人员众多,涉案区域广泛,通常涉及冗长繁杂的审批手续,导致办案周期过长。尤其近年来跨境电信网络诈骗犯罪增多,涉及境外取证,但司法协助方面还存在手续办理复杂、时间长等问题,一定程度上影响了办案质效。

(四) 司法认定难

鉴于网络犯罪的复杂性,公检法机关在证明标准、法律适用、追诉范围等方面存在着认识上的分歧,未能达成有效共识,导致案件在各诉讼阶段可能出现不同的处理决定,主要体现在以下几个方面:

一是犯罪数额认定难。电信网络诈骗危害面广,被害人人数众多,地域分布广泛,取证工作量大。部分受害者因被骗金额较小没有选择报案。同时因受害者数量多,侦查人员因管辖所限只能对本辖区的被害人取证,难以全面收集被害人言词证据及相关材料,实际认定的诈骗数额往往低于真实诈骗数额。此外电信网络诈骗犯罪共同犯罪居多,对组织者、领导者按照犯罪集团全部数额定罪量刑没有争议,但犯罪集团的参与者往往对诈骗数额提出异议,辩解只对其具体参与的诈骗数额承担责任。如某案，被抓获的犯罪嫌疑人级别依次为老板、经理、大组长、小组长、业务员，业务员的犯罪数额究竟是仅认定自己参与诈骗的数额，还是所在小组的犯罪数额，有待进一步统一认识。

二是主观明知认定难。主观故意的认定涉及罪与非罪的问题，对此嫌疑人多有辩解。网络犯罪案件往往呈现集团化作案，有"平台方""代理方""软件方""打群方"等各犯罪团伙。对位于犯罪集团上层的首要分子、骨干成员，其主观故意没有争议。但部分基层业务员级别较低或入职时间短，对前道、后道程序没有参与或者参与度不高，辩称主观不明知。在微信聊天记录、后台数据等客观性证据未能及时调取的情况下，如何认定嫌疑人的主观故意成为难题。如某诈骗案中，到案众多犯罪嫌疑人均辩解，尽管意识到自己是在微信群中做"托"，转发虚假信息，诱导被害人在平台注册投资"区块链"，但不清楚后台系人为操纵涨跌以消耗被害人资金，直至被抓才知道自己的行为是诈骗。

三是法律适用存在争议。一是帮助信息网络犯罪活动罪与其他犯罪共犯的界定。帮助信息网络犯罪活动的人员如提供软件服务、提供资金流转者对犯罪的故意可能有一定的认知，但在电信诈骗或开设赌场的犯罪嫌疑人未被抓获的情况下，无法证实双方有直接的意思联络。在这种情况下，仅有帮助者单方面的认知，认定为片面共犯还是帮助信息网络犯罪活动罪存在争议。二是帮助取款人的行为如何定性。在帮助取款人明知自己所取款项来自于电信诈骗活动并且知道活动细节的情况下，认定诈骗共犯没有争议。但在帮助取款人并不知道该电信诈骗活动具体细节的情况下，能否认定为电信诈骗共犯存在争议。三是虚拟财产的认定问题。《〈关于办理盗窃刑事案件适用法律若干问题的解释〉的理解与适用》中规定：盗窃虚拟财产的不以盗窃罪处理，以非法获取计算机信息系统数据等计算机犯罪定罪处罚。但司法实践中，对网络虚拟财产既有认定为财物的判例，也有认定为计算机信息系统数据的判例，存在同案不同判的情况。

四是办案标准还需统一。网络电信犯罪案件中，对于跨境分工明晰的犯罪集团通常指定不同地区管辖办理，各地办理的只是其中一个小组人员。对业务员、技术人员等是否应当追责、主从犯认定、数额认定等方面，不同的办案机关做法不一，一定程度上影响了办案效果。有待进一步消弭分歧，统一认识。

（五）追赃挽损难

诈骗集团往往存在专业的洗钱团伙（"水房"），洗钱手法日趋专业，地下钱庄相关人员往往难以抓捕到案。嫌疑人在诈骗既遂后将骗得资金在短时间通过移动支付、网上银行等方式进行多次转移，涉案资金辗转多个账户并被不停拆分、转账，在不同地方提取、藏匿、分赃，资金流向复杂，难以查证。尤其是涉及跨国（境）的诈骗犯罪，因各国司法体制不同，追赃挽损工作十分困难。

三、相关对策建议

（一）关于管辖权的问题

一是注重发挥提前介入作用。对于重特大电信网络诈骗案件，检察机关应提前介入，将监督关口前移，会同法院、公安对管辖权等程序问题进行会商，确定本地是否具有管辖权，明确下一步工作方向。将可能存在争议的管辖权问题解决在前，避免起诉后被法院以无管辖权退回案件或者二审发回重审的情况。二是强化对侦查管辖权的监督。2013年《关于办理实施刑事诉讼法若干问题的规定》第23条规定："人民检察院对于审查起诉的案件，按照刑事诉讼法的管辖规定，认为应当由上级人民检察院或者同级其他人民检察院起诉的，应当将案件移送有管辖权的人民检察院。人民检察院认为需要依照刑事诉讼法的规定指定审判管辖的，应当协商同级人民法院办理指定管辖有关事宜"。可见，侦查机关办理的指定侦查效力仅及于提起审查起诉，案件移送审查起诉后，检察机关仍应对管辖权进行实质性审查，审查侦查指定管辖是否合法合理。经审查发现没有管辖权的，无论该公安机关依照何种缘由行使侦查权，检察机关仍应当办理指定管辖手续。三是对于跨省、跨境的重特大案件建议由侦查机关会同同级法、检共同指定管辖。目前从相关司法解释及规范性文件来看，确立了指定管辖协商机制。实践中，部分案件移送审查起诉后，检察机关经审查发现本地无管辖权，又通过上级检察机关层报管辖，出现层报审批时间过长、影响诉讼进程的情况。建议对于重大疑难复杂案件和跨省、跨境案件，上级侦查机关会同同级法、检共同指定管辖。具体为侦查机关在指定管辖的同时，应当制作商请指定管辖函报同级检察机关决定，后者在收到指定管辖决定后及时（3—5个工作日内）审查，是否同意指定管辖并作出审查意见，确保诉讼效率与程序公正。四是保障当事人的异议权。对于指定管辖的，及时将指定管辖决定送达给当事人，听取其意见，保障当事人知情权和管辖权异议权的实现，增强对当事人管辖权异议的说理性，加强外部监督。五是加强信息协查通报。如充分运用反诈平台等大数据平台梳理被害人等关联信息，探索建立跨省信息资源共享机制，发现犯罪嫌疑人另有犯罪事实的，将线索移送至案件主办地办案机关，便于主办机关及时发现其他涉案事实，进行并案侦查审理。

(二) 准确界定电信网络诈骗犯罪

普通诈骗与电信网络诈骗是一般与特殊的关系，区分两者主要从行为手段、诈骗对象及危害后果等方面进行综合分析判断。一是从行为手段看，犯罪嫌疑人是否利用了信息网络技术实施诈骗，技术特性在诈骗行为结果的因果力上应占据主导性地位。根据《检察机关办理电信网络诈骗案件指引》的规定，如果是前期使用电信网络技术，但被害人是在具体接触过程中被骗，应当认定为普通诈骗。利用即时聊天软件等群组及虚拟社区功能（微信朋友圈）发布消息能否当然视为面向不特定对象传播？笔者认为，在互联网技术日益发达的今日，微信、QQ日益成为最常见的通信工具，疫情背景下远程办公办案也不鲜见，非接触式已成为工作和生活的常态，犯罪嫌疑人虽然利用了网络技术如通过微信、QQ聊天的方式诱导被害人上当继而实施诈骗，也不宜一律认定为电信网络诈骗犯罪。二是从行为对象看，是否针对"不特定多数人"实施诈骗。对"不特定多数人"的判断上，可以参照非法集资类犯罪中关于"社会公众"的认定上，即事前不设限，事中不阻止、行为扩散后不采取有效措施应对等。如果仅仅是针对特定对象实施的诈骗，不宜认定为电信网络诈骗。近年来，陆续出现主犯在境外冒充公检法实施诈骗，境内团伙成员冒充公检法上门取款的案件，似乎与电信网络诈骗的"非接触式"不相符合，如何认定？笔者认为，上述案件最初是使用电信网络技术手段，通过"海量撒网"的方式、针对不特定对象实施的诈骗。尽管后期有面对面接触的方式，但这只是诈骗链条的一环，系犯罪分工不同，从总体来看，认定为电信网络诈骗为宜。

(三) 密切部门合作，提高取证能力

第一，加强提前介入，引导侦查取证。加强与侦查机关的信息沟通，对于重大疑难复杂案件可提前介入，通过听取案情介绍、查阅证据材料、与侦查机关共同会商等形式对取证方向提出实质性检察意见。重点对电子证据提取、犯罪集团组织架构、作案流程、诈骗模式、主观故意、具体分工、诈骗数额、资金去向等方面收集固定证据。针对嫌疑人较多的案件，安排专人每天整理言词证据，梳理比对之间的细节差异，核实之前口供的漏洞。针对客观性证据做针对性谈话，逐一固定言词证据。尽早夯实证据基础，完善证据链条，构建以证据为核心的指控体系。

第二，密切各方协作，形成打击合力。一是加强与侦查机关技术部门的衔接。近年来，侦查机关经侦、技侦、网安等部门在破获电信网络、证券犯罪案件等方面技术有了飞速提升。面临新技术的挑战、犯罪手法的不断升级，检察

机关也应顺势而为，加强对大数据、新技术的学习运用，根据网络犯罪的特点更新知识体系和结构，对侦查机关情报导侦流转、电话轨迹查询技术、身份信息查询平台、电子聊天记录系统等前沿技术、侦查手段进一步熟悉了解，提高证据审查判断能力。二是加强与其他职能部门合作。积极搭建与司法、通信、金融监管部门、金融机构、第三方支付平台等多部门跨行业的合作机制，建立信息共享、数据交换、线索发现移送、证据协查机制，形成高效惩处合力。目前，关于涉案资金流水查询上存在查询门槛过高、时间过长等问题，银行与第三方支付平台的对接不畅。应进一步密切与人民银行反洗钱部门的合作，加强对可疑资金的查询、追踪、冻结等措施，突破技术障碍，尽最大程度追赃挽损。金融、通信部门发现可疑线索的，主动、及时移送至侦查机关，提高案件侦破率。三是加强与互联网公司的合作。搭建与互联网企业和电子商务、外卖、共享单车、出行、物流等互联网企业数据接口模块，同时对用户的个性化数据建立专题数据库，建设智能化的数据协查模式。目前，司法机关与网络运营公司之间的取证协作机制已经初见成效，如江苏省南通检察机关牵头公安、法院，依托某互联网公司建立"协查一体化平台"，重点加强计算机犯罪取证勘查、电子数据证据鉴定等方面的研究，实现了全程线上电子取证，极大提高了电子数据侦查取证效率。在办理一起金融网络犯罪案件时，为查证涉案金额，向协作平台发出调取证据通知书，三日内即收到该公司反馈的电子数据，便利了取证活动，提高了司法办案效率。

第三，加强顶层设计，完善跨境取证法律法规。在电信网络诈骗跨境蔓延的趋势下，应进一步加强国际合作，建立侦查机关与国际刑警组织、跨国金融机构、通信部门、互联网公司等合作机制，推动建立专门的电信网络犯罪协查数据库。简化电子数据司法协助程序，缩短取证时间。细化取证规则与流程，如代为询问、讯问、相互委托检查、鉴定、扣押等，相互移交物证、书证，派员直接取证等。审查境外证据中，注重审查证据来源，是否通过外交途径、司法协助、警务合作取得，审批手续是否完备、程序是否合法，证据材料移送过程是否合法，手续是否齐全。交接文书、开箱登记时是否全程录像等。

（四）加强电子数据审查判断

第一，严格按照电子数据取证相关规定，按照证据三性进行审查判断。一是从合法性而言，审查取证主体是否合法，是否为侦查人员或者聘请的专业技术人员。取证程序、方法是否合法，相关技术手段是否符合相关法律规定和技术规范。二是从客观性而言，审查侦查机关是否全面、完整扣押电子数据存在的载体如手机、计算机、U盘以及应用程序和数据库等，是否为原始存储介质，收集、提取笔录能否完整反映取证过程。取证时有无对网络信号进行屏蔽或阻断，以防止犯罪团伙远端对数据进行删除修改。检察机关可自行下载对应算法的软件对电子数据计算完整性校验值，并与公安机关提供的值进行比对。三是从关联性而言，注重审查电子证据与设备的关联性及尤其是与人（犯罪嫌疑人、被害人）的关联性。认定犯罪嫌疑人网络身份与现实身份的同一性，可通过核查相关IP地址、网络活动记录、上网终端归属、相关证人证言以及犯罪嫌疑人供述和辩解等进行综合判断。认定犯罪嫌疑人与受害人的连接点，主要聚焦双方之间的聊天记录与资金往来记录，并与言词证据进行审查比对，能客观还原犯意提起、行为手段、诈骗过程、被害人信息、资金流向、诈骗团伙之间分赃情况等信息。强化电子证据与其他证据的相互印证，建立起电子证据与案件待证事实之间的关联性。

第二，借助专业外脑、技术力量重塑办案模式。电信网络诈骗犯罪涉及的专业技术领域广，技术更新快，期待检察人员熟悉所有领域技术知识不太现实。应进一步完善有专门知识的人辅助办案机制，吸纳互联网技术专家、检察技术信息人员、审计人员等专业"外脑"共同参与，根据案件性质、特点直接参与或者协助办案，由专业人员对电信网络诈骗案件技术问题进行解读并作出专业分析报告。同时在检察机关内部重建电子数据实验室，配备专门的取证软件、电子数据分析软件等工具，加强对电子证据的专业分析判断，利用大数据、云计算等高端技术对电子数据进行高效分析判断，提取关键信息，研判可疑线索，加强办案监督，提高网络犯罪案件整体办案质效。

（五）关于犯罪数额的认定，在综合审查判断全案证据的基础上适当采取推定规则

在电信网络诈骗犯罪日益攀升、作案手段日益翻新、反侦查能力升级的今日，因客观原因无法查实被害人是常态。针对电信网络犯罪的特点，建议在认定犯罪数额方面考虑如下因素：一是被害人陈述并非电信网络诈骗犯罪案件中必须要求的证据要素；二是对除被害人陈述之外的客观证据，应当是被害人与诈骗分子之间的有关交易记录、通话记录、电子数据等，能够关联到被害人（即使非具体的甲乙丙丁），证明确有被害人被骗取钱款；三是对没有被害人陈述的，全面结合案件相关证据，采取推定的方式，加以综合判断认定。

（六）共同犯罪、主从犯的认定

《2016年意见》规定"在其所参与的犯罪环节中起主要作用的，可以认定为主犯；起次要作用的，可以认定为从犯"。对于主从犯的认定，不仅仅是看具体实施的行为，还要结合其在整个犯罪集团中的地位、作用来综合判断认定。对于地位作用关键明显、加入时间长、介入程度深、非法获利大的人员应

当认定为主犯，结合常见情形分析如下：

一是厨师、司机是否作为共犯追责。《2016年意见》在"准确认定共同犯罪与主观故意"方面规定：明知他人实施电信网络诈骗犯罪，具有下列情形之一的，以共同犯罪论处，其中包括"提供资金、场所、交通、生活保障等帮助的"。关于厨师、司机等"后勤人员"，因海外诈骗犯罪团伙往往集中封闭在国外某个窝点，严格限制外出，必须有专人从事生活、交通保障，否则整个诈骗活动无法运转下去。厨师、司机从事的行为实为必不可少环节，对诈骗后果的发生起到了不可替代的作用，且接受犯罪集团的统一管理，与其他人相互配合实施了犯罪行为，应追究责任。当然，由于上述人员行为具有明显的从属性，应当认定为从犯。

二是对于一、二、三线话务员如何认定主从犯。以冒充"公检法"诈骗为例，一线人员主要向被害人提出其社保卡、医保卡、电话卡出现问题，为后续诈骗环节创造条件，系不可或缺环节。但一线人员实施的行为是否是关键环节呢？一线作为诈骗环节的起点，二三线主要冒充公安、检察、出入境管理人员等进一步向被害人实施诈骗，虚构被害人因信息泄露而涉嫌犯罪，以需要接受审查、资产保全为名，诱骗被害人向指定银行账户转账等，多为有经验的人担任，参与程度更深，被害人基于对国家公职人员的公信力的信任而更易受骗，故在整个诈骗环节中，后续二三线人员起到了更为重要的作用，诈骗成功率更高，对于诈骗犯罪的后果发生的"原因力"更强，且分赃更多，应当认定为主犯。与之相比，一线可以认定为从犯。

三是具有组织、领导、管理、培训行为的人员应认定为主犯，如窝点负责人，一线、二线、三线负责人等。

四是部分核心业务、技术人员如"电脑手"应认定为主犯。电信网络诈骗案件中，网络与计算机是实施诈骗行为的关键技术工具和媒介，技术人员在团伙中具有较高的地位，作用关键，宜认定为主犯。

五是低层级人员（业务员）的司法认定。落实宽严相济刑事政策，区别对待。特别是部分嫌疑人系在读及应届毕业生，初入社会求职者及实习生，因经验不足、就业困难等原因加入犯罪集团，对于该类人员应本着惩罚为辅、教育为主的原则，结合其参与时间长短、涉案金额、主观恶性、认罪态度、退赃情况等，依法予以从宽处理。

习近平总书记说过，没有网络安全就没有国家安全。2021年对打击治理电信网络诈骗犯罪工作作出重要指示：强调坚持以人民为中心，全面落实打防管控措施，坚决遏制此类犯罪多发高发态势。检察机关作为国家法律监督机关，应坚决落实中央决策部署，积极发挥主导作用，坚持监督关口前移，针对该类案件特点，准确厘清证据及法律适用难点，精准办理案件，推进社会治理，力争取得办案三个效果的有机统一，最大限度地预防和和减少电信网络诈骗等犯罪活动，为服务经济社会高质量发展、平安中国建设积极贡献检察智慧和力量。

电信网络诈骗犯罪的被害预防

李卫红　王芹芹*

信息网络技术的发展，传统犯罪向网络空间蔓延，网络诈骗犯罪案件在诈骗案件中的占比逐年上升，2017年仅占7.67%，2018年高了近10个百分点，占比达到17.61%①；2016年至2018年法院审理的网络犯罪案件中诈骗罪的比例为30%多，占比最高②；2020年电信网络诈骗案件仍大幅增长，起诉件数和人数同比分别上升53%和30%。但即使在各地司法机关严厉打击之下，电信网络诈骗犯罪并未偃旗息鼓，而是不断变换花样、升级行为方式、扩散犯罪区域，犯罪案件数量仍逐年大幅增长。电信网络诈骗犯罪的高发态势成为维护社会稳定、人民财产安全面临的严峻挑战，有效打击、治理、预防电信网络诈骗犯罪活动，保护社会公众财产安全是对司法机关的重大考验。

由于电信网络诈骗犯罪具有高隐蔽性、集团化、跨境化等特征，虽然案发数高，但破案率较低。当严厉打击并没有减少这种犯罪时，我们转换视角，从被害性出发，强调被害预防，以减少犯罪对象的被害可能性，或许能够更好地达到犯罪预防效果。例如，为了治理校园"套路贷"犯罪，国家大力打击网贷平台，但主要针对的是合法不合规的网贷平台，对于大量不合法的网贷平台却无能无力。有的不法分子要求借贷人通过扫描二维码下载网贷App，而该App在各应用市场平台并不能搜索到，因而难以通过国家监管进行有效治理。因此，对校园"套路贷"的治理，如果只是对犯罪人进行打击，并不能有效阻止其再次发生，重要的是要从被害学生出发，要求其树立正确的消费观，对他们进行金融和法律知识的宣传教育，消除其致害因素，从源头上阻断其进入加害人设置的犯罪情境中。

---

* 李卫红，中国社会科学院大学法学院教授；王芹芹，中国社会科学院研究生院2019级刑法专业硕士研究生。

① 最高人民法院：《司法大数据专题报告之网络犯罪特点和趋势》（2016年至2018年）。
② 最高人民法院：《司法大数据专题报告之网络犯罪特点和趋势》（2016年至2018年）。

一、电信网络被害预防的必要性

（一）由网络诈骗犯罪的特点所决定

网络诈骗犯罪手段多变，形式多样，加害人躲在网络的背后，匿名化程度高，而在网络世界中，犯罪人与被害人一对一或一对多交流，加害人与被害人之间的交流作为个人隐私几乎不为外人所知，若事后没有被害人的报案，则公安机关很难发现案件。而网络高速运行使得损害后果迅速爆发并扩大。因此，若只是对犯罪行为进行事后打击，则可能存在较大的犯罪"黑数"，而事前的有效预防、事中的及时制止在打击电信网络诈骗案件中则凸显优势。犯罪前对潜在的被害人予以关注，预防受骗，能够从源头上阻断犯罪的发生；犯罪进行中家属、社会工作人员等若发现被害人财产交易异常状况，及时制止，可以防止犯罪进程的进一步发展或者损害的进一步扩大。此外，诈骗犯罪不同于其他犯罪的一点在于被害人与加害人互动关系强，是典型的交易型犯罪。犯罪的实现需要潜在的被害人予以"积极"配合，被害人能够终止犯罪的进一步发展。换言之，电信网络诈骗中，若是只有加害人一方的犯罪活动，没有被害人的积极回应，则诈骗犯罪就无法实现，被害人在该互动关系中与加害人的地位相当，在很大程度上也决定了诈骗犯罪的发生与终止。因此，从被害人角度出发，强调被害人在犯罪进程中的重要作用，通过强化被害预防措施，提高被害人的自我防范意识，有助于在源头上控制诈骗犯罪的发生，遏制电信网络诈骗犯罪的进一步发展。

（二）被害预防是犯罪预防对策体系的重要层面之一

我们一直在预防犯罪，但犯罪仍在不断快速增长。虽然理论普遍认为犯罪是一定社会环境下的必然现象，犯罪不能完全消灭，不能否认，以打击犯罪人、犯罪行为为中心的犯罪预防不能全面有效地遏制犯罪发生。随着被害人学的发展，被害预防成为犯罪治理体系中不可忽视的一个层面：被害预防是犯罪预防的重要层面，与打击犯罪相辅相成，二者共同构成完整的犯罪预防对策体系。犯罪预防指从结果出发消除犯罪人或潜在犯罪人的犯罪原因；而被害预防则从被害原因出发，以被害人为中心，分析被害人的致害因素。预防了被害就意味着犯罪同样失去了犯罪发生的条件。基于趋利避害的人之本性，犯罪人愿意选择老年人、在校学生为犯罪对象，其原因就在于生理或心理上，他们都具有明显的被害性，比如贪利、年老导致的反应迟缓、社会交往圈子狭窄或者涉世未深等。因此在打击电信网络诈骗罪的同时，减弱老年人、在校学生等潜在被害人身上的被害因素，改善被害环境，消除犯罪发生的条件，预防其被害，也就能够更好地实现电信网络诈骗犯罪预防的效果，实质性地减少犯罪发生的概率。

（三）被害预防对遏制电信网络诈骗犯罪有多重效果

1. 被害预防能够有效阻止被害人向加害人转化

被害发生后，如果受害人对侵害者或者社会施加报复，就可能发生由被害人到犯罪人的"恶逆变"。该报复心理除了是人的一种本能反应外，其存在还有诸多社会因素：比如，犯罪人没有得到及时或应有的法律惩罚，被害人心生不满；以及被害后被害人没有得到社会应有与及时的同情和帮助，反而可能因为被骗而遭受家人或其他人的指责或不理解，心理压力得不到疏解；又或者因遭受物质损失而陷入生活困难等。被害人通过实施犯罪行为以发泄自身的不满情绪或者弥补自己的损失。传统犯罪预防中，重点在于犯罪打击，完成对一被告人的定罪处罚，让社会公众看到被告人得到应有的处罚，就意味着工作已经结束，社会大众的注意力也会转移到其他案件上，而犯罪行为对被害人造成的损害已然无人关注。被害预防针对的对象不仅包括未然的被害人，还包括已然的被害人，对于已然的被害人，其中之一就是通过各种措施，比如心理开导、物质帮助等，引导其走出被害的心理阴影，感受到社会的关爱，从而防止其走上犯罪道路。因此，被害预防下，电信网络诈骗案件的被害人遭受损失后，首先公安司法机关应当积极予以退赔，被害人陷入生活困难的，社会团体也尽可能地予以资助。

2. 被害预防能够增加犯罪成本，有效减少犯罪发生机会

除却激情犯罪等特殊情况之外，犯罪人实施犯罪行为会考虑成本与收益对比，当成本大于收益时，犯罪人就会审慎考虑，放弃实施犯罪行为。而被害预防能够减少被害人易遭受侵害的被害因素，阻断犯罪人与被害人之间的互动，提高犯罪实施成本。具体而言，在被害前，被害预防可提高被害人的自我防范意识，避免进入犯罪人设置的被害情境中，而提高被害人的防范意识，被害人对诈骗犯罪的常见手段有所了解，犯罪人就不得不设计新的诈骗方式，相当于增加了犯罪人的犯罪成本，而且被被害人识别出的几率也在增大，实施犯罪行为的危险性也在增强。在被害时，被害预防可使被害人冷静应对，及时醒悟，终止犯罪进程，或者避免危害结果的进一步，犯罪失败的概率增大。

3. 提高全社会抵抗电信网络诈骗犯罪的积极性

如果没有被害经历，人们总是认为自己与犯罪无关，犯罪只是发生在他人身上，因而预防犯罪的积极性不高。另外，在传统犯罪预防之下，以犯罪人为中心，被害人的地位得不到重视，被认为是犯罪行为的一个"客体"，其遭受的财产损失也得不到及时的补偿，再加之电信网络诈骗犯罪的破案率较低，因

此导致被害人的配合率较低，被害之后报案的积极性也不高，或者直接选择私力救济。被害预防以预防被害为目标，其出发点在于每一个潜在的被害人。通过宣传教育，发布典型案例，让每一个人都能知道自己是可能的被害人，提高自我防范意识，从而在全社会形成积极抵抗电信网络诈骗犯罪的氛围。

二、电信网络诈骗犯罪被害因素

（一）电信网络诈骗犯罪的被害性

被害性最初是由以色列律师本杰明·门德尔松提出来的，其意指某些社会因素所造成的某些损害的所有各类被害人的共同特征。[1] 该共同特征就是被害人所具有，与被害人自身相关的被害因素，这些被害因素对被害的发生与终止、损失的扩大与缩小具有重要影响，也就是说，正是因为被害因素的存在，使得部分民众更容易成为被害人。当然，此处我们强调被害人的被害性，并不是为了推脱行为人的责任，要被害人承担被害责任，而是为了实现犯罪预防，减少或消除被害人的被害因素。研究被害性的意义在于更好地预防被害，而非谴责被害人。另外，被害性与被害原因也存在差异，被害性是被害人自身所具有的能成为犯罪对象的潜在可能性，而并非成为被害人的原因，犯罪才是犯罪对象成为被害人的原因，因此，被告人成为犯罪的被谴责对象是不能否认的。被害人的被害性主要包括被害的易害性、被害的诱导性及被害的容忍性。

1. 被害的易感性

被害的易感性指"被害人在无意识、非自觉状态下自身所存在的，容易成为受害对象或者易于接受、顺应犯罪人的诱导，从而使得犯罪行为易于实施的各种因素"[2]，易言之，易感性就是使犯罪发生的被害人所具有的心理或生理、内在或外在因素，使其容易成为犯罪人选择的对象。比如，在夜晚无人的小巷，女性衣着暴露，行为轻佻，使其更易成为强奸罪的被害对象。在电信网络诈骗中老年人与在校学生成为电信网络诈骗犯罪的对象，就在于其被害因素更为明显。根据统计，"90后"年轻人已成为电信网络诈骗犯罪中重点诈骗对象，受骗数量超过其他年龄段人数总和，占比达63.7%，"00后"受骗数量

---

[1] 赵可、周纪兰、董新臣：《一个被轻视的社会群体——犯罪被害人》，群众出版社2002年版，第31页。

[2] 最高人民法院：《司法大数据专题报告之网络犯罪特点和趋势》（2016年1月1日至2018年12月31日）。

超过"60后"群体,占比4.3%①。上述数据的背后反映出年轻学生群体,由于熟悉互联网但风险防范意识较差,社会经验不足,容易受犯罪人的引诱,而逐步成为诈骗对象。校园"套路贷"及注销"校园贷"骗局就是犯罪人利用在校学生上述致害因素而发展的犯罪行为。在校大学生消费欲望大,学生之间可能存在攀比风气,追求高消费的事物,但往往没有独立经济能力,也没有正规贷款途径满足其需求,不良网贷平台趁虚而入,以"到账快、无门槛"等宣传引诱在校大学生签订高利息贷款合同。加之很多在校大学生金融、法律常识缺乏,容易受骗,就算被暴力催偿,也只是逃避、忍受,而不愿报警,更加放纵犯罪人实施暴力行为。老年人一直是诈骗犯罪的受害主体,而且由于网络的普及,即使在网络诈骗犯罪中也不例外。对于老年人来说,随着年龄的增长,身体生理机能逐渐减弱,认知和判断能力下降,不能及时发现犯罪;而且老年人受贪利驱使,极易会因中奖信息而受骗,因此对于犯罪人来说,老年人就是低成本易得手的犯罪对象。

2. 被害的诱导性

被害的诱导性主要表现为被害人对犯罪行为实施的推动作用,在不少案件中若是没有被害人的推动或引诱,则可能没有犯罪的发生。因此,被害人对于犯罪的发生有一定的责任。这也即德国犯罪学家施奈德所提出的"无被害人即无犯罪"。探讨被害的诱导性就在于当追究被告人的刑事责任时,应将被害人的责任考虑在内,实现司法的公平正义,比如丈夫长期对妻子施加暴力,妻子最终无法忍受而将丈夫杀害,由于丈夫有过错在先,因此妻子的刑事责任应当酌情减轻。但并不是所有的被害人责任都能够导致犯罪人刑事责任的减轻,若是被害人的行为特征不是导致其被害的直接原因,则一般情况下不影响犯罪人刑事责任的大小。比如,虽然被害人参与网络赌博违法,但被告人通过网络赌博欺诈被害人财产的刑事责任并不能减轻。

3. 被害的容忍性

被害的容忍性是指被害人对其被害身份的一种容忍态度,最典型的就是被害后,被害人持一种自认倒霉的态度,不愿报案。具体而言,容忍性主要包括以下几个类型:

(1)对犯罪的发生有预见可能性,从而在犯罪发生之后予以认同或容忍的。比如,在社交平台雇请陌生人帮其游戏升级,由于是陌生人,一旦对方在社交平台拉黑,就可能无法再联系到对方,因而遭受财产损失的几率较大。事

---

① 参见中国信息通信研究院:《新形势下电信网络诈骗治理研究报告》(2020年),载http://www.caict.ac.cn/kxyj/qwfb/ztbg/202012/P020201218393889946295。

实上，被害人最初对此风险就有认识的可能性，但抱有侥幸心理，最后物质损失结果的发生也在被害人的预料之内，被害人对该危害结果的发生予以容忍。

（2）由于持续处于被害情境中，因此对被害长期容忍的。典型的例子就是家庭暴力，由于家庭关系的存在，丈夫对妻子长期的暴力，被认为是家庭关系内部的矛盾纠纷，很多人不认为是犯罪，被害人对此也予以接受，而不愿意将其公之于众，因而对这种被害环境长期容忍。

（3）基于名誉、人格尊严等因素自觉容忍的。诈骗案件的发生，很多都是由于被害人自身存在过错而导致的，比如在网络上"裸聊"、为了高额消费在网贷平台贷款等，很多被害人担心会影响自己的名声或者未来前途而不愿报警，独自承担该犯罪后果。例如，校园"套路贷"中，被害学生之所以不愿告诉老师、家长，也不愿配合公安机关的调查，就是害怕学校将其开除，以及家长的谴责，因而在无力偿还债务时，就选择继续借款，以贷还贷，甚者直接选择自杀。被害的容忍性一定程度上纵容了犯罪，使得犯罪的风险性降低，而且导致被害人再次被害，重复被害。

（二）电信网络诈骗犯罪中被害人与加害人的互动性

也正是由于被害人具有上述特性，才使得被害人与加害人能够在犯罪中产生互动。被害人学创始人之一德国犯罪学家汉斯·冯·亨蒂在其《论犯罪人与被害人的互动关系》一文中首次提出，被害人"影响并塑造了"他的罪犯，被害人与加害人之间存在着一种互动关系[①]，其中包括犯罪行为的互动及角色的转换。一是就犯罪行为的互动来说，网络诈骗犯罪是典型的加害人与被害人相互配合导致犯罪发生。倘若只有加害人积极实施欺骗行为，但没有被害人的回应，则诈骗后果就不可能发生。在犯罪发生过程中，被害人一方本可以阻断犯罪进程，但由于自我防范意识不足，没有察觉欺骗事实，进而基于认识错误，"自愿"将财物交付而遭受损害。二是就角色转换来说，在整个犯罪进程中，加害人与被害人始终处于普遍联系的互动关系中，而且该互动关系也不是一成不变的，在某种场合，被害人也可能转化为加害人。例如，校园"套路贷"犯罪中，有的大学生因无力偿还过高的债务，就加入放贷团伙中，充当中介介绍其他学生向该放贷团伙借贷。因此，可从被害人入手，一方面，强化社会大众自我防范意识，提高对陷阱的甄别能力，从源头上阻止网络诈骗犯罪的进一步发展；另一方面，对被害人予以关注，有效避免被害人身份向加害人身份转化。

---

① 参见许章润主编：《犯罪学》（第四版），法律出版社2015年版，第122页。

三、电信网络诈骗犯罪的被害预防

经验事实可知,改变被害人或潜在被害人的行为要比改变犯罪人或潜在犯罪人的行为容易得多①,且电信网络诈骗犯罪发生于网络空间,行为人大多掩盖于网络之下,将之暴露于阳光之下,进而予以改造或者制止其实施犯罪行为并不是一件易事。因此,从被害预防入手,对潜在的被害人加以教育,减少其成为被害对象的可能性,相对来说较为容易。而关于被害预防的内容是否包括改善社会环境等预防,比如加强被害多发地段的治安巡逻等则有不同意见。有学者认为,被害预防是从被害人出发,减弱其被害因素,因而其对象应当限于被害人、潜在的被害人及普通公民,因此社会环境的预防是犯罪预防,而非被害预防。② 还有观点认为,对被害人的防范就是采取各种有效措施,防止潜在的被害人和无辜者遭受犯罪行为侵害,包括采取必要的措施,改变社会环境条件,遏制犯罪。③

笔者认为,正如上文所述被害预防的目的就在于消除被害人的被害因素,但在某些情况下消除被害人的被害性往往不是个人问题,而是社会问题,某些被害人必须通过社会采取有效措施才能抵消其被害性。④ 比如,针对老年人为犯罪对象的电信网络诈骗犯罪中,老年人辨认能力差,容易陷入犯罪人的圈套之中,因此就需要社会采取更强的保护措施,比如公安网信部门强化监管,有效拦截网络诈骗电话、短信等。此外,直接故意犯罪的发生一般包括以下几个要素:(1)有犯罪动机的犯罪人的存在;(2)有合适的被害人;(3)没有遏制犯罪发生的因素。缺乏其中任何一个因素,犯罪都不可能发生。换句话说,当有犯罪人存在,而被害人的被害性较难直接改变时,就可以通过改善被害环境,增加防卫因素,间接提高被害人的被害难度来遏制犯罪的发生。被害预防的重点不在于对象为何,而是旨在降低被害人的被害性,预防犯罪的发生。因此,改变被害环境,阻断被害人与加害人之间的互动关系,也是被害预防的要求之一。

被害预防主要包括三个主体,分别为社会被害预防、群体被害预防及个体

---

① 李伟主编:《犯罪被害人学》,中国人民公安大学出版社2010年版,第72页。

② 参见王刚:《犯罪被害人学视阈中的被害性问题研究》,载《犯罪研究》2014年第6期。

③ 参见赵可、周纪兰、董新臣:《一个被轻视的社会群体——犯罪被害人》,群众出版社2002年版,第292页。

④ 谭志君:《犯罪场语境下的被害预防》,载《法制与社会发展》2008年第5期。

被害预防。在犯罪的发展过程中，每个阶段被害预防的重点存在差异，在被害前预防主要针对的防范意识的提高，避免初次被害；在被害中预防主要是制止犯罪，避免危害结果的进一步扩大；在被害后预防主要是防止被害人再次被害，避免被害人的恶逆变转向。因此，下文分别探讨上述三个主体在犯罪发展三个阶段的具体措施。

（一）社会被害预防

社会被害预防是指为了减少犯罪对象的被害性，有关职能部门从犯罪的现状和趋势出发，为预防犯罪而制定相关的防范措施。① 社会被害预防主要是从宏观层面探讨犯罪的预防。

1. 被害前预防层面

相关职能部门应当加强对网络漏洞的监管。电信网络诈骗犯罪的泛滥，被害人的被害性更易于被犯罪人所利用，其原因之一在于网络监管存在漏洞，包括个人信息的泄露。注销"校园贷"骗局中，被害学生之所以轻易相信行为人注销"校园贷"的骗局，就在于行为人掌握被害学生之前的网贷信息，并以不注销网贷信息会影响征信为由恐吓大学生；又如徐玉玉案件，就是因为行为人明确说出其录取学校等个人信息，才使得徐玉玉完全相信了行为人。《中国网民权益保护调查报告（2019）》指出七成左右的网民个人身份信息和个人网上活动信息遭到泄露。犯罪人购买公民个人信息，并实施"精准诈骗"，在被害人存有疑虑的时候，脱口而出被害人的个人信息，使得被害人立即掉入陷阱之中，并积极"配合"行为人的犯罪行为。因此，相关职能部门应当通过加强个人信息保护，以减少网络诈骗的概率。

2. 被害中预防层面

"网络行为的快速性，使网络犯罪的被害中预防不如传统犯罪被害中预防那样具有可行性。但对于那些反复和多次实施的网络犯罪行为，如连续性的恶意攻击，则可以采取被害中预防。"② 因此，相关政府监管部门应当加强监管，及时发现可能涉嫌电信网络诈骗案件的线索。对于涉及电信网络诈骗的敏感词，比如转账、密码等，或者被害人接收到的可疑电话，应当设置拦截、提醒程序，阻止被害人进一步陷入犯罪人的陷阱。

3. 被害后预防层面

一方面，很多被害人由于自身损害得不到补偿而心生不满进而导致"恶

---

① 参见任克勤：《被害人学新论》，广东人民出版社2012年版，第262页。
② 夏菲：《网络犯罪被害人论》，载《青少年犯罪研究》2002年第2期。

逆变",走上犯罪道路,因此,国家应当建立被害人救助机制,适当补偿被害人因诈骗行为而遭受的物质损失,帮助其重建面对生活的信心,确保被害人不会因为犯罪侵害而陷入困境;另一方面,公安司法机关应当建立专门的网络诈骗执法队伍,恰当处理网络诈骗报案,给被害人提供一个顺畅的救济途径,确保被害人的控诉能够得到及时地处理,增强被害人对法律的信任感。同时鼓励被害人被害后及时报警,主动揭发犯罪行为。电信网络犯罪存在大量犯罪"黑数"的部分原因就在于被害人报案率低,这一方面不利于全面有效打击犯罪,另一方面在某种程度上也纵容了犯罪分子实施犯罪行为。

(二)群体被害预防

群体被害预防指在社会群体的指导下,引导社会大众树立正确、积极的网络态度,网络道德文化,提高自身不良网络信息的识别和防卫能力,预防网络被害。

1. 被害前预防层面

动员社会各方力量,充分利用现有资源进行宣传教育,提高公众网络诈骗防范意识,培育具有个人信息安全意识的文化。但宣传教育更重要的还是要实现宣传的效果,实现宣传的"自己人"效应[①]。没有实现"自己人"效应也就是说社会公众认为宣讲内容与自己没有相关性,或者认为该类犯罪的发生离自己生活较远,而不会予以较多关注。针对不同的宣讲对象,应当设置不同的宣传方式。比如对于老年人而言,只是通过多媒体平台进行宣传效果不是很理想,老年人对其缺乏最直观的感受,故而在日常宣传工作中就应当深入社区,采用面对面、一对一讲解等方式进行沟通,并通过社区周边典型案例的介绍使得老年人深入了解电信网络诈骗犯罪常见的形式和手段,激发预防电信网络诈骗犯罪的积极性。对于学生而言,在日常教学工作中,应当将网络安全教育、金融知识教育等纳入教学大纲中,在课堂上进行宣讲,而不是作为课外活动拓展,或者碎片化的宣传。此外也要注重真实案例的宣讲,让学生切实了解网络诈骗的多重手段、及其严重的危害性,培养学生自我防范意识。

2. 被害中预防层面

由于电信网络诈骗犯罪的私密性,外人很难知晓犯罪行为的发生,但不管是社区、单位还是学校也应当尽可能了解被害人的情况,比如消费情况、转账记录等,发现存在问题时,及时制止。比如司法实践中常见的,银行工作人员

[①] "自己人"效应指受众把宣传内容纳入自己的主观体验之中,并与其融为一体。参见张向葵等:《宣传效果与受众的心理加工机制——孔繁森实际宣传效果的调查研究》,载《东北师大学报(哲学社会科学版)》1997年第4期。

发现有老年人转大笔钱款到陌生账户时就会更为审慎，询问老年人转账的原因，发现问题后就会及时报警。

3. 被害后预防层面

被害人在被害后，往往心生恐惧，不愿意面对其被害事实，在得不到社会关心和认同时，就可能由于不公平感和被害感而心生怨念，最终向犯罪人转化；也可能在被害后，被害人心理未得到及时治疗，而渐渐成为习惯性被害人，导致其再次或多次被害。为了避免上述情况的发生，社会组织，包括被害人所居住的社区、单位或者学校应当及时关注被害人情况，对其予以精神上和物质上的扶助，帮助其尽快从被害的心理阴影中，尽快回归正常的生活轨道。

（三）个体被害预防

个体被害预防就是从被害人自身出发，减少潜在被害人致害因素的一系列措施。

1. 被害前预防

通过对电信网络诈骗犯罪的宣传教育，潜在的被害人自我防范意识提高，减少其被害的可能。具体而言，社会大众可通过了解电信网络诈骗犯罪的常见各种手段，对网络上的消息审慎采纳，提高甄别虚假信息的能力，学习相关的法律法规，改正其不良习性，增强其被害预防能力。例如，对于老年人来说，年龄的增长加之收入的减少，贪利成为其常见特质，而这也就成为诈骗犯罪的诱因。因此，老年人应当锻炼自己的认识能力，摒弃对金钱的过分追求；在日常生活中，可通过书籍、报纸、电视、社区宣传等途径了解诈骗手段，学习防诈骗技术；对网络上涉及中奖、转账等信息的要提高警惕认识，多与家人、朋友沟通。对于在校学生来说，树立正确的消费观，了解金融、法律常识，凡是他人鼓吹赚钱简单时，应当及时抵制诱惑；积极学习电信网络诈骗的安全教育，全面了解网络诈骗的各种手段、情形等反诈骗基本知识；主动学习网络安全知识，提高网络技能，并注重保护个人信息，尤其是在网络平台上不轻易发布个人信息。

2. 被害中预防

被害人要避免点击陌生链接；接到陌生电话要求转账时，应当保持谨慎，注意核实对方信息；在陷入犯罪人陷阱中时，应当努力保持理性，调整心态，与周围人多加沟通，听从他人建议，及时逃离犯罪人的陷阱或者避免损失的进一步扩大。

3. 被害后预防

被害人应当克服恐惧心理，走出被害的情绪，及时报案，及时止损。然而，现实案例中，很多被害人认为遭受损失不多，报案担心名誉受损，或者担心犯罪人施加报复而不敢报案，导致止害和打击犯罪的良机错失。比如，在很多校园"套路贷"案件中，学生或家长被迫偿还远高于实际到手金额的债务，但当警察调查时，很多学生或家长却回避公安机关的调查，其出发点就在于担心网贷的事会影响被害学生的学习、就业。此外，被害人在受骗之后，也应当自我反省，纠正自己不良行为，以防重复被害。

犯罪的发生往往是加害人与被害人互动的结果，在犯罪场理论下，被害人不仅仅是被侵害的消极客体，而且还是互动过程中的一方主体，在很多情况下能够决定犯罪的发生与终止。因此，重视被害人的作用，重视被害预防抑制犯罪的效果，只有将犯罪预防与被害预防相结合，才能够实现全面防控效果。而且电信网络诈骗犯罪中，犯罪人往往躲在幕后，跨境作案，案件侦破难度大，只是从犯罪人、犯罪行为入手，不能够有效遏制犯罪。被害预防旨在消除被害人被害因素，提高被害人防范意识，阻断加害人与被害人之间的互动关系，从源头上制止被害人参与犯罪进程，实质上降低犯罪发生概率。

电信网络诈骗犯罪法律的适用研究

张小荷[*]

一、电信网络诈骗的界定

(一) 电信网络诈骗的概念

随着网络技术的发展，电信诈骗已经从传统的利用电话、短信等通信手段发送虚假信息实施诈骗行为，衍变为利用互联网技术在网页发布诈骗信息，并且电信诈骗与网络诈骗界限越发模糊，犯罪分子在网页发布虚假信息，对拨打咨询电话的人实施电话或短信诈骗。同时随着网络电话的新技术的应用，电信网络诈骗犯罪的行为模式不断明确，2016年由最高人民法院、最高人民检察院、公安部联合发布的《关于办理电信网络诈骗等刑事案件适用法律若干问题的意见》(以下简称《意见》)，首次将其统一称为电信网络诈骗犯罪，2018年最高人民检察院发布的《检察机关办理电信网络诈骗案件指引》明确了电信网络诈骗犯罪的定义，即"以非法占有为目的，利用电话、短信、互联网等电信网络技术手段，虚构事实，设置骗局，实施远程、非接触式诈骗，骗取公私财物的犯罪行为"。这两个规范性文件，不具有强制力，但为司法机关办案提供了指导性意义。据全国办案数据统计显示，2020年上半年，全国检察机关以诈骗罪起诉人数58101，其中电信网络诈骗案件起诉人数为32463，同比上升77.1%，2020年电信网络诈骗起诉案件数和人数同比分别上升53%和30%，有期徒刑以上刑罚适用率达到95%以上，有效遏制了电信网络诈骗的猖獗势头。然而这一概念并未严格区别于一般诈骗行为，笔者认为，手段方法应包括其他使受害人陷入错误认识而处分财产的行为，犯罪对象应明确为不特定多数人，更能准确界定电信网络诈骗犯罪。即以非法占有为目的，利用电话、短信、互联网等电信网络技术手段，以虚构事实，设置骗局等使受害人陷入错误认识而处分财产的手段，实施远程、非接触式诈骗，骗取不特定人群公

---

[*] 张小荷，辽宁省朝阳市人民检察院检察官助理。

私财物的犯罪行为。

（二）电信网络诈骗犯罪的特点

一是侵犯了多重法益。根据传统刑法理论，诈骗罪侵犯的是单一法益，行为人以非法占有为目的，实施诈骗行为，侵犯公民财产所有权。电信网络诈骗则是针对不特定多数人，具有很大的广泛性与任意性，它侵害的不仅是公民的财产权，同时也破坏了正常的社会管理秩序，使人们对电子支付体系产生了极度的不信任，并对通信业、互联网平台的正常经营管理造成损害。

二是犯罪主体的组织化、集团化。普通诈骗犯罪一般由个人或者犯罪团伙实施，没有明显的分工及组织特点。电信网络诈骗多数是分工明确、相互配合的有组织的团伙，以专门从事网络电信诈骗的犯罪集团、集团化运作居多，内部分工明确具体，各司其职，组织化集团化尤为明显。

三是行为方式的隐蔽性。电信网络诈骗行为人采取非面对面的接触，行为藏匿地点隐蔽且可以具有很强的流动性，实施犯罪所利用的身份信息及账号信息都可以伪装，只需要远程操控，首要分子核心成员也无须亲力亲为，抓获的人员也多为下层的工作人员，为侦查及证据的固定带来很大压力，使司法实践中关于共同犯罪的认定方面产生很多难点。

四是侵害对象的不特定性。普通诈骗多为向确定的对象实施诈骗，电信诈骗则多为不确定人群，有很强的随机性，广泛性，这也是其区别于传统诈骗罪的本质特征，被害人遍布全国各地甚至境外，危害性极大。

二、电信网络诈骗犯罪在法律适用中存在的问题

（一）定罪量刑中存在的问题

1. 传统罪名的犯罪构成不能准确评价电信网络诈骗犯罪行为

从普通诈骗罪的犯罪构成来看，"行为人实施了诈骗行为—对方因诈骗行为而陷入错误认识—基于错误认识做出财产处分行为，行为人或者第三人获得财产收益—受害人遭受财产损失"[①] 诈骗罪的诈骗行为主要是虚构事实、隐瞒真相，而电信网络诈骗犯罪中，行为人发送的信息也有真实的可能，短信的内容如果恰好与被害人有某种真实的关联，那么小概率事件便发生了，仍然会有人受骗。在转账汇款支付过程中，恰逢电信网络诈骗行为人群发的账号姓名与被害人要转账的姓名相同，被害人在缺乏谨慎的情况下，就会相信并且完成转账支付，这是偶然性的小概率事件，手段行为与传统的诈骗行为有所不同，传

---

① 张明楷：《刑法学》，法律出版社2016年版。

统的诈骗罪原理不适合应用到电信网络诈骗犯罪中，因为这一信息对被害人来说并非虚假信息。诈骗罪要求被害人有处分自己财产的意识，当诈骗短信被植入某种病毒或软件，使被害人在浏览或查询中就被转移了财产，这并不具有处分意识，同样也不符合诈骗罪的犯罪原理。

2. 量刑规则不统一，不利于严惩犯罪

《意见》没有对电信网络诈骗犯罪提出具体量刑规则，各地法院依据的依然是本省关于诈骗罪的量刑标准来决定被告人的刑期及罚款数额。由于各省关于诈骗犯罪数额入罪标准不同，这将导致电信网络诈骗行为人可以选择量刑低，数额标准高的地区布置诈骗组织，这种地域倾向性不利于严厉打击网络诈骗犯罪，同时，《意见》要求在量刑时需要综合考虑数额，诈骗次数等评价标准，然而对不同位阶的判断属于主观认识，各地法院对此也存在不同的主观认识，将导致审判实务中赋予法官拥有较大自由裁量，致使审判结果存在差异。

3. 不能准确体现罪责刑相适应

根据《意见》规定，对于电信网络诈骗犯罪的入罪标准仍然以数额为准[1]，没有补充情节要素，而以刑法中规定的财产犯罪来看，大部分罪名都将情节要素作为入罪标准，这样使得数额不构成犯罪的但是情节恶劣的犯罪行为同样被刑法评价。电信网络诈骗仅将数额较大作为标准，这将导致放纵那些虽然数额不够，但是情节恶劣的犯罪行为，无法体现罪刑相适应的原则。

（二）共同犯罪认定中存在的困境

1. 主观"明知"内容及证明方式

《意见》对电信网络诈骗犯罪的主观明知要求规定为"明知他人实施网络诈骗"，并要综合各项因素来认定，而不是推定行为人应该知道。但是，根据共同犯罪的通说"限制从属性说"，要求共犯明知即认识到违法性而提供帮助即可成立共犯，不需达到明知他人实施的电信网络诈骗的程度，因此《意见》对于共犯的认定采取了最大极端从属性的立场，这样缩小了该罪的处罚范围，不利于打击该类犯罪，同时，要求行为人明知他人实施的具体犯罪行为是对行为人有责性的判断，证明有责性是刑事责任的评价而非客观事实的判断，因此实践中认定困难。例如，在电信网络诈骗集团中处于最底层的负责话务或者发布信息的人员，在长期的工作中确实可以发觉异常，产生合理怀疑，但是由于诈骗集团内部的安抚、解释或者其他因素都有可能使这种怀疑消退，对于行为

---

[1] 汪恭政：《网络交易平台诈骗犯罪量刑机制的实证研究》，载《中国刑事法杂志》2018年第2期。

违法性的认识在主观上也存在差异,因此这种"明知"的要求导致司法实践中对行为主观的认识认定很难明确,常被辩护人作为主观不具备明知是实施网络犯罪而使行为人漏网,这也是电信网络诈骗犯罪高发的主要原因之一。

2. 帮助行为属于共犯还是以行为本身所构成的独立罪名定罪

电信网络诈骗犯罪是有组织的配合型犯罪形式,但并不是为电信网络诈骗提供帮助的都构成帮助犯,根据共同犯罪的原理,帮助犯的成立要以正犯实行行为即遂前提供的帮助才是帮助犯[1],在实行犯实行终了之后提供的帮助行为都不构成帮助犯,若事先同谋,则不论帮助行为发生在犯罪既遂前还是既遂后,都成立帮助犯(有可能构成共谋共同正犯),因为事先的共谋对共同犯罪行为人带来心理的支撑及精神鼓励,对犯罪结果的发生有强大的促进作用。电信网络诈骗活动中,取款人负责将行为人账号里诈骗取得的资金从银行取出,按比例赚取佣金。相对于电信网络诈骗的实行行为,取款人的取款行为的隐蔽性最低,也最容易成为公安抓捕的突破口,实践中集团成员基本不负责取款,他们雇佣职业取款人取款,防止将整个集团暴露给警方。行为人的账号收到被害人的资金后,由职业取款人用行为人指定的银行卡将资金取出,该取款人的行为应定为掩饰、隐瞒犯罪所得收益罪。

司法实践中对于职业取款人的行为认定存在分歧。由于电信网络诈骗行为人多次作案,与之建立长期合作关系的职业取款人,其主观目的也发生了变化,这时取款人的行为属于诈骗罪的共犯还是掩饰、隐瞒犯罪所得收益罪,两个罪名在量刑上存在显著差异,按诈骗罪的量刑标准,诈骗犯罪行为人可最高判处无期徒刑,而掩饰、隐瞒犯罪所得、犯罪所得收益罪的量刑标准最高为7年有期徒刑。对此,《意见》并没有作出实质性明确区分。相关规定主要体现在"明知"的内容差别,在《意见》规定中对于前者,要求明知他人实施电信网络诈骗犯罪,后者要求明知是电信网络诈骗收益所得,这种规定并没有明确界定这两个罪名在认定上的差异,按规定理解,明知是他人电信网络诈骗犯罪收益却不知是他人实施,而只有明知是他人实施了电信网络诈骗犯罪才是明知犯罪所得收益,实践中会导致自相矛盾,影响定罪量刑。当行为人既实施诈骗行为又有取款行为,同时对于银行卡的使用又涉及信用卡管理相关罪名,在实践中也存在较大争议。

3. 帮助信息网络犯罪活动罪的适用难点

由于电信网络犯罪是新型犯罪,依赖于网络技术的发展,因此提供网络技

---

[1] 高铭暄、马克昌:《刑法学(第八版)》,北京大学出版社、高等教育出版社2017年版。

术进行诈骗是该类犯罪的关键性环节，但是这种技术支持作为帮助行为构成共犯要以实行犯构成共同犯罪为基础，然而实践中，电信网络诈骗的主犯由于隐蔽性强很难归案，如果对提供技术支持的犯罪分子无法苛以刑罚，将导致无法遏制电信网络诈骗猖獗之势，因此 2015 年增加帮助信息网络犯罪活动罪这一罪名①，但是审判实践中却运用不多，归其原因：其一，对该问题存在理论分歧，有学者认为这是帮助犯的正犯化，即不需要正犯的实行行为为前提条件，就可以以该罪名单独定罪；不同观点则认为该罪名并非独立罪名，只是对网络诈骗帮助犯提供量刑上的规定，如果没有电信网络诈骗行为或者未利用该技术的帮助实施诈骗行为，则该技术帮助行为也不应予以适用帮助信息网络犯罪活动罪；其二，当提供技术支持的行为人同时参与了诈骗行为，是构成诈骗罪的共犯、帮助信息网络犯罪活动罪，还是成立数罪，由于不同罪名的量刑差异，审判实践中经常存在分歧。《意见》对此的规定也并不明确，区别也同样是明知的内容不同，对于诈骗罪共犯的明知内容要求达到明知他人实施网络诈骗犯罪的程度，这赋予了法官很大的自由裁量空间，要求行为人明知到他人具体实施何种犯罪的程度，需要通过事实证据来推论，而这种推论需要站在客观第三人的角度，需要严格把握。

三、关于电信网络诈骗犯罪法律适用问题的治理路径

（一）坚持罪责刑相适应的原则

第一，建议将电信网络诈骗犯罪入罪，纳入妨害社会管理秩序犯罪章节之中。《意见》没有明确电信网络诈骗犯罪的内涵，即它区别于普通诈骗罪的特点，前者具有针对不特定人的广泛性，应当防止混淆二者的性质而错误的定罪量刑，因此有必要将其作为独立罪名入罪；另外，如前所述，传统诈骗罪的原理已经不能准确评价电信网络诈骗罪的行为方式，侵犯法益的多重性、社会危害之大等特点也决定了不应将其置于财产刑之中以传统诈骗罪定罪量刑。针对目前电信网络诈骗犯罪高发的严峻形势，使其以独立罪名写入刑法是十分必要的，也是可行的。

第二，将数据情节评价标准适用于电信网络诈骗犯罪的入罪标准。由于电信网络诈骗犯罪侵犯法益的多重性，不仅侵犯公民财产权，同时破坏社会管理秩序，妨害社会管理，因此单纯以数额定罪无法体现对其他法益的保护。《意

---

① 孟强：《论电信网络诈骗帮助行为的定罪量刑》，载《铁道警察学院学报》2017 年第 6 期。

见》中增设了十种从重处罚情节,具有这十种从重处罚情节的,达到"数额巨大""数额特别巨大"百分之八十的,即可认定为"数额巨大""数额特别巨大",但是这一规定并不适用于"数额较大"的认定,由此可见,对于电信网络诈骗犯罪的入罪标准依然是数额标准。数额评价的证明标准及印证程度较高,不利于惩处犯罪①。笔者建议根据网络犯罪数字化的特点,建立以数据情节与数额为核心的认定标准,将诸如浏览次数、点击量、网络电话的拨打次数等作为数据情节,将对电信网络诈骗犯罪的正确量刑具有积极意义,这样才可以严惩网络犯罪,与立法初衷相符。

第三,制定电信网络诈骗犯罪量刑统一指导意见。为防止行为人选择地点实施犯罪,建议根据电信诈骗犯罪集中地区的量刑意见作为参考,制定统一标准。针对不同地区对诈骗数额的认定标准不同所导致量刑不同这一现象,同时由于电信网络诈骗的非面对面、非接触性、隐蔽性的特点致使行为人根据不同地域的量刑差异选择诈骗窝点的可能性进一步加大,因而制定统一的量刑标准可以有效依法严厉打击电信网络诈骗犯罪。

(二)综合考量行为人在共同犯罪中的责任

第一,明确诈骗犯罪与相关罪名的适用界限。如前所述,对于多次帮助取款的行为人,在首次取款时由于主观没有非法占有目的,也没有实施诈骗的共同犯罪故意,应定性为掩饰、隐瞒犯罪所得收益罪,但随后又继续多次合作帮助取款的行为应定性为诈骗罪的共犯,其行为构成网络电信诈骗犯罪中实行行为的一部分,当然还要区分诈骗行为人提供银行卡是在诈骗行为实行终了之前还是之后,即是否在行为人实际控制了被害人的财产,被害人已无法撤回自己财产之时,提供给取款人的银行卡,既遂之前取得银行卡的定为诈骗罪共犯,既遂之后取得的则以掩饰、隐瞒犯罪所得收益罪论。

第二,善于运用帮助信息网络犯罪活动罪。对于帮助信息网络犯罪活动罪,属于独立罪名还是只属于量刑规则,笔者认为其属于独立罪名。实践中,由于电信网络诈骗犯罪的首要分子很难归案,如果认为该罪名只是量刑标准,对于电信诈骗犯罪的打击力度将大大缩减,这与立法初衷相违背。帮助信息网络犯罪活动罪的设立表明我国严厉打击电信网络诈骗的态度,由于网络技术支持的关键作用,使得这一行为不必依托共同犯罪原理的认定,即司法实践中不以实行犯实施诈骗行为为前提,从而解决核心成员无法抓获的情况下能够独立

---

① 高艳东:《网络犯罪定量标准的优化路径:从印证论到综合认定》,载《中国刑事法杂志》2019年第1期。

评价该行为，避免更严重犯罪后果，有效打击并严惩电信网络诈骗犯罪。

(三) 严格审慎把握"明知"内容

《意见》对认定网络电信诈骗犯罪的共犯主观要求"明知"，即明知他人实施电信网络诈骗犯罪，这种明知不同于"通谋"，降低了主观的认定标准，不要求达到同谋，只要明知即可，同时规定结合综合要素来认定，赋予案件承办检察官和法官更大的自由裁量权，这使得打击犯罪的力度更强，但是实践中要坚持审慎的原则，还要秉持存疑有利于被告人的原则。

综上，电信网络诈骗呈现高发态势，实践中被害人的财产由于被犯罪分子短时间内转移、取现、瓜分，遭受了极大的损失，同时严重破坏社会管理秩序，造成了人们对社会管理及金融信用支付体系的不信任，因此，为解决该罪在法律适用上存在的问题，建议将电信网络犯罪独立成罪，以起到更有效的预防和惩治犯罪的作用，从而进一步遏制电信网络诈骗犯罪的蔓延。

产业链式电信网络诈骗犯罪司法认定疑难问题

——以 310 份刑事判决书为切入

陈羽枫[*]

网络、移动支付的发展为人类生活带来了极大便利，同时也带来了网络安全问题。电信网络诈骗犯罪以其非接触式、一对多、产业链化的特点，在全国范围内呈级数上升趋势蔓延，这使电信网络诈骗犯罪呈现出更加复杂态势。电信网络诈骗犯罪以其类型新、难度大、关系复杂的特点在司法认定中出现了很多疑难复杂问题。

本文以 2020 年的 3164 件电信网络诈骗案件为基础，按照 10% 的比例抽样，从二审裁定中随机抽样 100 件判决，从一审判决中随机抽样 210 件判决，通过 2020 年的这 310 件判决样本，就产业链式电信网络诈骗犯罪的司法认定问题中的几个疑难问题展开研究探讨。

一、电信网络诈骗犯罪概况

（一）犯罪整体情况分析

1. 犯罪整体情况

笔者以中国裁判文书网为依托，以"电信网络诈骗"为关键词，选择诈骗罪案由开展检索。从案件数来看，2016 年 45 件，2017 年 1246 件，2018 年 2015 件，2019 年 2932 件，2020 年 3164 件。电信网络诈骗犯罪在近 5 年内发展速度非常快，究其根源在于电信网络诈骗犯罪成本低、犯罪收益高，加上近几年国内就业问题趋紧，一大批失业年轻人经不住电信诈骗不劳而获、短期内巨额资金流的诱惑，铤而走险从事犯罪活动。

2. 犯罪类型及案件情况

在本文所选 310 个判决中，呈现出 17 种电信网络诈骗犯罪形态，按案件

---

[*] 陈羽枫，内蒙古自治区海拉尔铁路运输检察院第一检察部五级检察官助理。

数量排序依次为：金融理财类 60 件、"杀猪盘"① 类 50 件、洗钱相关活动 47 件、身份冒充类 35 件、虚假交易类 17 件、网络购物类 15 件、技术服务类 12 件、网络交友类 12 件、网络博彩类 11 件、网游交易类 10 件、虚假办证考试类 7 件、虚假收取会费及传销类 7 件、涉疫物资类 6 件、高价营销类 5 件、虚假商品类 5 件、虚假返利类 4 件、虚假兼职类 3 件、网络钓鱼类 2 件、虚假中奖类 2 件。从比例上看，案件数量排名前 5 的犯罪类型案件数合计 209 件，占全部案件数的 67.42%，可见电信网络诈骗犯罪尽管种类繁多，但类型比较集中。在前 10 种犯罪类型中，金融理财类、"杀猪盘"、洗钱相关类、技术服务类 4 种类型犯罪（共计 169 件）中的绝大多数案件属于上下游产业链型电信网络诈骗犯罪，占全部犯罪类型的 54.52%。通过数据可以看出，电信网络诈骗产业链化、集团化、车间化的趋势显著。

金融理财类诈骗是最常见的电信网络诈骗手段，犯罪团伙往往通过开发虚假金融 App，诱导被害人注册申请贷款，并以缴纳各种费用的名义实施诈骗，金融理财类诈骗方法简单、容易操作，组建好以"话务员"团队即可通过向不特定人发广告诱导被害人实施诈骗。在"杀猪盘"类诈骗中，绝大多数案件属于金融理财类诈骗，只是利用交友、网恋等形式诱导，犯罪人利用话术做隐藏，更容易使被害人降低警惕受蒙骗，此类犯罪也是跨国电诈犯罪集团最常用的犯罪类型，跨国犯罪集团诈骗得手后，常用境外赌场或比特币网站"洗钱"，追赃挽损可能性很小，所以，"杀猪盘"对被害人造成的损失往往比一般金融理财类诈骗更大。在欧某某、王某诈骗案中②，被告人欧某某在柬埔寨赌博型"杀猪盘"诈骗团伙中任组长，王某任话务员，诈骗团伙使用公司下发的女性微信、相关话术引诱被害人网络赌博，团伙通过后台操纵输赢。涉案 1400 万元赃款多数流入柬埔寨赌场，难以追赃挽损。洗钱相关类诈骗犯罪手段包括帮助转账取款、非法提供银行卡手机卡以及各类支付账户、非法获取提供出售公民个人信息及收买信用卡信息等。洗钱相关类诈骗与上述两种类型诈骗息息相关，属于上下游产业链型诈骗活动的重要环节。很多洗钱团队与诈骗团队仅通过网络联系后，为诈骗团队提供专业洗钱服务，工作人员包括"菜商""卡农""车手"等③，属于上游犯罪单元。身份冒充类犯罪数量较大，

---

① 利用网络交友、谈恋爱等方式循序渐进诱导被害人在诈骗团伙安排下投资、赌博、购买彩票等类型的诈骗方式。

② 浙江省浦江县人民法院（2020）浙 0726 刑初 324 号刑事判决书。

③ "菜商"，意为提供个人信息、信用卡信息的人；"卡农"，意为提供银行卡、信用卡、身份证、支付宝、二维码等转账渠道的人；"车手"，意为提供帮助取钱、转账服务的人。

在实务中比较常见，身份冒充类犯罪团伙规模一般为中小型，相比产业链式犯罪，犯罪手段相对简单，洗钱行为更多选择国内转账取款方式。

3. 犯罪人员情况

（1）犯罪人来源地。在本文所选310个判决中，犯罪人总数1393人，其中国内犯罪人1391人，外籍犯罪人2人。国内犯罪人广泛分布于29个省（自治区、直辖市），其中主要来源地由高到低依次是：湖南200人，湖北159人，福建150人，广西142人，河南132人，广东130人。此外，来自海南的犯罪人有42名，鉴于海南省人口基数较少，因此也属于犯罪人主要来源地之一。上述犯罪人主要来源地犯罪人数合计955人，占犯罪人总数的68.46%。可见，在电信网络诈骗犯罪中，犯罪人来源地呈现集中分布的趋势，同乡化、地域性犯罪特点突出。在电信网络诈骗中，同乡式、家族式犯罪特点较为显著，同乡、亲属依靠乡情亲情纽带组成固定犯罪团伙、互相传授犯罪方法，逐渐形成不同地区"专业"不同的产业链化趋势。由于电信网络诈骗操作简单、风险低、获利丰厚，因而吸引越来越多低学历无业年轻人加入。

（2）跨境犯罪主要聚集地。电信网络诈骗跨境犯罪聚集地人数由高到低依次为：缅甸54人，印度尼西亚48人，尼泊尔46人，老挝16人，柬埔寨13人，越南11人，马来西亚11人，菲律宾5人，泰国2人。老牌电信网络诈骗犯罪聚集地柬埔寨、泰国人数已大为减少，缅甸、印度尼西亚、尼泊尔成为电信网络诈骗团伙的新目标。究其原因在于，柬埔寨、泰国加大对电信网络诈骗犯罪的打击力度，涉嫌电诈的微信号码频繁掉线，电诈机器人受到信号屏蔽干扰，电诈团伙成员容易受到当地警方打击。因此，电诈团伙转投打击力度较弱的其他东南亚国家。

（3）犯罪人年龄结构。从犯罪人年龄段分布上看，"50后"2人，"60后"11人，"70后"53人，"80后"420人，"90后"828人，"00后"79人。"80后"与"90后"合计1248人，占总人数的89.59%。可见，电信网络诈骗犯罪人中，年轻人占绝对优势比重，其中，年轻犯罪人凭借对网络熟悉、接受新事物较快的特点，成为电信网络诈骗主要犯罪人群。

（4）个案犯罪人数。在本文所选310个判决中，被告人数20人以上的判决12个，10—19人的判决31个，4—9人的判决87个。可见4名以上被告人的案件130个，占总数的41.94%。在电信网络诈骗犯罪中，团伙犯罪、集团化犯罪的特点较为突出。

（二）犯罪具体情况分析

从案件角度看，本文所选310件判决中，认定为共犯的有217件，应认定而未认定共犯的有 28 件,单独犯罪 65 件,共犯在案件总数中占据绝对优势。从犯罪人角度看,本文所选样本中犯罪人总数 1393 人,认定单独犯罪 65 人,认定共犯 1208 人,其中,认定共犯的首要分子 20 人,主犯 246 人,从犯 891 人,应认定而未认定共犯 120 人。可见,电信网络诈骗犯罪以共犯为主,通过共犯和主从犯人数可以看出,电信网络诈骗犯罪个案人数普遍较多。从犯中的多数为"话务员""狗推"①等直接从事电信网络诈骗的业务人员,犯罪集团的组建者、主犯、主要管理者往往并不参与直接诈骗,这为司法工作人员在认定主从犯以及犯罪数额时带来了较大困扰。

在我国司法实践中,共犯以及主从犯的认定标准不统一,存在很大争议,在本文所选样本中,也可以看出,对于共犯以及主从犯,各法院类案之间存在认定结果互相矛盾,甚至截然相反的情况。

在所选样本中,有 51 人已认定共犯未区分主从犯,可见司法工作人员已经意识到犯罪人属于共犯,由于存在争议或不确定,有意在判决书中模糊表达或避开相关内容;有 120 人应认定而未认定共犯,由此可以看出,我国司法工作人员对共犯以及主从犯认定存在认识不足的情况。

二、电信网络诈骗犯罪罪名分析

(一)总体情况

表 1 产业链式电信诈骗犯罪相关罪名数罪并罚情况　　　　单位:人

罪名		妨害信用卡管理罪	开设赌场罪	侵犯公民个人信息罪	组织、领导传销活动罪	组织他人偷越国(边)境罪	伪造买卖身份证件罪	掩饰、隐瞒犯罪所得罪	非法利用信息网络罪	传授犯罪方法罪	刑罚考验期内犯罪与前罪并罚	合计
罪名	诈骗罪	1	10	25	8	31	15	6	3	3	3	105
	掩饰、隐瞒犯罪所得罪											0
	合计	1	10	25	8	31	15	6	3	3	3	105

---

① "杀猪盘"中利用网络交友形式直接实施诈骗的具体业务人员。

本文所选样本涉及犯罪人 1393 人，整体犯罪手段定罪次数 1480 次，证实一部分犯罪人因多种犯罪手段侵害不同法益而以数罪并罚论处。在 1393 名被告人中，仅有 105 名被告人被判处数罪并罚，其余均判处一罪。可见，在产业链式电信诈骗犯罪中，数罪并罚的比例很低。通过上表可见，诈骗罪在数罪并罚案件中定罪罪名占据绝对优势。掩饰、隐瞒犯罪所得罪，并不是我国司法实践的定罪主流，仅仅在少数案件中被审判人员适用。究其原因在于：第一，我国立法中并未对电信网络诈骗犯罪的罪数问题予以明确，在司法解释中将明知实施电信诈骗而实施帮助的行为认定为诈骗罪，使司法工作人员在定罪时对法益侵害的数量较少考虑，习惯于按照司法解释统统定为一罪。第二，对法益的识别不足。在电信网络诈骗司法实践中，部分司法工作人员并未对电信网络诈骗，尤其是产业链式诈骗侵害的法益熟练掌握，即使发生了侵害信息法益和金融秩序法益的行为，也并未考虑到其侵害的法益在刑法中的章节与诈骗罪不同，不能盲目按照一罪处理。综上，我国司法实践中对电信网络诈骗犯罪，尤其是产业链型电诈犯罪法益识别缺乏清晰性、合理性，司法工作人员对罪数问题掌握不足。第三，产业链式电信网络诈骗犯罪人数多，侵害多重法益，其中有一部分案件在判决书中以牵连犯或者想象竞合犯等形式在处罚时被筛选掉了，而在类似案件中，也有一部分判决采用数罪并罚的方式处理，可见我国司法实践中对产业链式电信网络诈骗犯罪的定罪较为混乱，法益衡量存在一定问题。

（二）案件情况

在本文所选 310 件案例中，判处数罪并罚的案例 32 件，占总数的 10.32%；判处一罪的案例 278 件，占总数的 89.68%。在判处一罪的案例中，多人一罪 181 件，多人多罪 17 件，单人一罪 80 件。多人一罪数量最多，占全部所选样本的 58.39%，多人多罪 17 件，仅占全部所选样本的 5.48%。在电信网络诈骗犯罪中，常出现多人侵害多个法益的情况，因此，多人多罪的案件往往对法益识别得较为清晰，对犯罪的罪数问题处理得较为得当。通过数据可见，司法实践中，司法工作人员为便于办案或对犯罪行为侵害的法益了解不足，往往简单粗暴地将多种法益侵害全部认定为诈骗一罪，并没有对侵害法益的行为充分评价。

（三）犯罪行为与罪名情况

本文所选样本中涉及的罪名包括：诈骗罪，掩饰、隐瞒犯罪所得罪，窃取、收买、非法提供信用卡信息罪，开设赌场罪，侵犯公民个人信息罪，非法利用信息网络罪，帮助信息网络犯罪活动罪，窝藏罪，买卖身份证件罪，传授犯罪方法罪。本文所选样本中，总体罪名数 1480 个，产业链式电信网络诈骗罪名数为 1194 个，占总罪名数的 80.68%，可见，上下游、产业链式电信网络诈骗犯罪是电诈犯罪的主要类型。产业链式电信网络诈骗犯罪行为种类多样，笔者通过对不同犯罪行为统计，梳理出 16 种犯罪行为。其中，上下游不同种类犯罪行为在审判环节可能被判处不同罪名，笔者对样本中上下游不同犯罪行为及触犯的罪名分布情况进行统计，如下表所示：

表 2　产业链式电信网络诈骗具体行为罪名数量分布表　　　　单位：个

序号	具体行为	诈骗罪	掩饰、隐瞒犯罪所得罪	妨害信用卡管理罪	窃取、收买、非法提供信用卡信息罪	开设赌场罪	侵犯公民个人信息罪	非法利用信息网络罪	帮助信息网络犯罪活动罪	窝藏罪	买卖身份证件罪	传授犯罪方法罪	总罪名数
1	话务员、"狗推"、推广员、刷单员等业务人员的业务行为	661				6							667
2	帮助收款、转账、取款	107	40										147
3	犯罪团队组建管理、犯罪活动组织策划	99											99
4	非法出租、出售、提供银行卡、手机卡、各类支付账户、二维码	48		7	4				20				79
5	制作维护虚假 App、改号软件、伪基站、木马程序、出售犯罪专用工具、后台数据篡改操纵、提供网络平台等技术行为	63					2		10				75
6	购买、提供、盗取个人信息、QQ 号码等	15					31						46
7	财务工作	22											22
8	后勤、内勤工作	19											19

二、电信网络诈骗犯罪治理研究

续表

序号	具体行为	诈骗罪	掩饰、隐瞒犯罪所得罪	妨害信用卡管理罪	窃取、收买、非法提供信用卡信息罪	开设赌场罪	侵犯公民个人信息罪	非法利用信息网络罪	帮助信息网络犯罪活动罪	窝藏罪	买卖身份证件罪	传授犯罪方法罪	总罪名数
9	传授犯罪方法、编写话术剧本	10										3	13
10	发送诈骗短信、发布诈骗广告、二维码	7					3						10
11	招聘培训话务员、发放客户名单、汇总团伙诈骗业绩	9											9
12	买卖身份证件										4		4
13	收买信用卡信息				2								2
14	窝藏包庇	1								1			2

当前电信网络诈骗犯罪行为专业化、科技化，犯罪团队呈集团化趋势，组织程度高，已经形成一条成熟的犯罪产业链条，产业链条内分工明确，互相不认识，通常采用网络联系。电信网络诈骗犯罪链条中，上游犯罪行为包括：购买信息行为和购买手机卡、银行卡等行为。本文所选样本中，罪名总数为1194个，上游犯罪行为罪名数合计166个，占罪名总数的13.9%。第一，购买个人信息、身份证件、信用卡信息等，业内黑话称之为"菜农"。当前，个人信息泄露渠道十分广泛，包括金融、快递、电信、房产、医疗、教育、电商等行业部门。由于信息贩卖具有一次获取可多次贩卖，不存在折旧，可反复、多次销售的特点，让公民个人信息贩卖、转卖行为十分猖獗，已经形成黑色产业链条。在童某、操某某、严某某诈骗案[①]中，被告人严某某担任房产中介期间，明知童某购买公民个人信息目的为贩卖的情况下，仍收集部分小区业主信

---

① 浙江省云和县人民法院（2020）浙1125刑初86号刑事判决书。

息 3.9 万条，出售给童某获利；第二，购买、提供、出租出售银行卡、电话卡、各类支付账户、微信二维码等，业内黑话称作"卡农"。当前，我国开展的"断卡"行动①，打击的就是此类犯罪行为。"断卡"行动中的手机卡除三大运营商的手机卡外，还包括虚拟运营商的电话卡和物联网卡等，银行卡包括普通银行卡、对公账户、各类支付账户等。此项专项行动的开展基本涵盖了电诈犯罪中"卡农"的所有犯罪手段，对"两卡"犯罪行为可以起到强大的遏制作用。

犯罪链条的中游犯罪行为包括：发送诈骗信息广告行为，传授犯罪方法、编写话术剧本行为，发放客户名单、汇总业务绩效行为，话务员、"狗推"等诈骗业务实施行为，后勤管理、资金管理等行为。在本文所选样本中，中游犯罪行为罪名数合计 740 个，占罪名总数的 61.98%。在中游犯罪行为中，话务员、"狗推"等诈骗业务实施行为罪名数为 667 个，占上下游、产业链式电诈犯罪的 55.86%。在本文所选判决样本中，直接从事诈骗行为的话务员等业务人员多数为犯罪集团雇佣的打工者，属于诈骗犯罪链条中地位最底层，他们直接从事诈骗行为，诈骗数额较大，获取的犯罪所得相对较少。其中，有很大一部分话务员学历层次较低、年龄较小、对犯罪的认识程度不高，受到诈骗团伙、同乡引诱后，走上了犯罪道路。在唐某某、王某某诈骗案②中，被告人唐某某、王某某所在跨境诈骗团伙将话务员分为"一线""二线""三线"人员，负责打电话诈骗。"一线"人员每月底薪 5000 元，诈骗成功提成 6%，"二线""三线"人员无底薪，诈骗成功提成 7%~8%。唐某某、王某某属于"二线""三线"话务员，犯罪收益较少，但犯罪金额按诈骗团伙总诈骗金额 623 万认定，受到较重的刑罚处理。

犯罪链条的下游犯罪行为，包括帮助收款、转账、取款等"洗钱"行为。在上表中，"洗钱"行为罪名数 147 个，占 147 个，占总罪名数的 12.31%。"洗钱"行为的定罪数在所有行为中排名第二，仅次于话务员。可见，"洗钱"行为在产业链式电信网络诈骗犯罪中属于重要一环，已经形成了专业洗钱团队，在诈骗团伙得手后，可以在几分钟之内将赃款转移、洗白。近年来，洗钱团队已经逐渐从电信诈骗传统"流水线"中脱离出来，形成独立团队，可以同时为多个犯罪团队洗钱。在王某某、李某诈骗案③中，被告人王某某、李某

---

① 2020 年 10 月 10 日起，国务院召开打击治理电信网络新型违法犯罪工作部际联席会，决定开展"断卡"行动。
② 浙江省金华市中级人民法院（2020）浙 07 刑终 282 号刑事裁定书。
③ 河南省商水县人民法院（2019）豫 1623 刑初 561 号刑事判决书。

组建了 15 人的洗钱团队，团队内分工明确，为多个诈骗团伙提供洗钱服务，洗钱 30 起，涉案金额 361 万元。可见，打击洗钱行为是遏制电信网络诈骗犯罪的主要环节之一。洗钱手段也更加专业化，有的跨境产业链式诈骗团伙在诈骗得手后，利用赌博网站或比特币网站洗钱，使钱款流向难以控制，追赃难度很大。如：在郝某、乔某诈骗案①中，郝某办理对公账户和支付宝账户，在赃款被多级分解转以后以对公账户进行洗钱，洗钱后将赃款转入比特币网站，为追赃带来了极大难度。

此外，技术服务行为、组织管理行为在产业链式电信网络诈骗犯罪中也占有重要地位，上表中，组织管理行为罪名数 99 个，占总数的 8.29%，技术服务行为罪名数 78 个，占总数的 6.53%。

三、完善产业链式电信网络诈骗犯罪司法认定的建议

（一）准确定位犯罪共犯、主从犯

1. 准确定位共犯

在产业链式电信网络诈骗犯罪中，犯罪人数多，呈现犯罪集团化趋势，此类犯罪数额大，涉及人数多，岗位分工明确。按照我国司法实践中的共犯认定标准，共犯罪名需一致。若将产业链式电信网络诈骗犯罪链条中所有参与者均认定为共犯，由于诈骗罪量刑起点比较高，势必对参与犯罪程度不高的从犯、胁从犯带来不利。此外，产业链式电信诈骗犯罪的上下游各个犯罪团队之间联系较为松散，缺乏意思联络，按照共犯理论，不能构成共犯关系。因此对于共犯的定罪务必根据具体案情判断。通过本文所选判决样本可以看到，我国司法实践中多数法院习惯于将所有涉案人员均认定为诈骗罪一罪，这种定罪存在不合理之处。笔者认为，认定共犯应包括如下几点：第一，帮助行为明知诈骗行为，故意提供帮助，具有共犯意图，若不存在故意，则不能认定属于共犯；第二，帮助行为的正犯化，如帮助信息网络犯罪活动罪，由于自身独立定罪，因此需要根据相应罪名的构成要件衡量是否犯罪，确定不同罪名也不影响认定共犯。

2. 明确区分主从犯

第一，根据诈骗团队的组织结构区分主从犯。在产业链式电信网络诈骗犯罪中，中游诈骗团队往往属于犯罪集团，犯罪机关的组织者、积极参与者可以认定为首要分子，其他从事主要管理活动的人员可以认定为主犯，话务员、后

---

① 安徽省休宁县人民法院（2020）皖 1022 刑初 125 号刑事判决书。

勤、技术等底层岗位工作人员可以认定为从犯；上游团队中"卡农""菜商"均可认定为从犯；在下游洗钱团队中，负责与诈骗团队联络，积极参与诈骗活动，报告赃款到账情况的洗钱团队组织者、联络人可认定为主犯，与诈骗团队构成共犯，其他"车手"可认定为从犯，以掩饰、隐瞒犯罪所得罪定罪。第二，对于同案被告人未到案，仅抓获个别共犯的案件，若根据现有证据能厘清各犯罪人在犯罪链条中的位置，对于到案被告人可以根据在团伙中发挥作用大小认定主从犯。第三，产业链式电信网络诈骗犯罪主从犯认定的难点在于产业链条中存在数个犯罪单元，整体产业链条中的从犯，可能在具体犯罪单元中属于主犯。在司法实践中，这一点成为辩护人的"辩点"，多数法院的判定理由对此问题没有详细阐述。笔者认为，对于产业链式电诈案件，判断主从犯的标准应当以犯罪全部产业链为视角判定，不应当以具体犯罪单元判定，只有从整体判断主从犯，才能保证不枉不纵，把宽严相济的刑事政策落到实处。

（二）准确界定犯罪侵害的法益

产业链式电信网络诈骗犯罪的司法认定过程中，清晰的法益识别可以有效避免"同案不同判"的情况发生。第一，应明确电信网络诈骗犯罪侵害的法益，一是财产法益，涉及的罪名主要为诈骗罪；二是秩序法益，包括掩饰、隐瞒犯罪所得罪、帮助信息网络犯罪活动罪等；三是公民个人信息安全法益，涉及罪名为信息保护相关罪名，包括侵犯公民个人信息罪等。电信网络诈骗犯罪涉及的法益较多，构成要件之间存在互相包摄、交叉的关系。因此，全面准确界定法益，明确法益的衡量对于此类犯罪的准确定罪具有重要意义。第二，在面对多重法益互相包摄、交叉的情况，应准确把握法益的位阶，将法益加以列举，结合案情准确甄别，确定先后顺序。通过罪名数量分布表可见，财产法益在此类犯罪中具有重要地位，相比之下，秩序法益和公民个人信息法益在司法实践中重视程度远远不够。司法工作人员除保护好财产法益外，也应注意保护秩序法益和公民个人信息安全法益。第三，财产法益可衡量、可量化，定罪量刑更加便利，相对而言，秩序法益和公民个人信息安全法益量化程度较弱。为此，在司法实践中，应尽量减少自由裁量在秩序法益和公民个人信息安全法益中的作用，尽量将二者量化、提高确定程度，切实在定罪量刑方面对二者做到全面保护。

（三）从严把好证据关口

产业链式电信网络诈骗犯罪的证据标准应从严掌握，在诈骗数额认定上，要全面结合案情，被告人实际参与的诈骗次数、时间，主从犯，银行流水，证人证言等证据准确界定犯罪数额，在证据存疑时，应按照有利于被告人原则决定证据采信程度，对证据全面综合评价，防止证据标准设置过低，"运动式"打击犯罪的情况出现。

对于司法解释中规定的特殊证据规则，更应该从严把握证据标准，必要时聘请专业团队就专业证据进行梳理，以便科学、合法、合理的处理专业证据问题。电信网络诈骗犯罪被害人分布广，被害人陈述全部取得的可能性很小，为此，《意见》中规定了有关证据收集和审查判断原则，明确了特定情形下的有关犯罪数量可予以推定[1]。此类犯罪中电子数据、书证、涉案金额、银行流水、第三方支付机构的资金流向等都属于重要证据，这一部分证据与被告人处获得的物证、书证、口供及关键的被害人陈述相吻合。被害人过多的难以全部取证的，可选对案件证明起重要作用的被害人取证。另外，对于被告人、辩护人的辩解内容，应当结合全部证据综合认定。在具体认定时，必须要有证据证明账户是用于诈骗犯罪，必须确定被告人对账户内资金的合法性无法作出合理解释[2]。若被告人涉嫌犯罪账户内有合法收入，并提供了合理证据，经查证属实或存疑的，不能认定犯罪数额。

---

[1] 李艳：《宽严相济刑事政策在惩治电信网络诈骗犯罪中的科学运用》，载《法律适用》2017年第9期。

[2] 李睿懿、王珂：《惩治电信网络诈骗犯罪的主要法律适用疑难问题》，载《法律适用》2017年第9期。

三、企业犯罪治理与刑事合规建设研究

（一）企业合规理论研究

企业合规计划与监管机制研究

涂龙科　刘　东[*]

一、问题的提出

近年来，中兴通讯、华为陆续被美国制裁给我们敲响了警钟，在一带一路的倡导下，中国大量的国企、民企走出国门参与全球化竞争，面临的刑事风险尤为显著。不可否认的是，当前的国际秩序仍在美国主导之下，以长臂管辖动辄将中企列入实体制裁清单，其中固然有政治因素存在，企业合规意识薄弱也是授人以柄的重要原因。[①] 另外，国内市场经济的高度活跃也伴生了涉税犯罪、涉知识产权犯罪和涉商业贿赂犯罪等其他犯罪。企业合规逐渐从外资企业和学术文献中走入我国公司治理和司法实践，这既是外在压力和内生动力共同驱动的结果，也是"源于现代社会企业犯罪日益严重的刑事政策应对"。[②]

经济平稳发展需要企业合规保驾护航，那么刑法理论对此该如何自洽？刑法理论研究绕不开刑法教义学的检验，"几乎所有作者都力求遵循一定的教义暨论证结构"[③]，企业合规自然也不例外。企业合规并没有脱离刑法教义学而

---

[*] 涂龙科，上海社会科学院法学研究所研究员，上海市杨浦区人民检察院副检察长；刘东，上海市杨浦区人民检察院检察官助理。

[①] 李本灿：《刑事合规理念的国内法表达——以中兴通讯事件为切入点》，载《法律科学（西北政法大学学报）》2018 年第 6 期。

[②] 孙国祥：《刑事合规的刑法教义学思考》，载《东方法学》2020 年第 5 期。

[③] ［德］埃里克·希尔根多夫：《德国刑法学：从传统到现代》，江溯译，北京大学出版社 2015 年版，第 507 页。

独立开创全新的刑法理论，其实质是逆全球化时代刑法教义学的必然应对。①构建企业合规制度的关键环节在于设计、实施行之有效的合规计划，并形成一套系统性的监管机制。启动监管机制评价后，若足以认定企业制定并实施了有效的合规计划，在组织体责任模式下可以充当出罪机制，在代位责任模式下可以充当责任平衡机制。② 司法实践也作出了积极的回应，去年最高人民检察院在上海、江苏、山东、广东的四个省（直辖市）共 6 家基层检察院开展第一期刑事合规试点，今年试点的范围扩展到 10 个省（直辖市）数十家检察院。③这些试点检察院普遍面临合规计划的有效性认定、评价主体的选择、监管体系的构建等难题。因此，设计一套行之有效的合规计划与监管机制是目前企业合规研究的当务之急。

二、合规计划的源流与功能

（一）合规计划的内涵与功能

"合规计划"的法律渊源是美国联邦量刑委员会 1991 年颁布的《联邦组织量刑指南》，该指南明确将合规计划规定为企业量刑的重要参考因素。④ 与此规定相适应，《美国检察官手册》规定检察官决定是否对一家企业提起诉讼或者协商认罪协议需要考虑的因素，包括考量有效的合规计划和执法调查中企业的配合程度。这两个法案是美国司法领域合规计划的重要渊源，为美国开展企业犯罪预防和治理发挥了重要作用。严格来说，合规计划的制订和实施并不

---

① 孙国祥：《刑事合规的刑法教义学思考》，载《东方法学》2020 年第 5 期。孙国祥教授认为，刑事合规与刑法教义并不存在无法调和的冲突，刑事合规的政策性导向也没有超越现代刑法教义的基本归责逻辑。理论研究需要根据刑事合规的特征，将刑事合规的基本内容与刑法教义学进行贯通。

② 李本灿：《刑事合规制度的法理根基》，载《东方法学》2020 年第 5 期。

③ 2020 年 3 月起，最高人民检察院在上海浦东、金山，江苏张家港，山东郯城，广东深圳南山、宝安六家基层检察院开展企业合规改革第一期试点工作，主要内容是对民营企业负责人涉经营类犯罪，依法能不捕的不捕、能不诉的不诉、能不判实刑的提出适用缓刑的量刑建议，同时，探索督促涉案企业合规管理。2021 年 4 月，第二期试点启动，涉及北京、辽宁、上海、江苏、浙江、福建、山东、湖北、湖南、广东十个省（直辖市）。第二期试点的重点是督促涉案企业作出合规承诺并积极整改落实，促进企业守法合规经营，减少和预防企业犯罪。

④ 万方：《美国刑法中的合规计划及其启示》，载《人民检察》2018 年第 11 期。为解决个人量刑与组织量刑的差异，美国联邦量刑委员会在 1987 年美国《联邦量刑指南》的基础上颁布了《联邦组织量刑指南》。

直接表现为刑事问题，但是美国以反海外腐败法制裁德国西门子公司、法国阿尔斯通公司等，促使欧洲学者、日本学者将"合规计划"纳入刑法分析框架，着重研究公司制定并实施合规计划对刑事责任可能产生的影响。① 据此，"合规计划"的内涵可以总结为企业为预防犯罪、发现犯罪而主动制定、实施的自我管理和约束机制，并且在员工或者企业涉罪时可以作为抗辩理由来减轻或者避免刑事责任。② 其本质上是一种广泛的预防措施，可以预测、检查并遏制任何潜在的犯罪活动。③

准确把握"合规计划"的功能是设计合规标准和监管体制的前提。就美国司法实践而言，"合规计划"的功能体现在预防企业犯罪、免于或暂缓刑事追诉、减免罚金3个方面。④ 其中预防犯罪是最重要的功能，免于或暂缓起诉是检察官对满足有效合规要求之涉罪企业的普遍结案方式，减免罚金是法官依据《联邦组织量刑指南》根据企业罪责的增加或减少（合规有效性的高低）来计算罚金的数额。也有观点认为"合规计划"的功能可以分为基础功能和扩展功能，前者是指通过强化公司治理、构建和完善现代企业管理制度从而降低企业犯罪风险，并指出虽然刑事风险与民商事风险相比极少，但是一旦发生就会导致企业走向失败。后者是推动企业承担社会责任的功能，既要从事生产经营创造社会财富，也要管理好企业自身和员工的行为，确保社会秩序的稳定。⑤ 由此可见，预防、减少企业犯罪应为"合规计划"的核心功能，强化并完善公司治理、履行并引领社会责任是扩展功能，在设计合规标准和监管体制时均应作为考量因素。

（二）企业合规与美国公司治理

19世纪后半期，美国依托丰富的自然资源、欧洲移民带来的劳动力资源与技术资源，在第二次工业革命的推动下，迅速成为新的世界经济中心，以垄断组织为代表的美国企业发展迅猛。这些大企业为避免经营风险，往往会形成一定的内部规范来约束企业和员工的行为，相关的行业组织也参与制定行业自律规则。与此同时，政府监管部门对银行业等垄断行业强化监管，出现了大量

---

① 时延安：《合规计划实施与单位的刑事归责》，载《法学杂志》2019年第9期。
② 李勇：《"合规计划"中须有刑法担当》，载《检察日报》2018年5月24日，第3版。
③ 转引自[美]菲利普·韦勒：《有效的合规计划与企业刑事诉讼》，万方译，载《财经法学》2018年第3期。
④ 万方：《企业合规刑事化的发展及启示》，载《中国刑事法杂志》2019年第2期。
⑤ 韩轶：《企业刑事合规的风险防控与建构路径》，载《法学杂志》2019年第9期。

规制企业的法案和判例，这又进一步促使企业将自我规范措施、自律规则转向为企业内部侧重威慑、预防违法犯罪行为的内控机制。①"企业合规计划在回应刑法监管的过程中，不断以刑法为参照对象，借鉴、引入了诸多刑法理念与规则，逐渐呈现出'刑事化'的发展趋势"。②

从企业或者公司的立场上看，合规概念与风险管理（risk management）、内控体系（internal control）联系地更加紧密。③ 2004 年 3 月 SEC 对 PCAOB 第 2 号审计标准的认同是对 1992 年 COSO 内部控制框架④的承认，这意味着 COSO 内控框架成为了美国上市公司内控框架的参照性标准，很大程度上也是合规体系建设的参照标准。为了适应新的经济发展变化，COSO 从全局和企业战略高度不断修订内控框架，于 2017 年发布了最新的《企业风险管理框架》来指导企业建立内部控制（合规）体系。

从政府监管和刑事规制角度看，1929 年至 1933 年经济大萧条使美国政府对于资本市场的监管逐步加强，相继出台了《1933 年银行法案》《1933 年证券法》《1934 年证券法》等。在这个趋势下，美国金融行业开始将合规（compliance）作为选择性的监管措施应用于银行业监管，实践中一度成为政府监管的核心内容，强有力的监管措施使美国银行业迎来了长期稳定发展。⑤ 1977 年通过的反海外腐败法也从最初规制本国企业针对国外企业、政府和政党的行贿行为，逐步成为美国行使长臂管辖的利器，客观上推动了企业合规在全球范围的传播和发展。此外，20 世纪 60 年代到 90 年代陆续发生的企业丑闻也推动了反垄断合规和反腐败合规的发展。1961 年通用电气、西屋电气等 6 家公司固定价格、围标和分割市场案使越来越多的企业意识到建立合规体系规避《反托拉斯法》执法风险的重要性。2001 年安然财务造假事件直接推动了《萨班斯法案》的出台，在美国上市的公司不得不建立防范财务造假等各种风险的合规计划。"企业合规实现了从非正式、被动反应式向正式、积极踊跃式的进化。"⑥

---

① 万方：《企业合规刑事化的发展及启示》，载《中国刑事法杂志》2019 年第 2 期。
② 万方：《企业合规刑事化的发展及启示》，载《中国刑事法杂志》2019 年第 2 期。
③ 邓峰：《公司合规的源流及中国的制度局限》，载《比较法研究》2020 年第 1 期。
④ 1992 年 COSO 发布的内部控制框架包括控制环境（control environment）、风险评估（risk assessment）、控制活动（control activities）、信息的沟通与交流（information and communication）、对环境的监控（monitoring）。
⑤ 万方：《企业合规刑事化的发展及启示》，载《中国刑事法杂志》2019 年第 2 期。
⑥ 邓峰：《公司合规的源流及中国的制度局限》，载《比较法研究》2020 年第 1 期。

(三) 我国的企业合规实践

中国的企业合规实践分为3个阶段。第一阶段是跨国公司实践。[①] 20世纪90年代以来，中国企业逐渐走向全球市场，为适应美国、欧洲的监管环境而建立一定的合规制度。从1992年第一家中国公司华晨汽车登陆美国资本市场，到21世纪初携程、新东方、百度、盛大游戏等赴美上市潮，再到最近十几年，京东、阿里巴巴、拼多多等众多国内巨头赴美上市，这些企业均在美国的监管框架要求下建立了合规体系。第二阶段是金融行业和国企的监管实践。2006年银监会颁布《商业银行合规风险管理指引》，2008年证监会紧随其后颁布了《证券公司合规管理试行规定》，前者在适用范围、概念界定、合规目标、董监高合规管理职责、合规部门职责和合规风险监督方面进行了规定，后者重点提出了设置合规总监的条件及职责。颁布这两个规范是为了提高商业银行、证券公司应对内部风险和外部风险的能力，其根源在于金融行业自身的垄断性和高风险性。同时，从中央到地方的国有企业纷纷以重点领域、重点岗位和重点人员为突破口开展合规体系建设实践，如2018年国务院国资委颁布的《中央企业合规管理指引（试行）》、中央七部委颁布的《企业境外经营合规管理指引》，对合规管理的主要风险点、管理运行机制和保障措施进行了规范。2019年以来，北京、江苏、广东等地的国有企业也在监管机构的支持下开展了合规试点。第三阶段是最高人民检察院主导的企业合规试点。2020年在6家基层检察院开展了第一期企业合规改革试点，今年第二期试点扩大到数十家检察院。检察机关主导下的企业合规是对办理的涉案企业，在依法作出不批准逮捕、不起诉决定或者根据认罪认罚从宽制度提出轻缓量刑建议等的同时，针对具体犯罪督促涉案企业作出合规承诺并积极整改落实，促进企业合规守法经营，减少和预防企业犯罪。作为舶来品的企业合规虽然从理论上到实践上在中国有了一定的探索，但总体上来说还缺乏理论上的体系性和实践上的适应性，中国的立法体系和司法体系和美国差异很大，在美国的法律土壤上成长起来的企业合规不可能简单地移植到中国的法治环境。法学理论层面仍须进一步论证企业犯罪的治理模式、刑事激励机制与刑事法治原则的关系，关注和发展刑法的出罪、免刑事由，试点层面也需要不断探索适合中国经济、司法环境的合规体系监管机制。

三、合规计划的评价标准

合规计划在美国刑事诉讼中占有重要位置。美国《司法手册》中的"联

[①] 邓峰：《公司合规的源流及中国的制度局限》，载《比较法研究》2020年第1期。

邦起诉商业组织的原则"描述了检察官在进行公司调查、决定是否起诉、谈判辩诉或其他协议时应考虑的具体因素。这些因素包括"公司在犯罪时和指控决定时的合规计划的充分性和有效性",以及公司为"实施充分有效的公司合规计划或改进现有合规计划"所做的补救努力。此外,美国量刑指南建议考虑公司在发生不当行为时是否有有效的合规程序,以计算适当的组织刑事罚款。那么,该如何评价合规计划才能保证检察官在刑事活动中准确适用相关的法律?美国司法部在2020年6月发布了最新的《企业合规计划评价》(Evaluation of Corporate Compliance Programs)(以下简称"评价")。评价认为,企业合规计划必须在刑事调查的特定背景下进行评估,刑事部门不能使用任何严格的公式来评估企业合规计划的有效性。每个公司的风险概况和降低风险的解决方案都需要进行具体的评估。因此,必须考虑公司的规模、行业、地理位置、监管环境以及其他内部和外部因素,对每一种情况作出合理的、个性化的决定。在作出个性化的决定的过程中,正如《司法手册》所指出的,检察官应询问三个基本问题:企业合规计划设计良好吗?该计划被认真而真诚地实施了吗?换句话说,项目是否有足够的资源和授权来有效地运作?企业合规计划在实践中有效吗?

(一)企业合规计划应达到设计良好的程度

评价认为,评估任何项目的关键因素是该项目是否设计得能够防止和发现员工的不当行为,以及管理层是否实际执行该项目,是否默许或施压员工参与不当行为。检察官应该检查合规计划的全面性,包括不容忍不当行为,以及适当的责任分配、培训计划、激励和纪律系统的政策和程序,以此确保合规计划很好地融入企业运营和职工全体。有观点认为,评价在2020年的更新强调了特定合规计划的动态演变。[①] 企业合规计划不能是多年前制定的政策和程序的停滞集合,它们必须是一个不断发展的、可访问的计划,经过修改并适应能够处理更新的问题。例如,许多医疗保健机构都有关于短期紧急情况的政策,包括如何处理和克服自然灾害(如洪水和龙卷风)或战争行为(如爆炸、生物恐怖主义)。然而,从2020年冬季开始,由于新冠大流行,企业面临一系列全新的挑战。新的政策和计划需要仓促起草和执行,以便处理几乎没有人曾经考虑过的新常态。以前的合规项目不需要包括大流行措施,而如今未能应对新冠肺炎疫情的公司可能还不够。具体而言,应该从风险评估、教训总结、培训和

---

① See CCH Incorporated; Kyle Y. Faget, Allie Shalom. Journal of Health Care Compliance September – October, 2020.

沟通、匿名报告结构和调查程序、运行资源和结果跟踪、兼并收购6个方面来衡量合规计划的设计情况。

（二）企业合规计划应具有足够的资源和授权来有效运作

评价要求检察官从四个方面开展调查。其一，应具体调查合规项目是纸面项目还是以适当有效的方式来实施、审查和修订；其二，应确定企业是否提供了足够的员工来审计、记录、分析和利用企业合规的结果；其三，应确定企业员工是否充分了解合规程序，并确信公司对合规程序的承诺；其四，应确定公司的合规文化是否包括员工对任何犯罪行为（包括调查所涉及的行为）不可容忍的意识。重点从调查高级和中级管理层的承诺、合规官及下属的自主权及资源、外包的合规功能角度来检验合规计划是否有效运作。评价承认，一些额外的因素可能会导致一个设计良好的项目不成功，例如财务投入的资源不足、培训的资源不足。此外，评价着眼于合规人员是否有足够的途径获取相关数据，以便进行有效和及时的监测。如果合规人员无法获得他们需要的数据，企业应该解决并纠正这些障碍，以便项目能够成功运行。即使书面的政策和计划是完美的标准，合规人员也需要能够有效实施项目的资源。

（三）企业合规计划在实践中能够有效运行

检察官对企业合规计划有效性的评估具有回顾的性质，在企业或者员工发生了犯罪行为的时候，如何回答合规计划在违法时是否有效？评价认为不当行为的存在本身并不意味着合规方案在犯罪时没有起作用或无效。事实上，司法部也认识到任何合规项目都无法阻止企业员工的所有犯罪活动。当然，如果合规项目确实有效地发现了不当行为，包括允许及时补救和自我报告，那么检察官应将其视为合规项目有效运作的有力指标。至少应该从3个方面来审查，即合规计划的持续改进、定期测试和审查；对不当行为的调查；对任何潜在不当行为的分析和补救。2020版评价补充了本问题的调查：公司是否根据其自身的不当行为和/或其他面临类似风险的公司的经验教训，审查和调整其合规计划？这个附加的问题强调了企业不能有一个固定的或静态的合规计划。合规官员必须跟上政府的最新消息和各自行业部门的趋势，以尽可能保持其项目的最新情况和有效。以应对现有和不断变化的合规风险。

四、有效合规计划的设计考量

（一）有效合规计划的最低要求

美国司法部《量刑指南手册》第8章——有效的合规和道德计划（Effective Compliance and Ethics Program)① 指出，对于责任评价和适用缓刑条件而言，一个组织为了建立有效的合规和道德计划：（1）应当开展审慎调查防止和预防犯罪行为，（2）并且以其他方式促进鼓励道德行为和承诺遵守法律的企业文化。该合规和道德计划应合理设计、实施和执行，使其在预防和发现犯罪行为方面普遍有效。未能预防或发现即时犯罪并不一定意味着该计划在预防和发现犯罪行为方面一般不有效。具体而言，要实现（1）（2）的最低限度要求是：（1）组织应建立预防和发现犯罪行为的标准和计划。（2）（A）组织的主管当局应了解合规和道德规范项目的内容和运作，并应对合规和道德规范项目的实施和有效性进行合理的监督。（B）组织的高级人员应确保组织具有本指南所述的有效合规和道德计划。高层人员中的特定个人应被分配对合规和道德规范项目的总体责任。（C）应授权组织内特定个人负责合规和道德规范项目的日常运作。负有业务责任的个人应定期向高层人员报告合规和道德规范计划的有效性，并在适当情况下向主管当局或隶属于主管当局的适当子小组报告。为履行这种业务责任，应给予这些个人足够的资源、适当的权力，并直接接触主管当局或主管当局的适当分组。（3）组织应尽合理努力，不将任何组织知道或应通过尽职调查而知道从事非法活动或其他不符合有效合规和道德计划行为的个人包括在组织的实质权力人员之内。（4）（A）组织应采取合理步骤，以切实可行的方式定期沟通其标准和计划，以及合规和道德计划的其他方面。向（B）项所述的个人提供有效的培训方案，并以其他方式传播适合这些个人各自角色和责任的信息。（B）（A）项所述的个人是主管当局的成员、高级人员、实质当局人员、组织的雇员以及酌情为组织的代理人。（5）组织应采取合理措施：（A）确保遵守组织的合规和道德计划，包括监测和审计以发现犯罪行为。（B）定期评估组织合规和道德规范方案的有效性。（C）建立并公布一个系统，该系统可能包括允许匿名或保密的机制，组织的雇员和代理人可以就潜在或实际的犯罪行为报告或寻求指导，而不必担心报复。（6）组织的合规和道德规范计划应通过以下方式在整个组织内一致地推广和执行：（A）适当的激励措施，使其按照合规和道德规范计划执行。以及（B）对从事犯罪行为和未能采取合理步骤防止或发现犯罪行为而采取的适当纪律措施。（7）在发现犯罪行为后，组织应采取合理的步骤对犯罪行为作出适当的反应，并防止进一步类似的犯罪行为，包括对组织的合规和道德计划作出任何必要的修改。在实施以上最低要求时，组织应定期评估犯罪行为的风险，并应采取适当

---

① Federal Sentencing Guidelines Manual，§8B2.1. Effective Compliance and Ethics Program.

步骤设计、实施或修改以上规定的每项要求，以减少通过该计划确定的犯罪行为的风险。

《量刑指南手册》从整体上对一个组织建立有效的合规和道德程序作出了最低限度的要求，建立预防和发现犯罪的标准和计划，通过人员安排、培训、沟通、反馈、举报等程序保障合规计划有效运行，在发现犯罪行为后能够及时反应、适当修正。① 这些要求具有一定合理性，我国企业在建立合规计划时可以借鉴其中的人力、财务资源保障、反馈举报和适应环境变化的修正机制。

（二）有效合规计划的模型与运用

合规计划应当以董事会为核心，合规总监负责合规计划的具体运行并向董事会承担责任。从静态的角度来看，为了保障合规计划有效运行，董事会至少应在6个方面提供资源保障：授权合规总监及其下属足够的权力，确保他们不受阻碍地执行合规计划；根据公司规模及业务复杂程度配备足够的人力资源；为合规计划的运行提供足够的经费保障和职工工资福利；为合规人员、管理层、普通职工提供定期培训，使其了解相关法律规范、企业合规计划、各自的角色与责任等；制定适当的激励措施使合规计划得到一致遵守和执行；对从事犯罪行为和未能完全执行合规计划的职工采取适当的纪律措施。

从动态的角度看，应建立报告、发现和调整机制：报告机制是合规计划的关键，人的行为在他人观测之下倾向于符合规范的要求，应当允许员工实名、匿名举报企业内部的违规、犯罪行为，采取一定的保护措施使其不用担心打击和报复，并制定实名、匿名举报下的具体处理方式；发现机制是合规计划最直接的功能，即通过日常监测和定期评估发现企业运行中存在的违规、犯罪行为及不符合合规要求的人员，并按照纪律规定处以内部处罚或者移送司法机关处理；调整机制是合规计划的命脉，未来的不确定性导致企业面临市场、产品、经营、政策、公关、自然灾害、外交等风险，合规计划必须根据内部环境和外部环境的变化不断调整，以帮助企业应对各种风险的挑战。

合规计划应当因人而异，但实际上大多数公司都是类似的。② 21世纪之前，美国各个行业、各个规模的公司基本上都从建立并教育培训员工遵守行为准则、直接或间接督导政策目标的落实、独立或配合司法部门追责3个角度建

---

① See Tony Maida, Esq., Rebecca C. Martin, Esq., Michael W. Peregrine, Esq., Paul M. Thompson, Esq., Sarah E. Walters, Esq., and Michael S. Stanek, McDermott Will & EmeryPractitioner, June 18, 2019.

② See Kimberly K. Krawiec, Cosmetic Compliance and the Failure of Negotiated Governance, 81 Wash. U. L. Q. 487, 494 – 96 (2003).

立合规体系。① 导致合规成为可选择程度较低、同质性较强的强制版本。实际上，不同类型企业违反的刑事规范差异较大，企业的性质、行业的类型、经营的范围、经营的区域等因素均影响合规风险的类型。比如网络借贷企业容易触犯非法经营罪、集资诈骗罪、非法吸收公众存款罪、擅自发行股票、公司、企业债券罪等破坏社会主义市场经济秩序类犯罪；化工企业容易触犯重大责任事故罪以及污染环境罪等；互联网企业容易触犯侵犯公民个人信息罪等；民营企业存在的合规风险集中在涉税犯罪、侵犯知识产权犯罪以及侵犯公司财产类犯罪，国有企业合规风险则集中在贪污贿赂类犯罪。因此，各类企业可以在借鉴有效合规计划模型的基础上，吸收专项合规计划的精髓，根据预防犯罪的需求设计一套适合自身的合规计划。

（三）专项合规计划应关注的重点

值得注意的是，合规计划的制订及运行主体主要是企业自身，检察机关或者其他主体不能越俎代庖，但可以制订参考性的专项合规计划，供企业结合自身需求选择和完善。② 一份针对长三角重要省份企业管理人员犯罪的实证研究指出，企业管理人员犯罪风险集中在企业的财务、融资、人员治理和生产经营四大领域，其中涉税犯罪、非法集资类犯罪、贿赂类犯罪、合同诈骗类犯罪以及拒不支付劳动报酬犯罪较为突出。③ 结合近几年中央关于加强知识产权保护、个人信息保护和生态环境保护的政策，检察机关可以主动作为积极探索，主导行业组织、行政监管部门、企业代表等建立专门性的税收征管合规计划、反腐败合规计划、知识产权保护合规计划、个人信息保护合规计划、生态环境保护合规计划等，也可以根据企业性质如国有企业、民营企业、外资企业制定针对性的合规准则，为各类企业建立合规体系提供参考。

专项合规计划应当围绕重点领域、重点环节与重点人员来进行设计。④ 重点领域是指专项合规计划着重发现、预防的犯罪风险领域。例如税收征管合规计划就应当会同税务管理部门围绕反避税的目标来设计，将"合理商业目的"

---

① 邓峰：《公司合规的源流及中国的制度局限》，载《比较法研究》2020年第1期。
② 陈瑞华：《企业合规不起诉制度研究》，载《中国刑事法杂志》2021年第1期。
③ 刘艳红、杨楠：《企业管理人员刑事法律风险及防控路径——以JS省企业管理人员犯罪大数据统计为样本》，载《武汉大学学报（哲学社会科学版）》2019年第6期。
④ 杜方正、刘艳红：《国有企业刑事合规制度的法理重塑》，载《南京社会科学》2021年第3期。

"权利滥用""实质重于形式"① 与避税行为的界定进行合理表达，给企业划定合法经营与行政违法、刑事违法的边界。重点环节是指企业的决策环节和运营环节。中国企业在走向全球化的过程中遇到了重重阻力，其中很大一部分原因是中国企业被指控在投标环节（运营环节）存在虚假陈述、腐败、串通、强迫、阻碍调查等违法违规行为，遭到世界银行、亚洲发展银行、非洲开发银行、欧洲复兴银行等国际组织的制裁。② 不论何种行业、何种规模、何种经营范围的企业，在决策环节和运营环节必须符合管辖范围的法律法规、国际条约等准则。重点人员更是合规计划的关键要素，任何法律、规范、程序以及责任只有落实到具体个人才能发挥其应有的威力。例如国有企业犯罪主体以高、中层管理者为主，普通业务人员犯罪比例有限。③ 董事会（董事）及合规总监应当为企业合规计划的制订、运行、调整负主要责任，合规人员应在承担的合规管理职责范围内负责，其他职工对自身工作范围内发生的违规事件承担责任，形成一种具有梯度变化的责任承担机制，尤其是强化高、中管理层责任。

五、构建检察机关主导下的二元合规监管机制

建立并实施有效合规计划是合规整改的重要内容，如何引导、监督、评价企业合规整改则需要构建合规监管机制，明确合规计划的作用路径、监管主体的选择与适用、考察评价的内容与公正性保障等内容。我国在企业合规试点探索中形成了3种合规监管模式：检察机关主导模式、独立监控人监管模式、行政部门监管模式。检察机关主导模式是指检察机关与符合适用条件的企业签订刑事合规监管协议，企业制定有效的合规计划，并接受检察机关设立的刑事合规专员的监督和考查；独立监控人模式是指检察机关决定对涉案企业启动刑事合规程序后，责令涉案企业在合理期限内聘请独立监控人开展企业刑事合规；行政部门监管模式是指检察机关在审查起诉中对符合适用合规考察程序的企业，委托政府行政部门担任考察机关，对企业实施合规计划的情况进行监督考察。这些模式各有利弊，但均具有督促涉案企业建立、调整、完善合规计划，从而预防犯罪的目的。从这个角度看，检察机关主导模式更具有优势，因为检

---

① 贺燕：《我国"合理商业目的"反避税进路的反思》，载《税收经济研究》2019年第5期。

② 陈瑞华：《论企业合规的中国化问题》，载《法律科学（西北政法大学学报）》2020年第3期。

③ 陈瑞华：《企业合规不起诉制度研究》，载《中国刑事法杂志》2021年第1期。

察官可以直接地、全流程地考察涉案企业①，但是缺点也比较明显，专门设立刑事合规专员增加了检察机关办案负担，甚至催生了新的道德与廉政风险。出于维护司法公正和提高司法效率的考虑，笔者建议由检察机关主导构建二元合规监管机制——即第三方监管模式与检察建议模式。

（一）合规计划的作用路径

美国企业合规的路径是将有效合规作为检察官起诉时和决定罚款金额时需要考虑的重要因素，当企业涉案，检察官需要调查"公司在犯罪时以及在被起诉时合规计划的充分性和有效性"，"为实施充分有效的公司合规计划或者改进现有合规计划"所作的补救措施，以及"对改进或采取补救措施后的合规计划是否进行了测试"②，经过充分调查后可获得相应的合规激励，包括罚金刑的减免、暂缓起诉或者不起诉等优待。③ 这样的路径优点是能够充分发挥检察官的作用，使被害人尽早获得赔偿，有助于维护公共利益，促使企业采取更完善的内控与合规，使社会大众了解企业犯罪，并且不会产生诸如起诉与定罪一般的负面影响。质疑的理由主要是检察官是否应介入公司内部治理，有无能力监管公司营运，监管协议的内容规范性不足及裁量权限过大。④

建立合规计划以及监管机制的目的是预防企业犯罪、帮助企业建立现代化的治理体系，明确合规计划在企业涉案时如何发挥效用则是实现这个目的的重要保障。在检察机关主导的二元合规监管机制下，检察机关必须明确法律监督的职能定位，不能代替企业、第三方组织以及行政监管机构具体建设企业合规体系。具体而言，一要做到依法启动企业合规。对于公安机关移送的相关涉企犯罪以及检察机关主动发现的涉企案件，应当按照有关程序进行调查，判断是否将涉案企业纳入合规程序。二要依法开展过程监督。一方面，由第三方监管专家（组织）对中大型企业的合规计划及整改情况进行监督考察，并分别向企业和检察机关出具考察意见，或者直接对小微企业、风险问题清晰的其他企业制发检察建议。另一方面，检察机关应该定期或不定期对第三方监管专家（组织）工作开展情况以及涉案企业整改情况进行检查或抽查。三要依法作出处理决定。在第三方监管及自行考察的基础上，合理运用听证制度，根据案件

---

① 陈瑞华：《企业合规不起诉制度研究》，载《中国刑事法杂志》2021年第1期。
② 陈瑞华：《有效合规计划的基本标准——美国司法部〈公司合规计划评价〉简介》，载《中国律师》2019年第9期。
③ 张远煌：《刑事合规国际趋势与中国实践》，载《检察日报》2019年11月2日，第3版。
④ 岱山县人民检察院：《检察机关践行刑事合规事务文集》，第5页。

具体情况作出不捕、不诉、提出轻缓量刑建议的处理，并与行政处罚、公益诉讼适当衔接，充分发挥有效合规计划在减轻刑事责任上的作用。

（二）监管主体的选择与适用

第三方监管模式是在检察机关主导下建立第三方监管委员会，选任、委派专家（组织）履行监督考察责任，在涉案企业完成合规整改之后出具考察意见，供检察机关参考决定涉案企业的处理。检察机关应协调本辖区市场监管、工商联、财政、国资委、司法行政等部门联合成立一个规格较高的第三方监管委员会，由秘书长负责日常事务，监督第三方监管专家（组织）依法、公正、客观履职，及时解决第三方监管机制中运行的专家选任、组织管理、任务安排、经费保障等各类问题。关于第三方监管专家（组织）的选任和管理，首先要严格规定准入资质，按照从业经历、业务擅长等条件，筛选符合要求的律师、会计师、审计师、学者、人民监督员、人大代表、政协委员等或者律所、会计师事务所、税务师事务所等组织进入专家名录库。第三方监管委员会应根据涉案企业规模与合规建设复杂程度灵活选择专家或者组织，不给企业增加额外负担。检察建议模式是一种简化的企业合规模式，检察官针对规模较小、罪刑较轻的企业存在的风险和问题制发检察建议，同意进行合规整改的涉案企业应签署合规承诺书，检察官作为监管主体履行监督考察责任，根据企业整改情况作出处理决定。

企业犯罪案件，一般包括企业、企业经营者在经营活动中实施的破坏社会主义市场经济秩序犯罪、侵犯财产犯罪、贪污贿赂犯罪、妨害社会管理秩序犯罪。鉴于在业务流程复杂、企业员工数量较多的大中型企业开展合规难度较高，应当采用第三方监管模式，充分发挥第三方监管专家（组织）的专业能力，真正建立起适合企业发展的合规计划。对于规模较小、员工较少、业务流程简单的小微企业，应当采用检察建议模式，由检察官结合司法办案发现、分析企业管理制度上的漏洞和问题，在检察建议中提出整改要求并监督企业整改，这不仅有助于提高司法效率，也是降低企业合规成本的重要举措。

（三）企业合规程序的适用范围

理论上企业可以作为犯罪主体的罪名较多，我国刑法总则明确规定了单位犯罪及其处罚，刑法分则规定的一百六十余个处罚单位的罪名占所有罪名的三分之一，但实践中，最终受罚的单位犯罪案件却不到同期刑事裁判的千分之一。[①] 对于企业合规的适用范围，理论和实践中存在较大争议，有的观点认为

---

① 黎宏：《组织体刑事责任论及其应用》，载《法学研究》2020年第2期。

对于犯罪嫌疑人可能被判处 3 年有期徒刑以下刑罚的企业犯罪案件，情节较轻，且同时符合犯罪事实清楚、自愿认罪认罚、具备合规条件、承诺或已经采取补救措施的条件，可以对企业进行合规监督考察，对犯罪嫌疑企业、犯罪嫌疑人作出宽缓处理，对可能被判处 3 年以上 10 年以下有期徒刑的单位犯罪案件符合前述条件的，也可以对犯罪嫌疑企业作出宽缓处理，但对犯罪嫌疑人一般应当提起公诉。有的观点认为企业触犯刑法第三章破坏社会主义市场经济秩序罪类罪名必须开展合规业务，还有的观点认为不应当以罪名类别、可能判处刑罚的轻重为依据来限制企业合规的范围，所有的单位犯罪罪名均可以适用企业合规。

笔者认为，既然刑法总则及分则已经规定了诸多单位犯罪的内容，当企业因为生产经营活动触犯刑法进入司法程序，只要具备建立合规计划的意愿和能力，就不应人为限制企业适用合规程序。赋予所有涉案企业适用合规程序的资格是公平正义的体现。客观而言，合规程序具有出罪、减轻刑责、减免罚金等宽缓待遇优惠，在"少补慎押慎诉"理念下轻罪固然有宽缓处理的余地，重罪自然也应在刑法允许的框架内享受减轻刑责的优惠，至于减轻的幅度可以进行相应地限制，而不能直接阻断重罪的适用可能性，以及将部分罪名排除在适用范围之外。当然，适用合规程序必须具备一定的条件：涉案企业积极配合检察机关开展工作，并且自愿进行合规整改以及具备相应的整改能力。除此以外，不应以企业类型、涉及罪名、刑罚轻重为由限制合规的范围。

值得注意的是，企业经营者实施的与经营活动无关的犯罪活动不应该适用合规程序，比如酒驾行为、故意伤害行为、强制猥亵行为等。这些与经营行为无关的犯罪活动不应该享有企业合规的刑事激励，这也是为了避免企业合规被滥用而导致新的司法不公。所谓企业经营者，是指对企业生产、经营产生重大影响的法定代表人或实际控制人、技术骨干及其他高级管理人员等。至于普通员工，一般在企业犯罪中不会被追究刑事责任，即便追究了刑事责任，也可以运用认罪认罚从宽制度予以宽缓处理，故在企业合规中一般不涉及普通员工。

（四）考察评价的内容与公正性保障

考察评价的内容主要是合规整改的情况。合规整改的内容至少要包括：企业完全配合检察机关开展合规调查；企业同意承担赔偿被害人或被害企业损失、防止犯罪结果扩大、恢复生态环境、接受行政罚款等补救性措施；企业同意根据检察机关的要求制订并完善合规计划，并为之提供足够的财力、人力资源确保计划的有效运行；企业定期向检察机关报告合规计划的建设及执行情况。取得监管主体的正面评价之后，检察机关就可以作出相应的合规激励。具体包括三种类型：第一种是对完成合规整改的企业（人员）不批捕或宣告不起诉,改革后包括宣告附条件不起诉;第二种是提出相对轻缓的量刑建议;第三种是依托刑事执行检察职能在刑罚执行过程中根据合规整改情况建议减刑(减少缓刑考验期)、假释或暂予监外执行。

美国检察官与涉案企业达成的不起诉协议与暂缓起诉协议均由司法部公布在网站上,这些协议内容包括犯罪行为的说明,民众可以了解在什么情形下、什么交易可能会构成犯罪。检察官如何要求涉案企业作出赔偿、行政监管机关如何作出行政处罚在协议中均有体现,案件的处理流程也要公开。① 对企业合规程序进行公开是为了接受社会的监督,同时也能起到刑法的积极预防作用,防止类似企业触犯同样的罪名。这种公开透明的精神值得我们借鉴,针对企业合规整改情况出具考察评价应作为企业合规的必经程序,这也是回应社会监督与质疑的重要方法。当前试点阶段各项制度不够完善,不宜将合规案件全部内容公之于众,但是可以在考察期满出具考察评价时,举行公开听证会,促使第三方监管专家(组织)及检察官客观、公正地评价企业的整改情况。或者在作出处理决定之前召开公开听证会,听取侦查机关、被害人及其代理人、行政监管机关等主体的意见建议,以确保最终决定的公正性。

(五)合规考察时间与认罪认罚从宽制度的协调

企业合规与认罪认罚从宽制度都是刑事司法模式由对抗走向合作的标志。几乎所有推行"暂缓起诉协议制度"的国家,都将涉案企业自愿认罪作为对其进行合规监管的前提条件。② 并且一个企业建立了有效、完备的合规计划,对调查的配合表明其对法规范的忠诚。这种合规意识,恰恰是企业认罪认罚的重要体现。③ 适用认罪认罚从宽制度要求被告人接受适用速裁程序,检察机关需要在 10 日以内作出决定,对可能判处有期徒刑超过 1 年的,可以延长至 15 日,审判阶段最多也只有 15 日。然而,对于合规考察时间的设置,通常在 6 个月到 1 年之间,因为建立一套合规体系要经历设计、整改合规计划,检验、评价合规计划运行的效果这个流程,在 1 个月内完成合规整改并且进行考察评估不符合合规整改的运行逻辑。否则,企业合规将变成"纸面合规"。

对此冲突,有观点主张"根据企业规模、经济能力等实际特点,吸收域外刑事合规计划的实践经验,确定企业刑事合规计划与企业认罪认罚从宽制度并存的二元路径。"在吸收激励预防的合规理念基础上,区分两者的适用范

---

① 马明亮:《作为犯罪治理方式的企业合规》,载《政法论坛》2020 年第 3 期。
② 陈瑞华:《企业合规不起诉制度研究》,载《中国刑事法杂志》2021 年第 1 期。
③ 李勇:《检察视角下中国刑事合规之构建》,载《国家检察官学院学报》2020 年第 4 期。

围、适用内容、具体条件等。① 也有观点认为应扩大附条件不起诉的范围，对于自愿认罪又作出合规承诺、提交合规计划的企业就可以作出附条件不起诉的决定，不再适用认罪认罚从宽程序。② 还有观点认为，通过合规整改阶段全流程化，可以有效保障企业的合规整改周期。如检察官通过提前介入，在侦查阶段就可以建议涉案企业进行合规整改；在提起公诉、建议缓刑后在审理阶段继续考察涉案企业合规；在刑罚执行过程中，检察官也可以根据企业整改情况建议缩减缓刑考验期限。

这三种观点均具有一定合理性，从维护法的安定性角度考虑，目前附条件不起诉仅适用于可能判处1年以下有期徒刑的未成年人③，若扩大附条件不起诉的适用范围必然会突破现有的刑法框架，也容易引起舆论对于企业犯罪过于宽容的质疑。在试点阶段，不妨出台司法解释：规定适用合规监督考察的企业犯罪案件可以不适用速裁程序，在公诉阶段，将检察建议模式下最长办理期限设置为半年，第三方监管模式下最长办理期限设置为1年。同时，将合规考察融入侦查阶段、审查起诉阶段、审判阶段以及刑罚执行阶段，以确保合规整改的效果最大化。待各地企业合规试点结束，总结利弊得失考虑制定新的附条件不起诉、暂缓起诉制度等。此外，检察官还面临"案－件比"的考核压力，适用企业合规程序势必延长办案期限，影响检察官业绩考核，必须作出相应改变以破除企业合规的制度阻力。

---

① 赵恒：《刑事合规几乎的内在特质及其借鉴思路》，载《法学杂志》2021年第1期。
② 陈瑞华：《企业合规不起诉制度研究》，载《中国刑事法杂志》2021年第1期。
③ 陈瑞华：《企业合规的基本问题》，载《中国法律评论》2020年第1期。

刑事合规的法国模式：初成、反思与借镜[*]

陈 萍[**]

法国刑事合规机制虽得益于英美法启示，但却是基于国家立法的顶层设计而全面铺开，更具法国历史文化、政治经济和社会现实的特性，是不可忽视的重要存在。法国模式特别值得中国理论界及实务界关注。中法两国同属成文法系，都是职权主义司法体制，均需应对刑事合规的国外管辖压力和国际合作需求，现已尘埃落定的法国模式及其运行状况，可作为中国合规制度改革的反观自照，值得深入研究。在我国刑事司法改革背景下，归纳刑事合规的国别特色，提取刑事合规的制度共识，有利于帮助中国特色合规制度筹划的最优均衡。

一、法国刑事合规的立法发轫

（一）《萨潘二号法》中的反腐败合规

美国刑事合规对当代企业合规实践具有较大影响。这不仅得益于本国企业在全球经济发展中的表现，更是得力于美国《反海外腐败法》的域外管辖。而法国也以历史罕见的超高效率[①]通过2016年12月9日第2016—1691号《透明度、反腐败和经济生活现代化法》（一般称为《萨潘二号法》）予以回应。法国通过立法从国家层面引导企业建立以"企业风险管理成本收益比"为核

---

[*] 本文系国家社科基金重大项目"中国特色反腐败国家立法体系重大理论与现实问题研究"（项目编号：17ZDA135）、2020年度上海市哲社规划青年项目"企业犯罪认罪认罚从宽的法理基础及运行机制研究"（项目编号：2020EFX009）和中国博士后科学基金会面上一等资助项目"新型政商关系视域下企业犯罪防治机制研究"（项目编号：2019M650082）的阶段性成果。

[**] 陈萍，上海立信会计金融学院常任轨讲师。

[①] 2016年3月《萨潘二号法》正式启动立法程序，短短9个月后，该法便完成所有审读程序正式公布于《官方公报（Journal Officiel）》。这在法国立法史上是极为罕见的，可窥见其立法需求的急迫性。

心的合规机制，意味着基于刑罚垄断权的职权主义司法向以合规为主要内容的恢复性司法的转变。① 《萨潘二号法》重点强化反腐败斗争中的企业义务，通过全新的实体性和程序性的法律框架，引入全新的反腐败合规制度。

首先，在行政法领域，满足法定标准②的企业应当建立反腐败合规计划，以预防和发现法国或国外的贿赂、利用影响力交易等腐败犯罪行为。否则，对于企业，得处 100 万欧元以下罚款；对于自然人（即企业管理人③），得处 20 万欧元以下罚款。其次，在刑事诉讼法领域，对于因腐败犯罪而受到司法调查的法人，检察官可选择与其签订公共利益司法协议（Convention Judiciaire d'Intérêt Public，CJIP），以暂缓起诉。最后，在刑事实体法领域，对于因腐败犯罪而受到刑事定罪的法人，法院可另处合规计划附加刑（Peine de Programme de Mise en Conformité，PPMC）。《萨潘二号法》通过整合行政法、刑法和刑事诉讼法，将企业预防腐败的社会责任规则的道德性"软法"深度整合为具有强制执行力的"硬法"。

（二）《审慎义务法》中的审慎性合规

与《萨潘二号法》借鉴国外立法的被动构建不同，2017 年 3 月 27 日第 2017—399 号法国《母公司和订单企业审慎义务法》（一般称为《审慎义务法》）的制定则主要基于本国资源，具有本国特色。法国 20 世纪 70 年代开始实行的"去工业化"政策，使服务业在国民经济中占比达 80%，但航空、汽车、高铁等制造产业仍在国际上保持较强竞争力，科技研发和创新能力名列欧洲前茅。④ 通过该法，法国立法者试图"重新定义资本主义"，"必须是欧洲和世界最先进的，对经济增长、社会责任、环境保护均衡发展负责任的新型资本主义"。⑤ 该法将国家对大型企业社会责任的道德义务上升为法律义务，并想要通过其市场主导地位，通过政府、企业和社会各方的协调，逐渐在生产流

---

① Delalieux Guillaume, 《La loi sur le devoir de vigilance des sociétés multinationales : parcours d'une loi improbable》, Droit et société, 2020/3 (N° 106), p. 649 – 665.

② 法定标准包括：(1) 雇员人数达到 500 人或隶属于总部设在法国且雇员人数达到 500 人的公司集团；(2) 单独报表或合并报表中的营业收入达到 1 亿欧元。

③ 根据企业性质不同，反腐败合规义务的责任人也会有所不同。一般而言，股份有限公司（SA）的责任人是总裁、董事或董事会成员，简易股份有限公司（SAS）/一人简易股份公司（SASU）的责任人是总裁或董事，有限责任公司（SARL）、一人有限责任公司（EURL）、股份两合公司（SCA）和共同名义公司（SNC）的责任人则是经理。

④ 孙艳：《产业优势造就法国经济韧性》，载《理论导报》2019 年第 4 期。

⑤ Luca d'Ambrosio, 《Le devoir de vigilance : une innovation juridique entre continuités et ruptures 》, Droit et société, 2020/3 (N° 106), p. 633 – 647.

通等各个环节,形成审慎性义务的价值链,矫正因自由竞争给经济带来的消极后果,减少市场盲目性,实现宏观经济的"协调"和"平衡"。

《审慎义务法》规定,符合法定条件①的母公司和订单企业应建立适当的谨慎计划,以识别对员工的基本人权和自由、卫生健康以及环境的风险,并防止造成严重损害。审慎计划的范围包括"公司本身及其直接或间接控制公司以及与其具有商业关系的发包公司、供应商的活动"。若有必要,该计划应由集团内或地区内的相关当事方共同制订。审慎计划及其执行情况应公开,并列入企业年报。若上述公司未能在3个月内履行审慎计划义务,则任何利益相关方,都可向管辖法院提起诉讼。法院可通过简易程序,裁定其履行审慎义务。

(三) 法国刑事合规的并行特质

1. 刑事合规的共性:自治与他治

《萨潘二号法》和《审慎义务法》具有高度相似性,都是应对结构烦琐、组织复杂的跨国企业法律责任的现实而采取的最新路径。立法者尝试超越法人资格和国家管辖的法律屏障,以合规方式影响经济主体行为,要求其履行社会责任,与政府机构共同保障公共利益。两部法律都明文规定最低要求清单(风险绘图、举报、监督、评估等),明确公司应根据各自结构,通过多种方式形成专属合规计划,充分体现出"通过他治的多元自治"的法国刑事合规特色,即通过立法规定和市场规则,要求经济主体以自治方式(合规计划)来实现他治目标(预防腐败、员工人权自由、卫生健康和环境风险)。

一是从规范维度而言,应当制定风险测绘图并识别风险。《萨潘二号法》规定,合规计划中腐败行为的内涵,应当由行为守则进行规定,并且不建议简单重复刑事规定(国内法和国际法会有诸多不同),而是"定义并明确公司所禁止的不同类型的违法行为"。因此,相关企业必须对便利费、通融费、游说费、赞助费或交换礼品的性质予以明确。当然,立法也并非毫无灵活性。若无法通过抽象术语进行界定,亦可采取列明公司经营活动中的推荐行为和禁止行为的方式。《审慎义务法》规定对于企业"损害基本人权自由、卫生健康和环境的风险"应当进行绘图。由于上述风险的适用范围涉及法治的基本价值,内容更为广博,无法划定诸多要求,因此,立法者并未对其提出具体定义。

二是从程序维度而言,应当通过特定措施实现合规目标。两部法律均要求义务主体设立评估程序、举报程序、跟踪监督程序。但是,两部法律并未限定

---

① 根据《审慎义务法》第1条规定,法定标准是指在连续两个财政年度结束时,在其总部在法国境内的直接或间接子公司内雇用至少5000名员工的公司,或在其内部及其总部在法国境内或国外的直接或间接子公司中雇用至少10000名员工的公司。

具体组织方式,而是允许能够实现该目标所展开的多元路径,为相关义务主体留有充分发挥自治作用的自由空间。特别是《审慎义务法》鼓励多方合作建立审慎计划,建议"与公司相关当事方,必要时由集团内部子公司和同地区的公司,共同建立",但并未将其作为强制性义务规定。而《萨潘二号法》则规定义务主体应由企业负责人建立反腐败合规计划,并由反腐败局(Agence Française Anticorruption,AFA)享有指导、评估、检查和处罚等监督权力。

2. 刑事合规的个性:分治与分层

一是依据企业规模的分治。只有居于主导地位的大型企业,才是合规的义务主体。"合规"是一种对信息和沟通系统的管理,旨在可能遭受违反法律和道德规则的风险范围内保护公司利益。① 合规机制以他治法承认大型跨国企业的经济地位及其权势现实为前提,并对其进行规范,即阻止大型公司或集团以异化或反常方式利用自身权势。② 这与对"大型企业形成经济权势"进行处罚的法律机制形成鲜明对比。在合规机制中,立法者承认大型经济组织成员对其经济依赖所揭示的统治地位现状,以便要求居于主导地位的实体承担义务。但是,法律义务要求并不能损害相关公司本身利益。因此,在法国,大型企业的统治地位成为反腐败合规和审慎计划义务的基础。反腐败合规和审慎计划义务是"全球化规则的发展"的表现,法律规范"侧重于跨国集团的母公司,以便利用其在集团的内部权力,以及在供应链产业的外部权力"。法律试图规范经济权势的常规使用,而非审查大型经济组织形成的法律结构。因此,《萨潘二号法》和《审慎义务法》都首先明确规定"大型企业"的界定标准,前者包括雇员人数和营业额,后者只包括雇员人数。

二是依据立法目标的分治。不同的立法目标要求不同的合规机制。法国著名合规法教授 Marie–Anne Frison–Roche 指出,"合规本身没有价值,而且不是目的,合规只是实现立法目标的工具。"③ 目前,法国法中已明确规定的合

---

① Björn Fasterling,《Compliance – Vers une formalisation》, in C. Roquilly (dir.), La contribution des juristes et du droit à la performance de l'entreprise, Paris, Joly Éditions, p. 321–327.

② Gaudemet Antoine, 《Qu'est-ce que la compliance?》, Commentaire, 2019/1 (Numéro 165), p. 109–114.

③ Frison–Roche, M.–A., Approche juridique des Outils de la Compliance : construire juridiquement l'unité des outils de la Compliance à partir de la définition du Droit de la Compliance par ses "buts monumentaux", in Frison–Roche, M.–A. (dir.), Les outils de la Compliance, série "Régulations & Compliance", Journal of Regulation & Compliance (JoRC) et Dalloz, 2021, p. 27–38.

规目标包括反腐败与保护人权、社会及环境利益。为实现上述目标，企业应当建立反腐败合规计划和审慎计划。计划是实现特定目标所需的行动整体，表示义务机构根据其特性所采取的各种措施。① 相比而言，《萨潘二号法》明确规定反腐败合规建设中"各个阶段"的责任机制规定，条文较为具体、严密和细致。但是，《审慎义务法》则并未包含未履行审慎义务计划的法律责任，只是规定法院可以裁定强制执行。不过，这似乎不能说明前者比后者更为严格。因为，审慎义务合规的目标是人权保护、环境保护，较反腐败而言，更能体现现代法治的基础价值。而且，审慎计划中明确规定企业应当"实施措施降低风险并预防严重损害后果"的发生。这与反腐败合规的监管程序及事后追责的被动机制相比，应当说是更为积极的主动路径。因为该要求意味着企业不但要介入实现风险的因素，控制损害发生的可能性，还需干预风险本身以降低其严重性。

二、法国刑事合规的责任机制

《萨潘二号法》与《审慎义务法》都是通过他治法赋予特定企业自治自由，并对其施加事前义务以实现预防目的，但是，两部法律关于未履行合规义务责任机制的相关规定，存在重大差异。

（一）变异的事后归责：反腐败合规与法人刑事责任的低度耦合

《萨潘二号法》立法期间通过外国法阐明合规制度的优势，试图将同样的合规计划纳入法人刑事责任机制。但是，改革时机尚未成熟，在理论和实务中，均遭遇严重困境。最终，《萨潘二号法》中明确履行合规义务的法律后果，即不排除刑事责任。② 因此，法国法中引入反腐败合规机制，并未对法人刑事责任的归责理论产生影响，亦未修订法人刑事责任的实体法规则。在法国反腐败领域，合规与法人刑事责任的归责逻辑并无实质关联。法人实施反腐败合规，既不出罪，亦不减责。不过，尽管反腐败合规与法人刑事归责条款并不相关，法国还是在刑事程序法中引入公共利益司法协议作为合规工具，初步构建起法国版的缓起诉协议（Deferred Prosecution Agreement，DPA）程序，导致法人刑事责任归责逻辑的格局变动。

在实体法中，以合规计划附加刑加强法人腐败犯罪的刑事处罚力度。法国

---

① T. Sachs, La loi sur le devoir de vigilance des sociétés – mères et sociétés donneuses d'ordre: les ingrédients d'une corégulation, Revue du droit du travail, 2017, p. 380.

② https://www.conseil-constitutionnel.fr/decision/2016/2016741DC.htm，2019 年 12 月 28 日访问。

《刑法典》中，合规计划被规定为法人腐败犯罪的专属附加刑。对于因腐败犯罪①被定罪的法人，法院可判决构成腐败犯罪的法人在反腐败局监督下建立反腐败合规机制。与其他通用附加刑相比，合规计划刑专门针对腐败犯罪，是加大腐败犯罪刑事处罚力度的重要体现。合规计划刑已经执行期限满1年后，若被定罪的法人已采取适当措施和程序来预防和发现腐败行为并证明后续行动已非必要，则可提前终止刑罚。正如法国学者所言，合规计划刑就是适应预防再次发生腐败行为需要而创设的全新预防措施。②《萨潘二号法》创新性地将合规计划引入腐败犯罪的刑罚体系，与美国法将合规作为减缓刑事处罚的路径极为不同。法国合规计划刑不是剥夺式的，而是推进式的，是最能体现预防价值的刑罚方式，甚至可以说是"半预防半惩罚"的刑罚。

在程序法中，以公共利益司法协议构建法人刑事诉讼的协商程序。《萨潘二号法》放弃刑事实体法的责任探索诉求，转而构建刑事诉讼法中的司法协商程序。即涉腐企业可以通过与刑事起诉机关的协商程序，以免于承担刑事责任。在刑事诉讼启动前，检察官向被调查法人提出建议，若后者同意，则交由大审法院裁决协议生效。因此，通过公共利益司法协议程序，法人可避免公开的刑事程序，法院不用审理查明事实，法人不用承认有罪。法人只要履行协议规定义务——支付公共利益罚金③和/或在法国反腐败局的监督下，制订并实施反腐败合规计划④，那么检察官不得提起公诉。即执行协议期间，诉讼时效中止。值得注意的是，公共利益司法协议必须由刑事法官进行实质审查⑤以决

---

① 即《刑法典》第433—1条个人行贿罪、第433—2条利用影响力交易罪、第434—9条倒数第2款司法人员受贿罪、第434—9—1条第2款向司法人员行贿罪、第435—3条向国外公职人员行贿罪、第435—4条向对国外公职人员有影响力的人行贿罪、第435—9条向国外司法人员行贿罪、第435—10条向对国外司法人员有影响力的人行贿罪、第445—1条非公职人员行贿罪、第445—1—1条向体育比赛运动员行贿罪、第445—2条非公职人员受贿罪、第445—2—1条体育比赛运动员受贿罪。

② M. Segonds. Les apports de la loi du 9 décembre 2016 à l'anticorruption, Revue mensuelle lexisnexis jurisclasseur, février 2016. p. 13.

③ 该笔罚款数额应与被确认的未履行反腐败义务行为所获利益成比例，最高不得超过未履行反腐败义务行为确认之日前3年累计营业额的年平均营业额的30%。

④ 根据《萨潘二号法》第22条规定，该合规计划即是指《刑法典》第131—39—2条第2款规定的合规计划刑。其与未涉嫌腐败犯罪的特定规模法人的反腐败合规计划相比，只包括前7项措施，不包括第8项"执行措施的内部监督和评估机制"。

⑤ 大审法院院长审核该公共利益司法协议程序是否于法有据、其进展是否符合规律、罚款数额是否符合法律规定及协议计划措施是否与腐败犯罪行为所获利益成比例，以裁定协议是否生效。

定是否发布生效令。而且，若涉案腐败行为存在被害人，则涉案法人必须向被害人支付赔偿金①。若法院认定协议无效，或被调查法人决定撤回，或被调查法人并未充分履行协议义务，则检察官得提起公诉。

概括而言，法国反腐败合规的事后责任机制具有非典型性。《萨潘二号法》中的反腐败合规机制包括行政合规和刑事合规。如果说前者仍是传统的事后归责，那么后者则是变异的事后归责。行政合规机制由反腐败局负责，尽管该局处罚权极为严厉，但针对是违反合规义务的非法行为。只不过，由于反腐败局的职能专业性，在刑事合规（判决合规计划附加刑和订立公共利益司法协议时）的职责配置中，亦由反腐败局负责具体执行。此处，法国反腐败的行政合规与刑事合规产生特定联结，体现出连贯性、层次性和体系性特征。但是，在刑事合规机制中，公共利益司法协议以法人腐败犯罪的嫌疑为前提，直接切断了犯罪行为与刑事责任的因果关联（即若无犯罪行为，则无刑事责任），不对疑罪法人进行定罪判决，却要求其承担刑事责任②。这无疑是对传统"严重违法行为产生刑事责任"机制的背离。另外，合规计划附加刑的归责基础是法人腐败犯罪的事实，而非严重违反合规义务的违法行为。换言之，法人未依法设立反腐败合规计划的不作为本身，尚不足以引发刑事责任，必须发生腐败犯罪行为，才得追究其刑事责任。

（二）革新的事前定责：审慎性合规与法人刑事责任的高度解耦

如上所述，《萨潘二号法》中反腐败合规的事前定责与事后归责的责任机制之间存在脱钩现象，因此，反腐败合规的刑事责任并未得到实质强化。与之相比，《审慎义务法》中审慎性合规的事前定责和事后归责之间的关联更具必然性，体现出更高的创新性，即在审慎义务的可执行性或具体化之间构建桥梁。

一是审慎性合规中的社会责任与市场机制。企业社会责任出现在合规概念之前，合规是对企业社会责任的吸纳。因此，企业社会责任通常会被视为合规的重要内容。法国《民法典》第1833条第2款规定③，所有公司的经营中要有社会利益的表达，"必须在经营活动中考虑到其活动的社会和环境问题"。

---

① 一旦确定被害人，除非被调查法人证明其已支付损害赔偿金，否则应规定因犯罪行为造成损害的赔偿数额和方式，且赔偿期限不得超过1年。

② 因为合规计划附加刑和公共利益司法协议中对合规计划的内容要求完全一致，无任何差别。只是前者的监督期限最长为5年，后者的监督期限最长为3年。

③ 该条款是由2019年5月22日第2019-486号《促进企业成长和转型法》修订新增。

《审慎义务法》是对该原则条款的具体化立法。该法规定"审慎义务计划及其实施状况应当在《商法典》第 L. 225—102—5 条规定的报告(即非财务报告)之中公开"。审慎性合规的强制公开义务是市场经济中企业信息透明原则的重要发展。企业针对员工基本自由、卫生健康和环境保护的义务履行信息,是其履行社会责任的重要指标,有必要纳入企业经营发展的市场竞争机制之中。企业公开审慎性合规计划,接受利益相关方的监督,意味着"市场处罚"机制的介入。一般认为,投资者和消费者能够基于企业提供上述信息调整企业行为。尽管投资者的注意力主要集中在企业财务信息,但非财务信息的法律规定更为严格,若未履行该法定义务,则企业可能会遭遇生存危机。对投资者而言,这是不得不提前考虑的关键影响因素。从消费者角度来说,审慎性合规信息公开旨在影响其消费行为,阻止其购买企业在不遵守员工基本权利等条件下生产的产品。审慎信息公开借助市场机制压实企业社会责任。并且,审慎性合规义务公开是启动司法程序的前提条件。

二是审慎性合规中的主动路径与司法机制。合规的机制基础是以国家权力机构的退让换取企业自治的自足。《审慎义务法》中企业审慎信息的强制公开要求,既是市场调节机制,又是事后归责机制,进而以培育企业的善治机制。因此,审慎性合规的检验条件以及实施条件具有决定性。正是这些条件确保事前定责的有效性。除非这些条件得到严格执行,否则对经济主体的事前定责不会产生应有效果。因此,审慎性合规中司法责任机制亦不得缺位。普通法国家的判例经验表明,对于企业"审慎义务"的执行状况可以进行司法审理。[①] 法国法中亦予以明确。《审慎义务法》规定"相关利益当事方"对于企业未履行审慎义务的情况,可向民事法院提起诉讼。法院可依据案件情况,做出修复性判决或处罚性判决。因此,《萨潘二号法》"建立合规以避免法律规定的刑事责任"被动路径不同,《审慎义务法》要求企业必须确保审慎性合规计划在管理学视角下持续的实质有效性,要求对法律规定的合规义务的主动承担,而这正是审慎性合规的司法机制的责任基础。因此,审慎性合规的归责不再是事后追责,而更多是事后修复。

三是审慎性合规与刑事责任机制的分离割裂。企业审慎义务对应的刑事罪名主要是过失犯罪。1829 年,法国法院首先对危害矿山安全的法人作出判决,按照雇主责任原则对犯罪行为人和法人的法定代表人进行了双重处罚,是迄今

---

① E. g. Colin King, 'Using Civil Processes in Pursuit of Criminal Law Objectives: A Case Study of Non - Conviction Based Asset Forfeiture', International Journal of Evidence and Proof (2012), 16 (4): 337.

为止文献记载的世界上首例关于法人犯罪的刑事判决。① 1994 年《刑法典》全面引入法人刑事责任，在过失犯罪领域，追究法人刑事责任确实是减轻甚至取代决策者刑事责任的理由。2000 年 7 月 10 日第 2000—647 号《非故意轻罪定义明晰法》② 改革之后，对于过失犯罪，只有自然人的主观过错足够严重（la faute qualifiée）才能追责，才适用法人与自然人双罚制。如果过失犯罪的主观方面是简单过错（la faute simple），则仅追究法人的刑事责任。从预防角度而言，这种追究法人刑责的方式更加符合刑法基本原则，更能体现该刑责的效用。③ 因此，安全事故、环境等过失犯罪，刑法总则中法人刑事责任归责机制理论，经由最高司法法院调整后，法人自主刑事责任得以发展。在审慎义务领域，企业负有预防责任，可以基于主观要素进行正当化抗辩。④《审慎义务法》要求企业采取实质的主动路径，已经排除将建立审慎合规计划作为减轻或免除刑事责任的理由的可能性。

总体来讲，法国审慎性合规的事前定责机制具有创新性。在《审慎义务法》规定，合规计划应当具有持续性，企业不履行审慎义务可启动司法程序，发生风险时追究法律责任。前两项是事前责任法律机制，第三项是事后追责机制。因此，审慎性合规的事前定责与事后追责具有高度关联性。这些工具不互相排斥也不互相竞争，而是互相补充，在统一的法律框架内，促使企业履行审慎义务。《审慎义务法》中确保合规计划的有效性与未履行合规义务的责任机制是不可分割的。审慎性合规的强制公开义务，确保公众和利益相关方了解企业的风险绘图及其应对措施，审慎义务的主动路径由企业外部主体的介入得到加强，是他治和自治的巧妙结合。他治确定普适的合规目标，自治确定适配各

---

① 何勤华主编：《法国法律发达史》，法律出版社 2001 年版，第 359 页。

② 修订《刑法典》第 121—3 条，第 1 款：无犯重罪或轻罪之故意，即无重罪或轻罪。第 2 款：但是，在法律有规定时，蓄意置他人身于危险之场合，得构成轻罪。第 3 款：如经认定行为人依据其负担的使命或职责的性质，其享有的权限及掌握的权力与手段，没有尽到正常谨慎之责，在法律有规定时，轻率不慎、疏忽大意，或者违反法律或条例所规定的谨慎或安全义务，亦构成轻罪。第 4 款：在前款所指情况下，自然人，虽未直接造成损害，但成就了致使损害得以实现状态或有助于成就此种状态，或者没有采取可以避免损害发生之措施，如经认定其明显故意违反了法律或条例所规定的谨慎或安全义务，或者其有过错，从而使他人面临其不可能不知道之特别严重的危险，应负刑事责任。

③ 陈萍：《法国"机关法人"刑事责任述评及借镜》，载《中国刑事法杂志》2013 年第 11 期。

④ Consigli Jérôme,《La responsabilité pénale des personnes morales pour les infractions involontaires: critères d'imputation》, Revue de science criminelle et de droit pénal comparé, 2014/2（N° 2）, p. 297 – 310.

个经济体的专属措施。《审慎义务法》中，自治是自我管理的一种方式，本身无法自我激励，而是必须是依靠达成他治目标来实现。

（三）法国刑事合规的责任逻辑回归

通常认为，合规有两种解释，一是价值论的，是指通过企业自律管理以避免相关风险；二是目的论的，是指制定企业策略以避免法律风险。[1] 对照观之，《审慎义务法》是价值论的合规法，《萨潘二号法》是目的论的合规法。与审慎性合规强制公开义务不同，反腐败合规并无该项要求[2]。因此，尽管两部法律都试图通过实用主义和工具主义的法律规则来实现风险预防，但是，《审慎义务法》中的合规机制较少依赖以他治为基础的事后归责机制，与之相对，《萨潘二号法》则较多依赖以处罚威慑为核心的事后归责机制。两种责任机制既互相竞争又互相补充，事前定责是比事后归责更优的路径选项吗？抑或，事前定责仅仅是对企业事后责任的去责任化？答案似乎并不唯一。

其一，从立法者角度而言，《萨潘二号法》中反腐败合规责任配置（尤其是刑事责任）的威慑性真的能够促进企业建立真正有效的合规计划？与之相对，《审慎义务法》仅规定利益相关方启动司法程序的权利，相关企业是否能够积极的践行审慎性合规？其二，从企业角度而言，企业的犯罪行为或损害行为本身及其引起的责任和处罚都是风险，则其合规的预防目标极易发生变异——从违法或损害的风险替换为所面临的法律处罚，即企业所要避免的是对违法行为的处罚，而非违法行为。那么，企业被要求建立合规进行善意抗辩或者对法律义务的主动承担，是否只是商业道德沦陷和立法他治薄弱现状的粉饰呢？我们认为，这取决于国家权力介入的细节设计：介入的时机、国家机构的性质（司法机关或行政机关）、介入方式（强制性的或协商性的）。就此而论，法国刑事合规模式仍处于探索阶段，仍有诸多值得反思和发展之处。

三、法国刑事合规的制度自省

目前为止，《萨潘二号法》施行效果颇为显著。一方面，该法既完善法国反腐败法律标准，提高法国廉洁指数排名，吸引更多国际资本投资，又强制法国公司实施反腐败合规措施，规范企业内部风险管理，提高法国公司的竞争优

---

[1] Frison-Roche, M.-A., Un Droit substantiel de la Compliance, appuyé sur la tradition européenne humaniste, in Frison-Roche, M.-A. (dir.), Pour une Europe de la Compliance, série Régulations & Compliance, Dalloz, 2019.

[2] 在最初的立法建议稿中有相关条款，最终宪法委员会未予通过。反腐败合规的透明原则仅仅体现在公共利益司法协议应当在法国反腐败局官网上发布。

势。另一方面,该法确保法国公司在发生腐败案件之时,主要不受外国法律的约束(例如,接受美国当局的监督),而先应遵守法国公司的本国法。尽管如此,该法创设的反腐败刑事合规机制与本国法律制度仍处于适配协调阶段,存在诸多亟待厘清和重构之处。

(一)公共利益司法协议的程序瑕疵

其一,公共利益司法协议适用并不平等。一方面,该协议只适用于涉嫌腐败犯罪的法人,而不包括自然人。因此,实践操作中存在涉腐企业成功订立该协议而涉案自然人独自承担刑事责任的情况,这对自然人而言,似乎有失公允。因为法国刑法中,对于企业机关或代表为了法人利益而实施的犯罪行为,应当追究企业刑事责任。而且,在实践操作中,作为同时涉案的企业和自然人,两者的利益往往存在冲突,但由于企业的现实地位和经济实力,自然人处于相当被动的地位,尤其是涉腐企业的中层管理人员,除非是同时作为举报人,否则,往往会成为企业高层决策人员的代罪羔羊。① 因此,排除自然人,只给予涉腐法人缔约免责的机会,有违罪责刑相适应原则。另一方面,涉案的自然人只能适用"事先认罪出庭程序(Comparution sur Reconnaissance Préalable de Culpabilité,CRPC)②"。2014 年,法国创设性地引入了由司法警官主导的刑事交易制度,是诉讼效率最大化的设计,但也最容易损及程序正义及相关当事人的权利。③ 不过,事先认罪出庭程序对达成辩诉交易的自然人,会做有罪认定。公共利益司法协议对缔约法人,则不做有罪认定。同样是涉罪后的司法协商程序,在自然人与法人之间实施差别待遇,有违法律面前人人平等原则。

其二,公共利益司法协议权力配置失衡。首先,协议程序中启动权的单级化,即是否订立该协议的主动权完全由检察官掌握,缺乏相应的制约机制。根据《萨潘二号法》,该协议的建议权属于检察官,法人可以接受、拒绝或撤回,但无法自行启动缔约程序。尽管法国已于 2019 年 6 月 29 日出台《公共利

---

① Broussolle Yves,《Les principales dispositions de la loi Sapin pour la transparence et la modernisation de la vie économique》,Gestion & Finances Publiques,2017/2(N° 2),p. 108 - 113.

② 根据法国《刑事诉讼法典》第 495 - 7 条至第 495 - 16 条,检察官和法官不经审判即主动或应被告人或其律师的要求,对承认被指控罪行的法人或自然人处以一种或多种刑罚。

③ 施鹏鹏:《警察刑事交易制度研究——法国模式及其中国化改造》,载《法学杂志》2017 年第 2 期。

益司法协议指引》对检察官的自由裁量权进行规范限制,但仍未明确涉案企业想要缔约时的救济方式与措施。其次,协议程序中检察权的偏向化。基于公共利益司法协议的程序要求,对于企业涉嫌腐败案件,目前检察官更倾向于将案件保持在初步调查阶段,那么相应的则是法国预审法官的地位随之下降。再次,协议程序中监管权的外部化。作为协议核心内容的反腐败合规计划的建立与实施由法国反腐败局负责监督,并向检察官报告进展情况。该局监督又以聘请法律、财务、税务等外部专家团队的评估意见为基础。最后,协议程序中裁判权的虚置化。该协议虽由检察院与法人订立,但其生效需要法院裁判令。法院应当负责审核该协议的程序是否于法有据、进展是否符合规律、罚款数额是否符合法律规定及合规措施是否与腐败犯罪所获利益成比例。但是,法院目前生效裁定只是对协议内容的简单重复,并未针对上述裁定事项进行实质审查,亦未说明裁定理由。①

（二）合规计划刑的实体缺欠

其一,作为特殊附加刑,合规计划刑立法可能只具有象征性。根据《刑法典》第 435—15 条和第 445—4 条规定,法人因腐败犯罪可被判处的附加刑包括 8 项,即禁止从事职业活动或社会活动、置于司法监督之下、关闭用于实施犯罪行为的企业机构、禁止参与公共采购、禁止公开募集资金、禁止签发支票或者使用信用卡付款、没收用于或旨在用于实施犯罪之物或犯罪所生之物、张贴所宣判的决定或者通过新闻报刊或任何视听传播手段公布该判决以及合规计划刑。其中,特别值得关注的是合规计划和置于司法监督之下。后者是指对于法人可判处"置于司法监管之下,最长期限为五年"的附加刑。适用该附加刑,应当指定司法代理人,明确其监管任务,并由其向执行法官报告任务完成情况。根据具体情况,执行法官可提请宣告该措施的法官撤销该措施。但是,实践中,该刑罚的适用案件数量极少,执行情况也不尽人意,几乎已经被司法实践抛弃。② 与之相比,合规计划刑具有诸多相似之处,甚至可以说是置于司法监督之下的特殊规定。合规计划刑想要避免与之类似的司法命运,可依赖的只有该刑罚执行机构（反腐败局）和监督机构（检察官）的职能专业化,这需要长期丰富的经验积累。但是,与公共利益司法协议 10 余件成功实践不同,目前尚无一例合规计划刑的司法判决,而且,可以预见其司法适用不会很

---

① 现有公共利益司法协议均在反腐败局官网公布,载 https://www.agence-francaise-anticorruption.gouv.fr/fr/convention-judiciaire-dinteret-public,2021 年 3 月 23 日访问。

② Frédéric Desportes, Francis Le Gunehec, Droit pénal général, LexisNexis, 2009, p. 837.

多,因为刑事实体法中内容相同的刑罚威慑,使得涉案法人更倾向于接受速度快、期限短、成本低的公共利益司法协议程序。

其二,合规计划刑是对法人犯罪中自然人刑事责任的加深化。根据法国《刑法典》第121—2条第3款规定"法人负刑事责任不排除作为同一犯罪行为之正犯或共犯的自然人的刑事责任"。法国法中自然人(法人机关或代表)与法人刑事责任以并存与双罚为原则。即使是作为例外的单罚制,也仅适用于法人自身,而不存在只对自然人单独定罪处罚之情形。① 但是,合规计划附加刑的设立,可能会导致法人犯罪案件自然人个体责任和组织体责任脱钩。因为法国《刑法典》第434—43—1条规定,对于被判合规计划刑的法人机关或代表未能采取必要措施或妨碍有效履行刑罚义务的,将被处以2年监禁和5万欧元罚金。该规定处罚的是妨碍司法的罪行,保护的是合规计划刑的有效执行的司法秩序。尽管一般认为合规计划刑的义务主体应当是法人,但却在刑事实体法中明确由自然人独立承担刑事责任。

其三,合规计划附加刑不代表法人预防犯罪义务的刑法化。根据法国《刑法典》规定,法人刑事责任应当是个人责任和间接责任,其归责理论可抽象为"代表责任",与替代责任、身份等同责任、组织体责任等英美法系归责模式均不相同,但在立法论和解释论上,法人"自主责任"的发展已成趋势,法国吸收和借鉴企业文化责任理论,初步尝试"商业政策"责任理论。② 法国立法者曾试图以此为基础规定嵌入刑事责任的刑事合规机制。但是,法人刑事责任的自主化并不必然意味着企业应当承担预防犯罪的刑事责任。根据罪刑法定原则,这仍需刑事实体法的明确规定。比如,英国《反贿赂法》第7条规定"未能预防商业组织贿赂罪",对与"商业组织关联的个人"实施的贿赂行为,追究企业严格刑事责任。但是,如果公司能够证明建立了防止犯罪行为的适当程序,则可以主张适当的辩护。又比如,《瑞士刑法典》第102条第1款规定,"对于在商业活动中企业内部发生的犯罪,如果符合企业目标,且由于企业组织缺陷无法归责于企业内部任何自然人,那么应当追究企业的刑事责任。第2款规定,对于某些犯罪,如果企业没有采取一切合理和必要的措施来防止此类犯罪,也需要单独承担刑事责任。"

---

① 陈萍:《中、法法人犯罪刑罚机制的比较性反思》,载《南京大学法律评论》2016年秋季卷。

② 陈萍:《法国法人刑事责任归责机制的形成、发展及启示》,载《政治与法律》2014年第5期。

四、刑事合规机制的有效探索与中国路径

(一) 刑事合规有效构建的路径探索

其一,刑事合规应避免成为片面化的形式合规。合规计划与其实际有效性之间的不匹配,成为刑事合规的首要风险。此时,我们需要从管理学角度来理解合规的定位问题。理论上,企业文化一般由正式系统、非正式系统和道德氛围三项交互系统组成。正式系统通常包括行为准则、义务培训、企业目标、书面纪律文件、奖惩程序等,非正式系统一般含有企业经营活动中的实际管理行为、管理程序,以及通过无形压力和员工排斥所施加的奖惩措施。道德氛围是指员工对公司所期望行为的认知,对组织期望和行为的道德品质的集体感知。① 正式系统通过非正式系统运作,两者的交互借由道德氛围下完成。这三项系通过不同方式影响组织个体的行为倾向。通常来讲,道德氛围对组织中个体行为的影响最大,其次是非正式系统,最后是正式系统。但是,在个体极可能违法犯罪时,正式系统的影响最大,并且可以同时强化其他系统。此时,正式系统的形成与适用必须具有持续性和连贯性,否则,该系统就不会具有任何效果。而且,采用与非正式惯例不一致的正式系统,那么,该正式系统会被员工认为是徒有其表的,不会真正施行。即使偶有适用,也缺乏公正性和合理性。实证研究表明,如果企业没有支持正式系统的道德氛围,那么正式系统就难以体现价值。② 只有在企业道德氛围下,非正式惯例与正式合规计划之间形成良性互促结构,才可以起到预防作用。

其二,刑事合规宜探索确立非正式系统的地位。刑事合规与合规实践脱节的根源在于建立和证明存在符合合规所规定标准的履约程序相对容易,而证明或衡量其实际有效性则存在巨大困难。由于司法主导权的局限以及企业对易证明措施的优先选择,企业合规极有可能会沦为精心粉饰的企业战略工具。亟待解决的现实困境在于,除正式系统外,刑事合规无法鼓励任何其他措施。《萨潘二号法》《审慎义务法》《联邦量刑指南》除细化正式标准之外,并无其他规定,无法保证合规体系能够契入企业文化并发挥作用。有学者曾建议修改现有合规计划的列举式规定,应当将非正式体系和道德氛围纳入考虑,既考虑组

---

① Weller, A. Exploring Practitioners' Meaning of "Ethics," "Compliance," and "Corporate Social Responsibility" Practices: A Communities of Practice Perspective, Business & Society, pp. 1-27 (2017).

② Fernández, J. L., Camacho, J. Effective Elements to Establish an Ethical Infrastructure: An Exploratory Study of SMEs in the Madrid Region. J Bus Ethics 138, 113-131 (2016).

织内部非正式的沟通、监督和处罚程序，又考虑组织成员对企业道德氛围的感知。[①] 这有利于改善企业长久以来优先考虑或者仅局限在易于证明的表面合规措施的实践传统。但是，该建议也存在薄弱环节，因为这两者的标准都过于抽象，难以明确化和具体化。根据罪刑法定原则，法人必须事先知道满足必要条件的标准，否则就无法有效构建自身的免责抗辩。有鉴于此，基于非正式系统对合规有效性进行评估，仍具有重要意义，值得进一步查究。首先，评估应由独立的第三方机构进行，以保证员工意见的真实可信度。其次，评估员工对涉案事件的态度，作为合规是否有效的间接证据。再次，评估涉案事件本身以及发生原因，以衡量合规的有效性。然后，评估企业对事件的应对以及改进措施。最后，调查改进措施的后续情况，评估其是否真正持续落实。

其三，刑事合规应正视其奖励效用的价值界域。首先，刑事合规不该成为应对企业经济犯罪的常规措施。如上文所述，无论员工对企业是否允许违法犯罪持何种态度，对预防犯罪而言，刑事合规的作用微乎其微，都不是必需的。其次，刑事合规的实体责任减缓机制不宜过度提倡，反而应当予以限缩。刑事合规兼具程序法和实体法意义，尤其是在美国法中，但是，法国法并未将其引入实体法。这是谨慎可取的，因为在没有专门罪名规定的前提下，减缓刑事责任，只会降低企业法律风险，反而不利于企业自我监管体系的建立。刑事合规的核心价值应当体现在司法程序之中，国家当然可以在调查起诉阶段，选择与涉案企业合作，但这种合作不应当依赖企业的自我监管体系。最后，刑事合规的经济效益可能无法达到预期。刑事合规制度设计初衷是司法资源的优化配置，但是，如前文所述，该制度功效的发挥既需要严格的刑事责任机制进行威慑，又需要国家投入大量资源进行高效监管，更需要企业及其管理人员积极主动地投身所有正式和非正式体系，以防止刑事合规的形式与实质之间的脱节。探求刑法手段从经济效益角度激发大型企业的自我监管动力以打击和预防公司内部犯罪行为，不应否认其在影响公司管理体系和公司文化方面的制度极限。

（二）刑事合规的中国构建

关于中国是否需要建立企业刑事合规制度，学界存在否定与肯定之争。否定论的主要理由包括，中国法律制度中基础性条件的缺乏[②]；刑事合规制度的

[①] David Hess, Ethical Infrastructures and Evidence – Based Corporate Compliance and Ethics Programs: Policy Implications from the Empirical Evidence (December 3, 2015). New York University Journal of Law and Business, Forthcoming, Ross School of Business Paper No. 1293.

[②] 邓峰：《公司合规的源流及中国的制度局限》，载《比较法研究》2020年第1期。

引介存在一定程度的误解，不宜过早地在我国立法层面引入刑事合规制度①；美国刑事合规针对美国传统，从责任原则的角度来看，其存在先天不足②。肯定论的主要理由是基于预防和惩治企业犯罪的需要③。不过，即使是肯定论也需先对现有单位刑事责任机制进行修订，比如，借鉴国外刑事合规的实践，结合我国单位犯罪的特点，通过赋予企业合规管理的刑法积极义务，在扩大单位犯罪范围的同时，将刑事合规作为限缩处罚范围的出罪事由和刑罚减免的情节，构建我国的刑事合规制度。④ 另外，肯定论的借鉴对象也多为美国模版，无法回避法律传统与制度背景差异的客观影响。与之相比，同样借鉴和应对英美法的法国刑事合规模式虽然只是初步阶段，但因其后发优势以及与我国相似的法律体系，可能更具有对照意义。

一是刑事合规的实体法价值限缩。正如前文所述，对于预防犯罪而言，企业与国家利益一致的情形非常有限，合规减缓企业刑事责任的激励效用不宜过度夸大。而且，刑事合规需要法人犯罪基础理论的支持，并与企业刑事责任机制相契合。尽管从公司刑事责任构造的角度讲，在组织体责任模式下，公司合规充当了出罪机制；代位责任模式下，合规充当了责任平衡机制，部分克服了刑罚严苛问题。从刑罚论的角度讲，公司合规是影响责任刑或预防刑的因素。⑤ 但不可否认的是，我国现有单位犯罪的基础理论仍未明晰，既未实现法人刑事责任与自然人刑事责任的一体化⑥，也未选择法人刑事责任与自然人刑事责任的二元模式⑦。特别是，企业犯罪双罚制与单罚制并存，单罚制也只针对自然人企业与员工责任分配不合理不明确，且单位刑罚种类单一，实在难以论断两者有足够的动机来推进合规。因此，无论是建立独立的法人刑事责任归责机制（比如，对单位犯罪进行刑事归责，考虑部分放弃罪责主义，即放弃

---

① 时延安、孟珊：《规制、合规与刑事制裁——以食品安全为论域》，载《山东社会科学》2020年第5期。
② 黎宏：《合规计划与企业刑事责任》，载《法学杂志》2019年第9期。
③ 李本灿：《企业犯罪预防中合规计划制度的借鉴》，载《中国法学》2015年第5期。
④ 孙国祥：《刑事合规的理念、机能和中国的构建》，载《中国刑事法杂志》2019年第2期。
⑤ 李本灿：《刑事合规制度的法理根基》，载《东方法学》2020年第5期。
⑥ 参见何秉松：《试论我国刑法上的单位犯罪主体》，载《中外法学》1998年第1期。
⑦ 二元模式提倡区分个人刑事责任与企业刑事责任，具有刑事责任趋于客观、举证责任倒置以及程序相对独立的特点，能够分散企业犯罪的预防责任、降低企业犯罪的制裁成本、促进企业内部的守法文化。参见周振杰：《企业刑事责任二元模式研究》，载《环球法律评论》2015年第6期。

主观归责的部分①）还是构建类比的法人刑事责任归责机制（比如，"企业独立意志理论"，将单位视为一种独立的生命有机体，承认其具有实施独立行为和具有独立主观意志的能力②；在判断单位意思时，必须依据单位的结构、制度、宗旨，单位高级管理人员的决定乃至单位的政策等客观要素进行推定③），以建立合规机制，都有舍本逐末之嫌。另外，刑事实体法的预防犯罪功能，不仅包括特殊预防，也包括一般预防。刑事合规的价值可能只局限于特殊预防，十分不利于一般预防，严密法网和严厉制裁才是前提。从一定角度来看，刑事合规其实可以说是现代版的疑罪赎刑制度，其政治效果和社会效果的负外部性早已不言而喻，是值得警惕的。

二是刑事合规的程序法结构优化。刑事合规是基于实用主义的功利性制度设计，是基于全球打击经济犯罪的司法协作和国家管辖权争夺的现实主义考量，已成不可逆转之势，特别是商业贿赂、洗钱、逃税等领域。因此，我国有必要考虑确立暂缓起诉协议制度，并将其作为一种重要的合规激励机制。④ 结合我国司法体制改革的重要背景，认罪认罚从宽制度可以作为我国刑事合规的基本法律依据，以检察机关为主导，通过建立单位犯罪量刑指导意见、涉罪企业合规承诺、单位犯罪附条件不起诉等制度，构建中国式刑事合规。⑤ 经过1年多以来2个批次的试点经验积累，《关于充分发挥检察职能服务保障"六稳""六保"的意见》《关于开展企业合规改革试点工作方案》《关于建立涉案企业合规第三方监督评估机制的指导意见（试行）》等文件的颁布出台，我国不起诉制度的探索已成功起步，标志着协商性刑事司法模式的出现。不过，合规不起诉制度，只有符合国家、涉案企业和社会公众的共同利益才能发挥应有功效。不起诉制度赋予司法人员的自由裁量权适用中可能会产生处罚不均、企业处罚过重而个人处罚不足等问题，如何妥善处理公正与效率之间的关系、维护公众对刑事司法的信任。⑥ 对比而言，应当注意，首先，企业合规不起诉制度的适用细则，包括罪名范围、前提条件、期限要求、合规内容、法律后果

---

① 时延安：《合规计划实施与单位的刑事归责》，载《法学杂志》2019年第9期。
② 陈瑞华：《合规视野下的企业刑事责任问题》，载《环球法律评论》2020年第1期。
③ 黎宏：《组织体刑事责任论及其应用》，载《法学研究》2020年第2期。
④ 陈瑞华：《企业合规视野下的暂缓起诉协议制度》，载《比较法研究》2020年第1期。
⑤ 李勇：《检察视角下中国刑事合规之构建》，载《国家检察官学院学报》2020年第4期。
⑥ 陈萍、罗猛：《企业认罪认罚从宽机制：证成与适用》，载《检察日报》2020年11月16日，第3版。

等，仍须由检察机关与审判机关共同明确。其次，合规不起诉制度的建立仍须基于公共利益，考虑权力与权力协同，以及权力与权利协同。对于此，法国公共利益司法协议中建议权、缔约权、裁定权和撤回权的平衡设计值得借鉴。①最后，合规不起诉制度如何契入行政法、刑法和刑事诉讼法等部门法，仍须国家层面的理念整合和顶层设计。

三是刑事合规的前置法衔接完善。否定论者认为我国尚不具备刑事合规的制度背景，具有充分现实基础。比如，我国公司法并不存在基于过错的注意义务。我国公司治理中的所有权与经营权分立不足、组织化结构和水平不高、股东会权力高度集中。在经济领域市场的处罚机制和行政机构的监管措施较之于刑事处罚更具优势。此时，将企业合规重心聚焦于刑事合规，极有可能成为空中楼阁。与之相反，合规体系可能会由于流程等决策体系的网络化，导致成为掩盖公司犯罪或违规的工具。而且，检察机关的法律监督机关地位，可以提出检察建议，对涉罪企业合规进行监督，但不宜过度介入企业经营管理。因此，法国法中以行政监管、市场监督为主导方式推进合规建设具有较高启示意义，尤其是预防腐败领域。正如法国学者对《萨潘二号法》评价道，该法反腐败的刑事立法内容稍显激进仍不稳定，但非刑事立法内容则非常成功，法国关于预防腐败的共同管理和共同责任立法值得其他国家学习。② 另外，在金融合规、环境合规、税务合规等领域，我国企业合规建设已有长期实践基础。比如，企业面临的监管压力越大，企业环境成本内部化的可能性越大，程度越高。企业的环境成本内部化行为是出于合规性的目的而非经济利益的驱动。③2018 年底④，我国也已开启企业合规的高层部署，在国际经济领域，起到一定应对作用。最后，从企业犯罪预防角度来看，刑事合规固然有激励作用，但更

---

① 公共利益司法协议中，检察官享有建议权，法人享有缔约权，但协议是否生效并不取决于缔约双方，而是必须经由法院最终公开裁定。法院裁定的协议生效之日起 10 日内，法人享有撤回权，而且只需通过附回执的挂号信通知检察官即可。

② Luca d'Ambrosio, L'implication des Acteurs Privés dans la Lutte Contre la Corruption: Un Bilan en Demi - teinte de la Loi Sapin 2, 《Revue de science criminelle et de droit pénal comparé》2019/1 N°1, pages 1 à 24.

③ 吉利、苏朦:《企业环境成本内部化动因：合规还是利益？——来自重污染行业上市公司的经验证据》，载《会计研究》2016 年第 11 期。

④ 2018 年 11 月，国务院国有资产监督管理委员会发布《关于印发〈中央企业合规管理指引（试行）〉的通知》（国资发法规〔2018〕106 号）；12 月，国家发展改革委等部门联合发布《关于印发〈企业境外经营合规管理指引〉的通知》（发改外资〔2018〕1916 号）。

不应忽视行政合规和企业文化的引导价值。制度环境中的强制性、规范性压力是直接影响高层管理者对社会责任行动参与决策的主要驱动因素;① 只有以合规计划的正式系统为核心,推动非正式管理和企业道德氛围的同步协调,推动企业治理结构变革,才能建立真正有效的企业合规。将包括企业合规建设在内的企业文化建设作为判断企业刑事责任的依据,并据此决定犯罪企业的定罪和量刑,从而稳妥地推进企业合规建设。②

---

① 冯臻:《从众还是合规:制度压力下的企业社会责任抉择》,载《财经科学》2014年第4期。

② 黎宏:《合规计划与企业刑事责任》,载《法学杂志》2019年第9期。

系统论下刑事合规的作用机理*

赵炜佳**

一、文献概述与问题意识

作为晚近以来的学术热点议题，学界对于刑事合规的研究已呈现繁荣的争鸣景象。梳理既有文献，关于刑事合规的研究成果可总结为三个角度。第一，译著与译作。[①] 翻译是任何一种理论移植过程中的先行必经阶段，我国目前尚处于刑事合规制度与理念的引介阶段，不少优秀的域外成果已被我国学者吸纳；第二，"经验—启示"型的比较法范式。[②] 比较法研究是理论移植的第二个阶段，在此过程中，将刑事合规的他山之石用以攻玉；第三，刑事合规的中国化路径构建。[③] 如果仅停留于"启示"或"对策"型研究，那么刑事合规理论无法在我国落地，更无法生根发芽。因此，探寻刑事合规与我国刑事法的契合之处，是理论移植的第三个阶段。

文献述评表明，现有的学术成果更偏向于刑事合规理论移植的实用主义研究，但在基本理论的阐释方面严重不足。系统论视阈下的"作用机理"本是医学等学科研究基础问题的角度，具体是指"为实现某一特定功能或目标，工作系统的组成要素相互发生作用的过程和方式"，[④] 后得益于帕森斯、卢曼等学者对系统论的发展完善，将之推动为人文社科领域广泛采用的研究视角。

---

* 本文系国家社科基金重大项目《非公经济组织腐败犯罪统计调查与合作预防模式研究》（批准号：16AFX010）的研究成果。

** 赵炜佳，北京师范大学刑事法律科学研究院博士生。

① 代表作是李本灿编著：《合规与刑法》，中国政法大学出版社2018年版。

② 代表作是李本灿：《企业犯罪预防中合规计划制度的借鉴》，载《中国法学》2015年第5期。

③ 代表作是陈瑞华：《论企业合规的中国化问题》，载《法律科学》2020年第3期。

④ 中国社会科学院语言研究所词典编辑室：《现代汉语词典》，商务印书馆1996年版，第582页。

在系统论视角下,本文包括两个研究范畴:刑事合规包含了哪些要素?这些要素如何作用于企业犯罪治理?这是目前学界尚待系统论证的问题,也是本文思考的问题。

二、系统论视阈下的刑事合规要素剖析

根据系统论的观点,法律系统是社会系统的重要组成部分,任何法律制度都可用社会系统的要素分析法作为框架进行解构。① 法律系统的建构和运行需要三方面要素:第一,整合,即通过分配权利和义务关系,使权力与责任、权利与义务的内容明确;第二,维持模式与适应,即个体必须服从于社会角色的制度安排,在依法行使权利的同时须履行法律赋予的义务;第三,为达致目标而采用手段,即通过规定民事、行政或刑事法律责任,威慑或引导社会成员遵从法律。② 作为企业合规刑事化的发展样态,刑事合规是一个刑事法激励系统,其要素亦可在系统论视野下加以剖析。

(一)整合:国家赋予企业刑事化合规义务

1. 企业合规义务的内容展开

美国《联邦量刑指南》规定了以下"防止和发现违法行为的有效措施":(1)制定防范风险的规范和程序;(2)任命合规官并赋予其全权监督职责;(3)在管理上尽到合理注意义务;(4)通过培训等方式让雇员知悉具体的合规计划;(5)设定监察审计制度,建立举报人保护机制;(6)采取奖惩机制切实执行合规措施;(7)发现犯罪后的及时应对和整改。③ 将这些措施进行分类与整合,并结合典型的企业合规范例,可以镜鉴为我国语境下企业合规义务④的具体内容。

第一,合规部门和专员。国资委于 2018 年发布《中央企业合规管理指引(试行)》,确立了合规管理组织的七个层级,具体包括董事会、监事会、经理

---

① Niklas Luhmann. A Sociological Theory of Law. Translated by Elizabeth King – Utz, Martin Albrow. Oxon: Outledge, 2014.

② 参见[英]罗杰·科特威尔:《法律社会学导论》,彭小龙译,中国政法大学出版社 2015 年版。

③ U. S. SENTENCE GUIDELINES MANUAL § 8C2. 1 (b) (2010).

④ 笔者将合规义务定义为:企业在日常经营里认真遵照国家的相应规定和要求,在力所能及范围内最大程度的履行犯罪的自我预防责任,在涉罪后主动检举揭发,积极配合司法,作出合规整改承诺并付诸实践。其所履行的合规义务因行业领域、规模大小的区别而有异,这有待于国家或行业协会等将之进行类型化后,制定分门别类的标准体系。

层、合规委员会、首席合规官,以及审计、安全生产、质量环保等业务部门,并明确规定了他们的各自职责。当然,上述严密的合规人事设置的要求主要适用于央企,对于民营企业(尤其是小微企业)而言,可依据自身的财力、人力、性质、规模等作出个别化调整。

第二,合规制度。湖南某公司曾受到过世界银行"附解除条件的取消资格"处罚,为避免行政制裁进一步恶化为刑事风险,该公司在3年时间内建立起较完善的合规体系。参照世界银行《诚信合规指引》,该企业制定了《诚信合规政策和程序》,并将之作为和公司章程同等重要的根本性文件。① 为使得合规措施更加精细化,又专门制定了《诚信合规管理办法》,在商业伙伴尽职调查、反贿赂、反欺诈、财务支出等方面做了详尽规定,并且明确了人情往来与回扣贿赂的区别,其合规管理体系的精密程度可见一斑。

第三,合规文化。合规文化是管理学中企业文化的重要环节,当企业内部形成一种主动合规的良好风气时,能够以较少的管理成本换取较大的公司治理效果。我国某公司在遭遇美国进出口管制后,为了让企业在国际贸易中行稳致远,主动培育进出口合规文化,将"合规不仅可以创造价值,还可以保护价值""合规是每个人的责任"作为员工内部培训和宣传的标语。此外还向全球范围内的所有合作伙伴发布"出口合规函""季度通讯稿",进一步重申了严格实行进出口合规的立场,通报企业合规计划的实践情况。②

第四,合规整改。上述两个案例均是在企业面临行政执法或刑事司法时及时作出的整改措施,实际上,这正是刑事合规制度督促企业风控建设的意义所在。奥地利的刑事合规制度则给足了企业更大的整改空间,即使在犯罪行为被调查后企业开始建立有效的合规系统,也同样可被视为减轻处罚的事由。这种亡羊补牢型合规整改机制,原理同刑法中的自首、立功等刑罚裁量制度殊途同归。从刑法理论来讲,事后及时采取补救措施,可视为法人组织的预防必要性降低。在一定程度上可纳入责任阻却事由。因此,在企业犯罪的治理方面,奥地利模式值得我国借鉴。

2. 为何国家用刑法赋予企业合规义务

除传统意义上的基本法定责任外,企业须承担一定的社会责任,例如主动建构内控措施来预防腐败、环保等犯罪,这已是公共管理学界的共识。刑事合规义务其实是将企业社会责任通过刑法规范加以确证,本质上是企业社会责任的再法定化。上文已经详述了企业合规义务的具体内容,问题在于,为何要用

---

① 参见陈瑞华:《湖南建工的合规体系》,载《中国律师》2019年第11期。
② 参见陈瑞华:《中兴公司的出口管制合规计划》,载《中国律师》2020年第3期。

刑法规范赋予企业合规义务？

　　这背后蕴含的原理可从刑事政策和刑罚目的两个方面来论证。一方面，同其他法律部门相比，刑法的法律后果可通过两极化的刑事政策发挥最大的伸缩弹性。申言之，对于懈怠于建设内控机制，甚至拒不履行合规义务的企业，对其可以处以法定刑幅度内的最严厉刑罚；反之，对于积极履行合规义务的企业，可依据对其合规计划的有效程度评估进而减免刑罚，甚至可以从程序法方面对企业作出暂缓起诉、不起诉的决定。西方学者把这种刑事政策构造形象地描述为"糖面包与皮鞭"①，在此模式下，"轻重两极分化"的刑事政策给企业留足了充分的行为选择空间——一边是巨额的罚金、对直接责任人判处监禁，另一边是量刑优待与程序分流，依据市场经济中的理性选择论，此种制度安排最能激励企业主动遵从合规义务，进而实现恩威并施的刑罚效果。

　　另一方面，关于刑罚目的的正当性，先后经历了报应刑、消极的一般预防、积极的一般预防之嬗变，不同于前两者，积极的一般预防更注重刑罚唤起民众对法的忠诚。通过指导公众的行为，确立公众对规范的认同、尊重，进而实现预防犯罪的目的。② 刑事合规之所以能发挥有效性，就是依赖于刑罚积极的一般预防功能。具体而言，从在日常经营管理中建立风险识别、检举揭露等完备的合规管理措施，到面临调查时主动报告违法行为，再到遭遇刑事追诉后积极实施合规整改举措，企业都会因为"轻重两极分化"刑事政策下的刑罚配置从而选择适法行为，进而树立起对刑事合规的规范忠诚。《检察日报》报道的"江苏某科技公司不起诉案"即是范例，该公司虚开增值税专用发票已构成犯罪，但检察机关综合考量其认罪态度、整改承诺等情节，最后作出相对不起诉决定，并制发《检察建议书》，积极帮助该公司寻找日常管理中的疏漏，督促其建立刑事合规制度。该公司切实采纳了检察机关的建议，并聘请专家、律师等组成法律专业团队，最终制订出一套完备的合规方案，旨在建立企业内、外部的刑事风控体系。③ 由此可见，与其期待通过严厉的刑罚给企业带来法律报应与震慑，毋宁在积极一般预防的刑罚目的指引下，引导企业确立起自觉恪守合规责任的主动意识，将刑事风险防患于未然。

---

　　① 李本灿：《刑事合规的制度边界》，载《法学论坛》2020年第4期。
　　② 周光权：《行为无价值与积极一般预防》，载《南京师大学报（社会科学版）》2015年第1期。
　　③ 参见卢志坚、郝红梅：《不起诉决定为企业送上"定心丸"》，载《检察日报》2020年3月30日，第2版。

(二) 手段：国家对合规企业的刑事法激励

在系统论视野下，刑事法激励是国家促使企业合规经营的关键手段。然而从实然现状来看，不论是刑事诉讼法上的相对不起诉等制度，还是刑法中的自首、立功等制度，刑事法的激励机制目前更多集中在自然人犯罪领域。究其根源，现行法律认为人的趋利避害与理性选择才是实现有效激励的心理学基础。不过，由于企业组织的合规状况是客观呈现，反映在日常管理的每个环节，可以测量评估，这比自然人认罪悔罪的主观态度更直观、全面、具象的体现刑罚处罚的必要性程度大小，加之企业的决策同样来源于主要负责人（自然人），所以刑事法对企业的合规同样具有激励功能。

1. 程序法：构建企业附条件不起诉与认罪认罚从宽制度

对于充分构建预防犯罪的必要措施的企业，美国依靠法人刑事审前转处协议（criminal pre-trial diversion agreements）实现法律激励功能。刑事审前转处协议包括不起诉协议和缓起诉协议，指当涉罪法人承认犯罪行为，愿意支付刑事罚金，积极配合调查，并改善内部治理时，检察官可与其签订放弃起诉或者暂缓起诉的协定，给予法人悔罪整改的机会。结合中国本土的刑事诉讼法律，与之在形式上最为接近的就是附条件不起诉制度。尽管目前我国的附条件不起诉制度仅适用于未成年人犯罪方面，但在近期最高人民检察院召开的"企业刑事合规与司法环境优化研讨会"上，构建企业附条件不起诉制度是核心议题之一，① 这至少在一定程度上释放了将该制度的适用主体拓展到企业的可能性。从应然角度来讲，对企业的相对不起诉是刑事合规制度下激励企业自主预防犯罪的重要程序分流措施。

此外，近几年写入我国刑事诉讼法的认罪认罚从宽制度也是探索企业合规激励手段的契机之一，刑事合规所折射出的企业主动报告、积极建构合规体系、支付刑事和解金等意识，可以视为一种良好的认罪认罚态度。中共中央政法委员会、最高人民法院、最高人民检察院、公安部、司法部于2020联合发布的《关于政法机关依法保障疫情防控期间复工复产的意见》指出，对于涉企业犯罪案件，符合法定要求和条件的，积极推进适用认罪认罚从宽制度。以湖州王某某等虚开增值税专用发票不起诉案为例，王、符等人经营的物流公司是疫情发生后当地寥寥无几可以复工的物流企业，并承接了多笔防疫物资运送业务。为保障防疫物资和民生用品物流畅通，检察机关积极适用认罪认罚从宽

---

① 于潇：《童建明在企业刑事合规与司法环境优化研讨会上强调：自觉把履职与服务企业发展深度融合起来》，载《检察日报》2020年9月11日，第1版。

制度，综合考虑两人的主观恶性、犯罪数额和涉案税款全额补缴的客观实际，依法对犯罪嫌疑人作出不起诉决定。经释法说理，针对性进行法治教育后，及时结束犯罪嫌疑人被刑事追诉的状态。二人回到企业后汲取教训，加强管理，严格依法合规开展经营活动，还主动向当地慈善机构和当地政府捐款捐物，为防疫期间开展防疫物资和民生用品运输贡献力量。① 认罪认罚从宽制度是一个覆盖刑事诉讼全过程的制度集合，在审查起诉阶段积极推进企业认罪认罚从宽制度的适用，体现了恢复性司法的理念，这对于疫情防控常态化下鼓励企业复工复产、合规经营尤为重要。

2. 实体法：量刑阶段的刑罚减让

《联邦量刑指南》专门在第八章规定了"组织犯罪的量刑"，这是美国刑事合规制度下对企业在量刑方面给予优待的法律依据。对企业组织量刑的基本程序为：（1）确定大致的罚金范围；（2）确立犯罪等级；（3）确定基本罚金；（4）确定责任点数；（5）确立与责任点数相对应的最低、最高罚金；（6）在指南条款规定的罚金幅度内确定罚金具体数额；（7）根据组织是否建立起防范和发现违法行为的有效措施、退赃、妨碍司法等情况，进行罚金的减免或增加。② 此外，《联邦量刑指南》还进一步明确了责任点数的计算方法，责任基准点数设定为5，当组织参与或放任犯罪时，应当根据组织自身的雇员人数、是否有高管参与其中、主动报案合作和认罪、犯罪前科等情节，进行责任点数的相应减少或增加，具体增减的点数大小亦被明确规定在《联邦量刑指南》中。

回归到中国的本土法治土壤，梳理我国司法机关于量刑的探索足迹，最高人民法院在2010年制定《人民法院量刑指导意见（试行）》并开展试点工作，2013年又在此基础上正式颁行《关于常见犯罪的量刑指导意见》，对司法实践中15个高频罪名的常见情节相对应的量刑起点与幅度进行详细说明，不过，这些高发罪名主要集中于故意伤害罪、强奸罪等传统自然人犯罪领域。2017年，最高审判机关制定《关于常见犯罪的量刑指导意见（二）（试行）》，补充新增非法吸收公众存款罪、集资诈骗罪、信用卡诈骗罪、合同诈骗罪等企业

---

① 正义网记者：《落实少捕慎诉司法理念，营造促进企业依法合规经营良好法治环境》，载正义网，http://www.jcrb.com/jcjgsfalk/dxal/gjc/xinguanfeiyanfangkong_68253/202003/t20200320_2133452.html，2020年7月30日访问。

② *U. S. Sentence Guideline Manual. § 8C2.5*（2018）.

高频罪名①,并依据数额等情节对这些罪名的量刑起点与刑罚增减幅度予以明晰化。从刑事合规量刑激励的路径构建来看,我国立法机关可以借鉴国外有益经验,并结合我国企业犯罪治理的具体实践,进一步专门制定针对企业犯罪的量刑指导意见。

(三)适应:企业在经营管理中遵守刑法规范

企业合规计划(Corporate compliance program)又被译为适法计划,刑事合规自然在意涵上包括了企业在日常的经营管理中遵循、适应刑法规范。

1. 法定犯罪名的引证罪状是合规义务的法源

上文已述了合规义务的内容,包括合规制度、合规文化等,但企业在内部构建合规计划时,具体应合谁之规?进而言之,唯有明确了刑事合规义务的法律渊源,才能为企业履行合规义务提供更精准的规范指引。

我国刑法中共有146个罪名的犯罪主体包含单位,也就是说可以由企业实施,且这些罪名大都属于法定犯。法定犯具有二次违法性,其典型立法特征是通过设置引证罪状确立前置规范,比如根据《刑法》第134条之规定,重大责任事故罪是指"在生产、作业中违反有关安全管理的规定……",又如第136条危险物品肇事罪的罪状描述为"违反爆炸性、易燃性、放射性、毒害性、腐蚀性物品的管理规定",有关安全管理和危险品储存运输的规定,就为企业在生产、储存、运输等所有环节的安全合规体系建设提供了详细的参照。安全生产法、《危险化学品安全管理条例》《生产经营单位安全培训规定》等规范性法律文件,依次形成了一个位阶分明、层级清晰的"法律—法规—部门规章"体系,且规定愈来愈精细化,生产型企业可在此基础上,制定并实施符合本公司实际情况的安全合规章程,例如对安全监管人员须定期组织安全培训、法治教育以及岗位技术授课,在厂区开展消防应急疏散演练,对存储危险化学品的场所应聘请有专门资质的机构进行安全性评估,运输危险物品时应保证封口严密、标签醒目,且应预先设定发生危险时的应急办法等。

2020年9月,国务院批复无锡"9·28"重大道路交通事故调查报告,其中明确指出,涉案汽车客运公司"未建立安全生产管理相关规章制度,企业安全投入、安全管理人员配备、驾驶员安全培训、车辆维修保养、动态监控等

---

① 本文所称的"企业高频罪名",是指近年来中国裁判文书网所公开的裁判文书中,我国企业与企业家触犯频次较高的罪名。数据来源参见北京师范大学中国企业家犯罪预防研究中心:《企业家刑事风险分析报告(2014—2018)》,载《河南警察学院学报》2019年第4期。

日常安全管理环节严重缺失"①，最终导致 36 人死亡的悲剧。从反面来设想，倘若该公司在日常管理环节严格遵从关于安全的法律、法规和部门规章，具备充分的合规体系和合规文化，那么这样的重大安全事故将能在最大程度上避免或减少。

2. 刑事合规的类型化：依据引证罪状划分

除了安全合规外，依照法定犯引证罪状的规范类别，我国刑法中还可以发掘出其他类型的刑事合规，本文将其大致归纳为以下几类。

第一，商品标准合规。代表性罪名是生产、销售假药罪，生产、销售有毒、有害食品罪，生产、销售不符合卫生标准的化妆品罪等，这些罪名的前置行政规范包括了药品管理法、食品安全法等。医药企业应雇佣有资质的药学、工程技术人员，保证厂房、仪器和废弃物排放设施的卫生条件符合国家标准和行业标准。食品企业应规范生产要求，制定并施行危害分析与风控体系，确保生产经营中每个环节的潜在风险都能被及时发现并报告。化妆品企业应保证从业人员没有皮肤病，除配合卫生行政部门的监督外，还要进行限用物质是否超标等方面的定期自查等。

第二，财务和信息披露合规。以《刑法》第 161 条违规披露、不披露重要信息罪为例，"依法负有信息披露义务的公司、企业向……"，所依之法就是公司法、证券投资基金法、《信贷资产证券化试点管理办法》等。企业应委托信托机构通过中国人民银行指定的媒体，披露一切对资产支持证券投资价值有实质性影响的信息，不得有误导性陈述和虚假记载等。

第三，反腐败合规。防范的重点刑事风险包括职务侵占罪、非国家工作人员受贿罪等内部型腐败，以及行贿罪等对外型腐败。反不正当竞争法、《中国证券业协会会员反商业贿赂公约》都对所有企业提出了反腐败具体规范，要求建立反商业贿赂的内控机制和员工行为规范。《联合国反腐败公约》则专门规定私营企业应根据其结构和规模，实施助益于预防和发现腐败的充分内部审计控制。

第四，税务合规。因偷税漏税、虚开发票等行为导致企业陷入刑事风险，无疑是因小失大。企业所得税法、《进出口关税条例》《企业所得税法实施条例》明确了企业在税款缴纳管理方面的具体流程。对任何企业而言，健全税务风险识别、发票规范化培训等内控体系，有助于企业长远效益。《刑法》第 201 条第 4 款规定了逃税罪犯罪成立的排除事由，这固然可以体现宽严相济的

---

① 本报记者：《长深高速江苏无锡"9·28"特别重大道路交通事故调查报告公布》，载《人民日报》2020 年 9 月 12 日，第 6 版。

刑事政策，但对企业而言，真正能体现其不法程度降低的，是组织内部建立起完备的税务合规体系。故从立法论角度来说，可以考虑将"补缴应纳税款，缴纳滞纳金，已受行政处罚，且及时实施有效的发现、识别和报告税务风险的合规内控措施"作为不予追究刑事责任的条件。

第五，数据合规。在人工智能、区块链、5G 等高新技术的催动下，企业的数据刑事风险主要来源于破坏计算机信息系统罪、拒不履行信息网络安全管理义务罪等，网络安全法、《信息安全技术、个人信息安全规范》（GB/T 35273—2020）等规范了互联网企业在采集、处理、存储、删除等整个数据生命周期内的义务，包括用户权限管理、数据传输校验与加密、数据活动监控等全方位的侵犯个人信息、泄露商业秘密等刑事风险防范系统。

第六，环境和资源保护合规。除《环境保护法》外，2020 年中办和国办印发的《关于构建现代环境治理体系的指导意见》确定了企业在公开环境治理信息、提高治污能力、推进生产服务绿色化等方面的具体义务。

第七，知识产权合规。著作权法、商标法、专利法、广告法等均明确了企业在知识产权方面应当履行的责任。据笔者调研，A 公司于 2019 年发布了《创新与知识产权白皮书》，其中第四章专门规定组织、制度、流程等方面保护第三方知识产权的合规举措，例如要求所有员工在入职时签订《知识产权和商业秘密保护承诺书》，每年组织员工学习商业行为准则。由合规部牵头，多部门联动，确立了 IPD（集成产品开发）、ISC（集成化供应链）、CRM（客户关系管理）等知识产权风控的重点环节，并每季度开展自查自纠。不仅遵守刑法规范和引证罪状的相关法律法规，更要结合公司自身状况细化刑事风控机制，这是 A 公司模式对我国企业合规建设的启发。

三、刑事合规如何作用于企业犯罪治理

系统论的另一个核心观点为功能分化，即每个社会成员都在一定范围内承担某些义务，故功能分化的重要特征是去中心化。① 根据涂尔干的观点，人类文明已经历了分工模式的嬗变，从机械团结到有机团结是后工业时代人类社会的发展趋势。因此，针对企业犯罪，刑法在社会中的角色也应扬弃传统以刑事制裁为中心的单一模式，② 转向"企业—国家"合作共治范式。

---

① 王明敏、齐延平：《社会系统论视角下区块链应用的法律规制》，载《北京理工大学学报（社会科学版）》2020 年第 5 期。

② 参见焦旭鹏：《刑法在社会中的角色——埃米尔·涂尔干刑法思想的解读与反思》，载《中外法学》2009 年第 6 期。

三、企业犯罪治理与刑事合规建设研究

(一) 对企业：合规是企业面临刑事追诉时的积极抗辩事由

刑事合规的整合、适应与手段3大要素如何作用于企业？实际上，对企业而言，刑法理论所衍生的一系列不法阻却事由、责任阻却事由，能够与刑事合规相衔接契合，使企业在面临刑事追诉时拥有罪轻或无罪的抗辩空间，这就是刑事合规对于企业的作用机理。

1. 被允许的风险与风险降低

人类社会已步入风险时代，由于企业复杂的运营管理系统、错综的社会关联，以及较强的外部性特征，因而是现代社会中风险的最集中缔造者之一。刑法系统作为社会系统的重要子系统，应当敏锐地感知到社会变迁的刺激，进而通过组织内部的程序化运作对外在环境作出反应。① 被允许的风险是客观归责理论下的重要概念，② 社会的发展必须以对适度危险行为的宽容作为代价，否则将停滞不前，不能因为化工企业容易发生爆炸事故和产生污染，就一刀切地关停所有化工公司。

风险是客观存在的事实，它不再被刻画在人类和自然敌对的关系中，而是人类生活的必然，蕴藏在人类对科技与进步的普遍追求中。③ 在此前提下，刑事合规的制度功能在于通过刑法手段实现风险分散，赋予企业一定的自我预防犯罪的责任，以敦促企业在管理经营中恪尽相应合规义务，进而降低社会整体风险，消除或减缓社会风险带给民众的危惧感。

2. 保证人义务与结果回避义务

如果将企业视为对第三人之危险来源，则企业的决策者或负责人，具有防范内部雇员、组织本身对第三人实施犯罪行为的保证人义务。④ 企业的主要负责人担负着组织内部建立预防犯罪制度的保证人义务，如果没有尽到刑法赋予的合理注意义务，那么将承担刑事责任。以天津港特大火灾爆炸事故案为例，瑞海公司董事长对"公司严重违反天津市城市总体规划和滨海新区控制性详细规划，违法建设危险货物堆场，违法经营、违规储存危险货物，安全管理极其

---

① 泮伟江：《当代中国法治的分析与建构》，中国法制出版社2017年版，第5~6页。
② 参见张明楷：《论被允许的危险的法理》，载《中国社会科学》2012年第11期。
③ Francois Ewald, Two Infinities of Risk, Translated by Brain Massumi, in Brain Massumi, (ed.), The Politics of Everyday Fear, University of Minnesota Press, 1993, p.227.
④ [德] 克劳斯·梯德曼：《德国经济刑法导论》，周遵友译，载《刑法论丛》第34卷，法律出版社2013年版，第4页。

混乱，安全隐患长期存在"负有直接责任，因而构成危险物品肇事罪。① 更细化具体的问题在于，保证人应尽到何种程度的义务？结果回避义务能否解释这一疑问？

梳理结果回避义务的学术脉络，它实际上是旧过失论与新过失论的分野之处。传统的过失论认为，故意与过失在构成要件符合性、违法性层面的要素相同，两者的认定区别仅位于有责性阶层。只要行为人处于注意力集中和精神紧张的状态，就会对结果产生认知，② 因此，行为人是否具有预见可能性是成立过失罪责的唯一判断标准。但如上所述，这种过于一刀切的归责模式会让企业容易陷入刑事风险，使企业的发展受到极大限制。新过失论则对此作出修正，将主观过失的判断置于构成要件该当性阶层，并且增加了过失判定标准的要素，即使行为人对结果产生预见可能性，只要尽己所能回避危害结果的发生，那就不构成犯罪。在企业拥有一套臻于完美的合规计划的前提下，已经最大程度在履行结果回避义务。倘若因为员工的不合规行为去追究企业的刑事责任，那将违反责任主义原则。③ 企业制度的合规制度愈完善，其对结果回避义务的履行程度愈高。

3. 信赖原则与管理过失责任

关于信赖原则在犯罪论体系中的地位，前田雅英总结为结果回避义务的限定工具。该原则主张，行为人信赖他人能实施合乎规则的行为，只要该信赖具有社会相当性，即使由于他人的不当行为引起了危害结果，行为人对此也不承担刑事责任。④ 在刑事合规的语境下，此处的"行为人"可解释为企业组织及其合规主要负责人，"他人"指的是实施业务犯罪的企业雇员。⑤ 反之，当企业的管理体制不完善与危害结果具有刑法上的因果关系时，企业所承担的就是管理过失责任。

对任何企业组织而言，不论建立起多么缜密完善的合规机制，也很难将所有的刑事风险化解。这种情形下，只要企业能证明组织自身确实在能力范围内

---

① 新华社记者：《天津港"8·12"特大火灾爆炸事故系列案一审宣判》，载《人民法院报》2016年11月10日，第1版。

② 参见钱叶六：《监督过失理论及其适用》，载《法学论坛》2010年第5期。

③ 参见［德］埃里克·希尔根多夫：《德国刑法学：从传统到现代》，江溯、黄笑岩等译，北京大学出版社2015年版，第507页。

④ ［日］前田雅英：《监督过失》，吴昌龄译，载《台湾刑事法杂志》第36卷第2期。

⑤ 参见［日］大塚仁：《刑法概说（总论）》，冯军译，中国人民大学出版社2003年版，第242～243页。

履行了监督管理义务,那么可以成为单位的出罪事由。根据信赖原则,如果企业尽已所能建立预防犯罪的合规体制,就构成了对所有雇员实施适法合规行为的信赖关系,刑法应当尊重并保护这种信赖利益,此情形下员工所实行的不合规行为应当归责为个人,进而排除企业组织的管理过失责任。

(二)对国家:通过合作模式引导企业犯罪治理模式转型

"现代社会是一个既无顶端亦无中心的社会"①,去中心化的合作治理模式是社会治理的应然路径。对国家而言,刑事合规的作用机理就是把企业犯罪治理纳入现代化社会治理的范畴,通过合作治理模式引导企业参与到犯罪预防中。

1. 国家中心模式的不足

从实然来看,我国对企业犯罪的治理方式偏重于以刑事法惩罚为导向,这是一种事后制裁的模式,国家是治理的主体,企业只是被治理的客体,现行治理方式有明显的缺陷。

一方面,国家的监管负担过重。在国家中心模式,行政机关和司法机关掌握着绝大多数权威性资源,国家机构处于治理格局的中心地位,而其他社会力量(例如企业组织)位于边缘。在这种模式下,形成了"中心—边缘"的社会结构,长期被放逐至边缘地位的治理客体会形成对国家的依赖,进而对参与治理产生一种淡漠的态度,欠缺以主人翁角色参与治理的主动意识,由此国家与企业成为家长式监管与婴儿式被监管的关系,这一切都将导致国家背负愈来愈重的治理负担。

另一方面,企业可能遭受颠覆性打击。于企业而言,"被起诉就约等于判其死刑"②,倘若只注重对企业的事后刑事制裁,而不通过刑事合规激励企业参与事前预防治理,那么国家中心模式很可能会使企业因刑事诉讼遭遇严厉惩罚,瓦解企业的品牌口碑和经济效益。

2. "国家—企业"合作共治模式的提倡

为了减轻国家监管重担,保护企业不受刑事诉讼的负面影响,亟待改变过去以国家为中心的传统治理模式,转型为国家和企业的合作共治。

何为刑事合规的合作共治模式?一言蔽之,即对企业的治理,由传统的国家一元规制转型为"国家—企业"的多元共治。具体而言,在国家层面,以刑法为激励手段,通过对单位犯罪精心配置刑罚,建构"轻轻重重"的两极

---

① [德]贡特·托伊布纳:《社会理论脉络中的法学与法律实践》,纪海龙译,载《交大法学》2015年第3期。

② 陈瑞华:《安然和安达信事件》,载《中国律师》2020年第4期。

化刑事政策模式,① 亦即，设定较重的法定刑（尤其是罚金刑），同时加赋量刑优待条款，对于贯彻合规计划的企业，可以通过实体法或程序法路径实现刑罚的减轻甚至豁免；但倘若企业拒不履行或不充分履行合规义务，那么将严格依照法定刑科处刑罚。

企业犯罪治理合作模式的最大价值在于，从犯罪后惩处变为企业管理常态化的全环节合规嵌入。例如在生产环节，主要刑事风险点是安全事故与产品质量，因此要在安全合规、商品标准合规方面加强内控；在采购环节和销售环节，刑事风险集中在员工吃回扣等现象，因此要在反腐败合规方面下足功夫；在财务环节，尤其对上市公司而言，依法依规披露财务信息报告极为重要；等等。由此形成了一个覆盖企业所有经营流程的有效合规体系，一方面，这可以最大限度地将刑事风险防患于未然；另一方面，这些内控措施可以作为企业面临刑事追诉时的积极抗辩事由。

由于企业管理结构的缺陷、内控体系的不完善，催生了企业犯罪的内部情境，进而根据亚文化理论，放任不守法、不合规行为的企业文化助长了越轨行为的选择空间，这就是企业刑事风险的犯罪学成因。刑事合规即是通过改良组织的内控环境与文化，实现企业犯罪的情境预防。同时，刑事合规的制度实现需要国家给予一定的激励，"只要恪守合规义务即可减免刑事责任"的激励系统可让企业感受到合规的甜头，引导企业从被动合规走向主动合规。国家治理体系和治理能力现代化要求构建社会协同共治的同心圆,② 企业犯罪治理作为经济新常态下必然面临的问题，也需秉持这种理念。

总而言之，刑事合规的作用机理，即是国家通过赋予企业刑事化的合规义务（整合要素），发挥程序转处和量刑优待的激励功能（手段要素），引导企业在日常管理的所有环节遵从刑法中引证罪状的相应规范（适应要素），进而吸纳企业、国家协同参与犯罪治理（作用机理）的刑事法激励系统。

---

① 李本灿：《企业犯罪惩治中两元化刑事政策的构建——基于企业犯罪惩治负外部效应克服的思考》，载《安徽大学学报（哲学社会科学版）》2014年第5期。
② 陈一新：《加快推进社会治理现代化》，载《人民日报》2019年5月21日，第13版。

刑事合规中主体监管义务的教义学分析[*]

融 昊[**]

一、问题的提出

近年来，刑事合规问题逐渐成为理论界与实务界所共同关注的焦点问题。所谓刑事合规，是指企业为避免因自身或自身员工相关行为给自身带来的刑事责任，而以刑事法律的标准来识别、评估和预防相关的刑事风险，制定并实施遵守刑事法律的计划和措施。① 具体来看，刑事合规计划是指在法定框架下，企业法人结合自身文化、性质以及规模等特殊因素，设立的一套对犯罪行为进行预防、发现及检举的机制，从而达致减轻或豁免责任的正当化目的。② 至于刑事合规计划的功能，从比较研究的角度来分析可知，无论是英美法系国家还是大陆法系国家，在理论与实践层面都普遍赞同有效践行刑事合规计划可以成为排除企业刑事责任的正当化事由。这一共识近年来正逐渐为我国刑法学界所接受。那么，由上述概念和共识可知，基于避免刑事风险的目的，作为刑事合规主体的企业法人对于自身业务范围内相关员工和机构所负的监管义务应是刑事合规计划的核心内容。申言之，企业法人对于这一监管义务的履行情况是衡量刑事合规计划有效性的重要标准，其在特定情况下直接影响企业法人刑事责任的有无与大小。因此，为了推动刑事合规工作在我国的刑事司法实践中取得良好的效果，我们有必要探明刑事合规中企业法人的监管义务在刑法教义学体

---

[*] 本文系国家社科基金一般项目"预防型刑法的法治体系构造研究"（项目编号：19BFX068）、北京师范大学刑事法律科学研究院学术型研究生专项科研基金课题（项目编号：2020CCLS004）之阶段性成果。

[**] 融昊，北京师范大学刑事法律科学研究院刑法学专业博士研究生。

① 参见孙国祥：《刑事合规的理念、机能与中国的构建》，载《中国刑事法杂志》2019年第2期。

② 参见李本灿：《企业犯罪预防中合规计划制度的借鉴》，载《中国法学》2015年第5期。

系下的具体涵义，包括其法理依据、本体内容以及违背它的法律后果。

二、刑事合规中主体监管义务的法理依据

如前所述，企业法人主体在刑事合规中承担着相应的监管义务。但是，证成这种监管义务对企业刑事责任的影响，不仅需要在事实层面对于个案经验进行归纳，更需要在法理层面探寻其存在于教义学体系内部的形式依据与实质依据。这样，才能使之逻辑自洽地融入到对现行刑法法条的解释过程之中，从而合体系且合目的地发挥其对企业法人刑事责任的影响作用，进而得出严谨的解释结论。展开来看，刑事合规中主体监管义务的法理依据，在形式层面由规范性依据构成，在实质层面则由正当性依据构成。具体论证如下：

（一）形式依据：规范内容梳理

众所周知，法教义学的研究方法是以尊重本国现行法规范的普遍效力为适用前提的。因此，探析刑事合规中企业法人监管义务在教义学体系中的意涵，就需以现行有效的法规范文件为解释素材。否则，对此监管义务所进行的任何学理分析都会因缺乏规范依据而不具备形式合理性，进而沦为"伪教义学"研究。目前，在刑事法治范畴内涉及企业法人监管义务且现行有效的法规范性文件主要包括1997年颁行的《中华人民共和国刑法》（以下简称《刑法》）和相关前置性法律法规。

1. 《刑法》部分的相关规定

在我国《刑法》的总则部分，明确规定了单位可以成为承担刑事责任的主体。而我国《刑法》的分则部分亦有规定单位因违反监管义务而承担刑事责任的罪名，比如拒不履行信息网络安全管理义务罪。此类罪名多以空白罪状的形式存在，属于典型的行政犯或法定犯。详言之，就是罪名本身并未具体规定构成要件行为，而是将其全部或部分交由前置性法律法规加以规定。由此可见，此类罪名中企业法人违反的监管义务就是由前置性法律法规所规定的，而分则条文只是具体规定违反这一义务所要承担的刑事责任。在此种情况下，该监管义务在刑法教义学体系内的确证有赖于前置性法律法规的实然规定。换言之，《刑法》部分的相关规定只能作为第二次规范，来为刑事合规中企业法人的监管义务提供间接形式依据，不能充当确证该义务的直接形式依据。

2. 前置性法律法规的相关规定

前置性法律法规具体规定了此种监管义务的各项细则要求与事实样态，可以为企业刑事合规计划的制度提供具备可操作性的规范指引。而对于这些规定的违反不仅会对刑事合规工作的有效性带来负面影响，更有可能造成这一违规行为该当相应罪名构成要件的局面，从而为企业法人带来一定的刑事风险。所

以，作为空白罪状指引对象的前置性法律法规，是企业法人承担刑事合规中监管义务的直接形式依据。

(二) 实质依据：正当性探析

刑事合规中主体监管义务的实质法理依据，主要是从价值判断层面揭示这一义务在教义学体系对企业刑事责任能够形成影响的正当性。正如英国哲学家鲍桑葵所言："任何法律都必须有其根据，即根据某种明确的观念或信念，否则便永远无法解释和毫无意义。"① 刑法教义学知识理论体系中能充当此种监管义务正当性依据的部分，必然是宏观层面被普遍接受的观念性原理。其主要由以下两个方面构成，即责任主义原理与刑罚目的原理。

1. 责任主义：刑事合规中企业法人监管义务的存在性正当依据

在较早承认法人刑事责任的英美法系国家中，其传统通说认为法人可以承担的刑事责任是一种严格责任或替代责任。具言之，就是强调企业法人承担刑事责任的基础在于其员工或代理人在雇佣范围内实施了与企业相关联的犯罪，并且不要求企业对此犯罪有过错。"即便是末端的职员的行为，只要能够认定其与业务在客观上具有关联性，是组织体活动的一环，那么就将该行为视为法人的行为。"② 然而，当代刑法教义学通说所承认的责任主义，则主张过错责任与个体责任，反对不需要过错的结果责任与株连式的归责模式。因此，传统的严格责任与替代责任显然有悖于责任主义原则的要求。晚近以来，在关于法人刑事责任根据问题的研究中，组织模式理论正在逐步兴起。该理论认为，企业法人对自身活动的有序组织和对内部员工的有效监管是其不可推卸的法定义务，当员工在企业不知晓的情况下实施了与企业经营活动有关的犯罪行为时，倘若企业违反了前述义务，就会因这一义务违反行为构成明显的过错，从而具备承担相应刑事责任的根据。③ 由此可见，强调企业法人监管义务的组织模式理论贯彻的依然是刑法教义学中以过错为归责之必要条件的责任主义原则，而非不需要过错存在的替代责任或严格责任。因此，作为刑事合规工作的重要内容，企业法人所担负的监管义务，在刑法教义学体系中得以存在的基础正当性依据，在于责任主义原则。

2. 刑罚目的：刑事合规中企业法人监管义务的功能性正当依据

目前，在刑罚论的基础理论部分，并合主义已成为主流观点。在并和主义

---

① ［英］伯纳德·鲍桑葵：《关于国家的哲学理论》，汪淑钧译，商务印书馆1995年版，第78页。
② ［日］佐伯仁志《制裁论》，丁胜明译，北京大学出版社2018年版。
③ 参见孙国祥：《刑事合规的刑法教义学思考》，载《东方法学》2020年第5期。

的视角下，刑罚的目的只能是对犯罪的预防，而报应只能作为刑罚的正当性依据之一。诚如贝卡利亚所言，"刑罚的目的既非摧残一个感知者，也不是消除已经犯下的罪行……刑罚的真正目的是阻止罪犯重新犯罪，并警戒他人不要重蹈覆辙。"[①] 而刑罚的目的又可被分为特殊预防目的与一般预防目的，前者侧重于对人身危险性的考察，因而更契合于自然人犯罪领域的治理需求；后者则依赖于刑罚的威慑效果，充足的威慑力有利于企业在刑事风险形成之前对刑事合规工作给予高度重视。因此，一般预防才是制裁企业犯罪所应贯彻的刑罚目的。[②] 并且，随着规范论在刑罚理论中的全面铺开，刑罚一般预防目的的时代意涵逐渐由注重威慑与恐吓的消极一般预防转向注重强化民众对法规范忠诚的积极一般预防。由此可见，企业法人在刑事合规中积极履行监管义务，不仅可以有效预防刑事风险，更能加强其对于规定了因不履行此类义务而承担相应刑事责任的刑法规范的忠诚，从而发挥确证法规范效力的作用，进而从功能主义的角度进一步证成了此类义务在刑法教义学体系中在实质正当性。

综上，刑事合规中主体监管义务的形式法理依据与实质法理依据在刑法教义学体系是可以被充分证成的。明确了这一点之后，这一义务在刑法教义学体系内部的具体内容与规范构造就可以被进一步展开探讨了。

三、刑事合规中主体监管义务的本体内容

刑事合规中企业法人监管义务的本体内容绝不只局限于事实层面上的对于单位内部人员从事业务相关性违法犯罪行为的事前注意与管控义务，而是应以此类义务在刑法教义学内的体系定位与知识解构为主。并且，为了更好地指导司法实践，在明晰了上述内容之后，还应整理出该义务的规范结构。事实上，从比较研究的角度来看，大陆法系对于刑事合规中企业法人监管义务内容的探索，成果十分丰富。在德国，学者们主要是通过将企业法人或其中的高管人员置于"保证人"地位的方式来将此种监管义务定位为不作为犯应负担的作为义务；而在日本，学者们则将刑事合规工作与监督过失理论联系起来，从而将此种监管义务定位为判断过失犯成立所应考量的注意义务。基于此，我们不妨以这两种义务为切入点，在探讨其与刑事合规中企业法人监管义务之关联的过程中，逐步厘清此种监管义务在规范层面的本体内容。

---

① ［意］切萨雷·贝卡利亚：《论犯罪与刑罚》，黄风译，商务印书馆 2017 年版，第 74 页。

② 参见赵炜佳：《论刑事合规的发展沿革、法理基础与本土内化》，载《中国刑警学院学报》2019 年第 5 期。

三、企业犯罪治理与刑事合规建设研究

(一) 作为义务视角下监管义务的本体内容

不作为犯罪的作为义务来源在理论层面经历了有形式作为义务论到实质作为义务论再到机能二分论的演进。而行为人承担作为义务的根据，则在于其所居于的保证人地位。目前，由德国刑法学家考夫曼所提出的机能二分论，业已成为大陆法系刑法理论关于作为义务来源问题的通说。① 该理论认为作为义务可被分为对特定法益的保护义务和保证人对危险源的监督义务。这一机能主义理论的提出既为实质化考察保证人地位指明了道路，又未完全脱离保证人产生的根据，从而避免了保证人范围在论证中过于抽象和无限扩大的危险。② 晚近以来，德国刑法学者许乃曼教授在扩张了罗克辛教授的犯罪支配理论之后，将其引入到不作为犯作为义务来源的研究之中，从而实现了对机能二分论的改良。改良之后的机能二分论强调，作为义务的发生根据可分为以下两种：一是基于对危险源的支配而产生的保证人地位；二是基于对无助者（法益主体）的支配而产生的保证人地位。③ 改良之后的机能二分论可以有效地限缩了不作为犯的成立范围，合理地划定了刑法对不作为行为的处罚边界，从而逐渐成为当下学界主流观点。

目前，在德国刑法学界关于刑事合规问题的研究之中，企业法人主体及其合规工作的直接负责人已被赋予了不作为犯罪领域中的保证人"角色"。④ 详言之，企业员工所从事的业务相关行为可被视为对于第三人的危险来源，当企业法人可以对这一危险来源进行有效支配时，其就具有了防止其员工针对第三人实施与企业相关犯罪行为的保证人地位，从而具备了该保证人地位所要求的作为义务。由此可知，刑事合规中企业法人为防止其员工从事违法犯罪行为而履行的监管义务，在刑法教义学中不作为犯理论的视野中，的确可以等同于其因对危险源支配而形成的保证人地位所要求的作为义务。

(二) 注意义务视角下监管义务的本体内容

过失犯理论经历了一个从主观到客观，从旧过失论到新过失论再到新新过失论的流变过程。注意义务是过失的核心概念。一般认为，注意义务包括结果

---

① 参见张明楷：《外国刑法学纲要》（第三版），法律出版社2020年版，第83页。
② 参见［德］汉斯·海因里希·耶赛克、托马斯·魏根特：《德国刑法教科书》，徐久生译，中国法制出版社2017年版，第746页。
③ 参见［德］许乃曼：《德国不作为犯学理概况》，陈志辉译，载陈兴良主编：《刑事法评论》（第13卷），中国政法大学出版社2003年版，第379页。
④ 参见［德］格哈特·丹内克尔：《授权委托下的刑事责任》，贺颖昕译，载李本灿等编译：《合规与刑法：全球视野的考察》，中国政法大学出版社2018年版，第343页。

预见义务和结果避免义务两个方面。① 旧过失论主张结果预见义务说,并未探讨结果避免义务;而新过失论则以结果避免义务为核心,认为过失犯的注意义务既包括结果预见义务,也包括结果避免义务,前者以结果预见可能性为前提,后者则以结果避免可能性为前提。② 从我国刑法关于过失犯罪的具体规定来看,过失犯罪分为疏忽大意型过失与过于自信型过失。前者乃是因为行为人怠于履行对结果的预见义务而负刑事责任,而后者乃是因为行为人对于危害结果的发生已经具有了预见可能性,因怠于履行结果避免义务而负刑事责任。综合来看,成立犯罪过失,此两种义务缺一不可,因此,就对监督过失犯罪中监督者过失责任的考察而言,应选择以新过失论作为基础理论依据。在犯罪论体系上,新过失论承认二重的过失,即构成要件符合性的客观的过失(构成要件过失)和责任阶段的主观的过失(责任过失),前者是以一般人、平均人为标准的客观的注意义务违反,后者是以行为人本人为标准的主观的注意义务的违反。③ 所谓监督过失的概念,是由日本刑法学家藤木英雄基于对 20 世纪后半叶以来日本社会频发的公害类犯罪的思考而率先提出的。它是指负有监督义务的上级因怠于履行或没有履行监督、指挥的义务从而导致被监督者因实施不法行为导致危害结果发生的过失罪过,④ 因而也被称之为间接防止型过失。

在刑事合规工作中,企业法人主体怠于履行监管义务的行为,往往会为员工从事业务关联型违法犯罪活动提供机会或制造条件。这也就意味着此种义务违反行为,会为企业员工从事的上述违法犯罪行为所导致的危害后果,贡献无可争辩的原因力。由此可见,企业法人主体对员工所负的防范其违法犯罪的监督义务,可以被评价为监督过失犯罪中监督方对被监督方行为所承担的客观注意义务。

(三)教义学体系中监管义务的规范构造

根据上述分析可知,刑事合规中企业法人监管义务既可以被定性为作为义务,又可以被定性为客观注意义务。这也就意味着,从形式逻辑的角度来看,这一监管义务的本体内容包括注意义务与作为义务。然而,需要注意的是,作

---

① 周光权:《注意义务研究》,中国政法大学出版社 1998 年版,第 65 页。
② 程皓:《注意义务比较研究:以德国刑法理论和刑事判例为中心》,武汉大学出版社 2009 年版,第 126 页。
③ [日]大塚仁:《刑法概说(总论)》(第三版),冯军译,中国人民大学出版社 2003 年版,第 193 页。
④ 参见马克昌:《比较刑法原理:外国刑法学总论》,武汉大学出版社 2002 年版,第 269 页。

为义务与基于新过失论而衍生出的客观注意义务，在刑法教义学体系内，均位于犯罪构成的客观构成要件部分。那么，在司法裁判过程中，此二者对于案件事实部分的考察内容，会在对案件事实所体现的客观构成要件行为要素之上发生重叠。具体来看，一方面是作为义务中的作为内容部分与客观注意义务中结果避免义务所要求的行动部分，发生了重合；另一方面则是作为义务的前提性条件——保证人地位，与结果避免义务的前提性条件——结果避免的可能性，发生了重合。因为根据前述融入机能二分说的支配理论，当企业法人主体对其内部员工业务关联行为丧失支配能力时，其不仅无法获得监督危险源型保证人地位，在事实逻辑上也就当然无法存在结果避免的可能性。关于这一点，日本刑法学者山口厚教授亦作出过明确论断，"在为了避免结果而要求的义务这一点上，过失犯中的结果避免义务与不作为犯中的作为义务在发生根据方面是一样的，都是对结果原因的支配。"①

可是，如果基于这两种义务理论，对可能发生考察内容重叠的同一案件事实部分，分别进行考察的话，就会违背刑法适用所要求的"禁止重复评价"的原则。因此，为了平衡全面考察构成要件要素与禁止重复评价之间的关系，不妨在司法裁判中将此两种义务做拼合式判断。详言之，就是将此两种义务中不重合的部分单独考察，将重合的部分就同一案件事实仅做一次考察即可。基于此，按照司法裁判中对于案件事实部分是否该当构成要件的考察顺序，可以整理出上述监管义务在刑法教义学客观构成要件体系中的具体规范构造，即"保证人地位＋结果避免义务所要求的行动"。这一构造前一部分整合了结果避免义务中的结果避免可能性部分，是为前提性条件；后一部分整合了作为义务中的作为内容部分，是为内容性条件。

由此可知，倘若企业法人主体在刑事合规中违反了前述监管义务，在刑法教义学体系之中，首先可以直观判断出这一义务违反行为是以过失不作为的形式成立监督过失的不法形态。至于其最终能否构成犯罪，则需在违反此监管义务的法律后果方面进行深入探讨。

四、违反刑事合规中主体监管义务的法律后果

事实上，由上述对刑事合规中企业法人监管义务性质方面的论述可知，怠于履行这一义务是一种违反法定义务的违法行为，具有鲜明的不法属性，需要承担一定的法律后果。但是，对于这一法律后果是否意味着违反刑事合规中主

---

① ［日］山口厚：《刑法总论》（第3版），付立庆译，中国人民大学出版社2018年版，第245页。

体监管义务的行为一律构成犯罪的问题,则需要我们根据犯罪行为发展的顺序从犯罪构成的角度辩证地来分析。

首先,在不法层面,企业法人主体在刑事合规中违反对防范内部员工从事违法犯罪行为之监管义务的行为不仅会阻却合规计划的有效性,导致合规工作的失败,而且还会以过失不作为的方式该当相应罪名的构成要件,进而具备监督过失的不法特征。但是,按照我国《刑法》关于过失犯罪的规定,过失的不法形态以出现实害结果为必要条件。因此,在判断企业法人主体违反这一监管义务以致危害结果的行为是否成立不法时,最关键的环节在于对因果关系的判断。就过失犯而言,无论是其行为人的主观恶性还是行为人的人身危险性,都低于故意犯。换而言之,故意犯罪是一种积极的反规范的行为,而过失犯罪则是消极的反规范的行为①,两者之间在不法与责任程度上均存在差异。因而,在解释论层面为过失犯罪匹配合适的因果关系理论模型时,就应注重理论本身的限缩与过滤功能,而不是盲目追求惩治犯罪的效率。基于此,恪守规范论立场、逻辑清晰,且下位规则周延、衔接有序、注重多层次递进判断的客观归责理论就成为了不二之选。并且,新过失论用以限缩成立范围的基础性原理——被允许的危险,亦是客观归责理论的基础性概念,此二者在体系性方面具有天然的对接优势。在此意义上,罗克辛教授强调客观归责理论的实际意义,主要存在于过失犯罪中。② 在企业法人违反刑事合规工作中监管义务的场合下,对于客观归责的判断主要分为如下三步:

第一,在判客观归责的第一下位考察内容——是否制造了法不允许的风险时,可以基于信赖原则对法不允许危险的进行限缩,从而实现对客观归责的阻却,继而得出不法构成要件不该当的结论。具体来讲,就是在应当由企业内部员工或其他第三方负责的领域,即使享有监督管理权限的企业法人,在履行合规计划中部分监管义务的要求时,可能存在怠于履行的风险,亦不能判定这一风险是其制造的法不允许的危险。比如,现行有效的合同明确规定由企业内部员工与第三方负责的部分,只要企业法人平时审慎履行合规计划中的监管义务,即使可能发生怠于履行的风险,这一风险也是为法律所允许的。

第二,在判客观归责的第二下位考察内容——是否实现了法不允许的风险时,主要考察以下几个方面:风险是否由行为人实现、行为人实现的危险是否

---

① [德]京特·雅科布斯:《规范·人格体·社会:法哲学前思》,冯军译,法律出版社2001年版,第45页。
② [德]克劳斯·罗克辛:《德国刑法学总论》(第1卷),王世洲译,法律出版社2005年版,第246页。

不被法律允许、注意规范的保护目的以及作为具体判断前三个方面的方法论工具——假定的合义务替代行为与危险增加理论。第一个方面主要强调一种条件关系的判断，与过失犯客观结构之间并无类型化的衔接之处，而之后的两个方面与理论方法论工具在监督过失领域才更具有典型性意义。合义务的替代行为要讨论的是当一个结果通过合义务替代行为不是肯定的，而仅仅是很可能或者可能被阻止的时候，这个结果是否应该被归责。① 罗克辛认为，只有当此替代行为肯定或必然会导致这个结果时，即确定没有客观上的结果避免的可能性时，才排除归责。倘若并非肯定导致该结果，换言之，违反结果避免义务的行为增加了危险，那就可以归责，这就是所谓的"危险增加理论"。然而，通说观点却认为应坚持罪疑唯轻原则，在结果避免可能性难以确定时排除归责，即"可避免性理论"。② 由此可见，合义务的替代行为与结果避免的可能性其实是对同一内容的不同表述而已，都是强调如果行为人采取适当行动能否避免实现其制造的法不允许的危险。具言之，即使企业法人主体认真履行合规计划中所要求的防范内部员工从事违法犯罪行为的监管义务，仍无法阻止其实施造成严重实害后果的违法犯罪行为，那么由此就可以认定本场合没有结果避免的可能性，企业法人不具备对危险源的支配能力，进而不具有承担积极监督作为义务的保证人地位。此时，行为人怠于履行监管义务行为所实现的危险，就是法律不得不"忍受"的危险。客观归责也会在第二考察阶段被阻却，从而导致不法构成要件无法该当。

第三，在判客观归责的第三下位考察内容——构成要件的保护范围时，一旦出现被害人自我答责等由企业法人与企业员工之外的第三方承当责任的情形时，危害结果自然就不能归属了企业法人怠于履行监管义务的行为。此时客观归责被阻却，企业法人监督过失行为也就不成立不法状态。

其次，在责任层面，评价能否对企业法人主体实施的违反刑事合规中监管义务之不法行为给予责任非难时，应统筹考虑应罚性与需罚性两方面的问题。众所周知，在刑法教义学的知识体系之中，关于责任内容的理论，经历了由心理责任论到规范责任论再到功能责任论的演变。目前，后两种理论已经成为了学界的通说，因此我们可以围绕此两种通说展开论述。

规范责任论的特色在于从与法律规范的关系方面来把握责任，它强调当不法行为仅有故意、过失等心理要素时不足以被给予责任非难。在此种情况下，

---

① 徐成：《假定因果关系、合义务替代行为与法所不允许风险的实现》，载陈兴良《刑事法评论（第37卷）》，北京大学出版社2015年版。
② 参见车浩：《阶层犯罪论的构造》，法律出版社2017年版，第170页。

必须还能够期待行为人实施其他适法行为（期待可能性），才可以考虑责任非难。① 显然，规范责任论区别于心理责任论的关键一点在于将期待可能性作为具体构成要素引入到责任阶层，使之充当评价不法行为应罚性的评价标准。事实上，"在新情况下，由行为所导致的责任风险很难预计，也很难通过合规性的措施来加以控制。"② 申言之"立法者对法人之代表的诉求，亦应只在尽了防止义务将会减少来自企业的违法风险，而非确定排除所有风险……法律亦不应强求法人之代表竭尽可能地防止所有可能的职员违法行为，以致企业无法在足够的活动空间下追求其利益。因此，不应苛求法人之代表，适用显然不合比例的花费，或严重影响企业运作功能，或破坏对于职员员工信赖的监督措施。"所以，如果企业在现有运营条件下已经努力地履行刑事合规工作所要求的监管义务，内部仍有员工从事犯罪活动。那么，基于期待可能性原理，此时已不能期待企业法人以穷尽一切资源，并放弃合法收益为代价去采取更有效的手段来履行此监管义务。因此，倘若企业法人不以前述更有效的方式履行监管义务的行为，即使成立不法状态，也会因不具备期待可能性而阻却责任成立。

功能责任论脱胎自规范责任论，它主要是在为规范责任论所侧重的应罚性判断之外加入需罚性评价。在德国阶层犯罪论体系的研究中，功能责任论的发展脉络如下：罗克辛（Roxin）率先提出在与不法概念相对的责任概念的基础上，通过加入刑罚预防性（需罚性）判断，形成答责性（Verantwortlichkeit）的概念，从而可以通过需罚性的阙如，将构成要件该当且不法与罪责要素齐备的行为排除出犯罪圈之外。之后，雅科布斯（Jakobs）提出了更为成熟的功能责任论，强调刑罚的预防目的，尤其是积极的一般预防目的是责任得以存在的本质依据。③ 换言之，就是以刑罚积极的一般预防目的为标准来衡量处罚行为人的必要性。若施以刑罚符合这一目的，则责任存在；若不符合，则可以阻却责任成立。比较来看，在我国，与上述德国理论相近的"以刑制罪"理念，业已从司法经验逐渐抽象为理论共识。并且，此类刑罚反制定罪的理论，亦契合于刑法谦抑性原则所提倡的限制国家刑罚权的主张。因此，对于一些法益侵害程度较低的不法行为，在不值得动用刑罚手段来实现预防目的时，对其进行出罪处理是具备教义学层面的实质合理性的。基于繁荣市场经济与保护企业产

---

① 参见张明楷：《刑法学（上）》（第五版），法律出版社2016年版，第242页。
② ［德］埃里克·希尔根多夫：《德国刑法学：从传统到现代》，江溯、黄笑岩等译，北京大学出版社2015年版，第510页。
③ 参见［德］格吕恩特·雅科布斯：《行为、责任、刑法——机能性描述》，冯军译，中国政法大学出版社1997年版，第8页。

权的目的，2016年11月中共中央、国务院发布的《关于完善产权保护制度依法保护产权的意见》明确提出"要妥善处理历史形成的产权案件。对涉及重大财产处置的产权纠纷申诉案件、民营企业和投资人违法申诉案件依法甄别，确属事实不清、证据不足、适用法律错误的错案冤案，要依法予以纠正并赔偿当事人的损失；严格遵循法不溯及既往、罪刑法定、在新旧法之间从旧兼从轻等原则，以发展眼光客观看待和依法妥善处理改革开放以来各类企业特别是民营企业经营过程中存在的不规范问题。"由此可见，在当前对于企业犯罪的治理工作中，刑事政策已向"从宽"的方向转化。这一政策性转向意味着动用刑罚手段来预防企业因合规失败而构成犯罪的必要性在减弱。具言之，当企业法人主体实施的违反刑事合规中监管义务的行为，已经构成监督过失的不法状态且具备适法行为期待可能之时，倘若存在刑罚手段之外的其他方式能够更为有效地治理这一不法行为，那么在司法裁判的过程中就可以根据需罚性阙如的功能责任论原理得出责任阻却的判断结论。

另外，需要注意的是，虽然本文主张将监督过失中的注意义务（结果避免义务）整合进刑事合规的主体监管义务之中，但是这并不意味着企业因违反这一监管义务而构成的犯罪只能是过失犯罪。众所周知，根据主客观相统一的原则，客观构成要件是主观罪过形式的认定基准。而随着国民经济的越发繁荣与社会分工的逐步深化，作为市场经济主体的企业因合规失败而涉嫌的罪名，往往都是客观构成要件要素较为复杂且多元的法定犯罪名。那么，在这种情况下，行为主体对于同一罪名中不同客观构成要件要素所持的罪过态度，完全有可能是不同的。因此，当认定企业所涉犯罪的罪过形态时，为了更加精准地实现责任主义原则，选择在要素分析基础上进行整体判断的方式显然是更为妥当的。① 具体而言，就是应先分别分析行为主体对于各个客观构成要件要素的罪过态度，然后提炼出对于犯罪整体的不法评价起决定性作用的客观构成要件要素，② 并将行为主体对这一要素的罪过态度规范评价为犯罪整体的罪过形态代表。由此可见，当企业主体对于刑事合规监管义务的违反具备一定的监督过失罪过态度时，其亦可能因对于特定故意犯罪中其他客观构成要件要素持故意罪过而被最终认定为故意犯罪。还是以拒不履行信息网络安全管理义务罪为

---

① 参见王华伟：《要素分析模式之提倡——罪过形式难题新应》，载《当代法学》2017年第5期。

② 这种对不法评价起决定性作用的客观构成要件要素既有可能是行为要素，也有可能是结果要素。其对不法评价所起到的决定性作用既有可能是直接决定了构成要件个别化机能，也有可能是直接促成整体罪行的法益侵害属性达至值得科处刑罚的程度。

例，根据该罪的客观构成要件结构，其应属于典型的"复行为犯"或"二行为犯"。事实上，作为该罪行为主体的互联网企业，在日常经营活动中往往面临着海量数据业务的处理。因此，其对于信息网络安全的监管与维护存在偶发性的疏忽，就并非异常现象。那么，就其前行为①而言，存在基于监督过失而违反这一合规监管义务的可能。而通过实质解释的方法审视这一罪名的后行为②，则可以发现"经……责令……而拒不……"的行为逻辑表明行为主体对自身的行为内容存在"明知"的认识因素以及至少为"放任"的意志因素，进而体现出其对于整体法秩序与法权威的抗拒与敌视。这显然符合故意罪过的构成要求。在这种情况下，后行为对于法秩序权威的挑战显然使得整体行为事实的法益侵害属性升级。基于此，行为人对后行为所持的故意罪过可以作为整体犯罪事实的罪过代表。换言之，在网络企业基于监督过失而违反信息网络安全管理义务这一合规监管义务，且经责令拒不改正的情况下，其整体行为仍可被认定为拒不履行信息网络安全管理义务罪这一故意犯罪。

最后，综上所述，企业法人主体在刑事合规中违反对防范内部员工从事违法犯罪行为之监管义务的行为，并不必然成立犯罪。当不法阶层出现客观归责阻却事由，或责任阶层因应罚性或需罚性阙如而阻却时，该行为就可以在刑事实体法教义学体系内实现出罪。

五、总结与余论

本文的研究可以得出以下三个方面的基本结论：第一，企业主体在刑事合规工作中所负担的监管义务在刑法教义学体系内对企业犯罪刑事责任的影响是具备法理依据的。这一法理依据由形式层面的规范性法理依据与实质层面的正当性法理依据所构成。第二，该监管义务的本体内容既包括作为义务又包括客观注意义务。为了贯彻刑法适用所要求的"禁止重复评价"的原则，其规范构造应为"保证人地位＋结果避免义务所要求的行动"。第三，违反该监管义务的行为是一种过失不作为危害行为，具备监督过失的不法特征。但是，这一义务违反行为不一定成立犯罪。当不法阶层的客观归责无法实现，或责任阶层因应罚性或需罚性阙如而阻却时，该行为就可以在刑法教义学体系内实现出罪。

随着风险社会时代的来临，社会分工的日趋细化与社会主体间的系统性联系越发密切，企业在正常经营活动中所面临的不确定刑事风险也与日俱增。所

---

① 即"不履行法律、行政法规规定的信息网络安全管理义务"。
② 即"经监管部门责令采取改正措施而拒不改正"。

以，企业所承担的刑事合规任务也会变得更加沉重。基于此，探明刑事合规工作所要求的企业法人监管义务在刑法教义学体系内的具体涵义，不仅会为司法实践中对企业的定罪量刑工作提供精细化指导，更能合理分配在治理企业犯罪领域内国家的权力边界与企业的义务边界，从而避免企业因刑事合规工作的完善而经营不善的局面。这样一来，我国关于企业犯罪的治理活动才能实现法律效果与社会效果的统一，法益保护与人权保障的统一。

（二）企业合规制度机制研究

刑事合规评价构建的现实必要与制度衔接

贺 卫[*]

近年来，单位犯罪尤其以企业作为主体的犯罪数量，呈现逐年上升的趋势，形势严峻。根据北京师范大学中国企业家犯罪预防研究中心《企业家刑事风险报告（2014—2018）》所发布的数据显示，仅2017年12月1日至2018年11月30日一年期间，民营企业家犯罪数便达到2559次，占企业家犯罪总数的88.58%。这些犯罪中，48.1%属于破坏社会主义市场经济秩序类犯罪，其中，非法吸收公众存款罪占比最高，达24.3%；18.08%属于贪污贿赂类犯罪。[①]由此可见，在市场经济发展的大环境下，企业尤其民营企业，在作为经济社会最富有活力与生命力的主体的同时，也承受着日益增大的刑事风险压力，面临着越发严峻的刑事犯罪风险。出于服务保障营商环境，促进经济长久稳定发展的考虑，对企业所涉及的刑事风险的规避有必要尽快加以落实，这对于预防单位犯罪、减少甚至避免单位犯罪所带来的对单位自身以及第三方的经济损失、维护地方经济平稳等方面都具有重要意义。有鉴于此，为了满足企业治理的需求，我国根据国际的有益经验以及企业合规计划的积极成果，正在努力建构并完善符合我国实际的规范化、系统化的合规制度。而基于检察工作的视角，司法层面也开始出现刑罚观的转变，从传统的刑罚权与被告人之间相对立的模式转向对立与合作共存，基于此，刑事合规评价作为检察机关发挥检察职能治理单位犯罪的重要一环进入检察工作的视野。

一、刑事合规评价的制度内涵

就近阶段而言，学界关于刑事合规的讨论层出不穷。但从总体上而言，都

---

[*] 贺卫，上海市黄浦区人民检察院检察长。
[①] 参见北京师范大学中国企业家犯罪预防研究中心：《企业家刑事风险分析报告（2014—2018）》，载《河南警察学院学报》2019年第4期。

是基于以下两个视角的展开：一是立足于企业的视角。有观点认为，刑事合规属于公司治理的一种方式，从本质上而言，其为企业出于应对、控制以及预防已经出现或者可能出现的刑事风险的考虑而采取的内部防控管理机制。[①] 二是立足于国家的视角。在这一视角之下，有学者的观点主张，刑事合规其实是国家为了避免企业或者企业员工的行为引发刑事责任而制定并实施遵守刑事法律的计划和措施，其实质上是国家通过刑事政策上的正向激励以及责任归咎，来推动企业以刑事法律的标准来识别、评估并预防刑事风险。[②] 由这些学者对于刑事合规的理解可以看出，学界在刑事合规概念的内涵问题上并没有形成普遍的共识，立足于不同的视角，学者对于刑事合规的内涵也会出现不同的理解，而这也正是理论上产生诸多争议甚至认识误区的原因。

在笔者看来，对于刑事合规，以及该概念下属的刑事合规评价，其仍属于由国家起主导作用来推动企业合规的范畴。如果从企业的视角来看，刑事合规所表达的内涵就是要求企业内部以及企业员工遵守并执行法律的标准和指令，这是企业为了保证其自身以及所有内部员工行为合法的一种自我防控管理措施。而由于企业的经济人身份决定了其天然地具有逐利的本性，加之在我国公司法中并未规定关于合规的相应内容，而建立企业内部的合规机制又无疑会增加企业运行的成本，使得企业基于以上种种原因而不愿将额外的合规义务附加于自己身上。而这便体现出以国家推动企业合规的重要性，即涉及国家视角下的刑事合规问题。在国家的视角下，刑事合规其实就是试图构建一种外部的激励机制来推动企业自觉地实施内部的合规管理，这意味着国家视角下的刑事合规已经上升至作为一种法制度工具而存在。而刑事合规评价概念的提出，实际上是基于国家合规激励的视角而形成的制度设计，强调的是检察机关对于涉罪企业的合规考察，重点在于由检察机关充分发挥对企业犯罪治理的检察监督职能，这意味着刑事合规评价将会推动着检察机关走向企业犯罪治理的"前线"。

为此，刑事合规评价作为合规乃至是刑事合规概念下的一个分支，其内涵与刑事合规息息相关，但也体现出内容与侧重点上的不同。从规范意义上而言，刑事合规评价可以被理解为是检察机关针对涉罪或者存在涉罪风险的企业设立的刑事激励机制，该机制包括两个层面：一是针对存在刑事犯罪风险的企

[①] 陈瑞华：《论企业合规的中国化问题》，载《法律科学（西北政法大学学报）》2020年第3期。

[②] 孙国祥：《刑事合规的理念、机能和中国的构建》，载《中国刑事法杂志》2019年第2期。

业,在这些企业不符合合规评价要素的情形下,由检察机关履行监督职能,督促其制订并实施有效的合规计划,从而预防企业犯罪;二是针对涉罪的企业,由检察机关设置相应的激励措施(主要指刑罚上的减免),比如,通过综合考察评价涉罪企业的合规情况而决定是否对其不起诉,且所作出的不起诉决定可以是附条件的。如果在检察机关的监督下,涉罪企业及员工可以及时达到合规的条件,并有效地采取了相应的配套补救措施等,则由检察机关决定对其不起诉或者在起诉时提出减免刑罚的量刑建议。从一定程度上而言,刑事合规评价制度涵盖了刑事实体与程序两个方面,是在法定可罚性的前置领域内,通过形成监督评价机制,督促企业及员工遵守刑事法律,以确保企业可以有效应对并前瞻性地预防刑事风险。①

从实质上而言,其内涵具体包括以下两个层面:其一,由检察机关发挥主导作用,发现企业存在刑事犯罪风险的线索,评估企业的合规情况,通过监督企业制订并实施有效的合规计划,由企业配合制订并执行合规计划,并采取相应的补救措施,以确保企业及内部员工积极履行刑事义务,实现对刑事责任的规避。其二,设置企业犯罪案件的刑罚激励机制,由检察机关依据合规评价的考量内容,与涉罪企业达成协议合作,实现企业对自身遗留问题的识别并完善执行合规计划,在企业有效执行与检察机关所达成的协议之后,给予涉罪企业以不起诉或者减免刑罚的处理,以维持企业健康发展。

二、探索刑事合规评价制度的现实必要

虽然我国近年来对合规问题有过探索与实践,但总体上而言,我国刑事立法以及司法在这方面依然相对滞后。尤其在刑事合规评价监督上发挥着主导作用的检察机关,更应当积极履行检察职能,推动检察权的进一步深化改革,探索构建企业刑事合规管理的检察监督评价机制,这是促进优化营商环境、依法平等保护民营经济健康发展的现实要求使然。

(一)基于民营经济兼具的重要性与脆弱性

众所周知,民营经济作为组成我国非公有制经济举足轻重的一大要素,其广阔的成长空间与市场前景为我国多种所有制经济的共同发展和社会主义市场经济结构的不断完善增添了巨大的活力。然而,在民营企业蓬勃发展的背后,依然存在着诸多困境,有来自经营层面如融资、经营、管理等的瓶颈制约,也

---

① Frank Saliger, Grundfragen von Criminal Compliance in: RW Rechtswissenschaft, Seite 263 - 291, RW, Jahrgang 4 (2013), Heft 3, ISSN print: 1868 - 8098, ISSN online: 1868 - 8098.

有来自法律层面的困惑。① 民营经济发展的脆弱性导致在单位犯罪中，民营企业以及民营企业家犯罪占据着极大的比例，而一旦企业涉嫌犯罪并对其进行追诉，企业必然会面临永久性的损害，甚至一些小微企业会因此而破产，从而连带着破坏经济的发展和社会的稳定，这无疑会给良好营商环境的构建带上沉重枷锁。而构建刑事合规评价制度则是在重视民营经济重要性前提下，对民营经济脆弱性的补足，一方面，由公权力机关介入，时刻督促企业建立合规计划，有利于预防犯罪；另一方面，也促进涉罪企业通过刑罚的激励模式，适时止损，防止"企业家进去了，企业也垮了"的局面发生。

（二）立足不起诉权运用实践的反思

从近年来的实践数据显示，检察机关在起诉裁量权的运用上稍显不足，具体表现为对我国刑事诉讼法明确规定的不起诉权，尤其是相对不起诉权的适用并不积极。据统计，2014年至2018年间，我国检察机关不起诉率由5.3%稳步上升至7.7%，虽然呈现出不起诉率升高的趋势，但总体占比依然较低。而根据法院同期的判决，法院判处管制、拘役、缓刑、免于刑罚、单处罚金等轻缓刑的总人数占同期生效判决总人数的比例分别为49%（2014年）、48.8%（2015年）、49.7%（2016年）、44.6%（2017年）、44.5%（2018年），这些案件适用相对不起诉可能反而会有更好的效果。② 鉴于此，最高人民检察院审时度势地提出了要牢牢树立"少捕慎诉"的办案理念，而要贯彻这一理念，则需要检察机关基于案件事实、涉案企业实际、公共利益以及刑事政策等多方面考察，明确涉企案件诉与不诉的考量因素以及操作标准，合理适用不起诉权。而企业刑事合规的兴起，恰恰为合理适用不起诉权提供了重要基础。具言之，检察机关可以通过构建刑事合规评价体系，监督企业建立内部合规计划，从而实现企业犯罪的预防，也可以以刑事合规作为企业犯罪不起诉或者减免刑罚的重要评价因素。

（三）基于刑事法律介入所具有的强制性与有效性

刑事法律因其所具有的最后保障功能而区别于其他法律，是社会关系保护的最后一道屏障，而这种保障功能自然也体现于可能涉及单位犯罪的经济、金融等领域。出于实现社会稳定、经济发展的需要，现代刑事法律适时介入对社会关系的调整，尤其对一些重点领域进行干预，是有效打击犯罪、保护合法利

---

① 庄绪龙：《涉刑企业家的民事权利保障》，载《国家检察官学院学报》2010年第5期。

② 参见童建明：《论不起诉权的合理适用》，载《中国刑事法杂志》2019年第4期。

益的必然之举。随着社会的发展，现代刑事法律也应适时转变刑法只有在发生损害结果或面临极其严重危险的情形下才能予以干预的传统理念，相比于惩罚犯罪，刑法犯罪预防功能的发挥显得更为重要。由此，在经济繁荣发展的现阶段，刑事法律势必会被作为市场经济监管的最终保障而予以引入并担负起重要的责任。由刑事法律适时介入对市场经济的监管，通过引入刑事合规评价对企业予以规制，不仅可以利用其强制性弥补市场自我调节以及行政监管的不足，对企业违法犯罪行为及时地予以否定评价；也可以有效防范化解企业管理风险，预防企业犯罪，从更高层次维护社会稳定以及经济安全。

三、刑事合规评价的制度衔接

（一）认罪认罚从宽制度的"激励"与"回报"

如前所述，我国构建刑事合规评价制度有着诸多的实践基础，尤其认罪认罚从宽制度为刑事合规评价的推行提供了良好的借鉴。认罪认罚从宽制度作为一种"协商性"的司法，控辩双方同意适用较为简化的程序审理。[①] 认罪认罚从宽制度适用于被追诉人会带来两个结果：一是激励，通过不起诉、刑罚减免等方式激励被追诉人自愿选择更为简化的诉讼程序；二是回报，在被追诉人自愿认罪认罚给诉讼效率的提高带来了便利的同时，司法机关便会基于此给予其不起诉或者刑罚减免的回报。在单位犯罪，尤其是企业犯罪中，如果涉罪单位承认所指控的罪行，便可以由检察机关与其进行协商并达成合意。合意的内容包括按时缴纳罚款、及时建立并有效实施合规计划、及时止损、弥补制度漏洞等。如果在检察机关的持续监督之下，涉罪单位经审查被认定为已经有效履行了协议中的一系列义务，并符合合规要求，检察机关则不再对其提起公诉。

这种以协商合作为基础，以合规计划的建立与有效实施为考察重点而推行的减免刑罚、暂缓起诉或者不起诉制度，其实质上就是将认罪认罚从宽制度的探索嵌入到单位犯罪治理之中，构建起中国模式的刑事合规评价制度。这一模式将检察官的地位推到了企业治理的前端，通过督促企业建立完善并实施合规计划，降低了定罪量刑对企业、股东、与企业有经济联系的第三方（包括企业员工）乃至整个社会所造成的消极影响。

（二）强制措施的轻缓化处理

顺着认罪认罚从宽制度的逻辑作进一步思考，在前文所提及的认罪认罚从

---

① 宋宝莲、李永航：《公正和效率维度下的认罪认罚从宽制度》，载《江苏警官学院学报》2019年第1期。

宽制度中，对于被追诉人量刑层面的激励、要求相应义务的履行以及在对被追诉人进行合规审查之后，继而对被追诉人进行从宽的处理，从一定程度而言属于实体意义上的从宽。并且认罪认罚从宽，并不仅仅体现为实体层面的从宽，还理应包括程序层面，也就是对认罪认罚的犯罪嫌疑人、被告人在强制措施上体现轻缓化的程序性处理，适用更为便利的诉讼程序。尤其在涉企犯罪案件中，如果对涉罪企业的主要负责人一味采取羁押的强制措施，这将导致企业难以正常运营，对企业、企业内部员工以及与企业有经济联系的第三方而言都会带来难以挽回的损失。这从另一层面也体现出了刑事合规评价的价值。如果涉罪单位愿意主动承认检察机关所指控的罪行，积极配合检察机关的监督，有效建立并执行合规计划，经检察机关的审查，其确实符合合规条件，并能积极弥补损失、履行义务，这足以说明涉罪单位的社会危害性是趋于降低的。对涉罪单位适用非羁押性的强制措施，做出轻缓化的处理并不会产生涉罪单位可能进一步危害社会的危险，反而更有利于企业维持正常的经营，及时弥补犯罪所造成的损害，保障企业内部员工、第三方经济主体甚至是整个社会营商环境的利益。

（三）检察建议的社会治理功能发挥

最高人民检察院《关于充分履行检察职能加强产权司法保护的意见》第8条中，明确了可以采用检察建议等形式来帮助各类产权主体强化产权保护意识，促进国有企业健全内部监督制度和内控机制的规则。该文件充分体现了最高检在产权保护治理工作方面的合规意识，也为我们探索刑事合规评价制度提供了"检察建议等"的具体路径。实际上，检察建议是检察机关履行法律监督职责，参与社会治理，预防减少犯罪的一种重要方式。根据最高人民检察院公布的《人民检察院检察建议工作规定》，检察建议包括再审检察建议、纠正违法检察建议、公益诉讼检察建议、社会治理检察建议以及其他。其中，社会治理检察建议便是针对《人民检察院检察建议工作规定》第11条所列明的存在管理制度不健全和违法犯罪风险的单位。向单位制发检察建议的方式，与前述认罪认罚从宽制度有所不同，后者侧重预防已涉罪的单位再犯，而前者则注重对存在刑事风险单位的犯罪预防。二者是针对企业和企业员工犯罪的两种手段，在效力上一硬一软，在效果上一直接一间接，共同构成了检察机关介入企业刑事合规活动的基本状态。[①]

[①] 石磊、陈振炜：《刑事合规的中国检察面向》，载《山东社会科学》2020年第5期。

在我国多数企业尚未形成合规意识的现阶段，其基本上是没有建立完备的合规计划以及风险内控机制的，这就凸显出了检察机关向此类单位制发检察建议的重要性。通过检察机关对单位进行合规综合评价，向单位制发检察建议，一方面，要借助检察建议的途径向单位普及合规理念，规范相应单位及内部工作人员的行为，助力其提高合规的意识，预防刑事犯罪风险；而另一方面，针对已经出现违法违规的单位，也可以通过制发检察建议，告知并督促其及时整改，加强对其经营管理活动以及内部治理行为的审查，防止不法行为的再次发生。

四、前瞻思考：关系的重申与制度的突破

检察机关充分发挥检察职能，运用刑事合规监督来治理单位犯罪尤其是涉及企业的犯罪，是促进现阶段社会经济平稳运行，服务保障优化营商环境的理性选择。在这一过程中，对企业合规管理的监督以及单位犯罪的预防被提到了前所未有的高度，这决定了检察机关将发挥其法律监督职能走在单位犯罪治理与预防的前线。而一项制度的构建，从以往的试点改革也可以得出经验，往往需要在现行的制度中有所突破，而又不能脱离现行制度以全新的姿态呈现。这就启示我们，在检察机关刑事合规评价制度的构建过程中，必然也要依托于现行的相关制度资源，包括前文所提及的认罪认罚从宽制度、相对不起诉制度等，并作出相应的突破。总结而言，还有必要作如下前瞻性考虑：

（一）与认罪认罚从宽制度、相对不起诉关系的重申

刑事合规检察监督，从本质而言，是以刑事合规为基础，探索如何对企业进行暂缓起诉或者附条件不起诉的新的单位犯罪处遇机制。但就我国目前的立法体系而言，我国刑事诉讼法并没有暂缓起诉制度，附条件不起诉制度的适用范围也仅限于未成年犯罪。这就使得我国对企业进行刑事合规暂缓起诉或者附条件不起诉的做法，在短时间内并不能找到立法上的依据。而通观我国的刑事诉讼立法，认罪认罚从宽制度与相对不起诉制度是目前现行的正式的法律制度，且在适用原理上与暂缓起诉、附条件不起诉存在一定的相似之处。由此，在这一过渡阶段，我们便不得不依托这两个既定生效的法律制度来开展刑事合规检察监督。但又由于二者与刑事合规又有着本质的差别，在具体操作过程中尚存难以调和的矛盾点，这便决定了在未来的立法走向上，刑事合规显然不可能仅仅局限于认罪认罚从宽制度以及相对不起诉制度。

一方面，认罪认罚从宽制度在适用原理上强调协商性与结果激励性，这与刑事合规在实质上是共通的。刑事合规也是旨在通过对企业合规计划的制定执行情况的监督考察，在企业履行充分的情况下，给予其不起诉的优待，这其实

与认罪认罚获得从宽的优待在本质上是类似的。但是，认罪认罚从宽制度与刑事合规之间又有着质的矛盾，以致于二者在实践中并不能完全实现共融共生。有观点认为，认罪认罚从宽制度和刑事合规检察监督，其实是质和壳的关系，对企业暂缓起诉或者附条件不起诉一定程度上要"寄居"在认罪认罚从宽制度中，但是在未来，显然不可能局限于认罪认罚从宽制度当中。① 原因在于，刑事合规不管是适用暂缓起诉还是附条件不起诉，必定需要给涉案企业设置一定的考察期，考察其义务履行情况（包括合规计划的制订情况、执行情况等），这就决定了不仅需设定考察期，且考察的期限还不能过短。而认罪认罚从宽制度最基本的要求就是"实体上从宽，程序上从简"，这一基本要求说明认罪认罚从宽在价值取向上更加注重效率，在处理上求快；刑事合规则在处理上要求慢，且在合规之后检察机关还需进行监督考察，这二者之间势必存在无法逾越的鸿沟。因此，刑事合规检察监督在现有立法难以找到更为合适的突破口的情况下，只能暂时依托于认罪认罚从宽制度，但从长远来看，未来的立法应当将二者剥离：企业合规和认罪认罚从宽制度应作为两种不同的平台来评价。认罪认罚从宽制度是一个平台，刑事合规对企业来讲又是一个独立的平台，换言之，就是把刑事合规作为对企业从宽的前提；而另一方面，相对不起诉在适用条件上也与刑事合规存在着很大的差别，意味着相对不起诉只能作为现行的制度资源突破，为刑事合规独立机制的构建起到过渡作用。从现行的相对不起诉制度来看，对犯罪嫌疑人作出相对不起诉决定的依据，也是唯一的依据，便是根据犯罪情节轻微，除此之外，不会附加其他任何条件。而对企业进行刑事合规监督相对不起诉，其实质上仍是一种附条件的不起诉，要求涉案的企业进行合规承诺，及时制订并有效执行合规计划，如果企业积极履行合规义务，方考虑对其不起诉。但就目前的法律体系而言，我国刑事诉讼法并没有规定针对企业的附条件不起诉，有鉴于此，在刑事合规监督考察的路径探索中，只能暂时套上相对不起诉这一理念，而刑事合规意义上的相对不起诉又与传统的相对不起诉制度不同，是对传统意义上的相对不起诉制度的一种突破。

（二）对附条件不起诉制度的突破

综合前文论述，在我国现行法律体系中尚无针对企业的附条件不起诉制度的现阶段，刑事合规检察监督的探索只能暂时借助、依托于相对不起诉这项已有的法律制度。但从本质上而言，利用刑事合规检察监督对涉案单位适用的相

---

① 参见上海检察：《曲为之防，检为之治——刑事合规检察监督的现实可能与路径探索（上）：理论观照》，载 https://mp.weixin.qq.com/s/gkYgBZu9H4JjnKh2SiEewA，2020年9月29日访问。

对不起诉其实是附条件的，因为必须要经过刑事合规监督考察这一环节。这种以刑事合规作为附加条件来评判是否对单位进行不起诉的模式，其实与针对未成年人的附条件不起诉有着一定的相似性，区别仅在于适用对象与考察方式的不同。根据附条件不起诉的相关规定，在审查起诉阶段，如果附条件不起诉对象符合一定的要求，检察机关可以作出附条件不起诉的决定，这种附加制度和刑事合规的要求在本质上存在共通性。虽然目前我国法律体系并没有针对企业适用附条件不起诉的规定，但综观刑事诉讼法内容上的演变过程，其实在刑事诉讼法修订之前，附条件不起诉的类型还是相对较多的，只不过在经过修法之后，附条件不起诉制度被限定在了未成年人这一个适用对象范围之内。从这一内容的演变过程可以看出，附条件不起诉适用范围的扩大并非没有可能。因此，在现阶段，刑事合规检察监督可能还需要套着相对不起诉这一理念，但在未来的发展过程中，对于刑事合规检察监督今后试点的模式，朝着附条件不起诉的方向发展必然是理性的选择。

综合以上论述，对于刑事合规评价制度的探索，其强调的是由检察机关对涉罪单位进行合规层面的考察，由此成为对涉罪单位从宽与否的重要依据，体现的是涉罪单位与国家"合作"的模式。在这一过程中，检察官通过对单位进行刑事合规评价走向企业治理和行业整治的前线，承担起促使公司治理结构改变的职责，从根本上改变了检察官的角色。换而言之，刑事合规评价作为一种刑事合作模式，将带来检察权的进一步丰富、深化甚至变革。但不可否认，在刑事合规问题上，我国的刑事立法以及司法都相对滞后，在构建刑事合规评价制度的过程中，则也无疑会面临刑事合规评价与其他刑事制度，比如认罪认罚从宽制度、附条件不起诉等制度的配合衔接问题，而如果厘清了这一系列问题，也预示着我国刑事合规检察监督的重要突破，对于促进优化营商环境，依法平等保护民营经济的健康发展都有着重要的意义。

企业合规的刑事激励机制研究

——以刑事不起诉为视角

王占寻 邢雅丽 邢雅清[*]

一、企业合规的刑事激励机制概述

党的十八大以来,以习近平同志为核心的党中央始终充分肯定民营企业的重要地位和作用,要求健全民营经济发展的法治环境,大力支持民营企业发展壮大。在此背景下,检察机关也开始进行相关制度的改革探索,一些地方检察机关开始尝试在审查起诉程序中引入企业合规机制,推行了一种具有中国特色的企业合规制度。[①]

(一) 企业合规机制的产生与发展

企业合规机制起源于 20 世纪 60 年代的美国,此时垄断企业在市场中大行其道,政府监管部门为了有效应对,严格监督市场运行,对多家垄断企业处以巨额罚款,并对涉案企业高管也处以刑事处罚。[②] 监管部门雷厉风行的做法使得企业合规在公司运营的某些领域得到了高度重视。70 年代,美国赋予企业合规法律约束力;发展至 90 年代,企业合规在美国的公司经营中普遍适用。至今,企业合规已经成为全球通用的公司治理手段和运营模式。

(二) 企业合规机制的内涵与属性

尽管企业合规机制的发展已经历经许多年,但在我国仍属于新兴事物,为

---

[*] 王占寻,安徽省淮南市人民检察院第一检察部二级检察官,法律硕士;邢雅丽,安徽省淮南市人民检察院第一检察部检察官助理,法学硕士;邢雅清,中国政法大学民商经济法学院硕士研究生。

[①] 参见史济峰:《不起诉决定助力企业焕发生机》,载《检察日报》2020 年 6 月 12 日,第 3 版。

[②] 参见陈瑞华:《论企业合规的性质》,载《浙江工商大学学报》2021 年第 1 期。

了推动企业合规机制在我国的全面建设,我们有必要对该机制的内涵与外延进行进一步明析,厘清认识上的误区。企业合规机制的内涵可以从企业内部的管理机制和外部的激励机制两个层面进行理解。企业内部的管理机制可以根据企业经营活动的不同阶段分为不同的侧面予以考察,具体可以明确为:一是企业在正常经营活动中主动遵守市场秩序和法律法规的自主作为;二是企业在商事交易活动中为了预防违反政策法律规定的行为而采取的治理模式;三是企业在违反相关规定需要承担相应的刑事责任或是行政责任时,为了尽可能地降低因此带来的损失而采取的应对措施。而企业合规的外部激励机制则表现为国家公权力以规范性法律文件的方式,在行政监管、刑事合规和反制裁三个方面,将建立企业合规机制作为案件处理时的必要考量因素,给失足企业争取宽大处理带来契机。[1]

由于企业合规的外部激励机制,需要国家法律的介入,部分学者对企业合规的法律性质提出了质疑。有学者认为,企业合规机制,主要表现为企业内部的自主行为,是企业自发地维护正常经营活动的行为,没有必要上升到法律法规的高度,因此该机制尚且不属于法律问题。笔者认为,企业合规机制从发展初期至今,确是包括企业规范从事商事交易活动的管理文化和治理传统的,这是企业合规机制无法回避的话题,也是对合规机制道德属性的有利论证。但是,这并不等同于企业合规机制仅仅具备道德这一单一属性。历经半个世纪的发展,合规机制结构逐渐完善,框架也日趋繁杂。为了鼓励企业积极建立合规机制,相关规范性文件也引入行政监管合规机制和暂缓起诉制度,将合规机制与宽大处理的联结赋予法律约束力。这些都使得合规机制不再是简单的道德问题,而是企业在经营活动中必须遵守的法律制度。因此,企业合规机制兼具双重属性。

(三)我国建立刑事激励机制的必要性

企业合规机制在美国的《组织量刑指南》中首次被定位为法定的量刑情节,演变至今,合规机制在美国公司犯罪案件中已经成为备受欢迎的法定减轻情节之一。在全球化经济的影响之下,我国的跨国企业越来越多,为了更好地"走出去",他们必须适应所在国的相关规定。企业合规管理模式在许多欧美国家已经得到普遍适用,在许多国际条例和规定中也已成为共识,我国跨国企业的分支机构为了遵守所在国的合规管理模式,避免更大的法律风险,也纷纷

---

[1] 参见陈瑞华:《论企业合规的性质》,载《浙江工商大学学报》2021年第1期。

将企业合规计划列入公司日程。① 可以说，建立完善的合规机制，是我国应对国际严格监管，进行全球化交易的必经之路。

企业合规机制作为美国检察机关审理案件的重要考量因素，不仅对涉案企业的定罪方面发挥着举足轻重的作用，在量刑环节也占据着不可或缺的地位。随着西方的公司法观念逐渐引入我国，企业合规的管理模式也进入我国监管部门的视野。② 其中的道德属性强调企业应当具有社会责任和道德规范，这与我国企业可持续的发展理念契合。随着我国社会主义市场经济的发展，企业合规机制也逐渐影响着我国的企业文化和架构，甚至连国有企业也加入了企业合规的浪潮。刑事激励机制作为企业建立合规计划的强大动力，对我国企业管理模式革新的作用也在逐渐加深，这也充分说明了我国亟须建立刑事激励机制。

二、刑事激励机制模式的域外考察

企业合规机制在美国的引领下诞生，历经多年，逐渐在欧美国家盛行，并逐渐成为我国跨国分支机构的制度优选。其中，刑事激励机制对检察机关提起公诉和法院审理案件都具有重要作用和意义。以下笔者将各层面对欧美企业合规中的刑事激励机制进行比较评析，试图结合我国的社会主义市场体制，为构建具有中国特色的企业合规制度提供借鉴。

（一）以合规换取"DPA""NPA"

不起诉协议（Non-Prosecution Agreement，简称"NPA"），是检察机关在提起公诉之前，在企业有效设立合规运营模式的情况下，与之达成的附条件不起诉协议。③ 暂缓起诉协议（Deferred Prosecution Agreement，简称"DPA"），内容与"NPA"相似，但是检察机关提起公诉之后，在企业进行合规建设的前提下，与之协商达成的附条件不起诉协议，但由于案件已经进入法院审理阶段，"DPA"通常还需要法官的批准。无论是"DPA"还是"NPA"，检察机关都在其中发挥着主导作用，结果都是检察机关对涉案企业作出不起诉的决定。

原因在于，在检察机关对涉案企业提供公诉后，企业通常会接受犯罪处罚，对企业造成不利影响，但这种不利影响不会仅局限于企业本身，它可能会

---

① 参见陈瑞华：《论企业合规的中国化问题》，载《西北政法大学学报》2020年第3期。

② 参见陈瑞华：《论企业合规的中国化问题》，载《西北政法大学学报》2020年第3期。

③ 参见陈瑞华：《企业合规制度的三个维度》，载《比较法研究》2019年第3期。

像石头投入水中后水波的辐射扩散一样,对企业周围的第三人也会造成不利的辐射后果,也即是美国公司犯罪理论中盛行的"水波理论"。① 为了避免这些不利影响的扩散,监管部门尽力缩小惩罚的范围,严格划定惩罚的标准,但结果都不尽如人意。

更重要的是,在美国,企业被起诉之后,就会承担巨额经济损失和名誉断崖,换言之,企业就相当于被宣告死亡。比如,全球顶级会计师事务所安达信被法院起诉后拒绝辩诉交易而走向灭亡的典例。以此案为转折,欧美国家意识到起诉对企业的致命影响。为了鼓励经济运行,保障企业的主体地位,美国将矛头指向了起诉这一源头,并率先设立了暂缓起诉协议制度,与不起诉协议制度并存,并逐渐在英国、加拿大和澳大利亚获得一席之地。为了鼓励合规机制的广泛应用,欧美国家允许企业以建立合规机制为条件,换取检察机关不对企业提起公诉。尤其在安达信事件后,不起诉政策便成了欧美国家企业犯罪处罚中的惯用手段。

（二）以合规换取无罪抗辩与从轻量刑

为了促进企业合规机制的普遍适用,英国在美国不起诉制度的基础上,增设了企业合规这一法定无罪抗辩事由。以 2011 年英国确立"商业组织预防贿赂失职罪"（failure of commercial organization to prevent bribery）为起点,开启了以合规换取无罪抗辩的新时代。这一革新使得企业合规机制的红利从审前起诉阶段拓展至案件审理阶段,展现了欧美国家推广企业合规机制的决心,也激发了商事主体进行合规经营的动力。

但我们应当注意到,英国推行的合规抗辩模式,存在一个重要前提,即承认企业具有严格责任。具体而言,只要企业存在违反法律法规的客观行为,不论企业是否具有主观过错,都要追究企业的责任。严格责任制度对涉案企业的规定属于推定性犯罪,严重损害了企业的经营活力。为了平衡法院与企业之间主体地位的不平等性,英国融合了企业合规机制与无罪抗辩制度,在拓宽无罪抗辩事由范围的同时,增加企业合规机制的生存空间,允许企业以建立有效合规机制进行无罪抗辩。② 我国虽然也承认严格责任制度,但是由于我国刑法重视主观与客观的协调统一,故而严格责任制度在我国刑法领域尚未获得认可。这也对我国建立合规抗辩模式的刑事激励机制提出了挑战。

在起诉和定罪程序中,企业都可以通过合规模式化换取有利结果,但不起

---

① 参见陈瑞华:《企业合规的基本问题》,载《中国法律评论》2020 年第 1 期。
② 参见印波、高远:《英国企业预防贿赂失职罪的充分程序抗辩——兼谈对我国治理商业贿赂的启示》,载《河北经贸大学学报》2015 年第 6 期。

诉制度和无罪抗辩模式的作用有限。当涉案企业进入量刑环节时，前两种制度则无法延伸适用，于是西方国家又将合规机制与量刑情节有机结合。作为企业合规机制的发源地，美国在合规量刑方面也卓有成效。美国《组织量刑指南》中甚至对量刑的幅度和罚款的数额等级都进行了严密规定，以期企业合规与量刑情节的有机衔接。① 具体而言，法院通过考察企业是否积极主动建立合规管理模式，是否有效将合规计划运用到交易活动中，决定是否对企业减轻处罚及减轻处罚的范围和幅度，将企业建立合规机制纳入量刑情节。

（三）以披露违法行为得到"合作从宽"

在企业出现违反法律法规的行为时，检察机关通常会对企业展开调查，企业在接受调查阶段如果积极配合调查，检察官可以对涉案企业适用"合作从宽"（cooperation credit），根据涉案企业的配合程度和态度换取减少罚金，甚至可以得到不起诉的结果。"合作从宽"要求涉案企业在接受调查时主动报告企业的违规行为，积极配合检察机关的调查行为，及时对违法行为造成的后果进行补救。②

涉案企业欲获得"合作从宽"的处理结果，应当注意以下几个方面：首先，涉案企业主动报告要求企业必须在监管部门采取调查措施之前自行报告其违规行为，而不是在调查程序过程中被动说明；其次，涉案企业积极配合调查的涉及的内容较为广泛，如主动提交涉案文件资料、及时报告公司内部调查近况等；最后，涉案企业的补救行为应当具有及时性和针对性，而不是单纯应付监管部门的调查，这要求企业从微观层面对涉案人员作出有效的处理，在宏观层面对合规机制建设作出合理规划。

由此可见，涉案企业欲适用"合作从宽"制度并非易事。但是，如果涉案企业达到了上述标准，则可以获得较大程度的从宽处理，甚至可能得到不被提起公诉的结果。具体而言，涉案企业必须主动报告自身违规行为才可能获得"合作从宽"的处理，而主动报告其违规行为也是涉案企业与检察机关达成"NPA""DPA"的主要依据，这一重合要求也使得企业合规机制内部框架更加充实，联系更加紧密。

---

① 参见孙国祥：《刑事合规的理念、机能和中国的构建》，载《中国刑事法杂志》2019年第2期。

② Le Clair Ryan, The Cooperation Credit in Corporate Investigation According to New Justice Department Guidance, https：//www.webcache.googleusercontent.com（accessed Jun. 26, 2021）.

三、刑事激励机制的本土化构建与设想

2020年3月起,最高检在上海、江苏、山东、广东的6家基层检察院,试点开展"企业犯罪相对不起诉适用机制改革"。2021年3月,最高检决定扩大试点范围,在北京、辽宁、上海等10个省份开展为期一年的第二期试点工作。企业合规制度作为一种以政府为主导的企业管理体系建设,如何避免企业遭受严厉刑法制裁,进而实施有效的刑事激励机制建设,成为企业合规制度本土化适用的重要课题。

首先,西方国家的合规抗辩模式要求承认企业的严格责任,而这一前提条件与我国刑法对企业责任的主观要求背离;其次,合规中的量刑激励机制要求我国司法机关改变以往对公司犯罪危害结果的关注,转而积极预防企业进行再次犯罪的可能性,突出合规机制积极预防犯罪的理念。最后,无论是"NPA""DPA"抑或是"合作从宽"模式,最终目标都是为了换取不起诉的结果。因此,本文提出以合规不起诉为核心的刑事激励机制的构建,以期我国民营企业刑事司法保护政策法治化的实现。

(一)合规不起诉制度的适用范围

所谓"合规不起诉制度",是指检察机关对于那些涉嫌犯罪的企业,要求其缴纳高额罚金并承诺在一定期间内建立专项的合规计划,如果在设定的考验期内,涉罪企业按时推进合规管理体系建设,检察机关可以作出相对不起诉决定的制度。从企业合规的本意来讲,其是基于企业风险防控的一种企业管理体系,而合规不起诉亦是一种将企业合规机制引入刑事诉讼程序的改革尝试,基于此,合规不起诉的对象应当是从事商业活动的企业本身,不包含对涉罪企业责任人的附条件不起诉。企业合规作为企业针对自身合规风险建立的自我监管机制,应当主要是"企业本身的合规",而非"企业家的合规"。[①]

(二)合规不起诉制度以认罪认罚从宽制度为前提条件

合规不起诉制度下,企业通过缴纳巨额的罚金或者合规体系建设,与检察机关达成不起诉或暂缓起诉的协议,以此来达到罪名或刑罚上的减轻处理的要求。这与我国现行的认罪认罚从宽制度有相似又有略微不同。认罪认罚从宽制度从本质上讲是鼓励涉罪嫌疑人积极认罪悔罪,通过及早赔偿被害人的损失来换取较轻的处罚,从这一点上来讲,其与合规不起诉的制度价值不谋而合,合

[①] 参见陈瑞华:《企业合规不起诉制度研究》,载《中国刑事法杂志》2021年第1期。

规是企业认罪认罚的高级形式①。认罪认罚从宽制度虽然也是一种协商的结果，但在该制度内涵下嫌疑人既要认同检察机关对其指控的罪名，亦要认可公诉机关对其提出的量刑建议，从而实现对被告人从轻处罚的目的。

检察机关将涉罪企业的认罪认罚作为适用合规不起诉的前置程序，具有合理性。假设涉案企业不认罪，就很难体现出其积极整改的态度，难以实现有效的补救措施，更难以达到开展实质性合规制度建设的要求。②因此，在推行"合规不起诉或暂缓起诉制度"的国家，几乎都将企业自愿认罪认罚作为一种前置程序。认罪认罚从宽制度自2018年《刑事诉讼法》修改被正式入法，以"实体从宽，程序从简"为特征，旨在实现效率与公正的双重价值目标，对于自愿认罪认罚的犯罪嫌疑人给予从宽处理，适用于所有罪名、所有诉讼阶段。因此，无论从合规制度设计的初衷还是制度价值的角度考虑，都应该将认罪认罚程序设置为合规不起诉的前置条件，方能更好地将企业合规不起诉制度进行本土化改造，达到预期的制度效果。

（三）合规不起诉制度以刑事和解程序为必要条件

如前文所述，涉案企业一般通过高额的赔偿来弥补给被害人造成的物质或精神损失。实践中，一些检察机关将赔偿被害人等和解行为作为适用企业合规不起诉的必要条件。例如，积极补交偷逃的税款、修补被破坏的环境资源、及时赔偿被害人的损失、及时缴纳行政罚款等，都属于企业积极采取补救措施的表现。然而，就我国目前的行政处罚权设置来看，对于涉罪企业，只有行政机关享有对其科处罚款、没收违法所得或者责令企业采取补救措施的权力，审判机关和检察机关都没有对涉罪企业的行政处罚权，而只能够通过制发检察建议或司法建议等柔性方式，建议相关行政机关对涉罪企业进行相应的行政处罚。这样会产生部分涉罪企业在享受合规不起诉的制度福利下，却没有采取相应补救措施，导致被害人无法得到适当的民事赔偿，从而导致被害人对合规不起诉决定产生不满情绪，难以实现该制度的社会和法律效果，甚至影响这一改革的试点推行。

基于上述困境，将涉案企业与被害人的刑事和解程序纳入合规不起诉的前提条件就显得尤为必要。虽然检察机关无权对涉案企业采取相应的行政处罚措施，但并不意味着其对涉案企业没有任何的规制手段。检察机关可以与企业签

---

① 参见李玉华：《以合规为核心的企业认罪认罚从宽制度》，载《浙江工商大学学报》2021年第1期。

② 参见李勇：《检察视角下中国刑事合规之构建》，载《国家检察官学院学报》2020年第4期。

订的合规协议中设立相关的赔偿条款或者责令涉案企业提交赔偿被害人的承诺书,并在后续的合规监管考验期内作为重要的考量指标。通过合规和解协议可以使检察机关对涉案企业有效施压,建立赔偿被害人的激励机制。

民营企业在我国的经济发展中发挥着不可替代的作用,对企业进行刑事司法政策保护有利于激发民营经济的活力。企业合规是为了避免企业自身合规风险而建立起来的治理体系,为企业刑事司法从宽保护的正当性提供了制度回应。当前,企业合规不起诉制度在我国的改革探索已经开始,部分地方检察机关已被纳入改革试点的范畴。合规不起诉作为一种企业合规刑事激励机制,应当严格把控其适用的范围和前置程序,以期实现防范合规法律风险、强化企业自我监管、实现企业依法经营的制度价值,从而优化我营商环境,保护企业合法权益,为企业的健康发展提供坚实的法律支持。

压制抑或协商：
企业合规调查运行逻辑探析[*]

苏志远 卢 菲[**]

一、问题缘起：企业调查的实践困境

2021年3月8日，《最高人民检察院工作报告》指出，要通过"督促涉案企业合规管理，做好依法不捕、不诉、不判实刑的后续工作"来平等保护各类企业。异于公司治理方式的合规管理，作为企业治理模式最新形态的刑事合规体系，通过融贯企业管理体系与刑事法律政策，建立识别、预防、制止和反馈犯罪行为的能动机制，整体考察各种前置性违规风险，防止刑事责任风险现实化。[①] 囿于中国合规实践起步较晚的客观现实，以及合规相关的前沿理论尚待深入讨论，刑事合规建设面临诸多藩篱。例如，在当前检察机关主导的两种刑事合规流向——检察建议与附条件不起诉中，企业合规调查均未与执法调查以及刑事侦查的介入时机、程序衔接等细节形成融贯体系。因而，在刑事合规体系建设之时，需要以更加细致的视角抵近观察当前的企业调查活动。

发生隐蔽、难以查处的公司犯罪作为企业经营过程中的痼疾，使得自发的交易机会出现异化，而且造成相关公司的内部生态同步恶化。若要有效治理企业犯罪，需要更新刑事执法理念、引入合规激励机制、引导企业自主发现和消除经营中的违法犯罪隐患。在犯罪预防的语境下审视企业犯罪行为，出于预防

---

[*] 本文系2020年度最高人民检察院检察理论研究重点基金项目（批准号：GJ2020B17）。

[**] 苏志远，中国政法大学刑事司法学院诉讼法学专业硕士研究生；卢菲，中国政法大学证据科学研究院证据法学专业硕士研究生。

① 参见张元琦：《刑事合规制度本土化与我国单位犯罪理论兼容性问题研究》，载《上海法学研究》2020年第12卷。

企业犯罪之目的，应当尽量增加发现犯罪的可能性，从而使行为人主动放弃犯罪。① 在刑事合规体系下的企业调查是犯罪预防思维的实体延伸，兼具事后惩戒与事前预防的双重效果。企业调查不仅是企业内部治理和自我监督的一种手段，也是刑事合规体系建设的重要一环。检视刑事合规体系发展现状，目前企业调查存在概念模糊、手段局限和衔接不畅等问题，而面对实践运行中的诸多障碍，有企业调查人员曾呼吁立法能够给予企业调查一定的合法地位，扩张其权力边界，以便更好履行调查职能。② 然而企业调查受到一种异于刑事侦查、执法调查内生逻辑的驱动，以致呈现出目前的运行样态。对此，我们需要思考一个问题：企业调查的开展，应当是坚守现状并以协商逻辑为核心逐渐完善，还是超越阻碍并以职权逻辑为基础扩大权限？笔者将在厘清企业调查的逻辑表述基础上，描述企业调查的运行版图、内生逻辑和应然样态，并对该项问题作出回应，以期为合规治理体系与治理能力现代化建设作出理论贡献。

二、逻辑表述：企业调查的本体展开

刑事合规制度包括犯罪行为发生前的管理措施和犯罪行为发生后的合规办法。③ 有效刑事合规计划可以使得企业获得出罪、从轻资格。有学者认为调查程序是衡量合规计划完整程度的重要一环。④ 故应通过抵近观察企业合规实践场景，解读企业调查的基本属性，探寻企业调查的价值动因。

（一）多种行为的并存样态

当前多种企业调查的并存样态，一定程度遮掩了企业调查的基本轮廓。逐一梳理多种调查方式，可为下文自身属性、正当依据的精细化表述提供参考。当然，下列区分方法并非绝对，而是对实践样态做的一种贴近"理论模型化"的描述。

第一，纪检监察调查——国企、合资企业。国家监察体制改革强调监察全覆盖，对"公职人员进行监察"，在国企、合资企业中，调查工作按照自上而下的政策要求展开，因此仅需借助纪检监察部门力量即可完成各类调查任务，总体工作可在纪检监察、刑事司法程序中运转，故不在本文讨论范畴之内。

---

① See BAER MH. Governing Corporate Compliance [J]. Boston College Law Review, 2009, 50 (4): 949-1019.
② 来自2021年4月在B市H区与若干位企业合规官座谈时的调研情况。
③ 参见李本灿：《刑事合规制度的法理根基》，载《东方法学》2020年第5期。
④ 参见陶朗逍：《非国有企业刑事合规的解构与展望》，载《浙江工商大学学报》2021年第1期。

第二，企业内部调查——直属合规部门负责的企业内部调查（我国非国有企业通采此种做法）和分属不同机构联合进行的企业内部调查（外企即采此种做法，分属审计、法务、人力以及具体业务等部门，根据不同事项进行调查）。在这两种类型中，无论调查人员属于一元组成抑或多元构造，均由企业自身负责调查，基于自下而上的内生需求予以驱动。

第三，社会调查机构——由企业委托社会专职调查机构、律师事务所以及会计师事务所等第三方机构进行调查。需要注意的是，这类事项调查主要发生在违规或者违法行为发生之后，异于主要针对证券行业的律师尽职调查[1]，因为后者主要依托事先审核材料，提前规避风险的路径，而并非事后调查。尽管外部调查资源可以保障调查的专业性和客观性，且调查效率更高，但是引入外部调查资源将产生各类费用，价格高昂，[2]因而仅仅适合某些特定且重大事项的调查事务，无法长期开展。而且，企业外包方式存在一定风险，如威吓当事人的情况。由于第三方调查的运行规律和操作逻辑对于委托企业来说，并不具有特定性，在此并不研究。

刑事司法实践中，企业合规不仅要求企业对过去实施的犯罪予以承认，还应主动配合调查、揭露犯罪以及采取措施预防未来犯罪。[3]因此，基于企业调查的特殊意涵和基本定位，围绕可以贯穿企业经营各个阶段的第二种形态——企业内部调查作为题域进行探讨具有重要价值。

（二）企业调查的自身属性

企业犯罪的出现与国家监控缺位、企业权力滥用等原因不无关系。[4]企业管理日益呈现复杂态势，部分国家将某些司法监管责任移向企业，要求企业通过合规计划实现犯罪的自我发现、自我调查和自我预防。[5]刑事合规计划有效性，是以企业能否进入检察建议环节抑或附条件不起诉为参考指标，进而决定对企业作出宽大处理。目前，我国的企业合规建设阙如，往往因涉及刑事问题

---

[1] 律师尽职调查主要针对证券业，是在签署或者达成某项协议之后进行的相关调查，因而不在此类叙述之中。

[2] See Arthur F. Mathews, Symposium: Current Issues in Corporate Governance: Internal Corporate Investigations, 45 Ohio State Law Journal 655, 672 (1984).

[3] 参见李玉华：《以合规为核心的企业认罪认罚从宽制度》，载《浙江工商大学学报》2021年第1期。

[4] 参见周建军：《中国非国有企业犯罪治理的刑事政策研究》，载《政治与法律》2012年第7期。

[5] 参见陶朗逍：《非国有企业刑事合规的解构与展望》，载《浙江工商大学学报》2021年第1期。

才在检察机关推动之下开始合规计划,刑事合规计划的有效性停留于纸面。[①]此外,除了作为判断企业合规搭建程度的具体指标,[②] 企业调查还具有其他重要功用。一方面,如果企业内部调查得以合理构建,可以使得检察建议与附条件不起诉快速进入刑事合规路径,减少二者之间的时间冲突;另一方面,刑事合规体系建设倒逼企业规范经营,因此企业内部调查的建构是顺应刑事合规体系的题中应有之义。但是,当前对于企业调查的属性理解不清,有必要对其进行探讨。

第一,合意性。企业作为一种社会组织缺乏国家强制力量,对调查对象既无法采取强制措施,也难以要求其他单位或者个人协助调查,只能依赖员工之间的平等沟通路径展开。可以说,合意性是企业调查的本质特征。由于引入外部调查资源可能出现威胁、恐吓当事人的情况,所以委托企业通常慎重考虑。如果调查过程难以消除疑点,企业最终应当围绕员工权利保护采取轻缓措施,而不能滥用优势地位任意处理。

第二,补充性。补充性体现在调查主体的附属关系以及日常活动的处理事项之中。企业调查是针对违规违法行为发生之后,对企业内部员工及其关联客户依法依规追究责任的管理活动。由于违规违法行为多发生于企业正常经营运转期间,执法调查往往难以介入,而企业调查可以通过常规适用,起到防控内部风险的作用,这无疑是执法调查、刑事侦查的有益补充。

第三,内隐性。异于监察调查、刑事侦查和执法调查,企业调查活动基于企业与调查对象之间因组织和劳动关系产生的内在约束,内隐于企业开展的各项活动中,通常以秘密调查活动为基础前提。一般来说,获取书证、物证和谈话记录之后,仅凭企业自身力量难以继续深入调查。而对于涉罪案件,出现因继续调查导致被调查人逃跑、串供以及毁灭证据等情况时,企业也期望侦查机关尽早介入。

(三)调查职能的价值取向

第一,企业自我监管的当然需要。随着我国经济社会发展水平的提高,建立在传统刑法"报应论"基础上的企业犯罪治理模式因为忽视企业内部治理

[①] 参见李玉华:《有效刑事合规的基本标准》,载《中国刑事法杂志》2021 年第 1 期。

[②] 参见周振杰、赖祎婧:《合规计划有效性的具体判断:以英国 SG 案为例》,载《法律适用》2018 年第 14 期。

问题，难以契合社会治理模式优化转型的要求。① 由于企业的预防机制无法杜绝违法违规行为，使得合规调查成为自我监管的现实面向之一。一方面，企业通过实时监控经营，实现自我识别违法犯罪行为，并及时介入和处置，避免其演变为严重的犯罪行为。另一方面，企业通过及时处置措施和必要制度补救措施，完成自我修复的任务。在违法犯罪行为发生后，企业在进行内部调查的基础上，应当及时惩处负有责任的自然人，排查管理制度和内部控制上的缺陷和漏洞，并采取必要的整改措施。通过及时改造经营模式，及时修复制度缺陷，企业完善管理制度的机能得以激活，其自我监控、自我防范、自我管理的能力也得到显著提升。②

第二，公司社会责任的治理要求。国家治理体系和治理能力现代化建设中，"治理"语义要求包括政府、企业、社会组织和公众在内的社会主体加入。随着时代发展，企业组织已成为国民经济的一个重要组成部分，其行为也具有一定的公共性。从这个意义上讲，公司治理也成为社会治理的一个有机组成部分，并在一定程度上影响社会治理的水平。③ 有域外刑法理论认为，刑事合规作为一种犯罪控制和治理的"家庭模型"，是刑法演进受到私法领域中民法协商一致原则和公法领域由国家化到私人化发展影响的结果，企业"合规计划"表明管理责任由国家转移到私人。④ 发现和调查犯罪是人类社会的永久痼疾，企业经营环境的特殊样态使得企业犯罪更具隐秘性，司法机关自行调查将耗费巨大社会资源。刑事合规计划将国家监管、调查职责部分分配到企业组织内部，使公司充分了解自己面对的责任义务，⑤ 并向有关机关展示自己对于维护合规所做努力，有利于节约司法资源。

第三，刑事合规出罪的正当依据。有效合规计划的制度要素中，无论是事前预防机制（包括发现、举报等举措）的建立，事中展开内部调查以主动进行的外部揭弊，还是事后积极配合予以修补合规的漏洞，客观上都是提升违法

---

① 参见陈卫东：《从实体到程序：刑事合规与企业"非罪化"治理》，载《中国刑事法杂志》2021年第2期。
② 陈瑞华：《刑事诉讼的合规激励模式》，载《中国法学》2020年第6期。
③ 参见崔文玉：《公司治理的新型机制：商刑交叉视野下的合规制度》，载《法商研究》2020年第6期。
④ 参见［德］托马斯·罗什：《合规与刑法：问题、内涵与展望——对所谓的"刑事合规"理论的介绍》，李本灿译，载赵秉志主编：《刑法论丛》2016年第4卷，法律出版社2017年版，第357页。
⑤ ［美］H.大卫·科茨：《金融监管与合规》，邹亚生等译，中国金融出版社2018年版，第163页。

犯罪行为惩罚概率的举措，对企业采取宽缓的刑罚也是积极一般预防理论的应有之义。① "积极一般预防"所表达的含义是：刑罚的制裁对没有违反规范的一般民众有鼓励、表彰和肯定的效果，对违法行为的评价准确传递出一种信息，即触犯规范的人是错的，坚持遵守规范始终是正确的选择。其主旨是通过指导公众的行为，确立公众对于规范的认同、尊重，进而避免犯罪。② 由此，根据"积极一般预防"理论可以推演出违法或责任阻却路径、责任减轻路径的合规出罪制度。刑事合规体系中的企业调查，可以证明企业自身业已履行法定监督和管理义务，从而为免除刑事责任，促成合规出罪提供可能。

三、权力版图：企业调查的运行样态

根据刑事诉讼法相关规定，公安机关对于报案、控告、举报材料，应当按照管辖范围进行审查，认为有犯罪事实需要追究刑事责任的，应当立案。非国有企业的舞弊贪腐案件由公安机关管辖。然而企业调查由于自身权力逻辑的限制，受到诸多掣肘，难以达到刑事侦查般的理想效果。

（一）调查手段面临限制

企业调查同刑事侦查活动类似，均为一项"证明"某件事实要件的活动。根据自治原则，企业调查机构缺乏公权力支持和法律依据。面对潜在的、巨大的舞弊风险，非国有企业并不能够按照国有企业自有的调查取证模式处理违规违法案件，而仅仅结合审计检查等秘密调查手段，以暗访和巡查为主要调查形式。按照是否与被调查人存在直接交互联系，企业调查手段可以分为以审计检查等手段为代表的非交互性手段和以访谈问话为代表的交互性手段。

非交互性手段并不需要取得被调查人同意，属于职权运作的单方行为，但是所获外部证据不能对查明事实起到重要补充作用，例如审计部门难以将从账面等纸质材料上反映出来的问题调查清楚。而交互性手段如访谈问话，谈话效果不确定性较大，并不能保证员工的陈述真实性，而且员工有权力随时终止谈话。

（二）证据材料有所局限

企业调查所获的谈话录音或笔录，旨在确认关键细节以及获取其他客观证据，在民事诉讼中可能会被采纳。但在刑事诉讼中，上述资料仅能作为线索以

---

① 李本灿：《刑事合规制度的法理根基》，载《东方法学》2020 年第 5 期。
② 参见周光权：《行为无价值与积极一般预防》，载《南京师大学报（社会科学版）》2015 年第 1 期。

供参考，侦查机关需要遵循刑事诉讼法有关规定重新进行取证工作。然而现实窘境在于，企业和侦查机关对于刑事立案标准——认为有犯罪事实需要追究刑事责任——的理解不一。这种认识结果的分野，主要是所获证据材料有限所致。企业往往依靠财物数据或凭证、大数据分析以及社交工具认定案件事实，① 证据相对可靠，但却无法充分查明事实。因而面对质询范围有限、心理威慑较低的情况，所获取的证据应当与相关人员证词、电子数据及其他书面材料，进行相互印证。

（三）公民权利亟待保护

企业犯罪主要涉及职务侵占、挪用资金、商业贿赂、侵犯公民个人信息以及计算机舞弊等案由，② 其具体实施手段和行为，包括收受贿赂及回扣、侵占资产、转让交易机会、偷窃、故意隐瞒数据、行贿、挪用资产和不当关联交易等情形。这些犯罪行为多发生在销售及采购环节，③ 共同特点是涉及环节较多，作案手法隐秘，难以发现和查处。这虽给企业调查带来阻碍，但并不能因此而侵犯公民个人权利，主要包括以下三个方面：

第一，严禁侵犯公民人身权利。调查对象拒不配合调查的情况经常发生，但是限制人身自由的行政处罚权只能由公安机关行使。访谈选择的时间、地点、参与人员都应当合法合规，要保证调查对象有充分的饮食、休息和人身自由，允许其按照自己的真实意愿陈述。

第二，注意保护调查对象的名誉权。企业调查初始阶段使用包括审计检查为主要手段的秘密调查，低调进行，确保在正式处理决定公布前，不给调查对象带来名誉影响和身心损害，且不影响公司经营秩序和品牌商誉。

第三，避免侵害调查对象的财产权利。企业调查要严格遵守民法典、刑法以及劳动法等法律规定，企业不能实施任意停发调查对象的薪资、扣押私人物品、搜查个人住宅等侵害行为。

---

① 林斌、孙岩、陈莹：《中国企业反舞弊调查报告》，中国财经出版传媒集团2019年版，第190页。

② 在共计1641份舞弊犯罪裁判文书中，职务侵占案件数量最多，为1106例，占案件总数的67.4%；挪用资金案件293例，占总数的17.85%；非国家工作人员受贿案件162例，占总数的9.87%；侵犯公民个人信息案件67例，占总数的4.08%；计算机类舞弊犯罪案件13例，占总数的0.8%。参见2018年度中国企业员工舞弊犯罪司法裁判大数据研究报告，微信公众号"星瀚微法苑"，最后访问日期：2021年5月7日。

③ 林斌、孙岩、陈莹：《中国企业反舞弊调查报告》，中国财经出版传媒集团2019年版，第103页。

四、内生逻辑：协商性逻辑的提出

按照调查取证的要求，调查人员应当尽可能地还原事实，确保证据质效；从合规实践的视角，调查工作的开展受到诸多"红线"限制。查明事实与程序规制之间的根本抵牾，使得企业调查的权力版图有所限缩，造成上述矛盾样态。但在现有法律框架下，这其中蕴含特定的运行逻辑：企业调查需要以被调查人员的同意为前提，按照协商性交涉逻辑开展工作。

（一）企业调查中的协商性逻辑证成

第一，调查开展过程的协商因素。对于举报线索、关联人员、电子数据开展的取证调查活动虽然具有一定秘密性，但最终仍需面向调查对象核实，使得调查活动最终借助协商完成。在协商性逻辑指引下的企业调查，通过双方讨论、商谈、选择、让步等交互行为完成最后调查。例如调查程序最后阶段的访谈对话，应注重事前协议签订以及事后具体设计，完成协商性调查活动。异于讯问措施，调查对象可以自愿选择访谈对话的时间、地点以及陈述内容。企业可以在劳动规章制度中规定员工必须配合企业调查，这其中含有书面"同意"或者"承诺"的性质。如果不能服从工作安排，可能因构成旷工而解除劳动合同。在设计谈话访问、建构平等协商的基础上，员工基于自身企业的归属感或者认同感，并不具备较强抗拒心理，调查对象可以陈述相关情况，只不过问题难点在于如何甄别内容的真实性。

第二，扣押设备过程的协商因素。对于员工个人使用的电子设备，可以根据来源分为两种，一种是企业因为工作开展需求配属给员工使用的，另外一种是员工自己购买使用的个人设备。对于前者，企业调查开展时可以扣押并且检验其中数据，理论因应在于：配属相关电子设备时，通过录用新员工，可以在劳动规章制度、劳动合同或入职登记表等材料中注明相关条款，取得员工的授权，蕴含了调查对象的授权同意，相关条款的签署过程，实际上就是双方达成"合意"的过程。企业有权在不侵犯调查对象其他权利的情况下扣押该设备和提供资料，而无需调查对象同意。

第三，作出处罚结果的协商因素。现实生活中进行制度构建时应以加强对涉案人员的惩处为重点。企业调查的处理结果，可分为以下四类：无辜、违规、违法以及存疑。员工损害企业利益的行为一经证实，对该员工的后续处理将无法回避，如内部处罚或解雇；劳动仲裁、诉讼解除劳动关系；提起民事索赔诉讼；提起刑事控告，追究刑事责任。对于处理结果，可以藉由企业及其员工之间的协商加以形塑，制造一个有利于调查对象的确定结果。譬如，对于存疑事件的涉案人员，往往将其调离原有岗位而非开除。再如，如果员工主动上交受贿收入，企业不予追究其刑事责任，仅将其调离原有岗位。

(二) 协商性逻辑带来的激励效应

如果在企业调查中引入职权性因子，一方面，诸多带有强制性的调查手段在缺少有效规制的程序中，无疑将产生大量侵犯公民个人权益的行为，不利于社会和谐价值的实现。另一方面，在企业调查的深入过程中，存在借鉴或者照搬刑事侦查手段方法和理念思维，譬如调查策略的选择、证据固定的方法、证据收集的技巧等。合理借鉴并无不妥，然而企业调查行为难免受到职权思维的偏在影响，存在事实认定错误抑或侵犯公民权利的隐忧。

当前企业调查运作状态差强人意，但是未能充分体现协商性质抑或商谈语义。企业需要遵循协商性逻辑细化各项工作，从而对于调查手段面临限制、证据材料有所局限和公民权利亟需保护的权力版图作出回应，从相反向度在合理边界的规制下运行，不必引入更多具有强制性因素的手段。这一新的调查方法，既有长期的合规实践作为基础，又可成为指导未来企业刑事合规体系建设的重要工具。

任何一种协商性司法程序，都包含着一定激励机制。① 那么在协商性逻辑驱动下的企业调查活动，对于调查对象而言，激励效应从何体现？其一，从调查过程来看，在保障人权以及平等自愿基础上，充分尊重调查对象的意愿，可以在刑事合规体系当中引入宽泛的程序正义观。其二，从调查对象自身来看，通过协商活动完全可以减轻其惩罚结果，譬如调离岗位但却保留工作，抑或免于移交刑事司法机关。其三，从企业发展来看，企业调查的协商性逻辑，契合企业经营的特点，可与执法调查、刑事侦查的职权性因素相互补充，相得益彰。

(三) 企业调查的协商推进模式

由于立法缺失，我国企业长期以来缺乏主动合规的动力，对于采取主动开展内部调查等合规措施的企业，司法机关并未给予"看得见的奖励"。而且在司法机关开展调查后，企业主动聘请外部律师和会计师进行内部调查行为合法性存疑的现实语境下，② 应该如何激活刑事合规计划的持续发展因子？关键在于一旦涉嫌违法犯罪而被调查抑或侦查，相关企业需要及时从合规计划角度提出有利于自身的抗辩主张，并且主动提供各种资料用以证明先前合规计划的有

---

① 陈瑞华：《刑事诉讼的合规激励模式》，载《中国法学》2020年第6期。
② 参见尹云霞、李晓霞：《中国企业合规的动力及实现路径》，载《中国法律评论》2020年第3期。

效性，或者选择认罪答辩。① 刑事司法要在明确事实的基础上解决纠纷，刑事诉讼制度则要将有限的司法资源合理配置到刑事司法的各环节中，寻找明确事实、解决纠纷的最佳方案。② 在该路径下，协商性逻辑主导下的调查活动——可以概括为企业调查的协商推进模式——是寻找企业刑事合规体系优化方案的一种尝试。该模式因应制度规律与合规实践、契合契约精神与司法目标。如果企业调查能够对该"合意"给予最大限度的接纳，不仅可以确保调查程序的平稳推进，减少对司法资源的耗费（将本应消耗司法资源的事项，利用企业资源予以查明），还可以在充分关照双方意愿和利益的前提下达成一致结果。为此，需要将关注焦点移至企业调查的模式构建层面。

具体而言，企业调查的协商推进模式如何构建？笔者无意承袭对策法学路径提出诸多未经实践检验的建议，而是根据企业调查的协商性逻辑指引，尝试探讨包括具体路径探索和民主程序指引在内的一些可供借鉴的举措。

在具象路径探索方面，在事前的文本规范层面，明文规定不得使用企业配发的个人电脑、移动手机和其他移动终端以外的设备交流工作信息，并规定若经由上述设备生成或者传输的信息可在企业调查时获取。在事中的调查阶段，应在取得被调查人许可的前提下录音录像，若未征得被访谈者的许可进行录音，则需确保在该过程中不存在限制对方人身自由、侵犯他人隐私或者违反法律禁止性规定等情形。在事后的访谈问话阶段，应要求调查对象在访谈记录上签字，予以固定证据。在初步查清案件事实、证据收集齐全的前提下，可向侦查机关举报控告寻求司法介入。

在民主程序指引方面，得以体现协商性逻辑的具体载荷是依法制定的规章制度，以及企业合规文化建设的不断规训，这可以将"制度秘钥"归因于劳动合同法③提及的民主程序建构。民主程序的正当基础体现于依法制定的规章制度，合规文化建设的规训使得民主程序具有内生动力。检视过往裁判案例发现，企业规章制度中的民主程序呈现出"重实体、轻程序"的倾势，出现纰漏而导致管理失序，使得违法解除劳动合同的案件逐渐增多。实践因应在于，指导专项调查活动开展的"内控专项制度"常被援引在员工的劳动纪律和行为规范中，而违反"内控专项制度"实则对应《劳动合同法》第39条中"严

---

① 参见赵恒：《刑事合规计划的内在特征及其借鉴思路》，载《法学杂志》2021年第1期。

② 李奋飞：《以审查起诉为重心：认罪认罚从宽案件的程序格局》，载《环球法律评论》2020年第4期。

③ 参见《劳动合同法》第4条规定。

重违反用人单位的规章制度"或"严重失职，营私舞弊，给用人单位造成重大损失"等导致单方解除劳动合同情形。因此出于衡平民主程序的需要，专项规章制度需要围绕企业文化、行业特点、业务流程、员工结构等多维度地激发内生动力，进行具体制定和研讨。

五、结论

以防范和治理企业犯罪为基点的刑事合规体系，立足企业整体发展，既要重视实体建设，也要关注程序设计。从程序设计来看，司法机关与企业之间的合作，涵盖内部调查、证据提供、自我认罪、主动赔偿等环节，可以解决现实问题，节约司法资源。但是囿于实体建设，这种模式在较短时间内不具普适性。不过，可以从这种企业—国家合作的模式中汲取经验。企业调查是刑事合规体系建设的"最后一公里"，围绕企业合规实践中的多元价值目标，汲取协商逻辑、商谈合作的价值资源，形成调查过程的良性互动，从而解决当下司法衔接的尴尬境遇。

从探讨企业调查的逻辑表述入手，厘清其权力版图，梳理其现存问题，可见企业调查的运行机理和现实问题均归因于一条协商性运行逻辑，而这条逻辑却是必要的。异于刑事侦查活动的职权性逻辑，企业调查模式的运行轨迹需要受到该条内隐性逻辑的约束，满足其合意性要求，保障其能够达成建构刑事合规体系的前置性条件。企业调查中的典型难点，既有缺乏法律依据的自行调查取证困难，又有公安机关立案标准较高的立案困难，以及合规调查的成本较高影响调查结果。对此需要将这些问题纳入"协商性逻辑"的理念场域展开探讨，为刑事合规体系建设提供"中国方案"。我们认为，应当坚守目前企业调查的基本形式，以协商性逻辑为主线，借此提高员工的刑事风险敏感度，强化杜绝商业贿赂的决心，从而构筑"防火墙"。当然，在企业合规建设正在兴起的背景下，绝大多数企业并未建立企业调查机制。在此，我们讨论的"协商"，是对企业调查的应然发展走向给出的回答。未来，企业调查制度应当直接以协商性逻辑为主线铺设，构建配套程序，在刑事合规体系的纵向链条中，将企业调查工作配合执法调查、刑事侦查等活动开展，助力控制企业犯罪风险端口，建构企业调查的联动衔接方式。

刑事合规制度的本土化路径探讨

程天民 迟 旭 刘飞龙[*]

经济全球化推动了经济领域治理方式的演进变革和治理体系的深度融合。企业作为向社会提供各种商品和服务的经济组织,既是经济领域的重要主体,也是经济领域的重要治理对象。发轫于美国"用于预防、发现和制止企业违法犯罪"[①]的企业刑事合规制度,以崭新的治理理念将企业自治与国家规制有机结合,被誉为"是在犯罪预防中既有效又切实可行的对策"[②],成为全球经济领域风险治理的标杆。在我国,随着中兴、华为等企业遭受美国司法调查事件的发酵,企业刑事合规制度引起社会广泛关注,大家逐步认识到企业刑事合规制度所蕴含的重要价值,并致力于推动该制度在中国落地落实。

一、刑事合规的概念

合规即遵从法律、合乎规定。企业合规是企业依法依规生产经营管理,"是一种对——首先是法定的,有时又是伦理的或其他的——预定目标的遵守程序"[③]。

(一)企业合规源于企业问题治理

1887年美国《州际商业法》针对企业不法行为,首次提出企业自我管理与行业自律的概念。[④] 20世纪60年代至90年代,美国处于经济快速发展时期,企业相继爆发市场垄断、商业贿赂、金融欺诈、污染环境等丑闻,严重损

---

[*] 程天民,重庆市人民检察院第一分院法律政策研究室副主任;迟旭,陕西省西安市人民检察院办公室副主任;刘飞龙,重庆市渝北区人民检察院助理检察员。

[①] U. S. SENTENCE GUIDELINES MANUAL § 8B2. 1 (a) (2004).

[②] [日] 川崎友巳:《合规管理制度的产生与发展》,李世阳译,载李本灿编译:《合规与刑法:全球视野的考察》,中国政法大学出版社2018年版,第4页。

[③] [德] 乌尔里希·齐白:《全球风险社会与信息社会中的刑法:二十一世纪刑法模式的转换》,周遵友、江溯等译,中国法制出版社2012年版,第236页。

[④] 万方:《企业合规刑事化的发展及启示》,载《中国刑事法杂志》2019年第2期。

害企业声誉和美国政府形象,迫使美国政府不得不完善法律、堵漏建制,颁布《反托拉斯法》《反海外腐败法》《内幕交易与证券欺诈取缔法》等法律法规,引导企业建立内控管理机制,及时防范和消除风险隐患,以预防和制止企业违法犯罪。与此同时,美国政府担心若仅约束本国企业,而对外国公司不法行为不闻不问,势必让美国企业丧失竞争优势,遂在国际贸易谈判中、在长臂司法管辖中极力推广合规制度,"合规"开始出现在一些西方国家的法律和国际公约之中。①

(二) 刑事合规是企业合规的核心部分

以防范刑事法律风险为目的的合规即是刑事合规。从企业层面来讲,相较于民事、行政风险,企业存在刑事风险或者承担刑事责任往往宣告企业"死亡"。因为其不仅要承受负责人入狱、巨额罚金等直接处罚,还要面临诸如从业资格剥夺、商誉减损、大量违约和侵权之诉等负面影响。承担刑事责任对企业而言是致命打击,预防刑事法律风险是企业合规的终极目的。②从司法层面来讲,现代刑法"关键点不在于对涉嫌犯罪的企业定重罪或处重刑,而是在规制企业犯罪时是否给予企业多元化的法律救济机制以及适当的监督方式"③,企业刑事合规制度在治理企业违法犯罪与维护经济利益之间找到了平衡,"将刑法的威慑力由企业外部贯彻落实到了企业内部,不仅缓解了刑法外部治理的压力和负担,还有效预防和制止了企业内部的违法犯罪行为,同时避免了企业因非理性的刑事干预遭受不必要的损失。"④

(三) 刑事合规制度的运作原理

刑事合规制度"将企业合规管理与刑事责任建立关系,通过量刑激励或起诉激励等方式(以平衡企业的合规投入),推动企业自我管理,达到企业(风险的降低、刑事责任的减轻或避免)与国家(司法效率提升、公司犯罪治理效果提升、避免因企业受到刑事追诉产生的负外部效应等)共赢的目标。"⑤第一,合规是决定起诉与否的主要因素。美国检察官把企业犯罪性质与后果、企业违法前科与普遍性、企业合规计划及补救措施、与司法部门配合程度等作为办案重要考量因素,对建立并有效实施合规计划的企业,在给予一定处罚的

---

① 陈瑞华:《企业合规基本理论》,法律出版社 2020 年版,第 6 页。
② 李勇:《检察视角下中国刑事合规之构建》,载《国家检察官学院学报》2020 年第 4 期。
③ 石磊、陈振炜:《刑事合规的中国检察面向》,载《山东社会科学》2020 年第 5 期。
④ 万方:《企业合规刑事化的发展及启示》,载《中国刑事法杂志》2019 年第 2 期。
⑤ 李本灿:《刑事合规制度的法理根基》,载《东方法学》2020 年第 5 期。

基础上，通过免予起诉或者暂缓起诉协议帮助企业改过自新。第二，合规是对犯罪量刑的主要参考。依据美国《组织量刑指南》规定，如果企业因其代理人实施的违法行为而被起诉和定罪，有效的合规计划可以减轻企业的刑罚。在犯罪发生时，只要企业实施了有效的合规计划，法官、检察官就可以降低该企业的罪责评分，较未实施合规管理企业的罚金数额降低30%至80%，甚至最高幅度为95%的减刑。① 第三，合规是企业整改的重要内容。无论是暂缓起诉还是定罪处罚，司法部门一般都会为涉罪企业设置1—5年不等的考察期，设置合规监察员进行监督。考察期验收合格后，检察官撤回起诉、对企业作无罪处理；考察期满仍未达到相应要求的，对企业的刑事指控将重新启动。

二、刑事合规的本土化困惑

鉴于刑事合规制度在企业治理方面的独特价值，获得国内学者力捧，有学者认为"刑事合规浪潮已经席卷全球，如何构建刑事合规制度迫在眉睫"②。但"贸然将某一法系的某一制度截取移植至另一法系，诉讼法的历史发展清楚地告示，如此不但不能达到改革目标，反将造成负面效果"③。就引进西方刑事合规制度而言，尚有五点困惑。

（一）传统观念的苛责

设计得再完美的体制和程序，如果没有传统力量支持都难以为继。④ 我国传统文化浸润深厚，"因果报应论"根深蒂固，人们普遍认为犯罪再小也是犯罪，目前凭着朴素的道义观，对企业与个人构罪标准不一致、司法处理轻缓化、"刑法关于单位犯罪的规定几乎成了相关自然人无罪或从轻处罚的一个重要理由"⑤ 表示强烈愤慨。如果按照西方刑事合规制度对企业犯罪再给予刑罚减免，甚至"三分之二的暂缓起诉案件，企业受到了惩罚，涉案人员大多数没有受到处理"⑥，或将成为民众传统观念"不可承受之重"。

（二）企业发展的尴尬

成本高昂是西方刑事合规制度的显著特征，如中兴通讯公司被美国两次判

---

① 万方：《企业合规刑事化的发展及启示》，载《中国刑事法杂志》2019年第2期。
② 李本灿：《刑事合规制度的法理根基》，载《东方法学》2020年第5期。
③ 王泽鉴主编：《英美法导论》，北京大学出版社2012年版，第254页。
④ 张文显主编：《法理学》，法律出版社2007年版，第426页。
⑤ 陈忠林、席若：《单位犯罪的"嵌套责任理论"》，载《现代法学》2017年第2期。
⑥ 杨帆：《企业合规中附条件不起诉立法研究》，载《中国刑事法杂志》2020年第3期。

处超过20亿美元的刑事和民事罚金，启动了为期10年的合规改造计划。我国市场经济特别是民营经济起步较晚，除大型国有企业外，多数民营企业尚处于发展壮大阶段且中小微企业占据大多数，具有资产薄弱、管理粗放、质效不高等特点，在这些企业中推行合规计划不具备足够的经济基础条件。① 若参照美国司法制度动辄归罪于企业并处高额罚金的做法，在中国或许会适得其反。

（三）构罪理论的缺陷

西方刑事合规制度强调企业组织体系在治理犯罪中的作用，避开了认定企业犯罪必须依赖于自然人犯罪的束缚，企业及其高级管理人员是否有效履行合规义务是认定企业犯罪的法定情节。我国企业归罪理论是"同一视理论与组织模式理论的结合"②，实践中多以员工犯罪推定企业犯罪，对企业自身罪过、违法行为考察不周，难以从尽职尽责的角度为企业出罪。特别是当下"面对大量的担责危险以及洪流似的规范，遵守法律并非是自然而然的事。如缺乏组织上的措施，它几乎是不能实现的。"③

（四）诉讼制度的考验

西方刑事合规制度本质上是"控辩双方各取所需、不涉及道德评价"④ 的辩诉交易，以被追诉企业认罪和承诺合规改造为前提，签订不起诉协议或者暂缓起诉协议。企业缴纳巨额罚金，换取罪名、罪数与刑罚上的降格处理，检察机关减轻取证负担与证明责任并监督企业合规改造。我国认罪认罚从宽、附条件不起诉等制度也有认罪协商之意，但全面查证犯罪事实之义务、证据达到确实充分之标准并未改变，若徒增刑事合规监督职能，对检察机关而言是一项重大挑战。

（五）司法办案的无奈

西方检察机关拥有广泛的起诉裁量权和一定的刑事处罚权。我国尚未按照整体主义思路，建立行政处罚与刑事处罚一体化责任制度，检察机关无法行使

---

① 赵恒：《刑事合规计划的内在特征及其借鉴思路》，载《法学杂志》2021年第1期。
② 张明楷：《刑法学》（第五版），法律出版社2016年版，第138页。
③ ［德］丹尼斯·伯克：《合规讨论的刑法视角——〈秩序违反法〉第130条作为刑事合规的中心规范》，黄礼登译，载李本灿编译：《合规与刑法：全球视野的考察》，中国政法大学出版社2018年版，第308页。
④ 孙锐、张剑：《认罪认罚从宽与辩诉交易制度的本质区别及其对检察官角色的影响》，载《中国检察官》2020年第11期。

"检察罚"①,在推动企业合规方面动力不足、权能不适。加之,司法机关在处理涉企案件时仍以自然人犯罪为进路,最终认定企业犯罪并科处刑罚的案件相对较少。即使在为数不多的企业犯罪案件中,轻缓化处理也非常普遍,现有刑事政策与办案实际能否承载刑事合规制度值得探讨。

三、刑事合规的本土化实践

虽然引进刑事合规制度有困惑,但其内在功能和外在效果值得肯定。最高人民检察院分别于 2020 年 3 月、2021 年 4 月,在上海、江苏、浙江、山东、广东等地开展第一期、第二期企业合规检察试点,将不起诉、认罪认罚从宽、检察建议等与企业合规监管有机结合,在惩处教育企业的同时,深层次推进合规管理,源头上防范违法犯罪,探索构建既体现从严司法,让违规犯罪付出高昂代价,又最大限度地降低社会和追诉成本的中国特色现代企业规制司法制度。

(一)合规试点的主要特点

一是案件类型包括企业及企业主在经济活动中涉及的各种经济犯罪、职务犯罪,犯罪事实必须与企业的生产经营活动有关。

二是在认罪认罚从宽制度框架下,充分运用了不起诉制度,通过全面审查、公开听证、专家论证等方式综合评估,对认罪悔罪的企业主能不捕的不捕、能不诉的不诉、能不判实刑的提出缓刑建议。

三是发挥了检察建议的作用,改变之前"一诉了之"或者"不诉了之"的办案模式,针对办案中发现的企业生产、经营、管理漏洞提出检察建议,监督企业堵漏建制、合规整改。

四是检察机关注重与市场监管、税务、工商联等部门的协作配合,一定程度上解决了行业领域不熟、专业知识不足等问题,提高了合规监督的针对性、实效性。

(二)合规试点的创新机制

一是最高人民检察院、司法部、财政部、生态环境部等部委联合建立了涉案企业合规第三方监督评估机制。在办理涉企犯罪案件时,涉案企业、个人及其辩护人、诉讼代理人或者其他相关单位、人员提出适用企业合规试点以及第三方机制申请的,检察机关应当依法受理并进行审查,对符合企业合规改革试

---

① 袁雪石:《整体主义、放管结合、高效便民:〈行政处罚法〉修改的"新原则"》,载《华东政法大学学报》2020 年第 4 期。

点适用条件的,交由第三方监督评估机制管理委员会选任组成的第三方监督评估组织,对涉案企业的合规承诺进行调查、评估、监督和考察,考察结果作为人民检察院依法处理案件的重要参考。

二是江苏省张家港市人民检察院在试点过程中,组建了包括32家部门与镇(区)在内的全国首家合规监管委员会,遴选律师事务所、会计师事务所、审计师事务所以及自然资源规划局、应急管理局、市场监管局、生态环境局、税务局等单位专业骨干,组建了专门的合规监管人队伍,指导参与试点的1家商会、50家民营企业开展合规建设,对于合规等级达标的企业给予行政审批"绿色通道"、行政与刑事处罚从宽处理等"一揽子"优惠政策。[①]

三是福建省晋江市人民检察院在试点过程中,联合法院、公安、司法行政、市场监管等部门成立了民营企业合规建设服务联盟,并在此基础上成立全国首个企业合规事务所,将分散的律师、会计师、税务师等人才进行整合,以企业合规顾问的身份参与工作,构建"合规体检+刑事合规+合规人才培训+合规论坛+法治宣讲"五位一体服务格局,取得良好法律效果和社会效果。

总体来看,试点地区检察机关均在法律范围内最大限度"试水",但仍然存在合规程序不明确、合规整改专业性不强、合规监督刚性不足等问题,迫切需要"顶层设计"予以支持和指导,以期探索出更多具体的实践路径和试点样本,为构建既体现从严司法,让违规犯罪付出高昂代价,又最大限度地降低社会和追诉成本的中国特色现代企业规制司法制度积累宝贵经验。

四、刑事合规的本土化建议

法律移植不是简简单单的法律制度或者法律概念的复制[②],刑事合规制度涉及归罪理论、诉讼模式、改造措施等内容,完全照搬西方模式并不可取,本土化实践还须系统评估、科学改良。

(一) 完善企业归罪理论

刑事合规制度遭受传统观念苛责,源于刑法对企业犯罪构造与归责模式规定不清、认定企业犯罪与自然人犯罪路径混同,导致民众对企业犯罪存有"偏见"。刑事合规制度本土化,首要的是完善企业归罪理论。

一是凸显企业独立意志。企业"既属于一种拟制的人格体,也具有独立

[①] 张燕、庄道秋:《全国首家合规监管委员会在张家港成立》,载《中华工商时报》2021年4月8日。

[②] 何勤华:《法的移植和法的本土化》,载《中国法学》2002年第3期。

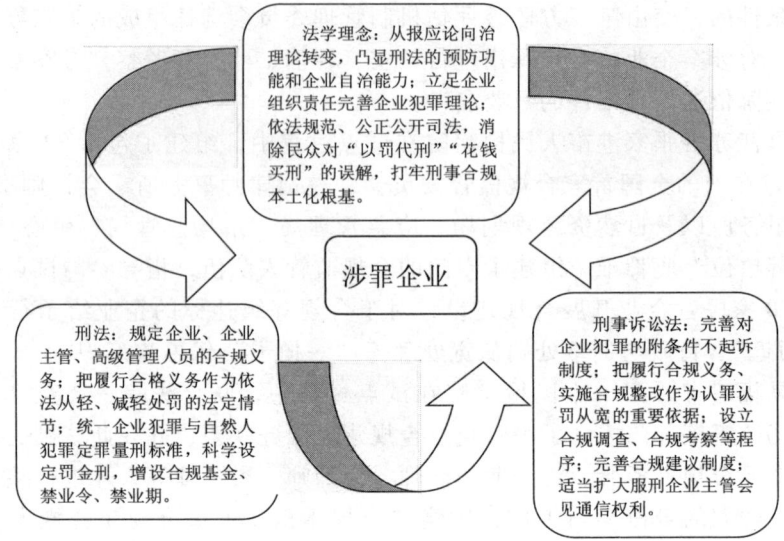

刑事合规本土化建议图示

的认识能力和意志能力"①，如企业的组织架构、管理文化等是企业意志的重要体现，均非高级管理人员甚至具体员工所能代表。员工的职务犯罪也并不理所当然归罪于企业。"当主管人员和监督人员违反了特定监管义务，且个人存在罪责（至少是过失）时，应当确认其对雇员实施的犯罪负有刑事责任。"②若企业对违规违法乃至犯罪行为进行了有效防范、识别和处置，即体现企业拒绝实施和接受违法犯罪的主观意志。③妄将员工犯罪归责于企业有违主客观统一原则。

二是凸显企业组织责任。随着经济发展企业逐渐壮大，企业组织架构、管理模式和内部分工日趋复杂，在面对大量担责危险以及法律规范时，不经意的管理疏漏会陷企业于深渊。现代刑法以企业独立责任和组织体系为基础，厘清企业系因组织管理缺陷而承担刑事责任的逻辑，从而增设企业及其高级管理人员的合规义务，将一项选择适用的风险管理方案变为具有强制约束力的刑事责任，既能从源头上培育和强化企业合规意识，又能给予涉罪企业一定的救济手段。

---

① 陈瑞华：《企业合规基本理论》，法律出版社2020年版，第185页。
② 赵秉志等编译：《国际刑法大会决议》，中国法制出版社2011年版，第80页。
③ 陈瑞华：《合规视野下的企业刑事责任问题》，载《环球法律评论》2020年第1期。

(二) 建立特别诉讼制度

在推进刑事合规过程中，各国普遍建立了暂缓起诉程序，在诉与不诉之间找到了第三条路径，更为灵活地治理企业犯罪。刑事合规本土化，也应建立合规不起诉程序。

一是适用范围。部分学者认为企业合规不起诉制度应当适用于企业及其高级管理人员，采取"既要放过涉案企业，也要放过涉案自然人"的激励措施，①但无法消除"以罚代刑""以钱买刑"的诟病。实质上，除美国外的大多数国家建立的不起诉制度仅适用于犯罪的企业，若面向自然人开放，则违背了刑事合规制度的创设初衷。②除此之外，美国暂缓起诉制度适用上具有明显的不平等性，受到优待的主要是知名的跨国性企业。③我国企业合规不起诉制度应当"一视同仁"，依法平等地适用于所有企业，包括国有企业、民营企业和外资企业，大型企业和中小微企业。

二是合规调查。合规调查是适用合规不起诉制度的基础。检察机关受理企业犯罪案件后，应当全面审查企业组织管理、合规运行与"前科"情况，对企业纳税、就业、社区表现等开展社会调查，找准企业犯罪的内外部根源，评判"单位是否具有挽救的可能性和必要性"④。根据犯罪性质、合规调查以及合规意愿情况，对可能判处3年有期徒刑以下刑罚的，作出附条件不起诉决定；对可能判处3年有期徒刑以上刑罚的，把承诺开展合规整改作为量刑建议的重要依据，签订附条件不起诉协议或者认罪认罚从宽具结悔过书，明确合规整改的具体任务要求。

三是合规整改。纸面合规只是"徒有虚名"。对于适用附条件不起诉或者认罪认罚从宽制度的企业，结合整改任务设立1至3年不等考察期，"使检察机关获得对涉罪企业建立有效的合规管理体系进行有效督促和实时监管的空间"⑤。考察期间，检察机关可聘请专业机构人士担任合规监督员，邀请行政主管部门、会计师、审计师、代表委员、人民监督员等组建第三方评估团，考

---

① 陈瑞华：《刑事诉讼的合规激励模式》，载《中国法学》2020年第6期。

② 刘少军：《企业合规不起诉制度本土化的可能及限度》，载《法学杂志》2021年第1期。

③ 欧阳本祺：《我国建立企业犯罪附条件不起诉制度的探讨》，载《中国刑事法杂志》2020年第3期。

④ 王志远、邹玉祥：《刑事合规视域下单位犯罪刑事治理的检视与完善》，载《甘肃社会科学》2020年第5期。

⑤ 石磊、陈振炜：《刑事合规的中国检察面向》，载《山东社会科学》2020年第5期。

评涉案企业"制度制定、风险识别、合规审查、风险应对、责任追究、合规培训等情况"①。考察期限届满后,检察机关视情举行公开听证会,综合评估整改效果,对不合格甚至再次违法犯罪的,撤销附条件不起诉决定并重新起诉或者向法院提出抗诉,让涉罪企业受到应有处罚。

(三) 优化处罚与改造措施

一是科学设定罚金刑与合规基金。按照企业犯罪与个人犯罪相分离的"二元模式",重新设定企业罚金刑标准,体现必要的惩罚性,对于已经实施合规计划或者承诺合规整改的企业适当减免罚金。除判处涉罪企业罚金刑外,检察机关还应结合犯罪危害、合规隐患、损害修复等情况,责令涉罪企业缴纳一定数额的合规基金,专项保障合规整改任务落实。

二是增设禁业令和禁业期。我国刑法对犯罪企业的处刑方式单一,"包括资格刑(从业禁止)、生命刑(强制解散)在内的非罚金刑罚和恢复原状等非刑罚处罚措施在单位刑事责任体系中严重缺位"②,存在"不均衡、不及时和缺乏力度"③的问题,"一罚了之"并不能彻底改造企业。在刑法中增设禁业令和禁业期的规定,对于在行业内造成恶劣影响或者尚未完成合规整改任务的企业,给予不同程度的经营资格限制或者剥夺,与罚金刑、合规措施配套施行,能够更加有效地治理企业,防范再次犯罪。

三是适当扩大会见通信权。我国民营企业特别是中小微企业对企业主的人身依附性较强,企业主入狱后企业"停摆"甚至破产的情况时有发生。建立刑事合规制度,这种特殊情况不得不考虑。④ 若企业合规不起诉制度不适用于自然人,尚可通过扩大服刑民营企业主会见通信权的方式予以救济。调研发现,与普通服刑人员相比,服刑民营企业主对财产权、知识产权的保护意识更强、需求更高⑤,适当扩大会见通信范围、增加会见通信次数、灵活会见通信方式,为参与合规整改的服刑企业主提供便利,也是刑事合规体系中的重要一环。

---

① 参见国家国资委 2018 年印发的《中央企业合规管理指引(试行)》。

② 张亚逸:《公司犯罪追诉的新路径:以美国暂缓起诉协议为中心》,载《苏州大学学报(法学版)》2020 年第 3 期。

③ 黎宏:《完善我国单位犯罪处罚制度的思考》,载《法商研究》2011 年第 1 期。

④ 陈瑞华:《刑事诉讼的合规激励模式》,载《中国法学》2020 年第 6 期。

⑤ 周军:《建议扩大服刑民营企业主的会见、通信权》,载《检察日报》2020 年 9 月 29 日第 7 版。

企业合规管理与检察机关企业合规试点

柴 瑶[*]

近年来,企业合规在全球范围内逐渐兴起,作为公司治理的重要组成部分,已经成为企业提升核心竞争力、防范市场风险和法律风险的重要手段。在市场领域,许多企业特别是大中型企业已开始尝试加强合规体系建设,以专门化的合规部门和制度化的合规机制,促进企业经营管理更加规范化。在企业合规日益成为社会关注焦点的当下,检察机关也不断研究和探索在检察环节助力完善企业合规体系建设、推动形成合规经营文化、有效防范企业违法犯罪风险。

一、现代企业合规的起源和发展

合规是一个舶来词,英文是 compliance,就是合乎规定、遵守法律规则的意思,约定俗成地翻译成"合规"。企业合规管理是指企业的经营行为必须遵守及履行法律法规、监管政策、行业准则标准以及公司内部准则中所规定的义务和要求。合规管理本质上是对企业内部管理的要求,企业以内部规章制度的形式,建立合规政策与流程,进而推动和监督合规制度的实施和落实,从而保证企业的经营行为符合外部规范要求。

现代企业合规的起源并没有显著的标志性事件,但人们较普遍认为与西方国家特别是美国的公司治理和企业管理实践有着非常密切的关系。

在20世纪60年代,合规管理随着美国防止违反《反托拉斯法》的政策实施进程而得到普及。在20世纪50年代末60年代初,包括通用电气公司(GE)在内的约三十家重型电气设备公司之间进行了价格协商与市场范围分割。1961年,这29家企业以及包含各公司董事会成员在内的45人遭到反垄断起诉,各公司高层管理人员中有7人被判处有期徒刑,24人被判处有期徒刑缓刑,对被告企业法人和自然人所处罚金共计约200万美元。通用电气作为案件中被起诉的企业之一,在应诉的时候以其已经进行了必要且适当的合规管

---

[*] 柴瑶,湖北省武汉市人民检察院法律政策研究室副主任。

理为由进行无罪辩护,理由是:他们从 1946 年开始就实施了关于《反托拉斯法》的合规管理制度。例如公司要求所有公司职员都必须在遵守《反托拉斯法》的宣言书上签字,将其作为企业成员的义务;公司还将活动制度与方式书面化,逐渐为其他从业者所知。虽然当时宾夕法尼亚东部联邦地方法院未采纳通用电气的辩护意见,认定其有罪,并处以 437500 美元罚金。但是后来行政管理机构和司法机关也逐步肯定了企业合规管理的有效性,1966 年美国联邦交易委员会主席宣称,如果一家企业建设并执行严密的合规体系,证明其能够迅速纠正违规行为,那么该企业就是可信的。美国政府在反垄断领域的重拳出击加上美国政府监管部门对合规体系的重视,在当时促使很多企业开始建立反垄断合规体系。

进入 20 世纪 70 年代后,企业中的合规管理制度推广面临前所未有的新局面,扩展到了《反托拉斯法》以外的领域。变革的导火线是由水门事件引出的企业捐款丑闻。① 政治丑闻发生以后,美国证券交易委员会针对企业的违法捐助行为,要求企业必须以委任说明书或年度报告的形式对自己的资金去向进行公示,并对企业是否遵守了法规展开调查。证券交易委员会明确表示,"企业董事会与职员因不正当支出而受到有罪判决,是对国民、特别是股东必须公示的重大事实",并为此制定了上市公司自愿披露项目,鼓励上市公司进行自查摸底,并主动向证券交易委员会报告违规行为,以获宽宥。同时,证券交易委员会一并使用包括强制企业改变内部运行程序的同意令与建立外部审计等在内的其他执法手段。当时的证券交易委员会表示,如果企业进行尽职调查、公示结果,并公开宣布停止非法支付,那么证券交易委员会可能考虑不对该企业进行处罚。最终,超过 300 家企业自行披露了非法支付,案涉金额接近 3 亿美元。存在不当支出的企业中有很多是国际上作为美国代表的大型企业,社会舆论对此类企业的指责快速增加。因此,这些企业开始亡羊补牢,制定防止资产不正当支出的内部控制机制。为遏制企业贿赂和恢复公众信任,美国于 1977 年颁布了《反海外腐败法》,要求上市公司在贿赂、回扣、记账和其他方面执行更为正式的合规政策,尤其是财务记录和资产分配方面。《反海外腐败法》在美国合规乃至世界发展史上具有标志性意义,一方面是因为该法在反腐败领域具有广泛的域外管辖效力,至今仍然是悬在各国跨国企业头上的"达摩克利斯剑";另一方面是因为该法要求企业对资金往来进行准确的会计记录,从而直接介入企业财务内控体系的建设。这部法律制定后,于 1988、1994 和

---

① 参见李本灿等编译:《合规与刑法:全球事业的考察》,中国政法大学出版社 2018 年版,第 7 页。

1998年进行了三次修改，成为推动反商业腐败力度最大、处罚最严、威慑力最强的一部法规。它不只管辖美国的本国公司，而是管辖所有与美国有某种联系或有意与美国建立某种联系的公司，包括所有在美国上市的外国公司。

20世纪80年代是美国各领域合规问题多发的时代，这也反过来推动了企业在问题领域的专项合规体系建设。1986年美国环境保护署在《环境审计政策声明》中鼓励公司对设备使用是否符合环保要求进行系统、定期和客观的检查，以确保公司合规体系的有效性，发现潜在的环保违规问题。环境保护领域的合规也在这一时期得到发展。1988年美国国会制定了《内幕交易与证券欺诈执行法案》，促使证券公司更深入地参与行业监管，对证券行业的员工监管提出新要求，防止重要的内幕信息被滥用，遏制代理商的欺诈行为。1991年美国国会通过《联邦存款保险公司法案》，加强被保险主体的监管，防止企业在借贷交易中的违规操作。此外，为防止国防开支浪费和合同欺诈，1986年5月，18家国防供应商联合起草和发起了"国防工业商业道德和行为倡议"，这是一次行业内部自发的合规管理，包含行业自我管理的六大原则，包括但不限于推广、执行书面合规行为准则与向有权机关举报违规行为。该倡议经发起后得到积极响应，过半数的国防供应商签署了上述倡议。同时国防部也建立了自愿披露项目，鼓励内部调查和违法行为早报告，如果供应商主动披露违规行为并配合调查，那么美国国防部和司法部可能酌情减轻对其的行政处罚。此外，国防部还建立了供应商风险评估指南项目，以评估供应商合规体系的有效性。如果供应商合规体系比较完善，那么政府可以相应减少监管。

进入20世纪90年代，美国企业全面合规体系建设逐渐成型。1991年美国《联邦量刑指南》添加了第八章，即《针对机构实体联邦量刑指南》（以下简称《量刑指南》）作为对企业违法行为量刑的依据。一开始，量刑委员会沿用法经济学的思想，大幅加重对企业的刑事处罚，且不加入刑事责任减免条款，希望企业在违法获利和违法责任之间进行经济考量，最终作出合规经营的理性选择。而美国公司和行业协会先后加入游说，主张将企业是否具备完善的合规体系作为减轻刑事责任的重要考量，最终得到量刑委员会的采纳。《量刑指南》的出台标志着现代合规理念与合规标准的成型，在美国乃至世界现代合规发展史上具有里程碑式的意义。因为《量刑指南》不溯及既往，所以在出台后的前几年，监管机关没有据此对企业开出巨额罚单。但从1995年开始，《量刑指南》逐渐展露峥嵘，监管机关接连在反垄断和金融犯罪领域开出数亿美元的罚单，引发了企业的广泛关注。此前，只有少数美国企业建立了全面合规体系，《量刑指南》的出台促使这些企业按照《量刑指南》的合规标准审查和改进其现有合规体系；而此前尚未建立全面合规体系的企业，则开始按照《量刑指南》

的要求建设合规体系。

从美国企业合规体系建立发展完善的过程可以看出,企业作为一个追求利润的商业主体,自身是没有建立合规管理体系的天然动力的,正是由于刑事处罚、监管执法、利益相关方的损害赔偿诉讼、媒体公众舆论等会对企业形成强大的外部压力,以及企业采取适当的自主合规管理后在应对刑事处罚、监管执法过程中享有的豁免和减免处罚的待遇,才使得他们选择了建立企业合规体系的道路。

二、国内企业的合规管理实践

企业合规在美国发展成熟后,伴随着美国跨国公司的全球运营,逐渐被投射到世界上其他国家,对世界范围内的企业合规发展产生了深远影响,其中也包括中国。

中国的公司合规实践有几个不同的起源,首先是证监会2004年在证券公司之中设立了合规总监,列为高管人员,同时向公司和证监会负责,之后国资委借鉴设立了总法律顾问,银行业等也确立了这一职位;其次是外资企业和中国赴美企业都需要遵守国外的规则;然后是商务部发布了汽车业合规指南,一些地方省市和反垄断局也颁布了合规指南等①。

笔者对近年来一些涉及到合规管理的规范性文件和标准进行了梳理(见下表),可以看出以下几个趋势和特点:一是我们的企业合规管理起步相对较晚,进入21世纪以后才刚刚开始。早期的规范性文件大多采用公司治理、内部控制、风险管理这样的名称,其实这也涵盖了企业合规管理的重要方面。二是最早出现"合规管理"字样的文件是2006年银监会制定的《商业银行合规风险管理指引》,这也是因为中国是巴塞尔协议的成员国,而巴塞尔银行监管委员会在2005年出台了《合规与银行内部合规部门》这样一份指引。我们早期的合规管理领域多集中在证券、银行、保险等金融机构,一方面金融机构是改革开放以后金融机构更早参与到国际贸易中,也较多到参与相关国际协议,另一方面也是和国外金融企业合规管理发展更成熟有关。三是2008年以后有一段时期相关工作开展得较少,可能与当时的世界金融危机有关。四是2016年以后,我国的企业合规管理有了长足发展,从金融行业拓展到各类组织,对企业境外经营还专门作了指引,浙江、江苏等沿海发达地区也开始专门制定针对辖内企业的合规指引。

---

① 蒋安杰:《企业合规:企业治理模式的司法探索》,载《法治日报》2021年3月17日。

三、企业犯罪治理与刑事合规建设研究

时间	制发单位	名称	适用范围	备注
2002.1.7	证监会、经贸委	上市公司治理准则	上市公司	"合规"出现1次
2003.12.15	证监会	证券公司内部控制指引	证券公司	"合规"出现6次
2006.6.6	国资委	中央企业全面风险管理指引	中央企业	"合规"出现2次
2006.10.25	银监会	商业银行合规风险管理指引	境内设立的中资商业银行、外资独资银行、中外合资银行和外国银行分行	2005.4.29 巴塞尔银行监管委员会《合规与银行内部合规部门》
2007.9.7	保监会	保险公司合规管理指引		被2017年《保险公司合规管理办法》废止
2008.5.22	财政部、证监会、审计署、银监会、保监会	企业内部控制基本规范	上市公司	"合规"出现2次
2016.12.30	保监会	保险公司合规管理办法	保险公司及其保险从业人员	
2017.9.13	证券投资基金业协会	证券投资基金管理公司合规管理规范	证券投资基金管理公司	
2017.12.29	质检总局 标准化管理委员会	GB/T 35770—2017 合规管理体系指南	所有类型的组织	
2018.11.2	国资委	中央企业合规管理指引（试行）	国资委履行出资人职责的国家出资企业	
2018.12.26	发改委、外交部、商务部、人民银行、国资委、外汇局、工商联	企业境外经营合规管理指引	中国境内企业及其境外子公司、分公司、代表机构等境外分支机构	
2019.7.9	浙江省市场监督管理局	浙江省企业竞争合规指引	本省行政区域内的各类所有制企业	
2019.11.6	江苏省国资委	省属企业合规管理指引（试行）	省属企业	

其实正是在2016年，企业合规真正走入中国大众的视野，因为这一年，美国商务部以中兴通讯违反美国出口管制法规为由，对我国的中兴通讯采取限制出口措施。这一事件成为中兴通讯重塑合规管理体系的重要契机，调查事件之后，中兴通将合规管理提升到新高度。2016年以来，中兴已经在组织架构上设立了由CEO领导的"合规管理委员会"，将合规职能与法律部门分离，保证合规部门的独立性；并于2016年11月聘请曾在美国工程公司任职的美国合规专家担任中兴通讯的首席出口合规官和法律顾问。

从中国企业合规管理的发展和实践来看，笔者认为我国建立日趋完善的企

业合规已具备较好的条件：首先，在全球贸易竞争日益激烈的当下，建立完善的内部合规体系，已成为企业国际化发展的必经之途，较多参与国际协议的证券、银行、保险等金融机构，和较早进入国际市场的大型国内企业，都已踏出合规管理的步伐。其次，党的十九大以后，中央成立全面依法治国领导小组，加强对法治中国建设的统一领导，在全面依法治国的大背景下，规范企业行为的法律法规、行业自律守则日趋完善，坚持依法治企、强化合规管理，也成为建设法治企业的重要内容，是企业高质量可持续发展的必然选择。最后，新冠肺炎疫情全球流行背景下，我国加快构建以国内大循环为主体、国内国际双循环相互促进的新发展格局，为营造公平竞争的制度环境，不断加强反垄断和反不正当竞争力度，市场监管日益规范严格。

三、检察机关助力企业合规管理的探索

2020年12月25日，最高人民检察院召开企业合规试点工作座谈会，最高检党组书记、检察长张军在会上开宗明义："要加强理论研究，深化实践探索，稳慎有序扩大试点范围，以检察履职助力构建有中国特色的企业合规制度，这不仅是建立完善现代企业管理制度的应有之义，也是国家治理体系和治理能力现代化的重要体现。"2021年3月，企业合规试点工作在上海市浦东新区、金山区，广东省深圳市南山区、宝安区，江苏省张家港市，山东省郯城县等地区试点开展；4月又启动了第二期企业合规改革试点工作，进一步扩大试用范围，涉及北京、辽宁、上海、江苏、浙江、福建、山东、湖北、湖南、广东等十个省（直辖市），共选取确定27个市级院、165个基层院作为试点院开展改革，各项相关工作正在稳步推进。

事实上，作为宪法和法律规定的国家法律监督机关，在企业合规试点正式提出前，检察机关一直在审查批捕、审查起诉的履职过程中，积极参与社会综合治理，在发现涉案企业经营管理上合规漏洞和风险时，通过向其发出检察建议等法律监督手段，提高企业依法规范经营和维护自身合法权益的意识和能力，以免其再次违法犯罪或受到伤害。

如对于涉嫌违法犯罪的企业，检察机关会帮助其合规整改。涉及企业或企业人员违法犯罪的案件，检察机关会对涉案企业或者其上级主管部门制发检察建议，针对管理漏洞提出整改建议。

对于司法活动中的被害企业，检察机关会帮助其合规检视。企业在民商事纠纷或刑事犯罪中成为利益受损方，很大程度上与企业合规建设的薄弱息息相关。如企业在市场活动中经常遭遇商业欺诈，往往与企业在交易安全管控上的疏忽有关；企业"内鬼"非法侵占企业财产，则意味着企业财产管理上可能

存在漏洞。此维度下，企业合规治理主要侧重于对现有合规问题进行"查漏补缺"，有针对性地作出改进完善，涉案企业在合规治理中的主动性、自主性较强。

针对正常生产经营活动中的企业，检察机关也会提供一些企业刑事法律风险防控提示，重在合规预防。对于司法办案中发现的企业经营管理问题，检察机关会通过以案释法、向社会发布涉企典型案例等方式，向企业进行宣传教育和警示。同时，加强对办案中发现问题的梳理分析和总结提炼，以检察白皮书、检察大数据分析报告等形式提供给企业作为参考，推动企业不断增强法律意识，强化刑事法律风险防控。这种针对一般意义上的企业合规治理提供的检察公共服务，是司法预防功能的体现，对企业合规体系建设起到辅助参考作用。

可以说在提出企业合规试点以前，检察机关就一直在帮助企业开展合规管理。那么，企业合规试点和检察机关以往开展的工作有什么不同呢？

如前文所述，企业作为一个追求利润的商业主体，自身是没有建立合规管理体系的天然动力的。目前，国际化发展利益化驱动、依法治国的法治环境和规范严格的监管环境，都驱使中国企业思考企业合规这个问题，但始终会有企业在违法获利和违法责任之间选择追求利润，这既有违法成本不高的问题，也有合规激励不够的问题。2018年7月1日起实施的国家质量监督检验检疫总局和国家标准化管理委员会联合发布的《合规管理体系指南》在引言中指出，"建立有效的合规管理体系并不能杜绝不合规的发生，但是能够降低不合规发生的风险。在很多国家和地区，当发生不合规时，组织和组织的管理者以组织已经建立并实施了有效的合规管理体系作为减轻、甚至豁免行政、刑事或者民事责任的抗辩，这种抗辩有可能被行政执法机关或司法机关所接受。"但事实上，在我国无论是刑法还是行政法，都从未明确合规管理可以作为减轻、甚至豁免行政、刑事或者民事责任的理由。高检院此次企业合规试点是第一次真正将刑事处罚与企业的合规建设联系起来，将合规建设作为违法惩戒的考量依据之一，弥补了我们当前企业合规实践中的最后一环，进一步调动企业开展合规管理的积极性。它使得合规不是一个非此即彼的选择，而是一个双赢的选择，企业因合规管理而避免承担违法责任，也因合规管理可以在无可避免地要承担违法责任时减轻或免除责任。

虽然目前检察机关的企业合规试点尚在探索尝试过程中，检察机关对涉罪企业和相关人员的处理仍是依据刑法和刑诉法相关规定，根据犯罪的主观恶性、情节手段、危害程度、认罪认罚情况等依法作出不批准逮捕、不起诉、变更强制措施或者提出轻缓量刑建议。但是检察机关的决定作出后，并不是简单地"一放了之"或"案结了事",而是不断跟踪事后矫治,督促企业作出合规承诺并积极整改,预防和减少企业违法犯罪,达到既给涉案企业以警醒和教育,也给相关行业企业合规经营提供样板和借鉴的办案效果。为了确保合规承诺落实落地,客观、全面、准确的评价企业合规建设的效果,最高人民检察院牵头会同司法部、财政部、生态环境部、国务院国有资产监督管理委员会、国家税务总局、国家市场监督管理总局、全国工商联、中国国际贸易促进委员会共同研究制定了《关于建立涉案企业合规第三方监督评估机制的指导意见(试行)》,已于今年6月3日印发实施。可见,司法机关和行政机关已经对于企业合规有了越来越多的关注,今后,我们可能会对国外企业犯罪暂缓起诉制度进行本土化改造,从立法上拓展附条件不起诉的适用范围,赋权检察机关对涉罪企业开展刑事合规监督考察并作出宽缓处理。这将是未来检察权以法治的方式适度拓展并介入经济活动,以检察之力助推企业治理体系不断完善,推动经济领域国家治理体系和治理能力现代化的重要支点之一。

（三）企业犯罪防控对策研究

侵犯商业秘密犯罪防控实证研究

皮 勇　张明诚[*]

《刑法修正案（十一）》自2021年3月1日起施行，修正案对知识产权犯罪进行了大幅调整，以加强对知识产权的刑法保护力度。《刑法修正案（十一）》对侵犯商业秘密罪的修改试图回应长久以来侵犯商业秘密犯罪的打击、适用困难。长期以来，侵犯商业秘密罪的案件数量所占比重在侵犯知识产权类犯罪案件中都是极小的[①]，这与日益上升的商业秘密侵权案件数量形成了鲜明对比。笔者于2021年4月25日在中国裁判文书网以"侵犯商业秘密罪"为关键词进行全文搜索，共搜集到106份刑事判决书，而相应"侵犯著作权罪"的刑事判决书数量在1500件以上，"假冒注册商标罪"的刑事判决书数量更是超过5800件。商业秘密侵权案件频发，企业界人事加强商业秘密刑事保护的疾呼更加凸显了商业秘密刑事保护的不足。本文通过对以上刑事判决书的实证研究，发现侵犯商业秘密罪的基本特征，分析侵犯商业秘密犯罪防控中的问题，探索完善侵犯商业秘密犯罪防控的对策。

一、侵犯商业秘密犯罪案件数据统计分析

刑事判决书不仅反映出侵犯商业秘密犯罪的司法适用现状，也反映出侵犯商业秘密犯罪的基本特征，由于进行全文搜索会将所有包含"商业秘密罪"表述内容的判决书全部囊括在内，106份判决书中包含被告人曾有"侵犯商业秘密罪"前科等无关情形，因此排除此类无效判决进行分析，共得

---

[*] 皮勇，同济大学上海国际知识产权学院教授、博士生导师；张明诚，同济大学上海国际知识产权学院博士研究生。

[①] 参见浙江省商业秘密保护联合调查组、陈春生等：《侵犯商业秘密犯罪打防研究——基于浙江相关罪案的调研》，载《公安学刊（浙江警察学院学报）》2021年第1期。

到 65 份刑事判决书。其中，法院以"侵犯商业秘密罪"认定并判处被告人刑罚的案件数量为 62 件，占比 95.4%，有 3 份判决虽然对犯罪嫌疑人以侵犯商业秘密罪起诉，但最终被法院宣判无罪，占比 4.6%。一审判决中，有罪判决 55 件，占比一审判决总数的 98.2%，无罪判决 1 件，占比 1.8%。二审判决中，有罪判决 7 件，占比二审判决总数的 77.8%，无罪判决 2 件，占比 22.2%。

（一）发案数量及地区

在上述 62 份有罪刑事判决中，2020 年 5 件，占比 8.1%；2019 年 10 件，占比 16.1%；2018 年 5 件，占比 8.1%；2017 年 6 件，占比 9.7%；2016 年 3 件，占比 4.8%；2015 年 9 件，占比 14.5%；2014 年 7 件，占比 11.3%；2013 年 7 件，占比 11.3%；2012 年 5 件，占比 8.1%；2011 年 2 件，占比 3.2%；2021 年、2010 年及 2002 年均只有一件，占比 1.6%。如下图所示。

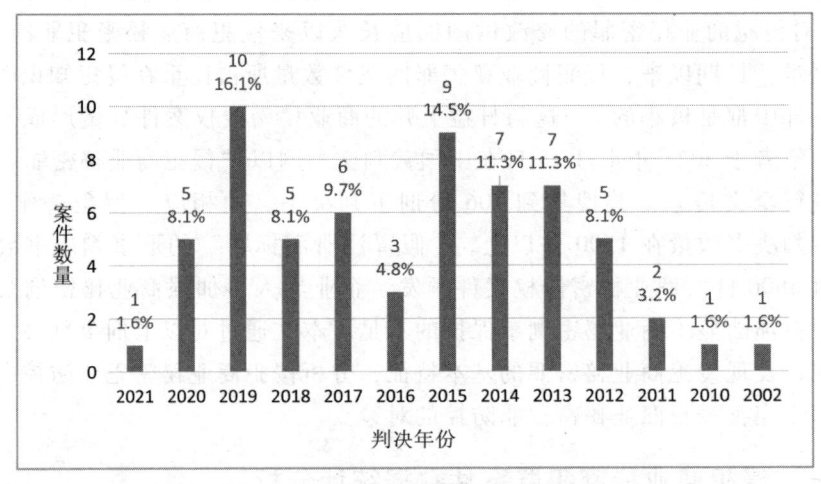

图 1　侵犯商业秘密罪判决年份分布

第一，侵犯商业秘密罪案件数量不高。案件数量最低的年份只有 1 件，最高的年份也不过 10 件。以上数据仅是相关刑事判决的数据，考虑到相关判决网上公开的滞后性、侵犯商业秘密犯罪不宜在网上公布的情况以及相当的犯罪黑数，侵犯商业秘密案件的实际数量应不止如此。相较其他侵犯知识产权犯罪，侵犯商业秘密罪判决数量如此之少，反映出在运用刑法打击此类犯罪时存在一定困难，如何合理打击、防控此类犯罪，减少犯罪黑数值得思考。此外，《刑法修正案（十一）》对该罪名法定刑的提升也体现出立法者对该罪严厉打击的态度，对该罪名的重大修改也从侧面反映出该罪名司法适用上存在的问题，除民法与刑法中关于权利人损失证明标准的差异使得用于侵犯商业秘密罪成立存在证据认定上的困难,导致了侵犯商业秘密案件体量小、总体成案率不高的原因外①,刑法对该条文较原则性的规定及相关司法解释的欠缺,也导致了该罪名的适用率不高,商业秘密刑法保护乏力,司法效果与社会效果并不显著。②

第二,侵犯商业秘密罪案主要发生在"珠三角"和"长三角"区域。在判决省份上,广东省最多,为16件,占比25.8%;浙江省其次,为11件,占比17.7%;江苏省涉案7件,占比11.3%;河北省6件,占比9.7%;湖南省5件,占比8.1%;北京市4件,占比6.5%;福建省3件,占比4.8%;上海市为3件,占比4.8%;河南省2件,占比3.2%;山西省、江西省、湖北省、贵州省及甘肃省均为1件,均占比1.6%。如下图所示。

侵犯商业秘密犯罪案件共发生于全国14个省及直辖市,从案发地区来看,侵犯商业秘密犯罪分布广泛,且多发于经济发达的沿海地区,以广东地区、江浙地区最为高发。可以发现,侵犯商业秘密犯罪数量主要受到地区经济因素影响,经济发达地区商业活动较为活跃,商业形式多样、复杂。商业秘密能够给企业带来极大的收益,但商业秘密的开发和获取又需耗费大量人力、物理成本,因此通过侵犯他人商业秘密快速获取经济利益的现象在社会商业活动中屡见不鲜。

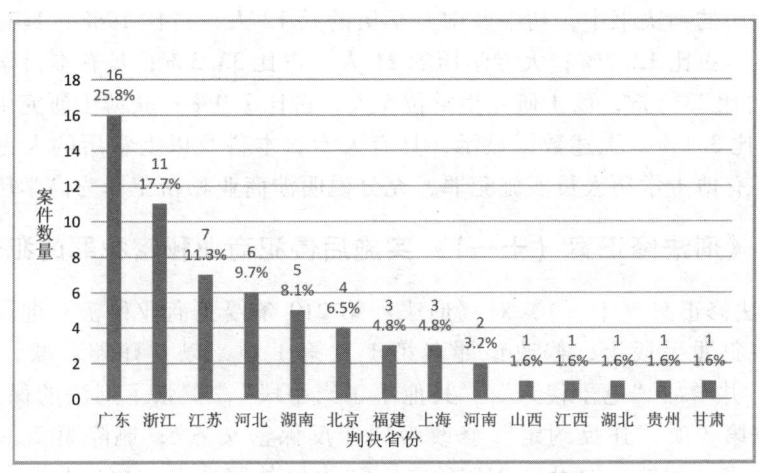

图2 侵犯商业秘密罪判决省份分布

---

① 参见徐宏、潘若喆:《侵犯商业秘密罪中"重大损失"认定标准重构》,载《中国检察官》2020年第9期。

② 参见唐稷尧:《扩张与线索:论我国商业秘密刑法保护的基本立场与实现路径》,载《政治与法律》2020年第7期。

(二) 犯罪人特征

侵犯商业秘密案件犯罪人情况主要涉及犯罪人数、性别、年龄、学历等内容。

第一，作案人数方面。在62份刑事判决书中，35份判决书中由被告人单独侵犯他人商业秘密，同时有27份判决书涉及多人共同侵犯他人商业秘密，二者比重相当。

第二，犯罪人性别方面。除16份判决书未说明犯罪人性别外，共有80名男性，5名女性，分别占已说明性别总人数的94.1%和5.9%，男性犯罪占极大比重。

第三，犯罪人年龄方面。18份判决书未提及犯罪人年龄。提及年龄的共83人，其中30岁以下的犯罪人有7人，占比8.4%；30—40岁犯罪人数最多，为53人，占比63.9%；41—50岁犯罪人数13人，占比15.7%；50岁以上的有10人，占比12.0%。从犯罪人年龄统计来看，侵犯商业秘密犯罪多以30—40岁青壮年为主，该年龄段的犯罪人已进入社会工作多年且处于事业的上升变动期，掌握着一定的商业秘密信息或资源，易为追求利益在商业活动中实施违法犯罪活动。

第四，犯罪人学历方面。25份判决书未说明犯罪人具体学历。在已说明犯罪人学历的判决书中，初中及中专学历的共12人，占比19%；具有高中学历的8人，占比12.7%；大专学历的21人，占比33.3%；具有本科学历的共15人，占比23.8%；硕士研究生学位5人，占比7.9%；获博士研究生学位的2人，占比3.1%。上述数据显示，具有大专、本科及以上学历的人占多数比重，甚至有博士学历人员实施犯罪，充分说明涉商业秘密犯罪为高学历犯罪。

二、《刑法修正案（十一）》实施后侵犯商业秘密犯罪的犯罪模式

《刑法修正案（十一）》对《刑法》第219条侵犯商业秘密罪进行了大幅修改，在犯罪手段上，修改该罪名第1款第1项，以"贿赂、欺诈"替代"利诱"，并增加"电子侵入""其他不正当手段"，扩张了刑法的保护范围；将第1款第3项"违反约定"修改为"违反保密义务"；删除第2款中"应知"的要求。此外，增设第219条之一"为境外窃取、刺探、收买、非法提供商业秘密罪"，以应对商业秘密间谍行为。由于《刑法修正案（十一）》的修改，刑法对侵犯商业秘密犯罪行为模式的控制方式也产生了一定的变化，尤其表现在对犯罪行为的控制上。此外，侵犯商业秘密犯罪的人员类型、商业秘密信息类型也影响着该犯罪的基本模式。通过分析侵犯商业秘密犯罪的犯罪模式，能够较好地做到对商业秘密犯罪的针对性预防。

(一) 侵犯商业秘密犯罪的行为方式

现行《刑法》第 219 条第 1 款列举了三项侵犯商业秘密犯罪行为：一是非法获取商业秘密行为；二是披露、使用非法获取的商业秘密行为；三是违反保密义务或保密要求披露、使用商业秘密的行为。笔者通过对上述判决的分析，总结了司法实践中侵犯商业秘密犯罪的基本行为方式。

在 62 份有罪判决中，犯罪行为多体现为《刑法》第 219 条第 1 款第 3 项列举的方式，即行为人违反保密义务或保密要求披露、使用商业秘密，以此种行为方式实施犯罪的共 42 例；行为人以第 1 项所列行为方式非法获取商业秘密的有 7 例；行为人通过贿赂、欺诈等手段引诱他人违反保密义务从而共同获取、使用商业秘密的有 4 例（第 1 项、第 3 项行为方式结合）；行为人非法获取商业秘密并使用的（第 1 项、第 2 项行为方式结合）有 7 例；涉及《刑法》第 219 条第 1 款全部三项侵犯商业秘密行为的有 1 例；此外，以《刑法》第 219 条第 2 款所列行为方式侵犯商业秘密的有 1 例。

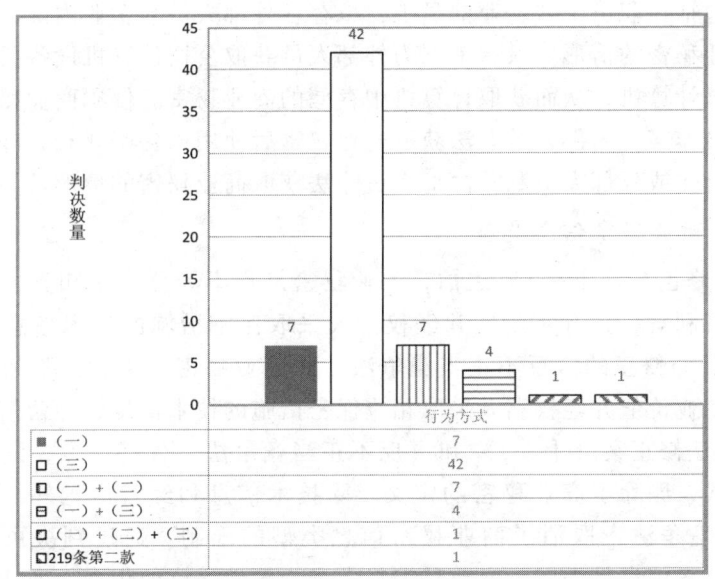

注：（一）、（二）、（三）分别指《刑法》第 219 条第 1 款第（一）、（二）、（三）项。

图 3 侵犯商业秘密犯罪行为方式分析

由上述分析可知，侵犯商业秘密犯罪行为方式主要以《刑法》第 219 条第 1 款第 3 项为主，即行为人以违反保密义务或权利人有关保守商业秘密的要求的方式，披露、使用或者允许他人使用其所掌握的商业秘密。

《刑法》第 219 条第 1 款第 1、2、3 项是对侵犯商业秘密犯罪行为的类型化。具体来说，通过判决书分析，第 1 项的非法获取类行为表现为窃取商业秘密信息；第 2 项的非法披露、使用行为类型没有独立的案件，非法使用行为和非法获取行为紧密结合，具体表现为行为人窃取商业秘密信息后使用该信息获利；第 3 项的违反保密义务或保密要求披露、使用商业秘密行为类型具体表现为：行为人作为掌握商业秘密企业的工作人员，在其履行职务或进行工作期间掌握或接触到企业的核心技术信息或重要经营信息等商业秘密信息，出于获取经济利益的目的，违反保密义务或权利人的保密要求，以其获取核心技术信息为基础生产相同或实质相同的技术产品或使用客户名单等经营信息抢占权利人市场份额，给权利人造成损失。

（二）侵犯商业秘密犯罪的人员类型

商业秘密具有秘密性，一般人难以接触，企业内部员工能够接触到商业秘密的机会较多。在 62 份有罪判决书中，几乎所有案例都涉及企业内部员工作案，不仅包括在职员工和企业前员工，也存在外部人员与企业内部人员勾结非法获取商业秘密的情形。只有 1 例为外部人员获取公司计算机设备后通过技术手段入侵该计算机，从而获取计算机中存储的商业秘密。侵犯商业秘密犯罪多为内部人员作案，内部人员非法获取商业秘密后使用该秘密获利、外部人员与内部人员合作或外部人员利诱内部人员非法获取商业秘密的情形较为常见。

（三）商业秘密信息类型

《刑法修正案（十一）》之前，商业秘密是指不为公众所知悉，能为权利人带来经济利益，具有实用性并经权利人采取保密措施的技术信息和经营信息。2019 年新修正的《反不正当竞争法》将商业秘密定义为：不为公众所知悉、具有商业价值并经权利人采取相应保密措施的技术信息、经营信息等商业信息。《刑法修正案（十一）》和《反不正当竞争法》保持一致，采用空白条文立法方式，删除了商业秘密的定义。除技术信息和经营信息外，新修正的《反不正当竞争法》取消了商业秘密信息类型的限制。通过判决可知，实践中，对于涉案信息是否属于商业秘密经常成为案件争议的焦点，商业秘密信息的判定本身就存在一定难度。商业秘密信息类型的扩大有利于增强商业秘密刑事保护，但在信息类别不确定的情形下，也可能加剧司法实践中商业秘密信息认定的争议，不利于犯罪的有效防控。

由于本文统计的判决作出时间均在《刑法修正案（十一）》生效之前，法院认定的商业秘密信息类型均为技术信息和经营信息，不涉及其他类型的商业秘密信息。在 62 份有罪判决中，其中有 46 例是行为人侵犯企业的技术信息，

13 例是侵犯企业的经营信息，3 例同时侵犯了企业的技术信息和经营信息。

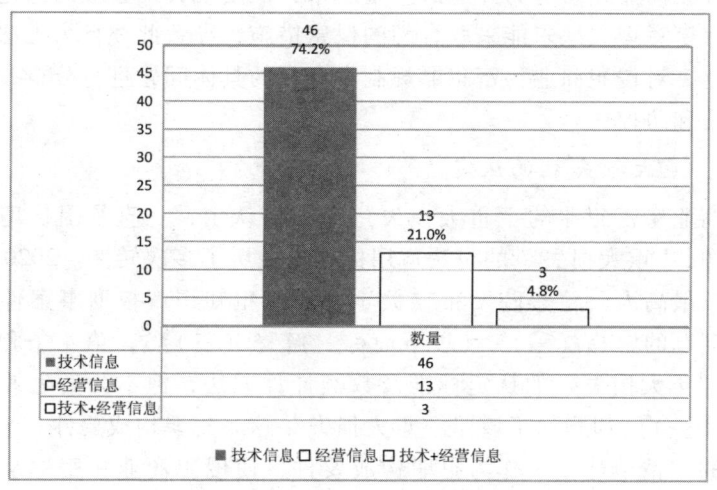

图 4　侵犯商业信息类型统计

通过分析可知，侵犯的商业秘密信息类型主要是技术信息，涉及工程图纸信息、源代码信息、工艺流程信息、游戏开发信息等。技术信息能够快速带来经济收益，行为人获取企业核心技术信息后，通过研发同类产品销售，给商业秘密权利人造成来极大经济损失。经营信息主要涉及企业的客户信息，如客户名单。由此可知，侵犯商业秘密犯罪最为常见的犯罪模式为内部人员违反保密义务或保密要求非法获取、使用或允许他人使用企业的技术信息。外部人员作案、内外勾结及侵犯经营信息的情况需要引起关注。

三、侵犯商业秘密犯罪规制存在的问题

侵犯商业秘密罪判决数量较少，除了因涉密等不适宜在网上公开判决的情形外，有许多因素影响着刑法在打击侵犯商业秘密犯罪中的介入。笔者通过分析裁判文书发现，侵犯商业秘密行为中"重大损失"（现修改为"情节严重"）的认定、相关信息是否构成商业秘密、保密人是否具有保密义务是控辩双方的争议焦点。在三份无罪判决中，一份是因为"重大损失"的认定存在争议①、两份是行为人是否具有保密义务存在疑问②。这些因素不仅影响着罪

---

① 参见福建省厦门市中级人民法院刑事判决书（2015）厦刑终字第 590 号。
② 参见北京市第二中级人民法院刑事判决书（2019）京 02 刑终 425 号、天津市滨海新区人民法院刑事判决书（2014）滨汉刑初字第 66 号。

名的认定,也在一定程度上阻碍了刑法对侵犯商业秘密犯罪的打击,即使行为人实施了侵犯商业秘密行为并造成严重后果,但由于具体数额的认定标准混乱或权利人保密意识欠缺未能采取合理的保密措施,导致此类行为无法被认定为犯罪。因此,对侵犯商业秘密犯罪规制中存在的具体问题进行分析,有利于对该罪的打击和防控。

(一)"重大损失"的认定

侵犯商业秘密犯罪的"重大损失"该如何认定,一直是困扰理论界和实务界的难题,"重大损失"的司法适用标准也经历了多次转变。2020年,最高人民法院、最高人民检察院发布《关于办理侵犯知识产权刑事案件具体应用法律若干问题的解释(三)》(以下简称《解释(三)》),第4条和第5条详细规定了"重大损失"的认定标准及数额计算方法,但不久后生效的《刑法修正案(十一)》却删除了该罪"重大损失"这一犯罪构成要件,转以内涵与外延更大的"情节严重"作为犯罪构成要件,使侵犯商业秘密罪从结果犯变为情节犯。这一修改虽回避了"重大损失"的认定难题,但"重大损失"仍是认定"情节严重"的重要标准之一。①

《解释(三)》将"给权利人造成损失数额"及"商业秘密违法所得数额"在30万元以上的情形认定作为"重大损失"的认定标准。在数额计算上,"损失数额"的确定方法共有三种方式,分别为:商业秘密的合理许可使用费、被侵权造成的销售利润损失、商业秘密的商业价值,并对应五种不同情形。因披露或者允许他人使用商业秘密而获得的财物或者其他财产性利益被认定为违法所得。

表1 侵犯商业罪"重大损失"数额计算方法

商业秘密的合理许可使用费	被侵权造成的销售利润损失	商业秘密的商业价值
以不正当手段获取权利人的商业秘密,尚未披露、使用或者允许他人使用的。(《刑法》第219条第1款第1项)	以不正当手段获取权利人的商业秘密后,披露、使用或允许他人使用的。(《刑法》第219条第1款第2项)	因侵犯商业秘密行为导致商业秘密已为公众所知悉或者灭失的,损失数额可以根据该项商业秘密的商业价值确定。

---

① 参见王文静:《论侵犯商业秘密罪中"重大损失"的认定原则》,载《法学评论》2020年第6期。

续表

商业秘密的合理许可使用费	被侵权造成的销售利润损失	商业秘密的商业价值
以不正当手段获取权利人的商业秘密后，披露、使用或者允许他人使用，损失数额低于商业秘密合理许可使用费。（《刑法》第219条第1款第2项）	违反约定、权利人有关保守商业秘密的要求，披露、使用或者允许他人使用其所掌握的商业秘密。（《刑法》第219条第1款第3项）	
	明知商业秘密是不正当手段获取或者是违反约定、权利人有关保守商业秘密的要求披露、使用、允许使用，仍获取、使用或者披露的。（《刑法》第219条第2款）	

从司法实践看，法院在"重大损失"的认定和数额计算方法上的选择存在差异，有学者总结了司法实践中认定"重大损失"的方式，存在以被告人因侵权所获得的利益认定重大损失、以商业秘密的价值来认定重大损失等情形。[①] 在笔者搜集的 62 份有罪判决中，法院对"重大损失"的认定多采用"被侵权人经济损失""侵权人违法所得""研发成本"等认定方式，虽然多数判决竭力寻找"重大损失"的合理计算标准，但几乎所有判决在认定时都忽略了侵犯商业秘密行为模式和商业秘密是否已被公众知悉或灭失的状态对"重大损失"认定方式的影响。

如表 1 所示，《解释（三）》列举了三种"重大损失"的计算方法，每种计算方法对应不同的侵犯商业秘密犯罪的行为模式。司法实践中，以《刑法》第 219 条第 1 款第 3 项情形侵犯商业秘密的情形最为常见，若犯罪人采此模式侵犯商业秘密，便应以"被侵权造成的销售利润损失"计算。但是，针对此种犯罪模式，许多判决采取了"商业秘密的商业价值"的判断方式，在"商

---

① 参见刘蔚文：《侵犯商业秘密罪中"重大损失"司法认定的实证研究》，载《法商研究》2009 年第 1 期。

业价值"的具体计算上，多以"投入的研发成本"作为"商业价值"数额。①在以《刑法》第219条第1款第1、2项情形侵犯商业秘密时，重大损失本应以"商业秘密的合理许可使用费"或"被侵权造成的销售利润损失"计算，但仍有许多判决采取了"成本法"。② 笔者认为，以"研发成本"计算商业秘密价值本就存在疑问，商业秘密具有典型的市场属性，其价值应在市场使用中体现，研发成本不能等同于商业秘密价值。③ 退一步说，即便如此认定，以商业秘密市场价值计算"重大损失"的前提是侵犯商业秘密行为导致商业秘密已为公众所知悉或者灭失，以上相关判决在以"成本法"计算时，大都未说明商业秘密是否已为公众所知悉或灭失。《解释（三）》对"重大损失"规定上述计算方式的内在逻辑在于当商业秘密仅被非法获取而未被使用时，商业秘密并未被投入市场使用从而流通，商业秘密权利人的损失便是商业秘密非法获取者应支付的合理许可使用费用；当商业秘密被使用后，非法使用者通过销售商业秘密产品获取利润，削减了商业秘密权利人的销售额，此时商业秘密权利人的损失便是被侵权造成的销售利润损失；而当商业秘密被公众知悉或灭失，商业秘密便丧失了其全部的商业价值，此时权利人的损失便是商业秘密的商业价值。应该说，《解释（三）》对于"重大损失"的计算标准进行了细化和明确，对于统一和规范司法实务中"重大损失"认定乱象具有积极意义。但是，对于司法实践认定"重大损失"常用的"成本法"中的商业秘密研发成本能否等同于商业秘密"商业价值"还需得到解答。此外，实践中应注意判断商业秘密是否被公众知悉或已灭失，这直接影响到"重大损失"的计算方式和所得数额。

（二）"情节严重"的判断

《刑法修正案（十一）》以"情节严重"取代"重大损失"要件对侵犯商业秘密罪进行认定，但目前对"情节严重"的认定还缺乏具体标准。因此，需要最高司法机关对"情节严重"作出合理解释，统一犯罪认定标准，避免犯罪打击模糊、混乱。同时，在加强知识产权刑法保护的同时，还应避免刑罚

---

① 参见山西省应县人民法院刑事判决书（2017）晋0622刑初71号、广东省深圳市南山区人民法院刑事判决书深南法知初字第32号、河北省元氏县人民法院刑事判决书（2019）冀0132刑初211号。

② 参见浙江省临安市人民法院刑事判决书（2015）杭临刑初字第255号、河南省郑州市管城回族区人民法院刑事判决书（2015）管刑初字第580号。

③ 参见王文静：《论侵犯商业秘密罪中"重大损失"的认定原则》，载《法学评论》2020年第6期。

圈的过度扩张。

《刑法修正案（十一）》对《刑法》第213条至第220条规定的侵犯知识产权犯罪（包括侵犯商标犯罪、专利犯罪、著作权犯罪及商业秘密犯罪）进行了修改。修改后的侵犯商业秘密罪调整了犯罪构成要件，以"情节严重"取代"重大损失"作为犯罪成立标准，与侵犯其他知识产权犯罪成立要件保持一致。关于"情节严重"的认定标准，《解释（三）》第10条规定，对于侵犯知识产权犯罪的，应当综合考虑犯罪违法所得数额、非法经营数额、给权利人造成的损失数额、侵权假冒物品数量及社会危害性等情节。结合最高人民法院、最高人民检察院《关于办理侵犯知识产权刑事案件具体应用法律若干问题的解释》和《关于办理侵犯知识产权刑事案件具体应用法律若干问题的解释（二）》对其他侵犯知识产权犯罪"情节严重"标准的认定，影响判断相关因素主要有"非法经营数额""违法所得数额""侵权复制品数量"。因此，在认定侵犯商业秘密犯罪"情节严重"情形时，可结合侵犯商业秘密违法所得数额、非法经营数额、重大损失数额、商业秘密数量等因素综合判断。有观点认为，侵犯商业秘密犯罪"情节严重"的判断可从犯罪手段、犯罪动机、特殊的主体身份、泄露对象的后果上，采取从主体、主观方面、客体、客观方面综合考量的情节，破除唯"数额论"、唯"经济损失论"。[1] 包括侵犯商业秘密犯罪在内的侵犯知识产权类犯罪被划分在侵犯社会主义市场经济秩序一章，侵犯知识产权犯罪行为对社会主义市场经济的破坏不仅体现在"数额"上，如何确定"情节严重"标准需要确定。在侵犯商业秘密案件司法实践中，本就存在案件技术性强、复杂性高、证据收集难等刑事打击难题，如若没有合理、清晰的认定标准，恐不利于打击效果。

（三）相关信息是否构成商业秘密的判断

司法实践中，构成商业秘密信息类型总体分为"技术信息"与"经营信息"，对于涉案信息是否属于商业秘密一直是此类案件争议的焦点，争议点集中于密点是否相同[2]、涉案信息是否属于商业秘密[3]等。侵权人在获取技术秘密后，通过对技术秘密加工、改良或使用部分技术信息生产侵权产品，所用密点和原信息密点有所不同，以此作为抗辩事由。《刑法修正案（十一）》采取

---

[1] 参见潘莉：《侵犯商业秘密罪：如何界定"情节严重"》，载《检察日报》2020年11月25日，第3版。

[2] 参见江苏省常州高新技术产业开发区人民法院刑事判决书（2020）苏0411刑初68号。

[3] 参见上海市普陀区人民法院刑事判决书（2018）沪0107刑初1289号。

空白罪状立法模式，删除商业秘密定义，与《反不正当竞争法》保持一致。结合《反不正当竞争法》对商业秘密的定义来看，信息的类别并不限制于"技术信息"和"经营信息"，其他类型的信息也可成为商业秘密。由此，信息是否"不为公众所知悉"及是否具有"商业价值"是判断信息是否属于商业秘密的关键。司法实践中，信息"商业价值"的判断并不困难，信息"不为公众所知悉"的认定标准影响着对侵犯商业秘密行为的打击力度。有法院采取低标准认定商业秘密信息，认为"商业秘密的不为公众所知悉限制层级较低，只要不是行业内众所周知的普通信息，较普通信息具有最低秘密性或新颖性限度的信息，都可认定为商业秘密。"[①] 同时，若采取高标准，则可能导致秘密性、新颖性较低的信息无法成为商业秘密被保护。实践中，关于技术信息是否为公众所知悉的判断争议较小，争议较多的是"客户名单"等经营信息能否构成"商业秘密"。样本案例中所涉的经营信息基本都为"客户信息"或"客户名单"，刑法及刑事司法解释并未规定"客户信息"的具体认定标准，根据最高人民法院《关于审理不正当竞争民事案件应用法律若干问题的解释》第13条的规定，"客户名单"应当区别于相关公知信息，包括汇集成的客户名册及保持长期稳定交易关系的特定客户。该条第2款规定了免责事由，客户基于对职工的个人信赖，在职工离职后自愿与其或其所在新单位进行市场交易的，应当认定为没有采取不正当手段。但是，在笔者收集的裁判文书范围内，认定行为人侵犯"经营信息"的样本案例均未对行为人是否具有免责事由进行说明，这可能会不当扩大刑事打击力度，导致正常的人才流动和市场竞争受限。

（四）保密义务及权利人保密要求认定

根据《刑法》第219条第1款第3项规定，行为人违反保密义务或者违反权利人有关保守商业秘密的要求侵犯商业秘密的，构成侵犯商业秘密罪。被告人对其所掌握的商业秘密是否具有保密义务及是否违反权利人有关保守商业秘密的要求，是认定侵犯商业秘密罪的关键。签订保密协议是认定权利人负有保密义务的核心要素[②]，样本案例中若商业秘密权利人和员工签署书面协议，无论商业秘密权利人是否就保密协议支付了保密费用，法院都认为企业采取了合理的保密措施。值得讨论的是保密义务的属性问题，即对于保密义务是法定义

[①] 湖北省宜昌市中级人民法院刑事判决书（2019）鄂05知刑初2号。

[②] 参见周光权：《侵犯商业秘密罪疑难问题研究》，载《清华大学学报（哲学社会科学版）》2003年第5期。

务还是合同义务,实践中存在不同观点。在邹某乙、王某侵犯商业秘密罪一案①中,被告人邹某乙及其辩护人认为商业秘密权利人并未采取合理的保密措施,且并未和被告人邹某乙签订保密协议,不能排除合理怀疑。法院则认为商业秘密的保密义务并非一项约定义务,而是法定义务,被告人实施了法定的犯罪行为。然而,在福瑞德公司、张某某、缪某某侵犯商业秘密罪一案中②,权利人并未和被告人缪某某签订保密协议,法院认为"保密义务系合同义务而非法定义务,公诉机关应当出示相关证据证明联力公司已经采取了合理的保密措施使被告人缪某某明知或应知其对获取的技术信息负有保密义务"。可以看出,确定行为人的保密义务是打击侵犯商业秘密犯罪的关键。同时,权利人有关保守商业秘密的要求也影响着侵犯商业秘密犯罪的认定,在样本案例中,权利人关于保守商业秘密的要求是否具体、明确是控辩双方争论的焦点,若权利人采用"应保守公司商业秘密"这类过于宽泛和原则性的保密要求,保密义务承担者不仅会对自己应保守怎样的商业秘密感到疑惑,保密要求也极有可能成为限制竞争的工具,影响正常的市场竞争活动。

四、侵犯商业秘密犯罪防控及治理对策

刑法打击是犯罪防控的重要手段。当前,由于企业商业秘密信息保护意识不强,商业秘密信息管理体系不健全,商业秘密立法及司法适用不完善,导致许多具有严重社会危害性的侵犯商业秘密行为无法被打击和治理。因此,打击和防范侵犯商业秘密犯罪,应从加强内部员工保密及犯罪风险防范意识入手,完善商业秘密保密体系建设并合理确定"情节严重"认定标准。在打击和治理犯罪时,也要注意不能过于扩张刑法介入程度,以免阻碍市场自由竞争及人才合理流动。

(一) 加强内部员工保密及犯罪风险防范意识

从笔者对判决文书的分析来看,企业内部员工违反保密协议或权利人的保密要求,披露、使用或者允许他人使用自身掌握的商业秘密的情形最为常见。从裁判文书中可以看出,商业秘密多从企业内部人员泄露,部分企业员工明显缺乏保密意识,完全没有意识到自己泄露的是企业的商业秘密。亦有部分员工意识到自己需要保守企业商业秘密,但缺乏商业秘密犯罪风险防范意识,在商业秘密潜在的巨大商业价值诱惑下极易实施犯罪行为,付出惨痛的代价,其中

---

① 参见江苏省常州高新技术产业开发区人民法院刑事判决书 (2014) 新知初字第1号。

② 参见天津市滨海新区人民法院刑事判决书 (2014) 滨汉刑初字第66号。

不乏受过高等教育的技术人才。因此，加强人员商业秘密保密意识及商业秘密犯罪风险防范意识是防范企业内部员工犯罪的有效方式。

第一，加强企业内部员工商业秘密保密意识。样本案例中，有多起犯罪表现为手机生产线上的员工借助职务便利违规带出手机壳模具等技术信息，以低价向外销售，仅获利几万元。涉案人员并未察觉这些信息的重要性，也没有意识到自己需要保守企业的商业秘密。手机壳模具这一技术信息一旦公开便会造成技术信息被公众知悉，给权利人造成巨额损失，相关案件的损失认定达到千万元以上。因此，加强内部员工保密意识，使其认识到遵守保密义务及权利人的保密要求的重要性，是治理和防控相关人员犯罪的第一步。

第二，加强员工商业秘密犯罪刑事风险防范意识。样本案例显示，企业中层人员及核心技术人员大都与商业秘密权利人签订了专门的保密协议，部分还被支付了保密费用。企业中层管理人员及技术人员能够较为清晰地知晓自己的保密义务和权利人的保密要求。同时他们也知晓商业秘密的潜在价值，在巨额利益的驱使下实施侵犯商业秘密犯罪行为。此类人员明知自己违反了保密义务或保密要求，试图通过改变技术信息相关密点、改变技术名称等方式隐藏犯罪行为。《刑法修正案（十一）》对侵犯商业秘密罪进行了修改，提升了该罪的法定最高刑，结合《解释（三）》降低了侵犯商业秘密罪的入罪数额，侵犯商业秘密罪的入罪门槛降低，惩治力度加强，体现了立法者全面加强知识产权保护的决心，违法犯罪成本急速提升，犯罪风险显著升高。加强相关人员刑事风险防范意识急需增强，杜绝侥幸及投机心理，对防控该类犯罪具有积极意义。

（二）完善企业商业秘密管理体系

完善企业的保密管理制度建设是防控侵犯商业秘密犯罪的重要环节。从商业秘密权利人即相关企业对商业秘密的日常管理上入手，通过对客户名单等经营信息进行积累加工、明确保密要求和行为人的保密义务、采取合理的保密措施，能够避免上文所述的商业秘密被侵犯却无法得到刑法保护的情形。通过完善企业保密管理体系，能够较好地解决商业秘密犯罪认定难点，有效打击侵犯商业秘密犯罪。

第一，解决相关信息是否构成商业秘密从而影响侵犯商业秘密犯罪打击的问题。对于"客户名单"等经营信息，商业秘密权利人应对该类信息进行合理汇编，经过独特积累、收集、加工、整理，不是简单地复制社会上已有的通讯地址、厂商名录形成客户名单。① 对于技术信息，商业秘密权利人及相关企

---

① 参见孔祥俊：《商业秘密保护法原理》，中国法制出版社1999年版，第141~142页。

业需加强对技术信息的综合管理，有效落实保密责任人，加强信息流动监管，及时发现并阻断商业秘密信息外泄。

第二，商业秘密权利人应清晰确认行为人的保密义务、明确保密要求。在法院判决无罪的案例中，商业秘密权利人没有提出明确的保密要求，也未和行为人签订保密协议，即使行为人行为具有严重的社会危害性，商业秘密权利人权益遭受重大损失，也无法用刑法对该类行为进行打击。因此，商业秘密权利人应提出明确的商业秘密保守要求，在商业活动涉及商业秘密时，应与员工或商业活动对象签订书面保密协议，清晰合理约定保密条款、划定保密范围。当企业商业秘密受到侵犯时，避免保密条款范围过小导致具体保密事项被排除保密范围。也应避免保密条款过于原则化，在给保密义务承担者施加过重保密义务的同时，可能导致权利人具体的保密要求无法判断，影响犯罪行为的认定。

第三，完善商业秘密保密体系建设，促进法院认定企业对商业秘密采取合理的保密措施，避免行为人侵犯了商业秘密却无法认定犯罪的情形，有效打击侵犯商业秘密行为。结合最高人民法院《关于审理不正当竞争民事案件应用法律若干问题的解释》第 11 条第 3 款列举的七项保密措施手段，根据企业管理具体情况，采取物理手段防范、保密标志警示、限制信息访问等措施保护商业秘密。

（三）合理确定"情节严重"认定标准

1. "重大损失"的合理确定

修改后的《刑法》第 219 条确定了侵犯商业秘密罪"情节严重"的构成标准，"重大损失"仍是确定情节严重的参考要件。学界对"重大损失"的计算与认定虽进行了长期的讨论[①]，但并未达成一致意见，充分说明了损失认定的复杂性。对此，《解释（三）》详细规定了重大损失的认定与计算方法，对解决"重大损失"认定混乱、侵犯商业秘密犯罪刑事打击不规范的情形具有积极作用。从样本案例分析中可以看出，实践中以被侵权人损失、侵权人违法所得计算"重大损失"较为常见，虽未统一标准，但也符合《解释（三）》出台前系列司法解释的要求。从《解释（三）》对侵犯商业秘密犯罪行为的控制来看，实践中另一常见的以商业秘密价值确定"重大损失"的计算方式需要谨慎适用，法院往往以商业秘密研发成本计算商业秘密价值。适用"商业

---

① 参见田宏杰、温长军：《侵犯商业秘密罪的规范解读和司法适用》，载《政法论坛》2009 年第 6 期；刘秀：《侵犯商业秘密罪中"重大损失"的认定》，载《中国刑事法杂志》2010 年第 2 期；沈玉忠：《侵犯商业秘密罪中"重大损失"的司法判定——以 60 个案例为样本》，载《知识产权》2016 年第 1 期。

秘密价值"计算的前提是因侵犯商业秘密行为导致商业秘密已为公众所知悉或者灭失，实践中普遍缺乏对商业秘密是否已为公众所知悉或者灭失情形的判断，相应的判断标准也未确立，商业秘密开发成本并不等于商业秘密价值，这样的认定方式不利于对侵犯商业秘密犯罪的准确打击。

从加强知识产权保护，促进市场公平、自由竞争的角度出发，不宜认为单纯的非法获取行为会导致商业秘密被公知所知悉或灭失。从判决书分析的行为方式来看，行为人在非法获取商业秘密后，普遍采取自己创立公司并利用获取的商业秘密进行产品生产、销售的方式获取利益，此时商业秘密仅被犯罪行为人使用，并未向公众公开。商业秘密等知识产权不同于普通财产权，其具有无形性，对商业秘密的侵犯是侵犯了权利人的独占权，而非占有权。因此，当商业秘密未经允许被他人使用，仅是对权利人独占权的侵犯。只要行为人未向公众公开商业秘密信息，便不宜认为商业秘密已被公众知悉或灭失。在张某侵犯商业秘密罪①一案中，张某在深圳富泰宏精密工业有限公司工作期间非法获取了"苹果"公司新一代产品的设计图纸，在准备出售时被警方抓获，9张设计图纸的损失价值被认定为"开发成本+开发利润"共240万元。由于商业秘密价值的"成本法"认定较为简单，实践中倾向将仅非法使用商业秘密行为造成的损失以"成本法"认定，但此时这一商业秘密并未被公众知悉，这将使《解释（三）》第5条规定的其他计算标准虚置。商业秘密等知识产权是通过被使用后所产生的效益来计算其价值量的，这与创造知识过程中附带投入的物质财富的消耗无关。② 研发成本较高的商业秘密并不一定能在市场使用中取得较高收益。商业秘密价值的确定，应通过实施该项商业秘密的收益、可得利益、可保持竞争优势的时间等市场标准予以衡量，同时参考研发成本进行认定。

2. "情节严重"的表现形式

应合理确定侵犯商业秘密犯罪"情节严重"标准，明晰犯罪认定标准才能够合理发挥刑法的一般预防功能，高效预防侵犯商业秘密犯罪。有学者认为"其他严重情节"可以从三个方面综合判断：第一，能够具体量化的除经济损失数额以外的其他反映情节严重的犯罪数额，如违法所得、非法经营数额；第二，被侵犯商业秘密的价值——商业秘密的价值越大，反映出行为的社会危害性越大、情节越严重；第三，商业秘密披露的范围广泛、价值贬损严重，如侵

---

① 参见广东省深圳市福田区人民法院刑事判决书（2013）深福法知刑初字第20号。
② 参见杨雄文、肖尤丹：《知识产权法市场本位论——兼论知识产权制度价值的实现》，载《法学家》2011年第5期。

犯研发期的技术秘密造成研发价值贬损等。① 关于犯罪动机、犯罪手段、犯罪主体等能否被列入"情节严重"要素，有学者认为犯罪动机、手段、犯罪主体身份并不影响犯罪行为的法益侵害性高低，不宜成为"情节严重"的判断因素。②

虽然《刑法修正案（十一）》已经施行，但"情节严重"的具体认定标准还未确定，相关判决也均是《刑法修正案（十一）》生效前作出的。犯罪情节影响着犯罪量刑，从 62 份刑事判决来看，当犯罪行为具有一定情节时，量刑标准会有一定的提升。例如，行为人造成权利人损失或违法所得数额较高时，量刑标准会随之提升。如法院认定于某某侵犯商业秘密罪侵权获利 1298 余万元，判处有期徒刑 5 年③；行为人违法所得 100 余万元的，判处有期徒刑 1 年，缓刑 1 年。④ 因此，与侵犯著作权罪、侵犯商标权罪等知识产权犯罪"情节严重"认定标准保持一致，行为人非法经营数额、违法所得数额等犯罪数额应纳入"情节严重"的表现形式进行考量。此外，侵犯商业秘密的自身价值越高的、侵犯商业秘密数量较多的，因影响违法数额的认定，也会被作为量刑情节考量。对于犯罪动机、手段等因素，并未体现在判决书的事实描述中，其对行为的法益侵害性并无实质影响。但从犯罪主体来看，具有法定保密义务的人员，如在从事公务活动中获取权利人商业秘密的公务人员、在审判活动中掌握权利人商业秘密的司法人员等实施侵犯他人商业秘密的犯罪行为的社会危害性明显要高于仅具有合同约定的保密义务的一般人员。因此，在确定"情节严重"标准时，可考虑将犯罪主体类别、行为人非法经营数额、违法所得数额、侵犯商业秘密数量作为"情节严重"要素进行综合考量。

五、结语

在全面加强知识产权保护的时代背景下，打击与防控侵犯商业秘密犯罪对于强化产权保护，促进良好、有序的市场竞争环境具有重要意义。商业秘密犯罪是典型的"白领"犯罪、高学历犯罪，易受经济环境影响。加强内部人员商业秘密保护意识及刑事风险防范意识对于防控犯罪具有积极效益。企业内部

---

① 谢焱：《商业秘密刑事条款与新〈反不正当竞争法〉的衔接》，载《交大法学》2020 年第 4 期。
② 参见王志远：《侵犯商业秘密罪保护法益的秩序化界定及其教义学展开》，载《政治与法律》2021 年第 6 期。
③ 参见上海市普陀区人民法院刑事判决书（2018）沪 0107 刑初 1289 号。
④ 参见上海市虹口区人民法院刑事判决书（2019）沪 0109 刑初 991 号。

人员犯罪是侵犯商业秘密犯罪的基本模式，完善企业内部信息管理系统建设能够有效防控、打击该类犯罪。侵犯商业秘密犯罪的公开判决较少，"情节严重"认定标准的模糊削弱了犯罪预防效果，应予合理明确。商业秘密权利人明晰保密义务内容，采取积极的保密措施，对于避免侵犯商业秘密犯罪行为逃避刑事规制具有重要作用。

民营经济案件犯罪侦查困境与检察监督对策

陈 磊 董 娟[*]

涉民营经济刑事案件不是法定称谓,尚未形成理论界的共识,根据实践样态和相关典型案例总结,广义的涉民营经济刑事案件,是指被追诉人或被害人涉及民营经济的全部案件。当然,该概念过于宽泛,涵摄范围几乎囊括刑法中绝大多数罪名,笔者选取其中最为典型的经济犯罪作为切入点进行研究。狭义的涉民营经济刑事案件表现为以下特征:其一,从法益角度看,涉民营经济刑事案件是在社会主义市场经济运行过程中,为谋取不法利益或不正当便利,违反国家现行法律、法规,破坏社会主义市场经济秩序的案件;其二,从涉案主体角度看,涉民营经济刑事案件被追诉人或被害人是民营经济的法律实体、经营参与者或利益相关者;其三,从行为角度看,涉民营经济刑事案件的主要行为与生产、经营有关或者主要行为侵犯了民营经济主体合法权益或破坏了正常生产经营活动的行为。

涉民营经济刑事案件的外延与公安经侦系统负责立案管辖的89种犯罪基本重合,从实务角度看,主要包括以下罪名:合同诈骗罪等诈骗类犯罪;串通投标罪、非法经营罪、集资诈骗罪等金融类犯罪;假冒注册商标罪等涉知识产权犯罪。

一、三重矛盾:民营经济刑事案件办理的困境

我国处理涉民营经济刑事案件与经济发展历程紧密结合,从早期的"依法从重从快打击"走向侧重"平等保护和扶持发展"。目前,审查案件的实践情况与兼顾依法办案和保护民营经济健康发展的总体要求之间还有一定差距,影响了司法办案保护和促进民营经济发展目标的实现。

---

[*] 陈磊,河北省廊坊市安次区人民检察院第一检察部检察官助理,法律硕士;董娟,天津大学法学院教授,法学博士。

(一)法律适用：准确定性与盲目刑事立案的矛盾

刑事侦查是一项以查获犯罪嫌疑人、收集和保全犯罪证据为核心的活动，依据刑事诉讼法的规定，刑事侦查的初始工作是准确审查案件的性质，依据初审结果决定是否启动刑事侦查程序。受理案件的应然图景应当是，报案人如实向办案部门提供报案材料或办案部门如实全面地收集案件线索材料，办案部门对初步受理案件材料进行准确分析和定性，在初审案件材料的过程中以无罪推定为基本原则，基于刑事法律对社会秩序保护的兜底性特征，应当重点分析经济案件是否属于行政违法案件、本案依据民事法律是否能够妥善解决。如果基于民事、行政法律法规能够有效规制涉案人的不当行为，保护正当权益，则应该做出不予立案的决定，终止刑事侦查程序。然而，在实践中我们却看到了刑事手段不当插手民营经济案件的异常情况。

如果以刑事诉讼的基本功能角度看，刑事侦查的功能是以侦查手段查明案件，保护和恢复受损的合法权益。然而，盲目刑事立案现象恰恰使刑事侦查手段在部分民营经济案件中异化为生产经营的破坏者。实务中，部分侦查办案机关在案件材料初查过程中不进行实质性审查或无力有效审查，存在只要有合同、借条等证据，就认为是民事纠纷不予立案或只要发现被举报人存在欺诈等不端情况就立案的情况。

刑事侦查手段在民营经济案件中的滥用，既有公安机关办案力量配置的原因，亦有现有经济案件专业化、复杂化的因素。刑事精准化立案应以公安机关有效深度了解案情、对民事和行政法律有深刻了解为前提，在此过程中，检察机关可以发挥自身行政、民事部门专业化水平高的优势及时引导监督，避免立案不当行为的出现，从萌芽阶段避免冤错案件给民营经济造成的不良影响。

(二)侦查时效：及时办理与立案侦查拖延的矛盾

刑事案件的高效侦查对保障人权和维护民营经济的健康发展有重要意义。刑事侦查的主要职能是通过及时有效的揭露证实犯罪进而维护社会的稳定和谐，尤其是在民营经济犯罪案件，尽快查明案件事实、杜绝"疑案从挂"的情况能有效减少刑事追诉程序对民营经济实体造成不良影响，尽快解决争议从而避免当事人的权益长期处于不确定状态，减轻无辜者可能在侦查以及整个刑事诉讼中受到的边际损害，减少侦查的权力成本。

具体而言，对于民营经济刑事案件办案时效应当有如下四方面的要求：其一，在案件侦查过程中应当尽快厘清案件性质，作出明确的案件性质认定；其二，在案件侦查遭遇方向性阻碍或侦查难点时，应当依照法律和庭审要求对证据进行宏观把握，着重对证据链要求的紧要证据进行收集；其三，在收集证据过程中应当把握比例原则，做到最轻损害和最适当留存；其四，在案件无法查清和存在合理怀疑无法证明时，应当依法及时撤销相关案件。然而在实践中大量存在"疑案从挂"情况。根据最高人民检察院工作报告，仅2019年排查出2687件既未撤案又未移送审查起诉、长期搁置的"挂案"。

基于实践情况，涉民营经济犯罪案件中取证难度大、案件专业度高、侦查针对性不强是造成侦查立案拖延的主要原因。涉民营经济犯罪的侦查具有浓厚的被动色彩，这些案件客观上具有隐蔽性强、专业程度高的特点，犯罪行为的实施者往往是深耕该领域多年的业内人士，对于行业的运行规则比较清楚，因而在其实施犯罪过程中往往能一定程度上掩盖犯罪行为、毁灭犯罪证据，造成后续侦查取证的难度加大，这就需要更专业的民商事和行政领域的专业人才介入，协助确定侦查取证方向。

（三）强制措施：慎捕慎封与羁押查扣滥用的矛盾

在我国司法语境下的"羁押"，并不特定指向某一种独立的强制措施，其内涵为适用刑事拘留和逮捕措施的过程中对被追诉人人身自由的持续性限制状态。而本文语境的"查扣"一词源于一般社会主体的对财产性限制措施的基本认知，语义涵摄了刑事诉讼法中查封、冻结、扣押等针对被追诉人或者其他涉案人员财物的封存措施，在该类措施下原所有者保留对该财产的所有权，但不具有使用权和买卖自由，财产的使用价值和流通性被暂时限制。刑事侦查阶段对人、财、物的未决羁押和查扣，是指被追诉人及涉案财物在法院作出生效判决之前，被剥夺人身自由和使用、流通等价值的状态。

从应然角度看，在坚持无罪推定原则和促进以审判为中心的司法制度改革的当下，为了保护脆弱的个人免受国家机器的侵犯，并且保障民营经济实体免受经营者被羁押、生产设施被查扣带来的沉重负面影响，在办理民营经济刑事案件中应当对羁押类强制措施加以限制，以必要性原则和比例性原则为指导尽量减少使用，即使使用也要控制在适度的范围内；为了避免民营经济实体在案件审查期间无法运转造成的社会问题和经济损失，慎重适用查封、冻结和扣押手段，转为保全、监管等非强制性手段是应然举措。事实上，我国法律规定、司法解释等规范性文件中，已经对谨慎使用查封、冻结措施原则多次予以明确。最高人民法院就出台《关于在执行工作中规范执行行为切实保护各方当事人财产权益的通知》，要求在财产控制中，能够采取"活封""活扣"措施的，尽量不采取"死封""死扣"措施，该思路值得发扬。

二、检察应对：联合提前介入办案格局的构建

（一）树立"穷尽民事、行政手段，刑事保底"原则

涉民营经济犯罪案件中应当注意以下三个方面：

其一，在审查初始阶段应当查明本案中是否存在民事法律关系，包括但不限于民事法律关系的主体、性质和缔约履约方式。在此基础上，基本掌握现有的侵权方的侵权方式和程度。对于事实清楚但法律关系复杂的案件，通过民事权利确认和法律关系判断作为基础能够为本案的定性提高可靠依据，进而决定是否启动刑事程序，以保证秩序的统一性。

其二，在审查案件是否可以刑事立案之前，依据上述对民事法律关系和侵权方式的审查结果，查明本案是否具有民事、行政解决的渠道，当事人在刑事报案前是否已经采取了民事或行政的纠纷解决机制，在审查立案前应当秉持"穷尽民事、行政手段，刑事保底"的策略，在穷尽民事或行政纠纷解决机制、民事或行政解决机制不能有效处理或者对刑法规范保护的具体社会关系造成严重危害或危险时，再考虑启动刑事立案程序。

其三，即便在刑事立案之后，如果侵犯方依据相应条款或约定，主动履行法律义务或者修复了被损害的社会关系，应当考虑在不影响案件进一步审理的情况下主动适用更便捷的程序处理案件。

（二）检察机关多部门联合提前介入

提前介入程序在提升侦查效能、提高侦查效率方面起到了重要作用，但仍存在部分不足，欲使其发挥更大作用，笔者认为应当打破部门限制，以更加积极和开放的方式采用检察机关多部门以模块化组成联合检察官办案组提前介入公安机关侦查模式，对公安机关正在侦查的涉民营经济案件进行会诊式提前介入监督和引导侦查，具体而言该模式包括以下几个方面：

其一，从概念上而言，所谓多部门联合提前介入指的是由民事检察业务部门、行政检察业务部门和公益诉讼检察业务部门与刑事检察业务部门一同参与对案件的提前介入工作，以专家会诊的模式重点对公安机关侦查涉民营经济案件中的法律适用问题、侦查取证问题、羁押必要性问题和对社会利益影响等方面提出意见。

其二，从运作模式上看，多部门联合提前介入模式不是"一拥而上"式的监督模式，而是根据案件性质和影响范围等因素进行综合审慎的评估后，有针对性地对提前介入的检察办案部门和检察官进行模块化编组的模式。所谓评估是要对案件性质、法律关系、涉及领域等方面进行量化评估，对于其中涉及

的检察监督领域进行提炼、归纳，由需要提前介入的检察办案部门指定较为适宜办案的、专业素质强的检察官，由各部门指定的多名检察官组织检察官办案组对案件进行提前介入引导侦查。

其三，从工作方式而言，多部门联合提前介入也不是"各管一摊"式工作模式，一般应当由刑事检察业务部门检察官承担领导协调职责，民事、行政、公益诉讼检察官在审查评估本部门需要完成的工作的同时对案件定性处理提出意见，以检察官联席会的形式作出对案件定性和处理的基本意见，反馈给公安机关。对于需要进行羁押必要性审查、立（撤）案监督、公益诉讼立案、民事或行政诉讼检察监督、侦查活动监督等工作的，应当以检察官联席会决议的形式提交本院检察委员会决定是否启动上述工作，提交检委会决议的同时应当一并提交联合提前介入检察官办案组对案件的评估和审查意见，由检察委员会作出决议后反馈公安机关并报上级院备案。

（三）建立涉案人、财、物分级评估管理机制

在多部门联合提前介入民营经济案件前应当依据科学的指标对案件情况进行综合审慎的评估目的是根据评估分级情况，采取不同的介入策略和导向为企业提供精准高效的法律服务，实现政治效果、法律效果和社会效果的统一。在介入过程中，要根据案情、涉案企业经营运转状态等情况变化，对涉民营经济案件评估结果进行复评复核，对案件级别予以调整。具体而言，该评估机制应当包括至少两方面的指标。

其一，案件性质与社会影响指标。本指标主要评估案件涉及的基本性质主要是发案原因，如暴力引发案件、包含民事法律关系案件、生产销售产品类案件、污染环境类案件等，发案原因直接影响需要提前介入案件侦查的部门和基本引导方向。社会影响指标包括是否引发官方媒体负面报道、是否引发网络负面舆情、是否引发职工集体上访或群体性事件、是否有职工大面积失业风险等，根据社会影响指标分别赋分，可能造成或已经造成影响越大的，提前介入的检察官办案组的规格越高，原则上可能引发较大影响案件应当由内设部门负责人带队并及时报院领导，重大案件应当由检察长或主管副检察长带队并及时报上级院备案。

其二，涉案企业与当事人指标。本指标中应当评估涉案企业的基本情况，指标包括：企业性质，包括个人独资企业、外资企业、合资企业、上市公司及其子公司等；企业主要经营领域，包括一般行业、科技创新型产业（互联网、物流、生物制药等）、关系国计民生的基础行业（水、电、能源等）；税收贡献；重大研发或建设项目情况，主要评估重大研发或建设项目情况的有无和层级；经营状态及用工人员数量。该指标主要衡量涉案企业的经营和重要程度，

一般情况下经营状况越好，涉及领域和贡献越重要的企业，越应当审慎对待，尽可能维持和保护该企业的正常运营状态。还应当评估案件当事人的基本情况，指标包括：一般工作人员；重大建设或重要项目工作人员、关键岗位或项目技术人员和工作人员；子公司（下属企业）负责人、高级管理人员、关键（技术）部门负责人；关键部门或技术研发负责人、财务总监、营销总监；企业实际控制人、总经理、董事、监事等高级管理人员。一般情况下，上述分类中越靠后的人员重要程度越高，对于重要程度越高的当事人，应当慎重采取强制措施，对于符合规定的，应当尽量不采用羁押措施。

中国民营企业腐败犯罪风险及其防范策略研究

——基于 1596 份有效文书的实证分析

李瑞华*

2018 年 11 月 1 日,习近平总书记在民营企业座谈会上发表重要讲话,其中强调"在我国经济发展进程中,我们要不断为民营经济营造更好发展环境,帮助民营经济解决发展中的困难,支持民营企业改革发展,变压力为动力,让民营经济创新源泉充分涌流,让民营经济创造活力充分迸发。"我国《宪法》第 11 条也规定,"在法律规定范围内的个体经济、私营经济等非公有制经济,是社会主义市场经济的重要组成部分。国家保护个体经济、私营经济等非公有制经济的合法的权利和利益。国家鼓励、支持和引导非公有制经济的发展,并对非公有制经济依法实行监督和管理。"这充分说明,民营企业作为我国经济体制的重要组成部分,同时,为民营企业营造更好的发展环境,离不开法治轨道,在法治范围内构建防止民营企业违法犯罪的机制举措,是必不可少的发展模式。鉴于近年来腐败犯罪仍是企业刑事风险的高发源头。[①] 预防腐败犯罪成为当前预防民营企业犯罪中的重要一环,一方面,相关民营企业涉行贿罪、单位行贿罪等贿赂腐败犯罪直接影响到国家腐败治理政策举措的推进;另一方面,当前我国刑法尚不能有效遏制民营企业的涉腐败犯罪,寻找刑法之外的治理举措或有成效,而当前的企业反腐败合规建设成为其中的一种治理模式。预防民营企业腐败犯罪既是保障民营企业良性发展的刑事法治内容,也是落实习近平总书记提出的"构建'亲''清'新型政商关系"政策举措的重要方式。为此,下文将分析民营企业腐败犯罪的发展趋势及预防腐败犯罪的必要

---

* 李瑞华,东南大学法学院博士研究生,东南大学反腐败法治研究中心研究人员。
① 北京师范大学中国企业家犯罪预防研究中心:《企业家刑事风险分析报告(2014—2018)》,载《河南警察学院学报》2019 年第 4 期。

性，并结合当前企业合规建设提出相应的方案。

一、民营企业涉腐败犯罪发展趋势

为便于了解民营企业涉腐败犯罪的实践情况，为民营企业涉腐败犯罪提出切实有效的合规建设方案，以"民营企业""腐败犯罪""刑事案由""案由：贪污贿赂犯罪"在中国裁判文书网案例库检索（检索日期：2020年10月27日），共获得裁判文书1596份。为客观分析相应的数据维度，本文严格按照裁判文书记载的内容，提取民营企业与腐败有关的关键信息（包括但不限于被告人的职业、腐败手段、犯罪后情况等），详细分析如下：

（一）民营企业涉腐败犯罪的总体样态

1. 审判年份：司法审理情状

根据统计，在1596份有效文书中（已排除重复案件），案件数量整体较为平稳，且自2019年以来有减少趋势。线性函数公式为 y = 13.795x – 53.947，表示自2001年以来至2020年前10月民营企业腐败犯罪案件的柱形图，x表示对应的年份，y表示在线性指数R平方值变化趋势下的案件数量（见图1）。从图1来看，自2014年以来，民营企业腐败案件增长相对平稳，且$R^2=0.5345$，该值相对较低，表明案件增长平缓。虽然近年来民营企业涉腐败案件与侵犯公民个人信息犯罪等新型网络犯罪案件相比，数量相对较少，但绝不意味着民营企业涉腐败犯罪预防必要性的降低，一方面，民营企业腐败犯罪影响到行业的发展环境，不利于经济体制的改革完善；另一方面，民营企业的腐败犯罪并不仅仅发生在民营经济领域，其还涉及国家工作人员、国有企业等的腐败问题，涉及面较广，是必须重视的问题。

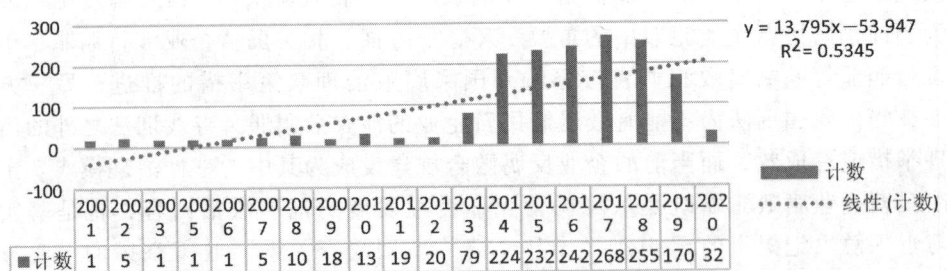

图1 审理年份

2. 审理程序与文书类型：实务现状展示

样本中，一审案件文书有1135份（71.12%），二审文书436份（27.32%），再审文书为21份（1.32%），其他文书有4份（0.25%）。样本比例覆盖全面，较为翔实地显示了当前民营企业涉腐败犯罪的现状，例如，在461份二审、再审及其他案件中，被维持或者撤回上诉的案件数量为408份，占比88.5%。也就是说，二审等案件中未被实质改判的比例将近90%，一定程度上表明司法实务中对民营企业涉腐败犯罪的态度是：严格贯彻宽严相济等刑事政策，依法保护民营企业的合法权益的同时，更要依法审判，将案件办成"铁案"。

样本显示，文书的性质为判决的案件有1302份，占比81.58%；文书的性质为裁定的案件有294份，占比18.42%。文书性质的类型能够为本研究提供判决与裁定两种形式的研究范围，能较为全面地发现实践中民营企业腐败犯罪的争议问题。

3. 案由分布：犯罪领域的情况

本文选取了民营企业涉腐败案件案由分布较多的罪名，其中发现，案由分布情况分别是：受贿罪（471件）、贪污罪（353件）、单位行贿罪（146件）、挪用公款罪（128件）、行贿罪（108件）、职务侵占罪（101件）、挪用资金罪（84件）、非国家工作人员受贿罪（73件）、私分国有资产罪（28件）、巨额财产来源不明罪（20件）、对非国家工作人员行贿罪（18件）、单位受贿罪（14件）、玩忽职守罪（8件）。可以发现，有的民营企业涉腐败犯罪的案由是受贿罪、贪污罪等罪名，而这些罪名的主体身份是"国家工作人员"，但这些案件的案情涉及民营企业为谋取不正当利益向国家工作人员行贿，继而由该类主体实施贪污、私分国有资产等行为，满足民营企业的不正当利益等要求。这恰恰说明民营企业涉腐败犯罪会危及国家对腐败犯罪的治理政策，一定程度上也表明，民营企业涉腐败犯罪是腐败犯罪的来源之一。

（二）民营企业涉腐败犯罪的具体情形

1. 年龄、职业与学历：涉案人员结构性分析

对样本进行逐份分析可以得知，本样本中的涉案人员一共有1885人，对其年龄、职业、学历进行详细分析，明晰当前民营企业涉案人员的年龄等结构分布，为民营企业反腐败策略的构建提出针对性措施。就年龄分布而言，样本显示：除裁判文书未明确记载被告人的年龄外，35岁以下的被告人为102人，占比5.41%；35—50岁的被告人为581人，占比30.82%；50—65岁的被告人为676人，占比35.86%；65岁以上的被告人为39人，占比2.07%。从被告人年龄来看，主要年龄段是35—50岁以及50—65岁，除了表明该年龄段是本类犯罪的高发期之外，还说明该年龄段的被告人最有能力实施相应的腐败犯罪。

为进一步说明被告人犯罪的诱因，本文继续挖掘了被告的职业和学历。就

被告人的职业而言，除裁判文书未明确记载被告人的职业（559人）之外，其余被告人的职业分布为：公司实际负责人有734人（文书显示为总经理、经理、董事长、公司负责人等）、科长、局长等干部有179人、副经理等主管人员有141人、证监会主席有108人、部门负责人有60人、财务处负责人有53人、人大代表或政协人员有28人、公司股东有23人。以上职业分布至少说明，民营企业涉腐败犯罪的人员大多数为公司的实际负责人（占比最高），这类人员为了公司的发展或者相关利益实施相应的腐败犯罪，既危及公司及相关行业的良性发展，也将本公司推向犯罪的轨道。另外，民营企业的实际负责人也实际上掌控着公司的发展方向，对该类人员的预防需引起重视。

另外，就被告人的学历结构而言，除497名被告人在裁判文书中未显示学历外，其余被告人的学历分别为：被告人具有博士研究生学历的有13人（0.69%）、具有硕士研究生学历的为113人（5.99%）、具有大学本科学历的为490人（25.99%）、具有大专文化学历的有269人（14.27%）、具有中专文化学历的有88人（4.67%）、具有高中文化的有145人（7.69%）、具有初中文化的有198人（10.50%）、小学及以下的有72人（3.82%）。从被告人的学历结构来看，民营企业涉腐败犯罪呈现出高学历的现象，该类犯罪的被告人高学历与传统犯罪被告人的（故意杀人犯罪、盗窃犯罪、抢劫犯罪①）低学历相比，更值得重视，只有针对该犯罪的高学历化现象提出针对性策略，方能在预防犯罪上起到作用。

2. 刑罚结构：低刑趋势与罚金情况

为了了解实务中对涉案民营企业人员的实际裁量状况，本文根据样本详细分析了涉案人员的有期徒刑、拘役、缓刑以及罚金刑等情况。

样本中被告人被判处有期徒刑的分布情况为：被判处3年以下有期徒刑的为847人、被判处3—5年有期徒刑的为264人、被判处5—10年有期徒刑的为198人、被判处10年以上有期徒刑的为113人。从数据可以清晰的看出，被判处5年以下的占比最多，可以表明该类犯罪的刑罚呈现低刑化趋势。

就被告人被判处拘役的情况而言：被判处0.2年②的有16人、被判处0.3年的有8人、被判处0.4年的有14人、被判处0.5年的有21人。整体而言，

---

① 通过实证分析学历与缓刑之间的关系比对情况（以故意伤害罪为例），发现该犯罪呈现较低学历化现象。参见《文化程度与缓刑适用之大数据报告——基于故意伤害罪的实证分析》。

② 需要注意的是，为便于统计，本样本中的有期徒刑、拘役等均按照"年"这一单位计算。

被告人被判处拘役的人数较少（仅有59人，占比3.18%），这表明司法实务中对被告人的刑罚裁量更偏向于有期徒刑。

对被告人判处缓刑的分布情况：对被告人判处有期徒刑缓期1年（包含本数，下同）以下的为91人、对被告人判处有期徒刑缓期1—2年的为123人、对被告人判处有期徒刑缓期2—3年的为96人、对被告人判处有期徒刑缓期3—4年的为39人、对被告人判处有期徒刑缓期4—5年的为36人。从数据可以看出，2—3年缓期执行是缓刑人数的峰值，这也印证了被判处3年以下有期徒刑的被告人人数较多的情况，可见民营企业涉腐败犯罪整体呈现刑罚裁量的轻缓化。

另外，裁判文书显示无罪（9人）、免于刑事处罚（96人）的被告人共计105人，占比5.66%。而被告人被判处无期徒刑的有7人，被判处死刑（含缓期二年执行）的为2人，比例极少。当然，还有对单位犯罪定罪免刑或者无罪的案例。① 这也一定程度上表明当前对民营企业涉腐败犯罪的轻刑化现象。

除了有期徒刑、拘役等表明民营企业涉腐败犯罪刑罚裁量轻刑化之外，值得关注的还有民营企业涉腐败犯罪的罚金刑情况，就样本显示有罚金刑的案例分析如下：被判处0.5—10万元罚金的被告人或者单位为311人/个，占比36.94%②、被判处10—50万元罚金的为427人/个，占比50.71%、被判处50—200万元罚金的为76人/个，占比9.03%、被判处200—500万元罚金的为20人/个，占比2.38%、被判处500万元以上罚金的为8人/个，占比0.95%。可见，被判处50万元以下罚金刑的被告人占比最高，为87.65%，说明对被告人或者被告单位适用罚金刑的数额也相对较低，一则我国当前对罚金刑的数额尚无明确的规定，二则案例显示罚金刑的数额与被告人或者被告单位实施相关犯罪所获得的利益相关。当然，被没收违法所得或者附加适用没收财产的被告人或者被告单位为416人/个。从财产刑的适用情况来看，民营企业涉腐败犯罪案件适用比例较高。

综上，当前民营企业涉腐败犯罪案件除了影响自身发展、行业发展之外，更重要的是民营企业腐败犯罪是国家工作人员腐败犯罪的源头之一。一方面，当前民营企业腐败犯罪案件数量增长较为平稳，但现有刑罚裁量呈现的轻刑化趋势并不足以有效遏制民营企业腐败犯罪的发生，更不利于营造"亲""清"新型政商关系；另一方面，民营企业腐败犯罪涉案人员学历较高、年龄呈现青

---

① 参见贵州省锦屏县人民法院（2017）黔2628刑初1号刑事判决书、山西省襄垣县人民法院（2016）晋0423刑初187号刑事判决书等。

② 该组数据百分比系占被判处罚金的人数或单位的比例。

壮化等趋势。可以发现，涉案人员以犯罪手段获取相应的利益，实质上是理性选择的结果，即犯罪人的所有决定都是根据期待要花费的精力和可从犯罪中获得的回报，与被抓、被判刑的轻重所比较、平衡后做出的。他们所作的决定、选择、判断会受到有限的时间、认知能力和信息的限制。① 因此，对民营企业涉腐败犯罪的风险评估成为必要。

二、民营企业涉腐败犯罪之风险

唯有明确民营企业涉腐败犯罪的风险，才能对风险源的防治和管控提出针对性策略。因此，在分析民营企业涉腐败犯罪的大数据基础上，结合风险生发环节，基本能准确界定该类犯罪的风险点。

（一）企业生产经营风险

民营企业生产经营环节是诱发腐败犯罪的高发阶段，在民营企业生产经营过程中会生发各种贿赂腐败犯罪行为。民营企业需要在经营活动中与外界交往，特别是与国家机关、国有企业或事业单位等组织进行各种交往。② 这种交往是民营企业生产经营的必经环节，特别是在企业的生产、工作过程中、项目管理、投资项目、投标招标、签订履行合同等环节，民营企业人员在该环节中为了获取不正当利益，给予国家工作人员回扣或者相应好处费等行为，极易诱发腐败犯罪。签订履行合同过程中、项目管理、公司经营、投标招标等推动着行贿罪、串通投标罪、重大责任事故罪、国家机关工作人员签订、履行合同失职被骗罪等犯罪的发生，而这些犯罪与腐败不无关联，需要引起重视。

民营企业在签订、履行合同过程中的刑事风险主要表现为：一是虚假交易。民营企业为了本企业的利益虚构资质，采取欺骗手段骗取相应的非法利益。在该种情形下，具有公职身份的人员要么严重不负责任签订、履行合同，致使被骗，要么在民营企业给予好处费等利益后，使不具备条件的民营企业成功签订或者履行合同，损害国家利益或者造成相应的经济损失等。二是真实交易。合同内容真实有效，但相关民营企业为了快速达到本企业的生产经营要求或者为了获取更多的利益（包括合法与非法），向公职人员行贿，继而滋生腐败犯罪。

民营企业在项目管理过程中，为了企业利益，相关的管理人员在企业的项目推进上违规操作，致使违法犯罪。考察相关案例发现，民营企业人员利用职

---

① 周愫娴、曹立群：《犯罪学理论及其实践》，五南出版有限公司2007年版，第71页。
② 卢勤忠：《民营企业的刑事合规及刑事法风险防范探析》，载《法学论坛》2020年第4期。

务上的便利，在管理项目过程中，与他人结伙将本单位财产非法据为己有，数额较大，涉嫌职务犯罪的案件大量存在；或者利用职务之便伙同本公司以外的人员，内外勾结，窃取不以本单位名义拥有，但在一定时限内为本单位管理的财产，数额较大的职务侵占行为；或者在协助公司项目管理过程中，利用职务便利，伙同他人共同骗取公司财务，数额较大的行为。可以发现，民营企业在相关项目推进过程中，具有管理权限的人员，会利用职务便利侵占本单位财产，换言之，民营企业在项目管理过程中的刑事风险，即是相关部门负责人、具有主管权限的人员侵占本单位财产的风险。另外，因项目管理而涉案的人员实质入刑①的比例将近50%，反之，未实质入刑的涉案人员占比亦有50%之多，反映的是项目管理过程中的刑事风险并未得到真正的重视，这与民营企业的"内部消化"（或开除或要求赔偿等而未作犯罪处理）有极大的关系。

民营企业在公司经营过程中，所涉及的刑事风险主要表现为：一是利用职务上的便利，骗取公司财物或者非法收受他人财物，为他人谋取利益，构成职务侵占罪或者非国家工作人员受贿罪；二是以虚报费用的方式侵吞公司财务；三是虚增工程量，套取相应的工程款（该种方式中，被告人往往是受委托从事相关的公务行为）；四是采取虚设债务、隐瞒债权等方式隐匿公司财产，并将公司财产划归己有；五是通过职务上便利，指使他人或者自己挪用本单位资金进行营利等活动；六是单位为获取更多的拆迁款等利益，给予国家工作人员"好处费"等，触犯单位行贿罪，等等。总之，在民营企业经营活动中，接触到相应经营活动的人员往往以骗取方式将公司利益收归己有。对此，有必要加强企业规范管理，制定相应的规制措施，避免企业经营偏离法治轨道。

民营企业的投标招标是生产经营的动力源，是企业发展壮大的重要保证。但是民营企业在招标投标环节中，违规操作，触及刑律者并不鲜见。民营企业为了在市场竞争中取胜，往往以越轨行为争取到相关利益，"在多个企业参与同一项目投标时，一些企业相互串通、故意抬高或降低标价谋利；总公司与分公司、同一公司各区域代理间参与竞标时，共同操纵投标价格谋利；招标人向投标人泄露重大事项、标底谋利的案件也大量存在。"② 在本文的样本分析中，同样能得出该项结论。

---

① 本文的"实质入刑"指的是判处实刑的情况，并不包括无罪、定罪免刑、情节显著轻微不认为是犯罪、被判处有期徒刑缓期执行等情况。

② 刘艳红、杨楠：《企业管理人员刑事法律风险及防控路径——以JS省企业管理人员犯罪大数据统计为样本》，载《武汉大学学报（哲学社会科学版）》2019年第6期。

(二) 企业人员治理风险

除了企业生产经营等物理环境外，不可忽视的还有民营企业人员的刑事法律风险。而企业人员治理犯罪风险是基于企业相关人员的职务或职能所产生的刑事法律风险。[①] 数据显示，民营企业涉腐败犯罪的人员结构中，大专文化以上学历占比最大（46.94%），且上述人员正处于年富力强时期，为事业发展"铤而走险"者不在少数。这是民营企业涉腐败犯罪非常鲜明的人员结构特点。民营企业涉案人员往往是公司实际负责人、某部门实际负责人、项目主管人员等，也就是说，该类人员一般具有相应的职权，在企业发展的某个领域中具有相应的决定权限，但民营企业没有相应的制度约束，相关人员的权力成为"无制度之权"，相关管理制度松弛或者缺乏，对企业高管等具有职权人员无法形成有效约束，是滋生民营企业腐败犯罪的"摇篮"，"实际上，在特定情境的影响下，任何人都可以达到任何状态，其中也包括达到犯罪行为的状态，置自己所有道德理念、人格尊严和全部社会原则、价值、规范于不顾。"[②] 未将民营企业相关人员的权力关进"制度的笼子"，是民营企业人员腐败犯罪的主要原因，因而在对其进行刑事风险防范时，应强化民营企业制度安排，加强决策机制的监督化、透明化，对民营企业生产及经营等各个环节予以监督管理。

民营企业涉案人员的年龄、职业、学历等结构性特征也决定了其在腐败犯罪中所实施的犯罪行为特点。涉案人员在处置公司资产过程中[③]，触及的罪名一般是行贿罪、挪用资金罪，前述生产经营涉及的刑事风险中也证明了这一点，也就是说，民营企业涉案人员在资产处置过程中，利用职务便利侵占公司财产、挪用公司资金的违法犯罪行为，是民营企业人员涉腐败犯罪的主要罪名，该类行为严重危机公司的良性运作，污染民营企业生态发展。不可忽视的是，民营企业腐败案件涉案人员还会与国家工作人员共谋，继而触犯贪污罪；涉案人员向国家工作人员介绍贿赂，触犯介绍贿赂罪；当然，还存在涉案单位为谋取不正当利益而行贿的，触犯单位行贿罪。一方面，民营企业腐败案件涉案人员对内部实施的犯罪是职务侵占或者挪用资金犯罪，危及本企业的有序发

---

① 参见刘艳红：《企业管理人员刑事法律风险防控研究》，法律出版社2018年版，第172页。

② ［阿塞拜疆］H. M. 拉基莫夫：《犯罪与刑罚哲学》，王志华、丛凤玲译，中国政法大学出版社2016年版，第110页。

③ 本文所统计的"资产处置"，指称的是民营企业中相关具有职权的人员有经管、经手、管理本公司相应财物的权限，即具有一定的处置权。

展,成为刑事风险源;另一方面,民营企业涉案人员对外部实施的犯罪则具有"对公"性质,涉及的是国家工作人员的腐败犯罪,亦即民营企业的腐败犯罪往往"由内及外",是整个腐败犯罪中应当重视的重要内容,在防范过程中,应根植于涉案人员的学历、职业等自身因素,并由相关犯罪罪名的特征制定相应的预防策略。

(三)企业腐败手段风险

民营企业涉腐败犯罪案件中,不容忽视的是企业人员实施犯罪的手段,但现有研究中,对民营企业犯罪手段的关注较少。考察样本可以发现,民营企业涉腐败案件中,实施犯罪的手段一般是虚构事实、隐瞒真相的诈骗手段;应履行相应的职责而不履行职责的玩忽职守行为;滥用职权行为;帮助、协助国家工作人员实施相应的腐败犯罪等。虚构事实、隐瞒真相的诈骗方式既发生在民营企业签订履行合同的过程中,也会在提交增值税专用发票时发生,该种犯罪手段的模式是"具有职务便利—弄虚作假—骗取公司财物",通过这种模式滋生的腐败犯罪,或侵占公司财产、或挪用公司资金,或伙同国家工作人员骗取、侵吞国有财产,同时,提交虚假的增值税专用发票的过程中,民营企业涉案人员又会触犯相关的行贿、介绍贿赂等犯罪。应履行相应的职责而不履行职责的玩忽职守行为是指,被告人利用职务上的便利索取他人财物或者非法收受他人财物,或者被他人给予相应财物后,该履行相应职责而不履行,造成公司经济等损失的模式。在这一过程中,被告人也会为了他人谋取利益而滥用职权,可能触犯非国家工作人员受贿罪、挪用资金罪等犯罪。帮助、协助国家工作人员实施相应的贪污等犯罪,该种帮助、协助行为一般是民营企业人员实施行贿罪后,协助具有公职身份的人员转移资金,或骗取公共财物,继而又构成贪污罪等犯罪情形。对上述犯罪手段的分析可知,民营企业腐败犯罪案件的犯罪手段直接影响着腐败犯罪的发生,并会因手段方式的"灰黑化"而使企业人员游走在腐败犯罪的"边缘";同样,民营企业人员往往利用职务之便,滥用权力实施相应腐败犯罪,因此,其权力应当受到规训,"规训权力的主要功能是'训练',而不是挑选和征用,更确切地说,是为了更好地挑选和征用训练。它不是为了减弱各种力量而把它们联系起来。它用这种方式把它们结合起来是为了增强和使用它们。"[①] 因此,对民营企业人员的权力也不可不进行制度化的规训,以使其在法治轨道上助力民营企业发展。

---

① [法]米歇尔·福柯:《规训与惩罚》,生活·读书·新知三联书店1999年版,第193页。

综上，民营企业涉腐败犯罪主要发生在企业各种生产经营环节、民营企业相关内部人员以及腐败犯罪手段等方面，这充分说明民营企业腐败犯罪既有外部诱因，也有内部人员违规而滋生腐败，因此，需要结合民营企业腐败犯罪的风险面向，从内外层面重述民营企业腐败犯罪预防机制。

三、民营企业腐败犯罪防范策略

近年来，通过企业合规角度治理企业犯罪的理念受到学界广泛推介，但纵观现有文献，① 可以发现，主张借鉴国外企业合规制度治理本国的企业犯罪一定程度上忽略了中国（民营）企业本身存在的问题，② 而且作为预防、发现和制止企业内部违法犯罪行为的内控机制，企业合规计划在回应刑法监管的过程中，不断以刑法为参照对象，借鉴、引入了诸多刑法理念与规则，逐渐呈现出"刑事化"的发展趋势。③ 然而，以国外理论套用到中国企业犯罪预防中，不得不直面我们研究中国社会科学面临的挑战，即怎样从实践的认识而不是西方经典理论的预期出发，建立符合中国历史实际的理论概念？怎样通过民众当然的生活实践，而不是以理论的理念来替代人类迄今未曾见过的社会实际，来理解中国的社会、经济、法律及其历史？④ 就民营企业腐败犯罪而言，唯有根植于民营企业腐败犯罪实践，方能解决其中的实质问题。为此，本文在翔实分析民营企业腐败犯罪风险源的基础上，进一步厘清当前司法实务在量刑中是否有考量合规的问题。

---

① 代表性的文章如李本灿：《企业犯罪预防中合规计划制度的借鉴》，载《中国法学》2015 年第 5 期；陈瑞华：《论企业合规的中国化问题》，载《法律科学（西北政法大学学报）》2020 年第 3 期。

② 其中的问题归根结底即是企业合规的借鉴是否具有真正的适用价值，是否能够对企业犯罪的预防产生积极效应。特别是在现有刑罚结构下，以立法方式推进所谓的"刑事合规"体系，在适用过程中与无刑事合规制度之间的差异有哪些？

③ 万方：《企业合规刑事化的发展及启示》，载《中国刑事法杂志》2019 年第 2 期。

④ 对此问题，黄宗智教授曾建议：我们要到最基本的事实中去寻找最强有力的分析概念。一个做法是从悖论现象出发，对其中的实践作深入的质性调查（当然不排除量性研究，但是要在掌握质性认识之上来进行量化研究），了解其逻辑，同时通过与现存理论的对话和相互作用，来推进自己的理论概念构建。参见［美］黄宗智：《实践与理论：中国社会、经济与法律的历史与现实研究》，法律出版社 2015 年版，第 244～245 页。

表1 民营企业腐败犯罪裁判结果有效预测变量数据表①

	B	标准误差	瓦尔德	自由度	显著性	Exp（B）
坦白	-0.517	0.127	16.556	1	0.000	0.597
自首	-0.406	0.126	10.327	1	0.001	0.666
认罪态度好	-0.797	0.294	7.357	1	0.007	0.451
认罪认罚	-0.707	0.164	18.516	1	0.000	0.493
有悔罪表现	-1.180	0.127	86.868	1	0.000	0.307
利用职务便利	-0.311	0.140	4.928	1	0.026	0.733
提交虚假增值税专用发票	2.908	1.162	6.265	1	0.012	18.311
单位行贿	-1.058	0.234	20.487	1	0.000	0.347
收受贿赂	0.886	0.166	28.429	1	0.000	2.424
常量	1.694	0.118	204.707	1	0.000	5.442

将民营企业腐败犯罪的几个风险点对裁判结果是否具有实质影响作为因变量，②将"利用职务之便"等24个因素作为自变量，③纳入二元logistic回归模型，将具有显著性影响的情节置入表1中，最终得到"民营企业腐败犯罪裁判结果有效预测变量数据表"。该模型卡方值326.000，概率水平为0.000，说明本次构建模型时，放入的自变量具有有效性，本次模型构建有统计学意义；两种R方分别为0.185和0.251，表明模型中的有效性变量能够解释裁判结果18.5%~25.1%的方差，且70.9%的案件被正确分类。这表明，民营企业腐败犯罪相关风险点能够对裁判结果产生相当的解释力，司法裁判中较为关

---

① B为回归系数，但发生比即Exp（B）值等于某一事件发生的概率除以未发生的概率，即OR值，其公式为Odds = p/（1 - p），用以考察对结果产生影响的优势比。瓦尔德等于B除以标准误差（估计值的平均误差）所得数值的平方，用以考察B值是否为0，以检验自变量对因变量是否有影响。

② 对裁判结果是否有影响的变量值可以设置为：0 = 对裁判结果无实质影响（无罪、情节显著轻微不认为是犯罪、不作为犯罪处理、定罪免刑以及适用缓刑）；1 = 对裁判结果有实质影响（被判处实刑）。

③ 自变量：坦白；自首；认罪态度好；获得谅解；认罪认罚；有悔罪表现；造成经济损失；利用职务便利侵占财产；签订履行合同；未履行职责；虚构事实、隐瞒真相；投资项目；提交虚假的增值税票；行贿；单位行贿；项目管理；给予好费用；经营管理；资产处置；招标投标；滥用职权；收受贿赂；帮助、协助。

注上述因素。但不难发现，司法实务关注的焦点①是"坦白""自首""认罪态度好""认罪认罚""有悔罪表现"这些犯罪后的态度，以及"利用职务便利""提交虚假增值税专用发票""单位行贿""收受贿赂"等犯罪构成要件要素，对民营企业生产经营、项目管理、合同管理（签订履行合同）、项目投资等并未充分关注，而这些场域恰恰是民营企业腐败犯罪的风险点，换句话说，司法实务还未注意到这些场域对犯罪的影响，未在量刑上充分回应。通过表1并结合民营企业腐败犯罪风险面向，可以发现，当前对民营企业腐败犯罪的预防可以从营商环境（实质上是营商文化）、刑事政策以及刑法教义学三个层面予以回应，共同构建民营企业反腐败犯罪策略。

（一）营商环境：经营文化的法治轨道

从改进营商环境的角度切入民营企业腐败犯罪的防范，是反制民营企业腐败犯罪的本土化策略之一。有观点指出改善民营企业营商环境的作用，"营造良好营商环境是治理民营企业家行贿犯罪乃至整个腐败犯罪的根本途径"，进而指出改善营商环境至少包含三个方面的内容：一是简政放权，政府应退出不应由公权力支配的经济领域；二是规范权力，行使公共权力透明化；三是平等对待，消除民营企业在投资融资、招投标等各方面的歧视性制度障碍。②这种观点看到了民营企业在营商过程中的经营管理、投融资、招投标等方面的风险，具有可取性。但忽视了营商环境风险背后深层次的原因是经营文化，换言之，民营企业的营商文化潜藏着腐败亚文化。根据赛林关于文化冲突与犯罪的研究，证实了文化冲突的存在以及文化冲突与犯罪的关系。且由于文化与价值规范的冲突，不同的文化和群体有自己的行为规范。③民营企业的涉案人员大多属于高管，在他们所处的领域有一套自治的文化，当这种文化与主流文化冲突时，冲突解决的中介——刑法开始介入。那么，在民营企业涉腐败犯罪前，流行于民营企业中的亚文化自当纠偏。在努力构建"亲清新型政商关系"背景下，改造当前民营企业经营文化应着力于以下几个方面：

一是企业文化的制度化抗制腐败的制度化。民营企业的腐败连接着国家工作人员的腐败，但不管是司法实务界还是普通民众，对其关注度仍不足。腐败的发生是一个长久的过程，其程度远超大家所想，并依附企业文化而存在。这

---

① 司法实务关注的焦点即是表1中具有显著性影响的变量，其余变量因不具有显著性而被删除。

② 参见赵军：《权力依赖型企业生存模式与腐败犯罪治理——以民营企业行贿犯罪为中心》，载《江西社会科学》2019年第5期。

③ 参见吴宗宪：《西方犯罪学》（第2版），法律出版社2006年版，第359页。

种企业文化所具有的市场价值使民营企业腐败日益制度化,终将突破刑法藩篱,成为犯罪。但动用刑罚则已经是结果呈现之后的事情了,故而在腐败形成制度化之过程中,以主流文化化解的方式是可行的范式。制度化的企业文化在宏观层面应至少包括企业的社会责任感、道德感;在微观层面则体现为企业家精神的培育,民营企业涉案人员大多学历较高,在培育企业家精神方面存在的障碍较少。

二是构建企业的合规文化抗制人情与面子。定量研究表明,民营企业人员在行使职权时,更多的受到人情与面子的影响。要破解这一困局,优化企业治理。在越轨范式的解决方案里面,政府监管和企业自律便成为应对白领犯罪的恰当解毒剂。① 而企业自律即是构建一种企业合规文化,其中的核心是组织性的应对方法。企业合规文化承袭企业文化而来,又是企业文化的核心。这里要明确的是企业合规文化的法律意义。现在通行的做法是,企业合规文化要与刑事法相衔接。当企业违背合规文化时,处以罚款、吊销企业执照等行政罚措施仍可施行,当行政处罚仍不足以抗制时,则由刑事措施规制。由企业文化推进到企业合规文化的体系化、阶层化建设,逐步将企业经营纳入法治轨道,以文化建设的方式改善营商环境,或是规则之制的实质性推进路径。

(二) 刑事政策:重财产刑而轻自由刑

完善营商文化环境是"亲清新型政商关系"背景下的本质要求,但营商文化的改变只是宏观层面的改进机制,文化制度化的抗制腐败措施并不能丢弃刑罚抗制策略。这便对民营企业制定具体的刑事政策提出了要求。

我国目前有针对老年人、年幼者以及身体、生理等弱势群体的刑事政策,同样,在民营企业反腐败领域,也可以针对企业人员制定特定的刑罚政策。由于司法实务注重的是"坦白""自首""认罪态度好""认罪认罚""有悔罪表现"这些犯罪后的态度,并由此得到的裁判结果是轻刑化,然而轻刑化的趋势又伴随着罚金等财产刑的轻刑化。对民营企业涉案人员判处轻缓化的自由刑,是可取的,这既是宽严相济刑事政策的要求,也是"对经营中涉嫌犯罪的民营企业负责人要慎捕慎诉,最大限度地保证民营企业正常生产经营"② 的政策目标。但值得商榷的是,对民营企业处以较低的罚金刑,定量研究表明,

---

① 参见[美]迪特尔·哈勒、[新西兰]克里斯·肖尔:《腐败:人性与文化》,中国友谊出版社2019年版,第125页。

② 张军:《依法保护民营企业家人身和财产安全》,载http://cpc.people.com.cn/GB/http:/cpc.people.com.cn/n1/2020/1102/c64094-31915574.html,2020年11月3日访问。

其抗制腐败的效果并不明显。因而，在现有刑罚基础上，一种"重财产刑、轻自由刑"的刑事政策值得提倡。

一是可以解决企业因刑罚而带来的"痛苦"问题。当前我国对单位的处罚机制是"对单位判处罚金，并对其直接负责的主管人员和其他直接责任人员判处刑罚"的双罚制。此间的问题是，不仅在于针对有组织企业体的侵害法益行为，在行为人的确定以及因果关系的证明上往往会遇到重大的困难，以致造成社会利益保护上的漏洞。① 但对民营企业施以重的罚金刑，就法律效果而言，能够使企业产生切实的"痛苦"，即这种严重的刑事制裁（罚金刑）能够使公司真正"感受"或"体验"它。

二是可以切实保护民营企业家。一旦对民营企业的负责人或者实际控制人施以刑罚，对民营企业的生产经营活动将是致命的打击。且对企业实行重的罚金刑，同样可以威慑到民营企业。刑法上对公司可用的制裁基本上与民法可用的制裁相同：罚款、返还性赔偿、限制组织后续行动的禁止令。② 不过这里的财产制裁是刑法意义上的制裁措施，其法律意义较行政刑更具威慑力。在贴上刑罚标签之后，民营企业能够反向制定相应的合规，改进企业文化。

当然罚金刑的施行也存在问题。这里提倡的是阶梯化的罚金刑，即罚金刑的施行应当以犯罪数额为基点，处以 2－5 倍于犯罪数额的罚金。第一，当前对民营企业处以罚金呈现随意化现象，并无罚金的标准可循，以 2－5 倍的罚金刑既可形成量化的标准，也能使司法机关对民营企业处以罚金刑时形成罚金的阶梯，做到罚当其罪；第二，之所以设置 2－5 倍的量化标准，是因为"生产销售伪劣产品罪"等罪名已经有 2 倍以下罚金的成熟做法，而其上限是 5 倍则不至于使罚金数额过高，危及民营企业的生产经营。

（三）合规管理：行政合规到刑事合规

民营企业腐败犯罪的手段风险有诈骗、利用职务便利、滥用职权等，但对裁判结果有影响的是利用职务便利、提交虚假的增值税专用发票等方式（见表1），但问题在于，欺骗、利用职务便利甚至滥用职权有时候并不构成相关腐败犯罪，而只是民营企业腐败之亚文化中的一部分，而此时企业内部的合规文化尚不足以规制，相关的漏洞由此形成。有效的反腐必须结合内部与外部的力量。③ 因为，为避免由刑事规制措施造成过于严格处罚的境地，由行政处罚

---

① 参见黄荣坚：《基础刑法学》（上），中国人民大学出版社 2009 年版，第 113 页。
② ［美］保罗·罗宾逊、迈克·卡希尔：《失义的刑法》，谢杰等译，上海人民出版社 2018 年版，第 178 页。
③ 参见郑永年：《改革及其敌人》，浙江人民出版社 2011 年版，第 111 页。

替代成为可选择的方式。有观点指出，无论违规之"罪"还是公司之"罪"都可以通过民事而非刑事诉讼得到更有效的解决。此外，民事诉讼机制可以为除了过去行为的可责性之外的问题提供更合适的归责方式与执行方式。但民事规制是平等主体之间的规制措施，对民营企业腐败防范效果有限。而行政处罚由于是由公权力机关作出，其威慑效果虽不如刑事规制措施，但在防范民营企业构成腐败犯罪之前，效果仍然相当可观。目前不宜过早地在我国立法层面引入刑事合规制度。在引入刑事合规制度之前，根据我国当前的法律体系和制度背景，倡导企业行政合规更为妥当。[①] 问题在于，如何构建企业的行政合规，并由此过渡到刑事合规。

行政合规与刑事合规都是围绕责任展开，为此，一个以责任为核心的预防民营企业腐败犯罪的体系由此展开。行政合规的建构应当由公权力机关介入，以《行政处罚法》为中介，由主管部门指导民营企业制定行政合规，以此衔接行政处罚的种类，其中具体的行政合规可以是在合规文化中体现，由于民营企业腐败犯罪的风险具体表现为生产经营、企业高管犯罪、利用职务便利等手段各方面，行政合规则可以体现为经营管理的规则化、招投标的透明化、融资集资的公开化、利用职务的制度章程化、高管轮值化等措施。上述措施的制定，应围绕责任展开，制定违反行政合规的责任层级，以便内外处罚时的阶层化。当行政合规不足以反制腐败行为时，体现更严重惩罚机制的刑事合规则应发挥作用，这里的刑事合规应当表现在刑罚裁量上，具体而言，民营企业的刑事合规应主要体现在从宽处罚上，当民营企业违反行政合规构成犯罪时，应当重点考察民营企业违反行政合规的程度，这种违反的程度应作为从宽处罚的依据，即违反程度越深者，从宽处罚幅度越小，反之，从宽处罚幅度较大。这既可以与当前司法实务界关注的认罪态度好等从宽处罚事由相衔接，又能够适当将违反行政合规的事由逐步纳入刑事合规中，使其成为一种从宽处罚事由。

由此看来，以营商文化的改进为契机，逐步形成一种营商文化的核心——合规文化，并将合规文化与行政合规衔接，进而递进为刑罚中从宽处罚事由的刑事合规，一个反制民营企业人员利用职务便利在生产经营中以欺骗、贿赂等手段实施腐败违法犯罪行为的规制体系或可导出。

---

① 参见田宏杰：《刑事合规的反思》，载《北京大学学报（哲学社会科学版）》2020年第2期。

民营企业管理人员刑事犯罪风险防控探析
——以武汉市为例

童雯婷　李　磊*

近年来,武汉市民营企业已经成为助推经济发展的重要力量,但是,民营企业管理人员的刑事犯罪却呈现高危发展的态势,犯罪的类型复杂且分布较广,案发区域差别较大,这些刑事犯罪风险不仅给涉案的民营企业造成难以估量的损失,同时也引发了一系列社会矛盾,为社会治理带一定隐患。本文通过对武汉市 2018—2020 年三年间企业管理人员刑事犯罪的情况进行大数据统计,希望能对武汉市民营企业管理人员刑事犯罪风险防控有所裨益。

一、民营企业管理人员刑事犯罪现状

（一）刑事犯罪数量持续增长

在 2018—2020 年 6 月,武汉市刑事案件一审判决人数为 29101 件,其中,民营企业管理人员犯罪 702 件 908 人,占武汉市同期刑事犯罪案件数和人数的 2.14% 和 3.12%。可以看出,这个阶段武汉市刑事犯罪案件中每 100 件有 2.41 件是民营企业管理人员涉罪,每 1 万名刑事犯罪人员中就有 312 人是民营企业管理人员。

2018 年 267 件 371 人,2019 年 373 件 466 人,2020 年 1—6 月 62 件 73 人。与 2018 年相比,2019 年武汉市民营企业管理人员刑事犯罪案件数和人数同期增幅分别为 39.7% 和 26.28%。

可见,武汉市民营企业管理人员刑事犯罪总体趋向上升、下降为例外的特征,表明武汉市民营企业管理人员在刑事犯罪风险方面呈现出高危状态。

（二）涉罪人员以男性居多,呈现高职务、高学历、年轻化趋势

在 908 名民营企业管理人员犯罪中,男性 811 人,占 89.32%；女性 97

---

* 童雯婷,湖北省武汉市人民检察院法律政策研究室干警；李磊,湖北省武汉市青山区人民检察院第六检察部干警。

名，占 10.68%。男女比例达到 8.26∶1，这个比例远远高于全国民营企业犯罪企业家男女比例 4.5∶1。

从年龄上看，18—29 岁的有 157 人；30—39 岁的有 309 人；40—49 岁的有 257 人；50—59 岁的有 156 人；60 岁以上的有 29 人。50 岁以下涉罪人员 723 人，占全部人员的 79.62%。犯罪风险最高的年龄段在 30—39 岁，这个年龄段的涉罪人数占全部涉罪人数的 33.95%，同时，这个年龄段也是犯罪增长速度最快的年龄段，其次是 18—29 岁（图 1）。

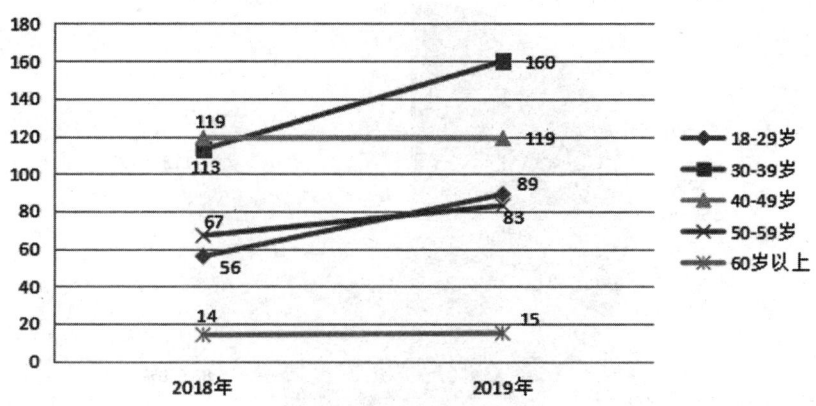

图 1　各年龄段民营企业管理人员犯罪人数对比

从学历上看，涉罪企业管理人员中小学及以下学历 32 人，初中学历 245 人，高中学历 213 人，大学本（专）科学历 396 人，硕士及以上学历 22 人。大学以上学历涉罪人数占总人数的 46.03%，可见，高学历是武汉市民营企业管理人员犯罪的一个重要特点。但是，从 2018 年和 2019 年的数量对比来看，增长速度最快的是硕士以上学历和小学以下学历，分别为 85.71% 和 54.55%；其次是初中学历，为 33.33%；高中学历人群犯罪增长的速度最低，为 14.77%。

从身份上看，涉罪人员身份为法定代表人、实际控制人、董事长、总经理等企业实际主要负责人有 561 人，占全部涉罪人员的 61.78%，证明民营企业刑事犯罪风险高发与企业主要负责人法律意识淡薄有密切联系。

在这 561 名主要负责人中年龄在 50 岁以下的有 431 人，占比 76.82%，年龄最小的下限为 18 岁。561 人中学历在大学本（专）科和硕士以上学历的有 233 人，占比 41.53%。这再次印证了涉罪的企业管理人员呈现高职务、年青化、高学历的趋势。因此，我们在对民营企业管理人员进行风险防控时，要多关注民营企业高学历、年轻的管理高层。

（三）犯罪区域分布不均衡

从绝对值上看，武汉市民营企业管理人员犯罪案件发生较多的辖区为武昌区、江岸区、洪山区、东湖区、江汉区、青山区，这六个区共计发生案件527件，占全部案件的55%（图2）。

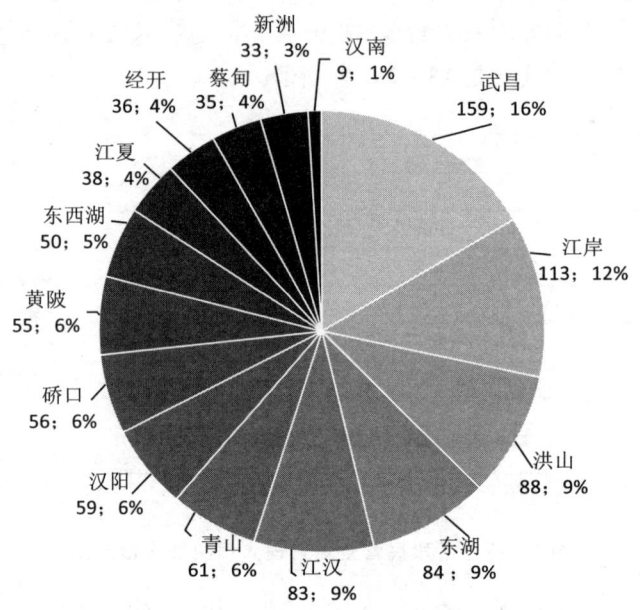

图2 涉罪人员地域分布情况

从单个年份来看，案件数量方面2018—2020年进入前五名的区域中只有武昌区、洪山区出现在3个年份，其中武昌区连续两年位列第一；江岸区、江汉区分别出现2个年份，其中江岸区连续两年位列前三；青山区、黄陂区、东湖区、硚口区、东西湖区分别只出现1个年份。

从增减幅度来看，15个区中有13个区出现增幅，只有3个区有所下降，同期增幅达到50%以上的有7个区，而增幅超过100%的多达5个区，其中包含蔡甸区、东湖区、东西湖区、经开区4个远城区，特别是蔡甸区，增幅达到833.33%，可见2019年远城区民营企业管理人员刑事犯罪呈现激增态势。相反，武昌区、江汉区、青山区等近城区虽然排在前六，但这两年的案件数量并没有明显差异，虽然江岸区的案件数量已经连续两年排在前六名，但案件数量是逐年下降。

因此，武汉市民营企业管理人员刑事犯罪的风险防控存在地域上的不均衡性，这恰恰可以增强区域风控的针对性，故应全面部署、重点突出。

二、民营企业管理人员刑事犯罪高频罪名和刑罚适用情况

（一）刑事犯罪的罪种和具体罪名分布

2018—2020 年，武汉市民营企业管理人员刑事犯罪判决罪名总计 966 项，共涉及 80 个刑法具体罪名，分别属于刑法分则的第二章至第八章（表1）。其中，与企业经营活动有关的犯罪主要分布在破坏社会主义市场经济秩序罪、侵犯财产罪、妨害社会管理秩序罪、危害国防利益罪、贪污贿赂罪五类罪名，与日常生活有关的犯罪主要分布在危害公共安全罪和侵犯公民人身权利、民主权利罪两类罪名中。

表1 民营企业管理人员犯罪的罪种和罪名分布

章	节	具体罪名	数量
第二章 危害公共安全罪		以危险方法危害公共安全罪	1
		非法持有、私藏枪支、弹药罪	2
		交通肇事罪	5
		危险驾驶罪	98
		重大责任事故罪	8
第三章 破坏社会主义市场经济秩序罪	第二节 走私罪	走私国家禁止进出口的货物、物品罪	1
		走私普通货物、物品罪	10
	第三节 妨害对公司、企业的管理秩序罪	藏匿、故意销毁会计凭证、会计账簿、财务会计报告罪	2
		非国家工作人员受贿罪	17
		对非国家工作人员行贿罪	11
		骗取贷款、票据承兑、金融票证罪	8
		非法吸收公众存款罪	140
		违法发放贷款罪	2
	第四节 破坏金融管理秩序罪	洗钱罪	1
		职务侵占罪	46
	第五节 金融诈骗罪	集资诈骗罪	16
		票据诈骗罪	2
		信用卡诈骗罪	2

续表

章	节	具体罪名	数量
第三章 破坏社会主义市场经济秩序罪	第六节 危害税收征管罪	逃税罪	2
		虚开增值税专用发票、用于骗取出口退税、抵扣税款发票罪	59
		持有伪造的发票罪	1
	第七节 侵犯知识产权罪	假冒注册商标罪	6
		销售假冒注册商标的商品罪	1
		非法制造、销售非法制造的注册商标标识罪	1
		侵犯著作权罪	1
	第八节 扰乱市场秩序罪	串通投标罪	22
		合同诈骗罪	80
		组织、领导传销活动罪	10
		非法经营罪	20
		强迫交易罪	13
		非法转让、倒卖土地使用权罪	1
		提供虚假证明文件罪	3
第四章 侵犯公民人身权利民主权利罪		故意伤害罪	11
		非法拘禁罪	11
		侵害公民个人信息罪	10
		重婚罪	1
第五章 侵犯财产罪		抢劫罪	1
		盗窃罪	3
		诈骗罪	83
		挪用资金罪	26
		敲诈勒索罪	9
		故意毁坏财物罪	3
		破坏生产经营罪	5
		拒不支付劳动报酬罪	35

三、企业犯罪治理与刑事合规建设研究

续表

章	节	具体罪名	数量
第六章 妨害社会管理秩序罪	第一节 扰乱公共秩序罪	妨害公务罪	2
		伪造、变造、买卖国家机关公文、证件、印章罪	12
		伪造公司、企业、事业单位、人民团体印章罪	17
		伪造、变造、买卖身份证件罪	3
		使用虚假身份证件、盗用身份证件罪	1
		代替考试罪	3
		提供侵入、非法控制计算机信息系统程序、工具罪	2
		破坏计算机信息系统罪	1
		扰乱无线电通讯管理秩序罪	3
		聚众扰乱社会秩序罪	1
		聚众斗殴罪	3
		寻衅滋事罪	23
		组织、领导、参加黑社会性质组织罪	5
		赌博罪	1
		开设赌场罪	6
	第二节 妨害司法罪	妨害作证罪	2
		掩饰、隐瞒犯罪所得、犯罪所得收益罪	1
		拒不执行判决、裁定罪	5
		非法处置查封、扣押、冻结的财产罪	1
	第三节 妨害国（边）境管理罪	组织他人偷越国（边）境罪	3
	第六节 破坏环境资源保护罪	非法捕捞水产品罪	3
		非法收购、运输、出售珍贵、濒危野生动物，珍贵、濒危野生动物制品罪	1

449

续表

章	节	具体罪名	数量
第六章 妨害社会管理秩序罪	第六节 破坏环境资源保护罪	非法占用农用地罪	4
		非法采矿罪	1
		滥伐林木罪	2
	第七节 走私、贩卖、运输、制造毒品罪	容留他人吸毒罪	5
	第八节 组织、强迫、引诱、容留、介绍卖淫罪	组织卖淫罪	11
		协助组织卖淫罪	7
		引诱、容留、介绍卖淫罪	4
	第九节 制作、贩卖、传播淫秽物品罪	制作、复制、出版、贩卖、传播淫秽物品牟利罪	3
第七章 危害国防利益罪		非法生产、买卖武装部队制式服装罪	3
第八章 贪污贿赂罪		贪污罪	4
		利用影响力受贿罪	1
		行贿罪	6
		对有影响力的人行贿罪	1
		单位行贿罪	25

由此可见，武汉市民营企业管理人员不仅在企业管理活动中可能涉及刑事犯罪，而且在个人日常生活中也可能涉及刑事犯罪，民营企业管理人员在企业管理和个人生活刑事犯罪的双重风险加大了其所在企业的刑事犯罪风险。

（二）刑事犯罪高频罪名分析

根据统计结果，2018—2020 年，武汉市民营企业家触犯最多的四类罪名分别是：破坏社会主义市场经济秩序罪 478 件，侵犯财产罪 165 件，妨害社会管理秩序罪 136 件，危害公共安全罪 114 件，四类罪名共计 893 件，占比 92.44%（图 3）。

三、企业犯罪治理与刑事合规建设研究

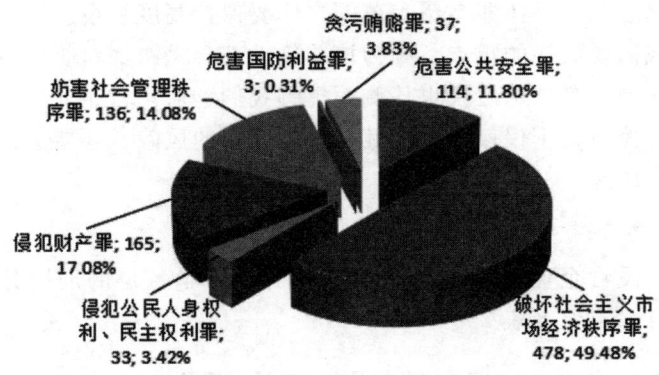

图 3　涉罪各类罪名分布

对每年的犯罪情况进行分析可以发现，增长速度最快的罪名是排在第三位的妨害社会管理秩序罪，2019 年较 2018 年增长 187.1%；其次是侵犯财产罪，增幅 94.12%；危害公共安全罪的增幅 48.65%，而且 2020 年的 79 件中有 22 件是危害公共安全罪，占比 27.85%，超过了其他三项罪名；破坏社会主义市场经济秩序罪占比最大，增速较为缓慢，其增幅为 1.75%。

具体罪名中，高频罪名分别为：非法吸收公众存款罪 140 件，危险驾驶罪 98 件，诈骗罪 83 件，合同诈骗罪 80 件（图 4）。非法吸收公众存款罪、合同诈骗罪虽然占据前列，但是却在逐年下降；而危险驾驶罪、诈骗罪呈逐年上升趋势。这与前面侵犯财产罪、危害公共安全罪不断增加，破坏社会主义市场经济秩序罪保持平稳的情况基本一致。

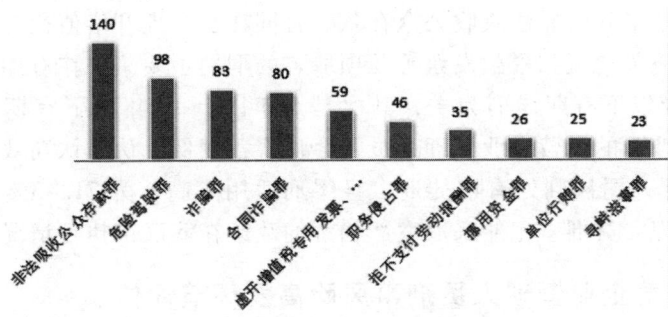

图 4　排名前十的涉罪具体罪名

通过对比分析，武汉市民营企业管理人员刑事犯罪中，破坏社会主义市场经济秩序罪长期高位运行，是防范的重点，但是，不可忽视妨害社会管理秩序罪、侵犯财产罪和危害公共安全罪的增长势头。特别是妨害社会管理秩序罪，

对其犯罪增速之快、具体罪名覆盖范围之广要保持高度警惕。同时，危害公共安全罪也是我们要关注的重点，因为该罪绝大部分是跟民营企业管理人员生活犯罪有关，这项罪名增速之快也从侧面提醒我们，对民营企业管理人员进行刑事犯罪风险防控时，不仅仅要关注其从业过程中的风险，还要关注其日常生活中的刑事犯罪风险。

（三）高频罪名的刑罚适用情况

从武汉市民营企业管理人员高频罪名（具体罪名）的刑罚分布看，前十项高频罪名有554项（表2）。

表2 高频罪名刑罚适用情况

高频罪名	免予刑事处罚	单处罚金	管制	拘役	有期徒刑 1年以下	1年以上5年以下	5年以上10年以下	10年以上20年以下	20年以上	无期
非法吸收公众存款罪					2	99	36	3		
危险驾驶罪	1	3		91	1	2				
合同诈骗罪	2			2	4	44	12	16		
虚开增值税专用发票、用于骗取出口退税、抵扣税款发票罪				9	16	30	2	2		
职务侵占罪				2	18	20	4	2		
拒不支付劳动报酬罪		4		4	21	6				
挪用资金罪				3	5	17	1			
单位行贿罪	1			3	12	9				
寻衅滋事罪					17	6				
串通投标罪		6			12	3				

*554项高频罪名存在数罪并罚的情况，图中填充颜色表格为数罪并罚情况分布

从统计结果看，非法吸收公众存款、合同诈骗和虚开增值税专用发票、用于骗取出口退税、抵扣税款发票等几项罪名的刑罚主要集中在有期徒刑中，以1年以上5年以下有期徒刑为主，其次是5年以上10年以下有期徒刑。危险驾驶罪因为涉罪的民营企业管理人员社会危害程度低，认罪认罚效果好，仅有3件是因数罪并罚被判处有期徒刑，且缓刑适用率高，为71.43%。可见，对民营企业管理人员刑事犯罪采取宽严相济的政策在武汉市执行情况较好。

三、民营企业管理人员刑事风险高发环节评估

（一）企业融资环节

从统计结果来看，武汉市民营企业管理人员融资法律风险集中体现在非法吸收公众存款、集资诈骗、合同诈骗罪中。据统计，2018—2020年间，武汉市民营企业管理人员触犯融资类犯罪236件，整体呈逐年增长趋势。从罪名上

看,办理非法吸收公众存款罪140件,占比19.94%;合同诈骗罪80件,占比11.4%;集资诈骗罪16件,占比2.3%。从涉罪人员年龄来看,35—55岁年龄段的民营企业管理人员触犯此类犯罪比例最大。从犯罪地域看,武昌区、江汉区、江岸区为企业融资犯罪的高发区域。在刑罚适用方面,对触犯本环节罪名的民营企业管理人员判处1—5年有期徒刑占比较高,多数并处罚金,极少数人员被判缓刑。从上述数据统计可以看出,我国民营企业管理人员融资类犯罪形势异常严重,无论绝对数还是相对数,在民营企业管理人员犯罪确罪案件中均占比较大,且有着不断攀升趋势。

在民营企业融资犯罪中,非法吸收公众存款罪最为突出,主要集中在以下方面:一是以高额付息方式揽储。投资类企业对其产品和业务进行虚假宣传,并许以高息或支付手续费、返点等其他补贴方式为诱饵,向社会不特定多数人吸纳资金。例如,宁某等人非法吸收公众存款案,被告人宁某系某咨询公司法定代表人,以经营某公司需要资金周转为名,对社会公众宣传投资该公司有高额利息,以签订借款合同的形式,向不特定多数人吸收存款。二是以互联网金融创新、P2P网络借贷等为幌子非法吸收资金。例如李某非法吸收公众存款案中,李某系某网络科技有限公司法定代表人,通过研发网络某App平台,诱骗他人成为会员,对外宣传会员可以在该App平台上分别注册学生和教师账户,只需打款到学生账户购买"课时费",一周时间内平台通过对教师账户额外补贴7%的方式,将"课时费"连同"教师补贴费"一并通过教师账户返还给会员。该公司在没有教师授课、学生听课的情况下,先后诱使1600余人次通过支付宝账户以"课时费"名义转账支付的公众存款共计2.8亿元。三是以办理预存卡形式吸收存款。例如,在李某某等人非法吸收公众存款案中,被告人李某某系某酒店管理公司负责人,以"旅游、健康、养老"为宣传口号,通过街头派单、电话寻访、组织推介旅游等途径,以"旅游消费享有优惠、购买预存卡有12%至14%的年化收益率、到期连本带利退还"为诱饵,违规向社会不特定人员推销某酒店管理公司预付储值卡,向不特定多数人吸收存款,数额巨大。

从上述案例可以看出,民营企业管理人员融资类犯罪具有涉案金额大、涉案人员广、涉案手段隐蔽、技术性强等特点,这也增加了民营企业管理人员犯罪防控的难度。未来一段时间,在加大打击民营企业管理人员融资类犯罪的同时,要为民营企业提供良好的融资环境,进而从根本上解决民营企业管理人员融资类犯罪高发的诱因。

(二) 财务管理环节

据统计,2018—2020年发生在财务管理环节民营企业管理人员犯罪174件,占民营企业管理人员确罪案件总数的27.8%,其中虚开增值税发票案59

件，占比 8%；职务侵占案 46 件，占比 6.6%。涉本类罪名的大都为共同犯罪，在刑罚适用方面，对触犯本罪的民营企业管理人员判处有期徒刑 1—3 年并处罚金的较多，缓刑适用比率也较高。

因此，对于民营企业管理人员存在涉及虚开增值税专用发票罪的犯罪风险，必须对发票的购买和领取严格把关，要根据企业经营的业务量来核对发票的需求数量并严格检查发票的日常使用情况，以此为依据确定发票的购买量。

挪用侵占类犯罪也是民营企业管理人员易触犯的一类罪名。侵占挪用类犯罪极易发生在财务报销环节，例如：林某某职务侵占一案中，被告人林某某在担任某珠宝公司总经理兼任财务主管期间，利用管理公司财务的职务便利，采取收入不入账、虚列支出等手段，将公司收入用于个人消费。民营企业在对侵占挪用类犯罪进行风险防范时，应加强对重大决策的监督，强化财权、物权和人事权的管理，提高权力运行的透明度。

上述案例均反映出我国民营企业尚未普遍建立规范化的企业管理制度，企业内部财务管理制度不健全，导致财务秩序混乱，这在中小企业尤为显著，影响民营企业和市场经济的健康发展。因此，在对民营企业犯罪进行防控时，要注重从民营企业内部管理制度的完善方面来加强，进而从源头上治理民营企业管理人员犯罪。

（三）公司经营环节

据统计，2018—2020 年发生在公司经营环节民营企业管理人员犯罪有 134 件，占民营企业管理人员犯罪案件总数的 19.1%。在缺乏健康有序市场环境的情况下，一些企业管理人员剑走偏锋，通过招投标、物资采购领域的不正当竞争行为，试图获取非法利益，从而触犯法律。统计结果显示，民营企业管理人员触犯串通投标罪有 22 例。分析相关案例发现，刑事法律风险主要集中在以下方面：一是多个企业参与同一项目竞标时，部分企业相互串通、故意降低或抬高标价从中谋利；二是总公司与分公司、同一公司各个区域分代理参与投标时，通过共同操纵投标价格谋取非法利益；三是招标人向投标人故意泄露重大事项、标底进而谋利。

与此同时，在公司经营环节，还可能伴生行贿法律风险。部分民营企业为了能够在市场竞争中占据有利地位，往往通过商业贿赂行为打开市场。在建筑业、房地产业和医疗行业，民营企业管理人员所涉行贿罪较多，以购销环节的涉罪风险最高。据统计，武汉市民营企业管理人员触犯行贿类犯罪（包括行贿、对非国家工作人员行贿、单位行贿）有 37 例，应重点关注。因此，民营企业要不断完善经营治理结构，在经济往来中严格依正常商业流程进行，坚持诚信经营，从而避免发生犯罪风险。

(四) 日常生活环节

2018—2020年武汉市民营企业管理人员触犯危险驾驶罪、赌博罪、容留他人吸毒罪等犯罪133件，占民营企业管理人员犯罪案件总数的18.9%。

虽然危险驾驶罪入刑至今已有近十年，但是武汉市民营企业管理人员犯危险驾驶罪的人数有逐年上升之势，统计年间，共有98名民营企业管理人员触犯危险驾驶罪，占民营企业管理人员涉罪总案件数的14%。危险驾驶罪已然成为民营企业管理人员触犯的仅次于非法吸收公众存款罪的第二大罪名。而且涉本罪以30—50岁、高中以下学历为主，同时，值得关注的是，大学本科甚至研究生等高学历企业管理人员触犯本罪案件逐年递增。从案发时间上看，有92例危险驾驶案的案发时间为当日20点以后至次日4点之间，说明涉罪人员对酒后驾车的法律规定是明知的，但在侥幸心理驱使下导致犯罪。

因此，在构建民营企业管理人员的刑事法律风险防控体系中，应当坚持内因与外因、宏观与微观相结合的思路，从民营企业管理人员的观念转变、民营企业的内部预防以及制度法治环境改善方面具体入手。一是通过转变"重经营风险防范、轻法律风险防控"的经营理念，提高民营企业管理人员刑事风险防范意识。二是完善民营企业治理结构，建立内部刑事风险防控机制，从根本上把传统经营的人治变成法治，使民营企业管理人员从产权纠纷中解放出来，从而降低其所面临的刑事法律风险，实现犯罪预防的目的。三是优化营商环境，一方面依法打击融资犯罪、商业贿赂、虚开发票等违法犯罪行为，减少对正常交易秩序的冲击；另一方面加大政策扶持力度，降低民营企业在融资、税收、管理等方面的压力，为民营企业创造平等、自由、有序的条件。

四、金融领域犯罪治理研究

（一）金融犯罪总论研究

论银行从业人员犯罪的惩治态势及防范

徐　岱　郑成杰[*]

2014年4月15日，习近平总书记主持召开中央国家安全委员会第一次会议讲话指出："必须坚持总体国家安全观，以人民安全为宗旨，以政治安全为根本，以经济安全为基础，以军事、文化、社会安全为保障，以促进国际安全为依托，走出一条中国特色国家安全道路。"[①] 习近平总书记在十八届中央政治局第四十次集体学习时的讲话又强调："金融是现代经济的核心，金融竞争是当今国际经济竞争的核心，金融安全是国家经济安全的核心。金融安全是国家安全的重要组成部分，是经济平稳健康发展的重要基础。"[②] 综上，经济安全作为国家安全的基础，是国家各项事业稳步推进的根基。增强我国经济预防与抵御风险的能力，也是保障新时代我国国家安全，推动经济社会持续健康发展的重大工作。而金融安全作为经济安全的核心，更应该成为所维护的重心。

金融安全存在着不同角度的界定方式，若从实质的角度进行界定，凡是与本国货币流通以及信用直接相关的经济活动都属于金融安全的范畴。[③] 而货币流通以及信用活动又离不开整个金融体系。金融体系是由五个基本的要素所组成：一是金融制度，具体包括货币制度、汇率制度、信用制度、银行制度和非银行金融机构制度和其他；二是金融机构，通常划分为银行和非银行金融机构两类；三是金融工具，是指信用关系的书面证明、债权债务关系的契约文书

---

[*] 徐岱，吉林大学法学院教授、博士生导师；郑成杰，吉林大学法学院刑法学硕士研究生。

[①] 习近平：《坚持总体国家安全观走中国特色国家安全道路》，载 http://www.xinhuanet.com/politics/2014 - 04/15/c_ 1110253910. htm，2021年5月9日访问。

[②] 习近平：《习近平谈治国理政》（第二卷），外文出版社2017年版，第278页。

[③] 参见王元龙：《关于金融安全的若干理论问题》，载《国际金融研究》2004年第5期。

等，从传统的商业票据、银行票据，直到期货、期权等；四是金融市场，是金融工具发行和流转的场所；五是金融调控机制，是指政府进行政策性调节的机制。① 可以发现，每一个要素都离不开银行的参与，银行作为金融体系的中轴对金融活动影响巨大。但与此同时，银行也有可能成为金融安全的一大威胁。其中银行从业人员的犯罪行为是威胁的重要来源。随着我国经济的飞速发展，金融创新导致金融犯罪变化多样，要求刑法对金融犯罪反应迅速以起到发挥预防犯罪的实质作用。② 几乎每一次刑法修正案都对金融犯罪进行了修订。2020年12月26日出台的《刑法修正案（十一）》就针对金融犯罪的行为类型与法定刑作出了许多修订，其中也涉及银行从业人员相关犯罪。但仅依靠与刑罚目的相联系的一般预防难以达到最佳的犯罪预防效果，需要同时结合其他社会防范措施。

一、银行从业人员涉案现状与犯罪特征

笔者通过检索2016—2020年银行从业人员涉案案件的裁判文书，根据案件数量将其犯罪类型分为业务类犯罪、腐败类犯罪和渎职类犯罪三大类。其中，业务类犯罪主要规定在刑法典第三章破坏金融管理秩序罪一节当中。业务类犯罪又可以进一步分为直接类型的业务犯罪与间接类型的业务犯罪。直接类型的业务犯罪系与银行工作人员自身业务紧密关联的犯罪，包括吸收客户资金不入账罪、对违法票据承兑、付款、保证罪、洗钱罪、违规出具金融票证罪、违法发放贷款罪、妨害信用卡管理罪以及背信运用受托财产罪。间接类型的业务犯罪系银行从业人员利用其身份的特殊性使客户对其产生信赖，或利用与其本职工作无直接关联的职务便利所实施的犯罪，其中最为典型的就是非法吸收公众存款罪。且近年来银行从业人员逐步参与的"套路贷"相关犯罪，也属于间接类型的业务犯罪，所涉罪名包括诈骗罪、敲诈勒索罪、诬告陷害罪、虚假诉讼罪。腐败类犯罪是指银行从业人员利用其职务便利谋取私利的犯罪，其进一步可以分为国家工作人员腐败类犯罪与非国家工作人员腐败类犯罪。国家工作人员腐败类犯罪涉及的罪名有受贿罪、贪污罪、挪用公款罪。非国家工作人员腐败类犯罪涉及的罪名有非国家工作人员受贿罪、职务侵占罪、挪用资金罪。渎职类犯罪也同样分为国家机关工作人员渎职类犯罪与非国家机关工作人员渎职类犯罪，所涉罪名有玩忽职守罪、滥用职权罪、国有企业工作人员失职

---

① 参见戴相龙等：《中华金融辞库》，中国金融出版社1998年版，第3页。
② 参见刘远：《关于我国金融刑法立法模式的思考》，载《法商研究》2006年第2期。

罪、国有企业工作人员滥用职权罪等。笔者结合上述分类,进一步检索2016—2020年银行从业人员所涉上述罪名的裁判文书①,对目前银行从业人员涉案案件现状与特征进行简要梳理。

(一)银行从业人员涉案现状梳理

1. 贷款业务犯罪多发且造成损失重大

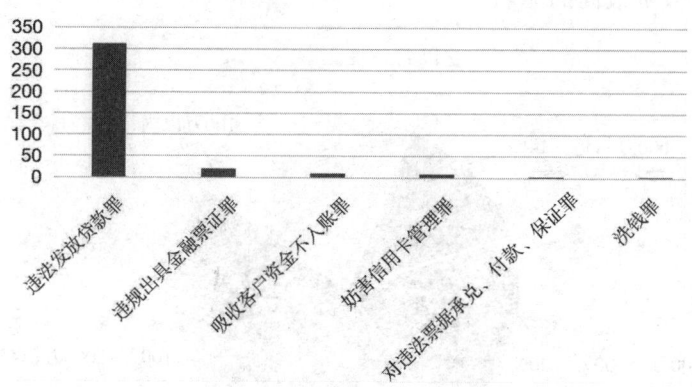

图1　2016—2020年直接类型业务类犯罪案件数量(个)

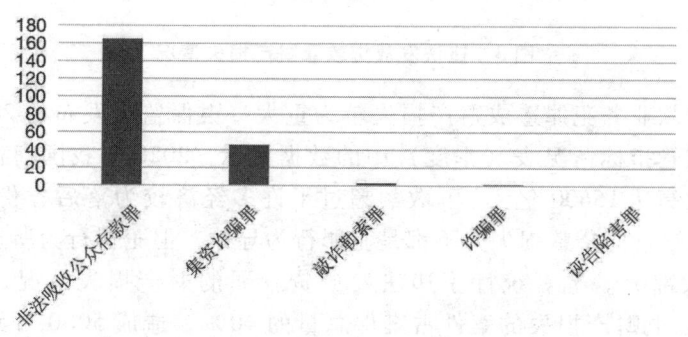

图2　2016—2020年间接类型业务类犯罪案件数量(个)

笔者通过检索2016—2020年所有银行从业人员业务类犯罪裁判文书得知,数量最多的罪名是违法发放贷款罪,共有312个案例,其次是非法吸收公众存

---

① 本文以"聚法案例"(http://www.jufaanli.com)为检索数据库,检索条件和步骤为:在"当事人信息"区段,以"银行"为关键词,将裁判日期限定为2016年1月1日至2020年12月31日,将文书性质限定为判决书,将审理程序限定为一审程序,以刑法典中前文所述罪名为案由进行检索。最后对所检索的案例逐一排查,删除被告人并非银行从业人员的个别案例。

款罪,共有 165 个案例,其他罪名的案例数量明显低于前两个罪名,分别是集资诈骗罪 46 个案例、违规出具金融票证罪 20 个案例、吸收客户资金不入账罪 10 个案例、妨害信用卡管理罪 9 个案例、敲诈勒索罪 3 个案例、诈骗罪 2 个案例,洗钱罪、对违规票据承兑、付款、保证罪以及诬告陷害罪都各只有 1 个案例。与腐败类犯罪以及渎职类犯罪相关罪名的数量相比较,违法发放贷款罪依旧是犯罪数量最高的罪名。

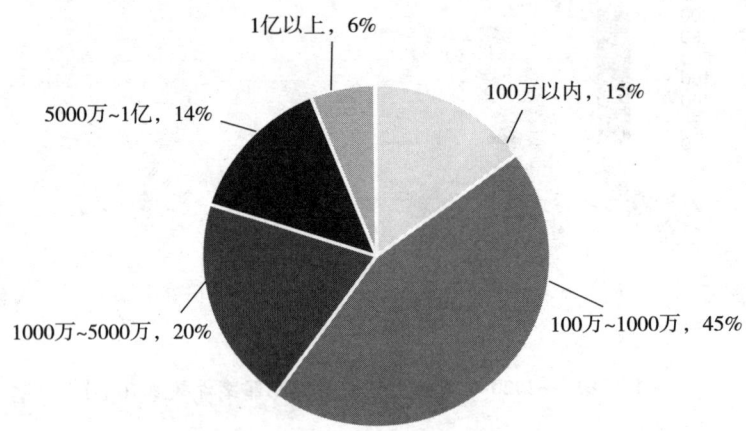

图 3 违法发放贷款罪财产损失情况

而且贷款业务犯罪造成财产损失较为重大。银保监会发布的 2020 年商业银行主要监管指标情况表(季度)中的数据显示,2020 年我国商业银行损失类贷款总数高达 15600 亿元。① 数额超过了许多经济较为落后省份 2020 年的 GDP。虽然银行的贷款损失并不都是犯罪行为导致,但犯罪行为所造成的损失一定占绝大部分。笔者统计了违法发放贷款罪的财产损失情况,发现造成 1000 万元以上财产损失的案件占案件总量的 40%,造成 5000 万元以上财产损失的案件占案件总量的 20%,造成 1 亿元以上财产损失的案件占案件总量的 6%,可见其造成损失之重大。原因在于贷款业务本身往往涉及金额巨大,尤其房地产公司在进行基建工作的过程中,向银行申请亿元以上的贷款较常见。此时若出现审查不当、监管不严的情形,将对国家财产造成重大威胁。

---

① 中国银行保险监督管理委员会统信部于 2021 年 2 月 9 日发布,载 http: // www. cbirc. gov. cn/cn/view/pages/ItemDetail. html? docId = 966727&itemId = 954&generaltype = 0,2021 年 5 月 20 日访问。

2. 腐败犯罪案件数量居高不下

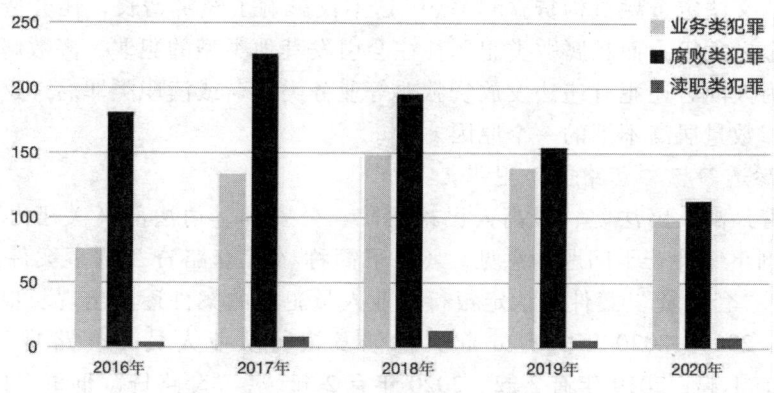

图 4　2016—2020 年各类犯罪案件数量

通过对比 2016—2020 年银行从业人员各类犯罪的数量可以得知，腐败类犯罪的数量都高于另外两类犯罪。虽然各类犯罪的总数近年来呈下降态势，但腐败类犯罪数量对于另外两类犯罪而言依旧居高不下。

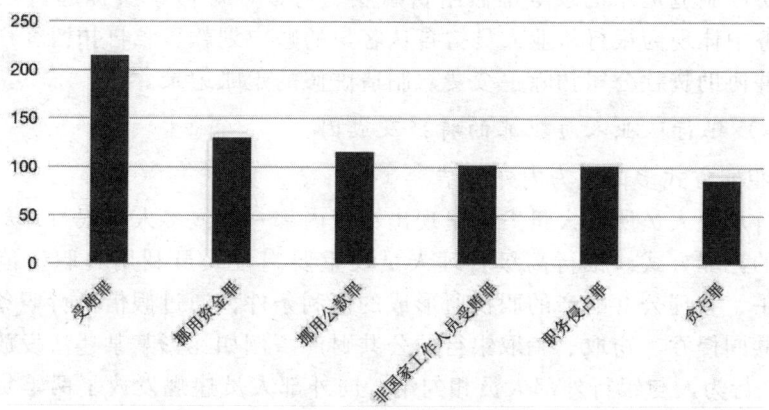

图 5　2016—2020 年腐败类犯罪案件数量（个）

通过进一步对比腐败类犯罪的罪名数量得知，2016—2020 年银行从业人员腐败类案件的总数为 750 个，较业务类犯罪略高一些。除受贿罪以外，各罪名的案件数量没有相差太多。其中受贿罪案件为 215 个，挪用资金罪案件为 130 个，挪用公款罪案件为 116 个，非国家工作人员受贿罪的案件为 102 个，职务侵占罪的案件为 101 个，贪污罪的案件为 86 个。腐败类犯罪对金融秩序冲击较大。就腐败类犯罪中的信贷腐败而言，其挤压了正常的贷款空间，扰乱了市场秩序。有学者指出若企业被动选择行贿（交租），其真实融资成本要远远高于名义法定金融机构贷款利率。① 这不仅影响了经济增长，还会造成一定范围的金融危机。而且腐败类犯罪往往会引发其他类型的犯罪，多数腐败类犯罪的行为人同时还犯有违法发放贷款罪等业务类罪名或渎职类罪名，这也是腐败类犯罪数量居高不下的一个原因。

3. 渗透参与"套路贷"犯罪

随着最高人民法院、最高人民检察院、公安部、司法部《关于办理"套路贷"刑事案件若干问题的意见》（以下简称《"套路贷"刑事案件意见》）的发布，"套路贷"案件中认定银行从业人员犯罪的案件逐渐出现。根据上文的统计，2018—2020年共有6起案件涉及银行从业人员"套路贷"犯罪，2018年有1起，2019年有3起，2020年有2起。《"套路贷"刑事案件意见》当中提到"套路贷"涉及的相关罪名有敲诈勒索罪、诈骗罪、诬告陷害罪等。实践中，具体罪名的案件数量为敲诈勒索罪3例、诈骗罪2例、诬告陷害罪1例。《"套路贷"刑事案件意见》当中与银行从业人员有关的帮助行为类型有组织发送"贷款"信息以及广告，吸引被害人"借款"、提供资金、银行卡、账号、协助制造走账记录等虚假给付事实、协助以虚假事实提起诉讼或者仲裁。实务中体现为银行从业人员擅自从客户的账户划款、私自扣留客户的账号与密码并协助贷款公司扣除手续费、制造虚假的走账记录。

（二）银行从业人员犯罪的特征及成因

1. 犯罪方式多体现为内外勾结

银行从业人员所涉大量案件呈现出银行内部一人或多人与银行外部人员内外勾结的犯罪方式。银行高级管理人员及重要岗位人员利用其职责范围内主管、经手、管理公共财产的职权所形成的便利条件，通过假借执行职务与他人协作，共同侵吞、窃取、骗取银行的公共财产。例如在彭某某违法发放贷款一案中②，行为人与银行外部人员相勾结，向外部人员违规发放了两笔贷款，一笔447万元，另一笔49万元间接转入自己的账户，假借执行职务侵吞公共财产。有的行为人通过非规范交易收受经营者以手续费、劳务费、佣金等名义给付的现金或实物。有的伪造单据，假借户头，凭空转汇私吞资金，透支储户存款、利息，收入不入账，贪污、挪用公款，为自己的亲属、朋友或经商办企业

---

① 参见谢平、陆磊：《金融腐败：非规范融资行为的交易特征和体制动因》，载《经济研究》2003年第6期。

② 参见（2018）湘1321刑初207号。

提供资金和财产上的便利等。例如,在王某作为非国家工作人员受贿一案中①,赵某与银行从业人员王某洽谈办理 NRA 账户购汇业务。赵某在被告人王某的帮助下在建行宁波分行开设了十余个 NRA 人民币账户并进行购汇,账户数量十分异常。被告人王某明知建行宁波分行怀疑赵某购汇业务不正常,仍帮助其办理购汇业务。期间,被告人王某还将汇率波动指数提供给赵某,为赵某购汇提供便利,赵某通过上述银行累计购买美金达 1 亿多元,之后在自己公司账上支付王某 13.8 万元的劳务费。

从罪名的数量分布中也能看出,银行从业人员的犯罪方式多体现为内外勾结。在数量最多的违法发放贷款罪案件中,94%以上的案件体现为行为人与贷款申请人或贷款申请人的利益关系人内外勾结,简化贷款审批程序,降低资产评估标准,进而发放风险较大的贷款。而银行从业人员能够自主完成的直接类型业务犯罪,例如吸收客户资金不入账罪、妨害信用卡管理秩序罪数量都比较少,2016—2020 年分别只有 10 个和 9 个案例。间接类型的业务类犯罪也逐渐呈现出内外勾结的态势,以典型的非法吸收公众存款罪、集资诈骗罪为例,早年的案件多体现为其自身编造银行揽储、高息理财、高息为他人做"过桥"业务等借口,向不特定客户吸收存款或诈骗。但近年来,银行从业人员逐步与其他贷款公司内外勾结,以通过向客户推荐贷款公司的理财产品来非法吸收公众存款或诈骗的行为方式逐渐增多。从腐败类犯罪的罪名数量分布也能得出此结论,银行从业人员较多自主完成的贪污罪以及职务侵占罪的数量排腐败类犯罪的最后两名。而行为类型必然表现为银行从业人员内外勾结的受贿罪排腐败类犯罪中的第一名。笔者认为对于业务类犯罪而言,犯罪方式多体现为内外勾结的原因在于银行从业人员缺乏主动实施业务类犯罪的利益动机,因为银行作为金融服务机构其大部分业务都是为客户提供利益,银行从业人员难以自发地从业务中获取利益。且银行的主要业务通常需要内部人员与外部人员双向协作,外部人员提供材料与证明,银行内部人员进行评估与审查,若想获取不正当利益,仅靠一方往往难以实现。对于腐败类与渎职类犯罪而言也是如此,外部的利益诱惑是导致内部腐败的开始,通常表现为内外协作共同侵吞国家与公民的财产。

---

① 参见(2015)金兰刑初字第 416 号。

2. 犯罪主体呈现大龄化、专业化趋势

笔者相继统计了各类犯罪行为人的年龄分布情况,其中业务类犯罪,35岁以下的犯罪行为人仅占案件总数的5%,35—50岁的犯罪行为人占案件总数的43%,50岁以上的犯罪行为人占比最大,占总数的52%;腐败类犯罪,35岁以下的犯罪行为人占案件总数的10%,35—50岁的犯罪行为人占案件总数的38%,50岁以上的犯罪行为人占比最大,占总数的52%;渎职类犯罪的年龄分布情况与前两类犯罪相比,更加呈现出大龄化的态势,其中35岁以下的犯罪行为人仅占案件总数的4%,35—50岁的犯罪行为人占案件总数的20%,50岁以上的犯罪行为人占比最大,占总数的76%,超过了3/4。根据以上数据可以初步得出银行领域犯罪行为人呈大龄化态势的结论。笔者认为原因有两点:一是随着行为人工作年限的增加,在地方的人际关系发展得较为完备,且行为人在单位大多提拔至管理阶层,为权钱交易提供了前提条件;二是随着年龄的增长,在单位逐渐变成"老油条",与初入职场的年轻人相比规范意识薄弱,面对诱惑不够警惕,办理业务时注重效率与业绩,而忽视规章制度。因此大龄群体应成为犯罪预防的重心。

另外,银行从业人员犯罪也呈现出专业化的特点。具体表现为行为人依靠专业知识以及内部消息办理或者协助他人办理银行相关业务,扰乱正常的交易秩序。同样在王某作为非国家工作人员受贿一案中[1],银行从业人员王某与赵某洽谈办理NRA账户购汇业务。赵某在王某的帮助下在建行宁波分行开设了十余个NRA人民币账户并进行购汇,期间,王某还将汇率波动指数提供给赵某,为赵某购汇提供便利,赵某通过上述银行累计购买美金达1亿多元,之后在自己公司账上支付王某一定的劳务费。其中购买外汇的流程以及汇率波动指数都属于银行从业人员所特有的专业知识。银行从业人员犯罪的专业化还表现为其利用互联网伪造凭证、单据,通过偷改记录、盗支储户存款等方式弥补资金漏洞。例如在吴某贪污一案中[2],被告人吴某利用担任农行分理处主任的职务便利,为了应付逾期贷款考核,违规办理了某建材有限责任公司贷款300万元,用于过桥贷冲抵某水泥厂的逾期贷款。之后,被告人吴某联系某消防工程有限责任公司人员,说该300万元款项是正常贷款,往他公司走个账,然后转入股市炒股。因该300万元款项未收回,被告人吴义文虚开收回借款凭证,虚构江山农行贺村分理处收回该300万元借款。

---

[1] 参见(2015)金兰刑初字第416号。
[2] 参见(2018)浙0881刑初24号。

3. 地方商业银行是犯罪高发点

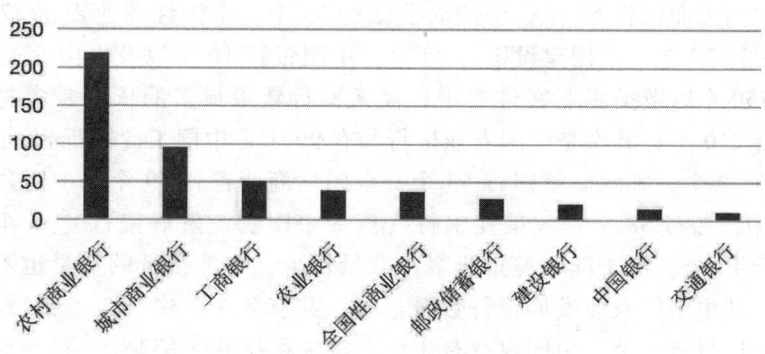

图6 2016—2020年业务类犯罪案涉银行数量（个）

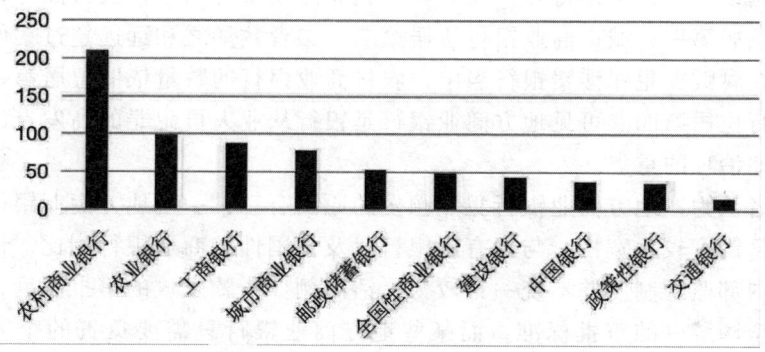

图7 2016—2020年腐败类犯罪案涉银行数量（个）

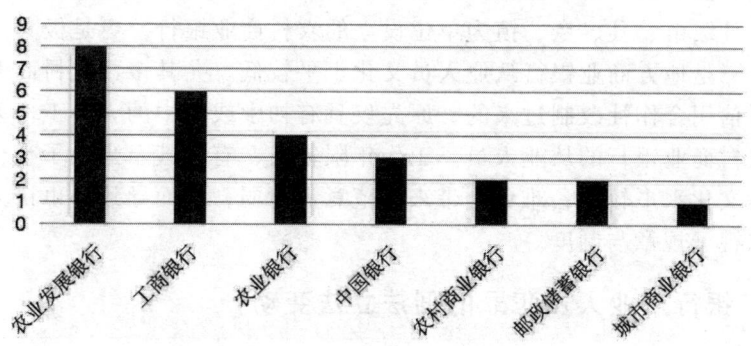

图8 2016—2020年渎职类犯罪案涉银行数量（个）

笔者相继统计了各类犯罪行为人所涉银行的分布情况。在569个业务类犯罪案件当中，涉案银行数量最多的是各地的农村商业银行，共有219个；其次是各地的城市商业银行，共有 96 个；其他涉案银行的数量低于前两类银行，分别是中国工商银行 51 个，中国农业银行 39 个，全国性商业银行 37 个，邮政储蓄银行 29 个，中国建设银行 22 个，中国银行 16 个以及中国交通银行 11 个。在 750 个腐败类犯罪案件当中，涉案银行数量最多的依旧是农村商业银行，共有 210 个；其次是中国农业银行共有 99 个，中国工商银行 88 个，城市商业银行 79 个，邮政储蓄银行 53 个，全国性商业银行 49 个，中国建设银行 44 个，中国银行 38 个，政策性银行（例如中国农业发展银行）36 个，中国交通银行 16 个。由于渎职类犯罪案件数量较少，案涉银行的数量也不会有太大差异。其中中国农业发展银行数量最多，共有 8 个，中国工商银行有 6 个，中国农业银行有 4 个，中国银行有 3 个，农村商业银行有 2 个，邮政储蓄银行有 2 个，城市商业银行有 1 个。

根据以上数据可以得知，在业务类犯罪涉案银行当中，农村商业银行的涉案数量位居第一，城市商业银行位居第二，二者数量之和远远超过案件总数的一半。在腐败类犯罪涉案银行当中，农村商业银行的数量依旧位居第一，城市商业银行位居第四。可见地方商业银行是银行从业人员犯罪的高发点，其理应成为犯罪治理的重点。

笔者认为，地方商业银行犯罪频发的原因有三：一是地方商业银行机构内部的监管制度较为宽松。与国有制银行以及全国性的商业银行相比，地方商业银行的内部监管制度并不统一且较为灵活。例如贷款发放的审批制度，国有制银行有全国统一的审批标准，而某些地方商业银行只需要负责的个人同意即可，导致个人的权力过大，为腐败的滋生提供了土壤，同时也给银行从业人员提供了违规操作的可乘之机。二是地方的人际网络交叉密集且办事更讲人情，尤其是以县级市、县、乡、镇为单位设立的农村商业银行，更是极具人情社会的色彩。三是地方商业银行从业人员文化水平较低。尤其多数农村商业银行都是从农村信用合作社改制过来的，原先仅具有初中或高中的大龄工作人员也自然成为农村商业银行的从业人员。工作年限较长，有些甚至当上了行长、副行长，但是文化水平较低，难免会带来规范意识薄弱，进而导致办事讲人情讲效率，而忽视了规章与制度。

二、银行从业人员犯罪的刑法立法变动

自 1997 年刑法颁布以来，金融领域的犯罪手段逐渐多样，这对金融安全造成巨大冲击。对此，刑法作出了积极回应，其中《刑法修正案（三）》《刑法修正案（六）》《刑法修正案（七）》《刑法修正案（九）》以及《刑法修正案（十一）》都对银行从业人员的三类犯罪作出重大修订。修订内容为：扩大

业务类罪名所包摄的行为类型、降低腐败类犯罪的构罪标准以及提高三类罪名的法定刑。司法解释也是如此。针对金融领域犯罪出台的司法解释，大多是对银行从业人员犯罪构成要件中的构成要素进行扩大解释，进而将更多造成金融秩序混乱的行为纳入相关犯罪的构成要件中。所以从刑法的立法变动可以看出，国家对银行从业人员犯罪惩治的从重从严态势。

（一）扩大业务类罪名所包摄的行为类型

1997年刑法规定的银行从业人员业务类犯罪的罪名有吸收客户资金不入账罪、对违法票据承兑、付款、保证罪、洗钱罪、违规出具金融票证罪、违法发放贷款罪、非法吸收公众存款罪、集资诈骗罪。之后在《刑法修正案（五）》以及《刑法修正案（六）》当中又分别增设了妨害信用卡管理罪和背信运用受托财产罪。除了增设新罪，业务类罪名修订的最大特色还体现为扩大罪名所包摄的行为类型。

2006年《刑法修正案（六）》对吸收客户资金不入账罪作了调整，将1997年刑法原文中"以牟利为目的，采取吸收客户资金不入账的方式，将资金用于非法拆借、发放贷款"修改为"吸收客户资金不入账"。笔者认为这样的表述扩大了原先行为类型的外延，删除了"以牟利为目的"这一主观违法要素，且对吸收资金的用途不再做进一步的限定。业务类罪名中修订次数最多的是洗钱罪。《刑法修正案（三）》和《刑法修正案（六）》都分别增加了洗钱罪上游犯罪的种类，将恐怖活动犯罪、贪污贿赂犯罪、破坏金融管理秩序犯罪以及金融诈骗犯罪都涵盖到上游犯罪的范围中。《刑法修正案（十一）》对该罪名的调整最大。一是将"明知"以及原文中"协助将财产转换为现金、金融票据、有价证券"中的"协助"删除，不再将自洗钱视为一种事后不可罚的行为，即上游犯罪行为人参与洗钱应当数罪并罚。并且对于银行从业人员而言，既能成立洗钱罪的实行犯，也能成立帮助犯，不再强调其实行行为的协助性。二是将"将资金汇往境外"的表述修改为"跨境转移资产"。实务中跨境转移资产的途径主要有两类，一是通过地下钱庄，二是通过银行的境外业务来实现转移资产的目的。原先"将资金汇往境外"的表述难以将这两种行为包摄其中，修订后通过一种更为抽象的表述来规制实践当中多种多样的转移资产行为。相继出台的司法解释也是如此，例如认为银行出具的"承诺书"也应该视为具有担保性质的"保函"①，认为吸收客户资金入法定账目以外设立

---

① 参见1999年10月10日最高人民检察院审查批捕厅《对公安部经济犯罪侦查局〈关于对银行非法出具金融票证和造成损失征求意见的函〉的复函》。

的账目，不影响罪名成立①，将票据贴现解释为贷款的一种类型②。通过扩大解释构成要件要素以达到扩大罪名所包摄行为类型的目的。

(二) 降低腐败类罪名的构罪标准

1997年刑法就对上文所提所有腐败类犯罪都作出了规定。之后在《刑法修正案（七）》新增设了斡旋受贿这一受贿罪的行为类型。2015年《刑法修正案（九）》对腐败类罪名的构罪标准修订最大，对贪污罪以及受贿罪的成立条件作了重大修改，取消了按照具体贪污、受贿数额作为构罪标准以及划分法定刑依据的原有规定，修改为按贪污、受贿数额或者贪污、受贿情节的严重程度来认定与划分。将原文中"（一）个人贪污数额在十万元以上的……；个人贪污数额在五万元以上不满十万元的……；（三）个人贪污数额在五千元以上不满五万元的……"三档处罚标准修改为"（一）贪污数额较大或者有其他较重情节的……（二）贪污数额巨大或者有其他严重情节的……（三）贪污数额特别巨大或者有其他特别严重情节的……"，并重新设置了贪污以及受贿罪的法定刑。该修改将具体数额的构罪标准修改为抽象数额加情节的构罪标准，实际上降低了贪污受贿罪的构罪条件。还在司法解释中规定了具体的构罪情节，其中贪污罪是6项法定情节，受贿罪是8项。③该修订对认定银行从业人员成立贪污受贿犯罪造成较大影响。以受贿罪为例，虽然存在银行从业人员收受贿赂不到3万元的情形，但是往往同时存在"为他人谋取不正当利益，致使公共财产、国家和人民利益遭受损失的"这一法定构罪情节。原因在于，行贿方行贿所办理的业务涉及金额都比较重大，一次贷款无法偿还或一张金融票证无法承兑常常造成国家或他人利益遭受损失。

(三) 提高三类罪名的法定刑

首先是业务类犯罪，《刑法修正案（六）》对违法发放贷款罪进行了修订，将《刑法》第186条第1款"违反国家规定，向关系人发放信用贷款或者发放贷款的条件优于其他借款人同类贷款的条件，造成较大损失"修改为"违反国家规定发放贷款，数额巨大或者造成重大损失"。本次的修改亮点是将原来的违法发放贷款罪与违法向关系人发放贷款罪合二为一，以违法发放贷款罪

---

① 参见2001年1月21日最高人民法院《全国法院审理金融犯罪案件工作座谈会纪要》。

② 参见2006年7月5日最高人民法院刑事审判庭第二庭《关于对银行工作人员违规贴现行为如何适用法律问题的函》（〔2006〕刑二函字第42号）。

③ 参见2016年4月18日最高人民法院、最高人民检察院《关于办理贪污贿赂刑事案件适用法律若干问题的解释》。

统一定罪,但将原来的违法向关系人发放贷款作为本罪的法定从重情节。《刑法修正案(十一)》对业务类犯罪中的非法吸收公众存款罪、集资诈骗罪以及洗钱罪进行了修正。将非法吸收公众存款罪第1款中相对确定的罚金刑修改为无限额罚金刑,并新设了第三档(数额特别巨大或者有其他特别严重情节)法定刑。将集资诈骗罪基本犯的处罚"处五年以下有期徒刑或者拘役,并处二万元以上二十万元以下罚金"修改为"处三年以上七年以下有期徒刑,并处罚金",将对"数额巨大或者有其他严重情节"的处罚由"处五年以上十年以下有期徒刑,并处五万元以上五十万元以下罚金"修改为"处七年以上有期徒刑或者无期徒刑,并处罚金或者没收财产",这一修改调整了集资诈骗罪的法定刑区间,也将相对确定的罚金刑修改为无限额罚金刑。将洗钱罪的法定刑做出了调整,法定刑部分将比例罚金刑修改为无限额罚金刑。其次是腐败类犯罪,《刑法修正案(十一)》对职务侵占罪和非国家工作人员受贿罪作出修订。将职务侵占罪原两档法定刑改为三档法定刑,最高可判处10年以上有期徒刑,并增设罚金刑。非国家工作人员受贿罪也从原两档法定刑改为三档法定刑,新增设的第三档法定刑同样是10年以上。

三、银行从业人员犯罪防范路径

2013年3月8日,习近平总书记参加江苏代表团的审议,在听取全国人大代表、江苏省南京市检察院职务犯罪预防局局长林志梅有关职务犯罪预防的主题发言后,说道:"预防职务犯罪出生产力,我很以为然。"① 之后,总书记这句掷地有声的话语成为代表们在评议最高人民检察院工作报告时引用率最高的一句名言。因此,理解这句话的深刻内涵就成为预防银行从业人员职务犯罪的重要前提。笔者认为预防职务犯罪之所以能够出生产力,是因为其对解放和促进生产力的发展起到根本性的推动作用。其中劳动者与劳动资料作为社会生产力的重要组成部分,是提高社会生产力的重点关注要素。而职务犯罪恰恰违背了这两个要素效能发挥的基本要求与固有规律,为生产力各要素效能的发挥设置了障碍。② 因此预防职务犯罪正是从提高劳动者的生产效率以及优化劳动资料的配置这两个方面来提高生产力的。

预防银行从业人员职务犯罪对劳动者生产效率的提高体现为银行从业人员

---

① 参见邱春艳:《预防职务犯罪出生产力——人大代表评议最高人民检察院工作报告之四》,载《检察日报》2013年3月14日,第1版。

② 参见张超华、黄世辉:《预防职务犯罪与生产力的关系》,载《人民检察》2014年第21期。

按规章制度办事,不因一己私利而打乱正常的金融秩序。同时,金融秩序的稳定也能调动其他领域劳动者的积极性,劳动者对金融活动的信赖度提高,也会更有热情地去创造财富。预防银行从业人员职务犯罪对劳动资料的配置优化体现为金融资源的合理分配。若银行从业人员贪污受贿、滥用职权、设租寻租,将阻碍公平竞争,使得寻租者获得大部分的贷款与政策扶持。这必然导致社会劳动资料的流失。而且,银行从业人员设租寻租还会扭曲资源价格,导致资源的错误配置,由此造成金融资源使用效率低下。[①]

(一)针对腐败类与渎职类犯罪完善刑事规制体系

虽然针对银行从业人员犯罪的刑法规制一直呈从重从严的态势,但依旧存在需要进一步完善之处。

一是在银行领域对于"公务"以及"国家工作人员"的认定需要进一步明晰。实务中对于国家工作人员与非国家工作人员腐败类犯罪的认定十分混乱。例如在许某受贿罪一案[②]与聂某非国家工作人员受贿一案[③]中,行为人同为中国工商银行的客户经理,犯罪行为也同为接受他人的不正当利益并为他人提供贷款便利,却被认定为受贿罪与非国家工作人员受贿罪两种罪名。笔者认为,这与我国银行的构成特点有着密不可分的联系。我国银行主要分政策性银行与商业银行两类。政策性银行是基于国家政策扶持,只办理政策性业务的银行。典型的政策性银行包括中国农业发展银行、进出口银行以及国家开发银行。商业银行又分为国有商业银行、全国性的股份制商业银行以及地方商业银行,地方商业银行包括城市商业银行与农村商业银行。国有商业银行是指其大部分股份是由国家持有的银行,例如中国银行、中国工商银行。全国性的股份制商业银行是指其机构设置和业务经营范围具有全国性的银行,而地方性商业银行的机构和业务经营范围一般局限在省内或者一定的区域内。因此,不同类型的银行需要采用不同的标准。首先,政策性银行的从业人员一定都属于国家工作人员的范畴,因为政策性银行基于国家政策扶持,只办理政策性的银行业务,是国家政策在银行领域的体现。其次,对于国有商业银行,例如中国银行、中国工商银行,由于其大部分股份是由国家持有,所以国有银行中凡是有审批业务权限的管理人员都应该视为国家工作人员。最后,针对全国性商业银行以及地方商业银行,需要分析地方政府在地方商业银行或全国性商业银行地

---

① 参见谢平、陆磊:《资源配置和产出效应——金融腐败的宏观经济成本》,载《经济研究》2003年第11期。
② 参见(2016)苏02刑初49号。
③ 参见(2018)豫0204刑初78号。

方分行的出资情况,并结合所承办业务的公务性来综合判断。

二是银行从业人员业务类犯罪与渎职类犯罪的区分标准需要进一步明晰。司法判例中存在许多将违法发放贷款造成重大损失的行为认定为玩忽职守或滥用职权犯罪的情况,同样都是违法发放贷款的行为,有的法官认定为滥用职权罪①,有的认定为玩忽职守罪②,还有的认定为违法发放贷款罪③。对此笔者认为应该再区分两种情形:其一,行为人仅仅具有办理具体业务的职权,此时会发生相关业务类犯罪与滥用职权犯罪的竞合,凡是在业务类犯罪中有明确规定具体行为类型的,例如违法发放贷款,根据特殊法优于普通法的原则,都应该以更为具体的罪名定罪。只有在业务类犯罪所有罪名都无法包摄时,才有适用滥用职权犯罪的可能;其二,行为人处于管理阶层,对相关部门的工作人员具有监管义务,此时若由于疏于管理导致工作人员触犯业务类犯罪,才成立失职类犯罪。

(二)以《关于预防银行业保险业从业人员金融违法犯罪的指导意见》为预防准则

中国银保监会办公厅 2020 年 2 月 20 日发布了《关于预防银行业保险业从业人员金融违法犯罪的指导意见》(以下简称《指导意见》)。《指导意见》对重点业务领域的犯罪预防措施作出了详细规定。笔者将结合上文总结的银行从业人员犯罪的现状与特征,对《指导意见》中的预防举措进行提炼。

首先,预防违法犯罪必须以四项基本原则为指导,一是加强党的领导和党的建设,层层压实责任,强化制度执行;二是坚持健全长效机制与短期重点惩治并重,管住人,看住钱,构造制度的防火墙;三是坚持"内部管控、行业自律与外部监管"三管齐下,形成齐抓共管的治理格局;四是坚持金融监管部门与监察机关、公安机关和司法机关联动协调。

其次,根据业务类犯罪的罪名数量,信贷领域、资产处置与资产管理领域应成为预防的重点。针对信贷领域的犯罪预防,《指导意见》指出应该强化信贷纪律约束,聚焦受理与调查、抵质押物评估与核保、风险评价与审批、合同签订与贷款发放、支付与贷后管理等各个环节,在科学制定和严格执行尽职免责制度基础上,建立健全贷款各操作环节的考核问责机制。针对资产处置与资产管理领域的犯罪预防,《指导意见》要求以尽职追索与合理估值为切入点,规范处置操作,严格处置损失授权管理。着重防范对转让债权作出隐性回购或

---

① 参见(2017)皖 1322 刑初 559 号。
② 参见(2019)兵 1001 刑初 41 号。
③ 参见(2017)陕 0623 刑初 162 号。

兜底承诺、发放贷款承接已转让不良资产、协助借款人向他人违规拆借资金归还本机构贷款等行为。同时，加强对营销人员的监督管理，防范超授权违规开展理财业务、修改理财产品说明书、承诺回报、掩饰风险、误导客户等行为。

最后，针对腐败类与渎职类犯罪，要牢牢把握干部任用、权力监督以及教育培训三个环节。一是紧盯"人"和"钱"，加强重点领域、机构、岗位和人员风险排查工作。依法合规建立从业人员异常行为排查机制。重点关注关键岗位人员账户交易、资金借贷、证券投资、兴办企业、涉及诉讼和社会关系往来等情况。二是用好"问责利器"，强化监督威慑力。对违法违规行为事实清楚、证据充分的，要对案件相关责任人严肃追究责任。发现涉嫌违法犯罪的，应及时移送监察机关、公安机关和司法机关处理。三是完善教育培训体系，营造规范廉洁的工作氛围。不断完善分层次、分需求、多维度的合规教育培训体系。每年至少开展一次覆盖全体从业人员的警示教育，抓好"以案为鉴、以案促改"工作，尤其针对大龄管理阶层的从业人员，教育培训的力度需要适当加大。并且向经营管理、风险控制有决策权或重要影响力的各级管理人员定期传达监管要求、解析监管政策、提示风险，增强合规经营和风险防控意识。

（三）构筑具有银行业特色的合规体系

与三大公司治理风险相对应，现代企业形成了三大公司治理结构，其中之一是"合规治理结构"，也就是企业为避免特定的合规风险，所建立的包括防范、识别、应对机制的管理体系或治理体系。① 现如今企业的合规机制逐渐发展为行政监管以及刑法规制的激励机制，即企业能够以自身已经具有或承诺建立完备的合规体系为由来免除或减免自身的责任，进而实现企业责任与员工、第三方责任的有效分割。我国近几年也逐渐出现企业合规出罪的司法实践。例如深圳市龙华区、南山区和宝安区人民检察院作为改革试点试行合规不起诉制度与法益修复制度，以及辽宁省人民检察院等机关制定《关于建立涉罪企业合规考察制度的意见》。但在我国实务中银行几乎不存在成为犯罪主体的情形，银行大多是作为银保监会的监管对象，因此银保监会的行政处罚成为银行的主要合规风险。另外，由于我国银行存在诸多分类，不同种类的银行也应该有不同的治理要求。因此，在以银保监会的监管要求为核心的前提下，应该以自身治理的特殊需求为基础来构筑其特有的合规体系。

参考域外的合规体系考察制度，一个有效的合规体系应满足以下要求：一是具有与相关商业准则相称的合规政策；二是具有高层参与的合规组织结构；

---

① 参见陈瑞华：《企业合规的基本问题》，载《中国法律评论》2020年第1期。

三是在合规政策实施时要有风险评估、尽职调查以及交流培训三个步骤。① 我国学者也提出，一个完备的合规体系应该具有实体法、组织法以及程序法三个部分，合规政策相当于实体法，合规组织结构相当于组织法，而风险评估、尽职调查以及交流培训则属于程序法的内容。② 但无论如何划分，合规政策与风险识别、防范制度一定是合规体系中最核心的部分。一个有效的合规体系对阻却犯罪也起到至关重要的作用。

第一，银行合规政策的制定需要与银保监会的监管要求相称，即需要符合《商业银行法》《银行业监督管理法》《外资银行管理条例》《金融违法行为处罚办法》等法律法规的规定。由于合规政策主要是以合规管理指引的形式，针对不同合规风险领域建立的行为准则，所以银行还需要针对其不同种类的业务，按照银保监会提出的预防违法犯罪的要求来制定合规政策。另外，不同类别的银行所制定的合规政策也需要有所不同。对于全国性商业银行、地方商业银行以及投资银行，其合规体系的建立需要依照中国国家标准化管理委员会制定的《合规管理体系指南》、发改委会同七家部门联合发布的《企业境外经营合规管理指引》以及银监会于2006年发布的《商业银行合规风险管理指引》。而对于具有国有企业性质的政策性银行以及国有商业银行，在依照前三个文件的同时，还需要依照国资委颁布的《中央企业合规管理指引（试行）》来建立其合规体系。《中央企业合规管理指引（试行）》在前三个文件的基础上，对央企合规管理提出了更加全面、系统的要求和指引，使搭建合规体系成为央企的强制性义务，并要求地方国资监管机构积极推进地方国企的合规管理工作。③ 因此，相对于其他银行而言，政策性银行与国有商业银行应该在合规政策的制定上有着更高的标准。

第二，银行合规体系中的风险识别与防范机制和一般的企业有着较大不同。对于一般企业来说，某些风险是有共性的，对于这些风险可以设置相应的风险指标。例如《中央企业合规管理指引（试行）》中明确的市场交易、安全环保、产品质量、劳动用工、财务税收、知识产权、商业伙伴等七个重点领域。而银行的风险来源有所不同，其风险识别体系的建构也要有所改变，结合上文司法数据，可设置信贷风险、资产评估、管理、处置风险、腐败风险等风

---

① 参见周振杰、赖祎婧：《合规计划有效性的具体判断：以英国SG案为例》，载《法律适用（司法案例）》2018年第14期。

② 参见陈瑞华：《企业合规制度下的三个维度——比较法视野下的分析》，载《比较法研究》2019年第3期。

③ 参见吴巍：《企业营商风险与合规指引》，法律出版社2020年版，第132页。

险指标。在设置风险指标之后,合理运用风险指标,高效识别风险。银行合规体系中防范机制的建立必须坚持内部管控、行业自律与外部监管"三管"齐下。内部管控体现为企业内部对合规风险的定期评估、合规尽职调查以及合规的培训制度。为保障银行合规管理体系的有效运作,《商业银行合规风险管理指引》还确立了三项保障性制度:一是合规绩效考核制度;二是合规问责制度;三是诚信举报制度。① 行业自律体现为各银行内部以及整个银行业都共同营造合规文化,使合规逐步成为行业的基本标准。外部监管主要体现为银保监会对银行的监管。在防范阶段,根据《商业银行合规风险管理指引》,银行需要向银保监会承担三方面的义务:一是就银行合规政策、合规管理程序和合规指南等内部制度向银保监会进行报备;二是就合规风险管理计划和合规风险评估报告向银保监会进行报送;三是对重大违规事件向银保监会进行报告。结合上文司法数据,银保监会还要将发生重大恶性案件的机构以及包括农村商业银行在内的地方商业银行作为重点监管对象,加强日常监管力度,提高随机抽查比例和频次。

四、结语

李斯特曾指出:"在现代刑事政策研究方面的一个重大成就是,最终达成了这样一个共识:在与犯罪做斗争中,刑罚既非唯一的,也非最安全的措施。"② 仅仅依靠刑罚来打击犯罪只是犯罪治理的一个侧面,还需要与犯罪预防双管齐下。而这里的犯罪预防概念指的不仅仅是与刑罚目的相联系的一般预防,而是广义的犯罪预防。波兰犯罪学家霍唯斯特指出:"所有对消除犯罪原因及条件起作用(即便是中介作用)的措施,都应包括在犯罪预防的概念里面。"③ 针对银行从业人员犯罪的现状与特征,需要及时调整犯罪的防范路径。即在深刻理解习近平总书记所提倡的"预防职务犯罪出生产力"内涵的前提下,以《关于预防银行业保险业从业人员金融违法犯罪的指导意见》为预防准则进行防范,并构筑具有银行行业特色的合规体系。

---

① 参见陈瑞华:《中国金融监管机构确立的合规体系》,载《中国律师》2019年第8期。

② [德]李斯特:《德国刑法教科书》,徐久生译,法律出版社2006年版,第22页。

③ [波]霍唯斯特:《犯罪学的基本问题》,冯树梁译,国际文化出版公司1989年版,第133页。

新时代金融犯罪态势与刑事治理路径

陈 颖 武 倩[*]

一、引言

在现代经济发展中，金融充当着核心角色，其在现行市场经济影响下得到了充分发展，逐渐呈现出金融全球化、金融市场一体化、金融政策自由化、国际化等特征。但与此同时，金融业全球性的定位，使其极易受到自然、政治、社会、经济以及国内国际等多方面因素的影响，招致敏感性与脆弱性兼具的行业痛点，以及与金融活动相伴随的金融风险。[①] 在金融行业，金融风险也具备风险的双重属性[②]，一方面金融风险能带动资金的有效配置与运转，另一方面其风险后果的具象化会对社会金融安全与秩序造成不利影响，进而引发金融犯罪风险，触犯金融犯罪。金融犯罪一般指发生在金融领域或与金融领域相关的犯罪，[③] 该类犯罪会对社会公共利益造成严重损害，甚至引发全球性的金融危机，例如1995年英国的一场金融危机便是由尼科·里森在新加坡进行非法期货交易所引起的。传统的金融犯罪正是在该背景下开始进入学者的研究视野，世界各国也纷纷通过立法以及司法手段预防与惩治金融犯罪，形成了较为稳定的金融犯罪惩治法网。

但随着技术与网络的不断发展，金融体系得以迅猛发展，金融创新空前壮大，正如当前，我国在进入新经济时代后，在高技术化、网络化和全球化时代

---

[*] 陈颖，华东政法大学刑事法学院博士研究生，上海市闵行区人民检察院检察官；武倩，浙江民泰商业银行上海分行法律合规部法务，华东政法大学刑事案例研究中心特聘研究人员。

[①] 康均心、李娜：《金融安全的刑法保护研究》，载《刑法论丛》2008年第3期。

[②] 参见郝艳兵：《互联网金融时代下的金融风险及其刑事规制——以非法吸收公众存款罪为分析重点》，载《当代法学》2018年第3期。

[③] Gilligan, George. "The Problem of, and with Financial Crime." Northern Ireland Legal Quarterly, vol. 63, no. 4, 2012, p. 495–508.

特征的影响下，不断以"互联网+"为代表的新技术、新业态、新模式为发展引擎，持续推进金融领域的创新，新的金融市场、产品工具及交易方式不断被创造面世①。而规范监管的滞后性在一定程度上降低了管制金融市场的时效性，助推了投机分子的野心，②肆意生长的金融创新便成为了滋生新型金融犯罪的温床，各种新的犯罪形态和手法不断翻新，使金融犯罪呈现出传统犯罪与新型犯罪交织、不易侦查、涉案罪名扩大化等治理难点③，深刻影响着国家金融安全。因此，本文欲在现行时代背景下，考察金融犯罪的新态势，分析传统的金融犯罪刑事风险治理体系能否妥善应对潜在风险与现存问题，并结合新的治理方向，为金融犯罪的防范提供路径选择，以降低金融风险、维护金融行业稳健运行、保护国家经济安全与国民财产安全。

二、当前我国金融犯罪的发展态势

我国金融犯罪数量及类型与中国金融业发展具有紧密联系，自改革开放以来，伴随着中国金融业的不断发展，金融犯罪已从传统的"银行犯罪""行业犯罪"等阶段进化到"金融领域犯罪"阶段。同时在现代金融科技发展日新月异的情况下，以互联网经济为代表的新兴经济发生了快速迭代演变，也为其他行业领域带来了颠覆性变革，金融领域的边界不断被扩大。为了与银行、证券、保险、信托等传统金融领域相区分，业界普遍将其称为新型金融领域，新型金融领域的犯罪也被称为新型金融犯罪。④ 同时，互联网技术以及金融行业的不断创新发展，也为犯罪分子借助信息网络平台，寻求新的犯罪方法手段提供了可乘之机。使得新型金融犯罪与传统金融犯罪相互交叉、并发，使其与以往金融犯罪相比，在犯罪涉及面、社会危害性及涉案金额等方面，呈现出前所未有的新态势。

（一）涉众型金融犯罪数量日趋增多

涉众型金融犯罪在广义上是指涉案人数众多或犯罪行为指向的是不特定多

---

① 参见任燕珠、林明宇：《新经济时代新型金融犯罪原因与防范探析》，载《海峡法学》2020年第2期。
② 参见王钧、彭月辉：《金融犯罪的法律构造》，载刘明祥、冯军主编：《金融犯罪的全球考察》，中国人民大学出版社2008年版，第82页。
③ 参见《2019年上海金融检察白皮书》，载上海检察网，https://www.sh.jcy.gov.cn/jcjj/ngzlc/jrjc/66104.jhtml，2021年5月6日访问。
④ 姚林：《我国新型金融犯罪惩治与防范研究》，载《北京警察学院学报》2021年第1期。

数人的财产的金融犯罪类型,狭义上是指犯罪手段行为本身即指向不特定多数人或多数人财产的犯罪。典型的涉众型金融犯罪为非法集资犯罪,根据《2019年上海金融检察白皮书》可知,近年来,以互联网金融名义实施非法集资犯罪的情况日趋严重。2014年上海市发生首起P2P网贷平台非法集资案,2015年上升至11件,2016年则陡升至105件,增幅达85.5%,占全年受理的非法集资案件总数的30%。① 该类犯罪的共同特征是隐蔽性、欺骗性强,蔓延速度快,线上线下相结合,涉案人员多,波及地域广,涉案金额大,严重损害人民群众财产权益,并严重危害国家金融安全。② 例如发生在上海市的首例以互联网平台为依托的非法集资案,便集中表现出了上述特征。2014年以来,被告人周某某、刘某某、史某某、郭某某等人以上海某投资管理咨询公司开展P2P网上吸存业务,但投资公司实际并无运营资金和能力,也无任何投资项目,周某某等人仍参与制作假"标"、伪造转账凭证、虚构担保等,骗取群众投资。2015年2月,高某某等人又先后聘请了多名线下业务员,通过发放传单、打电话等形式,开展高息"线下投资理财业务",以伪造的担保合同骗取群众投资。经审计,投资公司通过线下签订投资协议,吸收29名投资人投资款358万余元。通过线上平台,吸收154名投资人投资款2862万余元。周某某等人将资金用于无抵押无息给他人、侵吞、暂支、支付前期投资群众利息等。③ 在该类案件中,最终被起诉的涉案人员有12人,被害人高达数百人,同时涉案人员既通过投资平台开展线上业务,也在线下进行开展宣传吸收资金,严重侵害了金融秩序。

(二) 创新型金融犯罪具有较强迷惑性

在金融改革创新背景下,各类金融创新产品和模式大大促进了金融交易便利,但也有不法分子以金融创新为幌子,实施违法犯罪。金融创新的典型类型之一是区块链,区块链是近年来金融科技发展中备受关注的亮点,其应用场景是虚拟货币,我国监管机关明确将虚拟货币发行融资的行为界定为一种未经批准非法公开融资的行为。但在实践中,不法分子仍然打着金融创新的旗号,通

---

① 参见《2016年上海金融检察白皮书研究》,载上海检察网,https://www.sh.jcy.gov.cn/jcjj/ngzlc/jrjc/65981.jhtml,2021年5月6日访问。
② 戴佳、史兆琨、徐日丹:《最高检发布第十批指导性案例——明确多发疑难及新型金融犯罪法律适用标准》,载《检察日报》2018年7月13日,第1版。
③ 上海市第二中级人民法院(2016)沪02刑初36号刑事判决书。

过发行所谓虚拟货币、数字货币等方式非法集资或进行其他金融犯罪活动。①如在 2016 年 8 月，陈某等人未经有关主管部门批准，开发了"国正数字资产交易平台"虚拟货币交易平台，对外推广发行名为"大圣币"的虚拟币。陈某等人通过分级返销返利模式、代理商、三个月定投等模式向社会不特定人员推广。投资人在此网站交易平台上，通过支付宝、银行卡等将钱款转账到该公司相关账户上，经平台确认后以投资人的会员 ID 账户充值，投资人可以用其会员账户内的资金购买虚拟币参与交易，在购入虚拟币后，投资人账户中的现实货币转化为虚拟币，在出售虚拟币时，买家将账户中的现实货币转入到卖家账户中购入虚拟币，卖家的虚拟币转化为现实货币，投资人可以将账户中的现实货币提现。在整个交易过程中，陈某在后台直接控制虚拟币价格的涨跌，且为了吸引欺骗投资人购买虚拟货币，陈某将"大圣币"价格不断调高，以此获利。②

金融创新的另一典型类型便是人工智能，人工智能技术在证券行业的应用场景是智能投顾。智能投顾，又称机器人投顾，是用智能机器代替人工投资顾问，通过算法和程序计算来完成理财顾问服务的新型资本服务。在具体操作过程中，由机器根据投资者的风险偏好、财务状况，进行精确的资产配置，统筹安排股票、基金、保险等多种资产。在司法实践中，已经出现了以智能投顾之名实施犯罪的情形。例如在 2013 年 2 月，被告人周某某委托深圳某事务所在境外注册了一家公司，主要经营境外炒外汇业务。后周某某从美国波士顿流量处购买了标有其公司标识的 MT4 软件，专用于网上炒外汇。2013 年 4 月份前后，周某某向李某推荐自己修改过参数的海豚 EA 智能交易炒汇软件（植入 MT4 以后能自动交易外汇的软件，不需要人工操作），两年时间，周某某向李某共出售了 150 余套该 EA 软件，并用该软件拉拢客户进行网上炒外汇交易。从 2013 年 8 月至 2015 年 3 月，共计有 200 余人的资金约 2800 余万元人民币汇入了由周某某掌控的银行卡内，并由周某某通过个人购汇并经其公司在香港银行的对公账户汇到波士顿流量用于外汇交易。截至 2015 年 12 月，涉及向该银行卡内汇款的人员当中有 21 人报案，报案金额共计 3725043.91 元人民币。③

---

① 上海金融检察研究中心：《警惕非法金融借创新概念迷惑投资人》，载《检察日报》2020 年 8 月 12 日，第 3 版。
② 浙江省义乌市人民法院（2020）浙 0782 刑初 651 号刑事判决书。
③ 山西省晋中市榆次区人民法院（2016）晋 0702 刑初字 59 号刑事判决书。

（三）帮助型金融犯罪手法不断翻新

当前金融违法犯罪行为手法不断翻新、犯罪链条不断拉长。一方面，专门为非法金融活动提供技术信息服务的非法平台作用凸显，以其"专业化"服务为金融违法犯罪推波助澜；另一方面，金融违法犯罪的帮助型、后续型犯罪突出，最为明显的是洗钱类犯罪。首先，非法平台成为联结、复制、扩散金融犯罪的重要节点；其次，洗钱案件多与非法集资相联系，利用虚拟币及第三方非法平台洗钱的现象，进一步加大了犯罪线索的侦查和追踪难度。① 利用虚拟货币跨境兑换，将犯罪所得及收益转换成境外法定货币或者财产，是洗钱犯罪的新手段，洗钱数额以兑换虚拟货币实际支付的资金数额计算。虽然我国监管机关明确禁止代币发行融资和兑换活动，但由于各个国家和地区对比特币等虚拟货币采取的监管政策存在差异，通过境外虚拟货币服务商、交易所，可实现虚拟货币与法定货币的自由兑换，虚拟货币被利用成为跨境清洗资金的新手段。如最高人民检察院、中国人民银行联合发布六个惩治洗钱犯罪典型案例之三：陈某枝洗钱案中，陈某波注册成立意某金融信息服务公司，未经国家有关部门批准，以公司名义向社会公开宣传定期固定收益理财产品，诈骗不特定公众资金，其妻陈某枝按照陈某波指示，将陈某波用非法集资款购买的车辆以90余万元的低价出售，随后在陈某波组建的微信群中联系比特币"矿工"，将卖车钱款全部转账给"矿工"换取比特币密钥，并将密钥发送给陈某波，供其在境外兑换使用。

（四）跨境跨区域型金融犯罪引发交叉风险

随着商品、资金、人员的跨境大量流动，特别是我国金融市场的逐步开放，跨国跨境金融犯罪案件逐渐增多，输入性、交叉性金融风险值得关注。近年来出现多起外国犯罪团伙在我国实施金融犯罪的案件，其中某些外国公司在未取得我国相应金融监管部门行政许可情况下，在我国寻找代理人，开展金融违法犯罪活动。如李某在 2014 年 10 月 8 日成立北京汇海公司，经营炒作外汇，该公司没有任何金融资质，也未经国家相关部门审批。该公司的主要经营项目是代理新西兰 FXWORD 公司的外汇平台，在中国发展客户。经营模式是招纳投资人到公司开户进行外汇买卖业务。后李某等人以代客炒外汇为由，通过与投资人签订《外汇交易软件服务协议书》等协议承诺返本付息方式，非

---

① 上海金融检察研究中心：《警惕非法金融借创新概念迷惑投资人》，载《检察日报》2020 年 8 月 12 日，第 3 版。

法吸收 40 余名投资人钱款共计折合人民币 1900 余万元。①

同时,外汇犯罪等涉外金融违法犯罪活动呈现出新的特点,涉及多罪名、综合性的逃汇手法出现,外汇市场风险与银行资金风险呈叠加态势。如在刘某放等人骗购外汇、非法经营、非国家工作人员受贿案中,刘某放以其公司的名义先后在中行福保支行和中行华丽支行开立银行账户并向上述支行申请取得了购买美元和港币的汇率优惠。之后,刘某放一方面联系需要向香港付汇的国内客户并在谈妥交易汇率后收取客户的人民币资金,一方面利用虚假的进口贸易资料向上述银行申请购买美元或港币并支付到其控制的中利泰有限公司等香港公司的账户,再转付到国内客户指定的香港账户上。经统计,刘某放于 2013 年 9 月至 2014 年 1 月通过上述银行骗购美元、港币等外汇计 603625981 美元。在上述骗购外汇过程中,杨东某作为银行工作人员,在明知刘某放为谋取非法利益而骗购并出售外汇的情况下,积极帮助刘某放在前述银行开立账户并申购外汇、申请获得购汇汇率优惠以至代为保管、填写、提交虚假的购汇资料和购汇申请书,并于 2013 年 10 月和 2014 年 2 月分 4 次分取刘某放转账支付的非法买卖外汇所得计人民币 19.44 万元。该案中,各被告人的行为不仅损害了外汇市场秩序,也侵害了金融廉洁秩序。

三、传统金融犯罪刑事风险治理体系评析

(一) 金融行政监管体系

金融行政监管是指金融管理机构对一切金融活动实施全面的、经常性的检查和督促,促使金融机构依法稳健地经营与发展,它是金融行政监管当局依法对金融机构及其经营活动实行领导、组织、协调和控制等一系列手段的总称,因此金融行政监管属于控制金融犯罪风险的第一道防线,在一定程度上能为金融业抵御一部分金融风险,保证金融业健康运转。我国金融行政监管体系经历了从总体监管到分业监管再到统一协调监管的过程(见下表),最终形成了"一行两会"的监管模式,在该监管模式下,我国金融领域逐步形成了由监管部门牵头、金融机构共同发力筑起防范金融风险的有效屏障。

---

① 北京市朝阳区人民法院 (2018) 京 0105 刑初 869 号刑事判决书。

我国金融行政监管体系的变革历程表

我国金融行政监管体系的变革历程	
时间	金融监管体制
1992 年之前	我国人民银行统一监管
1992—2003 年	"一行三会"分业监管
2003 年至党的十八大	监管体制创新的初始阶段
党的十八大之后	"一行两会"统一协调监管体制明显

但随着金融业务的混业范围扩大、创新金融业务不断新增以及监管职权失衡等问题的产生，限制了我国金融行政监管体系职能的发挥。在现阶段金融业务逐渐融合的模式下，一项金融业务会涉及多个行业，需要多方监管机构参与，虽然我国正在推进多个监管机构的联席会议，促进协调合作监管，但该种临时性的联合并不能实现监督的预想效果，在资料全面共享和有效实施监管程序方面还有待改进。同时，创新金融业务所带来的金融风险本就是传统分业金融行政监管的盲区，再加之其他行业技术的推动，加大了金融行政监管部门对现行金融风险的监测与预防难度。此外，既有模式下的金融行政监管内容不全面，各被监管主体并不能有效发挥其主观能动性来应对金融风险。从金融行政监管的流程和重点来看，金融行政监管强调了初始阶段，没有对各个金融机构进行后续的有效监督，包括金融市场的退出方面，而在金融行政监管中也仅强调金融机构整体，缺少对单个金融投资者权益的重视。

(二) 金融刑事立法体系

金融刑事立法是指刑法、单行刑事立法、附属刑事立法中所规范的，发生在金融交易、金融行政监管、金融调控中的金融犯罪、相关刑事责任及其处罚的法律规范的总和。① 目前，我国已初步形成由刑法与附属刑法相结合的惩治金融犯罪的立法模式②。实际上，在我国金融市场发展的不同时期，金融犯罪刑事立法的侧重点各不相同，这与时代背景及犯罪趋势紧密相关，如我国自 1997 年《刑法》颁布以来的 11 个修正案中就有 8 个修正案规定了金融犯罪的内容，而最新实施的《刑法修正案（十一）》中有关金融犯罪的规定，正是在金融领域不断变化的背景下产生的。立法者对于金融活动的规制理念不是一蹴

---

① 屈学武：《金融刑法学研究》，中国检察出版社 2004 年版，第 17 页。
② 刘宪权：《我国金融犯罪刑事立法的逻辑与规律》，载《政治与法律》2017 年第 4 期。

而就的，而是在新型金融活动出现和典型事件爆发的推动下，逐步完成对金融活动复杂、多变的认识。与此同时，对金融活动认识上的变化也导致立法者对金融犯罪及相关违法犯罪行为的社会危害性重新做出考量。① 《刑法修正案（十一）》中所涉及的8个金融犯罪及相关罪名中，对5个罪名的法定刑予以提高，这反映出刑事立法在现阶段对于金融犯罪仍持重刑打击的趋向。同时也表明了立法者意图通过扩大犯罪领域、增加犯罪行为方式、提高法定刑等途径实现对新型金融犯罪的刑法规制。

总体来看，我国立法机关是持循序渐进之态将刑法介入到金融领域犯罪中的，一方面其严格对照市场经济的刑法理念来制定犯罪评判标准，如在传统的计划经济转型之后，刑法必须做出修正以应对新形势②，另一方面在金融领域不断纵深发展的同时，金融犯罪的外延正在被不断缩小，从而将更多的不法行为纳入刑法规制的范围，如洗钱罪的上游犯罪在随着金融市场的不断变化而被扩大。总体来看，经过二十多年的发展，我国刑法对金融犯罪无论是在涉及的种类、罪名上，还是在罪状的描述以及法定刑的规定上，均较为全面和具体，体现了刑事立法罪名细致化、罪状和刑罚科学化的特点。③

但现阶段的金融刑事立法仍未织出紧密而有效的法网，在打击犯罪方面依旧存在诸多缺陷。首先是在理念层面，我国金融刑事立法遵循的是"事后主义"立法理念，即对犯罪活动重事后惩罚而轻事前预防。④ 在这一理念的指导下，我国金融刑法过于注重金融犯罪行为造成的结果，忽视了行为过程的危害性，忽视了金融犯罪综合预防机制的建设，从而导致其在防范和化解金融风险方面具有明显的滞后性。其次是在罪名设置方面，立法者对于金融创新所带来的新型刑事风险并没有给予足够重视，《刑法修正案（十一）》对金融犯罪刑法条文的修改中也无一内容与之相关，且我国现行金融犯罪及相关犯罪中的许多内容针对的是金融机构及其从业人员，如背信运用受托财产罪、利用未公开信息交易罪等，但这些内容是否可以辐射到私募基金管理领域存疑，⑤ 对于期货领域犯罪的调整完全依附于证券领域，忽视了期货领域犯罪的特点，造成了立法上的模糊地带。

---

① 刘宪权：《金融犯罪最新刑事立法评论》，载《法学》2021年第1期。
② 参见刘宪权、吴允锋：《改革开放的深入与刑法新理念的建立》，载《上海市社会科学界第六届学术年会论文集》，上海人民出版社2008年版，第269~272页。
③ 参见刘宪权：《我国金融犯罪刑事立法的逻辑与规律》，载《政治与法律》2017年第4期。
④ 刘远、赵玮：《金融刑法立法理念的宏观分析》，载《河北法学》2006年第3期。
⑤ 参见刘宪权：《金融犯罪最新刑事立法评论》，载《法学》2021年第1期。

(三) 金融刑事司法体系

金融刑事司法是指司法机关应对金融犯罪的具体措施。在实务中，司法机关打击金融犯罪的措施主要有三种：一是成立专门的金融司法部门，发挥专业性人才集聚作用，严格按照刑事法律规定履行其侦查、起诉、审判、刑罚执行等刑事司法职能，有效打击金融犯罪。二是严格遵照金融犯罪刑事司法政策，现阶段我国的金融犯罪刑事司法贯彻落实宽严相济刑事政策，即一方面要严厉打击社会危害性严重的金融犯罪行为，对不同类型、不同危害程度的犯罪行为处以相应的刑罚，预防和减少金融犯罪行为的发生，另一方面在打击金融犯罪过程中，要仔细甄别罪与非罪，切实做到不枉不纵。三是司法机关与金融行政监管紧密联系，不断探寻衔接合作、协调一致的路径，也十分重视制度衔接和行动配合。例如，2012年全国公安系统发起严厉打击经济犯罪的"破案会战"，证监会、银监会等金融行政监管部门也加大了对市场违法违规行为查处，处理历年积案，移交案件线索到司法程序。可见，我国金融犯罪刑事司法已形成了依照金融刑事立法与司法政策、有效利用司法办案人员以及与第三方监管部门联动的治理金融犯罪模式。

但在实践中，仍然存在着诸多操作难题与痛点。首先，人员配置方面，许多处理金融犯罪的司法人员其本身并没有金融领域的专业知识，故在面对日渐新颖的犯罪手法时，无法做出有效的刑法定性，可能会导致同案不同判或者案件进度缓慢从而影响追赃等后果。其次，刑事司法政策存在一定主观性和局限性。我国的金融刑事司法政策是依据立法所提供的框架和方向来调整司法，同时借助司法解释、类案或个案处理等方式，其发挥着协调立法与司法之间矛盾与错位的作用，这种协调固然有其合理性和正当性，但是，由于金融市场以及相关金融犯罪的复杂性，政策所呈现出的价值判断有时会存在争议。司法政策也有其自身认识的局限性和行动中的主观性，当司法者依托政策价值选择发挥自由裁量权，其局限性、主观性难以得到审慎评估之时，反而会有曲解法律的风险，影响制度适用的效果。[1] 最后，金融刑法和金融行政监管制度以及二者的衔接机制目前并不完善，导致二者现实中协调合作的弹性空间过大。有时对于某些专业性强的金融犯罪，司法机关在认定行为时，往往需要考虑金融行政监管部门的意见，导致金融行政监管意见将直接影响司法效果。但刑法具有其独立判断的价值，即使相关前置法缺失，也可通过刑罚直接打击部分金融违法行为。故在司法机关与监管部门衔接不当时，不但无法满足罪刑法定原则所要

---

[1] 安曦萌：《金融犯罪刑事司法政策评述》，载《犯罪研究》2020年第2期。

求的明确性，也未能给予金融市场以明确的行为指导。

四、金融犯罪治理体系之完善

（一）加强金融行政监管的预防作用

金融行政监管作为预防金融刑事风险的第一道防线，具有其独特的意义。为了更好地扎紧金融风险转化为金融犯罪的藩篱，必须从监管模式、监管依据以及监管实施三方面对现有的金融行政监管体系进行改革，解决其实际应用中的困境。

1. 构建统一的监管模式

监管模式的改革，是为了更好地规避和防范金融风险，须首先考虑监管部门内部能否形成统一的信息网络，故本文认为可实施统一的监管模式，这既符合当下的监管趋向，也有利于与现行金融业务相匹配，发挥其优势。一方面，在统一的监管模式下，各监管部门之间可以搭建数据信息共享平台，从而打破信息壁垒，增加各类信息的交流联合，更好地规避信息漏洞，增强各监管部门对风险尤其是交叉风险的应对能力。另一方面，监管模式的统一化，也有利于被监管下的各金融机构有统一的执行标准与对接主体，提高了工作效率，将更多的资源用于监测实操中的潜在风险。

2. 健全明晰的监管法规

金融行政监管体系的完善，与金融行政监管法律法规须臾相关，后者包括对监管职责、监管范围的明确规定。首先，要对监管对象进行明确界定，确定金融机构和金融企业的类别，规定经营的业务种类，尤其是对跨行业的业务及创新型业务，制定明确的准入、退出规则以及监管原则，并严格按照法律原则进行监管。其次，法律法规应当明确监管主体，以完善的法律法规形式明确金融行政监管机构的职责，以法律法规的形式对中央或地方的监管范围、监管权力进行划分。

3. 强化科学的监管框架

金融行政监管部门在监管体系中处于"领头雁""监督者"的地位，其仅为金融行政监管各项规章制度的制定者或要求者，真正将监管义务落实到地的是各金融机构，因此在金融行政监管的具体实施环节，必须激发各金融机构合规的主动性与内生动力，强化审慎合规经营理念，构建上下联动的监管体系，保证金融业信息化核心技术安全可控，维护金融基础设施安全。各金融公司内部需不断增强对金融业务精细化管理水平，完善产品设计，减少流程漏洞，加强金融从业人员法律服务与犯罪预防工作。同时监管部门可借助金融行业自律组织、审计部门等机构的专业力量加强监管，行业协会和工会相比政府的授权监管具有信息优势,能够收集更广泛的市场信息;而通过金融审计规范化的理论和流程,监管部门可进行金融业务的审查,审计部门则可以利用金融行政监管的权利优势,进行处罚和管理,据此可形成较为全面的金融行政监管框架,从而加强对金融市场和创新型金融业务的有效监管。

(二) 提升金融刑事立法的惩治效能

金融刑事立法仍然是打击金融犯罪最重要的途径,我国刑法中的罪刑法定原则明确要求"法律明文规定为犯罪行为的,按照法律规定定罪处刑;法律没有明文规定为犯罪行为的,不得定罪处刑",故刑事立法是惩治某一犯罪的基础。在现有的金融刑事立法体系中,虽已有了较为科学的惩治体系,但仍存在不足,需不断对立法理念、刑事法网进行更新,以提升其惩治金融犯罪的效果。

1. 转变刑事立法理念

金融犯罪刑事立法理念是决定金融刑事立法制度及立法模式的基础性因素,只有具备科学的立法理念才能构建出符合市场发展规律、符合现代金融风险管理内在要求、符合金融犯罪防控目标的金融刑事立法体系。[1] 转变立法理念并非转变刑法保障法的基本属性,而是在现行时代背景下,变革刑法立法的滞后性。本文认为,变革立法理念,需树立创新理念。在立法上,创新理念主要表现为金融犯罪刑事立法对于犯罪圈的设定,这就要求立法者加强金融创新知识的学习,准确识别现行金融发展形势下可能带来的各种风险,并考虑将某些金融违法行为适度犯罪化。如前文所述,新型金融风险已然出现在金融领域中,与之对应的金融犯罪已经对金融秩序和公众利益造成了损害,其应成为将来刑事打击的重点对象。故通过创新理念更新金融刑事立法并不为过,且确有必要。

2. 严密金融刑事法网

严密我国金融刑事法网需从各个层面着手,一方面是严密整体金融刑事法网,另一方面则是严密个罪刑事法网。金融刑事法网的整体性指金融领域的调控范围,提升整体严密性需要金融刑法的触角向更为广阔的金融领域延伸,有必要将基金领域及基金从业人员的犯罪行为纳入金融刑事立法的规制中,弥补法律上的空白。而金融个罪刑事法网是针对具体罪名的更新,可在传统罪名中增加运用金融创新手段实施犯罪的行为方式,同时可扩大传统金融犯罪刑法保

---

[1] 袁林、吕垚瑶、吕昭义:《金融防范视野下我国金融刑法创新研究》,载《西南政法大学学报》2013年第3期。

护的对象，刑法有必要适时地将涉金融科技、金融创新的市场、平台如比特币交易平台等纳入金融犯罪体系刑法保护的对象范围之中。

（三）发挥金融刑事司法的威慑功能

1. 保持刑事司法政策的独立性

刑事司法在广义上而言，也属于金融监管的一部分，但是作为狭义上的具有行政监管意义的金融行政监管与金融刑事司法相比，其能力表现和价值选择并不一致，因此刑事司法政策应当在执行宽严相济的政策时，秉承独立判断的原则。在金融行政监管中，效率属于监管政策的重要价值目标，金融行政监管需要及时、迅速地对市场上的问题做出反应，但这并非刑法所负有的主要责任，同时也超出了刑法的能力范围。即使刑事司法政策具有政策灵活性特点，承担着融合刑法滞后与多变现实的责任，但其仍需在罪刑法定原则下实现，因此司法政策在决定政策内容时，并不适合完全复制监管政策的价值选择。刑事司法政策在贯彻宽严相济刑事政策的要求时，应以刑事法律自身的既定内容和价值取向为基准，结合金融市场的实际情况，做出相对独立的"宽"与"严"的判断。

2. 坚持刑事司法的及时性

传统刑法理论认为，刑法仅是将社会危害性最为严重的一部分违法行为升级为犯罪，是"社会防卫的最后一道防线"，能够运用民事、行政法律手段调整的社会关系，不应当由刑法规制。刑法的谦抑与克制，属于刑法的内在特点，是刑事立法的内在要求；而对于已经发生的金融犯罪行为，必须及时启动刑法，充分发挥刑事司法的威慑力，是属于对刑事司法的内在要求。不能盲目将谦抑与及时对立起来，二者是有机统一的，都是在罪刑法定基本原则的统领之下。故在实践中，在决定刑法是否介入具体金融犯罪行为时，司法机关要严格把握金融犯罪与金融一般违法违规之间的界限，防止出现金融犯罪的泛化倾向。同时，对于明显触犯刑事法律的金融犯罪行为，要及时予以查处，是否构成犯罪、构成何种犯罪，应当严格依据刑法总则的原则规定与刑法分则罪名的具体犯罪构成认定。①

3. 确保被害人利益恢复工作的有效性

在金融犯罪中，被害人的诉求往往是经济赔偿。近年来，随着涉众型金融犯罪数量的增多，涉金融犯罪被害人人数众多，被害人的利益恢复工作逐渐成

---

① 曹坚：《金融刑事司法须坚持及时性与谦抑性相济》，载《检察日报》2016年8月29日，第3版。

为处理该类犯罪的重要内容。如在最高人民法院、最高人民检察院、公安部《关于办理非法集资刑事案件若干问题的意见》中，对集资参与人的权利保障问题进行了专条规定，要求人民法院、人民检察院、公安机关应当通过及时公布案件进展、涉案资产处置情况等方式，依法保障集资参与人的合法权利。①在国务院颁布的《防范和处置非法集资条例》中也规定了要优先保护集资参与人对集资款的分配利益。②故在司法实践中，赃款赃物的追缴与处理工作是否及时，关系到被害人的利益能否有效恢复，属于金融犯罪司法工作中的重点与难点。本文认为，要确保被害人利益恢复工作的有效性，一方面需要各司法机关之间通力合作，不断加强与银行、证券公司等金融机构的沟通协调，充分利用金融机构的反洗钱功能和机制，掌握可疑款项的流动信息，为赃款赃物的追缴工作打下基础。另一方面，司法机关也要多途径采取有效措施鼓励犯罪分子及其亲属积极退赃或者赔偿，可通过司法解释对已经退赃退赔和预期能积极退赃退赔的犯罪分子从宽处理，同时可尝试在各个诉讼阶段分别建立相应的退赔宽宥制度，鼓励犯罪分子及其亲属积极退赃，尽力赔偿被害人的经济损失。

---

① 最高人民法院、最高人民检察院、公安部《关于办理非法集资刑事案件若干问题的意见》第9条（关于涉案财物追缴处置问题）第3款规定："人民法院对涉案财物依法作出判决后，有关地方和部门应当在处置非法集资职能部门统筹协调下，切实履行协作义务，综合运用多种手段，做好涉案财物清运、财产变现、资金归集、资金清退等工作，确保最大限度减少实际损失。"第4款规定："根据有关规定，查封、扣押、冻结的涉案财物，一般应在诉讼终结后返还集资参与人。涉案财物不足全部返还的，按照集资参与人的集资额比例返还。退赔集资参与人的损失一般优先于其他民事债务以及罚金、没收财产的执行。"第10条（关于集资参与人权利保障问题）第2款规定："人民法院、人民检察院、公安机关应当通过及时公布案件进展、涉案资产处置情况等方式，依法保障集资参与人的合法权利。集资参与人可以推选代表人向人民法院提出相关意见和建议；推选不出代表人的，人民法院可以指定代表人。人民法院可以视案件情况决定集资参与人代表人参加或者旁听庭审，对集资参与人提起附带民事诉讼等请求不予受理。"

② 《防范和处置非法集资条例》第32条规定："非法集资人、非法集资协助人不能同时履行所承担的清退集资资金和缴纳罚款义务时，先清退集资资金。"

检察监督下的互联网金融犯罪风险防范研究

刘 涛*

当前，互联网金融深刻地影响着社会公众的日常生活，一方面带给我们巨大的便利，另一方面也潜藏着未知的金融风险。从法律适用方面来看，如何通过打击互联网金融犯罪进而有效防范和化解互联网金融风险，为经济社会发展提供有力司法保障是时代赋予检察机关的重要使命。当前正处于国家监察体制改革、司法体制改革和金融体制改革的历史交汇期，在检察权和检察职能发生深刻变化和重大调整的情况下，从检察监督的视角关注互联网金融犯罪风险的防控和治理具有重大的现实意义。

一、互联网金融犯罪风险概述

（一）互联网金融

互联网金融是"互联网"+"金融"的简称，是互联网行业与金融业融合发展的产物，是互联网深度广泛应用，促进金融行业网络化、智能化、服务化的产业发展新形态，是"传统金融机构与互联网企业（从业机构）利用互联网技术和信息通信技术实现资金融通、支付、投资和信息中介服务的新型金融业务模式"①。互联网金融主要包括互联网支付、网络借贷、股权众筹融资、互联网基金销售、互联网保险、互联网信托和互联网消费金融等种类。

（二）互联网金融犯罪风险

本文中，互联网金融犯罪风险是指发生在互联网金融领域违法犯罪行为的

---

* 刘涛，全国检察机关调研骨干人才，海南省三亚市人民检察院检察官助理，法学硕士。

① 中国人民银行、工业和信息化部、公安部、财政部、工商总局、法制办、银监会、证监会、保监会、国家互联网信息办公室《关于促进互联网金融健康发展的指导意见》，2015年7月14日发布。

可能性的总称。互联网金融本质仍属于金融范畴，互联网金融没有改变金融风险隐蔽性、传染性、广泛性和突发性的特点①，甚至还可能因互联网的作用而被放大。例如，当前海南省互联网金融领域违法犯罪主要集中在利用互联网实施的非法经营、诈骗、信用卡诈骗等罪名，与普通金融犯罪相比，其作案手段更为隐蔽，危害性更大。

二、互联网金融犯罪风险的主要成因

（一）互联网金融立法不完善

目前，我国在法律层面还没有关于互联网金融的专门立法。以电商为代表的互联网金融企业利用互联网技术提供的金融服务，主要依靠部门规章进行调整，例如中国人民银行、工业和信息化部、公安部、财政部、工商总局、法制办、银监会、证监会、保监会、国家互联网信息办公室《关于促进互联网金融健康发展的指导意见》等。由于是新生事物，我国互联网金融，特别是以电商为代表的非金融机构提供的互联网金融服务，在诸多领域还没有相应的法律予以规范和调整。立法滞后、立法空白以及现有立法在前瞻性上的欠缺和立法技术上的漏洞，都为互联网金融犯罪提供了可乘之机。

（二）有效互联网金融监管缺失

当前我国对于互联网金融的监管具有如下特点：

1. "多龙治水"，监管权力分散

根据《关于促进互联网金融健康发展的指导意见》之规定，工商行政管理部门负责为互联网企业依法办理工商注册登记，电信主管部门对互联网金融业务涉及的电信业务进行监管（开设网站从事互联网金融业务，应依法向电信主管部门履行网站备案手续），国家互联网信息管理部门负责对金融信息服务、互联网信息内容等业务进行监管，人民银行负责监管互联网支付业务，银监会负责监管网络借贷业务、互联网信托业务、互联网消费金融业务，证监会负责监管股权众筹融资业务、互联网基金销售业务，保监会负责监管互联网保险业务。国家互联网信息办公室负责对金融信息服务、互联网信息内容等业务进行监管，人民银行牵头负责对从业机构履行反洗钱义务进行监管，公安部牵

---

① 参见中国人民银行、工业和信息化部、公安部、财政部、工商总局、法制办、银监会、证监会、保监会、国家互联网信息办公室《关于促进互联网金融健康发展的指导意见》，2015 年 7 月 14 日发布。

头负责打击互联网金融犯罪工作,财政部负责互联网金融从业机构财务监管政策①。总之,我国互联网金融监管部门林立,监管权力极其分散。

2. 信息沟通不畅,监管效率较低

由于多头执法等原因,互联网金融各监管部门之间存在执法不严、违法不究、推诿扯皮或者超越职权、权力滥用等问题,致使互联网金融监管效率低下,进而导致互联网金融领域违法乱象得不到有效治理,增加了互联网金融用户遭受损失的可能性。虽然《关于促进互联网金融健康发展的指导意见》提出了"人民银行会同有关部门,负责建立和完善互联网金融数据统计监测体系,相关部门按照监管职责分工负责相关互联网金融数据统计和监测工作,并实现统计数据和信息共享"②的倡议,但迄今我国还没有建立互联网金融统计数据和信息共享应用平台,各监管部门之间还处于"各自为政"的状态。不可否认,有效监管的缺失是造成互联网金融犯罪高风险的重要原因之一,各监管部门在互联网金融监管上的协作还应进一步加强。

(三) 非法利益的驱动

互联网金融犯罪风险最终都会直接或间接地指向经济利益,可以说,非法经济利益是互联网金融风险的根源。国家计算机病毒应急处理中心 2016 年 6 月发布的《第十五次全国信息网络安全状况暨计算机和移动终端病毒疫情调查分析报告》指出:"网络欺诈告别了以往单纯依靠病毒的局面,更多的与数据泄露的信息相结合,将大数据统计分析得出的数据用于网络诈骗,使诈骗定位更准确,得手几率大大提高。钓鱼、欺诈的最终落脚点几乎都直指经济利益,绝大多数上当受骗的用户都蒙受了不同程度的经济损失"③。

近年来,为了获取巨额非法经济利益,互联网金融领域非法集资诈骗、贷款诈骗、保险诈骗、非法吸收公众存款、非法经营、传销、洗钱等侵财型违法犯罪现象屡禁不止,这是目前我国互联网金融面临的最大风险。从法院审理案件的情况看,互联网金融犯罪主要呈现出如下特点:"数量在逐年增加;涉案

---

① 参见中国人民银行、工业和信息化部、公安部、财政部、工商总局、法制办、银监会、证监会、保监会、国家互联网信息办公室《关于促进互联网金融健康发展的指导意见》,2015 年 7 月 14 日发布。

② 中国人民银行、工业和信息化部、公安部、财政部、工商总局、法制办、银监会、证监会、保监会、国家互联网信息办公室《关于促进互联网金融健康发展的指导意见》,2015 年 7 月 14 日发布。

③ 国家计算机病毒应急处理中心《第十五次全国信息网络安全状况暨计算机和移动终端病毒疫情调查分析报告》,2016 年 6 月发布。

金额越来越大；金融机构工作人员作案和内外勾结共同作案的现象突出；单位犯罪和跨国（境）、跨区域作案增多；犯罪手段趋向专业化、智能化，新类型犯罪不断出现；犯罪分子作案后大肆挥霍、转移赃款或携款外逃的情况时有发生，危害后果越来越严重。金融犯罪严重破坏社会主义市场经济秩序，扰乱金融管理秩序，危害国家信用制度，侵害公私财产权益，造成国家金融资产大量流失，有的地方还由此引发了局部性的金融风波和群体性事件，直接影响了社会稳定"①。

（四）互联网金融用户自身风险防范意识不强

广大互联网金融用户是互联网金融犯罪风险的最大受害者，其自我防范意识是阻止互联网金融犯罪风险的最后一道屏障。但在现实生活中，互联网金融用户却往往是防范最为薄弱的环节，例如，"为了便于记忆，很多用户在注册多个网站、社交平台的账号时，使用相同的用户名和密码，一旦某一平台的用户数据信息被泄露，也会导致用户的其他网站、社交平台的用户数据信息存在被'撞库'的风险。越来越多的安全事件辅以社会工程学，在事件的整个过程中，用户往往是其中最薄弱的环节，即使再强大的技术也难以阻止事件的发生"②。

三、立足检察职能，加强互联网金融犯罪风险防控和治理

《国民经济和社会发展第十三个五年规划纲要》提出，要"规范发展互联网金融"。习近平在党的十九大报告中指出：要"健全金融监管体系，守住不发生系统性金融风险的底线"③。海南省原省长沈晓明在海南省第六届人民代表大会第一次会议上所作的《政府工作报告》中指出：要"打好防范化解重大风险攻坚战。防范金融风险，加强对非法集资、地方金融机构公司治理和新金融业态不规范经营等风险隐患的防控，强化金融监管问责，促进形成金融和实体经济、金融和房地产、金融体系内部的良性循环"④，这为海南省检察机

---

① 最高人民法院《关于印发〈全国法院审理金融犯罪案件工作座谈会纪要〉的通知》，（法〔2001〕8号）。

② 国家计算机病毒应急处理中心《第十五次全国信息网络安全状况暨计算机和移动终端病毒疫情调查分析报告》，2016年6月发布。

③ 习近平：《决胜全面建成小康社会 夺取新时代中国特色社会主义伟大胜利——在中国共产党第十九次全国代表大会上的报告》，人民出版社2017年版，第34页。

④ 沈晓明：《2018年海南省政府工作报告——二零一八年一月二十六日在海南省第六届人民代表大会第一次会议上》。

关加强互联网金融犯罪风险防控和治理指明了前进的方向。互联网金融犯罪风险防控和治理是一项系统工程,离不开检察机关、监察机关、公安机关、审判机关、金融监管机构、互联网金融企业和社会公众的协作与配合。在国家监察体制改革、司法体制改革和金融体制改革的历史交汇期,检察机关如何顺应新形势,如何在打击互联网金融违法犯罪过程中进一步调整检察职能、重构权力格局、优化司法资源,正确处理好与监察机关、公安机关、审判机关和互联网金融监管部门之间的关系,具有十分重要的现实意义。

(一)善用检察建议,弥补互联网金融管理制度漏洞和互联网金融立法空白

针对我国互联网金融立法尚不完善的现状,检察机关应立足检察监督职能,结合办理的互联网金融领域职务犯罪案件及其他刑事案件,针对发案单位管理不完善、制度不健全、不落实,存在犯罪隐患以及互联网金融监管部门需要加强或改进管理监督工作等情形适时适用检察建议,促使相关互联网金融监管机构和涉案单位整章建制、堵塞制度和管理漏洞,进而弥补法律空白,也为互联网金融立法的完善提供参考。检察建议应具有针对性和可操作性,针对的主要情形包括:其一,已经发生互联网金融领域犯罪,需要在制度、机制和管理方面改进完善,防止犯罪重发、继发的,可以向发案单位及其上级主管部门提出检察建议;其二,已经发生互联网金融领域违法行为,可能引发犯罪,应予制止、纠正的,可向违法单位及其上级主管部门提出检察建议;其三,存在引发犯罪隐患,需要防范、消除犯罪风险的,可向该单位提出检察建议;其四,犯罪具有行业、区域性特点,需要有关部门进行综合防治的,可向互联网金融监管机构等涉案单位提出检察建议。此外,在提出检察建议时,应当同时抄送其上级领导机关和主管部门,加强对检察建议落实情况的检查和回访。发案单位应对检察建议提出的要求认真整改落实,并将落实情况及时回复检察机关,其上级机构应对检察建议的落实加强督促指导。凡对因提出的检察建议未及时落实而导致严重后果的,应当严肃追究有关单位领导的相关责任。另外,最高人民检察院还可以通过制定司法解释和发布互联网金融领域指导案例的形式,来弥补互联网金融管理制度漏洞和互联网金融立法空白。

(二)加强检察监督,有效打击互联网金融领域职务犯罪

本文中的职务犯罪是指根据我国有关法律之规定,由监察委员会直接立案侦查的公职人员利用职务之便实施的涉嫌贪污贿赂、滥用职权、玩忽职守、权力寻租、利益输送、徇私舞弊以及浪费国家资财等犯罪行为的总称。由于多头执法、监管效率低下等原因,我国当前互联网金融监管部门极易发生贪污贿赂

和失职渎职等职务犯罪。"加强互联网金融监管,是促进互联网金融健康发展的内在要求"①。检察机关首先应熟悉互联网金融行业各监管部门的职责及其规范操作流程,加强对监察委员会查办互联网金融监管环节职务犯罪的监督力度,促使互联网金融监管部门及其工作人员依法、规范行使监管职权。新时期,检察机关应进一步加大互联网金融监管环节职务犯罪线索发现力度,及时向监察委员会移交相关线索并督促其及时立案侦查,保持打击互联网金融领域职务犯罪高压态势。通过有效打击互联网金融领域职务犯罪,净化互联网金融监管环境,促使监管部门加大对互联网金融的监管力度,切实增强互联网金融风险防范能力,全力服务和保障国家金融体制改革。

1. 加强对渎职型互联网金融职务犯罪调查行为监督

(1) 监察委员会对于互联网金融监管机构工作人员徇私枉法、纵容包庇、渎职失职构成犯罪的,应坚决依法查处。例如对于在协助监察机关和司法机关查控工作中通风报信、拖延推诿、协助隐匿转移财产以及涉及违规办卡的银行业金融机构和从业人员,要对责任机构和责任人予以严厉惩处。

(2) 贯彻宽严相济刑事政策,兼顾适度宽松的互联网金融监管政策。"互联网金融是新生事物和新兴业态,要制定适度宽松的监管政策,为互联网金融创新留有余地和空间。通过鼓励创新和加强监管相互支撑,促进互联网金融健康发展,更好地服务实体经济"②。监察委员会在查办互联网金融领域职务犯罪过程中,应坚持罪刑法定原则、刑法谦抑性原则和宽严相济的刑事政策,具体情况具体分析,"对于锐意创新探索,但出现决策失误、偏差,造成一定损失的行为,要区分情况慎重对待。没有徇私舞弊、中饱私囊,或者没有造成严重后果的,不作为犯罪处理。在科研项目实施中突破现有制度,但有利于实现创新预期成果的,应当予以宽容。在创新过程中发生轻微犯罪、过失犯罪但完成重大科研创新任务的,应当依法从宽处理。对于科技创新中发生的共同犯罪案件,重点追究主犯的刑事责任,对于从犯和犯罪情节较轻的,依法从宽处理。要区分风险投资、创业等造成的正常亏损与失职渎职的界限"③。

---

① 中国人民银行、工业和信息化部、公安部、财政部、工商总局、法制办、银监会、证监会、保监会、国家互联网信息办公室《关于促进互联网金融健康发展的指导意见》,2015年7月14日发布。

② 中国人民银行、工业和信息化部、公安部、财政部、工商总局、法制办、银监会、证监会、保监会、国家互联网信息办公室《关于促进互联网金融健康发展的指导意见》,2015年7月14日发布。

③ 最高人民检察院《关于充分发挥检察职能依法保障和促进科技创新的意见》,2016年7月7日发布。

2. 加强对贪污贿赂型互联网金融职务犯罪调查行为的监督

(1) 应严厉打击互联网金融监管机构及其工作人员的贪污贿赂行为,督促互联网金融机构加强内部管控,遏制违规经营和违法犯罪,有效防范金融风险。重点打击互联网金融机构工作人员因收受贿赂而实施的下列行为:"向查询、冻结单位、个人或者第三方通风报信,伪造、隐匿、毁灭相关证据材料,帮助隐匿或者转移财产;擅自转移或解冻已冻结的存款;故意推诿、拖延,造成应被冻结的财产被转移的"①;银行员工为揽存款、赚手续费充当地下钱庄资金掮客,为地下钱庄等非法组织提供经营场所或提供现金保管,利用职务之便参与洗钱的行为②。

(2) 注意区分银行业金融机构董事(理事)、高级管理人员和互联网金融专业技术人员的罪与非罪问题。互联网金融既需要市场驱动鼓励创新,也需要政策助力促进发展。因此在查办此类犯罪时应注意把握和区分罪与非罪的界限,"对于身兼行政职务的科研人员特别是学术带头人,要区分其科研人员与公务人员的身份,特别是要区分科技创新活动与公务管理,正确把握科研人员以自身专业知识提供咨询等合法兼职获利的行为,与利用审批、管理等行政权力索贿受贿的界限;要区分科研人员合法的股权分红、知识产权收益、科技成果转化收益分配与贪污、受贿之间的界限"③,同理,"对于以科技创新为名骗取、套取、挥霍国家科研项目投资,严重危害创新发展的犯罪,应当依法打击。要区分科技创新探索失败、合理损耗与骗取科研立项、虚增科研经费投入的界限;要区分突破现有规章制度,按照科技创新需求使用科研经费与贪污、挪用、私分科研经费的界限"④。

---

① 参见中国银监会、最高人民检察院、公安部、国家安全部《关于印发银行业金融机构协助人民检察院公安机关国家安全机关查询冻结工作规定的通知》(银监发〔2014〕53号)。

② 中国银监会办公厅《关于防范银行业金融机构员工参与地下钱庄非法活动的通知》(银监办发〔2012〕304号)。

③ 最高人民检察院《关于充分发挥检察职能依法保障和促进科技创新的意见》,2016年7月7日发布。

④ 最高人民检察院《关于充分发挥检察职能依法保障和促进科技创新的意见》,2016年7月7日发布。

3. 加强对办案方式和方法的监督

(1) 加强对技术侦查措施的监督,用信息数据引导侦查。大数据时代[1],由于互联网金融的虚拟性、互联网金融犯罪的高智能性,电子证据日益普遍,传统的侦查方式已经难以应对互联网金融职务犯罪,加强技术侦查措施的运用,特别应加强 IT 技术在职务犯罪侦查中的应用,促进"互联网+职务犯罪侦查"的融合发展已经成为互联网金融领域职务犯罪侦查的主要发展方向。因此,有必要进一步完善侦查基础信息数据库,建立职务犯罪侦查和预防信息综合应用平台,推动大数据在互联网金融职务犯罪侦查中的深度应用。检察机关应加强对采取技术侦查措施的监督,切实防止技术侦查措施的滥用,确保既能顺利查办互联网金融领域职务犯罪,防控互联网金融犯罪风险,又能保护互联网金融企业和广大互联网金融客户的隐私和合法权益。

(2) 监督办案时机和办案方式的选择,防止影响互联网金融科技创新。"对于正在承担重大科研项目攻关、重大科技发展规划制定、重大涉外项目实施等职责的涉案科研人员,在做好相关保密和防逃工作的同时,可以根据具体情况确定办案时机。对于重点科研单位、重大科研项目关键岗位的涉案科研人员,尽量不使用拘留、逮捕等强制措施;必须采取拘留、逮捕等措施的,应当及时通报有关部门做好科研攻关的衔接工作,确有必要的,可以在不影响诉讼正常进行的前提下,为其指导科研攻关提供一定条件"[2],检察机关应加强对侦查行为的引导,保护和推动互联网金融科技创新。

(三) 有效打击新型互联网金融犯罪,整顿互联网金融秩序

此处的"互联网金融犯罪",是指由我国公安机关直接立案侦查,检察机关在立案监督、侦查监督、批准逮捕、移送审查起诉等环节参与的刑事案件,不包括互联网金融领域职务犯罪。以互联网金融诈骗为代表的互联网金融犯罪区域跨度大、涉及面广、技术性强,近来更呈现出犯罪手段多变、专业化、集团化的特征。面对当前日益严重的互联网金融犯罪,检察机关应注意把握以下几个方面:

第一,在立案监督环节,应从严掌握立案标准,注重依法解决"执法不严"和"违法不究"的问题,防止有案不立、立而不侦、久侦不决和以罚代

---

[1] 《中华人民共和国国民经济和社会发展第十三个五年 (2016—2020 年) 规划纲要》指出:"加强和创新社会治理,实施国家大数据战略,加快多领域互联网融合发展,组织实施'互联网+'重大工程,培育'互联网+'生态体系"。

[2] 最高人民检察院《关于充分发挥检察职能依法保障和促进科技创新的意见》,2016年7月7日发布。

刑的问题。由于互联网金融犯罪案件政策性、专业性较强，检察人员首先应加强对互联网金融专业知识的学习，加强与公安机关、行政职能部门的沟通、配合，注意听取互联网金融主管、监管部门以及科技专家、法学专家等的意见共同研究解决办案中的问题，形成打击合力。依法治理互联网金融违法违规行为，发现存在非法集资嫌疑以及其他互联网金融犯罪线索的，应及时与相关职能部门沟通并移送案件线索。着重打击互联网企业通过网络平台以不特定多数人为集资对象、以高利率为诱饵，变相吸收公众存款、非法集资等扰乱正常互联网金融秩序行为。综合运用多种手段加强集资款的清收追讨，依法及时保护债权人合法权益。

第二，在侦查监督环节，应适时介入侦查，引导公安机关依法全面客观收集固定证据。确保公安机关对互联网金融犯罪的上下游犯罪追根溯源，着力打击链条式、产业化的互联网金融犯罪。

一是对于重大、疑难、复杂的涉互联网金融犯罪案件，检察机关公诉部门"要依法提前介入侦查，围绕指控犯罪的需要积极引导公安机关全面收集固定证据，必要时与公安机关会商，提出完善侦查思路、侦查提纲的意见建议。加强对侦查取证合法性的监督，对应当依法排除的非法证据坚决予以排除，对应当补正或作出合理解释的及时提出意见。"①

二是严格按照我国《刑法》，最高人民法院、最高人民检察院《关于办理诈骗刑事案件具体应用法律若干问题的解释》，最高人民法院、最高人民检察院、公安部《关于办理网络犯罪案件适用刑事诉讼程序若干问题的意见》等法律法规，对案件的定罪标准、侦查取证、事实认定、案件定性等问题加强协商，统一法律适用标准，切实把好事实、证据关及法律适用关，确保办案质量。确保在坚持依法办案的前提下，对互联网新型犯罪的犯罪嫌疑人依法从快批捕、从快起诉。

三是注重对电子证据的收集、提取和审查。"探索利用大数据分析等技术手段，提高互联网条件下电子证据的收集、固定和综合运用能力"② "收集、提取电子数据，应当由二名以上具备相关专业知识的侦查人员进行。取证设备和过程应当符合相关技术标准，并保证所收集、提取的电子数据的完整性、客观性。能够获取原始存储介质的，应当封存原始存储介质。无法获取原始存储

---

① 最高人民检察院《关于办理涉互联网金融犯罪案件有关问题座谈会纪要》（高检诉〔2017〕14 号），2017 年 6 月 2 日发布。

② 最高人民检察院《关于充分发挥检察职能依法保障和促进科技创新的意见》，2016 年 7 月 7 日发布。

介质的，可以提取电子数据。通过数据恢复、破解等方式获取被删除、隐藏或者加密的电子数据的，应当对恢复、破解过程和方法作出说明。对侵入、非法控制计算机信息系统的程序、工具以及计算机病毒等无法直接展示的电子数据，应当附有电子数据属性、功能等情况的说明。采取技术侦查措施收集的材料作为证据使用的，应当随案移送批准采取技术侦查措施的法律文书和所收集的证据材料"①。

第三，在强制措施适用环节，加强对拘传、取保候审、监视居住、拘留等强制措施适用的监督。对于符合逮捕条件的及时批捕，防止互联网金融风险的进一步扩散。同时，加强对搜查、查封、扣押、冻结款物等强制性侦查措施适用的监督，严格按照《银行业金融机构协助人民检察院公安机关国家安全机关查询冻结工作规定的通知》② 开展相关工作。在审查批捕、审查起诉中发现遗漏犯罪嫌疑人或漏罪的，依法追捕、追诉，防止打击不力。

第四，在移送审查起诉和抗诉环节，注重研究互联网金融犯罪的定性、法律适用等难点问题。

一是加强与法院的沟通，统一证据标准，形成打击合力。目前，公检法在网络犯罪证据认定方面已经达成部分共识，"对针对或者组织、教唆、帮助不特定多数人实施的网络犯罪案件，确因客观条件限制无法逐一收集相关言词证据的，可以根据记录被害人数、被侵害的计算机信息系统数量、涉案资金数额等犯罪事实的电子数据、书证等证据材料，在慎重审查被告人及其辩护人所提辩解、辩护意见的基础上，综合全案证据材料，对相关犯罪事实作出认定"③。结合 2015 年 11 月 1 日起实施的《刑法修正案（九）》的有关规定，加强对信息网络安全的维护和公民个人信息的保护，加大对非法出售或提供公民个人信息犯罪、在网络空间传授犯罪方法和帮助他人犯罪、编造传播虚假信息犯罪、侵入破坏计算机信息系统犯罪的打击力度，督促网络服务者积极履行网络安全管理义务，切实维护互联网金融安全。强化法律监督职责，加强对人民法院审判活动的监督，对于认定罪与非罪错误或者量刑畸轻畸重的案件，依法抗诉，及时监督纠正。

---

① 参见最高人民法院、最高人民检察院、公安部《关于办理网络犯罪案件适用刑事诉讼程序若干问题的意见》（公通字〔2014〕10 号），2014 年 5 月 4 日发布。

② 参见中国银监会、最高人民检察院、公安部、国家安全部《关于印发银行业金融机构协助人民检察院公安机关国家安全机关查询冻结工作规定的通知》（银监发〔2014〕53 号）。

③ 参见最高人民法院、最高人民检察院、公安部《关于办理网络犯罪案件适用刑事诉讼程序若干问题的意见》（公通字〔2014〕10 号），2014 年 5 月 4 日发布。

二是注意考察和把握有关情节。"在决定是否起诉、提出量刑建议时,要重视对是否具有认罪认罚、主动退赃退赔等情节的考察。分支机构涉案人员积极配合调查、主动退还违法所得、真诚认罪悔罪的,应当依法提出从轻、减轻处罚的量刑建议。其中,对情节轻微、可以免予刑事处罚的,或者情节显著轻微、危害不大、不认为是犯罪的,应当依法作出不起诉决定。对被不起诉人需要给予行政处罚或者没收违法所得的,应当向行政主管部门提出检察意见"①。

三是注重保护投资人的合法权益。"涉互联网金融犯罪案件投资人诉求复杂多样,矛盾化解和维护稳定工作任务艰巨繁重,各地检察机关公诉部门在办案过程中要坚持刑事追诉和权益保护并重,根据刑事诉讼法等相关法律规定,依法保证互联网金融活动中投资人的合法权益,坚持把追赃挽损等工作贯穿到侦查、起诉、审判各个环节,配合公安、法院等部门最大限度地减少投资人的实际损失"②。

(四)加强预防宣传,提高互联网金融参与主体的风险防范意识

针对互联网金融客户风险防范意识不强的问题,检察机关应加大预防宣传力度,提高社会公众的防范意识。充分利用报刊、广播、电视和门户网站、微信、微博、新闻客户端等媒体,加强宣传检察机关查办和预防互联网金融犯罪的新思路、新举措和新成效。采取多种方式,深入开展经常性防范宣传,及时揭露不法分子的犯罪手段和伎俩,切实提高广大群众防范意识和能力③。广泛开展宣传,制订新闻报道方案,注意收集典型案例、视频资料,采取随警作战、跟踪报道、集中报道等方式,组织新闻媒体大力宣传党和政府打击治理互联网金融犯罪的决心、措施和成效,推动宣传防范工作进社区、进单位、进学校、进家庭④。及时通过召开新闻发布会、发布典型案例、组织专题报道等多种形式进行广泛宣传,教育和引导各类市场主体增强依法经营和互联网金融风险防范意识,努力营造公平有序的互联网金融秩序。同时,"完善风险提示和信息披露机制,加强创新型金融产品风险识别、监测和预警,防范风险扩散,

---

① 最高人民检察院《关于办理涉互联网金融犯罪案件有关问题座谈会纪要(高检诉〔2017〕14号)》,2017年6月2日发布。

② 最高人民检察院《关于办理涉互联网金融犯罪案件有关问题座谈会纪要(高检诉〔2017〕14号)》,2017年6月2日发布。

③ 参见中国银监会《关于银行业打击治理电信网络新型违法犯罪有关工作事项的通知》(银监发〔2015〕48号),2015年11月13日发布。

④ 参见公安部《打击治理电信网络新型违法犯罪专项行动工作方案》(公刑〔2015〕3410号),2015年11月4日发布。

加大对非法金融活动的惩处力度,维护金融市场有序运行"①。

(五)提高互联网金融安全风险监测和防范能力,为深化金融体制改革提供有力司法保障

第一,充分发挥检察职能,鼓励互联网保险公司扩大试点,拓宽保险覆盖面和保险资金运用范围,严格规范非保险金融产品的销售,发挥保险业在防范互联网金融风险中的重要作用。鼓励保险公司产品创新,丰富市场内涵,不断扩大保险覆盖面,提高保险服务的深度和密度,满足不同层次消费需求。加强与保险公司合作,搭建保险资金运用对接平台,引导保险资金投向康养不动产、健康医疗产业、基础设施建设项目等。支持保险中介市场发展,提升专业化服务水平,加强行业自律②。支持互联网金融监管机构和互联网企业加快网络征信和社会信用评价体系建设,落实互联网金融实名制,培育社会诚信文化,为互联网金融管理体制改革创造良好社会环境。

第二,加强非金融机构支付服务业务的信息安全管理与技术风险防范,提高其业务系统对异常交易、大额交易、非法卡号交易、密码错误交易等风险的监测和防范能力,完善其业务系统的风险监控、预警和管理措施,保障网络安全、主机安全、应用安全、数据安全、运行维护安全、电子认证安全、业务连续性,切实提高其业务系统的安全防控和安全管理水平③,为"建立以政府为主导、社会广泛参与的金融发展环境优化机制,加强社会信用体系建设,增强金融机构、金融消费者契约精神和信用意识"④ 提供有力司法保障。

第三,健全互联网金融监管协调机制,完善中国人民银行牵头的金融监管协调部际联席会议制度,增强互联网金融监管合力,确保相关职能部门"在尊重金融机构经营自主权、鼓励金融创新、继续减少行政审批的同时,要切实加强金融监管,规范金融机构经营行为。对一些跨市场、交叉性的新产品、新业务要通过金融监管协调机制,按'实质重于形式'的原则及时予以监管,

---

① 国务院办公厅《关于加强金融消费者权益保护工作的指导意见》(国办发〔2015〕81号),2015年11月4日发布。

② 参见三亚市人民政府《三亚市关于进一步促进金融业发展的实施意见》,2017年12月5日印发。

③ 参见中国人民银行《非金融机构支付服务业务系统检测认证管理规定》(中国人民银行公告〔2011〕第14号),2011年6月16日发布。

④ 国务院办公厅《关于加强金融消费者权益保护工作的指导意见》(国办发〔2015〕81号),2015年11月4日发布。

防止监管空白和监管套利"①。加强影子银行②和互联网跨界金融监管，促进互联网新兴金融业态规范化发展，"按照'鼓励创新、防范风险、趋利避害、健康发展'的总体要求，加强对第三方支付业务的监管，完善货币市场基金风险管理和互联网销售基金的监管规则"③。

第四，推动互联网金融服务创新，"加快互联网技术的研发与应用，鼓励金融机构开发基于互联网技术的新产品和新服务。支持互联网企业依法合规设立互联网支付机构、网络借贷平台、股权众筹融资平台、网络金融产品销售平台。支持互联网企业与金融机构、创业投资机构、产业投资基金等深度合作，整合资源优势，推动传统金融业转型升级，培育新型互联网金融业态，形成互联网金融产业链联盟，为科技型、创新型企业提供全方位融资服务"④，为防范化解互联网金融风险，维护互联网金融秩序稳定，推动互联网金融市场协调发展，保障互联网金融改革创新，保障国家金融安全提供有力司法保障。

---

① 中国人民银行副行长刘士余：《国务院关于加强金融监管防范金融风险工作情况的报告——2014年6月24日在第十二届全国人民代表大会常务委员会第九次会议上》。

② 参见国务院办公厅《关于加强影子银行监管有关问题的通知》（国办发〔2013〕107号），"影子银行的产生是金融发展、金融创新的必然结果，作为传统银行体系的有益补充，在服务实体经济、丰富居民投资渠道等方面起到了积极作用。我国影子银行主要包括三类：一是不持有金融牌照、完全无监管的信用中介机构，包括新型网络金融公司、第三方理财机构等。二是不持有金融牌照、存在监管不足的信用中介机构，包括融资性担保公司、小额贷款公司等。三是机构持有金融牌照、但存在监管不足或规避监管的业务，包括货币市场基金、资产证券化、部分理财业务等。"

③ 中国人民银行副行长刘士余：《国务院关于加强金融监管防范金融风险工作情况的报告——2014年6月24日在第十二届全国人民代表大会常务委员会第九次会议上》。

④ 科技部办公厅、人民银行办公厅、银监会办公厅、证监会办公厅、保监会办公厅：《关于组织申报第二批促进科技和金融结合试点的通知》（国科办资〔2015〕67号），2015年12月2日发布。

资金查控分析技术在检察机关应用的思考

蔡晨昊*

随着我国经济高速发展和移动互联网、网络支付等技术的不断进步，经济犯罪案件也呈现出涉案金额巨大、涉及账户众多、资金流向复杂等特点，部分犯罪分子更是利用互联网转账的便捷性，将涉案资金在短时间内分散、转移，给公安机关侦查案件和检察机关审查案件带来困难。传统的资金查询、追踪、冻结方法已难以适应当前经济犯罪案件侦查的需要。近年来，公安机关在办理经济犯罪案件时充分运用资金查控分析技术取得了一定成效，但检察机关对此技术的应用并不充分，应予重视。

一、资金查控分析技术基本情况及检察机关应用该技术的必要性

资金查控分析技术，是指有权机关通过网络查询涉案账户信息、控制涉案账户资金并对涉案资金流向利用大数据、可视化分析等技术进行分析研判的过程[1]。公安部将该技术列为继刑事科学技术、技侦、网侦、图侦之后的第五大侦查技术手段。该技术主要可以实现以下功能：一是可以实现网上查询、冻结涉案账户资金，大大缩短账户查询、冻结时间；二是可以充分利用现代科技手段在短时间内分析涉案资金流向，为进一步开展侦查工作明确方向；三是可以通过可视化的方式展示涉案公司、人员的资金流转关系，便于办案人员从错综复杂的资金流向中更直观的掌握资金去向并研判、锁定关键人员[2]。近年来，公安机关在办理电信网络诈骗案件、网络赌博案件、互联网金融案件等类型的案件时，充分利用该技术在侦破案件、追回涉案款项等方面取得了积极成效，公安机关也在大力培养资金查控分析方面的专业人才，以适应当前经济犯罪案

---

* 蔡晨昊，北京市朝阳区人民检察院一级检察官。

[1] 参见程科：《犯罪资金查控平台的设计与构建》，载《江西警察学院学报》2018 年第 3 期。

[2] 参见程科：《数据可视化技术在违法资金分析中的应用》，载《江西警察学院学报》2019 年第 5 期。

件侦查的需要。

检察机关方面，虽然在2015年最高人民检察院、公安部、国家安全部就会同银监会颁布实施了《银行业金融机构协助人民检察院公安机关国家安全机关查询冻结工作规定》，但在2018年检察机关的反贪、反渎和预防部门完成转隶后，检察机关对该技术的应用仅停留在查阅部分案件中公安机关随案移送的涉案资金分析报告上，并没有将该技术充分应用于检察机关的办案工作中。笔者认为，将该技术充分应用于检察机关办理经济犯罪案件十分必要。一是及时查明案件事实的需要。资金去向是经济犯罪案件中最重要的事实之一，而资金去向分析是资金查控分析技术的核心和优势，通过该技术可以尽快查明资金去向，明确案件事实。二是准确认定案件性质的需要。资金去向往往关系到案件的定性，集资诈骗罪和非法吸收公众存款罪、职务侵占罪和挪用资金罪、贷款诈骗罪和骗取贷款罪等罪名的区分与认定都依赖于涉案资金去向的及时确定。三是提高引导侦查工作质量的需要。检察机关在刑事诉讼中承担主导责任[1]，引导侦查工作是检察机关承担主导责任的重要手段，充分利用资金查控分析技术可以使检察机关的引导侦查工作更有针对性、取得更好效果。四是最大限度追赃挽损的需要。追赃挽损是办理经济犯罪案件的重点和难点，该工作贯穿刑事诉讼的各个环节，追赃挽损的前提是尽快明确涉案资金去向，资金查控分析技术相较于传统的资金追踪手段效率明显提升，可以给追赃挽损工作指明方向并留出时间，以最大限度追赃挽损。五是检察工作现代化的需要。检察工作现代化是国家治理体系和治理能力现代化的重要组成部分，资金查控分析技术作为提高检察办案质效的重要手段，将其充分应用于检察工作是检察工作现代化的需要。

二、检察机关应用资金查控分析技术的具体途径

前文分析了资金查控分析技术在检察机关应用的必要性，下面就如何将资金查控分析技术在检察机关具体运用进行说明。

（一）审查案件时应用

检察审查是检察权的核心内容[2]，审查案件是检察机关最重要的职责，但对于涉案账户众多、涉及资金巨大的经济犯罪案件，即便公安机关调取了电子

---

[1] 参见张军：《关于检察工作的若干问题》，载《国家检察官学院学报》2019年第5期。

[2] 参见苗生明：《新时代检察权的定位、特征与发展趋势》，载《中国法学》2019年第6期。

版的涉案账户明细，检察机关办案人员也难以在短时间内审查清楚资金去向。涉案资金去向关系到案件的事实和性质认定，借助第三方审计查明此类案件的资金去向是当前较为常见的做法，但审计工作依然存在人工梳理耗时长、易出错，存在因调取账户不及时、不全面导致无法查清资金去向等问题。充分利用资金查控分析技术可以有效避免以上问题，尽早查明资金去向可以为进一步核实资金用途，并开展追赃挽损工作留出更多时间，也可以确保案件事实和性质的准确认定。另外，部分案件因定性不同会涉及级别管辖的问题，及时查明资金去向也可以尽早确定管辖单位，有利于进一步开展案件审查和办理工作。

对资金查控分析技术的应用不是一次性的，复杂案件需要根据查明的资金流向不断调取涉案账户明细，需要根据取证情况不断明确分析重点，反复对涉案账户进行比对分析，最终得到有效结果。在此过程中，需要办案人员与资金分析人员针对案件情况进行具体沟通，明确需要查明的事项，不断完善资金分析报告内容。

（二）引导侦查时应用

根据我国刑事诉讼法律的规定，检察机关是唯一全程参与刑事诉讼活动的公权力机关。最高检提出检察机关在刑事诉讼中承担主导责任，检察机关在具体案件中的引导侦查工作就是承担主导责任的重要手段。检察机关的引导侦查工作可以在提前介入侦查阶段、捕后引导侦查阶段、退回补充侦查阶段等多个阶段进行。对经济犯罪案件而言，高质量的引导侦查工作离不开对案件情况尤其是涉案资金去向的准确把握。充分应用资金查控分析技术可以让检察机关办案人员尽快了解涉案资金去向，基于此作出的引导侦查决定才更具针对性，引导侦查机关开展的追赃挽损工作才会更有效。

检察机关办案人员在引导侦查时应与公安机关侦查人员、资金分析人员建立沟通、反馈机制，检察机关办案人员不能停留在原来列完提纲等证据的旧有办案模式下。侦查取证、资金分析、案件事实与性质的认定均是持续进行的动态过程，多方及时沟通、反馈工作进展情况，可以保障各项工作持续推进，保障案件办理质效。

（三）出庭示证时应用

检察机关在法庭上出示证据时，对涉案账户多、资金流向复杂的案件难以按照账户一一出示说明，对此，可以充分利用资金分析报告，将涉案资金去向依据资金分析报告有针对性地予以出示、说明，在当事人或者辩护人对某一笔或几笔资金流向有异议时，再进一步根据资金的具体流转情况予以说明。一方面可以明确出庭示证的重点，另一方面也可以提高出庭示证的效率。当然，如果在将涉案资金分析报告作为证据在法庭出示时，应给辩方充足的审阅时间，保障辩方的阅卷权。

关于资金分析报告的证据种类，有鉴定意见、专家辅助人意见、证人证言（机器证言）等多种观点[1]。笔者认为可以将其作为书证，且属于传来证据。资金分析报告并不属于有资质的鉴定机构出具的司法鉴定意见，目前也不属于司法鉴定的业务范围，但资金分析报告可以通过其记载的内容证实案件情况，因此可以作为案件的书证予以出示。同时，资金分析报告是通过对涉案账户明细进行分类、汇总后得出的结论，属于传来证据，但在结合依法调取的涉案账户明细进行示证时，并不影响其证明力。

（四）释法说理时应用

经济犯罪案件尤其是涉众经济犯罪案件，如果无法及时、有效追回损失，司法机关往往会受到受害人的质疑和不断上访，案件定性与追赃挽损是两个反映最多的问题，释法说理工作也较难开展。对此，检察机关可以充分利用资金查控分析结果耐心开展释法说理工作。关于案件定性问题，可以根据客观资金去向，说明将案件定性的原因及法律依据。关于追赃挽损，可以根据查控涉案账户的余额说明追回资金的情况，可以根据资金分析结果说明涉案资金去向、开展追赃工作的情况以及下一步工作计划。

在释法说理过程中对资金查控分析结果的应用应当注意保密问题，尤其是在案件未公开审理之前，案件证据情况均处于保密状态，为保障侦查及追赃工作的顺利进行，检察机关在释法说理时应把握好案件保密与释法说理的关系。

三、检察机关应用资金查控分析技术需要解决的问题

检察机关可以在多阶段、多场合对资金查控分析技术进行应用，但在应用该技术时也有一些具体问题需要解决，如启动主体问题、适用范围问题、数据质量问题、分析报告的可回溯性问题等。

（一）资金查控分析的启动主体

公安机关在应用资金查控分析技术时往往是通过已建成的协作平台查询控制涉案账户，而后与第三方机构合作完成对涉案资金的分析工作。检察机关在应用该技术时是自行启动对案件资金的查控分析还是与公安机关合作共同完成案件资金的查控分析，是首先需要解决的问题。笔者认为应该选择后者，同时检察机关应争取一定的主导权。原因有二：一是公安机关作为案件的侦查机

---

[1] 参见刘品新：《论大数据证据》，载《环球法律评论》2019年第1期。

关,对涉案资金查控分析是其侦查工作的重要内容,且目前相关平台、机制已经建成,没有必要由检察机关另行启动资金查控分析,造成司法资源的浪费;二是公安机关作为刑事诉讼的第一环节,最先接触到案件,由公安机关启动资金查控分析相较于由检察机关启动该项工作也更为及时。同时,检察机关在该技术的启动及应用方面应当争取一定的主导权,以利于对资金查控分析工作不到位的地方进行引导完善。

(二)资金查控分析的适用案件

资金查控分析技术适用的案件主要是涉及大量资金流转的经济犯罪案件,但并不仅限于刑法分则第三章破坏社会主义市场经济秩序犯罪和第五章侵犯财产犯罪中的罪名,也包括资金流向复杂的帮助信息网络犯罪活动案件、开设赌场案件等。因进行资金查控分析的人力有限且需要一定的经费开支,并不是所有的经济犯罪案件都有必要进行资金查控分析,需要结合案件类型、涉嫌罪名以及涉案金额明确适用标准。对公安机关前期未使用资金查控分析技术的案件,检察机关认为有必要使用的,应及时提出要求并说明原因,由公安机关审核并启动使用资金查控分析技术。对公安机关前期已使用资金查控分析技术,后期因诉讼活动终止等原因不需要再继续使用的,检察机关应及时向公安机关通告。

(三)涉案资金数据的质量问题

涉案资金数据的质量问题主要包括资金数据的合法性、准确性、时效性与完整性四个方面问题。在检察机关将资金查控分析结果作为定案依据时,更应注重数据质量问题。资金数据的合法性是基础,通过资金查控平台调取的账户信息也需要有侦查机关出具的法律文书和金融机构出具的查询回执等必备的法律手续。资金数据的准确性是保障,作为涉案资金分析的对象,资金数据在调取和使用的各个环节均不能出现隐匿、篡改,以保障资金分析结果的可靠。资金数据的时效性是关键,资金查控分析技术的最大意义之一就是及时查明资金去向,如果不能及时获取涉案资金数据,势必影响资金去向分析的时间,延误侦查与追赃等各项工作开展。资金数据的完整性包括涉案账户的完整性、调取账户时间的完整性以及账户数据字段的完整性,检察机关认定案件事实及性质时不仅要考虑资金去向及金额,也要考虑各部分金额在总金额中的占比情况,因此,资金数据的完整性在检察机关应用该技术时尤为重要。为保证涉案资金数据的质量,一方面需要检察机关会同公安机关与金融主管部门、各类金融机构进行沟通、反馈,不断完善相关机制、规范,另一方面也需要资金分析人员在使用数据时确保已调取数据的准确、全面分析,避免错误清除和遗漏。

(四）资金分析报告的可回溯性

资金分析报告可以实现资金去向的可视化展示，可以让使用人更直观地掌握涉案资金的流转途径及去向，但在将该报告作为认定案件的证据时，除保证基础数据的合法、准确外，还要保证报告内容的可回溯，即如果办案人、当事人或辩护人对报告中某一笔或几笔资金流向存在疑问时，资金分析报告的出具人可以通过已调取的资金数据完整地将存在疑问的资金流向予以具体说明。对此，结合具体案件，办案机关一方面可以要求报告出具人对影响案件主要事实及定性的资金流转途径在报告中详细列明，另一方面在必要时可以要求报告出具人出庭，对报告内容予以说明，对当事人及辩护人的质疑予以回应。

(二) 金融犯罪各论研究

风险社会视阈下 P2P 网络借贷之刑事风险与治理进路研究

江苏省南通市通州区人民检察院课题组[*]

当代社会处于一个不断开放而变动不居的状态,随着经济全球化的迅猛发展和信息化程度的快速提高,世界正在进入一个有别于传统社会的风险社会。对此,德国社会学家乌尔里希·贝克提出了"风险社会"这一全新概念与理论,描述了当今全球化时代是充满风险的社会。在风险社会中,应当以犯罪接受并改变风险作为引导运行的角度来重新看待犯罪,犯罪运行的过程中也必然要和风险发生各种关系,对犯罪进行治理要注重多招并重,多措并举。[①]

近年来,P2P 网络借贷作为互联网金融的一种重要方式,[②] 因其适应了中国发展土壤,因而获得广大资金持有者的青睐,成为互联网金融的关键环节。然而,在风险社会视阈下考察,P2P 网络借贷在给金融行业带来便利的同时,

---

[*] 课题组负责人:罗海妹,江苏省南通市通州区人民检察院党组书记、代检察长,四级高级检察官;课题组成员:金志锋,江苏省南通市通州区人民检察院党组成员、副检察长,四级高级检察官;邱楠,江苏省南通市通州区人民检察院党组成员、第六检察部主任,一级检察官;张建兵,江苏省南通市通州区人民检察院检察委员会专职委员,四级高级检察官;张涛,江苏省南通市通州区人民检察院第六检察部副主任,五级检察官助理。

[①] 参见师索:《犯罪与风险研究论纲》,载《中南大学学报(社会科学版)》2011 年第 6 期。

[②] 从活跃于当前我国网络的金融创新形式来看,互联网金融大致可划分为三种基本模式:一是网络第三方支付,典型的是支付宝,该种模式尽管具有一定的"储蓄"功能,但"储蓄"仅仅为一种形式,其最终目的为承担第三方支付,并不向资金存储者提供利息等任何收益。二是网络信贷,其中又可以分为网络借贷和网络融资,前者典型的是人人贷、拍拍贷等,后者典型的是众筹模式,指通过互联网方式发布筹款项目并募集资金。三是网络金融理财,最典型的是余额宝,用户将闲散资金投入其中,直接获取收益。

也给经济社会发展带来较大风险。对此，中国银监会等部门于 2016 年 8 月 17 日发布了《网络借贷信息中介机构业务活动管理暂行办法》（以下简称《暂行办法》），对 P2P 网络借贷进行立法规制。P2P 网络借贷引发的民事行政等方面的风险较为显见，但引发的有关刑事风险却相对少人关注，基于风险社会等全新视角探讨 P2P 网络借贷之刑事风险与治理路径更是少人涉猎。

有鉴于此，本文从风险社会视阈下犯罪治理之基本概况入手，结合实证分析，介绍 P2P 网络借贷之基本概况与刑事风险，探讨通过风险治理的 P2P 网络借贷刑事风险之治理路径，具有一定的理论价值和实践意义。

一、风险社会视阈下犯罪治理之基本概况

（一）风险社会之基本含义及特征

1. 风险社会之基本含义

风险社会，是 20 世纪中晚期西方学者从后现代角度出发所揭示的一种现代社会分发展态势，德国社会学家乌尔里希·贝克是风险社会理论的主要开拓者。乌尔里希·贝克认为，风险实质上就是因人类活动的加入而使自然、社会等发展面临更多的不确定性、不可预见性和迅速扩张性，是造成不稳定和灾害的可能性。

风险社会的认识可以概括为三种：其一，风险社会是指因全球化的扩张，全球性的社会风险占主导地位的社会发展阶段。其二，风险社会主要是人的因素，特别是工业化带来的自然破坏以及工业化的自我危害。其三，风险社会是指风险不仅停留在一个特定领域，而是可能扩张到政治、经济、社会的各个方面，即使某一局部的、突发的、偶发的事件，也可能扩散为整体性的矛盾，并因连锁反应而放大后果，乃至风险制造者最终无法控制影响而成为受害者。①

2. 风险社会之基本特征

一是风险社会的人为性。随着社会发展进步，自然风险占主导的传统社会风险已经无法威胁人类生存发展，但人为性风险逐渐增多，现代社会风险明显呈现人为性特征。

二是风险社会的制度性。在社会发展过程中，新旧社会制度不可避免地会产生各种冲突，此外法律制度的不完善、不完备，都会导致社会风险的产生，此类风险都是由社会制度本身引发的。

三是风险社会的不确定性。社会的复杂与交错造成了风险的制造主体难以

---

① 参见王灏天：《中国风险社会及社会管理研究》，内蒙古大学 2013 年硕士学位论文。

确定，导致风险责任主体的缺失；为了抵制这种风险所采取的措施，又有可能会带来另外一种风险，这就是风险社会的不确定性特征。

四是风险社会的关联性。风险的影响带有时间持续性和空间跨越性，当风险不能被及时控制时，就会影响其他各个社会领域，从而产生连锁反应，导致整个社会处于一种风险状态。

五是风险社会的全球性。随着全球化进程的不断深入，风险的全球化也随之而来，全球性的危机日益增多。在全球化时代，风险的分布呈现平均化，对世界上所有的人而言，遭遇风险的几率都是均等的。①

(二) 风险社会视阈下犯罪治理之概况

1. 风险引导犯罪运行

当今，变幻莫测的风险社会迫使人类把大量的精力放在动态发展的犯罪现象上。在以风险为支撑的理论基础上，看待犯罪现象的最佳切入点就是犯罪运行。犯罪是在运动的，但是却存在同风险无关与接受并改造风险的两种不同运行方式。

实践中，犯罪运行需要来自社会互动体系结构所给予的动力源。首先，动力源的本质在于风险社会中犯罪的风险源，即加剧由正常人向犯罪人转变的不确定性，促使部分社会事件向犯罪事件发展的可能性。其次，动力源使得犯罪运行轨迹从高风险的时空向低风险的时空流动。最后，在社会总能量守恒的假定下，犯罪运行的能量过强意味着其他社会结构运行减弱，犯罪现象由此获得排斥其他社会现象的架构基础，从而维持一个高犯罪率。

2. 风险社会中的犯罪风险源

犯罪风险源不等于犯罪原因，后者侧重于解释犯罪生成过程，前者类似于犯因性。所谓犯因性，一般是指"犯罪原因性的""具有犯罪原因性质的""起犯罪原因作用的"。② 犯罪的生成，表现为"犯罪风险源→犯罪原因→犯罪"或"犯罪风险源→犯罪"。

人为风险——犯罪风险的技术源。后现代环境中，人类知识大量进入到物质世界以及专业知识的局限性，导致大量陌生事物充满人类视界，大量被制造出来的新型人为风险令人生畏。人为风险加速了社会个体、社会制度的风险文化意识进程，加深了风险的交流沟通。掌握高科技的犯罪人在发展具有自身风

---

① 参见孟荣：《风险社会理论视角下我国社会主义和谐社会的构建》，山东理工大学2012年硕士学位论文。

② 参见吴宗宪：《罪犯改造论——犯罪改造的犯因性差异初探》，中国人民公安大学出版社2007年版，第61~62页。

险特色犯罪意识时也会通过技术操纵风险的分配，形成一种新的不平等关系。

激发性风险（不确定性风险）——犯罪风险的实践源。风险是由能量的激发所生，激发性风险具有内部关系属性的本质。内部关系，可以简单界定为犯罪在运行过程中由国家、犯罪人、被害人三者所组成的主体结构。三者由于并非是在同一时期、同一方向用尽自身最大的力气，导致缺乏系统内部的信任。

发展性风险（制度性风险）——犯罪风险的制度源。风险总是在不断发展中完善自我，在社会转型及新老交替之际，新的风险将产生新的利益群体，打破之前制度所固化的利益格局。发展中的风险越来越多地转嫁到社会边缘群体身上，成为引起各种犯罪的制度性风险。

二、P2P 网络借贷之基本概况与刑事风险

（一）P2P 网络借贷之基本概况

1. P2P 网络借贷之基本概念

P2P 网络借贷，即 Peer－to－peer lending，或称点对点信贷、"人人贷"，是指社会主体利用中介机构的网络平台将自己的资金出借给资金短缺者的新型商业运营模式。① P2P 网络借贷平台，是指利用互联网技术为借贷双方提供交易信息、撮合交易的中介服务机构。P2P 网络借贷起源于 2005 年英国的 Zopa，我国第一家网络借贷平台"拍拍贷"于 2007 年 6 月在上海成立并正式开始运营。根据《2015 年中国网络借贷行业年报》，截至 2015 年底，我国网络借贷行业运营平台达到 2595 家，2015 年全年网络借贷成交量达到 9823.04 亿元。我国的 P2P 网络借贷平台在国外纯信息中介的基础上产生了变型，根据性质及操作方式不同，大致可以分为纯中介模式、债权转让型中介模式、有担保的线上交易模式及 O2O（Online To Offline）模式等四种模式。②

2. P2P 网络借贷之基本特征

一是借贷双方的广泛性与分散性。P2P 网络借贷中借贷双方均是非特定主体，呈现网络状分散型的分布特点。借贷双方的分散性主要是由于 P2P 网络借贷中贷款人的同一笔资金可能会被分散贷给多个借款人，而借款人所贷到的资金也可以是多个贷款人。

二是交易方式的便捷性与高效性。P2P 网络借贷可以使借贷双方通过网站

---

① 参见马方、孙天宇：《P2P 网络借贷：诱发经济犯罪的类型与防控》，载《检察日报》2012 年 5 月 14 日。

② 参见李旻芮：《我国 P2P 网络借贷监管法律问题研究》，云南大学 2015 年硕士学位论文。

来达到各自贷款或者投资需求，交易方式具有相对便捷性。此外，借贷双方只需通过网络平台进行借贷活动，简化了审批程序，节约了时间成本，体现了相对高效性。

三是预期结果的收益性与风险性。P2P网络借贷中的借款人大多愿意支付高于金融系统的利率以换取贷款，由此投资者往往能够获得较高收益。此外，P2P网络借贷平台以及投资者都面临着线下调查相对缺失或者不够详尽的风险，也可能给投资者造成资金不能按时或者无法回收的风险。①

3. P2P网络借贷之重要价值

一是实现普惠金融。就借款方而言，P2P网络借贷能够接纳个人、小微企业等被正规金融机构"不看好"的客户，只要符合相关的信用标准并通过平台的审核，一般都能够从中获得贷款。就贷款方而言，当今社会民间资本积累逐渐增多，私人财富快速增长，对于理财有着巨大需求，P2P网络借贷能够满足这些民间闲置资本的投资要求。

二是盘活民间闲置资金。相对于银行业金融机构的存贷款模式，P2P网络借贷更加灵活化、人性化、覆盖面广、贷款品种丰富、参与门槛低，可以广泛大量吸引借款人。同时，P2P网络借贷操作便捷，投资人可以自主决定贷款的额度、期限等事项，并且能够获得可观利息收入。如此，P2P网络借贷将大量的社会闲置资金利用起来，盘活了民间资本，提高了资金利用率。

4. P2P网络借贷之实践概况

就J省N市T区而言，经深入调研走访有关金融机构以及金融办、央行分行等监管部门，得知当前没有注册地为T区的P2P网络借贷公司，仅有10余家总部注册为北京、上海、浙江、南京、常州等地的理财分公司。上述理财公司都是在T区的分支机构，总部不在T区，风险难以控制，实践中发生了关门歇业、不再开展新业务、仅维持原有业务等现象，较大程度上影响了社会和谐，也给社会治理工作带来较大挑战。

尽管当前P2P网络借贷业务并未大规模开展，然而在其被列为互联网金融发展关键环节的背景下，可以预见其发展前景十分广阔，由此可能产生的社会治理风险不容小觑。

（二）P2P网络借贷之法律风险

1. 出借方引发的法律风险

一是借款人的违约风险。当前我国对于P2P网络借贷纠纷往往只能依据

---

① 参见姚莎：《P2P网络借贷平台法律监管研究》，西南财经大学2014年硕士学位论文。

民法及相关司法解释规定处理，出借人利益不能得到全面保障。① 此外，当前P2P网络借贷平台对客户的身份识别并不严格，缺乏有效途径加以核实，出借人所承担的信用风险比较大。

二是平台"监守自盗"的风险。目前大部分投资者即出借人重视借款人的信用风险，却忽视 P2P 网络借贷平台本身的操作风险，将资金毫不设防地交由平台进行调配，而平台由于缺乏对资金账户的监管，导致平台负责人卷款跑路或者挪作他用等"监守自盗"的风险。②

2. 借款方引发的法律风险

一是借新贷还旧贷的风险。当前 P2P 网络借贷中的借款人能够轻易从一个网络借贷平台获取贷款，用来偿还另一个网络借贷平台获取的贷款。如此牵连众多 P2P 网络借贷平台和借贷人，容易导致行业性的内部风险。③

二是个人信息泄露的风险。借款人为了赢得出借人信任以成功获取贷款，需要在 P2P 网络借贷平台上尽可能多地披露自己的个人信息。一旦 P2P 平台遭遇黑客攻击或者管理上出现纰漏，很可能出现大面积个人信息泄露的风险。

3. 借贷平台引发的法律风险

一是经营方面的风险。尽管《暂行办法》明确规定了 P2P 网络借贷的经营范围，然而实践中许多 P2P 网络借贷平台并非单纯提供信息中介服务，而是转向以销售理财产品为主的经营模式，如此挑战了金融业特许管制。

二是监管方面的风险。尽管《暂行办法》对 P2P 网络借贷的监管进行了规定，然而实践中各方对于 P2P 网络借贷的监管相对薄弱。而且由于《暂行办法》的配套性规定尚未出台，而且效力有限，导致各个监管部门之间职责不清、相互推诿的现象较为常见。

（三）P2P 网络借贷之刑事风险

1. 平台主体性质不明引发的刑事风险：涉嫌擅自设立金融机构罪、非法经营罪

当前，规定 P2P 网络借贷的《暂行办法》本质上属于部门联合规章，其效力不高，且配套规定尚未出台。实践中，P2P 网络借贷平台借互联网金融的名义开展商业银行吸储放贷业务的情况经常出现。根据《刑法》第 174 条第 1 款与国务院《防范和处置非法集资条例》的相关规定，大量 P2P 网络借贷平台实际上可以被界定为非法金融机构，涉嫌擅自设立金融机构罪。

---

① 参见艾金梯：《P2P 平台风险防范》，载《中国金融》2012 年第 14 期。
② 参见罗栩：《我国 P2P 网络借贷的法律风险研究》，浙江大学 2013 年硕士学位论文。
③ 参见曲斯鸣：《P2P 网络借贷的法律监管研究》，河北大学 2015 年硕士学位论文。

此外，如果 P2P 网络借贷平台超出《暂行办法》规定的自身中介机构或资讯机构的经营范围，从事其根本无权经营的金融业务。比如 P2P 网络借贷平台作为借贷一方，与他人非法联合制造"资金池"，或者采用欺骗手段聚集资金或任意拆借使用资金，增大借贷任何一方的资金风险，情节严重的可能涉嫌非法经营罪。

2. 介入信贷资金运作引发的刑事风险：涉嫌非法吸收公众存款罪、集资诈骗罪

《暂行办法》明确将"直接或间接接受、归集出借人的资金"，即吸收公众存款，列为 P2P 网络借贷的负面业务清单。① 然而实践中，仍有众多 P2P 网络借贷平台未经相关部门批准，向社会不特定公众吸收资金，介入信贷资金运作，从而涉嫌非法吸收公众存款罪。通常这些 P2P 网络借贷平台非法吸收公众存款的手段有：一是将借款人的借款需求设计成理财产品出售给出资人；二是先归集资金，再寻找借款对象；三是采用期限错配的方式，将长标拆成短标实行滚动融资，通过"发新偿旧"满足到期兑付；四是开展自融业务，将吸收的资金用于自身的生产经营。② 显然，上述四种行为都是非法吸收公众存款罪的典型表现。

此外，P2P 网络借贷平台还有可能涉嫌集资诈骗罪：一是借款人利用在 P2P 网络借贷平台上虚构的项目和用途，或编造虚假身份信息向不特定的公众发出邀请，从而骗取出借人的款项；二是 P2P 网络借贷平台的运营商运用自身掌控资金进行集资诈骗，如不法分子任意建立 P2P 网络借贷平台，向不特定公众发出邀请并进行资金运作，骗取资金后携款潜逃。③

3. 资金流转缺乏监管引发的刑事风险：涉嫌洗钱罪

当前，我国 P2P 网络借贷平台发展尚未成熟，不仅缺乏客户身份识别手段，还缺乏履行交易记录保存和可疑交易报告的责任意识。P2P 网络借贷平台具有隐蔽性、匿名性、即时性，导致监管部门对于资金流向的追踪更加困难，其发展给犯罪分子洗钱提供了广泛的空间，存在相当的洗钱风险。

P2P 网络借贷平台涉嫌洗钱罪，包括三种情况：一是出借人涉嫌洗钱，如出借人将属于洗钱罪上游犯罪范畴及其产生的收益通过网络借贷平台加以出借；二是运营商涉嫌洗钱，如运营商明知出借人通过网络借贷平台出借的资金

---

① 详见《网络借贷信息中介机构业务活动管理暂行办法》第 10 条第 2 项。
② 参见刘宪权、金华捷：《P2P 网络集资行为刑法规制评析》，载《华东政法大学学报》2014 年第 5 期。
③ 参见李晓明：《P2P 网络借贷的刑法控制》，载《法学》2015 年第 6 期。

属于洗钱罪上游犯罪及其收益,或者运营商设立网络借贷平台的目的就是洗钱;三是他人利用 P2P 网络借贷平台洗钱,如他人利用网络借贷平台对出借人审核较松等漏洞进行洗钱。①

4. 技术和信用风险防范不力引发的刑事风险:涉嫌侵犯公民个人信息罪、合同诈骗罪、诈骗罪、高利转贷罪、虚假广告罪

其一,当前 P2P 网络借贷在技术上尚未完全成熟,存在技术风险。借贷双方在 P2P 网络借贷平台上交易时,为了促进交易达成,必然会向平台提供大量的个人信息:对借款人而言一般要实名认证,对出借人而言将资金转入中间账户时平台必然获得贷款人的账户信息。如此容易给不法分子以可乘之机,将获得的公民个人信息出售或者提供给他人,从而涉嫌侵犯公民个人信息罪。②

其二,目前我国尚未建立起成熟的征信体系,导致 P2P 网络借贷中借贷双方客户信息不对称,产生信用风险。由于信息的不对称和操作的不规范,如果出借人、借款人或者运营商出于非法占有之目的,在涉及 P2P 网络借贷的合同签署与履行过程中进行诈骗活动,从而涉嫌合同诈骗罪。

其三,随着交易与支付方式的发展,当前货币更多以虚拟数字形式体现,交易、投资行为也多在虚拟空间中完成,传统的盗窃、诈骗等侵财犯罪也呈现全新特征。当今 P2P 网络借贷已经成为广为人知的金融理财方式,如果借款人包括运营商具有非法占有之目的,采用虚构事实、隐瞒真相的方法取得他人款项,就会涉嫌诈骗罪。③

其四,在 P2P 网络借贷的实际运行中,资金来源审查不严、操作流程不够规范、信用风险防范不力的现象常见,主要有:资金出借人很有可能把从银行贷来的钱款予以出借以赚取高额利息差;当网络运营商违法介入资金运作,尤其是资金严重短缺时,也很有可能用银行的贷款来填补空缺。显然,上述两种情形均可能涉嫌高利转贷罪。

其五,实践中对 P2P 网络借贷的信用风险防范不力现象常见。在 P2P 网络借贷平台的运营中,运营商为了扩大生意或宣传自己的影响,在自己网站上打出虚假广告来吸引出借人或借款人,因其虚假广告造成严重影响或恶劣后果

---

① 参见李晓明:《P2P 网络借贷刑事法律风险防控再研究——以刑事一体化为视角》,载《中国政法大学学报》2015 年第 4 期。

② 参见王建静:《P2P 网络借贷风险的法律控制:以"拍拍贷"为例》,四川省社会科学院 2014 年硕士学位论文。

③ 参见李晓明:《P2P 网络借贷的刑法控制》,载《法学》2015 年第 6 期。

的，就有可能涉嫌虚假广告罪。

5. 从业人员管理失位引发的刑事风险：涉嫌挪用资金罪、职务侵占罪

当前，尽管《暂行办法》等相关法规已经出台，然而对于P2P网络借贷的内部监督制约薄弱、外部监督管理缺位的现象仍然存在，尤其是对从业人员缺乏有效监督，出现管理失位。

当前，在P2P网络借贷交易过程中，借贷双方的资金一般不是直接到账，而是进入网络借贷平台的中间账户，由此形成大量的沉淀资金。如果巨额的沉淀资金缺少法律监管，那么一旦P2P网络借贷平台经营者疏于自律，利用其管理资金的职务便利，挪用资金或者干脆将资金非法占为己有，就有可能涉嫌挪用资金罪和职务侵占罪。①

三、通过风险治理的P2P网络借贷刑事风险之治理进路

当今社会，风险已跨越了专业之间的界限而无孔不入，为了更好掌控风险，必须阻断风险所能进入的领域，构筑低缝隙的社会架构。治理理念的提出正是为弥补此单方局限性，实现不限于政府的多主体、多中心风险管控机制。同时也强调改变传统的犯罪预控为对犯罪发生有关联的风险进行治理，由宏观虚幻向务实具细的语境进化。就P2P网络借贷而言，应当结合其发展实践，依据相关法律法规，采取有效方式手段，对其刑事风险加以有效治理，保障行业有序运行。

（一）P2P网络借贷刑事风险之运行治理

1. 起点控制：建立完善P2P网络借贷犯罪之预警与防范机制

刑事风险的治理其实就是犯罪治理，在犯罪治理中，犯罪预防属于长期效应过程，而预警则是从风险的角度将可能引发的损失与不确定性后果放在可控范围之内，围绕"信息采集→风险评估→风险预警→信息发布"构建预警机制以及风险防范机制，人的能动性与对事物的控制力充分体现。只有建立P2P网络借贷犯罪的风险预警与防范机制，对该类犯罪真正做到早发现、早定性、早处置，才能将其消灭在萌芽状态，最大限度减少社会危害性。

第一，建立刑事风险预警机制。发挥各地银行业金融机构的职能作用，完善P2P网络借贷平台的资金存管机制，由存管方对资金的来源、流转、清算等进行监管，严防平台将资金用于高风险活动。同时，针对P2P网络借贷行

---

① 参见陈彤彤：《论我国互联网金融的刑法规制》，中国社会科学院2015年硕士学位论文。

业易引发非法集资、洗钱等犯罪风险,金融监管部门应与公安司法部门建立风险预警互通机制,及时有效防控重大涉众型金融犯罪在该行业的滋生蔓延。

第二,强化自律机制与内控管理机制。一要加强行业自律,充分发挥P2P网络借贷行业自律机制在规范从业机构市场行为以及保护行业合法权益等方面的积极作用;组建中国互联网金融协会,制定相应的经营管理规则和行业标准,明确自律惩戒机制,提高行业规则标准的约束力。二要严格内控管理要求,对P2P网络借贷平台与互联网平台合作开展的业务进行整顿,要求其不得与未取得相应金融业务资质的互联网企业开展合作,不得通过互联网开展跨界金融活动;加强P2P网络借贷平台资金账户与跨行清算的集中管理,依靠对账户的严格管理和对资金的集中监测,构建常态监督和有效监管的长效机制。

第三,根据不同风险类别建立针对性的防范机制。一是针对平台主体性质不明引发的刑事风险,要严格贯彻《暂行办法》规定,切实防止P2P网络借贷平台从事商业银行有关业务尤其是从事非法经营活动的现象。二是针对介入信贷资金运作以及资金流缺乏监管引发的刑事风险,要坚决取缔P2P网络借贷平台的吸收公众存款行为,加强对出借人、借款人、借贷平台的身份审核与监管力度,有效防范集资诈骗以及洗钱行为。三是针对技术信用风险防范不力与从业人员管理失位引发的刑事风险,研究建立P2P网络借贷监管技术支持系统,通过网上巡查、数据分析等技术手段,及时向相关单位预警可能出现的风险事件;同时加强从业人员管理力度,提高风险防控能力,杜绝从业人员利用职务便利实施犯罪,防范由此引发的各类犯罪。

2. 过程控制:充分发挥社会治安综合防控机制作用

社会结构之间的失衡与冲突酝酿着巨大的体制风险,犯罪根据其特有的风险性引导路径穿行于社会结构之间。犯罪治理是人类社会有组织地应对犯罪的策略、措施与实践,不同的犯罪治理模式具有不同的治理理念、策略、技术、措施与运作方式,不同的犯罪治理模式能够形成不同的治理效果。[1] 社会治安综合治理是我国打击和预防犯罪的锐利武器,要彻底铲除P2P网络借贷犯罪的滋生土壤,就要有针对性地开展以"打防并举,标本兼治,重在治本"为主的社会治安综合治理。

第一,主动出击,将"预防为主,打击为辅"的理念贯彻落实到实处。在充分分析研判P2P网络借贷犯罪趋势的基础上,针对该类犯罪参与人员及

---

[1] 参见单勇、侯银萍:《中国犯罪治理模式的文化研究——运动式治理的式微与日常式治理的兴起》,载《吉林大学社会科学学报》2009年第2期。

受害群体的情况以及诱发该类犯罪的原因、条件，采取有针对性的治理措施，防止该类犯罪现象的产生与蔓延。

第二，健全机制，充分发挥社会综治作用。协调各方力量，从组织机构、经济支持和制度机制上提供条件，建立社会综治动态快速反应机制，打击 P2P 网络借贷犯罪。

第三，建立综合防控体系。做到打防统一、疏堵结合，根据具体社会情况和犯罪发展趋势，有侧重地采取综合治理措施，实现法网在社会控制中应有的打击、预防、调节、引导等作用，依法惩治 P2P 网络借贷犯罪，维护社会稳定。

3. 终点控制：防范 P2P 网络借贷犯罪之蔓延与转移

当前，国内对 P2P 网络借贷犯罪等网络犯罪的治理力度呈现不断强化趋势，但只要国家外部控制过于强大，犯罪就会转移。在犯罪人数量恒定的假定下，治理犯罪必须通过对犯罪进行风险分析，对当前社会环境、社会制度进行风险等级评定，将犯罪转移的下一站找到，从而对犯罪形成前后堵截的局势，使其在困境中无所适从。

实践中，国内部分从事非法活动的 P2P 网络借贷平台为了逃避打击，往往选择使用本地以外的服务器实施跨地域。如此，不仅导致物理地域划分为基础的传统刑事管辖规范在应对 P2P 网络借贷犯罪时出现矛盾，给侦查破案带来新的挑战，[①] 也导致 P2P 网络借贷犯罪出现跨地域犯罪的发展趋势。对此，一方面，要加强 P2P 网络借贷犯罪的情报信息交流，建立情报信息资料的搜集与交流机制。各地应当及时交换该类犯罪的情报信息，以便及时掌握该类犯罪的活动情况，这也符合各地打击 P2P 网络借贷犯罪的共同利益。另一方面，要加强打击 P2P 网络借贷犯罪理论研究的协作配合，P2P 网络借贷犯罪成因较为复杂，影响范围较广，治理难度较大，仅靠某个地方的力量很难达到打击与防控目的。应当加大地区合作力度，各地公安司法机关应当加强协调配合，形成合力，有效治理与防范 P2P 网络借贷犯罪。

（二）P2P 网络借贷刑事风险之风险源治理

1. 人为风险治理：通过法律的过程控制

法律功能的最佳发挥，在于对客体的全过程规范以达到在过程之中全面消除风险。针对 P2P 网络借贷的犯罪风险等人为风险，对其进行法律治理是关

[①] 参见刘坤：《非法集资犯罪侦防对策研究——以 P2P 网络借贷平台为视角》，载《中国刑警学院学报》2015 年第 3 期。

键进路之一。

当前 P2P 网络借贷行业发展迅猛,尽管《暂行规定》已经出台,然而对其进行系统规制的法律体系尚未形成,监管不力现象常见,容易滋生违法犯罪。为了推动行业健康有序发展,应当制定专门的 P2P 网络借贷法,通过法律的过程控制、治理 P2P 网络借贷的犯罪风险等人为风险。在专门的 P2P 网络借贷法中,一要明确 P2P 网络借贷平台的法律性质。《暂行办法》明确了 P2P 网络借贷业务的合法性,并规定该业务的资金存管、支付结算由银行业金融机构完成,同时确定了 P2P 网络借贷平台的经营范围"红线",明确了 P2P 网络借贷平台的中介属性,禁止平台为借贷双方提供担保服务,合法有据,应当坚持。二要明确监管主体。明确 P2P 网络借贷业务由银监会负责监管,解决监管主体不明的问题,在此基础上各司其职、分工配合:银监会及其派出机构对 P2P 网络借贷平台设置前置审批、进行业务监管以及退出市场时的审查批准;工商行政管理机关对其注册登记,审查其作为企业是否具有足够的手续合法经营;工信部门对其备案,审查网站内容的合法性、安全性。三要构建市场准入机制。当前市场上 P2P 网络借贷行业恶性竞争、乱象丛生,监管部门应该通过立法适当提高行业准入门槛;适当提高注册资本;具有任职专业知识和业务工作经验的董事与高级管理人员;更加完善的公司治理结构和内部控制;符合行业要求的营业场所安全防范措施以及相关设施;平台成立应当经过监管当局审批。四要建立市场退出机制。为避免不良资产、化解潜在风险,对于迅猛发展的 P2P 网络借贷行业,也应规定一套有效的退出机制,具体包括退出时涉及的金融资产损失和转移、客户重要信息的整理和保护等。在退出机制的选择上,考虑防范风险和减少损失的前提下,应以市场兼并作为主要的退出方式。①

2. 激发性风险(不确定风险)治理:重构信任关系

在当前宽严相济的刑事政策指引下,我国对待 P2P 网络借贷犯罪等行政犯罪的基本思路应当是轻缓化,即更大程度体现谦抑性的刑法理念。刑法介入 P2P 网络借贷无序发展的状况具有必要性,也符合法的社会福利目的。但是如果刑法过度介入,不仅会阻滞 P2P 网络借贷的创新动力、弱化其积极影响,还会在很大程度上导致 P2P 网络借贷失去生存空间,因此刑法介入需要保持一定限度,关键是要保持谦抑性,体现为刑法介入 P2P 网络借贷的紧缩性、补充性以及启用非刑罚处罚方法。

第一,强调刑法介入的紧缩性。刑罚对犯罪的预防功能是有限的,只有在

---

① 参见李素梅:《完善电子银行监管的法律思考》,载《法制与社会》2008 年第 12 期。

消除或者至少是减少社会矛盾与社会结构中的诸多致罪因素作用力的基础上，刑罚才能发挥其预防犯罪的功能。① 所谓刑法紧缩性，体现为尽量避免刑罚代表的公权力对个人私权利的干涉，尽量减少刑罚的发动。P2P 网络借贷代表互联网技术在金融领域的创新，尽管金融创新并不意味着必须以违法手段为代价，但是毕竟需要一个不断试错发展的过程，刑法的过度干预势必会遏制创新并严重阻碍 P2P 网络借贷的正常发展。具体而言，刑法介入 P2P 网络借贷的紧缩性体现在：在刑事立法上，消弭正常 P2P 网络借贷在客观上与非法经营罪、非法吸收公众存款罪、集资诈骗罪等相关犯罪在构成要件方面的契合，适当提高相关犯罪的入罪门槛；在刑事司法上，一定程度包容 P2P 网络借贷发展过程的"小错误"，对轻微犯罪给予更多经济效益的考量，如果能够不定罪就不必定罪，能够适用较轻的刑罚就适用较轻的刑罚。

第二，突出刑法介入的补充性。刑法的谦抑性体现在刑法在服务经济大局中的补充性。调整机制的不同导致刑法在诸法中作用特殊，刑法作为一种保障法，只有在其他社会手段不能充分维持社会秩序的时候才能作为最为兜底的"恶剑"启用。刑法介入 P2P 网络借贷的补充性，要求在能够利用社会的其他方法规制 P2P 网络集资行为时，尽量避免刑法的发动。具体而言，一要在专门的 P2P 网络借贷法中规定具体金融监管措施，给刑法介入 P2P 网络融资一条缓冲带，避免刑法提前启用；二要对于市场发展可以包容的 P2P 网络借贷的自我创新错误，如果可以在金融市场自我更迭中优胜劣汰，则尽量减少刑法发动的频率。

第三，强调启动非刑罚处罚方法。刑罚最大的威慑力关键不在于多用"重刑""死刑"，而在于"严密刑事法网"。要努力纠正过去对"非刑罚处罚"不够重视和不予关注的错误做法，高度重视、切实适用《刑法》第 37 条规定的"非刑罚处罚方式"。② 实践证明，"非刑罚处罚方式"是非常有效的，要争取以最大的努力去充分发挥这一低位阶处罚措施的应有功效，利用其打击和震慑犯罪。对于 P2P 网络借贷犯罪，除了对那些严重犯罪有必要判处重刑外，对那些情节轻微的犯罪分子应全面启动"非刑罚处罚"的措施予以处罚，切实发挥"非刑罚处罚"在打击犯罪中的应有作用。如此，可以充分发挥轻重刑罚各自应有的刑罚威慑力，还可以通过一些轻微惩罚，使犯罪分子早日改

---

① 参见梁根林：《刑事法网：扩张与限缩》，法律出版社 2005 年版，第 7 页。
② 《刑法》第 37 条规定"对于犯罪情节轻微不需要判处刑罚的，可以免予刑事处罚，但是可以根据案件的不同情况，予以训诫或者责令具结悔过、赔礼道歉、赔偿损失，或者由主管部门予以行政处罚或者行政处分。"

邪归正,回归服务社会。①

3. 发展性风险(制度性风险)治理:完善征信体系建设,打造两法衔接平台

当今社会风险总是在不断发展中完善自我,在社会转型之际,发展中的风险越来越呈现转移的趋势,成为引起各种犯罪的发展性风险或制度性风险。因而,在治理 P2P 网络借贷犯罪时,要高度重视此类风险的治理。

第一,完善社会征信体系建设。P2P 网络借贷中对借款人信用的审核与评定,有助于防止风险的产生与转移。域外 P2P 网络借贷之所以蓬勃有序地发展,其基础也正在于其发达和成熟的征信体系。与此相比,国内的个人征信体系还很不完善,P2P 网络借贷平台无法依赖个人征信体系对借款人进行评级。尽管央行早在 2006 年就已经开始组建全国统一的企业和个人信用信息基础数据库,然而该系统并不对 P2P 网络借贷平台开放。对于网络 P2P 借贷平台,可以分阶段接入全国征信系统,前期可以让运营情况良好、治理比较完善的 P2P 网贷平台开展征信系统接入试点,后期条件相对成熟后再考虑向整个 P2P 网络借贷行业开放。如此,既有利于 P2P 网贷平台对借款人信用等级作出正确的评价,也有利于完善与充实征信系统数据库。②

第二,打造两法衔接平台。所谓"两法衔接"即行政执法与刑事司法的衔接,这对于消弭犯罪风险、防止风险转移是至关重要的。在对 P2P 网络借贷动用刑法手段之前,肯定也会遇到行政手段控制问题,这就涉及两法衔接问题。而且,由于我国行政权力相对过大的缘故,行政执法也是非常重要的控制手段和极为有效的惩处措施。对于 P2P 网络借贷乱象和异化问题的监管,一直以来就存在着行政手段介入还是刑事手段介入之争。当前,在《暂行办法》已经出台但配套规定尚未到位的情况下,要根据现行法律法规做好行政执法工作。各地要强化部门统筹,强化属地责任、协调配合、督促指导,充分发挥相关部门对 P2P 网络借贷平台的行政监管职责。此外,还要建立行政执法机关尤其是金融监管部门与公安司法机关之间的沟通联系机制。关键是建立相关 P2P 网络借贷刑事案件的信息交流机制、联席会议机制、协调配合机制等工作机制,有效杜绝有案不立、以罚代刑现象的产生,坚决依法查处 P2P 网络借贷犯罪行为。

---

① 参见李晓明:《P2P 网络借贷的刑法控制》,载《法学》2015 年第 6 期。
② 参见罗栩:《我国 P2P 网络借贷的法律风险研究》,浙江大学 2013 年硕士学位论文。

新型非法吸收公众存款犯罪处理困境及处置体系重构

黄俊杰　杨浩宇[*]

一、问题的提出

防范化解金融风险尤其是涉众型金融风险，是打好防范化解重大风险攻坚战的重要组成部分，是市域社会治理体系和治理能力的现代化建设重要一环。近年来，随着我国经济的高速发展与社会的快速变革，金融犯罪方面发生了深刻的变化，其中值得重点关注的是非法吸收公众存款（以下简称为非吸）犯罪的转型和更新。

非吸犯罪严重危害人民群众利益、影响国家金融秩序与社会稳定，历来是国家重点打击的对象。1995年首次增设"非法吸收公众存款罪"到2020年《刑法修正案（十一）》提高该罪最高法定性，反映出国家惩处力度的不断加大。而随着对非吸犯罪的严打，传统犯罪的生存空间越来越小。新型非吸犯罪借助社会发展新技术、新业态由此产生，其在吸款的平台、内容以及手段上表现出新特征，与采取明面上高额收益率吸款的传统非吸犯罪差异较大，给司法认定带来诸多困难。

这一问题早已颇受理论界和实务界关注，尤其是2010年以来国家加大对非吸犯罪的打击后，研究更是大幅增加，然而当前非法吸收公众存款刑事案件

---

[*] 黄俊杰，法学硕士，四川省成都市金牛区人民检察院综合业务部副主任，二级检察官；杨浩宇，四川大学经济学博士、法学硕士。

数量却高居不下并略有上升，① 暴露出研究与实务间存在一定的断裂。笔者认为现有研究的不足主要表现在：一方面，研究仍旧较为注重传统非吸领域，② 对新型问题认识和难题化解的研究数量不丰富、实证性不够；另一方面，研究更着眼于从刑事司法角度关注对犯罪行为的刑事规制，③ 缺乏基于体制长期变革角度以及检察机关在社会治理现代化背景下的地位和作用的宏观角度相关分析。

因此，考察与研究新型非吸犯罪的特点、成因、应对之道，具有重大的理论与实践意义。笔者立足 A 市 B 区两例新型非吸犯罪案件展开，力图通过检察视角从微观角度把握、审视、前瞻新型非吸犯罪的处理困境及应对举措，探析构建"刑事打击、监督监管、协作共建"三位一体处置体系的可行性，探寻在效"管"与科学"防"之间谋求平衡，推动涉众型金融活动在法治轨道上运行。

二、新型非吸犯罪案例的检视与分析

传统非吸主要是指未依照法定程序经主管机关批准的单位或者个人，通过高额收益率吸引投资人，采取宣传投资项目和发行股票、债券等方式向不特定

---

① 2013 年非法吸收公众存款罪的一审案件数量为 301 件，2014 年为 1102 件，2015 年为 1215 件，2016 年为 3094 件，2017 年为 3809 件，数据来源参见王新：《非法吸收公众存款罪的规范适用》，载《法学》2019 年第 5 期。全国检察机关办理非法吸收公众存款罪案件 2016 年起诉 14745 人，2017 年起诉 15282 人，2018 年起诉 15302 人，数据来源参见郑赫南：《检察机关办理非法集资犯罪案件数量逐年上升》，载《检察日报》2019 年 1 月 31 日。2019 年起诉 10384 件 23060 人，同比分别上升 40.5% 和 50.7%，数据来源参见最高人民检察院：《发挥检察职能作用 惩治和预防金融犯罪——最高人民检察院第四检察厅厅长郑新俭就第十七批指导性案例答记者问》，https://www.spp.gov.cn/spp/xwfbh/wsfbt/202003/t20200325_457166.shtml#2，2020 年 7 月 9 日访问。

② 石魏、贾长森：《涉众型经济犯罪实证分析及应对策略建议》，载《法律适用》2019 年第 9 期。

③ 参见司伟攀：《非法集资犯罪若干问题研究》，载《法律适用》2017 年第 5 期；徐宏：《共享单车"押金池"现象的刑法学评价》，载《法学》2017 年第 12 期；郝艳兵：《互联网金融时代下的金融风险及其刑事规制——以非法吸收公众存款罪为分析重点》，载《当代法学》2018 年第 3 期；彭新林：《多方面完善 P2P 平台非法集资刑事规制》，载《检察日报》2018 年 7 月 8 日；张亚平：《非法吸收公众存款罪的保护法益及其司法适用》，载《上海政法学院学报（法治论丛）》2019 年第 5 期；王新：《非法吸收公众存款罪的规范适用》，载《法学》2019 年第 5 期；蒋涤非：《非法吸收公众存款罪的理解与适用》，载《西部法学评论》2019 年第 6 期等。

的社会公众募集资金,并许以期限内的高额投资返息、返利。①

  国家多年来严打非吸,对非吸手段向公众不断普及,传统的非吸伎俩已难以欺骗公众,生存空间也越发缩小。新型非吸衍生而出,具体表现为部分犯罪分子不再采取明面上的高额收益率吸款,而是利用互联网和金融支付手段的完善及快速融合发展,打着"金融创新""大众创业""股权投资"等旗号,以投资理财、众筹、私募、期权等资本运作为名,利用虚拟货币和数字资产等新方式骗取资金。② 这类犯罪手法不断更新、犯罪形式更加多样、传播手段更加复杂,更有甚者通过"组合拳"的方式进行,使人无法分辨。以下通过两起刑事案例着重分析。

  案例一:D网络科技有限公司于2015年底在A市B区实际经营,未经国家相关部门许可,通过在全国各地开推介会、推荐公司运营平台微信公众号等方式宣传公司诸多经营模式,并利用甘肃、山西、云南、青海等地数十家代理公司吸款,涉案人数上万,涉及金额10亿元左右。

  案例二:Z汽车有限责任公司于2018年在B区经营后未经国家相关部门许可,通过朋友圈、散发广告单等方式宣传公司经营模式吸款,涉案人数上百,涉及金额数百万元。

  案例一中,D公司成立后在全国多地开设发展代理公司,最多时高达八九十家,而A市却没有代理公司及任何业务。该公司经营模式主要有四种:一是网上商城购物模式。在该公司网络技术部人员自行开发的名为H平台的网络商城上,投资人每消费1500元购物就可获得10000积分,该积分可兑换为10000Y币(平台的虚拟货币)。Y币是按照每天千分之二的比例返还,一共返还500天。返还而来的Y币可以在H平台继续消费购物,也可提现为人民币。Y币与人民币在公司指定交易平台上的兑换比例是1∶1。投资人必须累计超过一定数量Y币后才能申请提现,每周只有一天可以申请提现,提现时公司还要收取一定比例的手续费。二是会员模式。投资人在H平台上花费980元可成为"爱心大使会员",该会员主要有三种会员权限:直接获得有价值较低商品如红酒等的会员商品包、会员推荐会员可以按照一定比例获得两个层级的推荐提成以及会员推荐会员的消费提成(积分)可以按照一定比例获得自己层级下面三个层级的消费提成(积分)。除此以外,会员还可以在平台优先购买F酒、股权等。三是F酒模式。投资人可花费15000元购买公司指定的F酒

---

 ① 张明楷:《刑法学》(第五版),法律出版社2016年版,第778~780页。
 ② 欧阳洁:《防范以"虚拟货币"等名义进行的非法集资》,载《人民日报》2018年8月27日,第21版。

一坛，除了获得酒的实物以外，还能获得数倍的积分。该积分的性质和用途与 H 平台上的积分相同，可以互相通用。四是股权模式。公司对外宣称自身发展前景很好，并以能在香港上市为由，在公司自制的专门交易软件上销售公司原始股。投资人购买公司股权后可以在交易软件上炒股，也可以随时出售。获得公司直推资格的投资人推荐他人购买股权后，还能获得购买金额一定比例的佣金。

  案例二中，Z 公司为陕西某公司在 B 区的代理公司，经营模式主要有四种：一是 6 折购车模式。投资人在 4S 店买车时交 60% 的首付款，其中一半给 4S 店做首付，另一半作为 Z 公司的服务费，公司用这服务费产生的利息三年内共分 36 期来偿还剩下的 70% 车款。二是广告车模式。投资人使用其车辆发布车身广告为公司经营业务提供全方位的广告宣传推广。公司收取一定金额作为投资人的履约保证金，并在三年内分 36 期还清相关保证金。三是健康卡、健康水模式。投资人购买公司的健康卡（健康水）套餐注册成为 VIP 会员，并为公司提供相当数量的推介工作后，公司按月给予投资人所购买价值 15% 现金（健康水为 10%）的补贴，共为 10 个月（健康水为 15 个月）。四是优先股模式。投资人购买公司的原始股（3 万元起购），待公司上市后就会以一比一的比例转成发行股。若公司没上市，满 365 个自然日后就会获得双倍的购买款。

  从上述两则案例可以了解到，这两家公司吸款的内容和方式翻新变化明显，造成的危害在某些程度上更甚于传统非吸。为此，应高度警惕借助互联网外衣、打着金融创新幌子的新型犯罪，甄别其内在特征和显著特点，为打击和预防犯罪提供良好支撑。

三、表现及制约：新型非吸犯罪的突出特点及处理困境

（一）新型非吸犯罪的突出特点

1. 蛊惑性、隐蔽性和欺骗性更强

  该特征主要表现为涉案公司名称和犯罪手段两方面。一方面，涉案公司名称包装具有迷惑性。传统非吸犯罪中涉案公司名称常表现为"某某投资公司""某某理财公司""某某基金公司"等带有理财投资类的称号，此时，投资人基于日常法律宣传知识，能够从名称上大体辨别公司的性质，从而远离此类公司以及非法吸款。新型犯罪中涉案公司越来越注重对自身行为合法性的包装，通过利用工商登记注册成立带有实体经营名称的公司而非投资公司、金融服务公司，并宣称其从事的活动是完全合法的。如上述两公司的名称为"某某网络科技有限公司""某某汽车有限责任公司"就是示例，上述案例中 D 公司注册资本更是高达数千万余元，大多数不具有专业法律知识和经济知识的投资

人,在了解到涉案公司依法登记注册成立,并从营业执照处知晓公司注册资本雄厚后,不易甄别公司的性质。倘若涉案公司依托其合法身份开展与公司名称相关联的经营业务,投资人更会难以自知。如 Z 公司的购车模式和广告车模式等经营业务乍看与公司名称大体相关,对投资人极具诱惑性。

另一方面,犯罪手段而言,新型非吸犯罪的手段更为多样且隐蔽。传统非吸犯罪活动以投资项目和借款为主向社会公众宣传,宣传时会对涉及的项目或产业进行详细介绍,让公众能一目了然知晓投资事宜。新型犯罪极少采用签订借款协议直接吸款,更多采取令人眼花缭乱的变相吸款方式。主要表现为:其一,犯罪分子往往会盗用市场中的新经济发展概念或模式进行扭曲,编造名目繁多的"高大上"乃至虚假项目迷惑和欺骗公众。如项目投资、股权债权转让、商品回购、网络 P2P 借贷、出售理财产品、成立各种惠农专业合作社等形式。① 其二,试图依托貌似合法规范的合同文本和业务流程给非吸披上合法的外衣,使投资人不能轻易看清复杂而又深奥的犯罪手段,以混淆视听,规避刑罚打击。其三,涉案公司通常会借助网络平台、期刊报纸或是部分场合大肆虚假宣传,迷惑公众。如 D 公司多次前往其他分点进行宣讲并在青城山、三亚等地召开公司年会,推广公司业务和项目。

这些各式各样的幌子,比传统的高息投资等手段更有隐蔽性和迷惑性,加之投资信息不对称,使投资人既难以获取涉案公司及投资项目真实经营状况,难以发现个中细节真相;② 再加上一如既往高额回报的推动和自身的侥幸逐利心理,极易使投资人在不知晓的情况下盲目投资,再次掉入犯罪分子设置的新陷阱中。

2. 吸款手段民刑交织

新型非吸犯罪开始选择合法的外衣做掩饰,企图利用各种经济给吸款手段套上"合法"的民事属性,从而对犯罪行为进行层层掩饰。③ 不再如以往直接打着"投资""借款"的旗号吸款。如在工商局申请营业执照、租赁办公楼、建立公司以及分公司等,以期通过表面上看似合理的实体经营或者实体投资模式掩饰违法犯罪活动,达到骗取投资人信任、获取巨大经济利益的目的。

---

① 山东省滨州市中级人民法院课题组:《关于涉众型经济犯罪案件审理情况的调研报告》,载《山东法官培训学员学报》2018 年第 4 期。

② 陈荣飞、肖敏:《融资与投资错位互构下的被害人自冒风险——基于集资诈骗罪视角》,载《兰州学刊》2017 年第 9 期。

③ 郝艳兵:《互联网金融时代下的金融风险及其刑事规制——以非法吸收公众存款罪为分析重点》,载《当代法学》2018 年第 3 期。

上述案例二中，除去健康卡、健康水等传统直接吸款模式以外，还有在类似与淘宝、京东等电商购物平台上销售生活日用品、玉器等商品，并根据投资人购买数量按照比例给予积分奖励。投资人可用返还的积分继续购物，也可兑换现金。乍一看，投资人通过公司设定的渠道购物下单获得商品以及相应积分的行为，与一般民事交易中的买商品得积分、积分最终可用于折抵商品价格的方式极为相似。涉案公司以高额积分代替直接高额返现吸引投资，投资人看似通过正常的市场交易行为购买商品或其他实物，但由于公司返还的高额积分可以兑换为人民币并提现，投资人可谓"醉翁之意不在酒"，其真正意图便是通过这些购物背后的所返积分获益。再如F酒模式中F酒的成本价仅仅千余元，远远低于实际销售价格，商品质量并未与价格成正比，甚至不如价格更低的商品。此外，股权交易也成为了犯罪分子常用伎俩之一，操作上也与通常的股权交易行为极其雷同，具有较大迷惑性。普通群众很难分清其中的差异，更难将这些交易模式与刑事犯罪联系在一起，上述两公司不约而同地都采取销售股权的方式吸款。此时民事交易就成为非法吸款的幌子，掩盖了真实犯罪目的。①故要想将民事属性较为突出的吸款手段认定为犯罪的具体方式，需要拨开层层迷雾甄别判断。

3. 吸款行为整体性突出

传统非吸模式及投资项目较为单一，且彼此之间缺乏相互联系。新型犯罪突破传统的单一模式，往往同时开展多个投资项目，呈现出多元化特征。单独来看，似乎部分项目不能认定为非吸的行为方式，但从整体来看，项目之间存在一定联系，都服务于整个犯罪活动。

以案例一为例，孤立来看，会员模式运营手段与非法传销犯罪颇为相似，似乎应单独认定为组织、领导传销罪。但该模式是在D公司的统一指导下进行的，与其他三种模式均是在公司指定的交易平台上完成。投资人通过这四种模式所获得的积分都可以提现，也可以在交易平台上用于优先购买商品、F酒、股权等。投资人既可以单独投资某个项目，也可以一次性投资若干个项目。各地分公司将各自吸收的所有投资款汇总到总公司，由总公司统一支配使用。总公司既能从总体上了解每个项目吸收金额的数量，也能为部分吸款较少的项目的顺利运转提供一定的资金保障、防止因返利过高出现资金链断裂，同时还能针对返利过高的项目进行调整、以便缓解支付返利的压力。

---

① 梅腾、阎二鹏：《P2P网贷债权转让的刑法介入——以非法吸收公众存款罪的实质解释为视角》，载《中国人民公安大学学报（社会科学版）》2016年第2期。

4. 网络化、组织化更为突出

一方面，新型非吸犯罪相当注重平台的网络化建设，大量犯罪活动均通过网络进行，将线下活动搬到了线上。犯罪分子利用网络传播无地域性乃至无限性的巨大优势，短时间内在全国多地设立代理公司并快速推广投资项目，促使线上线下相互结合，导致涉案地区迅速从发达地区向欠发达地区、从一二线城市向三四线城市扩散和蔓延，极大地突破了地域界限、发展界限。如 D 公司开发自己的 APP，将其四种经营模式搬到线上完成；Z 公司要求投资健康卡、健康水项目时需在网上注册成为会员，所有返利均通过网上返还。此外，为便于犯罪活动更加正规职业和令人信服，还主动将自建的网络平台和软件与第三方数据平台进行对接，以完成支付投资款及兑换积分等。如 D 公司便将 H 平台、F 酒销售系统和股权交易软件与深圳某数字交易平台对接，投资人获得的积分就由该平台释放并在该平台交易或提现。

另一方面，新型非吸犯罪活动多采用"公司化"模式，组织化趋势日益明显。犯罪团伙为扩大业务范围，在多地遍布组织架构和分支并实行公司化管理模式，呈现出组织机构多类别、管理模式集团化特征，犯罪活动组织体系不断健全壮大。具体表现为：一是整个犯罪组织内成员种类众多，有专业运营管理团队、开发销售团队等组织，形成了密切配合、相互协作的组织形态。二是公司体系内上下游犯罪分工严密，总公司核心成员负责集团公司的设计、组织、管理和运营，分支机构不参与核心运营，只负责咨询、宣传和销售投资项目等辅助性工作，共同构建成相对完整的产业链。如上述两公司虽在多地设立分公司，但公司业务的开发、调整以及款项的支配均由总公司负责，各地分公司只负责宣传项目、吸收款项后上交，并接受总公司指导和管理，没有独立经营权。犯罪链的产生，使得每个环节犯罪更加专业化、独立化，形成了严密性和专业性更强的组织化犯罪模式，给后续刑事治理带来难题和挑战。

（二）新型非吸犯罪的应对困境

基于前文的描述与分析可知，新型非吸犯罪幌子层出不穷，手法迷惑性强且犯罪范围极易扩张，监管、打击难度显著提升。但总体来看，它与传统犯罪是一脉相承的，是有规律可循的。传统非吸犯罪已研究颇多，笔者也曾撰文有过探讨，① 本文不再赘述，只着重分析新型犯罪的显著问题及背后原因。

---

① 李薇薇、黄俊杰：《涉众型经济犯罪批捕证据审查机制实证分析》，载《中国检察官》2018 年第 19 期。

1. 新型非吸犯罪发现难

与传统通过传单、短信和业务员宣传的模式不同，新型犯罪资金融通、支付和信息中介等都依托网络架设，仅依靠一部手机就可以实现吸款的全过程。此外，非吸犯罪前期往往在特定领域和小范围群体中展开，缺乏透明以及相关的公开，公众此时也难以得知具体情况，导致监管部门无法通过传统模式进行监管。而大多数普通投资人不具有专业法律和投资知识，无法从众多眼花缭乱的犯罪手段中分辨出"还本付息"的实质并举报；同时基于逐利心态，在涉案公司资金链没有断裂跑路、继续返息的情况下，投资人是不会主动发现犯罪线索并报案的，而案发后往往证据已转移、销毁，以致此时的介入又有一定的滞后性。

2. 新型非吸犯罪认定困难

新型非吸犯罪同传统非吸犯罪一样，其本质特征仍在于它的违法性，这也是区别于其他正常经济活动的重要界限。① 当前针对新型非吸犯罪的规范不足，无法为办案人员提供完善的规则指引，致使办案人员在"非法性"认定上存在障碍。新型非吸犯罪往往在资金链断裂前并无明显奇怪表征，此时司法以及刑事囿于缺乏明确规定难以判定，也难以提前进行介入控制，事后的侦查往往收集犯罪初始证据困难。此外，当前新型非吸犯罪的手段不断发展，犯罪手法专业化程度高、组织性强，再结合智能时代的新技术，使得后续侦查面临种种困难。

新型非吸犯罪创新了吸款的手段和行为、越发突出民事色彩，目的在于混淆民事行为与犯罪手段之间的界限，使得案件尚未爆发以及办案初期时拿不准这些行为是否属于犯罪，民间借贷等民事行为与非吸犯罪有时就是一步之遥。在不能准确定性的情况下，这到底是响应国家"大众创业、万众创新"号召的新金融，还是"挂羊头，卖狗肉"的非吸，使人雾里看花、真假难辨，以致不能及早准确地发现犯罪线索。倘若未能查清犯罪方式，极易导致非吸打击范围被任意扩大，使得"非法吸收公众存款罪"沦为非法集资犯罪体系中的口袋罪名。②

3. 新型非吸犯罪打击犯罪难度增加

囿于新型非吸犯罪的组织分工更为严谨、手段更为新颖以及协同办案机制不善等原因，打击新型非吸犯罪的难度较之传统而言更为困难。

一方面，正如前文对新型非吸犯罪的特点介绍，新型非吸犯罪的组织性更

---

① 王新：《非法吸收公众存款罪的规范适用》，载《法学》2019 年第 5 期。
② 于志刚：《口袋罪的时代变迁、当前乱象与消减思路》，载《法学家》2013 年第 3 期。

强,组织结构更为严谨,致使想在短时间内查清整个犯罪团伙的犯罪事实无疑挑战极大。另外,新型非吸犯罪的手段、工具更为新颖,趋向网络化、智能化,致使取证、证据保存面临诸多困难。给司法办案形成了新的挑战。

另一方面,新型非吸犯罪相应的对协同办案机制提出了更高的要求,然而现行协同办案机制的不善,致使打击效果不明显。"两高"《关于办理非法集资刑事案件若干问题的意见》虽然对此有所规定,但实务中由于各地办案机关介入时间不尽相同,掌握信息不一、侦查视角不一、证据收集标准和力度有别,倘若没有统一机关牵头处理,则易各自为战,出现办案信息沟通不畅、配合不力、重复讯问和司法鉴定、扣押冻结赃款赃物以及后续退赃不均等情形,影响办案效率和效果。如在案例二中出现同一城市中对集团分公司处理不一的情形,致使认定事实和罪名上有所差异,整个系列案件初期侦破效果不太理想。

4. 难以查清涉案资金数额及流向,追赃挽损工作难度大

新型非吸犯罪通常会在多地设置机构并借助网络化平台来扩大资金吸收面以能够在较短时间内吸引巨大资金,如 D 公司在两年多时间就吸款约 10 亿元。借助便捷的网络交易支付途径,省略以往吸款的中间环节,业务员不再直接收取投资人的款项,甚至分公司也不经手资金。投资人的投资款直接进入总公司的账户,由总公司统一支配,并按照各地业绩给予相应分成。这就导致各分公司并不清楚各自的吸款数额,各地在查处当地犯罪行为时不能准确掌握资金去向及数额,办案机关难以查清涉案资金数额及流向。[①]

此外,即使能够查清,但囿于证据收集难度,证据往往难支持涉案犯罪的具体数额认定。大多数非吸类案件在爆发时其资金链就业已断裂,犯罪分子要么大肆挥霍涉案款物或者早已通过现金方式转移财务,投资人所投的大量投资款经过成百上千次转移去向难以查明,导致追赃额远低于实际损失数额。[②]

5. 风险预防工作有待加强,监管机制亟须创新完善

打击金融犯罪、防控金融风险是司法部门和各金融监管机构永恒的主题,需要相关职能部门乃至全社会共同参与促进。实践中,虽然在某个案(事)件上有一定协作,效果也不错,但以社会治理整体布局为基础的,运行高效、协调到位的预防监管机制,以及行政执法与刑事司法的对接机制还需健全。具

[①] 彭新林:《P2P 网络借贷平台非法集资行为刑事治理问题要论》,载《北京师范大学学报(社会科学版)》2017 年第 6 期。

[②] 石魏、贾长森:《涉众型经济犯罪实证分析及应对策略建构——以北京市近 5 年审理的 385 件案件为样本》,载《广东行政学院学报》2019 年第 2 期。

体而言，存在以下三方面不足：

第一，监管欠缺预防理念，监管步伐始终滞后于经济发展，在新兴领域中表现尤为明显。① 监管机制面对更为丰富、复杂多变的新兴经济领域，要想完全跟上新生事物的步伐不太现实，不可避免地会表现出滞后的一面，甚至在发展初期还会处于监管松散和缺失状态，使得一些违法违规行为找到生存空间甚至蔓延。而在如今大力提倡服务保障民营经济发展以及万众创新的环境下，监管部门在面对日异月新的经济形式也不会主动查处没有明显或者大面积犯罪行为。如 D 公司在长达两年多经营时间里，因监管部门不知如何定性这四种模式，故这种明显违背经济规律的经营模式没有引起任何重视。

第二，金融领域政府行政职能履行不充分。经济犯罪的双重违法性质使得在达到刑事追诉标准之前，行政法规及行政机关可以在区分民间融资的合法与非法方面大有作为，但部分监管部门未能有效发挥监管职责。当前民间融资行为在法律框架内定位模糊，民事主体正常借贷、融资与非吸之间的界分不清，致使新型非吸犯罪愈演愈烈后，从而引起行政和司法的关注。

第三，监管工作缺乏合作。新型非吸犯罪活动涉及金融、市场等多个部门，但各个监管部门间的职能混乱、职责划分不清等痼疾依旧存在，相互之间的各自为政致使协调困难，监管盲区给犯罪留下可乘之机，难以保证预防和打击犯罪的时效性和有效性。如金融监管部门、市场部门和司法机关之间的壁垒对事实认定、调查取证等工作造成一定障碍。

可见，监管机制的不健全致使金融市场监管的功能未能有效发挥。如何准确研判不断变化的经济发展趋势和法律政策，找准平衡点，在保护上取得一致、在打击上形成合力，无疑值得深思。

四、应对新型非吸犯罪的路径选择

我国经济不断发展、民间融资活动持续活跃的背景下，可以预见未来一段时间内非吸犯罪活动依然高发，甚至以更新的犯罪形式出现。检察机关不能仅局限于刑事打击，要站在推进市域社会治理现代化的高度，② 把惩处刑事犯罪和参与社会治理结合起来，从"刑事打击、监督监管、协作共建"三个层面提炼出打击与保护并重的措施。在"三位一体"体系中，刑事打击是基础、

---

① 王浩、曾子为：《论预防式社会性监管——以化工行业风险监管为例》，载《理论与改革》2020 年第 4 期。

② 徐汉明：《市域社会治理现代化：内在逻辑与推进路径》，载《理论探索》2020 年第 1 期。

监督监管是手段、协作共建是保障,三者深度集成、依次交替,将坚持有法可依的"打"和完善配套制度的"防"所有要素有机融合串联成一个环环相扣的"闭环"工作流程,推进新型涉众型金融犯罪乃至整个金融犯罪预防体系的有效建构。① 只有充分打好组合拳,才能更好地应对新型非吸犯罪,稳定金融秩序,防范化解金融风险的实现,这也是检察机关服务中心大局以及在推进国家治理体系和治理能力现代化中体现检察担当的应有之意。②

(一) 增强新型非吸犯罪刑事打击能力

全方位提升针对新型非吸犯罪的刑事打击能力,要在把握新型非吸犯罪的规律基础,抓住非吸犯罪"高息返利"的重要表征,做好"个别审查"与"整体审查"二者的有机结合,坚持"穿透式"办案理念,③ 提升识别认定犯罪的精准性;规范证据标准,严格证据审查及运用;发挥好新型非吸案(事)例指导作用,为打击新型非吸犯罪提供有益参考;同时优化办理新型非吸犯罪的程序,构建上下联动、区域合作的程序性机制,凝心聚力,惩击新型非吸犯罪。

1. 把握犯罪规律,准确识别犯罪

无论新型非吸的方式如何变化,其最根本的特征之一"高息返利"是不会改变的,因此要坚持"穿透式"办案理念,运用宏观思维和实质判断方法整体审查各种犯罪行为,尤其是整体返利模式。

一般来说,新型非吸模式多元,不同模式之间的返利额度或高或低,故在审查返利额度时要将个别审查和整体审查结合起来。前者着重审查每个投资具体项目的返利途径、方法和具体额度,是否为公司或企业正常生产经营活动进行的融资,是否通过网络媒体、推介会、手机短信等途径向社会公开宣传等与一般民事交易行为的区别及实质,以确定每个项目单独是否符合非吸的基本要求,能否将该项目确定为非吸的方式方法。在个别审查存在疑虑,尤其是个别审查后发现其返利途径、方法和额度与一般民事交易差别不大时,就要运用后者,将具体项目放置于整个非吸行为中进行分析,确定这一看似正常的投资返利项目,是否是整个非吸行为的重要环节,是否起到吸引投资人的作用、是否

---

① 孙国祥:《防打一体:涉众型经济犯罪案件审理的新思路》,载《人民法院报》2010年8月12日,第5版。
② 梁鸿飞:《国家治理体系中的检察机关:组织环境与法理构造》,载《法学家》2020年第4期。
③ 刘晶晶:《穿透思维在网贷类非法集资案件侦办中的实现路径》,载《中国人民公安大学学报(社会科学版)》2019年第1期。

衔接前后其他"吸款"模式的运作、资金去向有无公示或说明,以重点区分犯罪和民事经济行为。在客观审查满足侵害"扰乱金融秩序"所保护法益的程度时,就应当认定为非吸。①

此外,注重审查涉案公司之间的关联。鉴于此类犯罪多为组织作案、集团作案,要严查涉案公司之间是否为母公司与子公司和总公司与分公司的关系、是否同属于某一公司旗下;要严查涉案公司之间的实际控股股东、公司法人之间是否存在交叉或关联,公司之间是否存在其他非正常的市场合作关系。审查上述问题的目的在于,当复杂案件中涉及多个公司,且公司之间及公司与投资人之间存在表面上的实体交易时,查明上述关系有利于认定具体涉案投资项目的真实属性。假若公司间有主从关系或是控制与被控制关系以及其他"亲密友好型"关系时,此时公司之间的交易实际上就是"从左手到右手",收益最终还是归属于某一特定主体,交易只是转移资金甚至洗钱的幌子。

2. 立足证据本身,严格证据审查

要及时总结不同案件的取证标准并形成指引,以统一在侦查阶段的证据标准,严格审查各个环节的证据形式及内容。

新型非吸犯罪较多通过混杂民事协议的方式混淆视听,在审查书面证据如投资协议时,要严格审查协议上规定的项目模式、投资方式、返利额度等内容,力求从协议内容确定相关投资项目的属性。倘若涉案公司和投资人之间签订多份复杂书面协议或补充协议,单凭此类协议已无法准确认定投资项目的性质。此时就必须结合投资人、公司业务部门人员及财务人员等相关言词证据的补充审查,以对书面协议规定的投资项目的性质进行进一步核实,以作出准确判断,并挖掘其背后有关投资项目的犯罪方式。此外,还要注重收集、审查电子类证据,主要包括对网络交易平台或者交易界面的勘验固定,如具体交易平台、充值兑换和提现平台以及第三方参与的支付平台等对案件定性处理有重要关联的网络平台及界面。可以关注如下三个方面:一是结合网络交易平台载体对投资项目的性质进行审查,通过审查网络平台的具体操作、流程及模式,尤其是对网络平台上展示出相关交易商品带有民事属性的交易模式,达到甄别网络平台交易的具体性质。二是审查具体投资内容,如投资人数和投资金额等。鉴于书面证据和言词证据对上述事实描述均不太客观、准确,故有必要仔细审查以便准确认定犯罪事实。三是审查涉案人员的主观明知及犯罪作用。明确其辩解是否成立、其主观上是否明知或者应当明知是犯罪活动、其在共同犯罪中

---

① 蓝学友:《互联网环境中金融犯罪的秩序法益:从主体性法益观到主体间性法益观》,载《中国法律评论》2020年第2期。

所起的作用（即是技术主管还是一般网络工作人员）以及是否有必要受到刑事处罚等。在事实清楚、证据充分的情况下，坚守刑法谦抑性，重点打击牵连面较广、社会影响较大的新型非吸犯罪以及犯罪组织者、领导者和骨干核心成员，彰显高压严打态势，避免刑事手段泛化，防止引发次生风险。

3. 做好典型案（事）例发布，提供办案指引

目前，新型非吸犯罪作为刑事司法领域内一个较为新型的犯罪形式，其犯罪所涉的范围广、程度深，加之互联网金融市场的发展具有不平衡性，如沿海经济较为发达地区的发展就远高于欠发达内陆地区，制定法、成文法缺乏周延性、具体性和应变性的特点就表现得更为明显。机动灵活、方便明了的具有判例法色彩的案（事）例指导制度，无疑对办案经验有所缺乏、处理此类案件有较大的困难和挑战的地区有所裨益。建议在现有基础上，由高检院和省级院牵头每年定期发布 1—2 次指导性案（事）例，并对典型案（事）例和优秀法律文书进行评比。这既可通过分析和评判将争议焦点问题加以明确和规范，让不同地区办案人员加以比照案情参考适用、达到同案同判的司法效果，① 维护法律的适用统一和公平正义。

4. 完善新型非吸犯罪办案机制

第一，完善上下联动机制。高度重视一体化作战，发挥上下级联动作用，做到同步跟进、共同研究。上级检察机关要加强对案件的督查督办力度，积极发挥统筹协调作用，汇总各地案件中存在的问题和执法分歧，指导各地统一执法尺度及标准，以保证新型非吸犯罪案件在办案标准、量刑上保持统一。下级机关要落实好重大敏感案件报送机制，对重大敏感案件信息、疑难问题、争议焦点等重点问题及时向上级机关汇报，坚持处置与维稳并重。此外，对于不协作配合、奉行地方保护导致办案不力的情形应当进行批评通报。

第二，完善区域间合作平台。对于涉及区域性、系统性新案件，共同上级部门要深化区域联动和协作机制，统筹协调，解决好管辖权、办案标准、证据共享、并案侦查和追赃挽损等问题，以最大限度地提高工作效率、保证办案质量。建议建立全国统一的资金查控平台，有利于各地办案机关查询并处置涉案财物处理情况，解决好同一案件不同区域的追赃退赃问题，避免因退赃不一致影响办案效果。

（二）创新运用监督监管手段

为避免非法吸收公众存款罪扩张为新的口袋罪，罪刑法定让位于维稳需求

---

① 沈小军：《论法官在消减同案异判症结中的功能定位》，载《江苏社会科学》2020年第4期。

和加剧行政执法惰性等，① 刑事优先治理政策既不符合经济犯罪治理原理，也不利于互联网金融的长远发展，故应当回归经济犯罪的基本原理，合理平衡市场与干预的关系，将"穿透式"监管理论与实质刑法观相结合，构建"监督＋监管"模式，不仅检察监督要一马当先，其他机构也应立足自身职能齐同发力，充分发挥监督监管作用，填补监督监管缝隙，做到"打早打小"。

1. 发挥利用好检察机关检察监督的作用

具体如下：一是检察机关应在聚焦司法办案的同时扩大办案溢出效益，在新型非吸犯罪的重点领域密集发力，做好检察数据归集及类案整理分析、总结、提炼，深入研究犯罪原因、动向、特点和规律，从检察视角排查发现办案背后的体制性、政策性等制度缺陷和风险隐患，运用检察建议、专题报告、工作汇报和决策参考等方式，及时向党委政府提出有针对性的建章立制、强化管理的意见，为防范化解金融风险贡献检察力量。二是检察机关要强化对监管部门落实监管职责的法律监督，积极探索落实"一手托两家"的履职要求，对监管法律法规空白提出相关立法建议，促进监管源头的完善。三是检察机关对监管中存在的不规范和缺位行为，以及不履行或怠于履行监管职责致使新型非吸犯罪泛滥的违法情形，利用提起公益诉讼等方式促使监管机关积极依法履责；对发现监管部门、金融机构的主要负责人和中高级管理人员涉嫌滥用职权、失职渎职等职务犯罪以及涉黑涉恶违法犯罪线索的，要及时依法处理，营造良好营商环境。

2. 行政监管机构应当切实做好金融市场的监管工作

严格落实"谁审批、谁主管、谁负责"原则，充分发挥行政监管的最佳效能，突出全链条、多环节齐抓共管，建立全方位监管体系，堵塞漏洞、消除隐患。具体而言：一是金融管理机构宏观上要加大对金融创新活动的合法性审查和全过程监管，准确把握金融法律政策界限，果断拆穿打着金融创新名义实施的金融骗局，防止以创新名义实施违法犯罪活动，引导金融业健康发展；微观上要拓展对担保公司、融资公司、投资机构等风险排查的深度及广度，及时掌握此类公司运营动态，对市场上推广的带有投资性质的相关网站、APP内容及实质进行严格审查并备案登记，对各类交易中具有资金异动情况进行分析识别，对存在新型非吸隐患或苗头的公司，要及时整顿或处理，防止事态恶化。二是市场管理部门、中小企业局要加强市场监管，严格市场主体准入资格，加大对新注册公司实质内容的审核验证，对重点行业、重点公司的经营项目和经

---

① 王晓东：《论涉众型经济犯罪案件中的维权——以与维稳的衡平为视角》，载《法学论坛》2017年第5期。

营方式进行定期核查,并要求履行全面的信息报告、披露和风险揭示义务,并密切关注其运转情况和资产状况,对空壳公司和皮包公司要定期清理,防止通过虚假注册或购买此类公司从事违法犯罪活动。三是税务部门要强化日常稽查,掌握重点行业、重点公司经营动态,发现可疑问题及时转交相关职能部门跟进。各银行机构要依托大额交易和可疑交易监控系统,注重监管重点行业、重点公司的大额财产移转。四是网监部门要加强对互联网招商行为的监管,发现网站有疑似非吸活动的情形,应当纳入重点监控。五是新闻媒体业和通讯部门要加强过滤、筛选和屏蔽带有非吸性质的广告、短信和微信等,最大限度地切断犯罪传播途径。

(三)构建新型非吸犯罪应对的协作共建机制

鉴于新型非吸犯罪本身的复杂性和政府介入的深度,在我国已经很难将其视为一个纯粹的法律问题。在刑事打击和监督监管的基础上引导刑行协作综合治理机制的纵深推进,形成防范化解金融风险的合力。

1. 建立健全执法司法协作办案工作机制

根据"行政执法与刑事司法衔接"的要求,深化行政和司法有效对接,行政监管部门和相关行业协会应加强与司法机关的沟通协商,共同参与涉众金融领域社会矛盾专项治理和新型金融风险专项清理整治工作,在开展个案协作的同时,深化跨部门协作衔接机制建设,如信息的交流共享和情报互通,形成执法司法合力。

具体在协作配合中应做到以下几点:一是要建立健全金融监管、市场监管、网络信息监管、关联行业监管等部门间的联动执法机制。[1] 二是建立健全案件线索移送、案件信息共享机制,建立案件通报制度与重大案件联合调查机制;联合并发挥公检法以及行政各自专业优势,对经济领域出现的新情况、新问题以及经济犯罪的新形势、新变化进行综合研判,保障司法办案有效协调金融监管政策。如对现行的新型非吸犯罪进行综合研析,把握犯罪的内生性缘由、特点以及可能的发展趋势,更好地打击新型非吸犯罪。三是公检法应密切司法办案协作,衔接处理好立案侦查、批捕起诉、审判执行等案件环节,定期就事实认定、法律适用、证据收集固定审查采信以及新型犯罪构成的认定等争议问题进行沟通协调、统一标准。[2]

---

[1] 张璁:《加大对非法集资犯罪的惩处力度》,载《人民日报》2020年7月9日,第19版。

[2] 皮勇:《论新型网络犯罪立法及其适用》,载《中国社会科学》2018年第10期。

2. 建立健全预测预警预防研判工作机制

坚持预防理念、建立健全对新型非吸犯罪的预测预警预防研判工作机制，推动对非吸犯罪应对的关口前移，构建预防式"监管+监督"。

第一，检察机关要充分发挥作为唯一全程介入甚至亲历每一件非吸刑事案件部门的优势，改变打击犯罪成效显著、预防犯罪明显不足的弱点，在犯罪预防方面凸显更大的担当和作为，① 推动实现线上线下监测预警全覆盖和健全管控体系，扼杀新型非吸犯罪的隐患苗头，最大程度上减小或是遏制新型非吸犯罪势头。

第二，行政机关要秉承预防理念，将其落实到日常工作中，加强研判，做好预防。具体而言：一是发挥基层优势，要在党委政府的领导下充分撬动基层综治组织和综治干部的力量，引导不定期反馈各自乡镇（街道）和社区内涉及金融投资的相关信息，对所辖区域中存在可疑的投资理财主体进行重点监督，及早发现非吸犯罪的苗头。二是加强监测防范，引导金融机构通过大额交易和可疑交易报告制度。将具有风险隐患的单位的账户作为重点监控账户，对其大额资金流动、交换数据等活动进行重点关注。同时，重点监控未向金融主管机构进行正常报备的大额资金流动行为，对短时间内资金发生密集、大幅增加或转移以及其他一些账户异常行为要及时进行预警；开展行业风险评估并采取预防措施，通过发现潜在犯罪行为控制犯罪风险。三是完善风险监测平台，要打破部门基础信息交流壁垒，进一步的对现有的司法、金融监管、市场监管、税务、银保监会等信息资源予以整合。发挥大数据以及云计算等技术治理优势，构建非吸犯罪大数据分析监测预警平台，利用对非吸犯罪的数据集成、比对、研判等方式加强重点可疑的"金融咨询""网络科技""投资理财"等公司以及新兴经济领域的数据监测，集中研判关联人员和资金的流动轨迹，并根据所发现问题的性质程度进行处理，为及早引导、规范、处置非吸苗头提供数据支撑。

3. 推动金融市场信用体系建立与完善

金融信用是提供贷款和产生债务的基础，② 非吸犯罪的完成也多建立在市场交易双方相互信任的基础之上，犯罪分子之所以采取各种隐蔽、蛊惑甚至欺骗手段进行宣传，其目的就是获取以及增加投资人的信任度。因此，如何让投

---

① 杨赞：《立足检察职能 维护金融安全——首届金融检察论坛综述》，载《人民检察》2016年第3期。

② 仇晓光、杨硕：《民间金融信用危机与法律机制建设——传统与现代信用比较为中心的考察》，载《社会科学研究》2015年第4期。

资人增进对所实施犯罪活动的信任成为犯罪分子谋划犯罪活动的关键考量与出发点。当前企业诚信不足、个人诚信危机等市场信用的缺失，扰乱市场经济秩序在某种程度上为非吸犯罪滋生了土壤。因此，要解决信息不对称问题、加大违规违法的犯罪成本，就有必要加快金融市场信用体系建设，并充分发挥信用体系及信用数据的有效运用，促进市场经营行为规范有序，压缩乃至铲除犯罪的生存空间。①

建议相关部门支持和领导建立综合性的金融服务机构，构建涵盖市场、企业以及个人的社会信用体系，为社会公众提供便捷、准确的信用查询路径及信用报告，使得投资人能够了解所投资对象的真实身份以及能够做出对称性的风险性预估，同时也可以为金融等监管机构开展行业监管提供支撑。如可参照芝麻信用、腾讯征信等运行模式，针对企业和个人建立信用档案制度，落实信用积分管理；完善信用约束，利用互联网大数据公开、透明地为企业和个人各种表现打分评级，推广使用信用评级报告，较为直观地展现市场交易风险。同时，对从事相关金融行业的人员的信用进行重点监管，优化与践行严格的行业禁入制度，促使市场主体自觉规范经营。当然，为防止被滥用，社会信用体系的建设应有其严格的标准。②

---

① 韩家平：《中国社会信用体系建设的特点与趋势分析》，载《征信》2018年第5期。
② 参见徐继敏：《明确黑名单性质功能避免泛化滥用》，载《法制日报》2019年12月11日，第5版。

非法集资涉案财产处置之路径探索

——以北京市2016—2020年审结的1939件非法集资案件为样本

石　魏　冀　敏　肖圣雷[*]

近年来,非法集资案件呈现出高发多发态势[①]、数量增幅明显、犯罪手段翻新。作为典型的涉众型经济犯罪案件,非法集资犯罪因其经济性和涉众性成为影响民生和社会稳定的突出因素。纵观现有研究成果,理论界对非法集资案件的定罪问题研究较多,但是对涉案财产处置相关问题的研究略显单薄。然而从集资参与人的视角而言,追赃挽损及涉案财产的处置是影响其评价非法集资犯罪最终处理结果公正与否的重要考量。受立法层面简单罪状描述模式及司法层面标准不一等因素掣肘,非法集资案件定罪及涉案财产处置之困局仍未破解。司法实践中,因非法集资犯罪涉案财产金额巨大、权属复杂、当事人众多、主体多元、涉案财产处置标准缺乏统一,处置不当,极易侵犯集资参与人的财产权益甚至演变为群体性事件[②]。有鉴于此,调研组以北京市2016—2020年审结的1939件非法集资案件为样本[③],结合其中典型案件涉案财产处置过程展开探讨,在对涉案财产处置现状实证分析的基础上,对其提出问题,进行剖析解惑、追本溯源,从实体构建与程序衔接两个层面,探索有针对性的应对举措,以期提升质效、化解矛盾、解决疑难,为非法集资类案件的处理提供有益借鉴。

---

[*] 石魏,北京市东城区人民法院刑庭法官,首届北京市百名法学英才;冀敏,北京市西城区人民法院刑庭法官、博士;肖圣雷,北京市朝阳区人民法院刑庭法官。

[①] 彭新林:《非法集资犯罪司法疑难问题探讨》,载《东南大学学报》2020年第1期。

[②] 莫洪宪、黄鹏:《涉众型经济犯罪违法所得处理问题研究》,载《人民检察》2016年第16期。

[③] 经统计,北京市2016—2020年审结的非法集资案件数量分别为111件、259件、358件、736件、475件。

一、非法集资涉案财产处置现状之实证分析

通过横向对比可见，2020年北京地区审结的非法集资案件较2016年增长了3倍多，案件数量增幅明显。此类案件是在中国市场经济转型背景下产生的兼具市场危害性与社会稳定危害性因素的类案，尤其是涉案财产处置环节更是矛盾激发的中心点，故调研组从非法集资案件涉案财产司法样态考察入手，探究涉案财产处置难点，从而有针对性地提出破解之具体思路。

（一）非法集资案涉案财产司法样态考察

1. 涉案财产类型复杂多样、覆盖主体广泛、金额巨大

近年来，北京地区非法集资犯罪呈现的一个突出特点是"三多"，即案件数量多、涉案当事人多、涉案金额多。笔者以2020年北京地区审结的非法集资案件为例进行统计分析。对比2016年度审结的此类案件111件、涉及446名被告人、涉案金额近40亿元，无论案件数量、被告人人数，还是涉案金额均有显著增加（如图1），案件数量平均年增长率约为81.98%，涉案被告人平均年增长率高达56.17%，涉案金额年均增长118.35%。

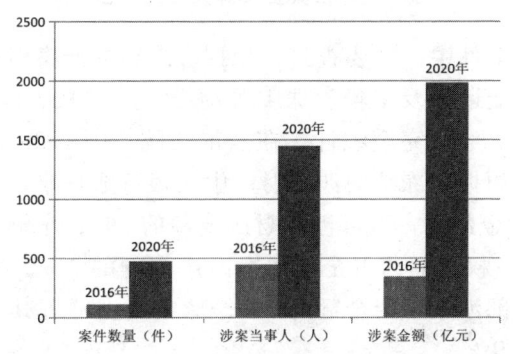

图1 2016年与2020年度非法集资案件要素对比

经统计，2020年度北京地区审结非法集资案件数量为475件，涉及被告人人数1448人次，涉案金额高达1900亿元。其中，非法吸收公众存款案407件，占非法集资案件总数的85.68%，因非法吸收公众存款罪被判处刑罚的被告人共1162人次，覆盖15个区的基层法院；集资诈骗案68件，涉及286名被告人，覆盖12个区的基层法院、3个中级法院。就涉案主体而言，集资参与人人数更是屡创新高，如e租宝案件，涉案集资参与人高达90余万人。在共同犯罪人中，涉案公司、企业内部呈现横向和纵向的组织架构。横向方面，公司内部既有业务部、宣传部，还有财务部、后勤部等。纵向方面，组织体系

呈现金字塔形的架构（如图2），分工明确、组织严密。最上层的组织者、领导者负责公司的总体构建、人事及财务管理、集资款项使用等，中层领导者上传下达，如区域经理作为中层领导者，负责该区域的非法集资活动、给业务员发放工资、奖金、提成等，而业务员不断交流学习、提升非法集资手段，呈现专业化、职业化的趋势。就涉案财产金额而言，2016—2020年审结的1939件非法集资案件中，涉案金额超过人民币1亿元的有657件，涉案金额超过人民币2000万元的案件占比更是高达85%以上，甚至出现涉案金额超人民币千亿元的特大非法集资犯罪案件。

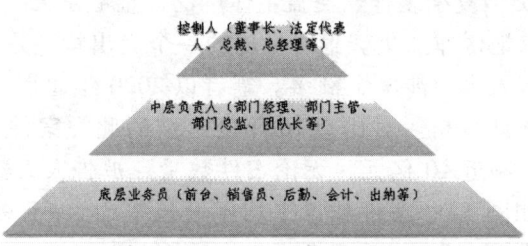

图2　非法集资实施人员结构图

非法集资犯罪案件中，需要查封、扣押、冻结的涉案财产除了常见的银行账户、房产等，可能还涉及车辆、珠宝等动产，采矿权、股权等经营性权利，甚至包括生鲜物品。经不完全统计，在全市法院2016—2020年审结的非法集资犯罪中，查封、扣押、冻结的涉案财产中，银行账户金额约占全部涉案财产金额的75%，房产金额约占全部涉案财产金额的6%，车辆金额约占全部涉案财产金额的5%，股权金额约占全部涉案财产金额的3%，采矿权等其他经营性权利金额约占全部涉案财产金额的2%，珠宝、生鲜等其他财产金额约占全部涉案财产金额的9%。

2. 涉案集资款项去向多元，追缴退赔比例低①

非法集资犯罪存续周期长（如图3）、涉及资金体量大，资金流向较为复杂，案发后大量涉案资金流失，导致"无赃可追"。

---

① 石魏：《非法吸收公众存款案件司法实践问题之反思》，载《人民司法》2020年第16期。

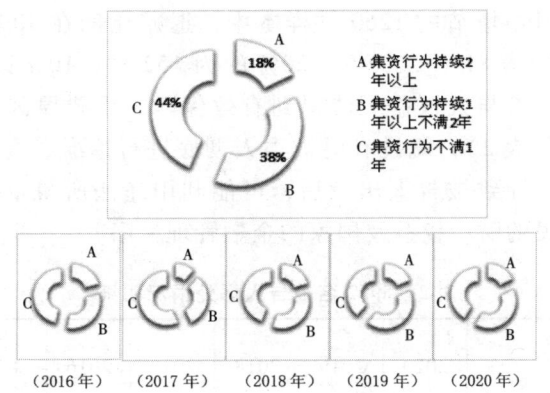

图 3　集资行为持续时间简图

通常而言，非法集资案中，基于高额的利息及提成诱惑（如表1），一些集资参与人亦承担着介绍人、担保人、代为投资人等多重身份，涉案资金经过多手流转后进入资金池，犯罪主体随即通过虚假借款、虚假项目投资、虚假转让等形式让资金向多方流转，资金在市场行为中灭失或转移占有、变更权属。在这种行为模式下，基于以下几个因素，多数资金难以追回：其一，犯罪行为人通过违法方式将资金转移，甚至流向境外账户；其二，投资利息等内容约定模糊，加上集资参与人之间多笔投资、委托投资、本金利息持续投资等投资模式导致涉案金额难以确定；其三，追赃渠道有限。一些集资款项用于烂尾投资，资产难以有效变现，一些集资款用于从事违法活动或个人消费，难以追赃挽损；其四，中间成本金额大。除了直接吸引投资之外，非法集资行为人还委托银行、公司、第三人等吸引投资，对此需支付提成、奖金，利率高、数额大，导致涉案财产追缴难、认定难、返还难。

表 1　以有确切投资利率的 921 件非法集资案件为样本

年份 投资利率	2020	2019	2018	2017	2016	总和	占总数比重
投资利率≤10%	134	198	124	76	38	570	61.89%
10%＜投资利率≤30%	38	94	47	35	8	222	24.1%
投资利率＞30%	17	57	18	24	7	129	14.01%

与此同时，恢复被损害的社会关系、退赔集资参与人和被害人的经济损失是司法机关工作的重点内容，然而就司法实践情况来看，非法集资犯罪行为人追缴、退赔比例极低。通过对北京市近五年审结的 1939 件非法集资案件进行

研究，发现具有退赔情节的 1260 件样本中，退赔比例在 40% 以上的仅有 37 件，20%～40% 的为 81 件，10%～20% 的为 152 件，10% 以下的为 990 件。退缴比例低，集资参与人权益无法得到有效保障，重要原因在于总体刑罚较轻、惩治乏力（如表 2），既没有对被告人彻底进行追缴、责令退赔，也缺乏健全的预防机制，导致被告人出狱后，可能利用违法所得重操旧业、变本加厉，严重损害公民的财产权益及国家的金融管理秩序。

表 2　5952 名被告人惩处情况明细　　　　　　（单位：人）

年份 惩处情况	2020	2019	2018	2017	2016	总和	占总数比重
刑期≤3 年	467	687	343	242	195	1934	32.5%
3 年＜刑期≤5 年	568	547	343	229	156	1843	31%
5 年＜刑期≤15 年	101	172	120	89	29	511	8.6%
无期徒刑	33	41	31	14	6	125	2.1%
缓刑	255	735	214	168	52	1424	23.9%
免予刑事处罚	1	0	2	7	0	10	0.2%
单处罚金	9	39	5	0	8	61	1%
单位犯罪	14	18	4	6	0	42	0.7%
中止审理	0	0	0	2	0	2	0

3. 财产处置方案难构建，易因追赃引发信访闹访

在案件处理中，一些涉案当事人因证据材料缺失，部分财产权益无法通过刑事诉讼加以救济，或者无法获得足额清偿而对资产处置方案存有异议。在这种情况下，因非法集资行为引发的群体性信访、投诉问题多发。实践中，非法集资案件引发的信访具有其自身特殊性：一是信访诉求高度重合。信访人员一般以追赃挽损为主要目的，以涉案财产的及时变现返还、涉案关联财产线索查实为直接的信访诉求。二是信访人员具有明显的群体效应。因涉案集资参与人数多，他们在表达诉求、维护自身合法权益的过程中形成相对稳定的组织，并及时交流案件信息。三是信访周期长，案结事了难。通常情况下，因刑事案件引发的信访系当事人或案外人对案件处理结果不满，时间起于结案，而非法集资案件则在案发时集资参与人的损失就有所呈现，在"僧多粥少"的情况下，集资参与人即通过上访或信访方式寻求自身权益的保障。信访始于案发，案结后如果无财产可供执行或执行未及时补足损失，则会引发反复信访，影响社会

和谐稳定。① 与此同时，部分涉及企业的非法集资类案件，财物的处置又会牵扯到企业工人的安置、企业重组等事关社会和谐稳定的大局问题，绝非简单拍卖了事就能解决的，处置稍有不当，就可能引发群体性事件和社会矛盾。② 因此，因追赃问题引发的信访问题成为此类案件办理的社会效果与法律效果平衡的重要考量。

（二）非法集资案涉案财产处置短板考察

纵观我国刑事立法，对于刑事诉讼中涉案财产处置的制度设计相对单薄。实践中，办案机关处置涉案财产主要依据《刑法》第 64 条的规定，但是该规定较为原则，加之办案机关理解并不统一，司法实务应用缺乏成熟、统一的运行模式，存在诸多不确定环节。尤其是对非法集资类涉众型经济犯罪案件，涉案财产体量大、权属复杂，在涉案财产处置中暴露出查控与处置力度不足、涉案财产证明标准不一、第三人财产权益程序救济缺位等短板。

1. 涉案财产类型多样、权属复杂，查控力度不足

司法实践中，非法集资案件涉案财产的类型多、权属杂，不仅在审判阶段作出有效处置需审慎，在诉讼过程中如何有效查控也面临多方困境。由于刑事立法缺位，对于性质、权属不明的财物，侦查机关难以及时作出扣押、查封等处置措施。据不完全统计，在刑事审判实践中，对涉案财物提出异议的主要为所有权人、共同所有人、债权人、债务人及其他权利人（如图 4）。部分债权人通过诉讼、仲裁等其他途径争取优先受偿权，增加了涉案财产权属判断的复杂性。

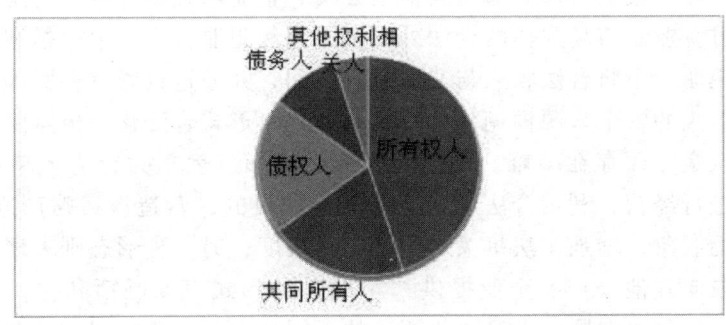

图 4 对涉案财产提出异议的人员类型分布

---

① 李辰：《涉众型经济犯罪案件中的被害人权益救济》，载《人民检察》2013 年第 15 期。

② 义乌市人民检察院调研组：《当前非法集资类犯罪现状及涉案财物处置问题研究——以义乌市为例》，载《浙江警察学院学报》2017 年第 2 期。

从客观层面看,一是此类犯罪需进行查封、扣押、冻结的涉案财产,除常见的银行账户、房产等,可能还涉及车辆、珠宝等动产、采矿权等经营性权利甚至包括生鲜物品。查封物品种类多样,涉案财物是否为犯罪所得难以判断,在司法实践中处理困难。二是涉及非法集资犯罪的公司因集资数额大,同时其具有对外投资、借贷等刑民交织、错综复杂的法律关系,涉及债权、股权、抵押权、担保物权等。公安机关在侦查中根据经济往来对可能属于涉案财产的物品进行查封,但是因为其经过买卖、租赁、担保、赠予等对外民事活动,权属是否发生变化较难查清。三是因非法集资犯罪涉及的集资参与人众多、金额巨大、法律关系复杂,因此在证据收集过程需要做的侦查工作较多,且非法集资犯罪涉及的领域宽、地域广,跨地区、跨省甚至跨国案件层出不穷,公安机关在收集证据过程中耗费诸多人力、物力资源。在司法资源有限的情况下,全面、彻底收集犯罪人定罪量刑及涉案财产证据的力量不足,影响了涉案财产查控的力度。

从主观层面看,实践中侦查机关存在重视定罪量刑证据收集、轻视涉案财产查控的理念。在审判阶段,对未进行查控的资产或者已经查控的资产,第三人或者利害关系人提出诉求的,即使补充侦查,也会面临价值贬值、证据灭失、产权转移等情况,且随着时间间隔的增长,灭失的可能性增大,追赃挽损的功能难以实现。

2. 涉案财产范畴难以厘清,区分处置路径受限

从犯罪行为的视角看,行为人的主动性资产混同掣肘涉案财产认定。为了逃避侦查,非法集资犯罪人通常会借助公司、企业增强犯罪行为的隐蔽性和欺骗性,通过企业制市场主体的合法外衣实施违法犯罪行为、牟取暴利。在这个过程中,犯罪分子将合法收入与非法收入混同,并通过投资、参股等多种形式将其非法募集的资金来源模糊化、去向多样化、形式合法化,极具隐蔽性,在违法所得认定方面存在疑难。具体而言,一种形态表现为行为人单独设立公司、企业进行经营,利用合法形式掩饰其非法目的,营造涉案财产来源合法、手段正当的假象,增强司法机关对其认定的难度;另一种形态则表现为通过入股、投资或向其他公司、企业提供"帮助"的形式谋取巨额利益,并将其非法收益与合法收入混同,进行再投资。故不同公司、企业之间,乃至公司、企业不同资产之间产生混同。司法实践中准确界定涉案财产范畴、确认财产权属至关重要,口径把握太窄可能宽纵犯罪,不能彻底铲除其经济基础;口径把握过宽则有可能侵犯公司、企业的合法财产权益,不利于营商环境的营造和保护企业的财产权益。

从司法认定的视角看,第三人的被动性资产混同影响涉案财产认定。一方

面非法集资犯罪在外在形态上具有多样性、复杂性,在法律关系层面表现出刑民交叉、权属复杂多样的特征,致使不同区域之间、不同法院之间、乃至不同承办人对于类似行为的认定存在此罪与彼罪的认识差异,甚至实践中出现罪与非罪的定性分歧,既可能将一般的民间经济行为上升为刑事犯罪予以惩治,亦可能对本应刑事处罚的行为误判或轻判,严重影响司法的公正及统一。另一方面在非法集资过程中,犯罪分子设置的利率较高(如图5),业务员、中间人提成高、成本大,涉案财产尤其是违法所得经过流通、转化、混同等,与最初的形态、性质、权属已经大相迥异,对其认定异常困难,且跨区域性资金流向不明确导致取证难、追赃难、认定难、处置难。与此同时,鉴于非法集资案件的刑民交叉属性,涉案财产范畴的确定还关乎案外第三人的财产权益,涉及面宽、人员复杂,增加了涉案财产认定处置的难度。

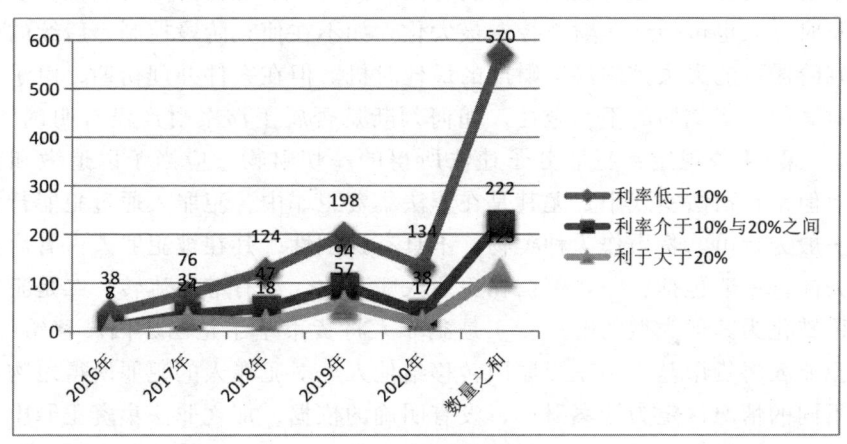

图5　以有确切投资比例的915件非法集资案件为样本(单位:件)

3. 刑民关系交叉,涉案财产执行受影响

在非法集资案件的审理中,刑事与民事法律关系错综复杂,犯罪事实认定与法律适用难度高。司法实践中,非法集资类案件行为人以企业等形式活动,期间会产生借款、担保、抵押等多种民事法律行为。在刑事案件案发之前,因为犯罪行为人资金链断裂等原因,会有部分集资人以民事纠纷为由诉诸法律,办案机关基于先期民事诉讼对涉案财物(如非法集资款项购置的房产)采取措施,案件生效后进入执行环节。相对而言,非法集资案件刑事立案相对滞后,但是所有集资参与人的挽损诉求会在案发后短期集聚,且集资参与人对相关资产讯息高度关注,在这种情况下,未提起民事诉讼的集资参与人会对先前民事诉讼案件的执行提出异议,要求对于民事案件中被采取措施的涉案财产按比例优先受偿,而提起民事诉讼的集资参与人当然持反对意见,[①] 办案机关既无可依据的相关规定,也无可行性操作方案,进而陷入两难境地。

二、非法集资涉案财产处置之困局剖析

当前,非法集资案件涉案财产处置难的原因是多方面的,既有刑事政策原因的影响,也受刑事立法规定原因的影响,还有非法集资案自身的犯罪活动复杂[②]、刑民交叉属性、形态多样性等现实原因的影响。基于此,调研组针对上文中实证考察的结论,对非法集资涉案财产处置的困局进行了深度剖析。

(一)涉案财产范畴在实体上界定不清

在非法集资案件办理过程中,因为侦查机关对案件的介入属于诉讼前端,对涉案财产的控制最主要发生在侦查阶段。同时由于财物的可转移性,侦查阶段的及时介入也可使涉案财产控制最大化。如不在侦查阶段控制,后续的公诉及审判阶段可能失去控制涉案财产的最佳时机。但在案件办理初期,由于侦查机关对案件事实掌握的不完全性,如何判断是否属于涉案财产没有明确依据。《刑法》第64条规定:犯罪分子违法所得的一切财物,应当予以追缴和责令退赔。但是在司法实践中,尤其是在非法集资犯罪中,犯罪人通过犯罪行为所得的一般为货币。货币作为种类物,不具有识别性,其在被犯罪人占有后有不同的去向,一般包括:一是停留在犯罪人账户内,没有继续流转;二是犯罪人将货币转化为其他类型的财产;三是犯罪人将货币基于正当原因转移给他人;四是犯罪人将货币基于不正当原因转移给他人。对犯罪人的犯罪所得之物如何依据不同的情况认定为涉案财产,没有明确的依据,加之非法集资犯罪中经济往来复杂,这就造成了对非法集资犯罪中的违法所得之物的认定存在争议。

在侦查阶段,侦查机关对可能属于涉案财产的财物进行查封、扣押、冻结,其中可能因为控制错误导致涉案财产与行为人合法财产同时被查封、扣押、冻结,进而一并移送检察院、法院。缺乏界分合法财产与涉案财产的判定标准,极易导致对涉案财产处置的随意性、模糊性甚至错误性。

(二)涉案财产处置环节程序有待完善

1.对涉案财产的先行处置程序不健全

基于对涉案财产范围认定的不明确,对已经查封、扣押、冻结的涉案财产

[①] 义乌市人民检察院调研组:《当前集资类犯罪现状及涉案财物处置问题研究——以义乌市为例》,载《浙江警察学院学报》2017年第2期。

[②] 张珩:《非法吸收公众存款罪的难点问题》,载《中国刑事法杂志》2010年第12期。

的处置多依赖于法院最终的判决认定。对银行账户等价值稳定、不易贬值且控制成本低的涉案财产，等待法院判决后处理并无不妥。但是对于一些易贬值、不易储存或者控制成本大的涉案财产，如生鲜物品、豪华车辆等，如果等待法院判决处理，可能会造成价值损失。加之非法集资犯罪案情复杂等原因，一般办案期限较长，会加大此类财物因长时间不处理的价值损失。再加上对易贬值涉案财产先行处置的法律规定及诉讼程序并不完善，缺乏合理、完善的救济路径①，造成司法机关既不能处置也不敢处置的局面。

2. 对物处置依附于对人之诉，第三人参与路径缺失

程序正当原则要求中立的司法裁判机构必须给予所有与案件有利害关系的人充分陈述自己意见的机会，即充分保障诉讼参与人的程序参与权。② 但司法实践中存在因非法集资资金从外部流入导致非法集资犯罪人的资产被采取强制措施的情况。在可能涉及第三人权益的已查封、扣押、冻结财产中，没有相应的权利救济途径可以让第三人就财产处置发表答辩意见，可能会导致对涉案财产的辩论不充分，法官在收不到相关异议的情况下，对涉案财产的处置可能会出现错误，影响第三人的合法权益。

3. 针对涉案财产处置的专门庭审程序空转

一是庭审中关于涉案财产处置的程序设计不健全。受程序结果影响的人应当有权参与该程序，这不仅是程序本身公正的基本要素，也是程序结果公正的保障，③ 但是刑事涉案财产在庭审程序中既缺乏独立的诉讼程序，也缺乏第三人参与的有效途径。当前非法集资犯罪案件审理过程中，对涉案财产不会专门进行质证，而是结合定性、量刑将相关证据材料一并予以出示，但涉案财产种类繁多、数额巨大、民刑交织，涉案财产的权属、性质、来源、价值等相关的证据材料缺乏专门性、有针对性的举证、质证。虽然违法所得没收程序规定利害关系人可以提出上诉，但在审判过程中其缺乏足够的程序话语权、参与权、异议权，而第三人即使提起异议，审判机关是否允许其参与，参与后享有哪些诉讼权利缺乏法律的明确规定，致使其财产权缺乏有效保护，严重影响当事人及公众对司法裁判的信任。

二是关乎涉案财产处置的证明标准、举证责任缺乏系统规定。我国刑事诉

---

① 李玉华：《从涉众型经济犯罪案件看涉案财物的先期处置》，载《当代法学》2019年第2期。

② 朱艳萍：《刑事涉案财产裁判程序的缺失与司法规制》，载《人民司法》2018年第10期。

③ 吴光升：《刑事涉案财物处理程序的正当化》，载《法律适用》2007年第10期。

讼法明确规定，对作为证据使用的实物应当随案移送，对不宜移送的，应当将其清单、照片或者其他证明文件随案移送。人民法院作出的判决，应当对查封、扣押、冻结的财物及其孳息作出处理。但司法实践中，诸多案件涉案财产不是作为证据加以使用的，故侦查机关向检察院移送的仅是对物采取的查封、扣押、冻结等手续及清单，极少移送关乎涉案财产来源、权属、价值的相关证据。审判机关组织庭审过程中，法庭调查及法庭辩论的重点往往锁定于被告人的定性及量刑，对涉案财产的权属、处置简要带过或仅仅出示证据目录，虚化描述涉案财产的归属等重要情节。

（三）对物之诉重视不足，配套机制不健全

1. 涉案财产处置理念有待提升

司法实践中办案机关一定程度上存在着重定罪量刑轻涉案财产处置、重自由刑轻财产刑的办案理念，且证明标准不明确，导致侦查机关注重非法集资犯罪的证据收集，对于涉案财产来源、权属、性质和价值的证据收集不充分、不全面、不及时。尤其是事关涉案财产权属、性质、金额的证据收集不仅全面性、有效性欠缺，而且及时性、规范性亦存在不足，为涉案财产的处置留下隐患。而公诉机关对涉案财产一并出示证据，缺乏有效的针对涉案财产的专门辩论，致使控辩双方及第三人无法对此充分发表意见、出示证据、证明权属。

另外，非法集资犯罪案情复杂、案件事实多、涉及面广、影响大，而涉案财产种类多、价值大、权属复杂、刑民交织，侦查机关在案件办理过程中，存在查控不严谨、保管不规范、移转以清单为主、解除不及时、救济不到位等情况，导致审判阶段及执行阶段涉案财产权属难以查清，执行难以有效进行。

2. 涉案财产的强制措施缺乏可操作性机制

我国刑事诉讼法对被追诉人设置了拘传、拘留、取保候审、监视居住、逮捕等强制措施，但对涉案财产可适用的强制措施手段有限，难以适应当前非法集资犯罪追赃挽损的需求。我国刑事诉讼法规定的查封、扣押、冻结针对对象一般是可证明犯罪嫌疑人有罪或无罪的各种财物、文件，侧重于对行为人的定性，对其他涉案财产查控的主动性欠缺。实践中如发现犯罪嫌疑人有转移、隐匿财产情形，因为财产与犯罪是否存在关联存疑，而被害人或第三人又无权申请财产保全，侦查机关也无法第一时间采取财产保全，加之面对案情复杂的非法集资犯罪案件，最短仅为 6 个月的对物强制措施期限对侦查机关而言非常紧张，极易导致财产的流失和移转。

三、非法集资涉案财产处置之规范化路径

非法集资涉案财产处置既关乎权利人财产利益，也关乎社会维稳安保，关

乎个案公平正义，也关乎法治建设发展进程。在市场转型与变革的社会大背景下，非法集资案件司法处断暴露出一些短板亦是在预判之内，对此需直面问题，理性转变司法观念，从实体、程序乃至配套机制多个层面规范机制建设，探索契合司法审判"政治效果、法律效果、社会效果"三个效果题中之义的规范化路径。

（一）实体层面的探索

涉案财产与犯罪行为存在关联性、随附性，其来源于、产生于、关联于犯罪行为。涉案财产的认定以犯罪行为的认定为前提，在犯罪行为最终性质未确定之前，对于是否属于涉案财产的判断应当根据财物与犯罪行为的实质性联系来认定。与犯罪行为的实质性联系，是指财物与犯罪行为所得的资金、物品等具有直接的、对向性的关联，如属于犯罪所得的一部分、由犯罪所得直接转化而成等。

1. 待处置涉案财产的范围确定

如前文所述，非法集资案件中往往呈现合法财产与非法财产相混同、公司财产与个人财产相混同的样态，依何标准完成合法财产的诉前或诉中剥离尚没有明确的法律依据。调研组认为，涉案财产范围的认定应当秉持实质性联系原则，即只有集资行为人通过集资行为获取资金后继续进行的投资或买卖财物等才能认定为涉案财产。对于案发时集资行为人名下的财产可直接推定为涉案财产，除非行为人有证据证明这部分财产系本人合法财产或代持的他人财产。当然，在诉讼过程中，集资行为人主动将个人合法财产用于退赔，或家属自愿代为退赔的财产也应纳入涉案财产进行处置。

2. 集资行为人转出财产的性质认定

对于基于正当、合法理由转出的财产，如支付的房租租金等，为了保障他人的合法权益，避免对正常经营行为的稳定性造成侵犯，不宜对此类财产进行追缴。此外，对于经过多次转化或权属移转的财产性质认定是司法实务中的难点。有观点认为，此类财产虽经过多次转化或者权属转移，但是其本质来源于犯罪行为，也应该属于案财产范畴。有观点认为，其虽来源于犯罪所得，但是在转化及权属转移过程中，其法律性质发生了变化，不宜直接作为涉案财产处理。调研组认为，对于多次转化或者权属转移的，应当坚持实质联系原则进行判断。对基于合法的、正当的理由转化，且始终与犯罪所得保持实质性联系的或者权属虽发生多次转移，但均基于非法不正当的理由进行变更权属的，均应认定为涉案财产。但是对于在转化过程中，他人基于正当善意合法的理由获得，或者在权属转移过程中基于正当、合法、善意的理由取得权属的，不宜作为涉案财产认定。

3. 退赔数额标准的认定

刑事诉讼中投资人实际损失是追赔、追赃的标准所在，故非法集资案件中，应退赔数额的认定是财产处置的基础环节。调研组认为，我国现行民事立法并不保护超出合理范畴的高额利息，但是对方自愿支付并履行的除外。但是在非法集资案件中，案发前集资参与人可能未收到事前约定的高额利息，但是案发后，案件事实已经进入刑事诉讼领域，不能单以民事法律行为进行评价，出于处断公允的考虑，只能就集资参与人投资的本金部分进行追偿，事前约定的高额利息部分应当扣除。

（二）程序层面的优化

1. 完善先行处置程序

对于易贬值或者控制成本大的涉案财产或者具有其他特殊情况的涉案财产，尽早处置更有利于涉案财产的保值及集资参与人经济利益的实现，从价值衡量角度出发，完善并切实执行涉案财产的先行处置具有现实需求。

就具体程序设计而言，各办案机关在自己办案阶段，符合先行处置条件的，可严格依照相关规定对涉案财产先行处置，并将处置后的资金通过专门的案款账户随案移送。对涉案财产先行处置可能涉及第三人利益的，应当允许第三人在涉案财产处置前一定期限内对涉案财产的先行处置提出异议，对异议有证据支持的，应当暂缓涉案财产的先行处置，对没有证据支持或经审核不影响涉案财产认定的，应当及时对涉案财产先行处置。与此同时，因涉案财产先行处置涉及被告人、集资参与人甚至案外人的经济利益，故对涉案财产先行处置必须实施有效监督。人民检察院作为法律监督机关，对涉案财产先行处置行为应尽到监督责任，对自主发现及通过其他线索发现的涉案财产先行处置不当的，应当及时提出纠正意见。

2. 完善第三人参与程序

涉案财产处置直接关系到被告人、集资参与人、第三人等多方当事人的经济权益，在被告人被予以刑事处罚的情况下，如何保障当事人财产权益直接关系到各方当事人权益的保障力度及社会的和谐稳定，必须加以重视。但由于立法及司法解释对涉案财产属于混合财产或者第三人所有的情况未予规定，致使其他所有权人的权益如何保障缺乏明确，即使其提出异议，司法实践中如何操作也需要予以明确。

调研组认为，当第三人对查封、扣押、冻结的财产提出异议并提交证据的，公检法机关应予以受理，并将相关材料附卷。第三人作为涉案财产的利害关系人参加诉讼，并在诉讼中赋予其知情权、参与权、辩论权以及请求抗诉权[①]。审判机关可在庭审前或庭前程序主持公诉机关与第三人交换涉及涉案财产的证据材料，并告知其开庭程序、时间、地点，征询其是否申请证人出庭等，庭审中对涉及被告人定罪的法庭调查结束后，可专门对涉案财产性质、权属等进行法庭调查、法庭辩论。另外，虽然司法解释规定，案外人可以就查封、扣押、冻结的财物及其孳息提出权属异议，但并未明确何时可以提出异议、采用何方式、有无期限限制、具有何种法律效力等。对此，调研组认为，第三人在侦查、审查起诉、审判阶段均可提出异议，且以书面形式为准，但对涉及第三人权属的涉案财产的处置只能在庭审阶段予以解决。如第三人在侦查或者审查起诉阶段提出涉案财产权属的书面异议，应当要求其提交证明涉案财产权属、性质的相关证据，连同书面异议一并随案卷移送审判机关。若审判机关在审判阶段方收到第三人的书面异议，则应在三日内将书面异议及证据材料移转给公诉机关，以保障双方在庭审阶段对有异议的涉案财产有效举证质证、确定权属。公诉机关在移送案卷材料及公诉时，除了移送定罪量刑的证据之外，还要提交涉案财产尤其是查控在案的涉案财产种类、权属、金额、性质等情况的清单以及涉案财产与犯罪行为之间的关系，如系犯罪工具、违法所得等，且在起诉书中公诉意见部分列明对涉案财产的处理建议。法院在裁判文书中对控辩双方关于涉案财产的争议要予以回应、阐明处置的理由及依据。

3. 完善证明标准及庭审程序

司法实践中，对涉案财产的判断依赖于针对财物性质收集的证据，但是在案件办理过程中，完全证明财物为涉案财产才能对财物采取措施的方法不仅不能保证案件办理的效率，也不符合司法规律。调研组认为，对涉案财产性质进行判断应采用优势证据证明标准，经庭审质证，如果该财物来源于非法集资犯罪活动的可能性高于其他合法来源，或者该财物用于非法集资犯罪活动的可能性高于其他用途，那么就应当认定为涉案财产并进而采取措施。

庭审中公诉机关对涉案财产权属、性质、处置等承担举证责任。公诉机关不能举证使法官足以相信涉案财产与非法集资犯罪相关的，公诉机关承担举证不力的后果。同时，庭审中，如果法庭调查及法庭辩论的重点仅限于案件定性及量刑，而将涉案财产权属、处置依附于对人之诉，通过笼统出示证据或概括出示证据目录，不能实现对涉案财产处置问题的充分举证和辩论，也不能为法官准确处置涉案财产提供参考。因此，需要在庭审过程中建立针对涉案财产的

[①] 石魏、贾长森：《涉众型经济犯罪实证分析及应对策略建议》，载《法律适用》2019年第9期。

举证、质证并发表意见的程序,让控辩双方及第三人充分发表关于涉案财产的意见,法官在充分听取各方意见的前提下,准确对涉案财产加以处置。

(三)配套机制的完善

1. 转变办案理念,人财处置并重

刑罚如果过分强调惩治功能,就容易忽视定罪量刑之外情节的处置,造成因定罪量刑之外的因素影响判决效果。因此,要转变办案思路,树立准确定罪量刑、妥善处置涉案财产并重的刑罚理念。① 非法集资犯罪案情复杂、涉案金额巨大、法律关系复杂,侦查机关在证据收集过程中,应当改变重定罪量刑轻财产处置的观念,在收集定罪量刑证据的过程中,注重对涉案财产权属、价值、来源等证据的收集。与此同时,要通过完善第三人参诉程序等方式保障财产权益人的合法权益,减轻侦查机关诉前处置相关财产的顾虑,提高侦查机关收集涉案财产证据材料的积极性和主动性。除此之外,探索建立合理的奖励、考核机制,提升侦查机关对涉案财产证据收集的力度、广度和深度,如将涉案金额、返还数额、价值、退赔金额、退赔比例等列入考核的标准,鼓励加强对涉案财产的查封、扣押、冻结、保全等。

2. 完善对涉案财产的强制措施

一是统一司法机关查封、扣押、冻结程序的实践操作。因公检法机关对查封、扣押、冻结的规定及权限存在差异,导致各司法机关在案件办理过程中出现较大差异,且公检法机关之间难以实现有效衔接。因此建议对查封、扣押、冻结的实践操作进行统一,避免实践操作的差异性认知。

二是细化刑事查封、扣押、冻结的操作流程。对与犯罪事实可能相关,且当事人有转移可能性的财产,可以先予以查封、扣押、冻结,涉案财产的证明标准应以优势证据为原则。对现有证据尚未达到优势证据标准,但当事人在刑事立案后一定期限内(如三个月)有转移、变卖、交易的突发情形,亦可先予以控制,避免因证据收集不及时而导致涉案财产被转移产生财产损失。但侦查机关移送审查起诉时仍不能证明属于涉案财产时,应当及时解除强制措施。

与此同时,我国刑事立法及司法解释仅规定了轮候冻结的可适用性,对于具体操作方案及适用原则没有明确规定。在非法集资案件中,对同一涉案财产,刑事诉讼程序及民事诉讼程序均需对其采取措施的情况并不罕见,民事诉讼解决的是平等主体之间的人身权益或财产权益,刑事诉讼在解决被告人刑事

---

① 刘东阳、石魏、李超峰:《对恶势力实践问题的实证分析及应对举措》,载《社会科学家》2020 年第 12 期。

责任的同时，对财产权益进行认定、分配、处理，追求的目标均是为了保障当事人的合法财产权益。调研组认为，基于查封、冻结、扣押作为一种查控的手段行为，其本身并不解决实体问题，系为诉讼程序实体裁判服务，故应当明确刑事与民事诉讼程序竞合时的手段优先原则，而优先原则的确定则应配合先刑后民或民刑并行的诉讼程序。

四、结语

非法集资案件是在市场转型背景下产生的一种新型犯罪类型，具有涉案人数多、资金流向复杂、作案手段不断翻新①、刑民关系错综复杂等特点。此类犯罪规制目的在于维护金融秩序的安全平稳。因此，涉案财产处置与受害人追赃挽损皆是司法处断效果的重要衡量因素。司法是被动的，但是司法机关在涉案财产处置中应秉持主导地位，前端通过先期处置程序及时控制资产，中端通过财产强制措施避免财产流失，后端通过法庭调查、法庭辩论明确涉案财产范畴、权属及具体处置方式，从而全流程、多方位对非法集资涉案财产进行查控、认定、处置，方可在实现司法公正的同时最大化地保障集资参与人、第三人等多元主体的财产权益。

---

① 非法集资犯罪问题研究课题组：《涉众型非法集资犯罪的司法认定》，载《国家检察官学院学报》2016年第3期。

非法催收犯罪分析及侦防对策研究

张　郁　张凯迪*

在现今民间借贷市场，暴力催收等非法行为充斥其中，随着互联网金融的发展，非法催收犯罪屡禁不止甚至呈现快速增长的态势。中国人民银行[①]和最高人民检察院[②]均出台了禁止非法催收行为的意见，规定加大对暴力催收非法债务的打击力度，上述举措体现了国家机关逐渐加大对非法催收行为的关注，另外，《刑法修正案（十一）》（以下简称《修正案（十一）》）中亦增设了催收非法债务罪，将催收非法债务的行为纳入刑法规制范围，回应司法实践需求，填补了债务催收犯罪领域的法律空白，但非法催收犯罪的侦防不能仅靠刑法一家之力。本文通过裁判文书网高级检索功能，全文检索"非法催收犯罪"、案件类型"刑事案件"共计检索出79篇裁判文书，以此为样本进行研究，在刑法上对非法催收犯罪进行认定，分析非法催收犯罪的原因和特征，以此为基础从多维度提出侦查与预防措施，以期有益于非法催收犯罪的治理。

一、非法催收犯罪之刑法认定

我国刑法中并没有非法催收犯罪，其只是一类犯罪的统称，其中"催收"最早源于借贷业，指追讨逾期不良资产的一种方式，通常是债权方自己或委托第三方进行欠款收回业务，专业催收机构主要起源于1999年，四大资产管理公司负责国有银行的不良资产剥离业务，随后地方公司、私营企业和外资公司逐渐也加入到该类业务，作为金融产业的末端，其分为正规机构与非正规机构，非正规催收机构因鱼龙混杂，一直以来不被官方认可。起初"催收"发

---

* 张郁，甘肃政法大学刑事司法学院副教授；张凯迪，甘肃政法大学刑事司法学院法律硕士研究生。

① 参见中国人民银行《关于网络小额贷款业务管理暂行办法（征求意见稿）》，2020年11月。

② 参见最高人民检察院《关于充分发挥检察职能服务保障"六稳""六保"的意见》，2020年7月22日。

生的犯罪规模较小,但随着互联网金融的发展壮大,"非法催收"行业的规模亦迅速扩张,从其人员构成到行为方式等都发生了重大变化,各种"非法催收"犯罪接踵而来。从涉罪种类看,当下非法催收犯罪主要涉及寻衅滋事罪、非法拘禁罪、故意伤害罪、敲诈勒索罪、侮辱罪等罪名,社会影响极其恶劣。

"非法催收"主体目前主要以下几种形式存在:第一,网贷公司和"套路贷"公司内部催收部门,如P2P业务目前在我国已全面禁止,但遗留下一系列债务需要催收。第二,专业的催收公司,该类公司鱼龙混杂,规范与违规并行其中。第三,"催收"平台,主要为解决异地催收问题,由有催收需求的主体在"催收"平台发出邀约,平台中各地"催客"予以接单进而帮助客户进行催收,其中平台仅提供中介功能。第四,个人非法催收,是因民间借贷个人以非法方式催收欠款的情形。实践中,非法催收犯罪多发于前三类主体中。就非法催收犯罪的催收客体而言,合法债务与非法债务均为非法催收犯罪的催收客体,合法债务即传统民法所定义的意定之债和法定之债,符合法律规定产生的债务,如民间借贷之债、违约之债等。非法债务通常指基于法律禁止性规定而产生的债务,法律不予保护且不能通过诉讼等途径索要,如赌博、高利贷、套路贷等非法活动产生的债务。

在法教义学语境下,《修正案(十一)》增设的催收非法债务罪属于非法催收犯罪的分支。根据上述对非法催收犯罪催收客体的论述,催收非法债务罪的催收客体为非法债务,并不包括合法债务,而非法催收犯罪高发于非法债务的催收活动中,合法债务因其有法律的保护,实现债权的途径较多,因而发生犯罪的概率较小,据此增设催收非法债务罪应是基于对司法实践中犯罪发生率和社会危害性的综合考量。另外,催收非法债务罪确立之后,我国对于非法催收犯罪的刑法规制分为两条路径,其一是非法催收合法债务犯罪,仍延续传统的刑法规范办法,其二是由新设的催收非法债务罪进行专门规范。毋庸置疑,增设催收非法债务罪有利于非法催收犯罪的防治,但是双规并行的规制路径增加了法律适用的难度,如何准确适用催收非法债务罪是重中之重。

二、非法催收犯罪之成因

犯罪的成因决定犯罪的产生和发展。探求犯罪的成因有助于从更高层次认识犯罪现象,掌握犯罪的基本规律,制定有针对性的对策,从而减少犯罪的发生。[①] 对于非法催收犯罪而言,只有把握现代非法催收犯罪的成因,探寻有益的应对措施,才能有效遏制此类犯罪的蔓延。

---

① 赵秉志、于志刚:《毒品研究》,中国人民公安大学出版社2000年版,第39页。

(一) 高额的利润驱使

根据犯罪经济学理论,犯罪人均为有理性的经济人,质言之,其进行犯罪是其对犯罪成本和收益进行理性衡量的结果。赌债、网贷、套路贷等按照现行利率标准多为高利贷,不受法律的保护,因此行为人无法通过正规的法律途径催收债务,进而转向采取非法措施,重金雇佣催收人员或者外包的催收公司,在高额利润的驱使下,加之入罪率较低,多被处以行政处罚,非法催收行业便活跃起来。样本案例中,专业催收人员的利润平均高达催收欠款总额的两成以上,高者甚至达到催收总额的五成。据统计,催收人员的平均月收入5万元左右,这对低学历无业人员极具吸引力。

(二) P2P "爆雷潮"① 的影响

全国实际运营的P2P网贷机构高峰时期曾达到5000家,而在从严监管政策的影响下,借贷规模及参与人数连续27个月下降,截至2020年11月中旬,我国P2P网贷机构清零。P2P网贷经过几次爆雷,产生了千亿级的不良资产市场,数百万投资人深陷催债泥潭,网贷平台的退场,大量的网络贷款债务催收成为投资人的难题,由此导致大量专业的"催客"平台涌现,巨大的人员缺口,使得成为催客"零门槛",在"催客"平台注册催客账号,仅需手机注册、填入个人基本信息即可。一家平台就号称有全国有十几万"催客",催收市场乱象导致了非法催收犯罪频发,在网络催客交流群中,甚至交流如何打人不留痕等问题。

(三) 监管机制的缺位

针对新型化、专业化的非法催收犯罪,传统的监管路径已无法进行有效监管。根据国际金融公司(IFC)的研究发现,新兴市场国家债务催收普遍缺乏充分的法律支持,追索的法律基础与客户控制的复杂程度有很强的关联性,②同样,我国并未出台统一的催收监管办法,仅成都市③和大连市④等地方出台了相关红头文件,规定严禁发放高利贷和暴力催收,而上述地市出台的红头文

---

① "爆雷潮"指P2P网贷平台"提现困难""清盘退出""停业跑路"等现象,被业界形象地称为"爆雷潮"。

② 丁骋骋:《民间借贷债务催收市场的田野调查与经济解释》,载《财经理论与实践》2019年第4期。

③ 参见《成都市人民政府办公厅关于进一步加强成都医疗美容行业监管服务工作的意见(试行)》第9条,2019年3月8日。

④ 参见《大连市人民政府关于印发大连市小额贷款公司监督管理办法的通知》第46条,2017年4月16日。

件多为政策性宣讲，并无具体的监管办法，进而导致各地无法有效应对非法催收犯罪。另外，《修正案（十一）》出台以前刑法对于非法催收并无专门的罪名，仅依靠间接规制的方法，从非法催收的违法催收手段方面进行追溯，如通过非法拘禁罪等罪名进行规制，进而导致现实中犯罪分子多采用规避法律的手段进行催收，国内学界对于非法催收犯罪入刑的呼声越来越高。

（四）个人征信体系不健全

金融科技背景下，国民尤其是青年人群的消费心理逐步由保守型向超前型演变，奢侈消费、攀比消费使借贷消费增加，与此同时，不健全的征信体系和严重的信息不对称使得借贷人违约率逐年攀升，据四大资产管理公司（AMC）之一的中国东方资产管理股份有限公司发布的报告显示，2019年银行业不良资产将继续"双升"，未来3~5年银行业不良资产的缓慢上升将是一个大概率事件，① 据央行统计，2020年第一季度信用卡逾期半年未偿信贷总额918.75亿元，占信用卡应偿信贷余额的1.27%，② 大量的不良资产积压，体现出我国普遍存在的金融借贷违约率增加的问题，校园贷、车贷等各种网贷的信用违约记录并未统一纳入中国人民银行征信体系，增加了催收难度，也导致了采取极端方式进行非法催收的现象。

三、非法催收犯罪的特点

考察非法催收犯罪的特点，是寻找非法催收犯罪侦防对策的关键，结合司法实践案例，发现该类犯罪存在以下特点：

（一）行为模式极端化

通过对司法实践中非法催收犯罪案例进行分析，笔者发现其行为模式具有共性，实践中存在专业教授"催收"的培训机构，形成了较为成熟的犯罪模式。犯罪人先通过电话、微信等联系方式对被催收人进行警告、威胁，在被催收人仍没有偿还欠款时，开始对其实施一系列软暴力行为，例如，上门"家访"、电话轰炸、向其亲人朋友发送侮辱信息、PS侮辱图片、拉横幅等极端软暴力行为，在上述不法行为收效甚微的情况下，犯罪人转而进行暴力行为，如实施非法拘禁、殴打等。概言之，三个步骤顺序严格、逐步实施，对被害人施加严重的精神压力，迫使其偿还"债务"。

---

① 参见中国东方资产管理股份有限公司：《中国金融不良资产市场调查报告》，2019年4月10日。

② 参见中国人民银行《2020年第一季度支付体系运行总体情况》，2020年6月9日。

(二) 人员组成复杂化

根据社会控制理论，辍学、失业、无业的群体社会联结松散，容易走上犯罪道路。① 从学历来看，全部样本案例中，以初中学历和中专学历为主。另外，从犯罪人员的职业来看，主要由社会闲杂人员、"两劳"释放人员等无正当职业的人员构成。犯罪人员复杂，且整体素质较低，法律意识淡泊，因追求高额收益而进入催收行业，凭"欠债还钱，天经地义"的旗号，实施犯罪行为。概言之，低学历、无正当职业和高额收益吸引了大量闲杂人员加入催收行业。

(三) 社会危害扩张化

信息时代的到来给人类带来便利的同时，也给犯罪分子提供了新的工具与目标，使得犯罪危害性逐步扩张。非法催收犯罪中，传统暴力行为较少，而以软暴力催收方式为主，对被害人学习、工作和生活产生严重的危害。司法实践案例中，被催收人有的走投无路，远走他乡；有的家庭破碎、妻离子散；有的甚至失去生活的信心，选择自我结束生命。于裁判文书网检索的 79 个非法催收犯罪案例中被认定为涉黑涉恶的有 49 个，占比约 62%，足以窥探其严重的社会危害性。

(四) 向"互联网+"方向发展

基于"互联网+金融"的发展，催收行业也表现为"互联网+催收"之态。非法催收犯罪源头已经由传统高利贷向 P2P 网贷靠拢，P2P 网络借贷作为一种依托于网络而形成的新型金融服务模式，本质上属于民间借贷，自 2014 年开始进入发展的快车道，催收行业搭乘 P2P 网贷的便车，也迎来了新的增长点。本文检索的 79 个非法催收犯罪案例中，24 个与 P2P 网贷相关联，占比约 30%，其余主要与线下"套路贷""校园贷"相关联，据此，P2P 网贷的有效治理与降低非法催收犯罪的发生率息息相关。另一方面，网上催客平台的发展使得债权人可通过网络雇佣催客对债务人进行催收，下单、接单、支付报酬等交易环节通过网络途径即可完成，在侦查过程中对于非法催收犯罪直接行为人的信息无从知晓，无疑增加了侦查的难度。

---

① 揭亚雄、佘杰新：《女性毒品犯罪之基本状况及治理路径——基于 1000 个案例之实证研究》，载《中国人民公安大学学报（自然科学版）》2019 年第 4 期。

四、非法催收犯罪的侦防对策探析

（一）非法催收犯罪的侦查对策

第一，公安机关并案整合行政违法信息。非法催收犯罪并非偶发、单一的，而是有计划、有组织地进行。司法实践中较为常见的情况是，催收行为倘若不构成刑事案件，多数以行政违法抑或民事纠纷处理，而忽视了其多次实施非法催收行为的本质。对此，公安机关可利用大数据系统，针对多次以同一理由违法的情形予以重点侦查判断其是否属于非法催收犯罪组织，是否属于黑恶势力、黑社会性质组织，由被动侦查即被害人举报转向主动侦查的模式。与此同时，在对 P2P 网贷、"套路贷"犯罪、涉黑涉恶犯罪进行侦查时，注意其与非法催收犯罪的联系。既有利于早期发现不法催收犯罪组织，又有利于对被害人的保护。

第二，加强部门协作。非法催收犯罪的隐蔽性意味着仅靠公安机关一家之力侦查非法催收犯罪行为效率较低，监管机构与行业组织的协作必不可少。目前，我国催收行业的直接监管机构是银保监会，银保监会在日常监督管理过程中，发现涉嫌非法催收犯罪的，应及时向公安机关报告，协助进行侦查。另外，行业组织作为政府与企业的桥梁，其有义务对本行业的催收方式、合法合规进行严格监督，发现行业内部存在非法行为时，应向公安机关报告，一方面提高侦查效率，另一方面也有利于行业自律作用的发挥。

第三，采用从人到案的侦查模式，从债权人入手。债务催收按照催收主体不同可分为自我催收和委他催收。委他催收，即委托第三方机构或个人对债务人进行催收。自我催收中，债权人、债务人双方信息较为明晰，侦查难度较小，而委他催收时，对于非法催收人员的基本信息，债务人无从可知，加大了公安机关侦查、抓捕的难度，而债权人作为不法催收人与债务人的"交点"，其是"借贷—催收"法律关系的核心要素，债权人掌握的信息较为明确，为此应从债权人入手侦查，当催收行为涉嫌非法催收时，向债权人仔细询问关于催收人员的相关信息，快速掌握非法催收者的行为、身份信息。

第四，发挥科技侦查的优势，提高侦查效率。非法催收犯罪与互联网的联系日趋紧密，侦查方法亦应紧跟实践需求。其一，充分利用大数据＋云计算技术，其具有处理海量、高增长信息的特点，具有人工侦查不可比拟的效率，可大幅提升侦查的效能，利用大数据＋云计算技术对互联网上发布的催收信息进行量化识别，对可能产生非法催收犯罪风险的信息进行重点关注。其二，运用区块链技术对催客平台的实际交易数据进行实时监控，区块链技术具有"去中心化"的特征，没有中心的管理机构或硬件，每一个部分都是均等的。基于此,债务催收平台无法修改、删除数据,侦查机关可迅速掌握第一手资料,提高侦查的实效性。

(二) 非法催收犯罪的防治对策

第一,完善行政监管体系。仅靠刑法上的催收非法债务罪对非法催收犯罪加以规制,并不能从根本上解决问题,行政监管体系的构建同样重要,应当完善行政监管体系,使之与催收非法债务罪有效衔接。例如,对催收主体的合法性进行资格认定;规定催收的程序,禁止不恰当的时间、地点进行催收,如晚上催收抑或到债务人工作单位催收;规定非法催收的责任问题,第三方催收人与债权人的连带责任问题。换言之,建立起一套囊括催收主体、催收时间到催收程序的监管体系,理清行政监管与刑法、民法的界限,既有利于催收的规范化,又防止行政机关过分介入民事活动。

第二,准确适用催收非法债务罪。如耶林所言,刑罚如两刃之剑,用之不得其当,则个人与国家两受其害。[1] 在互联网金融高速发展的今天,非法催收犯罪严重危害社会经济发展,催收非法债务罪的准确适用十分重要。《修正案(十一)》的出台从制度层面界定了非法催收法律不予保护债务的入罪范围,一定程度上摆脱了过去无法可依的困境,在此基础上完善非法催收犯罪的认定,建立非法催收防治的制度根基。催收非法债务罪"使用暴力、胁迫方法"中的"暴力"属于扩张解释,其包含暴力与软暴力,软暴力已经成为现在非法催收的主要犯罪方式,倘若此处仅解释为传统硬暴力则会削减该条的适用性。同时,对于"软暴力"理应作出严格的限制,区分常态性的非法"软暴力"催债和偶然性索要债务的行为,对于因个人债务偶然实施跟踪等较为轻微的违法行为的情形,由治安管理处罚法予以规制。厘清罪与非罪的界限,保证对该罪名的准确适用。

第三,提高准入门槛。虽然"催客"平台、民间催收机构乱象丛生,但不能因噎废食,全面禁止,应引导"催客"平台、催收机构合法合规化。首先是催收机构的准入门槛。我国目前大部分催收机构处于半地下状态,引导其向合法合规方向发展是行业健康发展的必要条件,建立催收机构行政备案登记制度,设置一定的标准,对其人员组成、规范化、催收专业度进行考核,综合考量行业资格,严厉打击民间催收组织。其次是催收人员的资格问题。实行执业资格考核制度,设置法律常识考核、心理素质评估,避免人身危险性较强抑或有涉黑涉恶记录的人员加入;发挥行业协会的自律作用,定期组织"催客"

---

[1] 林山田:《刑法学》,商务印书馆1985年版,第127页。

"催收机构"进行法律与合规知识培训;行业组织可对催收人员、催收机构的非法行为进行记录,超过两次以上非法催收的取消其资格。

第四,适当扩张罚金刑,提高犯罪成本。古典主义犯罪学认为,犯罪是个人自由选择的产物,人们在实施犯罪时会估算犯罪的风险成本和潜在收益。政府的任务就是用超越潜在收益的适度惩罚,来控制犯罪收益和成本的理性计算,即威慑原则。① 非法催收犯罪人以承担刑事责任的风险实施非法催收行为,究其根本,是其内心衡量判断的结果,高额的收益促使其实施犯罪行为,其从根本上属于贪利型犯罪。据此,对于非法催收行为,提高罚金刑的量刑幅度,以期"以钱治钱",增加其犯罪成本,提高刑法的威慑力,是减少非法催收犯罪的可取之法。

第五,健全民事损害赔偿机制。纵观世界,美国作为债务催收最为规范的国家之一,其相关规定对我国非法催收的规制具有借鉴意义。美国早在1977年就制定了《公平债务催收法》,该法涵盖了债务催收主体的合法性、债务催收的适法行为、不当行为、损害救济机制等内容,以及第三方催收机构或个人与债权人的连带责任问题,该法实施后,合法催收的规范性逐渐使灰色催收行业消失。② 非法催收行为对被害人造成严重的财产、精神损害,适当的民事补偿合法合理,根据非法催收对被害人的权利侵害程度,由催收机构与债权人承担连带责任对被害人进行补偿,建立起以民事规范为辅的健康催收环境。

第六,追本溯源:从降低信贷违约率入手。据马克思主义哲学观,事物具有相对性,而民间借贷是一个自由选择的市场,高利贷往往由高风险借款人与高风险放款人相匹配形成"尖刀上的双人舞",③ 而非法催收的侦防不能仅从催收者一方入手,债务人一方同样需要治理。首先,消除不良消费观,倡导理性消费,降低社会借贷违约率,如在学校开展消费心理教育课程以及倡导家长对子女消费心理的疏导。其次,完善个人征信体系建设。我国各征信机构都依托互联网形成了自己的覆盖范围,但是由于采集的信息具有单一性,并不能全面反映信用主体的真实信用状况,进而造成P2P网贷平台、小额贷款机构无法对借款用户的信用风险进行合理评估,导致违约率增高。

---

① 参见齐霞、许戈垠:《犯罪预防》,中国政法大学出版社2019年版,第78~79页。
② 闫海、鞠阳:《美国第三方债务催收联邦立法实践及对我国的启示》,载《南方金融》2017年第8期。
③ 丁骋骋:《民间借贷债务催收市场的田野调查与经济解释》,载《财经理论与实践》2019年第4期。

五、结语

随互联网时代的发展,非法催收犯罪会不断衍生出新的手段和类型,与之相对,侦防的难度将会增加。应着力提高非法催收犯罪的侦查能力,借助群策群力,加强交流协作,串联催收与 P2P 网贷、高利贷、涉黑涉恶的联系,同时,着眼于监管体系的完善,打击与规范两步走,达到标本兼治,最大程度遏制非法催收犯罪。

（三）区块链技术下的金融犯罪专题研究

虚拟货币的犯罪风险及属性认定

王志远　季书贤[*]

一、虚拟货币的革命创新和我国刑法的保护困境

自中本聪创设出比特币（Bitcoin）以后，虚拟货币一词便有了新的含义，在此之前，虚拟货币指的是在某种固定网络环境中的代币，比如QQ币、游戏币等。不同于传统代币，以比特币、以太坊为代表的新型代币实现了一种点对点的加密数字支付系统，以"去中心化"为其优势和特征，无须任何国家或地区的金融系统为其背书，并且依赖平等式网络种子文件相互之间达成的网络协议实现个人节点与其他节点的互动交换，以此实现代币地址之间的价值互换。[①] 这种虚拟货币不仅具有交易功能和计价功能，而且还承担了一些其他货币职能，完全超出了传统虚拟货币的职能范围。为了对二者进行区分，欧洲中央银行认为，前者的使用范围仅存在特定网络空间，无法依赖转移支付交易给他人，这种虚拟货币本身的存在具有某种特定目的，故属于"不可转换式"虚拟货币；而后者可以凭借区块链这个网络"账本"，以密码学和数字算法为基础，实现与法定货币或其他货币的价值互换，故属于"可转换式"的虚拟货币。[②] 这种区分标准得到了国际监管组织和主要国家监管机关的认可，本文的虚拟货币仅指后者。

从2013年中国人民银行等五部委的《关于防范比特币风险的通知》（以

---

[*] 王志远，中国政法大学刑事司法学院副院长，教授、博士生导师；季书贤，中国政法大学刑事司法学院硕士研究生。

[①] 参见谢杰、张建：《"去中心化"数字支付时代经济刑法的选择——基于比特币的法律与经济分析》，载《法学》2014年第8期。

[②] 参见[德]伦纳·库尔姆斯：《比特币：自我监管与强制法律之间德数字货币》，廖凡、魏娜译，载《国际法研究》2015年第4期。

下简称《通知》)到2021年中国银行业协会等三大协会的《关于防范虚拟货币交易炒作风险的公告》(以下简称《公告》),我国监管对这种新型虚拟货币的态度十分明确,即完全否定新型虚拟货币的货币属性,要求任何金融机构不得开展与虚拟货币相关的任何业务,坚决打击虚拟货币等"挖矿"和交易行为。这种"一刀切"式的监管态度有利于遏制互联网金融风险向实体经济的扩张和蔓延趋势,阻断个体风险向社会领域传递,从而在根本上消灭境内虚假代币的发行和炒作。但这种监管策略并不能改变我国实际上已经成为这场技术革新主要参与者的既定局面。根据剑桥大学替代金融研究中心(Cambridge Center for Alternative Finance)统计,中国控制全球比特币挖矿能力①的65%(即每3枚比特币有两枚来自中国)。2013年到2017年,人民币计价的比特币交易量占比高达80%以上,目前全国最大的五家加密货币交易所中的四家以中国投资者为主要用户。② 不仅如此,我国司法实践中涉及虚拟货币的犯罪案件也层出不穷,比如盗窃、诈骗、非法集资等。在这些案件中,司法机关的裁判模式主要体现为两种:一是非财产性保护模式,如在戴某案中,法院认为戴某非法获取他人虚拟货币私钥,继而窃取他人虚拟货币,构成非法获取信息系统罪;③ 二是一般财产保护模式,如在武某案中,法院认为武某通过篡改地址的方式非法盗取他人虚拟货币,构成盗窃罪。④ 两起案件中的行为人同样都是盗窃比特币,而且手段在性质上大同小异,但是法院的裁判结论却大相径庭,这种多元化治理模式背后折射出各地司法机关对虚拟货币的属性认定标准不一,不利于实现对涉及虚拟货币犯罪的全面打击,同时因裁判标准存在差异也严重损害了刑法的规范性和权威性。更重要的是,虚拟货币的非财产保护模式仅注重评价涉及虚拟货币犯罪的手段行为,而忽视对行为人犯罪目的和犯罪结果的评价,不利于保护被害人的财产法益。同时,仅通过一般财产保护模式仍无法解决虚拟货币参与者在金融交易等方面所面临的各种风险,这一方面归结于相关规范性文件缺失,另一方面也是因为《通知》和《公告》所设定的监督态度忽视了对我国广大虚拟货币参与者的刑法保护,导致一系列涉及虚拟

---

① 虚拟货币的"发行"依赖一个需要这个体系中的分布式网点共同参与的工作量证明(Proof of work)的过程达成共识。类比金银货币的开采,这个达成共识以"发行"比特币的过程也被称为"挖矿"。

② 参见丁安华:《比特币作为新型风险资产,对其监管乃大势所趋》,载新浪财经2021年5月31日,https://baijiahao.baidu.com/s?id=1701244111272546600&wfr=spider&for=pc。

③ 参见(2019)豫09刑终110号。

④ 参见(2016)浙1023刑初384号。

币犯罪对象和行为类型的刑法解释出现了矛盾。质言之，简单粗暴的否定虚拟货币的货币职能等于阻断了我国刑法对虚拟货币犯罪行为作出有效回应的现实路径。在这场颠覆式技术革命中，刑法不应置之度外，厘清虚拟货币面临的法律风险及本质属性，并将其放置在既有法律框架下，应成为目前亟待解决的问题。

二、虚拟货币带来的双重风险

确切来说，"去中心化"并非是虚拟货币的固有属性，它是虚拟货币基层技术——区块链技术的核心特征和最大创新，凭借每个链条中的时间戳、分布式共识等手段，在点对点交易分布式系统中实现价值的快递兑换，这个过程无需任何第三方信用机构为其背书。相比较于传统交易方式，"去中心化"的特点在于可以降低交易性成本、增进交易效率、在交易过程中实现完全的匿名性等。"去中心化"在给虚拟货币带来无限炒作噱头的同时，也带来了许多可预计性风险，对于参与者而言，这种风险体现为我国现行刑法规范缺少相应的保护机制；对于国家整体而言，这种风险体现为刑法规范监管秩序存在部分制度性失灵。

（一）虚拟货币参与者无法寻求相应救济和保护

对在集中交易平台进行虚拟货币投机的参与者而言，其通常面临三种风险：一是私钥被他人盗取或丢失的风险。虚拟货币的产生本质是计算机通过某种特定的运算公式算出的答案，其价值基础在于运算过程中所耗费的各种可计算成本以及市场上的供求关系[1]，这也决定了其存在形式载体只能表现为计算机的虚拟程序。在持有者进行操作时，他们会把虚拟货币放置在一个名叫"钱包"的虚拟程序中，每个"钱包"中都含有一串网络地址，交易双方通过这种网络地址实现虚拟货币的价值兑换，整个过程仅有个人和个人之间的点对点支付系统即可完成，不需借助任何中介平台。这种交易方式通过产生公钥和私钥的方式确保交易的安全性和匿名性，而这其中的公钥负责加密（类似于账号），私钥负责解密（类似于密码，仅有拥有者才能知晓），私钥便是持有者开启和流转虚拟货币的唯一口令。若私钥被他人取得或被他人毁坏，那么虚拟货币持有者将面临"钱包"内财产永久损失的后果。二是交易平台宕机风险。对于我国虚拟货币投机参与者而言，主流的交易平台主要是火币、币安、

---

[1] 参见闵敏、柳永明：《互联网货币的价值来源与货币职能》，载《学术月刊》2014年第12期。

抹茶等软件。以市场三大平台之一火币网（Huobi.pro）为例，2021年2月19日22点，在事先毫无预告的情况下，平台出现宕机情况，即暂停合约交易并冻结资产，瘫痪交易时间长达十个小时。由于这些交易平台存在杠杆交易，即用户能够以两倍到七十五倍的杠杆进行合约交易，用户既可以先往交易平台提供的第三方资金账号汇入保证金，买入虚拟货币做多，也可以先存入虚拟货币，卖出虚拟货币做空，杠杆合约由交易平台实时价格进行核算，若账户内保证金不足则面临强制平仓。① 在平台宕机情况下，用户无法完成合约实时操作，也无法追加保证金防止强制平仓，等交易平台恢复正常后却发现账号早已被强制平仓，资金已经清零，由此蒙受巨大损失。三是由于信息不对称、人为操纵等价格波动造成的损失。虚拟货币由于自身的存在价值基础薄弱，导致其极易受到政治、经济等外部信息的干扰或影响。以比特币为例，在三大协会发布《公告》后，比特币价格从46626美元/枚一度暴跌至36400美元/枚。此外，在2013年10月至11月，比特币的市场价格暴涨了十倍，事后被证明，当时Mt.Gox交易平台通过虚增特定账户中的法定货币资金和比特币数量，通过大额交易、集中交易等方式，人为操纵抬高比特币价格。②

值得注意的是，虚拟货币的核心交易机制和市场规则与证券、期货市场十分相似，在《公告》和《通知》将虚拟货币定性为虚拟商品，并且将虚拟货币参与者定性为消费者的情况下，我国刑法中由内幕交易罪、操纵证券、期货交易市场罪、期货交易虚假信息罪、利用未公开信息交易罪等证券期货罪名构成的对金融投资者全面保护的刑法规范，无法直接或间接适用在虚拟货币的市场交易上，进一步放大了虚拟货币的市场交易风险。举例而言，在上述交易平台宕机情形下，即使能够证明平台交易所在宕机期间通过大笔交易、连续交易等模式恶意操纵价格，增加虚拟货币波动幅度，导致用户爆仓并从中获取巨额平仓收益和价差收益，也会因为犯罪行为对象不适格而无法适用现行刑法中的证券期货类罪名，造成产权差异保护的困境。这一问题同样体现在信息差造成的价格波动上，在交易双方的信息掌握上，相比普通证券、期货投资者，虚拟货币参与者信息不对称性更加明显。比如掌握虚拟货币监管动向的内幕知情人或相关人可以在影响虚拟货币价格的内幕消息发布前提前进行购买或出售虚拟货币，损害其他参与者权益，但是却无法评价为犯罪行为，导致被害人无法通

---

① 参见谢杰：《"去中心化"互联网金融对经济刑法规范的影响及其应对——比特币关联犯罪的刑法解释》，载《犯罪研究》2015年第2期。

② 参见吴云、朱玮：《虚拟货币的国际监管：以反洗钱为起点走出自发秩序》，载《财经法学》2021年第2期。

过刑法、证券法等法律规范对平台或相关人进行追责。

(二) 刑法规范监管秩序失灵风险

在 2021 年的《公告》中，中国银行业等行业协会再次重申了虚拟货币的经济学属性，首先从正面界定了虚拟货币的商品属性，即认为其"是一种特定的虚拟商品"，同时从反面否认了虚拟货币的货币属性，认为其"不由货币当局发行，不具有法偿性与强制性等货币属性"。① 由此可知，在中国现行金融监管框架下，货币仅指具有国家或地区政府信用为背书的法定货币，比如英镑、美元等。这种对虚拟货币的简单区分不可避免地会导致其游离在现行刑法规范体系评价之外，传统刑法理论面对虚拟货币市场的不断繁荣发展将会出现局部失灵和评价缺失的处境。

在否认虚拟货币具有法定货币职能的前提下，以比特币、以太坊为代表的虚拟货币将因犯罪对象不适格而脱离刑法关于外汇犯罪的管控体系。《刑法》第 190 条逃汇罪惩治的行为类型集中表现为"擅自将外汇存放境外，或者将境外的外汇非法转移到境内"，该罪的犯罪行为对象为外汇，根据《外汇管理条例》第 3 条规定，外汇包含了外国货币、支付凭证、有价证券等。事实上，中国境内的虚拟货币参与者（单位）通过在境内交易平台开设账户并利用外币购买一定数量的虚拟货币后，通过私钥网络地址将其提现放置在个人"钱包"中，而后可以轻易转移到境外交易平台并以市场价格转换为美元、英镑等各种法定货币。② 在满足一定犯罪数额的前提下，这种"外币—虚拟货币—外币"的模式可以认定为逃汇罪。但是，若行为人将虚拟货币转移至境外且不进行变现时，行为人在境外对虚拟货币实现了事实上的支配，其与前述逃汇行为的区别仅为"是否在境外通过市场变现"，由于虚拟货币无法评价为外汇，行为人在未通过境外交易市场进行虚拟货币变现时，便无法认定行为人构成逃汇罪。从规范评价的角度而言，这种未变现行为与前述行为同样侵犯了外汇管理监管的秩序法益，却可以轻易实现外汇的跨境转移及币币之间的快速价值兑换，二者完全具有刑法意义上的同质性，但在规范评价上出现了不同结论。质言之，虚拟货币交易市场的不断扩大和国家监管策略的不当选择使得现行刑法中关于外汇犯罪的罪名在一定程度上失去了规范意义，虚拟商品属性为

---

① 《关于防范虚拟货币交易炒作风险的公告》第 1 条规定："正确认识虚拟货币及相关业务活动的本质属性。虚拟货币是一种特定的虚拟商品，不由货币当局发行，不具有法偿性与强制性等货币属性，不是真正的货币，不应且不能作为货币在市场上流通使用。

② 参见谢杰：《"去中心化"互联网金融对经济刑法规范的影响及其应对——比特币关联犯罪的刑法解释》，载《犯罪研究》2015 年第 2 期。

相关主体非法转移外汇提供了一条不受国家外汇管理制度监督的"合法途径"。

另一方面,由于虚拟货币自身价值波动剧烈、交易平台24小时不停交易,并且"去中心化"的虚拟货币不存在中央定价机构,涉嫌虚拟货币的行为能否成立犯罪、数额如何认定,对于一些新型财产犯罪行为刑法应如何介入,这些问题在实践中都面临着重新被审视的境况。具体而言,无论我国监管机构如何定性,以比特币、以太坊为代表的虚拟货币通过特定交易平台"在事实上"完全实现了一种有价证券的功能,能够按照实时行情转化为美元、英镑等域外法定货币,由此,涉嫌虚拟货币的财产类犯罪和职务类犯罪数额认定成了实践和理论难题。传统的财物或财产性利益可以通过司法实践中的定价机构、市场行情等手段认定具体数额,而虚拟货币的实时价格每分钟乃至每秒钟都在进行着巨大波动。对此有观点认为,在涉嫌虚拟货币犯罪的案件中,司法机关可以根据该虚拟货币案发当日交易平台所发布的价格平均值进行估算。本文认为这种观点忽视了虚拟货币价格波动巨大的特点,在"一天涨跌数倍"的情况下可能造成量刑的畸轻畸重。同时,这种估算方式并不符合虚拟货币作为点对点加密数字支付系统和作为虚拟商品的市场溢价特性[1]。可见,涉嫌虚拟货币犯罪中数额难以确定的难题,加剧了现有刑法规范评价体系失灵的风险。

三、虚拟货币分段评价综合保护模式:刑法归责制度的逻辑保障

(一)刑法和经济学上虚拟货币的属性认定分野

虚拟货币在流通过程中所附带的双重风险在根本上取决于其在刑法上的属性定位。换言之,厘清虚拟货币的法律属性是构建虚拟货币犯罪刑法归责制度的逻辑前提。如上所言,简单粗暴的否定虚拟货币的货币属性使得其在刑法意义上无法得到充分且合理的规范评价,导致刑法处罚出现漏洞和失灵。但这并不意味着将虚拟货币认定为具有货币职能就可以解决所有问题,相反,直接赋予其法定货币地位将会引发社会、经济上一系列其他问题。比如,与法定货币相比,虚拟货币不具有稳定的固有价值[2],市场需求和"挖矿成本"决定了其价格形成机制,将虚拟货币作为经济交易媒介存在引发系统性金融风险和引发通货膨胀干扰国家货币政策风险的可能性。另一方面,虚拟货币的流转往往被用于洗钱等违法犯罪活动,虚拟货币通过区块链技术在实现"点对点"交易

---

[1] 参见张建新、谢杰:《"去中心化"金融工具的法律风险控制》,载《河南警察学院学报》2018年第3期。

[2] 参见哈耶克:《货币的非国家化》,姚中秋译,新星出版社2007年版,第30页。

时使其摆脱了国家金融监管体系控制,这种匿名性特点给侦查活动带来了极大困难。

认定虚拟货币属性存在两难困境的本质原因在于,过分看重虚拟货币在经济学意义上的区分标准,而忽视了其在刑法意义上的实质解构。刑法具有独立性,着重探讨虚拟货币是否具有经济学意义上的货币职能对其在刑法上的评判标准所起到作用应是辅助性和参考性的,刑法意义上的货币和经济学意义上的货币不必具有线性的一一对应关系,二者之间可以具有差异和区分。刑法具有稳定性,这是确保刑法权威以及保障国民预测可能性的前提和基础,但这种稳定性是相对的,刑法解释必须能够适应时代和社会的发展,保持刑法的生命力,故进行刑法解释时需要考虑社会和现实因素,"现时有效的法的效力之合法性并非立基于过去,而是立基于现在"①。经济学解释中的货币是法定的交易媒介,"要求任何人必须接受向对方以国家发行的货币履行的债务给付"②。从该角度出发,虚拟货币由于不可能存在国家强制流通的特性,所以不可能具有法定货币的地位。刑法规范解释注重的是对犯罪行为或犯罪对象的实质判断,因为刑法最终所保护的是社会上一般性的规范关系和底线秩序,在行为实质侵害到法益时,刑法解释理应回归常识主义,照顾到公众基于生活经验的规范感觉,实现定罪量刑的合理性。③ 适当忽视虚拟货币在现行经济学意义上的争论,强调从刑法解释层面实质分析虚拟货币的法律属性,或许更能够厘清现行刑法对虚拟货币评价缺失或失灵的本质,从而有助于建构虚拟货币的刑法归责制度。

(二)虚拟货币的分段评价综合保护模式

虚拟货币的流转历程可以简单区分为产生阶段、市场化交易阶段、工具化交易阶段。以比特币为例,比特币的产生来源于计算机完成网络运算工作量,该阶段使得比特币的生产持有人会存在一定的成本消耗和技术支付,让比特币具有了成为一种虚拟商品的潜能,此时的比特币可以评价为一种通过劳动和成本所获得的虚拟物品。至于其是否能够评价为刑法意义上的"物",仍需要进一步分析。有学者指出,对于刑法上的财物概念,必须要根据财产犯罪的本质和保护法益进行解释,财物虽说包含了"物"字,但不能认为仅指有体物,

---

① 郑玉波:《民法总则》,台北三民书局1959年版,第186~187页。
② 赵天书:《比特币法律属性探析——从广义货币法的角度》,载《中国政法大学学报》2017年第5期。
③ 参见魏东主编:《刑法观和解释论立场》,中国民主法制出版社2011年版,第17~18页。

也应包含无体物，比如 QQ 币、数字货币等。作为财产犯罪的对象，"物"必须要同时具有管理可能性、转移可能性和价值性。① 由此分析比特币，首先，持有人通过"钱包"可以实现对比特币的实际占有权和控制权，只有持有人具备了公钥和私钥时，才可以对"钱包"里的比特币进行管理控制。其次，在持有人进行后续交易时，可以通过公钥和私钥实现比特币的快速转移，体现了其转移可能性。最后，虚拟货币持有者可以通过支付一定数量的虚拟货币换取商品和服务，并且可以在集中交易平台与法定货币进行价值兑换，故虚拟货币是存在交换价值的。由此可见，比特币在产生阶段虽说是一种虚拟商品，但完全符合了刑法上对于"物"的定义，其可以评价为刑法上的"物"，继而能够适用刑法上关于财产犯罪的若干罪名规范。在上述戴某案中，法院在事实认定和规范适用过程中出现了定性错误，戴某通过非法获取他人私钥手段盗窃他人虚拟货币，其获取他人私钥的行为应属于盗窃虚拟货币的手段行为，故二者属于牵连关系，应择一重罪处罚，而法院仅认定了手段行为而忽略了对盗窃比特币的目的行为的评价。

在市场化交易阶段，事实表明，越来越多的互联网商家、公益组织乃至旅游和餐饮业都愿意以比特币作为支付媒介，"根据德国媒体 Die Welt 所作的调查，在世界范围内，已经有超过 75000 家企业接受比特币为交换媒介"②。尽管我国监管否定虚拟货币的货币职能，但在市场化交易阶段，比特币在多处应用上表现为中介、支付和存储功能，履行了法定货币的部分职能。从实质功能和秩序法益保护的角度来说，刑法应当将该阶段的比特币评价为货币。这种认定路径有助于将其纳入到洗钱犯罪、外汇犯罪等相关罪名的监管体系之下，同时也契合了中国当下对虚拟货币的监督态势。更重要的是，这种刑法评价方式完善了对我国广大虚拟货币参与者的制度性保护，有利于统一司法实践中的裁判规则，实现对涉嫌虚拟货币犯罪的有效治理。

同理，在工具化交易阶段，比特币和其他虚拟货币通过与法定货币之间的吸附关系，在类似于证券和期货市场的网络平台中共同形成了一个交易量达到数亿元的集中交易市场，在该市场中，有别于货币的稳定性，比特币发挥的作用在于供市场投机者通过市场波动赚取交易差价，故不再体现货币职能，而是体现了一种套利、兑现的金融投机工具职能，此时应将虚拟货币评价为刑法意义上的金融商品对象，从而将其纳入到我国对证券、期货犯罪的规范涵摄范围

---

① 参见张明楷：《非法获取虚拟财产的行为性质》，载《法学》2015 年第 3 期。
② 赵天书：《比特币法律属性探析——从广义货币法的角度》，载《中国政法大学学报》2017 年第 5 期。

中，为构建虚拟货币参与者的保护机制提供了规范依据。

(三) 涉嫌虚拟货币犯罪的数额认定

在清除虚拟货币纳入现行刑法监管的制度障碍后，司法实践面临的首要难题就是如何确定犯罪的具体数额，尤其是在市场行情火热，虚拟货币波动较大的情况之下，既需要保持量刑的规范性和统一性，又要防止出现量刑畸轻畸重的情况。有观点认为，涉嫌虚拟货币的犯罪中，应按照犯罪人实际销赃数额进行认定。① 但在实际案件中，犯罪人有可能为了急于出货以明显低于市场交易平均价格出手，在市场行情波动较大的情况下，每天的波动性可能动辄30%乃至50%。故而这种认定方式不利于对虚拟货币持有人的保护。另外，若行为人未及时变现，而是选择自己长期持有虚拟货币，也无法从根本上解决问题。

基于对被害人的全面保护以及虚拟货币的自身特性，本文认为可以从虚拟货币持有人的损失角度对行为人犯罪的具体数额进行认定。具体而言，虚拟货币的来源方式主要为三种：一是原始取得，即行为人通过"挖矿"方式取得比特币、门罗币、莱特币等pow机制的虚拟币。持有人通过矿机投入、耗费电力、人力等可计算成本获得虚拟货币。此时司法机关可以按照持有人的实际付出成本计算犯罪数额，既实现了对被害人的完整保护，也便于司法机关实际操作。需要注意的是，这种计算方式是不具有规范性或普遍性意义的，因为随着计算机硬件技术的提升，矿机的单位运算能力也会随之提高，从而降低"挖矿"成本。另一方面，随着大量的区块数据生产，每个区块生成的虚拟货币量也会减少，从而增加了"挖矿"成本，故需要司法机关在个案中进行具体认定。二是市场化交易取得，即行为人通过商品或服务取得虚拟货币。此时涉案数额应当按照商品或服务的市场公允价格进行计算，以此为基础的同时可以适当考量其可期待利益或损失，确保量刑的合理性。三是工具化交易取得，即虚拟货币参与者在网络集中交易平台通过法定货币购买而取得。此时虚拟货币和法定货币之间的汇率完全由市场行情决定，由于是全天不停交易，所以无法以平均价格或收盘价格进行评定。这种情况下的犯罪数额应考虑两方面因素，首先是被害人在购买虚拟货币时所花费的法定货币价值，以此为量刑基础，再综合考虑案发当日虚拟货币的市场价格或行为人出售所获得的实际利润，确保量刑结果的合理和均衡。

---

① 王卫、南庆贺：《论盗窃比特币的行为性质》，载《西部法学评论》2018年第5期。

四、结语

总之，囿于虚拟货币涉及个人财产保护、外汇管理秩序和金融秩序等方面的犯罪风险，刑法有必要进行自我检视，完善自身的风险防控体系。虚拟货币的"去中心化"和匿名性为其带来了有别于传统货币的复杂性，刑法对其采取单一定性或单一保护模式无法完整涵盖虚拟货币在交易和金融市场的实践样态。虚拟货币在原始产生、市场化交易和工具化交易阶段，分别体现出财物属性、货币属性和金融衍生工具属性，继而可以从刑法解释角度分别将其认定为财物、法定货币和金融投机工具。这种分段评价方式为刑法中的财产犯罪、外汇犯罪、证券期货犯罪等规范提供了介入途径，有助于解决过于看重虚拟货币的单一经济学属性造成的评价缺失问题，加强对公民财产权的保护，维护现代金融监管秩序，使得国家能够有效建构契合虚拟货币市场发展特征的应对体系，从而实现刑法的全面保护。同时，通过构建刑法上的分段评价综合保护模式，为消除虚拟货币的双重风险提供了制度依据和规范保障，提高了国家整体金融风险的预警及应对能力。

区块链金融：价值、犯罪风险及其防控

邓 亮 王剑波*

比特币交易处理系统以其去中心化、点对点、不可篡改、可回溯性的特点，迅速引发了全球性的区块链热潮，一时间区块链成为解决效率与信任危机的万能钥匙，各地政府对区块链积极扶持，区块链正在成为互联万物的主流底层协议，特别是在金融领域，其对真实可信的高要求与区块链技术特性天然契合，金融成为区块链技术落地的重要领域，国内外科技及金融巨头纷纷涉足区块链行业，与区块链相关的专利和金融场景不断涌现。

与此同时，乱象丛生的自媒体宣传着各种"币圈"暴富神话煽动民众，各种鱼龙混杂的区块链项目乘机浮出水面，打着区块链技术创新的名号，进行着融资圈钱、诈骗等违法犯罪活动，也出现了利用区块链技术漏洞侵犯公民财产权益、人身权利等问题。这些伴随着区块链技术的应用而衍生出的犯罪风险，对公众的财产安全和社会稳定造成极大的威胁。

一、区块链金融领域应用现状

（一）金融机构投入加大

各金融机构纷纷加大在区块链项目上的投入，如国际知名金融机构花旗银行、摩根大通、高盛集团等早在2015—2016年间投入区块链的资金就已经超过10亿美元，且投资规模还在逐年增长，中国金融机构区块链技术资金投入也呈逐年增长趋势，2018年和2019年投入资金分别为24.2亿元和29.9亿元，增幅23.6%，预计至2022年将达92.7亿元，其中银行、资管、保险的区块链投入增速将分别达到61.8%、66.7%、27.3%。[1]

---

* 邓亮，中国人民公安大学讲师；王剑波，首都经济贸易大学教授。

[1] 参见《2019年中国区块链金融行业研究报告》，载http://report.iresearch.cn/report_pdf.aspx?id=3501.2020/10/20。

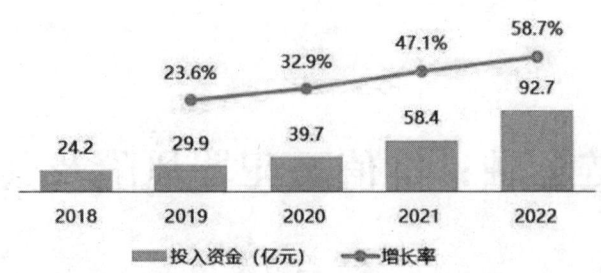

图 1　2018—2022 年中国金融机构区块链技术资金投入

（二）金融机构对外合作加强

各国金融机构不断加大在区块链上的对外合作力度。如全球最大的区块链是由摩根大通、高盛等 42 家国际银行组成，与科技巨头微软合作；英国的 Maison 区块链系统涵盖约 80 家公司，其中许多是金融机构和科技公司，合作为金融行业构建一个基于区块链的平台，从而实现行业级的互操作性和标准化①；Clearstream、瑞士信贷资产管理公司、卢森堡证券交易所和 Natixis Investment Managers 联手推出一种基于区块链的投资基金技术平台 FundsDLT，以实现减少管理成本和交易时间②。

我国金融机构也积极与科技公司或区块链技术公司进行合作，联易融与腾讯推出了供应链平台微企链，基于趣链科技底层区块链技术平台，浙商银行推出了业内首个区块链企业"应收款链平台"，度小满金融、阿里巴巴等与金融机构合作发行了大量基于区块链的 ABS 产品。

（三）区块链技术研发工作持续推进

截至 2020 年，我国累计申请专利数量突破 3 万件，专利申请数量和参与公司数量均列全球首位，其中 2020 年我国有 285 家公司参与了区块链+金融专利申请，申请支付相关专利的有 221 家公司，涉及支付专利 1146 件，金融专利 1121 件，而蚂蚁集团、腾讯科技、平安集团成为区块链金融专利申请数量最多的 3 家企业③。可见，互联网 IT 巨头、金融科技公司正持续入局金融

---

①　参见《金融动态/区块链在监管科技中的应用》，载 https：//www.sohu.com/a/407415781_761996. 2020/10/20。

②　《欧洲金融机构合作开发基于区块链的平台 FundsDLT》，载中金网，http：//www. cngold. com. cn/hangye/20200318f12201n4645886926. html。

③　《中国区块链专利报告 2020》，载零壹财经，https：//baijiahao. baidu. com/s？id = 1692902186835226588&wfr = spider&for = pc. 2020. 2. 28。

领域，促进金融行业数字化、智能化转型。与此同时，通过创新实验室和产品孵化器的方式积极探索区块链技术的应用。一些商业银行，如花旗银行、瑞银、纽约梅隆银行等是在内部成立研发实验室，测试区块链的应用；还有一些是与初创公司合作，如巴克莱银行在技术孵化和加速器项目中与区块链初创公司合作，澳大利亚联邦银行和开源软件 Ripple 合作组队，创建区块链系统①。中国光大银行和雄安集团数字城市公司共同发起建立"数字金融科技实验室"，实验室在以区块链为核心的金融科技领域先行先试②。中国－东盟区块链应用创新实验室的成立，致力于探索"区块链＋供应链金融""区块链＋跨境结算""区块链＋数据交易"等领域的应用③。微众银行和港科大成立银行业联合实验室，在区块链、大数据、监管科技等金融领域开展合作，共同探索前沿技术④。

伴随着区块链技术研究的不断推进，金融领域应用标准化工作也在持续开展。我国积极参与和制定国际标准、国家标准、行业标准，中国人民银行已正式发布《金融分布式账本技术安全规范》（JR/T0184－2020）、《区块链技术金融应用评估规则》（JR/T 0913－2020），中国互联网金融协会也在积极研制各类团体规范标准。

（四）区块链金融落地场景不断丰富

目前，区块链技术在供应链金融、贸易金融、跨境支付、资产证券化、保险科技、风控与征信等领域实现了深度融合并落地，如 2019 年 6 月，京东数科－中信证券 9 号京东白条应收账款债权资产支持专项计划应用了区块链 ABS 标准化解决方案；蚂蚁金服通过区块链解决租赁行业可信存在问题；腾讯、联易融提供的微企链供应链金融服务平台；中国人保和 Vechain 通过区块链解决保险领域的反欺诈、KYC 问题，并提升理赔效率等；Ripple xCurrent 跨境支付解决方案。除了上述典型场景，区块链技术还被用于数字票据、资产溯源、清分对账、数据协作、监管科技、金融社区等领域。

---

① 《国外区块链公司的发展及规划》，载东方资讯，http：//mini. eastday. com/a/180509144845108－2. html. 2020/10/20.

② 《光大银行与雄安集团共建数字金融科技实验室》，载新浪财经，http：//finance. sina. com. cn/stock/relnews/cn/2019－12－30/doc－iihnzahk0823508. shtml。

③ 《中国—东盟区块链应用创新实验室在南宁揭牌》，载中国新闻网，http：//www. chinanews. com/cj/2020/07－20/9242967. shtml。

④ 《金融界打造大湾区创新高地 微众银行和港科大成立银行业联合实验室》，载https：//m. jrj. com. cn/madapter/bank/2019/05/20180927596296. shtml。

（五）区块链安全问题成为焦点

随着区块链技术应用的不断扩大，区块链安全问题也日益突显，具体表现在：一是区块链技术安全。主要存在密码算法安全、智能逻辑漏洞、共识机制、P2P网络机制安全等问题，对于当前的区块链而言，还无法保证所有技术都无漏洞或者存在后门，无法保证绝对的安全。二是区块链使用安全。在使用过程中可能会遇上木马病毒、账户被窃取、私钥管理不善等问题，如何保证链上各节点信息数据的安全以及不会被黑客攻击是金融机构所面临的挑战。三是区块链隐私安全。区块链的公开、透明与隐私保护一直存在不可调和的矛盾，至今仍未完全解决。区块链上传输的所有交易虽然都是公开的，但普通民众很难把"地址"与真实世界里的人的身份对应起来，因此营造了一种较好的隐私保护的"假象"，而实际上，账本完全公开的特性，导致存在通过账本数据、特定地址交易规律分析出"地址"所对应人的可能。即使在联盟链内部，一些企业或个人也不希望自己的资金往来数据、个人信息等暴露在众目睽睽之下，而链上数据加密，解决大部分隐私保护问题的同时，又产生如何达成多方检验和共识的新问题。特别是GDPR中对公民个人更正权、被遗忘权的数据保护，与区块链的不可篡改性相冲突，使得个人隐私数据上链可能成为一个伪命题。因此如何解决这些问题，成为区块链研发过程中普遍关注的问题。

二、区块链技术在金融领域的价值

（一）分布式记账技术保障公开透明

区块链一改过去传统的由权威中心记账的模式，采用分布式记账技术，由网络中所有参与者（节点）来对交易信息进行验证和记录，即交易数据在向全部节点宣布后，经51%以上节点的验证，然后入账（即记入区块）。在这种记账技术下，网络中所有节点均是对等的，大家平等地发送和接收网络中的消息，所以每个节点都可以完整的观察并记录各节点的全部行为，用户之间真正实现了信息共享和对称，无须第三方的记录来证明信息的准确性。

分布式记账实现了信息共享和透明，从而有效规避了以金融中介为中心所产生的信息不对称问题。以间接融资为例，传统银行借贷中，借贷双方很难了解彼此资金的来源和用途，银行也难以全面识别存款客户和监控贷款资金的使用，导致借贷规模有限，银行不良贷款率高，并出现洗钱、骗贷、金融诈骗等违法犯罪问题，且银行作为绝对的信息中心，也为银行工作人员违法违规放贷、转贷提供了便利。在当前日益突起的互联网金融模式下，虽然通过居间信息平台以降低借贷双方信息不对称，实现资金供求对接，但这些融资平台在缺乏有效监督的情况下,仍具有绝对的信息优势,容易形成不透明黑盒,当平台营造资金池、挪用资金或虚假融资时,出借方难以察觉。近年来P2P网贷平台频出的"爆雷""跑路"事件,很大一部分缘于信息的不透明。如果利用区块链的"去中心化"分布式记账技术,整个资金的来源和去向便是透明共享的,借贷双方明确掌握资金的动向,对金融中介形成有效监督,同时把监管者也纳入为区块链中的一个节点,各方参与者掌握全部数据,互相监督,地位同等,从而避免由于信息不透明所导致的融资平台的违法犯罪风险、投资者的不信任危机以及借款者的欺诈风险。

(二) P2P网络架构保障交易高效

传统的网络服务架构主要是客户端/服务端(C/S)架构,即一个中心化的服务端节点,对多个申请服务的客户端进行应答和服务[①]。比如我们通过手机收发信息时,手机客户端首先将信息发送给中心服务器,再由中心服务器转发给接收方手机客户端,C/S架构具有统一服务形式,便于服务维护的优势,但也存在突出的缺陷。首先,单一的服务端一旦发生故障,整个服务都会陷入瘫痪;其次,单个服务端的处理能力是有限的,其性能往往制约整个网络的效率。

对等计算机网络(P2P网络),是一种无中心服务端,将所有网络参与者视为对等者,并在他们之间进行任务和工作负载分配[②]。这种用户群共同维护的网络架构,在任何单一或少量节点发生故障时不会影响整个网络正常运转,且随着节点数量的增加,整个网络资源也同步增加,所以P2P网络的容量没有上限。以C/S架构下银行转账为例,首先客户在客户端提供银行卡、密码等信息证明身份,然后生成一笔转账交易,发送至中心服务器,由服务器校验余额是否充足等信息,然后记录到服务器上,即完成一笔转账交易。但大量的跨行跨境转账使得资金交易过程节点多、流程长,如跨境外汇支付,涉及境外银行、中央银行、当地行的一系列流程,受制于swift报文转换、行号严要求以及时差等因素,导致效率大打折扣[③]。P2P网络架构下可以将每个银行都作为区块链的一个节点,省却银行间的授信、核查等程序,速度更快、成本更低、效率更高。2020年4月22日,青岛区块链试验平台完成第一笔跨境交

[①] 华为区块链技术开发团队:《区块链技术及应用》,清华大学出版社2019年版,第32页。

[②] 华为区块链技术开发团队:《区块链技术及应用》,清华大学出版社2019年版,第32页。

[③] 崔志伟:《区块链金融:创新、风险及其法律规制》,载《东方法学》2019年第3期。

易,以前需要 12 小时的交易 10 分钟内即完成。

(三) 数字签名、时间戳保障交易安全、可信性

在金融活动中,往往有大量的重要文件或合同需要签名来确认身份、明确责任,传统的手写签名依赖每个人的字迹差异进行区分,即使刻意模仿也能被专业手段所鉴别,因此具有唯一性。区块链网络中包含大量的节点(参与者),而不同节点的权限不同,为了识别交易发起者的合法身份,防止恶意节点身份冒充,区块链借鉴数字签名方法来实现权限控制,这里的数字签名并不是通过图像扫描、电子版录入等方式形成的物理签名的电子版,而是采用非对称加密算法的数字签名,其通过密码学中的相关算法对签名内容进行处理,产生一段表示签名的字符,再用配套的验签方法即可验证。区块链网络中的每一个节点都有一份公私钥对,私钥是只有本人才拥有的、签名时使用的密钥,私钥类似物理签名的字迹,各不相同,作为额外信息附加于原信息中,以证明发送者的身份,而公钥是所有人都有,作为验签使用的密钥,供所有节点检验身份的合法性。基于公私钥签名,保证银行业务参与各方不可抵赖,贸易金融中的上下游企业建立互信。

在金融往来中,签名的同时文件签署的时间同样重要,时间戳则可以有效证明区块数据的存在性,交易信息一旦加盖时间戳,每笔数据均可逐笔验证、追本溯源,具有不可逆性,从而为交易争端中的责任确认提供技术支持,并能防止行为人"一物多卖"的情况,确保交易的唯一性。例如在票据支付中加盖时间戳,可以顺次反映票据从出票到消亡的全过程,防范一票多买、伪造票据等违法犯罪行为的发生。

(四) 智能合约保障合约自动准确执行

智能合约是一套在满足一定条件时,就自动执行的计算机程序。它不是民法意义上的合同,而是由编程人员将合同各方协商确定的权利义务条款文字转化成代码,并设计算法,只要条件吻合便自动执行。传统合约需要依赖法律进行背书,借助法院等政府机构对违约及纠纷进行裁决,而智能合约作为一种程序,一旦触发就会被严格执行,执行的逻辑不会中途改变,从而无需法律背书,不需要第三方中间人进行裁决。再加上区块链去中心化、防篡改的特性,又完美地保证了合同的原始性,如果某个节点修改了智能合约的逻辑,就无法通过其他节点的检验而不会被承认,从而导致该修改无效。智能合约借助区块链一举解决了数据来源和信任机制两大难题。以供应链金融为例,通过供应链中各方协商好的智能合约,可以让业务流程自动执行,**降低核验成本**,打通企业信贷信息壁垒,资金流转更加透明,极大提高供应链金融效率;在智能证券

方面，金融资产的交易是各方基于一定规则达成的合约，通过区块链中代码可以充分表达各种业务逻辑，如回购协议、掉期交易、固定收益证券等，并实现合约的自动执行，保证相关合约只在交易对手间可见，实现自动交易、自动付息、分红等，为金融机构节约成本，提高效率。

（五）哈希运算保障加密和不可篡改性

区块链账本数据主要是通过父区块哈希值组成的链式结构来保证加密和不可篡改性。哈希算法是把任意长度的文本等输入信息通过一定的计算，生成一个固定长度的字符串，这个字符串即为输入信息的哈希值。哈希算法具有正向快速（对给定数据可以快速得出哈希值）、输入敏感（输入信息的微小变化产生哈希值的巨大差异）、逆向困难（无法短时间内根据哈希值计算出输入信息）、强抗碰撞（不同输入很难产生相同的哈希输出）的特性。

以 KYC（识别你的客户）为例，目前 KYC 已经成为许多金融机构必不可少的环节。现阶段 KYC 流程在很大程度上满足了商业和监管的要求，如根据业务要求提交客户的姓名、账户开户信息、联系方式等要素信息；机构根据联网数据进行用户数据的核实；存储、监控、更新、使用用户信息。但可以看出，KYC 流程中对用户数据的隐私保护是个重大问题，如何在保障用户隐私的前提下，提供可信的数据共享？基于区块链技术，A 银行将用户身份信息通过哈希生成唯一的加密数据存入区块链中，B 银行不需要 A 银行共享实际的用户数据，只需要用户提供基本信息，通过哈希计算及区块链查询两个步骤就可以进行身份确认，从而在不泄露用户信息的情况下，允许其他业务访问所需数据。并且哈希值不易篡改，由于区块链是一个哈希层层嵌套的链条，如果想篡改一笔交易，需要把它之后的所有区块的父哈希全部篡改一遍，且要在正确的区块产生之前快速地运算出伪造的区块，还要连续伪造多个区块，才能使交易得到确认，这样大量高速的运算几乎不太可能，因此哈希运算在区块链中的运用保障了数据的不可篡改性。

三、区块链金融中的刑事风险

收益与风险往往是相伴而生的一对矛盾体，区块链技术在给金融领域带来创新，给人们带来安全，给社会带来发展的同时，也创设和突显了一些新的风险，甚至涉及刑事犯罪问题，其中一些是将区块链作为犯罪工具，利用虚假区块链项目谋求非法利益，或利用区块链项目转移非法利益，还有一些是利用区块链技术的漏洞，将链上财产、信息作为犯罪对象。区块链金融中蕴含的主要犯罪风险有：

(一) 非法集资

当前不断出现打着"区块链"的旗号,利用所谓的科技金融、金融创新、数字金融等迷惑投资者,大量吸收公众资金的行为。以"区块链"为关键词在中国裁判文书网中搜索到一审刑事案件共 154 件,其中非法吸收公众存款罪 40 件,集资诈骗 10 件,占涉区块链案件的近 1/3。犯罪行为人利用普通民众对区块链的一知半解和数字货币的热炒,在社会上非法募集资金,以区块链之名行违法犯罪之实。其主要方式有:一是以研发新区块链币种为名,由于一些国家数字货币的融资发行程序简单,缺乏相应的监管,甚至不需要相关的证明许可文件,犯罪行为人拿着国外的授权在国内向社会公众吸收资金;二是通过高价售卖矿机的方式募集资金,矿机产能为所谓的积分,承诺达到一定积分可以兑换公司网络商城的物品,实际物品价值低廉甚至没有物品可兑换;三是假借虚假的数字货币发行项目,或其他基于区块链技术的投资项目进行融资,以高额回报为诱饵,宣传"单边上扬、持币生息、福利滚存"等吸引投资人投资。

(二) 传销类犯罪

当前的组织、领导传销活动跳出传统实物传销的手法,充分利用社会热点吸引普通民众的参与。行为人往往成立所谓科技类公司,以区块链、数字货币等为噱头,开发网站或 APP 平台,推广其公司的区块链数字货币或矿机,利用已有或自创数字货币的方式进行发展会员,通过人为控制数字货币的升值、贬值幅度,以此来吸引会员,或者承诺购买矿机成为会员,且发展他人会提高自己的挖矿速度,从而可以获得大量数字货币,同时还能根据会员发展下线的人数,获得计酬或返利。加上互联网媒体、微信群的大肆宣传,大量不明真相的群众很容易上当受骗,如黑龙江警方破获的区块链特大网络传销 CAT 哥伦布案,该组织通过售卖矿机挖得 CAT 币,短期内就发展会员 300 余万人,诈骗金额 3 亿多元①。打着"区块链""互联网金融""电子商务""数字中国"的幌子,借助所谓"GGP 共赢积分"项目,犯罪分子在短短 6 个月,发展下线 30 层,吸纳会员账号 1.09 万余个,吸收投资额 3.2 亿元②。

---

① 《警方侦破区块链特大网络传销 CAT 哥伦布一案,涉案 3 亿元》,载 https://www.360kuai.com/pc/99a081a633a0d29cf?cota=3&kuai_so=1&sign=360_57c3bbd1&refer_scene=so_1. 2020/11/24。

② 《以区块链、数字中国为幌子 传销组织 6 个月吸金 3.2 亿》,载检察日报正义网,https://tech.sina.com.cn/i/2019-10-24/doc-iicezuev4498203.shtml。

（三）洗钱、逃汇

在现有的金融领域，跨境的资金流动是受到严格管制的。而在借助区块链技术的资金转移中，由于其去中心化、匿名性、不可追踪的特点，可以方便、快捷地跨境转移资金而不受监管，因而被犯罪分子用来进行洗钱，成了非法资金流动的常用渠道，这也是早期区块链技术得不到政府青睐的原因之一。由于资金交易过程隐匿了互联网的IP地址、身份信息、账户信息等，往往无法知晓节点参与人的真实情况，使用传统的侦查技术手段，无法查明资金的具体流向，再加上链上资金转移快速，即使警方追踪到，往往资金已经无法追回、损失无法挽回。

当前还存在着部分企业或个人通过点对点交易在国内将人民币兑换成数字货币，然后支付到国外账户，进行兑付外币，以逃避国家的外汇监管。如果行为人在国内通过外币购买数字货币，同时利用互联网交易平台将数字货币转移到境外，再兑换成外币或人民币，这种"外币—数字货币—外币或人民币"的操作则可能构成逃汇罪。如果行为人用于兑换数字货币的资金属于犯罪所得及其产生的收益，其逃汇行为还可能涉嫌洗钱或掩饰、隐瞒犯罪所得罪。

（四）恐怖主义融资

金融领域中区块链技术的应用，使得大量支付产品和服务得以匿名交易，而恐怖主义集团所需资金及其所控制的非法资产正可以通过区块链金融途径在不同国家和地区之间进行隐匿转移，为恐怖活动提供资金支持，并且不被政府部门监管，为执法部门追查资金流向带来困难。比如比特币的匿名性特征，使恐怖分子能够规避监管部门通过银行卡交易记录追踪资金的可能，因此全球一些极端组织正在讨论把比特币作为购买武器以及获得资金援助的一种手段[1]。据FATF发布的报告显示，个别恐怖组织所属网站号召支持者用比特币进行捐款，并对极端主义者进行有关虚拟货币的技术培训。甚至有黑客在恐怖组织"伊斯兰国"的网络中发现了比特币钱包，内有价值300万美元的比特币[2]。可见，数字货币已成为恐怖分子支付和价值存储的工具，下一步，区块链金融渠道的匿名性和快捷性也必将成为恐怖组织筹集、转移、存储和使用资金时所觊觎的目标。

---

[1] 崔志伟：《区块链金融：创新、风险及其法律规制》，载《东方法学》2019年第3期。

[2] 兰立宏：《论虚拟货币的犯罪风险及其防控策略》，载《南方金融》2018年第10期。

（五）盗窃、诈骗、敲诈勒索

当前一些传统的盗窃、诈骗、敲诈勒索等刑事犯罪开始盯上区块链尤其是数字货币，一种是将数字货币直接作为犯罪目标，改盗窃、诈骗普通物品为各种数字货币（比特币、莱特币、以太币等）或挖矿机，用于转卖营利或挖矿；在实施敲诈勒索、绑架时以数字货币为赎金，以逃避追踪。如 2018 年日本虚拟货币交易所 Coincheck 总价值 5.3 亿美元的虚拟货币被盗，韩国最大虚拟货币平台 Bithumb 总计 350 亿韩元比特币被盗案等。2017 年 5 月，WannaCry 勒索病毒袭击全球，有 150 多个国家的电脑受到感染，每个受害者被要求支付价值 300 美元的比特币，以解锁计算机中被加密的文档①。另一种是将区块链作为犯罪工具，利用社会大众对区块链的追捧而实施诈骗犯罪，以销售或收购数字货币、挖矿机诈骗他人钱财，或利用伪造的数字货币交易平台诱骗他人充值、交易，或虚构与比特币相类似的"代币"进行诈骗，或宣传虚假的区块链项目诈骗投资人资金等。如刘某诈骗案件中，被告人编造短期可以赚取高额回报、高额利息等理由，吸引被害人罗某将钱交给其用于"投资数字货币"，并利用新账还旧账的方式，以被害人后期投入的钱偿还前期的本金及利息，制作可以收回本金及高额利息的假象，从而骗取被害人的信任，先后诈骗被害人 60 余万元后逃匿。②

（六）破坏计算机信息系统

当前智能合约成为金融领域研发的重点，它能保障合约自动准确执行，提高金融交易效率。智能合约所依赖的计算机程序、合约函数决定着合约的执行方向、资金的转移事项，一旦计算机系统被破坏，智能合约程序被更改，函数参数被篡改，智能合约将不可逆地朝非约定方向执行，对节点参与人的利益造成威胁。英国学者对 100 万份智能合约进行分析后发现，大约 3% 的智能合约很容易受到黑客攻击，且大部分含有漏洞③。通过技术手段非法侵入智能合约系统，利用智能合约漏洞修改约定内容，成为针对智能合约本身实施犯罪的主流，在"The DAO 事件"中，黑客就是利用以太坊上运行的私募基金合约 The DAO 的代码漏洞，将价值 6000 万美元的以太币转移到其私人账户上④。除智

---

① 兰立宏：《论虚拟货币的犯罪风险及其防控策略》，载《南方金融》2018 年第 10 期。
② 参见（2020）粤 0781 刑初 94 号裁判文书。
③ See Ivica Nikolic, Finding The Greedy, Prodigal and Suicidal Contracts at Scale [DB/OL].https://arxiv.org/pdf/1802.06038.pdf.
④ 赵志华：《区块链技术驱动下智能合约犯罪研究》，载《中国刑事法杂志》2019 年第 4 期。

能合约外，一些数字资产交易平台或区块链金融支付网络也成为犯罪分子攻击的目标，通过破解网络漏洞，窃取链上数据信息和数据资产。如吴某破坏计算机信息系统案件中，被告人发现全球"区块链"数字资产交易平台"IDAX"存在"假充值"漏洞后，遂指使邓某用假身份在该平台上注册账号并实名认证。后吴某利用"暗网"上的在线工具，在该平台上攻击"假充值"漏洞，并进行增加充值数据，从而虚假充值泰达币（USTD）到其账号内。之后，吴某用虚假充值获得的泰达币购买 15 个比特币和 232 个以太币并提取到自己的电子钱包内，造成"IDAX"平台的技术维护方某信息科技有限公司直接经济损失 4 万元①。

（七）侵犯公民个人信息

区块链去中心化、易访问性的特征，使得链上任何人都可以在网上随时读取数据或进行交易，且不被其他个人或机构控制和篡改，虽然非对称加密技术在一定程度上保障了节点参与人的隐私信息，但通过对解密次数、时间、节点交易等数据的分析，仍可"推断"出节点参与人的账户、身份、数据资产、消费偏好等信息，如比特币系统中，用户可以自行创建交易地址且与真实身份无关，但每一个输入地址都指向前一笔交易，因此通过"追溯"是可以查找到资金来源，甚至分析出真实数字身份的。并且随着量子技术的发展，破译密码的效率将大幅提高，区块链中使用的加密技术也并非无坚不摧，一旦被破译将面临大量上链数据的泄露，因此如何平衡分布式记账与个人信息保护之间的矛盾一直是区块链技术应用中的一个重大问题。节点参与人的信息除了被恶意窃取之外，还可能出现因私钥的遗失而导致信息泄露和节点上资产控制权的丧失，如何找回私钥以及挽回节点参与人的损失仍有待完善。上述风险在金融领域尤为突出，金融交易过程涉及大量客户真实身份信息、账户信息、资产交易信息等敏感重大数据，这些数据的泄露除了给节点参与人带来直接损失外，还有可能被犯罪分子利用来实施其他犯罪。

四、区块链金融犯罪风险防控

（一）完善相关法律规制

金融领域是区块链应用较早的领域，也是目前应用较多的领域，区块链技术的引入对资产存储、发行交易、清算交割、转移支付等金融场景产生了深刻的变革，传统模式下的强势中介、代理成本、信息不对称和道德风险问题得以

---

① 参见（2019）沪 0120 刑初 435 号裁判文书。

一定程度的解决，交易效率提高，市场透明度增强。而随之而来的是，新科技、新业务发展应用所带来的法律空白和监管困境。区块链在金融市场的应用打造了一个以技术为支撑、以数据为依托的数字空间，账户信息以数字方式呈现，交易过程以代码形式体现，资产交易和处置完全由区块链网络的内部规则决定，代码权威取代了法律权威[1]；一些数字产品突破了金融法律关系客体范围，区块链中平台提供者、软件开发者、代码编写者、网络节点等众多参与主体的法律性质和属性仍有待明确，法律责任归属有待确定；智能合约的条款以代码的形式体现，因加密算法的不同，合同的真实含义难以被知晓，合同中违法内容的发现、当事人真实身份的核实、作为证据的效力等问题不解决，就难以打击不法行为并定罪处罚。

对于金融科技创新，需要处理好技术规则和现有法律的关系，科学设计区块链金融交易的法律规范。针对区块链金融中的脱法性问题，一方面从现有立法视角入手，将现实社会延伸问题尝试纳入现有立法的覆盖范畴，或通过修订相关立法拓展法律监管范围，如将各类数字资产交易纳入反洗钱规范，将票据、证券等数字资产纳入各部门法客体方面加以监管；另一方面对于新增问题通过吸取域外有益经验，结合我国国情进行单独立法，以突出针对性，如对于智能合约中各类新型主体的法律定位、权利义务关系、责任分配等问题，虚拟融资监管问题，区块链上数据的权属和隐私保护问题等。在立法时需要注意，一是网络安全先行，注重个人信息保护、数据全生命周期管理、跨境数据流动，保障国家公共利益和各方权益；二是保持法律谦抑性，将技术纳入监管，同时防止过度监管妨碍技术创新，在顶层设计上平衡和确定法律与技术之间的关系。

（二）创新监管思路和方法

对区块链金融的规范不能只依赖法律规范，还需要从整个监管体系入手。当前，金融市场的监管者面对区块链技术，由于缺乏一定的专业性，很难快速识别其在金融领域应用中存在的潜在风险，而匿名性、分散性又提高了风险监测和规制的难度，现有的监管技术难以应对，监管效果有限。另外，传统金融模式下的中介机构集中登记存管，不仅是增加信用，同时是对金融交易过程的一种自律监管，而在区块链金融模式下的去中心化，将使得金融监管模式面临

---

[1] 万国华、孙婷：《证券区块链金融：市场变革、法律挑战与监管回应》，载《法律适用》2018年第23期。

重构，增大了行政监管和自律监管的压力①。最后，区块链金融数字空间的无限延展性增加了协调监管的难度，从商业银行法、票据法、证券法、公司法等部门法之间的联动，到金融市场内不同监管部门之间的协调，再到同一监管机构跨辖区监管的一致性，等等，都面临更高水平更科学的监管探索。

因此，在区块链金融的大趋势下，一是充分把握"穿透式"监管理念。去中心化、跨部门、跨司法辖区的金融复杂化场景的出现，需要突破机构监管的职能僵化，从监管竞争走向监管协调；区块链技术加持的各类金融业务，仍需坚持同类业务遵循相同业务规范和风险管理要求；适度中心化，为监管者、金融机构、工商部门、司法部门等特殊节点设计不同权限，以满足司法机构查询、冻结要求，监管机构对特定账户实名化要求，中介机构履行信义义务要求。二是充分发挥"监管沙盒"模式在保证政府对企业的监管地位，推动产品创新和保护消费者方面的积极作用。2015 年英国 FCA 率先提出的监管沙盒制度，给了各方在现有监管体系不完备情况下一种合法试错机会，类似于我国通常采用的试点方式。2020 年 5 月 17 日，上海金融科技创新监管试点工作启动，对于上海版"监管沙盒"试点，将构建包容审慎的监管框架，实现创新和风控双赢。随着区块链技术在金融领域应用广度和深度的不断加深，需要进一步完善监管层知识结构，明确沙盒测试的准入条件、期限和豁免责任制度，制定风险外溢暂停预案等。三是充分释放自律组织的监管功能。我国的区块链金融应用是从下至上发展起来的，金融机构、金融科技企业、区块链技术公司的改革动机更强，专业性更高，通过它们构建自律组织，可以发挥其在统一区块链技术标准、制定行业细则、规范具体操作等方面的优势，形成法律监管的有效补充。自律监管更具灵活性，有利于规避法律监管的僵化统一，有利于平衡金融创新与风险外溢，有利于我国参与到全球区块链应用的竞争中。

（三）坚持管制技术对抗犯罪技术

区块链技术作为一种新型技术，其中所涉及的犯罪问题，往往与网络技术的创新性、专业性和特殊性密切相关，如果仅用常规手段来对抗，无疑是苍白无力的，应当在此基础上加强管制技术以对抗犯罪技术。一是提升风险识别与预警技术。通过运用大数据、云计算、人工智能、机器学习等技术，更好地感知风险势态，提升监管数据收集、整合、共享的实时性，提高监管效率、降低监管成本，有效识别违规操作，提升风险识别的准确性和风险防范的有效

---

① 万国华、孙婷：《证券区块链金融：市场变革、法律挑战与监管回应》，载《法律适用》2018 年第 23 期。

性①。2015年美国银行、花旗银行与高盛集团均研发了"数字货币可疑用户警报系统""数字货币风险监测系统",金融机构通过基于区块链技术的监控,对洗钱、逃汇等违法犯罪行为起到了很大的遏制作用。二是提升数据安全管理技术。在数据共享的同时,为了防范信息泄露和被恶意攻击,首先在做规划时,预先对数据进行梳理、分级,可划分为非密数据、保密数据、敏感数据和边缘数据,并根据数据的敏感性、价值性及隐私性设置相应的访问控制矩阵,实行差异化的隐私策略;其次在数据上链时,保障接口安全,对于链上、链下的数据访问,都应设置身份认证、分级授权等控制措施,防止冒名用户访问;再次在数据的传输和共享过程中,对不同数据进行脱敏处理或采用数据加密技术,或采用通道技术来限制数据共享范围等,以控制数据泄露风险②。三是加快培养区块链技术监管人才。只有大力培养理论知识扎实,实践能力丰富,能发现潜在风险的区块链监管人才,才能为以后区块链在金融领域的发展趋势制定先行监管政策,在政府部门还不足以独立应对技术监管的情况下,可以先将涉及技术性的监管问题外包给区块链技术公司,条件成熟时再组建专门的区块链监管机构。

(四) 重视国内、国际合作

一方面,金融犯罪大多涉及领域广,涉及部门多,为了识别和记录犯罪活动中的资金流向,往往需要多个部门相互协调、相互补充,综合所有可获得的信息进行核对、分析,如在查证洗钱、恐怖融资犯罪的资金流时,就需要公安经侦部门、两行一会、反洗钱监测分析中心等部门的共同配合。同时,针对区块链金融犯罪的调查者和起诉者也可能面临技术缺乏、专业知识匮乏的困境。因此,请求其他机构专家的协作,如来自金融情报中心、监管机构、审计部门、网信部门的情报分析专家、金融分析专家、司法会计人员、计算机专家等,组成联合调查小组,将有助于打击此类犯罪。

另一方面,由于网络的无界性,以区块链为基础的科技金融必然是开放的和全球的,利用区块链金融实施的犯罪则往往涉及多个国家,这就导致有可能出现国际摩擦,因此需要加强国与国之间的共同合作才能有效打击相关犯罪。国际合作既包括事前的犯罪预防领域的合作,也包括事后的犯罪打击方面的合作。首先,为预防犯罪的发生,各国应积极开展学术交流,共商犯罪风险,共享研究成果,为防范犯罪风险提供理论支撑和方向引导,并通过实务交流,吸

---

① 和树舰:《区块链在我国的监管现状及建议》,载《金融科技时代》2019年第11期。
② 姚前:《区块链高质量发展与数据治理》,载《清华金融评论》2020年第1期。

收他国的先进治理经验和侦防技术，提升我国在区块链金融交易监控、筛别、追踪方面的能力，共同构筑网络安全屏障。其次，在打击犯罪时，应加强双边、多边司法合作，减少管辖权冲突，构建证据交换、证据互认、犯罪引渡等相关问题的合作架构，提升国际合作深度，顺畅跨国犯罪的侦防流程；基于世界各国在犯罪数据交流、反洗钱、反恐怖融资、隐私权保护等方面面临着共同的问题，探索建立统一情报信息共享机制。最后，发挥国际组织的协调作用，立足于国际刑警组织（ICPO）、金融行动特别工作组（FATF）和 G20 等国际组织的平台，探索制定并推行统一的区块链金融国际监管规则和监管标准，以保障世界各国采取更加统一的行动来防范犯罪风险，推动区块链金融的创新发展。

（五）加强宣传教育和权益维护

区块链金融活动涉及部门多、领域广，需要大家共担宣传教育和信息披露责任。一是金融机构及其监管部门应当加强宣传教育，依托金融机构的庞大覆盖群体，以多种形式普及区块链金融知识，提升广大民众的金融素养和风险意识，避免在一知半解情况下盲目参与所谓区块链金融项目，特别是对于突出风险及时预警，比如美国证券管理委员会（SEC）就通过官方网站多次提醒民众 ICO 存在市场操作风险和很高的欺诈风险。二是政府相关部门也应及时向社会民众发布相关信息，进行宣传教育、提示风险，如网信部门针对区块链技术制作一些通俗易懂的宣传资料，提升民众的区块链知识水平；公安机关对打击处理的涉及区块链金融的案件及时向社会发布，警示风险；工商部门对于相关企业的成立、变更和撤销加强统计分析，对高危企业作出预警。三是注重对区块链金融机构的风险教育，使其明确自身在维护国家利益和保护用户权益方面的义务，做到遵纪守法，不跃红线，通过完善内控机制，规范业务操作流程，避免区块链技术被利用而沦为犯罪工具，并且保障用户的隐私权等合法权益。

在区块链金融中，当用户的合法权益被侵害时，由于信息不对称以及专业知识的缺乏，用户往往无法很好地维护自身权益。因此，首先在法律层面上，应将区块链金融用户纳入《消费者权益保护法》等法律保护范围，明确其所享有的各种权益；其次区块链金融机构要将用户权益保护理念贯穿于经营活动之中，加强信息监测，明确救济途径，一旦发现网络漏洞或用户投诉，及时进行弥补和救济；再次行业协会和各职能部门也应重视用户合法权益的保护，鉴于区块链技术的特殊性，可设立专门机构和处理程序，解决用户之间以及用户与经营者之间的各种纠纷。

（六）强化电子证据意识和有效利用

区块链的应用主要依赖信息和通信技术，大都涉及计算机系统与数据，因此，区块链非法使用方面的犯罪证据几乎都是电子证据，其具有有别于传统证据的独特特征，如易于修改、无限复制、难以追踪、专业性强等，故调查区块链金融领域犯罪案件的能力主要取决于收集和分析电子证据的能力。一是提高刑事司法人员对电子证据重要性的认识，提升电子证据的规范性和认可度，通过多层次的培训，使执法、起诉和审判机构在内的刑事司法人员能够熟悉区块链证据，当前电子证据的取证分析日益成为法庭科学的重要组成部分，我们应不断提高对该领域的思想认识和业务能力。二是强化电子证据的有效化利用。电子证据通过电子设备而产生、存储，并经传递至被法院采信，期间任何一个环节出现疏漏都将导致证据的失效，通过开发电子数据收集、固定、流转、恢复平台，对相关犯罪电子数据及时收集，有效转化，对有瑕疵、有缺陷的数据采取技术手段进行恢复，严格证据流转程序，以确保证据在诉讼中的可用性。

浅析比特币相关犯罪及案件办理困境

赵 红 李 炜[*]

一、比特币的特征及其法律属性

(一) 比特币的特征

比特币是一种去中心化的匿名加密虚拟数字货币，没有银行等金融机构或第三方的支持，主要通过计算机的复杂运算及在比特币交易平台上交易获得，比特币主要具有以下几个特征：一是去中心化；二是总量有限；三是可在世界范围内流通；四是匿名性；五是交易方便、手续费低；六是法律属性不确定。

(二) 比特币在国内的法律属性

目前，国内相关部门的规范性文件将比特币认定为虚拟商品，并不认为其具有货币属性。2013 年 12 月，五部委联合发布的《关于防范比特币风险的通知》中明确规定"比特币不是由货币当局发行，不具有偿性与强制性等货币属性，不是真正意义的货币。从性质上看，比特币是一种特定的虚拟商品，不具有与货币等同的法律地位，不能且不应作为货币在市场上流通使用。"

在刑事领域，对比特币的法律属性存在一定分歧。大部分判例中将比特币认定为是计算机系统数据。虽然中国人民银行联合相关部委发布的规范性文件中将比特币认定为不具有货币属性的虚拟商品，但在司法实践中，因 2013 年最高人民法院就《关于办理盗窃刑事案件适用法律若干问题的解释》的理解和适用发布文章进行说明，将盗窃游戏币、游戏装备等虚拟财产的行为，按照非法获取计算机信息系统数据罪等计算机犯罪处理①。

但部分判例又与此相冲突，认为比特币不仅仅是虚拟商品，同时也属于盗

---

[*] 赵红：湖北省武汉市汉阳区人民检察院党组成员、副检察长；李炜：湖北省武汉市汉阳区人民检察院第六检察部员额检察官。

① 胡云腾、周加海、周海洋：《〈关于办理盗窃刑事案件适用法律若干问题的解释〉的理解与适用》，载《人民司法》2014 年第 15 期。

窃罪的犯罪对象，即公私财物。例如笔者所在院办理的黄某盗窃案，2017年7月，黄某帮助刘某注册比特币钱包账号和密码，并投资购买了比特币，一直掌握刘某账号密码的黄某，于当年11月将账户里的比特币转入自己账号，再通过交易平台卖了2万余元，承办人认为比特币是被害人通过法定货币购买后得到的比特币，从而认为比特币不仅仅是虚拟商品，同时也是现实中能够享有的私人财产，具有现实意义的财产内涵，应当受刑法保护。检察院以涉嫌盗窃罪对黄某批准逮捕并提起公诉，最终法院一审判决黄某犯盗窃罪。

而在其他涉及比特币的诈骗罪、敲诈勒索罪等罪名的判例中，基本将比特币认定为属于公私财产的范畴，部分学者认为比特币完全可以承担货币的价值计价功能①。故而比特币在国内的法律属性还存在一定分歧和矛盾之处。

二、比特币相关犯罪类型分析

由于比特币所具有的去中心化、匿名性、全球交易、总量有限等特征，犯罪分子逐渐对比特币开始热衷起来，由此围绕比特币引发了大量犯罪。

（一）以获得比特币为对象的犯罪

1. 盗窃比特币的犯罪

关于盗窃比特币行为的定罪，前述已讨论，由于对比特币法律属性的分歧，实践中存在定罪不统一的现象。但既然最高人民法院已经就虚拟财产的定罪处罚问题作出解释说明，认为虚拟财产的法律属性是计算机系统数据，可按非法获取计算机信息系统数据等计算机犯罪定罪处罚。笔者认为目前应当按照该司法解释的精神将相关盗窃比特币的行为以非法获取计算机信息系统数据罪定罪为妥。

但由于该种处置存在罪刑不相适应的问题，例如被害人购买100万元等值的比特币后被非法窃取，以非法获取计算机信息系统数据罪定罪，则属于情节特别严重，处3年以上7年以下有期徒刑，并处罚金。若是这100万元人民币正要购买比特币前被窃取，以盗窃罪定罪，则属于数额特别巨大情形，处10年以上有期徒刑或无期徒刑，并处罚金或者没收财产。两者同样的损失，量刑幅度却相去甚远。笔者认为后续应当逐步考虑出台更明确的司法解释，逐渐将该类盗窃比特币的行为以盗窃罪定罪处罚为宜。

2. 诈骗比特币的犯罪及ICO行为构罪分析

诈骗比特币犯罪，往往与ICO项目（Initial Coin Offering缩写，中文名为

---

① 王冠：《基于区块链技术ICO行为之刑法规制》，载《东方法学》2019年第3期。

首次代币发行）的相关犯罪联系紧密。2017 年 9 月，中央七部门联合发布的《关于防范代币发行融资风险的公告》将之认定为"融资主体通过代币的违规发售、流通，向投资者筹集比特币、以太币等所谓'虚拟货币'，本质上是一种未经批准非法公开融资的行为，涉嫌非法发售代币票券、非法发行证券以及非法集资、金融诈骗、传销等违法犯罪活动。"但上述公告中提及 ICO 行为涉嫌相关违法行为或犯罪名称仅仅是统称，具体 ICO 行为涉嫌何罪名，目前尚有争议，存在入罪难的问题。

部分学者认为 ICO 行为涉嫌非法吸收公众存款罪，但一般 ICO 并不承诺保本付息或确定给与回报，投资者明知存在一定风险，但基于个人判断认为认筹后该加密数字货币前景良好，有较大获利可能而认筹。同时，ICO 所筹集的一般为比特币等加密数字货币，并非法定货币，与非法吸收公众存款罪的行为对象不相符。

此外，擅自发行股票、公司、企业债券罪等罪名也由于所发行的加密数字货币性质尚未有明确定位，现有罪名中各对象无一可与之对应。

但对于部分存在非法占有故意的 ICO 项目，笔者认为应当按诈骗罪定罪处罚。如警方破获的一起以"英雄链"为名涉嫌诈骗的案件①，该案犯罪嫌疑人以"英雄链"项目发行 HEC 代币进行大量虚假宣传，甚至声称短期可获得百倍回报，以此筹集加密数字货币，但该项目发行的 HEC 代币上线当天就破发，之后负责人失踪。该类项目行为人做各种虚假宣传，同时并未将募集来的比特币用于筹集时所承诺的用途，肆意变卖比特币后挥霍使用，任意操纵所发行的加密数字货币价格，随意篡改后台数据，致使投资者受损。虽然部分学者认为该类行为可认定为集资诈骗罪，但如果该 ICO 项目筹集的仅为比特币等加密数字货币而非法定货币，则同样由于比特币的法律属性不符合集资诈骗的对象，而难以入罪。对于该类行为，目前部分判例将之认定为诈骗罪，默认比特币为诈骗罪的对象"公私财物"，笔者认为也不失为一种稳妥的入罪方式。因此关于比特币的法律定位，在此类案件中也体现出逐渐向"公私财物"范畴靠拢的趋势。

3. 敲诈勒索比特币的犯罪

除了以传统线下敲诈勒索手段索取比特币的犯罪外，由于比特币的全球交易性和匿名性，导致出现新的通过勒索病毒进行敲诈勒索的手段，此种手段导致跨国犯罪，且难以追踪行为人，加大了侦查取证的难度。例如曾经闻名全球

---

① 《里程碑式的突破，独家专访"英雄链"案件专案组》，载 http：//www.btc798.com/articles/42654.html。

的勒索病毒 WannaCry，感染该病毒后，必须支付对应比特币才能清除病毒感染。而犯罪分子仅在计算机上显示交付赎金的比特币地址，并没有其他可供追查的线索，犯罪分子也并不通过别的方式与受害者联系，加上犯罪分子高超的反追踪技术，由此导致侦查取证陷入困境。

此外，有部分犯罪分子虽以木马病毒侵入计算机系统获取或破坏数据，却通过其他邮箱、匿名电话、社交软件等传统手段联系被害人，进行敲诈勒索，这给侦查取证提供了有效突破口。例如苏州市吴中区警方就曾破获一起通过黑客手段入侵公司数据库，通过邮箱发送匿名邮件，敲诈 20 个比特币（价值为人民币 75425 元），警方通过数据分析查询、蹲点摸排守候等方式，最终将嫌疑人抓获。最终法院认为被告人赵某某敲诈勒索公私财物，数额巨大，其行为构成敲诈勒索罪①。

对于该类侵入计算机系统对数据进行锁定、删除等方式进行敲诈勒索比特币的行为，部分观点出于审慎原因，认为目前暂未将比特币纳为"财物"范畴，对于该类行为，应以破坏计算机系统罪评价更为妥当。

还有部分观点则认为，破坏计算机系统行为与敲诈勒索行为构成手段行为与目的行为的牵连关系，应择一重罪处罚。例如贵阳市观山湖区法院审理一起侵入公司服务器破坏计算机数据后敲诈勒索比特币的案件，该案被告人最终并未实际勒索成功，公诉机关指控被告人构成破坏计算机信息系统罪和敲诈勒索罪，但最终法院认为两罪成立牵连犯，择一重处罚，认定被告人张某犯破坏计算机系统罪②。

（二）以比特币作为支付结算媒介的犯罪

1. 借助比特币洗钱相关犯罪

目前比特币洗钱犯罪所触犯的主要是《刑法》第 191 条洗钱罪，第 312 条掩饰、隐瞒犯罪所得、犯罪所得收益罪，第 349 条包庇毒品犯罪分子罪、窝藏、转移、隐瞒毒品、毒赃罪③。对于并无事前通谋的相关犯罪，应按照具体的犯罪构成要件，分别对应上述罪名定罪处罚。

大量通过比特币线上洗钱的行为，通过将赃款购买比特币，之后在众多比特币账户之间进行大量多层次、复杂化的转账，使得该笔资金混杂在其他交易记录之中，最终难以查明资金源头，从而掩盖资金来源。虽然比特币的转账记

---

① 苏州市吴中区人民法院（2017）苏 0506 刑初 66 号判决书。
② 贵阳市观山湖区人民法院（2018）黔 0115 刑初 32 号判决书。
③ 时延安、王熠珏：《比特币洗钱犯罪的刑事治理》，载《国家检察官学院学报》2019 年第 2 期。

录可查询，但频繁转账洗币后，加大了追查难度，使得必须投入巨大的工作量，从现有资源来说几乎无法查明来源。有的洗钱甚至使用比特币购买其他多种加密数字货币，再使用其他加密数字货币账户进行多次转账，最后再购买回比特币，并兑换为法定货币，从而进一步掩藏资金来源。其中又以门罗币为首的匿名加密数字货币，存在转账记录不公开的特点，使得该类匿名币的转账记录无法查询，洗钱者常常借用该种匿名币进一步掩盖资金来源。

2. 使用比特币支付进行贩卖毒品、买卖枪支犯罪

基于比特币的匿名性和跨国性，许多地下违法交易者逐渐开始使用比特币进行毒品、枪支交易等违法犯罪行为。枪支、毒品的买方和卖方通过暗网等地下方式沟通联系，再通过比特币支付，以此逃避打击，由于比特币账户的匿名性特征，往往难以继续追查上线，加大了案件侦查取证的难度。

（三）其他比特币相关犯罪

其他还有众多与比特币相关联的犯罪，例如构成盗窃罪的通过盗窃电力资源而进行比特币挖矿犯罪，构成走私普通货物罪的走私比特币挖矿机犯罪，以及构成组织、领导传销活动罪的假借比特币名义进行非法传销类犯罪。由于该类犯罪仅借助比特币作为外在表现形式或者并无深层关联，其侦查取证并不存在较大困境，在此不再赘述。

三、比特币相关犯罪案件的办理困境

（一）追查犯罪嫌疑人难

基于比特币的匿名特性，以及许多犯罪涉及暗网交易，IP地址无法追踪，如果没有其他辅助线索，单纯依靠比特币转账记录，几乎无法反向追查到犯罪嫌疑人的信息。另外，众多比特币相关犯罪的行为人躲藏在境外，同时拥有多重身份，使用假名，经常变换住所，更加大了追查难度。此外，在借助勒索病毒敲诈、侵入比特币交易平台窃取比特币的案件中，行为人善于通过多重手段掩藏身份，或者在行为人幕后隐藏着更深的犯罪分子，深入追查几乎无法实现。

（二）刑事管辖权确定难

一方面，比特币系统非常复杂，没有互联网技术背景的办案人员即使在专业人员的指点下，往往也很难明白系统工作方式及运行原理；另一方面，在立法层面，我国尚未对方便管辖原则作出明确规定，目前对于互联网犯罪所产生的管辖权问题只能依赖于传统的规定及原则，缺乏针对性及灵活性。而且，比特币犯罪的跨国性使得犯罪行为发生地和犯罪结果发生地可能在不同的国家，

导致管辖权发生冲突，也会因为各国法律规定及对比特币保护力度的差异，导致追诉结果不同，从而引发管辖权的消极冲突。另外，在跨国比特币案件中，准据法的选择也是一个亟待解决的难题。

（三）证据提取、固定难

该类犯罪涉及复杂的计算机系统操作，固定或妥善保存计算机中的电子证据至关重要，取证不及时容易导致后续证据灭失，而且电子数据的易删改性及来源与制作过程的隐蔽性等特性，使得电子证据本身的证据效力很容易被质疑，甚至会因为取证手段不合法或者有瑕疵而不被采信，或者个别地区现有的侦查力量、侦查技术手段尚难以完成提取、固定工作，致使指控犯罪的证据不足。此外，在诈骗类和ICO类犯罪中，涉及的被害人和资金量众多，资金流水数据复杂，而犯罪行为人又提前销毁大量证据，致使通过全方面梳理分析来反映全案原貌存在较大难度，最终证据足以证实的涉案金额与实际涉案金额往往存在较大差距。

目前，由于政策原因国内已经不允许开设比特币交易平台，大量交易平台移至境外，同时许多重大比特币犯罪行为人往往藏身于境外，若至境外调查取证则涉及境外司法合作问题，基于司法主权及国际关系等原因往往困难重重。

（四）事实认定难

网络金融犯罪具有高度专业性和技术性特征，而办案机关普遍缺乏既懂法律又精通网络信息技术及金融的复合型人才。若办案人员本身没有厘清比特币犯罪所涉及的网络技术原理，使得理论和实务对比特币在发展过程中所衍生犯罪案件的性质认识不一、分歧很大。而比特币本身的法律属性不明确，无疑又加大了事实认定的难度。另外，比特币作为一种虚拟财产，有着剧烈的价格浮动空间，司法机关往往难以准确判断比特币的实际价值。理论上，案发地的价格鉴定部门可以参考案发时比特币的市场交易价对涉案比特币的价值进行认定，各办案单位依据该部门出具的《价格鉴定意见书》确定涉案金额。但司法实践中的一大难题就是没有有资质的专业机构对比特币进行价格鉴定，比特币的经济价值只能由交易平台按照交易软件上显示的价格给予证明，但这种定价在审判环节很难被作为证据采信。

（五）法律适用难

首先是比特币的刑法属性不明确，虽然最高人民法院就《关于办理盗窃刑事案件适用法律若干问题的解释》的理解和适用进行了说明，但是并未真正明确比特币的刑法属性，仅是为比特币的刑法属性提供了一定方向。而且，该司法解释仅就盗窃虚拟财产的刑事案件进行了说明，对于诈骗、敲诈勒索等其他涉及比特币的犯罪未涉及，在涉及 ICO 类犯罪的定罪上，前文也指出了法律适用的各方面难点，目前尚无相关司法解释予以明确。

四、比特币相关犯罪的打击对策

（一）扩大信息监管

建立比特币信息数据库，加强分析追踪工作。通过整合比特币账户地址、转账记录、黑名单地址、漏洞信息、交易所数据、钱包详情、区块链攻击势态、地址映射等全网比特币情报，实现综合信息查询、调用、预警、分析等功能。同时，加强对社交软件聊天信息、论坛发帖信息、微博数据等网络空间的监控，打早打小，减少危害。对于发现的涉及比特币犯罪的线索，可以为侦查取证提供先导，确保掌握打击比特币犯罪的主动权。

此外，数据库的有效建立、完善、使用，也为追踪比特币流向提供了关键工具，并结合交易平台实名认证信息、网站注册发帖信息等互联网大数据，可以有效锁定实际行为人。目前针对比特币的追踪回溯分析手段已渐趋成熟，美国司法部就披露该国调查人员通过分析比对比特币的交易记录，成功追查到儿童性侵视频交易网站的管理员身份信息。

（二）加强机构协作

第一，加强与区块链安全机构的合作，扩大跟踪侦查方向。目前成立了许多致力于区块链生态安全的公司，提供详尽的安全防御方案，其通过建立完备的数据库，并组建强大的安全规划团队，提供安全预警、漏洞提示、安全顾问、安全审计、防御部署、被盗追溯等服务，一定程度上确保了比特币等加密数字货币的生态安全。

第二，与比特币相关公司建立沟通协作。目前，保留在境内的比特币相关机构仅提供比特币基础信息查询和分析服务，但这些机构与境外交易平台不同程度上依然存在关联。我们可以与之合作，完善官方信息库，同时借助其与境外机构的联系，进一步整合境外交易平台资源，增强跨境协作。

第三，与专业计算机司法鉴定机构加强合作。鉴于比特币相关犯罪涉及许多计算机专业知识，在取证过程中由于部分侦查人员存在知识空白，导致提取、固定电子证据不及时。与专业计算机司法鉴定机构加强合作，及时提取、固定重要电子数据，对案件突破有关键性的作用。例如在一起借助非法程序盗窃他人比特币的案件中，该案被告人戴某某到案后拒绝说明盗窃所使用的软件改写内容。最终由鉴定机构提取、固定了非法软件的运行过程，形成对该软件的鉴定意见这一关键证据，在被告人当庭翻供时有效印证了案件事实，最终法院认定被告人犯非法获取计算机信息系统数据罪①。

(三) 优化侦查取证

第一，设置专门岗位培养复合型办案人才。基于比特币相关犯罪专业性较强的特征，必须培养掌握计算机与比特币相关知识的司法人才，确保在侦查取证、审查起诉、审理判决各个环节都能结合该类犯罪的专业知识，不断提高司法专业化程度。如北京市海淀区检察院专门设立了科技犯罪检察部，整合有计算机专业背景或科技类犯罪办案经验的复合型人才，集中办理大量科技类犯罪案件，涌现出一批办理科技类犯罪案件专家。武汉市检察院与武汉大学等五家单位联合建立了"智慧检务创新研究院检察区块链联合实验室"，培育了一批区块链专业检察人才，而区块链技术正是比特币赖以发展的基础技术，区块链实验室的建立也对比特币相关犯罪案件办理产生积极作用。

第二，构建跨境合作办案机制。比特币相关犯罪常常涉及境外机构或个人，在侦查取证中一旦触及境外因素往往困难重重，因此逐渐构建跨境合作办案机制具有切实必要性。如 Mt. Gox 交易平台 2014 年被盗比特币一案长期无法取得关键性突破，直到 2017 年美国中央情报局通过与多国开展协作在希腊抓获该名犯罪嫌疑人，最终美国加州北部地区的检察官办公室对其提起 21 项指控。美国政府由此在比特币跨国犯罪领域多次开展跨境合作，侦破重大案件。

第三，提前介入引导侦查取证。检察机关适时提前介入，从审查起诉角度引导侦查取证，及时找到案件突破点和取证关键处，无疑可以为侦查取证提供特殊建议，甚至起到关键作用。如北京市海淀区检察院就在北京市首起黑客敲诈比特币案件办理中，提前介入侦查，引导公安机关及时由犯罪嫌疑人潘某描述敲诈邮件细节，然后辨认从受害单位调取的敲诈邮件并签字，由于潘某雇佣境外黑客进行攻击，邮件数据也被销毁，后续调查取证并未取得其他重要证据，检察机关的提前介入及时为后续指控犯罪先行锁定了关键性证据，最终法院认定潘某犯敲诈勒索罪。

(四) 完善司法解释

确定刑事立案及管辖权的原则及方法，对于一些涉及面广、被害人众多，且单个被害人所遭受的损失金额较小达不到立案标准的案件，可以在办理中引入民事纠纷中的"共同诉讼"理论，通过并案的方式按照所有被害人的共同损失来认定涉案金额，从而解决立案难问题。当发生管辖权冲突时，可以按照

---

① 河南省濮阳市龙华区人民法院 (2018) 豫 0902 刑初 716 号判决书，二审情况参见河南省濮阳市中级人民法院 (2019) 豫 09 刑终 110 号裁定书。

通行的"先理为优"或"实际控制"原则对案件行使管辖权,即由先受理案件或者已经刑事拘留犯罪嫌疑人所在地的公安机关管辖,当两地发生管辖权之争或者都不愿意管辖的情况时,及时报请共同的上级机关指定管辖。

五、结语

由于比特币刑法属性的不明确性,导致实践中各地对于相似的比特币犯罪行为认定罪名存在差异,有鉴于此必须尽快明确比特币的刑法属性和相关犯罪定罪量刑依据。如果根据2013年最高人民法院就《关于办理盗窃刑事案件适用法律若干问题的解释》理解和适用做出的说明进行定罪,则基于该说明认定比特币的计算机系统数据属性,所有直接盗取、诈骗、敲诈勒索等与比特币相关的犯罪行为,都应认定为非法获取计算机信息系统数据罪。但如前文所述,此种观点存在罪刑不相适应的问题,同时也导致许多矛盾,实践中已出现相当多判例基于比特币属于"公私财产"范畴而将该类行为认定为盗窃罪、诈骗罪、敲诈勒索罪的情况,因此建议在政策允许的情况下,应将比特币纳入"公私财物"范畴,加大对该类犯罪的打击力度。

区块链技术下 ICO 金融犯罪监管模式研究

赵玉梅*

随着网络金融的迅猛发展，区块链被视为继互联网之后的又一次新的信息化革命，以区块链技术为载体的 ICO 应运而生。ICO 满足了人们对新投资渠道的需求，但对金融市场的稳定造成了冲击，更滋生了集资诈骗、传销等违法犯罪活动。在信息化社会时代，ICO 游离于金融创新与金融犯罪的边缘，对传统刑法与刑事立法政策提出挑战。因此，有必要在厘清 ICO 活动本质属性的基础上，研判附随而来的刑法风险，进一步完善 ICO 金融犯罪的监管路径。

一、准确认识区块链下 ICO 融资活动的本质属性

2017 年《中国区块链技术和产业发展论坛标准》将区块链定义为"一种在对等网络环境下，通过透明和可信规则，构建不可伪造、不可篡改和可追溯的块链式数据结构，实现和管理事务处理的模式。"而 ICO（Initial Coin Offering）是区块链项目创业筹措资金的常用方式，是首次发行代币，募集比特币、以太坊等通用数字货币的行为，其本质为"虚拟货币融资"。① 通常来讲，ICO 的运作流程如下图：

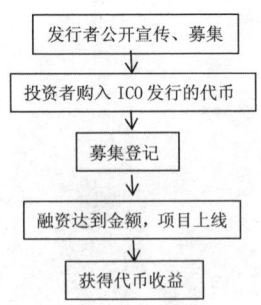

---

* 赵玉梅，辽宁省阜新市人民检察院检察官助理。
① 参见许明毅：《ICO 融资的类型与刑法评价》，载《江西警察学院学报》2020 年第 1 期。

过去近十年，ICO 项目种类繁多，发展迅速，且呈现高投资、高回报、高风险的特点。根据对外公布的 ICO 项目收益表，2019 年收益排名第一的 NEO（原小蚁股）在 ICO 上线交易一年后涨幅高达 282 倍，紧随其后的量子链（QTUM）涨幅将近 50 倍。高收益、高回报的噱头让无数投资者趋之若鹜，各种名目 ICO 项目层出不穷，借着区块链的东风，冠以"高新技术"等名头，通过发起机构组织的各种"金融峰会"进行广泛路演、鼓宣，吸引民间资金注入，呈愈演愈烈之势。

ICO 作为区块链技术下的一种网络融资行为，起初只在极少数投资圈内运行，但随着项目收益呈指数增长，ICO 被逐渐推到大众面前，对我国金融市场管理秩序产生了不小冲击。因此，我国监管部门果断出击，对于 ICO 行为及时进行了取缔。2017 年 9 月，人民银行、中央网信办等七部委共同发布了《关于防范代币发行融资风险的公告》（以下简称七部委《公告》），指出"代币发行融资是指融资主体通过代币的违规发售、流通，向投资者筹集比特币、以太币等所谓'虚拟货币'，本质上是一种未经批准非法公开融资的行为。"2018 年以后，在我国的重拳出击整治之下，大多数的 ICO 纷纷被叫停。但随着近两年区块链技术的快速发展及数字货币试点的推进，ICO 又再次进入人们视野。

二、区块链技术下 ICO 行为的刑法风险研判

区块链是未来的重要技术发展潮流，在 2020 年已被上升至国家层面进行推广，具有"自带营销"模式特征。依托区块链技术催生的 ICO 也因监管乏力的"自带营销"属性而承载巨大法律风险，极容易引发非法集资、洗钱、传销类犯罪行为。

2017 年 8 月，北京网贷协会、中国互联网金融协会先后发布了《ICO 风险提示函》和《关于防范各类以 ICO 名义吸收投资相关风险的提示》，提出了 ICO 融资项目存在的风险隐患。总体来看，我国 ICO 行为的刑法风险主要集中在以下几方面：

第一，从发行主体来看，ICO 存在着非法吸收公众存款、非法经营、洗钱、逃税等刑法风险。ICO 中，投资双方通常在平台交易所直接交易，加之虚拟货币往往具有匿名性，投资者可将法定资产隐匿于虚拟货币中，从而达到逃税、洗钱犯罪的目的。此外，相关交易平台未明确获得法律授予的合法身份，还可能因融资主体不合法问题而涉嫌非法集资、非法经营类犯罪。

第二，从投资者来看，ICO 存在着诈骗、内幕交易、传销等刑法风险。ICO 属于完全网络化的投资关系，对投资者门槛要求极低，只要愿意持有数字

货币即可购入，且对投资者缺乏必要的保护措施。投资者在投资 ICO 项目时，除了虚拟货币本身的价格波动造成的经济损失风险外，还可能面临因信息不对称而引起的一系列刑法风险。大部分 ICO 项目透明度不高，对项目运营和资金使用情况披露不充分，甚至从未披露重要信息情况，为内部操纵、欺诈等违法犯罪行为提供滋生空间。

第三，从市场来看，ICO 存着恶性交易、虚拟货币收益波动大、干扰国家金融监管秩序等刑法风险。根据《2017 上半年国内 ICO 发展情况报告》，ICO 平台运营往往与众筹活动交织存在。由于众筹项目往往缺乏规范性，而 ICO 融资活动本身亦未获相关部门审批，加之虚拟货币币值较难评估，导致 ICO 项目存在资产不清晰、收益难认定、平台监守自盗、内幕交易等诸多弊端，破坏了整个行业生态，扰乱了金融市场秩序。

三、ICO 行为刑法规制之困境

（一）金融创新与犯罪界限模糊，监管体系尚不完善

ICO 依托区块链技术运行，如何在鼓励金融创新与控制风险之间取得平衡，厘清金融创新与金融犯罪的界限，是 ICO 监管之难题。对此，世界各国采取的政策不尽相同。例如新加坡自 2013 年以来对各类区块链的监管政策，基本上采取底线思维，以鼓励创新为主。而相对于过去十年 ICO 依托区块链技术在国内的快速发展，国内有关 ICO 领域的金融法律与行政规范则处于相对滞后状态。2017 年以前，ICO 行为在国内属于完全的法律监管真空地带。2017 年七部委《公告》将 ICO 行为定性为"非法融资"后，采取"一刀切"方式将其全部禁止和关停清退。此后，大部分 ICO 项目被叫停，市场秩序得到有效改善。但随着数字货币和区块链技术获得主流和大众的认可，一些利用数字货币和区块链噱头开展的非法融资活动似有借着"虚拟货币支付"及区块链技术的东风再次抬头的趋势。

从金融监管体系来看，虽然目前七部委《公告》确定了监管方向，但相关机构及司法机关并未随即出台具体监管细则及司法解释，这给司法办案人员区分 ICO 违法犯罪与其他金融创新活动带来困难。根据 2017 年最高人民检察院《关于办理涉互联网金融犯罪案件有关问题座谈会纪要》，在办理涉互联网金融犯罪案件时，判断是否符合"违反国家规定"等要件时，应当以现行刑事法律和金融管理法律法规为依据，而七部委《公告》是否属于"法律法规"有待商榷，这也成为 ICO 的监管桎梏。

（二）虚拟货币法律属性不明，ICO 刑法规制争议较大

ICO 属于金融科技领域的经济行为，涉及的金融理念、融资方式、运营模

式都较为新颖，传统刑事法律很难予以完整评价。但目前我国相关法律法规仍局限于传统金融犯罪领域，对现代化高科技信息社会的回应较为滞后。迄今为止，我国在刑事法律层面并未明确赋予虚拟货币以法定地位。七部委《公告》明确指出 ICO 发行的"虚拟货币"不具有与货币等同的法律地位。基于该立场，一般认为，数字货币似乎很难成为刑法上的货币，至多可以被看作为虚拟资产，因此无法成为刑法上货币犯罪的对象。① 正因如此，基于 ICO 行为融资的行为很难认定为刑法上的货币犯罪。

但是，不可否认，ICO 显然侵犯了市场管理秩序客体。那么，对 ICO 行为能否认定为以市场管理秩序为客体的非法集资类犯罪？这在理论与实践中争论较大。七部委《公告》貌似认可以集资诈骗类犯罪对 ICO 予以规制的做法，但对 ICO 募集的虚拟货币能否认定为集资诈骗类犯罪中的"资金"或"存款"却未予明确，司法部门亦未出台进一步的司法解释。关于虚拟货币刑法属性的法律政策的缺失导致目前 ICO 行为的刑法规制受阻。

（三）ICO 融资项目门槛较低，缺乏健全市场准入机制

ICO 发行代币渠道主要包括通过平台交易所发行和通过自建网站发行两种。通过自建网站发行的 ICO 项目基本没有任何准入门槛，任何项目和发起人都可以自由发布 ICO 项目对外进行融资。而利用平台交易所发布的 ICO 项目则由不同平台内部对项目进行审核、评判，但行业内缺乏统一的审核、评价标准，导致不同渠道、不同平台的 ICO 项目类别与项目质量参差不齐。② 然而，无论何种发行渠道，对 ICO 都没有信息披露的要求，亦没有复杂的登记审核过程。此外，ICO 具有极强的流动性，代币从认购到流通的时间极短，任何持有数字货币的个人或机构均可认购，无须任何资格审核。准入门槛过低导致 2018 年以前 ICO 项目充斥市场，项目种类良莠不齐，融资名目层出不穷。

四、区块链技术下 ICO 行为之监管路径

（一）以"沙盒监管"模式为基础，建立审慎监管体系

2017 年七部委《公告》确定了我国对于 ICO 项目"一刀切"的全面禁止监管方式。但随着区块链产业快速发展的国情，如何在贯彻鼓励积极的金融创

---

① 参见王冠：《基于区块链技术 ICO 行为之刑法规制》，载《东方法学》2019 年第 3 期。

② 参见金璐、黄志华：《区块链技术下 ICO 行为的风险研判及刑法规制》，载《北京理工大学学报（社会科学版）》2020 年第 6 期。

新政策的同时做好金融监管与风险预判，需要制订更为细化的监管方案。

第一，借鉴域外监管经验。从各国对 ICO 的态度来看，主要分为三种模式：第一种是以我国为代表的"全面禁止"模式。我国自从七部委《公告》发布后，关停清退了国内全部 ICO 项目及虚拟货币交易所。第二种是以美国为代表的匹配现有监管法律制度。美国证券交易委员会（SEC）声明，部分属于证券的 ICO 受 SEC 和相关证券法的监管。第三种是以新加坡、英国为代表的金融"沙盒监管"模式①。新加坡金融管理局（MAS）在法律框架内，以底线思维逻辑出发，赋予区块链产业及依托虚拟货币而进行的各类金融创新活动以合法地位。

第二，有限开放我国监管政策。对我国而言，2017 年七部委《公告》确定的全面禁止模式有效整治了当时 ICO 市场乱象，令行禁止，净化了金融市场。但随着近年来区块链技术整体呈现鼓励探索阶段高速发展并得到了主流认可，加之 2020 年央行法定数字货币封闭试点开启，在这样的关键时刻，"一刀切"的做法对区块链技术本身的创新和发展可能产生一定影响。从长远来看，我国应考虑从"全面禁止"逐渐走向以高度谨慎为前提的"有限开放"模式，引进"沙盒监管"，通过严格沙盒测试，实现有限开放。

第三，确定"沙盒监管"模式重点。设计我国 ICO 监管"沙盒监管"模式应重点考虑两方面内容：一是对申请准入市场的项目进行严格的"沙盒测试"，经先行测试后，确为市场需求并符合相关法律规定的方可进入市场。及时扼杀涉嫌诈骗、传销等犯罪的项目，保护、鼓励真正落地的优质项目发展。同时，监管部门应保留并充分发挥实时监管的权力，保持市场的稳定。二是强化沙盒的改进和优化机制，增设 ICO 项目补偿基金和保险，减少因项目取缔导致的区块链崩盘及被害人经济损失。②

（二）完善法律监管框架，准确进行刑法认定

第一，明确 ICO 募集资金的刑法属性。ICO 募集资金的对象为虚拟货币，而目前金融法律对 ICO 行为刑法规制的难点在于对虚拟货币的刑法定性。因

---

① 国外的"监管沙盒"制度在允许互联网金融企业在安全空间内，测试其创新的金融产品、服务、商业模式和营销方式，而不用在相关活动碰到问题时立刻受到监管规则的约束，在确实没有风险的情形下再予以推广。监管者在以保护消费者权益、严防风险外溢的前提下，通过主动合理地放宽监管规定，减少金融创新的规则障碍，能够实现金融创新与有效管控风险的双赢局面。

② 参见陈兰兰、左黎明：《ICO 涉嫌经济犯罪特征分析及监管研究》，载《湖南警察学院学报》2019 年第 3 期。

此，需要对ICO所募集虚拟货币的法律属性进行重新定义，填补刑事法律的空白。《民法典》已明确了虚拟财产受法律保护，七部委《公告》虽未对虚拟货币属性进行明确规定，但已明确指出其本质涉嫌非法融资等违法犯罪活动。可见，七部委《公告》的本意也是将"虚拟货币"纳入非法集资类犯罪的监管对象。为减少理论与实务中的分歧，建议相关监管部门应及时出台部门规章或规范性文件，弥补立法上关于ICO筹集资金属性的的空白，明确将"虚拟货币"纳入非法集资类犯罪中"资金"或"存款"的范畴，再视具体行为分别以非法集资、传销、洗钱等罪名予以认定。

第二，虚假ICO涉嫌组织、领导传销活动犯罪。ICO依托的区块链技术本质是去中心化，但是在运行过程中，由于参加人数众多，往往演变成以"拉人头"和"收取入门费"为表现形式的虚假ICO传销模式。这种模式呈现典型的"金字塔"结构，与区块链"去中心化"本质大相径庭，这也使ICO很容易成为非法传销的"沃土"。例如2018年越南Modern Tech公司主导发行两个ICO，发行了代币Pincoin和iFan，通过大佬站台、虚假宣传、拉人头奖励等圈钱6.6亿美元，涉及投资者人数3.2万人，成为当时全球范围内最大的ICO传销骗局。对于通过"拉人头"和"收取入门费"为表现形式的虚假ICO传销模式，一般应考虑以组织、领导传销组织罪处理。

第三，将ICO纳入非法经营罪兜底条款规制。非法经营罪将"违反国家法律规定"作为犯罪构成要件之一，但从目前的相关法律法规来看，ICO行为直接违反的是七部委《公告》。虽然《公告》应否属于非法经营罪中"国家法律规定"存在争论，但从金融犯罪的司法实践来看，宜对"法律规定"作扩大解释，将该罪名作为ICO行为的兜底条款予以规制。

（三）应用区块链健全预警机制，合理确定监管重点

ICO依托区块链技术社会化而产生，其数据均嵌套记录于区块链中，传统侦查手段很难实现精准打击。而区块链技术以具有去中心、分布式记录的优势，对于金融犯罪的追踪、取证、惩治作用显著。[1] 因此，要以科技手段作为打击ICO的后盾，充分利用区块链不可篡改、共识机制、智能合约技术对数据的采集、传输、运行等全过程数据记录和监控的优势,[2] 为非法ICO项目的追查、惩治提供技术支撑，融合现代科技手段，建立完善的监管预警体系。

---

[1] 参见王达坡：《基于区块链的网络金融犯罪治理——以仿冒、假冒移动金融App为例》，载《北京警察学院学报》2021年第3期。

[2] 参见胡勇：《应用区块链破解网络金融犯罪治理难题》，载《检察日报》2020年12月29日，第3版。

五、结语

ICO 作为区块链技术蓬勃发展的产物,十余年时间里,在我国经历了"从无到有、从兴到亡"的过程。随着科技进步的飞速发展,ICO 借着"科技创新"的东风又有迅速蔓延之势,并一度以"金融创新产品"姿态重新"包装上市"。面对层出不穷的 ICO 项目及其他以区块链名义打造的"高科技金融产品",我们在加强行政监管的同时,既要克服故步自封的心态,完善传统金融法律法规;又要透过 ICO 等金融创新项目光鲜亮丽的表面看到其本质,厘清金融创新与金融犯罪的界限,借鉴"沙盒监管"模式,去芜存菁,在实现有效监管的同时积极回应科技创新活力。

五、其他经济犯罪治理与防控研究

(一) 知识产权犯罪防控研究

知识产权犯罪发案特点与类案治理对策

——以浙江省义乌市检察院近五年办理案件为例

傅跃建 张晓东[*]

2016年以来，浙江省义乌市检察院受理侦查机关移送审查起诉知识产权犯罪案件288件622人。其中，2016年39件80人，2017年38件65人，2018年59件129人，2019年84件209人，2020年68件139人。五年间，移送起诉知识产权罪案增长率为70.4%。

一、当前知识产权犯罪的发案特点

(一) 商标侵权相对集中，侵权品种复杂多样

义乌市检察院2016年以来办理的类案中，罪名涉及假冒注册商标罪、销售假冒注册商标的商品罪、非法制造、销售非法制造的注册商标标识罪、侵犯著作权罪、侵犯商业秘密罪等五种。其中，假冒注册商标与销售假冒注册商标的商品共计227件，占类案总数的78.2%。随着时代发展，侵权种类花样翻新，由传统的名烟名酒名表、名优针（纺）织品向名优化妆品、常用中成药（如云南白药等），甚至欧美足球俱乐部品牌渗透。侵犯美术作品、游戏软件、电子书籍的案件，2015年以前义乌市检察院鲜有办理，2016年以来已办理9件。

(二) 涉罪人平均年龄低，线上犯罪比重较高

涉案人员年龄结构呈低龄化特征。据统计，侵犯知识产权涉案人员中，年龄在18—29岁的占34%；30—39岁的占44%；40—49岁的占16%；50—59

---

[*] 傅跃建，浙江省金华市人民警察学校教授，中国刑法学研究会理事，中国犯罪学研究会副秘书长；张晓东，浙江省义乌市人民检察院四级高级检察官。

岁的占 5%；60 岁以上的仅占 1%。上述涉案人员的平均年龄为 34.8 岁。与犯罪主体年轻化相关联，近年来利用互联网平台实施知识产权犯罪日益活跃。网络犯罪是使用计算机，并通过网络技术进行的犯罪，包含了网络空间发生的所有犯罪。① 广义上说，线上侵犯知识产权也属于网络犯罪形态。在 288 起罪案中，利用互联网实施侵犯知识产权的案件有 91 件，占同类案件总量近三成。从犯罪手段看，商标侵权案主要是利用网络销售平台销售侵权商品，涉及多家电商平台；另有少部分则是利用微商实施犯罪。网络监管平台在发现侵犯知识产权的卖家后，通常以关停侵权店铺、剥夺资格作为一种回应，将情节严重的侵权线索主动移送职能部门的动力不足，为不法售假者逃避法律制裁提供了间隙。

（三）事前串通型共犯居多，内外勾连特征明显

在 288 起案件中，二人以上共同犯罪的有 225 件，占 77.1%。共同犯罪案件中，上下家行为人往往相互串通、远程配合，形成相对完整的侵权产业链。如鲍某某等 12 人假冒注册商标、非法制造注册商标标识系列案，犯罪嫌疑人涵盖卡片印刷、模具制造、配料加工、裸袜供应、成品包装、货物配送、网店经营"一条龙"流水线，非法制造假冒"浪莎"注册商标标识 300 万只，给商标权利人带来巨大损失。共同犯罪中，境内外不法人员勾结实施犯罪也时有发生。288 起案件中，外国人参与其中的有 20 余起。涉案外国人均来自中东、东南亚、非洲等知识产权保护较弱的国家或地区。由于不法行为人普遍使用假身份、假名字，加之跨国管辖、司法协助等因素制约，只有 4 名涉案外国人适用我国法律刑事追诉。如陈某某等人假冒注册商标案中，犯罪嫌疑人陈某某承揽某外国客户订单后，生产假冒注册商标卡牌，接单时并未核实外国客户使用的身份信息，仅添加了微信。其被公安机关查获后，外国客户将其微信拉黑，去向不明。

（四）市场经营户涉罪突出，刑事合规意识不足

288 起知识产权犯罪案件中，有 179 起案件的行为人系小微企业主、个体工商户，约占 60%。市场经营户涉嫌侵犯知识产权，一个重要原因在于依法合规经营意识欠缺，营商时单纯追求经济效益，缺乏版权保护的习惯自觉。办案中发现，涉罪市场主体普遍存在日常经营管理规章制度缺位、主观随意性大、风险防范意识差的共性问题。市场主体涉嫌知识产权犯罪，在侵害权利人

---

① ［瑞士］索朗热·戈尔纳奥提：《网络的力量》，王标等译，北京大学出版社 2018 年版，第 20 页。

合法权益的同时，也给行为人直接带来犯罪成本，不仅要清缴违法所得，赔偿权利人损失、支付高额罚金，还有可能因情节严重被科以实刑，客观上给涉案企业后续生产经营带来"难以承受之重"。就业是最大的民生。"六稳""六保"最重要的是稳就业、保就业，关键在于保企业，要努力落实让企业"活下来""留得住""经营得好"的目标。如何在企业知识产权犯罪案件办理过程中最大限度地降低对企业正常生产经营的不利影响，预防企业违法犯罪的再次发生，已经成为检察机关必须思考并迫切需要解决的问题。①

二、知识产权犯罪治理的前瞻思考

（一）健全"两法衔接"机制，密织网格化监管体系

我国知识产权保护执法司法主体多元，公安、市场监管、海关、检察院、法院均有一定监管、裁判职权。这种复合模式虽有各司其职、高效灵活之利，但部门分立、条线分割，也考验着统筹协调、系统治理的智慧，有赖于各职能部门协作配合和社会力量积极参与，建立全方位、立体化保护格局。针对知识产权犯罪网络化程度高的突出特点，司法机关在进一步强化协作互联，推动建立办案监督协调合作机制的同时，应进一步整合司法资源，加强计算机网络相关专业技能教育培训，同时加大人才引进力度，借助聘用专家辅助办案等机制提升办案专业化、规范化水平。在实践探索层面，2020年义乌市检察院联合法院、公安、市场监督管理、海关、知识产权纠纷人民调解委员会等八家单位，在全国率先成立"知识产权刑事司法保护中心"，履行知识产权刑事司法领域的控告申诉线索流转、权利人数据库共享、行刑衔接、权利人权益保障、协助司法取证、犯罪预防、机制探索职责。2021年4月，该院又成立"知识产权检察办公室"，专门负责知识产权检察工作，集中统一履行知识产权刑事、民事、行政检察职能，并在国际商贸服务中心、信息光电高新区、义乌港有限公司等重点单位设立联络点，负责知识产权检察线索收集排查、初步查证、普法宣传等工作。义乌市检察院近年来还联合公安、法院、司法、外侨办，联合出台《关于办理外国人犯罪案件的若干意见》，明确外国人犯罪案件的办案程序、协调配合、报备等制度，整合了办理内外勾结侵犯知识产权犯罪执法司法资源，提升了类案办理专业化效能。

（二）深入探索企业刑事合规，化解生产经营风险

习近平总书记在2018年召开的民营企业座谈会上的讲话中提出，"民营企

---

① 叶伟忠：《检察环节构建涉罪企业合规考察制度的探讨》，载《人民检察》2021年第5期。

业家要讲正气、走正道，做到聚精会神办企业、遵纪守法搞经营，在合法合规中提高企业竞争能力。守法经营，这是任何企业都必须遵守的原则，也是长远发展之道。"①但正如有学者所言，近年来国家提出保护民营企业的政策，但不能实行无原则的保护。行政执法、司法机关在治理企业犯罪实践中，在着眼于对企业的违法犯罪行为依法追究的同时，应进一步突出加强专业化矫治，使企业改过自新、合规经营，更好承担社会责任。②针对侵犯知识产权涉罪人员年龄偏低的特点，应利用年轻人易于接受网络媒体，特别是微信公众号等自媒体、采取线上线下全媒体的方式，普及《刑法》《民法典》《商标法》等相关法律法规常识，培养青年企业家的家国情怀、社会责任担当。根据最高检近期印发的《关于开展企业合规改革试点工作方案》，检察机关办理涉企刑事案件，在依法作出不批准逮捕、不起诉决定或者根据认罪认罚制度提出轻缓量刑建议的同时，应针对企业所涉嫌具体犯罪，结合办案督促企业作出合规承诺并积极整改落实，促进企业合规守法经营。就知识产权刑事合规而言，检察机关应秉持谦抑、审慎、善意的司法理念，开展送法进企、检企共建活动，加强对市场主体的普法宣传，推动经济合同要式化、程序规范化、管理信息化，特别要突出源头管控，明确接单生产、进货销售前必须核实权利人授权委托文件，避免心存麻痹侥幸心理而糊里糊涂上贼船，充当侵权制假帮凶。应坚持宽严相济、能动司法，准确区分知识产权一般侵权与刑事犯罪、惯习犯与偶犯（初犯）的政策法律界限，突出打击主观恶性大、情节严重的知识产权犯罪主犯、常业犯，斩断灰色"产业链"；运用量刑建议、监所检察、社会调查等手段，落实"少捕慎诉慎押"政策，依法平等保护企业合法权益，共同促进企业合规，努力实现司法办案政治效果、社会效果与法律效果有机统一。

（三）完善相关司法解释规范，保障司法办案科学权威

我国刑法对侵犯著作权犯罪设置了两个各自独立的罪名：一是《刑法》第217条规定的侵犯著作权罪，即以营利为目的，未经著作权人许可，复制发行其文字作品、音乐、电影、电视、录像作品、计算机软件及其他作品；或者出版他人享有专有出版权的图书；或者未经录音录像制作者许可，复制发行其制作的录音录像；或者制作、出售假冒他人署名的美术作品，违法所得数额较大或有其他严重情节的行为。二是《刑法》第218条规定的销售侵权复制品

---

① 习近平：《大力支持民营企业发展壮大》，载《习近平谈治国理政》（第三卷），外文出版社2020年版，第268页。

② 徐日丹：《促进"严管"制度化，防范"厚爱"被滥用》，载《检察日报》2021年4月9日。

罪,即以营利为目的,销售明知是《刑法》第217条规定的侵权复制品,违法所得数额巨大的行为。从立法原意看,《刑法》第217条与第218条规定的两个罪名,是一种主行为与从行为或者上游与下游的关系。侵犯著作权罪的行为特征是擅自"复制发行"他人作品,销售侵权复制品罪的行为特征是"销售"明知是他人复制发行的侵权复制品。基于"复制发行"与"销售"两行为处于不同阶段的立法本意,学理解释上倾向于将《刑法》第217条中的"发行"理解为批量销售或大规模销售,而将《刑法》第218条中的"销售"理解为零售。① 根据这样的解读,两罪名的关系原本比较清晰。根据我国《著作权法》规定,"发行权,即以出售或者赠予方式向公众提供作品的原件或者复制件的权利""出版,指作品的复制、发行。"但这种行政法意义上的合法"发行",与刑法意义上的违法"发行",是两个不同语境的概念,不宜简单等量齐观。在侵犯著作权犯罪上下游两个罪名中,"发行"与"销售"的关系,同"盗窃"与"销赃"的关系比较近似——前者是前提和基础,后者是前者目的之实现;就社会危害性而言,前者通常较后者更为严重。然而,根据2011年1月10日"两高一部"《关于办理侵犯知识产权刑事案件适用法律若干问题的意见》,"'发行',包括总发行、批发、零售、通过信息网络传播以及出租、展销等活动"。这种解读实际上是把销售侵权复制品罪的"销售",与行政合法意义上的"广义'发行'"混为一谈。势必很难反映立法者分设两个罪名的立法初衷——将"销售"侵权复制品行为作为特例,从一般的复制、发行侵权品行为中剥离出来加以区别对待,在模糊《刑法》第218条规定的"销售"与第217条的"零售"之间界限的同时,将《刑法》第218条的规定悬空虚置。② 《关于办理侵犯知识产权刑事案件适用法律若干问题的意见》实施以后,根据"零售"等同"发行"的司法解释,不少地方将以往认定为销售侵权复制品罪的案件加以"重估",一概升格定性为侵犯著作权罪,其结果不仅背离刑法谦抑的初衷,也导致罪名适用上的顾此失彼。有鉴于此,有必要适当调整、修订相关司法解释,厘清侵犯著作权犯罪两个法定罪名的界限,避免以司法解释的方式侵犯立法权,确保刑法适用的科学性与严肃性。

(四) 普及诚实信用的民法精神,提升全民知识产权意识

应当看到,尽管党和国家近年来高度重视保护包括知识产权在内的各类产权,但在地方上,过于倚重 GDP 增幅,重面子轻里子、重增收轻征信、"先上

---

① 张明楷:《刑法学》,法律出版社2016年版,第824~825页。
② 张晓东:《摆摊零售侵权复制品的行为如何定性》,载《中国检察官》2011年第10期。

车后买票"等与社会主义市场经济法治不相适应的思想观念和经营理念、管理方式,依然有一定市场和土壤。任何社会都存在隐藏在深处的与守法文化相对立的亚文化。但如果容忍犯罪或是反社会性的行为的文化在社会全体成员之间广泛传播,则意味着社会的自杀。① 如何处理好秩序与活力这对矛盾,无疑是发展社会主义市场经济、全面建设社会主义现代化国家进程中必须审慎对待、综合平衡的一个重大问题。特别需要警惕各种打着改革旗号钻法律政策空子、肆无忌惮地打擦边球、搭顺风车等过度投机、自陷风险行为。在法律政策上将法律与道德彻底分开的做法,以及将法律和道德完全等同的做法,都是错误的。② 遏制知识产权犯罪上升势头,不仅要着眼治标,更应立足治本。最大的"本"在于人文精神的重塑。人格与文化分不开,从社会化视角看,人格是人在社会化过程中不断接受文化规则而逐步形成的,从这个意义上说,人格是文化的复制品。③ 应聚焦高质量发展,进一步树立新发展理念,坚持以人为本,突出以文化人,辩证处理深化改革开放、促进区域经济社会振兴与整顿规范市场经济秩序和谐统一;统筹五大文明建设,加强社会主义核心价值观的教育普及,弘扬以"诚信为荣、欺诈可耻"为核心的社会公德、职业道德、家庭美德,结合"法治建设""平安建设""幸福建设",聚焦发案相对集中的行业、领域、部位,有针对性地开展各种专项治理和专项教育;坚持理性思维、系统思维、法治思维,深入推进社会诚信体系建设;深入挖掘中华传统文化成果中的诚信元素,把加强社会主义、集体主义思想教育与诚信文化传统教育有机结合,逐步压缩民间对知识产权侵权品"恨不起来""为我所用"的庞大买方市场,努力营造侵犯知识产权可耻、尊重知识产权光荣的良好社会风尚。政法机关应坚持"谁执法、谁普法"原则,综合运用行政的、经济的、社会的、教育的、文化的、法律的多维系统手段,充分调动和保护电商平台、社会各界、人民群众参与知识产权保护的主动性与积极性,深化普及民法典中的诚实守信、公序良俗精神,使广大国民真正认识到深化知识产权保护对于实现经济社会高质量可持续发展的现实意义,通过全社会共同努力,尽快形成在更高起点上加快推进改革开放、支持鼓励创业创新的良好法治环境与社会环境。

---

① [日] 上田宽:《犯罪学》,戴波、李世阳译,商务印书馆2016年版,第119页。
② [美] 罗斯科·庞德:《法律与道德》,陈林林译,商务印书馆2015年版,第59页。
③ 沙莲香主编:《社会心理学》,中国人民大学出版社2015年版,前言第14页。

设立网站非法传播他人作品行为的犯罪特征与防控对策[*]

——基于对 98 份刑事裁判文书的实证研究

姜 瀛 张 钰[**]

一、问题的提出

1994 年 4 月 20 日,中国通过一条 64K 的国际专线接入国际互联网,中国互联网时代从此开启。1997 年,《中华人民共和国刑法》(以下简称 97《刑法》)系统修订,立法机关增设侵犯著作权罪,该罪成为司法机关打击侵犯著作权行为的核心罪名。伴随着 97《刑法》的施行,1998 年,最高人民法院便颁布了《关于审理非法出版物刑事案件具体应用法律若干问题的解释》(以下简称《非法出版物解释》),不过,由于这一时期的侵犯著作权行为仍然是以有形出版物为基本载体,并未表现出明显的"网络化"特征——网络空间中的著作权侵权行为尚不多见,因此,《非法出版物解释》并未对著作权网络侵权行为作出任何规定。可以看到,在 97《刑法》刚刚施行之际,虽然互联网技术已开始在我国有所应用,但尚未普及;互联网还未能成为民众日常生活的平台,自然也未能演变成为滋生犯罪的场所。[①]

随着我国步入信息化社会,侵犯著作权犯罪逐步呈现出新型样态与"网络化"特征,给司法裁判与犯罪预防带来新的挑战。正因如此,2004 年,最高人民法院、最高人民检察院联合颁布《关于办理侵犯知识产权刑事案件具

---

[*] 本文系中央高校基本科研业务费项目"网络数据爬取行为刑法规制问题研究"(3132021287)阶段性研究成果。

[**] 姜瀛,法学博士,大连海事大学法学院副教授、硕士研究生导师;张钰,大连海事大学硕士研究生。

[①] 参见卢建平、姜瀛:《疫情防控下网络谣言的刑法治理》,载《吉林大学社会科学学报》2020 年第 5 期。

体应用法律若干问题的解释》（以下简称《知识产权解释》），将网络空间中的侵犯著作权行为纳入到刑法规制范围，《知识产权解释》第11条第3款明确规定，"通过信息网络向公众传播他人文字作品、音乐、电影、电视、录像作品、计算机软件及其他作品的行为，应当视为刑法第二百一十七条规定的'复制发行'"。此后，为了回应网络领域侵犯著作权犯罪的严峻形势，2011年，"两高"与公安部联合颁布《关于办理侵犯知识产权刑事案件适用法律若干问题的意见》（以下简称《知识产权意见》），确立网络化的入罪标准，①为侵犯著作权罪适用于网络空间创造了更多可能。

2019年11月，中共中央办公厅、国务院办公厅印发《关于强化知识产权保护的意见》，明确提出要加大对侵犯知识产权行为的刑事打击力度，降低侵犯知识产权犯罪入罪标准，修改罪状表述等。此后，2020年12月26日通过的《刑法修正案（十一）》对侵犯著作权罪作出修改，即现行《刑法》第217条规定，"以营利为目的，有下列侵犯著作权或者与著作权有关的权利的情形之一，违法所得数额较大或者有其他严重情节的，处三年以下有期徒刑，并处或者单处罚金；违法所得数额巨大或者有其他特别严重情节的，处三年以上十年以下有期徒刑，并处罚金：（一）未经著作权人许可，复制发行、通过信息网络向公众传播其文字作品、音乐、美术、视听作品、计算机软件及法律、行政法规规定的其他作品的……"。

虽然学界与实务部门均认同，互联网所具有的传播速度快、范围广、内容存储容量大以及侵权作品与非侵权作品共网并存等特点，大大增强了网络空间中著作权侵权的可能性与危害后果，将传统上以有形违法出版物为载体的侵犯著作权行为逐步"吸引"至网络空间。不过，这种犯罪学层面的变化究竟达到何种程度、具有哪些特征以及产生怎样的社会危害，我们并没有一个清晰的认知；只有通过对侵犯著作权犯罪的实证研究，才能给出令人信服的答案。可以肯定，对侵犯著作权罪的司法裁判情况展开实证研究，将有助于发现此类案件的基本特征，并寻求应对之策。目前，学界对于侵犯著作权犯罪问题已经进行了诸多有益尝试，并在实证研究方面取得了一些成果。当然，也应当看到，

---

① 《关于办理侵犯知识产权刑事案件适用法律若干问题的意见》第十三部分规定，"具有下列情形之一的，属于刑法第二百一十七条规定的'其他严重情节'：（一）非法经营数额在五万元以上的；（二）传播他人作品的数量合计在五百件（部）以上的；（三）传播他人作品的实际被点击数达到五万次以上的；（四）以会员制方式传播他人作品，注册会员达到一千人以上的；（五）数额或者数量虽未达到第（一）项至第（四）项规定标准，但分别达到其中两项以上标准一半以上的；（六）其他严重情节的情形。"

五、其他经济犯罪治理与防控研究

已有的实证研究多是基于某一时段或某一省份侵犯著作权罪的司法实践情况展开,[①] 未能将研究视角具体化为特定的犯罪类型,在犯罪特征分析方面较为宏观,对策研究上缺乏针对性,有必要寻求进一步的完善。

本文研究对象是"设立网站非法传播他人作品"的侵犯著作权犯罪行为。在信息网络时代,"设立网站非法传播他人作品"侵犯著作权犯罪已经成为一种颇具代表性的网络犯罪类型;尤其是在2004年《知识产权解释》第11条第3款确立了"通过信息网络向公众传播他人作品的行为,应当视为刑法第二百一十七条规定的'复制发行'"的解释路径之后,司法机关也将此类犯罪行为作为重要的规制对象。在严密著作权保护刑事法网的背景下,有必要对"设立网站非法传播他人作品"侵犯著作权犯罪的司法实践与治理对策进行考察与反思。利用中国裁判文书网以侵犯著作权罪为罪名、以"网站"为内容进行判例检索,截至2021年5月31日,共获取相关刑事裁判文书187份。经过删选排除一、二审重复以及其他与本文研究主题不相关的情形,获取98份有效刑事裁判文书(具体分布详见图1)。以上述裁判文书为基础,本文围绕"设立网站非法传播他人作品"侵犯著作权犯罪的司法实践状况展开实证研究,明确此类犯罪的基本特征,并进一步探讨防控对策。

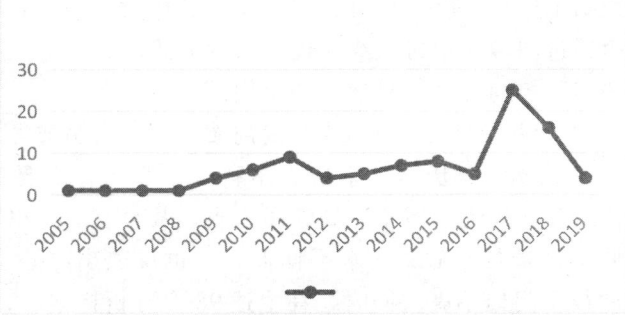

图1 案件基本分布情况

[①] 参见彭辉、姚颉靖:《侵犯著作权罪刑罚适用的理论与实证研究——以33例判决分析为视角》,载《中国刑事法杂志》2012年第2期;陈萍:《侵犯著作权单位犯罪司法认定之反思——基于14份典型判决的实证分析》,载《中国出版》2017年第23期;徐宏、陈颖:《侵犯著作权罪实证研究——以上海市近5年的裁判文书为分析样本》,载《中国出版》2019年第2期;刘凯:《侵犯著作权罪司法实证研究——以116份裁判文书为研究对象》,载《湖北职业技术学院学报》2020年第4期。

二、设立网站非法传播他人作品侵犯著作权犯罪的基本特征

以上述 98 份裁判文书为分析样本可以发现,"设立网站非法传播他人作品"侵犯著作权犯罪在行为主体、侵权类型、行为方式、获利方式以及量刑等方面呈现出如下基本特征:

(一)行为主体

在 98 个分析样本中,犯罪的实施主体多为自然人,年龄分布集中于 30—40 岁之间,整体趋于年轻化。设立网站非法传播他人作品侵犯著作权犯罪的主体特征而言,值得关注的有如下方面:

第一,在上述分析样本中,共有 24 例为共同犯罪;在这些共同犯罪中,共犯人之间的关系多是以雇主与雇员的形式呈现,雇员往往是负责管理、维护网站或是负责采集链接更新盗版内容等,由雇主支付劳动报酬,主犯与从犯的关系较容易区分。

第二,分析样本中共有 8 例为自然人利用单位实施犯罪,最终判决仍构成自然人犯罪,理由是自然人以犯罪为目的注册成立公司,再以公司名义实施犯罪活动的,以自然人犯罪论处。98 个分析样本仅有 1 例为典型的单位犯罪,主要手段为两公司合作开发网站和终端,且分工负责网站的运营、维护、销售等工作,在此期间未经另一公司许可,将其享有著作权的证券分析类文字作品上传至终端,后通过向客户销售该终端使用权的方式获取经济利益。该案的处罚对象为单位和实际控制人,均只适用罚金刑。[①]

第三,在 98 个分析样本中,有 84 例裁判文书明确指明被告人的文化程度信息,其中,24 人为本科学历,其余皆为本科以下学历,主要集中于大专和本科文化程度,不存在硕士、博士等高学历人士,甚至有 2 个犯罪人只有小学文化水平。可见,犯罪人大都文化水平偏低,但也反映出"设立网站非法传播他人作品"的技术门槛不高。同时,在上述 98 个分析样本中,有 69 例裁判文书指明了被告人的职业信息,其中,36 人为无业,占半成以上;此外,公司老板有 11 人,个体工商户有 6 人,农民有 4 人。从裁判文书中(被告人陈述部分)也可以反映出,此类犯罪主体多数无固定收入,且设立网站侵犯他人著作权的技术成本低、实施方便,一台计算机加上一部手机即可作案,加之报酬丰厚,这或许是多数犯罪人走上犯罪道路的重要原因。

[①] 参见(2016)京 0112 刑初 22 号刑事判决书。

表1 被告人文化程度与职业状况

文化程度	小学	初中	高中	中专	大专	本科
	2	15	10	10	23	24
职业状况	无业	员工	个体工商户	主任	工程师	公司老板
	36	8	6	1	3	11

（二）侵权类型

整体来看，设立网站非法传播他人作品主要的侵权对象为影音视频以及小说等文学作品。在98个分析样本中，侵权对象为影视作品（如电影、电视剧，包括动漫、课程视频等视听作品类型）的有57例，侵权对象为小说的有27例，累计占比85.70%。在上述两大类型之外，侵权对象还包括音乐、漫画、听书音频、国家标准、游戏、杂志、图片、软件以及证券分析作品等类型。

值得注意的是，2020年判决的案例中出现了一类新兴侵权对象——听书音频，目前的2例听书音频，受害人均为德云社。① 事实上，随着喜马拉雅等听书App的走红，听书音频作品也必然逐步增多，侵犯此类作品著作权的案件也会增多。

表2 侵权类型

侵权类型	影视	小说	音乐	漫画	听书音频	国家标准	游戏	杂志	图片	软件	证券分析作品
	57	27	3	3	2	1	1	1	1	1	1

（三）行为方式

通过对98个分析样本的分析，本文将行为人实施设立网站非法传播他人作品侵犯著作权犯罪的核心行为方式归纳为如下四个步骤。

首先，租用服务器。具体方式包括置于家中和托管。部分犯罪人为了躲避侦查，还会租用境外的服务器。

其次，建立网站、架设域名。犯罪人可以自己注册设立网站，也可以找人购买已经设立好的网站。如同其他商品服务一样，侵权网站的页面排版、运行

---

① 参见（2020）皖1102刑初31号刑事判决书、（2020）皖0304刑初184号刑事判决书。

速度、便利程度都会成为需求方是否光顾的因素，因此犯罪人有时会雇人负责网站的页面设计、开发维护，来提升用户的体验感。

再次，最为关键的一步，即非法获取他人作品。对于小说而言，犯罪人多是使用采集器复制至其设立好的网站，分析样本中最为常见的是关关采集器。具体来看，关关采集器是一种可以自动复制小说的软件，设置好指定的采集小说路径后，能够自动从其他网站上采集新增的小说。对于影视作品而言，犯罪人通常运用"采链"技术、"解析"技术、"米酷"程序、网站管理系统软件等等。"采链"技术是指服务提供商自己不提供服务的内容，通过技术手段绕过其他有利益的最终用户界面，直接在自己网站上向最终用户提供其他服务提供商的服务内容，骗取最终用户的点击量。① 在王某运用"解析"技术侵犯著作权一案中，行为人利用云服务器架设"平民解析"网站，招揽多人成为网站会员并提供在线视频解析服务。针对会员提出的具体需求，调整、优化解析程序算法，从而绕开著作权人设置的技术保护措施，使会员借此获取视频的真实播放地址，并通过各自的盗版视频网站向用户提供在线播放服务，也就是从著作权人处链接影视作品，嵌入其租借的服务器数据库。② 该案的特殊之处在于，王某的"平民解析"成为了他旗下网站会员的侵权工具，相当于形成了上家和下家的连锁侵权链条，与之相关联的已有8例裁判，这对于盗版行业的发散有推动作用，而对于保护著作权行动是极为不利的，应当成为打击的重点。

最后，获取利益。成立侵犯著作权罪，主观上需要具有营利目的。因此，行为人在实施前述三步犯罪行为后，最后往往通过收取广告费或会员费等方式获取非法利益。

（四）获利方式

在上述98个分析样本中，共有74例是以收取广告费的方式获利，占比69.80%；其次有14例是以收取会员费的方式获利，占比13.20%；其中部分行为人还会以组合的方式营利，如既投放广告又收取会员费。除了广告费与会员费这两种基本的获利方式之外，还有13例选择以销售的方式获利，如拷贝好影视资源的硬盘，但这种硬盘不具备实时更新的特质，在当下影视作品层出不穷的时代成不了气候；还有如邀请码、激活码，这种类似于买卖资源，行为人通常将盗版资源储存于网盘中并生成分享码卖给网民；对于软件、国家标

---

① 温婷：《十巨头诉百度 版权背后藏入口之争》，载 http://finance.sina.com.cn/stock/t/20131114/020717314921.shtml，2021年6月23日访问。

② 参见（2020）沪03刑初31号刑事判决书。

准、证券推荐资料等较为罕见的作品,相应的盗版资源也少,以销售的方式获利就能够使收益最大化。同时,值得注意的是,随着直播营销的走红,"打赏"一词渐渐进入公众的视野,并成为设立网站非法传播他人作品侵犯著作权犯罪的非法获利方式。

此外,实践中还出现了"间接营利"案件,为侦查机关打击著作权侵权增加了新的难度。2019年6月,陈某利用学校的计算机通过已注册的"爱搜爱"购物网站开始搭建二级域名为"爱搜爱"的影视网站,并对最大资源网等其他网站的视频资料进行爬取,充实影视网站的内容,无偿对所有登录该网站人员进行影片播放,以便引流增加关注度,使其购物网站增加营利。① 该案的盈利手段较为特殊,犯罪人是利用网站里的盗版影视资源为其名下的购物网站引流,用户在观看影片时避免不了观看购物网站的商品,则间接增加了商品的销量,为购物网站带来收入。换言之,犯罪人自己既是著作权侵权人,又是广告主,这种"自产自销"的盈利手段值得关注。

表3 获利方式

获利方式	广告	会员费	销售	打赏	其他获利方式
	74	14	13	2	3

(五)量刑

在98个分析样本中,多数辩护意见是在认罪的基础上提出轻缓化量刑的请求,具体包括以下几个方面:(1)被告人具有坦白或自首情节,认罪态度好,可以宣告缓刑;(2)被告人主观恶性小,系初犯、偶犯,社会危害性不大;(3)违法所得皆全数退回被害人,且已经取得原谅;(4)被告人已经认罪认罚。当然,也有少数请求无罪的辩护意见存在于被告人只是雇员,单纯的"拿工资"而不具有以营利为目的的主观条件,但被法院驳回。还有少数请求罪轻的辩护意见存在于侵权数量和侵权金额的具体认定。

同时,在上述分析样本中,有11例提出上诉,但二审法院大多维持原判,只有2起二审判决降低了刑期。② 直观来看,辩护意见主要集中在量刑问题上,获得从轻处罚成为基本的辩护意向。在认罪的基础上,上述辩护意见多数可以获得法庭采纳。

此外,从量刑情况来看,上述98个分析样本的150名被告人中共有83人

---

① 参见(2020)津0104刑初226号刑事判决书。
② 参见(2018)粤01刑终1067号刑事判决书、(2016)粤05刑终203号刑事判决书。

获得缓刑，占比55.33%；有13名被告人被判处1年以下有期徒刑，占比8.66%；有25名被告人被判处1到3年有期徒刑，占比16.66%；有23名被告人被判处3年以上有期徒刑，占比15.33%；有6名被告人只单处罚金，无自由刑，占比4%。在罚金刑方面，最低者仅判处罚金400元，① 最高者则判处罚金300万元，② 平均处以17.75万元。整体而言，在刑罚适用方面，无论是在自由刑，还是在罚金刑方面，量刑的差异性较大，难以发现违法所得或侵权数量与宣告刑之间的正向关联。对比郭某某建立网站侵犯影视作品一案③和龚某开设网址传播文字作品一案④，可以看到，郭某某的作案时间始于2018年7月至2019年9月，持续将近1年，以投放广告方式谋利15.16元，侵权影视作品749部，获刑10个月，缓刑1年，附加罚金刑3万元；而龚某的作案时间始于2012年至2013年，持续1年，以投放广告方式谋利96元，侵权文字作品8409部，获刑3年，缓刑3年，附加罚金刑400元。两案作案时长相似，盈利方式相同，获利金额均不满100元，虽然均判处缓刑，但主刑与附加刑的适用均相去甚远，难以产生稳定的司法预期。

三、设立网站非法传播他人作品侵犯著作权犯罪的防控对策

（一）从广告费治理入手减少犯罪诱因

通过前述分析可以看到，行为人以收取广告费的方式获利的案件占全部样本的69.80%。因此，以广告收益为切入点，从抑制犯罪人营利目的的角度出发，阻断犯罪人的营利来源，可以更科学地建构起关于设立网站非法传播他人作品侵犯著作权犯罪的防控对策。一方面，在数字化经济时代，上到电视广告、明星代言，下到电脑随时弹射的弹窗广告、App中间各种穿插的广告，这些广告已经大大污染了网络环境，亟须规制和管理。如今电商发展越发繁荣，铺天盖地的广告是最容易在短时间内"出圈"的宣传手段，广告主不会审查发布广告的平台是否合法合规、有无侵权，只会关注平台的用户量和知名程度，于是侵权网站和广告主的一拍即合导致了侵犯著作权案件的频发。另一方面，实践中还存在着侵权网站和广告主之间的中介者——"广告联盟"。网络广告联盟，又称联盟营销，指集合中小网络媒体资源组成联盟，通过联盟平台帮助广告主实现广告投放，并进行广告投放数据监测统计，广告主则按照网络

---

① 参见（2014）扬广知刑初字第00006号刑事判决书。
② 参见（2018）苏1191刑初63号刑事判决书。
③ 参考（2020）豫03刑初33号刑事判决书。
④ 参考（2014）扬广知刑初字第00006号刑事判决书。

广告的实际效果向联盟会员支付广告费用的网络广告组织投放形式。①

笔者认为，对于广告主和广告联盟应当持有区别对待的规制策略。从侵权网站获取广告投放的实现情况来看，广告联盟是侵权网站获取广告利益的首要推动者，客观而言，广告主投放广告涉及到不止一个网络平台，若要求广告主对每个平台进行审查，则负担过重，在一定程度上也会耽误广告主宣传产品的最佳时机。实践中，由于网络平台招揽广告往往需要先成为广告联盟的联盟会员，因此，可以要求广告联盟承担对广告招揽者进行审查的义务，排除侵权网站，并要求其将审查不通过的名单移交给有关侦查机关，侦查机关也可以协助提供审查手段，共同致力于打击侵犯著作权行为，对于不履行义务的广告联盟，可以处以罚款、责令停产停业等行政处罚；对于行政处罚后仍然不履行监管义务的，可以认定为侵犯著作权罪的帮助犯。然而依托于广告联盟的广告主，一般无须负担审查义务；只有在明知网站存在侵犯著作权行为时，才可以成立共犯。同时，考虑到实践中通过广告联盟投放广告的广告主多为中小型企业，往往是起步中的创业者，虚高的广告费用易促使这些广告主倾向于选择可能存在侵权风险的收费较便宜的网站平台。因此，实践中针对故意选择广告费用明显不符合市场价格的广告主，可以动用刑法手段将之认定为故意为侵犯著作权网站提供资金支持的共犯。

（二）优化职业禁止或禁止令的适用

如前所述，多数被告人所判处的刑罚为自由刑和罚金刑的组合模式，且缓刑适用率较高。考虑到侵犯著作权犯罪的犯罪人多是由于受利益驱使，加之犯罪成本低，短期的自由刑和罚金刑已经不足以制止犯罪，有必要探索更多元的刑事制裁措施。从上述 98 个分析样本来看，只有 2 例附加适用了职业禁止或禁止令。一例是共同犯罪，主犯温某以"嘀哩公司"名义经营网站，雇佣多人负责网站影视作品的播放、下载和广告招商等工作，获利 100 多万元，法院最后对所有被告人附加禁止令，禁止主犯至刑罚执行完毕之日或者假释之日起三年内从事互联网视频网站职业，禁止其他从犯在缓刑考验期限内从事互联网视频网站职业。② 另一例是吴某注册多个视频网站向用户免费提供在线播放盗版视频，获利 30.9 万元，法院判决禁止被告人在缓刑考验期内从事视频网站的经营。③

---

① 韩志宇：《网络广告联盟亟须版权监管》，载《中国新闻出版广电报》2017 年 2 月 23 日，第 7 版。

② 参见（2020）沪 0104 刑初 963 号刑事判决书。

③ 参见（2019）沪 03 刑初 125 号刑事判决书。

可以看到，在侵犯著作权犯罪中，法院对于职业禁止或禁止令的适用是极少的，考虑到自由刑和罚金刑的组合模式抑制作用较为有限，扩大职业禁止或禁止令的适用将是一种积极探索。有学者指出"对侵犯著作权犯罪适用从业禁止的理论依据在于：其既可以有效遏制再犯可能，又可以有效发挥刑法的惩罚功能。"① 虽然，扩大职业禁止或禁止令的适用是一种趋势，不过，本文同时认为，职业禁止或禁止令的内容应当理性。在上文提及的第二个案例中，吴某被禁止从事视频网站的经营，然而，从裁判文书中发现，吴某乃技术领域的高知人才，曾获多项技术奖项，意味着互联网技术是吴某最擅长的谋生手段，只要将之用于正轨，就可以获得稳定收入并作出成就，有利于社会。如果绝对地对所有被告人禁止从事互联网相关职业，不利于他们的再改造和重新生活。因此，应当对于被告人作基本的背景调查，如果行为人仅仅具有一般的互联网技术，可以禁止其从事互联网网站经营类职业；如果其属于网络技术领域的专业人才，可以在一定条件下不适用职业禁止，而以禁止令方式限制其实施具体的行为，并结合案情增加罚金刑幅度。

（三）对"高频率"受害者予以刑事政策支持

从上述 98 个分析样本来看，犯罪受害较为集中；起点中文网是多数小说侵权对象的受害人，而爱奇艺、优酷、腾讯、芒果公司多成为影视对象的受害人。起点中文网旗下有许多知名的签约作者，爱奇艺、优酷、腾讯、芒果公司也有许多独家出品的影视作品，对于这几类"高频率"受害人若能提高防控手段或者加强检测，用户一方也只能去寻求正版途径观看，从而成功打击盗版网站的受众。因此，有关部门可以统计每年度侵犯著作权罪的受害者名单，罗列出"高频率"的受害者，并在下一年度重点关注该对象，提供技术手段加厚网络防护墙，也可以设立专门机构加强对这些重点对象的网络监查和维权。

同时，考虑到侵犯著作权罪刑事追诉中被害人通常举证较为困难，而民事诉讼又需要高昂的诉讼费，这使得不知名、势力小的创作者丧失了维权的热情。在以国家为主导的刑事追诉活动中，被害人权利往往处于边缘化地位。② 本文认为，可以考虑降低对被害人自诉的证据要求。根据刑事诉讼法的规定，被害人有证据证明的轻微刑事案件可以提起自诉。而侵犯知识产权案属于轻微刑事案件的范畴，因此，在公诉机关动用国家力量打击犯罪时，应当充分发挥

---

① 陈庆安：《单位侵犯著作权犯罪从业禁止适用研究》，载《中国出版》2018 年第 13 期。

② 徐宏、陈颖：《侵犯著作权罪实证研究——以上海市近 5 年的裁判文书为分析样本》，载《中国出版》2019 年第 2 期。

自诉的补充作用，降低自诉人的证据提供义务，只要自诉人可以证明自己对该作品享有合法的著作权，而对涉案网站投放其作品自诉人是完全不知情的，无需证明涉案网站是否具有合格资质、营利目的、作案手段就可以提起自诉，而法院应当依法受理。只有为著作权人启动刑事程序提供便捷途径，才能强化著作权人的维权意识，最终达到提升著作权保护强度的目标。

基于联盟区块链的网络知识产权保护研究

胡 勇*

一、引言

统计数据显示,自2006以来的十年间,我国网络知识产权领域产业规模从163.8亿增长到5086.9亿,年均增长达30%以上,产业规模增长超30倍,网络知识产权产业发展迅猛。2016年4月至2021年3月,海淀区检察院办理利用网络技术手段实施的侵犯知识产权犯罪案件共计190件457人,占受案总数的75%。分析上述数据可以发现,侵犯知识产权犯罪呈现各环节分离、侵权地和销售地分离的特征,甚至利用分布式云存储隐藏犯罪路径,通过电子货币非法交易获利的情况,亟须检察机关采取有效措施保护网络知识产权。

2020年8月,全国首个"区块链知识产权基地"落户四川成都①。该基地以区块链知识产权为核心,充分利用现有资源将四川省区块链服务基础设施"蜀信链"作为技术支撑,优化"知信链"版权、知识产权行业链作用,打造具有版权认证、监测、交易多体系版权产业,为知识产权快捷确权、维权提供了强大助力。

2020年11月,中共中央政治局对加强我国知识产权保护工作进行了第二十五次集体学习。会上,习近平总书记要求加强知识产权全链条保护,综合运用法律、行政、技术、社会治理等多种手段,从审查授权、司法保护、仲裁调解等环节,构建大保护工作格局。强调要加强知识产权信息化、智能化设施建设,健全大数据、人工智能、区块链等新技术领域知识产权保护,完善技术类知识产权审判工作,推动知识产权保护线上线下融合发展。

2021年4月,最高检发布2020年度检察机关保护知识产权典型案例,全

---

* 胡勇,重庆邮电大学硕士研究生,重庆市南岸区人民检察院二级主任科员。

① 邵长恒、陈宝利:《构建数字经济社会发展新生态的思考——基于"区块链+大数据"的统筹融合发展》,载《贵阳学院学报(社会科学版)》2020年第5期。

国检察机关共批捕侵犯知识产权犯罪案件3918件7155人，起诉5847件12163人①。从起诉数据来看，侵犯商标权案件占总数的94.2%，侵犯著作权案件占总数的5.3%，侵犯商业秘密案件占总数的0.5%。从案件数据分析来看，侵犯知识产权犯罪案件涉及的罪名相对集中，商标权和著作权成为侵权"重灾区"，利用网络技术手段侵犯知识产权案件占比较大，数字创新成果流失严重，损害市场创新主体合法权益的案件频发，为网络知识产权刑事司法保护工作划定了重点。

二、网络知识产权保护存在的问题分析

当今是互联网时代，网络创新产品的大量增加以及线下出版物、著作网络化发布之后，对知识产权的相关归属和运作模式都带来极大挑战。由于网络作品创新周期短、使用人数较多，传统的知识产权保护模式已经不能适应发展的需要，产权归属、证据保存、损害赔偿数额难以确定等都成为司法实践亟须解决的问题。

（一）网络知识产权归属问题

随着移动互联网时代的到来，海量的碎片化作品被创作出来，要为每件作品注册版权是很难完成的任务，版权归属确权问题凸显。网络知识产权包括电子著作权、电子商标注册等，网络传播的高效性使得网络知识产权侵权发生时原创作者难以证明原创性，互联网用户的虚拟隐名性特点也让网络知识侵权案件频发②。针对上述现象，只有加强网络知识产权源头保护，借助新技术手段对原创作品的创作全过程留痕，保障数据不被篡改、易溯源、安全可控是网络知识产权归属纠纷解决的重点。

（二）网络知识产权存证难问题

在信息化、网络化大规模普及的现代，纸质文件不再是知识产权的唯一存在形式，网络技术大大降低了信息无痕删改的门槛，知识产权的电子化存储为隐私篡改、产权"洗白"等侵权行为提供了极大便利，也为网络知识产权存证维权造成困难。例如，在网络传播权案件纠纷中，侵权人删除相关侵权痕迹后，著作权人提交的网页截图等电子证据的真实性、合法性将难以核实，而公证虽然可以固化侵权证据，但对于大量网络作品来说成本太高，著作权人将面

---

① 孙风娟、单鸽：《最高检发布2020年度检察机关保护知识产权典型案例》，载《环球网》2021年4月25日。

② 王永帆：《区块链技术的数字版权管理模式探索》，载《传媒论坛》2021年第4期。

临存证难的问题。网络知识产权证据保存亟须从源头治理，通过可信的网络存储方式对知识产权生命周期全过程留痕，形成完整的可溯源证据证明链条。

（三）网络知识产权损害评估难的问题

网络知识产权是对知识价值的一种评估机制，强调的是知识的未来利益所产生的价值，这需要运用现有条件对未来进行市场价值估量，以便知识产权侵权时的损害赔偿①。网络知识产权存在于虚拟网络中，其侵权行为难以被追踪锁定，无法计算侵权人的违法所得是造成知识产权损害赔偿难以计量的重要原因。此外，网络作品大多未经市场检验又没有实际产品、缺乏可信任的大范围价值评估机制等原因也造成在侵权损害发生时难以量化赔偿金额。

（四）网络知识产权确权周期长的问题

知识产权确权申请需要明确产权人与产权之间的关系，其繁杂的流程和审核手续导致确权周期长，不利于网络知识产权的高效保护。此外，相较于互联网信息传播的高效性、及时性、交互性，知识产权的监管措施多数是事后监管，被侵权人主动维权，如何通过法律手段和技术手段实现事前预防、高效监管、分级授权，补足知识产权追责证据链条是当前研究的热点。例如，实用型专利申请一般需要几个月左右，由于网络传播的迅捷性、交互性以及专利转化应用后的巨大经济价值极易发生专利侵权犯罪，如何缩短确权周期以保护专利人的权益显得尤为重要。

三、联盟链技术在网络知识产权保护中的应用

网络知识产权保护须从源头抓起，区块链技术独特的去中心化存储、无法篡改数据、可信验证、全程留痕的特点，能够很好地解决传统网络知识产权保护中存在的验证难、追溯难、维权难等问题。联盟区块链网络的身份授权访问机制，弥补了公有区块链没有身份验证的匿名性问题，适用于有较高可控性要求的知识产权交易领域。

由司法机关、知识产权管理部门为主导搭建知识产权联盟区块链，将网络知识产权申请、确权、交易、维权等全过程进行"上链"管理，实现全程可追溯留痕，不仅可以降低维权成本，还能提高司法机关与知识产权管理部门之间的跨部门协调能力，降低电子证据存证审查难度，提高司法办案效率。

---

① 华劼：《区块链技术与智能合约在知识产权确权和交易中的运用及其法律规制》，载《知识产权》2018年第2期。

（一）联盟链有利于解决验证难

联盟链是在某一组织内部使用的区块链网络技术，具有较强的授权机制，只有经过授权的少数节点可以进行验证，具有较高的安全性。在知识产权电子数据存证方面，区块链独特的可信时间戳技术可以有效解决验证难的问题。在遇到网络知识产权纠纷时，检察官、法官对案件中知识产权申请时间、发布时间、取得产权时间等关键证据的认定对案件最终的判决具有至关重要的作用。

联盟链数据块表头中的可信时间戳具有不可更改的特性，在知识产权数据块生成的同时，区块链会添加与数据块同时产生的可信时间戳，并将相应的哈希运算值填入区块上链，保证该区块能在今后的维权中提供真实的验证时间，并具有法律效力。联盟链中使用 merkle 树[1]来组织数据交换，如果有非法授权者想要篡改某条交易记录，它必须同时篡改该记录的上级节点以及更上级的所有节点，最后修改 merkle 树根，进一步影响到该数据块的哈希值，如此庞大的篡改量导致其难以实现，这也保证了验证的准确性和真实性。例如，安妮股份旗下版权区块链服务平台"版权家"，其以公有区块链为基础，利用区块链不可伪造的特点，将所有作品的创作信息全过程记录、分布式存储，以低成本、高效率为海量网络作品提供版权验证。

（二）联盟链授权机制有利于解决追溯难

在知识产权确权过程中产权信息追溯方面，区块链独特的分布式链式存储结构可以有效解决产权信息追溯难的问题。当遇到多方产权纠纷时，传统网络知识产权模式下检察机关很难找到有效证据快速追踪产权的确权过程，厘清产权的归属问题。联盟链存储模式下的网络知识产权纠纷中，检察机关作为被授权的有限关键节点，可以根据授权范围通过链式存储追溯某个版权的申领、确权、交易等全部信息，提高检察机关办案效率。

（三）联盟链授权机制有利于解决维权难

知识产权维权成本方面，联盟链技术可以有效降低网络知识产权案件当事人的维权成本。传统网络知识产权保护需要复杂的流程和人工成本进行申领登记和网络安全维护，而联盟链可以通过智能合约机制对输入的网络知识产权案件自动验证并生成报告，极大降低了维权成本，提高了司法效率。以小说版权为例，其版权流转非常复杂，版权的买卖不仅有时间区间、授权范围，还有再创作授权等多种因素交织。联盟链通过智能合约程序将相关主体的交易记录梳

---

[1] 张亮、刘百祥、张如意、江斌鑫、刘一江：《区块链技术综述》，载《计算机工程》2019 年第 5 期。

理归纳形成规范性报告，有利于司法机关快速了解案情，作出公正判决。

此外，依托联盟链技术可以对第三方机构提供的知识产权数据记录存证，并将其分散存储到联盟链网络的所有节点中，一旦将数据存储第三方因素将很难对大量存储节点进行篡改，增加了违法成本。知识产权相关主体还可以通过向有资质授权的联盟链节点申请相关数据查询，对侵权作品的相关证据及时链上存证，降低了维权成本。例如，新华智云的"媒体大脑版权区块链"是首个被互联网法院认可的版权区块链，它被集成在"媒体大脑·MAGIC 短视频智能生产平台"上，可对创作的短视频一键版权存证，并将链上的电子存证与司法机关网络交互验证，使存证具有法律效应。"媒体大脑版权区块链"使创作者可一键举证直达杭州互联网法院，打造从创作到维权的一站式服务，提高了审判效率。

（四）联盟链有利于认定损害赔偿标准

由司法机关、知识产权管理部门搭建的联盟区块链可信网络，通过有限授权认证的机构管理，打通了不同技术架构、不同部门的身份信任问题，建立了基于身份信任的可控区块链网络，有利于侵权损害赔偿标准的认定。联盟链通过角色授权机制，可以对所有参与知识产权交易的主体进行登记并记录该主体所有行为轨迹，通过智能合约对所记录的侵权行为进行评估，从而形成标准统一的损害赔偿金额。例如，在联盟链对小说内容创作的管理中，每一位作者在生产一份作品后即可获得哈希值，每一份作品被个性化推荐后都会被加入时间戳，使用者获取作品内容的同时将被记录。若发生侵权行为，智能合约将能很快运算出作品所受到的版权损失并给出侵权损害评估报告，检察机关通过联盟链网络的授权能够快速获取相关信息，及时保护网络知识产权人利益。

（五）联盟链智能合约机制有利于知识产权法律效力认定

联盟链采用授权有限节点的方式管理整个区块链网络，在以司法机关、知识产权机关为基础搭建的区块链网络中，司法机关和知识产权机关被赋予了相应的管理权限，这些规则将被编入智能合约代码中。智能合约的实现过程将被区块链的双重不对称加密技术所记录，一旦生效将难以被篡改，可作为交易主体所承诺的事实依据。

智能合约与法律中的合同概念有着密切的关系，虽然其合约内容不完全受法律约束，但通过具有管理权限的相关机构形式化授权仍然可以被归纳为法律行为。网络知识产权链上交易过程中，各方将就相关权益签订授权协议书即合同，这种合同与智能合约相结合将使整个过程具有法律效力，便于版权侵权案件中司法机关及时取证。

四、结语

随着科学技术的快速发展，网络知识产权纠纷案件急剧上升，构建可信任、可追溯的网络平台保障知识产权权利人的合法权益，高效打击网络知识产权犯罪是目前知识产权保护研究的重要方向。针对现有知识产权保护存在的问题，将联盟链应用到网络知识产权保护领域，运用其具有较强的授权机制以及全过程留痕的特性，能够实现从申请、确权、交易、维权全过程链式存证，打破了传统网络知识产权区域、部门、层级之间的壁垒，有利于解决网络知识产权所面临的验证难、追溯难、维权难问题，为检察机关保护网络知识产权、打击版权侵权提供了新的思路。

知识产权刑事保护中的法律监督问题研究

金 石[*]

完善知识产权制度,加强知识产权的保护,是我国扩大对外开放、建立创新型知识经济、实现民族复兴的要求,也是整顿社会主义市场经济秩序、维护知识产权权利人和消费者合法权益的需要。如何全面加强知识产权保护,将知识产权保护从行政保护、民事保护提高到刑事保护的高度,已经成为法学界与刑事执法机关关注的问题,而完善的法律监督,是刑事法律追求公平、正义要旨得以实现的重要前提与条件,也是有效发挥刑事法律在保护知识产权免遭犯罪行为侵害的有效保障手段。

一、知识产权刑事保护的现状分析

知识产权作为学理概念,最早产生于17世纪中叶的法国,其原意是"知识产权"或"知识所有权",主要倡导者是卡普佐夫。他认为知识产权是一种有别于传统所有权形式的无形财产权、著作权、工业产权等各种知识产权构成一种特殊的权利范畴,它们都产生于人的智力活动,都具有时间和地域的限制,并且都是某种专有独占权。① 我国多数学者认为,知识产权是基于人的智力劳动成果依法产生的权利。知识产权通常分为著作权(版权)和工业产权两部分。著作权内容包括权利人对其智力创作和文学、艺术和科学作品成果而产生的权利,这种权利在大陆法系国家称为"邻接权",我国《著作权法》中称之为"与著作权有关的权益"。工业产权是指有关发明、实用新型、外观设计以及商标、服务标记、商号、反不正当竞争等方面的权利。工业产权不仅包括狭义上的工业,而且还包括商业、农业、采掘业以及其他一切制成品或天然产品等产业部门。广义上的工业产权保护的客体包括《保护工业产权巴黎公

---

[*] 金石,甘肃省人民检察院检察委员会委员、研究室主任,法学博士,全国检察业务专家。

① 参见李永明:《知识产权法学》,杭州大学出版社1995年版,第3页。

约》规定的八类客体，狭义上的工业产权保护的客体仅为专利权和商标权。

(一) 知识产权刑事保护现状

我国在改革开放之初就开始建立知识产权制度。经过近40年的努力，我国已经基本形成了知识产权法律体系。仅就刑法而言，我国现行《刑法》第三章第七节专门规定了"侵犯知识产权罪"。其中包括了假冒注册商标罪、销售假冒注册商标的商品罪、非法制造、销售非法制造的注册商标标识罪、假冒专利罪、侵犯著作权罪、销售侵权复制品罪、侵犯商业秘密罪等7个罪名。2004年到2020年，"两高"先后联合发布了三个办理侵犯知识产权刑事案件具体运用法律若干问题的解释，标志着我国知识产权刑事保护法律的进一步完善。伴随着知识产权刑事法律制度的形成，国家和地方先后建立了司法和行政执法相结合的知识产权保护体系，采取了行政保护和司法保护"两条途径、并行运作"的知识产权保护模式①。通过行政执法和刑事司法，依法查处了一大批侵犯知识产权案件，打击违法犯罪行为，保护权利人的合法权益。在1997年"两法"修改前，知识产权犯罪案件是由各级检察院的自侦部门负责侦查，有关知识产权犯罪案件的查办受到各级院的高度重视。"两法"修改后，知识产权犯罪案件的管辖划归公安机关负责，人民检察院仅仅是在批捕、起诉阶段负责对知识产权犯罪案件的审查批捕、起诉。我国还建立了与外商投资企业的知识产权保护沟通协调机制，为知识产权服务的中介机构已初具规模，社会公众和企业的维权意识大大增强。2004年，国务院还成立了国家知识产权工作组，有关省、市也先后成立了相关机构。

知识产权保护在取得成效的同时，也明显存在着"四多四少"的问题。即查封的侵权物品多和窝点多，移送司法机关追究刑事责任的少；查出的案件多，结案的少；知识产权案件作行政处罚的多，追究刑事责任的少；查处的案件中，涉及工业产权的案件多，涉及著作权的案件少。2018—2020年，甘肃省在开展知识产权专项行动中，公安、工商、知识产权管理等机关共查处各类知识产权案件1818件，其中知识产权犯罪案件146件，侦破知识产权犯罪案件144件，抓获犯罪嫌疑人172人②，而近三年全省检察机关仅受理了公安机关移送的知识产权犯罪批捕案件12件18人，受理起诉案件8件11人。诚然批捕、起诉相对于侦查破案有一个滞后性的问题，但案件最多的2015年，甘肃省检察机关受理公安机关移送批捕的知识产权犯罪案件也仅为13件18人，

---

① 参见赵秉志、田宏杰：《侵犯知识产权犯罪比较研究》，法律出版社2004年版，第114页。

② 参见甘肃省知识产权局：《甘肃省知识产权报告》，第7页。

受理的审查起诉数为9件14人①。

(二) 原因分析

知识产权的刑事保护现状表明，其保护的作用没有完全发挥出来，保护的力度不够，并没有从根本上遏制住侵犯知识产权的犯罪活动。造成这一状况的原因分析如下：

1. 地方保护主义的干扰

改革开放后，随着经济权力与财权的下放，既调动了地方发展经济的积极性，也带来了多种利益冲突的格局。当然，造成这一状况与中央和地方在事权上的划分不清晰、改革不完善有关。由此形成中央政府与地方政府、地方政府与地方政府之间的经济利益并不完全吻合，不时发生冲突的状况。地方政府，尤其是基层的少数地方政府，对待侵犯知识产权的犯罪活动，往往从维护地方经济利益出发，对侵犯知识产权的犯罪活动采取"睁一只眼、闭一只眼"的做法。

2. 知识产权刑事保护执法主体多变

知识产权犯罪案件，特别是假冒犯罪案件具有隐蔽、面广、专业化、规模化、网络化、犯罪手段不断变化、难以取证的特点，需要有一个稳定的刑事执法机关负责此项工作，在执法实践中不断积累经验，提高业务素质。近年来，有关知识产权犯罪案件查得多结案的少，与侦查人员经验不足、取证不及时、不到位，执法主体多变不无关系。1997年刑法、刑事诉讼法修改后，甘肃省公安机关将依法打击侵犯知识产权犯罪工作划归公安机关的刑事侦查部门管辖。2000年，又将查办侵犯知识产权犯罪的工作移交给新组建的公安机关经济案件侦查部门。2001年，甘肃省公安厅经侦总队及各地公安机关设立整顿和规范市场经济秩序领导小组办公室，负责开展整顿市场经济秩序，依法查办侵犯知识产权犯罪工作。2003年，省公安厅和各地公安又先后成立了涉税、知识产权犯罪案件侦查机构，负责两类案件的侦查②。多变的执法机构，在一定程度上影响了案件查办工作。

3. 知识产权刑事保护的法律监督制度不完善

对行政执法机关向司法机关移送案件实行监督，长期以来一直是我国法律监督实践中的"盲区"。这既有少数检察院监督不力的原因，更多的则表现在现行法律监督制度、法律规定的缺陷上。有关这方面的规定既少又原则，不具

---

① 参见甘肃省知识产权局：《甘肃省知识产权报告》，第9页。
② 参见甘肃省知识产权局：《甘肃省知识产权报告》，第10页。

有可操作性和法律的刚性。由于没有行政执法工作的报备案制度，致使法律监督机关难于发现行政执法机关的"以罚代刑"，降格处理的案件。发现不了，就难以监督。为了弥补法律监督制度上的缺陷，高检院及有的地方检察院先后与有关行政执法机关联合制定并下发了内部规范性文件。但这些规范性文件仅仅是笼统提到行政执法机关对构成犯罪的案件，应当移送司法机关追究刑事责任，至于具体移交什么案件、移交多少则没有明确规定。就理论而言，检察机关能不能监督行政执法机关的执法活动，尚是个有争议的问题，这在一定程度上也影响到监督制度的完善。

4. 有关知识产权刑事保护法律规定不完善

司法实践中对"两高"的三个解释规定的相关证据标准仍感偏高，不易取得。一是解释分别对《刑法》第213条至第219条规定的假冒注册商标罪、销售假冒注册商标的商品罪、非法制造、销售非法制造的注册商标标识罪、假冒专利罪、侵犯著作权罪、销售侵权复制品罪、侵犯商业秘密罪7种侵犯知识产权罪定罪量刑标准作了具体规定，各罪的最低起刑标准分别为：3万和2万元，5万元，2万元，3万和2万元，10万和5万元，3万元，10万元，50万元，而司法实践中侵犯知识产权犯罪的行为人采取隐蔽化、分散化生产、销售，不断转移窝点，不过多储存假冒生产的物品等手段，许多案件很难一次性查获达到最低起刑点标准的物品（证据），客观上造成了查获的案件多而作刑事追究少的现象。这在假冒案件中非常突出，抓到的多为低层的生产、销售人员，主要制假售假的人员很难抓到。二是规定的"情节严重"的证据，多为非法经营的数额、违法所得的数额，并没有把直接用于生产、销售侵犯知识产权商品的生产设备、运输工具及原辅材料列入到犯罪数额中计算，而司法实践中查获数额最大的，就是直接用于非法生产、销售侵犯知识产权商品的生产设备、运输工具及原辅材料。三是在知识产权犯罪刑罚种类的适用上，仍然停留在监禁刑、拘役、罚金刑上，在刑罚种类上并无突破。当然相关解释是在现行刑法规定的基础上作出的，不可能也不应当作出超出刑法规定的解释。用一部重罪倾向突出的刑法，去调整适用参与犯罪的人数多、查破的小案多的知识产权犯罪案件，就带来了刑法的适度性问题。"在强调对知识产权的刑法保护的同时，并不意味着刑法在知识产权保护中的机能和作用是无限的。……刑法对知识产权犯罪的调整也应遵循一定的适度性原则。"[1] 在知识产权的刑事保护中，并非只有适用监禁刑等少数几种刑罚，才是对侵犯知识产权犯罪行为的处罚，关键在于罪与刑相适应。完善现行刑法，增设非监禁刑的刑罚种类，扩大

---

[1] 参见卢海君：《知识产权体系论》，载《知识产权》2006年第4期。

刑法的调整范围，不失为解决刑法适用性可供选择的出路之一。

二、加强知识产权刑事保护中法律监督的必要性

由于侵犯知识产权行为所带来的巨大经济利益，近年来，我国侵犯知识产权的现象愈演愈烈，并呈现增长趋势，且跨越地区甚而跨国的侵权现象十分突出。加强知识产权的行政保护、民事保护与刑事保护已成为党和政府的决心和要求，也是我国发展知识经济、扩大开放、整顿市场经济秩序的需要。知识产权的刑事保护与知识产权的行政保护、民事保护一起组成了知识产权的法律保护体系，其中刑事保护的作用最大。因为刑罚是以国家强制力作为后盾、最为严厉的制裁方法。在侵犯知识产权犯罪日益猖獗的今天，唯有通过适用刑事法律这一最严厉的惩治手段才能有效地对知识产权进行保护。在这一意义上而言，刑事保护是行政保护、民事保护的最后屏障，是保护知识产权的终极手段。当侵犯知识产权的行为具有违法性，且运用行政保护、民事保护不足以控制其违法性时，就应诉诸于刑事保护。

知识产权的刑事保护是通过司法权运用来实现的。司法权是国家的重要权力。任何权力不加监督就会被滥用。要防止权力滥用，就必须以权力约束权力。法律监督权是国家权力结构中的必要组成部分，法律监督权的确立是权力运作的内在要求，也是现代法治国家权力设置的普遍要素。我国宪法把检察机关定位为国家法律监督机关，法律监督是检察机关的一项重要职能。就我国知识产权刑事保护的现状而言，加强和完善检察机关的法律监督职能，充分发挥其作用，显得尤为必要。

（一）加强法律监督，是贯彻党的依法治国方略，公正执法的要求

法治的基础在于法律的制定和完善，其核心在于依法办事，在于法律的遵守和实施。构筑科学完备的法律体系，保证法律制度的统一公正实施和全面遵守，成为实现依法治国、公正执法的有效途径。检察机关作为国家专门的法律监督机关，对保障法律的统一正确实施负有重大使命，检察机关所有的执法活动，包括对知识产权的法律保护，都是围绕着法律监督进行的。

（二）我国法律本身及其运行机制决定了强化法律监督的现实性与必要性

随着社会主义法制建设的不断深入，我国先后制定了包括保护知识产权在内的许多法律，基本上改变了无法可依的状况。但是我国法律本身及其运行机制中客观存在着缺陷：一是受"立法宜粗不宜细"思想的影响，以及我国处在社会转型期和地域辽阔、各地情况存在较大差异性的客观现实，很难也不可能在立法上制定得很具体，并兼顾方方面面的差异。由此形成了我国不少立法

概括性、原则性条文过多，伸缩性太大，为司法活动中随意解释和适用法律留下了太多的空间。因而，必须通过法律监督机制，监督法律的适用。二是法律运行机制不够严密，司法过程中人为的因素对法律适用的影响仍在一定范围内长期存在。因此，有必要强化对知识产权司法保护中的法律监督，发现并纠正知识产权刑事保护中存在的违反法律、执法不公等问题，督促司法机关正确适用法律。

（三）执法队伍的现状要求检察机关必须加强法律监督

法律是一门科学，执法是一个职业，具有较强的专业性。在知识产权的刑事保护中尤为突显其专业性特征。行政执法人员、司法人员在处理纷繁复杂的案件，应对社会各种干扰和诱惑，必须具有较高的职业素养和职业道德。但执法队伍的现状还不可达到完全适应行政执法、刑事执法活动的要求。执法队伍中出现的违法违纪现象和行政、司法活动中的错案、质量不高的案件说明，受社会转型时期各种思想观念和不良因素影响，司法队伍素质仍有待提高。加强思想教育是提高执法队伍素质的一个重要方面，但思想教育必须和纪律约束、行为规范、加强监督结合起来才能更有效果。也唯有完善法律监督制度，才能长久有效地保持执法活动的公正性、统一性。因而，必须加强法律监督，才能保证执法公正、纯洁执法队伍。

（四）知识产权保护执法活动存在的问题客观上要求加强法律监督

从根本上改变查办侵犯知识产权犯罪案件工作中存在的问题，其中一个重要方面就是必须加强和完善检察机关对保护知识产权司法活动的法律监督。"知识产权犯罪的一大突出特点是具有多阶段行为性，因此简单地打击犯罪的某一环节不能从根本上消灭犯罪链条，击中犯罪的要害，就好比砍断壁虎的尾巴，只能断其尾而不能伤其命一样。"[①] 对侵犯知识产权犯罪活动，必须是行政执法机关、公安司法机关联合起来，在各自的法定职责范围内加强联系，共同行动，才会更有效。知识产权保护执法活动的连续性，客观上要求法律监督的完整性。因而，把对侵犯知识产权犯罪刑事保护的法律监督，延伸到行政执法阶段，有其实践的合理性。

三、构建知识产权刑事保护法律监督体系的思考

根据我国刑事诉讼法的规定，检察机关对刑事诉讼实行法律监督，主要体

---

① 参见刘广宪、张晗：《论知识产权刑法保护的必要性和适度性》，载《犯罪研究》2006年第4期。

现在对侦查机关的侦查活动、审判机关的审判活动、对刑罚执行情况三个方面。知识产权刑事保护中的法律监督，是检察机关法律监督的一部分。鉴于侵犯知识产权犯罪具有涉及行政执法与刑事执法多阶段的特点，对知识产权保护的法律监督的范围不应当仅仅局限于刑事执法活动。我们认为，知识产权刑事保护中的法律监督应适当向前延伸，主要包括以下几个方面：

（一）知识产权行政执法活动的监督

由于现行法律制度上的缺陷，造成了检察机关对知识产权行政执法活动的监督主要是对行政执法机关及其工作人员违法犯罪行为的法律监督，并没有对一般违法行政行为，即具体的行政执法案件进行监督。检察机关的法律监督权源于宪法授权。根据宪法规定，中华人民共和国人民检察院是国家的法律监督机关。知识产权行政执法实践中，行政执法部门及其工作人员一般违法行为时有发生，以至于才有了知识产权执法活动中所存在的"四多四少"现象。将知识产权行政执法中的一般违法行为纳入检察机关的法律监督范围之内，这既是宪法赋予检察机关的法律监督职责，也是保护知识产权的现实需要。而要实现有效地对知识产权行政执法活动的法律监督，应从如下几个方面予以完善：

第一，赋予检察机关在知识产权行政执法行为监督的"刚性"程序处分权。在世界上许多国家，行政执法机关对涉嫌知识产权侵权行为虽然有权调查，但无权作出决定和处罚。例如，在美国，海关对所有此类案件一律移交检察官，不存在自行决定和处罚的情形，不需要考虑案件可能的性质而改变其移送方向，案件是否进入刑事追诉与其不存在任何关系。[1] 在新加坡，由于其国际贸易十分发达，因此海关在采取边境保护知识产权作用也十分突出。但是其海关虽然有权对侵权物品进行扣押，甚至对侵权人进行逮捕，却无权进行侵权调查并作出相应的处罚决定。[2] 将知识产权行政执法案件完全移交司法机关审查处分的做法，对减少和消除知识产权行政案件中查得多、移送司法机关少的现象会很有效果。经过检察机关审查的侵犯知识产权犯罪案件，由其决定是否起诉或作其他处分，是完善检察机关对行政执法活动进行法律监督的重要一环。

第二，建立知识产权重大具体行政执法案件的告知制度。应当建立检察机关对重大具体知识产权行政执法案件的主动参与监督制度，而对一般具体的行

---

[1] 参见王芳、赵永红：《我国知识产权边境刑事保护探析》，载《知识产权》2006年第4期。

[2] 参见王芳、赵永红：《我国知识产权边境刑事保护探析》，载《知识产权》2006年第4期。

政案件只有在行政相对人或其他利害关系人向检察机关进行申诉时，检察机关受理后，才被动参与监督，实行"不告不理"式的监督。所谓重大具体的知识产权行政执法案件标准，可以授权各地检察机关结合本地情况，商请有关行政机关共同制定。

第三，与行政执法机关建立联席会议制度。检察机关要与公安、工商等知识产权行政执法机关建立联席会议制度，定期或不定期地举行联席会议，加强联系和沟通。目前，甘肃省检察机关已经就依法打击假冒烟草、卷烟犯罪与工商、公安、烟草专卖机关建立了联系制度，统一打击假冒注册卷烟犯罪相关证据标准，相互协调，效果很好。

（二）知识产权刑事保护中的法律监督

相对于知识产权行政执法中法律监督而言，知识产权刑事保护中的法律监督，法律规定得较完备，但加强和完善知识产权刑事保护中的法律监督仍有空间。首先必须拓展刑事立案的监督对象。目前，有关侵犯知识产权犯罪的刑事立案监督，检察机关主要监督对象是公安机关，而对海关缉私侦查部门的立案监督还比较薄弱。在知识产权犯罪案件中，如涉嫌著作权犯罪的案件，许多是自诉案件，有的是民事转刑事的案件，审判实践中，有的审理知识产权自诉案件的法院以"证据不足"驳回起诉，不予立案。因此，检察机关应加大对办理拥有知识产权刑事案件管辖职权的部门的刑事立案监督，对知识产权自诉案件法院不予受理的，审判机关应当将不立案的理由告知检察机关，检察机关认为法院不予立案的理由不能成立的，应通知法院予以立案，人民法院应当执行，并将立案情况反馈检察机关。其次，应建立立案情况报告制度。办理侵犯知识产权刑事犯罪案件的机关应定期将所有涉嫌知识产权犯罪立案情况通过统计报表向检察机关通报，人民法院也应当将受理的知识产权自诉案件情况通过统计报表向检察机关进行通报。最后是赋予检察机关立案监督的处分权。在涉嫌知识产权犯罪立案监督中，检察机关发现监督对象应立案而没有立案，不应当立案而立案，不应当追究而追究，或立而不侦和降格处理、以罚代刑的，应要求监督对象说明不立案、不应当立案而立案、不应当追究而追究，或立而不侦和降格处理、以罚代刑的理由。检察机关认为理由不能成立的，应建议监督对象立案或撤案。被监督机关应当执行检察机关的立案或撤案决定，并将执行情况及时反馈检察机关。

（三）知识产权案件的审判监督

鉴于知识产权案件中有不少是民事转刑事案件，为有效防止知识产权民事案件中出现的民事转刑事案件，及错误判决、裁定的出现和违反法律程序的情况出现，检察机关要加大知识产权民事案件、刑事案件审理的监督，改变忽视对知识产权案件审判的监督。为此，检察机关要加强对庭审中的违法行为的监督，加强对涉及知识产权确有错误的民事和刑事判决、裁定的抗诉。在完善民事抗诉方面，应以审级对应为原则，改变当前上级检察院提出抗诉、下级法院审理的现象，提高抗诉的效率与力度。

（四）赋予检察机关适当的机动侦查权

按现行刑事诉讼法及有关立法解释的规定，侵犯知识产权的犯罪案件由公安机关管辖。但鉴于假冒商标、盗版侵权等侵犯知识产权的犯罪，既直接损害了知识产权权利人的合法权益，对消费者也是欺诈行为。食品、药品、农资等领域的仿冒侵权，还严重危害人民群众的身体健康和生命安全，给群众利益和经济发展带来极大的损失。造假、仿冒、盗版产品的行为，多数与产品质量低劣，危害百姓，走私骗税、偷逃税款等经济违法犯罪活动结合在一起，有的还与黑社会恶势力相互勾结，成为社会生活的毒瘤。实践中一些侵犯知识产权的刑事犯罪案件，还与国家机关工作人员的贪污贿赂、渎职失职、不作为相牵连。因而，对知识产权刑事犯罪中影响大、危害大、可能诱发社会公共卫生安全突发事件，与国家机关工作人员职务犯罪案件有牵连的案件，立法应赋予检察机关除重大职务犯罪以外更广泛的机动侦查权。人民检察院在履行法律监督职责时，认为需要直接受理知识产权中非职务犯罪案件时，经省级以上人民检察院决定，可以行使机动侦查权立案侦查。赋予检察机关对侵犯知识产权犯罪的机动侦查权，也是完善知识产权刑事保护法律监督的必然选择。

四、结语

在完善保护知识产权立法，加强知识产权的行政保护、民事保护与刑事保护执法活动的同时，不应该忽视知识产权保护中的法律监督。结合我国国情尽早完善和构建知识产权保护体系中的法律监督，是加强知识产权刑事保护的一个重要的、不可或缺的方面。

(二) 网络平台经济犯罪防控研究

电子商务平台相关犯罪的特征与治理缺陷

陈奕屹[*]

20世纪以来,我国经济水平和计算机网络技术的进步催生出覆盖社会生活各个领域的互联网产业。但在其蓬勃发展的过程中,各类犯罪也不免渗透其中。由于互联网广泛地覆盖面积及强大的传播力度,利用互联网实施的犯罪与传统犯罪相比,犯罪收益及被害人数量等均明显增高,危害巨大。作为互联网产业中发展时间最早、发展速度最快、与居民日常生活联系最紧密的领域之一,电子商务领域是互联网产业相关犯罪治理的重点。电子商务平台是进行电子商务及交易相关活动的网络平台。作为交易场所的搭建者、交易规则的建立者、广告发布等交易促进服务的提供者、交易秩序的管理者,电子商务平台举足轻重的地位,决定了其必然成为电商领域犯罪预防及治理的第一道防线。

基于此,本文从中国裁判文书网和无讼网中,以14个常用平台(分别为:淘宝网、京东网、当当网、华为商城、苹果商城、苏宁易购、闲鱼、拼多多、滴滴打车、美团外卖、饿了么外卖、腾讯qq、腾讯微信、新浪微博)的名称为关键词,搜集、筛选了2015年1月1日至2019年4月30日所有有关电子商务平台犯罪的一审判决书共205882[①]份,对其进行犯罪统计和犯罪学分析。总结了电子商务平台所涉犯罪的整体性特征与类型化特征,归纳了平台参与犯罪的行为类型与治理必要性。以此为基础,梳理了电子商务平台相关犯罪的法律综合治理现状与缺陷,并针对具体问题提出完善路径。

---

[*] 陈奕屹,法学博士,西安财经大学法学院讲师。

[①] 由于统计的时间、人力有限,对于案件的筛选只能使用关键词进行粗略的排除,无法一一对判决书进行详细阅读。因此,实际的案件总数应当小于205882,各类案件的实际数量亦小于统计值。但是,统计结果仍然可以反映电子商务平台参与案件的整体趋势和代表性特征。

一、电子商务平台相关犯罪的特征

根据对 205882 份刑事一审判决书的统计和分析,电子商务平台相关犯罪的特征可归纳为整体性特征和类型化特征。

(一)整体性特征

从整体的角度出发,电子商务平台所涉及的犯罪有犯罪数量的上升性、犯罪分布的地域性及涉及罪名的集中性等三个特征。

1. 犯罪数量呈上升态势

2015 年 1 月 1 日至 2019 年 4 月 30 日,电子商务平台涉及的犯罪数量逐年上升,在 2017 年增长速度明显加快,并于 2018 年达到峰值 86783 例(见图1)。由于案件数量统计的截至日期为 2019 年 4 月 30 日,各地法院裁判文书上网公开时间存在间隔,可以预见 2019 全年电子商务平台参与犯罪的数量可与 2018 年持平或继续上升。

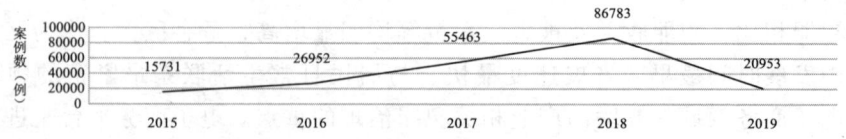

图 1 电子商务平台相关犯罪数量依年份统计图

犯罪数量持续稳定的上升态势与经济水平和互联网产业的发展有着密不可分的联系。托达罗认为,经济发展有三个基本内容:经济内容,即发展是产出和收入的增加;非经济内容,即社会制度和社会意识形态重新定向和重新组合;国际方面的内容,即发展需要国际经济和社会制度发生根本性变化。①2017 年党的十九大报告指出,我国社会的主要矛盾已经从"人民日益增长的物质文化需要同落后的社会生产之间的矛盾"转化为"人民日益增长的美好生活需要和不平衡不充分的发展之间的矛盾",社会主要矛盾的转化正体现了我国经济的迅速发展。经济内容层面,经济产出和收入的增加使得我国人民的需求从基础的物质文化转化为美好需要;非经济内容层面,社会制度和社会意识的重新定向、组合与区域不平衡、贫富差距不平衡等矛盾互相作用、影响;国际方面,世界经济秩序的变化和重组也一定程度上引发了国内各产业发展的不平衡与不充分。经济的发展引发、加速了社会主要矛盾的转化,社会主要矛

---

① 参见周仲书:《论经济发展的含义与目标》,载《湖北师范学院学报》1991 年第 53 期。

盾的转化则主要表现集中于劳动分配、区域经济、产业构成等各项内容的发展不平衡与不充分，这种不平衡与不充分，尤其是劳动分配和不同区域经济发展的不平衡会直接导致整体犯罪率的上升。①

此外，2011年后我国电子商务步入全行业、多样化的融合、升级、进步的发展阶段。电子商务行业的日渐成熟为犯罪提供了更为优质、便捷的土壤，电子商务平台则成为滋养犯罪的温床，使得电子商务平台参与实施犯罪的数量逐年攀升。

2. 犯罪分布呈显著地域性

除数量稳定上升之外，电子商务平台的犯罪分布也呈现出明显的地域性（见图2）。

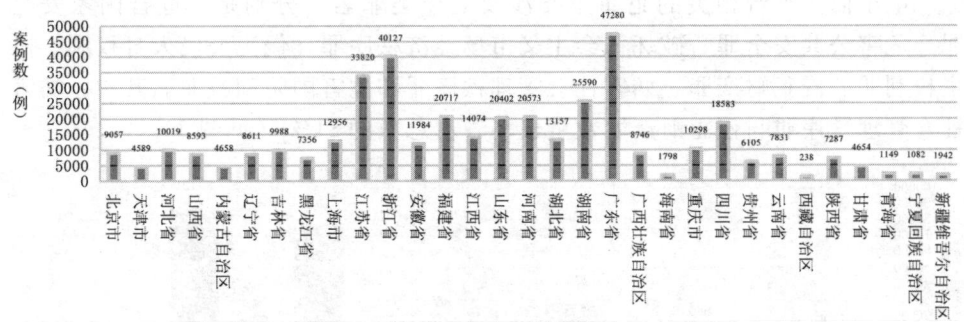

图2　电子商务平台相关犯罪数量依地域统计图

根据统计，电子商务平台涉及的犯罪集中于广东、浙江、江苏等地区，上述三个省份的犯罪数量占总数的31%。除海南省、西藏自治区、青海省、宁夏回族自治区、新疆维吾尔自治区等地区的犯罪数量明显偏低外，其他各省的犯罪数量差异相对较小，但仍与电子商务发展水平和经济发展水平有相当的关联性。

我国省域电子商务发展水平大致呈现由长三角向内陆依次递减的趋势。从电子商务发展指数看，浙江省居于首位；江苏省、安徽省、江西省、福建省以及山东省位居第二等级；京、津、冀、辽、豫、鄂、湘、粤等省份为第三等级；第四、五、六等级分布在中西部省份，分布范围较大。② 结合区域经济发

---

① 参见田鹤城：《经济发展与犯罪关系研究》，西北农林科技大学2009年博士学位论文。
② 刘晓阳、丁志伟、黄晓东、王敏、王发曾：《中国电子商务发展水平空间分布特征及其影响因素——基于1915个县（市）的电子商务发展指数》，载《经济地理》2018年第11期。

展水平和电子商务发展水平,对图2进行解读可以发现:广东省虽然属于电子商务发展水平的第三等级,但由于其地区生产总值极高、经济发展水平发达,该区域电子商务平台相关犯罪的数量仍居高不下;江苏省、浙江省本身地区生产总值较高,加之其电子商务发展水平分属第一、第二等级,两区域电子商务平台相关犯罪的数量同样处于高位;海南省、西藏自治区、青海省、宁夏回族自治区、新疆维吾尔自治区的地区生产总值和电子商务发展指数均偏低,电子商务平台相关犯罪的数量也相应处于低位;其他各省、市电子商务平台相关犯罪的数量虽然分布较为均衡,但其多寡仍与经济发展水平和电子商务发展水平的综合作用有密切的联系。①

3. 涉案罪名呈显著集中性

电子商务平台相关的犯罪主要涉及七个类罪名,分别是:危害国家安全罪、危害公共安全罪、破坏社会主义市场经济秩序罪、侵犯公民人身权利、民主权利罪、侵犯财产罪、妨害社会管理秩序罪和危害国防利益罪。其中,妨害社会管理秩序罪与侵犯财产罪数量最多,占总数的81%(见图3)。

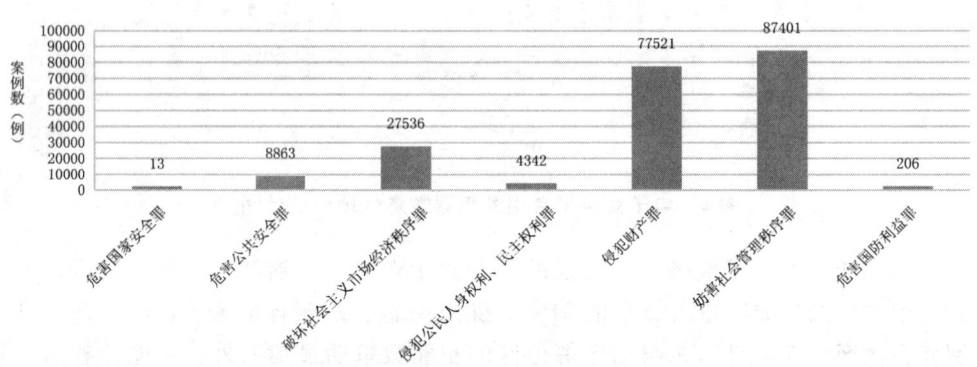

图3 电子商务平台相关犯罪主要涉及的类罪名

在触犯妨害社会管理秩序罪的87401个案例中,走私、贩卖运输、制造毒品罪的数量最多,达51918例,占总数的59%;扰乱公共秩序罪次之,共有22303例,占总数的26%;妨害司法罪,破坏环境资源保护罪,组织、强迫、引诱、容留、介绍卖淫罪,制作、贩卖、传播淫秽物品的数量相对较少,集中在1000—5000例;妨害国边境管理罪、妨害文物罪、危害公共卫生罪的数量最少,均小于300例,其中妨害文物管理罪仅有5例,危害公共卫生罪仅有3例(见图4)。

---

① 地区生产总值数据来源于国家统计局《2018中国统计年鉴》。

五、其他经济犯罪治理与防控研究

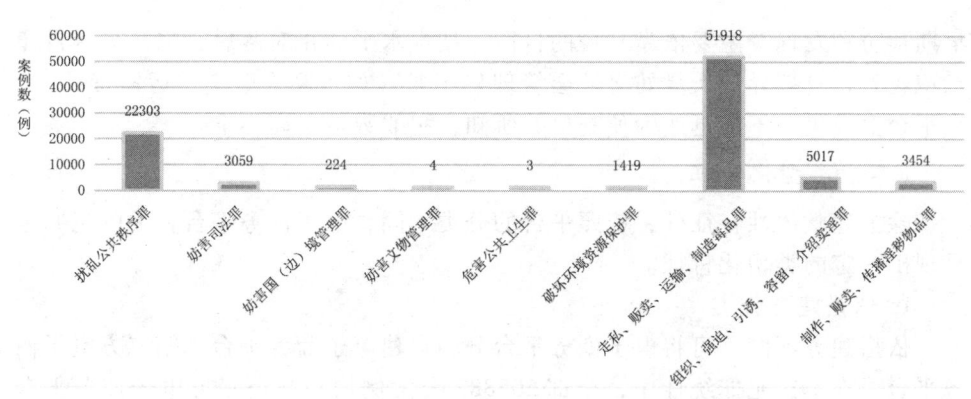

图4 电子商务平台相关的妨害社会管理秩序罪

在触犯侵犯财产罪的77521个案例中，诈骗罪的数量最多，达43621例，占总数的56%；盗窃罪次之，共有29625例，占总数的38%；敲诈勒索罪的数量明显小于诈骗罪和盗窃罪，仅有4160例；抢劫罪、抢夺罪、故意毁坏财物罪的数量最少，其中故意毁坏财物罪仅有7例（见图5）。

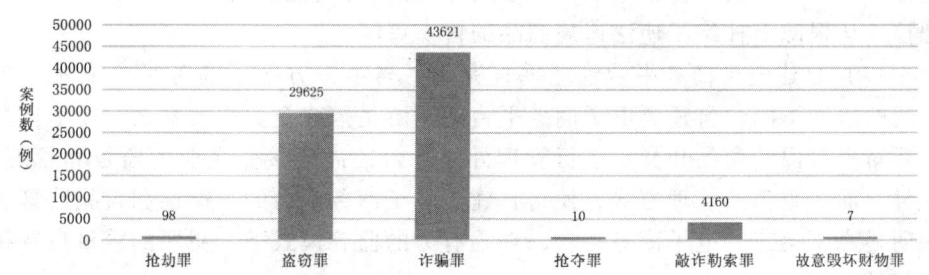

图5 电子商务平台相关的侵犯财产罪

涉及罪名的相对集中与电子商务活动的特征、法律法规的不完善、平台自查机制的不健全、监察技术的落后等原因息息相关。虚拟、高效、低成本等是电子商务的基本特征。① 其中，虚拟性决定了电子商务平台参与实施的犯罪多集中于与人身侵害关联度较低的财产性犯罪（如诈骗罪等）；高效率和低成本性则决定了犯罪数量的激增。

《电子商务法》颁布、实施之前，我国针对电子商务活动和电子商务平台的管理主要依靠传统民商法和相关行政法规，一直缺乏完善、系统的规制，对于电子商务平台的刑法规制则完全是空白。在这种情况下，对于平台内犯罪的

---

① 参见许丽霞、刘续：《电子商务》，阳光出版社2014年版，第57~62页。

早期预防和发现，主要依靠平台的自律。技术水平的相对落后，加之平台自律意识较差，直接导致大量妨害社会管理秩序罪（如走私、贩卖、运输毒品罪）在平台上发生且不能迅速为侦查机关所知，犯罪数量居高不下。

（二）类型化特征

除上述整体性特征外，依照平台的分类不同，电子商务平台相关的犯罪也呈现出一定的类型化特征。

1. 依搭建方分类

依搭建方不同，可将电子商务平台分为自建电子商务平台和第三方电子商务平台。在本次犯罪统计中，全部205882个案例均是与第三方电子商务平台相关的犯罪，与自建电子商务平台（苹果商城、华为商城）相关的犯罪数量为0。结合自建电子商务平台的特殊性，本文认为，自建电子商务平台相关犯罪的数量显著小于第三方电子商务平台的原因主要有如下三点：

（1）自建电子商务平台销售产品结构单一。自建电子商务平台本质上是企业搭建的B2C平台，这类平台由卖家自己搭建，仅销售本企业生产的商品。这样单一的产品销售使得平台（即卖家）可以对商品的种类和质量进行全面把控，从根源上杜绝了违法违规商品的售卖可能。

（2）自建电子商务平台管理垂直完善。与第三方电子商务平台依赖平台自我的规制不同，自建类电子商务平台的上游是搭建企业。换言之，除了自身需要对平台内的商品和交易进行管理外，平台还需要接受企业的监督和管理。这种全面、垂直的管理方式，使得自建类电子商务平台的自律性和自我监管意识明显高于第三方电子商务平台。在强有力的监管模式下，犯罪的数量自然相对较低。

（3）交易数量相对较小、监管便利。如前所述，自建电子商务平台是一种销售产品相对单一的电子商务平台。商品的单一意味着与第三方电子商务平台相比，更少的消费者和交易数量，在管理上更为便捷，从另一个侧面也可以减少犯罪的数量。

2. 依功能分类

依照服务内容的不同，可以将电子商务平台分为商品交易类电子商务平台、服务提供类电子商务平台和综合类电子商务平台。在这一分类方法下，电子商务平台参与的犯罪呈现出案件数量集中、发展速度相近、涉及罪名集中等三个类型化特征。

（1）案件数量集中。根据统计，与电子商务平台相关的犯罪高发于综合类电子商务平台，占总数的90%，商品交易类平台次之，占总数的9%，与服务提供类电子商务平台相关的犯罪数量最少，仅占总数的1%（见图6）。

五、其他经济犯罪治理与防控研究

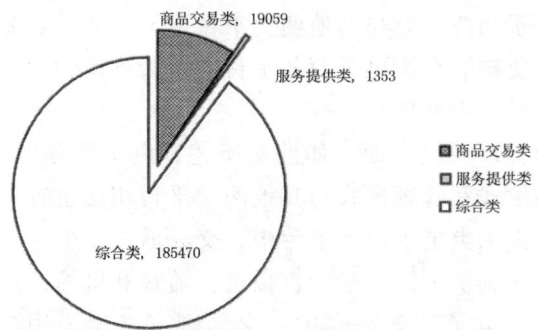

图6 电子商务平台相关犯罪的数量依平台类型统计图

案件集中于综合类平台的原因,可以从统计本身的瑕疵、平台发展时间和用户体量、服务内容以及交易模式和管理模式四个角度进行分析。

首先,必须承认的是,本文以各平台为关键词为统计依据,虽然对统计结果进行了粗略的筛查,但由于被统计案件数量巨大,不可能对判决书逐一进行详细阅读,这导致部分被统计为"综合类平台相关犯罪"的案件实际上与平台的电子商务功能无关。

其次,发展时间和用户体量层面。腾讯qq、微信、微博分别成立于1992年、2011年和2009年,较早的上线时间使得这三个典型的综合类电子商务平台积累了大量的用户。截至2018年底,腾讯qq、微信、微博的月活跃账户分别高达8.07亿、10.9亿和4.62亿,如此巨大的用户数量,为犯罪提供了范围极广的潜在对象。与综合类平台相比,商品交易类平台和服务提供类平台上线较晚,虽然发展速度较快但在用户体量上仍不能与综合类平台相比。以影响最为广泛的淘宝购物平台为例,淘宝平台上线于2003年,2018年活跃用户总数为6亿。作为商品交易类电商平台和服务提供类电商平台中的头部平台,淘宝平台在发展时间和用户数量上仍不能与综合类平台抗衡,其他各平台与综合类平台的差异更是不言自明。这种发展时长和用户数量上的差异,直接导致了综合类电子商务平台相关的犯罪在数量上远高于其他两类平台。

再次,服务内容层面,综合类电子商务平台服务内容的庞杂和服务方式的独特也是其相关犯罪数量整体偏高的重要原因。本文统计的三类综合类平台最初都是不具有交易场所提供功能的纯社交平台。在其发展的过程中,电子商务产业逐步兴起,部分商家(如微商)利用平台的社交功能和现金流动功能使得商品、服务交易可以在平台内发生。与此同时,为了保持其在互联网市场中的地位和份额,腾讯qq、微信、微博平台也均增设了进行交易的专门功能(如微店)。然而,尽管平台增设了专门进行交易的场地和功能,由于用户的使用习惯和交易便捷性,在上述平台内发生的交易仍多依赖于平台原始的社交功能，这也是综合类电子商务平台与其他两类平台最大的差异。庞杂的服务内容和独特的服务方式，使得综合类电子商务平台的监管难度和漏洞都高于其他两类平台，相关犯罪数量也因此偏高。

最后，交易模式和管理模式层面。如前文所述，由于服务内容的特殊性，综合类电子商务的交易模式和管理模式与其他两类平台相比也有显著区别。在专门的商品交易和服务提供类电子商务平台中，交易通常发生在平台提供的公共场所，完全透明的公共场所可以由平台直接进行监督和管控，从而减少犯罪发生的频率。而在综合类电子商务平台中，交易则多发生于用户的"私域"（如卖家与消费者的私人聊天窗口等），与公共场所的透明不同，用户私域无法被平台直接监管，具有相当的私密性。在这种相对私密的环境下，犯罪也更容易发生、更难以被察觉。

（2）发展速度相近。2015年1月至2019年4月间，三类平台相关犯罪数量的上升趋势一致，在幅度上因平台的兴起、发展历程不同而略有不同（见图7、图8、图9）。

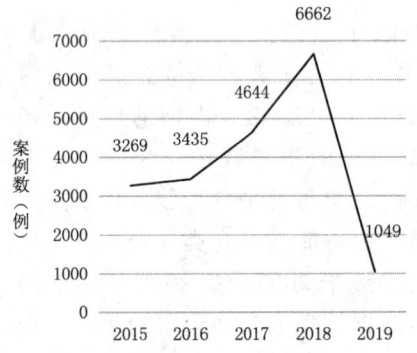

图7 商品交易类电子商务平台
相关犯罪的数量年份变化统计图

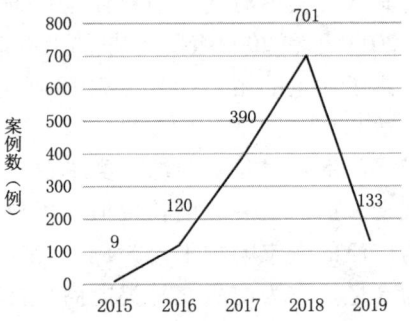

图8 服务提供类电子商务平台
相关犯罪的数量年份变化统计图

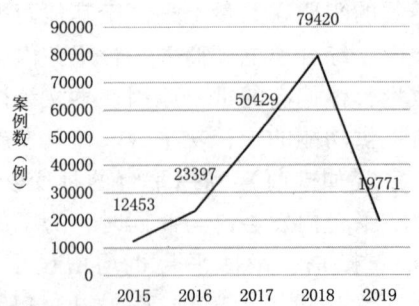

图9 综合类电子商务平台相关犯罪的数量年份变化统计图

2015年是传统商品交易类电商平台升级转型后的第五年,电商领域各个方面的发展已经比较健全,因此其相关犯罪的数量增长幅度和态势直至2018年都相对平稳。与商品交易类电子商务平台的长期发展不同,2015年服务类电子商务平台刚刚兴起,相关犯罪数量极低。随着平台产业的发展和监管制度的相对滞后,与其相关的犯罪数量在其兴起之后的几年内不断翻倍增长。综合类电子商务平台相关犯罪的数量在2016年的极速增长则与平台的升级和平台内商家的井喷式增加有关。以微商为例,2016年微商在其原有的发展基础上衍生出了线上线下结合、经营门槛提高、知名品牌入驻等特征。① 上述特征的出现,使得微商的影响力显著增加,网民对于微商群体的警惕性与不信任感降低,与其相关犯罪的数量随之增加。

（3）涉及罪名聚合。罪名方面,三类电子商务平台相关犯罪所涉及的罪名呈现出类型化聚合的特征（见图10、图11、图12）。危害国家、国防利益类及秩序破坏类犯罪集中于综合类平台,危害公共安全、侵犯人身类犯罪集中于服务提供类平台,财产类犯罪则集中于商品交易及综合类平台。罪名的类型化聚合与三类平台的服务模式和针对服务模式设立的监管模式间的差异直接相关。

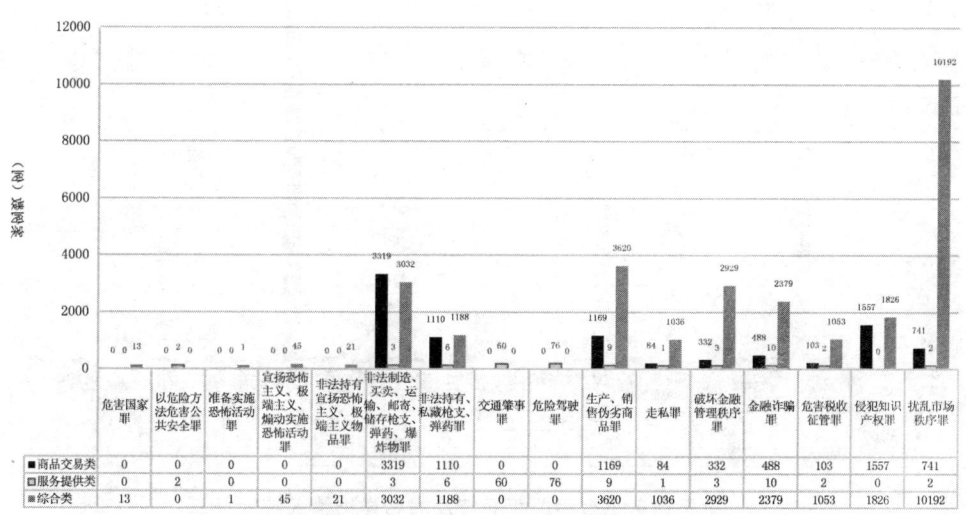

图10 电子商务平台相关犯罪涉及罪名详细情况统计（一）

---

① 郑立鹏、程程、方雨、郭艳萍：《微商简史：兴起、繁荣与调整》,载《互联网前沿》2016年第5期。

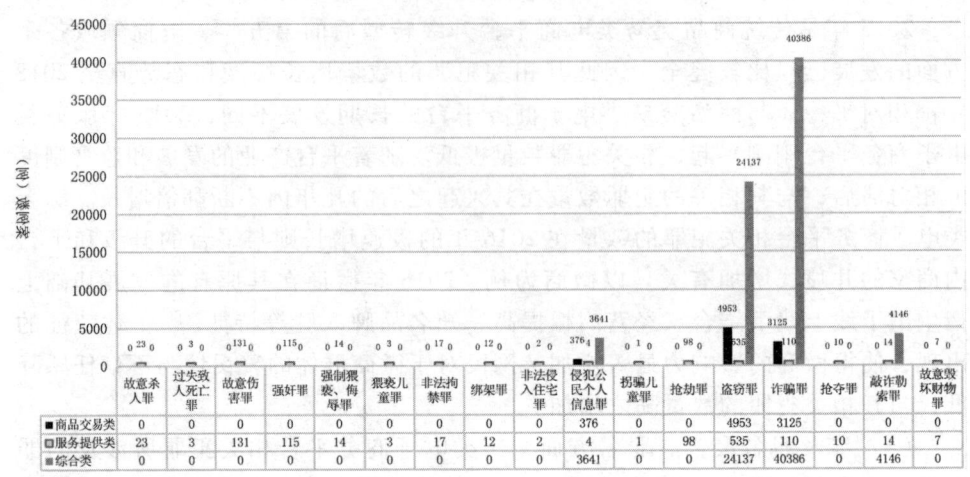

图 11 电子商务平台相关犯罪涉及罪名详细情况统计（二）

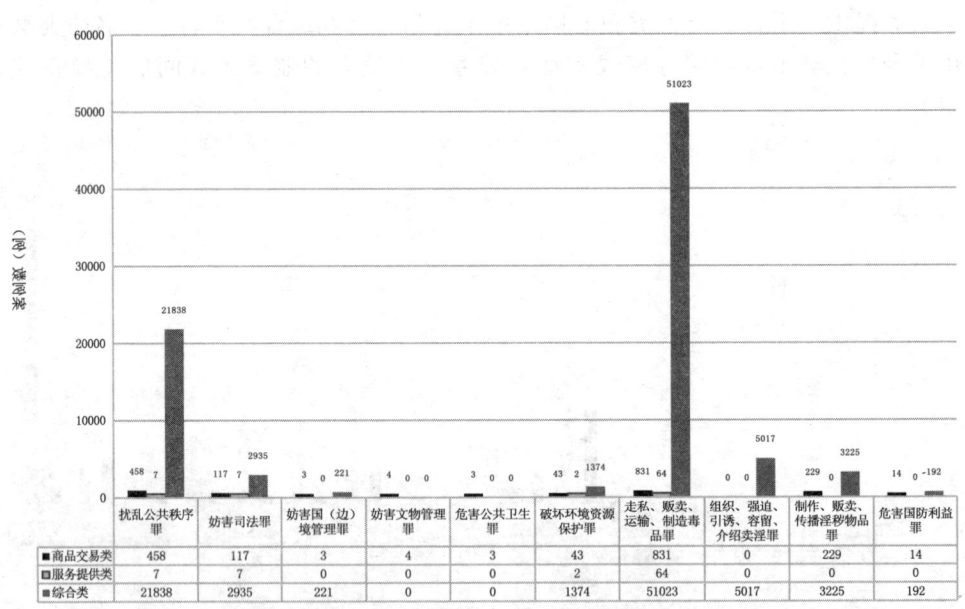

图 12 电子商务平台相关犯罪涉及罪名详细情况统计（三）

如前文所述，综合类电子商务平台中的交易一般发生在用户间的私域。一方面，为了保护公民的隐私权和个人信息，平台不能对用户的私域进行监管；另一方面，由于巨大的用户体量和技术难度，平台对全部用户进行监管也不具有现实可能性。因此，除了财产犯罪外，危害国家、国防利益类及秩序破坏类犯罪等在其他平台可以轻易被发现的犯罪，在综合类平台中难以被察觉，也因此多集中于此类平台。但是，由于综合类平台的核心功能多为社交功能，上述犯罪在综合类平台中的高发不完全与平台的电子商务功能直接相关。

除综合类平台之外，服务类电子商务平台也具有自己的特殊性。一般情况下，商品交易类电子商务平台和综合类电子商务平台提供的场所支持、交易支持等服务都是在线上完成的（即"线上对线上"），需要线下完成的商品运输服务则由专门的物流公司完成。也就是说，在商品交易类和多数综合类电子商务平台中，商家与消费者之间的活动均在虚拟的网络空间中发生，鲜见线下"面对面"的沟通、服务过程。服务类电子商务平台则不同，除个别线上服务平台外，服务类电商平台多采用"线上交易—线下服务"（即"线上对线下"）模式，即商家与消费者的一部分活动发生在现实空间内，与人身安全紧密相关。在这种"线上对线上"和"线上对线下"的差异服务模式下，财产犯罪尤其是诈骗罪更容易在"线上对线上"的商品交易和综合类平台中发生，人身犯罪和危害公共安全犯罪则更容易在"线上对线下"的服务类平台中发生。

二、电子商务平台参与犯罪的行为类型[①]

根据对判决书以及相关新闻、案例的研究与分类，电子商务平台参与犯罪的行为可以分为实行行为与帮助行为两种。其中，实行行为可以分为实行作为与实行不作为，帮助行为可以分为一般帮助行为与中立帮助行为。在上述两种平台参与犯罪的行为方式中，平台的作用、对网络空间及社会的危害程度、治理现状及刑事责任追究困境也不尽相同。

（一）电子商务平台的实行行为

如前所述，依照行为方式的不同，电子商务平台的实行行为可以分为实行的作为与实行的不作为。

1. 电子商务平台实行的作为犯罪

电子商务平台实行的作为犯罪，即为平台通过作为的方式主动实施的犯罪。根据统计，在上述205882个案例中，电子商务平台通过作为的方式主动实施的犯罪数量为0，导致这一统计结果的主要原因有三：

第一，在本次犯罪统计中，本文选取的14个电子商务平台皆为网民常用的平台，这些平台均是以正常商品交易、服务提供为核心运营内容的平台。从

---

① 由于20余万判决书中无一例最终追究平台的刑事责任，此处对于参与犯罪行为类型的划分并非基于判决结果，而是基于平台在相关犯罪中的实际作用。

搭建目的到监督、管理机制都较为正规,主动实行作为犯罪的可能性相对较低。

第二,由于我国知识产权和消费者权益的刑法保护力度不够,当平台实行上述两类罪名时归罪的可能性亦相对较低。

第三,部分以电子商务平台名义实行的作为犯罪,在目前单位犯罪构成理论的指导下,通常被认定为平台搭建者的自然人犯罪,而非单位犯罪,不能纳入统计当中。以"茂涵铺子诈骗案"[1]为例,2016年底,蒋某、方某合伙搭建网上购物平台,计划通过购买商品后按期返还购物款的方式吸引、招揽顾客,并预谋在获得顾客的购物款后携款潜逃。2017年3月,二人正式开始筹建网上购物平台,并拉拢陆某加入。为逃避司法机关的追查,蒋某、方某在淘宝网上购买了李某某、张某、杨某等三人的身份证、网银、银行卡、电话卡等,并联系代办公司,冒用李某某、杨某的身份在大连经济技术开发区注册成立"大连茂涵电子商务有限公司"。此后,蒋某委托他人设计了"茂涵铺子"购物平台,该平台于2017年6月23日正式上线、运营。"茂涵铺子"平台下设四个消费区:新人馆、优惠馆、精品馆及品牌馆,采用"两级分销提成模式"和"佣金提成模式",并设定不同额度的返利机制。平台上线后,蒋某负责平台的日常维护;方某负责联系商品厂家给客户发货等事项,并建立"茂涵铺子官方微信群"进行推广,以吸引更多买家在平台购物;陆某负责业务推广和客服答疑。2017年7月3日,因用户数量已达到预期,蒋某、方某、陆某及后期加入的姜某结束"茂涵铺子"的经营并携款潜逃,共获赃款人民币2553380元。在本案中,电子商务平台"茂涵铺子"虽承载、体现了行为人的犯意,犯罪收益也为单位所得,但由于该平台搭建、成立的目的与宗旨不合法,不符合单位犯罪的基本特征,因此不能将其犯罪行为认定为平台的单位犯罪,只能以自然人的共同犯罪处理,并据此追究自然人的刑事责任,而非平台作为单位主体的刑事责任。

2. 电子商务平台实行的不作为犯罪

电子商务平台实行的不作为犯罪是平台通过不作为的方式实施的犯罪。在犯罪数据统计中,平台通过不作为方式实施犯罪并承担刑事责任的数量同样为0。这一统计结果产生的原因,除了上述作为犯罪数量为0的三个原因之外,还有一个重要的原因,即拒不履行信息网络安全管理义务罪这一纯正的不作为犯罪在电子商务平台领域适用不畅。

---

[1] 参见(2018)辽0291刑初39号。

（二）电子商务平台的帮助行为

与电子商务平台以实行行为参与犯罪的数量较少不同，上文中统计的205882个案例多属于电子商务平台帮助实施（或平台起到帮助作用）的犯罪。在此类犯罪中，平台的帮助行为可以分为一般帮助行为和中立帮助行为。

1. 电子商务平台的一般帮助行为

一般帮助行为是指电子商务平台积极实施的、使得正犯的实行行为更为容易的帮助行为。平台与平台内经营者的合作模式为：平台组织各类促销活动吸引平台内经营者参加，平台内经营者报名后由平台对经营者的资格及参加活动的商品进行审核。审核通过后，平台会将商品及活动信息置于平台首页或活动页面吸引消费者购买。这种合作模式，实际上达到的是平台为经营者进行宣传、推广的广告效果。在这种合作模式下，当平台明知（或应知）平台内经营者参加活动的商品属于假冒伪劣或侵犯他人知识产权的产品但仍让其通过审核并将其商品信息置于活动页时，应当认为平台的行为已经明显超出了中立帮助的限度，具有对危害结果明确的主观故意，属于对平台内经营者销售假冒伪劣产品或侵犯知识产权类犯罪的一般帮助行为。

2. 电子商务平台的中立帮助行为

中立帮助行为是指电子商务平台实施的、从外在表现上看不存在犯罪意思的、但在客观上对正犯的危害行为或结果起到促进作用的行为，电子商务平台实施的帮助行为多属此类。

《电子商务法》第29条规定："电子商务平台经营者发现平台内的商品或者服务信息存在违反本法第十二条、第十三条规定情形的，应当依法采取必要的处置措施，并向有关主管部门报告"。依照本条规定，电子商务平台具有防范平台内发生犯罪的义务，对于平台内正在发生的违法、犯罪行为应当及时处置并报告有关部门。如果平台在明知平台经营者可能正在实施犯罪的情况下，不仅没有向公安机关如实上报信息，仍然继续为嫌疑人提供服务。由于这些服务在客观上促进了危害结果的发生，故该平台的行为符合中立帮助行为的本质特征。但是，由于我国对于中立帮助行为的可罚性及可罚性标准问题仍存争议，各电子商务平台诸多类似中立帮助行为最终并未被追究刑事责任。

3. 电子商务平台帮助行为的危害性与治理必要性

关于电子商务平台的帮助行为，尤其是中立帮助行为的治理必要性，本文认为应当从其对正犯的积极作用及社会危害性方面进行论证。因此，本文从全部被统计的案例中抽取最具代表性的诈骗罪及走私、贩卖运输、制造毒品罪的案例各100例，从非法所得数额入手，运用SPSS软件将其与随机抽取的各100例普通诈骗罪及走私、贩卖运输、制造毒品罪的案例进行单因素ANOVA

检验。

单因素 ANOVA 检验，即单因素方差分析。方差分析是一种判断各个有关因素对结果的影响是否显著的一种常用而有效的统计方法。其中，只有一个因素在改变，称为单因素方差分析。① 基于此，在本次犯罪统计和分析中，使用单因素 ANOVA 检验可以判断电子商务平台的帮助或参与是否对诈骗罪和走私、贩卖运输、制造毒品罪的非法所得金额有显著影响。

在进行单因素 ANOVA 检验之前，需要进行方差齐性检验（见图 13）以确定方差分析结果的可信赖性。方差齐性检验是对两样本方差是否相同进行的检验，通过比较两组数据的波动程度（方差）判断两组数据是否来源于相同方差的不同总体。当显著性 > 0.05 时，认为两组数据是来源于相同方差的不同总体，可以继续进行方差分析；当显著性 < 0.05 时，则认为两组数据是来源于不同方差的不同总体，不能继续进行方差分析。观察 SPSS 运算结果可知，纳入分析的 400 个案例数据通过方差齐性检验，满足方差分析的前提。

非法所得

莱文统计	自由度 1	自由度 2	显著性
7.014	1	398	.008

图 13　方差齐性检验

在方差齐性检验之后，需要对 ANOVA 表格进行解读，分析电子商务平台的参与对非法所得金额是否具有显著影响。

非法所得

	平方和	自由度	均方	F	显著性
组间	5.978E+12	1	5.978E+12	2.259	.134
组内	1.053E+15	398	2.646E+12		
总计	1.059E+15	399			

图 14　ANOVA

在 ANOVA 表格（见图 14）中，对某单一因素影响力的判断起到绝对作用的是 F 值和显著性值的大小。其中，F 值是组间均方和组内均方的比值，这个比值越大说明相对组间差异越大，也就是因素对结果的影响越大。判断 F 值的大小则要依靠显著值，显著值越小组间差异越大。在统计学中，尤其是当统计学应用于自然科学和医学实验时，一般认为显著性值 < 0.05 时，才认为

---

① 参见李正耀、周德强主编：《大学数学概率论与数理统计》，科学出版社 2009 年版，第 176~177 页。

因素对结果有绝对、显著的影响。但是，在犯罪学中，"影响犯罪的原因包含社会因素、生物因素、心理因素等多种因素"①，电子商务平台的帮助行为作为犯罪过程中的一个非必要环节，要求其对非法所得金额有绝对、显著的影响，显然是不合理的。ANOVA 表格中的 F 值过小也进一步说明了这点（单因素 ANOVA 检验中，F 值接近于 1，说明实验存在误差或有其他重要因素未纳入考量）。

因此，本文认为，此处应直接将显著性值代表"拒绝原假设"碰巧出现的可能性的涵义带入 ANOVA 表格中，分析电子商务平台的参与对涉案金额数量的影响同样具有一定的意义和价值。即"电子商务平台是否为正犯提供帮助与涉案金额不存在必然联系"这一事实是碰巧发生的可能性为 13.4%。结合对涉案金额平均值的对比（见图 15）可以进一步得出：电子商务平台是否为正犯提供帮助、是否参与犯罪，对诈骗罪及走私、贩卖运输、制造毒品罪的涉案金额数量的影响虽不能达到统计学中绝对影响的程度，但是作为犯罪过程中的一个因素它带来的影响仍然不可忽视。换言之，电子商务平台的参与对于提高正犯在诈骗罪及走私、贩卖运输、制造毒品罪中的犯罪收益可以起到一定作用。

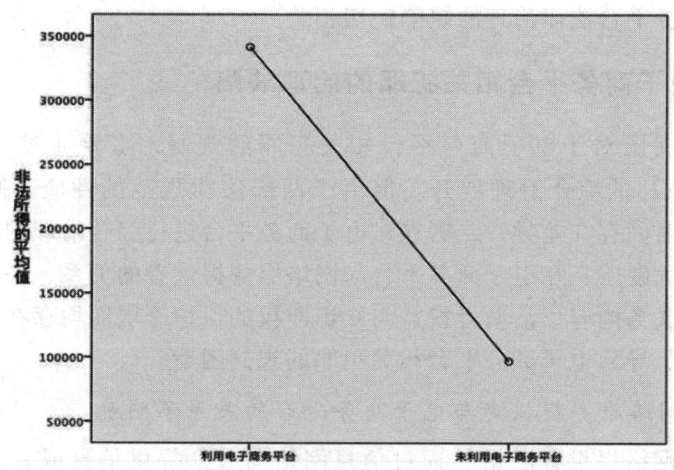

图 15　是否利用电子商务平台

根据犯罪经济学理论，行为人从事犯罪活动是理性选择的结果。因此，在实施犯罪前，行为人必定要考虑行为的成本和收益，即"对犯罪成本及犯罪

---

①　康树华：《犯罪学》，北京大学出版社 2016 年版，第 174 页。

收益进行一定的权衡"①。换言之，当犯罪收益大于或等于犯罪成本时，行为人选择进行犯罪的可能性就会随着犯罪收益的增长而增长。从犯罪成本的角度来看，由于电子商务平台均为免费或收取极少费用即可注册、开店，接受平台的帮助不会提高行为人犯罪的直接成本。与此同时，接受平台提供的积极帮助或中立帮助并不属于我国刑法中任何罪名的结果加重要件，亦不会增加行为人犯罪的惩罚成本。此外，前文中的检验结果说明，由于互联网空间上的广泛性、使用上的便利性、时间上的即刻性，在某些犯罪中，电子商务平台的帮助或参与会对非法所得数额（即犯罪收益）产生较大的增益作用。

因此，电子商务平台的积极、中立帮助行为不仅不会增加行为人犯罪的直接成本和惩罚成本，还会增加其犯罪收益。如果不对电子商务平台的帮助行为进行进一步监管和规制，必然会导致各类犯罪数量上的持续增长。

电子商务平台作为交易场地、虚拟空间的搭建者和管理者，对平台内发生的违法犯罪行为具有当然的监管义务，在其积极为正犯提供帮助或明知正犯利用平台进行犯罪仍为其提供服务时，必须追究其相应的刑事责任。然而，在被统计的205882个案例中，并未存在任何一例平台被追究刑事责任的情形，这种对平台刑事责任确认、追究困难的现状，显然是不合理的，而这种不合理与我国电子商务平台法律治理的缺陷密切相关。

三、电子商务平台相关犯罪的治理缺陷

目前，我国对于电子商务平台相关犯罪的规制，主要通过《刑法》与《电子商务法》的综合治理展开。但由于两部法律规范的性质、侧重点与颁布、修正的时间存在差异，二者在对电子商务平台进行综合治理的过程中存在以下几个方面缺陷：在电子商务平台与网络服务提供者的关系、平台的信息网络安全管理义务内容、消费者权益与知识产权的保护等层面均存在一定的缺陷和衔接困难，导致电子商务平台相关犯罪的规制困境。

（一）网络服务提供者与电子商务平台的关系不明确

广义的网络提供者泛指"通过信息网络向公众提供信息或者为获取网络信息等目的提供服务的机构"②，包括网络上的一切提供设施、信息和中介、接入等技术服务的个人用户、网络服务商以及非营利组织。但我国刑法并没有沿用网络服务提供者最广义的定义。

---

① 郭东：《理性犯罪决策——成本收益模型》，载《广西社会科学》2007年第8期。
② 杨彩霞：《网络服务提供者刑事责任的类型化思考》，载《法学》2018年第4期。

2015年,《刑法修正案(九)》新增第286条之一——拒不履行信息网络安全管理义务罪。该条规定:网络服务提供者不履行法律、行政法规规定的信息网络安全管理义务,经监管部门责令采取改正措施而拒不改正,致使违法信息大量传播的;致使用户信息泄露,造成严重后果的;致使刑事案件证据灭失,情节严重的;或其他严重情形的,处三年以下有期徒刑、拘役或者管制,并处或者单处罚金。由于网络服务提供者的内涵和外延不清晰导致本罪适用困难,最高人民法院、最高人民检察院于2019年10月21日出台了最高人民法院、最高人民检察院《关于办理非法利用信息网络、帮助信息网络犯罪活动等刑事案件适用法律若干问题的解释》(以下简称《解释》)。该解释第1条指出,提供网络接入、域名注册解析等信息网络接入、计算、存储、传输服务,信息发布、搜索引擎、即时通讯、网络支付、网络预约、网络购物、网络游戏、网络直播、网站建设、安全防护、广告推广、应用商店等信息网络应用服务及利用信息网络提供的电子政务、通信、能源、交通、水利、金融、教育、医疗等公共服务的单位和个人,应当认定为《刑法》第286条之一第1款规定的"网络服务提供者"。

从表面上看,电子商务平台似乎符合信息网络应用服务提供者中的网络购物服务提供者。然而,根据本文对电子商务平台的定义,电子商务平台为其使用者提供的服务并非"网络购物"这么简单。购物,指购买货物,是一种商品交易行为,网络购物是利用互联网进行的商品交易行为。电子商务,则是利用互联网等其他信息网络进行的经营活动,包括商品交易和服务提供,显然是网络购物的上位概念,网络购物服务提供者自然不能将电子商务平台完全概括。此外,该条列举的其他信息网络应用服务也不能将电子商务平台提供的服务完全囊括在内。电子商务平台提供的服务是多样的、综合的,可能包括广告推广、网络预约和应用商店。然而,电子商务平台为其服务者提供的最重要的服务——提供交易场所却未在条文中列举。

不仅如此,电子商务平台事实上也不属于《解释》第1条中归纳的网络服务提供者的三种类型之一。电子商务平台是一种网络平台,其功能明显区别于通道服务提供者、缓存服务提供者、存储服务提供者。因此,电子商务平台不属于《解释》中的信息网络接入、计算、存储、传输服务提供者。同时,电子商务平台所提供的交易场所服务,显然也不属于信息网络公共服务的范畴。此外,信息网络应用服务是一个极为宽泛的技术概念,包含了由信息网络系统最终直接给应用进程使用的各种服务。① 若将其进行广义理解，则包括网络接入、计算、存储、传输服务；若进行狭义理解，信息网络公共服务也应囊括在内。因此，本文认为此处引入这一技术概念是不符合逻辑的，故在评价电子商务平台是否为该条描述的网络服务提供者时，仅考虑列举出的项目。

刑法中网络服务提供者的概念不仅不能将电子商务平台完全概括，该条文采取列举的方式对网络服务提供者进行定义，缺乏逻辑性与条理性。随着网络技术的发展和应用，未来势必有更多和电子商务平台一样，应用范围广、服务内容复杂的网络服务提供者被排除在列举之外。因此，本文认为，对于网络服务提供者的定义应当采取广义的概念，并依照其对特殊虚拟空间内信息的控制力进行分类，以便之后确定其作为义务的具体内容以及刑事责任的限度。

（二）电子商务平台的信息网络安全管理义务内容不清晰

信息网络安全管理义务是刑法赋予网络服务提供者的一项特殊义务。本文认为，电子商务平台当属网络服务提供者的一部分，网络服务提供者功能性区分及义务类型化的缺失直接导致电子商务平台信息网络安全管理义务内容的不明确。

如前所述，广义网络服务提供者包括网络上的一切提供设施、信息和中介、接入等技术服务的个人用户、网络服务商以及非营利组织。② 这一概念囊括了包括通道服务提供者、缓存服务提供者、存储服务提供者、网络平台等多个下位概念。其中，网络平台又可再细分为社交平台、金融平台、播放平台、电子商务平台等多个小类。在数量庞大、种类繁多的情况下，网络服务提供者的信息网络安全管理义务内容显然不应一概而论。而应当首先根据其技术水平、服务内容等进行功能性区分，而后在此基础上明确不同类型服务提供者具体的义务内容。

然而，我国刑法及相关司法解释对网络服务提供者的定义不清晰、功能性区分缺失，这直接致使包括电子商务平台在内的所有网络服务提供者的信息网

---

① 黎晓华：《网络系统的开放应用环境析义、结构及其与网络应用服务的关系》，载《科学时代》2003年第21期。

② 部分学者将网络服务提供者直接等同于 Internet Service Provider（ISP）是不准确的。Internet Service Provider 应译为"互联网服务提供者"，是指提供互联网接入业务、信息业务和增值业务的电信运营商。参考"两高"《关于办理非法利用信息网络、帮助信息网络犯罪活动等刑事案件适用法律若干问题的解释》对网络服务提供者的解释可知，我国刑法中"网络服务提供者"的概念不局限于ISP，其包含范围趋近于本文采用的最广义概念。

络安全管理义务内容不明确，以至追究其拒不履行信息网络安全管理义务罪刑事责任难度的增加。

（三）对消费者权益及知识产权的保护重视不够

消费者权益与知识产权是电子商务领域两大最为核心的权利。对于以上两类权利的保护，我国均一直处于待完善的阶段。加之网络空间内的消费者权益和知识产权问题本就复杂，至今没有形成一套成体系的互联网消费者权益保护和知识产权保护模式，对电子商务平台消费者权益及知识产权相关责任的追究也仅在《电子商务法》中进行了较为笼统的规定。

（四）帮助行为的规制困境

结合帮助犯理论，电子商务平台的帮助行为以中立帮助行为和一般帮助行为的形式展开，主要的归罪路径是帮助信息网络犯罪活动罪及正犯的帮助犯。但是，参照前述犯罪统计数据，20 余万平台参与犯罪的案例中无一例平台因帮助行为承担刑事责任，这样的现状是由我国刑法有关罪名规定的模糊、帮助犯理论自身的烦琐以及电子商务平台与平台内各类用户复杂的法律关系共同造成的。

第一，当电子商务平台明知他人利用信息网络实施犯罪仍为其犯罪提供互联网接入、服务器托管、网络存储、通讯传输等技术支持，或者提供广告推广、支付结算等帮助且情节严重时，应当构成帮助利用信息网络犯罪活动罪。但帮助利用信息网络犯罪活动罪自设立以来就在罪名性质和适用范围等方面存在广泛争议，进而引发认定和归责的困难。由于电子商务平台的种类多样及内部法律关系复杂，上述问题在电子商务平台帮助行为的认定及刑事责任追究的过程中更为明显。

第二，当电子商务平台虽然实施了帮助行为但不能构成帮助利用信息网络犯罪活动罪时，正常的归罪路径应当是正犯的帮助犯。但是，由于电子商务平台在实施帮助行为的过程中鲜少与正犯进行意思沟通，其帮助行为并不是一般的共同犯罪，而是片面共犯。片面共犯是否应当被承认并以共犯处，亦是至今为止仍存在争议的理论问题。

四、结语

结合电子商务平台相关犯罪的特征、平台参与犯罪的形式及综合治理缺陷，若要完善电子商务平台的治理路径、合理追究平台相关犯罪的刑事责任须从以下几点展开：第一，结合网络服务提供者的广义定义，肯定电子商务平台网络服务提供者的刑法地位，并根据其对违法信息的控制能力明确平台的信息网络安全管理义务。第二，电子商务平台实行的作为犯罪可能涉及的罪名主要包括侵犯消费者权益类犯罪和侵犯知识产权类犯罪。在司法实践中，需要厘清平台在销售、广告活动中的法律地位；并借鉴红旗标准，在涉及侵犯知识产权类犯罪情形中明确平台对所销售产品侵权的明知。第三，电子商务平台帮助行为以中立帮助行为为主，想要认定平台中立帮助行为的刑事责任，就必须从主观和客观两方面设定中立帮助行为的可罚性标准。在认定电子商务平台是否构成帮助信息网络犯罪活动罪的过程中，首先需要以犯罪工具为参照判断正犯的行为是否属于"利用信息网络实施的犯罪"，随后则需要对"技术支持"和"提供帮助"进行合理的扩大解释，将电子商务平台提供的服务依照具体内容分别纳入其中。对于不能纳入帮助信息网络犯罪活动罪的电子商务平台实施的其他帮助行为，则应当在承认片面共犯的基础上追究其帮助犯的刑事责任。

现货互联网交易犯罪特征与治理方式研究

曹晓烨　刘　东*

现货互联网交易是商品现货交易的一种重要形式，是指在依法设立的互联网交易平台上，由买卖双方进行公开的、经常性的或定期性的，具有信息、物流等配套服务功能的商品现货交易活动。① 根据现货的不同，又分为贵金属、大宗商品、农产品、矿产资源等网络交易平台，其中大宗商品电子类交易市场规模最大，截至2018年底共2461家，实物交易规模超过30万亿元。② 这些交易平台的参与者一般包括交易中心、会员单位、居间商、代理商和投资者。2011年11月，国务院为了防范金融风险，专门成立由证监会牵头，有关部门参加的"清理整顿各类交易场所部际联席会议"（以下简称联席会议）制度，大力整顿地方产权交易、文化艺术品交易和大宗商品中远期交易等各类交易场所。③ 联席会议制度的建立一定程度上遏制住了现货互联网交易活动的违法违规操作，但是近年来仍有一些会员单位和居间商利用合法交易平台从事犯罪活动，④ 甚至出现了一些虚假的现货互联网交易平台实施非法期货经营和诈骗等

---

*　曹晓烨，上海市杨浦区人民检察院党组成员、副检察长；刘东，上海市杨浦区人民检察院检察官助理。

① 参见商务部发布的《商品现货市场交易特别规定（试行）》第3条规定。

② 参见中国物流与采购联合会大宗商品交易市场流通分会发布的《中国大宗商品电子类交易市场概况统计（2018）》。

③ 参见《国务院关于清理整顿各类交易场所切实防范金融风险的决定》（国发〔2011〕38号）。

④ 在一家名为中国现货交易网的网站上，其声称自己是一家严格按照中华人民共和国国家质量监督检验检疫总局颁布的《大宗商品电子交易规范》国家标准，参与大宗商品电子交易的现代电子商务企业，但是在交易品种栏目却赫然陈列着能源期货、金属期货、指数期货、外汇期货和农产品期货，链接多家交易市场，并且提供移动端和电脑端的交易软件。访问时间：2020年9月24日。

侵财类犯罪活动。① 由于犯罪的专业化和网络化，给公安机关侦查取证带来诸多困难，在审判阶段，又往往因为证据不足只能认定为非法经营罪，与巨大的社会危害性相比，较轻的刑罚没能实现罪责刑相统一的刑法价值追求。

一、现货互联网交易犯罪的行为模式及特征

伴随着市场经济的发展，现货互联网交易犯罪的行为模式层出不穷，根据交易平台的性质不同可以将犯罪模式分为两种，即利用合法交易平台实施犯罪和利用非法交易平台实施犯罪。这些犯罪活动呈现高度专业化、平台化，手段多样化、隐蔽化，后果严重化、跨区域化的特点。

（一）利用合法交易平台实施犯罪

利用合法交易平台实施犯罪活动的模式一般为，行为人设立某贵金属、某大宗商品交易公司，然后与合法的现货交易平台②签订合同成为其会员单位，或者与会员单位签约作为居间商，再通过电话、微信、QQ 等手段发展客户，向投资者提供交易软件，诱导客户频繁进行交易；或者采取保证金制度、集中竞价、标准化合约、对冲平仓等交易机制开展非法期货交易。从而获取高额手续费和客户亏损。多数情况下这种采取期货交易方式骗取投资者手续费和亏损资金的行为，会被法院认定为非法经营罪，而不是诈骗罪。值得注意的是，该类犯罪行为的巨大社会危害性与非法经营罪较轻的刑罚呈现不匹配的现象。

在这种经营模式下，会员单位或居间商一般不直接收取投资者佣金，而是由现货交易平台从收取的手续费中支付给会员单位或居间商约定比例的金额和大部分客户亏损。这种利益分配方式促使部分会员单位或居间商铤而走险，通过承诺收益、反向喊单、业务员诱导等虚假宣传方式引导客户进行大量买进卖出操作，从而获取更多的佣金收益和客户亏损。如张某诈骗案中，③ 张某与潘某、蔡某等人合伙成立上海睿懿贵金属有限公司（以下简称"睿懿公司"），此后睿懿公司陆续成为新华上海贵金属交易中心、浙江新华大宗商品交易中心有限公司的会员单位，开展现货贵金属和现货原油交易。约定由睿懿公司向新华大宗缴纳保证金，新华大宗收取客户交易手续费的 37.5%，睿懿公司赚取其余客户交易手续费及全部客户亏损，若客户盈利则，需从睿懿公司缴纳的保

---

① 张启飞、虞纯纯：《网络交易平台诈骗犯罪及其防控——以 300 份判决书为样本》，载《江苏警官学院学报》2020 年第 1 期。

② 现货交易中心一般采用分散式柜台交易，仅提供结算及风险管理等相关服务，包括交易数据集中托管、会员与客户进行双边交易。

③ 参见（2017）浙刑终 330 号案件。

证金中扣除。这种盈利模式决定了会员单位和投资者的利益相背离,张某以睿懿公司名义招募培训师、分析师、业务员,在培训指导后,要求业务员冒充"白富美"等身份,利用购买的通讯账号与投资者沟通,获取信任以后便谎称有内部渠道和金牌分析师的内幕信息,并伪造盈利截图、提供反向行情的指导意见,引诱投资者频繁进行交易,从而赚取大量手续费和客户亏损。

(二)设立非法交易平台实施犯罪

设立非法交易平台实施犯罪,是指行为人制造虚假批文,设立虚假现货交易平台后,通过各种手段吸引投资者在该平台入金,提供 MT4[①] 交易软件或者其他交易软件,然后采用滑点、卡点、延迟交易等方式操控行情数据,或骗取投资者账号密码进行操作使投资者产生大量亏损,或直接转移客户资金以达到非法占有投资者财产的目的。如李某、冉某等诈骗案中,[②] 李某和冉某成立隆兴百泰公司,购买了贵金属交易系统软件并伪造了重庆市万州区发改委批文,搭建了不与国际白银交易市场接轨的、虚假的白银现货交易平台,该交易平台没有相应白银实物、加工厂、仓库和物流系统。并且招募业务员,宣称高回报低风险、交易平台正规并与国际接轨及客户资金由第三方支付平台托管等,诱骗客户进入虚假的白银现货交易平台进行交易。客户在隆兴百泰公司开户后,充值到个人账户中的钱在第三方支付公司短期保管后均转入被告人李某的账户。李某让公司业务员引诱客户加大投入,频繁操作,骗取客户高额的手续费、仓储费,并以修改数据的方式操控交易行情,造成或者扩大客户的亏损来获利,诈骗邹某、陈某等人 970 余万元。

(三)现货互联网交易犯罪的特征

第一,犯罪方式专业化、平台化。梳理现货交易类犯罪不难发现,行为人几乎都是成立了专门的交易公司,对外宣称可以交易黄金白银等贵金属、大宗商品或者其他现货,并且定制公司官网,营造公司正规、实力雄厚的假象。在股东或者实际控制人的领导下,由组织严密、分工明确的分析师、代理商、居间商、业务经理、业务员等人员吸引客户投资入金,引诱客户频繁交易和反向操作。当投资者发觉可能上当受骗时,他们还提供投诉热线,甚至赔偿部分投

---

① MetaTrader 4(缩写 MT4)是由迈达克软件公司(MetaQuotes Software Corp)发布,专为金融中介机构定制的先进网上交易平台,旨在向金融中介机构对他们的客户提供在外汇、差价合约、股票和期货市场等金融产品交易的交易平台。MT4 交易平台为交易者提供了强大的功能,包括各种交易执行功能、无限量图表、大量技术指标和曲线、自定义指标及脚本。

② 参见(2015)渝二中法刑初字第 00038 号案件。

资者以求息事宁人。另外，行为人会利用合法的现货互联网交易平台或者虚假的现货交易平台来具体实施犯罪活动。最后，行为人会利用银行网络支付通道或者第三方支付平台作为资金通道，为非法现货交易活动背书，强化投资者的错误认识。①

第二，犯罪手段多样化、隐蔽化。犯罪手段通常有三种：第一种是成立交易公司，作为合法交易平台的会员单位或者居间商，通过利益、美色引诱投资者大量交易，或者在所谓的"金牌分析师"指导下提供与预测市场行情相反的指导意见，赚取投资者手续费和亏损资金。第二种是利用合法交易平台，以现货交易为名实质上开展非法期货交易骗取交易费、手续费等投资者资金。第三种是利用虚假的现货交易平台，吸引客户投资，通过篡改后台交易数据、修改行情走势、操纵价格、运用任意注入的虚拟资金操控行情点位，指导客户进行反向操作，将客户亏损金额占为己有，甚至直接卷走客户资金。一般的投资者根本不懂得这些专业的交易机制，在业务员的诱导下，很难发现自己的投资实际上被行为人所操控。

第三，犯罪后果严重化、跨区域化。现货互联网交易犯罪涉案人员众多，涉案金额巨大。2017 年震惊全国的武汉光谷特大虚构原油、贵金属等现货交易网络诈骗案②涉案金额人民币 3 亿元以上，被害人数近 7000 人，遍及全国10 余个省份，其中 158 名犯罪嫌疑人被湖北省武汉市洪山区检察院批捕，多数犯罪嫌疑人被法院判处诈骗罪。行为人崔某在武汉管理公司、维护设备，利用现货交易平台进行网络诈骗，受害者则遍布全国各地，被骗取的资金也在全国范围内转移。据统计，现货交易诈骗犯罪团伙跨省区作案的比例高达67%，③ 行为人骗取足够钱财后便马上转移阵地，重新注册公司实施新的犯罪活动，严重侵害了投资者财产权益和现货市场、期货市场的交易秩序。

二、现货互联网交易犯罪的争议及法理基础

司法实践中，对于设立非法交易平台，或者通过修改交易软件系统数据操纵行情骗取投资者交易费、手续费、仓储费、过夜费等费用和亏损资金的行为构成诈骗罪争议不大，在此不做赘述。争议较大的是，以合法交易平台为依

---

① 张应立：《网络现货交易诈骗犯罪及其预防初探——基于 17 个案例的分析》，载《犯罪学论坛》（第四卷），第 900 页。
② 参见（2019）鄂 01 刑终 344 号案件。
③ 张应立：《网络现货交易诈骗犯罪及其预防初探——基于 17 个案例的分析》，载《犯罪学论坛》（第四卷），第 901 页。

托,仅通过诱导投资者频繁交易和提供反向行情等手段,或者开展非法期货交易骗取投资者手续费等费用和亏损资金的行为该如何认定。

(一)现货互联网交易犯罪的定性之争

对于利用合法交易平台实施犯罪活动构成何罪名,存在不同的认识:

第一种观点认为构成诈骗罪。理由如下:在客观方面,行为人利用会员单位身份隐瞒公司和客户对赌等真相,并采取冒充专业投资分析师、发送虚假盈利截图等手段,取得客户信任,诱导客户频繁交易、反向操作,致使客户在交易中受到损失,该欺骗行为与投资者损失之间具有因果关系。在主观方面,行为人具有非法占有的目的,其隐瞒欺骗行为已超出合法获取交易费用的范畴,根据平台交易规则,交易手续费由平台和公司按比例分成,投资者亏损资金就是公司的盈利,行为人的目的就是非法占有投资者的财产。

第二种观点认为构成非法经营罪。理由如下:在客观方面,行为人未经国家批准,采取保证金制度、T+0交易、集中竞价、标准化合约、对冲平仓了结交易等规则吸引投资者入金交易,实际上属于非法经营期货业务。此外,行为人虚构事实或者隐瞒真相与投资者遭受财产损失不具有因果关系,具有正常、理性思维的成年人可以自主决定如何交易,且明知交易有风险。鼓动、诱导高频交易以及提供反向建议只能影响投资者的判断,而不能必然导致对此遵循,不属于陷入错误认识而处分财产,不符合诈骗罪的客观行为构造。在主观方面,行为人明知其行为会扰乱市场秩序而进行非法期货经营业务,没有充分的证据证明行为人具有非法占有他人财产的故意。

(二)诈骗罪与非法经营罪的区别

1. 客观方面不同

诈骗罪的客观方面具有广泛性和抽象性,"虚构事实,隐瞒真相"的手段无法完全列举,需要在具体案件中分析犯罪行为的性质。而非法经营罪的客观方面具有相对确定性,即违反国家规定开展非法经营活动,严重扰乱市场秩序并且情节严重的行为。诈骗行为的内涵和外延更广,行为人可以通过非法经营活动来实施诈骗犯罪。

具体而言,我国刑法理论采纳日本刑法学的观点,认为诈骗罪行为构成是行为人实施欺骗行为,使对方产生或者维持错误认识,对方基于认识错误处分(交付)财产,行为人或者使第三者取得财产,对方遭受财产损失。[1] 首先,诈骗罪中的虚构事实、隐瞒真相即是对欺骗行为的解释,欺骗行为是诈骗罪的

---

[1] 柏浪涛:《论诈骗罪中的"处分意识"》,载《东方法学》2017年第2期。

开始，其实质在于使他人陷入或维持处分财产的错误认识并进而处分财产。欺骗行为的表现是行为人向他人传递全部或者部分不真实的信息，若全部信息真实，则不构成欺骗行为。[1] 就欺骗的内容而言，可以就事实进行欺骗，也可以就价值判断进行欺骗，前者包括过去的、现在的以及将来的事实，如自然事实、行为、身份、能力、规则等客观存在的事实或者现象，以及虚假承诺等主观心理事实。后者包括对某种事实、行为、现象发表的价值判断或者意见、建议和观点。日本和美国刑法理论均支持欺骗的内容不限于事实的表示，也包含价值判断和其他意见的表示。[2] 欺骗行为既可以是作为，也可以是不作为。其次，欺骗行为必须使他人陷入错误认识，或者在他人已经陷入错误认识的情况下，起到维持他人错误认识的效果。欺骗行为必须达到足以使一般人陷入或维持错误的程度，这个程度取决于法益侵害的危险，应该在具体的环境下衡量被骗者陷入错误认识而处分财产的紧迫性。再次，他人必须基于认识错误而处分财产，诈骗罪中的处分行为不要求达到民法上的转移所有权的程度，只需要根据自己的"自由意思"将财产转移占有，就具有了处分意思。[3] 还有观点认为不需要达到转移占有的程度，只要他人将财物转移给行为人持有，就足以认定。[4] 最后，行为人取得财产，对方遭受财产损失。

而非法经营罪要求行为人违反国家规定开展非法经营活动，严重扰乱市场秩序并且情节严重。该罪脱胎于旧刑法的投机倒把罪，1997年刑法废除了这个"口袋罪"，采取叙明罪状的方式设置了非法经营罪。首先，根据刑法第96条，"违反国家规定"是指违反全国人民代表大会及其常务委员会制定的法律和决定，国务院制定的行政法规、规定的行政措施、发布的决定和命令。因此国家规定的制定或者发布主体仅限于全国人大及其常委会、国务院。其他部门制定发布的行政命令等规范性文件不能称为"国家规定"。[5] 非法经营罪具有二次违法性，但并不意味着行政认定是非法经营罪的前置程序，也不要求国家规定针对某行为有追究刑事责任的表述，行政认定可以作为刑事认定的参考，但不是追究刑事责任的充分必要条件。其次，非法经营活动的类型有未经许可经营专营、专卖、限制买卖物品，买卖进出口许可证、原产地证明，未经国家

---

[1] 张明楷：《论诈骗罪中的欺骗行为》，载《甘肃政法学院学报》2005年总第80期。
[2] 美国《模范刑法典》第223.1条规定的欺骗行为包括"造成或加强包括法律、价值、意思及其他有关心理状态之错误之印象"。
[3] 郑泽善：《诈骗罪中的处分行为》，载《时代法学》2011年第4期。
[4] 蒋玲：《论诈骗罪中的处分行为》，载《政治与法律》2018年第8期。
[5] 武良军：《非法经营罪堵截条款之研究》，载《环球法律评论》2014年第5期。

有关主管部门批准非法经营证券、期货、保险业务、资金支付结算业务的以及其他严重扰乱市场秩序的行为。最后，情节严重的程度也是判断行为人是否构成非法经营罪以及量刑轻重的重要依据。根据最高人民检察院、公安部《关于公安机关管辖的刑事案件立案追诉标准的规定（二）》，非法经营证券、期货、保险业务，数额在30万元以上的，或者违法所得数额在5万元以上的，应当以非法经营罪追究刑事责任，但是我国刑法及司法解释没有规定情节特别严重的标准。浙江高院规定了情节特别严重的数额，但是效力有待商榷。缺少统一的标准导致各地法院对非法经营期货这一跨区域性的犯罪无法实现统一的裁量。

2. 主观方面不同

诈骗罪的主观方面是以非法占有为目的，而非法经营罪构成要件则不包括主观方面的内容，这是两者的重要区别。

诈骗罪的行为人必须是直接故意，并且具有非法占有的目的。① 非法占有目的是指排除权利人，将他人的财物作为自己的所有物进行支配，并遵从财物的用途进行利用、处分的意思。非法占有目的作为一个定罪要件，属于一种主观心理态度，② 没有一个法官可以直接洞悉行为人的心理活动，更何况要追溯到行为人在实施犯罪活动时的心理状态，只能通过诸多的客观事实加以辅证和推定，进而在主客观相统一的规制下定罪处罚。③ 金融诈骗罪与诈骗罪都是以非法占有为目的，可以参考《全国法院审理金融犯罪案件工作座谈会纪要》对金融诈骗罪非法占有目的的认定规则，如明知没有归还能力而大量骗取资金的；抽逃、转移、隐匿财产，逃避返还财产的；非法获取资金后逃跑的等等。④

---

① 高铭暄、孙道萃：《论诈骗犯罪主观目的的认定》，载《法治研究》2012年第2期。
② 李明：《诈骗罪中"非法占有目的"的推定规则》，载《法学杂志》2013年第10期。
③ 转引自李富成：《刑事推定研究》，中国人民公安大学出版社2008年版，第75~99页。
④ 《全国法院审理金融犯罪案件工作座谈会纪要》对认定金融诈骗罪非法占有目的论述如下：在司法实践中，认定是否具有非法占有的目的，应当坚持主客观相一致的原则，既要避免单纯根据损失结果客观归罪，也不能仅凭被告人自己的供述，而应当根据案件具体情况具体分析。根据司法实践，对于行为人通过诈骗的方法非法获取资金，造成数额较大资金不能归还，并具有下列情形之一的，可以认定为具有非法占有的目的：明知没有归还能力而大量骗取资金的；非法获取资金后逃跑的；肆意挥霍骗取资金的；使用骗取的资金进行违法犯罪活动的；抽逃、转移资金、隐匿财产，以逃避返还资金的；隐匿、销毁账目，或者搞假破产、假倒闭，以逃避返还资金的；其他非法占有资金、拒不返还的行为。但是，在处理具体案件的时候，对于有证据证明行为人不具有非法占有目的的，不能单纯以财产不能归还就按金融诈骗罪处罚。

我国刑法和司法解释没有明确规定非法经营罪的犯罪目的。肯定说认为非法经营罪应当有犯罪目的，否定说认为某种目的对法益的侵犯或者程度没有太大影响，不宜随意将其作为主观方面的内容。① 笔者认为不应在刑法没有明确规定的情况下给具体的罪名增加主观目的构成要件，这是罪刑法定原则的要求，给非法经营罪加上"主观目的"构成要件，无论是营利还是其他目的，均不利于打击犯罪活动。况且只要具体实施相应的罪状就会侵犯公平有序的市场交易秩序，行为人的犯罪目的如何不会影响侵害法益的结果和程度。因此，认定非法经营罪只需要判断行为人是否违反国家规定，实施侵害市场交易秩序的行为以及达到的严重程度。

三、现货互联网交易犯罪的刑事责任认定

综合考虑现货互联网交易犯罪的行为模式、手段以及行为人的犯罪目的，可以发现以诈骗罪规制现货互联网交易犯罪在评价程度、刑罚轻重、法益保护方面比非法经营罪更具有合理性和有效性。

（一）诈骗罪可以有效评价现货互联网交易犯罪

以诈骗罪规制现货互联网交易犯罪具有有效性。首先，诈骗罪能够全面评价该类犯罪行为人的客观方面和主观方面。其次，诈骗罪的刑罚与该类犯罪巨大的社会危害相比具有相称性，可以起到震慑犯罪分子、规范市场秩序的作用。最后，保护投资者的财产利益和现货、期货市场的交易秩序这两种法益。

根据客观方面的不同，利用合法交易平台实施犯罪活动可以分为两种模式。第一种是行为人利用会员单位、居间商身份，仅使用诱导投资者频繁交易和提供反向行情等手段。第二种是在前者的基础上，以各平台的现货产品合约为交易对象，采用保证金制度、高杠杆及做市商交易机制，允许交易者不发生实际交割，以对冲平仓的方式了结交易，但是没有修改后台数据，也没有采用滑点、卡点、延时交易等手段阻碍投资者正常入金、出金。首先，这两种模式下，行为人均实施了欺骗行为，业务员和分析师等人隐瞒身份，以"美女""老师""前辈"等形象自居，编造虚假的炒股、期货、外汇等交易经历，发送虚假的盈利截图，提供与市场行情相反的价值判断等等。其次，这些欺骗行为足以使普通投资者产生错误认识，理由在于多数投资者都不具备足够的理性思维和判断能力，尤其是这种通过电话、微信、QQ等通讯工具引诱的缺乏专

---

① 转引自张明楷：《刑法分则的解释原理》，中国人民大学出版社2004年版，第190~192页。

业投资知识的投资者，更容易相信"老师""前辈"们的买进卖出建议，而频繁地处分自己的财产。最后，行为人通过和现货交易平台签署的合同，取得多数交易费用和几乎全部的投资者亏损资金。行为人实施这些欺骗行为是获取非法利益的前提条件，从业务员隐瞒身份吸引投资者注册入金到诱导投资者频繁交易、反向操作的全部过程来看，没有行为人的欺骗行为就不会引起投资者在该交易平台遭受财产损失的结果，二者之间具有因果关系。

在主观方面，行为人采取隐瞒身份、虚构盈利事实的方式诱导投资者频繁交易和反向操作，说明行为人的主观心理是直接故意，具有非法占有投资者资金的目的。在投资者发现巨额亏损不正常时，行为人往往会继续鼓励投资者加杠杆抄底，说明行为人积极追求投资者损失扩大的结果，从而获取更多的非法收益。在投资者发觉陷入骗局并要求行为人退还资金的时候，行为人往往拒绝返还资金甚至注销公司卷款跑路，换个地方重新成立公司继续开展犯罪活动。这些客观表现均能说明会员单位的行为人具有非法占有之目的。在武汉光谷现货交易诈骗案件中，二审法院也认为，对各被告人应以诈骗罪定罪处罚。

（二）非法经营罪不能有效评价现货互联网交易犯罪

若仅以非法经营罪追究现货互联网交易犯罪行为人的刑事责任，存在以下三个方面的不足：一是对于犯罪行为的评价不完整，无法规制使用其他手段骗取投资者财产的行为。二是较轻的刑罚与该类犯罪巨大的社会危害性不成正比。三是保护的法益不完整，仅保护了市场交易秩序，没有保护投资者的财产利益。

在吴某非法经营案中，① 法院仅支持了公诉机关指控的非法经营罪，没有支持公诉机关指控的诈骗罪，该案犯罪事实与武汉光谷诈骗案基本相似。② 从客观方面来看，根据国务院发布的《期货交易管理条例》，期货交易应当在依该条例设立的期货交易所、国务院批准的或者国务院期货监督管理机构批准的其他期货交易场所进行，行为人未经有关部门批准以现货交易为名，实际采取上采取保证金制度、做市商机制、集中交易标准化合约、允许投资者以对冲平

---

① 参见（2017）粤 0306 刑初 3947 号案件。
② 行为人成立天添盈公司，与贵州保利商品交易中心签约成为会员单位，与浙江新华大宗商品交易中心、广东国际商品交易中心名下的会员单位签约成为居间商。在经营过程中以各平台的现货产品合约为交易对象，采用保证金制度、做市商机制、集中交易标准化合约、允许投资者以对冲平仓了结交易的方式进行交易。同时以自身名义和会员单位名义开发客户，并指使业务员诱导客户高频交易，提供反向建议，赚取客户手续费和损失资金。

仓了结交易的方式进行交易，已经符合期货交易的目的和形式，应属非法期货交易。① 虽然司法解释没有明确情节严重的标准，但是该案涉案金额达到 2.13 亿元，其他相关案件涉案金额多数也在数千万元至数亿元，远远超出公安机关 30 万元的立案标准，而且这类案件以网络为阵地进行跨区域犯罪，涉案人员和受害者众多，严重冲击了我国的期货交易市场秩序，可以认为达到情节严重或者特别严重的标准，因此该案行为人成立非法经营罪。

法院认为不构成诈骗罪的理由是，本案行为人虚构事实隐瞒真相的行为不构成刑法上的欺骗行为，仅成立民事欺诈。投资者是具有理性思维的自然人，对于交易会产生手续费和交易的风险是明知的，没有因为欺诈行为产生错误认识并基于此错误认识处分财产，该民事欺诈与投资者损失之间没有必然的因果关系。笔者不能认同法院的观点，因为并不是任何投资者都具有高于一般人的理性思维和判断能力，不能先入为主地认定投资者具有理性思维，应该根据案件具体情况来判断。这类案件中的投资者多是业务员引诱的缺乏专业投资知识的普通人，所谓的"老师""前辈"通过虚构"金牌分析师"等身份、盈利截图，或者先给受害者一点"甜头"，然后再利用受害者的侥幸心理和发财致富心理鼓励受害者买进卖出、反向交易。这些受害者在业务员、分析师的欺骗下已经完全相信跟着"老师"操作就可以取得盈利，并基于此错误认识而按照"老师"的建议买进卖出。即使这些受害者知晓每笔交易会产生手续费，但是对于行为人意图占有超出正常交易频率的费用以及亏损资金是不知晓的。因此，行为人虚构事实、隐瞒真相诱导投资者频繁交易、反向操作的行为应当构成诈骗罪。

综上所述，行为人以合法交易平台为依托，利用会员单位、居间商身份骗取投资者交易费用、其他费用和亏损资金的行为构成诈骗罪，若实施非法期货交易则构成非法经营罪，由于非法期货交易是行为人实施诈骗行为的手段，应当被诈骗罪所吸收。同时该类犯罪具有跨区域性、受害者众多、犯罪金额巨大的特点，社会危害性较大，以量刑较重的诈骗罪来评价行为人的犯罪活动，能够有效保护投资者财产和市场交易秩序。

---

① 根据证监会关于商品现货市场非法期货交易活动认定的问答，商品现货市场非法组织期货交易活动应采取目的要件和形式要件相结合的方式。就目的要件而言，主要是以标准化合约为交易对象，允许交易者以对冲平仓方式了结交易，而不以实物交收为目的或不必交割实物。就形式要件而言，根据国发〔2011〕38号文和国办发〔2012〕37号文的有关规定，一般具有以下特征：（1）交易对象为标准化合约；（2）交易方式为集中交易。集中交易又可细分为集合竞价、连续竞价、电子撮合、匿名交易、做市商机制等交易方式。

恶意网络爬虫行为的犯罪考察与综合治理路径探索

张一献[*]

大数据时代,危机和挑战始终并存。随着互联网技术的不断进步和广泛应用,社会经济面临的各种安全风险和挑战不断凸显。网络爬虫技术的滥用,逐渐异化为各类违法犯罪行为,尤其是恶意网络爬虫行为的泛滥,已经成为网络社会和数字经济治理的一大痼疾。一般认为,恶意网络爬虫行为是指违反规律规定、超越授权范围或规避反扒措施而非法访问计算机信息系统。从公民个人隐私数据被违法收集、泄露,到关键计算机信息系统遭到攻击或破坏,甚至到企业、国家之间的竞争与博弈,均可看见恶意网络爬虫行为的踪迹。当前,网络爬虫行为泛滥绝非单纯的网络安全问题,其逐渐异化为各类新型网络犯罪,而且逐渐衍化成影响数据安全、网络安全、经济安全的全局性难题。因此,治理恶意网络爬虫行为的现实意义不仅在于遏制犯罪、保障个人法益,其对维护公共安全、促进经济社会有序发展也具有重要意义。

一、现实检视:涉恶意网络爬虫行为犯罪治理之困境

(一)监管之困:涉恶意网络爬虫行为的"迟滞化"防控

随着网络爬虫技术的异化,恶意网络爬虫行为越发泛滥。囿于法律的明确性和稳定性,其调整常迟滞于科技的发展。为遏制此类行为,国家相继出台了相关法律法规,但仍存在一定不足:一是规范网络爬虫行为的法律法规等仍需细化。该类规范中,存在众多原则性规定,可操作性不强,许多具体规定常难以场景化应用。如《网络安全法》《刑法》《中国银保监会监管数据安全管理办法(试行)》等规范中存在诸多原则性规定,难以明确界定网络爬虫行为的合法边界,进而导致该类行为法律边界模糊不清。二是涉网络爬虫行为立法滞

---

[*] 张一献,上海市第二中级人民法院二级法官助理,刑法学硕士。

后,尚不能规制所有的网络爬虫行为。现实中,利用恶意网络爬虫行为侵犯公民个人信息的犯罪频发,其原因之一就是缺乏诸如欧盟《一般数据保护条例》(GDPR)等成熟的法律法规。目前,《个人信息保护法(草案)》仍在审核中,在其正式出台前,法律对公民个人信息保护力度相对不足,尤其是数据采集者(如网络爬虫行为)的相关权利义务尚不明确,非法收集、过度收集、强制收集个人信息的问题仍然突出。三是涉网络爬虫行为的刑事法律与非刑事法律衔接不足。如为抑制恶意软件等非法程序对网络犯罪的帮助作用,刑法规定了提供侵入、控制计算机信息系统程序工具罪,除此之外,尚无其他行政法规对网络爬虫等软件的开发、功能审查、使用技术标准和法律责任等进行严格界定,更难以对诸如网络爬虫类软件的开发或编辑等进行必要的监管,导致司法实践中对此类提供技术帮助行为的事实认定、法律适用、罪与非罪等方面存在诸多争议。

(二)入罪之弊:涉恶意网络爬虫行为犯罪的司法困境

1. 一刀切:恶意网络爬虫行为入罪的"口袋化"

随着技术的不断进步,涉恶意网络爬虫行为犯罪的行为类型多样,其具体表现形式难以穷尽。与此同时,网络虚拟空间与现实社会的联系越发密切,越来越多的传统法益以数据等形式储存于计算机信息系统中,使得网络空间正日益成为诸多法益诞生、储存、使用的载体,进而使得恶意网络爬虫行为侵害的法益具有多样性。令人诟病的是,或囿于司法惯性,惯于保护计算机信息系统安全,忽视了对数据背后所隐含权利的保护,或因为数据所包括的权利归属在法律上尚未明确,基于证明标准或取证难度等现实考虑,对法益侵害性明显的恶意网络爬虫行为多习惯性以兜底性罪名进行处理或进行扩张化解释,未能区分网络爬虫行为所侵害对象的技术属性与法律属性,一概以非法获取计算机信息系统罪处罚。例如,未厘清抓取数据的具体性质,将诸多侵害知识产权、财产、商业秘密等犯罪认定为非法获取计算机信息系统数据罪,使得恶意网络爬虫行为入罪呈现出口袋化趋势,这属于司法解释的重叠和司法适用惯性导致的"口袋化"[1]。究其原因,则是由于当前的刑事立法仍以技术限定为中心,侧重于计算机系统安全的保护,忽视计算信息、数据安全的保护,不严格区分网络爬虫行为所抓取数据的法律属性,而仅以其物理属性进行定罪。

---

[1] 杨志琼:《非法获取计算机信息系统数据罪"口袋化"的实证分析及其处理路径》,载《法学评论》2018年第6期。

2. 局限性：司法对恶意网络爬虫行为刑事风险抑制不足

根据德国学者贝克的"风险社会"理论，其主张风险已经成为风险社会的根本冲突之一，风险社会险象环生，传统工业革命的陈旧思维与理念严重阻碍回应风险的能力①。当前网络技术异化的风险不断冲击着刑法固有的制度和理论，技术类产生的风险的防控逐渐成为刑法等法律的首要任务。技术产生的刑法风险具有不可控性、未知性和难以修复的特征，并成为当前刑法中风险的主要来源之一，由此产生了安全刑法或预防刑法理论。该理论提倡刑法应早期介入，处罚前置以积极防控该类风险。刑法对恶意网络爬虫行为危险规范化的过程，同样也是对其侵害法益危险界定的过程，即刑法将恶意网络爬虫行为的危险具体化到法益侵害性特征上，并以此为基础确定刑法体系中构成要件的类型化；通过对网络爬虫行为侵害法益的细化，确定该行为的实质危害，进而将恶意网络爬虫行为规范化和类型化。在诸多网络犯罪中，技术工具或程序属必要手段，故规范网络爬虫技术或程序是抑制涉恶意网络爬虫行为犯罪的关键，尤其是在技术类黑灰产业中，编辑功能强大、专用于犯罪的网络爬虫程序使其面临流入下游犯罪环节的危险，为下游犯罪的实施提供必要、不法的技术支持，已属于刑法所抑制的风险。这是因为，网络空间的技术性特征使得网络共同犯罪行为尤其是正犯行为（实行行为）往往严重依赖网络技术，网络技术帮助的危害行为、网络预备行为大量出现。② 因此，只有彻底治理上述技术类黑灰产业，切断技术的产生与传播，方能斩断网络犯罪链，有效遏制各类下游犯罪。令人遗憾的是，当前司法对涉恶意网络爬虫行为犯罪及黑灰产业抑制不足：一是跨区域办案协作难。法律虽赋予网络犯罪广泛的管辖权，但涉恶意网络爬虫行为犯罪中仍存在分散管辖、协作不畅等难题。二是犯罪取证难。一方面，涉恶意网络爬虫犯罪及技术型黑灰产业链跨平台、跨地域作案，侦查时间长、难度大；另一方面，涉案电子证据数量巨大且分布广，专业技术人员短缺、侦查技术水平限制或缺乏应对新型网络犯罪的经验，导致电子证据的取证不够及时和精准。三是司法对涉恶意网络爬虫行为犯罪及其黑灰产业遏制不足。当前，尚未发挥出帮助信息网络犯罪活动罪等罪名的治理功能，未能有效抑制编辑具有不法功能恶意网络爬虫程序的行为。事实上，该类行为的危害性已远超技术中立的界限，其对犯罪的推动作用远超一般帮助性行为，有必要对

---

① 乌尔里希·贝克、王武龙：《从工业社会到风险社会——关于人类生存、社会结构和生态启蒙等问题的思考》（上篇），载《马克思主义与现实》2003年第3期。

② 孙道萃：《网络共同犯罪的多元挑战与有组织应对》，载《华南师范大学学报（社会科学版）》2016年第3期。

其进行前置化抑制。四是部分新型恶意网络爬虫行为是否入罪、适用何种罪名、如何量刑等尚未形成统一认识，引发各方争议。如随着数字技术应用领域的拓展，大数据所蕴含的个人信息日渐丰富，呈现出场景化、具体化特征，而刑法对此界定具有稳定性和单一性，当恶意网络爬虫行为抓取新型个人数据信息时，刑法如何规制尚不明确。

（三）立法跛足：相关罪名设置对涉恶意网络爬虫行为犯罪抑制不足

1. 过于限定非法侵入计算机信息系统罪的犯罪对象

信息系统安全是一个多维度、多层次、多因素、多目标的体系，其属当前刑法所重点保护的法益之一。计算机和网络虚拟法益应当包括三个方面：信息内容安全（数据）、信息技术处理安全（计算机信息系统功能）和作为计算机网络中信息传输子系统的通信网络安全（网络安全）。[1] 刑法在保护计算机信息系统安全方面，具有一定的"国家本位"特征，即重视对事关国家安全、公共利益等方面计算机犯罪的规制。如在侵入计算机信息系统罪中，将该罪犯罪对象仅限于"国家事务、国防建设、尖端科学技术领域"的信息系统，而对侵入此类型以外的计算机信息系统，则必须满足计算机犯罪中相关"情节严重"的标准方可入罪。此种罪名设置，严重限制了该罪对恶意网络爬虫行为的规制。随着互联网技术进步和社会经济发展，计算机技术与现实生活深度融合，诸多非物质性法益产生并储存于计算机信息系统之中，个人法益与社会法益的界限并非泾渭分明，随之产生了与之紧密相关的计算机系统或平台。尤其是云计算等技术的兴起，出现了如金融机构、交通运输系统、大型电子商务平台、大型国有企业商业局域网等超大型计算机信息系统，此类系统中储存了数以亿计的数据信息，若对其进行筛选、加工、整理、分析，便可获得覆盖社会经济运行的重要领域或行业大数据，该类数据不仅涉及公众财产权、人身权，还涉及交通运输、金融、基础设施等关键行业或领域的正常运行，事关网络安全和经济安全，在部分行业或领域具有垄断性和"准公共性"的特征。因此，当恶意网络爬虫行为侵入该类计算机信息系统时，无论其是否实施抓取数据、破坏系统运行等行为，该行为所产生的法益侵害性不亚于侵入"国家事务、国防建设、尖端科学技术领域"等计算机信息系统；若采取情节犯的入罪模式，刑法在事后介入，则难以抑制此类行为的刑事风险。

---

[1] 于志刚、李源粒：《大数据时代数据犯罪的类型化与制裁思路》，载《政治与法律》2016年第9期。

2. 将过失排除在计算机犯罪主观内容之外

在侵入计算机信息系统罪、破坏计算机信息系统罪等计算机犯罪中，刑法规定的均是故意犯罪，未将过失作为其主观归罪的内容。本文认为，随着网络爬虫等计算机技术的飞速发展，过失可成为计算机犯罪的主观内容之一。坦率而言，计算机犯罪越发依赖于网络技术而实施，网络技术的先进程度往往决定了计算机犯罪危害所影响的范畴和深度。即使是过失行为，在特定情况下也会造成不可估量的危害结果。因此，从技术和法律的角度看，非法侵入计算机信息系统和破坏计算机信息系统行为中必然存在过失的可能。比如，网络爬虫作为模拟人工点击的程序，其执行任务不需要程序控制者全程亲自操作；当该程序的控制者由于疏忽大意或过于自信，遗忘或疏于管理部分网络爬虫，导致网络爬虫始终按照既有指令执行相关任务。此时，基于网络爬虫行为自动性、规模性和便捷性的特点，其执行相关任务处于盲目、无休止的状态，直至网络爬虫所在的服务器到期，其难以辨别访问的范围、对象、手段等是否触及法律禁区，极易产生刑法上的法益侵害结果，产生难以估量的危害。

二、追根溯源：涉恶意网络爬虫行为犯罪泛滥之成因探析

（一）各自为政：行业壁垒催生涉恶意网络爬虫行为异化为犯罪

当前，大数据产业和互联网经济方兴未艾。根据国家工业信息安全发展研究中心发布《2019中国大数据产业发展报告》显示，截至2019年，大数据产业规模超过8000亿元，预计到2020年底将超过万亿[①]。政府治理、金融、交通、教育等行业对大数据的需求与日俱增，在网络爬虫技术异化的影响下，催生出众多新型的涉恶意网络爬虫行为犯罪。互联网企业将大数据作为维持自身竞争力的资源或财产，对大数据的流动持谨慎、保守态度，并采取相应措施予以保护。因此，数据抓取行业壁垒森严，数据垄断或集中的特征格外明显。现实中，一些资金雄厚、技术领先的部门或企业，其汇集了绝大部分数据资源，惯于利用各种手段拒绝他人（如行业后入者）获取数据，致使大数据流通中产生了现实的壁垒。尤其是政府部门、互联网行业巨头对数据资源的独占性严重、数据资源共享性较差、数据资源管理不规范。毫无疑问，将大数据作为一种"私有财产"而"保护起来"，是形成数据壁垒的原因之一。[②] 例如，诸多

[①] 参见《〈2019中国大数据产业发展报告显示〉：我国大数据产业规模超过8000亿元》，载央广网，http://www.cnr.cn/list/finance/20191211/t20191211_524893035.shtml，2021年4月10访问。

[②] 张世光：《数据共享的难题怎么解》，载《工人日报》2016年3月12日。

网站、大数据平台、App 等禁止他人获取数据,其通过明示的手段拒绝网络爬虫进行访问。如在 Robots 协议中明确拒绝网络爬虫行为其抓取相关内容;或采用反扒措施限制他人爬取信息,如通过 UA 识别(浏览器标识识别)、设置 IP 访问频率、请求的时间窗口过滤统计等方式限制或拒绝网络爬虫访问。与此同时,后进入市场者非法获取数据行为的原动力也极为强烈,易导致部分恶意网络爬虫行为从灰色地带走向刑法禁区。其原因也很简单:一是囿于上述数据行业的垄断,市场后入者很难从合法、正规的渠道获取相关数据,其所需的稀缺性和非替代性数据大多集中于行业巨头或政府部门中,不法分子极易铤而走险,以恶意网络爬虫行为非法获取数据。二是市场后入者惯有的"搭顺风车"心态。因为部分数据获取难度大、经营成本高等原因,市场后入者意图利用他人现有数据开展业务,并由此催生恶意爬虫行为,进而触犯刑法。

(二)权属不明:大数据所有权争议易导致恶意网络爬虫行为肆无忌惮

随着计算机信息技术不断发展,网络与现实社会的联系已经呈现出全方位、多层次的趋势。网络空间作为现实生活的延伸,网络技术越发展,其与社会经济生活联系越密切。现实生活中,诸多传统的法益相继融入网络空间,并以大数据的形式产生、储存于计算机信息系统中。随着大数据所蕴含的法益内涵不断丰富,数据安全逐渐衍化为刑法中的新型法益,其必然成为恶意网络爬虫行为所频繁侵害的对象。大数据作为科技发展的衍生品,其在互联网经济时代的重要性和价值不言而喻,也成为众多企业重要的竞争力资源,导致企业之间的数据之争层出不穷。目前,大数据权利归属存在四种观点:数据归个人所有、数据归个人和平台共有、数据归平台所有、数据归公众所有[①]。但上述学界的观点均缺乏法律效力,并不能解决现实中数据权利归属问题。司法实践中,大数据权利归属不明体现在数据的所有者、使用者和保管者的权利义务不清、侵害数据行为的法律后果不明等方面,涉网络爬虫行为侵权案件中法律适用时难以确定受侵害主体,进而无法界定相关责任。不法分子常利用上述法律空白,肆意利用恶意网络爬虫行为抓取数据,进而导致其异化为各种形态的犯罪。

(三)治理滞后:涉恶意网络爬虫行为的防治体系不完善

网络爬虫技术的不断升级使其所针对的对象、影响范围的深度或广度不断扩展,对网络空间现有的秩序和治理提出挑战。由于缺乏体系化的法律法规、

---

① 程亚丽、金镇鑫:《网络爬虫数据的权利归属》,载《长春理工大学学报(社会科学版)》2020 年第 5 期。

政策性文件或技术性标准等规范的指引，网络爬虫行为的合法性、正当性和必要性尚难确定，导致恶意网络爬虫行为的泛滥与无序。再加之恶意网络爬虫行为与传统犯罪相结合，其基于其独有的技术优势，常异化为网络犯罪的手段或工具，导致新型网络犯罪层出不穷，给恶意网络爬虫行为的治理制造了诸多障碍。更为严峻的是，随着网络经济和计算技术飞速发展，诸多传统犯罪相继蔓延至网络空间。据报道，司法实践中网络犯罪已经占到犯罪总数的1/3，且仍处于上升态势。与之对应的是，与数据法益相关的法律法规存在缺位，导致诸多数据法益的外延和内涵不明确，更放大了恶意网络爬虫行为的刑事风险。譬如，当前个人信息与个人隐私难以区分，前者的范畴不断扩大，极易导致恶意网络爬虫行为侵犯公民个人信息。然而，刑法作为法益二次保护法和最后法，只有当网络爬虫行为触犯刑法时才能适用，但这种被动性、回应式防治效果有限，难以从体系化、全局化的角度治理恶意网络爬虫行为。此外，刑法对涉恶意网络爬虫行为犯罪屡打不绝，除立法滞后外，刑法、网络安全法等法律对网络爬虫黑灰产业链抑制不足也是重要原因，进一步加剧了恶意网络爬虫行为的泛滥成灾。究其原因，一方面，网络空间安全、网络空间主权等内容在刑事法律中尚未涉及或尚不明确。如纵观网络安全法全文，其偏重于对网络运行安全的保护，疏于对网络犯罪的防治。另一方面，目前的法律法规多是从互联网市场准入角度来制定监管制度和策略，具有典型"重事前准入，轻事中治理"的特征，对于网络服务准入之后如何防范、发现和处置违法犯罪尚有空白。

（四）自律缺失：网络爬虫行业自治规范尚未统一

现实中，恶意网络爬虫行为的主体多为企业等组织，自然人单独实施的相对较少。这是因为实施大规模网络爬虫行为是基于一定的经济性目标，需一定的技术、资金支撑。从经济学角度看，网络爬虫行为多体现为市场主体的经济行为，网络爬虫行为的泛滥与行业共识难以达成、行业规范尚未统一不无关系。大数据作为当前企业获取竞争情报、支撑企业战略决策的重要工具，有利于降低企业经营成本、提高企业整体分析研究和市场快速反应能力，从而增强企业的核心竞争力；企业掌握了用户的数据即能获取市场需求，进而获取竞争力和资源。网络爬虫行为作为获取数据最为常见的手段，是众多互联网巨头搜集数据的不二法门。为防止行业内部间恶意竞争，维护行业内部获取数据的秩序，行业自律公约等规范应运而生。然而，在制定网络爬虫行业自律公约等行业规范时，互联网巨头基于各自商业利益和垄断地位，制定了诸多苛刻、严格的行业规范，这对行业后入者和中小企业的发展造成一定的掣肘。因此，诸多互联网中小企业对这类涉网络爬虫行为的行业自律规范认可程度低。譬如，

Robots 协议（机器人协议）虽是行业自律规范，但无明确的法律效力，仅具有警示性的作用，其在执法、司法中的法律效力仍存在诸多争议，诸多互联网企业至今仍然不认可其法律效力。行业自律规范的缺位，进一步使得网络爬虫行业新的通用共识和行业性规范难以形成。更为极端者，部分网站或 App 直接通过事先声明或用户协议等方式拒绝数据爬取或限制正常抓取数据，最终导致网络爬虫行为常违反法律规定或超越授权范围访问系统内部抓取数据，进而僭越刑法底线，侵害计算机信息系统安全或数据权利。

三、法理思考：涉恶意网络爬虫行为入罪的价值平衡之探析

网络爬虫行为极大地促进了信息交流共享，通过对互联网数据的获取、整合和交流，为互联网经济的发展带来巨大的价值。与此同时，网络爬虫技术也给互联网安全和秩序带来了挑战，对固有的刑法理论带来诸多冲击。

（一）鼓励与规范：大数据立法保护理念之转变

恶意网络爬虫行为治理难题的本质是数字经济发展与数据安全防护的矛盾。从功能上看，网络爬虫类似于网络数据收集器，通过网络机器人访问其他网络并下载数据进行整理、分析，最终形成符合搜集者需要的数据。这对于促进信息共享、推动社会经济发展具有极大的经济价值。一是有利于消除数据鸿沟。网络的本质与价值在于连接，核心是实现数据的流动与分享。网络爬虫作为数据抓取的技术工具，通过爬行增强了网络节点间的联络，提升了网络的整体价值，是构建互联网开放与共享理念的重要技术基石。[1] 网络爬虫行为便于获取、筛选、整理、分享互联网信息，打破信息垄断和交流的壁垒，缩小各群体间的数字鸿沟，进而促进信息共享和交流。二是有利于促进经济社会发展。对大数据进行搜集、分类、处理和分析，进而发现潜在的问题或商机，强化互联网作为社会经济生产、生活要素共享的平台作用，优化社会生产要素和资源的合理配置。早期出于促进数字经济发展需要，法律对正常网络爬虫行为采取默许或肯定的态度，对其带来的经济效果持积极态度，此时立法和监管相对宽松。宽松的个人数据保护法有利于社会总福利的增加，有利于发挥数据跨境流动与劳动力迁移的替代效应，降低社会费用，有利于发挥社会有序和无序的双义作用，提升信息技术创新。[2] 与此同时，网络爬虫技术也带来相应的负面效

---

[1] 韩轶、聂晶：《加强规范，不让网络爬虫变"害虫"》，载《光明日报》2021 年 3 月 20 日。

[2] 王秀秀：《个人数据保护立法的经济分析与路径选择》，载《上海师范大学学报（哲学社会科学版）》2017 年第 3 期。

应,即部分恶意网络爬虫行为不断侵蚀刑法底线,产生了诸多危害结果。科技发展丰富了法律调整的社会关系,拓展了法律适用的空间和对象。网络空间虽具有虚拟性、即时性等特点,但也非法外之地。当前,数据权利和数据安全越发受到法律的重视,成为刑法保护的新型法益;此时,恶意网络爬虫行为也成为刑法所规制的对象。原因如下:其一,网络爬虫作为新生事物,其诞生、发展、完善需要时间和过程,技术行为的本质尚不清晰,刑法过早介入虽能达到及时规范行为的目的,但也阻碍或扼杀了技术创新和进步,减少了网络爬虫技术创造出的活力和福利。因此,刑法面对新科技时的态度是被动、谨慎和谦抑的,在技术发展早期须谨慎观望,为技术进步创造时间和空间,须充分观察、防范技术带来的问题和危害。这是因为,互联网与网络爬虫技术在不断发展,因而无法预见相关新型网络犯罪行为的性质和范围,立法者与司法者需要观察并研究网络爬取行为在相关主题和网络之间的互动本质,通过技术区分保护原则制定适应互联网世界规则的刑事法律来补充保护相关数据主体的法益。[①] 其二,当网络爬虫技术发展到一定阶段后,其所产生的"副作用"逐渐明朗,当其产生法益侵害结果超出一定程度后,且采用非刑事法律难以抑制时,亟须刑法予以解决。如恶意网络爬虫行为中存在非法扫描系统漏洞、扰乱系统运行或非法获取数据等不法行为,尤其是数据的财产或权利等属性逐渐为法律承认,诸多法益相继在网络中以数据为载体,故法律在后期越发重视对数据法益的保障,强调对网络爬虫行为进行规范或指引。当前的数字经济虽仍处于初级阶段,其快速发展、形态变化多样、技术革新频繁,但也逐渐向稳定、成熟的发展阶段转化,此时如何平衡网络安全和数字经济发展,如何有效治理恶意网络爬虫行为及黑灰产业,仍需社会各界共同积极探索。

(二)量变与质变:恶意网络爬虫行为易从一般违法转向刑事违法

网络爬虫行为的法律边界并非泾渭分明,在利益驱使和监管滞后的双重作用下,恶意网络爬虫行为易异化为各类刑事犯罪。技术诞生伊始,囿于技术水平的限制,恶意网络爬虫所非法获取的数据有限。如第一代网络爬虫"静态网页爬虫",由简单的"HTML 文本 + JS + CSS"构成,只能对静态网页上的内容进行爬取,其所获取的内容较为有限。此时,互联网行业发展尚处雏形,网页数量和储存数据有限,因此网络爬虫行为抓取的数据范围和深度有限,难以造成较大的危害结果。但随着网络爬虫技术日臻成熟,社会经济的信息化、

---

① 邢益精、康建光:《政府强制公开个人信息技术区分保护的策略》,载《浙江理工大学学报(社会科学版)》2020 年第 2 期。

数据化程度逐渐提升，恶意网路爬虫行为的危害性不同以往：首先，其爬取的范围和深度不断扩展。如深层网络爬虫、聚焦网络爬虫等综合型网络爬虫，其所爬取的范围涵盖网页、App等媒介，不但可爬取允许爬取的内容，还可搜索网页的链接，并通过技术段反向破解，获取进入网页系统内部爬取信息或数据。其次，传统法益不断以网络数据的形式储存网络中，数据安全的保护受到格外重视。当前，数据所蕴含的价值被法律认可，数据具有财产、身份等诸多法益属性，恶意网络爬虫行为极易因为手段或对象等不法而触犯刑法。最后，恶意网络爬虫行为运行的智能性和无序性极易使其产生刑法上的危害或风险。一方面，基于自动化算法，网络爬虫行为按照既定指令爬取数据，当管理人员疏于事前或事后审查，导致所获取的数据中含有法律禁止抓取的内容时，该行为易产生法益侵害性。另一方面，恶意网络爬虫行为易异化为新型网络犯罪的手段。如大批量的恶意网络爬虫频繁访问系统，形成"群狼式"攻击，导致系统崩溃或瘫痪，其规模效应几乎等同于Doss攻击；又如，利用网络爬虫行为扫描他人网站漏洞，再利用系统漏洞植入程序，非法侵入系统获取管理权限，进而删除或修改相关数据与程序。

（三）中立与越界：恶意网络爬虫行为对"技术中立"价值的偏离

司法实践中，被告人常引用"技术中立""技术无罪"等理由为涉恶意爬虫行为犯罪进行辩解。技术中的基本含义是，只要一项技术构成实质性非侵权使用，不管这种技术是否被用于合法或有争议的目的，技术服务提供者都不必对用户实施的或可能实施的侵权行为承担责任。即使技术服务提供者知道其提供的技术存在被用于侵权的可能，也不能因此推定其故意帮助他人实施侵权。[①] 正常的爬虫行为对于整合互联网数据、推动社会创新和发展具有积极促进作用，此时秉持技术中立原则无可厚非，但刑法中的恶意网络爬虫行为超越授权范围、违反行业规范或法律规定访问系统、抓取数据，其并非属于中立的技术。技术中立主要包含功能中立、责任中立、价值中立三种内涵。功能中立是指技术在发挥其功能和作用的过程中只要遵循了自身的功能机制和原理技术就实现了其使命。责任中立把技术功能与实践后果相分离，即技术使用者和实施者在主观上没有故意的情况下不能对技术作用于社会的负面效果承担责任。技术中立的功能观和责任观都指向了技术中立的价值维度，或者说功能观和责任观都在更深层的意义上蕴含着价值中立的立场。[②] 恶意网络爬虫行为的运行

[①] 张今：《版权法上"技术中立"的反思评析》，载《知识产权》2008年第1期。

[②] 郑玉双：《破解技术中立难题——法律与科技之关系的法理学再思》，载《华东政法大学学报》2018年第1期。

具有非法目的性,对造成的危害后果具有可归责性,其价值取向明显偏离网络爬虫"数据交流共享"的初衷,背离了技术中立基本原则。具体而言:一是其对恶意网络爬虫功能的非法性有概括或具体的认识,如部分网络爬虫具有搜索公民个人信息、扰乱计算机信息系统运行等非法功能,此时其并非无害的中立技术行为,其属于犯罪工具。二是恶意网络爬虫行为具有刑事可罚性。在刑法视野下,网络爬虫行为的合法性、正当性和必要性来源于被访问对象(如数据主体)的授权或法律(法规)的规定,其与数据的访问权限和开放程度密切相关,并由此衍生出的技术排他性规则和数据排他性规则,这是判断恶意网络爬虫入罪的两个维度。如恶意网络爬虫行为的界定依据便是其访问权限,其是否超越授权范围或规避技术措施非法访问计算机信息系统,此时,网络爬虫行为并非中立无害的技术行为,而是在不法目的支配下的危害行为,理应受到刑事处罚。因此,刑法上的恶意网络爬虫行为,完全偏离技术中立原则的价值取向,其从功能、责任和价值三方面不存在所谓的中立性。故对技术中立作为涉网络爬虫行为犯罪的抗辩理由时,可根据客观归责等理论,对技术中立性进行适当限制。

(四)自由与秩序:恶意网络爬虫行为易侵害网络秩序与安全

大数据时代的到来,随之产生了两种趋势:一方面,社会和公众对数据的需求日益迫切;另一方面,公众会陷入浩如烟海的大数据之中,无所适从。为适应社会需求,网络爬虫技术应运而生。法律允许合法的网络爬虫行为,并通过法律法规保护其经合法手段搜集、分析和整理的数据,赋予该类数据控制、使用、收益和处分的权利,从而推动大数据的共享、交流,刺激社会经济的需求点,激发社会的创新活力。如"共享经济"的兴起,依托大数据来满足公众的多样化需求。在此背景下,合法爬取他人数据并未违反法律和行业规范,这属于互联网时代特有的权利。但网络爬虫行为法律边界模糊,最典型的莫过于网络爬虫抓取数据的行为存在灰色地带,易滋生违法犯罪行为。互联网领域虽属虚拟世界,是现实社会在虚拟世界的延伸,但也属于现实社会秩序的组成部分,其非法外之地。恶意网络爬虫行为不仅侵害以数据形式存在的各类法益,还侵害了包括公平、自由的数据竞争秩序和网络安全。从竞争法的角度而言,规制数据竞争的核心目标是维护数据要素市场的竞争秩序和竞争机制,这既需要兼顾数据控制方与数据使用方的利益诉求,也需要均衡数据资源的产出激励效率和配置使用效率。[①] 因此,法律有必要对恶意网络爬虫行为予以规

---

① 杨志琼:《数据时代网络爬虫的刑法规制》,载《比较法研究》2020年第4期。

制。可以预见的是，信息空间缺乏法律规制必定是混乱无序的，若不限制信息的任意流动，必然造成对他人信息的侵害，信息自由也因此缺乏法律保障，呈现出信息空间的无政府主义的趋势，长远来看，此种状态反而会更大地限制信息的自由流动。① 当前社会对数据的需求呈现多元化、立体化的趋势，数据获取、交流和共享中必然存在碰撞或冲突；法律虽赋予公民在大数据时代获取、共享数据和信息的自由，但其前提是遵守法律法规，尊重他人的智力成果，不得损害他人的利益。例如，不能采用技术手段突破技术保护措施强行抓取数据，不得在抓取数据时扰乱他人计算机信息系统的正常运行。自由价值强调数据的自由流动，秩序价值强调国家对数据信息交流的管控。当恶意网络爬虫行为僭越法律规范非法获取数据或扰乱计算机信息系统运行时，这不仅制造了刑法所不允许的风险，侵害了相关法益，同时也严重扰乱了虚拟空间的既有秩序，打破了网络空间秩序和现实权益保护的平衡，超出了自由的应有之义，理应受到刑法的制裁。

四、体系化规制：涉恶意网络爬虫行为犯罪治理路径之探索

（一）立法完善：扩充计算机犯罪的故意内容和对象范围

1. 将过失作为计算机犯罪的主观内容之一

当前刑法为1997年修订，在当时的社会经济情况下，计算机技术尚显稚嫩，并未在社会各行业普及，网络与社会经济的融合度尚显不足，计算机犯罪对现实社会的影响较为有限。此时，刑事立法对涉及计算机技术犯罪的危害性判断与普通刑事犯罪并无差异，在刑事立法中仍秉承"以故意犯罪为原则，过失犯罪为例外"的惯例，刑法通过筛选和甄别，将部分具有严重社会危害性的行为纳入刑法调整。因过失行为所产生的危害性较小，并无刑事处罚的必要性，故刑法并未将过失作为计算机犯罪的主观归责内容。然而时至今日，随着计算机技术的发展和普及，网络与社会现实间深度融合、互联互通，形成了虚拟社会和现实社会的双轨制。计算机技术无论是对个体，还是对社会经济、公共安全和国家的影响日益增大。尤其是当前的网络汇集了数以亿计的个人信息、金融数据、商业秘密等重要内容，其已成为企业经营和社会治理的重要领域，网络安全也成为国家安全、公共安全的重要内容之一。在此背景下，计算机犯罪中因过失而侵害相关法益的危害性不同于以往。在主观过失的情况下，

---

① 牛博文：《自由与秩序：信息主权法律规的价值制博弈的》，载《法治研究》2016年第2期。

利用网络爬虫实施抓取数据、扰乱、控制或破坏计算机信息系统等行为造成的社会危害性与主观故意支配下的同类行为的社会危害性并无本质区别。如被遗忘的网络爬虫在无人监管的情况下，大批量、高频率访问计算机信息系统，易造成被访问对象系统崩溃或无法访问；或因为抓取到法律禁止获取的数据信息，产生数据泄露等危害结果；又如，有关编程人员疏忽大意或者过于自信导致使用的网络爬虫部分功能超出设计预期，产生了其未追求且法律所禁止的危害结果。这种情况是不可避免的，因为计算机程序不可能完全执行人的意志，这也就是在软件开发中要"试错"的原因，甚至软件"升级"也是为了克服不完美的设计缺陷。① 因此，在立法上可参照刑法分则中危害公共安全罪中的过失类犯罪，将过失作为计算机犯罪的主观内容之一，同时设定相对故意犯罪较轻的法定刑，从而建立疏而不漏的严密刑事法网，方能全面抑制涉恶意网络爬虫行为犯罪，以强化对数据安全、网络安全和秩序的刑事保护。

2. 扩充侵入计算机信息系统罪的犯罪对象

根据刑法规定，非法侵入计算机信息系统罪是指违反国家规定，侵入国家事务、国防建设、尖端科学技术领域的计算机信息系统的行为。刑法对侵入上述特殊类型计算机信息系统的行为采取行为犯的立法模式，不需要侵入行为造成何种结果，一旦实施侵入上述计算机的行为，即构成犯罪。但是对于侵入上述特殊类型计算系统以外的行为，根据《刑法修正案（七）》的规定，必须满足"情节严重"的条件方可入罪，即采用情节犯的立法模式，以情节作为犯罪成立与否的标准。上述立法模式，具有典型的国家本位特征。然而，目前计算机网络已经深深嵌入社会经济生活的各个领域，诸多传统法益相继以大数据等形式储存于计算机信息系统之中，再加之互联网、物联网、区块链等行业蓬勃兴起，以大数据所代表的法益以数量级的模式暴涨，以网络为空间、手段或对象的犯罪将成为犯罪的主要形态，此种趋势已经在司法实践中得到印证。刑法在规制利用网络爬虫行为侵入计算机信息系统的行为时，若固守传统的立法模式，将对象仅限定在上述四种类型之中，那么面对侵入银行等金融机构、大型电商平台，第三方支付平台等基础性、服务性计算机信息系统的行为，刑法则只能在危害结果发生后予以处罚，这显然不利于发挥刑法打击犯罪的功能，难以有效规制这类犯罪。这是因为，当前除国家有关部门拥有数以万亿计的互联网大数据，阿里巴巴、腾讯、华为等互联网巨头在其庞大的消费者群体支撑下，其计算机信息系统同样汇集了数以亿计的大数据，涉及到个人信息、消

---

① 邱波：《滥用爬虫技术的刑事风险与刑法应对》，载《信息安全研究》2020年第9期。

费、行踪、信用、企业经营等内容；再加之云计算平台的出现，其日常储存、处理海量级别的大数据。该类计算机信息系统与经济社会领域深度相连，使用者具有广泛性，具有准公共性和基础性的特征。且部分行业或领域的大数据又属于判断经济形势、行业发展现状的重要情报资料，甚至涉及到企业商业秘密、经济安全和社会公共利益。因此，恶意网络爬虫行为侵犯法益日趋复杂化、多样化，逐渐拓展至网络安全、国家金融安全、知识产权安全、公民数据隐私安全等众多领域，其理应是刑法予以重点保护的对象。因此，本文认为，入侵基础性、服务性的云计算信息系统或金融机构、航空公司、电信、电商等超大型数据平台（计算机信息系统）的行为，无须发生相应"情节严重"的后果，均应以侵入计算机信息系统罪进行规制。

（二）司法应对：发挥刑法对恶意网络爬虫行为犯罪的堵截功能

1. 恶意网络爬虫行为入罪的去口袋化

司法实践中，恶意网络爬虫行为入罪呈现出口袋化趋势。如在网络爬虫非法抓取数据时，不加区分所抓取数据的法律属性，而仅以数据的物理属性——计算机数据为基础，以非法获取计算机信息系统数据罪等兜底性罪名论处，饱受理论界和实务界诟病。对此，为规范刑法对涉网络爬虫行为犯罪的规制，可作如下应对：严格区分网络爬虫犯罪行为的不同形态特征，防止其入罪的口袋化。应根据网络爬虫的功能、其所侵入的计算机信息系统类别、所抓取数据的法律属性、行为的法益侵害性和主观认知等严格区分。依据《刑法》第287条之二第3款规定的立法精神，即优先适用其他罪名。即根据网络爬虫所抓取数据的内涵、结构、功能等明确其法律性质，若其属于财产、商业秘密、知识产权作品（淫秽物品）或公民个人信息等范畴，则分别以盗窃罪、侵犯商业秘密罪、侵犯著作权罪（传播淫秽物品牟利罪）、侵犯公民个人信息罪等罪名处罚；若所抓取的数据不属于上列范畴，则依据数据的物理属性——计算机信息系统数据定性，以非法获取计算机信息系统数据罪处罚。

2. 恶意网络爬虫行为及黑灰产业的刑事堵截

在恪守罪刑法定原则的基础上，应根据积极的刑法观，采取积极解释的立场，充分发挥相关罪名对涉恶意爬虫行为犯罪的堵截性作用，将难以其他罪名定罪的行为纳入帮助信息网络犯罪活动罪、非法利用信息网络罪等堵截性罪名内予以规制。这是因为，在当前网络黑灰产犯罪生态中，提供犯罪程序、工具是犯罪"去高技术化"的关键，如果不能有效遏制该类行为，就无法控制网络犯罪生态的"野蛮生长"。① 以往的技术类黑灰产软件多由个体开发,但随着分工日益精细,可在极短时间内将若干个独立模块拼装成新的软件,大幅度降低了开发难度;黑灰产软件技术群、网站的存在更是推波助澜,加速了黑灰软件的传播与技术升级,强化了其为下游犯罪实施"输血送粮"的作用。尤其是部分监管难度大、非法功能强大的网络爬虫软件,直接决定了相关网络犯罪的规模、危害程度和成功率。因此,要充分发挥计算机犯罪相关罪名对涉恶意网络爬虫行为的堵截性作用,以既有的严密刑事法网规制网络爬虫行为。譬如,利用网络爬虫检测他人系统漏洞并在网上出售、转让的行为,在其他罪名难以适用的前提下,可考虑帮助信息网络犯罪活动罪的适用;对于为设立传授、制作功能强大的恶意网络爬虫程序的网站、通讯组群,或发布制作恶意网络爬虫程序的相关信息的,以非法利用信息网络罪处罚;对为他人实施网络犯罪而提供恶意网络爬虫软件的行为,则以提供侵入、非法控制计算机信息系统程序、工具罪论处。需要注意的是,司法实践中,对提供双用途(合法使用与非法使用)网络爬虫行为定性时,应查证行为人是否明知他人将网络爬虫程序应用于违法犯罪活动。从技术中立角度而言,网络爬虫程序是众多网络产业的重要产品,不能因其具有以上功能,就机械地将其认定为"专用于侵入、非法控制计算机信息系统的工具",应从案情实际情况出发,考察其是否可能用于其他合法用途,若可肯定,则应认定为双用途程序、工具,若需要将相关行为认定为该罪,则应查实行为人主观明知的内容,防止该罪不当扩张。此外,为发挥刑法对网络爬虫行为犯罪及黑灰产业的威慑作用,对利用职业便利实施犯罪的职业犯、惯犯等,可根据涉恶意网络爬虫行为犯罪具体情况和预防再犯罪的需要,加大财产刑和从业禁止的适用,从而剥夺或限制其再次犯罪的机会。

(三)自我救济:企业对涉恶意网络爬虫行为犯罪的监督与防范

1. 建立刑事合规制度

科技是一把"双刃剑",其在满足公众需求的同时,也给社会治理带来诸多挑战。网络爬虫行为的无序与泛滥易导致企业面临诸多未知的刑事风险,亟须建立企业刑事合规制度予以防范。刑事合规包含三个核心要素:一是内部控制体系;二是刑事法政策吸收与影响;三是刑事责任的"可视化影响"。原则上,只要涉及前述三项要素,企业将符合企业可持续发展的组织文化、内部管

---

① 皮勇:《网络黑灰产业刑法规制实证研究》,载《国家检察官学院学报》2021年第1期。

理体系与刑事法政策相结合,建立用以识别、预防、制止和反馈犯罪行为的能动机制并有效贯彻与执行,从而实现刑事责任的减免甚至正当化的目的,即可认定属于刑事合规范畴。① 本文认为,企业对涉网络爬虫行为的刑事合规可遵循以下步骤进行:

第一,结合企业运行的特点,明确网络爬虫行为的刑事风险节点,从而甄别、预知或规避相应的刑事风险,避免因技术原因或监管不力,导致网络爬虫行为触犯刑法。具体设想如下:一是建立独立的刑事合规部门。吸纳法律、技术等复合背景的人才,以保持对刑事政策、法律法规的敏感度,保证合规队伍的质量和能力。二是建立相关制度,明确各部门之间的风险防控责任,强化企业内部的协同自治,尤其是加强网络爬虫业务部门和技术部门之间的协作,将内部的监督管理义务细化至网络爬虫行为的日常管理中,作为一种常态化措施,并规定违反刑事合规制度的相应责任。如对网络爬虫行为制定规范的操作流程,防止其未经授权或超越授权范围侵入他人计算机信息系统;避免从存在系统漏洞或无防护措施的计算机信息系统获取数据。三是建立合规部门参与企业重大决策机制,配之以风险预警、处置和反馈机制。如在网络爬虫业务中建立违法违规举报机制,为刑事合规提供预警或线索,并规定风险反馈或处置的具体流程、方式和范围,努力将网络爬虫业务的刑事风险降至最低。又如,企业在利用网络爬虫行为抓取数据时要及时进行风险评估,对未经授权而抓取的数据进行删除,禁止储存、转让或使用;或在访问他人系统后,及时评估其大批量、高频次访问是否对计算机信息系统运行造成干扰,如有扰乱系统运行的行为,应立即停止访问。

第二,具体到刑事实质法层面,充分发挥刑事合规对于企业在涉及犯罪时的救济作用。刑事合规对于恶意网络爬虫行为刑事风险防控的价值体现在三个方面,即单位犯罪、共同犯罪和免责事由。司法实践中的惯例是将单位主要负责人在职责范围内为单位利益而以集体决策形式实施的犯罪定性为单位犯罪,对单位主观犯罪故意的认定常依赖于自然人的主观故意,这导致单位犯罪的追诉严重依附于自然人。因此,通过刑事合规制度将企业自主经营的合法性、规范性独立出来,厘清单位的违规经营行为与自然人利用单位名义实施犯罪的区别,将自然人利用单位制度、职权上便利将单位作为犯罪工具的行为剥离,从而阻却共同犯罪故意或作为出罪事由。具体而言:一是注意功能的设定,严禁编辑具有非法功能的网络爬虫。如对于法律明令禁止获取的内容,如抓取个人

---

① 张元琦:《刑事合规制度本土化与我国单位犯罪理论兼容性问题研究》,载《上海法学研究集刊》2020 年第 12 卷。

信息、知产作品、商业秘密等，在爬取对象、访问频率等参数上进行必要的技术限制，禁止网络爬虫设置该部分功能；技术提供者发现滥用爬虫工具或进行违法犯罪的，应停止提供并向有关部门举报。二是通过企业规章制度将机器人协议、行业自律公约或在对方授权范围内进行访问等原则转化为企业生产经营的规章制度，并规定相关人员违反上述规定所承担的法律责任，从而将恶意网络爬虫行为排除在企业业务范围外。如在审批或实施网络爬虫行为时不得访问系统内部抓取数据，要注意访问频率，避免给系统造成过重负荷，如有违反将予以内部处罚，并承担相应的民事或刑事责任。三是重视事后的监管，明确网络爬虫的管理者应尽的管理义务。企业应对网络爬虫行为进行动态监控，发现网络爬虫行为违反法律规定或超越授权范围时，及时采取相应救济措施：若抓取到法律禁止抓取的数据要及时处理、反馈，不得传播或扩散；发现网络爬虫行为扰乱他人计算机信息系统时要及时停止；收到监管机构的行政执法通知要及时沟通并履行相关义务，等等。

2. 合理设置单方授权文本

现实中，不少单位以爬虫协议、用户协议、权责声明、使用条款、服务条件等法律文本形式对网络爬虫行为进行限制，但上述部分文本条文过于粗糙，其指示性和警示性不足。本文建议，将相关法律条文与上述文本内容进行关联，以强化文本的法律协议属性，以期增强其明确性和指引性。以机器人协议（Rbots 协议）为例，其属于行业自律条约，虽在法律效力上无强制约束力，但可作为界定网络爬虫行为必要性、合法性和正当性的参考依据。现实中，诸多 Robots 协议表达过于专业、复杂和烦琐，条文晦涩难懂，对网络爬虫行为的指导性和警示性不足。建议在设置 Robots 协议等单方授权文本时加入自然语言与相关的法律条文，将该协议与网站的使用协议进行关联，并通过法律协议的形式对计算机语言表达的涵义进行详尽表达，赋予 Robots 协议以合同形式的法律涵义，从而赋予其单方明示的法律效力，强化其遭受恶意网络爬虫行为侵害时的维权依据。

3. 强化网络爬虫行业自治

行业自律公约等规范促进群体性内在约束力的形成，可有效弥补法律法规监管盲区，消除监管的僵化。当前，仅有《互联网搜索引擎服务自律公约》等部分自律公约对网络爬虫行为提供规范或指引。但遗憾的是，该公约的适用存在以下窘境：首先，其参与者仅有百度、腾讯、网易、新浪等 12 家大型企业，大量的互联网中小企业尚未参与，其所发挥的作用范围有限。其次，其制定于 2012 年，距今已近十年，难以满足当前网络经济发展的需要，更难以适用于当前各类新型网络爬虫行为。因此，应支持利益各方在部分行业或领域积极探索网络爬虫行业的通用共识,如采用"负面清单"来明确网络爬虫行为的法律边界,通过列举方式明确恶意网络爬虫行为的危害性与表现形式。如应严格遵守网络爬虫协议;未经他人允许,不得使用网络爬虫扫描他人计算机信息系统漏洞;网络爬虫行为所占流量不得超过被访问系统日均流量的1/3;不得扰乱他人计算机信息系统运行;不得抓取知识产权作品、公民个人信息等法律禁止抓取的内容;在抓取大数据库、内容聚合平台时,在用户知情同意的前提下,要遵循"用户授权+平台授权+用户授权"的原则;不得未经授权、超出合约授权范围或突破技术措施访问系统内部抓取数据,等等。

(四)釜底抽薪:涉恶意网络爬虫行为犯罪及黑灰产业的综合治理

作为新兴行业,网络爬虫行为行业监管亟须完善。但现实却是监管未动,行业已经"裸奔",此种状况易滋生网络爬虫黑灰产业,这在金融领域尤为明显。若要彻底治理恶意网络爬虫行为,网络爬虫黑灰产业的治理至关重要。黑灰产业为网络犯罪"输血供粮",危害严重,对其如何有效规制,已经成为我国刑法理论和实务必须面对的问题。[①] 作为新型网络犯罪,涉网络爬虫行为犯罪呈现出集团化、智能化、产业化状态,逐渐向跨行业、跨部门发展,形成了盘根错节的黑灰产业链。其犯罪链条性特征较为明显,上下游犯罪分工明确:产业链的上游提供技术工具,如网络爬虫软件、逻辑代码等,制作恶意网络爬虫程序。产业链中游利用制造的网络爬虫侵入、控制或破坏计算机信息系统,非法获取大数据或公民个人信息等。该环节中,其类似"庄家的中间环节,他们是黑色产业链上的核心参与人员,充当信息倒卖商"建立数据交易平台和网络信息交流群组,将个人信息大肆出售牟利。[②] 如将获取的用户信息通过数据平台清洗后进行盗窃财物或直接转卖获利。产业链的下游则以盗窃、诈骗等形式将获取的数据变现或将爬取的数据、扫描的系统漏洞等用于其他犯罪的实施。在这个灰色产业链中,还包括专门向泄密源团体购买数据的个人信息中间商团体,他们根据各种非法需求向泄密源团体购买数据,作为中间商向有需求者推销数据、买卖、共享和传播各种数据库。[③] 上述犯罪分工日益细化,形成了"流水线"式作业分工,滋生出网络爬虫黑灰产业,并与其他经济类网

---

① 喻海松:《网络犯罪黑灰产业链的样态与规制》,载《国家检察官学院学报》2021年第1期。

② 邓华:《大数据背景下侵犯公民个人信息犯罪研究》,载《2020年互联网安全与治理论坛论文集》,第64页。

③ 申凤云:《大数据背景下侵犯公民个人信息犯罪及防范研究》,载严励、岳平主编:《犯罪学论坛》(第五卷),中国法制出版社2018年版,第857页。

络犯罪相结合，为下游的各类新型涉恶意网络爬虫行为犯罪的实施创造必要条件，导致涉恶意网络爬虫行为犯罪呈现出愈演愈烈之态势，进一步恶化了涉网络爬虫行为犯罪治理的复杂环境。本文认为，对于恶意网络爬虫行为犯罪及黑灰产业的治理，仅凭刑法以事后抑制的方式难以根治，须采取各部门相互配合、分工协作的方式，加强对网络爬虫的监管，利用体系化的治理手段，方能有效抑制恶意网络爬虫行为及相关黑灰产业的泛滥。

1. 建立"线上+线下"的治理模式

秉持"管理与打击"相结合的监管理念，建立"线上+线下"的行业治理模式。即在线上建立网络爬虫行为及其黑灰产业的防控体系，线下加强对涉恶意网络爬虫行为及黑灰产业相关案件的治理。首先，根据现有的监管法律法规，通过技术手段重点监控恶意网络爬虫行为及相关黑灰产的综合交易平台或交流平台。如相关技术论坛、网站等；发现违法、违规信息等，利用行政监管手段的高效性、便捷性，及时处置、关停或遣散上述违法群组和论坛等。其次，对于线下治理，一是要关注网络爬虫技术的技术革新，及时了解其发展动向，尤其要重视全球和国内数据治理（如网络爬虫行为治理）的发展动态，从全局的角度来认识网络爬虫行为；二是要加强对重点行业、领域和新型网络爬虫行为的监管，增强监管的前置性和预见性。不仅要重视对网络爬虫行为非法抓取数据的监管，也要重视对利用网络爬虫行为非法扫描他人计算机系统漏洞行为的监管。需要强调的是，应重视对社会经济和产业发展核心领域中网络爬虫行为抓取数据的问题，尤其是要关注人工智能、区块链、物联网等新兴领域内网络爬虫行为的治理，以实现对监管范围的全覆盖和侧重性；同时要重视对网络爬虫行为的场景化治理，对数据抓取的正当性、必要性和合法性判断，应结合具体场景、行业、用途等因素综合考量。最后，应不断完善法律法规，分层次遏制恶意网络爬虫行为及黑灰产业。一是通过立法强化对网络爬虫行业的监管。如正在审核的《数据安全法（草案）》《个人信息保护法（草案）》以专门法的形式严格保护大数据和公民个人信息，这对于规范网络爬虫行为抓取数据有极为重要的意义。二是要采取行政监管与刑事治理相结合的策略，发挥各部门法在监管上的相对优势，以增强监管的梯度性。若采取行政管理手段可以遏制的，优先以该手段予以整治。尤其要加强对涉网络爬虫软件行业的监管，如通过实名制、功能检测、备案溯源等制度，遏制部分功能强大恶意网络爬虫软件的产生或传播。若行政处罚力度明显难以遏制此类行为的，依照刑法分则各罪名，尤其是适用帮助信息网络犯罪活动罪等堵截性罪名，加强对涉恶意网络爬虫行为犯罪及黑灰产业链的刑事打击。

2. 建立多部门协作的治理机制

首先,建立犯罪信息通报制度。为了割裂犯罪信息、增加查处难度,涉恶意网络爬虫行为犯罪常跨平台、跨地域作案。因此,要在司法、执法部门间建立网络违法犯罪信息通报机制,才能有效预警和控制网络犯罪,并在刑事诉讼中形成有效的证据链。其次,根据多部门联合治理的思路,结合涉恶意网络爬虫行为犯罪及黑灰产业链的现状,构建以行政管理为基础,强化对相关涉网络爬虫技术平台、网站的监管;同时固定服务器数据,以此深挖恶意网络爬虫黑灰产业链上下游环节,实现对涉恶意网络爬虫行为犯罪及其黑灰产业链一体化打击。再次,在有条件的地区,公安、工商、金融等监管部门可探索联合制定相关执法文件,规范网络爬虫行业,以增强执法中法律法规适用的统一性和规范性。最后,侦查机关应加强与银行、行业协会、反垄断机构等部门的沟通与协作。重视对违法犯罪信息或线索的收集与整理,以便及时对涉恶意网络爬虫行为进行排查、核实,锁定相关犯罪的高危企业或个人,从而第一时间斩断网络犯罪链,减少有关技术或信息流入黑灰产业链风险。

3. 建立网络犯罪及黑灰产业人员和恶意技术数据库

首先,针对涉恶意网络爬虫行为犯罪及黑灰产业治理中信息数据难共用、信息交换难共通、信息运用难共享、信息处理难协同等信息屏障或隔阂现象,可利用信息化技术充分整合公检法以及监管部门等单位的数据,探索建立涉网络爬虫行为犯罪及黑灰产业大数据库,从而打破治理中的信息壁垒,畅通各部门间监管信息共享、联动通道,以实现涉恶意网络爬虫行为犯罪及黑灰产业治理中的信息共享、数据互通和治理协同。其次,依托上述数据库,进一步探索建立网络黑灰产业人员数据库和恶意技术大数据平台。通过运用大数据技术对上述数据库信息进行深入分析、挖掘,及时掌握新型网络爬虫等网络技术的革新和相关行业的发展动向,提高数据信息的利用率,为涉恶意网络爬虫行为犯罪及黑灰产业治理提供必要的技术支撑或情报支持,以增强监管的前瞻性和预见性。

4. 加大对网络黑灰产业领域安全防护的投入

首先,要调整网络安全人才培养思路。当前企业安全人才需求和高校的培养体系间仍存在鸿沟,企业网络安全人才培养理念和体系也需要升级。如当前计算机安全建设和防护的主流思路仍是"物理安全、网络、主机、应用、数据"的维度,其防护策略仍以物理安全、网络、主机、应用为重点,在大数据功能与价值日益重要的当下,数据安全的防护须加强重视。其次,要加强硬件建设。国家可加大财政投入,建立计算机系统安全实验室,针对司法实践中技术鉴定方法、校验标准差异等难题,强化对网络爬虫等技术性犯罪工具、程序的鉴定能力的研究,以统一鉴定技术标准,为涉网络爬虫行为及黑灰产业相关犯罪的定罪量刑提供技术支撑。

五、结语

冰冻三尺,非一日之寒。恶意网络爬虫行为的治理难以毕其功于一役,其具有复杂性和长久性。囿于研究水平和客观条件限制,本文对恶意网络爬虫行为及黑灰产业治理进行不成熟的探索,以期为其治理提供新的视角和方法。恶意网络爬虫行为的治理,不仅需要猛柯治病的勇气,通过刑事手段遏制涉恶意网络爬虫行为犯罪,更需要发挥法律和政策的智慧,在恶意网络爬虫行为体系化治理与数据保护、行业发展上寻找平衡点,方能发挥法律法规在行业保护与权利保障上的应有作用,为数字社会经济发展保驾护航。

网络平台经济犯罪及其治理

朱文雅 徐剑锋[*]

近几年来，网络平台经济在信息技术的推动下飞速发展，对国家和国民都做出了巨大贡献。然而网络平台在为社会带来红利的同时，也生成了诱发经济犯罪的风险，使得大量不法分子得以利用网络平台实施经济犯罪。网络平台经济犯罪严重扰乱市场经济秩序，损害公民财产权益，影响社会稳定，治理此类犯罪成了当务之急。考察网络平台经济犯罪的特征和成因，或可为该类犯罪的治理路径提供思路。

一、网络平台经济犯罪的界定

犯罪治理是在准确观察犯罪现象的基础上，确立合理的目标，选择科学的路径和方法，组合多方力量系统作用于犯罪现象的治理之道。[①] 因此，正确认识犯罪是犯罪治理的前提。以"网络平台""经济犯罪"为双关键词对北大法宝司法案例数据库进行检索，在破坏社会主义市场经济秩序类别下检索得到2014—2021年与网络平台经济犯罪相关的273篇刑事裁判文书，[②] 以下主要围绕这些裁判文书总结网络平台经济犯罪的特征。

（一）犯罪类型集中

对检索获得的273篇裁判文书进行整理，共有200个网络平台经济犯罪的案件，涉及扰乱市场秩序罪、破坏金融管理秩序罪、金融诈骗罪、侵犯知识产权罪和生产、销售伪劣商品罪等5类犯罪，共17个具体罪名。其中组织、领导传销活动罪109件，占比54.5%，非法吸收公众存款罪61件，占比

---

[*] 朱文雅，华东政法大学刑事法学院刑法学硕士研究生；徐剑锋，浙江省杭州市人民检察院副检察长，法学博士。

① 卢建平、姜瀛：《论犯罪治理的理念革新》，载《中南大学学报（社会科学版）》2015年第1期。

② 北大法宝法律数据库：https://www.pkulaw.com/case，2021年6月10日访问。

30.5%，集资诈骗罪11件，占比5.5%，此三类犯罪占网络平台经济犯罪的90.5%，其余14个犯罪占比9.5%。由此可以看出，网络平台经济犯罪虽涉及诸多罪名，但是犯罪类型较为集中，以组织、领导传销活动罪、非法吸收公众存款罪和集资诈骗罪为主要类型。此外，73个案件进入二审程序，其中有66个案件为前述三个犯罪，占到90.4%，说明网络平台所涉及的三个主要经济犯罪在司法实践中存在办理难、争议大的问题。

（二）涉众性明显

规模经济效益是网络平台的典型特征，只要网络平台聚拢了足够多的买方、卖方及相关者，就可以产生极强的聚集效用。① 网络平台经济犯罪充分吸收了平台的规模经济效益，具有明显的涉众性。在收集的司法案例当中，组织、领导传销活动罪、非法吸收公众存款罪、集资诈骗罪占据了绝大多数。这三个犯罪的传统模式已具有很强的涉众性，在网络平台的作用下，这种涉众性被进一步扩大。经济犯罪借助网络平台的跨时空性可以突破传统经济犯罪区域化的限制，网络平台的高度开放性积累了大量的潜在受害人，网络的即时性大大提高了犯罪发展蔓延的速度，使其短时间内可以产生大量被害人，导致网络平台经济犯罪具有显著的涉众性。此种涉众性主要表现为以下三点：一是犯罪地域广泛，遍布全国各地；二是涉案人数众多，少则几百人，多则上万人；三是涉案金额巨大，少则几十万元，多则上亿元。比如在刘某甲、刘某等非法吸收公众存款案中②，犯罪人未经金融管理部门批准，搭建从事融资中介业务的网络平台"徽州贷"继而吸收公众存款，吸收了全国各地2000余名投资者的资金共计2.486亿元。在陈某等组织、领导传销活动案中③，犯罪人以销售文化艺术品资产包权益份额的名义发展会员7259人次，吸收传销资金3.3696亿元。另外，基于涉众性特征，网络平台经济犯罪往往暗含不稳定因素。此类犯罪案发通常是资金链断裂所致，追赃挽损难度大。众多受害人对于犯罪行为的反映在特定的时间、特定的地域集聚爆发，会产生经济风险或社会稳定问题，这种风险甚至可能会蔓延至全社会。④

（三）犯罪手段更新

经济犯罪基于经济发展的动态过程而具有可变性特征，网络平台及其应用

---

① 参见刘英、罗明雄：《互联网金融模式及风险监管思考》，载《中国市场》2013年第43期。

② 参见安徽省合肥市中级人民法院第（2016）皖01刑终88号刑事裁定书。

③ 参见湖南省常德市中级人民法院第（2016）湘07刑终260号刑事判决书。

④ 毛玲玲：《经济犯罪与刑法发展研究》，法律出版社2017年版，第20页。

场景也在快速发展当中。此种背景下，网络平台经济犯罪手段层出不穷。犯罪人依赖于自建网站、开发 App 等互联网信息技术，加之较为专业的政策、金融、法律、贸易、财会等方面的知识，设计出复杂多样的犯罪模式。比如网络平台的传销犯罪有虚拟货币传销、消费返利型传销和资本运作传销等，仅其中消费返利型传销又演变出消费全返、积分返利、微信分销返利等多种运行模式。再如，P2P 网络平台集资类犯罪也发展出货币基金、债权转让、担保融资等多种形式，极大考验着投资者的识别和判断能力。此外，网络平台经济犯罪并非都是单一犯罪模式，近年来逐渐向犯罪模式的结合化发展，组合的多样性使得网络平台经济犯罪不断衍生出新形式。大数据、智能技术的发展为犯罪手段的推陈出新提供了技术支持，新兴产业及其运作方式为犯罪主体提供新的犯罪领域和犯罪形式，互联网的虚拟空间为犯罪人提供保护屏障，三者相互加成使得网络平台经济犯罪手段不断翻新，在平台经济的阴暗面病毒式生长。

（四）隐蔽性强

与传统经济犯罪相比，网络平台经济犯罪更具隐蔽性，这是由网络空间的虚拟性和犯罪的专业化决定的。高度隐匿性、智能化是网络犯罪相较于其他类型犯罪的重要特征。[1] 网络技术与平台的发展为经济犯罪提供了有利条件。以传销犯罪为例，传统传销犯罪的人身依附性借助网络平台大大弱化，上下线成员通常只知对方网名而不知其真实身份，犯罪人与被害人在虚拟空间接触，一般人难以察觉此类传销活动。货币、资本及其流转过程被进行了数字化转化，同时也将参与主体及其行为、后果信息化，从而将实际的犯罪人与被害人匿名化，使犯罪行为具有了一定的隐蔽性。[2] 此外，犯罪主体的专业化加强了网络平台经济犯罪的隐蔽性和欺骗性。犯罪人能够运用各种手段对犯罪进行包装，掩盖其非法性。在公司资质上，以合法的工商营业执照、实体的办公场所、税务登记、办理公证、产业推广等方式欺骗被害人。在宣传上，假借迎合国家政策，打着"金融创新""慈善事业""物权众筹"等名号为犯罪编织合法的外衣。将传统的消费载体由实物转化为概念化、虚拟化商品，[3] 对被害人进行洗脑。在经营形式上，采取线上与线下相结合的方式，以线下经营获得信任基

---

[1] 崔仕绣、崔文广：《智慧社会语境下的网络犯罪情势及治理对策》，载《辽宁大学学报（哲学社会科学版）》2019 年第 5 期。

[2] 参见张英：《互联网金融创新下的经济犯罪防控机制探究》，载《暨南学报（哲学社会科学版）》2018 年第 8 期。

[3] 参见杜偹品、于龙：《消费返利型网络传销犯罪的治理对策研究——以新型犯罪防控为视角》，载《中国防伪报道》2021 年第 1 期。

础，以线上虚拟空间隐匿犯罪行为。陆某、韩某甲、韩某乙等集资诈骗案就是典型例证，① 犯罪人注册登记公司并拥有实体办公场所，在上海、浙江、江苏、福建等多地建立分公司或者经营实体网点，起先以门店业务员推广和网站、App 等网络平台推广等方式集资，后逐渐停止其线下项目，集中开展线上资金吸收业务。

（五）犯罪产业化

网络平台经济犯罪具有显著的产业化、组织化的特点。从犯罪流程上看，网络平台的维护和管理、犯罪运行模式的设计、网络平台的宣传推广、非法利益的获取等环节形成了产业链条，各环节并行且相互配合。从犯罪主体上看，其知识结构优化，计算机网络技术、法律规避、市场商业模式运作等领域都有专业人员，犯罪组织化明显，甚至实现公司化管理。比如在林某等 20 名被告人组织、领导传销活动罪中，② 由洪某和陈某甲分别提供"GWG"和"QEF"网络平台，陈某甲设计网络平台的顶层架构，由郭某和陈某乙注册科技公司、物联网公司和跨境电商公司等 17 家公司，对网络平台实现公司化运营。其中，科技公司负责平台的商品采购、仓储、发放等工作，物联网公司负责平台的运营、宣传推广和会员发展工作，跨境电商公司负责收取会员资金。在公司的部门设置上，有财务部、市场运营部、市场开发部、客户服务部等专业部门，在网络平台的管理上，账号权限、功能设置、收取积分、划拨和中转积分、消费积分等均有专门的管理者，分工明确，具有严密的组织性。网络平台经济犯罪的产业化与组织化离不开网络技术的发展，多渠道的沟通方式和数据共享使不同环节的犯罪行为得以同步进行，降低犯罪成本的同时还大大提高了犯罪效率，产业化成为此类犯罪的发展趋势。

二、网络平台经济犯罪的诱因分析

探索网络平台经济犯罪的治理路径，有必要分析此类犯罪的诱因。网络平台经济犯罪的产生与其自身特殊性有关，尚未完善的法律法规、滞后的监管体系使得网络平台经济活动处于规范和监管的灰色地带，为犯罪提供了条件和滋生的土壤。技术防控不到位和被害人防范意识缺失等防范应对不力，则降低了犯罪难度、提升了犯罪成功概率，对此类犯罪的发生起到催化作用，使得网络平台经济犯罪呈现高发态势。

---

① 参见浙江省杭州市下城区人民法院第（2019）浙 0103 刑初 591 号刑事判决书。
② 参见广西壮族自治区贺州市（地区）中级人民法院第（2019）桂 11 刑终 168 号刑事裁定书。

(一) 网络平台经济犯罪的特殊性

网络平台经济犯罪成本低而收益高，诱发了此类犯罪。网络平台经济犯罪的成本主要在网络平台公司的注册登记、平台的搭建、资金投入等方面，这些成本在市场竞争和技术发展的背景下日益低廉。网络平台公司的注册登记方面，因其在我国被视为互联网性质的企业，只需要根据《公司登记管理条例》在工商管理部门注册，依据《互联网信息服务管理办法》和《互联网站管理工作细则》在通信管理部门备案，注册登记流程较为简单。在平台搭建和资金投入上，犯罪人可以采用网站、App、微信公众号等多种形式，经济成本较低。以网站为例，犯罪人在前期投入几万元购买模板搭建网站、租赁服务器后，后续只需要维护成本，和动辄上亿元的犯罪收益相比，这些成本是微不足道的。社会发展造就了新型社会环境空间，这个新型社会环境空间具备了实施违法犯罪所需要的各种因素、便利条件与手段，① 条件与工具的易获得性为网络平台经济犯罪提供了极大便利。

网络平台经济犯罪隐蔽性强而追诉难，使犯罪人产生侥幸心理。一方面，网络空间中行为活动的虚拟性为犯罪人隐藏犯罪动机、掩饰犯罪行为、逃避刑事打击提供了条件。身份的虚拟性可能会让一部分人感觉无所顾忌，可以为所欲为，从而诱发违法犯罪行为。② 另一方面，犯罪人会为逃避追诉做出相当的努力，事前基于对有关经济法律政策、违法犯罪边界的了解，精心设计犯罪方案以规避法律制裁，事中对犯罪进行立体式包装以欺骗被害人，使得监管机关、公安机关、司法机关难以获得案件线索，事后以篡改、销毁相关电子数据的方式妨碍侦查，电子数据极易遭受破坏且不留痕迹，直接导致取证难度加大。犯罪人在逐利心理和侥幸心理支配下往往缺乏规则意识，进而实施违法犯罪行为。

(二) 网络平台经济犯罪的滋生土壤

网络平台作为一种新生事物和新兴业态，不断颠覆传统产业，推动平台商业模式的转型和升级，带来新的经济产品和新的交易方式。当犯罪防控机制未完善时，新事物的出现必然会为经济犯罪提供新的作案手段、新的作案领域，丰富经济犯罪的内容。③ 网络平台经济创新先行，相关法律法规和监管体系却

---

① 参见蒋文荣：《大数据时代新型犯罪的特征、成因及应对策略》，载《杭州师范大学学报（社会科学版）》2020年第6期。

② 涂龙科：《网络交易视域下的经济刑法新论》，法律出版社2017年版，第9~10页。

③ 张英：《互联网金融创新下的经济犯罪防控机制探究》，载《暨南学报（哲学社会科学版）》2018年第8期。

未进行完善和更新，规范缺失与监管盲区使不法分子有了可乘之机，滋生了网络平台经济犯罪。

1. 法律法规未完善

经济犯罪的变化趋向与经济政策调整具有同步性，[①] 网络平台经济犯罪的产生与发展离不开经济政策的影响。国家经济政策的调整以及经济法律规范的制定、修改和废除在推动经济发展的同时，也会催生新型经济犯罪。一方面，在全面深化改革的背景下，我国的经济活动方式日新月异，一系列新经济政策密集颁布，各种经济改革措施相继出台，经济法律规范变动不居，规范间的统一性和协调性不足，由此带来的法律漏洞影响到对网络平台违规失范经济行为的管束和规制。另一方面，在出台经济政策或进行经济立法时过于强调创新发展而风险意识淡薄，未考虑其暗含的经济犯罪诱因，从而刺激、诱发了经济犯罪。经济法律规范系统性的缺失加上创新先行带来的风险意识不足，不仅为犯罪人创造了犯罪空间，而且为网络平台经济犯罪的形式衍化提供了基础，使得网络平台经济犯罪高发且形式多样。此外，为规范网络平台的经济活动，相关部门虽然出台了一些政策法规，但大多数以部门规章的形式呈现，效力层级过低而规范力不足。

2. 监管体系滞后

在监管体系方面，传统的条块管理模式与平台经济跨行业、跨地域的特征不相适应，监管体系滞后是引发网络平台经济犯罪的一个因素。传统的条块管理模式是以分行业管理和属地管理为基础的上下且分割的监管体制，先以网络平台从事的行业确定相应的监管机关，再以所属行政地域进行管理。在网络平台发展初期，此种管理模式或可应对，但是平台经济发展至今，其经济活动已然呈现跨行业、跨地域的趋势。在信息社会中，网络平台自身已经形成封闭的生态系统，[②] 条块管理模式面对横跨传统产业且快速发展的网络平台行业势必存在监管漏洞和模糊地带，加上条块监管体系自身存在的监管层级繁杂、监管权限不清、监管职责混乱等问题，导致有些网络平台经济活动的失范行为游离于监管体系之外而异化为犯罪。

(三) 网络平台经济犯罪的催化因素

网络平台经济犯罪呈现技术化的趋势。犯罪主体游刃有余地利用网络技术、数据技术等高科技实施犯罪的同时，还不断学习新技术提升犯罪水平。相

[①] 杨书文：《试论经济犯罪的寄生规律》，载《公安学刊（浙江警察学院学报）》2016年第6期。

[②] 参见皮勇：《网络平台犯罪及其治理对策》，载《中国检察官》2019年第10期。

应的技术防控却不到位，新兴技术应用不足，加之被害人防范意识的缺失，犯罪人动辄得手，加速了此类犯罪的发生。

1. 技术防控不到位

网络平台经济犯罪发生于网络空间，犯罪活动以数据的形式呈现而并不直观，社会公众往往难以察觉网络行为的异常性和危险性。因而，该类犯罪的预防与监管在很大程度上有赖于技术防控措施。此外，网络平台经济犯罪电子证据的提取和案件侦破也离不开技术运用。犯罪治理实践较为依赖办案经验和人力投入，面对精细化、智慧化的犯罪态势难免力有不逮。[①] 网络平台经济犯罪日益高科技化，犯罪治理却未充分发挥技术防控的作用，未从经验主导转向技术、数据主导，无法有效应对此类犯罪的发展情势。当前，犯罪人不仅运用大数据、智能技术等新兴科技实施犯罪，还利用网络平台治理的技术弱点，以篡改关键词、设置傀儡网站、删除数据或者加密等操作隐匿犯罪行为，逃避相关监管与侦查。犯罪人为了实现犯罪的瞬时性、远程性及隐蔽性不断提升其技术水平，技术防控却停留在网络警务平台、治安网络监控、网络巡查等层面，未实现对数据技术、智能技术的深度运用，导致犯罪治理与犯罪之间存在技术鸿沟。技术防控未能充分发挥其在事前预防、即时监管、高效侦查等方面的作用，导致网络平台经济犯罪在网络空间肆意生长。

2. 被害人防范意识缺失

犯罪人的知识化与专业化程度不断提高，被害人辨别不法行为的能力和风险防范意识较低，使得犯罪成功的几率大增。网络平台不进行相关信息披露，甚至以国有、外资、上市等名头对平台进行虚假包装来获取被害人的信任，再对被害人承诺回报高收益。被害人往往处于信息不对称的弱势地位，对平台的实际情况掌握不足，在高利诱惑下铤而走险。案发后，被害人对犯罪过程与犯罪方式仍然一无所知，更有甚者出于对平台的信任和自身利益保护抵抗执法。被害人相对于技术化、信息化、组织化的网络平台本身就存在信息和心理上的弱势，风险防范意识不足则进一步加剧了此种弱势地位，导致网络平台经济犯罪总是换汤不换药，也总是有大量被害人深陷其中。

三、网络平台经济犯罪的治理路径

基于对网络平台经济犯罪特征与成因的认识，为有效治理网络平台经济犯罪，应当确立预防为主的治理理念，以日常治理模式构建治理方案。在具体的

[①] 张旭、朱笑延：《弱智慧社会语境下的犯罪治理：情势、困境与出路》，载《吉林大学社会科学学报》2019年第1期。

治理对策上，可以从完善平台经济治理规范、更新监管体系、加强技术防控以及提高被害人风险防范意识等方面应对。

（一）预防理念下的日常治理模式

网络平台经济犯罪的治理应当确立预防为主的治理理念。当前，我国在犯罪治理理念上仍然倾向于以打击为主，重打击而轻预防。刑事打击作为事后的补救措施，在犯罪治理中纵使非常及时，在面对社会转型时期层出不穷的新型犯罪以及传统犯罪的异化时，功能仍然是有限的。网络平台经济犯罪自出现发展至今，已经产生多种形式，不论是在案件侦查还是在司法认定上都非常棘手。伴随着新经济产品的出现和经济政策的改革，网络平台经济犯罪在未来仍有巨大的发展空间。刑事打击针对已有网络平台经济犯罪的治理尚且乏力，应对不断推陈出新的犯罪模式更是手足无措。刑事打击的速度跟不上网络平台经济犯罪的发展速度，犯罪治理仍显被动和无力。此外，网络平台经济犯罪的产业化和链条化也决定了刑事打击的局限性。刑事打击或可以对暴露在表面的一个犯罪环节进行治理，但是难以有效应对隐藏在该环节背后的黑灰产业链条，未进行打击的犯罪基于产业链条的自我生长能力仍会滋生相关犯罪，使得该类犯罪只能得到短期遏制，也导致已投入治理资源的浪费。再者，网络平台经济犯罪的犯罪所得可观，而犯罪成本低廉，犯罪人在高利诱惑下无视规则，大多数属于明知故犯，事后的刑事处罚难以起到威慑作用。因此，从网络平台经济犯罪的更新化、产业化和刑罚威慑不足的角度来说，单纯的刑事打击已无法满足犯罪治理的需要。

网络平台经济犯罪的治理应该以预防为导向，深度分析犯罪生成机理，从多个方面反思犯罪的成因，以原因为视角检讨犯罪治理的应对不足，以问题为导向进行犯罪治理体系的完善。[①] 网络平台经济犯罪产生的原因是多方面的，刑事打击注重在事后对犯罪进行惩治，对犯罪成因重视不足，无法有效治理此类犯罪。犯罪预防从犯罪成因入手，对犯罪实现源头治理，可以同时对表象犯罪和背后的犯罪链条实现整治。同时，网络平台经济犯罪涉案人数众多，往往难以挽回被害人的损失，容易引发群体性事件，后果的严重性也决定了应当将重心从事后打击转移到事前预防上来。

在确立预防为主的治理理念以后，应当在该理念指导下，以日常治理模式应对网络平台经济犯罪。日常治理模式是指以国家和社会的正常机制打击、控

[①] 张旭、朱笑延：《弱智慧社会语境下的犯罪治理：情势、困境与出路》，载《吉林大学社会科学学报》2019年第1期。

制及预防犯罪为内容的犯罪治理运作形式和组合方式,① 具有治理主体多元化、治理综合性、治理涉及面广等特点。与日常治理模式相对的是运动式治理模式,主要是集中资源对犯罪进行集中整治、专项整治。集中、专项整治虽然在短时间内效果显著,但是难以实现网络平台经济犯罪的长效治理。网络平台经济犯罪在平台经济的发展中将持续存在并且不断翻新,运动式治理在短期内集中司法资源却无法长期保持,治理的阶段化容易导致该类犯罪在某一时间集中爆发。因此,长效性的日常治理模式更加符合此类犯罪长期存在并发展的特点。另外,平台经济作为新兴经济方式,探索新的生产和服务模式是其发展方向。运动式犯罪治理能够起到高压态势的犯罪遏制效果,② 但是其高强度、高效率的特点势必影响到平台经济的创新,抑制平台经济发展,综合化、常态化的日常治理模式则更易于在保护平台创新发展的前提下实现犯罪治理。

(二) 日常治理模式的具体展开

在日常治理模式下,应当注重治理的综合性,发挥综合效益。刑法规制是网络平台经济犯罪防控的重要手段,但是犯罪作为社会多方面因素综合作用的产物,仅靠刑罚显然难以遏制。刑法的有限性决定了其无法应对无限发展的犯罪方式,刑罚的事后性决定了其难以对网络平台经济犯罪造成的损害进行补救,司法的被动性决定了其对异化为网络平台经济犯罪前的大量失范行为无能为力。传统的刑罚手段不足以应对犯罪持续快速增长的态势,实现犯罪的综合治理是大势所趋。③

1. 完善平台经济治理规范

为防止犯罪人钻法律漏洞,应当解决平台经济有关法律规范非系统化以及风险规避缺失的问题。由于立法时间跨度大、经济基础变动大等因素,导致经济法存在单行法数量众多、前后重叠和形式散乱等问题。④ 经济法规范碎片化和非体系化严重,难以全面有效地规制跨行业、跨地域且形式多样的网络平台经济活动。因此,应当完善与整合相关经济规范,解决规范间的冲突与重叠问题,弥补规范空白地带,提升相关经济规范的效力层级以解决规范力不足。同

---

① 单勇、侯银萍:《中国犯罪治理模式的文化研究——运动式治罪的式微与日常性治理的兴起》,载《吉林大学社会科学学报》2009年第1期。

② 岳平:《我国犯罪预防理论有效性的检视与发展进程》,载《上海大学学报(社会科学版)》2014年第6期。

③ 卢建平:《中国犯罪治理研究报告》,清华大学出版社2015年版,第201页。

④ 薛克鹏:《法典化背景下的经济法体系构造——兼论经济法的法典化》,载《北方法学》2016年第5期。

时，补充与网络平台经济活动相关的行政法规范供给，做好经济法、行政法等前置法与刑法的衔接工作，形成体系化的法律防控格局，充分发挥法治在网络平台经济犯罪治理中的作用。当一些新的经济政策或者措施推进经济改革、促进制度完善和发展的同时，也往往会附带伴生新的经济犯罪形式。① 因此，在进行相关立法、出台经济政策、设计经济制度时，应当对其背后的风险进行前瞻性的研究，充分考虑网络平台经济犯罪的同步预防问题。

2. 构建二元监管体系

行政监管与行业自治在网络平台经济犯罪的治理中都可以发挥积极作用。单一的行业内部自治或者外部行政监管都有其局限性，应当结合二者的有益成分，建立监管体系。网络平台的管理应当顺着行业规范、行政监管、刑法规范的进路，前者不到位的，再由后者跟进。② 我国的行业自律虽然在发展当中，但是整体上处于萌芽状态，未形成制度化、规范化管理，难以发挥对平台企业的指导作用。③ 因此，现阶段网络平台经济活动的监管仍应由政府主导，同时完善行业自律机制，发挥行业协会与行业规范的作用。在行政监管方面，应当解决条块管理带来的监管重叠和真空区域。对此，可以设立网络平台经济活动的综合监督管理机构，由该综合管理机构掌控网络平台的大数据，打通网络平台行业间的数据壁垒，对网络平台的经济活动进行监管。这不仅可以解决网络平台监管的权限职责不清问题，还可以在发现网络平台的经济活动有异常时，及时固定数据，解决网络平台经济犯罪电子证据固定难的问题。行政监管作为外部防控手段虽然可以发挥有力作用，但是真正即时、有效且从源头上对网络平台经济犯罪进行防控，应当来自于行业内部的自律管理。因此，应当从行政监管主导逐步向行政监管和行业自律并行发展。

3. 升级数据与技术防控

高科技本身于价值无涉，不具有辨别善恶之能力，既可以为犯罪者所利用，博弈之间也会为犯罪治理带来新的工具与方法。④ 基于网络平台经济犯罪的技术化和高智化的特征，该类犯罪的治理也应当强化技术防控的作用。在当前社会各领域与网络技术深度融合的背景下，大数据时代的情报研判、风险预

---

① 游伟、赵运锋：《我国经济犯罪变化与立法改革研究》，载《东方法学》2010年第2期。

② 参见冯引如、夏春竹：《现代社会与犯罪治理——中国犯罪学学会第二十九届学术研讨会会议综述》，载《犯罪研究》2021年第1期。

③ 参见悦洋、魏东：《网络平台犯罪的政策调适与刑法应对》，载《河南社会科学》2019年第5期。

④ 陈铭祥：《科技与法律》，元照出版公司2010年版，第44页。

警以及信息分析技术,或许可以为实现中国犯罪防控决策科学化提供新的思路。① 发挥大数据、人工智能等科技的作用,从经验主导向技术、数据主导转型升级,识别具有异常性、危险性和犯罪性的行为并及时处置。一方面,在大数据与信息时代,网络平台经济犯罪的各个要素都会在网络空间中留下痕迹,数据客观记录了网络平台的经济活动;另一方面,网络平台经济犯罪资金流动密集且体量大,可以通过对大量案件的资金流转方式的分析,解析出不同类型的犯罪模式。具体而言,以数据和智能技术为基础,对网络平台经济犯罪的运作方式和资金流转进行要素化提炼,对每一要素进行数据分析并建立相应的模型,开发可视化犯罪演示工具,还原网络平台经济犯罪的犯罪流程,可为风险预警、犯罪预防和案件办理提供帮助。对于网络平台经济犯罪的治理,若仍然以粗线条的经验为主导,即使投入大量的人力、物力,也难以应对精细化、技术化的犯罪,无法实现资源的最大效用。网络平台经济犯罪的治理应当与时俱进,加强技术防控,发挥技术防控在犯罪治理中的作用。

4. 提高被害人风险防范意识

网络平台经济犯罪的治理不仅要从犯罪人角度预防犯罪、规制犯罪,还需从被害人方面入手。具体而言,应当增强公众的法治观念,普及经济法律知识和经济政策,提高公众的防范意识,维护被害人的合法权益。网络平台经济犯罪主要涉及集资类犯罪和传销犯罪,大多是伴随新经济产品出现,打着顺应国家经济政策的旗号,利用从业人员对相关经济、金融等方面知识的不足欺骗他们参与犯罪行为,以高利诱惑被害人投资。因此,应当加强公众对经济、金融方面知识的学习,消除其认知盲区,增强其风险防范意识。通过知识普及讲座、以案释法等方式对公众讲解经济知识和网络平台经济犯罪常见高发的几种犯罪形式,提高公众对此类犯罪的识别能力。

四、结语

网络平台经济犯罪呈现犯罪类型集中、涉众性明显、犯罪手段更新、隐蔽性强化及犯罪产业化的特点,有其自身特殊性。其犯罪成因复杂,刑罚是治理该类犯罪的重要手段,但不是唯一手段。根据网络平台经济犯罪的自身特性和犯罪成因,应坚持预防为主的治理理念和日常治理模式进行常态化治理、综合化治理,充分发挥平台经济规范、行政监管、行业自治、技术防控以及风险防范意识等方面在网络平台经济犯罪治理中的作用。

---

① 蔡一军:《大数据驱动犯罪防控决策的风险防范与技术路径》,载《吉林大学社会科学学报》2017年第3期,第74页。

网络黑灰产犯罪生成模式与多元治理机制*

王枫梧**

一、问题的提出

犯罪是一种复杂的社会现象,"不同的社会中犯罪行为的流行形式也是不同的;不同社会的犯罪控制机构也有明显的不同"。① 当下社会是科技时代,互联网成为生活的主要方式,甚至等同于生活本身。网络改变了生活,也改变了犯罪行为的形式。利用互联网新技术产生的新型网络犯罪层出不穷,网络黑灰产也呈现出生态化、产业化、多样化、链条化的发展特点,并且有向云端蔓延的趋势。世界经济论坛(WEF)在《2020 年全球风险报告》中指出,预计至 2021 年,网络黑灰产的市场效益将比肩世界第三大经济体,网络犯罪将会是未来十年全球最引人注目的风险之一。② 网络黑灰产犯罪,不仅损害了广大互联网用户的利益,恶化了网络空间的内容生态,业已成为危害公民权益和数字经济发展的毒瘤。因此,界定网络黑灰产概念、划分网络黑灰产类型,并借助犯罪生成模式理论对网络黑灰产的生成模式进行分析和研究,有助于国家依法治理网络黑灰产犯罪。

(一)网络黑灰产概念的界定

网络黑灰产并非严谨的法律术语,而是实务中对此类违法犯罪行为的一种形象概述。我国学者对于网络黑灰产概念的界定表述不一,尚存有争议。如刘宪权认为,网络黑灰产是指以网络虚拟空间为犯罪场所,借助中立性的网络高

---

* 本文系公安部 2017 年公安理论及软科学研究计划项目"技术侦查证据使用与排除问题研究"(项目编号:2017LLYJZJST042)的阶段性研究成果。

** 王枫梧,浙江省杭州市公安局刑事案件审查支队二大队副大队长。

① [美]迈克尔·戈特弗里德森、[美]美特拉维斯·赫希:《犯罪的一般原理》,吴宗宪、苏明月译,中国人民公安大学出版社 2009 年版,第 161 页。

② 《2020 年网络黑灰产犯罪研究报告》,载百度网 2020 年 11 月 5 日,https://baijiahao.baidu.com/s?id=1682519628280453846&wfr=spider&for=pc。

新技术,谋取非法利益,借以非犯罪技术、行为为表象,实施网络不法行为的社会分工组织形式。① 吉冠浩认为,网络黑灰产是指借助互联网技术与平台,进行有目的、有组织、有分工且规模化的网络违法犯罪。② 刘权、李东格认为,网络黑产(即网络黑灰产业链)通常是指通过现代网络信息技术形成的分工精细、紧密联系的利益团体,其包括但不限于技术教学、入侵计算机信息系统、制作销售黑产工具、提供交易平台洗钱、变现等各个环节分工协作的产业化、规模化、多元化、技术化的非法产业体系。③ 喻海松认为,黑产通常是指触犯法律的网络违法犯罪行为。例如,为下游网络犯罪窃取、提供账号密码和仿冒网站、研制钓鱼网站等行为。灰产则游走在法律边缘,为黑产提供辅助。例如,身份认证、恶意注册账号等行为。④ 笔者认为,网络黑灰产是指借助现代网络信息技术、大数据、区块链、人工智能等现代高新技术,以攫取非法利益为犯罪动机,进行有分工、有目的、有组织地为网络犯罪提供技术性保障的违法犯罪行为,具有职业化、技术化、高新化、车间化、规模化、链条化的产业样态。

(二)网络黑灰产类型的划分

近年来,网络信息技术日新月异,但随之而来的网络犯罪案件也呈现出高发的态势,网络犯罪案件的高发催生了新的犯罪机会,为网络犯罪"输血供粮"、提供技术帮助的网络黑灰产犯罪也就应运而生。目前,理论界和实务部门对网络黑灰产存在三类划分:第一类是按照犯罪行为的一般流程,划分为上中下游。上游负责收集公民个人信息、手机黑卡及商业秘密等资料信息并提供各种资源;中游负责开发和定制黑灰产工具,利用上游的资料信息和资源精准实施网络违法犯罪活动;下游负责将犯罪"成果"通过网络交易和支付渠道进行交易变现。⑤ 第二类是按照犯罪提供的帮助内容,划分为宣传推广、物料供应(主要指信息类和工具类两种)、技术保障及资金结算等内容。宣传推广

---

① 刘宪权:《网络黑灰产上游犯罪的刑法规制》,载《国家检察官学院院报》2021年第1期。

② 吉冠浩:《指导案例视角下网络黑灰产犯罪罪量的司法证明》,载《国家检察官学院院报》2021年第1期。

③ 刘权、李东格:《网络黑产:从暗涌到奔流?》,载《联网经济》2018年第6期。

④ 喻海松:《网络犯罪黑灰产业链的样态与规制》,载《国家检察官学院院报》2021年第1期。

⑤ 《2020年网络黑灰产犯罪研究报告》,载百度网2020年11月5日,https://baijiahao.baidu.com/s?id=1682519628280453846&wfr=spider&for=pc。

主要包括：微信公众号广告、搜索引擎排名及短信群发等推广引流活动。物料供应主要包括：信息类物料供应和工具类物料供应。其中信息类物料供应是指提供银行卡"四件套"①、企业"八件套"②、精准公民个人信息以及计算机信息系统数据等；工具类物料供应主要指提供卡池、猫池及手机群控设备等。技术支撑主要包括：网站开发维护、网站域名技术服务、非法 App 制作、研发虚拟定位、伪客户端工具平台及服务器租赁等。资金结算主要包括：跑分平台、卡商平台、支付渠道、话费充值、地下钱庄及电商平台等。③ 第三类是按照犯罪行为的性质属性，划分为技术类黑灰产、源头性黑灰产、平台类黑灰产、其他类黑灰产。其中技术类黑灰产是指专门为中下游黑灰产从业人员制作提供技术性不强的软硬件或者服务，主要有各种恶意软件、木马植入、钓鱼网站等；源头性黑灰产是指网络上存在的大量虚假账号，主要有恶意注册、虚假认证、盗号等形式；平台类黑灰产是指借助一定平台上游的技术类黑灰产与下游的违法犯罪团伙相链接的媒介，主要包括恶意网站、恶意论坛和恶意群组等；其他类黑灰产，主要是涉及的网络黑灰产下游环节。④

（三）犯罪生成模式理论概述

犯罪生成模式是犯罪原因论的不同表述，以"犯罪化学反应方程式"表现出来的理论模型是由我国学者汪明亮提出，其借鉴了自然科学中不同物质在催化剂的作用下发生的化学反应原理，来隐喻犯罪生成：

$$\text{带菌个体} + \text{致罪因素} \xrightarrow{\text{催化剂}} \text{犯罪行为}$$

其中"带菌个体"是指具有潜在性的犯罪人，主要包括两类：先天性带菌个体和后天性带菌个体。先天性带菌个体是指由于自然遗传而与生俱有的，如犯罪人通常是自然遗传的先天性带菌个体。后天性带菌个体是指受后天的生活、工作环境影响，经过学习和模仿他人的越轨行为后才传染"带菌"，后成为具有犯罪倾向的潜在犯罪人。"致罪因素"代表的是促使犯罪发生的各种社会因素，主要包括：贫困、性禁忌、社会不公、缺乏信仰、没落价值观、其他。"催化剂"代表的是控制弱化因素，主要包括：特定时间、特定空间、社

---

① 即身份证原件、身份证对应的手机卡、身份证对应的银行卡和网银 U 盾。

② 即对公银行卡、U 盾、法人身份证、公司营业执照、对公账户、公章、法人私章、对公开户许可证。有了这八件套，意味着一家经合法注册的公司及对公账户可以随时运营使用。

③ 喻海松：《网络犯罪黑灰产业链的样态与规制》，载《国家检察官学院院报》2021年第 1 期。

④ 苏道敬：《从法治角度浅析黑灰产的治理》，载《法制博览》2020 年第 8 期。

会控制疏漏、特定侵害对象。"犯罪化学反应方程式"即犯罪微观生成模式，其作用机理是"带菌个体"受"致罪因素"的影响产生犯罪动机，成为危险犯罪人。危险犯罪人通过对"催化剂"各要素的感知，在合适的条件下实施不法行为，成为犯罪人。① 本文主要是从网络黑灰产犯罪微观生成模式中各要素在犯罪生成中的作用进行分析和考察，并对存在的弱化要素提出强化防控的治理对策，以期为网络黑灰产犯罪治理提供有益借鉴。

二、促进网络黑灰产犯罪生成的因素

促进网络黑灰产犯罪生成的因素具有多因性、复杂性、综合性，本文主要从行为人方面、社会经济方面、控制弱化等方面予以分析和考察。

（一）行为人方面的因素

第一，诱惑性强。计算机技术和互联网带来了巨大的利益，但它同时也为线上线下的犯罪和异常行为意外地提供了机会。② 疫情期间的网络黑灰产呈现出更加频发的态势，不法分子开始实施网络诈骗、网络赌博、网络色情内容传播等各类违法犯罪行为。其中，仅网络诈骗黑生态的发展，快速衍生出包括买卖防疫物资诈骗、机票火车票退改签诈骗、贷款诈骗、网课缴费诈骗、网络游戏诈骗、刷单诈骗等与疫情相关的新型诈骗手法，危害了广大网民的切身利益。截至2020年6月，全国公安机关共侦破涉新冠疫情刑事诈骗犯罪案件约1.6万起，抓获犯罪嫌疑人7506名。③ 网络黑灰产犯罪因巨大的经济利益而存在，数百万"从业者"，过千亿"年产值"，数字惊人。网络黑灰产犯罪上中下游中的任何一个环节都存在巨大利润空间。

第二，丧失信仰。信仰是指自发对某种思想、宗教及对某人某物的一种尊崇和敬仰，日常生活中能够规范自己的言行、追随社会主流价值观，不做出违背社会的越轨行为，具有无形的内在约束力。网络黑灰产犯罪不同于线下的面对面犯罪，具有远程性、匿名性等特点，缺乏人与人之间的直接接触，极大降低了个人道德门槛、自我约束力和他人监督的可能性。一些行为人和单位极易在巨额利益的诱惑下偏离社会主流价值，甚至丧失社会责任、铤而走险去追逐

---

① 汪明亮：《犯罪生成模式研究》，北京大学出版社2007年版，第11~12页。
② [美] 贝思·M. 许布纳、蒂莫西·S. 拜纳姆：《犯罪学与刑事司法测量问题手册》，付欣等人译，法律出版社2020年版，第39页。
③ 参见《公安部新闻发布会通报今年以来公安机关打击治理电信网络诈骗犯罪工作有关情况》，载公安部网 2020年7月28日，https://www.mps.gov.cn/n2254536/n2254544/n2254552/n7288861/index.html。

个人利益，把利益最大化作为其人生价值目标。所以，当缺少正确的人生价值观指引和外在的监督时，一些行为人和单位势必会牺牲社会责任，走上违法犯罪的不归路。

第三，相互传染。萨瑟兰的不同交往理论认为，犯罪行为是在交往过程中通过与他人（主要指身边亲密人群）的相互作用而习得，主要内容包括犯罪动机、犯罪内驱力、使犯罪合理化的理由、对待犯罪的态度的特定心理倾向。① 从涉网络黑灰产犯罪前科人员看，犯罪从业人员从2015年的全国7个"钉子地"②，到2018年的全国13个"重点地区"③，再到现在全国大部分省（自治区、直辖市）都有，呈现出网络上交互传染学习的特征。由此可见，网络黑灰产犯罪的成本低、风险小、收益高的特点对众多文化程度偏低、无一技之长的低收入群体有着巨大吸引力。

（二）社会经济方面的因素

第一，内外经济环境。随着经济发展水平的不断提高和科学技术的日益发达，我国正处于转换增长动力、优化经济结构、转变发展方式的关键期，体制性、结构性、周期性问题呈现出相互交织状态，"三期叠加"影响将不断继续深化。高技术产业供应链风险上升，企业经营面临困难，整体就业形势相对严峻。加上新冠肺炎疫情的冲击和世界经济衰退，对我国经济带来前所未有的影响。上述国内外经济环境，为网络黑灰产犯罪的产生提供了大量潜在犯罪行为人。

第二，犯罪成本收益。犯罪成本低、回报收益大是网络黑灰产犯罪持续高发的源泉。首先是网络黑灰产门槛低、投入少。网络黑灰产类型多样化，部分不法行为人仅需要一部移动手机或一个PC终端和一个稳定的网络即可轻松完成犯罪行为。即使不懂网络技术、计算机程序编程等一些技术知识，也可以在互联网上购买到，而且价格相对低廉。其次是违法犯罪成本低、轻刑化。很多黑灰产特别是灰产，涉及金额不大，往往构不成法律上的违法犯罪，所以即使被发现抓获，也不会受到严重惩罚。刑罚的威慑力不足，强化了网络黑灰产犯罪行为人的犯罪动机。

---

① ［美］乔治·B.沃尔德、［美］托马斯·J.伯纳德、［美］杰弗里·B.斯奈普斯：《理论犯罪学》，方鹏译，中国政法大学出版社2005年版，第200页。

② 具体指：广西宾阳、海南儋州、广东电白、江西余干、湖南双峰、福建新罗、河北丰宁。

③ 具体指：辽宁鞍山、河南上蔡、湖北仙桃、湖北孝昌、湖南双峰、广西宾阳、广西陆川、海南儋州、海南东方、四川德阳、福建安溪、福建南靖、广东饶平。

第三，网络产业发展。从互联网、大数据、移动通信的飞速发展来看，截至 2020 年 12 月，我国网站数量为 443 万个，手机网民规模为 9.86 亿，网上零售额达 11.76 万亿元，手机网络支付用户规模达 8.53 亿；国内市场上 App 的数量不完全按统计约为 345 万款，涵盖娱乐、社交、电子商务、游戏、投资、支付等生活中的各个领域。① 易言之，庞大的用户市场不断催生大量的应用生态。网络产业的应用不仅占据网民大量的时间和精力，而且也为网络黑灰产的滋生蔓延提供了充足的条件。

（三）控制弱化方面的因素

控制弱化主要体现在社会控制弱化、情境犯罪控制弱化这两个层面。"社会控制"是控制理论在社会领域的运用，同样强调控制主体和控制对象的信息反馈和控制行为之间的关系。具体而言，就是通过各种手段，如宗教、道德、法律等手段对人们的行为进行安排、对社会关系进行调整、维护社会秩序、最终服务于人类利益的控制方式。② 社会控制弱化主要从法律机制不畅、行政规制不力、行业监管不全、刑法打击不力等因素来探讨社会控制弱化。

第一，社会控制弱化。一是法律机制不畅。法律机制主要指法律规制和预防功能得以发挥、实现的内部运行机理。在网络黑灰产犯罪治理过程中，存有刑事立法不完善、司法认定有困难及刑法与其他部门法衔接不顺畅等突出问题。二是行政规制不力。行政规制主要指行政机关有效运用行政法律法规，对企业在生产经营活动中的越轨行为进行及时纠偏和规制，达到事前防范的目的。③ 三是行业监管不全。司法实践中，网络平台、电信部门、银行和支付机构这三大领域存在一些管理漏洞，尤其是对银行卡、电话卡的管理漏洞，为犯罪分子提供了"方便"。比如，目前对贩卖手机卡、上网卡以及利用电话卡、游戏点卡、虚拟货币等交易回收平台进行洗钱活动的行为，监管和惩处相对薄弱，导致手机"黑卡"、网络"黑产"泛滥。四是刑法打击不力。网络黑灰产犯罪是不法行为人借助高新技术实施的所谓"技术保障""技术创新"的网络违法犯罪的帮助活动，具有形式上的"合法性"，内容上的隐蔽性，所以不易于被侦查部门及时发现和打击；网络犯罪常常表现为侵害财产类、人身权益类

---

① 参见中国互联网络信息中心：《第 47 次中国互联网络发展状况统计报告》2021 年 2 月 3 日。

② 蒋传光：《对我国社会控制模式选择的法社会学思考》，载《政法论坛》1993 年第 3 期。

③ 汪明亮：《污染环境犯罪生成模式与多元治理机制》，载《南京社会科学》2021 年第 3 期。

犯罪，网络黑灰产犯罪系网络犯罪链条上的一个环节，侦查部门打击犯罪往往注重打击中下游犯罪，因此容易忽略提供帮助的上游网络黑灰产犯罪，由此产生大量的犯罪黑数；《刑法》第 287 条之二规定的帮助信息网络犯罪活动罪是有力打击网络黑灰产犯罪的"撒手锏"，但是实务中存有犯罪故意主观明知认定难，电子证据收集、固定、审查和认定方面的困难，不利于打击网络黑灰产犯罪。

第二，情境犯罪控制弱化。情境犯罪预防是减少特定犯罪问题的一种实用和有效的手段，从本质上讲，它试图改变犯罪的情境决定因素以减少犯罪发生的可能性。情境犯罪预防理论已经成为 20 世纪末期最具影响力和占据主导地位的犯罪预防理论，被认为是一种预防犯罪的设计，但是它有许多独特的特征使其以一种特殊且独立的方式来处理犯罪问题。① 预防犯罪的关键是关注特定类型的犯罪，并了解它们清晰的动态特征。情境犯罪预防理论强调，对高发的特定类型的犯罪，通过减少机会和控制犯罪的成本与收益可以作为预防犯罪的基础。② 网络黑灰产犯罪，从作案手段上看，犯罪主体通常借助高新网络技术来实施网络犯罪的上游帮助行为；从犯罪空间上看，犯罪行为多发生在网络空间内，有的甚至发生在暗网之中，侦查机关很难及时发现并予以打击；从犯罪语言上看，犯罪行为人之间通常使用网络暗语进行沟通交流，规避侦查部门的侦查。易言之，网络黑灰产犯罪的外在环境控制因素弱化较为明显。

三、网络黑灰产"犯罪化学反应方程式"解读

（一）网络黑灰产犯罪的生成模式阐释

第一，"带菌个体"的形成。"带菌个体"通常指的是潜在犯罪人，也就是具有犯罪人格的人。影响"带菌个体"生成的原因是多方面的，比如有人性、个体素质、遗传、环境等方面的因素。个体自身素质与环境因素之间会发生相互作用，从而形成犯罪人格。③ 当下网络技术正处于日新月异的发展阶段，网络空间已经形成，网络已成为人们日常生活不可或缺的必需品，同时也为网络黑灰产犯罪提供攫取暴利的机会。例如，不法行为人通过非法买卖手机卡、银行卡等不法行为，即可容易地获取高额不法利益。一些自然人和单位受

---

① 王枫梧：《"杀猪盘"式网络诈骗行为的脚本分析》，载《山东警察学院院报》2021 年第 1 期。

② ［英］理查德·沃特利、［澳］迈克尔·汤斯利：《环境犯罪学与犯罪分析》，董见萌等人译，清华大学出版社 2021 年版，第 289 页。

③ 汪明亮：《犯罪生成模式研究》，北京大学出版社 2007 年版，第 12 页。

利益诱惑,极易成为"带菌个体"。

第二,"致罪因素"的表现。"致罪因素"是指促使"带菌个体"产生犯罪动机的各种因素。亦即,危险犯罪人是由潜在犯罪人在各种因素的作用下转化形成,包括经济政策、政治制度、信仰缺失等方面的因素。① 我国学者于志刚认为,网络实现了"信息媒介"向"生活平台"的转换,网络业已成为人们生活的"第二空间"。网络空间使传统犯罪场域由现实空间拓展为现实空间和网络空间。② 简言之,我国"双层社会"已经形成,网络社会已经成为犯罪的新域场。当下,各种云计算、大数据、区块链、人工智能等高新技术的出现,使得网络黑灰产犯罪不断滋生、蔓延。

第三,"催化剂"的作用。"催化剂"是指加快"致罪因素"与"带菌个体"两者之间相互作用的速度,加快犯罪进程,主要包括社会控制疏漏、特定时空因素和被害人因素等。③ 网络技术具有私密性、技术性、中立性等特点,网络黑灰产犯罪往往以现代网络技术中立为幌子,为网络犯罪提供技术支撑。因此,具有天然的隐蔽性,不易被侦查机关发现,存有社会控制疏漏因素。网络黑灰产犯罪成本小、利润丰厚,一些潜在犯罪行为人在信仰缺失的情况下,在特定的时空因素作用下,就会实施违法犯罪行为。言而总之,不法行为人在"致罪因素"的作用下,由潜在的犯罪行为人转化为危险的犯罪行为人;危险的犯罪行为人在"催化剂"的作用下,再转化为现实的犯罪人。由此可见,"催化剂"在整个犯罪过程中的作用是最为关键的因素,因此应当弱化"催化剂"因素,从而控制犯罪的发生。

(二)黑灰产犯罪的生成模式分析之启示

第一,网络黑灰产犯罪治理不能过度依赖刑罚。恩利科·菲利认为,迄今为止一直被认为是救治犯罪疾患最好措施的刑罚的实际效果比人们期望的要小。刑罚手段在犯罪治理中存有一定的局限性,因此应理性、科学地看待刑罚的作用。网络黑灰产犯罪的治理,应借助犯罪学理论,深刻认识犯罪生成的规律特点,进而采取科学的、精准的防治对策。

第二,网络黑灰产犯罪治理必须对症下药。恩利科·菲利认为,立法者可以通过社会生活、立法中存在的潜在救治措施,来进一步减少犯罪的祸患,而

---

① 汪明亮:《犯罪生成模式研究》,北京大学出版社2007年版,第67页。
② 于志刚:《"双层社会"中传统刑法适用的空间——"两高"〈网络诽谤解释〉的发布为背景》,载《法学》2013年第10期。
③ 汪明亮:《犯罪生成模式研究》,北京大学出版社2007年版,第115页。

不应过度依赖刑法典。① 网络黑灰产犯罪控制，应充分认识犯罪生成的规律特点，充分考虑不同因素的在犯罪生成中的地位和作用，进而对各个要素进行必要的分析和研究。对于比较难控制的因素，如行为人、网络空间因素，应采取必要的犯罪控制，从而实现有效的犯罪控制目的；对于比较容易控制的犯罪因素，如情境控制弱化、社会控制力弱化因素，应采取及时的犯罪控制，从而达到较为明显犯罪治理的效果。

第三，促进网络黑灰产犯罪生成的因素不可能完全被消除。犯罪学理论告诉我们，如果把犯罪看作是违反规范性的行为，那么，这种越轨性的行为将于人类社会永存，无法消灭；即使是作为阶级法律意义上的犯罪现象，也将在一定的历史时期内永存。其实原因很简单：因为，犯罪本身是一个二元的事物，一个是行为本身；另一个是社会评价，这两者统而为一，才构成犯罪这个事物。② 简言之，犯罪是一种社会现象，有其存在的必然性。因此，应理性看待网络黑灰产犯罪治理，科学制定治理对策。

四、网络黑灰产犯罪多元治理机制

正确认识和把握网络技术的规律特点，把网上与网下治理、法治与技术手段、专门力量与社会力量充分地结合起来，进一步提高网络社会安全管理的现代化水平，进一步完善网络风险综合治理现代体系。网络犯罪业已成为中国国内刑事犯罪的第一大犯罪类型，未来绝大多数犯罪都有可能借助网络实施。我们要重塑打击网络犯罪的思维模式，研究网络黑灰产犯罪特点，进一步完善全链条、全生态打击整治机制，提高线索发现、流程溯源、证据固化、快速侦查、及时打击的能力，强化治安立体防控体、坚决打击网络犯罪高发态势。③ 网络黑灰产犯罪的治理，应是多元化治理。多元化治理主要包括主体多元、技术多元和法律多元。治理主体多元，应建立协同机制。建立协同机制有利于强化网络黑灰产规制力度，有利于弥补网络黑灰产犯罪生成模式与多元治理机制监管不全，有利于增加刑法打击力度，有利于增强社会责任感。控制"带菌个体"及社会控制弱化因素的主要途径是建立协同机制。治理技术多元，应建立技术机制。建立技术机制有利于增强网络黑灰产情境犯罪控制效果。治理

---

① ［意］恩里科·菲利：《实证派犯罪学》，郭建安译，商务印书馆 2016 年版，第 44 页。

② 王牧：《犯罪学论丛》（第一卷），中国检察出版社 2003 年版，第 2 页。

③ 孟建柱：《完善网络风险综合治理体系》，载中国新闻网，http：//www.chinanews.com/gn/2017/09 - 20/8336189. Shtml。

法律多元，应畅通法律机制。控制社会控制弱化因素的有效途径是畅通法律机制。

（一）网络黑灰产犯罪协同机制

网络黑灰产犯罪治理协同机制是指政府发挥主导作用，政府之外的主体通过相应的政策措施、制度建设发挥作用的机制，其核心是政府主体、司法主体、行政主体、企业主体及社会主体之间的合作共治。

一是部门联动——司法与行政联手打击网络黑灰产生态。对于网络黑灰产的打击，不应仅局限在对单个黑灰产案件的刑事打击，而应以全链条打击整条网络黑灰产业链、全生态治理其生存土壤为终极目的，彻底实现预防和治理的双重目标。网络黑灰产具有利益关系错综复杂、发展日新月异，跨平台、跨地域犯罪明显，资金流向分散等特点。单独依靠公安机关进行刑事打击，很难起到彻底根治的效果。公安机关的刑事打击往往是案件发生后进行的事后打击，具有滞后性。行政执法在治理网络黑灰产违法犯罪行为中能够凸显其灵活性的优势。因此，政府一方面强化刑事打击网络黑灰产的同时，另一方面要强调运用行政法规开展网络黑灰产的生态治理。同时，进一步明确网络黑灰产违法行为的边界；进一步完善和制定相关法律；进一步协调部门法之间的衔接，使网络黑灰产违法犯罪行为有法可依。唯有如此，方能在治理网络黑灰产犯罪中，真正做到全生态治理、源头治理，有力维护网络空间清朗有序。

二是合力共治——政府与企业共同应对网络黑灰产挑战。打击网络黑灰产不能各自为政，多方协作才能产生合力效应。在主要由政府职能部门（监管执法部门）、互联网平台、网络安全技术企业三方组成的网络生态治理体系中，互联网平台应充分发挥自身优势，可以将大数据分析、人工智能、机器学习等新技术运用于安全体系，力求对安全事件做到事前侦知预警、事中察知阻断和事后溯源修复，提高对网络黑灰产犯罪的威慑力和杀伤力。同时，为支持互联网平台打击网络黑灰产犯罪，有关部门应当从监管执法、立法司法等角度，赋予互联网平台相关监管职责和治理主体地位，激发平台更大治理潜能动能，包括让平台在对商户、用户等主体的监管上更有自主性，对信息数据控制和网络安全维护承担更多职责。职能部门对平台应实施包容审慎监管，在数据信息共享、职能协调等方面与平台深度合作，推动政府、平台、企业商户、用户形成合力，构建依法打击网络黑灰产犯罪最有力链条，营造安全有序、风清气正的良好网络生态。

三是群防群控——政府与社会全面参与网络黑灰产预防。防治防范网络黑灰产离不开人民群众的理解与支持。中青年和青少年既是网络黑灰产犯罪的主要受害者也是主要参与者。政府与社会需要共同加强对社会各界人士、广大网民群体和青少年群体关于网络黑灰产违法犯罪的宣传教育,使其充分了解网络黑灰产犯罪的社会危害性,及时掌握网络黑灰产犯罪最新作案手法,维护人民群众切身利益。在谨防自身受到不法侵害的同时,坚决做到抵制网络违法内容、坚决做到不为网络黑灰产犯罪提供帮助。只有人人都具备了反网络黑灰产犯罪意识,才可能形成群防群控机制,将网络黑灰产犯罪扼杀在萌芽状态。另外,政府及时公开整治相关网络黑灰产犯罪的动态信息,使国民能够准确获知并作出预判。因为,传达犯罪会被惩罚和有人犯罪真的会受到惩罚的信息,将会使产生犯意的犯罪人但害怕被处以刑罚的潜在犯罪人,内心产生威慑而不敢做出犯罪行为。①

(二) 网络黑灰产犯罪技术机制

第一,建立识别与预防新系统。网络黑灰产犯罪的识别和预防新系统主要是指在犯罪发生之前,构建相应的犯罪识别和预防系统。识别与预防新系统能够最大程度地抑制犯罪行为的发生,为后续网络黑灰产犯罪行为的监测和预警提供科学技术支撑。一是严格落实互联网应用实名制,制定信用评级体系,并依据评级体系设定服务内容和权限。例如,微博就针对色情引流制定了临时策略,规定发表评论的前提是必须关注博主7天及以上。二是提高平台账号恶意注册难度,增加码台运营成本,以减少恶意账号产出。例如,对新注册账号,增加信誉良好的老用户交叉验证这一机制,实施起来并无难度,但却可以增加恶意注册的难度。三是联合通信运营商,扩充企业黑卡数据库,将风险号码识别前置。

第二,建立监测与预警新技术。政府和网络企业平台必须投入大量资本,主动监控,发现基础设施以及产品的弱点和漏洞,及时修补。例如,针对诈骗类信息,抖音平台将"转账""支付""分红""返利"等一系列敏感、高危关键词添加到词库,使用户无法再使用这些词语或头像,以杜绝迷惑性账号的出现。政府和网络企业必须搭建攻防体系,在企业内部或者联合相关产业建立攻防体系,针对不同的风险进行实操演练,模拟网络黑灰产对抗和反制的路径,以应对可能出现的威胁。利用大数据技术,建立网络黑灰产舆情系统,通过舆情监控丰富、补充网络黑灰产活动信息,及时完善针对网络黑灰产的数据模型,提高平台处置黑灰产类信息、黑灰产类风险和黑灰产产业链条监测、预警的能力。例如,抖音针对黑灰产行为开发的风控策略模型,能够基于行为特征、物理特征、内容特征等信息来主动识别、预警与拦截网络黑灰产。

---

① 黄国瑞:《刑法在风险社会的课题》,载《警大法学论集》2016年第30期。

第三,建立回应与决策新机制。网络黑灰产使用的作案手法变化迅速,政府监管部门更应当快速精准对症下药,针对具体问题制订合理的整治方案,并在此基础上做好预警和处置,积极回应网络黑灰产打击和决策选择,给网络黑灰产组织以致命性的打击。例如,针对评论"色情引流"现象,微博调整了热门评论展示策略,规定只展示实名注册且阳光信用积分在 600 分以上的可信用户的评论,这样一来,虽然在一定程度上影响了流量曝光,但是评论区非法引流现象大幅减少,提升了平台整体的用户体验。

(三) 网络黑灰产犯罪法律机制

第一,完善网络黑灰产法律体系建设。刑法是治理网络黑灰产犯罪的保障法和最后手段,其主要是犯罪惩罚和威慑预防作用。促进网络黑灰产犯罪生成模式的因素具有多样性,刑事法律的规制具有事后性和滞后性。换言之,若刑法之外的其他部门法律能够有效运行,其必然能够起到第一时间发现并产生积极预防网络黑灰产犯罪发生的效果。针对网络黑灰产领域近些年出现的新情况、新挑战,还需从立法、执法、守法等环节发力,不断完善网络黑灰产法治体系。就立法来说,目前针对个人数据保护的《个人信息保护法》(二审稿)已经发布,未来随着该法案的出台与落实,网络黑灰产对个人数据的侵害将会在一定程度上得到遏制。同时,刑法中涉及网络黑灰产的相关规定,也需要在实践中不断完善和发展,针对新情况、新挑战,需要不断出台有针对性的修正案,始终保持对网络黑灰产的打击力度。就执法而言,由于网络黑灰产交易方式和模式更新较快,很多违法行为没有绝对可供参照的案例,在执法实践中面临多重困难。因此需要进一步细化执法规则,强化执法力度。完善法治的最后一个环节在于增强民众的法律意识和安全意识,提升其防范网络犯罪的能力。

第二,确立网络黑灰产犯罪处理原则。实务中,涉网络黑灰产犯罪案件处置过程中常常牵涉到刑民交叉、行刑交叉的疑难复杂问题,阻碍了案件的高效办理。因此,合法、高效地处置涉网络黑灰产犯罪案件中的刑民交叉、刑行交叉问题具有重要现实意义。处理涉网络黑灰产犯罪的刑民交叉、刑行交叉案件应遵守罪刑法定、法秩序统一性及刑法谦抑性等原则。首先,应避免过度适用刑法,为民事法、行政法参与网络黑灰产犯罪治理提供相应空间。其次,坚持罪刑法定原则。罪刑法定原则是刑法铁则,刑法是决定罪与非罪的唯一标准。因此,在网络黑灰产犯罪治理中必须予以坚决贯彻执行。再次,坚持法秩序统一性原则。应保持网络黑灰产违法犯罪行为在行政法、民法、刑法规制上的相互统一,不存有相互矛盾之处。最后,坚持刑法谦抑性原则。刑法是保障法,具有最后手段作用,民事法、行政法可以调整的,则不必动用刑法进行规制。

第三,强化网络黑灰产案例指导原则。随着网络信息技术的高速发展,网络黑灰产犯罪亦呈现出日新月异的变化。刑法具有安定性、滞后性、可预测性，这与网络黑灰产犯罪的新颖性产生一定的矛盾。刑事立法不可能朝令夕改，加之当前我国刑法解释学还不够发达，一些疑难复杂案件在法律适用上难免会产生分歧，类案不同判现象尤为突出，尤其表现在定性、量刑方面。个别情形下，可能出现罪名形式符合但刑罚过重的现象。[①] 当下，实务中急需"两高"发布相关指导案例。"两高"指导案例有利于统一案件的定性认定标准；有利于统一犯罪刑罚裁量尺度；有利于统一入罪与出罪标准；有利于提高案件的裁判质量。因此，"两高"应针对目前已判决的网络黑灰产犯罪案件，及时总结并统一发布一批具有指导意义的司法判例，从而为提升此类案件的司法裁判质量，落实"类案同判"提供指引和参考。

五、结语

随着移动互联网的迅猛发展，社会治理模式正在由单向管理模式转向双向互动模式、线下模式转向线上和线下相互交融的模式以及单纯的政府监管模式转向社会协同治理模式。[②] 网络黑灰产犯罪治理是网络犯罪治理的关键环节，不仅是我国刑事法学理论研究领域的热点问题，更是我国能否实现网络安全、国家安全的重大现实问题。治理网络黑灰产犯罪的关键在于深刻认识该犯罪的生成模式，进而提出有针对性的多元机制治理对策。网络黑灰产治理的多元机制，包括协同机制、技术机制与法律机制。该多元机制治理模式克服了网络黑灰产犯罪治理的制度供求失衡、治理机制不畅等现实难题，实现了"政府负责、社会协同、公众参与、法治保障、技术支撑"的现代犯罪治理模式。

[①] 参见喻海松：《网络犯罪黑灰产业链的样态与规制》，载《国家检察官学院院报》2021年第1期。

[②] 参见中共中央党史和文献研究院：《习近平关于网络强国论述摘编》，中央文献出版社2021年版，第21页。

（三）洗钱犯罪防控研究

当前我国洗钱罪的新态势与防控对策

徐　宏　程逸轩*

洗钱罪在我们国家已存在许久，但它仍然在不断发展完善当中，并随着我国市场经济发展而呈现出新的特征与态势。在互联网技术高速发展的现代，洗钱日益成为国际关注的重点问题，并且洗钱罪的行为也更具隐蔽性，涉及的范围更广，产生的危害程度也更深，给我国金融秩序以及司法秩序造成了严重的破坏，也严重影响了我国的社会秩序和国家安全。本文将简要阐述洗钱罪的基本概念，并从洗钱罪的立法过程入手，继而阐述洗钱罪在现代经济态势下的新特征，以及产生的新问题，并给出相应的防控措施。

一、洗钱罪的立法沿革

"洗钱"，顾名思义是将钱洗刷干净，而在司法领域其意思是对犯罪所得进行掩饰、隐瞒，将其转化为合法财产的过程。洗钱罪的行为活动完整的应当分为三个阶段，分别为"放置、离析和融合。"① 放置是指将犯罪所得及其收益放置到金融领域，使其蒙上合法的外衣；离析是指将非法资金混入合法资金中，以掩盖其非法的本质；融合是指将第二阶段的资金加入正常的经济运行中，以逃避官方的调查追踪，使得其完全获得合法的外表。"洗钱"一词最开始并不适用于法律以及犯罪领域，它起源于西方基督教《圣经》一书。而"洗钱"进入商业领域，成为正式的词语则是在20世纪的美国。此时一家饭店老板为防止钱流通多次而变得太过脏污致使顾客不收，对钱进行洗涤，直至

---

* 徐宏，华东政法大学刑事法学院副教授、法学博士；程逸轩，华东政法大学硕士研究生。

① 高铭暄、马克昌主编：《刑法学》，北京大学出版社、高等教育出版社2019年版，第48页。

其变得干净如新，这才衍生出"洗钱"这一词语。直到20世纪20年代，也是在美国，有个犯罪集团为了使得自己所得的非法收入变得合法正规化，在美国境内开设众多洗衣店，将自己非法所得混入洗衣店正规收入中，一同报税以达到掩盖赃款的目的，这是"洗钱"第一次与犯罪挂钩。① 而它成为正式的法律术语，也和美国脱不了干系，1972年轰动全世界的"水门事件"中，为逃避法律制裁，将政治捐款转投入墨西哥进行清洗。此后，"洗钱"一词在司法领域中被广泛应用。

我国对于"洗钱"这一概念的了解，以及洗钱罪的立法都略晚于西方。我国洗钱罪的立法历程是从零星间接地立法开始，逐渐发展演变成系统立法，再到各个规范性文件相辅相成，成为一个较为完整的体系。洗钱罪的发展不仅和我国经济发展息息相关，也从侧面体现出我国经济的发展历程。

我国对于洗钱罪的立法沿革大致可以分为以下几个阶段：

第一阶段：新中国成立至1979年《刑法》颁布制定。20世纪70年代，我国实行的一直都是计划经济，此时对于洗钱罪，法律法规并无任何规定，也不需要对其进行相应的规定，这是当时的国情和经济发展状况决定的。而到了1978年以后，我国实行改革开放，情况就变得大不同了。我国与外国之间的联系加强了，商业往来愈来愈频繁，随着经济的发展，产生了许多新的经济主体。虽然在1979年《刑法》中仍没有洗钱罪的明文规定，但对于属于其体系的掩饰、隐瞒犯罪所得罪的前身罪名——窝赃销赃罪进行了规定，这属于结合当时情状的合理规定。②

第二阶段：1979年《刑法》制定至1997年《刑法》颁布。由于我国没有对洗钱进行相应的规定，对于刑事犯罪的惩罚更多的也是依靠大量行政文件，因此成为了外国犯罪分子掩饰其非法所得的绝佳地域，也给了国内许多不法经济主体一个滋养犯罪的绝佳温床。与此同时，各种新型经济犯罪和暴力犯罪，譬如毒品犯罪等也在我国日益猖獗，我国的犯罪率极速上升。在此背景下，我国于1990年12月28日通过了全国人民代表大会常务委员会《关于禁毒的决定》（已失效）这一规范性文件。此文件的颁布是为了履行我国刚加入不久的《联合国禁毒公约》所要求的缔约国的义务，③ 但这也是我国洗钱罪的立法开端。虽然这个文件并没有明确指出"洗钱罪"这一概念，不过该文件在第4

---

① 参见毕汇林：《洗钱罪的立法缺陷及其对策研究》，西南大学2018年硕士学位论文。
② 参见何萍：《洗钱犯罪的刑事立法演变与完善》，载《人民检察》2020年第22期。
③ 参见肖乾利：《洗钱罪构成要件与立法完善》，载《西南政法大学学报》2006年第1期。

条规定中却注明，对毒品犯罪及其所得收益，缔约国可行使管辖权，这是我国对洗钱相关的犯罪进行刑事管控迈出的第一步，也为打击洗钱犯罪国际合作打下了基石。

第三阶段：1997年《刑法》颁布至今。1997年《刑法》的颁布使得洗钱罪独立成罪，正式成为刑法的条文之一。改革开放给我们国家社会带来了天翻地覆的变化，我国的经济发展越发繁荣，在这利好的大趋势下，我国的经济犯罪手段也越发复杂多样，洗钱手段也更加隐蔽、高端，洗钱罪的上游犯罪不再局限于毒品犯罪这一类。仅凭《关于禁毒的决定》显然已经不能满足需要，因此在此决定基础上，进行了扩充，将走私、黑社会性质犯罪也纳入其中，整合并纳入1997年《刑法》。此时，我国洗钱罪的上游犯罪已经进行了一定的扩充，有关打击洗钱罪的刑事立法不断获得完善和加强①，基本能够满足当时司法以及抓捕犯罪等实际需要。

21世纪初期的"9·11"事件给了全世界一个不小的震动，国际反恐形势越发严峻。在此背景下，2001年我国通过《刑法修正案（三）》将洗钱罪的上游犯罪扩展至恐怖活动组织犯罪，对恐怖活动犯罪及其收益进行规制。2006年通过的《刑法修正案（六）》将洗钱罪的上游犯罪进一步扩大，走私犯罪、贪污贿赂犯罪、破坏金融管理秩序犯罪、金融诈骗犯罪都被纳入其中。可以说，洗钱罪扩充，"是我国自1997年刑法修订以来最引人注目的立法活动之一"②。同年所颁布的《反洗钱法》更是扩大了反洗钱的义务主体，将在我国设立的金融机构以及负有反洗钱义务的非金融机构增加进反洗钱的主体之中。同时，该法还对义务主体所负责任内容进行了规定，对于违反的，将处不定数额的罚款。中国人民银行随即出台《金融机构大额交易和可疑交易报告管理办法》等一系列对应文件，对具体操作进一步细分和阐述。2020年《刑法修正案（十一）》对于金融犯罪的立法趋向体现"重刑化特征"。③ 对于洗钱罪进行了更大的扩充，增设自洗行为等类型入罪，增加了入罪行为对象类型，同时优化了洗钱罪的主观要件表述，洗钱罪在新的时代下将呈现出新的特征。④ 我国的洗钱罪立法都是根据相应的时代背景做出的扩充和修改，是对于每阶段

---

① 参见项婷婷：《洗钱罪的立法问题考究》，载《怀化学院学报》2018年第3期。
② 马长生、辜志珍：《论刑法修正案（六）对洗钱罪的扩容》，载《河北法学》2007年第9期。
③ 刘宪权：《金融犯罪最新刑事立法论评》，载《法学》2021年第1期。
④ 参见卫磊：《〈刑法修正案（十一）〉对洗钱犯罪刑法规制的新发展》，载《青少年犯罪问题》2021年第2期。

国情的深刻把握，是科学的、符合规律的，也是满足当下要求的。

二、洗钱罪的新态势

在经济高速发展的现代，经济全球化与互联网的普及以及网络电子技术的发展，使得各国联系更加紧密，贸易更加频繁，新兴支付手段的出现更是方便了人们的生活，但技术方面的革新给人们带来了极大便利的同时，也使得洗钱犯罪活动逐渐由简单转向复杂，范围也由一国逐渐扩散至全球，其渠道日趋丰富，行为隐蔽性更强，犯罪形式更加多样，涉及的范围更广，案件数量更多，造成的危害程度也越重。① 其不仅成为专门化、产业化、链条化的犯罪领域，也有了自己独特的分工环节，严重阻碍了经济的正常发展，影响我国乃至全球的金融秩序，加剧了国际经济的不稳定，其涉及的上游犯罪也对公共安全、人民生命财产安全，甚至国家安全造成严重影响。

（一）洗钱犯罪行为隐蔽性更强

洗钱是一项严重危害国家金融秩序和安全的犯罪行为，对此各国都采取了相应措施，同时犯罪分子为了避免暴露自己也采取了更加谨慎的方式参与中间交易活动。随着具有强隐蔽性的高科技电子手段的发展，洗钱犯罪有了更便利的条件。例如第三方支付平台，利用其进行跨行转账，要比以往的网上银行跨行转账所耗费的时间短大约百分之九十，这大大方便了犯罪分子更快转移更多资金。② 还有近几年兴起的虚拟货币，例如比特币、网络赌博以及专门负责策划洗钱犯罪的组织机构等的出现，都有利于犯罪分子隐藏自己的洗钱行为。此外，由于我国现阶段的网络监管体制下并没有强有力的配套措施来遏制犯罪分子，这更给了他们可趁之机。这种网络流行的虚拟货币与现实不同的是，其没有现实货币日益完善的防伪技术，也没有统一的管理者或者管理机构进行制约，既可以通过数字货币账户进行"中心化"转账支付，也可以通过电子钱包进行"非中心化的"③双离线接触式支付，在这种模式下资金的实际来源几乎无处可寻。庞大复杂的互联网更是给了犯罪者一个绝佳的转移资金的通道，加大了司法机关的追查难度。同时随着线上销售服务的大范围普及，这种本是为方便居民日常生活的服务平台也成为了洗钱罪的媒介之一，不少犯罪分子借

---

① 参见胡向阳、张晓华：《互联网洗钱犯罪侦查研究》，载《犯罪研究》2019年第6期。

② 参见田圣斌：《互联网刑事案件管辖制度研究》，载《政法论坛》2021年第3期。

③ 巫文勇：《货币数字化场景下洗钱犯罪形态和刑法重构》，载《中国刑事法杂志》2020年第3期。

此来完成洗钱活动。其中使用最多的就是网络商店和网络拍卖。例如洗钱行为者与网店经营者合谋，在网店用非法所得购买大额商品后，要求卖家虚拟发货，再用各种理由申请退货，最后扣除手续费作为回报后拿回非法所得，洗钱完毕。① 在这些"遮羞布"的帮助下，越来越多的犯罪者能够轻松完成洗钱行为，并且逃避司法机关的侦查。

（二）洗钱犯罪数量上升，危害更加严重

近年来，随着经济的高速发展，我国各种新兴金融机构层出不穷，移动支付、网络电商等新事物在给人们带来便捷的同时，也成为了滋生洗钱犯罪的土壤，洗钱犯罪的数量不断上升，危害日趋严重，其危害范围不断扩大，涉及金额日益庞大。根据中国裁判文书网的粗略统计显示，我国洗钱罪的数量呈逐年上升状态，2017年为75件，2018年则上升至121件，2020年更是上升至256件，相比2019年有了惊人的增长。此外，包含洗钱行为，但最终未能以洗钱罪定罪的犯罪行为也不在少数。检察机关不断加大洗钱犯罪惩治力度。2020年，全国检察机关共批准逮捕洗钱犯罪221人，提起公诉707人，较2019年分别上升106.5%和368.2%。洗钱犯罪与其上游犯罪息息相关，而上游的七种特定犯罪以及其多种洗钱渠道和资金流动的速度均证明，洗钱罪涉及的金额巨大，数以亿计。根据中央人民银行去年公布的数据显示，央行针对洗钱机构所做的处罚金额已达到5.62亿元，尤其是网络洗钱行为在洗钱罪行为中所占的比重越来越大。因为互联网洗钱有着低成本、低风险以及高收益的便利，使无数犯罪分子趋之若鹜。目前移动支付技术尚未成熟，也有着线下交易没有的时效性的特点，"犯罪分子往往利用自身的洗钱基础，将洗钱行为产生的时间等信息进行变化或者删除，"② 在此情况下，监管机构的识别难度也会加大。而我国的监管机构目前存在技术等方方面面的问题，无法做到完全的实时监控，未能及时发现犯罪信息。如若运用第三方支付平台进行支付，那么又存在对庞杂的客户身份识别以及信息保存的难度，这些支付机构的资质也参差不齐，可能会利用漏洞，瞒报漏报交易，间接为洗钱提供非法服务。③

洗钱罪危害的加深还体现在恐怖融资领域。近几年，恐怖袭击活动在各国

---

① 参见周红亚、刘根娣、薛博文：《网络洗钱犯罪的治理与防控》，载《犯罪研究》2017年第4期。

② 李世杰：《移动支付中洗钱犯罪案件的侦查困境及对策》，载《四川警察学院学报》2017年第6期。

③ 参见唐淑臣、刘英才、于龙：《第三方支付洗钱犯罪侦查研究》，载《江西警察学院学报》2021年第2期。

日益猖獗，尤其是欧洲地区更是深受其害，其危害的范围越来越广，程度越来越深，影响越来越大，是各国均面临的核心问题。恐怖活动为何屡禁不止，就是因为地下资金支持其生存和发展，而这些资金多是采取洗钱的手段，通过各种渠道化整为零转移至另一国境内的，这些资金体现出"多渠道，合法化；金额小、电子化；短暂性、难辨性"等特点。① 2017年国务院下发的《关于完善反洗钱、反恐怖融资、反逃税监管体制机制的意见》（国办函〔2017〕84号），就强调要重视反洗钱和恐怖融资的监管体制机制，切实履行成员义务，积极做好金融行动特别工作组（FATF）反洗钱和反恐怖融资互评估。将国际组织评估作为完善和改进反洗钱工作的重要契机，组织动员相关单位和反洗钱义务机构，严格对照反洗钱国际标准，结合我国实际情况，切实提高反洗钱工作合规性和有效性。

（三）网络洗钱不断发展，洗钱罪主体范围扩大

以往的洗钱活动虽然也采取网络洗钱，不过因为互联网技术并不成熟，相关配套设施也没有大规模普及，网络领域又有着较高的专业性限制，所以网络洗钱在所有洗钱方式中所占比例并不高。但随着第三方支付平台的出现并在全球范围内呈现出欣欣向荣的态势，网络工具诸如P2P平台、虚拟货币等的蓬勃发展，犯罪分子又将目光转移到了这些平台上，近年来迅速发展壮大的移动支付平台成了他们的首要选择。根据《中国数字经济发展白皮书》显示，2020年我国数字经济规模达到39.2万亿元，占GDP比重为38.6%。根据《中国移动支付发展报告（2019）》显示，中国已经成为全球移动支付第一大市场，在移动支付用户规模、交易规模、渗透率等方面都处于大幅领先地位。截至2018年上半年，我国移动支付用户规模约为8.9亿，移动支付在手机用户中的渗透率（即在过去三个月内使用过的比例）高达92.4%。如今人们日常生活中早已习惯采取移动支付，而不是现金和银行卡的支付方式，这种仅依靠数据联系就能达成的交易，方便了人们的生产生活，却也给犯罪分子以可乘之机。他们不再受到时间、空间的限制，只要拥有一台能够进行网络连接的电子产品，即使相隔千里也能够在瞬间完成资金的转移。② 如此一来，洗钱罪涉及的金额越来越大，犯罪分子的行为也越发的无所顾忌。

与此同时，网上的洗钱活动不仅局限于金融领域，一些非金融机构也参与其中，成为洗钱罪的新型主体。与以往线下洗钱模式不同的是，非金融机构在

---

① 李春：《恐怖融资犯罪防控路径研究》（上），载《犯罪研究》2015年第5期。
② 参见汪恭政：《移动互联网背景下移动支付洗钱犯罪及其防控》，载《犯罪研究》2017年第5期。

线上洗钱活动中扮演着重要的角色。其作为提供移动支付服务的一方,其不仅负责提供虚拟账户、移动支付以及资金管理等,还作为连接商户、网络用户和商业银行之间的支付桥梁。在这种模式下,商业银行无法知晓前端商户、网络用户之间的交易关系和资金流向,出现了相对独立的"封闭性支付系统"①。因此非金融机构及其成员参与洗钱的机会也就大大增加,洗钱罪的主体范围也就相应地将这些非金融机构及其成员囊括其中。而这些机构提供的移动支付功能,使得犯罪分子利用手机等移动设备便可进行洗钱操作,这大大增加了监测难度。再加上这些非金融机构数量庞大,我国也并未建立"完善的非金融机构与银行之间的信息共享机制"②,这将导致信息的不畅通与闭塞。同时这些机构往往出于自身经济利益考量,不愿积极承担调查义务,甚至会给犯罪分子通风报信,或者帮助他们销毁证据,阻碍了违法所得数额的确定以及洗钱证据的认定。

三、对于洗钱罪新态势的防控政策

洗钱的过程错综复杂,手段也极其繁多,尤其是在互联网技术苗壮发展的现在,洗钱罪的行为越发隐蔽,其危害程度日益加深,在各方面都有了新的变化,相应的,监管措施也应当做到全面、及时、灵活,形成一个互相协调的整体,以应对复杂的现实情况,维护人民的生命财产安全。

(一)加强对洗钱罪主体——金融平台的监管

以往的洗钱行为集中在金融机构,但随着电子信息技术的发展,一些非金融机构诸如商场、影视剧制作公司、投资公司等越来越多地参与进洗钱活动中,成为组织洗钱活动的一个重要平台。这些非金融机构经营范围广泛,与人们日常生活息息相关,并且允许非实名制交易和预付卡交易。此种结算方式便于资金的转移与取得,却也方便了逃避有关机构对资金的监管。由于我国对这些平台所需承担的反洗钱义务内容并未作出具体规定,这些机构自身对于是否需要承担反洗钱义务也是一知半解,因此往往不但不能有效配合监管机构进行反洗钱的监管,反而阻碍了监管机构正常工作的进行。基于此情况,建议必须出台有关规定。第一,完善反洗钱法规制度建设,对于应承担相应义务的非金融机构进行明确的规定③,划分出确切的主体范围,并用详尽的法律条文表述清楚,使得监察机构在对这些金融机构进行监管时能做到有法可依。第二,对

---

① 罗斌:《移动支付洗钱犯罪的特点及防控》,载《中州学刊》2018年第6期。
② 陈致远:《电商时代下洗钱犯罪的防治》,载《四川警察学院学报》2017年第3期。
③ 参见何萍:《互联网金融中的洗钱风范及其防范》,载《犯罪研究》2017年第1期。

于该机构承担的反洗钱义务的内容要详细化、具体化,对非金融机构组成人员应承担的责任与义务也要进行细致规定,并制定相应的奖惩措施,着重对机构及其人员监守自盗的行为进行处罚。同时也要给予非金融机构一定的豁免,符合他们经营活动的特点和实际,尽量避免与其行业职业规范相冲突,以保证规定的可行性和可操作性。

除了对非金融机构的监管,更要完善和加强对金融机构的监督。我国虽然已经形成了以《反洗钱法》为核心,中国人民银行颁布的《金融机构反洗钱规定》《金融机构大额交易和可疑交易报告管理办法》等规章制度为补充的金融机构反洗钱法律体系,但是针对金融机构的处罚大多属于行政处罚,多停留在纪律处分和罚金这些处罚程度较轻的措施上,对金融机构并不能起到强有力的威慑。我们提出以下建议:第一,加大对金融机构洗钱行为的处罚力度,通过一系列立法,达到抑制洗钱犯罪的目的。必要时应当对该机构进行刑事处罚,使其承担刑事责任,做到罪责刑相适应。第二,严格网上金融市场准入制度。提高网上金融机构的设立门槛,设置其进入市场的条件,并对其资格进行审查,在重点领域譬如认证、安全、风险提醒、跨境服务等领域进行着重审批,可以有效地将一些试图利用网上银行、网上店铺等进行洗钱的犯罪分子拒之门外,从源头阻绝其进行洗钱行为的可能性。① 第三,对网络支付体系进行完善。对于已经融入人们日常生活的电子支付系统以及其信息披露、报告和安全审核制度,以及虚拟货币系统进行完善,化被动为主动。不能单纯依靠金融机构的年度或者季度报告,而要采取运用交易自动报告系统来不断鉴别电子交易中的可疑交易,"引导其建立反洗钱机构,定期向银行输送可疑数据"②。

(二) 运用大数据技术加强洗钱罪监督与防控

以移动互联网、云计算、大数据、物联网为代表的新一代信息通信技术的发展,使得洗钱手段也开始呈现智能化的特征。利用大数据为手段,不失为加强对洗钱罪的监督与防控的好方法。第一,保障身份隐私与数据互通,完善洗钱犯罪数据立法。注重隐私安全与数据互通二者并不矛盾,并且我们在严格保护隐私的前提下,才能进行更安全、更流畅的数据互通。运用大数据进行侦查的首要前提是确保其能充分地对数据进行运用,但这种充分也是有前提的,必须在严格遵守个人隐私保护的规定下进行数据有保留的共享。只有采取法律层面的措施,才能对数据安全进行严格的保护。目前我国还没有关于洗钱犯罪数

---

① 参见刘伟丽:《互联网金融环境下我国洗钱犯罪的惩治与预防》,载《法学杂志》2017年第8期。

② 参见余绍银:《网络洗钱对策研究》,华东政法大学2014年硕士学位论文。

据运用问题的专门法律规定，所以应当在现有的法律规定基础上，提高各个部门关于洗钱犯罪数据使用的专指性以及操作性。鉴于数据的多样性，必须分清哪些可以直接使用，哪些需要处理后才可以使用，哪些需要办理相关手续才可以使用，如此这样更加灵活地对各个数据进行处理。① 第二，建立信息共享平台。运用大数据最关键的一步就是打破数据壁垒，只有打破数据壁垒，才能更好地实现数据之间的互通。还可以从内部数据和外部数据两方面进行完善，侦查机关内部需建立统一的数据标准，在对数据进行严格分级管理后搭建数据共享中心，便于内部信息的迅速流通，既不受烦琐流程所困扰也不会耽误最佳侦查时机。② 侦查机关还应当与外部建立通畅的信息共享机制，外部行业机构业务规则繁多且限制多，例如侦查机关向金融机构调取犯罪嫌疑人资金账户数据时，就需要耗费很长时间，调取的也仅限于六个月内的通话数据。在数据更新慢且不足的情况下，会给侦查造成极大阻碍，甚至可能误导侦查的方向。第三，提升数据取证能力和相关理念。对于现阶段愈来愈猖獗的网络洗钱犯罪，其交易在一定程度上都涉及计算机系统和数据，由此纸质追踪文件的作用已经变得有限，必须重视电子数据在侦查中的作用。电子数据已经成为法定证据之一，其具有的难以追踪、可无限复制、有一定稳定性的特点，对于与网络洗钱的网络调查有着十分重要的意义。因此应当对适当的人员进行培训，提高相关知识水平，并完善相应的配套设施，不断提升电子数据的取证水平，这将对利用大数据进行调查有着关键的作用。

（三）填补洗钱罪立法漏洞

虽然我国通过了《刑法修正案（十一）》，将自洗罪纳入洗钱罪的范围，并且对洗钱罪的行为类型进行了一定的调整和扩充，适应了现阶段洗钱罪的新变化，体现了与时俱进的特点，但洗钱罪的立法仍存在一些漏洞需要进行弥补。第一，应当宽泛上游犯罪的范围。我国目前规定的洗钱罪的上游犯罪为七种特定犯罪，那么犯罪分子施行与七种犯罪具有相当社会危害性的犯罪，再进行相应的洗钱行为，则不能认定为洗钱罪，而只能认定为较之洗钱罪量刑较轻的掩饰、隐瞒犯罪所得罪等其他罪名，这可能导致罪责刑不平衡，不能有效制约犯罪。同时根据我国加入的《联合国打击跨国有组织犯罪公约》的规定："将所有严重犯罪都纳入到洗钱罪的上游犯罪范围"，《联合国反腐公约》也要

---

① 张波、毛彦民：《大数据背景下网络洗钱犯罪的困境及其破局初探》，载《犯罪研究》2018年第6期。

② 参见张博睿、万金冬：《论非法吸收公众存款犯罪大数据侦查系统的构建》，载《净月学刊》2018年第1期。

求各国将洗钱罪适用范围扩张到最大,虽然公约没有强制要求,但根据联合国的有关精神,我国也应当对其进行相应的扩充。但这种扩充是有限制的,必须根据我国的实际刑事立法情况,进行"有限的扩容"[①],主要集中于危害国家安全罪、破坏社会主义经济秩序犯罪、侵犯财产罪等对我国社会秩序等造成严重危害的犯罪。第二,增加客观行为方式。[②] 我国洗钱罪只规定了典型的四种行为方式——"转换、转让、隐瞒、掩饰",而未将"获取、持有、使用"规定在内。众所周知,完整的洗钱罪,应该为三个阶段,即融合、放置、离析。我国并没有对"离析"进行规定,应当在保持现有行为方式的情况下,加入"获取、持有、使用"这三个行为方式,以补充规定的缺漏。

综上所述,在互联网科技飞速发展的时代,移动支付发展和互联网的信息畅通给人们的生活带来方便快捷的同时,也使得洗钱罪呈现出不同以往的新兴态势,对我国反洗钱带来前所未有的难题和挑战。我们要在认清其新特征与发展趋势后,精准施策,利用好互联网技术这一优良条件,为我国反洗钱事业再上一层楼做出贡献。

[①] 参见井晓龙、张宝:《我国洗钱罪上游犯罪扩容的立法建议》,载《人民检察》2017年第23期。

[②] 参见邵月棠:《我国洗钱罪的立法缺陷与完善》,南昌大学2019年硕士学位论文。

虚拟货币洗钱犯罪防范刍议

徐 茂*

近年来，伴随着全球区块链技术和虚拟货币的迅猛发展，尤其是马斯克将特斯拉与比特币时而挂钩时而脱钩，使得比特币、草狗币等虚拟货币上演了一轮又一轮过山车行情①，国家货币监管也面临严峻挑战。2019 年 10 月 24 日，习近平总书记在中央政治局第十八次集体学习时强调，要把区块链作为核心技术自主创新重要突破口，着力加快推动区块链技术和产业创新发展。区块链技术成为区块链产业、金融资本和社会舆论关注焦点的同时，不法分子也觊觎利用区块链技术的分布式、匿名性、全球可兑换性等特点实施扰乱金融管理秩序等违法犯罪，其中利用区块链技术衍生的虚拟数字货币进行洗钱危害尤为严重。根据区块链安全公司 PeckShield 发布的《2020 年度虚拟货币反洗钱报告》显示，2020 年，中国未受监管的跨境流动虚拟货币价值达 175 亿美元，较 2019 年增长 51%，且仍在快速增长。激增的洗钱"新通道"，给中国反洗钱机制带来巨大的挑战②。因此，有必要加强区块链虚拟货币的相关研究，针对虚拟货币洗钱犯罪风险防范等方面提出应对之策。

一、虚拟货币概述

虚拟货币是以数字化的形式存储在网络或有关电子设备中，并通过网络系统以数据传输方式实现流通和支付功能的网上等价物，即无实体的货币③。FATF（国际反洗钱金融行动特别工作组）对虚拟货币的定义是"一种价值的

---

* 徐茂，上海公安学院科研管理处助理研究员。

① 近一年来，每个比特币从不足 1 万美元，到 4 月中旬达到近 64000 美元的峰值之后，目前比特币价格已经下跌了近 50%。

② 《400 亿元"币圈第一大案"背后，虚拟货币成跨境洗钱"新通道"》，载中国新闻周刊，https://xw.qq.com/partner/vivoscreen/20210425A0136D00。

③ 谢灵心、孙启明：《网络虚拟货币的本质及其监管》，载《北京邮电大学学报（社会科学版）》2011 年第 1 期。

数字表示,它可以进行数字化交易,具有交换媒介、记账单位和价值存储的功能,但不具有法定的货币地位"①。美国财政部金融犯罪执法网络发布的规范指引指出,"虚拟货币是一种在某些环境下像货币一样运行,但不具有真实货币的全部特征,在任何法域之内不具有法定货币地位的交易媒介"②。虚拟货币从最初的只在互联网上购买虚拟商品,到用比特币来完成特斯拉汽车购置支付,已然从互联网渗透到现实世界当中。作为当前最具有影响力的金融创新产品之一,比特币等虚拟货币洗钱犯罪的出现,赋予了虚拟货币新的特征,也带来了新的风险。

(一) 虚拟货币的特征

广义的虚拟货币大致上可以分成三类:第一类是游戏中的货币,主要指在网络游戏中的货币,玩家可以在游戏中对该类货币进行交易。第二类是门户网站或者即时通讯工具服务商发行的专用货币,用于购买本网站内的服务,此种货币通常只可以在虚拟环境中使用,有时也可用来购买实体商品或服务,例如各种超市、网站的积分、点数等。最为典型的当属腾讯公司的Q币,可用来购买会员资格、QQ秀等增值服务。第三类数字加密货币,如比特币(BTC)、莱特货币(LTC)等,是一种由开源的P2P软体产生的加密数字货币,是一种网络数字加密货币。主要用于互联网金融投资,此种货币有买入价和卖出价,也可以作为新式货币直接用于生活中使用。由于前两类虚拟货币涉及犯罪较少,危害不大,本文主要讨论的是第三类数字加密货币。

分布式虚拟货币有许多区别于以往货币的特点,它可以在一些特定场景作为交换媒介,但是又没有国家信用作为支撑,也没有商品生产和交易作为保证,不具备实际的价值基础,流通范围非常有限而且不够稳定。限于篇幅,笔者仅从洗钱犯罪防控的角度对其相关特点进行解读。

第一,分布式。技术意义原文为"Decentralized",一般翻译为"去中心化",但是根据其技术特点表述为"分布式"更为恰当。分布式是当前虚拟货币最为普遍的一种模式特征,如比特币(Bitcoin)、比特币现金(Bitcoin Cash)、莱特币(Litecoin)、狗狗币(Dogecoin)均具备此种特征,此种模式下,虚拟货币的整个网络由用户构成,交易采取点对点的模式,没有中央银行,发行和交易也都没有统一机构监管和负责。分布式记账是数字加密货币自

---

① FATF REPORT, Virtual Currencies—Key Definitions and Potential AML/CFT Risks, June 2014, Page 4.

② MULLAN P C. The Digital Currency Challenge [M]. New York: Palgrave Macmillan, 2014: 118 – 130.

由交易的保证。

第二，全球可流通。虚拟货币可以在任意一台接入互联网的计算机上进行管理操作。无论你身处何方，任何人都可以挖掘、购买、出售或收取虚拟货币，没有地域、额度及相关法律的限制，交易费用也非常低。

第三，匿名性。虚拟货币被广为宣传的特性之一就是其交易的匿名性，也正是基于此特点其常常被犯罪分子用来进行暗网交易的支付手段，进行非法转移和藏匿赃款等犯罪活动。虚拟货币的钱包地址基本不需要进行任何实名认证或与手机、虚拟号码绑定等操作，只需一个邮箱地址就可完成，通过一个随机的 256 位数字生成私钥，通过私钥使用椭圆曲线算法（SECP256K1）生成公钥，利用 HASH 算法（RIPEMD160），再通过加上版本号后进行两次 SHA256 运算以及 BASE58 进行编码（比特币定制版本）后计算出 26 位至 34 位的钱包地址，且每次交易都可以更换不同的钱包地址，从而实现虚拟货币交易的匿名性，这也使得对虚拟货币的交易进行流向追踪变得非常困难。

第四，资源有限性。大多数虚拟货币在设计之初就限制了最大货币发行量，例如比特币总数量为 2100 万个，莱特币总数量为 8400 万个，发行的有限性导致数字加密货币价格的保值及持续上涨（今年 4 月单个比特币最高售价曾接近 6.4 万美元），这也是犯罪分子青睐于虚拟货币交易的原因之一。

（二）虚拟货币的法律地位

比特币在各国的法律地位各异，总体说来是少部分国家承认，如日本和德国等，而更多的国家不予认可，我国属于不认可其货币地位的国家。

第一，国际上各国对虚拟货币的态度。日本作为比特币与区块链技术的"发源国"，于 2016 年首次定义比特币等虚拟货币，认为虚拟货币是新型"支付方式"并非"货币"；针对虚拟货币交易征税问题，日本财政相关部门于 2017 年宣布实施免税政策，日本金融局（FSA）2018 年新修订的《日本支付服务法案》开始正式实施，该法案明确比特币具有合法地位，可进行消费支付和用于各类企业和金融公司的结算。美国对数字加密货币一直持谨慎甚至抵制的态度，在比特币诞生初期，美国政府部门出台一份文件认为比特币是一种典型的数字加密货币，不具备实际货币的全部属性和法定货币地位。2013 年 6 月底，德国议会决定持有比特币一年以上将予以免税后，比特币被德国财政部认定为"记账单位"，这意味着比特币在德国已被视为合法货币，德国也是世界上首个承认比特币合法地位的国家。韩国则拒绝承认比特币的合法地位。加拿大也在很早就承认比特币的货币地位，2013 年，加拿大税务局发布公告将数字货币归为金融资产，世界上首个比特币 ATM 机就是在加拿大温哥华投入使用①。2021年6月9日,南美国家萨尔瓦多国会以62票赞成、22票反对的优势通过法案,使比特币成为该国法定货币,自此,在萨尔瓦多,商品价格可以用比特币显示,税收可以用数字货币支付,比特币交易将不需缴纳资本利得税②。

第二,我国对虚拟货币的态度。2013年,中国人民银行等五部委联合印发《关于防范比特币风险的通知》,比特币虽然被称为"货币",但由于其并非由货币当局发行,不具有法偿性与强制性等货币属性,因而不是真正意义上的货币。2017年中国人民银行等七部委《关于防范代币发行融资风险的公告》,宣告以比特币、以太币等为代表的虚拟货币不具有与货币同等的法律地位,明确否认了数字加密货币的法律地位并明确禁止代币融资交易平台从事虚拟货币的兑换、买卖等服务。2018年1月17日,央行营业管理部发布《关于开展为非法虚拟货币交易提供支付服务自查整改工作的通知》:要求辖内各法人支付机构严禁为虚拟货币交易提供服务,并采取有效措施防止支付通道用于虚拟货币交易;各单位应加强日常交易监测,对于发现的虚拟货币交易,要及时关闭相关通道,妥善处理结算资金,维持社会稳定。2018年11月,中国人民银行发布了《中国金融稳定报告(2018)》,首次提到了加密资产、首次代币发行等概念。央行将加密资产定义为"民间金融资产",并指出其价值基于密码学及分布式记账等技术。但在货币属性和法律地位上,央行仍不承认其货币属性和相应的法律地位。因此,我国对虚拟货币(数字加密货币)的定义为非货币的有价金融资产。2021年5月18日,中国互联网金融协会、中国银行业协会、中国支付清算协会三协会联合发布《关于防范虚拟货币交易炒作风险的公告》,提示虚拟货币交易炒作风险,强调指出虚拟货币交易是非法金融活动,公告明确有关机构不得开展与虚拟货币相关的业务;5月21日,国务院金融稳定发展委员会进一步要求,"打击比特币挖矿和交易行为"。

(三)虚拟货币对正常金融秩序的影响

虚拟货币因其"去中心化"的特征,几乎不受任何政府、部门监管,也无法通过调整流通中的数字货币数量来实现中央银行应对经济过热或衰退的调控职能,但是其却在流通过程中实实在在地体现,或者说完成了货币职能,其对社会正常的经济秩序势必产生深远的影响,乃至危害。

---

① 李康震、周芮:《区块链技术在一带一路国际执法合作中的应用研究》,载《北京警察学院报》2018年第2期。

② 汤翠玲:《全球首例!萨尔瓦多正式将比特币作为法定货币》,载《上海证券报》2021年6月9日。

第一,使金融监管形式化。数字加密货币"去中心化"分布式的特性,使得国家、部门或行业组织无法对其进行有效的统筹管理和流通调整。目前国际上各国政府也只能通过对数字加密货币的公开交易平台制定相关政策措施来进行规范,实际效果不得而知。没有一个公信力的央行机构的保证,数字加密货币很容易成为恶意炒作者或狂热者的投机工具,严重扰乱正常的金融秩序。

第二,成为非法资金通道的犯罪支付工具。美国联邦调查局(FBI)宣称,Haney是"丝绸之路"网站中的一个注册用户,他在该网站使用化名经营毒品生意,仅仅在2011年11月至2012年2月间就通过销售各种违禁药品赚取了价值数百万美元的比特币。他在2018年2月将累计赚取的价值数千万美元的比特币转入到了一家身份不明的比特币交易平台上,进而把这些违法所得的比特币兑换成美元存入自己的个人银行账户之中[①]。2018年3月14日,巴西警方查获一个利用比特币洗钱的犯罪团伙。警方在一次反腐败行动中逮捕了嫌疑人,嫌疑人涉嫌通过开具高价发票侵吞国家资产,给公共财政造成至少7300万雷亚尔(约1.4亿人民币)的损失,并且通过比特币将资金转移到海外来逃避联邦税务局、中央银行和金融活动控制委员会的监管。

二、利用虚拟货币进行网络洗钱流程特征和侦防难点

洗钱罪是指明知是毒品犯罪、黑社会性质的组织犯罪、恐怖活动犯罪、走私犯罪、贪污贿赂犯罪、破坏金融管理秩序犯罪、金融诈骗犯罪的违法所得及其收益,为掩饰、隐瞒其来源和性质,而提供资金账户的,或者协助将财产转换为现金、金融票据、有价证券的,或者通过转账或者其他结算方式协助资金转移的,或者协助将资金汇往境外的,或者以其他方法掩饰、隐瞒犯罪所得及其收益的来源和性质的行为。该项犯罪强调的是"转换"行为,即借助于中介机构或其他工具、通道等完成对上游犯罪赃款赃物来源和性质的转换,而虚拟货币中介机构通过虚拟货币与法币的转换、使用匿名钱包地址进行混淆,或通过与其他用户交换实体商品,能够实现更便捷、更隐蔽的非法资金转移,使得虚拟货币成为近年来洗钱犯罪的热门途径。

(一)基于区块链技术的虚拟货币进行网络洗钱基本原理

去中心化(分布式)的区块链技术叠加匿名的点对点转账的虚拟货币,行为人在使用区块链技术进行虚拟货币交易时只会留下钱包地址,并不会与用

[①] 李兰英:《虚拟货币洗钱犯罪的风险剖析及治理策略》,载《贵州省党校学报》2021年第2期。

户的真实身份相关联,也不涉及银行等中介机构,因此,比特币等虚拟货币极易被犯罪分子用来作为毒品犯罪、黑社会性质的组织犯罪、走私犯罪甚至恐怖活动犯罪的洗钱工具。应用区块链技术进行网络洗钱的基本原理包括:

第一,创造信任。由于储存于区块链中的信息和数据一经形成就不可篡改并且可以得到全网见证,这样就不存在被欺诈或虚假交易的信任物体,也就不需要第三方中介机构进行背书,就能够通过点对点自动完成。区块链技术基于复杂的函数运算将交易的信息进行打包,形成数据区块,再通过密码技术予以加密,相关交易信息被记录的问题这样就可以完美的解决了,区块链技术应用中分布式的特点用数据区块代替互联网对根服务器的依赖,通过将所有节点数据更新一致,实现了数据传输中对数据的自我证明①。区块链中区块链节点之间遵照固定的算法进行数据交换,从而自行判断交易活动是否真实有效,这样交易的双方无须通过公开身份去取得对方信任,数据交互的时候无须通过人格信任来完成。交易过程中,根本不需要去了解交易资金的来源和收发双方的详细身份信息,有可能交易方在不知不觉中已经帮助对方达到了洗钱的目的。

第二,匿名交易。比特币用户的账户基本不需要个人真实身份信息的认证,比特币地址也无法真正关联用户背后的真实身份,所以比特币系统是纯粹匿名的,用户的真实身份不会与交易账户绑定,分布式账本中记录的只是用户使用的一个账户的代号而已。交易过程中,比特币用户只需在他的计算机上下载比特币软件,开设一个用户账户,即一对公钥和私钥即可,比特币从一个地址发送到另一个地址的交易只需矿工在区块链上确认就可以。基于此,虽然原则上可以根据当地的交易记录去查询每个账户的交易流水信息,却无法将账户与用户真实的身份对应起来。

第三,成本低廉。比特币可以通过公私秘钥实现系统内的点对点实时转移来完成资金变现,而不需要与任何第三方组织进行关联。比特币的公钥和私钥可以随意更改变化,一次性使用,且不会留下任何真实信息,这使得比特币在流通中具有完全匿名化的特征,银行和金融机构等任何第三方都难以追踪和查询。此外,P2P网络的开放特性允许每个参与者监控和确认每个比特币转账交易,这不仅保证了交易的安全性,而且节省了交易成本。

(二)区块链技术下的网络洗钱犯罪的基本流程

首先是通过上游犯罪非法获取资金,使用虚假身份信息在比特币、火币等虚拟货币交易所内开设账户,将非法资金转移到该平台内并购买虚拟货币,将

---

① 焦锋:《基于网络交易的区块链安全技术研究》,载《中国信息化》2018年第11期。

非法资金注入所要"清洗"的渠道中;洗钱者利用虚拟币的匿名性进行多层次、复杂化的交易,或是通过虚拟币的"混币"技术,将待"洗白"的虚拟币掺入"混合池",以此模糊原始的资金来源;在不断转移和洗白非法所得后,犯罪分子持有的虚拟币已基本不受限制并且相对安全,最后再将匿名币种转移到自己控制的账户内,此时他们只需将虚拟货币提现,从而掩饰犯罪所得的性质和来源,基本上就完成了洗钱的操作。

(三)涉虚拟货币领域洗钱犯罪特点

鉴于虚拟货币的分布式、匿名性、全球流通性、资源有限性的特点及交易便捷和不可撤销性,很容易被犯罪分子利用来进行洗钱犯罪活动。从相关刑事案件来看,涉虚拟货币领域洗钱犯罪呈现以下特征:

第一,隐蔽性。比特币等虚拟货币具有去中心化和匿名性特征,用户之间可以直接利用互联网进行交易,并通过创建不同地址来保护隐私,使得行为监管和追踪变得非常困难;虚拟货币交易具有全球可兑换性和便捷性,不受时间、空间限制,自由度更高、隐蔽性更强;同时,相关交易平台的监管措施和制度还不完善,也很难对区块链采用非对称性加密的方法保证数据不可篡改。区块链中计算机程序规则自行判断活动是否有效,其交易对象的数据交互是无需公开身份即可取得信任。在交易中,由于区块链技术分布式的特点,犯罪分子运用虚拟货币可以创建不同地址将其个人信息加密,银行从而无法知悉交易双方真实的个人信息等,犯罪分子往往可以利用此可乘之机,隐蔽地进行虚拟货币交易。

第二,便捷性。虚拟货币建立了一套与真实货币进行兑换的运行机制,可以不受时空限制,自由地兑换成真实货币,从而实现洗钱犯罪的最终目的。其操作步骤相当简单:犯罪分子使用犯罪所得或收益在虚拟货币网络交易平台购买一定数量的虚拟货币,然后再将这些虚拟货币通过买卖兑换成真实货币,就可以将犯罪所得及收益完全清洗干净。比如,在使用比特币进行转账、付款时,不需要烦琐的手续限制,只需要知道对方的比特币地址,在比特币钱包软件当中填写对方的比特币钱包编码,就可以直接把比特币转移到对方账户,不依赖于第三方的机构就可以自由进行,更为隐蔽便捷。

第三,智能性。涉虚拟货币领域洗钱犯罪的行为人往往具备比较高的互联网金融知识和相应的计算机操作技能,达到了相关领域的知识储备,体现出智能性。2015年全国最大一起以虚拟货币交易平台洗钱案件,就是许多群众接到诈骗短信而误入钓鱼网站,导致银行账户内资金被盗取。经过调查发现,受害人的资金基本被犯罪分子转入到某虚拟货币交易平台,并通过购买虚拟货币方式将犯罪所得洗白。

第四，国际性。虚拟货币在理论上具有短时间内大规模、大范围进行资金转移的可行性与能力，犯罪分子可以利用虚拟货币在全球范围内任意进行资金的转移。近年来，虚拟货币成为全球范围内一种流行的支付方式，只要输入相应的数字地址，点击鼠标，大量资金就可以以虚拟货币的形式由一个人转给另一个人，从一个国家转移到另外的国家，整个过程仅需要短短几分钟。这种交易没有经过金融监管机构，比如银行或信用卡中心，也不存在汇率价差，且转账费用低廉，可以为使用者节省大量费用，更不会留下相关的跨境交易记录。

（四）区块链技术下实施虚拟货币网络洗钱的防范难点

虚拟货币尚未纳入反洗钱监管范畴，其使用主体不必履行客户身份识别及可疑交易监测等反洗钱义务。中国还未建立完善的反洗钱自律机制，比特币等虚拟货币在一些国家没有外汇限制，且与法定货币具有同等价值购买力，比特币日趋国际化。比特币不仅可为非法交易提供虚拟货币结算，还能进行快捷的跨境支付，由开源软件所控制的数字货币，它基于一系列复杂的数学运算规则而交易转换，导致监管漏洞多、监管难度大。

第一，刑事管辖难。与传统刑事犯罪相比，网络空间犯罪的虚拟性打破了现实世界的物理空间限制，由于虚拟货币具有的去中心化和跨国性特征，实践中可能存在犯罪行为实施地、犯罪行为结果地较为分散、多个国家或地区均享有管辖权等情况。而在管辖权发生冲突时，国内管辖可能面临协调困难、指定管辖层层申报程序烦琐等问题；国际管辖也可能面临管辖权原则不同、缺乏国际公约的保障、准据法的选择困境等问题。

第二，侦查取证难。区块链技术具有分布式、匿名性的特点，比特币等虚拟货币极易成为掩饰、隐瞒犯罪所得、洗钱、逃汇等犯罪工具，行为人在使用虚拟货币交易时只留下钱包地址，并不会关联用户的真实身份，也不依赖银行等中介机构，涉虚拟货币领域犯罪的隐蔽性非常强，分析、甄别、锁定、追踪犯罪嫌疑人的难度明显高于传统犯罪；由于比特币等虚拟货币缺乏中心监管、没有涨跌幅度限制，市场价格波动较大，而目前又缺乏有资质的专业机构进行价格鉴定，故难以准确认定犯罪数额。此外，基于区块链技术的虚拟货币完全依靠数字合约，不需要中介银行作为纽带，泄露客户信息几乎是不可能的，唯一可以追溯的是可修改的自定义的信息 IP 地址。如果使用远程代理上网方式，利用计算机修改系统时间和交易记录与 IP 记录断开联接，则根本无法获取交易信息。由此，导致侦查机关获取相关证据十分困难。

第三，认定打击难。虚拟货币是新兴的网络金融媒介，因行业主体归属不明，反洗钱的监管不利。基于区块链技术下的虚拟货币，其在交易过程中无须知晓双方身份，导致对洗钱犯罪主体认定困难。其次，洗钱犯罪的行为必须是为达到掩饰、隐藏的目的,而利用数字货币交易客体无法构成洗钱犯罪的客观要件,存在定性难。同时,此类犯罪涉及到诸多专业技术领域,区块链作为新兴互联网技术,该领域有关人才缺乏,此类案件涉及的上游犯罪复杂,因此,该类案件发现率低、认定难、打击处理难。

三、虚拟货币网络洗钱的防范对策建议

针对虚拟货币网络洗钱犯罪,我国已经进行积极的努力,从制定区块链网络平台的准入制度,严格监管区块链平台的准入标准到央行首次明确将第三方支付机构纳入重点范围,推动其积极履行反洗钱义务。2019年3月1日起人民银行及分支机构对非银行支付机构启动反洗钱现场检查工作,被查非银支付机构应按接口规范提供相关数据,充分依托大数据、云计算和人工智能发挥风险评估和风险识别作用。2021年3月1日起实施的《刑法修正案(十一)》明确规定"自洗钱行为可以独立认定为洗钱犯罪"。这些都表明我国对于洗钱,尤其针对利用区块链技术进行的虚拟犯罪洗钱,作出了积极动作。为了更好地防范虚拟货币网络洗钱,还可以从以下几个方面进一步努力。

(一)精准打击,以打促防

打击是最好的防范。强化资金查控。利用区块链"不可篡改性"特点,解决网络洗钱犯罪的电子证据取证难题,针对短时期内大量购买数字货币的账户,通过区块链监管并增强洗钱供应链上下游的信息可信度,借助链上可拆分的电子凭证实现洗钱资金的流转融通,对于预防洗钱犯罪发生关键环节,通过分布式账本链接虚拟货币平台,迅速锁定可疑交易资金查清资金流向,通过信息资源库查询确定犯罪嫌疑人的身份信息,发现涉案资金的获取方式,掌握涉案资金流向及流量,发现和扩大犯罪查证线索。通过数据化实战侦查等智慧警务,充分利用好资金流、物流、信息流等信息,开展数据挖掘、资金查控和案件线索核查。针对拥有大量资金的数字货币交易的账户重点加强情报信息研判,打通信息流、资金流和物流数据信息系统,锁定购买人的真实身份信息,在交易异常时对于账户进行重点监控,防止网络洗钱犯罪的发生。同时,加强主动发现犯罪和攻坚克难的力度,转变侦查模式,提高案件经营意识,坚持云端打击主战模式,运用数据侦查思维,实现循环打击、穷尽打击和精准落地打击。

(二)加强反洗钱智库建设研究,完善反洗钱体系

为了增强打击反洗钱犯罪的科学性、实效性和持久性,应当加强相关智库的建设,系统研究洗钱犯罪(利用虚拟货币等)的表征、特点,提升顶层设

计，加强对策体系的研究，将理论传递到实务部门。金融机构作为犯罪分子洗钱流程的一个重要环节，金融机构应当密切关注洗钱犯罪风险变化情况，对高风险行业、领域进行评估预判，研究犯罪发展趋势，真正做到从源头减少洗钱犯罪发生。由于区块链是一种新兴的技术，涉及方方面面的专业知识，为了更好地打击区块链技术下网络洗钱犯罪，应强化虚拟货币洗钱犯罪研究的专业人才队伍建设。洗钱犯罪涉及多个部门间的协调配合，在洗钱犯罪侦查过程中常常因职权不同，造成案件线索之间相互闭塞形成壁垒。一起洗钱犯罪案件的过程中可能会涉及禁毒、网安、技侦、刑侦、经侦等多个部门的协调配合。为了更好地打击洗钱犯罪，依靠将大数据、人工智能、云计算等技术机制内嵌于区块链系统及智能合约之内，提前发现预防洗钱等金融风险发生，也可实现同步跟踪，为洗钱等金融犯罪风险的事中、事后监管提供强有力的依据。同时，建立反洗钱风险评价体系，将反洗钱监管要求与数字货币交易规则相互融合，构建涵盖全方位的完整监管链条。加强公安机关与金融机构、税务机关之间的交流配合，建立反洗钱预警机制。依法使用政务数据，健全数据信息共享机制，举行跨部门联合作战行动，优化监管部门的资源配置，研究完善监管资源保障机制。

（三）健全网络反洗钱预警机制

随着网络经济的飞速发展，区块链技术极大拓展了人类合作的深度和广度，面对区块链技术带来的网络洗钱等金融风险的全新挑战，必须加大互联网金融监管，全力建设从数据到人、从数据到案的以数据驱动为主的智慧警务模式，充分运用与区块链技术密切相关的专业技术，完善技术标准，强化技术安全，落实技术监管，使基于区块链技术的网络洗钱犯罪真正得到有效的技术监测和预警。加快区块链和大数据、人工智能及物联网的深度融合，推动集成创新和融合应用，监管异常大额可疑资金流交易，依托网络平台建立常态化的反洗钱机制和协作机制，通过对金融行业和重点领域和环节监管，提高对反洗钱工作的监测预警效能。从源头上（上游犯罪）抓起，锁定洗钱犯罪嫌疑对象，推动国家经济社会治理能力和治理体系现代化。

（四）开展国际警务合作

正是由于虚拟货币的去中心化、全球可兑换、交易简单便捷的特征，该领域洗钱犯罪呈现出很强的跨国性，单靠单一国家的力量难以实现有效打击跨国洗钱犯罪的目的，我们应当加强此领域打击洗钱犯罪的国际合作。加强与国际刑警组织、金融行动特别工作组以及其他国家金融监管部门和司法部门的交流合作，并以反洗钱领域为重要切入点，针对涉虚拟货币领域洗钱犯罪新动向，共同商讨研究和制定打击涉虚拟货币领域的洗钱犯罪对策。对于洗钱犯罪高发国家和区域，应强化信息共享，提升国际话语权和规则制定权，采取针对性的措施进行有效应对。

（五）加大涉虚拟货币领域法治宣传教育

当前，世界经济增长低迷，境外新冠肺炎疫情依然严峻，国际经济贸易摩擦不断，国内经济下行压力不小；与此同时，近年来国家针对房地产市场进行持续调控、股市成交低迷、实体经济投资不利，导致投资渠道有限。从形势政策的角度，犯罪风险防范不仅需要注重打击，更需要培养防范意识，特别是对区块链、虚拟货币等互联网金融创新产品，大部分群众缺乏了解很可能无意间成为犯罪分子利用虚拟货币进行洗钱犯罪的帮凶。因此，加强宣传教育尤为必要，一方面要加大普惠金融的宣传力度，帮助消费者了解虚拟货币等互联网金融产品的性质、品种、潜在风险及相关法律法规，养成良好的投资习惯；另一方面应以典型案例、白皮书等方式适时发布涉虚拟货币犯罪及安全风险提示，揭示犯罪手法、提示犯罪风险，引导大众提高鉴别能力，避免受害；此外，还要积极引导群众举报洗钱犯罪线索，涉虚拟货币领域洗钱犯罪具有较强的隐蔽性，金融监管部门、刑事执法部门有时难以发现，需要汇集社会力量进行共同防范，相关部门应加强宣传引导，鼓励群众积极举报涉虚拟货币领域洗钱违法犯罪线索，并在查证核实后予以适当的物质、精神奖励。

洗钱罪司法疑难问题研究

郑明玮 李 硕*

"洗钱"一词并非固有法律名词，而是一种由社会大众依生活经验及一般通念认知下所形成纯粹的经验概念，乃源自外语 Money laundering 翻译而来，Money 乃指金钱，Laundering 是动词 Launder 的进行时，加上 ing 当名词用，原意表示洗衣店里的洗涤、熨烫，之后也被引申为"以不正当方法淡化""将不法的（金钱）转化成合法"的意思，可见"洗钱"为社会上一般通俗用语。若是如此，将难以在构成要件中将其定位与评价，又为避免在定义阐释"洗钱"概念时坠入因概念应用的主观扩张，而压缩人类社会生活的行为空间，故将此经验转换至刑法规范时，必须通过"最后手段性"与"谦抑性"之思考检验，否则会是种逾越低度道德之"规范创设"的文明，使刑法的社会功能超载。[①] 我国对"洗钱"定义的阐释不胜枚举，目前各国对于洗钱之解释，大多依照国际金融反洗钱工作小组（Financial Action Task Force on Money Laundering，以下简称 FATF）给予的定义为基础：行为客体源自犯罪所得，包含其本质、来源、所在、性质、流向及支配权或所有权。犯罪所得是指财产（是否可扩张至利益，在此不论）；有隐匿或伪饰的行为；行为人须明知。

一、洗钱罪侵害的法益

刑法上之法益与行为客体应加以区分，例如洗钱罪之"犯罪所得"是行为客体，并非该罪之保护法益。所谓法益，是一种抽象的价值利益，并且因其具有社会上之特别意义，而享有法律保护之谓。简言之，法益是具有理想中之

---

* 郑明玮，辽宁省人民检察院第四检察部副主任，三级高级检察官；李硕，辽宁省人民检察院第四检察部一级检察官助理。
① 参见李圣杰：《洗钱罪在刑法上的思考》，载《月旦法学杂志》2004 年第 12 期。

社会价值者。① 法益应该必须与人类有所关联,在共同利益、价值与刑事政策上,透过国民先形成初步之价值判断(刑法观点)、选择,形成共识后,再依立法程序制定刑事法作为法益之保护规范。先前学界对于移转犯罪收益所欲保护之法益,存有许多争论,有文献已整理各个见解,并提出不同评论②,其主要见解有:"保护国家刑事司法任务""保护前犯罪所侵害之法益""保护经济金融交易安全与秩序""保护社会公共秩序与共同生活之法益""妨碍犯罪被害人或其合法权利人之返还请求权""避免所有重大或特定犯罪之发生及其他未来有被侵害之虞之一般法益"。至今,学界通说认采"国家刑事司法权之作用"一说。然而,有论者认为"刑事司法权"过于广泛,故抽丝剥茧地进一步提出以"妨碍国家对于犯罪之调查、搜证、没收"作为保护法益。我们认为,国家刑事司法权是司法权下之一环,若从人民授权的观点来探讨,国家之权力来自于人民,或可从国家权力之诞生找寻到"国家刑事司法权之作用"的保护必要性与应刑罚性,作为加强其理论基础,将国家刑事司法权作为保护法益不是首创之举,学界认为脱逃罪、包庇罪、伪证罪、诬告罪的保护法益就是国家刑事司法权。换言之,国家刑事司法权,其本质上是一种"法维护"(Rechtspflege)之保护,是对国家(刑事)司法权力之保护。从社会契约论可得知,国家刑事司法权来自人民授权,是国家落实保护义务之具体实践,其以"保护国民基本权所衍生出之利益"为出发点,进而立法与执行法律,例如刑事法与国家刑罚权之行使,均是国家实行保护义务之实现,是故国家刑事司法权,其内涵是指国家为落实保护义务而制定与执行法律,所独占的权力。简言之,国家刑事司法权之内涵,范围甚广,除了透过制定法律规范将国民之基本权所衍生出之利益作为法益保护外,对于违反法律规定之犯罪行为(侵害法益),也必须发动刑罚权。

反观洗钱罪,其实质上是一种移转犯罪收益之行为,是对犯罪行为所得之财物或财产上之利益为掩饰或隐匿,造成国家无法对侵害法益之犯罪行为发动刑罚权,又该法益是由国民个人或不特定多数人的基本权所衍生出之利益,并为国家依据国家刑事司法权所制定之法律保护者,在保护法益受侵害之情况下,国家也依据刑事司法权,即执行法律,并对犯罪行为发动刑罚权,若刑罚权之行使受到阻碍,刑事法规范无法发挥保护法益之功能,形同架空依据刑事

---

① 此论者表示两者之差异为:法益为观念之对象,对于一切犯罪均属存在,为法律所保护之对象;行为客体为感觉对象,非存在于一切犯罪,为犯罪实施之对象。参见蔡墩铭:《刑法精义》,台湾翰芦图书出版有限公司1999年版,第81页。

② 参见李圣杰:《洗钱罪在刑法上的思考》,载《月旦法学杂志》2004年第12期。

司法权所制定之刑事法规范，国家的保护义务无法实现，国民个人及不特定多数人之生命、身体、自由、财产等利益（个人及超个人法益）将有被侵害的危险，国家行使刑事司法权之作用，无法实现国家之保护义务。因此，我们认为，将国家刑事司法权作为洗钱罪之保护法益，主要是因为洗钱罪会妨碍国家刑罚权之发动，其对于犯罪收益之掩饰或隐匿，会导致国家难以对前犯罪行为人之追诉、处罚，甚至对于犯罪所得之物不能行使没收权，若国家对侵害法益之行为未能发动刑罚权，将无法保护国民基本权所衍生出的利益，是故制定法律规范以明确保护国家刑事司法权，是国家顺利行使刑事司法权、落实保护义务的基本前提，国民在受法律规范与保护之情况下，也才能达到自我实现之目的。

二、洗钱行为的主观心态

"掩饰"及"隐藏"行为的内涵，分别是将行为客体伪装或操作任何事实上或法律上之行为，足以让人无法察觉其真正之所在，或者将行为客体隐秘藏匿，使他人无法察觉。行为人为此二行为时，其主观上须确实能预见或认识其掩饰或隐匿行为之客体为犯罪所得之财物或财产上之利益的行为，且该行为会致使他人无法发现犯罪所得之财物或财产上之利益的真正存在（结果），进而心理上决意使该结果实现而为掩饰或隐匿之行为，此可谓"移转犯罪收益之故意"。申言之，行为人是以"使他人无法察觉犯罪所得之财物或财产上之利益的真正存在"为内涵的目的性行为意思，依其行为意思之支配而为掩饰或隐匿行为时，主观上能预见或认识到犯罪所得之财物或财产上之利益（行为客体）会因其行为导致他人无法察觉行为客体之真正存在，且心理上却欲使此目的实现或其实现也不违反行为人之本意，此时认定行为人客观上为掩饰或隐匿行为之同时，主观上存有不让他人发现行为客体源自前犯罪行为之真实的故意，应当成立洗钱罪。需加注意的是，"掩饰"及"隐藏"本身乃含有目的性之行为意思（Handlungswille），因此，我们据此认为洗钱罪之犯罪本质为故意犯而非过失犯。

然而，以具有目的性行为意思之行为作为客观构成要件之行为规定者，我国立法上也有类似的犯罪规定，例如故意杀人罪，其中"杀"一词乃客观构成要件之行为态样，是指侵害他人生命法益（发生死亡结果）为目的之方法、手段，即为一具有目的性行为意思之行为，而"人"为客观构成要件之行为客体，以自然人为限；因此杀人罪之成立乃须行为人在客观上是以结束他人生命为目的而依其意思支配杀人行为，在主观上能预见或认识其（杀人）行为将使自然人之生命法益受侵害，并且在心理上决意实现他人死亡之结果或即使实现该结果也不违反其本意，是故刑法上有谓"故意杀人"而无谓"过失杀人"，此乃因"杀"本身乃具有目的性之行为，况且我国乃以处罚故意犯为原则、过失犯为例外，本于罪刑法定之精神，过失犯之处罚应另外明文规定，单一个行为无法同时认定为故意行为与过失行为。

惟现行法中立法者并未明文规定处罚洗钱罪之过失犯，学界有论者对此提出应扩大至处罚过失犯之建议。我们认为，对于洗钱罪是否应扩大处罚范围处罚过失犯，应从刑法以处罚故意犯为原则、过失犯为例外之观点来思考，因刑法上对于过失犯之处罚都有特别例外之规定，故意必须具备"知"与"欲"，"知"表示行为人必须认识客观构成要件事实，包含行为、行为客体等，而"欲"乃指行为人有了客观上之认识后，心理上决意使客观构成要件之事实发生或其发生也不违背本意，并依其主观意思支配其客观上之行为，而过失则欠缺其一或全部。然而，故意必须存在于行为时，又成立洗钱罪之最先条件乃具备"构成要件该当性"，而构成要件可分为客观与主观构成要件，两者是同时存在的，即行为人客观上的活动、举止是由其主观上认识该客观构成要件事实后，依其主观意思所支配的行为，则称为故意之行为，假若欠缺认识或支配该行为之意思者，则应属过失之行为。

因为"掩饰"或"隐瞒"本为具有目的性意思之行为。行为时，行为人必定已经知悉行为客体之性质是因犯罪所得，即能预见或认识到该财物或财产上之利益源自犯罪行为，该目的性之内涵为使他人无法察觉行为客体之真正存在，是故当可推断行为人主观上基于此目的性之行为意思——"故意"，而为客观上掩饰或隐匿之行为，因此，将"掩饰"或"隐瞒"制定为洗钱罪之行为态样，依其行为之内涵，可完全排除行为人主观上具有过失之可能性。况且国际公约对于洗钱罪之主观构成要件是限于直接或间接故意，是故洗钱罪无例外处罚过失犯之理由或空间。

三、上游犯罪范围的域外考察

上游犯罪范围过窄是现今学界和实务届的普遍观点，甚至认为正是由于我国洗钱犯罪的上游犯罪规定范围过窄，导致我国处罚洗钱犯数量极少。作为一个通过国际条约引入我国的罪名，我们有必要考察相关国际条约及其他国家对于上游犯罪的规定。

首度规范移转犯罪收益行为之国际公约源自1988年12月联合国制定的《联合国禁毒公约》，其要求各签署国必须将毒品犯罪所得的移转犯罪收益行为犯罪化后，联合国再于1990年4月由七大工业国（G7）举行高峰会议，同意设立FATF，并制定最初的国际基准40项建议（Forty Recommendations），该基准呼吁各国加强取缔移转犯罪收益行为之法制、提倡强化确认客户本人、要求金融机构申报可疑交易之义务与改善国际洗钱信息的交流与合作等。往后世界各国即依据此40项建议之内容，为有关洗钱罪之法律制定方向，惟随着组织犯罪及恐怖分子对社会治安产生之威胁，洗钱罪所规范的对象已不限于最初的药物犯罪，而是扩及其他之重大犯罪。FATF 的 40 项建议也成为各国制定洗钱罪之参考标准，并参考相关国际公约①，大致上可将洗钱罪之前行为，分为特定犯罪、各国自行决定、所有犯罪三种立法模式。

此种立法模式是以单一或几个特定犯罪，作为洗钱罪之前置行为，例如日本就是采此立法模式，日本《犯罪收益之移转防止法》中，明文规定犯罪收益系指关于前行为为组织性犯罪处罚法第2条第4项及麻药特例法第2条第5项所规定之犯罪所得，此与1988年《联合国禁毒公约》、2000年《联合国打击跨国有组织犯罪公约》，也仅处罚移转毒品犯罪与组织犯罪所得之财产收益之行为，前者如该公约第3条第3款a项、后者如该公约第6条。

然而，FATF 的 40 项建议中，有所谓"特定犯罪类型"（Designated categories of offences），并以列举方式规定，美国 18 U. S. C § 1956（c）（7）（B）与 § 1961（1）（A），即参考此建议将前行为限定在买卖儿童人口、诈欺、非法军火买卖、谋杀、强盗等犯罪，对这些犯罪所得之移转行为，给予处罚。

也有国家将所有犯罪均规定为上游犯罪，此种立法模式是为彻底杜绝洗钱行为所产生之弊端，另一方面也解决大家对前行为范围之不同见解，故采取将全部犯罪列为洗钱行为之前置犯罪，较为妥当。以此种立法模式制定洗钱罪之前行为者，如英国因应1990年11月8日《关于清洗、搜查、扣押和没收犯罪收益的公约》第6条第4点之要求，将所有犯罪类型列为前行为之类型。虽然40项建议中的第1项第3款建议，尽可能将前行为之范围扩及至最广泛之犯罪，但实际上却很少有国家采取将全部犯罪列为前行为之立法模式，其立法者或许也考量到罪刑相当，或者与赃物罪之规定有重叠等之问题。我们认为，罪刑相不相当乃量刑之问题，可以其前行为所违反之犯罪规定作为量刑事由。

---

① 与防制洗钱相关之国际公约：1988 年《联合国禁止非法贩运麻醉药品和精神药物公约》（维也纳公约）、FATF 40 Recommendations、1990 年欧盟《关于清洗、识别、追踪、冻结、扣押和没收犯罪财产与收益的框架决议》、欧盟理事会 91/308/EEC 洗钱指令、Wolfsberg Anti Money Laundering Principles、欧洲议会与欧盟理事会 2001/97/EC 洗钱指令、2000 年联合国打击跨国组织犯罪公约、2003 年联合国反腐败公约等共 28 个。参见遵循打击清洗黑钱财务行动特别组四十项建议及八项特别建议评鉴方法论与联合国公约及国际标准有关反洗钱法规之辑要.108－110。

四、洗钱中的提供账户行为的定性

常会看到账户被诈骗集团收购并用于诈骗犯罪之新闻,只是提供金融账户的行为究竟是被利用于诈骗行为中,抑或是诈骗行为终了后,为掩饰或隐匿诈欺犯罪所得之洗钱行为,不无疑问。实务中也常面临"提供金融账户"行为应如何定性的难题。学理上,对于提供金融账户之行为,应论诈欺罪之帮助犯或洗钱罪之帮助犯或洗钱罪之共同正犯,见解有分歧。学界对于正犯与共犯之区别理论,有形式客观说、主观说、实质客观说、新实质客观说之理论。上述实务见解对于行为人提供金融账户之行为究竟是正犯或共犯,多以行为人为成年人,应具有相当知识及社会经验,对于社会上利用人头账户从事诈欺取财之犯罪情事或对不相识之人提供人头账户可能作为犯罪使用能充分知悉明了,当可预见该账户遭歹徒实施诈欺取财、洗钱等犯罪之发生,是故衡诸经验法则,推定提供金融账户之行为人有帮助他人犯诈欺取财罪或帮助洗钱罪之不确定故意,实务似乎采主观说,从行为人之主观心态去认定提供金融账户之行为人是诈欺罪或洗钱罪之帮助犯,惟行为人之主观难以得知,且行为人之主观心态多以刑法所规定,从其客观之构成要件行为去推测,当主、客观之要件一致时,始能论以正犯,此种单就行为人主观层面之认定方法,作为正犯与共犯之区别理论,是否符合刑法结构原则,不无疑问。

所谓诈骗行为,乃指行为人对被害人虚构事实、隐瞒真相,致使被害人陷于错误而交付财物。然而,金融账户仅是行为人为诈欺行为,而取得他人财产之利益后,所存放之位置,因此,诈欺罪之行为人通常于实行诈欺行为前就已准备好金融账户以便被害人受欺骗而陷入错误,并处分其财产上之利益汇入行为人所指示之金融账户。申言之,"提供金融账户"之行为并非诈术之使用,不属于诈欺罪之构成要件之行为。况且,金融账户之存在与否,仅会影响行为人有无存放诈欺所得之位置,并不会影响诈欺罪之完成与否,金融账户仅是提供行为人存放诈欺所得之财产之利益的处所,被害人或设备等并不会因此行为而陷入错误判断,导致个人整体财产受侵害之结果,故与诈欺罪之既遂或未遂无关。若依据新实质客观说之犯罪行为支配原则来看,提供金融账户之行为人,对于犯罪行为之发生过程欠缺支配力,无法依其意愿阻止或加速犯罪行为之进行,故不可评价为诈欺罪之正犯。

假使排除正犯之可能性,则提供金融账户之行为人是否可评价为共犯,不无疑问。目前实务中有认定提供金融账户之行为是诈骗罪之帮助行为,而所谓帮助行为对他人的故意犯罪行为提供协助,以便减轻犯罪实施之困难或加速犯罪完成结束,并且帮助行为之行为人必须出于帮助故意,而提供被帮助者物质上或精神上的助力。因此其附属在正犯之主行为上,又可谓从犯。简言之,帮助行为的要件有三:其一,必须是正犯以外之行为;其二,对于正犯之主行为给予助力,减轻正犯实行犯罪行为之困难度或加速犯罪之完成;其三,必须在犯罪终了前为之。如上所述,"提供金融账户"之行为,并非诈欺罪之正犯的行为,惟是否有减轻诈欺罪之行为人实行诈欺行为之困难度或加速诈骗罪完成,此应从提供金融账户之行为在诈骗罪中所带来之效益检讨。

我们认为,金融账户仅是一个提供存放金钱之处所,其发挥效用之时点是当诈骗罪之行为人实行诈骗行为,而被害人或设备已陷入错误判断并决意处分财产后,被处分之财产所存放之位置。换言之,金融账户之存在与否,并不会影响被害人是否会陷入错误判断而决意处分财产,对于诈骗行为之实行更没有便利之效用,其是在诈骗罪已既遂后才真正发挥效用。此外,更遑论一定要由他人提供金融账户,该账户是属于诈欺罪之行为人或他人所有,亦不重要。再者,帮助行为要在他人之犯罪尚未结束、终了前,始有为帮助行为之可能性,而诈骗罪的行为人在实行诈骗行为前,均已备妥金融账户,以便于诈骗犯罪行为既遂或终了后有位置存放诈骗所得,于此,行为人于提供金融账户时,对诈骗犯罪行为无支配力,且无法认识其将对某特定诈骗行为进行协助。是故实务认为提供金融账户之行为是诈骗罪之帮助行为,有欠妥当。

洗钱罪之成立必以侵害国家刑事司法权之移转犯罪收益行为的存在为前提,洗钱罪客观上的构成要件行为——掩饰或隐藏,其乃形式上对犯罪所得之财物或财产上之利益隐秘藏匿,使他人无法察觉,或者将行为客体伪装或操作任何事实上或法律上之行为,足以让人无法察觉前犯罪收益之真正所在;于实质上,掩饰或隐匿行为则具有维持违法财产状态之性质,即维持财物或财产上之利益与前犯罪行为之因果关联性,并造成国家刑事追诉机关难以发现、追查犯罪,更加阻碍国家刑罚权之行使。对于实务上认定提供金融账户之行为,为洗钱罪之正犯或帮助犯,于此,我们认为依据犯罪行为支配原则判断提供金融账户之行为是否为洗钱罪构成要件行为之一,或能否对于侵害国家刑事司法权的结果具有功能性及支配力等等,若答案为肯定者,则应评价为正犯,若为否定者,则有探讨共犯之可能性,即提供金融账户之行为是否为洗钱罪之帮助行为。

首先,如前所述,金融账户是一个存放财产上之利益(金钱)的位置,在多数洗钱罪案例中,常见以金融账户作为存放犯罪所得之财产上之利益(洗钱罪之行为客体)的位置,惟移转犯罪收益之过程中并非一定要具备金融账户,但金融账户具有合法性、隐私性,不容易引起相关单位之怀疑且调查也不方便,因此提供金融账户,使他人犯罪所得之财物或财产上之利益得以放置其中，能有助于达成使他人无法发现不法所得之真正存在的目的，加上国际金融交易发达，还能以电子转汇方式将账户里的金钱随意转入其他金融账户，如此一来，国家刑罚权之行使受到更大之阻碍，是故金融账户因其合法、隐秘之外观，足以掩饰或隐匿犯罪所得之财产上之利益，而广泛被作为洗钱之管道，或谓便利洗钱行为之洗钱工具。

再者，若金融账户是一种洗钱工具，则提供金融账户之行为必须有移转犯罪收益之事实为前提，对于移转犯罪收益行为提供工具之协助，以便减轻洗钱行为之困难度或加速洗钱行为之完成。换言之，提供金融账户之行为，是一种附属于洗钱罪之主行为（洗钱行为）上，而对给予洗钱罪行为人物质上帮助之行为，在刑法上评价为帮助犯，亦即提供金融账户之行为是帮助洗钱之行为，使洗钱罪之行为人更容易实现构成要件，此与洗钱罪之掩饰或隐匿不同，因为单单提供金融账户并不会维持财产与违法行为的因果关联性之状态，而造成国家刑事司法权之行使受到侵害。申言之，金融账户是透过洗钱行为人的使用，利用其合法、隐秘之特性，犯罪所得之金钱通过该账户汇入汇出，以规避法律限制，并躲避犯罪侦查，犯罪可能因此无法被追诉，一连串之行为将使得国家刑事司法权之行使受阻碍，是故应将"提供金融账户"之行为评价为洗钱罪之帮助行为，实属妥当。